U0906654

2011 年 7 月 5 日，中国社会科学院经济学部主办、中国社会科学院城市发展与环境研究所承办“非化石能源市场前景经济学分析座谈会”

2011 年 10 月 14—16 日，中国社会科学院经济学部主办、中国社会科学院数量经济与技术经济研究所与三星经济研究院共同承办“通货膨胀：成因、前景与治理国际研讨会”

2011 年 11 月 5 日，中国社会科学院经济学部、四川省社会科学院与重庆社会科学院联合主办，
四川内江市政府承办“推进成渝经济区区域规划实施座谈会”

2011 年 10 月 14 日，中国社会科学院主办，中国社会科学院农村发展研究所承办
“全球背景下农产品市场与宏观经济”研讨会

2011 年 8 月 3 日，中国社会科学院城市发展与环境研究所与社会科学文献出版社联合主办“2011 中国城市发展报告发布会暨城市民生高层论坛”

2011 年 4 月 16 日，上海社会科学院经济研究所与上海市经济学会联合主办“社会主义政治经济学理论研讨会暨祝贺袁恩桢研究员荣获上海市学术贡献奖座谈会”

2011 年 12 月 23 日，广东省社会科学院主办“完善社会主义市场经济体系理论研讨会”

2011 年 11 月 4—6 日，北京大学、北京市教育委员会与韩国高等教育财团联合主办，北京大学经济学院承办“全球化背景下的经济增长：机遇、挑战和方向”研讨会

2011 年 8 月 20—21 日，东北财经大学、南开大学商学院与南开大学公司治理研究中心联合主办“第六届公司治理国际研讨会”

2011 年 4 月 7 日，厦门市政府与厦门大学联合主办“海西 2011 · 两岸经济暨金融研讨会”

2011 年 10 月 15—16 日，北京大学中国公共财政研究中心主办
“2011 中国公共财政论坛：中国税制改革与可持续发展”

2011 年 10 月 22 日，中国社会科学院经济研究所与《经济研究》编辑部联合主办、
南京大学商学院承办“全国第五届马克思主义经济学发展与创新论坛”

编 辑 部

前 言

《中国经济学年鉴》是一部兼具资料性和研究性的大型学术年刊，在编选上突出学术性、前沿性、权威性和代表性。《中国经济学年鉴》由中国社会科学院经济学部组织编写。其主要宗旨是面向全国，反映国内经济学在上一年度中的主要动态和研究进展。自2008年创刊以来，这部年鉴已经出版了四卷，2012年的这一卷是第五卷。

《中国经济学年鉴（2012）》的基本栏目与前几卷相同，共有九个栏目："重要文献"、"专题述评"、"学科综述"、"论文荟萃"、"专著选介"、"研究课题"、"研究生教育"、"学界动态"和"机构介绍"。

——"重要文献"栏目收录了2011年里对我国经济具有重要影响的两个讲话。一篇是胡锦涛总书记在中国加入世界贸易组织十周年高层论坛上的讲话，另一篇是温家宝总理在第十一届全国人民代表大会第四次会议上作的政府工作报告。

——"专题述评"栏目共包括三篇述评。第一，海内外若干机构对2011年中国经济预测结果的比较分析；第二，国有经济战略性调整问题研究综述；第三，房地产市场与房价调控政策研究综述。

——"学科综述"栏目介绍国内经济学和管理学中部分领域的研究动态。这一卷共介绍了13个学科。即"城市管理学"、"公司金融学"、"物流经济学"、"消费经济学"、"旅游经济学"、"政治经济学"、"发展经济学"、"微观经济学"、"农村产业经济学"、"福利经济学综述"、"空间计量经济学"、"劳动关系学"、"规制经济学"。

——"论文荟萃"栏目介绍国内各专业刊物上公开发表的优秀经济学和管理学论文的基本观点，共计201篇。

——"著作选介"栏目介绍了2011年里国内出版的76部经济学和管理学方面的专著。

——"研究课题"栏目集中汇集了2011年度国家社科基金项目、中国社会科学院重大课题项目中经济学和工商管理学方面的课题立项和结项情况。

——"研究生教育"栏目提供了2011年度全国研究生培养单位经济学科和管理学科的研究生招生人数和毕业人数，以及2011年经济学、管理学"全国优秀博士学位论文"名单及中文摘要。

——"学界动态"栏目包括若干个子栏目，即学术会议综述、海外视角下的中国经济、著名经济学家介绍、中国社会科学院经济学部2011年工作总结。其中，"学术会议综述"栏目主要选自国内各个受邀学术机构、大学的供稿。另外，还从《经济研究》、《经济学动态》所刊登的会议综述中选编了一部分。"海外视角下的中国经济"栏目则介绍了一些有关中国经济研究的外文学术论文观点，主要由《中国经济学人》编辑部供稿。本卷的“著名经济学家”栏目介绍了著名经济学家董辅礽先生的学术生平和主要贡献。另外，还介绍了 2011 年度诺贝尔经济学奖获奖者——克里斯托弗·西姆斯和托马斯·萨金特的简况。

——“机构介绍”栏目介绍我国主要经济学和管理学研究、教学机构。本卷介绍了南京大学商学院、南京大学经济学院、南京大学管理学院、南京师范大学中国经济史研究所、贵州财经大学欠发达地区经济发展研究中心。

《中国经济学年鉴（2012）》的编撰过程得到了国内经济学界同人和有关机构的大力支持，我们在这里向本卷所引用的各类文献的作者、资料的提供者、学界同人、有关协助单位和部门的负责人表示诚挚的谢意。中国社会科学院经济学部所属各研究所的科研处，以及各个受邀协作的大学和地方社科院的联系人，担负了繁重和高技术性的组织协调工作。没有他们的辛勤劳动，本卷年鉴的组稿和编撰不可能如此顺利地完成。在此，我们特对下列单位表示由衷的感谢：

北京大学经济学院、中国人民大学经济学院、南开大学经济学院、南开大学商学院、南京大学经济学院、厦门大学管理学院、厦门大学经济学院、中山大学岭南学院、中央财经大学商学院、上海市社会科学院、四川省社会科学院、广东省社会科学院、湖南省社会科学院、江苏省社会科学院、中国社会科学院经济研究所、中国社会科学院农村发展研究所、中国社会科学院工业经济研究所、中国社会科学院金融研究所、中国社会科学院人口与劳动经济研究所、中国社会科学院财政与贸易经济研究所、中国社会科学院数量经济与技术经济研究所、中国社会科学院城市发展与环境研究所、中国社会科学院研究生院、中国社会科学杂志社、经济管理出版社、社会科学文献出版社。

2011 年，中国经济在复杂的环境中保持了平稳较快发展，中国经济学研究的国际影响力也进一步扩大。我们力图在本卷年鉴中全面、完整地反映这一年里我国经济学界和管理学界的研究全貌和最新进展。但年鉴编撰的组织工作量大面广，限于我们的力量有限，虽竭尽全力，仍难以臻于完美，遗漏和讹误在所难免。《中国经济学年鉴》是全国学界同人的共同平台，它的发展和完善离不开全国学界的持续支持。我们欢迎学界同人和各界读者对本卷年鉴的各个方面提出批评和建议，以使年鉴的编撰水平更上一层楼。

目　　录

第一篇　重要文献

第二篇　专题述评

第三篇　学科综述

第四篇　论文荟萃

第五篇　著作选介

第六篇　研究课题

第七篇　研究生教育

第八篇　学界动态

第九篇 机构介绍

中国经济学年鉴

2012

第一篇

重要文献

在中国加入世界贸易组织十周年高层论坛上的讲话

（2011 年 12 月 11 日）

胡锦涛

女士们、先生们：

十年前的今天，中国正式成为世界贸易组织成员。这是中国改革开放进程中的一件大事，标志着中国对外开放进入了历史新阶段。

加入世界贸易组织，是中国全面分析国内外形势、为加快推进改革开放和社会主义现代化作出的重大战略决策。加入世界贸易组织以来，中国坚持享受权利和履行义务相结合、实现自身发展和促进世界共同发展相结合，积极化挑战为机遇，在更大范围、更高水平上参与国际经济合作和竞争，大力发展开放型经济，推动中国和世界的关系发生了举世瞩目的变化。

十年来，中国全面履行加入世界贸易组织承诺，贸易和投资自由化便利化程度显著提高。我们不断扩大农业、制造业、服务业市场准入，不断降低进口产品关税税率，取消所有不符合世界贸易组织规则的进口配额、许可证等非关税措施，全面放开对外贸易经营权，大幅降低外资准入门槛。中国关税总水平由 15.3% 降至 9.8%，达到并超过了世界贸易组织对发展中国家的要求。中国服务贸易开放部门达到 100 个，接近发达国家水平。我们大规模开展法律法规清理修订工作，中央政府共清理法律法规和部门规章 2300 多件，地方政府共清理地方性政策和法规 19 万多件。中国对外开放政策的稳定性、透明度、可预见性不断提高。

十年来，中国坚持实行平等互利、合作共赢的对外开放政策，为世界经济发展带来有力推动。中国全面享受世界贸易组织成员权利，经济发展获得了良好外部条件，同世界各国在经济、贸易、科技、文化等领域交流合作的广度和深度不断拓展。中国货物贸易额的全球排名由第六位上升到第二位，其中出口额跃居第一位，进口额累计达到 7.5 万亿美元；累计吸收外商直接投资 7595 亿美元，居发展中国家首位；对外直接投资年均增长 40% 以上，2010 年达到 688 亿美元、居世界第五位。中国每年平均进口 7500 亿美元的商品，为贸易伙伴创造大量就业岗位和投资机会。在华外商投资企业累计汇出利润 2617 亿美元，年均增长 30%。

十年来，中国积极承担应尽国际责任，努力推动各国共同发展。我们积极采取一系列重大政策措施，同国际社会一道应对国际金融危机，着力推动世界经济强劲、可持续、平衡增长。我们坚定支持世界贸易组织多哈回合谈判，参与国际宏观经济政策协调，参与 20 国集团等全球经济治理机制建设，致力于国际货币体系、国际贸易体系、大宗商品价格形成机制等改革和完善，致力于促进经济全球化和区域经济一体化。我们高举自由贸易旗帜，反对各种形式的保护主义，推动建立公平、合理、非歧视的国际贸易体系。我们积极推动建立更加平等、更加均衡的新型全球发展伙伴关系，加强南北对话和南南合作，加大对外援助力度，近十年累计对外提供各类援款1700多亿元人民币，免除50个重债穷国和最不发达国家近三百亿元人民币到期债务，承诺对同中国建交的最不发达国家97%的税目的产品给予零关税待遇，为173个发展中国家和13个地区性国际组织培训各类人员六万多名，增强了受援国自主发展能力。

十年来的实践，丰富了我们在经济全球化条件下发展中国的认识，坚定了我们实施对外开放基本国策的信心。实践证明，中国加入世界贸易组织，扩大对外开放，惠及13亿中国人民，也惠及各国人民；中国的发展是和平的发展、开放的发展、合作的发展、共赢的发展，向世界展示了中国这个东方文明古国的勃勃生机和巨大潜力。

女士们、先生们！

当今世界是开放的世界。只有坚持改革开放，才能不断进步，才能破解发展进程中的难题。三十多年前，在邓小平同志领导下，我们正确判断国际国内形势，准确把握时代主题，顺应人民愿望，作出实行改革开放的历史性决策，为中国社会主义现代化建设注入了强大活力。中国过去三十多年的快速发展靠的是改革开放，中国未来发展也必须坚定不移依靠改革开放。改革开放是决定当代中国命运的关键抉择，是坚持和发展中国特色社会主义、实现中华民族伟大复兴的必由之路。

当今世界，经济全球化深入发展，各国经济相互依存不断加深，全球经济治理出现新变革，同时世界经济形势复杂多变，国际金融市场动荡不已，各种形式的保护主义明显增多，国际和地区热点此起彼伏，粮食安全、能源安全、气候变化、重大自然灾害等全球性挑战日益突出，世界经济发展面临严峻挑战。

从中国来看，经过三十多年的发展，中国社会生产力、综合国力、人民生活水平大幅度跃升，中国的发展基础和发展条件发生很大变化，同时中国仍然是世界上最大的发展中国家，发展中不平衡、不协调、不可持续问题依然突出，经济增长的资源环境约束强化，科技创新能力不强，产业结构不合理，农业基础薄弱，城乡、区域发展不协调，国际竞争力不强，制约经济社会发展的体制机制障碍仍然较多。

面对新形势新要求，中国将坚持以更广阔的视野观察世界、观察中国，根据推动科学发展的要求，实行更加积极主动的开放战略，拓展新的开放领域和空间，完善更加适应发展开放型经济要求的体制机制，提高开放型经济水平和质量，形成开放型经济新格局，更好地以开放促发展、促改革、促创新。

——中国将进一步扩大对外经济技术合作。我们将适应国际产业转移和国内外市场需求变化，更加注重加强同世界各国的经济技术交流合作，推动经济发展方式转变和经济结构调整，大力发展结构优化、技术先进、清洁安全、附加值高、吸纳就业能力强的现代产业体系，促进产业结构优化升级。我们将继续通过开放市场、引进先进技术提升制造业国际竞争力，推动传统制造业向价值链高端延伸，促进战略性新兴产业加快发展。我们将加强生态文明建设，坚持绿色、低碳发展理念，加强资源节约和生态环境保护，大力发展绿色产业和节能环保产业。我们将扩大服务业开放，积极承接国际服务业转移，加快发展服务业特别是现代服务业。我们将稳步推进农业领域对外开放，促进农业结构调整，推动农业朝着集约化、效益型方向发展。我们将加快构建现代文化产业体系，吸收外资进入法律法规许可的文化产业领域，鼓励外资企业在华进行文化科技研发、发展服务外包。我们将更加注重为包括外资企业在内的各类所有制企业提供公平的市场准入待遇，更加注重在开放中增强技术进步和体制创新动力。

——中国将进一步促进对外贸易平衡发展。我们将坚持进口和出口并重，把扩大进口和稳定出口结合起来，把积极扩大进口作为转变外贸发展方式的重要内容，努力促进国际收支基本平衡，不刻意追求贸易顺差。我们将完善进口支持政策，降低进口成本，提高进口便利化。今后五年，随着中国扩大内需战略的有效实施，中国消费结构将继续提升，居民消费潜力将进一步释放，预计社会消费品零售总额年均增长15%以上，2015年有望达到32万亿元人民币，国内市场规模将位居世界前列，今后5年中国进口总规模有望超过8万亿美元，这将给世界各国带来巨大商机。我们将加强同主要顺差来源国的经济合作，通过共同努力逐步解决贸易不平衡问题。我们也希望有关国家尽快承认中国完全市场经济地位，放松高新技术产品对中国出口管制，方便中国企业前往投资，为双边贸易平衡发展创造条件。

——中国将进一步完善全方位对外开放格局。中国区域多样化和发展不平衡蕴涵着多层次多元化的投资机会。我们将把扩大对外开放和区域协调发展结合起来，协同推动沿海、内陆、沿边开放，形成优势互补、分工协作、均衡协调的区域开放新格局。我们将继续深化沿海地区对外开放，鼓励外商投资企业参与沿海地区技术研发、高端制造、生态功能区建设和现代服务业发展，在更高水平上实现优势互补、合作共进。我们将积极支持外商投资企业到中西部地区投资办厂，参与中国中部地区崛起、西部大开发和东北地区等老工业基地振兴。我们将加快沿边开放步伐，加强与周边国家的基础设施互联互通，繁荣双边经济，实现互利共赢。我们将积极扩大文化、教育、科技、卫生等领域对外交流合作，在扩大开放中促进中国社会事业发展。

——中国将进一步坚持"引进来"和"走出去"并重。"引进来"和"走出去"是中国对外开放的重要内容，也是中国深化对外经贸合作、促进与世界各国共同发展的有效途径。中国将继续扩大各领域对外开放水平，强化产业政策与外资政策的协调，继续欢迎各国投资者来华投资兴业，鼓励外商在华设立研发中心，利用全球科技智力资源推动国内技术创新。中国将加快实施"走出去"战略，按照市场导向和企业自主决策原则，引导企业有序开展境外投资合作，重视开展有利于不发达国家改善民生和增强自主发展能力的合作，承担社会责任，造福当地人民。

——中国将进一步营造公平透明的市场环境。我们将按照转变职能、理顺关系、优化结构、提高效能的要求，加快建设法治政府和服务型政府，继续开展涉外经济法律法规、规章及政策措施的清理工作，深化行政审批制度改革，减少政府对微观经济活动的干预，健全制约和监督机制，推动政府服务朝着更加规范有序、公正公开的方向发展。我们将加大知识产权执法力度和司法保护力度，健全市场信用体系，完善市场监管体系，加快形成统一开放、竞争有序的全国大市场，为国内外投资者提供良好经营环境。中国将加强自身投资环境建设，继续优化公共服务和管理，不断完善市场体系，为国内外投资者提供公平、稳定、透明的投资环境。

——中国将进一步推动共同发展。我们将高举和平、发展、合作旗帜，积极参与国际事务，承担力所能及的义务和责任，继续在国际经济体系中发挥建设性作用，同各国一道分享发展机遇、应对各种挑战，使中国发展惠及更多国家和人民。我们将加强同发展中国家的务实合作、增加对发展中国家的经济援助和人才培训，扩大同发达国家的互利合作，深化同周边国家的睦邻友好合作，扩大同各方利益汇合点，妥善处理经贸摩擦。我们将致力于维护和加强多边贸易体制，继续推动多哈回合谈判，积极参与全球经济治理机制改革，推动国际经济秩序朝着更加公正合理的方向发展。我们将加快实施自由贸易区战略，推动区域经济一体化更好更快发展。面对国际金融危机、粮食危机、气候变化以及重大自然灾害，中国将同各国合力应对国际社会共同面临的挑战，为推动建设持久和平、共同繁荣的和谐世界作出新贡献。

女士们、先生们！

中国发展离不开世界，世界繁荣稳定也离不开中国。拥有十几亿人口的中国进行改革开放，这是人类发展史上的艰辛探索和伟大实践。中国取得的发展成就与各国友好合作密不可分，中国未来发展需要国际社会理解和支持。我们衷心感谢所有理解、关心、支持、帮助中国发展的国家和人民。

我们多次郑重宣示，中国始终不渝走和平发展道路，始终不渝奉行互利共赢的开放战略，在实现自身发展的同时致力于促进世界共同发展。面向未来，中国将坚定不移做和平发展的实践者、共同发展的推动者、多边贸易体制的维护者、全球经济治理的参与者。我们坚信，一个改革开放的中国，一个繁荣发展的中国，一个和谐稳定的中国，必将为人类作出新的更大的贡献！

最后，预祝本次论坛圆满成功！

（来源：人民网）

政府工作报告

——2011年3月5日在第十一届全国人民代表大会第四次会议上

国务院总理　温家宝

各位代表：

现在，我代表国务院，向大会作政府工作报告，请各位代表审议，并请全国政协委员提出意见。

一　“十一五”时期国民经济和社会发展的回顾

“十一五”时期是我国发展进程中极不平凡的五年。面对国内外复杂形势和一系列重大风险挑战，中国共产党团结带领全国各族人民，全面推进改革开放和现代化建设，国家面貌发生了历史性变化。

——这五年，我国社会生产力、综合国力显著提高。我们有效应对国际金融危机冲击，保持经济平稳较快发展，胜利完成“十一五”规划的主要目标和任务，国民经济迈上新的台阶。国内生产总值达到39.8万亿元，年均增长11.2%，财政收入从3.16万亿元增加到8.31万亿元。载人航天、探月工程、超级计算机等前沿科技实现重大突破。国防和军队现代化建设取得重大成就。

——这五年，各项社会事业加快发展、人民生活明显改善。教育、科技、文化、卫生、体育事业全面进步。城镇新增就业5771万人，转移农业劳动力4500万人；城镇居民人均可支配收入和农村居民人均纯收入年均分别实际增长9.7%和8.9%；覆盖城乡的社会保障体系逐步健全。

——这五年，改革开放取得重大进展。重点领域和关键环节改革实现新突破，社会主义市场经济体制更加完善。去年对外贸易总额达到2.97万亿美元，开放型经济水平快速提升。

——这五年，我国国际地位和影响力显著提高。我们在国际事务中发挥重要的建设性作用，有力维护国家主权、安全和发展利益，全方位外交取得重大进展。我们成功举办北京奥运会、上海世博会，实现了中华民族的百年梦想。

这些辉煌成就，充分显示了中国特色社会主义的优越性，展现了改革开放的伟大力量，极大增强了全国各族人民的自信心和自豪感，增强了中华民族的凝聚力和向心力，必将激励我们在新的历史征程上奋勇前进。

五年来，我们主要做了以下工作。

（一）加强和改善宏观调控，促进经济平稳较快发展

我们注重把握宏观调控的方向、重点和力度，牢牢掌握经济工作的主动权。“十一五”前期，针对投资增长过快、贸易顺差过大、流动性过剩，以及结构性、输入性物价上涨等问题，采取正确的政策措施，有效防止了苗头性问题演变成趋势性问题、局部性问题演变成全局性问题。近两年，面对百年罕见的国际金融危机冲击，我们沉着应对，科学决策，果断实行积极的财政政策和适度宽松的货币政策。坚持实施一揽子计划，大规模增加政府支出和实行结构性减税，大范围实施重点产业调整振兴规划，大力推进自主创新和加强科技支撑，大幅度提高社会保障水平。坚持扩大内需的战略方针，采取鼓励消费的一系列政策措施，增加城乡居民特别是低收入群众收入，消费规模持续扩大，结构不断升级。实施两年新增 4 万亿元的投资计划，其中，新增中央投资 1.18 万亿元。保障性安居工程、农村民生工程和社会事业投资占 43.7%，自主创新、结构调整、节能减排和生态建设占 15.3%，重大基础设施建设占 23.6%，灾后恢复重建占 14.8%。政府投资引导带动社会投资，国内需求大幅增加，有效弥补外需缺口，较短时间内扭转经济增速下滑趋势，在世界率先实现回升向好，既战胜了特殊困难、有力地保障和改善了民生，又为长远发展奠定了坚实基础。

（二）毫不放松地做好“三农”工作，巩固和加强农业基础

中央财政“三农”投入累计近 3 万亿元，年均增幅超过 23%。彻底取消农业税和各种收费，结束了农民种田交税的历史，每年减轻农民负担超过 1335 亿元。建立种粮农民补贴制度和主产区利益补偿机制，农民的生产补贴资金去年达到 1226 亿元。对重点粮食品种实行最低收购价和临时收储政策，小麦、稻谷最低收购价提高了 25% 到 40%。严格保护耕地。着力推进农业科技进步。粮食产量屡创历史新高，去年达到 54641 万吨，连续七年增产；农民人均纯收入达到 5919 元，实现持续较快增长。农村综合改革稳步推进，集体林权制度改革、国有农场管理体制改革全面推开。农业农村基础设施加快建设，完成 7356 座大中型和重点小型水库除险加固，解决 2.15 亿农村人口饮水安全问题，农民的日子越过越好，农村发展进入一个新时代。

（三）大力推进经济结构调整，提高经济增长质量和效益

一是加快产业结构调整和自主创新。积极推进企业技术改造和兼并重组，工业特别是装备制造业总体水平和竞争力明显提高。战略性新兴产业迅速成长。加快建设国家创新体系，实施知识创新工程和技术创新工程，突破了一批产业发展急需的前沿技术、核心技术和关键装备技术，一大批科研成果实现了产业化。服务业快速发展，在国内生产总值中占比提高 2.5 个百分点。基础设施建设明显加快，五年建成铁路新线 1.6 万公里，新增公路 63.9 万公里，其中高速公路 3.3 万公里，新建、改扩建机场 33 个，新建和加固堤防 1.7 万公里。二是扎实推进节能减排、生态建设和环境保护。提出到 2020 年我国控制温室气体排放行动目标和政策措施，制定实施节能减排综合性工作方案。大力发展清洁能源，新增发电装机容量 4.45 亿千瓦，其中水电 9601 万千瓦、核电 384 万千瓦。关停小火电机组 7210 万千瓦，淘汰了一批落后的煤炭、钢铁、水泥、焦炭产能。推进林业重点生态工程建设，完成造林 2529 万公顷。综合治理

水土流失面积23万平方公里，加强重点流域水污染防治、大气污染防治和工业“三废”治理。大力发展循环经济。五年累计，单位国内生产总值能耗下降19.1%，化学需氧量、二氧化硫排放量分别下降12.45%、14.29%。三是促进区域经济协调发展。落实区域发展总体战略，颁布实施全国主体功能区规划，制定西部大开发新十年指导意见和一系列区域发展规划，推出促进西藏和四省藏区、新疆等民族地区跨越式发展的新举措。中西部和东北地区发展加快，经济增速等主要指标超过全国平均水平；东部地区经济结构不断优化，自主创新和竞争力逐步提高；地区间基本公共服务差距趋于缩小，各具特色的区域发展格局初步形成。

（四）坚定不移深化改革开放，增强经济社会发展内在活力

财政转移支付制度逐步完善，县级基本财力保障机制初步建立。增值税转型全面实施，成品油价格和税费改革顺利推进，资源税改革启动试点，内外资企业税制全面统一。国有大型商业银行股份制改革顺利完成，政策性金融机构改革、农村信用社改革积极推进；平稳解决上市公司股权分置问题，创业板、股指期货和融资融券顺利推出，债券市场稳步发展；深入推进保险业改革开放；人民币汇率形成机制改革有序推进，跨境贸易人民币结算试点不断扩大。国有企业公司制股份制改革、国有资产监管体制改革取得积极进展。邮政体制改革加快推进。制定实施促进中小企业发展和民间投资的一系列政策，非公有制经济发展环境不断改善，多种所有制经济共同发展。

不断拓展对外开放的广度和深度。进出口总额年均增长15.9%，结构不断优化。贸易顺差连续两年下降，2010年比上年减少6.4%。利用外资水平进一步提高。企业“走出去”步伐明显加快，累计对外直接投资2200亿美元，对外工程承包和劳务合作营业额3352亿美元。积极参与全球经济治理机制改革和区域合作机制建设，多边、双边经贸合作继续深化。对外援助规模持续扩大。对外开放有力促进了经济发展和结构调整，增加了就业，吸收了先进技术和管理经验，大大提高了我国的国际地位。

（五）加快发展社会事业，切实保障和改善民生

始终坚持经济发展与社会发展相协调，围绕改善民生谋发展。把就业放在经济社会发展的优先位置。加强职业培训和就业服务，促进高校毕业生、农村转移劳动力、城镇就业困难人员就业，做好退役军人就业安置工作。实施劳动合同法和就业促进法，普遍提高最低工资标准，推动建立和谐劳动关系。覆盖城乡的社会保障体系建设取得突破性进展，城镇职工基本养老保险实现省级统筹，实施养老保险关系跨省转移接续办法，连续七年提高企业退休人员基本养老金水平，年均增长10%，新型农村社会养老保险试点覆盖24%的县。积极稳妥推进医药卫生体制改革，全面建立城镇居民基本医疗保险制度、新型农村合作医疗制度，惠及12.67亿城乡居民。最低生活保障制度实现全覆盖，城乡社会救助体系基本建立，社会福利、优抚安置、慈善和残疾人事业取得新进展。全国社会保障基金积累7810亿元，比五年前增加5800多亿元。大力实施保障性住房建设和棚户区改造，使1100万户困难家庭住上了新房。我们要持之以恒，努力让全体人民老有所养、病有所医、住有所居。

制定和实施国家中长期教育改革和发展规划纲要。五年全国财政教育支出累计4.45万亿元，年均增长22.4%。全面实现城乡免费义务教育，所有适龄儿童都能“不花钱、有学上”。

义务教育阶段教师绩效工资制度全面实施。中等职业教育对农村经济困难家庭、城市低收入家庭和涉农专业的学生实行免费。加快实施国家助学制度，财政投入从2006年的18亿元增加到2010年的306亿元，覆盖面从高等学校扩大到中等职业学校和普通高中，共资助学生2130万名，还为1200多万名义务教育寄宿生提供生活补助。加快农村中小学危房改造和职业教育基础设施建设。全面提高高等教育质量和水平，增强高校创新能力。制定并实施国家中长期科学和技术发展规划纲要，中央财政科技投入6197亿元，年均增长22.7%，取得了一系列重大成果。大力加强基层医疗卫生服务能力建设。国家财政安排专项资金，改造和新建2.3万所乡镇卫生院、1500所县医院、500所县中医院和1000所县妇幼保健院，建立了2400所社区卫生服务中心。制定并实施国家中长期人才发展规划纲要。人口规划目标顺利实现。文化体制改革取得重要进展。公共文化服务体系建设明显加快，文化产业蓬勃发展。哲学社会科学和新闻出版、广播影视、文学艺术繁荣进步。城乡公共体育设施建设加快，全民健身活动蔚然成风。法制建设全面推进，“五五”普法顺利完成。创新和加强社会管理，社会保持和谐稳定。

抗击汶川特大地震等严重自然灾害的斗争取得重大胜利，汶川灾后恢复重建三年任务两年基本完成，玉树强烈地震和舟曲特大山洪泥石流灾后恢复重建有序推进。经过灾难的洗礼，中国人民更加成熟、自信、坚强，中华民族百折不挠、自强不息的伟大精神不可战胜。

五年来，我们不断深化行政管理体制改革，加快转变政府职能，全面完成了新一轮政府机构改革，深入推进依法行政，建设法治政府和服务型政府，推进政务公开，加强行政问责，坚持不懈地开展反腐败斗争，政府自身建设取得积极进展。

过去五年，我们是一步一个脚印走过来的，中国人民有理由为此感到自豪！五年的成绩来之不易。这是以胡锦涛同志为总书记的党中央总揽全局、正确领导的结果，是全党全国各族人民共同努力奋斗的结果。在这里，我代表国务院，向全国各族人民，向各民主党派、各人民团体和各界人士，表示诚挚感谢！向香港特别行政区同胞、澳门特别行政区同胞、台湾同胞和海外侨胞，表示诚挚感谢！向关心和支持中国现代化建设的各国政府、国际组织和各国朋友，表示诚挚感谢！

我们清醒地认识到，我国发展中不平衡、不协调、不可持续的问题依然突出。主要是：经济增长的资源环境约束强化，投资与消费关系失衡，收入分配差距较大，科技创新能力不强，产业结构不合理，农业基础仍然薄弱，城乡区域发展不协调，就业总量压力和结构性矛盾并存，制约科学发展的体制机制障碍依然较多；服务业增加值和就业比重、研究与试验发展经费支出占国内生产总值比重没有完成“十一五”规划目标。一些群众反映强烈的问题没有根本解决，主要是：优质教育、医疗资源总量不足、分布不均；物价上涨压力加大，部分城市房价涨幅过高；违法征地拆迁等引发的社会矛盾增多；食品安全问题比较突出；一些领域腐败现象严重。我们一定要以对国家和人民高度负责的精神，通过艰苦细致的工作和坚持不懈的努力，加快解决这些问题，让人民满意！

回顾“十一五”时期的政府工作，我们进一步加深了以下几个方面的认识和体会。

一是必须坚持科学发展。我们战胜各种严峻挑战，靠的是发展；各领域取得的一切成就和进步，靠的是发展；解决前进道路上的困难和问题，仍然要靠发展。我国仍处于并将长期处于社会主义初级阶段，必须坚持以经济建设为中心，坚持科学发展。要以人为本，把保障和改善民生作为一切工作的出发点和落脚点，坚定不移走共同富裕道路，使发展成果惠及全体人民；坚持统筹兼顾，促进城乡、区域、经济社会协调发展；加快转变经济发展方式，大力推进自主创新，节约资源和保护环境，使经济社会发展与人口资源环境相协调，提高发展的全面性、协调性和可持续性。

二是必须坚持政府调控与市场机制有机统一。健全的市场机制，有效的宏观调控，都是社会主义市场经济体制不可或缺的重要组成部分。市场作用多一些还是政府作用多一些，必须相机抉择。在应对国际金融危机冲击中，我们加强和改善宏观调控，及时纠正市场扭曲，弥补市场失灵，防止经济出现大的起落，实践证明是完全正确的。我们必须不断完善社会主义市场经济体制，充分发挥市场在资源配置中的基础性作用，激发经济的内在活力，同时，科学运用宏观调控手段，促进经济长期平稳较快发展。

三是必须坚持统筹国内国际两个大局。在经济全球化深入发展和对外开放不断深化的条件下，我国经济同世界经济的联系日益紧密，互动和依存不断增强。必须树立世界眼光，加强战略思维，善于从国际形势发展变化中充分把握发展机遇，稳妥应对风险挑战，利用好国内国际两个市场、两种资源，统筹处理好国内发展与对外开放关系，真正做到内外兼顾、均衡发展。

四是必须坚持把改革开放作为经济社会发展的根本动力。改革开放是实现国家强盛、人民幸福的必由之路，必须贯穿社会主义现代化建设全过程。我们要以更大的决心和勇气推进改革，提高改革决策的科学性，增强改革措施的协调性，全面推进经济、政治、文化、社会等各方面改革创新，从根本上破除体制机制障碍，最大限度解放和发展生产力，促进社会公平正义。要坚持把改善人民生活作为正确处理改革发展稳定关系的结合点，把改革的力度、发展的速度和社会可承受的程度统一起来，以改革促进和谐稳定，确保人民安居乐业、社会安宁有序、国家长治久安。

二 “十二五”时期的主要目标和任务

根据《中共中央关于制定国民经济和社会发展第十二个五年规划的建议》，我们编制了《国民经济和社会发展第十二个五年规划纲要（草案）》，提交大会审议。

“十二五”是全面建设小康社会的关键时期，是深化改革开放、加快转变经济发展方式的攻坚时期。从国际看，世界多极化、经济全球化深入发展，和平、发展、合作仍是时代潮流。国际金融危机影响深远，世界经济结构加快调整，全球经济治理机制深刻变革，科技创新和产业转型孕育突破，发展中国家特别是新兴市场国家整体实力步入上升期。从国内看，我国发展的有利条件和长期向好的趋势没有改变，工业化、信息化、城镇化、市场化、国际化深入发展，市场需求潜力巨大，资金供给充裕，科技和教育水平整体提升，劳动力素质提高，基础设施日益完善，政府宏观调控和应对重大挑战的能力明显增强，社会大局保持稳定。综合判断国际国内形势，我国发展仍处于可以大有作为的重要战略机遇期。

我们要高举中国特色社会主义伟大旗帜，以邓小平理论和“三个代表”重要思想为指导，深入贯彻落实科学发展观，适应国内外形势新变化，顺应各族人民过上更好生活新期待，以科学发展为主题，以加快转变经济发展方式为主线，深化改革开放，保障和改善民生，巩固和扩大应对国际金融危机冲击成果，促进经济长期平稳较快发展和社会和谐稳定，为全面建成小康社会打下具有决定性意义的基础。

——我们要推动经济发展再上新台阶。今后五年，我国经济增长预期目标是在明显提高质量和效益的基础上年均增长 7%。按 2010 年价格计算，2015 年国内生产总值将超过 55 万亿元。要继续加强和改善宏观调控，保持价格总水平基本稳定，把短期调控政策和长期发展政策结合起来，坚持实施扩大内需战略，充分挖掘我国内需的巨大潜力，加快形成消费、投资、出口协调拉动经济增长的新局面。

——我们要加快转变经济发展方式和调整经济结构。坚持走中国特色新型工业化道路，推动信息化和工业化深度融合，改造提升制造业，培育发展战略性新兴产业。加快发展服务业，服务业增加值在国内生产总值中的比重提高 4 个百分点。积极稳妥推进城镇化，城镇化率从 47.5% 提高到 51.5%，完善城市化布局和形态，不断提升城镇化的质量和水平。继续加强基础设施建设，进一步夯实经济社会发展基础。大力发展现代农业，加快社会主义新农村建设。深入实施区域发展总体战略和主体功能区战略，逐步实现基本公共服务均等化。促进城乡、区域良性互动，一二三产业协调发展。

——我们要大力发展社会事业。坚持优先发展教育，稳步提升全民受教育程度。坚持自主创新、重点跨越、支撑发展、引领未来的方针，完善科技创新体系和支持政策，着力推进重大科学技术突破。研究与试验发展经费支出占国内生产总值比重达到 2.2%，促进科技成果更好地转化为生产力。适应现代化建设需要，加强人才培养，努力造就规模宏大的高素质人才队伍。大力加强文化建设，推动文化改革发展实现新跨越，满足人民群众不断增长的精神文化需求。大力发展体育事业。进一步深化医药卫生体制改革，健全基本医疗卫生制度，加快实现人人享有基本医疗卫生服务的目标。创新社会管理体制机制，加强社会管理法律、体制、能力建设，确保社会既充满活力又和谐稳定。

——我们要扎实推进资源节约和环境保护。积极应对气候变化。加强资源节约和管理，提高资源保障能力，加大耕地保护、环境保护力度，加强生态建设和防灾减灾体系建设，全面增强可持续发展能力。非化石能源占一次能源消费比重提高到 11.4%，单位国内生产总值能耗和二氧化碳排放分别降低 16% 和 17%，主要污染物排放总量减少 8% 至 10%，森林蓄积量增加 6 亿立方米，森林覆盖率达到 21.66%。切实加强水利基础设施建设，推进大江大河重要支流、湖泊和中小河流治理，明显提高基本农田灌溉、水资源有效利用水平和防洪能力。

——我们要全面改善人民生活。坚持把增加就业作为经济社会发展的优先目标，为全体劳动者创造公平的就业机会，五年城镇新增就业 4500 万人。坚持和完善按劳分配为主体、多种分配方式并存的分配制度，努力实现居民收入增长和经济发展同步、劳动报酬增长和劳动生产率提高同步，逐步提高居民收入在国民收入分配中的比重，提高劳动报酬在初次分配中的比重，加快形成合理的收入分配格局。城镇居民人均可支配收入和农村居民人均纯收入年均实际增长超过 7%。提高扶贫标准，减少贫困人口。加快完善社会保障制度，进一步提高保障水平。城乡基本养老、基本医疗保障制度实现全覆盖，提高并稳定城乡三项基本医疗保险参保率，政策范围内的医保基金支付水平提高到70%以上，全国城镇保障性住房覆盖面达到20%左右。坚持计划生育基本国策，逐步完善政策，促进人口长期均衡发展，人均预期寿命提高1岁，达到74.5岁。

——我们要全面深化改革开放。更加重视改革顶层设计和总体规划，大力推进经济体制改革，积极稳妥地推进政治体制改革，加快推进文化体制、社会体制改革，不断完善社会主义市场经济体制，扩大社会主义民主，完善社会主义法制，使上层建筑更加适应经济基础发展变化，为科学发展提供有力保障。坚持和完善基本经济制度，营造各种所有制经济依法平等使用生产要素、公平参与市场竞争、同等受到法律保护的体制环境。加快财税金融体制改革，积极构建有利于转变经济发展方式的财税体制，构建组织多元、服务高效、监管审慎、风险可控的金融体系。深化资源性产品价格和环保收费改革，建立健全能够灵活反映市场供求关系、资源稀缺程度和环境损害成本的资源性产品价格形成机制。实施更加积极主动的开放战略，培育参与国际合作与竞争新优势，进一步形成互利共赢的开放新格局。

——我们要不断加强政府自身改革建设。政府的一切权力都是人民赋予的，必须对人民负责，为人民谋利益，接受人民监督；必须最广泛地动员和组织人民依法管理国家和社会事务，管理经济和文化事业；必须坚持依法治国基本方略，加强维护群众利益的法制建设，推进依法行政；必须实行科学、民主决策，建立健全决策、执行、监督既相互制约又相互协调的运行机制，确保权力正确行使；必须从制度上改变权力过分集中而又得不到制约的状况，坚决惩治和预防腐败；必须保障人民的民主权利和合法权益，维护社会公平正义。

总之，经过未来五年努力，实现“十二五”规划的各项目标，我国的综合国力就会有更大的提升，人民生活就会有更大的改善，国家面貌就会发生更大的变化。

三　2011年的工作

2011年，是“十二五”开局之年，做好今年的工作对于完成“十二五”各项目标任务至关重要。过去一年，我们的各项工作取得了很大成绩。国内生产总值增长10.3%，居民消费价格涨幅控制在3.3%，城镇新增就业1168万人，国际收支状况有所改善。这为做好今年的工作打下了良好基础。

今年，我国发展面临的形势仍然极其复杂。世界经济将继续缓慢复苏，但复苏的基础不牢。发达经济体经济增长乏力，失业率居高难下，一些国家主权债务危机隐患仍未消除，主要发达经济体进一步推行宽松货币政策，全球流动性大量增加，国际大宗商品价格和主要货币汇率加剧波动，新兴市场资产泡沫和通胀压力加大，保护主义继续升温，国际市场竞争更加激烈，不稳定不确定因素仍然较多。我国经济运行中一些长期问题和短期问题相互交织，体制性矛盾和结构性问题叠加在一起，加大了宏观调控难度。我们要准确判断形势，保持清醒头脑，增强忧患意识，作好应对风险的准备。

今年国民经济和社会发展的主要预期目标是：国内生产总值增长8%左右；经济结构进一

步优化；居民消费价格总水平涨幅控制在4%左右；城镇新增就业900万人以上，城镇登记失业率控制在4.6%以内；国际收支状况继续改善。总的考虑是，为转变经济发展方式创造良好环境，引导各方面把工作着力点放在加快经济结构调整、提高发展质量和效益上，放在增加就业、改善民生、促进社会和谐上。

实现上述目标，要保持宏观经济政策的连续性、稳定性，提高针对性、灵活性、有效性，处理好保持经济平稳较快发展、调整经济结构、管理通胀预期的关系，更加注重稳定物价总水平，防止经济出现大的波动。

继续实施积极的财政政策。保持适当的财政赤字和国债规模。今年拟安排财政赤字9000亿元，其中中央财政赤字7000亿元，继续代地方发债2000亿元并纳入地方预算，赤字规模比上年预算减少1500亿元，赤字率下降到2%左右。要着力优化财政支出结构，增加“三农”、欠发达地区、民生、社会事业、结构调整、科技创新等重点支出；压缩一般性支出，严格控制党政机关办公楼等楼堂馆所建设，出国（境）经费、车辆购置及运行费、公务接待费等支出原则上零增长，切实降低行政成本。继续实行结构性减税。依法加强税收征管。对地方政府性债务进行全面审计，实施全口径监管，研究建立规范的地方政府举债融资机制。

实施稳健的货币政策。保持合理的社会融资规模，广义货币增长目标为16%。健全宏观审慎政策框架，综合运用价格和数量工具，提高货币政策有效性。提高直接融资比重，发挥好股票、债券、产业基金等融资工具的作用，更好地满足多样化投融资需求。着力优化信贷结构，引导商业银行加大对重点领域和薄弱环节的信贷支持，严格控制对“两高”行业和产能过剩行业贷款。进一步完善人民币汇率形成机制。密切监控跨境资本流动，防范“热钱”流入。加强储备资产的投资和风险管理，提高投资收益。

今年，重点要做好以下几方面工作。

（一）保持物价总水平基本稳定

当前，物价上涨较快，通胀预期增强，这个问题涉及民生、关系全局、影响稳定。要把稳定物价总水平作为宏观调控的首要任务，充分发挥我国主要工业品总体供大于求、粮食库存充裕、外汇储备较多等有利条件，努力消除输入性、结构性通胀因素的不利影响，消化要素成本上涨压力，正确引导市场预期，坚决抑制价格上涨势头。要以经济和法律手段为主，辅之以必要的行政手段，全面加强价格调控和监管。一是有效管理市场流动性，控制物价过快上涨的货币条件。把握好政府管理商品和服务价格的调整时机、节奏和力度。二是大力发展生产，保障主要农产品、基本生活必需品、重要生产资料的生产和供应。落实“米袋子”省长负责制和“菜篮子”市长负责制。三是加强农产品流通体系建设，积极开展“农超对接”，畅通鲜活农产品运输“绿色通道”。完善重要商品储备制度和主要农产品临时收储制度，把握好国家储备吞吐调控时机，搞好进出口调节，增强市场调控能力。四是加强价格监管，维护市场秩序。特别要强化价格执法，严肃查处恶意炒作、串通涨价、哄抬价格等不法行为。五是完善补贴制度，建立健全社会救助和保障标准与物价上涨挂钩的联动机制，绝不能让物价上涨影响低收入群众的正常生活。

（二）进一步扩大内需特别是居民消费需求

扩大内需是我国经济发展的长期战略方针和基本立足点，也是促进经济均衡发展的根本途径和内在要求。

积极扩大消费需求。继续增加政府用于改善和扩大消费的支出，增加对城镇低收入居民和农民的补贴。继续实施家电下乡和以旧换新政策。加强农村和中小城市商贸流通、文化体育、旅游、宽带网络等基础设施建设。大力促进文化消费、旅游消费和养老消费。推动农村商业连锁经营和统一配送，优化城镇商业网点布局，积极发展电子商务、网络购物、地理信息等新型服务业态。大力整顿和规范市场秩序，切实维护消费者权益。深入开展打击侵犯知识产权和制售假冒伪劣商品的专项治理行动。

大力优化投资结构。认真落实国务院关于鼓励引导民间投资新36条，抓紧制定公开透明的市场准入标准和支持政策，切实放宽市场准入，真正破除各种有形和无形的壁垒，鼓励和引导民间资本进入基础产业和基础设施、市政公用事业、社会事业、金融服务等领域，推动民营企业加强自主创新和转型升级，鼓励和引导民间资本重组联合和参与国有企业改革，加强对民间投资的服务、指导和规范管理，促进社会投资稳定增长和结构优化。充分发挥政府投资对结构调整的引导作用，优先保证重点在建、续建项目的资金需求，有序启动“十二五”规划重大项目建设。防止盲目投资和重复建设。严格执行投资项目用地、节能、环保、安全等准入标准，提高投资质量和效益。

（三）巩固和加强农业基础地位

坚持把“三农”工作放在重中之重，在工业化、城镇化深入发展中同步推进农业现代化，巩固和发展农业农村好形势。

确保农产品供给，多渠道增加农民收入。要把保障粮食安全作为首要目标，毫不放松地抓好农业生产。稳定粮食种植面积，支持优势产区生产棉花、油料、糖料等大宗产品。大力发展畜牧业、渔业、林业。切实抓好新一轮“菜篮子”工程建设，大中城市郊区要有基本的菜地面积和生鲜食品供给能力。强化农业科技支撑，发展壮大农作物种业，大规模开展高产创建。继续实施粮食最低收购价政策，今年小麦最低收购价每50公斤提高5到7元，水稻最低收购价每50公斤提高9到23元。大力发展农村非农产业，壮大县域经济，提高农民职业技能和创业、创收能力，促进农民就地就近转移就业。提高扶贫标准，加大扶贫开发力度。

大兴水利，全面加强农业农村基础设施建设。重点加强农田水利建设、中小河流治理、小型水库和病险水闸除险加固以及山洪地质灾害防治。完善排灌设施，发展节水灌溉，加固河流堤岸，搞好清淤疏浚，消除水库隐患，扩大防洪库容。通过几年努力，全面提高防汛抗旱、防灾减灾能力。大力推进农村土地开发整理，大规模建设旱涝保收高标准农田，加快全国新增千亿斤粮食生产能力建设。加强农村水电路气房建设，大力改善农村生产生活条件，努力为农民建设美好家园。

加大“三农”投入，完善强农惠农政策。财政支出重点向农业农村倾斜，确保用于农业农村的总量、增量均有提高；预算内固定资产投资重点用于农业农村基础设施建设，确保总量和比重进一步提高；土地出让收益重点投向农业土地开发、农田水利和农村基础设施建设，确保足额提取、定向使用。今年中央财政用于“三农”的投入拟安排9884.5亿元，比上年增加

1304.8 亿元。继续增加对农民的生产补贴，新增补贴重点向主产区、重点品种、专业大户、农民专业合作组织倾斜。增加中央财政对粮食、油料、生猪调出大县的一般性转移支付，扩大奖励补助规模和范围。引导金融机构增加涉农信贷投放，确保涉农贷款增量占比不低于上年。加大政策性金融对“三农”的支持力度。健全政策性农业保险制度，建立农业再保险和巨灾风险分散机制。

深化农村改革，增强农村发展活力。坚持和完善农村基本经营制度，健全覆盖耕地、林地、草原等家庭承包经营制度。有序推进农村土地管理制度改革。探索建立耕地保护补偿机制。继续推进农村综合改革。全面实施村级公益事业建设一事一议财政奖补，大幅增加奖补资金规模。加快发展农民专业合作组织和农业社会化服务体系，提高农业组织化程度。年底前，在全国普遍建立健全乡镇或区域性农业技术推广、动植物疫病防控、农产品质量监管等公共服务机构。

解决 13 亿中国人的吃饭问题始终是头等大事，任何时候都不能掉以轻心。我们有信心也有能力办好这件大事。

（四）加快推进经济结构战略性调整

这是转变经济发展方式的主攻方向。要推动经济尽快走上内生增长、创新驱动的轨道。

调整优化产业结构。加快构建现代产业体系，推动产业转型升级。一是改造提升制造业。加大企业技术改造力度，重点增强新产品开发能力和品牌创建能力，提高能源资源综合利用水平、技术工艺系统集成水平，提高产品质量、技术含量和附加值。推动重点行业企业跨地区兼并重组。完善落后产能退出机制和配套政策。二是加快培育发展战略性新兴产业。积极发展新一代信息技术产业，建设高性能宽带信息网，加快实现“三网融合”，促进物联网示范应用。大力推动节能环保、新能源、生物、高端装备制造、新材料、新能源汽车等产业发展。要抓紧制定标准，完善政策，加强创新能力建设，发挥科技型中小企业作用，促进战略性新兴产业健康发展，加快形成生产能力和核心竞争力。三是大力发展服务业。加快发展生产性服务业，积极发展生活性服务业。大力发展和提升软件产业。着力营造有利于服务业发展的市场环境，加快完善促进服务业发展的政策体系。尽快实现鼓励类服务业用电、用水、用气、用热与工业基本同价。四是加强现代能源产业和综合运输体系建设。积极推动能源生产和利用方式变革，提高能源利用效率。推进传统能源清洁利用，加强智能电网建设，大力发展清洁能源。统筹发展、加快构建便捷、安全、经济、高效的综合运输体系。坚持陆海统筹，推进海洋经济发展。

促进区域协调发展。全面落实各项区域发展规划。坚持把实施西部大开发战略放在区域发展总体战略的优先位置，认真落实西部大开发新十年的政策措施和促进西藏、新疆等地区跨越式发展的各项举措。全面振兴东北地区等老工业基地，继续推进资源型城市转型。大力促进中部地区崛起，进一步发挥承东启西的区位优势。积极支持东部地区率先发展，在体制机制创新和发展方式转变上走在全国前列。更好发挥深圳等经济特区、上海浦东新区、天津滨海新区在改革开放中先行先试的作用。加大力度支持革命老区、民族地区、边疆地区发展，颁布实施 2011—2020 年中国农村扶贫开发纲要，启动集中连片特殊困难地区扶贫开发攻坚工程，加快贫困地区脱贫致富步伐。

积极稳妥推进城镇化。坚持走中国特色城镇化道路，遵循城市发展规律，促进城镇化健康发展。坚持科学规划，严格管理。加强城市基础设施和公共服务设施建设，增强城镇综合承载能力，提高管理和服务水平。因地制宜，分步推进，把有稳定劳动关系并在城镇居住一定年限的农民工，逐步转为城镇居民。对暂不具备落户条件的农民工，要解决好他们在劳动报酬、子女就学、公共卫生、住房租赁、社会保障等方面的实际问题。要充分尊重农民在进城和留乡问题上的自主选择权，切实保护农民承包地、宅基地等合法权益。城镇化要同农业现代化和新农村建设相互促进，这是必须坚持的正确方向。

加强节能环保和生态建设，积极应对气候变化。突出抓好工业、建筑、交通运输、公共机构等领域节能。继续实施重点节能工程。大力开展工业节能，推广节能技术，运用节能设备，提高能源利用效率。加大既有建筑节能改造投入，积极推进新建建筑节能。大力发展循环经济。推进低碳城市试点。加强适应气候变化特别是应对极端气候事件能力建设。建立完善温室气体排放和节能减排统计监测制度。加快城镇污水管网、垃圾处理设施的规划和建设，推广污水处理回用。加强化学品环境管理。启动燃煤电厂脱硝工作，深化颗粒物污染防治。加强海洋污染治理。加快重点流域水污染治理、大气污染治理、重点地区重金属污染治理和农村环境综合整治，控制农村面源污染。继续实施重大生态修复工程，加强重点生态功能区保护和管理，实施天然林资源保护二期工程，落实草原生态保护补助奖励政策，巩固退耕还林还草、退牧还草等成果，大力开展植树造林，加强湿地保护与恢复，推进荒漠化、石漠化综合治理。完善防灾减灾应急预案，加快山洪地质灾害易发区调查评价、监测预警、防治应急等体制建设。

（五）大力实施科教兴国战略和人才强国战略

科技、教育和人才是国家发展的基础和根本，必须始终放在重要的战略位置。

坚持优先发展教育。推动教育事业科学发展，为人们提供更加多样、更加公平、更高质量的教育。2012 年财政性教育经费支出占国内生产总值比重达到 4%。加快发展学前教育。公办民办并举，增加学前教育资源，抓紧解决“入园难”问题。促进义务教育均衡发展。加强义务教育阶段学校标准化建设，公共资源配置重点向农村和城市薄弱学校倾斜。以流入地政府和公办学校为主，切实保障农民工随迁子女平等接受义务教育。支持民族地区教育发展，做好“双语”教学工作。全面推进素质教育。加快教育改革，切实减轻中小学生过重课业负担，注重引导和培养孩子们独立思考、实践创新能力。保证中小学生每天一小时校园体育活动。大力发展职业教育。引导高中阶段学校和高等学校办出特色，提高教育质量，增强学生就业创业能力。加强重点学科建设，加快建设一批世界一流大学。支持特殊教育发展。落实和完善国家助学制度，无论哪个教育阶段，都要确保每个孩子不因家庭经济困难而失学。

全面加强人才工作。以高层次和高技能人才为重点，加快培养造就一大批创新型科技人才和急需紧缺人才。加大人才开发投入，推进重大人才工程。深化选人用人制度改革，努力营造平等公开、竞争择优的制度和社会环境，激励优秀人才脱颖而出，创造人尽其才的良好局面。

大力推进科技创新。加快实施国家科技重大专项，突破一批核心关键技术，提升重大集成创新能力。加强基础研究、前沿技术研究，增强原始创新能力。推动建立企业主导技术研发创新的体制机制。鼓励企业共同出资开展关键共性技术研发，共担风险、共享成果，对符合国家战略方向的项目，政府要从政策和资金上给予支持。深化科技管理体制改革，促进科技资源优化配置、高效利用和开放共享。激励科研院所、高等学校和广大科技人员以多种形式与企业合作。保持财政科技投入稳定增长，提高科研经费使用效率。坚定不移地实施国家知识产权战略，提升知识产权的创造、应用、保护、管理能力，激发全社会创新活力。

（六）加强社会建设和保障改善民生

经济越发展，越要重视加强社会建设和保障改善民生。

千方百计扩大就业。继续实施更加积极的就业政策。今年中央财政拟投入423亿元，用于扶助和促进就业。要适应我国劳动力结构特点，大力发展劳动密集型产业、服务业、小型微型企业和创新型科技企业，努力满足不同层次的就业需求。继续把高校毕业生就业放在首位，做好重点人群就业工作。加强职业技能培训，鼓励自主创业。加强公共就业服务，健全统一规范灵活的人力资源市场。加快就业信息网络建设，实现全国互联互通。加强劳动保障监察执法，完善劳动争议处理机制，依法维护劳动者权益，构建和谐劳动关系。

合理调整收入分配关系。这既是一项长期任务，也是当前的紧迫工作。今年重点采取三方面措施：一是着力提高城乡低收入群众的基本收入。稳步提高职工最低工资、企业退休人员基本养老金和城乡居民最低生活保障标准。建立健全职工工资正常增长机制，严格执行最低工资制度。二是加大收入分配调节力度。提高个人所得税工薪所得费用扣除标准，合理调整税率结构，切实减轻中低收入者税收负担。有效调节过高收入，加强对收入过高行业工资总额和工资水平的双重调控，严格规范国有企业、金融机构高管人员薪酬管理。三是大力整顿和规范收入分配秩序。坚决取缔非法收入。加快建立收入分配监测系统。通过持续不断的努力，尽快扭转收入分配差距扩大趋势，努力使广大人民群众更多分享改革发展成果。

加快健全覆盖城乡居民的社会保障体系。将新型农村社会养老保险试点范围扩大到全国40%的县。推进城镇居民养老保险试点，解决集体企业退休人员养老保障的历史遗留问题，建立企业退休人员基本养老金正常调整机制。积极推进机关和事业单位养老保险制度改革。将国有企业、集体企业“老工伤”人员纳入工伤保险制度。完善城乡低保制度。继续多渠道增加社会保障基金。将孤儿养育、教育和残疾孤儿康复等纳入财政保障范围。继续推进残疾人社会保障体系和服务体系建设。加快推进社会保障管理信息化。发挥商业保险在完善社会保障体系中的作用。大力发展慈善事业。

坚定不移地搞好房地产市场调控。加快健全房地产市场调控的长效机制，重点解决城镇中低收入家庭住房困难，切实稳定房地产市场价格，满足居民合理住房需求。一是进一步扩大保障性住房建设规模。今年要再开工建设保障性住房、棚户区改造住房共1000万套，改造农村危房150万户。重点发展公共租赁住房。中央财政预算拟安排补助资金1030亿元，比上年增加265亿元。各级政府要多渠道筹集资金，大幅度增加投入。抓紧建立保障性住房使用、运营、退出等管理制度，提高透明度，加强社会监督，保证符合条件的家庭受益。二是进一步落实和完善房地产市场调控政策，坚决遏制部分城市房价过快上涨势头。制定并向社会公布年度住房建设计划，在新增建设用地计划中，单列保障性住房用地，做到应保尽保。重点增加中小套型普通商品住房建设。规范发展住房租赁市场。严格落实差别化住房信贷、税收政策，调整完善房地产相关税收政策，加强税收征管，有效遏制投机投资性购房。加强房地产市场监测和市场行为监管，严厉查处各类违法违规行为。三是建立健全考核问责机制。稳定房价和住房保障工作实行省级人民政府负总责，市县人民政府负直接责任。有关部门要加快完善巡查、考评、约谈和问责制度，对稳定房价、推进保障性住房建设工作不力，从而影响社会发展和稳定的地方，要追究责任。

推进医药卫生事业改革发展。今年是医改三年实施方案的攻坚年，要确保完成各项目标任务。一是在基层全面实施国家基本药物制度。建立完善基本药物保障供应体系，加强药品监管，确保用药安全，切实降低药价。二是抓好公立医院改革试点。鼓励各地在医院管理体制、医疗服务价格形成机制和监管机制等方面大胆探索。完善医疗纠纷调处机制，改善医患关系。三是提高基本医疗保障水平。稳定提高城镇职工、居民医保参保率和新农合参合率。今年要把新农合和城镇居民医保财政补助标准提高到200元。四是完成农村三级卫生服务网络和城市社区卫生服务机构建设任务。今年全国人均基本公共卫生服务经费标准提高到25元。加强重大传染病、慢性病、职业病、地方病和精神疾病的预防控制和规范管理。加强妇幼保健工作，继续推进妇女宫颈癌、乳腺癌免费检查和救治保障试点。认真做好艾滋病防治工作。大力发展中医药和民族医药事业，落实各项扶持政策。五是鼓励社会资本举办医疗机构。放宽社会资本和外资举办医疗机构的准入范围。完善和推进医生多点执业制度，鼓励医生在各类医疗机构之间合理流动和在基层开设诊所，为人民群众提供便捷的医疗卫生服务。

全面做好人口和计划生育工作。继续稳定低生育水平。做好流动人口计划生育服务管理工作。加强出生缺陷干预，进一步扩大免费孕前优生健康检查试点，做好孕产妇和婴幼儿保健工作。农村妇女住院分娩率达到95%以上。实施新一轮妇女儿童发展纲要，切实保护妇女和未成年人权益。加快建立健全老年人社会服务体系，加强公益性养老服务设施建设。

加强和创新社会管理。强化政府社会管理职能，广泛动员和组织群众依法参与社会管理，发挥社会组织的积极作用，完善社会管理格局。以城乡社区为载体，以居民需求为导向，整合人口、就业、社保、民政、卫生、文化等社会管理职能和服务资源，实现政府行政管理与基层群众自治有效衔接和良性互动。加快建立健全维护群众权益机制、行政决策风险评估和纠错机制，加强信访、人民调解、行政调解、司法调解工作，拓宽社情民意表达渠道，切实解决乱占耕地、违法拆迁等群众反映强烈的问题。加强和完善公共安全体系。健全突发事件应急体制，提高全社会危机管理和抗风险能力。加强信息安全和保密工作，完善信息网络管理。加强社会治安综合治理，严密防范、依法打击各类违法犯罪活动。落实企业安全生产和产品质量主体责任，坚决遏制重特大安全生产事故。完善食品安全监管体制机制，健全法制，严格标准，完善监测评估、检验检测体系，强化地方政府监管责任，加强监管执法，全面提高食品安全保障水平。

各级政府一定要把社会管理和公共服务摆到更加重要的位置，切实解决人民群众最关心最直接最现实的利益问题。

（七）大力加强文化建设

文化对民族和国家的影响更深刻、更久远。要更好地满足人民群众多层次多样化文化需求，发挥文化引导社会、教育人民、推动发展的功能，增强民族凝聚力和创造力。加强公民道德建设，在全社会树立中国特色社会主义的共同理想和信念，加快构建传承中华传统美德、符合社会主义精神文明要求、适应社会主义市场经济的道德和行为规范。加强诚信体系建设，建立相关制度和法律法规。增强公共文化产品供给和服务能力，重点加强中西部地区和城乡基层的文化基础设施建设，继续实施文化惠民工程。扶持公益性文化事业，加强文化遗产保护、利用和传承。进一步繁荣哲学社会科学。发展新闻出版、广播影视、文学艺术、档案事业。加强对互联网的利用和管理。深化文化体制改革，积极推进经营性文化单位转企改制。大力发展文化产业，培育新型文化业态，推动文化产业成为国民经济支柱性产业。大力开展全民健身活动，促进群众体育和竞技体育协调发展。加强对外文化体育交流与合作，不断扩大中华文化国际影响力，让博大精深的中华文化再展辉煌。

（八）深入推进重点领域改革

继续推进国有经济战略性调整，健全国有资本有进有退、合理流动机制。完善国有金融资产、非经营性资产和自然资源资产监管体制，加强境外国有资产监管。继续鼓励、支持和引导非公有制经济发展。健全财力与事权相匹配的财税体制，清理和归并专项转移支付项目，增加一般性转移支付，健全县级基本财力保障机制。在一些生产性服务业领域推行增值税改革试点，推进资源税改革。深化预算管理制度改革，全面编制政府性基金预算，扩大国有资本经营预算范围，试编社会保险基金预算。继续深化金融企业改革，加快建立现代金融企业制度。加快培育农村新型金融机构。继续大力发展金融市场，鼓励金融创新。推进利率市场化改革。扩大人民币在跨境贸易和投资中的使用。推进人民币资本项下可兑换工作。加强和改善金融监管，建立健全系统性金融风险防范预警体系和处置机制。完善成品油、天然气价格形成机制和各类电价定价机制。推进水价改革。研究制定排污权有偿使用和交易试点的指导意见。价格改革要充分考虑人民群众特别是低收入群众的承受能力。按照政事分开、事企分开、管办分开、营利性与非营利性分开的要求，积极稳妥地分类推进事业单位改革。

（九）进一步提高对外开放水平

中国的发展离不开世界。要积极发展互利互惠的多双边经贸关系，不断拓展新的开放领域和空间。继续推动多哈回合谈判，反对各种形式的保护主义，促进国际经济秩序朝着更加公正、合理、共赢的方向发展。

切实转变外贸发展方式。在大力优化结构和提高效益的基础上，保持对外贸易稳定增长。无论是一般贸易还是加工贸易出口，都要继续发挥劳动力资源优势，都要减少能源资源消耗，都要向产业链高端延伸，都要提高质量、档次和附加值。积极扩大自主品牌产品出口。大力发展服务贸易和服务外包，不断提高服务贸易的比重。坚持进口和出口并重，扩大先进技术设备、关键零部件和能源原材料进口，促进从最不发达国家和主要顺差来源国增加进口，逐步改善贸易不平衡状况，妥善处理贸易摩擦。

推动对外投资和利用外资协调发展。加快实施“走出去”战略，完善相关支持政策，简化审批手续，为符合条件的企业和个人到境外投资提供便利。鼓励企业积极有序开展跨国经营。加强对外投资的宏观指导，健全投资促进和保护机制，防范投资风险。坚持积极有效利用外资的方针，注重引进先进技术和人才、智力资源，鼓励跨国公司在华设立研发中心，切实提高利用外资的总体水平和综合效益。抓紧修订外商投资产业目录，鼓励外资投向高新技术、节能环保、现代服务业等领域和中西部地区。

（十）加强廉政建设和反腐败工作

建设廉洁的政府是一项持久而又紧迫的任务，是人民的殷切期望。要加快解决反腐倡廉建设中的突出问题，扎实推进惩治和预防腐败体系建设，把查办大案要案作为反腐败的重要举措，同时更加注重制度建设。一是认真治理政府工作人员以权谋私和渎职侵权问题。针对工程建设、土地使用权出让和矿产资源开发、国有产权交易、政府采购等重点领域存在的问题，加大查处违法违纪案件工作力度，坚决惩处腐败分子。二是切实加强廉洁自律，认真贯彻执行《廉政准则》，落实领导干部收入、房产、投资以及配偶子女从业、移居国（境）外等情况定期报告制度，自觉接受监督。加强审计和监察工作。加大对行政机关领导干部和国有企业、事业单位负责人的监督力度。三是坚决反对铺张浪费和形式主义。要精简会议、文件，清理和规范各种达标、评比、表彰以及论坛、庆典等活动，从经费上严加控制。规范公务用车配备管理并积极推进公务用车制度改革。加快实行财政预算公开，让人民知道政府花了多少钱，办了什么事。各级政府都要努力为人民办事；每一个公务员都要真正成为人民的公仆。

各位代表！

巩固和发展各民族大团结，是国家长治久安、繁荣昌盛的根本保证，是各族人民的根本利益所在。要坚持和完善民族区域自治制度，全面落实中央支持少数民族和民族地区发展的政策措施。制定实施扶持人口较少民族发展、推进兴边富民行动和发展少数民族事业五年规划。让我们团结奋进，共同谱写中华民族繁荣发展的历史新篇章！

全面贯彻党的宗教工作基本方针，深入落实《宗教事务条例》，发挥宗教界人士和信教群众在促进经济发展、社会和谐中的积极作用。

继续加强侨务工作，保护侨胞的正当权益，保护归侨和侨眷的合法权益，充分发挥他们在促进祖国统一和民族振兴中的独特作用。

各位代表！

建立巩固的国防，建设强大的人民军队，是维护国家主权、安全、发展利益和全面建设小康社会的重要保障。要紧紧围绕党和国家工作大局，着眼有效履行新世纪新阶段我军历史使命，全面加强军队革命化现代化正规化建设，不断提高以打赢信息化条件下局部战争能力为核心的完成多样化军事任务的能力。坚持把思想政治建设摆在首位。积极开展信息化条件下的军事训练。加快全面建设现代后勤步伐。推动军民融合式发展，加强国防科研和武器装备建设。积极稳妥地推进国防和军队改革。坚持依法治军、从严治军。坚决完成抢险救灾等急难险重任务。建设现代化武装警察力量，增强执勤、处置突发事件和反恐维稳能力。加强国防动员和后备力量建设，巩固和发展军政军民团结。

各位代表！

我们将坚定不移地贯彻“一国两制”、“港人治港”、“澳人治澳”、高度自治的方针，全力支持香港、澳门两个特别行政区发展经济，改善民生。支持香港巩固和提升国际金融、贸易、航运中心地位。支持澳门建设世界旅游休闲中心，促进经济适度多元发展。充分发挥香港、澳门在国家整体发展战略中的独特作用。进一步提高内地与港澳合作的机制化水平，支持粤港澳深化区域合作，实现互利共赢。在中华民族伟大复兴的历史进程中，祖国内地人民将与港澳同胞携手奋进，共享伟大祖国的尊严与荣耀！

我们将坚持新形势下发展两岸关系、促进祖国和平统一的大政方针和各项政策。继续推进两岸协商，积极落实两岸经济合作框架协议，加强产业合作，加快新兴产业、金融等现代服务业合作发展，支持有条件的大陆企业赴台投资。支持海峡西岸经济区在推进两岸交流合作中发挥先行先试作用。深入开展两岸社会各界交流，积极拓展两岸文化教育合作。增进两岸政治互信，巩固两岸关系和平发展的政治基础，共同维护两岸关系和平发展的良好局面。我们坚信，只要海内外中华儿女继续共同努力奋斗，祖国和平统一大业一定能够实现！

各位代表！

我们将继续高举和平、发展、合作的旗帜，坚持独立自主的和平外交政策，坚持走和平发展道路，坚持奉行互利共赢的开放战略，坚持推动建设持久和平、共同繁荣的和谐世界，为我国现代化建设创造更加有利的外部环境和条件。

我们要保持与主要大国关系健康稳定发展，积极推进对话合作，扩大共同利益和合作基础。坚持“与邻为善，以邻为伴”的周边外交方针，深化同周边国家的睦邻友好合作关系，推进区域次区域合作进程。增进同广大发展中国家的传统友好合作关系，进一步落实和扩大合作成果，推进合作方式创新和机制建设。积极开展多边外交，以二十国集团峰会等为主要平台，加强宏观经济政策协调，推动国际经济金融体系改革，促进世界经济强劲、可持续、平衡增长，在推动解决热点问题和全球性问题上发挥建设性作用，履行应尽的国际责任和义务。中国政府和人民愿与国际社会一道，共同应对风险挑战，共同分享发展机遇，为人类和平与发展的崇高事业作出新贡献！

各位代表！

回顾过去，我们创造了不平凡的光辉业绩；展望未来，我们对国家的锦绣前程充满信心！让我们在以胡锦涛同志为总书记的党中央领导下，紧紧抓住历史机遇，勇敢面对各种挑战，开拓进取，团结奋斗，扎实工作，努力实现“十二五”时期良好开局，把中国特色社会主义伟大事业继续推向前进！

（来源：中国政府网）

中国经济学年鉴

2012

第二篇 专题述评

海内外若干机构对 2011 年中国经济预测结果的比较分析

2011 年春季，海内外各研究机构和专家学者在分析 2010 年下半年或 2011 年年初中国经济现状与趋势的基础上，对 2011 年中国经济增长率以及主要宏观经济指标进行了预测。与 2010 年下半年的预测相比，2011 年春季的预测值总体上与实际值较为接近，但差距仍然存在，观点也各不相同。本文将回顾海内外若干研究机构和专家学者于 2011 年春季对我国 2011 年经济增长态势的总体判断，梳理各机构的经济预测结果，以期促进我国经济预测工作的改善。

一 中国经济形势的总体判断

2010 年年末至 2011 年年初，中国经济由回升转入增长与通胀并行阶段，外部环境复杂多变，使得海内外各机构普遍认为 2011 年中国经济上行存在压力。但由于国内投资依然强劲，内需保持旺盛，因此 2011 年总体经济形势看好。中国经济必须加强宏观调控的作用和主动性，抑制通货膨胀和价格上涨。

国家发展改革委宏观经济研究院课题组（2011 年 3 月）指出，2011 年引发价格上涨的因素仍然较多，必须进一步增强宏观调控的预见性和主动性，抑制价格上涨。要切实稳定价格总水平，发挥稳健的货币政策的有效作用。加强对国际市场粮食、能源和重要商品价格变动的跟踪，加强对国内市场粮食、食品和重要商品价格走势的监测，增强价格调控的预期性和主动性。

国家信息中心经济预测部发展战略处高辉清（2011 年 2 月）表示，随着各主要国家所推出的政策的效应在 2009 年第四季度和 2010 年第一季度的陆续消失，世界经济增长在经历一次短周期的快速复苏之后开始步入次贷危机带来的中长下降周期。因此，2011 年宏观调控的主要任务是防通胀和调结构，为了防范和抑制通货膨胀，紧缩将是 2011 年上半年货币政策的主基调。

国务院发展研究中心张立群（2011 年 3 月）分析指出，受基数大和发达国家经济走低、国际贸易低增长等因素的影响，预计 2011 年我国出口增幅将明显降低，贸易顺差明显减少；内需增长已总体上实现由政府推动向市场推动的转换，但增速降低；投资增幅和消费增幅可能继续降低。2011 年宏观经济形势仍然十分复杂，为此必须实施稳健的货币政策，管理好通货膨胀预期、加快经济结构调整之间的关系，努力保持一个既有利于扩大内需，又能够有效防止通货膨胀的货币金融环境。

中国社会科学院“中国经济形势分析与预测”课题组（2011年4月）认为，2011年引起通货膨胀的因素较多，来源于多种因素的综合叠加效应，主要有国际输入、需求拉动、成本推动、流通环节以及价格翘尾等因素。2011年中国面临的国内外环境依然复杂，必须把稳定物价总水平作为宏观调控的首要任务，把握好积极财政政策和稳健货币政策的着力方向和组合力度，促进投资平稳适度增长，防止经济出现大的波动。

厦门大学宏观经济研究中心、新加坡国立大学李光耀公共政策学院和新华社经济参考报社在2011年2月26日联合举行的2011年中国季度宏观经济模型（CQMM）春季预测报告发布会上指出，2011年在实施积极的财政政策的同时，货币政策转向稳健，但信贷扩张的压力依然很大。当前的宏观经济调控必须在控制通胀与追求增长之间作出权衡，必须坚决地将经济增长速度控制在9%左右，必须充分重视通胀对不同收入阶层尤其是农村低收入阶层收入的影响。

中国银行国际金融研究所（2011年1月）分析得出，2011年我国经济将由回升转入增长与通胀并行阶段，外部环境复杂多变，世界经济殊途同归于“滞胀”；“三驾马车”均有放缓，经济景气小幅回落；通胀压力上升，价格调节面临“二难选择”。2011年，我国经济将由政策刺激下的较快增长转为结构调整中的稳定增长阶段，宏观经济政策重在“调结构”和“控物价”，财政政策重在“调结构”和稳增长，货币政策转向“稳健”，货币信贷回归常态。

世界银行（2011年4月）认为，在宏观政策立场趋于正常的情况下，2011年中国经济增长将表现稳健，消费增长减缓，但因投资强劲，内需仍保持旺盛。2010年年底出口增长放缓，但2011年年初出口增速继续提高，贸易条件的下降和进出口量的变化共同导致了贸易顺差的下降。由于食品和原材料价格上升，通货膨胀达到较高水平，但因政府采取了若干措施抑制通胀，通胀不太可能继续加剧。

国际货币基金组织（IMF）（2011年4月）认为，鉴于对信贷增长更为严格的限制、为房地产市场降温和限制银行对房地产业贷款风险敞口等措施，以及中国政府计划在2011年实施退出策略，2011年中国经济将持续增长，但增幅有所放缓。2011年中国短期增长的2/3将来自国内私人需求，政府活动将贡献1/3，而来自净出口的贡献将接近零。在国内需求的推动下，2011年中国经济增长率将达到9.6%。中国经济中期增长取决于是否能够对增长驱动力进行再平衡，即更多的增长应来自国内，而不是依靠外部需求。IMF建议，为了达到中长期增长目标，中国应对医疗、教育和退休制度进行改革，以增强社会保障体系。

二　GDP增长率预测

2011年春季，海内外各机构和专家学者对2011年中国GDP增长率的预测值较为一致，在9.0%—10.13%之间（见表1）。其中，国家发改委、厦门大学、交通银行、高盛集团等机构的研究结果较为乐观，得出2011年中国GDP增长率将在10.0%左右。厦门大学宏观经济研究中心的预测值最高，为10.13%。预测值相对较低的几个机构为国务院发展研究中心、经合组织（OECD）和恒生银行，它们认为中国2011年的GDP增长率将在9.0%左右。

实际情况是，2011年中国宏观经济运行继续朝着宏观调控预期方向发展，经济呈现增长较快的态势，GDP增长率达到9.2%。北京师范大学、世界银行、巴克莱资本银行的预测值与实际值较为接近，大部分机构发布的GDP增长率预测值都高于实际值。从2011年国内外机构GDP增长率预测比较（见图1）可以看出，国内机构与国外机构对中国2011年GDP增长率的预测值并无显著差异，并且从预测的发布时间来看，2011年3月至2011年4月发布的GDP增长率预测值并不比2011年1月至2011年2月发布的预测值更接近实际值。

表1　　2011年中国GDP增长率预测

预测机构	预测人	发布时间	预测值（%）	预测误差（百分点）
北京师范大学	钟伟	2011.1	9.2	0
世界银行	—	2011.4	9.3	0.1
巴克莱资本银行	—	2011.3	9.3	0.1
国务院发展研究中心	张立群	2011.3	9	-0.2
经合组织（OECD）	—	2011.5	9	-0.2
德意志银行	—	2011.3	9.4	0.2
恒生银行	—	2011.4	9	-0.2
中国银行战略发展部宏观经济分析小组	—	2011.1	9.5	0.3
农行战略管理部	胡新智	2011.1	9.5	0.3
国家信息中心	范剑平	2011.3	9.5	0.3
星展银行	—	2011.4	9.5	0.3
中国社会科学院课题组	—	2011.4	9.6	0.4
中国人民大学经济研究所	刘元春　闫衍　朱戎	2011.1	9.6	0.4
申银万国证券研究所	李慧勇　孟祥娟　张承启　魏强　陈果	2011.3	9.6	0.4
国际货币基金组织（IMF）	—	2011.4	9.6	0.4
摩根大通	—	2011.1	9.6	0.4
亚洲开发银行	—	2011.4	9.6	0.4
中国科学院预测科学研究中心	杨晓光	2011.1	9.8	0.6
法国兴业银行	—	2011.4	9.8	0.6

续表

预测机构	预测人	发布时间	预测值（%）	预测误差（百分点）
国家发展和改革委员会社会发展研究所	杨宜勇	2011.1	10	0.8
交通银行金融研究中心	—	2011.4	10	0.8
高盛集团	—	2010.12	10	0.8
厦门大学宏观经济研究中心	—	2011.3	10.13	0.93

来源：作者根据相关资料整理。

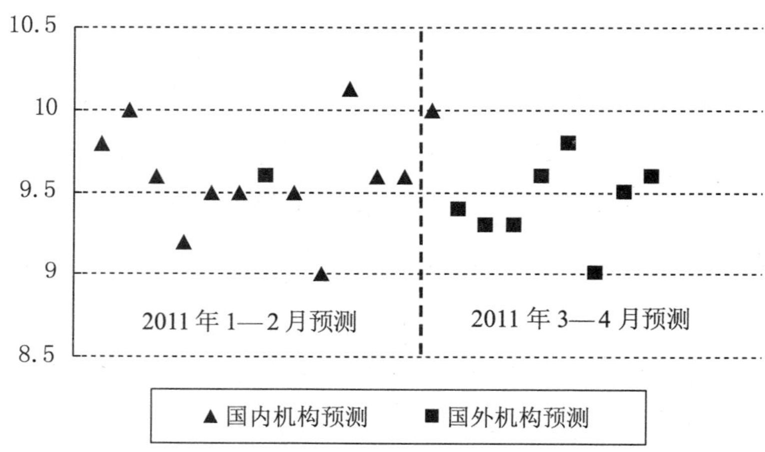

图 1　2011 年国内外机构 GDP 增长率预测比较（%）

三　主要宏观经济指标增长率预测

（一）全社会固定资产投资增长率

2011 年春季，各机构普遍预测固定资产投资仍将以较快的速度增长（见表 2）。从表 2 可以看出，除去以城镇固定资产进行预测的投资增长率外，2011 年全社会固定资产投资增速的预测值差异不大，基本在 22.5%—24.0% 的区间内。部分研究机构和专家学者认为，2011 年的全社会固定资产投资增速将低于 2010 年。如中国人民大学经济研究所（2011 年 1 月）表示，2011 年在多重下行力量和上行力量的共同作用下，固定资产投资增速将进一步回落，全年增速仅为 22.5%。国家信息中心范剑平（2011 年 3 月）指出，2011 年是“十二五”开局之年，固定资产投资保持合理规模的有利条件较多，但也存在诸如部分传统行业的新增产能投资受限、房地产商放缓投资等不利因素，影响固定资产投资的增速，预计 2011 年全社会固定资产投资名义增速为 24% 左右，名义和实际增速均比2010年有所回落。中国社会科学院课题组（2011年4月）认为，2011年在基础设施财政性投资部分淡出、货币政策转向稳健、地方投资积极性较高等不同因素的综合影响下，全社会固定资产投资名义增长率将会较2010年有所回落，预计名义增长率为22.7%。

实际情况是，2011年我国全社会固定资产投资名义增长达到23.6%，实际增长达到15.9%。国家信息中心、中国社会科学院课题组、申银万国证券研究所的预测较为准确，并且申银万国证券研究所的预测值与实际值相等。

表2　　2011年全社会固定资产投资增长率预测

预测机构	预测人	发布时间	预测结果（%）	预测误差（百分点）
国务院发展研究中心	张立群	2011.3	>10.0	—
申银万国证券研究所	李慧勇　孟祥娟　张承启　魏强　陈果	2011.3	23.6	0
中国银行战略发展部宏观经济分析小组	—	2011.1	20	-0.3
国家信息中心	范剑平	2011.3	24	0.4
中国社会科学院课题组	—	2011.4	22.7	-0.9
中国人民大学经济研究所	刘元春　闫衍　朱戎	2011.1	22.5	-1.1
厦门大学宏观经济研究中心	—	2011.3	27.45	7.15

来源：作者根据相关资料整理。

注：有关预测结果及预测误差均采用全社会固定资产投资名义增长率计算；国务院发展研究中心、厦门大学宏观经济研究中心、中国银行战略发展部宏观经济分析小组预测的均是城镇固定资产投资的实际增长率，以2011年城镇固定资产投资实际增长率20.3%计算误差。

（二）社会消费品零售总额增长率

表3列举了国内部分研究机构和专家学者对2011年社会消费品零售总额的预测结果。可以看到，2011年社会消费品零售总额的名义增长率预测值差异不大，基本集中在16.6%—19.31%的区间内。其中，中国社会科学院课题组（2011年4月）认为，2011年促进消费增长的因素将有所减弱，通货膨胀压力加大，上年基数较高，预计2011年社会消费品零售总额增长速度将适度回落，社会消费品零售总额名义增长率为16.6%。中国人民大学经济研究所（2011年1月）的分析则认为，2011年消费将保持较高的增速，名义增速将达到17.8%，实际增速与2010年相当，增长贡献率将再次超过投资，中国开始步入“消费拉动的时代”。

2011年，中国社会消费品零售总额增长

率的名义值为 17.1%，实际值为 11.6%。中国社会科学院课题组、中国人民大学经济研究所、中国银行战略发展部宏观经济分析小组的预测误差相对较小。

表 3　　2011 年社会消费品零售总额增长率预测

预测机构	预测人	预测发布时间	预测结果（%）	预测误差（百分点）
中国银行战略发展部宏观经济分析小组	—	2011.1	17	-0.1
中国社会科学院课题组	—	2011.4	16.6	-0.5
中国人民大学经济研究所	刘元春　闫衍　朱戎	2011.1	17.8	0.7
申银万国证券研究所	李慧勇　孟祥娟　张承启　魏强　陈果	2011.3	18.5	1.4
国家信息中心	范剑平	2011.3	18.6	1.5
厦门大学宏观经济研究中心	—	2011.3	19.31	2.21
国务院发展研究中心	张立群	2011.3	14	2.4

来源：作者根据相关资料整理。

注：国务院发展研究中心预测的是社会消费品零售总额实际增长率，以 2011 年社会消费品零售总额实际增长率 11.6% 计算误差；其他有关预测结果及预测误差均采用社会消费品零售总额名义增长率计算。

（三）居民消费价格（CPI）上涨率预测

尽管 2011 年我国物价形势依然严峻，但稳健的货币政策、有效的价格调控及持续的粮食增产，使得国内外研究机构和专家普遍认为不会发生严重的通货膨胀，因此他们对 CPI 的预测大多偏低，分布于 3.0%—5.5% 之间。国务院发展研究中心、国家发展和改革委员会社会发展研究所、国家信息中心、中国科学院预测科学研究中心、北京师范大学、中国银行战略发展部宏观经济分析小组认为 CPI 将有不超过 1% 的小幅上涨；中国人民大学经济研究所得出 CPI 会有小幅下跌，出现通货紧缩；厦门大学宏观经济研究中心、法国兴业银行等认为 CPI 将大幅上涨，分别预测为 5.4% 和 5.5%（见表 4）。

2011 年，CPI 实际比上年上涨 5.4%，厦门大学宏观经济研究中心与法国兴业银行对涨跌幅度的预测与实际值最为准确，其判断的出发点也基本相同，均认为 CPI 的上涨是由于通胀所致。厦门大学宏观经济研究中心（2011 年 3 月）认为，2010 年下半年的通胀压力仍将持续，因此 2011 年 CPI 预计将超过预定通胀目标；法国兴业银行（2011 年 4 月）指出，因工资上涨、刘易斯拐点等因素，未来十年的通胀中枢已经提高，并且预计 2011 年下半年发改委压价的后期效益逐步释放，国际大宗商品价格上涨，将导致 2011

年中国经济“通胀猛于虎”。

表 4　　2011 年居民消费价格（CPI）上涨率预测

预测机构	预测人	预测发布时间	预测结果（%）	预测误差（百分点）
国务院发展研究中心	张立群	2011.3	<4.0	—
厦门大学宏观经济研究中心	—	2011.3	5.4	0
法国兴业银行	—	2011.4	5.5	0.1
中国人民银行货币政策委员会	李稻葵	2011.3	5.0	-0.4
世界银行	—	2011.4	5.0	-0.4
国际货币基金组织（IMF）	—	2011.4	5.0	-0.4
德意志银行	—	2011.1	5.0	-0.4
摩根大通	—	2011.4	4.6	-0.8
亚洲开发银行	—	2011.4	4.6	-0.8
交通银行金融研究中心	—	2011.4	4.5	-0.9
申银万国证券研究所	李慧勇　孟祥娟　张承启　魏强　陈果	2011.3	4.5	-0.9
星展银行	—	2011.4	4.5	-0.9
中国社会科学院课题组	—	2011.4	4.3	-1.1
巴克莱资本银行	—	2011.3	4.3	-1.1
国家发展和改革委员会社会发展研究所	杨宜勇	2011.1	4.0	-1.4
国家信息中心	范剑平	2011.3	4.0	-1.4
中国银行战略发展部宏观经济分析小组	—	2011.1	4.0	-1.4
中国科学院预测科学研究中心	杨晓光	2011.1	3.7	-1.7
北京师范大学	钟伟	2011.1	3.5	-1.9
中国人民大学经济研究所	刘元春　闫衍　朱戎	2011.1	3.0	-2.4

来源：作者根据相关资料整理。

（四）进出口增长率

2011 年考虑到国内通货膨胀和劳动力成本上升、人民币升值压力、国际经济复苏不确定性等因素影响，海内外机构及研究学者均预计我国外贸增长速度将有明显回落。

表 5 列出了部分机构对出口增长率和进口增长率的预测值。可以看到，尽管各机构普遍认为 2011 年进出口增长率均有所下降，但不同机构的预测值仍存在较大差异。在对出口增长率的预测中，国家信息中心、中国科学院预测科学研究中心、中国银行战略发展部宏观经济分析小组、申银万国证券研究所、世界银行等机构的预测值相对较低，预测出口增长率将低于 20%；而中国社会科学院课题组、中国人民大学经济研究所、厦门大学宏观经济研究中心认为出口增长率将略高于 20%。进口预测方面，中国银行战略发展部宏观经济分析小组、世界银行的预测值较低，均低于 20%，其中，世界银行的预测值最低，为 13.2%。此外，比较出口增长率预测值和进口增长率预测值可以看到，所有机构都认为中国的贸易顺差将减少，进口增长的幅度将大于出口，但不同机构对于二者增速的差异又有所不同。厦门大学宏观经济研究中心预测的出口与进口的增速相差 7.51%，而中国科学院预测科学研究中心和世界银行预测二者差别较小。

而实际上，2011 年出口和进口分别实现了 20.3% 和 24.9% 的增长，的确较 2010 年有所回落，而各机构的预测值与实际增长率也较为接近。其中，中国社会科学院课题组、中国人民大学经济研究所、申银万国证券研究所对进出口增长率的预测较为准确。

表 5　　2011 年进出口增长率预测

预测机构	预测人	预测发布时间	出口增长率（%）	出口增长率预测误差（百分点）	进口增长率（%）	进口增长率预测误差（百分点）
国家信息中心	范剑平	2011.3	16.0	-4.3	20.0	-4.9
中国社会科学院课题组	—	2011.4	20.6	0.3	24.4	-0.5
中国科学院预测科学研究中心	杨晓光	2011.1	18.6	-1.7	20.3	-4.6
中国银行战略发展部宏观经济分析小组	—	2011.1	15.0	-5.3	18.0	-6.9
中国人民大学经济研究所	刘元春　闫衍　朱戎	2011.1	21.8	1.5	25.6	0.7
厦门大学宏观经济研究中心	—	2011.3	22.3	2.0	29.81	4.91

续表

预测机构	预测人	预测发布时间	出口增长率（%）	出口增长率预测误差（百分点）	进口增长率（%）	进口增长率预测误差（百分点）
申银万国证券研究所	李慧勇 孟祥娟 张承启 魏强 陈果	2011.3	19.5	-0.8	23.6	-1.3
世界银行	—	2011.4	12.4	-7.9	13.2	-11.7

来源：作者根据相关资料整理。

注：厦门大学宏观经济研究中心预测的是以美元、按现价计算的出口和进口增长率。

四 对 GDP 增长率和 CPI 增长率预测的调整

2011 年下半年，随着中国经济形势的进一步明朗，许多机构调整了对 GDP 增长率和 CPI 增长率的预测（见表 6）。6 月，厦门大学"中国季度宏观经济模型（CQMM）"课题组认为，GDP 增速将逐渐趋缓，通胀压力将缓慢释放，因此将 GDP 增长率和 CPI 增长率预测值分别下调至 9.82% 和 5.34%。11 月，中国人民大学分析，2011 年三大产业增速同步下滑，中国经济复苏步伐放缓，开始步入"疲软期"，因此将 GDP 增长率下调至 9.4%；在货币政策收紧、价格治理强化、全球大宗商品回调以及翘尾因素等多重因素的作用下，全年物价水平呈现出"不对称的倒 V"形变化，因此将 CPI 增长率预测值上调至 5.4%。同月，国家信息中心范剑平等表示，2011 年国内经济呈现经济增速同比下降但物价涨幅同比上升的复杂局面，国际经济呈现新兴经济体通货膨胀压力增大但发达经济体失业率居高不下的复杂局面，故将 GDP 增长率下调至 9.4%，将 CPI 增长率上调至 5.5%。12 月，中国社会科学院课题组指出，2011 年世界经济复苏乏力，货币政策转向稳健，消费刺激政策逐步淡出，使得我国国民经济增长速度将有所放缓，CPI 上涨率持续处于高位运行，因此将 GDP 增长率下调至 9.2%，CPI 增长率上调至 5.5%。通过对中国经济形势的新判断和预测调整，各机构下半年的预测值与实际值更加接近。

表 6 2011 年下半年对 GDP 增长率和 CPI 增长率的调整

预测机构	GDP 增长率		CPI 增长率		调整时间
	调整前（%）	调整后（%）	调整前（%）	调整后（%）	
国家发展和改革委员会①	10.0	9.4	4.0	5.5	2011.11

① 调整前的 GDP 与 CPI 增长率为国家发展和改革委员会社会发展研究所杨宜勇的研究结果，调整后为国家发展和改革委员会宏观经济研究院的研究结果。

续表

预测机构	GDP 增长率		CPI 增长率		调整时间
	调整前（%）	调整后（%）	调整前（%）	调整后（%）	
国家信息中心	9.5	9.4	4.0	5.5	2011.11
中国社会科学院课题组	9.6	9.2	4.3	5.5	2011.12
中国人民大学经济研究所	9.6	9.4	3.0	5.4	2011.11
厦门大学宏观经济研究中心	10.13	9.82	5.4	5.34	2011.6
交通银行金融研究中心	10.0	9.5	4.5	5.4	2011.7/2011.12
国际货币基金组织（IMF）	9.6	9.5	5.0	5.5	2011.10
经合组织（OECD）	9.0	9.3	3.3	4.6	2011.11
瑞银集团①	9.3	9—9.75	5.0	5—7	2011.7
摩根士丹利	9.0	9.1	4.5	4.1	2011.7
德意志银行（路透）	9.4	8.9	5.0	5.0	2011.8/2011.6
星展银行	9.5	9.5	4.5	—	2011.7/2011.12
亚洲开发银行	9.6	9.3	4.6	5.3	2011.9
巴克莱资本银行	9.3	9.1	4.3	5.2	2011.10/2011.9

来源：作者根据相关资料整理。

注：调整时间有两个的分别是 GDP 增长率和 CPI 增长率的调整时间；摩根士丹利发布的 GDP 增长率和 CPI 增长率调整前的时间为 2011 年 6 月，其余的调整前时间均为前文第二部分预测的时间。

参考文献

国家发展改革委宏观经济研究院课题组：《走向 2011：中国经济展望》，中国经济出版社 2011 年 3 月 1 日。

国家信息中心：《预测 2011 年经济发展态势》2011 年 2 月 25 日，（http：//www. cbismb. com/articlehtml/20169309. htm）。

张立群：《2010—2011 年我国经济形势的回顾与展望》，载《求知》2011 年第 3 期。

陈佳贵、李扬主编：《中国经济前景分析——2011 年春季报告》，社会科学文献出版社 2011 年 4 月。

厦门大学宏观经济研究中心：《中国宏观经济高层论坛暨“中国季度宏观经济模型（CQMM）”2011 年春季预测报告发布会》，2011 年 2 月 26 日（http：//economic. xmu. edu. cn/info/news/2011 - 09 - 08 - 1528. html）。

① 瑞银集团在对中国 2011 年 GDP 和 CPI 增长率进行预测时分为三个方案：第一个为“高增长，高通胀”假设，对中国 2011 年 GDP 和 CPI 增长率的预测值分别为 9% 和 6%；第二个为货币收紧假设，预测值分别为 9.25% 和 5%；第三个为“经济过山车”假设，即三种情形中最糟糕的状况，也是最不可能出现的情形，其预测值分别为 9.75% 和 7%。本研究将瑞银集团的预测归纳为区间值。

李慧勇、孟祥娟、张承启、魏强、陈果：《从通胀到增长——2011 年春季中国经济报告》，申银万国经济报告 2011 年 3 月。

中国银行国际金融研究所：《2011 年中国宏观经济形势分析与展望》，2011 年 1 月（http://pic.bankofchina.com/bocappd/report/201012/P020101229652709717492.pdf）。

世界银行中国代表处：《中国经济季报》，2011 年 4 月（http://www.shihang.org/zh/news/2011/04/28/china-quarterly-update-april-2011）。

杨晓光：《2011 年我国经济形势分析与展望》，载《中国科学院院刊》2011 年第 1 期。

范剑平：《2011 年中国经济形势展望》，载《发展研究》2011 年第 3 期。

范剑平、王远鸿、牛犁、李若愚、徐策：《2011 年宏观经济形势分析和 2012 年展望》，载《发展研究》2011 年第 11 期。

刘元春、闫衍、朱戎：《2010—2011 年中国宏观经济报告——流动性回收与新规划效应下的中国宏观经济》，载《经济理论与经济管理》2011 年第 1 期。

中国人民大学中国宏观经济分析与预测课题组：《中国宏观经济分析与预测：2011—2012》，载《改革》2011 年第 11 期。

"中国季度宏观经济模型（CQMM）"课题组：《2011—2012 年中国宏观经济预测与分析》，载《厦门大学学报》（哲学社会科学版）2011 年第 3 期。

"中国季度宏观经济模型（CQMM）"课题组：《2011—2012 年中国宏观经济再展望》，《厦门大学学报》（哲学社会科学版）2011 年第 6 期。

钟伟：《通胀前高后低》，2011 年 1 月 21 日（http://finance.eastmoney.com/news/1371，20110121116623627.html）。

Goldman Sachs: Global Economics Weekly, 2010.12.

IMF: World Economic Outlook, April, 2011.

IMF: World Economic Outlook, October, 2011.

UBS: Global Asset Views: Economic and market developments in perspective, July 2011.

路透社：《中国 2011 年经济指标各方预测值一览》，2011 年 5 月 17 日（http://cn.reuters.com/article/macroeconomicsNews/idCNnCN181001920110517?sp=true）。

路透社：《中国 2011 年经济指标各方预测值一览》，2011 年 12 月 13 日（http://cn.reuters.com/article/cnMoney News/idCNSB128028420111213）。

J. P. Morgan: Global Data Watch, 2011.7.

Barclays Capital: Global Outlook: Winding Down the Recovery Trade, http://www.doc88.com/p-588672281848.html, 2011.3.

世界银行：《中国经济季报》，2011 年 4 月（http://siteresources.worldbank.org/EXTEAPCHINAINCHINESE/Resources/Quarterly_April_2011_cn.pdf）。

《OECD：预计 2011 年中国 CPI 上涨 4.6%，11 月预估为 3.3%》，2011 年 5 月 25 日（http://www.forex.com.cn/html/c234/2011-05/2168696.htm）。

（刘生龙　李雪松）

国有经济战略性调整问题研究综述*

从战略上调整国有经济的布局和对国有企业实施改革重组，始终是建立和完善社会主义市场经济体制改革的重大任务。改革开放以来，国有企业改革的重心经历了从改革开放初期的“放权让利”到十四大以后开始的现代企业制度建设，再到1995年以来的国有经济战略性调整的转变。经过三十多年的努力，国有经济逐渐向重要行业和关键领域集中，布局和结构不断优化，国有企业公司制股份制改革基本完成，多种所有制共同发展的混合经济结构初步形成，国有资产管理体制基本建立，国有经营性资产规范化管理程度进一步提高。总体而言，国有经济已经摆脱了改革开放初期的困境，整体实力日益增强。国有企业改革和国有经济战略性调整已经基本达到20世纪90年代中后期的预设目标。

但从新时期建立完善的社会主义市场经济体系的要求看，国有企业改革和国有经济战略性调整正处于全面攻坚阶段，任务依然十分艰巨。主要表现为国有经济的产业分布仍然比较宽，除国家安全和国民经济命脉的重要行业和关键领域外，国有企业还在不少一般竞争性的行业领域拥有相当数量的资产，仍有相当一部分国有资产分布在中小企业，国有经济有加剧地区间不平衡的趋势，国有企业内部资源配置不合理，涉足领域过多，主业不突出。垄断性领域的国有企业仍然处于国有独资阶段，改革步伐比较慢，社会各界对垄断行业改革也缺乏相对统一的认识，没有探索出一条明确、可信又可行的改革路径。公司制股份制改革没有到位，完成股份制公司制改造的国有企业“一股独大”的现象仍然存在，国有股减持的力度远远小于预期；而为数众多的国有大企业，其母公司及二级以上公司层面的股权多元化改革，基本上滞步不前。国有企业收入分配制度改革进展缓慢，相当多的国有企业缺乏应有的公益性，营利性国有资本的分红收租机制还不健全。国有经济布局调整的体制性障碍依然存在，国有资产管理体制不健全，国家资本和国有资产面临着巨大的流失风险。资本市场和产权市场发育滞后，还不能满足国有资本合理流动和动态优化配置的要求。社会保障体制不健全，缺乏有效的退出机制，历史遗留问题仍未完全解决，国有企业的社会负担依然沉重。

随着国有经济整体实力的增强和国内外市场竞争环境的变化，社会各界对国有企业改革和国有经济战略性调整的方向选择产生了激烈的争论，焦点是以大型国有企业为主体的国有经济如何“有进有退”以实现既保证国有经济对整个国民经济的控制力、影响力和带动力，又有利于推进社会主义市场经济体制改革的进程。近年来社会各界对所谓

* 国家社科基金重大招标项目“深入推进国有经济战略性调整研究”阶段性成果。

“国进民退”现象的争论正是对新时期如何继续推进国有企业改革和国有经济战略性调整的反思与探索。近年来的文献对国有企业改革和国有经济战略性调整的研究主要集中在两个层面：在理念层面，主要是对新时期国有经济的性质和功能定位以及与之相对应的国有经济战略性调整方向选择的研究，焦点是国有经济如何在竞争性行业“有进有退”和在垄断性行业的开放准入等问题；在策略层面，主要是国有经济战略性调整的思路和对策、国有企业股份制公司制和产权多元化改革、国有资产管理体制和配套制度改革等方面的研究，焦点是国有经济如何分类改革、大型国有企业战略性重组、国有企业整体上市和产权多元化、国有资本经营预算制度的实施等问题。2011 年国有企业改革和国有经济战略性调整研究仍然围绕这两个层面展开。

专题首先以中国期刊数据库（CNKI）核心期刊中的学术论文为文献来源，分别以“国有”、“国企”和“改革”、“调整”、“重组”两组关键概念分别配对搜索，对 2010—2012 年的论文进行检索，提炼出研究主题；然后根据主题对《人民日报》、《光明日报》和《经济日报》等权威性报纸和重点出版社在 2010—2012 年发表或出版的论著进行检索；为了保证研究的系统性，还根据研究主题对中国期刊数据库中引用率在 15 次以上的重要论文进行了检索，共检索到相关文献 306 篇。结合研究文献主题的相关程度和国企改革实践中国有经济战略性调整的热点和难点，最后确定反映国有经济战略性调整的相关文献共 114 篇。本文拟从“国进民退”争议与国有经济的功能定位、国有经济战略性调整和深化国有企业改革的宏观思路、竞争性领域国有企业的战略性重组和垄断性领域的国有企业改革、国有企业股份制公司制和产权多元化改革、国有资本管理体制等方面进行综述。

一 “国进民退”争论的本质和国有经济的功能定位

随着国有经济整体实力的增强，2008 年以来所发生的诸如四川航空控股鹰联航空、中粮集团入主蒙牛乳业、山东钢铁并购日照钢铁、山西煤炭重组以及各地纷纷涌现“央企地王”等国有企业兼并民营企业的典型事件，引起了社会各界对是否存在“国进民退”现象，以及国有经济是否应该退出竞争性领域和如何“进退”等问题的广泛争论。一些学者认为“国进”（国有经济在竞争性领域的扩张）是国有经济凭借垄断地位和行政干预所导致的，挤占了民营经济的生存和发展空间，并导致社会福利的减少和社会分配的不公平，不利于市场经济的发展，所以坚决主张国有经济退出竞争性领域；一些学者认为“国进”是社会主义基本制度的保证，国有企业改革的初衷就是要使国有企业成为真正的市场竞争主体，与其他经济成分平等竞争，国有经济的进退应该由市场来决定。“国进民退”争论背后涉及国有经济的性质和功能定位等深层次的问题，这直接关系到新时期国有企业改革和国有经济战略性调整的方向和策略的选择。显然，片面强调国有经济的“进”或“退”都不符合党和国家关于国有经济战略性调整的“有进有退，有所为有所不为”的指导原则。至于国有经济如何“进退”则主要取决于两个方面：国有企业能否成为真正的市场竞争主体；如何定位新时期国有经济的功能。在该方面，主要围绕“国进民退”现象是否存在，国有经济与市场经济的相融性（包括国有经济的效率来源和国有经济与民营经济的关系），国有经济的特殊功能等问题进行综述。

（一）“国进民退”现象是否存在？

根据彭腾、詹博（2010）的归纳，“国进民退”现象是否存在有“潮流大戏论”、“个别现象论”和“总体没有论”三种代表性的观点，近两年学术界又对“国进民退”现象是否存在及争论的深层原因等进行了探讨。多数学者认为国有经济是“有进有退”的，“国进民退”争论的深层原因是对体制改革过程中存在的问题以及对国有经济在未来的“进入”与“退出”可能产生的对我国社会主义市场经济体制建设和社会主义基本制度影响的顾虑。

对于“国进民退”现象是否普遍存在，何伟（2011）认为，在国有经济战略性调整中，国有资本应该“有进有退”，但从实际情况来看，却是“国进民退”。天则经济研究所 2011 年的研究报告《国有企业的性质、表现与改革》，为“国进民退”已经普遍存在观点提供了数据支持。但多数学者认为现阶段不存在普遍的“国进民退”现象。

胡乐明、王杰（2012）通过对工业领域国有企业的总体情况、区域结构和产业结构三个方面的比重演变的分析认为，从总体上看，工业领域是“国退民进”的，但不排除个别年份、个别区域或个别行业出现局部的“国进民退”现象。即便是 2008 年爆发金融危机以来，各个区域和代表性的行业，均没有发生普遍的“国进民退”现象。从区域结构看，经济越发达的区域国有企业所占比重越小，反之，经济越不发达的地区国有企业所占比重越大，表明在经济欠发达地区，由于非国有经济还不发达，国有企业将在带动该地区经济发展和社会稳定中发挥重要作用。从行业结构看，国有企业的退出速度具有显著的行业差异，国有企业在竞争性行业退出迅速，而且最终在该行业所占比例极低。胡乐明、王杰还指出，与垄断行业相比，竞争性行业的国有企业比重总体上是不断降低的，很少出现垄断行业中的反复现象。并由此预期，在未来一段时间内国有企业的比重总体上仍将不断下降。他们认为，国有企业进入或者退出一个行业，基本上属于一种市场行为；国有企业在一个行业的比重在一定时期、一定区域应该与非国有企业保持适度平衡；国有企业在关系国计民生的行业必须增加比重。余菁（2010）认为，所谓“国进民退”现象只是集中体现在某些局部地区、某些领域或行业，尚没有在总体层面引发所有制经济结构的显著变化。通过对山西煤炭企业重组、房地产业央企争地王、中粮收购蒙牛等三个典型“国进民退”事件的分析，余菁认为有一部分是合理的，有一部分是存在隐患的，指出在当前经济运行中不确定因素较多的情况下，要特别注意防范不利于宏观经济大局的“国进民退”，以及在此过程中国有经济比重上升后带来的经济运行质量的下降。为此，需处理好以下几个问题：一是要处理好国有经济与民营经济的共存共荣的关系；二是要注重规制国有企业激进的投资行为，更好地发挥国有经济在稳定国民经济增长方面的正面作用；三是要提高国有企业的治理与管理能力。刘建华、付宇、周璐瑶等（2011）认为，“进”与“退”以国有经济布局的战略性调整为背景；进退的结果是实现产业结构的优化和升级，以及所有制结构的调整完善；进退的机制是市场机制或价值规律的作用机制；不能用“国进民退”或“民进国退”来解释“有进有退”。王建平、张川（2012）通过1978—2009年我国所有制结构与经济增长之间的定量分析，认为经济增长与所有制结构之间存在着内在稳定关系，即所有制结构的变化不仅影响经济增长，而且受经济波动的影响。由于国有工业经济比重与经济增长率之间存在长期稳定关系，通过测算，我国最优国有工业经济比重应为22.4%左右。他们据此建议：加快推进国有经济布局和结构的战略性调整，大力发展民营经济，防范宏观调控政策的负面影响。

学术界对国有经济战略性调整所追求的“有进有退”理解为“国进民退”的原因进行了分析，周泽红（2011）认为，之所以在局部产生不恰当的“国进民退”，问题的关键是国有经济的布局结构仍不尽合理，不利于发挥整体优势；国有经济的管理中还存在权力缺乏约束、垄断行业收入过高、重大决策不够规范，但这些也正是断深化改革所要加以解决的问题。杨松林（2011）也认为，目前国有经济存在的问题不在于国企所占国民经济比重大小和垄断不垄断，“非少数人所得而私”才是国企改革的方向。“国进民退”争论背后的深层原因，是对“国进”或“国退”后可能产生后果的思考：“国退”是否会影响我国的社会主义经济基础；“国进”是否会影响我国社会主义市场经济建设。

（二）“国退”是否会影响社会主义经济基础？

国有经济的“退出”是否会影响国有经济的控制力，进而动摇社会主义经济基础？一些学者认为，国有经济只能进，不能退，理由是国有经济的比重过低会影响到社会主义经济基础，但也有学者提出了相反的看法。

王佳菲（2011）认为，为有效地实现国有经济的历史使命，应保证国有经营性资产在全社会经营性资产中居于优势地位，在数量上保持国有经营性资产在全社会经营性资产中居于优势地位，应及时扭转国有经济总体数量相对于其他经济成分持续下降的趋势，同时注重从生产力和生产关系两个层面提高国有经济的发展质量。否则，将很难保证其在国民经济中继续发挥主导作用，也不利于社会主义制度的巩固。赵华荃（2011）指出，应通过量化分析和评价我国宪法规定的公有制主体地位和国有经济主导作用的贯彻执行情况。截至2010年，全社会总资产中，公有制经济资产占26.9%，远低于55%—60%的临界值；非公有制经济资产则占73.0%，远高于40%—45%的临界值。从国有经济起主导作用来看，属于国家经济命脉领域16个行业实收资本中，国有资本占35.5%，不仅远远落在60%临界值以下，而且比2004年下降了25个百分点；属于国家经济命脉领域16个行业实收资本中，国家经济具有绝对控制力的资本只占22.5%，不仅远低于70%的临界值，而且比2004年下降了40个百分点；具有绝对控制力和相对控制力的行业资本合计占74.3%，低于80%的临界值，比2004年下降了2.5个百分点。赵华荃认为，我国生产资料所有制改革的形势十分严峻，并提出了坚持公有制主体地位，发挥国有经济主导作用的战略性措施。宗寒（2011）认为，衡量一种经济成分在国民经济中的地位和作用，既要看质，又要看量，应当把质与量统一起来看待。以公有制为主体，国有经济必须控制经济命脉，公有制经济的数量和质量在国民经济中必须占主导地位。如果国有经济的比重严重下降，那只能意味着国有经济的地位和作用在削弱，社会主义生产关系的基础在削弱。

但也有学者提出，只要国有经济仍然掌握着命脉部门和关键领域，在竞争领域的“进退”并不会影响国有经济的控制力，也不会影响社会主义基本制度的根基。李松森、荣杰（2006）认为，国有经济在整个社会经济中的比重可能有所下降，但不等于控制力减弱，国有经济在质量上要不断提高。处理国有经济“进”与“退”的关系问题，不能只停留在“量”的层面，更要重视“质”的问题。同时，应当区分不同的行业，有针对性地讨论国有经济的合理比重。张亚（2001）将国有经济划分为企业型、财政型和权力型这三种类型。由于企业型国有经济在社会主义制度建立初期的过分扩张，因此必须逐步调整，以降低国有经济在整个国民经济中的比重；只要积极促进权力型和财政型国有经济的发展，即使企业型国有经济在整个国民经济中的比重再有一个较大幅度的下降，也不会动摇我国的社会主义经济基础。

至于国企是否应该主动退出竞争性领域，丁冰（2012）认为，除国企垄断行业内部的竞争外，在国有垄断企业与非国有企业之间当然也存在着竞争。国有企业已经处于激烈的竞争之中，硬要国企为民间资本腾出进入空间就不合适。因为这违反客观规律，必将破坏市场机制作用的正常发挥和市场公平竞争原则，因而不利于社会资源的最优配置和社会经济的健康发展。所以，国企在竞争性领域的进退应由市场决定。张宇（2010）认为，当前我国市场结构所面临的主要问题不是垄断，而是企业规模相对较小，产业组织结构分散，国际竞争力低下，自主创新能力不足，不能适应激烈的国际竞争的需要；而国有经济作为市场竞争的主体，应该由优胜劣汰机制发挥作用，而不应该主动退出。程恩富、鄢杰（2012）认为，国有经济改革和调整的目的是为了更好地发挥国有经济的主导作用，奠定和巩固社会主义公有制经济的微观基础，而不是简单地让国有经济退出所谓竞争性行业和领域。此外，朱安东（2011）收集整理了一个包括近60个国家并跨越了近四十年的数据库，对不同国家国有企业私有化的后果进行了分析，认为私有制的优越性可能被夸大了。近年来在多个国家出现的国有化浪潮说明，在一定条件下国有化可能也是解决一些社会经济问题的良方。赵金锁（2011）认为，国家推动国有企业改革的终极目的是增强国有经济自生能力而非取消国有经济。国家利益既包括政治利益，也包括经济利益。国有经济和民营经济都是社会主义市场经济的微观主体，两者都是有利于国家实现政治经济利益最大化不可或缺的力量。两种经济形式对国家的制度贡献率不同，国有经济的政治贡献率远大于经济贡献率，民营经济的经济贡献率则大于政治贡献率。如果经济自由化的结果是国有经济从一切营利性行业退出，则国家的政治利益便会丧失殆尽，而这与国家制度供给的目的背道而驰。

（三）“国进”是否会影响社会主义市场经济体制改革的进程？

部分学者基于西方经济学相关理论认为，国有经济的性质决定其本质上是低效率或无效率的，“国进”同样是建立在垄断和行政干预的基础之上，而这是“与民争利”的行为，挤占了民营经济的生存空间，会对经济体制改革产生不利的影响。但也有学者认为，国有企业改革的目的就是使之成为真正的社会主义市场经济主体，“国进”是国企改革成功的表现，应该区别对待国企改革中存在的问题和国企改革的成绩。实际上，两种观点分歧的本质是对我国的国有经济与市场经济的相融性的不同理解，核心问题是对国有经济是否能够成为有效率的市场竞争主体以及国有经济和民营经济关系的不同认识。近年来，学术界围绕我国国有经济的效率问题进行了大量的实证研究。根据研究结论，代表性的观点有国有经济低效率或无效率论和国经济有效率论两种。

1. 国有经济低效率或无效率论

刘瑞明、石磊（2010）认为，国有企业不仅本身存在效率损失，而且由于软预算约束的存在，拖累了民营企业的发展进度，从而对整个经济体构成了增长拖累。刘瑞明、石磊（2011）还认为，竞争性市场结构下的“价格—成本硬约束”决定企业是市场价值的接受者，因而企业利润目标与社会福利最大化的目标具有一致性；而垄断性市场结构下的“价格—成本软约束”决定企业具有对价格的控制能力，企业能够通过限制产量、控制价格获得超额利润，并通过产生社会福利的无谓损失、将消费者剩余转化为企业利润会产生转移成本、挤出市场效率更高的企业所造成的利润损失等三种方式对社会福利产生负影响。基于“上游市场垄断，下游市场竞争”的非对称竞争视角，他们对“为什么近年来部分大中型国有企业的利润如此丰厚、国有企业的垄断地位如何妨碍了经济增长和社会福利和为什么民营企业不能快速发展壮大”等问题进行了研究，发现国有企业的盈利条件要求国有企业边际成本与民营企业边际成本的比值足够小，而这又取决于市场中企业的数量和所有制结构。维持国有企业在上游市场的垄断相当于给予其一种隐性补贴，这构成了部分大中型国有企业巨额利润的主要来源。他们还发现，上游市场放开竞争有助于民营企业的发展和改善社会福利。

2. 国有经济有效率论

对于刘瑞明、石磊的结论，洪功翔（2010）论证了“国有企业存在双重效率损失”的两个重要假设——国有企业效率相对低下和政府对国有企业存在软预算约束，是不符合实际的，并利用中国2000—2009年29个地区的省级面板数据，实证分析证明了国有企业对经济增长具有显著的正向效应，而不是增长拖累。董梅生、洪功翔（2011）选取了16个竞争性行业518家上市公司的2002—2009年的数据，在对预算约束指标进行检验后发现，国有与民营上市公司不存在预算软约束问题，因而认定它们的竞争环境基本相同。然后从偿债能力、经营管理能力和盈利能力上选取了财务效率指标，利用Malmquist指数计算了技术效率指标，通过两样本的非参数检验后发现，无论是财务效率，还是技术效率，国有企业和民营企业均不存在差异。此外，针对天则报告所指出的对国有企业存在预算软约束，国有企业的利润来源于政府的各种补贴问题，洪功翔、董梅生（2012）认为，随着经济体制改革与国有企业改革的深化，软预算约束存在的体制根源发生了根本性的改变，而且软预算约束并非只是国有企业的专利。如，民营企业拿地也很廉价，甚至是零地价、负地价；商业银行对资信高、风险小、市场地位稳固的优质客户都有优惠利率，而并不问企业的性质。张晨、张宇（2011）运用2003—2009年的数据分别考察了竞争性和垄断性行业国有工业企业的效率表现，认为在竞争性行业中，国有工业企业与非国有工业企业在财务效率和技术效率上均不存在显著差异；在垄断行业中，国有工业企业具有较高的技术效率，并不断保持着较快的技术进步速率。因此，所有制对于企业微观效率的影响并不显著，近年来国有企业经营绩效的改善是以国有企业微观效率的提高为坚实基础的。

除了经济效率外，部分学者认为，衡量国有经济的效率，还要考虑其他因素。陈霞、杨静、陈亮（2011）认为，衡量国有企业的效率不能只根据某些财务指标进行分析，还必须看到国有企业的多重目标。应以工业总产值、资产总额等作为评判指标，衡量国有企业的经济实力；以劳动生产率和销售利润率作为评判指标，衡量国有企业的生产盈利能力；以工业增加值增长速度的变异系数和潜在增长速度作为评判指标，衡量国有企业增长的稳定性和发展潜力；以创新产品销售收入占比和研发经费投入作为评判指标，衡量国有企业的自主创新能力；以入选《财富》世界500强和世界品牌500强的数量作为评判指标，衡量国有企业的竞争力；以创造就业机会、慈善捐赠数量等作为评判指标，衡量国有企业的社会责任意识。整体来看，国有企业的发展是有效率的，而且其效率不逊色于私营企业和外资企业。鉴于国有企业发展的高效率和实现目标的多重性，今后要继续着力培育能够主导经济发展、贯彻宏观调控、保障经济安全、承担社会责任、参与高端竞争、促进技术进步的国有企业。陈波、张益锋（2011）运用层次分析法（AHP）构建了一个关于我国国有企业效率的综合评价指标体系，从经济效率和社会效率两个层面对我国国有企业效率进行科学全面的评判。实证分析表明，国有企业整体效率并不比私营企业低，无论在经济效率还是社会效率上都占有一定的优势，并且近年来是不断提高的。

全要素生产率是近年来衡量国有经济效率的重要指标。马荣（2011）采用数据包络分析的 Malmquist 指数方法，对 2003—2008 年行业加总的国有企业实证核算了全要素生产率，并与外资企业和行业平均进行比较，结果发现国有企业的全要素生产率具有绝对优势，但主要依赖于技术进步的贡献；国有企业的低效率主要体现在技术效率和规模效率较低。故而政策上应该进一步深化改革，完善国有企业的内部管理和激励，进一步提高技术效率。薛东阳（2011）通过对国有企业全要素生产率的研究和学术界实证研究文献的梳理，分别从宏观、中观和微观角度探究了 2002—2009 年国有企业效率提升的原因。宏观经济层面的新一轮经济增长所带来的资产增值效应，国家国有资产监督管理体制改革所带来的体制效应，中观层面国有经济产业布局调整效应，微观层面得益于国有企业本身进行现代企业制度改革的制度效应以及国有企业本身具有的各种资源优势。通过这些原因的分析也发现，宏观经济增长长期持续的高速度面临不确定性，各种资源优势也随着市场经济的继续发展而变得不太明显，未来如果要保持效益的持续提升，应该继续坚持国有资产管理体制的持续优化和国有经济产业布局的持续调整，保持和非国有经济的良性互动。周耀东、余晖（2012）以第二次产业为样本，研究了国有企业战略性重组之后国有控制力与绩效的关系。结果表明，重组后第二产业国有经济部门利润分布并没有发生显著变化，高利润主要来自于垄断性的国有控制部门，而不是综合要素生产率，非垄断性部门受到综合要素生产率和资本的影响，但其利润水平对全部产业贡献率较低，国有控制力与国有企业的利润呈显著正相关，与非国有企业的利润呈微弱正相关，表明高利润更多地来自于行业的行政性壁垒。论文最后从经济、法律和市场等角度讨论了改善产业绩效的途径和方法。

此外，宗寒（2011）提出了国有经济延伸效率问题，认为观察国有企业的效率，不能仅观察国有企业产值大小、获利多少，更重要的是要观察它作为国民经济的主导和支柱在整个国民经济中所发挥的作用，观察它对国民经济长远发展的延伸效率，即观察它的总投入产出比。国有经济延伸效率相当高，按固定资产投资计算比全社会产出率高50%—70%，按产值增长率要比世界平均水平高300%。

“国进”是否会挤占民营经济的生存和发展空间？关于国有经济与民营经济的关系，同样存在两种不同的观点。部分学者认为“国进”挤占民营经济的生存和发展空间，从而不利于社会主义市场经济体制的改革和完善；反对的观点则认为，国有经济与民营经济是共生的关系，而现实中发生的“与民争利”现象不能反映二者关系的本质，相反正是深化改革需要加以解决的问题。近两年相关文献主要支持后一种观点。

方军雄（2011）选取1996—2008年所有制分行业工业企业统计数据系统研究了非国有经济市场份额的变化。研究发现，整体上国有企业市场份额依然显著高于外资企业和民营企业，不过，随着市场化改革的深入，外资企业和民营企业在中国经济中的地位和作用逐年提高。此外，方军雄还发现，基于所有制的“金融歧视”也随着市场化进程的深入而逐步缓解，认为市场化进程有助于改善非国有经济的生存空间和制度环境。

杨正东、甘德安（2011）运用种群生态学的仿真实验分析了1990年以来中国国有企业与民营企业数量的动态变化关系。他们根据国有企业和民营企业各自的相对优势——国有企业发挥实力、民营企业体现活力来设置不同的参数，发现市场经济中民营企业具有普适性，并预测出国有经济与民营经济将长期共存并推进中国经济发展。他们发现，在市场环境中，只有进一步发展民营经济，才能释放强大的经济活力、优化产业结构、维护社会的公平正义。这种以国有经济为基础，国有经济与民营经济争高竞长、并驾齐驱的新型经济才是真正的中国特色社会主义市场经济。

严若森（2011）设计了一个关于国有企业、民营企业与外国企业混合寡占市场的经济模型，并将相关竞争结构、目标函数与国有企业民营化的最优比例问题共同纳入了一个最优分析框架。分析发现，国有企业民营化的最优比例须基于国有企业与民营企业的生产效率比较结果而定；民营企业越多，则国有企业民营化的最优比例越高；外国企业数量的增加对国有企业民营化最优比例的影响没有确定的方向。认为，如若推行国有企业民营化政策，则须让更多的民营企业进入市场，且当民营企业的数量不大时，须让更多的外国企业进入本国市场；如若民营化对社会福利的影响并非一定优于国有化，则须正确审视国有企业民营化改革的内在逻辑与政策选择。

（四）国有经济的功能与国有经济战略性调整的方向

学术界对我国国有经济的功能定位有一般功能论和特殊功能论两种观点。多数学者认为，我国国有经济应该承担双重功能，国有企业改革和国有经济战略性调整方向的选择应与国有经济的功能定位相对应。

1. 国有经济的功能

持国有经济一般功能论的学者认为，国有经济更适合在“市场失灵”的领域发挥作用，应该从竞争性领域中退出。但多数学者认为，解决“市场失灵”问题仅仅是国有经济的一般功能并不能说明不同国家和不同社会制度下国有经济的特殊性质和特殊功能，我国国有经济除了承担上述解决市场失灵问题的一般功能外，经济发展中还应该承担特殊功能。

朱佳木、卫兴华、程恩富等学者在“中国经济社会发展智库第五届（2011）高层论坛”上分别指出，我国的国有经济是社会主义制度的经济基础，是社会主义市场经济的骨干力量，是实行宏观调控、参与国际竞争，以及保证党的执政地位、国家长治久安、人民共同富裕的重要力量。宗寒（2011）认为，在转变经济发展方式的进程中，国有经济作为主导和支柱性力量需要引起特别重视。刘瑞（2011）认为，国有经济的宏观调控在中国特色社会主义市场经济体制中不可替代，国有企业和国有资本保证了调控传导机制的迅速有效。不可否认的是，国有企业自身还存在很多缺陷和问题，通过国有经济进行的宏观调控也还存在一些弊端。进一步推进国有经济改革和调整，对于完善社会主义宏观调控体系具有重要作用。以2008年爆发的世界金融危机为例，王华荣（2010）指出，最近这次金融危机的治理历程再次显示，无论是资本主义国家还是社会主义国家，国有化政策都是熨平经济波动的重要手段，国有经济在稳定经济大局、促进经济发展方面发挥着不可替代的作用。王文成（2011）以宏观经济周期波动理论为基本出发点，采用1998—2009年我国经济增长和不同所有制形式经济发展的相关季度数据，选择基于状态空间的可变参数模型，比较研究了宏观经济波动下不同所有制对经济增长的动态作用机理，揭示了国有经济在稳定经济增长方面的功能与作用，认为我国国有经济对经济健康平稳发展发挥了保驾护航的作用，且混合所有制应该是我国国有企业改革的一个发展方向。

剧锦钊（2010）认为，新时期国有经济应该成为实施国家战略目标的基本工具，政府宏观调整的政策工具，作为产业升级、区域振兴的手段和捍卫国家经济安全的屏障。田珍都（2011）认为，国有企业在我国经济社会发展中具有重要作用。在经济方面，国有企业的发展，为整个国民经济的平稳运行创造了良好的经济环境；在政治方面，由于国有经济控制国家经济命脉，才使得政府能够从国家和人民的根本利益出发制定各项政策；在社会责任方面，国有企业既履行经济、政治责任，也履行道德、法律、环境资源和慈善等社会责任。从国际方面看，在经济全球化背景下，做大做强国有企业，有力地节制了跨国垄断资本，维护了国家经济安全。祝岩松、刘现伟（2011）认为，社会主义市场经济体制下的国有企业功能主要包括：（1）弥补三种类型的市场失灵：国有企业克服市场经济国家普遍存在的市场失灵；国有企业克服转轨国家存在的市场失灵；国有企业克服发展中国家的市场失灵。（2）社会主义市场经济体制下国有企业功能定位：基础服务性功能；产业导向性功能；国家安全性功能；国际竞争性功能。

对于我国国有经济功能是否会发生变化，邵传林（2011）认为，资本主义国有企业与社会主义国有企业的性质差异主要表现在历史起源、行为目标、财政作用、政治内涵及经济效率等方面，而指导思想来源、权力当局的政治目标、经济发展阶段以及计划经济的路径依赖性等因素都会影响国有企业的性质及其功能实现。基于制度互补理论，他们认为在中国权力当局政治目标长期稳定不变的条件下，组织域中的国有企业制度与政治域中的国家形态的联结构成了一个可自我实

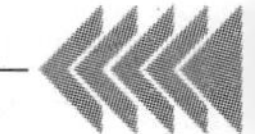

施的互补性制度系统，只有在执政党的执政理念发生变化时才会偏离该均衡状态。既然中国国有企业与资本主义国有企业在性质上存在根本性差异，而且这种差异又取决于各种经济社会因素，或者说中国的基本国情及其政治制度结构决定了国有企业制度必然具有二重性。

此外，也有学者不同意把竞争性领域的国有经济仅定位于市场经济主体功能，李治国（2011）认为，把国有经济市场化从而将其职能定位在追求利润或赚钱上，是我们长期以来的一个认识误区，也是垄断行业不合理高收入的体制原因。我们应该走出这个认识误区，把国有经济的基本职能定位在国家进行宏观调控的工具上并循此进行改革。唯有如此，才能从根本上消除垄断行业不合理的高收入现象，并促进社会主义市场经济的健康发展。

2. 国有经济战略性调整的方向选择

国有经济在国民经济发展中的功能定位，是深化国有企业改革和继续推进国有经济战略性调整的前提和依据。根据党和国家的相关文件精神，国有经济战略性调整的方向是国有资本向关键领域和命脉部门集中，具体包括涉及国家安全的战略性领域、重要基础产业、不可再生的战略资源领域和国民经济支柱产业和高新技术产业。但也有学者指出，关键领域和命脉部门是一个动态的概念，现有定位比较模糊，应有清晰的界定。同时，针对现阶段国有经济广泛分布于一般性竞争领域的实际情况，确定近期的国有经济战略性调整方向也备受关注。

高梁（2012）认为，根据我国工业结构特点和战略目标，国有经济必须在战略性、高技术竞争性领域占优势和主导地位。主要包括：（1）涉及国家安全的战略性领域：国防科技工业（核、航天航空、兵器舰艇、军用电子）；国家基础设施（通信广播网、电力网、铁路网和重要交通设施）；城市重点基础设施（供排水、供电、供气、干道）；金融；大宗农产品及大型商品物流；对外贸易主渠道；战略物资储备等。这些领域的产品和服务担负着国家政治社会安全职能，是经济社会稳定发展的必要前提。（2）重要基础产业：电力、电信、重要能源基地、重点石化、冶金行业。此类行业具有公益性质，或为经济社会发展提供基础原料能源，且需要巨额投资，应由国有经济保持优势地位。（3）不可再生的战略资源领域：重点矿山、油气资源等。（4）国民经济支柱产业和高新技术产业：由本国资本与机构控制的各类支柱工业（采矿、冶金、石油石化、装备和交通运输工具制造、特种建筑），以及高技术工业（新材料、新能源、电子通信、航空航天、生物医药），属于资金技术密集型产业。其中的大型企业是各行业的主导力量和科技研发平台，是国家工业与科技进步能力的核心（国有经济部门占有70%以上的科技资源）。第四类既是“竞争性”产业，又具有战略性。它们要面对国内外市场竞争和“优胜劣汰”的考验，特别是面临着与跨国公司的生死竞争，其成败关系着国家安全与产业升级主导权。厉以宁（2011）认为，国有企业当前结构调整重点应该在新兴战略产业方面。国有企业应该走出去，在资源开发和企业并购方面发挥更大的作用。国有企业应该成为技术力量的培养基地。

周放生（2011）认为，国有经济首先应该定位在国防安全、经济安全和社会安全领域；其次是社会公益领域；再次是就业安排领域。认为现阶段最适应市场需要的企业体制既不是国有独资企业，也不是民营独资企业，而应该是多种资本整合的混合所有制企业。少数关键行业混合所有制企业可以由国有控股，更多行业的混合所有制企业可以由民营控股。

邵宁（2010）认为，国有经济的战略性调整，一是中央企业国有资本要向关系国家安全和国民经济命脉的重要行业和关键领域集中，进一步增强国有经济的控制力、影响力和带动力，发挥国有经济的主导作用；二是国有资本要向那些技术先进、结构合理、机制灵活、核心竞争力强的大公司、大企业集团集中，做大做强一批有国际竞争力的大公司、大企业集团；三是国有资本要向有竞卖竞争力的优势行业集中，要采取增量投入和存量调整相结合的办法，加大对产业进入壁垒高、市场发展前景和国有经济必须保持控制力的基础性、支柱产业和高新技术产业的重组和投入力度，进一步增强我国综合国力和整体竞争力；四是国有资本要向中央企业主业集中，进一步加大主辅分离、辅业改制的力度，促进存量资产的调整重组，组织专业化生产，发展核心业务。

祝岩松、刘现伟、赵雪峰等（2011）人认为，国有经济产业分布应主要集中在以下四个方面：一是公共事业领域和重大基础设施产业，这些部门往往所需投资大、回收慢、服务面广，其社会经济效益产生于经济效益；二是涉及国家安全及重要基础性产业，包括涉及国家安全的领域、支撑国民经济的重要基础部门和自然垄断性行业；三是国家战略性新兴产业，这类产业对国家中长期经济社会发展具有重大影响；三是以增强国际竞争力为目标的竞争性产业，这类产业多属于资金、技术密集型产业。他们认为，根据国有经济功能定位及产业性质特征，对以上四大类产业国有经济参与程度也不相同，对涉及国家安全及重要基础性产业，国有经济可实行绝对控股或相对控股；对国家战略性新兴产业、公共事业领域和重大基础设施产业、以增强国际竞争力为目标的竞争性产业，国有经济可实行绝对控股、相对控股或参股。

二　国有经济布局和结构调整

国有经济战略性调整通常是指国有经济布局和结构的战略性调整，但学术界对其内涵有不同的理解。孔玉生、蔡丽、姜李娜（2011）认为，所谓国有经济布局调整是指优化国有资本在国民经济重要行业和关键领域的分布，包括国有经济的产业结构调整、地区结构调整和所有制结构调整。严汉平、郝文龙（2008）认为，国有经济布局和结构调整包括所有制结构调整、产业结构调整、地区结构调整、企业结构调整和产品结构调整。戚聿东、张航燕（2009）指出，优化我国国有经济布局和结构，应该从国有经济总量、产业结构、企业规模结构和资本结构四个方面进行。常修泽（2007）认为，国有经济布局调整包括产业布局、地区布局和企业布局（大、中、小）调整；结构调整指企业内部产权结构调整。我国的国有经济布局和结构调整主要沿着竞争性行业的重组和垄断性行业的改革两条线索进行。党的十五大报告中明确提出，“要从战略上调整国有经济布局，对关系国民经济命脉的重要行业和关键领域，国有经济必须占支配地位。在其他领域，可以通过资产重组和结构调整，以加强重点，提高国有资产整体质量”。党的十五届四次会议把应保留国有经济的“重要产业和关键领域”定义为“涉及国家安全的行业，自然垄断的行业，提供重要公共产品和服务的行业，以及支柱产业和高新技术产业中的重要骨干企业”，同时提出“从战略上调整国有经济布局，要同产业结构的优化升级和所有制结构的调整完善结合起来，坚持有进有退，有所为有所不为”。据此，对重要行业和关键领域的国有企业改革、对目前仍然广泛存在于一般竞争性领域的国有经济进行战略性调整并使之向重要行业和关键领域集中，是现阶段国有经济战略性调整的核心内容。

（一）国有经济战略性调整和深化国有企业改革的整体思路

国有经济战略性调整，要在遵循国有经济发展和演进规律的基础上，提出系统性的调整思路和对策。现有文献对国有经济战略性调整的研究更偏重于调整对策，对理论探讨相对欠缺。在战略性调整和改革的整体思路方面，既从纵向视角强调对宏观国家层面、中观产业层面和微观企业层面战略性调整的系统思考，也从横向视角关注对国有企业的分类调整研究。

1. 国有经济战略性调整和深化国有企业改革的理论研究

在国有经济战略性调整的理论研究方面，近年来的文献主要分析了国有资本产业分布的动态演变和结构调整的路径依赖特征，政府管制、市场竞争和所有权改革的关系，地方国有经济布局调整的基本原则，并对国内外国有经济结构调整的经验进行了理论探讨。

在国有经济战略性调整的规律探索方面，郝书辰、蒋震（2010）认为，国有经济产业布局调整要遵循国有资本产业分布的动态演变规律。通过分析国有资本本质特征，提出国有经济产生和发展的“三阶段论”，并指出国有经济在每一阶段的功能和作用，并以此为基础探讨了市场结构、产业关联和厂商市场行为等因素的动态演变影响国有资本产业分布的动态演变过程。最后认为在国有经济战略性调整中，一定要紧紧把握好国有资本控制力这条主线，这样才能实现国有经济的功能和作用。汤吉军（2009）立足于中国国有经济战略性调整的实际状况，针对1978—2008 年的调整过程，阐述目标定位、调整现状、调整方式与调整障碍以及发展趋势，发现国有经济战略性调整过程本身就是不断适应社会主义市场经济体制需要的发展过程，往往具有路径依赖特征。因此，需要用动态调控的过程，不断摆脱路径依赖的束缚，寻找国有经济战略性调整的优化行为，在动态不确定性条件下，适应市场经济体制不断试错的战略性调整的过程。

在地区经济结构战略性调整方面，邓伟（2011）根据 1999—2008 年省级面板数据的估计结果表明，自 1999 年以来，随着国有企业的经营目标越来越强调利润最大化，国有企业不断地向有更多政治资源的级别较高的城市集中，在这些城市的经济取得更快发展的同时，其他低级别城市的经济发展因行政权力对资源配置的扭曲受到阻碍。国有经济越多，所需吸附的各种资源就越多，行政权力对资源配置的扭曲就越严重，不同级别城市之间的收入差距就越大。要缩小不同城市的发展差距，应该继续推进市场化的改革，继续降低国有经济的比重，减少政府对经济的干预，更加充分地讨论发挥市场机制的作用。

在国有经济战略性调整的国外经验介绍方面，郭砚莉、汤吉军（2011）通过对英国国有企业私有化政策的分析，认为虽然单独私有竞争性企业有可能导致生产和配置效率，因为私有制下的控制和激励机制往往会提高生产效率，但并不是充分条件。当竞争压力不大或者缺乏时，有可能私有制并不比国有企业经营得好；同时，不论是国有制还是私有制，政府管制都是必须的。在当前的金融危机情况下，将所有权改革、市场竞争和政府管制有机结合起来思考我国竞争性和垄断性行业的国有企业问题非常重要，单独强调任何一方面改革都无法达到预期效果，“三位一体”的改革思路是未来国有企业改革的基本取向。他们还指出，各个行业情况不同，必须制订不同的操作方案。即使在自然垄断的行业，也要放弃全面垄断的做法，将不具有自然垄断性质的产品和服务区分开来，引入市场竞争机制；对继续保留的国有企业要建立更为有效的管制机制。孔玉生、张帆（2011）研究了美国、日本、中东欧、印度和韩国的国有经济，认为国有经济作为一种特有的制度安排，各国对国有经济的认识并不相同，在国有经济的布局和结构上也有很大差异。他们从行业与产业角度总结了国外国有经济布局的经验，并对我国国有经济布局与调整提出了一些启示。

在实践经验的总结方面，施春来（2011）从国资战略性布局调整、产权多元化改革、完善国资监管体系、国有资本改革调整平台建设、上市公司战略重组、国有企业从竞争领域退出、政府引导和市场化操作与制度创新、健全法人治理结构、集团战略管控模式、业绩考评与薪酬管理、长期激励机制、国际化、技术创新和自主品牌发展、改革中的员工安置与社会责任等14个方面把中央企业和各省市探索出来的国资国企改革方面的经验进行了总结，并据此提出上海“十二五”期间国资国企改革的建议：政府引导和市场化运作合力推动国资国企改革；全方位、高强度推进国资国企产权多元化改革；构建比较完善的国资国企改革法规体系；加大国企分配制度创新，建设现代企业家队伍；强化员工管理，打造优秀品牌占领市场，增强国企核心竞争力等。

2. 国有经济战略性调整和深化国企改革的整体思路

竞争性领域国有经济的战略性调整和大型国有企业的改革密不可分。近年来的文献主要从宏观、中观和微观相结合的纵向视角系统地提出了国有经济战略性调整的整体思路，从横向视角提出了国有企业分类改革的整体思路。

（1）国有经济战略性调整的整体思路

王忠明（2008）认为，国有经济布局和结构的战略性调整，应着力从企业、资产和经济三个层面深入展开：在企业层面，我国企业的组织形态、所有制结构等将按照社会主义市场经济体制的要求，进一步形成多元化的有序格局，其中“关键的少数”应实行“绝对控股”或“相对控股”，而大多数企业应实现投资主体多元化或产权主体多元化。在资产层面，核心任务是盘活资产，提高国有资产运营效率，并全面搭建交易平台使之流转顺畅。在经济层面，主要任务是进一步划定国有经济与非国有经济之间的合理分工，强化国有经济的控制力和主导作用，促使整个国民经济充满活力、富有效率、健康运行。就三个层面之间的关系而言，国有经济的战略性调整反映在企业层面是着力于多元构建，反映在资产层面是着力于战略集中，反映在经济层面是着力于实现最高利益。为更加健康地推进国有经济战略性调整，应当避免简单化、绝对化、短期化、浅表化倾向。

祝岩松、刘现伟、赵雪峰等（2011）提出了国有经济产业结构战略性调整的整体思路。他们认为，国有经济产业调整应以加快经济结构调整、转变发展方式为主线，实现国有经济由保值增值为导向向以完善功能定位为导向的根本性转变；并应按其功能定位的导向要求，着力推进国有经济向关系国民经济的公共事业领域及重大基础设施产业、涉及国家安全及重要基础性产业、国家战略性新兴产业、有助于增强国际竞争力的产业集中。具体路径是：在国家层面，要明确界定国有经济功能定位及产业选择方向；加快制订国有经济产业分布及调整的整体规划；构建以功能划分为基础的分类管理考核体系，推进国有资本管理体制改革的新突破。在产业层面，构建以功能划分为基础的专业化产业重组投资基金，作为产业整合及结构调整的操作平台。在企业层面，以完善国有经济功能为导向，以能力建设为重点，推进企业重组整合，实现科学发展。在配套制度建设方面，要加快推进产权重组与流动，完善国有经济退出机制。在我国经济部门中，除了涉及上述四个产业功能的行业外，其他一般竞争性产业国有经济应逐步撤出。即使在竞争性行业中属于国民经济支柱产业的特大型骨干企业，也不应是国家独资的国有制企业，要实行股份制改造，建立现代企业制度。为此，要加快建立完善企业产权流动及交易市场体系；引入外部力量，加快国企兼并重组；大力发展民营经济，增强其国有经济退出的承接能力；有效发挥产业投资基金作用，推进跨地区、跨行业的资产重组和兼并。

方栓喜、倪建伟、张飞（2012）提出以强化公益性为目标推进新阶段国有资本战略性调整的思路。我国进入发展新阶段，强化国有资本公益性的现实需求全面增强，表现为，随着我国进入公共产品短缺时代，国有资本公益性不足的矛盾逐步凸显，更好地发挥国有资本的主导作用、改变利益格局失衡、实现国有资本盈利性和公益性的有机统一、为民营经济和中小企业创造良好的政策环境和制度环境等，都提出了对强化国有资本公益性的要求。为此，要把强化公益性作为新阶段优化国有资本配置的战略目标：第一，新时期国有资本的主导作用应当更加显著地体现为全社会福利水平的普遍提高，为此，应当确立国有资本在提高普遍福利上的目标。第二，国有资本要发挥社会稳定功能，需要带头进行收入分配改革，在调节收入分配差距上有所作为。第三，国有资本的赢利，不能主要服务于国有资本规模的扩张，而应当服务于公益性支出的增加。基于此，要改变国有资本的配置格局，加快实现国有资本的公益性回归。一是要调整投资结构，使新增国有资本投资主要配置在公益性领域；二是国有资本逐步从一般竞争性领域退出，重点转移到公共产品领域；三是把竞争性领域的国有资本集中配置在事关中长期国民经济持续快速增长的新兴战略产业，充分发挥国有资本优势，参与更高层次的国际竞争，以提升国家竞争力；四是对必须保留在其他竞争性领域的国有资本，要增加收租分红比例，并主要用于公共产品领域投入。同时指出，改变国有资本配置格局，需要加快垄断行业改革。首先，对改革严重滞后的铁路、食盐等行业，尽快实现政企分开、政资分开。其次，对电力、电信、石油、民航、邮政等行业，应将自然垄断和竞争环节切实分开，在自然垄断部分强调国有资本主导，在竞争性环节对民营经济放开。自然垄断行业由国有资本垄断经营，其本意是更有利于实现公益性。但就电力、电信、石油、民航、邮政等行业而言，并不是所有环节都具有自然垄断性质，除网络基础设施部分外，相当多的生产环节都可以放开市场引入竞争。第一，通过资本市场的国有股减持，在非自然垄断环节退出一部分国有资本；第二，在自然垄断环节，通过 BOT、TOT 等多种形式鼓励民间资本参与投资；第三，完善基础领域的准入制度，对垄断行业要逐步放松或解除管制，广泛引入市场竞争机制，鼓励民间资本参与基础领域的公平竞争。再次，对城市公用事业，要尽快健全特许经营制度，形成合理的价格形成机制，积极引导社会资本参与。第一，实现城市公用事业政事分开、政企分开、事企分开，建立完善的市场竞争机制、企业经营机制和政府监管机制；第二，打破垄断经营，引入市场竞争机制，提高城市建设运营效率；第三，充分利用资本市场，彻底改变城市公用事业政府投资的单一模式，允许社会资本参与投资城市公用事业；第四，健全特许经营制度，形成合理的价格形成机制，利用已有的经营性公用事业资产，以特许经营方式向社会资本、资本市场进行多元化融资，积极引导社会资本参与，有效缓解公用事业建设资金短缺的状况。

（2）深化国有企业改革的整体思路

邵宁（2011）认为，可以将国有大企业大体分为功能性和竞争性企业两种进行分类改革。功能性国有大企业包括基础设施和公共产品的供给，如供水、供电、供油、供气、公共交通等，重要资源的开发，关系国计民生的重要企业，如军工企业、大飞机等战略性产业。对这些企业要进行市场化的内部改革，改革的重点应涉及以下内容：以企业内部劳动用工、干部人事、分配制度改革为主要内容的内部改革，也包括规范的治理结构和管理制度建设，建立有别于竞争性企业、有针对性的出资人管理制度，考核评价应以功能定位；实施有效的行业监管，包括价格、服务标准、成本控制、收入分配和资源配置，提高透明度，防止企业利用垄断地位损害社会和公众利益，形成规范合理的与政府间的政策安排，以兼顾企业为社会服务和企业持续发展的双重目标。竞争性国有大企业，在中国现实的国情条件下，不能简单地沿用前些年国有中小企业改革的办法把企业退给别人，而是要依托资本市场，在国有体制下对这些企业直接进行市场化改造，通过上市实现公众公司改革。邵宁（2011）指出，对“十二五”期间的国企改革的重点是加快国企股权多元化改革步伐，提高国资的证券化率，在推进公司制股份制改革方面取得新进展。

蒙丹（2011）认为，应根据不同类型的国有企业提供的产品和服务的特性及承担任务的不同进行分类改革，对其社会目标和经济目标的诉求采用不同的标准。对于提供公共或公益性产品和服务，或者承担某些特殊任务的国有企业，因社会目标高于经济目标，不能强求其经济效益，应根据需要加大投入和支持力度，保证其社会目标的实现；对于处于竞争性行业、专注于经营活动的国有企业，因经济目标优于社会目标，必须承担一定的社会责任；对于处于垄断行业的国有企业，应该实现诸如控制垄断、保护消费者利益、保证国民经济正常运行等社会目标，为避免社会不公，应适当放宽管理，引入竞争，同时加快垄断国企收入分配制度的改革；对于资源垄断型国有企业，国家应行使其资源所有权，收取资源租金，防止垄断企业吞食租金而获取高额利润。为更好地实现国有企业经济职能与社会职能的统一，应完善利润分配机制和社会责任法律法规体系。

侯春云（2011）在“2011 中国国有经济发展论坛”上提出了深化国有企业改革的一般性思路。一是国家对国有企业应该进行分类管理。根据国有企业所处的领域和行业特点制定专门的管理办法和法规；处在竞争性领域的企业应该和其他所有制企业一样，在市场上一视同仁，公平竞争。二是继续推进国有企业的股份制改革。应该推动国有企业的整体上市，规范国企在股市上的资本运作，使股份多元化，避免一股独大。三是继续深化国有企业的内部改革，包括用工制度、用人制度、分配制度改革。国有企业的职工应该有进有出，企业内部用人应该一视同仁，同工同酬。四是要正确区分国有企业承担的社会责任，不能把不该由国有企业承担的社会责任强加给企业。

（二）竞争性领域国有企业战略性重组

国有经济战略性调整在操作层面体现为国有企业的战略性重组。通过文献分析发现，竞争性领域国有经济战略性调整的可行思路是先向国有经济优势行业集中，做强做优，然后通过产权多元化改革向公众公司转变，实现国有资产证券化，通过资本市场和产权交易平台实现国有资本的合理流动，最终达到向重点行业和关键领域集中的目的。在以国有中小企业和困难企业改革为主的国有经济战略性调整的任务基本完成之后，现阶段的国有企业战略性重组主要包括两类，一是国有企业内部和国有企业之间的战略性重组，二是国有企业和民营企业、境外企业等非国有经济的兼并重组。前者侧重国有经济内部的跨层次和跨行业的优化配置，后者侧重国有企业国际竞争力的提升。近年来的文献主要以央企为研究对象，对大型国有企业战略性重组的影响因素和重组策略等展开研究。

在国有企业战略性重组的现状与宏观思路方面，胡迟（2011）认为，中央企业的兼并重组势必对国内企业的兼并收购活动产生重要影响，这种态势在“十二五”期间势必还会持续下去。因为央企重组，在企业层面有助于实现规模效益，在产业层面有助于提高产业集中度，在宏观层面有助于加快工业化进程。但需要注意后期的整合，要充分运用战略联盟和外包等其他多种形式；充分发挥民营企业的作用；在实现规模效益与提高产业集中度的同时，要防止企业规模膨胀后因垄断而对市场效率的损害。郑海航在“2011 中国国有经济发展论坛”上针对央企重组过程中存在的问题提出了相关建议：第一，央企重组实施类似指标性的重组规划，应该遵循科学规律，而非服从长官意志。第二，央企重组的范围不能局限在中央级企业之间，要打破央企和地方国企的界限，打破国有资本和民营资本的界限，包括境外资本，在重组中调整和完善国有经济布局。第三，要打破国资委或者企业是央企重组单一主体的惯例，认为央企重组应该是双主体，即国资委是推动央企重组进行产权划分的主体，而企业集团是内部整合的主体，两个主体各司其职，各负其责。第四，央企重组应该注重企业间资本层面的融合，央企之间进行相互投资、注资和持股既促进了产权多元化，又促进了整个央企社会资本有效的流动。第五，央企重组的关键是重组之后进行内部整合，涉及企业产品、研发、营销、财务、文化价值观的整合。第六，要通过重组和央企制定新的发展战略、央企产业结构升级、央企的管理提升以及央企的改革特别是垄断企业的改革结合，优化央企产业结构。谢小兵、金彦平（2011）指出了当前中央企业并购重组中存在的主要问题并提出了相关建议：

(1) 部分央企仍以扩大规模为主进行并购重组，需转变发展模式，正确处理好做大与做强的关系。(2) 央企之间的深层次资源整合力度仍需加强，为此，一要通过对中央企业之间资源整合成功案例的剖析与宣传，让其他中央企业和职工提高对央企之间资源整合的认同；二是要鼓励企业在整合方式上进行创新，可以灵活采用无偿划转、转让；三是要特别关注标的企业职工的权益保护。(3) 央企内部仍需围绕突出和做强主业，进一步加大资源整合、产权构架调整力度。(4) 推进国有资产股份化、证券化过程中，应当更加注重整合利用央企现有上市公司资源。徐传谌、邹俊（2012）认为，中央企业在战略重组中会遇到交易成本的不确定性、规模经济的不确定性、产业结构的不确定性和人力资本的不确定性等问题，这些不确定因素会对央企重组产生重要影响，甚至关系重组的成败。所以在重组的过程中，应明确战略定位，承诺行动；信息透明，降低交易成本；健全治理结构，建设人才梯队；控制关键领域，围绕产业价值链开展重组；促进企业文化融合；合理配置人力资本，建立合理人力资本流动机制；加强监控，避免一“组”了之；谨慎择机，积极推进央企重组。黄群慧（2007）认为，国有企业战略性重组是同国有企业的使命紧密相关的，应该结合国有企业使命的重新梳理对国有经济进行战略性重组，在此基础上对国有企业进行分类管理，并进一步建立相应的报酬激励约束机制。

关于战略性重组的模式，廖红伟（2011）认为，后危机时代国有企业战略重组的路径选择简单停留在企业层面的重组行为已经不能满足现实的要求，产业链条的关联性、品牌与人力资本等无形资源，以及市场交易、渠道建设、技术创新等能力的互补与嫁接，将使更高层次、更大范围的重组成为必要和可能。以此为依据，国有企业可选择的重组路径包括：以提升内生竞争力为目的的企业内部重组；以构建企业集团为特征的企业间重组；基于价值链条整合的产业重组；跨层次、跨地区重组；国有资本“出海”与跨国重组等。李鲁云、王学明等（2011）总结了次贷危机广东省企业开展并购重组形成的六大成功模式：产业链纵向并购（由企业“点对点”到产业“链对链”的经营模式）、跨国并购（海外抄底、资源全球整合模式）、产业置换（政府出资支持并购模式）、横向并购（收购整合同业资源模式）、借助资本市场并购重组（整体上市和借壳上市模式）、央地联姻（引入中央企业强强联合模式）；并提出进一步推动企业并购重组的政策建议：政府部门应积极完善配套措施，加强组织领导和政策扶持，为并购重组扫清制度障碍，全面改进对并购重组工作的管理和服务，有效整合广东省各种资源，推动产业结构调整，培育具有国际竞争力的优势企业。

对于跨地区、跨层次重组，崔保军（2012）强调，国有企业跨地区战略性重组过程中应约束和规范地方政府的行为，使其在企业并购重组中发挥积极的引导作用。应改革目前地方政府官员的绩效考核指标，建立科学的政绩考核制度；注重并购的效率，建立“拉郎配”式并购的责任追究制度；重视并购有关方的利益，建立合理的利益补偿制度；提高政府的科学决策水平，制定合理的产业政策和产业结构调整制度；制定企业并购法律制度，建立公平的并购环境。

对于跨所有制的重组，胡立法（2011）认为，通过吸引国内民营资本实现国有企业的战略性重组，或使国有企业从一些非国计民生行业实现战略性撤退，这是推进国有企业制度改革从而提升国有企业效率和竞争力的主要路径之一。张弥（2006）也曾指出，经过二十多年改革和发展的实践证明，国有经济的战略性调整与非国有经济的发展是分不开的，为了实现国有经济战略性调整，最终完成建立社会主义市场经济新体制的历史性任务，非公有制经济将发挥不可替代的经济功能。王涛、赵守国（2007）分析了境外战略投资者参与国企改革重组的正负效应，认为外资战略投资者的资金优势能解决国有企业重组中资金缺乏的问题，国有企业普遍存在的内部治理结构和机制不完善问题，能够带来先进的技术和管理经验，能使企业迅速开拓国际新市场，提高我国企业的跨国经营能力，也能为我国企业近距离学习资本运营提供良好舞台。但战略投资者参与国企重组的出发点并不是帮助国企脱困和转制，他们本着自身利益最大化的目的，在加入国企重组的过程中势必会带来一些负面的效应：可能导致垄断，使产业经济安全受到威胁，可能造成企业结构的不相容或不平衡，容易造成国有资产的损失。所以，应该认识到，战略投资是一种完全市场化的受市场利益驱动的产权交易行为，战略投资者看重的是符合其利益要求的投资对象，因此，国有企业必须按照市场化运行机制进行改革运作，才有可能得到国际战略投资者的关注。同时，构建一个完善的市场环境和服务体系也是吸引境外战略投资者的必要条件。

（三）垄断性领域国有企业改革

我国垄断性行业的主体均为国有企业，且多数是中央企业。垄断性行业国有企业的改革是国有经济战略性调整的重要内容。现阶段除铁道部仍实行政企合一体制外，其他垄断性行业基本上都实行了政企分开，由国有或国有控股企业占支配地位或垄断地位。但由于理论和实践领域存在争议，相对于竞争性领域国有企业的战略性重组而言，对垄断性领域国有企业的改革和战略性重组相对滞后。近年来的文献主要集中于垄断性行业国有企业改革的取向、垄断性国有企业改革中的现状与路径等方面。

关于垄断性行业国有企业改革的现状和整体思路，常修泽（2011）认为，十几年来垄断性行业的改革，主要是在政企分开、业务“分拆”和引入行业外资本三方面作了一些初步的尝试，但用建立完善的社会主义市场经济体制的目标来衡量，从总体上判断还没有完全“破题”。主要表现在以下四个方面：（1）政企尚未分开，缺乏商业化运营环境，有的迄今还是“政企合一”的体制，如铁路部门。（2）进入壁垒依然过高，有效竞争尚未形成，主要表现为进不来、不对等和同质性。（3）国有资本“一家独大”，非公资本比重有限。（4）科学监管尚未到位，政府职能亟待转变，表现为独立监管机构存在严重缺陷，政府监管职能缺位与越位，并没有随着市场化改革而改变。深化垄断性行业改革，要找准“破垄”的关键，可把“切入点”选在特许经营权改革上；要打开“压力阀”，释放改革能量，为民间资本以市场竞争的方式提供产品或服务开辟空间；要越过“破垄”的“坎儿”，超越既得利益集团的束缚，从制度上摆脱利益集团的羁绊，以形成对利益集团的有效制约，成为影响垄断性行业改革实际进程的重大因素。根据中国当前垄断性行业的实际，将垄断行业分成三种不同的类别：垄断性行业中可以直接竞争的部分；垄断性行业中仍然具有垄断性、间接竞争的部分；垄断性行业中居于中间或过渡状态的部分。应针对以上三种类别，实行不同的推进竞争方略。他还探讨了政企分开的三个层面，一是政府自身管理体制的改革，重点是加快政府职能转变；二是与政府体制改革相关的国有资产管理和运营体制改革；三是国有企业改革，关键是实行“所有权与经营权分开”，割断企业与政府的直接联系。

邵宁（2011）认为，关于中央企业的垄断问题，认为破除垄断、引入竞争，是国有企业改革的另外一条主线，这条主线从来没有逆转过；对目前具有垄断经营因素的企业，重要的是建立一套完善的社会监管体系，设立行业监管机构，防止企业利用垄断地位损害社会和公众利益。现在应该研究如何建立监管体系。邵宁指出，对公益性国有大企业，所有发达国家对这些企业都有一套完整的社会监管的办法：（1）管成本，成本必须透明；（2）管价格，价格很自然是政府控制的；（3）管分配，包括收入分配、利润分配、资源配置；（4）管服务标准。

关于垄断性行业国有企业改革的取向，卫祥云（2011）认为，垄断和公益性国有企业不能“股份化”，应该实行“准公务”管理；国有垄断企业不宜建立“现代企业制度”和“现代产权制度”。杨斌（2011）认为，以私有垄断替代国有垄断不是改革的出路。中国自然垄断和公益事业领域的国有企业改革的正确方向应该是进行公众作为全民股代表参与监督管理的制度创新，直接掌握内部成本数据并参与制定公众接受的合理价格，确保对高额垄断利润进行合理社会分红并造福于全体人民。丁冰（2011）认为，巩固和发展国有经济包括国有垄断经济还是很必要的。这不仅是因为国有企业是社会主义公有经济中最主要的组成部分，也因为只有大型的、垄断性的国有企业，由于其拥有资本、技术、人才、经营管理经验和经营规模等各方面的特殊优势，才能更好地发挥国有经济在国民经济中的主导作用与增强国际竞争力。

关于垄断性行业的分类改革，高梁（2010）根据垄断性行业的技术特点和战略重要性，把垄断性行业分为自然垄断性行业（铁路、电力、电信、部分公用事业、长途输油管线等）和非自然垄断性行业（邮政等承担普遍服务任务的组织网络、石油和稀贵金属等稀缺战略资源、民航和军工等战略性行业），认为自然垄断各行业具有共同的“网络型”特征，是“市场失灵”的领域。在西方发达国家，对自然垄断性行业形成了“公共行业需要政府统管、国企垄断”的共识，但由于在“公有公营”体制下效益递减的原因，近三十年来又兴起了此类行业“自由化、私有化”的浪潮，但在促进微观效率提高的同时，又带来纵向交易成本增大、私人垄断经济命脉行业，扩大社会不公平等问题。高梁认为，对于我国而言，上述垄断性行业都是关系国计民生的重要行业和关键领域，在这些行业引入竞争，推进投资多元化，目的是推进企业转变经营机制，打掉官商飞扬，增强活力，从而增进人民社会福利和增强国家竞争力，但前提是必须在这些关系国民经济命脉的重要行业和关键领域保持国有经济的支配地位。

三　国有企业股份制公司制和产权多元化改革

国有企业股份制公司制改革，是实现国有企业产权多元化、国有资产合理流动，乃至国有企业战略性重组和国有经济战略性调整的基础，但所有这些改革在整个国有企业改革和国有经济战略性调整过程中同时进行，也正是我国国有企业改革和国有经济战略性调整的难点。近年来的文献主要集中在国有企业整体上市、产权多元化和中国式治理模式研究等方面。

（一）国有企业整体上市的相关研究

国家“十二五”规划中明确提出，推动具备条件的国有大型企业实现整体上市，不具备整体上市条件的国有大型企业则要加快股权多元化改革，对有必要保持国有独资的国有大型企业要加快公司制改革，完善公司法人治理结构。国资委主任王勇（2012）明确指出，国资委鼓励央企进行不留存续资产的整体上市，主业资产已经整体上市的，通过多种途径实施集团层面整体上市。国资委副主任邵宁（2011）认为，竞争性国有大企业改革最终的体制模式很可能是一个干干净净的上市公司，没有集团公司和存续企业完全按资本市场的规则运作。由于整体上市是近年来才出现的国有企业股份制改革模式，现有文献关注的焦点主要是整体上市的意义、模式类型及其适应条件等内容。

关于国有企业整体上市的积极意义，张洁梅（2009）认为，中国证券市场的分拆上市是特定历史环境下的产物，随着我国经济改革的逐步深化，暴露出了很多问题。而整体上市相比拆分上市，有利于消除关联交易，使优质企业做大做强，为市场的金融创新拓展空间，是国有企业股份制改革的一个很好的路子。整体上市可以看作是企业对其边界进行调整，有利于整个企业集团降低交易费用和实现资产配置效率的最优化。杨红芬（2011）从内部资本市场理论和企业边界理论两个视角分析了国有企业集团整体上市的内部动因，分析结果表明，整体上市既能够为国有企业集团的投融资活动带来更优货币效应和更多货币效应，同时也能够使国有企业集团在生产和组织两个维度上提高企业的经营绩效和竞争能力。

现有文献对整体上市的不同模式进行了比较，魏成龙、许萌、郑志、魏荣桓（2011）运用面板数据模型分析了整体上市对国有企业绩效的影响，发现整体上市的国有企业在整体上市当年对企业绩效有显著的促进作用；在整体上市的国有企业中，反向收购母公司模式和吸收合并模式对企业绩效有显著的直接促进作用，换股 IPO 模式对企业绩效的作用在经济上和统计上均不显著；在整体上市时注入的资产质量对企业绩效也有显著的直接正向作用。为推动整体上市的健康发展，必须不断完善保护中小股东利益的相关法律法规和政策制定，完善与整体上市相配套的制度安排，严格制定整体上市标准，选择适合企业发展的整体上市模式，以整体上市为契机，促进企业主营业务的深度整合。李福祥、王媛媛（2011）通过对国有企业整体上市模式的比较发现，现阶段未上市国企整体上市应主要选择主业资产整体上市模式，已实现部分上市国企的整体上市应主要选择上市公司向母公司非公开发行股票购买资产模式。母公司整体上市模式、资产一次性整体上市模式、母公司上市换股合并已上市公司模式等只适用于国有重点行业、重点企业且国资委直接持有上市公司股份具有可行性的情形，不适用于一般情形，因为由此导致的上市公司国有股持有人发生变化即由国资委直接持有上市公司的股份虽无法律障碍但存在运行障碍，诸如无针对性的法律法规作指导；国资委不具备国有资产收益权，一方面无法直接取得和支配上市公司的分红，不能按市场原则对分红进行运营，另一方面国资委对上市公司配股、定向发行时难以进行直接认购等操作；国资委还不能承担法律诉讼风险赔偿资金来源存在问题；国资委下属企业众多又涉及不同行业，直接持股导致新的同业竞争与关联交易；富余人员的安置失去承接主体；国有股东利益最大化引致与其他中小股东的利益冲突，产生新的“剥夺”问题等。

也有学者对整体上市的条件进行了分析，王彤宙、代光举（2009）认为，伴随着我国经济的高速发展，资本市场容量大幅提高，机构投资者规模日益壮大，国有企业经过主辅分离、辅业改制、清产核资、政策性关闭、破产等多年的改革改制，资产质量明显提升，主业进一步突出。国有企业集团整体上市的条件已经基本具备，上市的主导方式由分拆上市转向整体上市的时机已经成熟。许金峰（2007）认为，成功的整体上市运作主要取决于下列因素：集团公司具有较强的实力，并拥有较多符合发行上市基本条件的实体资产，整体资产质量较好或其中有部分优质资产；集团公司与上市公司业务关联程度较高，存在大量关联交易，整体上市不仅有助于实现集团上下游业务的一体化、消除或避免大量关联交易，亦能显著提高上市公司的估值水平；集团公司与上市子公司之间的股权关系相对简单，上市子公司本身也具有简单清晰的股权结构，这样有利于降低整体上市的实际操作难度；在整体上市方案的制定和实施中，充分考虑企业集团的实际情况和证券市场预期走势等内外因素，灵活选用适宜自己的整体上市路径；在支付对价等方面注意向流通股股东作适当倾斜，使流通股股东有充分表达自己意愿的途径和机会；加强与政府机构及相关部门的沟通交流。

（二）国有企业产权多元化改革和所有制结构调整

对于现有已经初步完成公司制股份制改革的国有企业而言，国有股“一股独大”是其治理结构不能有效发挥作用的重要影响因素，产权多元化被认为是完善国有独资公司治理结构的关键。国有企业产权多元化和国有企业战略性重组之间有着密切的联系，国有企业战略性重组有利于实现产权多元化，国有经济内部重组、民营企业和战略投资者参与国有企业改制都是实现国有企业产权多元化的有效形式。国有企业产权多元化的结果是所有制结构的优化，这将进一步促进国有经济通过国有资本运营的形式发挥对国民经济的主导作用。现有文献关注的焦点是国有企业产权多元化的意义和实现形式等问题。

关于国有企业产权多元化的积极意义，胡颖、刘少波（2005）认为，混合所有制具有单一公有产权的企业所不具有的优势，国有企业发展混合所有制有利于扩大融资、实现政企分开、提高企业治理效率、逐步完善企业经营机制、建立现代企业制度、改善管理、促进技术创新。因此，应进一步深化国有企业改革，应适时引入非国有产权主体的共同参与，建构混合所有制经济，发挥多元产权主体的优势，使国有企业建立起适应市场竞争要求的经营机制和管理体制。

关于民营企业参与国有企业产权多元化，王元京（2010）认为，从总体上看，民营资本参与国有经济战略性重组的投资方式大致可以分为两类：第一类是管理权参与，即通过签订各类经济合同，形成政府部门与社会资金共同担负某项社会事业服务的责任，如经营业绩协议、管理合同、服务承包合同和

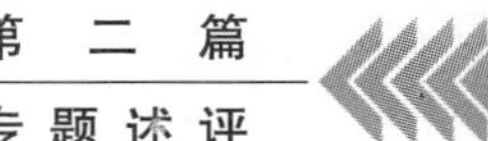

特许经营等方式；第二类是所有权参与，通过将现有企业实行股份化的形式，将大部分或全部资产的所有权转移给社会各部门，或者社会资金通过参股的方式参与新建项目的投资。孟华强（2011）认为，民间资本参与国有企业改制重组应坚持“政府松绑、国资配合、市场运作”的途径。所谓政府松绑，核心是要坚持公平原则，要为私营经济参与国企改制重组提供公平的环境。所谓国资配合，是指国有资产监督管理机构要在做优做强和国有资产保值增值的前提下，认真研究国有资本应该保持控股的领域和比例，通过引进民间投资完善公司治理结构，发挥各类产权内部监督功能，实现和谐共存、优势互补。所谓市场运作，就是要遵循市场规律，充分发挥资本市场推动企业重组的作用。李军国、蔡跃（2011）认为，虽然近年来国家陆续出台了许多发展非公经济、鼓励民间投资的政策，但实施效果不尽如人意，表现在国有与民营处于不平等的地位，许多竞争性行业和领域，包括基础产业和基础设施，市政公用事业、社会事业、金融服务等领域民营资本进入门槛过高。即便进入也处于弱势不平等的地位，国有企业凭借行政权力，轻而易举地打败竞争对手，对其他资本主体造成了挤压，使民营企业“被挤出”成为必然。因此，进一步拓宽民间投资领域和范围，切实放宽市场准入，放松政府管制，减少行政审批核准程序，真正破除各种有形和无形的壁垒，鼓励和引导民间投资，无条件地进入在法律法规未明令禁止民间资本准入的所有行业和领域，将作为实现国企股权多元化的重要途径。

此外，战略投资者与国有企业产权多元化的研究也引起了学术界的重视。引入境外战略投资者有利于国有企业产权多元化，但更多的是从加强制度建设和提高管理能力角度引入，但也有学者担心会导致境外企业对我国经济的控制。近年来，央企作为战略投资者在兼并重组国有经济和民营企业的过程中发挥着战略投资者的作用，对于地方国有企业而言，引入央企作为战略投资者也是实现产权多元化的有效方式。

（三）国有企业的治理结构完善与中国式治理模式

国有企业建立现代企业制度的核心是实现企业公司治理结构的合理和有效。尽管我国国有企业已经初步建立了现代企业制度，但在产权多元化改革尚未完成的情况下，我国国有企业的公司治理仍然存在形式大于内容的现象。近年来学术界对国有企业现代企业制度建设研究的焦点主要是问题分析和中国式治理模式的构建。

陈红、杨凌霄（2012）认为，我国国有控股上市公司脱胎于国有企业市场化转型的自我探索，由此形成了高度集中的股权结构及不平衡的权力配置特征，国有控股上市公司各经营主体的利益冲突更为复杂，公司大股东与经营者之间，以及大股东与中小股东之间均存在委托代理问题。为缓解国有控股上市公司中的双重委托代理问题，需优化国有控股上市公司治理结构和机制，厘清各方相关行为收益和成本的关系，保证大股东监督经理层的效率和作用，促进公司价值的提升，在此基础上进行股东间利益成本的合理分配。吴凡、卢阳春（2010）认为，限于我国经济转轨时期的特定政治经济法律等内外部制度环境，国有企业改革虽已取得重大进展，但仍有不少企业仅仅从形式上做到了符合公司制改革要求，而实际上并未建立起激励和监督相结合的现代公司治理结构，存在着公司治理法规建设的滞后性、强试错性以及制度设计不足所导致的独立董事、监事会监督弱化；国企内部治理中的董事会行政色彩严重、监事会作用有限、经理层缺乏有效激励—约束机制，国有股权“一股独大”所导致的行政上的强控制与产权上的弱控制并存的现象等问题。他们认为，做好我国国有企业公司治理工作应着重从完善公司治理相关法规和构建中国特色公司治理结构两方面入手。

魏秀丽（2008）认为，国有控股公司指在“国资委——控股公司——国有企业”这三层构架的中间层已经实现股权多元化，但国有股占大股的中间层控股公司，这一中间层在国有资产管理体系中处于重要的环节。在中间层控股公司实行股权多元化是未来发展的必然趋势，这为国有控股公司建立科学的公司治理结构奠定了基础，同时也提出了挑战，尤其是股东会从无到有的变化，要求对国资委在公司治理中的权力进行重新定位和思考，要保护和限制国有股东的权力；放开董事来源，注重董事考核、任免和薪酬的制定；要强化监事会的独立性和权威性。

戚聿东、徐炜（2008）以董事会试点工作中的国有独资公司为研究对象，通过分析发现，国有独资公司董事会与监事会存在以下问题：董事会与经理层对各自职权认知不清，董事会职权没有到位，董事会中外部董事来源单一，对董事会的评价、考核、奖惩等工作没有展开，对外派监事会工作的长期性、重要性认识不清，在新的历史时期对外派监事会工作内容的规定没有与时俱进，外派监事会的工作业绩与奖惩关联性不高，激励机制没有建立起来，外派监事会人员队伍没有建立起“能上能下，能进能出”的用人机制。为解决这些问题，应深化产权制度改革；构建母公司股权多元化的国有控股公司制度；深化干部人事制度改革，形成董监管队伍的职业化和多元化；完善国有企业董事会、监事会的定位及其相互关系；建立中国特色的国有公司治理结构。李维安、邱艾超（2010）提炼了从行政型到经济型的公司治理转型这一“中国式公司治理”的典型特征，并分析了国有企业治理转型的渐进性、双重性、路径依赖、间断均衡等基本特征，进而以双重治理模式的演化为分析框架全面梳理了其转型路径。在此基础上，初步构建了公司治理转型的双重量化体系。

毛立言（2012）提出了市场型国有企业治理结构模式，他认为现实公有制的客观状态和本质内涵是在对生产资料共同占有的基础上，劳动者之间在支配管理权上还存在差别。这种本质内涵就决定了公有制基础上的委托—代理关系，形成了新型的企业治理结构，简称为“有层次有差别的联合劳动者共同治理”或劳动主导型治理结构。国有股份制企业（混合所有制企业）是不同状态的“复合式治理结构”，高度重视并充分利用这样的治理结构，有利于促进建设性的理论构建。

此外，王灏（2011）通过对新加坡淡马锡控股公司的国企管控模式的研究，发现该公司在理念方面，诸如“善意的无为而治”的政府管理理念、“积极活跃的股东”的企业定位理念、“积极谨慎的投资者”的企业发展理念、“能者居其位”的人才理念、“一切以商业价值最大化为原则”的商业决策理念；在体制方面，诸如以宪法的高度来界定政府与淡马锡之间的职能定位、在淡马锡内部建立以强大董事会为核心的企业治理结构、对旗下企业保持“一臂之距”的管控制度等；以及在机制方面，诸如高度国际化和市场化的人才选聘机制、与长远绩效挂钩的高管薪酬制度和定期信息公开制度等，尽管与我国存在诸多差异，但一些核心理念和主要做法对我国国有企业改革发展仍然具有重要的借鉴意义。

四 国有资产管理体制改革和国有经济战略性调整的制度环境

完善国有资产管理体制，加强国有资产管理；完善资本市场，搭建国有产权交易平台，进行相关配套制度改革和创新，是实现国有企业战略性重组和国有经济战略性调整的制度保障。近年来研究关注的焦点是国有资本经营预算制度的实施、国有资本合理流动机制构建的政策制定和制度创新等方面。

（一）国有资产管理体制改革

针对国有资产管理体制存在的不足，近年来的文献对完善和创新管理体制等方面进行了探索，还从国外国有资产管理的经验中提出了相应的建议。

关于完善国有资产管理体制的相关研究，李军国、蔡跃（2011）认为，加强对大型国企国有资产监管，一是明确国资委的国有资产出资人代表的身份属性，通过相关规则严格国资委的管理范围，做到政资分开、政企分开，政府与国有企业管理者分开，并逐步实现从侧重实物形态的资产管理向价值形成的资本管理转变；二是探索符合国情的国企领导人选拔考核评价机制；三是完善大型国企经营业绩和薪酬的激励约束机制；四是加强国有资本经营预算管理，提高红利征收比例；五是完善国企会计制度，治理机制以及财政监督机制和惩罚机制，以保证国企利润的公开透明和足额上缴。袁东升（2012）认为，目前我国国有资产管理体制存在的问题，一是公有产权初始委托人效用诉求无法通过单一清晰的委托代理关系传递到企业，特别是地方政府管辖的企业，并对企业代理人形成有效的导向约束；二是产权委托人国资委受制于地方政府，无法对企业管理层进行有效监督，导致公司治理问题严重。因此，通过建立中央直管的国有资产管理体制，从初始委托人开始层层落实清理单一的国有资产经营委托代理责任，建立有效的监控、激励机制和畅通的信息渠道，协调处理好国有资产经营机构经济目标和社会目标之间的关系。迟福林（2012）建议以公益性为目标，对公益性和非公益性国有资本进行分类管理，由国资委统一管理非公益性国有资产，由财政部统一管理公益性国有资产。黄群慧（2008）认为，要深化垄断行业的国有企业改革，国资委必须结合国有企业战略性重组，重新梳理每个国有企业的存在对国家的意义、必要性和法律基础，具体明确每个国有企业的使命，进一步根据国有企业集团不同的使命、战略，选择不同的公司治理和管理方式。在国企领导人的薪酬制度设计方面必须根据国有企业的使命的具体差异，“分类监管国有企业、分类设计薪酬制度”，具体形式可有“准公务员型”、“市场化型”和“准市场化型”三种模式。

荣兆梓（2012）认为，现在的大国资委体制也并不真正适应市场经济发展的需要，目前还存在着一系列根本性的问题，需要在体制改革的继续深化中解决。首先是一个“太大”：国资委管辖的资产规模太大，在国民经济中的比重过大，这本身就构成体制性问题。其次是政企分开不到位：政府与企业股份资本管理没有分开，政府机构仍然是国有股份资本的经营管理者，仍然以大股东身份对公司治理结构发挥主导作用，政府的多元目标仍然对企业市场行为造成扭曲。最后是政府规制不到位：突出的表现是对垄断性央企的价格规制没有管好，因此导致像石化、电力、烟草等行业垄断利润的长期存在，职工工资畸高、福利膨胀。这些问题是当前社会批评国有企业的重点，并且因此而批评国资委没有把工作做好。荣兆梓（2012）还认为，国有经济改革面临两类突出的矛盾：国资委资产管理规模过大与公有制经济规模过度收缩的矛盾、竞争领域政企分开不到位与垄断领域政府规制不到位的矛盾，应从两对基本矛盾入手讨论国有资产管理体制的进一步改革。他提出竞争性领域国有资本与垄断性领域国有资本从管理体制上分开，建立社会信托投资基金、国家控股公司和承担基础性公益服务的公法人组织、三种出资人体制的总体思路。认为竞争性领域的国有资本管理应当完全“去政府化”，而在垄断领域，政企分开的目标不可能完全实现，关键是在国有资本的公益性与营利性之间寻求平衡。

廖红伟（2011）以“委托—代理”理论为基础，从企业国有资产出资人的角色定位与权利配置方面对国有资产出资人模式进行了创新研究。他认为，以国资委为表现形式的政府特设机构出资人模式在市场经济改革中具有适应性，但在模式选择与履职方式上仍面临着矛盾与问题。基于“委托—代理”理论，指出：(1) 国资委（局）为了有效履行出资人职能，必须彻底摆脱传统行政职能的干预和束缚，实现“行政型治理”向“市场化治理”的定位转型。国资委（局）应定位为在“管人、管事、管资产”方面拥有重要决策权的政府特设机构，而不是政府的执行机构，保证国资委在履行国有资产出资人职责时具有《公司法》对“股东”赋予的权威性，使其成为真正的企业出资人。(2) 根据国资委的职责范围需要进行内部组织机构创新，拟内设两类组织机构，一类是参谋职能机构，包括国有资本预算与收益委员会、提名委员会、企业薪酬与业绩考核委员会、企业重大事项决策审批委员会、战略委员会；另一类是业务处室，体现国资委在决策方面的“直线职能参谋制”。(3) 为使国资委系统从整体到个人都充分有效地履行出资人职责，避免或减少各个层次的代理人风险，需进行两个层次的激励，一是政府对国资委的外部激励，二是国资委对内部工作人员的激励。从而实现出资人机构职能界定与职权重构、组织机构创新、改革激励机制、设计和落实科学决策的民主化、透明化议事规则等方面。

关于国有资产管理新模式的探索，周景勤（2011）认为，国有资产管理体制包括国有资产及其价值形态的国有资本的管理、运营和监督三个核心部分，深化国有资产管理体制改革，应该围绕这三个部分，组建不同的组织机构，建立起权责分明、相互制衡的运行体制。为此，一要完善国有资本的国家公共管理职能，现有的管理模式是以国有企业为基本单元实施管理，缺乏统一的公共管理制度，应该通过改革，在政府公共管理部门，如财政部门建立统一的国有资本经营预算制度，实施国有资本布局和结构调整；二要建立和完善国有资本运营机构，中央和地方政府要按照《公司法》分别设立国有资本运营机构，即国有资本投资控股公司（国投公司），国家将国有企业的国有资本注入其中，国投公司应按照国家政策和政府意志，建立国有资本的投入和退出机制，使国有资本充分发挥独特作用；三要完善国有资本运营监督，政府授权国有资产监管部门对国投公司实施经营监督。总之，深化国有资产管理体制改革，就是要通过建立国有资本公共管理机制，实现政资分开；通过设立国有投资控股公司，使国有资本运营层面实现所有权和经营权分离；国有资本投资或持股的企业自主经营、自负盈亏，成为独立的法人实体和市场主体。最终国家不再直接管理国有企业，转变为持有和运作国有资本，使国有资本处于良性循环的状态，充分发挥其应有的作用。

张铭（2011）对我国国有资本经营公司的总体目标任务进行了概括：一是优化国有经济布局结构，将国有资本向国民经济重要行业和关键领域集中，在涉及国家安全、自然垄断、重大基础设施、重要能源资源、提供重要公共产品和服务的领域，国有资本要占支配地位；在支柱产业和高新技术产业中的重要骨干企业，国有资本要发挥骨干作用；在一些竞争性产业中，国有资本要集中力量，加强重点，培育排头兵。二是通过优化国有资本结构，推动国有企业建立现代企业制度，提高治理水平。三是通过资本纽带，促进国有企业强强联合，培育具有国际竞争力的大公司、大集团。四是在最大范围内整合国有存量资本和处理国有不良资产，提高国有资本效率。五是加大对战略性新兴产业的参与力度，发挥国有资本的影响力和引领作用。六是通过多种资本运营方法，提高国有资本的流动性，最大限度地使国有资本保值增值。此外，还要落实深化国有资产管理体制改革的有关措施；在特定时期，执行好国家关于弥补市场缺陷、应对经济社会危机等方面的政策。

此外，在对国外经验的研究中，袁境（2010）指出，新加坡淡马锡控股公司 2009 年公布的修改后的《淡马锡宪章》，将目标设定成为利益相关者创造可持续的长期回报，将公司描述为一家按照商业原则管理的投资公司，并放弃了公司肩负的改善新加坡经济状况职责的说法，淡化其与政府的关系，为淡马锡投资全球提供一个目标框架——把投资重点放在具有国际发展潜能的企业，并从不符合其建立长远商业利益目的的非核心业务中逐步淡出，完全实现淡马锡的商业运作行为。淡马锡修宪转变其作为国有资产管理公司的战略目标，对于中国国有资产管理公司定位具有启示意义：理清中国国资管理体制；明确政府与企业的角色定位及战略目标；完善国有控股公司法人治理结构，加快市场环境建设和完善监督管理机制。

（二）国有资产管理的制度创新：国有资本经营预算制度

2007 年 9 月，国务院发布《关于试行国有资本经营预算的意见》，标志着我国正式建立国有资本经营预算制度。国有资本经营预算制度是建立现代产权制度的重要基础，是国家所有者权益的体现，有利于对国有经济进行宏观调控和对企业经营管理者进行监督和考核。国有资本经营预算制度的实施是加强国有资产监管和增加国有企业公益性的重要创新，也是推动国有资本合理流动和国有资产管理理念应从保值增值导向向国有资本的功能导向转变的突破点。但由于该项制度只在央企层面推行，地方国企仍处于探索阶段，现有文献更侧重于国有资本经营预算制度实施过程中的探索阶段。建立国有资本经营预算制度，是有效控制和引导国有资本存量变现、增量分配、推进国有经济布局和结构战略性调整的重要手段和根本保障。针对国有资本经营预算制度实施中存在的问题，不同学者提出了完善的建议。

蔡玉、郎福宽（2011）认为，国有资本经营预算制度存在以下不足：国有资本经营预算收益的分配方式不利于全民共享国有企业改革发展成果；国有资本经营预算的编制范围有待进一步统一规范；国有资本经营收益收取比例缺乏科学统一的标准；国有资本经营预算支出范围与公共预算存在交叉重复，不利于提高公共资源的利用效率；国有资本经营预算管理模式不利于企业之间公平竞争。为此，要厘清对国有资本经营收益的认识，明确国有资本经营预算的目标；逐步扩大国有资本经营预算的范围，统一国有资本经营预算的步骤；加强国有资本经营预算和一般公共预算的协调配合，统筹利用社会公共资源；健全国有资本经营预算管理制度，规范国有资本经营预算管理行为；加强国有资本经营预算监督，提高国有资本经营预算绩效。

赖永添、李炜（2011）认为，国有资本经营预算制度在实施过程中存在诸如资产管理公司上交国有资本收益的责任落实，国有资本收益上交基础中的亏损处理，国有资本经营预算与其他预算的关系，中央与地方国有资本经营预算的关系和预算收支在预算单位体内循环问题。建议在以下几个方面加以完善：一是强化国有资本经营预算的宏观调控功能，财政部门要会同宏观管理和产业管理部门，统筹考虑国家经济战略、产业规划、调控政策、国有经济布局结构调整目标等，研究制定国有资本经营预算的支出方向。二是提高预算编制的科学性和精细度，要建立健全科学的资金分配制度，减少人为调节因素和预算单位讨价还价的空间。三是建立预算单位的激励和约束机制，调动预算单位组织收入、监督所监管企业预算执行的积极性，引导预算单位有效贯彻实施国有资本经营预算的有关政策和制度要求。

陈艳利（2012）认为，深化国有资本经营预算制度，要优化国有资本经营预算的编制系统，做好预算编制主体间的协调配合，调整现行的国有资本经营预算的编制年度，建立和国有资本经营预算目标相一致的国有资本经营预算编制的确认计量基础；强化国有资本收益的管理工作，确定国有资本经营预算的实施范围、收缴标准及收缴比例和预算支出方向；完善国有资产出资人制度，从法律和政策层面确保国家对全部国有资产的最终所有权，加强中央政府对国有资产的统一管理，完善国有资产委托代理关系的契约，建立一套科学、便于操作的委托代理指标体系，从根本上改变国家对国有投资企业的管理方式，进一步推进政资分开，完善国有企业法人治理结构，形成企业内部的自我约束机制，建立完善的监督激励体系，克服委托代理关系中的非效率现象。

牛晓燕、刘玉平（2011）在对各试点地区的国有资本预算管理模式进行比较后，就构建国有资本经营预算制度提出了相关建议。认为在各级地方国有资本经营预算如何开展问题上，由于国家还没有统一的政策和实施方案，各地的国有资本经营预算都还处于探索阶段，国有资本经营预算还需要从更宏观的层面上进行分析，不能仅仅局限在预算本身，应当在公共财政的目标框架下，通过与其他各种制度的有效结合，达到促进我国经济结构合理调整和优化升级的目的。要明确国有资本经营预算编制主体；妥善处理国有资本经营预算与政府公共预算的关系；明确国有资本经营预算收支内容；积极改善国有资本经营预算的制度法律环境；建立科学有效的编制方法。

彭成洪（2011）认为，各地在试行国有资本预算的过程中遇到了四大难题：财政部门与国有资产管理部门的关系；国有资本经营预算和政府公共预算的关系；国有资本经营收益的收缴；国有资本经营预算会计核算的基础。为此，必须明确国有资本预算的主体，理顺国有资本经营预算和政府公共预算的关系，将国有资本经营预算收益交财政部门并法制化，还要夯实国有资本经营预算会计核算的基础。

陈少晖、朱珍（2012）指出，当前我国中央国有资本经营预算已开始进入实施阶段，而省域国有资本经营预算尚处于探索阶段，这期间存在对国有资本经营预算的认识不到位、被纳入国有资本经营预算的企业范围较窄、国有资本经营预算和公共财政预算间缺乏互相衔接的通道、尚未形成刚性有效的激励约束机制等问题。因此，应建构行之有效的省域国有资本经营预算制度，建立以权责制为核心的会计基础，以国资委为主体的编制模式，囊括所有国企并根据行业来规定分红的征缴方式，能够使国企与民生实现正和博弈的支出结构及有效防范利润规避行为的监督机制。

参考文献

蔡玉、郎福宽：《完善国有资本经营预算制度的几点思考》，《中国财政》2011 年第 2 期。

常修泽、黄伟民：《2006 年中国国有经济改革评估报告》，《宏观经济研究》2007 年第 4 期。

常修泽：《打响“破垄”攻坚战——对中国垄断性行业改革的思考》，《前线》2011 年第 10 期。

陈波、张益锋：《我国国有企业高效率论——基于层次分析法（AHP）的分析》，《马克思主义研究》2011 年第 5 期。

陈红、杨凌霄：《我国国有控股上市公司治理：现实困境及制度求解——基于双重委托代理理论的分析框架》，《当代经济研究》2012 年第 3 期。

陈少晖、朱珍：《省域国有资本经营预算制度的建构》，《经济纵横》2012 年第 2 期。

陈霞、杨静、陈亮：《多重目标下我国国有企业效率分析》，《中国流通经济》2011 年第 10 期。

陈艳利：《进一步深化国有资本经营预算制度的思考》，《国有资产管理》2012 年第 4 期。

程恩富、鄢杰：《评“国有经济退出竞争领域”论》，《管理学刊》2012 年第 3 期。

迟福林：《国有资本调整的战略重点何在》，《中国经济时报》2012 年 3 月 13 日。

崔保军：《我国地方政府引导企业并购重组的制度选择》，《河南师范大学学报》（哲学社会科学版）2012 年第 1 期。

邓伟：《国有经济、行政级别与中国城市的收入差距》，《经济科学》2011 年第 2 期。

丁冰：《坚持公有经济主体地位是坚持中国特色社会主义的生命线——兼析指责国有企业垄断的各种观点》，《福建论坛》（人文社会科学版）2011 年第 3 期。

丁冰：《国企的进退应该交由市场决定——兼析世行报告》，《国企》2012 年第 7 期。

董梅生、洪功翔：《国有与民营上市公司效率比较的实证研究》，《马克思主义研究》2011 年第 9 期。

方军雄：《政府管制、市场化进程与非国有经济市场份额——来自中国工业企业分行业统计数据的证据》，《产业经济研究》2011 年第 4 期。

方栓喜、倪建伟、张飞：《以公益性为目标优化国有资本配置》，《经济参考报》2012 年 5 月 2 日。

高梁：《垄断行业和国有企业改革》，《政治经济学评论》2010 年第 3 期。

高梁：《理直气壮地做大做强国有企业》，《红旗文稿》2012 年第 6 期。

郭砚莉、汤吉军：《英国私有化的经验及对我国国有企业改革的启示》，《长白学刊》2011 年第 1 期。

郝书辰、蒋震：《我国国有经济的市场结构分析和退出路径选择》，《管理世界》2007 年第 8 期。

何伟：《对国企改革历程的深层次思考》，《理论探讨》2011 年第 2 期。

洪功翔：《国有企业存在双重效率损失吗？——与刘瑞明、石磊教授商榷》，《经济理论与经济管理》2010 年第 11 期。

洪功翔、董梅生：《国有企业一定低效率吗？——来自中国的实证研究与理论阐释》，《教学与研究》2012 年第 8 期。

胡迟：《有效实施兼并重组真正实现做强做优——从国新公司成立看“十二五”期间我国企业的扩张之路》，《中国经贸导刊》2011 年第 6 期。

胡乐明、王杰：《国有企业比重演变特征及趋势分析——兼论“国进民退”与“国退民进”》，《中国流通经济》2012 年第 1 期。

胡立法：《转轨时期的国有企业与外资需求偏好》，《江苏社会科学》2011 年第 4 期。

胡颖、刘少波：《混合所有制与国有企业产权多元化改革》，《科学·经济·社会》2005 年第 2 期。

黄群慧：《关于进一步明确国有企业具体使命与定位的建议》，《中国经贸导刊》2007 年第 18 期。

黄群慧：《新时期国有企业的使命与国企领导人的薪酬制度》，《经济与管理研究》2008 年第 1 期。

剧锦钊：《转轨背景下国有经济的功能及其战略重组》，《当代经济管理》2010 年第 1 期。

孔玉生、蔡丽、姜李娜：《改革三十年国有经济布局演变分析》，《商业时代》2011 年第 6 期。

孔玉生、张帆：《国外国有经济布局经验及对我国的启示》，《商业时代》2011 年第 27 期。

赖永添、李炜：《国有资本经营预算制度实践中的问题与思考》，《中国财政》2011 年第 6 期。

李福祥、王媛媛：《国有企业整体上市模式比较分析》，《西北师大学报》（社会科学版）2011 年第 4 期。

李军国、蔡跃：《继续深化大型国企改革》，《中国发展观察》2011 年第 4 期。

李鲁云、王学明等：《后危机时期广东加快重点产业企业并购重组与发展研究》，《南方金融》2011 年第 7 期。

李松森、荣杰：《辽宁国有经济布局和经济结构调整的原则取向》，《财经问题研究》2006 年第 7 期。

李维安、邱艾超：《国有企业公司治理的转型路径及量化体系研究》，《科学与科学技术管理》2010 年第 9 期。

李治国：《走出对国有经济职能定位的认识误区——从垄断行业不合理的高收入谈起》，《当代经济》2011 年 2 月（上）。

厉以宁：《结构调整中国有企业怎样转变发展战略》，《北京日报》2011 年 1 月 24 日。

刘建华、付宇、周璐瑶等：《我国国有企业性质的重新审视——由“国进民退”或“民进国退”引发的思考》，《经济学家》2011 年第 12 期。

刘瑞：《积极发挥国有经济在宏观调控中的作用》，《企业经济》2011 年第 10 期。

刘瑞明、石磊：《国有企业的双重效率损失与经济增长》，《经济研究》2010 年第 1 期。

刘瑞明、石磊：《上游垄断、非对称竞争与社会福利——兼论大中型国有企业利润的性质》，《经济研究》2011 年第 12 期。

廖红伟：《中央企业战略重组模式选择与瓶颈突破》，《经济管理》2010 年第 12 期。

廖红伟：《后危机时代国有企业战略重组的机理与路径选择》，《经济纵横》2011 年第 11 期。

廖红伟：《“委托—代理”机制与国有资产出资人模式创新》，《江汉论坛》2011 年第 11 期。

马荣：《中国国有企业效率研究：基于全要素生产率增长及分解因素的分析》，《上海经济研究》2011 年第 2 期。

毛立言：《关于中国特色现代国有企业治理结构问题的新思考——市场型国有企业治理结构的本质内涵与基本特征》，《毛泽东邓小平理论研究》2012 年第 7 期。

蒙丹：《试析国企双重职能与深化国企改革》，《经济论坛》2011 年第 1 期。

孟华强：《民间资本参与国有企业改制重组途径初探》，《国有资产管理》2011 年第 4 期。

孟建民等：《进一步推进国有经济结构战略性调整》，《中国党政干部论坛》2010 年第 7 期。

牛晓燕、刘玉平：《公共财政框架下的国有资本经营预算制度研究》，《财会研究》2011 年第 20 期。

彭成洪：《如何破解国有资本经营预算的难题》，《经济体制改革》2011 年第 5 期。

彭腾、詹博：《关于“国进民退”问题研究综述》，《云南财经大学学报》2010 年第 4 期。

戚聿东、张航燕：《改革开放以来我国国有经济总量和结构的演变》，《当代财经》2009 年第 2 期。

戚聿东、徐炜：《国有独资公司董事会与监事会制度研究》，《首都经贸大学学报》2008 年第 1 期。

荣兆梓：《国有资产管理体制进一步改革的总体思路》，《中国工业经济》2012 年第 1 期。

荣兆梓：《国有企业改革：成就与问题》，《经济学家》2012 年第 4 期。

邵传林：《国有企业性质的比较制度分析》，《经济学动态》2011 年第 9 期。

邵宁：《积极谨慎地推进企业重组》，《企业管理》2010 年第 5 期。

邵宁：《关于国企改革发展方向的思考》，《上海国资》2011 年第 18 期。

邵宁：《“十二五”国企改革改什么?》，《企业观察家》2011 年第 5 期。

施春来：《国资国企改革典型经验研究与启示——央企和部分省市典型经验对上海“十二五”期间国资国企改革的启示》，《上海市经济管理干部学院学报》2011 年第 1 期。

世界银行研究报告 2012：《2030 年的中国：建设现代、和谐、有创造力的高收入社会》（http://www.shihang.org/zh/news/2012/02/27/china－2030－executive-summary）。

汤吉军：《中国国有经济战略性调整的路径依赖及其超越》，《首都经济贸易大学学报》2009 年第 6 期。

天则经济研究所课题组：《国有企业的性质、表现与改革》（http://www.unirule.org.cn/xiazai/2011/0110712.doc）。

田都珍：《推进国有企业改革需深化“四个认识”》，《红旗文稿》2011 年第 8 期。

王灏：《淡马锡模式主要特征及其对我国国企改革的启示》，《中共中央党校学报》2011 年第 5 期。

王华荣：《治理金融危机的国有化行为分析》，《中国流通经济》2010 年第 8 期。

王佳菲：《现代市场经济条件下我国国有经济历史使命的再认识》，《马克思主义研究》2011 年第 9 期。

王建平、张川：《所有制变迁、经济增长与国有经济最优规模》，《经济体制改革》2012 年第 2 期。

王涛、赵守国：《境外战略投资者参与国企改革重组分析》，《化工管理》2007 年第 10 期。

王彤宙、代光举：《国有企业整体上市的影响及建议》，《投资研究》2009 年第 8 期。

王文成：《不同类型经济形式投资对经济增长拉动效应的比较研究》，《经济管理》2011 年第 5 期。

王元京：《民营经济参与国有经济战略性重组的投资方式》，《西部论丛》2010 年第 11 期。

王忠明：《改革开放与国有经济战略性调整》，《经济与管理研究》2008 年第 2 期。

王勇：《完善国资监管 深化国企改革》，《国企》2011 年第 2 期。

卫祥云：《从国企改革看体制机制的创新》，《中国市场》2011 年第 50 期。

魏成龙、许萌、郑志、魏荣桓：《国有企业整体上市绩效及其影响因素分析》，《中国工业经济》2011 年第 10 期。

魏秀丽：《股权多元化的国有控股公司治理结构特点及其构建》，《经济与管理研究》2008 年第 2 期。

吴凡、卢阳春：《我国国有企业公司治理存在的主要问题与对策》，《经济体制改革》2010 年第 5 期。

谢小兵、金彦平：《2009 年中央企业并购重组情况分析报告》，《国有资产管理》2011 年第 3 期。

薛东阳：《国有企业全要素生产率变化及其原因分析》，《管理现代化》2011 年第 5 期。

徐传谌、邹俊：《中央企业战略重组的不确定性及其规制研究》，《经济体制改革》2012 年第 3 期。

许金峰：《企业集团整体上市的动因及路径选择》，《经济纵横》2007 年第 10 期。

鄢杰：《关于做强做优国有企业的若干重大问题——“中国经济社会发展智库第五届高层论坛”

综述》，《马克思主义研究》2011 年第 11 期。

严汉平、郝文龙：《国有经济布局和结构调整理论依据综述》，《开发研究》2008 年第 2 期。

严若森：《竞争结构、目标函数与国有企业民营化的最优比例》，《人文杂志》2011 年第 3 期。

杨红芬：《国有企业集团整体上市动因的两视角分析》，《甘肃社会科学 》2011 年第 5 期。

杨松林：《“非少数人所得而私”才是国企改革的方向》，《国企》2011 年第 9 期。

杨正东、甘德安：《中国国有企业与民营企业的数量演进——基于种群生态学的仿真实验》，《经济评论》2011 年第 4 期。

余菁：《“国进民退”：实质、利弊与演化——兼对 2009 年几个典型案例的探讨》，《学习与实践》2010 年第 1 期。

袁东升：《国有资产管理体制调整探究》，《社会科学家》2012 年第 5 期。

袁境：《国有资产管理中的政府目标与市场目标二重性探讨——“淡马锡”修宪的启示》，《经济体制改革》2010 年第 5 期。

张晨、张宇：《国有企业是低效率的吗?》，《经济学家》2011 年第 2 期。

张洁梅：《国企整体上市的理论基础及其实现途径》，《经济学动态》2009 年第 9 期。

张弥：《非公有制经济发展与国有经济战略性调整》，《财经问题研究》2006 年第 2 期。

张铭：《新时期我国国有资本经营公司运营模式探讨》，《国有资产管理》2011 年第 4 期。

张亚：《从三种类型的划分看国有经济的战略调整》，《辽宁师范大学学报》2001 年第 1 期。

张卓元：《国有经济战略性调整还没有到位》，《光明日报》2009 年 1 月 13 日。

赵金锁：《现行国有企业制度变迁分析——基于经济自由度视角》，《甘肃社会科学》2011 年第 6 期。

郑海航：《中央企业重组的历史沿革及发展研究》，《财经问题研究》2011 年第 3 期。

周放生：《国有经济的定位与进退》，《企业观察家》2011 年第 2 期。

周景勤：《国有经济战略性调整与深化国有企业改革》，《北京市经济管理干部学院学报》2011 年第 3 期。

周耀东、余晖：《国有垄断边界、控制力和绩效关系研究》，《中国工业经济》2012 年第 6 期。

周泽红：《国有经济改革与发展的几个理论问题辨析——从“国进民退”的争论谈起》，《理论探讨》2011 年第 3 期。

朱安东：《私有化与国有化：理论与现实》，《教学与研究》2011 年第 1 期。

祝岩松、刘现伟：《我国国有经济的功能定位分析》，《中国经贸导刊》2011 年第 24 期。

祝岩松、刘现伟、赵雪峰等：《国有经济产业调整的对策研究》，《中国投资》2011 年第 8 期。

祝岩松、张晓文：《国有经济布局和结构战略性调整进展、趋势及建议》，《中国经贸导刊》2010 年第 23 期。

宗寒：《国有经济在转变经济发展方式中的作用》，《国企》2011 年第 8 期。

宗寒：《正确认识国有企业的作用和效率——与刘瑞明、石磊先生商榷》，《当代经济研究》2011 年第 2 期。

（黄群慧　白景坤）

房地产市场与房价调控政策研究综述

一 研究背景

近十年来中国房价出现持续快速上涨，引起了社会各界的广泛关注。伴随着房价的不断飙升，中央政府、地方政府、开发商、金融机构和城乡居民家庭等各相关利益主体，围绕房地产市场开展了激烈的利益博弈。在此背景下，房地产市场与房价宏观调控揭幕并艰难推进。2003 年，政府试探性出台了房地产市场调控政策。2005 年，政府打出 2003 年来房地产市场调控的第一记“组合拳”。2005 年以后，房地产市场紧缩性调控力度逐步加大。2008 年，美国次贷危机引发了全球性金融风暴，房地产市场调控方向出现重大转折，一系列刺激鼓励房地产开发投资和住房消费的信贷、税收政策相继推出。在政策和市场因素的综合作用下，2009 年开始到 2010 年上半年，房价出现暴涨。为平抑房价，调控方向重新回转，2010—2011 年紧缩性调控政策密集出台，调控决心与政策力度不断加大。但从市场反应看，调控成效仍不理想，“一紧就死，一放就涨”的调控怪圈始终未能走出。扑朔迷离的房地产市场调控也引起了学界的浓厚兴趣。针对房地产市场调控政策这一现阶段重大理论及现实问题，学术界开展了大量研究，部分研究成果在政府出台的相关调控政策中得到了体现。

二 近期研究热点

(一) 关于政府调控房价和房地产市场的必要性

关于该主题的研究具体分为两部分，一部分学者主要集中研究政府干预房价和房地产市场的必要性，另一部分主要研究宏观调控政策（主要是货币或财政政策）是否应该关注房价。

对于前者，目前学界基本上没有争议，只是在是否应该以房价作为干预或调控的直接目标上存在不同观点。一种观点认为政府应主要通过完善住房保障体系来解决低收入家庭的住房困难问题，而不应对房价作过多干预。换句话说，应当让“市场归市场、保障归保障”。有人还提出政府可以通过高地价获得的收益来推进住房保障体系建设。但这种意见并没有得到大多数人的支持。例如，陶然、孟明毅（2012）认为，在现行土地制度下，商品房与保障房这两个体系是相互关联的。这意味着商品房价格越高，将有更多的人被挤出商品房市场，这会增加住房保障的压力。仇保兴（2011）从资产泡沫与金融稳定、社会公平和稳定、区域和城市竞争力、对实体经济的"挤出效应"等四个角度阐述了政府干预房价和房地产市场的合理性。

对于后者，目前学界大多数的意见认为，政府的宏观调控目标应该关注以房价为主体的资产价格。其中的关键在于，房价的波动直接影响到产出和通胀。在理论研究方面，孟彩云、王聪（2012）对比检验了融入房地产价格的泰勒规则与标准泰勒规则对我国制定货币政策调控宏观经济的适用性。实证结果表明，依据标准泰勒规则所制定的利率政策，可以降低央行损失函数值，提高利率政策的有效性。这一结果意味着，在房地产价格波动不影响物价稳定和经济增长的情况下，央行不应针对房地产价格进行调控，也就是说，央行需考虑房地产价格波动与通货膨胀和产出之间的相关关系，判断其对政策目标的潜在影响，制定利率政策对宏观经济进行调控；在实证研究方面，大量的经验研究确认了房地产价格波动对产出和物价的显著影响。例如严金海（2009）运用IS—LM模型和总供求模型分析住房价格对产出和通货膨胀率的影响机制，并应用中国的数据进行计量检验。研究结果表明：住房价格对产出缺口的影响显著；住房价格的快速上涨易导致投资主导型的经济出现过热，并加剧经济结构的失衡；住房价格与通货膨胀率互为Granger因，房价的上涨在短期刺激经济增长的同时，最终将推动物价水平的上涨。唐志军、徐会军、巴曙松（2010）通过协整和VAR分析认为，房地产的波动会通过多种途径影响一国的宏观经济状况：房地产价格波动对社会消费品零售总额的波动有显著的负影响，房地产投资的波动对GDP的增长率有显著的正影响，房地产价格增长速度上升1个百分点时通货膨胀率上升0.118个百分点。赵昕东（2010）利用1999年第一季度至2009年第二季度的居民消费价格指数、国内生产总值、货币供给与住宅价格指数的季度数据，应用结构向量自回归模型估计了房地产价格冲击对通货膨胀率、国内生产总值增长率与货币存量增长率变动的动态影响，结果显示，正向的房地产价格冲击最终导致通货膨胀率和国内生产总值增长率上升到一个新的高度。周晖、王擎（2009）发现房价的波动以及房价与货币供应量的联动对GDP增长速度有显著影响，会导致GDP增长率下降。

在进一步的实证研究中，一些学者研究了宏观调控（主要是货币政策）是否已对房价波动作出了反应。目前绝大多数实证研究支持"我国货币政策已将房地产价格纳入目标"这一结论。如李强（2009），赵进文、高辉（2010），肖争艳、彭博（2011）等。

（二）土地政策在房地产市场调控中的作用

房地产市场与土地市场密不可分，地价也是房价的重要组成部分。关于土地政策在房地产市场调控中的作用，目前还存在较大争议。

多数研究证明土地供应量是影响房价的重要因素，应通过扩大土地供给来达到稳定房价的目的。任超群、张娟锋、贾生华（2011）基于面板数据的误差修正模型的实证研究表明，土地供应量对住房供应量和房价有长期稳定的影响作用，限制土地供应导致住房供应量减少，房价上涨。余华义、陈东（2009）基于向量误差修正模型的实证分析发现地价变化对房价有正向影响，严控土地供给的政策是推动地价上涨的重要外生因素，应通过稳定地价来达到稳定房价上涨过快的目的，具体的措施包括解决农村宅基地市场化流转问题、解决地方财权与事权的不统一问题、打击开发商“囤地”等。余华义（2010）通过考察房地产市场受政策调控的变量与房价之间关系，认为土地供应量对房价有显著的负向影响。任木荣、苏国强（2010）对2003年以来房地产价格宏观调控进行实证研究，结果表明我国自2003年以来的房价上涨与供给不足是有关的，政府可以通过增加土地供给等来平抑房价。

也有一些研究认为土地因素对房价的影响很小或不显著，通过土地手段调控房价可能无效。吴焕军（2011）的实证研究表明，土地政策只对房地产供应方面的作用较为显著，且存在滞后性，而对房价的作用较小。郑娟尔（2009）发现一年前的土地供应量对房屋供应量的影响是正的，对房价的影响是负的，两者在统计上都是显著的，但土地供应量增加对降低房价的影响力非常小。两年前的土地供应量虽然影响房屋供应量，但却不影响房价。影响中国当前房价的因素非常复杂，增减土地供应量必须同时有其他工具的辅助，否则调控房价效果可能不够显著。

一些研究进一步分析了土地开发管制对房价的影响，仲伟周、王筝、王艺（2011）认为我国的耕地红线政策不仅难以有效保护耕地，反而制约了房地产市场的健康发展，带来房地产价格过快增长与加剧宏观通胀预期。唐健、陈志刚、赵小风、黄贤金（2009）研究认为，仅从经济分析角度评价中国的耕地保护政策是不科学的，房价问题较为复杂，不能简单将其归咎于耕地保护政策的实施。

关于土地出让方式的改革，也存在不同的见解。部分研究认为土地“招拍挂”是房价的重要推手。王岳龙、武鹏（2009）利用2002年3月到2008年6月中国28个省的面板数据，对房价与地价的关系进行了重新检验表明，由于土地“招拍挂”的实行，使得全国房价整体水平提高了13.2%。刘民权、孙波（2009）分析认为，促使地方政府极力提高地价的深层原因在于现存的商业用地批租制度，它和土地出让的“招拍挂”机制一起构成了诱发价格泡沫的微观基础。因此，降低房价、治理房地产泡沫也应从改革“招拍挂”入手，从源头上割断地方政府基于土地利益而推动地价、房价上涨的利益链条。也有研究得出了不同结论。吕光明、李彬（2009）利用中国1998年第一季度到2008年第三季度房价与地价指数分析了房价与地价间的关系，结论表明土地出让方式改革对房价与地价关系影响并不大。

（三）需求调节与房价预期管理

需求调控是房地产市场调控的重要方面。一些研究表明需求因素是推高房价的重要方面，而通胀预期下的资产保值增值需求又对需求进而房价有重要影响，并据此提出了稳定房地产市场需求、管理通胀预期等对策建议。董志勇、官皓、明艳（2010）应用1999—2006年全国31个省市的面板数据，分析了影响中国房地产价格的各种因素，结果显示房价推动力的主要来源是需求方。丁任重（2010）认为房价越调越涨的根源，在于住宅需求旺盛、住房供给不足和政府政策的效应抵消。房地产有效调控的治本思路是增加楼市的有效供给、完善住房发展模式、转变住房观念等。周海波（2009）通过模型和实证分析，找出影响我国房地产价格波动的最主要因素即人口数量和物价指数。喻旭兰、李峰（2010）也认为房价与通货膨胀的互动关系对宏观调控具有重要影响。

预期房价将进一步上涨，所形成的投机

泡沫也被认为是造成房价快速上涨的重要因素。这也凸显了房价预期管理的重要意义。修丽娜、刘湘南、黄凌翔（2009）从多个泡沫指标比较来看，2003—2008年，天津房地产市场发展过热，房地产市场存在一定的泡沫现象。毛勇、余新民、殷保兵（2009）根据房地产市场的相关指数对我国的楼市进行了实证分析，得出我国部分城市的房地产市场确实出现了泡沫。刘金娥（2010）分析发现内在理性泡沫和投机泡沫都会对我国房地产市场价格造成影响，但投机泡沫的影响是主要的，也就是说，价格的动态变化对房地产市场价格的影响是主要的。张亚丽、梁云芳、高铁梅（2011）根据住房和消费品的边际替代率条件得出房价决定模型，使用动态面板广义矩进行建模，结论是预期人均实际收入和预期房地产收益率是房价持续快速上涨及波动的主要因素。高房价城市房价的预期收入弹性大于1，房地产市场存在泡沫。中等房价城市，特别是低房价城市房价增长较为理性。任木荣、苏国强（2010）认为宏观政策环境的宽松以及乐观情绪的弥漫可以导致房价的上涨，房价表现出很强的预期性，政府应引导消费者与投资者的预期。

还有研究认为，在需求调节方面，政府的保障性住房政策也应发挥重要作用。高波（2010）分析了住房保障对房价影响的传导机制，认为住房保障可以通过分流市场中低收入居民对住房的需求，进而对房价过快上涨起到抑制作用，促使房价稳定。王先柱、赵奉军（2009）通过构建供求均衡模型发现，增加保障性住房将导致商品房价格走低，他们在控制其他变量影响的前提下，以经济适用房为解释变量，认为经济适用房供给与商品房价格呈反向关系。王斌、高戈（2011）通过构建SVAR模型就住房保障对房价的动态冲击效应进行检验，发现经济适用房建设对房价上涨具有抑制作用。

（四）货币信贷政策对房价的作用

房地产业属于资金密集型行业，其发展离不开信贷资金的支持。众多研究关注了货币信贷政策对房价的影响，大多数研究结论认为应该通过货币信贷政策来调控房价。

易宪容（2009）认为货币政策对房价具有重要的影响。房地产业是资金密集型产业，它的供给与需求很大程度上由信用扩张程度来决定。而信用扩张的合理边界作为货币政策的目标，决定了房地产的繁荣程度与价格水平的高低。昌忠泽（2010）认为，信贷扩张、土地财政以及住房预售制度是中国房地产泡沫形成的三大根源。中国应加大公共财政体制改革，严格土地管理制度，改变地方政府对土地财政的依赖关系；将控制资产价格膨胀纳入中国货币政策调控目标；开征物业税和住宅空置税，抑制房地产市场的过度投机行为。余华义（2010）利用1998—2008年中国35个大城市面板数据实证分析发现信贷对房价有显著的正向影响。胡俊、邓婷（2009）认为在推高房地产价格的众多因素中，银行过度的信贷支持是重要原因。

货币信贷政策调控手段既表现在量的方面，也表现在价的方面，利率政策是主要手段之一。梁斌、李庆云（2011）基于贝叶斯估计构造了一个包含房地产部门的动态随机一般均衡模型，刻画了各种宏观经济冲击对房地产价格和其他宏观经济变量的动态影响机制，研究发现，利率的突然下降导致房地产价格上升并在三个季度内一直保持高于初始值。刘兰凤和袁申国（2011）建立包含金融加速器机制的DSGE模型，采用数值模拟方法研究中国货币政策冲击（利率变动）对住房价格与住房投资及消费的影响，结果表明金融加速器机制明显放大了货币政策冲击对三者的影响。余壮雄、林建浩（2010）在局部均衡框架下探讨了住房基本价格的决定机制与房地产泡沫的形成机制。理论分析认为，住房基本价格取决于消费者的预期总收入、单位建筑成本、住房消费的相对重要性、贷款利率与开发商的市场势力等因素，政府的金融支持则会加剧泡沫的持续放大。进一步利用我国1996—2007年省级面板数据的经验分析，表明政府的金融支持可以解释房价上涨的六成。崔光灿（2009）运用面板数据模型对我国1995—2006年31个省市的数据进行分析后发现房地产价格明显受利率和通货膨胀率的影响。余华义、陈东（2009）利用全国1999—2007年的季度数据进行实证分析，发现中国的实际利率与房价呈负相关关系，近年来较低的实际利率水平刺激了房价的上涨。吴树畅、曾道荣（2010）以1999—2008年数据为样本，利用多因素回归分析方法，构建了中国商品房平均价格影响因素模型，研究结果认为城镇投资和贷款利率是影响商品房价格的主要因素。此外，熊艳（2009）、彭聪、聂元飞（2009）等也有类似的研究结果。

一些研究还进一步比较分析了不同货币政策工具的效力。高波、王先柱（2009）利用2000—2007年的相关指标向量自回归模型分析了中国房地产市场货币政策传导机制的有效性。结果表明货币供给量的增加刺激了房地产投资和商品房销售额的增长，导致房地产价格上涨。货币政策在房地产市场传导的特殊性，提高利率对控制商业银行在整个国民经济中的贷款供给是有效的，但对抑制商业银行在房地产市场的贷款供给效果不明显，难以阻止房地产开发企业以个人住宅按揭贷款的增加等途径从银行间接获取更多贷款，因此调节货币供给量和调整利率手段应有效配合。孔行、刘治国、于渤（2010）分析结果表明，按揭贷款能够从使用者成本和预算约束两个方面影响房地产市场需求，二者作用方向相反。在此基础上发现，按揭贷款利率对房地产市场需求的影响程度远大于按揭成数影响，但按揭成数调整的累积效应更大。

但也有部分研究认为货币信贷政策对调控房价作用不大或没有意义。王先柱、毛中根、刘洪玉（2011）的实证研究表明，利率政策必须达到一定基点后才能有效抑制房地产需求，并且货币信贷政策的调控效果存在明显的区域差异。况伟大（2010）对中国35个大中城市1996—2007年数据的回归结果显示本期利率变动对房价变动具有正向影响，但回归系数不显著，中央银行利率政策在很大程度上是无效的；本期房价变动对本期利率变动影响不显著，但经济增长率变动对本期利率变动影响显著，中央银行利率政策力图稳定经济增长而非房价；利率预期对房价影响不显著。周晖、王擎（2009）研究认为目前中央银行没有必要动用货币政策去直接干预房地产价格，正确处理中央政府和地方政府在房地产市场的博弈关系是提高房地产调控有效性的重要内容。董志勇、官皓、明艳（2010）实证分析显示货币政策的相关变量对房价影响相对较小，其中名义利率对房价不具有显著影响，而实际利率影响较显著。郭娜、翟光宇（2011）利用SVAR模型的实证研究也表明，中国的利率政策并不能对房地产价格形成有效的调节，造成了利率政策房地产价格传导渠道的失效。

（五）房地产财税政策分析

近年来，为促进房地产市场的健康稳定发展，国家屡次动用税收政策进行宏观调控。这些税收政策的出台，无疑会对房地产业的税收负担和整个房地产市场供求形势产生影响。具体而言，关于该主题的研究主要分为两部分，一部分研究现行的房地产税制以及土地财政与房地产市场的相互关系，另一部分涉及房产税的相关研究。

就前者而言，刘佐（2011）认为，中国现行房地产税收存在的主要问题是税权集中、税制陈旧、征税范围、计税依据和税率不够合理、相关税费比较庞杂。程瑶（2012）以江苏若干城市的实际调研数据研究发现，由于税制本身固有的缺陷、征管水平和征管手段的限制，执行结果与预期的调控目标相比还是存在一定距离。在实证研究方面，邓菊秋、张蕊、雷成丽（2011）实证研究了住房交易环节的税收政策对房价的影响。结果发现，交易环节的税收政策对调控房价几乎没有影响。杜雪君、黄忠华、吴次芳（2009）分析了公共支出与房地产税负之间的关系，结果显示房价、地方公共支出与房地产税负两两之间存在反馈关系：房地产税负会对房价产生抑制作用，而地方公共支出对房价有明显的促进作用。研究认为房地产税收政策和地方公共支出预算相互配合的政策组合能有效调控房地产市场，因此应减少房地产流通环节的税种和税负，开征物业税等。陈捷（2010）以1998—2008年房地产税收和房价的相关数据为基础，分析了我国房地产税收对房价的影响。结果表明长期以来，我国房地产税收和房价存在正相关关系，调高房地产税收会引起房价上涨，但其对房价的影响并不显著，调控作用不明显。应对现行房地产税收制度进行调整，以完善房地产税收在流通和保有各环节的调控作用。

在土地批租制下，土地出让收入成为地方政府收入的重要组成部分，“土地财政”常被认为是房价上涨的重要推手。张双长、李稻葵（2010）通过对历史数据进行回归分析发现，在控制了其他房地产价格影响因素之后，地方政府对土地财政的依赖程度越高，该城市的房地产价格上涨越快，从而证明地方政府的确有可能通过各种手段促进城市房价上涨。在房价上涨时，越是依赖土地财政的地方政府越会推动房价的持续高涨，而在房价下跌时，这些地方政府则相对更不愿意看到房价的下跌。陈志勇、陈莉莉（2009）认为地方政府的“土地财政”模式在推动经济高速增长和财政收入超高速增长的背后，积累了财政风险、金融风险、社会矛盾激化、粮食安全风险、投资和消费结构失衡等问题。促使地方政府摆脱“土地财政”模式，关键在于改革和完善现有财政体制，构建地方政府“税收财政”模式。辛波、于淑俐（2010）实证分析也表明GDP是土地性财政收入的Granger果，地方政府应寻求摆脱经济增长对于土地财政依赖的路径选择，转变经济增长观念，推进财政体制改革，充分发挥土地流转机制的作用。

到目前为止，我国没有普遍开征针对居民非营业房地产保有环节的税收。对于保有环节的居民房产税，目前大多数研究者认为保有成本的缺失助长了房地产炒作，开征房产税是有效的房地产市场调控手段。但对征收方案、时机以及房产税对房价的影响，目前存在一定的争议。董藩、甄磊（2010）、刘尚希（2010）以及王福重（2011）认为开征物业税并不能从根本上改变现行市场供求基本面，也不能抑制投机和房价增速。由于历史遗留问题及现行制度的约束，开征物业税不仅面临着法理不通、法律欠缺、产权不清、评估困难、税率难定、居民抵触情绪严重等诸多困难，而且还找不到可行的操作思路，实施难度较大。对于2011年1月上海和重庆试点的房产税，陈杰（2011）认为目前的试点仅仅是针对少数人的“房地产特别消费税”，与实际意义的房产税/物业税还有很大距离，也与政府自己预定的目标距离很大。在实证研究方面，况伟大（2012）利用1996—2008年中国33个大中城市数据，通过考察商业房地产税与商业房价之间的关系间接考察了住宅房地产税对住宅价格的影响。检验发现：市场结构对房价影响大于房地产税。房地产税增长率每增加1%，房价增长率将减少0.03%，对住宅开征房地产税将对房价上涨有一定限制作用，但不能有效抑制房价上涨。

（六）政府行政干预对房地产市场的影响研究

2010年4月中旬，为抑制部分城市房价过快上涨，国务院明确提出地方政府可根据实际情况，采取临时性措施，在一定时期内限定购房套数。同时要求地方政府制定房价控制目标。对于这种直接的行政干预措施，目前学界争议很大。一些学者认为限购是中国房地产市场发展的合理要求，并没有违背经济正义精神，因而是合理的且合法的（尹伯成、尹晨（2011）；郑湘萍（2011）；王思锋、彭兴庭（2011））。另有学者认为，例如冯科、何理（2012）应用几乎理性需求函数，并结合全国、北京、上海的经验数据，定量分析了房地产限购政策对其他消费市场的影响以及产生的社会福利变化，研究结果显示：房地产限购政策会破坏其他消费市场的均衡，限购政策下的刚性、改善性和投资性使房地产需求者均面临福利损失，但全国、北京、上海的福利损失结构因房地产需求类型而异。

三　总结与未来研究

关于房地产市场与房价调控政策的研究是适应现实需要而兴起的，其发展及热点演变自然也离不开现实需求。总的来看，房价上涨只是中国现阶段经济社会各种问题，如土地制度滞后于经济社会发展、收入分配变化、币值波动、城市化加速、人口资源环境冲突等的集中体现。单纯控制房价上涨，这些深层次问题与矛盾可能仍然存在并伺机寻找新的突破口，调控效力仍难以巩固。如果只注重长期制度建设和深层次矛盾的化解，短期市场冲击与风险无法规避。长短期目标手段需要充分权衡，寻找最佳结合点，才能促进市场稳健发展，避免人为的政策周期。现有的研究探讨了房地产调控的必要性，并从土地政策、需求调节、预期管理、货币信贷政策、财税政策、直接管制手段等多方面探讨了房地产调控的有效性与可行手段，对于促进房地产调控决策的科学化有积极的意义。可以预见，关于房地产调控的必要性和有效性的争议将继续下去，像住房保障体系建设、房产税扩围等重大现实问题将持续成为研究的热点问题，而城乡土地流转、地方财政转型、商品房开发体制改革等一些深层次的问题也将得到更深入的研究。

参考文献

昌忠泽:《房地产泡沫、金融危机与中国宏观经济政策的调整》,《经济学家》2010 年第 7 期。

陈捷:《房地产税收对房价影响之分析》,《价格月刊》2010 年第 4 期。

陈杰:《房产税试点初评与房产税改革深化的意义》,《探索与争鸣》2011 年第 5 期。

程瑶:《房地产税收政策调控效果实证研究——基于江苏省的调研数据》,《中央财经大学学报》2012 年第 2 期。

陈志勇、陈莉莉:《财政体制与地方政府财政行为探讨——基于治理"土地财政"的视角》,《中南财经政法大学学报》2009 年第 2 期。

邓菊秋、张蕊、雷成丽:《住房交易环节的税收政策对房价影响的实证研究》,《经济学家》2011 年第 10 期。

丁任重:《中国房地产业的调控效应与走势分析》,《经济学家》2010 年第 5 期。

董藩、甄磊:《中国大陆当前社会背景下开征物业税的相关问题研究》,《中国特色社会主义研究》2010 年第 1 期。

董志勇、官皓、明艳:《房地产价格影响因素分析:基于中国各省市的面板数据的实证研究》,《中国地质大学学报》(社会科学版)2010 年第 2 期。

杜雪君、黄忠华、吴次芳:《房地产价格、地方公共支出与房地产税负关系研究——理论分析与基于中国数据的实证检验》,《数量经济技术经济研究》2009 年第 1 期。

冯科、何理:《中国房地产市场限购政策研究——基于反需求函数的理论与经验分析》,《经济学动态》2012 年第 2 期。

高波、王先柱:《中国房地产市场货币政策传导机制的有效性分析:2000—2007》,《财贸经济》2009 年第 3 期。

高波:《房价波动、住房保障与消费扩张》,《理论月刊》2010 年第 7 期。

郭娜、翟光宇:《中国利率政策与房地产价格的互动关系研究》,《经济评论》2011 年第 3 期。

胡俊、邓婷:《房地产价格与住宅消费问题研究——基于银行信贷支持的视角》,《消费经济》2009 年第 1 期。

胡涛、孙振尧:《限购政策与社会福利:一个理论探讨》,《经济科学》2011 年第 6 期。

孔行、刘治国、于渤:《使用者成本、住房按揭贷款与房地产市场有效需求》,《金融研究》2010 年第 1 期。

况伟大:《利率对房价的影响》,《世界经济》2010 年第 4 期。

况伟大:《房地产税、市场结构与房价》,《经济理论与经济管理》2012 年第 1 期。

李强:《资产价格波动的政策涵义:经验检验和指数构建》,《世界经济》2009 年第 10 期。

梁斌、李庆云:《中国房地产价格波动与货币政策分析——基于贝叶斯估计的动态随机一般均衡模型》,《经济科学》2011 年第 3 期。

刘金娥:《我国房地产市场泡沫的成因分析》,《山西财经大学学报》2010 年第 2 期。

刘兰凤、袁申国:《住房价格、住房投资、消费与货币政策——基于金融加速器效应的 DSGE 模型研究》,《广东金融学院学报》2011 年第 5 期。

刘民权、孙波:《商业地价形成机制、房地产泡沫及其治理》,《金融研究》2009 年第 10 期。

刘尚希:《物业税抑制房价不现实——关于物业税的种种误解》,《人民论坛》2010 年第 5 期。

吕光明、李彬:《中国房价与地价关系的多用途视角研究》,《城市发展研究》2009 年第 5 期。

毛勇、余新民、殷保兵:《对我国房地产市场泡沫的判定及预控机制研究》,《城市发展研究》2009 年第 2 期。

孟彩云、王聪:《房地产价格、泰勒规则与宏观经济调控——基于 2000—2010 年我国宏观经济数据的检验》,《当代财经》2012 年第 2 期。

彭聪、聂元飞:《房价影响因素的实证研究——基于 GDP、CPI、利率和居民可支配收入视角》,《建筑经济》2009 年第 12 期。

仇保兴:《我国房地产市场调控的难点与对策》,《城市发展研究》2011 年第 1 期。

任超群、张娟锋、贾生华:《土地供应量对新建商品房市场的影响——基于 35 个大中城市的实证研究》，《软科学》2011 年第 5 期。

任木荣、苏国强：《我国房地产价格的宏观调控——基于 2003 以来的实证》，《中央财经大学学报》2010 年第 6 期。

唐健、陈志刚、赵小风、黄贤金：《论中国的耕地保护与粮食安全——与茅于轼先生商榷》，《中国土地科学》2009 年第 3 期。

唐志军、徐会军、巴曙松：《中国房地产市场波动对宏观经济波动的影响研究》，《统计研究》2010 年第 2 期。

陶然、孟明毅：《土地制度改革：中国有效应对全社会住房需求的重要保证》，《国际经济评论》2012 年第 2 期。

王斌、高戈：《中国住房保障对房价动态冲击效应——基于 SVAR 的实证分析》，《中央财经大学学报》2011 年第 8 期。

王福重：《房产税能降低高房价吗?》，《华中师范大学学报》（社会科学版）2011 年第 1 期。

王思锋、彭兴庭：《论中国房地产市场的政府规制兼评房屋限购令的合法性》，《西北大学学报》2011 年第 3 期。

王先柱、毛中根、刘洪玉：《货币政策的区域效应：来自房地产市场的证据》，《金融研究》2011 年第 9 期。

王先柱、赵奉军：《保障性住房对商品房价格的影响——基于 1999 — 2007 年面板数据的考察》，《经济体制改革》2009 年第 5 期。

王岳龙、武鹏：《房价与地价关系的再检验——来自中国 28 个省的面板数据》，《南开经济研究》2009 年第 4 期。

温海珍、吕雪梦、张凌：《房价与地价的内生性及其互动影响——基于联立方程模型的实证分析》，《财贸经济》2010 年第 2 期。

吴焕军：《土地政策在房地产调控中的政策效果评价》，《中南财经政法大学学报》2011 年第 6 期。

吴树畅、曾道荣：《中国房地产价格运行轨迹及驱动因素》，《财经科学》2010 年第 2 期。

肖争艳、彭博：《住房价格与中国货币政策规则》，《统计研究》2011 年第 11 期。

辛波、于淑俐：《对土地财政与地方经济增长相关性的探讨》，《当代财经》2010 年第 1 期。

修丽娜、刘湘南、黄凌翔：《房地产泡沫实证分析——以天津市为例》，《城市发展研究》2009 年第 7 期。

严金海：《论房价对中国产出和通货膨胀率的影响》，《中国土地科学》2009 年第 10 期。

易宪容：《信用扩张的合理界限与房价波动研究》，《财贸经济》2009 年第 8 期。

尹伯成、尹晨：《限购：楼市健康发展的合理要求》，《探索与争鸣》2011 年第 5 期。

余华义、陈东：《我国地价、房价和房租关系的重新考察：理论假设与实证检验》，《上海经济研究》2009 年第 4 期。

余华义、陈东：《中国地价、利率与房价的关联性研究》，《经济评论》2009 年第 4 期。

余华义：《经济基本面还是房地产政策在影响中国的房价》，《财贸经济》2010 年第 3 期。

余壮雄、林建浩：《谁推高了房价？开发商、置业者还是地方政府》，《经济学家》2010 年第 5 期。

喻旭兰、李峰：《房地产价格与通货膨胀互动机制的实证研究》，《价格理论与实践》2010 年第 1 期。

张双长、李稻葵：《“二次房改”的财政基础分析——基于土地财政与房地产价格关系的视角》，《财政研究》2010 年第 7 期。

张亚丽、梁云芳、高铁梅：《预期收入、收益率和房价波动——基于 35 个城市动态面板模型的研究》，《财贸经济》2011 年第 1 期。

赵昕东：《中国房地产价格波动与宏观经济——基于 SVAR 模型的研究》，《经济评论》2010 年第 1 期。

赵进文、高辉：《资产价格波动对中国货币政策的影响》，《中国社会科学》2009 年第 2 期。

郑娟尔：《基于 PanelData 模型的土地供应量对房价的影响研究》，《中国土地科学》2009 年第 4 期。

郑湘萍：《市场经济条件下住房限购的正义之辩》，《现代经济探讨》2012 年第 2 期。

周海波：《房地产价格影响因素的实证研究》，《海南大学学报》（人文社会科学版）2009 年第 5 期。

周晖、王擎：《货币政策与资产价格波动：理论模型与中国的经验分析》，《经济研究》2009年第10期。

仲伟周、王筝、王艺：《耕地红线与房地产市场的相关性及政策含义》，《现代经济探讨》2011年第6期。

（邹琳华　赵奉军）

中国经济学年鉴

2012

第三篇 学科综述

学科整体发展综述

城市管理学

一 城市管理学的研究对象、研究内容与研究意义

（一）城市管理学的研究对象

城市管理学是一门研究城市管理一般规律和基本方法的学科，它的研究对象既不是国民经济层面的宏观管理，也不是企业层面的微观管理，而是属于城市—区域层面的中观管理。

在西方发达国家，城市管理学研究已经有上百多年的历史，但在我国仅仅有十多年时间。作为一门中观层面的管理学科，城市管理学既要求把握城市与区域发展的整体性，又要求关注城市各个领域的运行；既要求探讨影响城市发展的全局性、战略性、前瞻性问题，又要求把握城市运行中的具体问题。

（二）城市管理学的研究内容

城市管理学的研究内容十分庞杂，既包括城市管理学的一般理论与方法，也包括城市管理学应用的具体实践案例研究；既包括城市战略规划管理、城市管理体制、机制与法治建设，也包括城市经济管理、社会管理、基础设施管理、环境管理等城市各个领域的具体管理。从最近三年来公开出版的主要学术著作（见表1）来看，城市管理学基本上涵盖了上述提及的研究内容。

表 1　城市管理学最近三年来公开出版的主要学术著作一览

序号	作者	著作	主要内容
1	胡刚（2012）	城市管理	城市竞争力管理、城市规划与发展战略管理、城市经济管理、城市社会管理、城市环境管理、城市基础设施管理、城市交通管理、城市土地与住房管理、城市经营管理、城市危机管理、生态城市建设与可持续发展等
2	［美］戴维·R. 摩根（David R. Morgan）等（2011）	城市管理学：美国视角（第六版）	美国城市管理环境、现代城市的冲突管理和物品（服务）供给、内部管理过程、城市的未来
3	唐燕（2011）	德国大都市地区的区域治理与协作	介绍了传统区域主义、公共选择学派、新区域主义等三种经典区域治理理论，对德国空间规划体系与斯图加特地区、汉诺威地区、莱茵鲁尔地区、柏林—勃兰登堡地区的区域治理经验进行了总结

续表

序号	作者	著作	主要内容
4	王旭、罗思东(2010)	美国新城市化时期的地方政府——区域统筹与地方自治的博弈	美国城市发展的阶段、大都市区的横向蔓延与地方政府零碎化、市政体制的改革与完善、构建大都市区政府的尝试、公共选择学派与地方自治、新区域主义与大都市治理
5	王枫云(2010)	城市管理学新编	城市管理学总论、城市管理学分论、城市管理的新方法与新领域
6	王德起、谭善勇(2009)	城市管理学	城市起源与发展、城市管理目标、城市管理体制、空间管理、基础设施管理、经济管理、人口管理、生态环境管理、文化管理及管理创新等
7	彭和平、侯书森(2009)	城市管理学	城市起源、市政体制、城市科学发展、可持续发展、和谐发展及城市规划、城市经济、城市文化、城市环境、城市土地、城市公共安全、城乡一体化等方面的管理
8	程俐骢(2009)	城市管理概论	城市发展与城市化趋势，城市管理的主体与客体，城市规划、土地、交通等管理工作的理论与务实
9	连玉明(2009)	城市管理的理论与实践	城市管理的基本问题、城市治理模式、数字化城管模式、农村城市化中的城市管理、城市管理中的服务型政府
10	叶裕民、皮定均等(2009)	数字化城市管理导论	中国城市管理悖论、数字化城市管理的理论架构、基础、制度建设、系统建设、标准体系及发展趋势
11	郑国(2009)	国内外数字化城市管理案例	国外政府的数字化公共服务、城市警务、道路与交通管理，我国先行城市数字化城市管理的建设历程和成就

（三）城市管理学的研究意义

2011年我国的城镇化率已经达到51.3%，标志着我国已经进入城镇化的下半程。21世纪前半叶，是我国完成城镇化的时期。在这段时期，我国城镇化积累的体制机制矛盾将更加突出，城镇化进程中产生的贫富分化、地区差距、资源消耗、环境污染、住房短缺、交通拥堵、产业竞争力下降、城市安全等问题将时刻困扰着各级城市管理者。加强城市管理学研究，尽快提高我国城市管理的理论水平，是推进我国现代化的客观要求和紧迫任务，对指导各地实践有重要的现实意义。

二　城市管理学学科发展的理论前沿与重大热点问题

（一）西方城市管理学的理论前沿与重大热点问题

西方国家研究城市管理学已经有上百年的历史，研究成果十分丰富。最近三年来，结合城市再生和应对全球气候变化的需要，西方城市管理学的研究重点主要集中在城市治理结构、都市区治理和应对气候变化的城市治理等三个方面。

1. 城市治理结构方面

目前西方国家多数已经完成了城镇化，正处于城市再生发展阶段。这个阶段遇到的许多问题都是西方城市管理学研究关注的前沿与热点问题。

Isabel Breda-Vázquez 等（2009）研究了葡萄牙城市再生政策中公私伙伴关系的多样化合作治理模式，认为治理文化是一个重要的影响因素。Marc Parés 等（2012）研究了西班牙加泰罗尼亚地区公民参与城市再生指向的网络治理的进展，重点研究了加泰罗尼亚地区的 10 个贫困社区的 3 个问题，即①公民参与治理网络的程度；②这种参与的实质影响；③参与城市再生的治理网络的影响因素变化，得出的结论是，发展参与治理网络与城市再生政策执行效果有关系。Anita Kokx 与 Ronald van Kempen（2010）研究了城市政策整合过程中的政府垂直治理构架，并结合荷兰城市案例，评价了垂直治理结构中的地方利益相关者的经验及其对多层次治理理论与欧洲善治理论的适宜性。Kimberly L. Nelson 等（2011）研究了城市治理中的冲突与合作问题，认为衡量治理质量的一个手段是评价存在于民选官员与管理人员之间和之中的冲突与合作，研究结果表明，政府形式和按区选举的议员比例是两个影响地方层面治理质量的最重要因素。Ann O'M. Bowman 等（2012）研究了最近十年来美国地方政府的权力与权威变迁，得出的结论是，在大多数情况下，地方司法机构，特别是在城市，权威逐步转移到州政府手中。

2. 都市区治理方面

西方国家的都市区发展已经处于完善和成熟阶段，都市区内部的一体化规划、均衡协调发展和一体化治理等问题正在成为西方城市管理学研究的前沿和热点问题。

Sebastian Dembski（2011）在其著作《大都市区治理与战略学习》（Metropolitan Governance and Strategic Learning）中，提出城市转型与日益加剧的城市间竞争给城市地区发展带来了新的挑战。城市向腹地拓展造成城市地区内部的社会经济关系比过去只关注城市核心的问题变得更为复杂。事实上，大多数城市已经变成区域城市，这给相关规划的协调带来了挑战。在这种背景下，基于城市与区域发展的战略规划与学习正在引起争议。在城市地区，大都市治理与战略学习的能力被看作是城市发展的必需要素。许多城市作为响应在制定和实施空间战略，从而形成了新的政治舞台。

Nihad Bunar（2011）对瑞典 1999 年实施的旨在通过瑞典政府和 7 个直辖市投资 4 亿欧元用于斯德哥尔摩地区、哥德堡地区和马尔默地区 24 个最贫困城市街区的促进一体化、减少失业和犯罪、提高教育、健康和民主参与的以地区为基础的都市发展计划的成效进行了全方位客观评价。

Alan A. Altshuler（2011）在其著作《美国大都市的治理与机会》（Governance and Opportunity in Metropolitan America）中，提出美国的城市象征着国家的繁荣、活力与创新。即使出现了郊区化趋势，许多中心城市依然吸引了大量新的投资与就业。许多城市地区受困于经济差距和社会风险。对大都市地区的居民来说，扩张的经济机会、城市和城市居民面临的问题、大都市层面的决策结构都是重要的考虑问题。Tassilo Herrschel（2011）在其著作《城市、国家与全球化：欧洲、北美的城市—区域治理》（*Cities, State and Globalization: City-Regional Governance in Europe and North America*）中，通过一系列案例研究，对欧洲（东部和西部）、北美的城市区域主义的不同文化进行了比较研究，认为城市的空间性相比于区域概念越来越模糊，不管是真实的还是想象的，相互作用、竞争、相互依赖成了区域发展的主题。Jeroen Klink 等（2012）通过重温巴西库里蒂巴案例，研究了大都市边缘都市碎片和新地方主义现象，认为这给未来大都市在社会空间、经济与环境战略等方面实现可持续发展带来了挑战。

3. 应对气候变化的城市治理方面

当前西方国家减缓气候变化的努力已经由国际合作层面、国家层面延伸到城市与地区层面。城市如何调整治理结构以适应减缓气候变化行动是西方城市管理学研究的前沿与热点问题。

Michele Betsill（2011）在其著作《城市与气候变化：城市的可持续性与全球环境治理》（*Cities and Climate Change: Urban Sustainability and Global Environmental Governance*）中，认为气候变化是我们这个时代最具挑战性的问题之一，城市作为温室气体的主要排放地，在全球环境治理中应该承担地方责任。作者在书中以英国、美国、澳大利亚为例，检讨了减缓气候变化的地方政策。Thomas Tanner，Tom Mitchell，Emily Polack，Bruce Guenther（2009）以 10 个亚洲城市为案例，研究了城市治理适应气候变化的评价体系，包括权力下放和自治、问责制和透明度、响应速度和灵活性、参与和包容性、经验和支持五个方面，这个体系可以帮助城市在未来的规划、设计与实施中的气候变化适应能力建设。Miranda A. Schreurs（2010）认为，气候变化是一个需要不同层级政府和政治、经济、社会等不同侧面采取统一行动的问题，国家、区域和地方政府在发展中国家减缓气候变化与气候适应战略方面可以发挥不同和互补作用。相比较而言，在东亚关注国际和国家层面的行动较多，关注区域和城市政府的行动较少。

（二）我国城市管理学的理论前沿与重大热点问题

我国学者对城市管理学的研究仅仅有十多年的历史，初期主要是引进介绍西方国家的城市管理学理论，最近几年结合我国实际开展了许多应用性研究。可以说，起步晚，发展快。但是，学科边界界定尚不清晰，基本理论体系尚不完善，从事该领域研究的专家学者研究背景各不相同，呈现出了百花齐放、百家争鸣的大好局面。从最近三年来的文献梳理来看，我国城市管理学的理论前沿与重大热点问题主要体现在以下四个方面。

1. 城市管理法治与机制构建

城市管理走向法治化和构建长效机制是我国城市管理的必由之路。这方面的文献资料众多。周执前（2009）在《中国古代城市管理法律初探》一文中，较为系统地梳理了我国古代城市管理法律及其特点，给我国城市管理法治与机制构建提供了有益参考。李陈箫（2010）在《布坎南的公共选择理论对我国政府改革的启示》一文中提出，要健全监督制度，从制度上约束政治过程中的“经济人”趋向，遏制腐败；引入市场力量，把握政府干预的力度；完善科层制度建设，加大政府机构改革等观点。刘淑妍（2009）在论文《当前我国城市管理中公众参与的路径探索》中，分析了我国城市管理中的公众参与现状，同时总结了国外经验，提出了我国应该改变原有的政府主导的公众参与模式，建立基于城市管理全过程的公众参与路径。魏培（2011）在其硕士学位论文《转型期我国利益表达机制研究》中，注意到了“利益表达”这种容易被忽视的现象，提出合理合法的利益表达有助于推进政治民主化。

2. 城市管理模式

这方面研究既有城市管理模式创新，也有城市管理新技术应用。易志斌、马晓明（2009）在论文《多中心合作治理模式与城市管理发展方向》中，分析了传统城市管理模式存在的问题，论证了多中心合作治理的可行性，提出了构建多中心合作治理模式的设想。杨宏山（2009）在论文《数字化城市管理的制度分析》中，阐述了我国传统城市管理模式面临的挑战，对我国正在兴起的数字化城市管理模式进行了述评，提出拓展公众参与和信息公开是数字化城市管理创新的方向。何其勇（2010）简单诠释了数字化城市管理的概念和内涵，对数字化域市管理产生的社会效益、经济效益及管理成本进行了分析，提出了控制成本的措施。

3. 城市群管理

我国城市群的迅猛发展吸引了众多学者从事该领域研究。蒋嵘涛、李萍（2009）提出在"两型社会"建设背景下，我国城市群管理体制存在诸多不适应。要以建设服务型政府为目标，以政府职能转变为目标，以行政区划调整来提供空间，逐步走向城市群行政一体化。方创琳、张舰（2011）针对中国城市群形成发育中出现的新特点和存在的新问题，从权力、财力、法力和能力四个方面构建了城市群可持续发展的组织协调保障机制、公共财政保障机制、法律法规保障机制和资源环境保障机制，提出了加快城市群健康发展的若干保障措施。

4. 城市管理绩效评价

这方面研究主要集中在城市管理绩效评价的指标体系构建方面。应瑛等（2009）在《城市管理公众满意度指数模型实证分析》一文中，引入公众参与概念，构建了城市管理公众满意度指数模型（UMPSI），并在杭州市八城区进行了应用研究。王岱凌、蒋国瑞（2009）采用平衡计分卡方法提出了城市管理绩效评价体系，并运用层次分析法确定各项指标权重。将指标分类为定性指标和定量指标，确定各项指标隶属函数值，最终得出绩效评分结果，为管理者提供了科学的决策依据。刘坚（2010）以相关理念和方法为基础，通过以平衡计分卡为框架构建了评估株洲市城市管理绩效的指标体系，提出了新形势下提升城市管理的有效对策。

三 我国城市管理学研究的发展方向与趋势

我国的城市管理学植根于我国的经济社会发展进程之中。未来，伴随着我国经济社会转型升级发展和新型工业化与新型城镇化的推进，城市管理学发展也必然进入新的轨道。

（一）建立基于民生导向的城市管理学

长久以来，我国城市发展追求的是总体经济目标，居民生活改善赶不上经济增长速度和政府财政收入增长速度。我国在进入中等发达国家行列以后，社会上改善民生的呼声越来越强烈。中央高度重视民生改善工作，出台了许多政策措施。但是，由于传统体制机制的制约，民生改善进展缓慢。城市管理学要主动适应新形势下的新要求，在创新体制机制上有新的突破。

（二）建立基于均衡发展的城市管理学

我国在经济社会快速发展的背景下，出现了地区差距、城乡差距明显高于国际警戒线的事实，严重威胁着社会的长治久安。尽管国家采取了诸多缩小地区差距、城乡差距的措施，但由于传统体制机制的制约，地区差距、城乡差距仍然难以令人满意。未来，城市管理学要转变“极化”发展的理念，代之以均衡发展的思想，从体制机制上破除传统观念，实现地区均衡发展，城乡均衡发展，缩小贫富差距。

（三）建立基于绿色转型的城市管理学

长期以来我国实行的是粗放经济发展模式，环境污染伴随着经济增长。未来，绿色转型发展是我国经济社会发展的方向，城市管理学要主动转变观念，以建设生态城市、绿色城市、低碳城市为目标，全方位构建起有利于绿色转型的城市管理体制机制与法治。

（四）建立基于提升国家竞争力的城市管理学

未来，国家之间的经济竞争，体现的是国别的城市群之间的竞争，体现的是国别的核心城市之间的竞争。我国的城市管理学，要树立全球化视野，以提升国家竞争力为目标，重点研究全国城镇体系格局的完善及调控机制、城市群发展的空间格局及其管制、有中国特色的世界城市建设路径与管理机制等。

（五）建立基于提升应对公共危机能力的城市管理学

我国的城市发展速度十分迅猛，但是应对各种公共危机的能力十分薄弱。尽管国家从多方面采取措施提升城市的应对公共危机管理能力，但是由于传统体制机制的束缚，城市应对公共危机管理的能力依然不尽如人意。城市管理学要主动做出变革，以创新性思维研究提升城市应对公共危机管理能力的体制机制与法治，建设平安城市。

参考文献与学科年度重要文献

程俐骢：《城市管理概论》，同济大学出版社2009年版。

［美］戴维·R. 摩根等：《城市管理学：美国视角》（第六版），中国人民大学出版社2011年版。

方创琳、张舰：《中国城市群形成发育的政策保障机制与对策建议》，《中国人口、资源与环境》2011，21（10）。

何其勇：《论数字化城市管理的成本与效益》，《企业家天地》2010，（3）。

胡刚：《城市管理》，知识产权出版社2012年版。

蒋嵘涛、李萍：《城市群政府管理体制创新对“两型社会”建设的回应路径研究》，《社会科学辑刊》2009，183（4）。

李陈篩：《布坎南的公共选择理论对我国政府改革的启示》，《佳木斯教育学院学报》2010，99（3）。

连玉明主编：《城市管理的理论与实践》，中国时代经济出版社2009年版。

刘坚：《株洲市城市管理绩效评估与提升对策》，MPA学位论文，湘潭大学，2010年。

刘淑妍：《当前我国城市管理中公众参与的路径探索》，《同济大学学报》（社会科学版）2009，20（3）。

彭和平、侯书森：《城市管理学》，高等教育出版社2009年版。

唐燕：《德国大都市地区的区域治理与协作》，中国建筑工业出版社2011年版。

王旭、罗思东：《美国新城市化时期的地方政府——区域统筹与地方自治的博弈》，厦门大学出版社2010年版。

王枫云：《城市管理学新编》，中山大学出版社2010年版。

王德起、谭善勇：《城市管理学》，中国建筑工业出版社2009年版。

王岱凌、蒋国瑞：《基于模糊层次分析法的城市管理绩效评价研究》，《中国管理信息化》2009，12

(22)。

魏培:《转型期我国利益表达机制研究》,硕士学位论文,河南大学,2011 年。

杨宏山:《数字化城市管理的制度分析》,《城市发展研究》2009,16 (1)。

叶裕民、皮定均:《数字化城市管理导论》,中国人民大学出版社 2009 年版。

易志斌、马晓明:《多中心合作治理模式与城市管理发展方向》,《城市问题》2009,164 (3)。

应瑛、寿涌毅、吴晓波:《城市管理公众满意度指数模型实证分析》,《城市发展研究》2009,16 (1)。

郑国:《国内外数字化城市管理案例》,中国人民大学出版社 2009 年版。

周执前:《中国古代城市管理法律初探》,《河北法学》2009,27 (7)。

Altshuler, A. A. (2011). *Governance and Opportunity in Metropolitan America*. Washington D. C.: National Academies Press.

Betsill, M. (2011). *Cities and Climate Change: Urban Sustainability and Global Environmental Governance*. London: Routledge.

Bowman, A. & Kearney, R. (2012). Are U. S. Cities Losing Power and Authority? Perceptions of Local Government Actors. *Urban Affairs Review*, 48 (4), 528-546.

Bunar, N. (2011). Urban Development, Governance and Education: The Implementation of an Area-based Development Initiative in Sweden. *Urban Studies*, 48 (13)。

Dembski, S. (2011). *Metropolitan Governance and Strategic Learning*. London: VDM Verlag.

Herrschel, T. (2011). *Cities, State and Globalization: City-Regional Governance in Europe and North America*. London: Routledge.

Klink, J. & Denaldi, R. (2012). Metropolitan Fragmentation and Neo-localism in the Periphery: Revisiting the Case of Curitiba. *Urban Studies*, 49 (3), 543-561.

Kokx, A. & Kempen, R. V. (2010). Dutch urban governance: Multi-level or multi-scalar? *European Urban and Regional Studies*, 17 (4), 355-369.

Nelson, K. L. & Nollenberger, K. (2011). Conflict and Cooperation in Municipalities: Do Variations in Form of Government Have an Effect? *Urban Affairs Review*, 47 (5), 696-720.

Parés, M., Martí, J. B. & Costa, M. M. (2012). Does Participation Really Matter in Urban Regeneration Policies? Exploring Governance Networks in Catalonia (Spain). *Urban Affairs Review*, 48 (2), 238-271.

Schreurs, M. A. (2010). Multi-level Governance and Global Climate Change in East Asia. *Asian Economic Policy Review*, 5 (1), 88-105.

Tanner, T., Mitchell, T., Polack, E. & Guenther, B. (2009). Urban Governance for Adaptation: Assessing Climate Change Resilience in Ten Asian Cities. IDS Working Papers, 01-47. doi: 10.1111/j.2040-0209.2009.00315_2.x

Vázquez, B. I., Conceição, P. & Fernandes, R. (2009). Partnership Diversity and Governance Culture: Evidence from Urban Regeneration Policies in Portugal. *Urban Studies*, 46 (10), 2213-2238.

(宋迎昌 王建武)

公司金融学

一　学科概述

公司金融学是以公司价值为核心研究对象，以公司重大内部性因素对公司价值的影响为主要研究内容的一门金融学应用分支学科。公司价值一般用未来现金流的现值之和衡量，而不仅仅是公司现有资产的账面值或者市值，这种方法能够更全面地揭示公司创造价值的能力。根据现金流所有者的不同，公司价值可以进一步划分为公司股权价值和公司整体价值两个范畴。前者仅指归属公司股东的那部分现金流价值，后者则不仅包括后者，还包括应归属于公司债权人的那部分现金流价值。

公司金融学起源较早，如果从复利的出现算起，可以追溯到古巴比伦时期；如果从现金流折现法应用于公司投资分析算起，它的历史至少也有一百二十多年。在长期的自然发展和演化过程中，金融学基础理论和企业的金融实践逐步构成了公司金融学的基石，会计学、财务管理、资产定价和风险管理等学科领域的理论思想、方法和新的研究成果迅速融入其中，公司金融学成为多学科研究成果的集大成者，其学科体系日益走向成熟。公司资本预算、资本结构、公司治理、股利决策和并购重组等传统研究领域构成了公司金融理论的核心组成部分，行为公司金融、战略公司金融理论等新的领域又为公司金融学的发展拓展了新的空间。公司金融学是连接实体经济与虚拟经济的重要桥梁，它致力于解决公司制定投融资决策过程中所涉及的各类理论性和技术性问题，具有较高的实用价值。因此除理论研究工作外，公司金融学的教学也受到国内外高校的普遍重视。公司金融学课程已经成为众多国际著名商学院的必修课，多本知名学者撰写的教科书被广泛应用并持续更新。

公司金融学在我国的起步较晚。20 世纪 90 年代初期以后，随着我国资本市场的逐步发育完善，金融证券业界和广大投资者对于公司价值特别是公司股权价值评估的需求不断增加，关于上市公司的资本结构、公司治理和股利决策等因素对公司股价影响方面的实证研究持续涌现，为我国的公司金融学奠定了现实和理论基础。但总体而言，我国公司金融学仍然处于发展的初级阶段，主要研究领域、研究方法和教学内容仍然以借鉴西方成果为主，距离符合中国国情的、完善的公司金融学科体系仍然有不小的差距。国内理论界对于公司金融学的基本内涵和框架体系还没有形成高度统一的认识，公司金融学同理财学、财务管理等学科（专业）仍存在相对模糊的边界。

二 我国公司金融学科的近期发展与热点问题

我国公司金融学理论和实证研究成果一向比较丰富，这部分归功于国内资本市场和上市公司强制性信息披露制度的日益完善。2011 年以来，公司金融学科继续出现大量研究成果。我们将其中的代表性研究成果归纳为公司资本预算、公司资本结构、公司治理三个部分，以下分别予以介绍。

（一）公司资本预算

公司资本预算的核心研究内容是公司投资和融资决策，以及这些决策对于公司价值的影响。更具体地，公司资本预算包括公司（项目）价值的评估方法、公司资本成本测算、信息均衡与公司资本预算等。

在公司估值理论研究中，折现率的确定是关键性问题。单纯运用静态分析估测折现率只是一种简单的公式化的估测手段，评估结果可能会失真。王晶（2011）充分考虑企业在资本结构发生变动及资本市场的不断变化对折现率的影响，提出利用变动的折现率对企业整体净现金流量进行折现，可以更好地反映企业价值，并分析了影响折现率动态变化的因素。会计准则及公允价值是与公司估值相关的内容。谭洪涛（2011）以我国 2007 年至 2010 年 16 个季度公告日为样本，以公允价值变动损益和股票回报为观察对象，对公允价值与股市过度反应进行了实证研究。研究发现：（1）股市过度反应与公允价值变动损益显著相关；（2）过度反应主要存在于估计窗口而非事件窗口；（3）我国金融业上市公司的金融资产市值计量模式显著放大了股市泡沫，且在不同的市场条件下，股票回报对公允价值的过度反应程度呈现出非对称性。文章验证了公允价值作为“会计加速器”作用的存在，有助于理解公允价值计量模式对我国金融稳定的影响机理。

公司资本成本是指公司取得和使用资本所付出的代价。彭程等（2011）以实物期权方法为工具，从税收利益与破产成本视角分析了企业投融资决策的互动关系。通过分析发现，企业最优投融资决策会因为税收利益和破产成本而产生一种相互作用的关系，但在股东债权人利益冲突下，股东会倾向于追逐更多的税收利益而产生过度投资问题，并因此产生更高的负债融资成本，最终导致企业融资决策的非效率。然而，负债代理冲突下的过度投资会因资本折旧的税盾替代效应而有所缓和，并因此降低企业因过度投资产生的融资决策非效率。目前关于资本成本和定价的研究，开始从行为金融的视角入手，引入异质信念的概念。杨华蔚、韩立岩（2011）将影响资产价格的不确定性划分为基本面不确定性、市场层面以及公司层面外部因素不确定性（后二者对基本面没有影响，是非基本面因素），认为投资者对基本面和外部因素分别形成异质信念。在此基础上用连续时间的鞅分析方法，在纯交换市场均衡模型的框架下，建立了基于投资者异质信念的消费资本资产定价模型。该模型从理论上证明了除来自总消费/禀赋的基本面风险外，投资者对市场层面和公司层面外部因素信念差异也是影响股票价格的风险因素，模型的结论有助于解释金融市场一些异常现象，特别是特质波动率异常现象。吴卫星和付晓敏（2011）基于投资者不确定性感受的异质性以及能力效应，对最大最小期望效用函数加以微小拓展，并对个人效用最大化的投资决策行为、市场均衡下的市场参与条件、股票均衡溢价以及市场参与对个人效用和社会福利的影响进行了理论分析。结论表明，投资者不确定性感受异质性增加、不确定性水平增大以及主观能力较高的投资者所占比例增大，都可能导致在市场均衡状态下存在有限参与。并且由不同原因所导致的有限市场参与对均衡资产价格、投资者效用和社会福利有不同的影响。陆静等（2011）假定分割市场中投资者信息处理能力存在差异，推导了具有异质信念的两阶段定价模型，证明了异质信念和卖空限制是导致 H 股价格低于 A 股价格的原因之一。他们通过 A 股和 H 股市场交易数据的实证分析，表明了该模型的合理性和有用性，在一定程度上解释了中国分割资本市场股价的异象，有助于认识中国新兴资本市场的微观结构和市场特征。

现代公司金融理论认为，信息不对称问题和代理问题使得外部融资的成本高于内部融资的成本，因此就产生了融资约束问题。李科和徐龙炳（2011）利用短期融资券的推出作为自然实验，研究金融创新引起的公司融资约束变化对公司经营业绩的影响，从而为金融发展与经济增长的关系提供微观证据。基于金融发展与经济增长关系中“分配金融资源”的理论观点——金融发展能够更加有效地分配资金资源，减少公司的融资约束，增加公司的业绩。研究提供了这一经济作用机制的实证证据，并发现当短期融资券成为企业潜在的融资工具后，能够利用这一金融工具的企业在负债能力和投资能力方面有了大幅提高，其经营业绩也得到大幅增长。这一研究也用证据表明金融工具创新和金融市场发展对公司价值产生了显著影响。

投资—现金流敏感性研究是公司资本预算研究的重要内容之一，其中公司融资约束程度的度量问题是争论的焦点。屈文洲等（2011）借鉴市场微观结构理论中的信息不对称指标 PIN 值作为融资约束的代理指标，研究发现：信息不对称水平越高，则公司的投资支出越低。进一步的检验发现，信息不对称水平较高的公司，其投资—现金流敏感性也较高，并且信息不对称导致的融资约束与投资—现金流敏感性的关系并不是线性的。张会丽、吴有红（2011）以现金在我国 A 股上市公司及其整体子公司之间的分布为考察对象，考察了企业集团财务资源配置的集中程度对企业经营绩效的影响。运用反映上市公司总体财务特征、母子公司业务特征等方面的指标，建立了财务资源适度配置的估计模型，并据此量化财务资源配置的集中程度。研究发现，财务资源配置的集中程度与企业经营绩效呈显著的倒 U 形关系，即过度集中或过度分散的财务资源配置都将对企业经营绩效产生不利影响。李万福（2011）以投资效率为核心，通过基于流动性特性的条件关系检验和基于预期投资偏离的无条件关系检验，探讨了内部控制在公司投资中的角色。研究发现，当公司很可能面临投资过度境况时，更低的内部控制质量加剧了该现象的发生；当公司很可能面临投资不足境况时，更低的内部控制质量同样加剧了投资不足现象的发生；相对于内控较好的公司而言，内控较差的公司更可能出现在偏离正常投资水平的无法解释的极端投资组；公司层面和会计层面重大内控缺陷对投资的影响并无显著差异；整体而言，内控缺陷更多的公司，其非效率投资的影响更加严重。研究表明，加强企业内部控制建设是提高公司投资效率的重要途径，亦是从微观层面防止中国经济投资过热或过冷，促进中国经济平稳、协调发展的重要途径，意味着当前监管机构加强企业内部控制建设的决策是有助于保护投资者利益的。

（二）公司资本结构

公司资本结构是指企业各种资本的价值构成及其比例。资本结构可以从不同角度来认识，主要有资本的属性结构和资本的期限结构两种。

朱武祥、魏炜（2012）分析了公司资本结构和企业融资行为方面的文献，认为数十年来这方面研究成果丰硕，但是对商业实践真正有指导意义的成果却凤毛麟角。他们提出了企业金融微观结构概念，认为商学院的公司资本结构研究应该区别于经济学，深入到金融工具交易结构的微观层面，才能更深刻、真实地揭示金融实践原理，更好地指导金融实践。转轨时期的中国资本市场存在严格的证券发行管制与金融创新管制，给企业融资和资本结构带来了供给方约束。王正位、王思敏、朱武祥（2011）选取了1993—2007年间A股市场发生过股权再融资的上市公司为研究对象，研究股票再融资管制政策变更对上市公司资本结构的影响。结果表明，股票再融资管制政策的变更，是影响上市公司资本结构的重要因素；股票市场估值的“市场时机”并不是影响上市公司资本结构的显著因素。

在资本结构的调整方面，姜付秀、黄继承（2011）从资本结构的调整速度和实际资本结构偏离目标资本结构的程度两个方面，考察市场化程度及其变化对资本结构动态调整的影响。研究结果表明：市场化程度越高，资本结构的调整速度越快，且从市场化进程的动态角度来看，市场化程度提高得越快，资本结构的调整速度也越快；而且市场化与资本结构动态调整之间的上述关系不受企业性质的影响；但在不同的负债水平下具有一定的差异性：在过度负债的情况下，该关系更稳健地显著存在。盛明泉等（2012）检验了国有企业面临的预算软约束对资本结构调整速度以及资本结构与目标资本结构之间偏离度的影响。结果表明，国有企业的预算软约束程度越大，它们的资本结构调整速度越慢，实际资本结构与目标资本结构之间的偏离程度也越大。这说明，预算软约束的存在，导致国有企业改善资本结构的动力减弱，从而阻碍了它们的资本结构调整行为。这一研究从制度角度为国有企业经营低效性的成因提供了经验证据。

债务期限结构的选择是债务融资最重要的财务决策之一。胡元木（2011）基于债务期限结构的信息不对称理论，检验了Flannery模型和Diamond模型在我国的适用性，并分析信息不对称程度和公司风险等级对我国上市公司债务期限结构的综合影响效果。研究表明信息不对称对债务期限有重要影响：信息不对称程度较高时，低风险和高风险公司均选择短期债务，中等风险公司则选择长期债务，与理论模型预期一致；当信息不对称程度降低后，实证结果均未能验证Flannery模型和Diamond模型。胡援成（2011）结合中国国情，重点探讨了中国上市公司债务期限结构的影响因素。研究发现，负债权益比率仍然是影响中国上市公司债务期限结构的重要变量；公司长期债务在总债务中的比重偏低，全部样本均值为14%左右；资产期限与债务期限的背离较严重，这些可能与股权融资偏好和短期债务融资偏好有关。李扬（2011）实证分析上市公司负债融资来源与期限结构、公司治理和企业绩效之间的关系，为以银行债权人为主体的关键利益相关者治理模式的构建提供了实证依据。银企关系是影响公司债务融资的重要因素。王善平和李志军（2011）研究发现，银行持股公司的债务融资与投资效率的敏感度高于非银行持股公司，即投资效率越高的银行持股公司获得了越多的债务融资；依赖于债权人与股东之间利益冲突的缓和对公司投资的影响，银行持股提高了信贷配置效率。当前我国大部分企业的外部融资渠道以银行贷款为主，而“贷款续新”政策决定了企业是否能够继续获得银行贷款。黄新建和王婷（2012）选用我国非金融类民营上市公司的数据，实证分析了政治关联、制度环境差异与银行贷款续新的关系。研究发现，企业的政治关联确实为企业融资带来了便利，且政治关联对续新的作用不受地区环境差异的影响。研究还发现相同条件下，制度环境好的地区，银行处于自身规避贷款风险的角度考虑，更倾向于拒绝向民营企业提供贷款续新。

吴超鹏等（2012）研究风险投资机构对上市公司投融资行为的影响机制和作用效果，结果发现：风险投资的加入不仅可以抑制公司对自由现金流的过度投资，而且可以增加公司的短期有息债务融资和外部权益融资，并在一定程度上缓解因现金流短缺所导致的投资不足问题。进一步研究还发现，不同特征的风险投资机构均可起到抑制自由现金流过度投资的作用，但只有高持股比例、高声誉、联合投资或非国有背景的风险投资机构才能够显著地改善外部融资环境，缓解现金短缺公司的投资不足问题。研究结果显示，企业上市后仍然可以利用风险投资机构的监督职能、声誉资源和融资关系网络来解决代理问题和信息不对称问题，进而促进企业投融资行为的规范化和理性化。

融资优序理论以不对称信息理论为基础，并考虑交易成本的存在，认为权益融资会传递企业经营的负面信息，而且外部融资要多支付成本，因而企业融资一般会遵循内源融资、债务融资、权益融资这样的先后顺序。苏冬蔚、曾海舰（2011）研究经济周期、信贷风险、信贷配给、股市表现和企业家信心对公司融资选择的影响，发现宏观经济上行时，公司的融资偏好为“股权—债务”，而宏观经济衰退时，公司的融资偏好则调整为“债务—股权”；信贷配给增加后，股权融资的概率上升；银行不良贷款不影响公司融资选择；企业家对经济前景越有信心，债务融资的可能性就越大。研究结果表明，我国上市公司不存在单一的股权融资偏好，而且公司融资决策基本符合最优融资顺序理论。祝继高和陆正飞（2011）以1998—2004年符合配股条件的A股上市公司为样本，研究发现，民营企业发布配股预案的比率更低，实施配股的比率也更低；但这并非民营企业的外部融资需求更低，而是证券监管部门在配股审批中优先照顾国有企业。进一步的研究还表明，被批准实施配股的民营企业未来投资增长更快，而实施配股的国有企业更有可能变更募集资金的预计使用用途。这意味着监管部门在配股审批中对国有企业的照顾损害了民营企业股东的利益，影响了资源配置效率。

考虑行为因素的角度，马健（2012）在双重异质信念假设下，基于我国上市公司融资环境，建立融资决策模型，分析双重异质信念对我国上市公司股权债权融资选择的影响，得到如下结论：（1）卖空限制下，投资者异质信念越大，公司越倾向于股权融资；（2）投资者—管理者异质信念越小，公司越倾向于股权融资。李延喜等（2012）则针对管理者认知偏差对其债务政策选择的影响问题进行研究，通过建立认知偏差影响下的最优资本结构决策模型，从行为金融学的角度研究了债务政策选择的税收效应。研究表明：上市公司的债务政策受到了认知偏差的影响，即随着财务困境成本的不断增大，上市公司对其变化的敏感性不断降低；认知偏差严重时，上市公司会选择过度保守负债或过度积极负债，导致最优资本结构与税率无关；认知偏差不严重时，上市公司会选择适度负债，且负债水平与税率正相关。结论表明，中国上市公司需要更为客观地评价财务困境成本，更为理性地利用负债的税收收益，尽可能避免认知偏差对企业价值的损害。

（三）公司治理

在企业所有权与经营权相分离的情形下，所有者与管理者往往存在利益不一致的情况，导致管理者在经营企业的过程中为自身利益而损害所有者利益。公司治理学者研究的正是如何通过设置适当的公司治理结构，更好地协调二者的关系，以保证所有者权益不受侵害。从大股东/控股股东方面，祝继高、王春飞（2012）通过对国美电器的案例研究发现，国美电器中最为突出的委托代理问题为大股东与管理层之间的控制权之争。对于处于相对控股地位的大股东黄光裕，其主要通过控制董事会来控制以陈晓为代表的管理层，但是这种控制并非是稳定和有效的。研究表明，在大股东相对控股的情形下，股权资本控制处于不稳定状态，社会资本控制成为控制权的组成部分，并对股权资本控制形成一定的替代效应。而且，法律制度会对股权资本和社会资本影响控制权起到调节作用。国美电器的控制权之争是中国公司治理的经典案例，对于完善我国的公司治理结构和保护投资者利益具有积极的意义。唐跃军（2011）重新考量新兴资本市场的有效性，研究属于不同利益阵营、治理战略各异的公司大股东与外部审计师选择（国际四大）、审计收费、审计质量（盈余质量和审计意见）之间可能存在的复杂关联，勾勒控股股东、其他大股东在外部审计师选择方面的治理战略。研究发现：控股股东控制权比例、现金流权比例、其他大股东制衡度与上市公司聘任国际四大的概率之间表现为倒 U 形关系；控股股东控制权与现金流权偏离程度越高，上市公司越有可能选择国际四大会计师事务所。窦炜、刘星、安灵（2011）通过分析不同控制权配置模式下的企业投资行为决策模型，对大股东控制下的企业不同控制权配置形态与非效率投资行为的关系进行了研究。研究结果表明，在大股东绝对控股条件下，企业的过度投资扭曲程度与控股大股东持股比例呈负相关关系，而投资不足则与其呈现出正相关关系；在多个大股东共同控制条件下，企业的非效率投资行为会根据多个大股东之间的监督或共谋而呈现出不同：当多个大股东互相监督时，企业的过度投资行为将得到缓解，而投资不足加强；而当多个大股东互相共谋，形成股东联盟时，企业过度投资行为将会加强，而投资不足缓解。

在我国上市公司终极控制背景下，冉戎、郝颖（2011）对代表不同利益一致性的控制权私利的定性与作用进行了理论阐释，对代表不同利益一致性的控制权私利作用及其对公司价值的影响进行了研究。研究结果发现：（1）我国的上市公司当中，存在超额控制权私利和合理控制权私利。（2）超额控制权私利具有侵害性质，会对公司产生负面影响，导致公司价值损失；合理控制权私利具有补偿和激励作用，对公司产生积极的正向效应，有助于公司价值增加。（3）不同的两权分离度对控制权私利影响公司价值的效用存在明显差异。具体而言，较低的两权分离度促进了合理控制权私利对公司价值的正向影响；较高的两权分离度加剧了超额控制权私利对公司价值的负面影响。这一研究发现，可以为当前“控制权悖论”以及公司价值与控制权私利间的不确定关系提供一种解释，同时还能为公司治理中控制权私利的相关研究提供一个有益的视角。郝颖、刘星（2011）将终极控制人和直接控制人两类大股东的利益动机纳入统一的分析框架，实证考察了大股东自利动机下的资本投资选择与配置效率。研究发现：（1）终极控制人的现金流权比例越低，越有动机增加资本在固定资产、无形资产和长期股权上的自利性投入，导致总体投资规模扩张；（2）地方企业集团投资扩张受终极控制人自利动机的影响最强，央企投资所受影响最弱，民营企业居中；（3）随着控制层级的增加，终极控制人决策权的履行成本增大，企业资本配置行为因直接控制人持股比例高低而表现出“利益攫取”与“利益协同”两种效应；（4）在较高持股比例的收益分配激励下，直接控制人将减少自利性资本投入，抑制过度投资，提高资本配置效率。

借鉴 Myers & Majluf（1984）的模型框架，罗琦和胡志强（2011）从控股股东利益最大化的视角构建了公司发行股票为投资项目融资的决策模型。分析表明，公司控股股东会选择在其自身利益增加的情况下发行股票，但这有可能损害公司原有中小股东的利益。控股股东的这种道德风险将被市场所预期，从而会对公司融资行为形成约束。在这种因控股股东道德风险所引起的融资约束下，公司现金持有策略会发生变化。控股股东出于利益侵占动机增强对现金资产的偏好，导致公司现金—现金流敏感度上升，而公司增持现金的价值效应较低。检验结果表明，在终极控股股东两权分离程度较大的情况下，公司现金—现金流敏感度较高而现金变动的价值较低。

从机构股东方面，刘星、吴先聪（2011）利用 2003—2009 年有机构持股的 A 股上市公司为样本，基于不同的企业产权，利用两阶段最小二乘模型研究了不同类型的机构投资者在股改前、股改中对公司绩效的影响。他们首先讨论了以基金为代表的国内机构投资者和合格境外机构投资者（QFII）与公司绩效的关系，发现基金持股与公司绩效之间存在显著的正向关系，表明基金持股有助于提高公司绩效，而 QFII 对我国上市公司绩效没有影响。然后，研究了股权分置改革对机构持股与上市公司绩效关系的影响，以及股权分置改革前后，产权性质对机构持股与上市公司绩效关系的影响。研究结果显示，国有产权性质和股改过程这两个因素对以基金为首的国内机构投资者在提高公司绩效方面有不利影响，而对还未介入我国上市公司治理的 QFII 的投资行为没有明显影响。

从中小股东方面，冯旭南（2011）以 2007 年年报披露的 391 家家族上市公司为基础，研究家族控制、治理环境和公司价值之间的关系。研究发现，由终极所有权和控制权相分离而产生的家族控制人掠夺中小股东利益问题已经非常严重，治理环境的改善有利于抑制家族控制人的掏空动机。但当终极所有权和控制权的分离程度非常大时，治理环境的约束作用具有一定的局限性。研究还发现，家族拥有的终极所有权和公司价值呈现倒 U 形关系。当家族的终极所有权较大时，其主要发挥“筑壕效应”而非“激励效应”；对终极所有权能否抑制家族控制人的掏空动机，应持谨慎态度。

从董事会的角度对公司治理的研究，谢绚丽和赵胜利（2011）从委托代理理论和资源依赖理论出发，以中国深圳证券市场中小企业板的上市公司为研究对象，探讨中小企业的董事会结构与战略选择的关系。研究结果表明，董事会结构对公司的多元化战略有着显著的影响，而与委托代理理论相比，资源依赖理论能够更好地解释这种影响。杨青、薛宇宁（2011）采用董事会权能对战略咨询和监督控制的双路径结构方程模型，提出董事会的监控作用表现为以薪酬激励监督 CEO 为间接手段来改善公司业绩；战略咨询则体现为董事会权能对公司业绩的直接贡献。研究结果表明：国资委、地方与中央国有控股公司等的董事会薪酬监控作用显著，表现为改善董事和 CEO 激励不足，“薪酬激励效应”突出，董事权力和治理效果逐年改善，但其战略咨询的治理任务有待加强；私人控股公司董事会的战略和监督二元作用初步凸显，但存在“薪酬挤出效应”，公司治理状况呈弱化趋势，CEO 监管与激励有待改善。

独立董事和独立监事一直是公司治理研究中有争议的话题。叶康涛等（2011）利用中国特有的强制披露数据，即中国上市公司独立董事对董事会议案发表意见和进行投票的数据，考察了独立董事相对于管理层的独立性及其监督作用。研究发现，绝大多数情况下独立董事并不会公开质疑管理层行为，这在一定程度上符合 Mace（1986）对独立董事投票权属于橡皮图章的描述。然而，当公司业绩不佳时，独立董事更有可能对管理层行为提出公开质疑；并且，声誉越高、具有财务背景、任职时间早于董事长任职时间的独立董事更有可能对管理层决策提出质疑。研究还发现，存在异议独立董事的公司市场价值也更高。这表明当公司面临危机时，独立董事能够发挥监督作用，并且独立董事的监督行为能够缓解代理问题，提高公司价值。郑春美、李文耀（2011）以沪、深两市 168 家违规公司及配对的 168 家非违规公司为样本，通过建立条件 logistic 回归模型，从会计监管的视角对独立董事制度的有效性问题进行了实证研究。研究结论表明，独立董事起到了一定的监督作用，但由于独立董事势单力薄，仅拥有某些象征性职权，独立董事制度的作用有限，需要对独立董事制度的设计和运行机制重新进行审视。中国独立董事制度发挥作用的机制一直为学术界和政策制定者所关注。是监督还是咨询？刘浩等（2012）总结出独立董事监督和咨询角色的理论框架，并以银行背景独立董事这一特定人群为研究对象，讨论独立董事在中国上市公司中的实际作用。研究发现：（1）银行背景独立董事咨询功能的发挥较为明显，企业的信贷融资得到改善，但监督功能没有明确的体现，甚至较其他独立董事更弱。（2）在信贷寻租更严重的情况下，即金融市场不发达的地区和银根紧缩的时期，银行背景独立董事的咨询功能发挥更为明显，所在的上市公司获得了更多的信贷。这一研究说明独立董事对中国上市公司而言是有作用的，但对于那些具有关系型资源的独立董事来说，更可能扮演咨询者的角色。

从管理层的角度对公司治理的研究，多与管理层的薪酬激励有关。传统代理人激励模型是建立在参与人自利性假设基础之上的，孙自愿等（2011）引入“不公厌恶”和“风险厌恶”因素，由浅入深地研究激励因素、风险厌恶和不公厌恶三者对经理人最优持股契约的影响。发现经理人的风险厌恶倾向导致其减低持股比例，激励因素倾向于使经理人增加持股比例，而不公厌恶使得经理人持股比例在 1/2 左右。当经理人努力是不可缔约的且经理人是不公厌恶和风险厌恶时，为激励经理人进行智力投资，必须赋予其一定比例的股权，使委托人与代理人利益趋于一致，以降低由经理人不公厌恶产生的效用损失，进而降低委托代理成本。基于不同的薪酬形式对于管理层具有不同的激励效果和强度，不同股权性质、资产规模、行业和地区的企业薪酬结构明显不同，薪酬结构与经营业绩的相关性也受到影响。周仁俊（2011）研究了我国上市公司管理层薪酬结构的特点以及薪酬结构与经营业绩的相关性。研究结果表明：高薪低在职消费型激励效果最佳，低薪高在职消费型激励效果最差，其余的薪酬结构激励效果居中；货币薪酬的提高会增强薪酬结构的激励效果，在职消费水平的提高则会降低薪酬结构的激励效果，股权激励对薪酬结构的影响是双向的并在一定程度上受货币薪酬的影响；货币薪酬、持股比例与经营业绩正相关，在职消费与经营业绩负相关，但显著性水平存在差异。方军雄（2011）从薪酬变动的非对称性，即薪酬尺蠖效应的角度研究上市公司高管与普通员工薪酬差距拉大的原因。研究发现，业绩上升时，公司高管获得了相比普通员工更大的薪酬增幅，而在业绩下滑时高管的薪酬增幅并没有显著低于普通员工；业绩上升时，高管薪酬业绩敏感性显著大于普通员工，业绩下降时，高管薪酬存在显著的粘性特征，普通员工薪酬并不存在粘性特征，而且业绩下降时高管薪酬业绩敏感性相比业绩上升时薪酬业绩敏感性的减少幅度显著超过普通员工薪酬业绩敏感性的减少幅度，这表明中国上市公司薪酬存在较为严重的尺蠖效应。姜付秀、黄继承（2011）研究结果表明，无论是以薪酬衡量的显性激励还是以在职消费衡量的隐性激励，经理激励和负债在对企业价值的影响上具有显著的替代关系；同时，这一关系在不同性质的企业中，以及不同市场化水平下具有一定的差异性。

谢德仁等（2012）论证提出了薪酬辩护假说，并基于它提出了薪酬辩护假说之子假说——当经理人有着薪酬辩护需求和较强能力影响公司薪酬政策制定时，在薪酬辩护净效用增加的情形下会通过经理人报酬—业绩敏感度的提高来为薪酬作“结果正当性”辩护。研究结果发现：在经理人薪酬辩护需求强烈的国有控股上市公司中，相对于经理人没有兼任薪酬委员会委员的企业，经理人兼任薪酬委员会委员的企业经理人报酬—业绩敏感度显著更高，且经理人兼任薪酬委员会委员与更高的报酬—业绩敏感度之关联主要出现在相对薪酬较高、相对业绩较好和公司所在地区市场化程度相对较低的公司之中，这说明经理人报酬—业绩敏感度之提高是出于经理人薪酬辩护之需，是经理人自利行为的表现。谢德仁等（2012）为经理人的薪酬辩护假说提供了初步的经验证据，但需指出的是，虽然这个假说推断和发现与主流代理理论预期不一致，但这一研究并不意味着从经济后果来看，经理人兼任薪酬委员会委员的国有控股上市公司代理成本更高。

李焰等（2011）实证检验了不同背景特征的管理者所选择的投资行为对企业绩效的影响。研究发现，在国有企业中，管理者的年龄、任期与投资规模之间呈显著负相关关系，并且这种投资行为对企业的投资效率有显著的负面影响；在非国有企业中，管理者年龄与企业的投资规模负相关，但是对企业的投资效率并没有显著影响；而管理者的财经类工作经历能够显著提高企业的投资规模并提高企业的投资效率。同时，研究还发现管理者的性别、学历和教育专业对投资效率并没有显著影响。研究结论表明，不同的企业产权制度下管理者背景特征对企业投资效率的影响存在较大差异。这一研究不仅丰富了管理者背景特征和企业投资研究领域的文献，而且对企业经理人员的选拔也有一定借鉴意义。

内部控制的研究也是公司治理研究的一部分内容，武常岐、钱婷（2011）研究集团控制对国有企业可能产生的正面影响机制——减轻管理层代理问题和可能产生的负面影响机制——加重股东间代理问题，全面评估国有企业集团控制作为国企治理模式改革的有效性。研究结果显示：（1）集团控制会有效减轻国有企业的管理层代理问题；（2）当外部监管程度高时，集团控制不会加剧国有企业的股东间代理问题；而当外部监管程度低时，集团控制会加剧国有企业的股东间代理问题。因此，集团控制是一种有效改善国有企业管理层代理问题的治理模式，而由此加剧的股东间代理问题应通过强化外部监管加以解决。

三　学科发展趋势和展望

公司金融学是以金融学基础理论和企业实践为基础发展起来的一个应用学科。金融理论创新和企业金融活动的新动向，都会影响该学科的发展趋势。具体到中国的公司金融学，我们需要密切关注中国企业实践活动的变化，对公司金融理论研究和应用提出新要求，而不仅仅是跟随西方理论界的脚步。

第一，要关注中国企业的国际化经营问题。随着国家“走出去”战略的逐步实施，国际化经营正在成为国内某些大型企业和企业集团的战略选择，而如何处理好国际化经营所带来的跨国资本预算、国际风险管理、跨国并购等方面的问题，需要理论界和企业界进行更多探讨。第二，要关注国有企业的公司治理问题。西方理论界的研究成果和长期实践表明，简单的私有化并不能够解决企业内部存在的公司治理问题，只要所有者和管理者间的委托关系存在，就需要设计合理的公司治理结构，以保证所有者利益，这里的所有者也包括国家。我国的国有企业掌握着国家的经济命脉，其运营质量和效益，直接关系国家经济安全、国有资本经营效率和百姓民生。尽管国内理论界对于国有企业改革和发展已经做了大量研究，但是在新的经济形势和环境中，国有企业的公司治理又出现了一些新问题，这些问题往往与政府管理方式的变化存在密切关系。第三，要关注家族企业转型问题。改革开放以来，国内民营企业发展迅速，一批采用家族式管理的民营企业正在成长为本行业的龙头企业。与此同时，随着企业规模的逐步扩大，某些民营企业的股权结构和治理结构存在复杂化倾向，投资决策科学化有待提高，这些问题随着企业实际控制人的代际更迭而日益凸显。第四，要关注小微企业融资问题。小微企业在我国数量众多，在自主创新和安置就业方面具有特殊重要的意义。由于数据资料的限制，理论界对于小微企业融资问题的研究仍然主要处于经验性研究状态。我们对于适合中国小微企业的融资模式还没有完全了解，对于小微企业融资难问题的成因和解决方案还处在消化西方理论成果的阶段，这是现实中亟待解决的问题，理论界需要加快工作步伐。第五，要关注公司估值中的人力资本定价问题。人力资本是创造公司价值的决定性因素，人力资本差异导致了不同公司间的价值差异。现有的公司估值模型还没有直接反映人力资本价值，马克思主义政治经济学中的劳动价值论虽然对劳动力创造价值有深入阐述，但并没有被整合到公司估值理论中，其实际操作性也不够强，如果能够将二者有机结合起来，或许能够提出一种新的公司估值理论。第六，要关注行为金融理论的进一步发展。行为金融理论注重人的有限理性在金融决策中的影响，同传统金融理论的基础假设有根本区别，但普遍认为它更贴近现实。行为金融方法已被大量用于研究公司金融问题，国内外理论著述颇多。目前行为金融理论仍然在快速发展的过程中，一些研究成果可以为中国理论界所用，分析中国特有的公司金融问题。

我国公司金融学的学科体系框架还在形成过程中，这一阶段的最大优势就是学科本身具有极大的包容性和开放性，理论界有创见的研究成果都有可能成为未来中国公司金融学的重要组成部分。这一学科从属于中国金融理论体系和实践，从而必然会体现中国特色，并为中国金融体系的发展提供有力支持。

参考文献与学科年度重要文献

窦炜、刘星、安灵：《股权集中、控制权配置与公司非效率投资行为——兼论大股东的监督抑或合谋?》，《管理科学学报》2011 年第 11 期。

方军雄：《高管权力与企业薪酬变动的非对称性》，《经济研究》2011 年第 4 期。

方明月：《资产专用性、融资能力与企业并购——来自中国 A 股工业上市公司的经验证据》，《金融研究》2011 年第 5 期。

冯旭南、李心愉、陈工孟：《家族控制、治理环境和公司价值》，《金融研究》2011 年第 3 期。

郭剑花、杜兴强：《政治联系、预算软约束与政府补助的配置效率——基于中国民营上市公司的经验研究》，《金融研究》2011 年第 2 期。

黄新建、王婷：《政治关联、制度环境差异与企业贷款续新——基于中国上市公司的实证研究》，《系统工程理论与实践》2012 年第 6 期。

胡援成、刘明艳：《中国上市公司债务期限结构影响因素：面板数据分析》，《管理世界》2011 年第 2 期。

胡元木：《信息不对称与上市公司债务期限结构》，《管理世界》2011 年第 2 期。

郝颖、刘星：《大股东自利动机下的资本投资与配置效率研究》，《中国管理科学》2011 年第 1 期。

郝颖、刘星：《政府干预、资本投向与结构效率》，《管理科学学报》2011 年第 4 期。

姜付秀、黄继承：《市场化进程与资本结构动态调整》，《管理世界》2011 年第 3 期。

姜付秀、黄继承：《经理激励、负债与企业价值》，《经济研究》2011 年第 5 期。

凌文：《央企控股上市公司九大热点问题研究》，《管理世界》2012 年第 1 期。

刘星、吴先聪：《机构投资者异质性、企业产权与公司绩效——基于股权分置改革前后的比较分析》，《中国管理科学》2011 年第 5 期。

陆静、曹国华、唐小我：《基于异质信念和卖空限制的分割市场股票定价》，《管理科学学报》2011 年第 1 期。

罗琦、胡志强：《控股股东道德风险与公司现金策略》，《经济研究》2011 年第 2 期。

刘浩、唐松、楼俊：《独立董事：监督还是咨询?》，《管理世界》2012 年第 1 期。

李万福、林斌、宋璐：《内部控制在公司投资中的角色：效率促进还是抑制?》，《管理世界》2011 年第 2 期。

李焰、秦义虎、张肖飞：《企业产权、管理者背景特征与投资效率》，《管理世界》2011 年第 1 期。

李扬：《融资规模结构对上市公司绩效影响分析》，《管理世界》2011 年第 4 期。

李科、徐龙炳：《融资约束、债务能力与公司业绩》，《经济研究》2011 年第 5 期。

李延喜、陈克兢、姚宏、张波涛：《认知偏差、债务政策选择偏好和资本结构税收效应》，《中国管理科学》2012 年第 2 期。

马健、刘志新、张力健：《双重异质信念下中国上市公司融资决策研究》，《中国管理科学》2012 年第 2 期。

屈文洲、谢雅璐、叶玉妹：《信息不对称、融资约束与投资—现金流敏感性——基于市场微观结构理论的实证研究》，《经济研究》2011 年第 6 期。

冉戎、郝颖：《终极控制、利益一致性与公司价值》，《管理科学学报》2011 年第 7 期。

彭程、杨红、黄荣：《基于税收利益与破产成本的企业投融资决策互动关系研究》，《中国管理科学》2011 年第 3 期。

苏冬蔚、曾海舰：《宏观经济因素、企业家信心与公司融资选择》，《金融研究》2011 年第 4 期。

盛明泉、张敏、马黎珺、李昊：《国有产权、预算软约束与资本结构动态调整》，《管理世界》2012 年第 3 期。

孙自愿、黄元元、董晶晶：《基于"不公厌恶"与"风险厌恶"的经理人持股激励契约》，《中国管理科学》2011 年第 6 期。

唐跃军：《审计质量 VS. 信号显示——终极控制权、大股东治理战略与审计师选择》，《金融研究》2011 年第 5 期。

谢绚丽、赵胜利：《中小企业的董事会结构与战略选择——基于中国企业的实证研究》，《管理世界》2011 年第 1 期。

谢德仁、林乐、陈运森：《薪酬委员会独立性与更高的经理人报酬—业绩敏感度》，《管理世界》2012 年第 1 期。

解维敏、方红星：《金融发展、融资约束与企业研发投入》，《金融研究》2011 年第 5 期。

杨青、薛宇宁等：《我国董事会职能探寻：战略咨询还是薪酬监控?》，《金融研究》2011 年第 3 期。

杨忠智：《跨国并购战略与对海外子公司内部控制》，《管理世界》2011 年第 1 期。

杨华蔚、韩立岩：《外部风险、异质信念与特质波动率风险溢价》，《管理科学学报》2011 年第 11 期。

叶康涛、祝继高、陆正飞、张然：《独立董事的独立性：基于董事会投票的证据》，《经济研究》2011 年第 1 期。

温军、冯根福、刘志勇：《异质债务、企业规模与 R&D 投入》，《金融研究》2011 年第 1 期。

武常岐、钱婷：《集团控制与国有企业治理》，《经济研究》2011 年第 6 期。

吴卫星、付晓敏：《信心比黄金更重要？——关于投资者不确定性感受和资产价格的理论分析》，《经济研究》2011 年第 12 期。

吴玮：《资本约束对商业银行资产配置行为的影响——基于 175 家商业银行数据的经验研究》，《金融研究》2011 年第 4 期。

吴超鹏、吴世农、程静雅、王璐：《风险投资对上市公司投融资行为影响的实证研究》，《经济研究》2012 年第 1 期。

王善平、李志军：《银行持股、投资效率与公司债务融资》，《金融研究》2011 年第 5 期。

王正位、王思敏、朱武祥：《股票市场融资管制与公司最优资本结构》，《管理世界》2011 年第 2 期。

王晶、高建设、宁宣熙：《收益法评估中折现率研究》，《管理世界》2011 年第 4 期。

祝继高、陆正飞：《产权性质、股权再融资与资源配置效率》，《金融研究》2011 年第 1 期。

周业安、周洪荣、孙瑞：《市账率：权衡还是择时?》，《管理世界》2011 年第 4 期。

张俊生、曾亚敏：《上市公司内部人亲属股票交易行为研究》，《金融研究》2011 年第 3 期。

周仁俊、杨战兵、李勇：《管理层薪酬结构的激励效果研究》，《中国管理科学》2011 年第 1 期。

郑春美、李文耀：《基于会计监管的中国独立董事制度有效性实证研究》，《管理世界》2011 年第 3 期。

张会丽、吴有红：《企业集团财务资源配置、集中程度与经营绩效——基于现金在上市公司及其整体子公司间分布的研究》，《管理世界》2011 年第 2 期。

张会丽、陆正飞：《现金分布、公司治理与过度投资》，《管理世界》2012 年第 3 期。

祝继高、王春飞：《大股东能有效控制管理层吗?》，《管理世界》2012 年第 4 期。

朱武祥、魏炜：《从资本结构到交易结构——探究企业金融微观结构》，《金融研究》2012 年第 4 期。

（张跃文）

学科整体发展综述

农村产业经济学

一 学科概述

农村产业经济学是应用经济学中的一个交叉学科，既是农村经济学下属的一个重要学科，也是产业经济学下属的一个重要学科。农村产业经济学的研究对象是农村产业内部各企业之间相互关系的规律、产业本身的发展规律、产业与产业之间互动联系的规律以及产业在空间区域中的分布规律等。

农村产业经济学的主要研究内容为农村产业的产业结构、产业关联、产业组织、产业布局、产业发展和产业政策等。产业结构研究的是产业之间的相互关系及其演进的规律性；产业关联研究从技术经济的角度来描述产业之间的关联性；产业组织研究包括市场经济条件下的 SCP（市场结构、市场行为和市场绩效）范式，企业的目标、规模和组织，与产业组织相关的管制与反垄断等公共政策；产业布局研究产业在地理区间的分布和集聚；产业发展研究产业发展过程中的发展规律、发展周期、影响因素、产业转移、资源配置等问题；产业政策研究有关产业发展的各种政策。

农村产业经济学的研究大都是在与其他学科的交叉融合中实现的，如与博弈论和信息经济学的交叉融合，与计量经济学的交叉融合，与制度经济学的交叉融合，与演化经济学的交叉融合等。博弈论和信息经济学为理解和分析市场结构、企业战略行为提供了一个强有力的分析工具；计量经济学使产业经济分析中能够运行各种复杂的结构方程和回归模型；制度经济学使我们能够从企业内部的产权结构、组织结构的变化来分析企业的行为差异及其对市场绩效和产业发展的影响；演化经济学的思想则使我们能够更好地理解企业和产业的生存周期和演化规律。

农村产业经济学的研究方法首先强调系统分析，既要研究组成产业系统的各个单元即各个经济主体间的相互作用关系，又要研究这些相互作用的关系结构是怎样通过各个层次的整合最后达到一个总体的结果；其次，重视结构主义的分析方法，注重研究产业与产业之间的关系结构以及产业内各企业相互作用的关系结构，并由此结构出发研究整个产业的整体行为。例如，在研究产业与产业之间的关系时，产业结构就是产业经济学中最重要的研究对象之一；而在产业组织的研究中，著名的哈佛学派所提出的市场结构决定市场行为、决定市场绩效的模式是产业组织领域的基本研究框架。

农村产业经济研究注重实证分析与规范分析相结合的方法，实证分析主要研究经济现象“是什么”；规范分析研究经济活动“应该是怎样的”；同时，注重静态分析与动态分析相结合的方法，静态分析考察产业对象在某一时间点上的现象和规律，动态分析研究产业随着时间的推移所显示出的各种发展、演化规律，以及产业间关系在经济发展中此消彼长的规律。另外，在具体产业研究过程中，还要注重定性分析与定量分析相结合的方法。

二　改革开放以来的农村产业经济学科发展、演进概况

改革开放以来，中国农村产业经济学始终跟随改革与发展的步伐，坚持为现实经济服务，为国家政策出谋划策。30多年来，经历了改革初期理论争议、农村改革与农业高速增长、农村乡镇企业异军突起、农村产业结构调整、农业产业化等不同的阶段，每一阶段的研究和讨论都强调了不同的重点。

（一）关于农业和工业协调发展的讨论

十一届三中全会以后，中国领导层认真总结了历史经验和教训，对经济发展战略进行了新的部署。其中在产业发展方面，摒弃了新中国成立以来片面发展重工业而忽视农业和轻工业发展的做法，开始注重平衡发展，协调工农业发展速度，转变增长方式。陈云在1979年提出，从长期来看，国民经济能够做到按比例发展就是最快的速度。按比例必须把农业考虑进去，农轻重排列法就是马列主义与中国建设的实践相结合。

（二）关于制度变革与农业增长的讨论

中国的改革最初起源于农业领域。家庭承包经营的普遍实施，使集体土地的所有权与使用权相分离，农户最终成为面向市场独立经营、自负盈亏的市场主体，农业经营制度的变革对这一时期中国农业的增长发挥了重要作用。林毅夫（1994）以及麦克米兰等（Mcmillan，Whalley and Zhu，1989）分析了中国农村改革对农业增长的影响，他们的研究均认为，1978年开始的农村经济体制改革对我国20世纪80年代初农业产出惊人增长起到了至关重要的作用。

（三）关于农村产业结构调整的讨论

改革开放以来，农村产业结构发生了巨大变化。关于农村产业结构的调整和发展趋势，学者们主要从两个方面进行考察，一是从农村产业总体考察，即农村第一、第二、第三产业的组成及其发展变化趋势。第一产业在农村产业结构中所占的比重不断下降，第二、第三产业的比重不断上升；二是从农业内部各产业变动趋势去考察，主要表现为：畜牧业的发展快于种植业，农业内部畜牧业的比重提高而种植业的比重下降等。一些学者还进一步讨论了农村各产业内部的结构变化细节，比如种植业和畜牧业内部适应高消费的产品（低脂肪高蛋白产品、水果、蔬菜和观赏产品等）增长更快（马九杰，1999；周志祥、范剑平，1988；贾生华，1990）。

农村产业结构及农业结构的调整有效地促进了我国农村经济的增长和农民收入的提高。对此，不少学者进行了总结和分析。比如耿文才（2004）从宏观角度讨论产业结构变动对农村经济增长的影响，他采用C－D生产函数为基础的定量分析来揭示各主要经济变量之间的数量关系。结果发现，产业结构调整主要通过直接和间接两大途径来影响经济增长，一是改变产业的产出结构；二是

改变生产要素的配置结构。另一些研究证实，农村产业结构及农业产业结构变动与农民收入增长之间也具有很强的耦合关系，结构变动与农民收入增长率变动具有明显的同步性（杜志雄、胡斌，2001 ）。马九杰（2001）等通过定量分析研究指出农业、农村产业结构变化是农民收入差距变大的一个主要原因。

关于农村产业结构调整的原则和要求，一般认为，应该满足社会需要、整体协调、生态平衡以及最佳效益等原则。具体来说，合理的农村产业结构，应能够最大限度地满足国民经济各部门和城乡人民生活对各种农副产品的需要；实现农村经济与国民经济以及农村各业之间的合理布局、协调发展，增强城乡经济的一体化；应该能够合理地利用资源，充分发挥地区优势；还应能够不断提高劳动生产率和广大农民的收入水平（刘裕生、刘葆金、张兰，1988；李炳坤，2000）。

（四）关于农业现代化的讨论

改革开放之初，我国就提出了实现农业现代化的发展目标。中共中央关于农业发展的“一号文件”多次提出要加快我国农业现代化建设，并出台了一系列的支持政策和扶持措施。

西奥多·W. 舒尔茨（1987）认为，发展中国家的经济成长有赖于农业的迅速稳定增长，而传统农业不具备迅速稳定增长的能力，出路在于把传统农业改造为现代农业，即实现农业现代化。

关于农业现代化的内涵，最初人们以“四化”即机械化、电气化、水利化和化肥化来概括农业现代化，实际上是农业生产现代化的概念。后来，农业现代化的内涵逐渐延伸到多个领域，出现了技术科学化、生产集约化、组织社会化、产品商品化、管理现代化和生态持续化等概念，并与“石油农业”相区别（李周等，1990；牛若峰，1999等）。顾益康（2001）全面阐述了农业现代化的概念，即：农业现代化是用现代工业装备农业，用现代科学技术支撑农业，用现代管理方法管理农业，用现代社会化服务体系服务农业，用现代科学文化知识提高农民素质的过程，是建立市场化的农业运行机制和高产优质高效农业生产体系，把农业建成具有显著经济效益、社会效益和生态效益的可持续发展的现代产业的过程，也是大幅度提高农业综合生产能力、不断增加农产品有效供给和农民收入的过程。

（五）关于农业产业化的讨论

农业产业化是第二次世界大战后发达国家兴起的一种农业纵向组织经营形式，它主要依靠经济和法律关系将农业与其相关的工商服务等行业联合而成。中国农业产业化形式多样，主要有：龙头企业带动型、商品基地带动型、专业市场带动型、科技推动型等，多采用各类“公司 + 协会 + 农户”模式。学者们根据国内外发展实践，对农业产业化的概念、内涵、形式、特征、效应等进行了充分的讨论，肯定了农业产业化的成就和作用，大家认为，“农业产业化”的经营方式是现代农业发展的有效途径，使农业形成了一个产前、产中、产后各环节紧密联系的科学、有序、高效的产业化体系。农业产业化有利于实现千家万户农民与大市场的衔接，有利于解决农业比较利益低与工农产品价格剪刀差的矛盾，有利于促进生产要素的合理流动和组合，有利于提高农业的集约化、专业化和社会化程度（田凤山，1996；徐观华，1996 等）。

（六）关于农村乡镇企业的讨论

作为一种新的工业化模式，由乡镇企业所推动的农村工业化现象引起了众多研究者的关注。人们普遍认为乡镇企业是在一种极其特殊的环境中生存的。有学者把乡镇企业喻为草根经济（严从怀，1992），也有学者认为在传统农业和现代工业夹缝中生存的乡镇企业是中国工业化的新生长点（国务院研究室等，1990）。

关于乡镇企业是否是有效率的企业组织是讨论的热点。一些学者运用企业组织和所有权理论，使用生产函数，展开了比较严密的理论与实证分析。间·斯维纳、潘承芬（1989），威廉·伯德、朱宁（1989）从乡镇企业直接面临竞争性市场、自负盈亏、有较硬的预算约束等特征出发，认为它是利润追求型的、合理的企业组织。但另一种意见认为，（早期的）乡镇企业与国有企业一样，也存在一定的软预算约束（周其仁、胡庄君，1990）。

乡镇企业最初的发展采用了多种形式的混合所有制模式，随着改革的不断深入，其产权制度在后来进行了广泛的改革，逐步转变为产权明晰的私人企业和股份制企业。关于企业改制的讨论持续了相当一段时间。

另外，还有大量文献讨论了乡镇企业的产业结构及其与城市工业结构的趋同性和差异性。

三　2011 年农村产业经济学科理论前沿和重大热点问题

（一）关于农业面临的挑战和对策

许多研究认为，持续的人口增长、城市化和收入增加将刺激对大多数食品的需求，从而对全球粮食供给提出挑战。与此同时，生物能源的需求将继续争夺土地和水资源。而气候变化将进一步影响到农业生产的供给和稳定。如国际食物政策研究所的 Mark W. Rosegrant（2011）等评估了到2050 年的气候变化对农业生产供应和价格等的影响。

至于如何应对上述挑战，国际粮农组织等权威机构（PurushottamK. Mudbhary，2011）认为，政府立即采取措施，增加农业研究和推广投资，加大对农村基础设施和社会公共服务的投入，大幅增加粮食作物产量。同时必须对食用粮食向生物燃料生产转向进行合理控制。为使穷人免受高粮价之苦，还需要为他们提供更多的粮食安全保障。

具体到中国，尽管粮食和其他主要农产品的产量不断增长，但由于工业化、城镇化的快速推进，人民生活水平的快速提高，对农产品的需求数量仍在不断增长，中国的粮食安全问题，粮食和其他主要农产品的供给保障基础还很薄弱。陈锡文（2011）等指出，对农业生产资源和农业投入的保障，对农产品供给的各种刺激政策仍然不能放松。

农产品价格波动和农产品市场体系建设也是近来讨论的热点。陈晓华（2011）认为农产品市场体系建设严重滞后是导致价格频繁波动的重要原因。为此，他提出要大力发展现代农产品物流业，加快农产品冷链设施建设，努力降低流通成本，保持农产品价格的合理水平。

（二）关于世界农业发展的新趋势

在农业产业技术方面，各国都十分重视

对动植物品种目标性状遗传机理和分子调控机制的研究和有害生物发生、分布、危害规律的研究；重视转基因动植物的实用化研究和开发电子计算机、遥感、激光等高新技术在农业上的应用；重视农业环境保护和生态平衡，发展环保型无公害农业产业。

在农业生产组织和结构变化方面，邓家琼（2010）指出，20世纪80年代末以来世界农业出现了快速集中趋势。世界农业从国内集中向全球集中是经济全球化的必然结果，主要动因是跨国农业公司（农业集中的主导者和受益者）对利润最大化的追求，他们利用各种形式的内部化行为实现组织集中和技术垄断，塑造产品的异质化，制定歧视性价格，从而将各国农业逐步纳入其全球一体化的市场领域。

面对这种转型和冲击，小规模农业（户）遇到了许多挑战，包括生产率、土地使用权、资源与环境、风险和脆弱性等方面。不过，国际农业发展基金（IFAD）的Ganesh Thapa（2010）指出，通过技术创新和制度创新，小规模农业可以应对这些挑战，前者的例子有保护性耕作、有机农业、生物技术等，后者的例子有农民组织化、订单农业、融入供应链、财政刺激等。这对以小农为主的亚洲国家的农业政策来说自然是十分重要的，即使像拉美地区也出现了重视小规模农业的呼声。

（三）关于工业化、城镇化与农业产业发展

在工业化、城镇化和农业现代化同步推进的过程中，人口变化、资源转移以及由此对农业和农村发展可能产生的影响，最近一个时期成为学界关注的热点，也是中国政府关注的焦点。高彦彦（2010）的定量分析表明，城市偏向政策下不断扩大的城乡收入差距，导致物质和人力资本从农业部门向非农产业转移，从而对中国农业增长产生不利影响。他采用1978—2007年中国省级面板数据探讨城乡收入差距对农业增长的影响，发现城乡收入差距对农业具有显著的资源转移效应。而且，这种效应既有时间上的递减性，即城乡收入差距对农业增长的负面影响在下降；还有空间上的不对称性，即在中部省份最大，东部其次，西部最小。

在劳动力转移方面，有学者指出，我国农民工的流动开始呈现家庭化和长期化趋势。蔡昉（2010）认为，从21世纪开始农村劳动年龄人口的新增量全是负值。王美艳（2010，2011）发现自2004年以来中国农业劳动成本稳步较快增长，主要是因为工资率快速上升。由于人工成本在中国粮食种植成本中占了三分之一（在美国占比不到十分之一）（程漫江等，2010），因此农业劳动工资快速上升将对中国农业的比较利益和相对竞争力带来极大的影响，进而会影响到农业的经营模式和制度变迁，目前一些地区出现的农业劳力老人化和农业经营粗放化就是一种征象。钱文荣、郑黎义（2011）总结了劳动力外出务工会给农户的农业生产带来复杂的影响，第一，劳动力外出务工所带来的劳动力流失和汇款流入分别对农户的农业收入产生了消极和积极的影响，关于总体影响是正是负，学界并没有一致的结论。第二，因外出务工而流入的汇款并没有被农户用来改善农业生产条件，甚至有研究发现，有成员外出务工的农户减少了对农业的投资，这非常不利于农业的长期健康发展。第三，多数研究表明，流入汇款带来的积极作用不足以抵消劳动力流失带来的消极影响，农户的农业生产率有所下降，技术效率有所降低。有成员外出务工的农户对各种先进农业技术的采

用程度与其他农户的采用程度之间存在差异。第四，农户的生产结构确实因劳动力外出务工而发生了变化。

（四）关于农业结构调整、产业集聚、资源配置和规模经营

农村产业结构调整与优化一直是许多学者感兴趣的研究内容。近年来，随着我国产业结构调整实践的持续推进，我国这方面的研究也越来越深入。一些学者从就业结构、创新能力、外商投资等不同角度分析了影响和决定产业结构变动的因素。在定量分析方面，出现了一些新的分析方法，比如灰色系统分析和 GM 模型、神经网络模型、非线性 CGE 模型等。

王艳荣等（2011）采用结构方程模型（SEM）方法，从资源禀赋、产业环境、外部环境和竞合互动的视角，对农业产业集聚的形成机制进行了验证。研究表明，资源禀赋的存在促进了产业环境和外部环境的改善，进而引起产业内的竞合互动，最终促成农业产业集聚的形成。

朱喜等（2011）运用 2003—2007 年全国农村固定跟踪观察农户数据，实证分析了中国东、中、西部以及东北地区农户家庭生产的要素配置扭曲程度及其与总量 TFP 的关系，发现东部和西部地区的资源配置扭曲较为严重，中部、东北地区的配置效率较高。即使不考虑技术因素，如果有效消除资本和劳动配置的扭曲，农户的农业 TFP 有望再增长 20% 以上，其中东部和西部地区的改进空间超过 30%。

许庆等（2011）基于中国粮食主产区 5 省 1049 个农户的实地调查数据，从投入产出和生产成本两个不同的角度考察了我国主要粮食作物品种的生产规模经济问题。他们发现，在考虑土地细碎化的影响后，我国粮食生产总体上而言规模报酬不变。由此可见，如果政府单纯出于提高粮食产量的目的而大规模推行规模经营的政策显然是不可取的。当然，农业经营规模的扩大有利于促进农民增收。

廖西元等（2011）提出中国特色的农业规模经营将“从不变起步，走渐变之路”，将经历劳动力报酬最大化的生产环节流转、土地报酬最大化的经营权流转和土地产权制度变革的承包权流转的三个阶段。王志刚等（2011）基于全国 8 省 24 个县 2381 户不同规模稻农的调查数据进行实证模型分析，认为从劳动力密集型生产环节外包到技术密集型生产环节外包再到全生产环节外包是推进中国农业规模经营的路径之一。在当前条件下，农业生产环节外包是开启中国农业规模经营的“金钥匙”，农业规模经营可以先从农业生产环节规模经营开始。

曹阳等（2010）在进一步分析了中国 17 省的微观调查数据后指出：土地规模经营既不是农业机械化的充分条件，更不是其必要条件；农业机械化与土地家庭承包制是相容的，在土地小规模经营的背景下依然可以实现农业机械化。

（五）关于农业产业安全和产业政策

我国加入世界贸易组织之后，部分农业产品的生产和贸易状况已经发生了根本性变化，产业安全面临各种挑战和困难，研究农业产业安全问题具有非常重要的现实意义。

不少研究指出，市场机制主导下的全球化并不能自动实现国家农业产业安全。以发达国家为中心的世界农业一体化生产体系，往往导致发展中国家出现普遍的农业产业安全危机，甚至影响到千百万人口的生存权。

国际行动援助组织（Action Aid International）等机构指出，发达国家的大型农业跨国企业——跨国农业食品联合公司对全球的农业和食品生产的垄断力量在逐步增长，它们逐渐控制了从原材料供应、核心加工到最终销售的全部农业和食品生产链条，这种控制是通过利用合并、收购、知识产权控制和生产专业化等方式，对其他国家的农业产业实施以少数发达国家为中心的垂直一体化战略实现的。在这个过程中，全球个体农民和中小农场大量破产，发展中国家失去食品自主权，普遍产生严重的农业产业安全危机，同时还造成严重的社会问题（李宁、辛毅，2011）。

朱丽萌（2007）等建立了包括农业产业发展速度、农业产业国际竞争力指数、粮食自给率、农业产业进口对外依存度和农业出口对外依存度等5个指标的产业安全指标体系，并设置农业产业安全指标安全度预警界限，相关研究对中国自2000—2010年的农业产业安全水平进行测算，认为在此期间中国农业产业安全基本处于安全状态。不过，不同产品面临的情况不同（宋聚国、刘艺卓，2010）。比如，许多研究表明，中国大豆产业已经处于严重不安全状态（罗维燕，2009；王雪尽，2010；赵勤，2010；Cui Ruijuan，2011）。

陆文聪等（2011）建立了一个中国—世界农业区域市场均衡模型（CWARMEM），对全球化背景下中国粮食供求区域均衡变化趋势进行情景模拟研究，在此基础上分析了人口、资源、经济等因素变动对我国未来十年粮食安全局势的影响。认为到2020年全球粮食产需将维持稳定增长，但是贸易规模难以扩大。我国粮食产量将能实现粮食安全规划目标，但自给率却低于95%，其中稻谷和玉米的自给率下滑对于粮食自给率的影响较大，国内各省份间供求差异更趋显著。确保粮食安全，应注重国内各省份协调与责任分担机制，善用国内外两个市场以实现我国粮食供求平衡。

倪洪兴（2011）指出，过去30多年中，中国在有效利用农业两个市场和两种资源方面取得了显著成效，引进了十几万份动植物种质资源和一大批先进适用农业生产技术，吸引了大量的国外资本投入，农产品贸易快速发展增加了农产品有效供给，促进了农民增收。但是，部分农产品进口的快速增长和外资对特定产业的过度进入给中国农业带了挑战：新增农产品需求市场被过度挤占，农产品趋势价格受到明显抑制和打压，跨国资本大量进入特定产业对中国民间中小资本形成了挤出效应，部分产业的控制权和部分农产品的定价话语权受到削弱，国际农产品市场波动向国内市场快速传导加剧了国内农产品供需和价格的不稳定。维护中国农业产业安全，关键是要在坚持开放中继续加强对农业利用两个市场和两种资源的统筹。

农业政策成功与否不仅取决于政策的实施环境，更主要取决于农民对政策刺激反应的强烈程度。陈飞（2010）利用Nerlove提出的适应性预期模型对我国粮食生产调整能力及农业政策的影响效果进行实证研究。基于1995—2008年中国省际农业面板数据，利用动态面板的GMM方法分别估计了农业政策对小麦、稻谷、玉米作物播种面积、单位产量及总产量的影响，并对我国粮食生产调整能力及农业政策影响的长期效应进行了定量分析。实证结果表明，我国粮食生产的调整能力逐渐增强，各项农业政策对粮食生产均具有显著正向影响，其中，农业支出政策和农村固定资产投资是拉动我国粮食产量增长的最重要因素。但预期价格水平对粮食产量的影响相对偏弱，市场经济的价格杠杆作用并不明显。

另外，关于转基因作物的争论已从生物安全、生态和健康风险转移到粮食安全和知识产权等领域。国际农业生物技术应用服务组织（ISAAA）的 Clive James（2010）等认为，转基因作物有能力增加作物产量，减轻贫困、饥饿和营养不良，为世界和平和人类作出贡献。在过去的十多年间，人们已经见证了植物生物技术的成功，该技术在帮助全世界农民提高产量的同时，减少了杀虫剂使用和土壤的侵蚀，其收益和安全性已得到证实。但是不同的声音同样存在（尹帅军，2011）。陈健鹏（2010）根据转基因作物商业化种植情况和生物技术产业及知识产权格局，分析了目前商业化种植的转基因作物的两种特性对农业生产、单产的影响，探讨了转基因生物技术在解决全球粮食安全中的作用以及对我国粮食安全的影响。认为转基因作物对于全球和我国粮食安全意义不大，粮食安全不应成为我国推进转基因作物商业化的动因，现阶段我国主要粮食作物不应推行现有转基因特性品种商业化，在转基因商业化上应坚持预防原则和自主品种研发为主的道路。

四　中国农村产业经济研究进一步发展的趋势

中国农村产业经济研究的发展与中国农村经济体制改革和经济发展密切相关，研究内容和研究重点主要是改革和开放过程中所遇到的现实经济问题，研究的出发点也主要是想提出针对性的改革与发展建议。从这个意义上来说，正是改革和发展的现实需要，催生了中国农村产业经济学的发展。

但是，也正是因为面向现实的研究需求，导致有关的研究和争论缺乏理论创新。三十多年来，中国农村产业经济研究主要是引进吸收国外的相关理论和方法，有些研究针对中国的现实情况进行了一些细节性的调整和更新。总的来说，中国农村产业经济研究还处于应对实际问题的阶段，还没有到达从具体到一般、使经验上升为理论的层面。不过，我们相信，随着相关研究积累的不断增加，今后，中国农村产业经济研究会逐步加强在理论研究和方法论上的创新。

从具体研究对象来看，国外产业经济学主体是产业组织学，其研究对象是“企业和市场”，运用方法也比较规范，伴随着我国市场经济体制的不断完善和成熟，农村生产经营主体市场行为的不断强化，我国农村产业经济研究也将会逐步增加这方面的内容。

随着经济全球化步伐的加快，中国经济与世界经济更加紧密地联系和融合在一起，农村产业经济学所要研究的市场不再只局限于国内市场，产业内的组织结构、市场结构也因跨国公司的进入而产生相应的变化，产业内的竞争更加激烈，产业结构调整也会在经济全球化背景下加以展开。具体到不同的农业产业，产业的特性也十分明显，特别是自然、生物、政治、民族等因素的加入，使得有关产业发展与一般工商产业之间形成了显著的差异。这些都会促进我国农村产业经济学研究更加丰富和完善。

参考文献与学科年度重要文献

Clive James: Global Status of Commercialized Biotech/GM Crops: 2009—The first fourteen years, 1996 to 2009 (Executive Summary), ISAAA Brief 41 – 2009.

Cui Ruijuan: "中国大豆产业调查报告", 中华油脂网, 2011 年。

Ganesh Thapa: "亚洲和拉美地区经济转型过程中小规模农业面临的挑战和机遇",《中国农村经济》2010 年第 12 期。

MarkW. Rosegrant: "气候变化对农业生产和价格的影响", 转引自《2011 年中国农村发展高层论坛会议综述》,《中国经济时报》2011 年 8 月 4 日。

McMillan, John, Whalley, J. and Zhu, L.: " The Impact of China's Economic Reform on Agricultural Productivity Growth" , Journal of Political Economy, vol. 97, 1989.

PurushottamK. Mudbhary: "在 2011 年中国农村发展高层论坛会议上的发言", 转引自《2011 年中国农村发展高层论坛会议综述》,《中国经济时报》2011 年 8 月 4 日。

薄一波:《若干重大决策和问题的回顾》(上卷), 中共中央党校出版社 1991 年版。

蔡昉:《中国的人口结构转型、人口红利和刘易斯转折点》,"刘易斯转折点国际研讨会" 会议论文, 2010 年 4 月 6 日, 北京香山饭店。

曹阳、胡继亮:《中国土地家庭承包制度下的农业机械化——基于中国 17 省(区、市)的调查数据》,《中国农村经济》2010 年第 10 期。

陈飞、范庆泉、高铁梅:《农业政策、粮食产量与粮食生产调整能力》,《经济研究》2010 年第 11 期。

陈健鹏:《转基因作物商业化的现状、对粮食安全的影响及启示》,《农业经济问题》2010 年第 2 期。

陈锡文:《在 2011 年中国农村发展高层论坛会议上的讲话》, 转引自《2011 年中国农村发展高层论坛会议综述》,《中国经济时报》2011 年 8 月 4 日。

陈晓华:《在 2011 年中国农村发展高层论坛会议上的讲话》, 转引自《2011 年中国农村发展高层论坛会议综述》,《中国经济时报》2011 年 8 月 4 日。

程漫江、叶丙南、李涛:《中国面临刘易斯拐点与人口老龄化的双重挑战》, CEIC,《中银国际研究》2010 年 6 月 28 日。

程漱兰:《中国农村发展: 理论和实践》, 中国人民大学出版社 1999 年版。

邓家琼:《世界农业集中: 态势、动因与机理》,《农业经济问题》2010 年第 9 期。

杜志雄、胡斌:《农村产业结构变动与农民收入增长》,《农村经济绿皮书》, 中国社会科学出版社 2001 年版。

高彦彦:《城市偏向、城乡收入差距与中国农业增长》,《中国农村观察》2010 年第 5 期。

顾益康:《弘扬浙江精神, 加快农业农村现代化建设》,《浙江社会科学》2001 年第 1 期。

郭书田主编:《中国农村改革与发展十年》, 农业出版社 1989 年版。

国务院研究室农村组、中国社会科学院农村发展研究所:《别无选择——乡镇企业与国民经济的协调发展》, 改革出版社 1990 年版。

贾生华:《现阶段我国农村区域产业结构的同构化倾向》,《经济纵横》1990 年第 7 期。

间·斯维纳、潘承芬:《四县乡镇企业的发展模式》, 载林青松、威廉·伯德编著《中国农村工业——构造、发展、政策》, 经济科学出版社 1989 年版。

李炳坤:《推进农业产业结构的战略性调整》,《农业经济问题》2000 年第 3 期。

李宁、辛毅:《国内外农业产业安全问题研究状况综述》, http://www.jgsc.gov.cn/, 2011 年。

李周、蔡昉等:《论我国农业由传统方式向现代方式的转化》,《经济研究》1990 年第 6 期。

廖西元、申红芳、王志刚:《中国特色农业规模经营三步走战略》,《农业经济问题》2011 年第 12 期。

林毅夫:《制度、技术与中国农业发展》, 上海三联书店、上海人民出版社 1994 年版。

刘文璞、魏道南、秦其明等:《中国农业的社会主义道路再认识》, 中国社会科学出版社 1987 年版。

刘裕生、刘葆金、张兰:《中国农村经济管理概论》，安徽人民出版社 1988 年版。

陆文聪、李元龙、祁慧博：《全球化背景下中国粮食供求区域均衡：对国家粮食安全的启示》，《农业经济问题》2011 年第 4 期。

罗维燕：《国际环境下我国大豆安全战略分析》，《调研世界》2009 年第 10 期。

马九杰：《中国转轨时期的经济波动与农业》，中国农业科技出版社 1999 年版。

倪洪兴：《统筹两个市场两种资源、确保农业产业安全》，《中国农村经济》2011 年第 5 期。

钱文荣、郑黎义：《劳动力外出务工对农户农业生产的影响——研究现状与展望》，《中国农村观察》2011 年第 1 期。

宋聚国、刘艺卓：《进口对我国乳品产业安全的影响的分析》，《技术经济》2010 年第 2 期。

田凤山：《建设农业强省必须走产业化之路》，《中国农村经济》1996 年第 5 期。

王贵辰：《中国农村改革新论》，中国社会科学出版社 1998 年版。

王美艳：《农民工还能返回农业吗？——来自全国农产品成本收益调查数据的分析》，《中国农村观察》2011 年第 1 期。

王雪尽：《我国大豆产业危机及对策》，《经济问题》2010 年第 1 期。

王艳荣、刘业政：《农业产业集聚形成机制的结构验证》，《中国农村经济》2011 年第 10 期。

王志刚、申红芳、廖西元：《农业规模经营：从生产环节外包开始——以水稻为例》，《中国农村经济》2011 年第 9 期。

威廉·伯德、朱宁：《市场影响和工业结构》，载林青松、威廉·伯德编著《中国农村工业—构造、发展、政策》，经济科学出版社 1989 年版。

徐观华：《试论农业产业化》，《中国农村经济》1996 年第 5 期。

许庆、尹荣梁、章辉：《规模经济、规模报酬与农业适度规模经营——基于我国粮食生产的实证研究》，《经济研究》2011 年第 3 期。

严从怀：《乡镇企业 10 年：回顾、反思与展望》，载宗锦耀主编《中国乡镇企业理论研究文集》，中国林业出版社 1992 年版。

姚今观、纪良刚等：《中国农产品流通体制与价格制度》，中国物价出版社 1995 年版。

尹帅军：《2011 年展望：转基因和粮食安全》，http：//www. sina. com. cn，2011 年 2 月 28 日。

张晓山、李周主编：《中国农村改革 30 年研究》，经济管理出版社 2008 年版。

赵勤：《产业安全视角下黑龙江大豆产业发展研究》，《大豆科学》2010 年第 3 期。

中共中央文献编辑委员会：《陈云文选》（第三卷），人民出版社 1995 年版。

周其仁、胡庄君：《中国乡镇工业的资产形成、运营特征及其宏观效应——10 省大型乡镇工业企业抽样调查的分析》，《中国社会科学》1997 年第 6 期。

周志祥、范剑平：《农村发展经济学》，中国人民大学出版社 1988 年版。

朱丽萌：《中国农产品进出口与农业产业安全预警分析》，《财经科学》2007 年第 6 期。

朱喜、史清华、盖庆恩：《要素配置扭曲与农业全要素生产率》，《经济研究》2011 年第 5 期。

（张元红）

学科整体发展综述

福利经济学

一 学科概述

福利经济学关注资源和服务的优化配置，以此影响社会的总福利。效率和公平是这门学科关注的重点。收入分配、公共物品、政策对社会福利的影响为其主要研究内容。方法上以微观经济分析中的技术手段为基础，讨论社会总福利。学科可分为理论福利经济学和应用福利经济学，如以发展历程为由，可分为旧福利经济学和新福利经济学。其思想、理论和方法体系延续了西方经济学总的学术理路。

（一）古典时期的福利经济学

1776—1870 年这一百年为古典经济学到新古典经济学时间段，主要代表人物有亚当·斯密、李嘉图、马尔萨斯、穆勒等古典经济学家。以亚当·斯密出版的《国富论》为古典经济学产生的标志，直到 19 世纪 70 年代新古典经济学的产生。古典经济学时期，资本主义发端于西欧封建制度的初期，工业革命促使社会发生急剧变化，经济学家试图说明社会如何在那只“看不见的手”的作用下，个人在关注自身福利的同时，可带来整个社会福利的最大化。亚当·斯密提出了用国民收入增长来表示一国财富的增加。国民收入来自于劳动力、资本和土地投入。劳动力投入得到工资，资本投入得到利息，土地投入得到地租。

古典经济学中没有量化计算社会福利最大化的条件。其核心的功利主义（utilitarianism）思想起源于古希腊哲学，但主要归功于边沁。功利主义认为人有追逐享乐和回避痛苦的天性；从结果论的角度看，好的行为会最大化社会的享乐和最小化社会的痛苦。边沁的功利主义假定个人知道什么对他最好，个人可以自己决策，个体效用可比较，可用基数进行计量，个人福利独立可加，每个人的福利权重相等，在机会相等的条件下竞争可增加福利，经济福利与总福利高度相关。功利主义提出每个人的福利权重相等的观点对当时的精英社会提出了挑战。

（二）新古典时期的福利经济学

新古典经济学起自于 1871 年杰文斯出版的《政治经济学原理》，奥地利学派创始人门格尔 1871 年出版的《经济学原理》以及 1874 年瓦尔拉斯的《纯粹经济学要义》。他们被认为是经济学中的边际效用革命。边际效用理论认为，商品或服务的价格不是取决于生产商品的劳动，而是取决于最后购买单位的边际效用。

旧福利经济学以庇古 1920 年出版的《福

利经济学》为标志。庇古之后的福利经济学为新福利经济学。庇古认为社会福利用 GDP 和 GDP 的分配来测度。如果收入的边际价值递减，那么将富人的收入转移给穷人就可以增加社会总福利。庇古再分配和庇古税的概念当今还在广泛使用。旧福利经济学用货币化效用作为社会福利指标，假定效用在个体之间可比较和加总，认为社会收入受再分配的影响。

帕累托证明了效用不可测量，希克斯用非量度效用来分析消费者行为。可以说，用序数效用理论来分析消费偏好是新福利经济学与旧福利经济学的主要差别。通过无差异曲线，可直接分析消费偏好而不比较效用大小。旧福利经济学中讨论的收入分配合理性不再成为新福利经济学讨论的重点问题，分配效率是新古典经济学关注的重点。在给定的资源初使分配和约束条件下，消费者效用最大化是一个典型的优化问题，最优解定义为帕累托最优。也就是在瓦尔拉斯的一般均衡经济系统中的福利经济学第一定理。现实的经济系统与瓦尔拉斯条件下的经济系统完全不同，经济活动的外部性、信息不对称、垄断和动态性使得帕累托最优成为一种理论上的价值判断工具。此外，资源初使条件不同，会有不同的帕累托优化解，福利经济学第一定理应用有很大局限。通过放松一些不必要的假定条件，福利经济学第二定理假定所有消费者和生产者是自利的价格接受者，如果通过适当的定额税和转移支付，那么通过竞争机制几乎可实现任何帕累托优化均衡。卡尔多—希克斯效率原理说，如果理论上福利改进能够补偿其他人的福利损失，这项经济活动也是帕累托改进。

（三）新古典综合时期的福利经济学

凯恩斯《货币就业利息通论》的出版，使西方经济学进入了新古典综合时代。综合新古典微观经济理论和宏观经济理论基础上形成的新古典综合理论，考虑在外部性、公共产品、垄断等市场条件下的社会福利问题。伯格森 1938 年引入了社会福利函数，新古代综合学派的代表人物萨缪尔森提出了加总的个人效用函数以及可以用单一维度刻画一个社会福利函数。伯格森和萨缪尔森没有给出社会福利函数的具体形式。社会福利函数如何确定以及个人效用函数如何加总至今也不是完全清楚。

福利经济学与决策理论和社会选择理论紧密相关。阿罗在其《社会选择和个人价值》的博士论文中证明了没有一个民主程序能将个人偏好加总为一个精确的结果。阿罗不可能定理可作为福利经济学第一、第二定理以及孔多塞投票悖论的扩展。森（1970）将个人偏好关系转化为具有完备性、传递性的社会偏好关系称为阿罗社会福利函数。阿罗不可能定理被称为福利经济学第三定理。就是不存在同时满足普遍性、帕累托一致性、独立性和非独裁四个条件的阿罗社会福利函数。在阿罗不可能定理发现之后，有大量文献对其进行了修正或是变形，但基本的结论没有发生改变。放松条件，可以界定社会选择函数。Gibbard-Satterthwaite 定理说，不存在一个社会选择函数能满足普遍性、非退化、防策略性及非独裁。应用 Gibbard-Satterthwaite 定理，Maskin 证明了一个规划者可以设计一局，其纳什均衡能达到想要的社会选择函数。此外，森提出了“可行性能力”的福利经济学分析框架。他认为“个人福利”可以通过个人实际拥有的和可能拥有的功能来描述。

二 改革开放三十年来中国福利经济学发展、演进概况

应该说，目前收录中国本土学术文献最大的数据库是中国知网。用“福利经济学”主题查到26645条结果（其中有一些与福利经济学不相关的文献）。按时期排序，1980年以前有关福利经济学的文献不到10篇，主要集中在1961—1965年的《现代外国哲学社会科学文摘》杂志上，可以想象得到在改革开放以前中国社会科学界万马齐喑的局面。改革开放以后，中国的福利经济学研究与经济学研究的总体轨迹一样，由开始的怀疑、批判到后面的全盘吸收，中国的福利经济学在理论和方法上存在照搬欧美福利经济学特别是新古典综合学派的理论和方法体系。目前发表在国内经济学期刊上有关福利经济方面的分析，基本是套用国外同领域的方法，利用中国的经验数据进行应用研究。研究方法正在经历一个“山寨版”的模仿过程。理论基础是新福利经济学中的效用、均衡、消费者和生产者剩余、社会选择等概念，研究成果表现为方法上数学化、模型化、标准化，结论上简单化，思想上肤浅化等一般性特征。

（一）早期对欧美福利经济学的批评和吸纳

傅殷才（1982）是在改革开放后对西方经济学特别是福利经济学进行批评和引进较早的中国本土经济学者。他在解释西方福利经济学的渊源时说：“福利经济学是垄断资本主义时期资产阶级经济学家企图美化资本主义制度和加强垄断资本统治的一种经济学说。这种学说之所以产生，是由于资本主义进入帝国主义阶段以后，工人阶级仍然很贫困，生活更不安定，无产阶级与资产阶级的矛盾更加尖锐，财富和收入的分配问题越来越严重，资本主义遇到了空前的挑战，而传统的经济学，即所谓自由经营论，已经不能照旧替资本主义辩护，一些资产阶级经济学者不得不改变自己的策略，提出福利问题来安抚无产阶级；而垄断资本拥有殖民地，获得超额利润，而且科学技术飞跃发展，生产力突飞猛进，造成了极其庞大的社会财富，也有可能搞些社会福利。”

在评论以庇古为代表的旧福利经济学时，他说“庇古的福利经济学完全陷入主观唯心主义的泥坑，成为十足的庸俗经济学。所谓国民收入总量愈大，福利愈大的论点，是根本错误的，因为完全回避了资本主义社会的生产关系和阶级矛盾，把福利归结为生产力水平。实际上，在生产出的国民收入中，工人只能得到工资，而剩余价值则全部为资本家阶级无偿占有，庇古企图通过国民收入平均分配的办法，来缓和阶级矛盾，是不可能实现的痴想，是极其虚伪的”。在评价新福利经济学时，他说“新福利经济学比起旧福利经济学来，在某些方面（如否定收入均等化）是倒退了，更加反动了。同旧福利经济学一样，是站不住脚的”。

李懿（1987）对西方福利经济经济学的批评变得客观一些。他认为边际分析法对经济分析还是有可取之处的。福利经济学是西方微观经济学的主要流派。它以主观价值论为基础，研究经济活动或政策对于社会福利的影响，从而为经济政策提供理论依据。其主要论题是研究生产资源配置与收入分配的最适度条件，以此来判断经济活动是否符合

社会效益。它有别于其他学派的主要特征是把实证研究的分析方法与伦理评价结合起来，成为一种规范经济学。

在20世纪80年代，高鸿业、厉以宁、张培刚等老一代经济学者对西方经济学在中国的引入起了重要作用。1987—1988年的《教学与研究》杂志分多期介绍了高鸿业和吴易凤合写的现代西方经济学讲座，第十二讲全面地讲了西方福利经济理论。这篇文章按福利经济学在西方经济学中的地位、价值判断、福利命题、帕累托最优状态和补偿原则、社会福利函数、阿罗不可能定理、次优理论、平等和效率八个方面介绍了福利经济学的基本内容。最后他们评论说，福利经济学产生于20世纪初的英国，它是资本主义国家，首先是英国社会矛盾尖锐化的产物。西方经济学家把福利经济学说成是可以超脱阶级利害关系而客观地评价资本主义经济体系运行的规范经济学。实际上，福利经济学所依据的价值判断和社会目标并非是超阶级的，它比较隐蔽地把资产阶级的利益说成是社会福利。当然，他们又说，福利经济学也提出了一些问题，这对于研究和思考社会主义经济所面临的任务也许有一些参考意义。

（二）90年代后对西方福利经济学的主体性引用

福利经济学理论在中国的引入，与中国大的经济改革发展背景是紧密联系在一起的。进入20世纪90年代后，随着中国有计划的市场经济到社会主义市场经济改革目标的确定，加上80年代留学欧美的经济学者回国后引入了大量原版的西方经济学教材，以西方经济理论为基础的福利经济学对传统的马克思主义经济学理论形成了极大的挑战。一些学者（如周源和杨波，2005）说，要将马克思主义数学化以重新掌握话语权。近年来经济学期刊上大量的西式经济学论文已引起传统的马克思主义经济学者的不满和担忧。确实，不管是马克思的还是西方其他学派的福利经济学理论，都需要我们回答（但大家又不愿或不敢回答）的问题：中国的社会主义市场经济理论与西方资本主义的市场经济理论存不存在基本的、普适性的、共通性的概念范畴？社会主义的经济理论与资本主义经济理论的根本差别到底是什么？我们是因为需要一个不同于西方经济理论的福利经济学理论，还是我们就可以直接在其理论基础上发展共通性（国际化）的福利经济学理论？

90年代后，中国的经济学期刊论文风格与早期已全然不同。虽然在意识形态领域，中国认为自己是社会主义市场经济，与欧美的资本主义市场经济体系存在根本不同。但在经济理论、方法和实践方面，已经主体性“西化”。主流经济学者发表的不管是宏观还是微观领域的经济学论文，都没有说明中国经济体系中的市场主体与西方经济体系中的市场主体行为基本假设方面存在什么不同。虽然朱荣科（1998）提出了社会主义福利经济学论纲，但也没法改变当前福利经济学研究各个领域西化、模型化、标准化的步伐。学者们应用一般均衡、部门均衡、博弈论、产权理论、信息和契约理论、社会选择理论等理论和方法研究现实经济各个方面的问题。

（三）近年来对幸福经济学方面的研究

随着各国经济快速发展，全球资源环境问题变得突出，国际社会对唯收入论的经济发展模式提出了强烈质疑。1974年Easterlin发表了《经济增长极大地促进了人类发展：一些实证证据》一文。他发现，在一个国家之内收入高的人表达出更高的幸福感；可在进行国家间的比较时，至少在那些可以满足基本生活需要的国家之间，人们表达出的幸福感并没有太大差异。就美国而言，1946—1970 年人均国民收入稳步增长，但居民报告的幸福感却没有太多的增长。Easterlin 的研究结果在 1997 年被英国华威大学的 Andrew Oswald 所复兴，引起了国际社会的广泛关注。之后，虽然饱受争议，一些学者着手创建幸福经济学。个别国家已在编制国民幸福指数。

幸福经济学一般界定为定量研究幸福、积极和消极情感、福利（Well-being）、生活质量、生活满意度及相关领域，主要利用经济学与心理学和社会学中综合的技术手段。幸福经济学与经典经济理论不同的是，将幸福最大化作为个人选择和行为的目标，而不是收入、财富、利润。幸福常用主观报告的方式进行测量，也可以用一些客观指标如寿命、收入、教育、健康、就业、社会保障等来表示幸福程度，但这些指标更多的是在测量居民的生活质量或是福利。主观报告的幸福感（Subjective well-being）的决定因素有社会、人文和经济方面，但争论最多的还是收入对人们幸福感的影响程度。

幸福在历史上是一个哲学话题，是伦理学研究最为重要的课题。柏拉图、亚里士多德、阿奎那、休谟、马克思等西方先哲对什么是幸福作了大量哲学层面的讨论。各种宗教也在教导世俗的人如何得到最高的善——即幸福。幸福是人类社会发展的最高目标，是人生的意义所在。可以说，对什么是幸福是一个人类社会永恒的话题。近年来为什么幸福经济学的话题变得如此引人关注，大量的关于居民幸福感的调查不断涌现，赵汀阳在他的《论可能生活，一种关于幸福和公平的理论》中作了中肯的评论：现代社会充分发展了理性、科学和技术，生产了无比多的信息，但我们还是很缺乏真正的知识，仍然不知道什么是好生活。可以换个角度提问：现代社会生产了大量的财富、物质和所谓的知识，还产生了结构严密的各种制度，宣布了更多的权利和自由，提供了各种社会福利和先进技术等无数种利益和好处，可是为什么就是不能增进幸福？财富、技术和享乐的疯狂发展很可能是幸福的错误替代物，它们把人们的思想引向生活的细枝末节，而掩盖了最要命的根本问题，即人的幸福和命运。

因此，近年来国内对主观幸福、生活质量等更为广义的福利范畴进行了理论和实证研究。赵奉军（2004）综述了收入与幸福感之间关系的研究。吴淑凤（2004）建立了主观生活质量测量标准，以期使幸福测量具有稳定性、可信性和有效性。邢占军（2005）认为幸福感是满意感、快乐感和价值感的有机统一，提出了由十个次级指标构成的民众幸福指数指标体系。陈惠雄、吴丽民（2006）设计了基于主客观统一性与“主体—环境”整体联系性的快乐指数调查表。张玉玲（2007）认为发展循环经济是实现人类最终目的——幸福的途径。林洪、李玉萍（2007）提出构建多维度国民幸福指标体系。庞娟（2007）翻译英国学者理查德·莱亚德著作，通过不同经济社会体制的比较来研究幸福感。

三　2011 年福利经济学的理论前沿和重大热点问题

2011 年福利经济学的研究主要以应用为主，不管是传统的在效用理论基础上建构的福利经济学理论和方法，还是当前对幸福经济学（主观福利）的研究，我国福利经济学理论框架来自于西方。福利经济学研究涉及了经济学研究的各个方面，在马歇尔生产者和消费者剩余概念的框架下，研究者利用多种模型计算了经济波动以及政策对社会福利的影响。当前，在主观福利领域的研究相当活跃，特别是对居民幸福感的研究。

（一）理论福利经济学研究

2011 年福利经济学理论研究方面，刘峰涛等（2011）从混沌学的视角重新讨论了阿罗不可能定理。通过对社会选择过程的系统动力学建模分析，证明在阿罗不可能定理假设下，社会选择动力学系统存在混沌，经济学提出的放松约束的路径与用混沌学解析得出的结论具有一致性，有三方面启示：①在简单的假设条件下，社会选择过程依然表现出一定的复杂性。②社会选择过程存在混沌是阿罗不可能定理的一种表现形式。③混沌学可能是寻求阿罗不可能定理成立本质原因的另一条路径。

赵志君（2011）借助最优化方法，建立了分布不确定前提下的社会福利评价模型，研究了最优分布函数与偏好之间的关系，获得了帕累托分布和指数分布为最优分布的条件。在给定条件下导出了社会福利函数的一般表达式，将社会福利函数表示为最低收入水平、平均水平和基尼系数的函数。这一表达形式有前人提出的一些典型社会福利函数的优点，又克服了其缺陷。

其他文献属于应用福利经济学的研究，体现在宏观和微观两个方面。

（二）政策福利效应的宏观分析

基于一般均衡或部门均衡（静态或是动态）分析各项宏观政策对经济系统总的福利得失。陈伟忠和黄炎龙（2011）建立了财政和货币政策协作的最优政策模型，以中国经济为研究对象，以福利效应为最优政策的评估标准，研究了财政和货币政策协作的最优政策机制。在 Ramsey 最优均衡下，财政和货币政策共同作用于通货膨胀和产出目标，以严格通货膨胀为目标的最优货币规则会使政策的福利损失最小，但货币政策在产出目标、通货膨胀目标以及政策福利损失三者上不能同时兼顾；最优财政规则是趋向缩小收支差，从而趋近于福利损失最小。使用贝叶斯分析，对中国经济政策 2005 年第一季度至 2009 年第二季度的福利效应进行评估表明，样本期间政策的无条件福利损失处于波动状态，经济增长增加了家庭部门的条件福利损失，即经济增长导致跨期消费成本增加。

黄志刚（2011）建立一个开放小国随机动态一般均衡模型，研究不同的货币政策和汇率政策对调整贸易不平衡的作用，同时考虑了资本开放与否对不同政策效果的影响。分析发现，由于名义粘性的作用，无论资本开放与否，调整价格都无法快速实现贸易平衡，并会引起产出和物价的较大波动。而较快的汇率调整政策会较快实现贸易平衡，且无论资本开放与否，都不会引起经济波动。从福利角度比较，较快的汇率调整总是优于价格调整，且在资本开放环境下的调整总是优于资本封闭下的调整。通过中国数据校准和模拟发现，在渐进调整汇率的政策下，价格水平被迫作出调整可能是带来 2005 年人民币汇率改革之后经济波动的原因。

刘长生（2011）利用一般均衡理论，以图解分析法分析旅游产业快速发展对旅游目的地所产生的福利效应。研究显示，旅游产业快速发展对旅游目的地 GDP 增长率有显著的积极影响，推动了社会福利水平的提升，但对旅游目的地 CPI、居民实际收入、工农业等相关产业发展、收入分配、社会治安、生态环境等有显著的消极影响，又在一定程度上降低了当地居民的社会福利，其最终影响取决于积极影响与消极影响的“双向均衡”。同时，以中国四个世界自然与文化双遗产旅游区为实证研究对象验证了这种“双向均衡”社会福利效应的存在性。

曲如晓和吴洁（2011）通过建立一个简单的局部均衡模型，对征收碳关税情况下进口国、出口国的福利以及全球福利变化进行了分析。进口国征收碳关税能提高本国福利水平，减低出口国的福利水平，但福利变化程度取决于进口国国内碳税、出口国是否征税国内碳税、进出口国国内碳密集度水平等情况。用全球福利最大化代替进口国福利最大的约束条件，探讨最优碳关税的确定方法，认为最优碳关税取决于需求函数和供给函数的值，由出口国国内碳税与外部性的差异与进口国国内碳税与外部性差异的比值来决定。

（三）政策福利效应的微观分析

这包含经济学研究的各个领域。当前，收入分配、社会福利政策如住房、医疗、养老、金融政策和幸福感等方面是研究的热点。

1. 收入分配

李实和罗楚亮（2011）讨论了中国居民收入差距估计中可能出现的各种偏差，并对收入定义、样本权重结构、抽样偏差以及地区间货币购买力差异进行调整，以期得到比较客观的收入差距衡量指标。利用帕累托分布修正住户调查抽样偏差对收入差距指标的影响后表明，中国居民收入的基尼系数达到了较高的程度。高收入人群样本的偏差导致了城镇内部收入差距的严重低估，也导致了城乡之间收入差距和全国收入差距的较大程度的低估。郭庆旺和吕冰洋（2011）利用系统 GMM 估计进行的实证分析表明，我国税收对要素收入分配具有明显影响：就直接税而言，企业所得税降低了资本分配份额，个人所得税中对劳动征税部分降低了劳动分配份额；就间接税而言，增值税明显降低劳动分配份额但对资本分配份额的影响不明显，营业税明显降低资本分配份额而对劳动分配份额的影响不明显。因此，如果从有利于调整要素收入分配格局角度考虑，我国有必要进一步调整现行税收政策，完善税收制度。

2. 住房政策

胡涛和孙振尧（2011）认为“限购”政策下符合资格的需求子群体，其支付意愿的异质程度是影响社会福利损失的一个重要因素，异质性越大，社会福利损失越小。石靖等（2011）认为住房供给主体单一化所造成的供给垄断是造成当前住房价格快速上涨的重要原因之一，开发商群体垄断供应造成社会福利的净损失，合作建房能够更好地满足人们的住房需求，提高住房市场的资源配置效率，扩大住房保障范围，提高社会整体的福利水平。孙瑞玲（2011）认为，房产税目的是要遏制投机性的房产需求，最终是为了完善房地产税制，其意义在于调节收入分配，促进社会公平。一方面，住宅房产税的开征长期看溢出效应大，可增加社会的总福利水平。另一方面，住宅房产税能使受益者的利益大于受损者的损失符合希克斯改进。

3. 医疗和社会养老保险政策

丁夏夏等（2011）从福利经济学视角，探析了新型农村合作医疗制度的福利经济学效应。根据帕累托改进理论，政府在公共财政有限的情况下，增加对新农合制度的资金补贴，用来改善广大农民的健康福利，那么即使减少了城市居民的福利，但只要农民所增加的福利收益大于城市居民的福利损失，这种政策政府是可以考虑的。董琪等（2011）比较了新旧农村社会养老保险制度的不同，通过构建农村养老保险福利经济学分析模型，利用消费者剩余的变化，分析在实施新农保制度前后社会福利变动情况。发现农民对于养老保险的需求弹性会影响社会总福利。要想达到社会福利最大化，需要一段时间让农民去改变对于养老保险的观念。

4. 教育政策

薛进军和高晓淳（2011）用 1988 年、1995 年和 2002 年的中国住户调查数据（CHIP），分析教育对收入分配差距的影响。研究发现，1988—2002 年中国城市的教育水平提高很快，教育收益率迅速上升，教育对收入增长的贡献十分显著。但教育水平的提高扩大了不同学历工薪阶层之间的收入差距，促使城市的基尼系数从 1988 年的 0.235 上升至 2002 年的 0.345，而且呈现出“穷人更穷，富人更富”的马太效应。因此作者认为，为了缩小收入分配差距，促进社会和谐，教育平等化政策势在必行。张艳华（2011）运用卢卡斯的新经济增长理论框架，采用面板数据固定效应模型估计人力资本及其外溢效应对城乡收入差异的影响。实证研究发现，人力资本对城乡收入增长均有较强的促进作用，且农村人力资本的产出弹性明显高于城市。但与城市相比，农村人力资本的外溢效应偏低，这在一定程度上拉大了业已存在的城乡差距。

5. 金融政策

易小兰和钟甫宁（2011）以江苏、河南和甘肃农村信用社为例，采用条件价值评估法（CVM），以农户数据为基础，探讨市场化农户贷款利率对不同地区农户经济福利的影响。如果农村信用社放开农户贷款利率，各地农户经济福利变动将有显著差异。从增进农户福利的政策目标出发，农村金融机构改革应因地制宜。赵振宗（2011）利用区域转换模型从两个方面论证了正规金融与非正规金融对家户福利的不同作用。正规金融约束的家户采用新的农业生产技术受到限制，非农经营的效应更低，而社会资本在一定程度上对正规金融形成了替代，弥补了其部分功能。受到非正规金融约束的家户，社会资本的功能被弱化，但采用新的农业生产技术的作用以及参与农业生产合作组织的作用由于得到正规金融的支持而更强。正规金融与非正规金融大致存在一种替代关系，农村正规金融在满足生产发展尤其是非农业生产发展的需要方面发挥着重要作用，而基于社会资本的非正规金融主要对于缓冲收入冲击起着更重要的作用。

6. 幸福感及决定因素

陈前恒等（2011）应用截面数据和生活满意度法探讨了中国贫困地区农村基础教育可及性与农户主观幸福感之间的关系，认为基础教育可及性变差降低农户主观幸福感的过程会给农户带来一定的社会成本。阮荣平、郑风田和刘力（2011）利用河南省 340 户农户样本数据检验了宗教信仰与主观福利的关系。研究表明宗教信仰对男性精神层面主观福利和女性精神层面主观福利的影响有较大差异，但宗教信仰与总体主观福利没有显著的关系。王鹏（2011）利用 2006 年中国综合社会调查数据考察了收入差距对居民主观幸福感的影响，发现收入差距对主观幸福感的影响呈倒 U 形，0.4 的基尼系数为临界点。当基尼系数小于 0.4 时，居民的幸福感随着收入差距的扩大而增强；但超过 0.4 时，扩大的收入差距将导致居民幸福感的下降。随着收入差距的扩大，居住在城市、非农业户籍和受教育程度较高的居民，其幸福感更低。居民自认为收入所得不合理也会显著降低其幸福感。鲁元平和王韬（2011）利用世界价值观调查数据研究发现中国的收入不平等对居民的主观幸福感有显著的负面影响，而且它对农村居民和低收入者的负面影响要显著大于城市居民和高收入者。收入不平等除了自身对居民的幸福感有显著负面影响外，还通过社会犯罪间接地对居民的幸福感产生负面影响。

四 中国福利经济学研究发展方向估计

当下我国福利经济学领域的研究，同经济学研究的现状一样，在所谓的“规范化、标准化和国际化”潮流下，存在着主体性地借鉴甚至照搬西方古典和当代福利经济学理论方法体系的倾向。这种倾向与统治中国意识形态近半个世纪的马克思主义政治经济学理论方法体系存在着严重的冲突。被马克思主义讥讽为“庸俗的资产经济学家”的理论方法成为了中国经济学期刊上大多数论文的理论基础。亚当·斯密、萨伊、密尔、马歇尔、凯恩斯等当代西方经济学者的思想被越来越多的中国经济学者所熟知，经典的马克思劳动价值理论受到来自理论和实践的多重挑战。实际上，不管是倡导“国际化”的经济学者还是马克思主义政治经济学学者，自近代工业革命以来，都在苦苦思索如何将西学“中国化”。如何接合中国传统的哲学思想，特别是儒家、道家的思想体系，如何根据中国经济社会发展的实践需要，创建属于中国本土化的福利经济学理论方法体系。值得注意的是，以效用理论为基础的福利经济学，将经济社会发展单一地归结到收入一项指标，近年来受到了越来越多的指责和挑战。一些经济学者正试图将经济发展的终极目标居民“幸福”最大化作为人类行为选择的目标函数，更多地从居民生活质量的多纬度去揭示经济发展的目标和人的经济行为。心理学和经济学的结合，一些学者对经典的效用函数理论进行深刻反思，并试图通过人的表达性福利（subjective well-being）的研究，对原有显示性偏好（revealed preference）下人的福利进行有益补充和改进。一些国家在着手编制国民幸福指数，是对传统福利经济学唯收入（用货币化的消费者和生产者剩余来替代）最大化实践方面的挑战。

参考文献与学科年度重要文献

Allan M. Feldman, Welfare Economics, http://www.econ.brown.edu/fac/allan_feldman/efiles/PDFs/Welfare%20Economics. Draft. pdf.

Gowdy. John M. The Revolution in Welfare Economics and Its Implications for Environmental Valuation and Policy Land Economics, May 2004, 80 (2): 239 – 257.

Pigou, A. C. 1920. The Economics of Welfare. London: Macmillan, Part II.

傅殷才：《资产阶级福利经济学评述》，《经济问题探索》1982 年第 3 期。

李懿：《福利经济学的基础理论和近年的演变》，《经济研究》1987 年第 4 期。

高鸿业、吴易风《福利经济理论》，《教学与研究》1983 年第 4 期。

周源、杨波：《马克思主义经济学如何重新掌握话语权——从马克思主义经济学的数学化角度谈》，

《兰州学刊》2005 年第 2 期。

朱荣科：《社会主义福利经济学论纲》，《学习与探索》1998 年第 2 期（总第 115 期）。

Easterlin, Richard A. 1974, Does Economic Growth Improve the Human Lot? Some Empirical Evidence. In: David, Paul A. and Melvin W. Reder (eds.). Nations and Households in Economic Growth: Essays in Honour of Moses Abramowitz. New York and London: Academic Press: 89 – 125.

Kahneman, Daniel, 2000, Experienced Utility and Objective Happiness: A Moment Based Approach. In: Kahneman, Daniel and Amos Tversky (eds.). Choices, Values, and Frames. New York, NY: Cambridge University Press: 673 – 692.

Stutzer Alois and Bruno S. Frey, Recent Advances in the Economics of Individual Subjective Well-Being, *Social Research* Vol 77 (2010): 679 – 714.

赵汀阳：《论可能生活，一种关于幸福和公平的理论（修订版）》，中国人民大学出版社 2004 年版。

赵奉军：《收入与幸福关系的经济学考察》，《财经研究》2004 年第 5 期。

张玉玲：《幸福视角下循环经济的经济学理解》，《理论月刊》2007 年第 6 期。

理查德·莱亚德：《幸福是什么？我们是否越来越幸福?》，庞娟译，《经济社会体制比较》2007 年第 4 期。

陈惠雄、吴丽民：《国民快乐指数调查量表设计的理论机理、结构与测量学特性分析》，《财经论丛》2006 年第 5 期。

林洪、李玉萍：《国民幸福总值（GNH）的企业与国民幸福研究》，《当代财经》2007 年第 5 期。

吴淑凤：《多元视野中幸福理论及其对主观生活质量研究的现实意义》，《武汉大学学报》（哲学社会科学版）2004 年第 5 期。

李实罗、楚亮：《中国收入差距究竟有多大——对修正样本结构偏差的尝试》，《经济研究》2011 年第 4 期。

郭庆旺、吕冰洋：《论税收对要素收入分配的影响》，《经济研究》2011 年第 6 期。

刑占军：《测量幸福：主观幸福感测量研究》，人民出版社 2005 年版。

陈前恒、林海、郭沛：《贫困地区农村基础教育可及性与农民的主观幸福感》，《中国人口科学》2011 年第 5 期。

丁夏夏、董黎明、高新宇：《福利经济学视阈下我国新型农村合作医疗制度持续改进研究》，《湖北函授大学学报》2011 年第 25 卷第 4 期。

王晓宁：《“强势群体”参与“限价房”争购的福利经济学分析》，《劳动保障世界》2011 年 7 月。

孙瑞玲：《基于福利经济学视域下的个人住宅房产税改革研究》，《中国证券期货》2011 年 9 月。

陈菲：《刍议福利经济学与社会保障》，《经营管理者》2011 年第 18 期。

董琪、吕康银：《新型农村社会养老保险的福利经济学分析》，《劳动保障世界》2011 年 2 月。

刘峰涛、赵袁军：《阿罗不可能定理假设条件的混沌学解读》，《科技和产业》2011 年 12 月。

赵志君：《收入分配与社会福利函数》，《数量经济技术经济研究》2011 年第 9 期。

陈伟忠、黄炎龙：《最优财政和货币政策及其福利效应分析》，《经济评论》2011 年第 6 期。

黄志刚：《货币政策与贸易不平衡的调整》，《经济研究》2011 年第 3 期。

刘长生：《一般均衡视角的旅游产业福利效应研究——基于中国四个世界双遗产旅游地的面板数据分析》，《旅游科学》2011 年 8 月（第 25 卷第 4 期）。

曲如晓、吴洁：《论碳关税的福利效应》，《中国人口·资源与环境》2011 年第 21 卷第 4 期。

胡涛、孙振尧：《限购政策与社会福利：一个理论探讨》，《经济科学》2011 年第 6 期。

薛进军、高晓淳：《再论教育对收入增长与分配的影响》，《中国人口科学》2011 年第 2 期。

张艳华：《教育公共投入与收入差距的波及效应》，《公共管理》2011 年第 9 期（总第 211 期）。

易小兰、钟甫宁：《农户贷款利率改革的福利分析——以江苏、河南和甘肃农村信用社为例》，《农业经济问题》2011 年第 4 期。

赵振宗：《正规金融、非正规金融对家户福利的影响——来自中国农村的证据》，《经济评论》2011

年第 4 期。

阮荣平、郑风田和刘力：《宗教信仰、宗教参与与主观福利：信教会幸福吗?》，《中国农村观察》2011 年第 2 期。

王鹏：《收入差距对中国居民主观幸福感的影响分析——基于中国综合社会调查数据的实证研究》，《中国人口科学》2011 年第 3 期。

鲁元平、王韬：《收入不平等、社会犯罪与国民幸福感——来自中国的经验证据》，《经济学》（季刊）2011 年第 10 卷第 4 期。

（廖永松　陈方）

学科整体发展综述

空间计量经济学

一 学科概述

空间计量经济学是计量经济学的一个分支。空间计量经济学是以经济学理论和空间统计学为基础，研究经济活动不仅在时间维度上，而且在空间维度上相互作用关系与数量规律性的一门经济学学科①。空间计量经济学从1979年学科的确立，经过定量地理学者、经济学者和计量经济学者等近三十多年的不断耕耘，现已逐步形成了较为完整的理论与方法框架体系。空间计量经济学将空间维度纳入到主流经济学的定量研究中，突破了经济学中基于时点的一般均衡的局限，提出了基于时空的均衡观，这是对计量经济学和主流经济学的重要推进②。

空间计量经济学研究的核心问题是解决与空间位置有关的经济活动的空间相互作用（空间自相关）和空间结构（空间异质性）及其所产生的空间效应的定量分析与政策分析，不仅研究空间计量经济的应用问题，也研究空间计量经济的理论问题。目前已经成为空间经济学及相关学科的重要分析工具和学科基础，并广泛应用于区域经济学、发展经济学、城市与房地产经济学、经济地理学、国际贸易与投资、劳动经济学、公共经济学、地区公共金融、农业经济、环境与资源经济学，以及产业组织理论等多学科领域。

在研究方法上，对经济活动的相依性、异质性、变异性、空间权函数的研究是空间计量经济模型构造的理论基础。通过研究经济变量在空间上一定距离范围内的交互作用所呈现的相依性，以及经济变量在空间上沿一定距离方向的系统变化所呈现的异质性与变异性，以反映空间效应变化的强度、方向性、不对称性。通过空间权函数的构造、空间效应的诊断与统计检验，将空间效应体现在空间计量经济的模型构造、参数估计，以及模型检验中。其中，空间权函数是空间计量经济学的一个重要描述工具，反映研究单元的相邻关系和空间布局，由空间邻接矩阵表示，邻接矩阵根据研究单元的空间邻近距离和社会经济的邻近特征又分为空间距离邻

① Anselin对空间计量经济学的定义为："a subset of econometric methods that is concerned with spatial aspects present in cross-sectional and space-time observations. Variables related to location, distance and arrangement (topology) are treated explicitly in model specification, estimation, diagnostic checking and prediction." 参见Anselin, L. (2006). Spatial econometrics. In Mills, T. et al., editors, *Palgrave Handbook of Econometrics: Volume 1, Econometric Theory*, pages 901－969. Palgrave Macmillan, Basingstoke。

② 克鲁格曼作为新贸易理论和新经济地理学理论的奠基人，主要成果是其在研究中对空间维度的认识和贡献而获得2008年诺贝尔经济学奖。

接矩阵和社会经济距离邻接矩阵。除了空间邻接矩阵反映研究单元的空间位置关系外，空间计量经济模型也将研究单元的空间位置信息直接作为扩展参数参与空间计量经济模型的构造，以此揭示模型参数随位置变化的异质性与变异性特征，例如，以经纬度坐标作为扩展参数构造的空间扩展模型、地理加权模型（高斯距离权重、指数距离权重、三次方距离权重）、回归参数漂移模型等。

空间计量经济学的另一个研究重点是模型设定、模型的参数估计方法、模型的检验方法、政策分析，以及基于 GIS① 平台上空间计量经济学分析工具的集成研究和有关空间计量经济学的专用软件包开发与 Matlab 的空间计量经济学功能模块的开发等。例如，研究基于空间邻接矩阵的空间自回归和概率回归模型；研究基于变系数的空间扩展模型和地理加权模型；研究基于时空数据的静态空间面板模型、动态空间面板模型、空间协整模型、空间过滤模型等；研究针对参数估计的有偏和渐近性的工具变量法、广义矩估计法、最大似然估计法、最小二乘虚拟变量估计法、单位根估计法等；研究 Moran's I 指数检验法、拉格朗日乘数检验法、最大似然法、Bootstrap 非参数检验法等。

二 改革开放以来空间计量经济学发展、演进的概况

空间计量经济学是一门快速发展的新兴交叉学科，在国外也就是近三十年的发展历史，其理论与方法框架体系直到 20 世纪末才逐步形成，在中国的发展则起步于 21 世纪初。空间计量经济学的发展可以追溯到空间相互作用的理论与发展。特别是克鲁格曼提出的基于消费者和企业区位选择的一般均衡分析模型②，奠定了对经济活动进行空间分析的微观基础。而藤田昌久和克鲁格曼等（1999）③ 提出的规模收益递增、路径依赖和不完全竞争等新经济地理模型，以及克鲁格曼的新贸易理论模型④则明确提出了区域经济、国际贸易和城市经济都属于空间经济学的分析框架，这与研究经济增长的本质是一样的，只不过增加了空间维度⑤，这种将空间维度纳入到主流经济学的研究范式，激发了经济理论界对经济活动的空间相互作用关系研究的极大关注。空间计量经济学的发展为空间相互作用理论研究的深化提供了全新的定量分析工具和方法论，突破了传统计量经济学对空间分析的局限性，这将显著促进空间经济学的实证研究和政策分析的可操作性。同时，经济活动的空间相互作用理论的研究也推动了空间计量经济学的发展。

空间计量经济学是一门年轻的学科，无论在理论研究方面，还是在实证研究方面都

① GIS（Geography Information System）地理信息系统，是集采集、管理、分析与空间位置有关的多源数据信息和相应属性信息于一体的空间数据管理系统。

② Krugman P. "Increasing Returns and Economic Geography", *Journal of Political Economy*, 1991, 99: 483－499.

③ 藤田昌久、保罗·克鲁格曼、安东尼·J. 维纳布尔斯：《空间经济学：城市、区域和国际贸易》，梁琪译，中国人民大学出版社 2005 年版。

④ ［美］克鲁格曼：《地理与贸易》，张兆杰译，北京大学出版社 2000 年版。

⑤ ［美］克鲁格曼：《发展、地理学与经济理论》，蔡荣译，北京大学出版社 2000 年版。

处于蓬勃发展时期。正如地质统计学①伴随计算机技术发展与应对区域化变量的最优无偏估计的需要，以及空间统计学②伴随航空遥感、卫星遥感、GIS的技术发展与应对大型空间数据库的管理与分析一样，空间计量经济学则伴随着空间经济学的发展与应对经济活动在时空维度上数量规律性研究的需要，从经济理论或经济模型出发，有机地结合概率统计学的基础理论与方法，定量地研究经济变量在时空维度上的相互作用关系和变化的内在规律性。此外，空间计量经济学的方法论不仅研究经济活动之间在空间维度上的交互作用，而且也揭示经济活动之间在时间维度上存在的相关性，这不同于数据驱动的空间统计学的方法论，也不同于地质统计学的仅仅基于空间维度的区域化变量问题的研究方法。因而，空间计量经济学以一种全新的时空思维模式去分析和观察经济活动之间的固有联系，揭示经济活动之间相互作用关系的本质与规律性，弥补了传统计量经济学对空间效应的忽略以及在涉及空间维度的经济学问题上研究方法的欠缺。

空间计量经济学在中国的发展仍然处于起步阶段，但发展迅速。改革开放以来，中国经济持续高速增长，由此带来的城市扩张与辐射效应、生产要素的空间流动与资源空间配置、区域经济发展的不平衡与外溢效应，以及由东部沿海地区产业升级导致的产业向中西部地区的梯度转移与空间区位选择等问题，深化了经济学界对各种涉及空间维度的经济活动的认识。此外，20世纪90年代遥感技术与GIS在中国的发展与普及，使得与地理对应的社会经济大型数据库逐步走向实用性。另外，空间统计分析和空间计量经济学的专业软件包的推出与引进，为空间数据的时空分析和实证研究的广泛进行提供了可能。例如S + Spatialstats、SpaceStat等统计软件中都包含用于空间统计分析的模块，GeoDa、GIS提供了空间数据的统计分析与可视化的功能模块，Matlab则提供了空间计量经济学专用软件功能模块。现实问题的涌现和软件分析工具的专业化与实用化发展促进了空间计量经济学的理论与方法在中国的迅速发展。目前，空间计量经济学在中国的发展仍然处于理论借鉴与引进阶段，并结合中国经济发展的现实，对中国经济改革进程中出现的具有空间特征的经济问题进行实证研究与政策分析。

空间计量经济学的演进大致经历了四个发展阶段，包括空间分析思想的萌芽与发展阶段（20世纪70年代）、理论方法体系的形成阶段（20世纪80年代）、理论与方法和相应软件系统开发的快速发展阶段（20世纪90年代）、理论方法与实际应用的稳步发展阶段（21世纪初至今）。

---

① 地质统计学（Geostatistics）发展于20世纪60年代初，由法国概率统计学家兼矿山工程师G. 马特隆教授在研究用随机函数来描述地质变量的结构性与随机性的基础上，提出了一整套区域化变量的理论，并将地质学理论与统计学理论有机结合于一体，用以揭示地质变量的空间结构特征，从而为地质统计学的发展奠定了理论基础。地质统计学于20世纪80年代初引进中国，除了用于地质变量的模拟、估计、预测和矿床储量估值以外，还广泛用于气象预测、环境污染估计、农作物估产、石油资源估计、水利资源估计，以及森林资源估计等涉及对空间位置有关的数据进行最优无偏估值问题的众多领域。

② 国家统计局于1998年10月率先成立了空间统计研究部门，并与中国科学院地理所合作，开始运用遥感和GIS技术探索对空间信息进行多重采样设计与空间统计学的应用研究。空间统计学在水利资源、农业耕地、森林资源、草场管理、土地资源等领域，以及对城市规划、交通运输、区域社会经济发展等属性信息动态变化的空间分析具有广泛的应用前景。

（一）空间分析思想的萌芽与发展阶段

空间计量经济学（Spatial Econometrics）这个名词最早由 Jean Paelinck 在 1974 年 5 月荷兰统计协会年会大会致辞时提出，致力于为城市与区域经济的计量模型研究提供方法论基础。空间计量经济学的思想可以追溯到早期地理学的文献中①，主要用于定量地分析地理学中涉及空间维度的问题，以及在城市和区域经济学的研究中，利用回归分析对现实中观察到的空间相互作用现象进行解释②。此后，在 20 世纪 70 年代中后期，在区域科学中运用空间分析的思想得到了重视③，并出现了一批涉及空间分析思想的重要论文④⑤和专著⑥⑦。至此，有关空间分析的理论方法在地理和区域经济学等相关学术期刊上得到了广泛关注。

这一阶段发展的显著特征在于对空间计量模型的设定、基本估计方法、模型识别、模型检验，以及时空数据的模型分析等方面取得了开拓性进展。例如，最大似然估计方法的首次提出⑧、空间差分思想的引入⑨、应用 Moran's I 指数对普通最小二乘法残差项进行空间自相关检验⑩、不同统计特性残差项检验的研究⑪、具有不同滞后的双因变量模型的设定⑫、时空模型的提出⑬、贝叶斯空间模型的设定⑭，以及空间自回归联立方程模型和空间移动平均模型⑮等。特别是

---

① Berry, B. and Marble, D.（1968）. *Spatial Analysis: A Reader in Statistical Geography*. Prentice-Hall, Englewood Cliffs.

② Granger, C.（1974）. Aspects of the analysis and interpretation of temporal and spatial data. *The Statistician*, 24: 197 – 210.

③ Paelinck, J. and Nijkamp, P.（1975）. *Operational Theory and Method in Regional Economics*. Saxon House, Farnborough.

④ Hordijk, L. and Paelinck, J.（1976）. Some principles and results in spatial econometrics. *Recherches Economiques de Louvain*, 42: 175 – 197.

⑤ Hordijk, L.（1979）. Problems in estimating econometric relations in space. *Papers, Regional Science Association*, 42: 99 – 115.

⑥ Cliff, A. and Ord, J. K.（1973）. *Spatial Autocorrelation*. Pion, London.

⑦ Bartels, C. P. and Ketellapper, R.（1979）. *Exploratory and Explanatory Analysis of Spatial Data*. Martinus Nijhoff, Boston.

⑧ Ord, J. K.（1975）. Estimation methods for models of spatial interaction. *Journal of the American Statistical Association*, 70: 120 – 126.

⑨ Martin, R.（1974）. On spatial dependence, bias and the use of first spatial differencing in regression analysis. *Area*, 6: 185 – 194.

⑩ Cliff, A. and Ord, J. K.（1972）. Testing for spatial autocorrelation among regression residuals. *Geographical Analysis*, 4: 267 – 284.

⑪ Bartels, C. P. and Hordijk, L.（1977）. On the power of the generalized Moran contiguity coefficient in testing for spatial autocorrelation among regression disturbances. *Regional Science and Urban Economics*, 7: 83 – 101.

⑫ Brandsma, A. and Ketellapper, R. H.（1979）. A biparametric approach to spatial autocorrelation. *Environment and Planning A*, 11: 51 – 58.

⑬ Bennett, R.（1979）. *Spatial Time Series*. Pion, London.

⑭ Hepple, L.（1979）. Bayesian analysis of the linear model with spatial dependence. In Bartels, C. et al., editors, *Exploratory and Explanatory Statistical Analysis of Spatial Data*, pages 179 – 99. Martinus Nijhoff, Boston, MA.

⑮ Haining, R.（1978）. The moving average model for spatial interaction. *Transactions, Institute of British Geographers*, 3: 202 – 225.

Jean Paelinck 和 Leo Klaassen（1979）合著的空间计量经济学专著的出版①，第一次概括了空间计量经济学的研究领域和方法论特点，并定义了空间计量经济模型设定的五个原则②，这被认为是空间计量经济学研究的历史起点。

（二）理论方法体系的形成阶段

在空间计量经济学的理论体系形成阶段，以 Anselin（1988）空间计量经济学专著③的出版为标志，并对空间计量经济学进行了定义④，首次将空间效应分为空间依赖性和空间异质性，并给出了相应的检验方法，奠定了空间计量经济学理论方法体系的形成基础。但研究范围仍然局限于地理学和城市与区域经济学中模型的设定、估计、检验，而并没有预见到空间计量模型方法在主流经济学和其他社会科学中应用的广泛前景。

这一阶段主要集中于模型的设定和空间效应的统计特性与各种检验方法的深化研究，不仅仅局限于空间残差自相关的检验。例如，最大似然统计检验⑤、用于空间滞后和空间误差的拉格朗日乘数检验⑥、空间自回归模型中非嵌套假设的检验方法⑦、空间自回归模型（空间 Durbin 模型）共因子的检验方法⑧等。其次，在模型设定方面，线性结构模型中引入了空间相关⑨与空间异质性⑩的分析，提出了空间变参数的空间滤波方法⑪、基于区域化变量的地质统计学方法的首次引入⑫、工具变量与贝叶斯方法的应

---

① Paelinck, J. and Klaassen, L.（1979）. *Spatial Econometrics*. Saxon House, Farnborough.

② 这五个原则是：（1）the role of spatial interdependence;（2）the asymmetry in spatial relations;（3）the importance of explanatory factors located in other spaces（"space-distant explanatory factors"）;（4）differentiation between ex post and ex ante interaction; and（5）the explicit modeling of space（topology）in spatial models。

③ Anselin, L.（1988）. *Spatial Econometrics: Methods and Models*. Kluwer Academic Publishers, Dordrecht, The Netherlands.

④ 空间计量经济学的早期定义：The collection of techniques that deal with the peculiarities caused by space in the statistical analysis of regional science models。

⑤ Burridge, P.（1980）. On the Cliff-Ord test for spatial autocorrelation. *Journal of the Royal Statistical Society B*, 42: 107－108.

⑥ Anselin, L.（1988）. Lagrange Multiplier test diagnostics for spatial dependence and spatial heterogeneity. *Geographical Analysis*, 20: 1－17.

⑦ Anselin, L.（1986）. Non-nested tests on the weight structure in spatial autoregressive models. *Journal of Regional Science*, 26: 267－84.

⑧ Burridge, P.（1981）. Testing for a common factor in a spatial autoregressive model. *Environment and Planning A*, 13: 795－800.

⑨ Folmer, H. and Nijkamp, P.（1984）. Linear structural equation models with latent variables and spatial correlation. In Bahrenberg, G., Fischer, M., and Nijkamp, P., editors, *Recent Developments in Spatial Data Analysis*, pages 163－170. Gower, Aldershot.

⑩ Casetti, E.（1986）. The dual expansion method: An application for evaluating the effects of population growth on development. *IEEE Transactions on Systems, Man, and Cybernetics*, SMC－16: 29－39.

⑪ Foster, S. and Gorr, W.（1986）. An adaptive filter for estimating spatially varying parameters: Application to modeling police hours in response to calls for services. *Management Science*, 32: 878－89.

⑫ Dubin, R.（1988）. Estimation of regression coefficients in the presence of spatially autocorrelated errors. *Review of Economics and Statistics*, 70: 466－474.

用①、空间滞后与空间误差模型②、空间表面不相关模型③，以及各种模型特性的扩展和备择模型设定策略等。

（三）理论方法和相应软件系统开发的快速发展阶段

在空间计量经济学的理论与方法的快速发展期，对具有空间特征的经济学问题采用计量经济学的方法得到经济学界的广泛认同。这一阶段的演化特征是以数值计算方法与软件开发领域的显著进展为主要特征，研究内容仍然继续关注于模型的设定、估计和检验。但与早期的空间计量经济学理论方法的研究相比，研究方法更严谨，统计检验更精致。应用领域突破了局限于城市经济学和区域经济学的研究范围，并迅速扩展到房地产经济学、发展经济学、公共经济学，以及劳动经济学等领域，并在社会科学理论中开始将空间计量模型方法作为社会相互作用分析的重要工具④。

在模型设定方面，除了继续模型设定的深化研究外，突破了早期空间计量经济学线性模型的研究局限。例如，提出了基于离散数据的空间概率回归模型⑤、基于马尔可夫－蒙特卡洛模拟（MCMC）和吉布斯（Gibbs）样本的贝叶斯空间模型⑥⑦、基于单位根检验的空间协整模型⑧、空间备择模型⑨、基于消除空间效应的空间滤波模型⑩，以及基于异质性的空间地理加权模型⑪等。

在模型估计与检验、数值计算方法方面的进展，提高了模型的精度和实用性。例如，开发了便于模型设定的拉格朗日乘数统计的稳健算法⑫；对 Moran's I 指数在不同模型中的应用进行了扩展⑬；估计子与统计检验的

① Anselin, L. (1980). *Estimation Methods for Spatial Autoregressive Structures.* Regional Science Dissertation and Monograph Series, Cornell University, Ithaca, NY.

② Cliff, A. and Ord, J. K. (1981). *Spatial Processes: Models and Applications.* Pion, London.

③ Anselin, L. (1988). A test for spatial autocorrelation in seemingly unrelated regressions. *Economics Letters*, 28: 335 – 341.

④ Akerlof, G. A. (1997). Social distance and social decisions. *Econometrica*, 65: 1005 – 1027.

⑤ Pinkse, J. and Slade, M. E. (1998). Contracting in space: An application of spatial statistics to discrete-choice models. *Journal of Econometrics*, 85: 125 – 154.

⑥ Casella, G. and George, E. (1992). Explaining the Gibbs sampler. *American Statistician*, 46: 167 – 174.

⑦ Gilks, W., Richardson, S., and Spiegelhalter, D. (1996). *Markov Chain Monte Carlo in Practice.* Chapman and Hall, London, UK.

⑧ Fingleton, B. (1999). Spurious spatial regression: Some Monte Carlo results with spatial unit root and spatial cointegration. *Journal of Regional Science*, 39 (1): 1 – 19.

⑨ Kelejian, H. H. and Robinson, D. P. (1995). Spatial correlation: A suggested alternative to the autoregressive model. In Anselin, L. and Florax, R. J., editors, *New Directions in Spatial Econometrics*, pages 75 – 95. Springer-Verlag, Berlin.

⑩ Getis, A. (1995). Spatial _ ltering in a regression framework: Examples using data on urban crime, regional inequality, and government expenditures. In Anselin, L. and Florax, R. J., editors, *New Directions in Spatial Econometrics*, pages 172 – 185. Springer-Verlag, Berlin.

⑪ Fotheringham, A. S., Brundson, C., and Charlton, M. (1998). Geographically weighted regression: A natural evolution of the expansion method for spatial data analysis. *Environment and Planning A*, 30: 1905 – 1927.

⑫ Anselin, L. and Smirnov, O. (1996). Efficient algorithms for constructing proper higher order spatial lag operators. *Journal of Regional Science*, 36: 67 – 89.

⑬ Anselin, L. and Kelejian, H. H. (1997). Testing for spatial error autocorrelation in the presence of endogenous regressors. *International Regional Science Review*, 20: 153 – 182.

渐进特性的推导演算已经成为标准，以及各种似然函数的逼近方法和广义矩估计方法的应用①、空间相关与异方差联合处理方法②、稀疏矩阵的应用③和高阶空间滞后算子的有效构造④等。此外，对处理基于小样本的空间计量理论方法的研究也日益引起关注⑤。例如，通过广泛的严格设计、仿真实验，以及扩大实验次数来确定适用不同估计方法的实际样本大小。

空间计量经济学软件方面取得的进展，为理论方法的实际应用奠定了基础。20 世纪 90 年代初，适用于空间数据分析软件的缺乏是采用空间视角进行实证分析的主要障碍。最初的具有空间计量经济模型分析功能的软件是用脚本和宏代码编写，并作为附加功能嵌入到当时的商用统计软件包中。直到 SpaceStat 空间计量经济学软件的发布⑥⑦，真正的空间计量经济分析才成为可能。到了 20 世纪 90 年代中后期，商品化的空间计量经济学专业软件包相继推出⑧，并出现了具有初步空间分析功能的 GIS⑨⑩ 和 Matlab⑪⑫ 软件开发平台，由此开始了应用空间计量软件包进行模型参数估计与检验的时代。

（四）理论方法与实际应用的稳步发展阶段

在空间计量经济学理论方法与实际应用的稳定发展期，继续关注各种模型的设定与估计策略的研究，以及有关数值计算方法和相应软件的开发。这一时期，以 2006 年 5 月国际空间计量经济学会在罗马正式成立为特征，标志着空间计量经济学的理论方法已经成为主流计量经济学的重要方法论。这一阶段各种先进算法的进展促进了最大似然估计和广义矩估计等相关统计推断方法的应用。此外，软件源代码的开放也推动了应用软件

---

① Kelejian, H. H. and Prucha, I. (1999). A generalized moments estimator for the autoregressive parameter in a spatial model. *International Economic Review*, 40: 509 – 533.

② Kelejian, H. H. and Robinson, D. P. (1992). Spatial autocorrelation: A new computationally simple test with an application to per capita county police expenditures. *Regional Science and Urban Economics*, 22: 317 – 333.

③ Pace, R. K. and Barry, R. (1997). Quick computation of spatial autoregressive estimators. *Geographical Analysis*, 29: 232 – 246.

④ Anselin, L. and Smirnov, O. (1996). Efficient algorithms for constructing proper higher order spatial lag operators. *Journal of Regional Science*, 36: 67 – 89.

⑤ Kelejian, H. H. and Robinson, D. P. (1998). A suggested test for spatial autocorrelation and/or heteroskedasticity and corresponding Monte Carlo results. *Regional Science and Urban Economics*, 28: 389 – 417.

⑥ Anselin, L. (1992). *SpaceStat, a Software Program for Analysis of Spatial Data.* National Center for Geographic Information and Analysis (NCGIA), University of California, Santa Barbara, CA.

⑦ Anselin, L. (1998). *SpaceStat Version* 1.90. http://www.spacestat.com.

⑧ Kaluzny, S. P., Vega, S. C., Cardoso, T. P., and Shelly, A. A. (1996). *S + Spatialstats User's Manual.* MathSoft Inc., Seattle, WA.

⑨ ESRI (1993). Understanding GIS: The ARC/INFO Method. ESRI Press, Redlands, CA.

⑩ ESRI (1999). The ArcView GIS3.1. ESRI Press, Redlands, CA.

⑪ Pace, R. K. and R. Barry (1998). *Spatial Statistics Toolbox* 1.0. Real Estate Research Institute, Lousiana State University, Baton Rouge, LA.

⑫ LeSage, J. P. (1999). Spatial Econometrics. The Web Book of Regional Science, Regional Research Institute, West Virginia University, Morgantown, WV.

的不断推出。

在这一阶段，各种模型的设定和检验方法得到进一步的发展。例如，对空间外部性的一般性框架的研究①、具有等权的空间滞后模型②、空间移动平均误差模型的设定③、空间误差方差—协方差矩阵的构造④、具有空间相关性的空间联立方程模型的设定⑤、Moran's I 的渐进分布的统计检验⑥、空间非平稳模与伪回归的模型⑦，以及基于离散因变量的空间概率模型⑧等。另外，对时空动态模型⑨、空间面板模型⑩，以及空间潜变量模型与空间流模型⑪等的研究比以往给予了更多的关注。

特别是，模型估计方面的重要进展为空间计量经济学理论方法的应用提供了新的理论洞悉。例如，对模型估计方法中两个重要估计方法，最大似然估计和广义矩估计的渐进特性的研究取得了重要进展，并给出了最大似然估计和准最大似然估计的渐进分布的证明⑫及最优广义矩估计方法的推导⑬。此外，应用广义矩估计算子对包含空间依赖与异方差模型的估计⑭，以及对异方差与自相

① Anselin, L. (2003). Spatial externalities, spatial multipliers and spatial econometrics. *International Regional Science Review*, 26 (2): 153 - 166.

② Kelejian, H. H. and Prucha, I. R. (2002). 2SLS and OLS in a spatial autoregressive model with equal spatial weights. *Regional Science and Urban Economics*, 32 (6): 691 - 707.

③ Fingleton, B. (2008). A generalized method of moments estimator for a spatial panel model with an endogenous spatial lag and spatial moving average errors. *Spatial Economic Analysis*, 3: 27 - 44.

④ LeSage, J. P. and Pace, R. K. (2007). A matrix exponential spatial specification. *Journal of Econometrics*, 140: 190 - 214.

⑤ Kelejian, H. H. and Prucha, I. R. (2004). Estimation of simultaneous systems of spatially interrelated cross sectional equations. *Journal of Econometrics*, 118: 27 - 50.

⑥ Kelejian, H. H. and Prucha, I. (2001). On the asymptotic distribution of the Moran I test statistic with applications. *Journal of Econometrics*, 104 (2): 219 - 257.

⑦ Lee, L. - F. and Yu, J. (2009). Spatial nonstationarity and spurious regression: The case with a row-normalized spatial weights matrix. *Spatial Economic Analysis*, 4: 301 - 327.

⑧ Fleming, M. (2004). Techniques for estimating spatially dependent discrete choice models. In Anselin, L. et al., editors, *Advances in Spatial Econometrics*, pages 145 - 168. Springer-Verlag, Heidelberg.

⑨ Elhorst, J. P. (2001). Dynamic models in space and time. *Geographical Analysis*, 33: 119 - 140.

⑩ Lee, L. - F. and Yu, J. (2009) Estimation of spatial autoregressive panel data models with fixed effects. *Journal of Econometrics*. forthcoming.

⑪ LeSage, J. P. and Pace, R. K. (2008). Spatial econometric modeling of origin-destination flows. *Journal of Regional Science*, 48: 941 - 967.

⑫ Lee, L. - F. (2004). Asymptotic distributions of quasi-maximum likelihood estimators for spatial autoregressive models. *Econometrica*, 72: 1899 - 1925.

⑬ Lee, L. - F. (2007). GMM and 2SLS estimation of mixed regressive, spatial autoregressive models. Journal of Econometrics, 137: 489 - 514.

⑭ Kelejian, H. H. and Prucha, I. R. (2009). Speci_ cation and estimation of spatial autoregressive models with autoregressive and heteroskedastic disturbances. *Journal of Econometrics*. forthcoming.

关一致性的模型估计①。这些进展对大数定律和中心极限定理的应用提供了新的洞悉②。此外，针对空间效应、随机效应，以及一般截面数据的依赖效应等开发了一系列的特定的模型检验方法③。例如，各种最大似然函数检验法、Bootstrap 非参数检验法④，以及用于检验不同类型空间误差的相关性⑤、有关非嵌套假设的模型设定的检验⑥、模型设定的选择策略⑦，以及函数形式检验⑧的拉格朗日乘数检验方法等。

在软件开领域，随着有关空间统计分析的软件源代码的开放，空间计量软件向专业化与集成化的方向发展。到了21世纪初，空间计量经济学的专业化软件工具日益丰富⑨。例如，针对 Matlab 开发平台推出的空间计量经济模型分析的功能函数库⑩、spdep 空间自相关分析与空间计量模型估计的软件包和空间数据分析软件包⑪⑫、基于网格化计算与并行算法的模型估计的软件开发平台⑬，以及 GIS 专业化空间分析平台⑭等。特别是2003年 GeoDa 软件包的推出⑮，由于其空间分析功能的可视化和使用方便，GeoDa 软件包很快成为空间分析教学软件产品的标准。此外，美国环境系统研究所（ESRI）

---

① Kelejian, H. H. and Prucha, I. R. (2007). HAC estimation in a spatial framework. *Journal of Econometrics*, 140: 131 - 154.

② Jenish, N. and Prucha, I. R. (2009). Central limit theorems and uniform laws of large numbers for arrays of random fields. *Journal of Econometrics*, 150: 86 - 98.

③ Baltagi, B. H., Song, S. H., Jung, B. C., and Koh, W. (2007). Testing for serial correlation, spatial autocorrelation and random e_ ects using panel data. *Journal of Econometrics*, 140: 5 - 51.

④ 林光平、龙志和、吴梅：《Bootstrap 方法在空间计量经济模型检验中的应用》，《经济科学》2007年第4期。

⑤ Anselin, L. and Moreno, R. (2003). Properties of tests for spatial error components. *Regional Science and Urban Economics*, 33 (5): 595 - 618.

⑥ Kelejian, H. H. (2008). A spatial J-test for model specification against a single or a set of non-nested alternatives. *Letters in Spatial and Resource Sciences*, 1: 3 - 11.

⑦ Mur, J. and Angulo, A. (2009). Model selection strategies in a spatial setting: Some additional results. *Regional Science and Urban Economics*, 39: 200 - 213.

⑧ Baltagi, B. H. and Li, D. (2001b). LM tests for functional form and spatial error correlation. *International Regional Science Review*, 24 (2): 194 - 225.

⑨ Anselin, L. (2000). Computing environments for spatial data analysis. *Journalof Geographical Systems*, 2 (3): 201 - 220.

⑩ LeSage, J. P. and Pace, R. K. (2009). *Introduction to Spatial Econometrics.* CRC Press, Boca Raton, FL.

⑪ Bivand, R. S., Pebesma, E. J., and G_ omez-Rubio, V. (2008). *Applied Spatial Data Analysis with R.* Springer, New York, NY.

⑫ Bivand, R. S. (2006). Implementing spatial data analysis software in R. *Geographical Analysis*, 38: 23 - 40.

⑬ Wang, S. and Armstrong, M. P. (2009). A theoretical approach to the use of cyberinfrastructure in geographical analysis. *International Journal of Geographical Information Science*, 23: 169 - 193.

⑭ Anselin, L. (2005). Spatial statistical modeling in a GIS environment. In Maguire, D. J., Batty, M., and Goodchild, M. F., editors, GIS, *Spatial Analysis and Modeling*, pages 93 - 111. ESRI Press, Redlands, CA.

⑮ Anselin, L., Syabri, I., and Kho, Y. (2006). GeoDa, an introduction to spatial data analysis. *Geographical Analysis*, 38: 5 - 22.

推出了 ArcGIS GIS9.2 版本的商业软件产品①，内含空间自相关分析与空间回归分析功能模块的工具包②。至此，虽然空间计量经济学软件仍然存在一些像时空分析等方面问题的局限性，但空间计量经济学软件的显著进展已经能够满足实证分析的需要。

三 近年空间计量经济学理论方法的前沿应用和热点问题

（一）空间计量经济学的理论方法在经济增长研究中的应用

空间计量经济的理论方法在经济增长中的应用研究主要集中于四个方面：一是经济增长的空间溢出效应；二是经济增长的空间收敛性估计；三是劳动生产率的空间收敛性估计；四是经济增长空间相关性检验。

钟水映、李魁（2010）通过构造动态空间面板模型和广义矩估计方法，利用 1990—2007 年中国省域数据实证分析省域人口红利对经济增长的影响和空间溢出效应。研究结果表明，省域存在显著的“粘滞效应”和空间外溢效应；人口红利的显著增加对东、中、西部经济增长具有显著促进作用，但对中、西部的空间外溢效应不显著；其次，东、中部之间存在一定的空间外溢效应，而其他区域之间空间外溢效应不显著。政策含义表明，创造吸收人口红利的条件、提高人口红利的生产性，才能使劳动力资源得到充分利用；另外，促进人口流动是促进人口红利空间外溢效应的关键。

袁鹏（2009）通过对空间效应进行控制的方法，利用 1988—2005 年中国制造业劳动生产率数据进行收敛性估计。首先，通过动态经济空间权重矩阵的构造及 Moran's I 指数的检验，检验发现中国制造业劳动生产率存在着显著的空间相关性。对此，文中采用空间滤波的方法来消除空间数据的相关性，然后，再利用最小二乘虚拟变量估计法和动态面板收敛模型对制造业劳动生产率进行收敛性估计。估计结果表明，制造业劳动生产率的增长在 1988—1997 年以年均 3% 的速度扩散，而在 1998—2005 年以年均约 4.5% 的速度收敛，这说明中国制造业劳动生产率的地区差距在以上两个时期具有根本不同的变化趋势。

苏良军、王芸（2007）利用不考虑空间相关变量的单向和双向固定效应的面板模型，以及考虑空间相关变量的单向和双向固定效应的空间自回归模型，分别以 2002—2005 年数据对“长三角”与“珠三角”经济增长的空间相关性进行实证分析。实证结果表明，“长三角”和“珠三角”区域内部都存在经济增长的空间相关性，而且也都为经济增长的 β 收敛，但“珠三角”地区呈现更快的收敛性；其次，“珠三角”区域内部的经济增长的空间相关性要高于“长三角”，但二者在统计上并没有显著的差别。

吴玉鸣（2006）通过应用空间计量经济的 β 趋同模型方法，利用 1978—2002 年中国省域的截面数据实证分析中国省域经济增长

① Mitchell, A. (2005). *The ESRI Guide to GIS Analysis: Volume 2, Spatial Measurements and Statistics.* ESRI Press, Redlands, CA.

② Allen, D. W. (2009). *GIS Tutorial II, Spatial Analysis Workbook.* ESRI Press, Redlands, CA.

的趋同效应。实证研究表明，地理因素和空间效应对经济增长和收入差距产生重要影响，人均 GDP 存在显著的条件趋同趋势。其政策含义表明，政府应该通过差异性的经济政策和收入再分配的手段，缩小和消除城乡差距和地区差距，为中西部落后地区的经济增长创造条件。

林光平、龙志和、吴梅（2006）通过应用空间计量经济的理论方法，利用 1978—2004 年中国人均 GDP 数据实证分析中国 28 个省市区域经济发展的 σ 收敛情况。实证研究表明，区域经济的空间相关性可以显著纠正传统方法对 σ 收敛分析产生的偏差。修正后的 σ 收敛值表明，中国省市区域经济总体上存在 σ 收敛的趋势，并与整体经济运行具有一致性，但存在阶段性波动。也就是说，中国省市区域的经济收敛可分为三个阶段：1978—1991 年总体上呈现 σ 收敛的趋势；1992—1999 年总体上呈现趋异性，不存在 σ 收敛；2000—2002 年总体上再次呈现 σ 收敛的趋势。

何江、张馨之（2006）通过对传统固定效应模型引入空间滞后项和空间误差项，提出了空间固定效应模型，并对 1985—2004 年中国区域经济增长及其收敛性进行实证分析。实证结果发现，中国区域经济增长的空间外溢显著存在，并且具有空间和时间上的异质性；区域经济增长呈现较慢的条件收敛特征。

（二）空间计量经济学的理论方法在区域创新研究中的应用

区域创新是空间计量经济理论方法的一个重要研究领域。目前，国内的研究仍然是借鉴国外的理论方法，集中于解释分析现实问题的实证分析。例如，创新活动的空间集聚、知识溢出的空间测度、知识溢出与创新活动的关系、自主创新能力与外商直接投资的关系、自主创新能力与知识溢出的关系、产业集聚与知识溢出的关系，以及区域创新能力的测度等。

李娟、潭清美、白俊红（2010）利用基于超越对数生产函数的静态与动态空间面板模型，通过构造基于地理空间邻近和社会经济邻近的空间权重矩阵，对 1998—2007 年中国省域区域创新生产进行空间相互作用分析与估计。研究结果表明，动态空间面板模型较静态空间面板模型的估计结果更合理，中国区域创新存在显著的正向空间相关性，并且东部及沿海经济发达地区形成了创新活动高集聚带，而中西部经济相对落后地区则处于低集聚的创新活动洼地。此外，地理区位特征和区域社会经济特征均对区域创新产出产生显著影响，而区域社会经济特征的空间效应更大。政策含义表明，区域创新生产应该充分考虑空间区位的影响，加强邻近区域的人力与技术等科技资源的共享和交流，以及区域创新的社会经济环境的建设，促进区域创新能力和绩效的提高。

陈继勇、雷欣、黄开琢（2010）通过构造贝叶斯空间层级模型，选取对维评估指标对 1998—2007 年中国省域的自主创新能力、知识溢出规模和方向进行测度，并对知识溢出、自主创新能力与外商直接投资之间的交互关系进行实证分析。研究结果表明，知识溢出的净流入有利于自主创新能力的提升；而知识溢出的净流出不利于本地区的自主创新能力的提升；外商直接投资的流入对知识溢出的净流入和净流出都有显著的正影响；自主创新能力对外商直接投资的流入具有显著正向影响，并有利于知识溢出的净流入的发生，而不利于知识溢出的净流出的发生。政策含义表明，提升本地自主创新能力是吸引外商直接投资流入的有效手段。此外，通过构建区域之间知识生产的合作机制，将潜在的知识溢出转化为显性的知识生产合作，以此促进本地自主创新能力的提升，并消除知识溢出的净流出对吸引外商直接投资流入的不利影响。

邓明、钱争鸣（2009）利用基于知识生产函数的空间面板模型，对1986—2007年中国省域的知识存量、知识生产与知识空间溢出进行实证分析。研究结果表明，中国省域知识存量的空间分布极不均衡，另外，知识生产中投入要素的生产效率较低，但在知识生产活动中具有正的空间溢出效应。

张昕、李廉水（2007）利用空间滞后模型和空间误差模型，依据2005年各统计年鉴数据，对制造业集聚所产生的专业化和多样化知识空间溢出及其制造业区域创新绩效影响进行实证分析。研究结果表明，知识的专业化空间溢出对医药和电子类制造业的区域创新绩效存在积极影响；知识的多样化空间溢出对医药制造业的区域创新绩效为正影响，而对电子和通信设备制造业的区域创新绩效影响为负。

吴玉鸣（2006）通过对基于知识生产函数的普通最小二乘法以及考虑空间相关性的空间滞后模型和空间误差模型、考虑空间变异性的地理加权回归模型，对2000—2003年省域研发投入与创新产出的空间相互作用关系进行了空间计量经济的比较研究。研究结果表明，空间计量经济模型方法比传统计量方法可以更好地揭示研发投入与创新产出的空间相互作用关系。此外，中国省域创新能力的贡献主要由企业研发投入实现，科研机构和大学的研发投入对区域创新能力的提升作用不显著，大学研发与企业研发的结合也没有对区域创新产出起到促进作用。另外，企业研发能力和人力资本对区域创新能力具有正向促进作用。政策含义表明，加强人力资本投入和企业研发投入是区域创新和经济持续增长的保障。建立科研机构、大学研发与企业研发之间的技术转移渠道及相互作用机制是目前科研机构、大学研发、企业研发与区域创新实现空间互动的关键。

（三）空间计量经济学的理论方法在其他相关学科领域中的应用

空间计量经济的理论方法作为空间经济学的重要分析工具和学科基础，在涉及经济活动的空间相互作用或空间位置的相关领域具有重要应用前景。目前，国内的文献主要体现在以下领域：区域贸易流分析、投资区位分析、区域环境分析、区域能源分析等领域。

国涓、项吉宁、郭崇慧（2009）利用空间计量经济的理论方法，并以1993—2003年该区域能源消费的二氧化碳排放量作为环境污染指标，对中国及周边21个国家和地区进行环境库兹涅茨曲线估计。研究结果显示，中国及周边国家和地区的环境库兹涅茨曲线呈现倒U形，该区域能源消费的二氧化碳排放具有显著的正的空间转移影响。这意味着地理位置相邻的国家和地区的经济结构、能源消费，以及实施的相关环境政策存在着空间相互作用的影响，并且空间效应的强度随时间呈现增强的趋势，同时，也存在着时间滞后效应。其政策含义表明，该区域各国政府在制定相关环境政策时，不仅要考虑本国或本地区的自身要素条件，还要充分分析和利用周边国家和地区的自然和技术条件，加强地区交流与合作，从而达到最佳环境治理的效果。

张贤、周勇（2007）利用空间自回归模

型，选取 1995 年、2000 年、2003 年实证分析外商直接投资对我国能源强度的空间效应。实证结果表明，外商直接投资与能源强度具有明显的空间相关性；外商直接投资对能源强度的正影响，不仅表现在时间维度上，而且在空间维度上也具有显著的影响。

（四）空间计量经济学的理论方法研究

近几年，国内学者对空间计量经济学理论方法的创新和拓展研究进行了有利探索。例如，具有时间维度与空间维度的相关系数的构造与检验方法、作为 Moran's I 检验方法的重要补充的非参数 Bootstrap 检验方法、复合 FDI 空间计量模型，以及空间效率理论等。

宋马林、王舒鸿、汝慧萍（2010）从时间和空间的多维视角，提出了一种新的考虑时空的相关系数法，并以 2000—2008 年中国省域的专利授权数作为相关系数分析的算例。研究结果表明，应用这种新的时空的相关系数进行空间相关性检验，不仅与应用Moran's I 指数的检验结果高度正相关，而且较 Moran's I 指数检验方法具有明显优势，并且计算简便，能够同时进行时间维度与空间维度的变化趋势分析，为空间计量经济提供了一种新的分析工具。

范剑勇、高人元、张雁（2010）提出了基于空间引力模型的空间效率理论分析框架，并应用 1997 年区域间投入产出表数据对中国区域空间效率的指标——真实市场潜能进行了估计。研究结果表明，中国区域的真实市场潜能由高到低分为四个层次。同时，所有地区的真实市场潜能主要由本地区内部自身需求产生，而由国内其他地区需求和国外需求产生真实市场潜能较小。

翟茜、苏良军（2009）提出了东道国和投资母国之外，基于考虑第三方国家影响因素的空间加权矩阵的 FDI 复合模型，并利用空间面板模型和广义矩估计方法，对 1995—2005 年美国 FDI 流出和 FDI 流入中国的数据进行实证分析。研究结果表明，第三方国家因素对 FDI 的流动具有显著影响，跨国公司的整体贸易规模可以促进东道国与投资母国之间的联系，而贸易成本则是阻碍因素。

龙志和、欧变玲、林光平（2009）通过设计 Monte Carlo 实验方案和参数，以及与渐进检验方法的比较研究，研究空间回归残差项之间不存在空间相关性时，Bootstrap 检验方法的水平扭曲和有效性。研究结果表明，当空间回归残差项服从正态分布时，Bootstrap 检验方法与渐进检验方法具有同样的有效性；当空间回归残差项不服从正态分布并存在异方差时，Bootstrap 检验方法能够有效地校正渐进检验方法的水平扭曲。同时，从水平扭曲的角度看，无论空间回归残差项是否满足经典正态分布假设，空间计量经济模型 Bootstrap 检验都非常有效。

林光平、龙志和、吴梅（2007）利用 Bootstrap 方法对空间相关性的检验方法进行了研究。研究结果表明，在空间回归残差项存在异方差或分布未知的情景下，通过利用 Bootstrap 方法构造 Moran's I 检验统计量可以有效进行空间相关性检验，Bootstrap 方法可以作为空间计量经济模型的空间相关性检验的有效方法。

四　空间计量经济学的理论方法在中国的应用前景与进一步研究问题

空间计量经济学的理论方法自 21 世纪初引进中国，虽然只有短短几年的时间，但发展迅速。特别是在应用领域，空间计量经济学的理论方法在中国具有广泛的应用基础和应用前景。例如，早在20世纪末，基于空间变量最优无偏估值的地质统计学、基于物种空间扩散过程的生物地理统计学，以及基于空间有效样本与动态采样的空间统计学等学科在相关领域得到广泛应用。而且基于遥感技术与GIS技术的地理位置数据采集工作的展开，以及具有空间属性的社会经济大型数据库和地理编码数据库的构造为空间计量经济学理论方法在中国的实际应用奠定了坚实基础。

以经济理论为依据，从时间维度和空间维度综合分析经济现象是经济学研究的重要趋势。在涉及研究与空间位置有关的经济问题时，空间计量经济学的理论方法在具有广泛的应用前景，包括：（1）区域政策分析：区域经济活动之间不仅存在相关性与异质性，而且还存在相互作用方向及影响强度的差异。这意味着相同的政策对不同区域的影响是不同的。因此，在制定政策时应该考虑不同区域政策存在的相互作用影响，不仅要考虑本区域的自身要素条件，还要分析和利用周边区域的要素条件。运用空间计量经济学的理论方法分析不同政策在各区域上作用的关系，有利于达到最佳政策制定的效果。（2）空间区位选择和空间插值：利用经济活动空间相关性的特征，通过空间计量经济学对相邻单元之间作用关系的分析，可以利用这种相关性对经济活动进行最佳区位选择，也可以利用空间抽样的布点方式，对缺失数据进行空间插值。（3）区域之间的相互作用关系：区域经济活动之间的相互作用存在着不对称性，也就是说，存在相互影响强度的差异。应用空间计量经济学的方法可以对这种作用关系进行定量分析。（4）房地产价值评估：应用空间计量经济学的方法可以考虑评估区域周边地区之间的相互作用关系，正确评价房地产价值等。其他还有投资与贸易、物流与运输、环境治理等。

空间计量经济学的理论基础是空间效应的空间相关性和异质性，但在目前的文献中，空间权重矩阵仅仅反映的是地理相邻性或社会经济的相邻性，很少将异质性体现在空间权重矩阵的研究中，而是仅仅通过地理加权模型反映空间效应的异质性。另外，也没有反映邻单元之间相互作用的强度、不对称性、方向性的特征，以及空间效应随距离衰减的变异性特征。因此，如何将空间相关性和异质性、变异性、空间相互作用强度和方向性的特征体现在空间权重矩阵中是空间计量经济学理论方法进一步研究的重要课题。

此外，由于样本统计特征的问题，空间效应的非参数检验和空间贝叶斯模型是目前空间经济计量学研究的热点问题。最后，就是如何将时间维度和空间维度很好地体现在模型的设定中，以及相应的模型参数估计的渐近性质、模型设定准则，以及各种检验方法等的研究是空间计量理论方法进一步研究的课题。

参考文献与学科年度重要文献

钟水映、李魁：《人口红利、空间外溢与省域经济增长》，《管理世界》2010年第4期。

袁鹏：《基于空间过滤的制造业劳动生产率地区收敛性估计》，《数理统计与管理》2009年第3期。

苏良军、王芸：《中国经济增长的空间相关性分析：基于“长三角”与“珠三角”的实证》，《数量经济技术经济研究》2007年第12期。

吴玉鸣：《中国省域经济增长趋同的空间计量经济分析》，《数量经济技术经济研究》2006年第12期。

林光平、龙志和、吴梅：《中国地区经济 σ 收敛的空间计量实证分析》，《数量经济技术经济研究》2006 年第 4 期。

何江、张馨之：《中国区域经济增长及其收敛性：空间面板数据分析》，《南方经济》2006 年第 5 期。

李娟、潭清美、白俊红：《中国区域创新生产的空间计量分析：基于静态与动态空间面板模型的实证研究》，《管理世界》2010 年第 7 期。

陈继勇、雷欣、黄开琢：《知识溢出、自主创新能力与外商直接投资》，《管理世界》2010 年第 7 期。

邓明、钱争鸣：《我国省际知识存量、知识生产与知识空间溢出》，《数量经济技术经济研究》2009 年第 5 期。

张昕、李廉水：《制造业集聚、知识空间溢出与区域创新绩效：以我国医药、电子及通讯设备制造业为例的实证》，《数量经济技术经济研究》2007 年第 8 期。

吴玉鸣：《空间计量经济模型在省域研发与创新中的应用研究》，《数量经济技术经济研究》2006 年第 5 期。

国涓、项吉宁、郭崇慧：《空间影响与环境库兹涅茨曲线：基于空间经济计量方法的实证分析》，《数理统计与管理》2009 年第 4 期。

张贤、周勇：《外商直接投资对我国能源强度的空间效应分析》，《数量经济技术经济研究》2007 年第 1 期。

宋马林、王舒鸿、汝慧萍：《一种新的考虑时间和空间的相关系数及其算例》，《数量经济技术经济研究》2010 年第 7 期。

范剑勇、高人元、张雁：《空间效率与区域协调发展战略》，《世界经济》2010 年第 2 期。

翟茜、苏良军：《复合 FDI 空间计量模型的估计：基于第三方国家影响因素的研究》，《数量经济技术经济研究》2009 年第 2 期。

龙志和、欧变玲、林光平：《空间经济计量模型 Bootstrap 检验的水平扭曲》，《数量经济技术经济研究》2009 年第 1 期。

林光平、龙志和、吴梅：《Bootstrap 方法在空间经济计量模型检验中的应用》，《经济科学》2007 年第 4 期。

（李新中）

学科整体发展综述

劳动关系学

一　学科概述

劳动关系学是一门应用性很强的学科。其产生于第二次工业革命的后期，是为了研究如何管理雇主与工人群体之间的矛盾和冲突关系而出现的。20世纪20年代开始，产业关系的概念在英美等国的管理实践、学术研究和政策制定等领域普及开来。两次世界大战之后的经济复苏带来了劳动关系制度和法律的重大变革，从20世纪50年代到70年代，以工会和集体谈判为核心形式的产业关系极大繁荣。直到20世纪70年代末80年代初，政府和雇主都不愿意见到过于强大的工会，从而通过改革法律和支持人力资源管理的方法，使得强调“管理者—个人”关系的雇佣关系这一概念迅速扩展。劳动关系学则是在两者基础之上的更广泛的定义。

劳动关系学在研究内容上主要有两大类：行为研究和制度研究。前者是指对于劳动关系主体的行为活动，以及他们之间如何相互作用的研究。比如雇主单方决定提高生产线速度，而工人则以停工的形式表示抗议，他们之间就构成了一种冲突行为。后者更多地关注与法律、政策、制度的产生，以及它们是如何规范这些关系的。比如发生停工事件后，雇主与工人如何处理，政府介入的条件和程度等，都需要制度的规定。作为研究对象来说，它是关于工人、企业主、政府的战略选择和集体行动，它们之间冲突、合作的相互关系，影响雇佣关系的内容和调整的力量，以及使用和分配物质和人力资源的研究。劳动关系学强调雇主与工人的力量平衡，以及双方在平等基础上的合作，强调公平多于效率，强调长期的解决问题机制。

在方法上，劳动关系学主要涉及两大类问题：利益分配和冲突解决。劳动关系中最大的问题是利益分配问题，如何分配、分配比例、对分配的规定和要求等就成为需要解决的问题。那么是企业自主决定，还是“自由”市场决定，还是劳资双方谈判决定，还是政府的政策决定，这些都是回答如何分配问题的。如果分配中出现冲突和争议，如何解决争议，如何重新回到生产中，这就涉及争议处理立法和执法的问题。劳动关系不仅要关注劳动力市场上雇主与工人如何结成劳动合同，更要关注的是进入工作场所后，工人如何与企业和管理者相处的问题，关注处于工作中的人如何对所在的环境作出反应。同时，政治、经济、社会、法律环境变化对劳动力市场的作用，也会影响到企业内部的劳动关系，比如工会与雇主的谈判、职工代表大会、最低工资的法律保障等。

劳动关系学坚持实证问题与规范问题并

重。劳动关系学是一门多学科交叉的学科。20世纪初期的学者多从制度经济学（如康芒思、邓洛普等）和政治学的角度（如韦伯夫妇）来研究工会和集体谈判，试图将其归纳到一般经济理论和产业民主中去。如果说之前的研究以宏观经济政策为主，那么从50年代开始，社会学的理论和观点被更多地应用于劳动关系研究之中，并提出了一元、多元主义理论框架的划分，并特别重视了微观工作场所中管理的执行与工人集体行为。进入80年代后，随着人力资源管理的兴起和工会运动的衰落，劳动经济学和组织行为学也被用于劳动关系的分析之中。比如最低工资制度执行之后，企业绩效、低收入工人生存的保障、对劳动力市场供需的影响等都成为了劳动关系的研究内容。

二　改革开放三十年来中国劳动关系学发展、演进的概况

自从改革开放以来，我国劳动关系发生了根本变化。在改革开放之前，中国经济学中占主流地位的是传统的社会主义政治经济学。在企业全面为国家和集体所有的环境下，工人被认为是“企业的主人”，厂长与工人之间、企业与工人之间，不存在雇佣关系，也没有劳动合同，他们之间被称为“干群”关系，而非具有微观经济学意义上的劳动关系。改革开放以来，随着多种所有制和混合经济的普及，以及劳动力市场的逐步形成、“铁饭碗”被打破、劳动合同的推广等一系列经济体制改革，我国劳动关系发生了急剧的改变。20世纪90年代中后期开始，各类劳动关系问题开始显现，进入21世纪后，劳动关系矛盾和冲突表现得愈加激烈。对劳动关系的研究在20世纪90年代之前只有零星论述，直到进入21世纪后，劳资矛盾和冲突的加剧才引起了不少学者的关注。作为一个人口众多、由二元经济向新古典经济转型的国家，中国的劳动关系学提出了很多发达国家没有经历过的问题。这对理论界提出了尖锐的挑战，也促使国内学术界在应对改革现实需要的过程中，发展起了中国的劳动关系学。

从理论出发点和研究方法上看，我国劳动关系学的研究可以主要分为四类：一是基于一元主义观点，倡导通过人力资源管理化解劳资之间的利益矛盾；二是基于多元主义观点，运用系统论研究方法，全面剖解劳动关系主体间的利益差异和冲突、矛盾的表现形式与协调处理矛盾的机制，以及规范各方主体行为的规则等；三是借鉴马克思的阶级冲突理论，对当前及今后劳动关系状况作出新的理论性解释；四是立足西方经济学理论，对当前劳动关系发展态势进行评述。从整体上看，我国有关劳动关系发展的理论研究相对不足，仍处在引用、介绍西方理论的阶段，而缺乏本土化的理论进步。

（一）经济环境的变化与影响

改革开放使我国进入了一个由计划经济向社会主义市场经济过渡的经济转型期。在经济转型发展进程中，一些体制性因素对劳动关系的变化和发展产生了重要而深远的影响。这些体制性因素主要包括：所有制结构的调整，特别是国有经济产权制度改革和现代企业制度建设；劳动合同制度改革和劳动

力市场的发育；收入分配和社会福利制度的改革。

这些体制性因素给劳动关系发展主要带来两方面的影响。一是劳动关系形态的转型。我国在向社会主义市场经济转型的过程中，私营、外资等非国有经济取得了很大发展，并成为吸纳城镇就业的主要力量，也使得劳动关系的形态呈现出了多样化和复杂化，劳动关系也正在经历着由行政化向市场化的转变（陈诗达，2006；常凯，2005）。二是劳动关系主体的利益分化。随着企业和劳动者作为劳动力需供的利益关系得到明确，劳动关系主体内部利益差别化的趋势也将不断扩大，利益冲突将更为直接和尖锐（洪泸敏、章辉美，2009）。

经济发展水平也影响了劳动关系的状况。张建武和李永杰（2003）认为生产力水平的较大发展是促使新型劳动关系产生的一个最终条件。郭金兴（2008）研究发现，在经济转型较快、经济发展水平较高的省区，劳动争议案件的数量较多且发生频率较高；同时经济增长速度与劳动争议案件发生频率呈现负相关关系。张秋惠和于桂兰（2010）也认为，经济规模与劳动争议之间存在正相关关系，GDP 的增长率越快，则劳动争议数量的增长率也就越快。曹可安（2010）指出，国际金融危机对我国经济产生了较大影响，造成部分企业生产经营出现困难，导致劳动关系的不稳定性增加。

（二）劳动关系主体的形成与作用

劳动关系主体主要由劳动者与工会、雇主与雇主组织、政府等三方构成。我国当前的研究主要集中在农民工、工会和政府的作用上。

姚先国和赖普清（2004）发现人力资本水平差异、就业企业差异和农民工受到的户籍歧视，是导致城乡劳动者在劳资关系各方面存在较大差异的决定性因素。杨正喜（2008）认为珠三角地区农民工的身份缺乏、文化素质低等，导致在就业中易受到雇主侵害，从而与雇主间的劳资冲突凸显。在价值观念和意识形态方面，吴清军和许晓军（2010a）认为，新生代农民工的文化和职业教育水平有很大提高，平等意识、维权意识和维权能力也显著增强，对维权态度的表达也由被动转为积极主张，一旦其利益诉求无法通过合法渠道得到解决，在外部因素的作用下就有可能导致极端行为的发生。

学界对工会职能与作用发挥有着相异的观点。有对工会的影响持肯定（或部分肯定）态度的，比如，乔健（2008）发现维护工人权益已成为企业工会的基本职责，对会员的服务功能得到增强。吴亚平、乔健和李珂（2008）指出建会单位和工会会员的权益保障要明显优于未建会单位及非会员职工。此外，姚先国、李敏和韩军（2009）也认为工会在工资回报和福利等方面提升了劳动者利益。也有对工会的影响持否定（或部分否定）态度的，比如，夏小林（2004）发现私营部门中工会的目标和行为存在二元化结构偏差现象，没有充分发挥维护职工合法权益的作用。王少波（2010）以通钢集团和林钢集团改制中出现的暴力事件为例，认为工会在企业层面是很难真正代表和维护劳动者合法权益的。李丽林等（2011）对 2004—2010 年我国典型停工事件进行了分析，也发现工会在协调劳资关系上的作用十分有限，甚至还可能导致劳资双方矛盾的升级。全国总工会从 2010 年开始陆续推出一系列文件，要求加强工会在集体协商中的作用和改革基层工会选举制度，表明了工会对维护劳动者权益的决心。

政府在调节我国劳动关系中起到非常重要的作用。王长城（2006）认为我国已经初步实现了劳动关系调整的法制化、规范化，为建立稳定、和谐的劳动关系，促进国民经济和社会健康发展发挥了重要作用。乔健（2010）提出政府在三方机制中发挥了主导作用。在向市场经济转型的过程中，我国已初步建立起以《劳动法》为主的调整劳动关系的法律制度体系，包括《工会法》、《劳动合同法》、《劳动争议与调节仲裁法》、《社会保险法》等多部法律法规，形成了劳动合同制度、集体协商和集体合同制度、劳动标准制度、劳动监察制度和劳动争议处理制度等协调劳动关系的法律规范（郑桥，2008）。在另一方面，集体劳动关系法律建设却比较滞后。狄煌（2011）认为，相关法律法规的缺失以及规定的含糊不清是诱发群体性争议事件根源。而且，基层领导的行政作风、在应对劳资矛盾冲突时的原则性、法治意识和工作方法等，对预防和消解基层劳动争议至关重要（朱超，2004）。

（三）劳动关系性质和趋势的判断

劳动力市场的改革对我国劳动关系的形成起到重要作用，劳动关系也是在市场上由劳动力供需双方缔结劳动合同后，进入到企业内部而形成的一系列力量和权利平衡关系。对我国劳动关系现状的判断包括以下两个方面。

劳动关系市场化改革。常凯（1995）认为，转型过程中的中国劳动关系，是一种不规范的市场化的劳动关系，是由同志式的合作关系到劳资利益分化的雇佣关系。目前我国虽然已基本形成了市场化的劳动关系，但许多计划经济时代遗留下来的东西还需要清除（郭悦，2005）。我国劳动关系的运行机制已逐步市场化，由于劳动力的多方向流动频率加快，劳动关系已呈现出短期化的特点（章小奕，2004；李月良，2010）。长期来看，随着劳动力价格形成机制的市场化和劳动关系缔结方式的契约化，我国的劳动关系将逐步由政府主宰模式向政府协调下的市场机制调节模式转变（洪泸敏、章辉美，2009），契约化、法制化的劳动关系也会由个体向集体调整转变。

由冲突到合作的劳动关系。在市场化进程的推动下，我国劳动关系将面向市场化、多样化、多元化的方向发展，劳动关系的不稳定性和冲突性显化（王甫希，2010）。吴清军和许晓军（2010b）也认为，在利益多元化的时代，劳资双方因利益分歧而产生矛盾和冲突将成为企业经营中的常态。这种冲突多发的状况不利于和谐社会的建立。长期来看，通过加强对劳动力市场政策的投入以实现劳动力的“保护性流动”（钱箭星，2009），加强劳资合作是劳动关系发展的主流。有的学者认为，我国的劳动关系将由利益一体型转换为利益协调型的劳动关系（李春宇，1998）。石秀印（2008）提出，我国劳动关系发展将由单边决定模式、双边决定模式向三方“协和”模式转型。郭军和李雪艳（2009）也认为和谐与稳定是我国劳动关系发展的必然趋势。同时，还有学者认为新的劳资关系格局，既非以国家为中心，更不是以劳工为中心，而是一种多元行动者构成的网络化关系（岳经纶、庄文嘉，2010）。余晓敏（2006）认为，全球化使劳工权益呈现多元化，代表着劳工维权和劳工赋权的第三条道路。

三　2012年劳动关系学的理论前言和重大热点问题

（一）对和谐劳动关系的展望

进入21世纪后，劳动关系问题受到了越来越多的重视。党的十六大把“社会更加和谐”作为小康社会的重要目标，并在十六届六中全会中明确提出“发展和谐劳动关系”，进而在十七大中进一步强调“规范和协调劳动关系”，2010年10月党的十七届五中全会进一步强调“构建和谐劳动关系”。2011年2月中央举办省部级主要领导干部社会管理及其创新专题研讨班，把构建和谐劳动关系作为加强和创新社会管理的重要内容，3月十一届全国人大四次会议审查批准了“十二五”规划纲要，对构建和谐劳动关系进行阐述，提出总体目标、基本任务和具体要求。

中央政策研究室、中宣部等多个国家部委成立联合调研组（2011），从2011年4月起对多个省市的劳动关系集中进行调研。结果显示：我国和谐劳动关系的工作格局初步形成；立法和执法得以加强，法制化进程加快；保障劳动权益，逐步建立共享企业发展成果局面；经营者与职工的和谐意识越来越强；培育企业健康向上的价值理念；推进基层民主建设；党群在和谐劳动关系中的作用更加突出；建设劳动关系协调机制，有效预防和化解矛盾。同时，报告认为现阶段还存在一定问题，如用工不规范、法制不健全、劳动条件差、工资分配不合理、集体停工怠工事件高发等，需要引起高度重视。

吕国泉、李嘉娜（2011）对我国和谐劳动关系整体发展情况作出分析。文章指出，我国明确把发展和谐劳动关系作为社会管理的基本理念，在宏观层面提供政策体制保障，在微观层面建立健全劳动关系协调机制，使劳动关系总体保持协调稳定。与此同时，还面临众多挑战：劳动关系类型的多样化、职工队伍来源及构成出现新的变化、劳动关系运行环境信息化网络化和社会化、劳动关系标准和影响出现国际化趋势。文章最后提出建议，把握发展和谐劳动关系的目标原则，强化政府的主导地位，推动企业建立健全工资集体协商机制，建立健全劳动关系矛盾预防和调处机制，发挥职工的主体作用，提升工会发展和谐劳动关系的能力水平。

丁为民（2012）认为劳动关系分为合作与非合作的劳动关系，前者不仅有利于社会稳定，也对生产率、工人努力、基础创新等企业经济绩效有积极影响，从而有利于劳资共赢与和谐。实现这一目标的方法包括：加强宣传、教育，推进工资集体协商，在合作框架内解决争议，积极利用行政手段。

虞华君、刁宇凡（2011）认为和谐劳动关系的形成与众多因素联系在一起，这些包括企业发展、岗位、工作环境、管理制度、员工权利保障、薪酬福利和员工个人发展等六个部分。他们基于相应的评分标准及权重，运用模糊评价模型，得到的结果可以作为企业了解和谐状况的标准。

班晓娜（2012）以工人的感受为评价基础衡量企业劳动关系的和谐程度。其认为休息休假、工资、员工参与、工会等对劳动关系呈显著影响，与之相应的是这些成为影响和谐劳动关系的基本、关键、激励、结构因素。并在规范化企业用工行为、加强劳资合作、提升工会作用、完善劳动法规等方面提出建议。

袁凌等（2011）以长株潭地区“两型社会”综合配套改革为背景，调查分析了区域经济发展条件下的企业劳动关系状况。文章从培训教育与工作环境、劳动合同与制度建设、工资报酬分配、社会保障、工会与劳动争议五方面进行评价，认为应该加强政府对区内劳动关系的宏观调控，提高企业管理水平，发挥企业工会维权作用。

陈微波（2011）认为工业民主的方法为我国劳动关系治理提供了一个好的选择。这是因为：工业民主强调劳资利益协调机制，这是一种权力制约和分享机制，鼓励和平解决劳资冲突，并强调参与。同时需要注意其局限性：容易受到劳资力量对比的影响，无法改变工业领域内的权威结构，经济平等与效率之间的冲突。

（二）劳动关系法制化问题

常凯、邱婕（2011）认为，面对由个体向集体转型的劳动关系，我国“劳动三权”的法制化需要进一步加强。文章肯定了《劳动合同法》执行三年来对推动劳动合同制度、劳动者意识转变、法制环境改善的作用。但现有的法律体系还不能满足向集体劳动关系转型的新形式，以团结权、谈判权和争议权为核心的“劳工三权”立法是完善我国劳动关系法治的方向。

董保华（2011）从法制化调整的角度提出我国劳动关系调整要结合政府管制与企业/工人自治的策略。他认为《劳动法》建立了“三层次模式”的基础，即以政府为主体的“公共领域”，由营利组织构成的“经济领域”，以及处于二者之间的“社会领域”。《劳动合同法》强调了劳动关系作为“公共领域”的组成部分，强化了以国家管制为特点的调整模式。但作者强调除此之外，还要更加重视“强国家、弱社会”的现象，实现以自治为主的劳动关系调整方式。这就需要在集体谈判权、集体行动权和团结权方面看待劳动自治中出现的问题，那么解决方法就要通过工会民主化、职业化、社会化、行业化，促使工会有效运行。

郑尚元、李海明（2011）以南海本田工人停工为例，提出劳动关系法制化的迫切性。文章认为工资机制是矛盾爆发的主要原因，事件的突发性则表明了法律的缺失；劳动者的集体维权是自然权利，其应该包括一套实体和程序的权利体系。为了实现劳资争议的有序进行，就应当在法律上明确劳动者团结权、团体交涉权、争议权，以及争议解决途径。

乔建等（2011）劳动关系已经成为我国当今最重要的经济和社会关系，并呈现出市场化程度加深、法律体系基本形成、由个别向集体转变、全球化趋势发展等特征。同时他们还指出现存的主要问题：劳动者权益受害情况仍普遍；劳动者收入比例下降，收入分配成两极分化；劳动争议和群体性事件多发等。为了缓解这些矛盾，他们认为应该大力加强集体劳动关系协调的立法建设，加强政府对各地集体协商和三方机制建设的政策指导和创新，改革和创新工会组织。

苏海南、胡宗万（2012）对劳动密集型小企业的劳动关系状况进行了研究，指出存在着劳动关系变动性大、用工形式和劳资关系复杂、冲突更为直接等问题。针对这些特殊性，想要实现其和谐稳定，需要建立分层次、有弹性、求平衡、稳过渡的中小企业劳动关系协调机制，促进企业健康可持续发展。

孙兆阳（2012）从马克思主义劳动理论出发，分析了冲突产生的本质原因，以及向合作转化的条件与方法。对生产资料占有程度与劳动目的的不同而导致的利益差异是劳资冲突的根本原因，而通过法律和整体的调整，平衡主体的权力，发展集体形式的劳动关系，是实现从合作到和谐的必然之路。

孔锦、刘洪（2011）从权力均衡的视角分析我国劳动关系冲突加剧的现状。文章认为转型期我国劳动关系基本谈判力量失衡、政府调控能力不足是权力失衡的原因。这就需要从观念上、法律制度建设上、人力资源管理上采取措施，实现和谐劳动关系。

（三）收入分配改革

左春玲（2012）从工资集体协商视角对央企工资收入分配改革的策略进行了研究。文章基于合作博弈理论，构造协商主体的效用函数，并通过模拟赋值对整体效用进行计算，认为突破企业边界，开展行业集体谈判。

宋晶、王晓飞（2011）从收入分配视角分析我国劳资纠纷产生的原因。这包括：工人工资收入水平较低，工人权益得不到保障，工人人格得不到尊重，工人安全需要得不到满足，劳资双方权利不对等。通过分析我国收入分配存在的问题及其对劳动关系的影响，文章认为应该从劳动报酬率、工资制度、分配秩序、劳动力市场分割、社保体系等方面完善和谐劳动关系。

梁茵、汪继福（2011）对民营企业中工资集体谈判进行研究，提出存在的问题，比如覆盖面不广、实效性不强、监管不力。其原因是缺乏劳资协商的理念，劳动者的竞争不利地位，企业发展不成熟，工会没充分发挥作用，立法不完善。并在管理者理念、工会作用和政府指导等方面提出建议。

李艳、韩兆洲（2012）分析了北京、上海、广州、深圳最低工资标准执行现状，采用 ELES 模型测算最低工资标准，认为最低工资实际标准与理论标准仍有差距，与人均 GDP 比例关系失调，是影响劳动关系和谐稳定的常态化诱因。

（四）工资集体协商

2011 年是中国工资集体协商发生重大转折的一年，全国各地在全总和地方政府的支持下，全面推广工资集体协商与签订集体合同的活动。2011 年 5 月中华全国总工会下发《关于深入推进集体合同制度实施彩虹计划的工作方案》文件，要求从 2010 年到 2012 年基本在各类已建工会的企业实行集体合同制度，2010 年集体合同覆盖率达到 60% 以上，到 2011 年则要达到 80% 以上。2011 年 1 月则进一步公布了《中华全国总工会 2011—2013 年深入推进工资集体协商工作规划》，提出到 2013 年年底在 80% 以上的已建工会组织企业中，以及世界 500 强全部在华企业中，建立工资集体协商制度。

任小平（2011）将工资谈判纳入收入分配视角进行讨论，分析了影响工资谈判制度发挥作用的因素，并对其在维护职工权益、促进企业发展和消解社会矛盾等方面提出建议。其认为分配失衡是诱发中国劳资冲突的关键因素，这表现在劳动收入偏低、区域收入不平衡、行业收入差距加大、企业内部分配不公。同时，现有制度约束缺乏“刚性”，以企业为主的工会模式也难以进行谈判，谈判文化的缺失也制约了工资谈判发挥作用。建议加强制度救济力度，加快工资谈判技术建设。

谢玉华、郭永星（2011）对武汉餐饮行业的工资集体谈判进行调查，提出了“嵌入式”集体协商的概念，认为当前政府主导推行的集体协商是中国劳动关系调整方式的趋势。他们详细地介绍了集体合同签订的背景，协商过程，以及合同落实的情况，突出武汉餐饮业集体合同在条目内容、执行程序、检查监督等方面的突破，强调中国式的集体协商的特点，即政府主导下工会与企业的工资协商，并认为这种方式是中国劳动关系改革的出路。

胡放之、邵一持（2011）对湖北省机械、冶金、建材行业的一线工人进行调查，认为工资总体水平偏低，部分企业职工工资增长缓慢，拖欠工资现象依然存在。其原因是企业劳资地位不对等，工会代表性不强，企业管理层缺乏民主意识，相关立法简单、层次低，所以集体协商难以起到应有的作用。

石晓天（2012）比较了南海本田、盐田国际、松下环境三家公司开展工资集体协商的案例，认为：第一，在现有制度环境下，一个强力的工会或工人采取集体行动，是企业开展集体协商的基本条件。第二，上级工会的支持和指导与政府的准确判断和中立态度，是建立常态协商机制的必要条件。

张琼（2012）从协商民主理论出发，认为我国工资集体协商缺乏基于理性的公共协商，所以不能起到实质作用。这表现在协商主题认识不到位，协商内容流于形式，协商环节缺失，缺乏制约监督和责任追究机制。

（五）工会与集体劳动关系

徐晓军（2011）认为，我国劳动关系中出现的不和谐根源与利益关系的失衡，特别是劳资双方力量的不平衡，是我国各种社会问题的重要根源。单纯的以市场自发行为、政府干预行为或劳动者个人主体意识去取代工会在劳资自治基础上的博弈行为，是无法实现和谐劳动关系这一目标的。他借用博弈论的一些观点，提出合作博弈的概念，即以多个利益群体之间总体收益最大化为目的，这也是中国工会在工作中应该遵循的原则。

段礼乐（2011）认为，随着经济社会发展、产业结构演变、劳资力量对比的变化，加强集体劳动关系的法律调整将成为必然。现阶段我国劳动关系的主要问题之一是劳动法制存在对劳动关系选择性干预，即对个体劳动关系规制过度，对集体劳动关系干预不足。要解决这一问题就需要完善劳动法及其配套规定，使集体劳动关系有法可依；明确定位，保护劳动者权益，构建可持续集体劳动关系。

王阳（2011）强调了经济转型期建设集体劳动关系协调机制的重要性。文章认为劳动力成本上升带动工资集体协商，群体性劳动争议高发推动了三方协调机制。但是由于工会缺乏代表性和独立性，导致集体协商和集体合同制度作用有限。为此，政府应该继续推进收入分配改革，出台有操作性的法律法规，提高工会职责有效性。

任巍、周维（2012）从国外社会伙伴制的角度分析了我国集体协商建设的方式。社会伙伴关系是西方发达国家协调劳资关系、缓解社会矛盾的重要方式，对生产管理和劳动关系有促进作用。但我国的集体协商存在认识不足、内容空泛、实施机制不健全、效果不佳等问题，需要从企业微观和社会宏观方面的建设加以改进。

（六）集体争议与产业冲突

2010年以来的工人群体性事件成为政府和国内外学界关注的热点问题，集体争议问题也因此成为我国劳动关系调整中研究的重点。

孟泉（2012）从西方社会运动理论出发分析了工人利益转化机制。文章认为影响工人利益转化的因素包括：社会、生产结构，工人不公正感；组织网络和身份认同；显性与隐性的积极分子；市场与生产链。并提出本土化的利益转化模型。

潘泰萍（2011）分析了非公企业中集体劳动争议行为。文章认为非公企业劳资矛盾突出，集体争议处于急剧增长和高位运行状态，具有集中性、突发性、连锁性的特点。生产资料私有制、传统经济增长模式的局限、法律法规短缺、工会不作为等是其主要原因。

罗燕、林秋兰（2011）采用年鉴数据对影响集体劳动争议的因素进行分析。文章指出近年来集体劳动争议案件明显上升，劳动关系正在向“集体调整”转变。同时，集体化建议数与争议调解委员会等民主参与和调解机制有助于减少集体争议。

闻效仪（2011）以温岭羊毛衫行业雇主为主导的工价谈判为例分析了内部国家机制的作用。文章指出发达国家采用内部国家制度能够消解工人怨恨，从而制造认同。温岭羊毛衫行业在经过劳动力市场的剧烈波动后，雇主主动寻求建立行业自律机制，使工人群体从“无序抗争”过渡到“有序遵守”。

（七）人力资源管理与企业劳动关系

朱飞、熊新发（2012）认为，外部劳动力市场（ELM）主导型雇佣关系已经逐渐成为目前中国企业的主要雇佣关系模式，但这种模式由于对员工依赖程度提升和员工组织承诺减低而出现一系列的困境。为此，企业应该围绕可雇佣性建立管理理念和策略，革新管理哲学，建立人力资源管理系统，重塑心理契约，通过市场的方式吸纳、保留和激励员工。

张宏如（2011）讨论了员工帮助计划（EAP）对促进和谐企业劳动关系的作用。企业社会工作是运用社会工作的方法，解决企业及其员工相应问题。但我国存在缺乏明确实施机构与实践主体和技术的困境。员工帮助计划重视组织与个人目标的有机结合，企业转型期员工的需求，实现员工、企业与社会的“三赢”。

李宁、彭仁贤、刘金山（2011）从成本收益角度分析了 SA8000 等社会责任运动对我国紧张的劳动关系的影响。通过最优化动态博弈模型的分析，指出企业利润与改善劳动关系之间并非绝对的负相关关系，而且企业应该积极应对，密切关注国际劳工标准的新变化，政府制定保护劳工权利的政策，实现基本公共服务均等化。

曾湘泉、唐钻（2011）提出战略劳动关系管理的概念，认为劳动关系管理应该从资方利益最大化的人力资源管理转向劳资共赢与企业可持续发展的战略劳动关系管理。文章认为战略劳动关系管理包括合法、合情、合理三个层面的内容，但是对工人组成、劳务派遣、劳动标准、集体争议等都提出了挑战。为此要充分发挥政府的作用，完善劳动标准立法和中小企业的劳动保障。

四　中国劳动关系研究今后发展方向估计

中国的劳动关系研究与经济体制和劳动力市场改革密不可分，随着经济体制改革的深化，产业升级转型的加速，刘易斯转折点的到来，劳动力市场也发生了供需状况的逆转，被扭曲的要素价格也会逐渐回到市场水平。那么在市场上劳资力量的对比也会发生改变，双方对收益分配的方式和结果会进入新一轮的博弈，当前的民工荒和涨薪潮就是这些因素的表现。在这样的市场和制度环境下，如何处理由利益分配而产生的劳资矛盾、实现和谐劳动关系就成为一个严峻的问题。在宏观上，为了平稳度过“中等收入陷阱”，就要进行收入分配改革，这就对工会发挥在集体工资协商中的作用提出要求。与此相关的问题是如何衡量集体协商和集体合同对工资的影响和作用范围，企业人力资源管理中的绩效工资、奖金或股权激励等对改善收入分配结构、提高企业可持续绩效有什么影响。在法制建设上，劳动关系已经显示出由个体向集体转型的趋势，那么相配套的法律法规建设也愈加迫切。在企业内部，如何建立起与外部劳动力市场相适应的内部协商机制和争议调解机制，如何提高员工可雇佣性与企业的共同发展，也是需要回答的重要问题。

参考文献与学科年度重要文献

班晓娜：《企业劳动关系和谐度实证研究：基于大连地区的企业调查》，《中国劳动关系学院学报》2012 年第 1 期。

曹可安：《集体劳动争议明显上升的原因及应对》，《中国城市经济》2010 年第 2 期。

常凯：《劳动关系 · 劳动者 · 劳权——当代中国的劳动问题》，中国劳动出版社 1995 年版。

常凯：《罢工权立法问题的若干思考》，《学海》2005 年第 4 期。

常凯、邱婕：《中国劳动关系转型与劳动法治重点：从〈劳动合同法〉实施三周年谈起》，《探索与争鸣》2011 年第 10 期。

陈诗达：《市场化进程中的劳动关系变迁》，《浙江省劳动和社会保障学会劳动关系问题研讨会暨 2006 浙江就业报告》，2006 年。

陈微波：《劳动关系治理视角下的工业民主问题研究》，《河南师范大学学报》（哲学社会科学版）2011 年第 1 期。

狄煌：《有效解决集体协商“谈不拢”问题的思考》，《中国劳动》2011 年第 6 期。

丁为民：《合作与共赢：通往和谐劳动关系的必由之路》，《教学与研究》2012 年第 4 期。

段礼乐：《劳动关系的选择性干预与集体劳动关系的制度逻辑》，《中国劳动关系学院学报》2011 年第 5 期。

郭金兴：《我国劳动争议的省际差异及其解释》，《财贸研究》2008 年第 5 期。

郭军、李雪艳：《市场劳动关系演变机理》，《中国人力资源开发研究会第十次会员代表大会论文集》，2008 年。

郭悦：《平衡劳动关系：建立真正的集体谈判制度》，《中国劳动》2005 年第 2 期。

洪泸敏、章辉美：《中国企业劳动关系的变迁》，《企业管理》2009 年第 3 期。

胡放之、邵一持：《大力开展集体协商，推进企业一线职工工资正常增长：基于湖北省部分行业一线职工收入状况的调查》，《湖北社会科学》2011 年第 2 期。

孔锦、刘洪：《转型期我国劳动关系的权力均衡分析》，《现代经济探讨》2011 年第 12 期。

李春宇：《浅析现阶段我国劳动关系的特点及价值取向》，《工会理论与实践（中国工运学院学报）》，1998 年第 2 期。

李丽林：《2004—2010 年我国典型停工事件分析》，《中国人力资源开发》2011 年第 3 期。

李宁、彭仁贤、刘金山：《企业社会责任与和谐劳动关系构建》，《商业研究》2011 年第 12 期。

李艳、韩兆洲：《构建和谐劳动关系：我国四大一线城市最低工资标准测算与比较》，《西北人口》2012 年第 2 期。

李月良：《烟台市外资企业劳动关系状况的调研报告》，《中国工运》2010 年第 1 期。

梁茵、汪继福：《民营企业工资集体协商推进中的困境与对策》，《经济纵横》2011 年第 6 期。

罗燕、林秋兰：《集体劳动争议的实证分析：基于全国 31 个省市区的数据》，《中国劳动关系学院学报》2011 年第 2 期。

吕国泉、李嘉娜：《发展和谐劳动关系的挑战与进路》，《中国劳动关系学院学报》2011 年第 6 期。

孟泉：《我国罢工工人利益转化机制研究：立足西方社会运动理论的思考》，《中国人力资源开发》2012 年第 1 期。

潘泰萍：《关于非公企业集体劳动争议行为的研究》，《生产力研究》2011 年第 3 期。

钱箭星：《全球化时代发达国家劳资关系的演变及其新动向》，《社会主义研究》2009 年第 6 期。

乔健：《在国家、企业和劳工之间：工会在市场经济转型中的多重角色——对 1811 名企业工会主席的问卷调查》，《当代世界与社会主义》2008 年第 2 期。

乔健：《中国特色的三方协调机制：走向三方协商与社会对话的第一步》，《广东社会科学》2010 年第 2 期。

乔建、郑桥、余敏、张原：《迈向‘十二五”时期中国劳动关系的现状和政策取向》，《中国劳动关系学院学报》2011 年第 3 期。

任巍、周维：《基于社会伙伴关系的集体协商建设》，《理论探讨》2012 年第 1 期。

任小平：《关于中国工资谈判制度的反思与改进》，《河北经贸大学学报》2011 年第 4 期。

石晓天：《工资集体协商的条件与现实路径：从南海本田等个案比较的角度》，《中国劳动关系学院学报》2012 年第 2 期。

石秀印：《劳动关系：由单边决定、双边决定向三方协和转型》，《北京工业大学学报》（社会科学版）2008 年第 8 卷第 6 期。

宋晶、王晓飞：《收入分配制度视域下的和谐劳动关系构建》，《管理学刊》2011 年第 1 期。

苏海南、胡宗万：《我国劳动密集型小企业劳动关系问题研究》，《华东师范大学学报》（人文社会科学版）2012 年第 2 期。

孙兆阳：《平衡劳动关系的冲突与合作：关于和谐劳动关系的理论思考》，《中国劳动关系学院学报》2011 年第 2 期。

王长城：《我国劳动关系发展中的问题与改进措施》，《中国人力资源开发》2006 年第 9 期。

王甫希：《集体劳动争议的发展特点》，《中国劳动关系学院学报》2010 年第 6 期。

王少波：《国企改制中劳资冲突走向暴力现象解析——以通钢集团和林钢集团改制中出现的暴力事件为例》，《中国人力资源开发》2010 年第 3 期。

王阳：《经济转型期推进集体劳动关系协调机制建设的思考》，《中国经贸导刊》2011 年第 24 期。

闻效仪：《集体谈判的内部国家机制：以温岭羊毛衫行业工价集体谈判为例》，《社会》2011 年第 1 期。

吴清军、许晓军（a）：《劳资群体性事件与工会利益均衡及表达机制的建立》，《当代世界与社会主义》2010 年第 5 期。

吴清军、许晓军（b）：《中国劳资群体性事件的性质与特征研究》，《学术研究》2010 年第 8 期。

吴亚平、乔健、李珂：《基层工会组建形式的多样性及维权实效性研究》，《中国劳动关系学院学报》2008 年第 2 期。

夏小林：《私营部门：劳资关系及协调机制》，《管理世界》2004 年第 6 期。

谢玉华、郭永星：《中国式工资集体协商模式探索：武汉市餐饮行业工资集体协商调查》，《中国劳动关系学院学报》2011 年第 6 期。

徐晓军：《工会在构建和谐劳动关系中的合作博弈》，《中国劳动关系学院学报》2011 年第 1 期。

杨正喜：《转型时期我国劳资冲突特点——以珠三角农民工为例》，《工会理论研究》2008 年第 3 期。

姚先国、赖普清：《中国劳资关系的城乡户籍差异》，《经济研究》2004 年第 7 期。

姚先国、李敏、韩军：《工会在劳动关系中的作用——基于浙江省的实证分析》，《中国劳动关系学院学报》2009 年第 1 期。

虞华君、刁宇凡：《劳动关系调查与评价体系研究》，《中国劳动关系学院学报 》2011 年第 3 期。

余晓敏：《经济全球化背景下的劳工运动：现象、问题与理论》，《社会学研究》2006 年第 3 期。

袁凌、李艳萍、魏佳琪：《长株潭两型社会实验区企业劳动关系现状调差分析》，《湖南大学学报》（社会科学版）2011 年第 2 期。

岳经纶、庄文嘉：《全球化时代下劳资关系网络化与中国劳工团结——来自中国沿海地区的个案研究》，《中山大学学报》（社会科学版）2010 年第 1 期。

曾湘泉、唐钇：《战略劳动关系管理：内容、挑战及展望》，《中国劳动关系学院学报》2011 年第 4 期。

张秋惠、于桂兰：《我国劳动争议案件数量增长问题研究》，《学习与探索》2010 年第 3 期。

张建武、李永杰：《深圳经济特区劳动关系的演变及启示》，《特区经济》2003 年第 6 期。

张琼：《基于协商民主的工资集体协商程序完善研究》，《湖北社会科学》2012 年第 3 期。

章小奕：《经济转型时期劳动关系的变化趋势与应对建议》，《南京工程学院学报》（社会科学版）2004 年第 4 期。

郑桥：《从〈劳动合同法〉出台看中国劳动关系的演变与发展》，《当代世界与社会主义》2008 年第 1 期。

郑尚元、李海明：《论劳资关系及其法律规制》，《劳动权益保障》2011 年第 3 期。

中央有关部门联合调研组：《构建和谐劳动关系调研报告》，《中国劳动关系学院学报》2011 年第 6 期。

朱超：《群体性劳动争议的预防消解与机制建设研究》，《南京师大学报》（社会科学版）2004 年第 4 期。

朱飞、熊新发：《ELM 主导型雇佣关系模式下的员工管理困境和管理策略创新研究：可雇佣性的视角》，《理论探讨》2012 年第 2 期。

左春玲：《我国中央企业工资收入分配改革的方向与策略：基于工资集体协商视角》，《华东经济管理》2012 年第 4 期。

（孙兆阳）

学科整体发展综述

规制经济学

一 学科概述

规制经济学（Economics of Regulation）也称管制经济学，是以政府规制活动为研究对象的一门独立学科，是主要产业组织经济学和法律经济学相互融合基础上逐步形成的一个重要经济学分支。规制经济学与经济学、法学及其分支学科具有密切的关系（见图1）。法律经济学来源于法学和经济学，产业组织经济学来源于微观经济学，微观经济学来源于经济学。规制经济学是现代经济学中用来分析研究现实经济问题、相对独立的一门应用经济学科，可以将其归属于微观经济学的应用分支学科。

“管制”或是“规制”都是由英文“regulation”翻译而来。在《新帕尔格雷夫经济学大辞典》中，regulation 被译为“管制”。日本学者通常将其译为“规制”。在现实应用中，政府往往习惯使用“监管”，如金融监管、电力监管、公用事业监管等。当然，无论是“管制”、“规制”，还是“监管”，都没有本质差异。

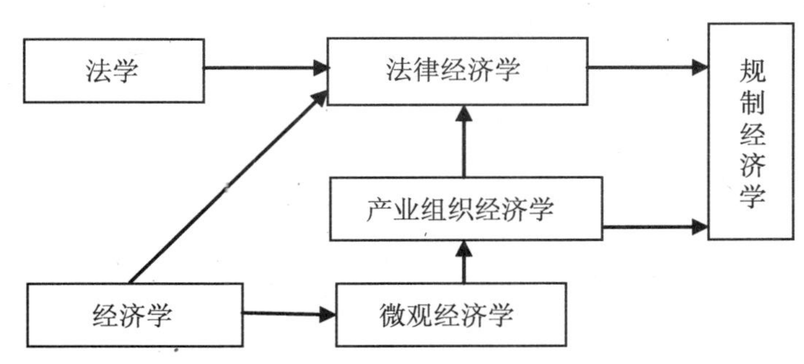

图 1　规制经济学与经济学及相关学科的关系

经济规制最初源于对市场失灵的讨论。由于侧重点不同，经济学家对规制的表述有所差异。波斯纳（Posner，1974）较早以不同于社会学的方式，从经济学的角度将其定义为各种税收和补贴措施以及对价格、进入和其他经济行为的直接的立法和行政控制。萨缪尔森（Paul A. Samuelson，1996）认为，规制是政府以命令的方法改变或控制企业的经营活动而颁布的规章或法律，以控制企业的价格、销售或生产决策。史普波（Oaniel

F. Spulber，1998）认为，规制是行政机构制定并执行的直接干预市场机制或间接改变企业和消费者供需决策的一般规则或特殊行为。植草益（Uekusa，Masu，1992）认为，规制是社会公共机构（政府）依据一定的规则对企业的活动进行限制的行为。维斯卡西（Viscusi，2005）认为，规制是政府以制裁手段对个人或组织的自由决策的一种强制性限制。政府的主要资源是强制力，规制就是以限制经济主体的决策为目的而运用这种强制力。王俊豪（2007）认为，规制是具有法律地位的、相对独立的规制者（机构）依照一定的法规对被规制者（主要是企业）所采取的一系列行政管理与监督行为。不难看出，现代意义的规制是指政府（或规制机构）利用国家强制权对微观经济主体进行直接的经济、社会控制或干预，其规范目标是克服市场失灵，实现社会福利的最大化，即实现“公共利益”。上述定义中规制包含三个构成要素：（1）规制的主体（规制者）是政府行政机关（简称政府），规制者通过立法或其他形式被授予规制权。（2）规制的客体（被规制者）是各种经济主体（主要是企业）。（3）规制的主要依据和手段是各种法规（或制度），以及被规制者违反法规将受到的制裁。

规制经济学研究在 20 世纪 70 年代之前一直处于零散状态，仅有少数经济学家从事相关领域的研究，研究成果也乏善可陈。1970 年，美国经济学家 A. E. Kahn《规制经济学：原理与制度》的出版标志着规制经济学作为一门学科的诞生。进入 20 世纪 70 年代，美国垄断行业与社会普通民众的利益冲突加剧，尤其是 AT&A 等行业巨头的存在，使得经济学家开始对这种资源分配模式的效率进行思考。这一时期，著名经济学期刊《兰德经济学杂志》的前身《贝尔经济学杂志》相继发表了 W. Baumol、R. Posner、G. Stigler、W. Viekrey 和 O. Williamson 等著名经济学家的经典论文，这些文献采用供求分析等标准的经济学分析方法来研究规制问题，对当时美国垄断规制模式进行了深入分析和批判，并将研究成果系统化。肖兴志、陈长石（2009）经过以上发展，规制经济学开始向相对独立的学科发展。随着激励性规制理论的兴起和发展，尤其是博弈论、机制设计理论、委托—代理理论等分析方法和理论工具的采用，经济学家对政府规制活动的过程及作为其结果的市场均衡问题能够进行更系统深入的研究，规制经济学逐步融入主流经济学，成为产业组织理论和微观经济学的一个重要分支。

于立（2005）将规制经济学的主要内容归纳为经济规制（economic regulation）、社会规制和反垄断规制三个方面。经济规制主要指“广义政府”对企业在价格、产量、进入和退出等方面的决策进行的限制，社会规制主要指“广义政府”在健康、安全和环境等方面的规制，反垄断规制主要指“广义政府”在企业兼并、串谋、市场集中等方面的限制和豁免。经济性规制是规制经济学最核心的内容。它与社会性规制既有联系，又有区别。如果把规制对象大致分为经济性活动和非经济性（或社会性）活动，把规制手段大致分为经济性手段和社会性手段的话，那么就可以比较清晰地对经济性规制和社会性规制进行定义，即，对经济性活动进行的规制就是经济性规制，对非经济性活动进行的规制就是社会性规制。

二　改革开放三十年来规制经济学发展、演进的概况

改革开放以来，原本在西方市场经济国家存在的规制现象和问题在我国改革和发展过程中得到再现。这为国内学者学习、研究规制经济学提供了需求，将规制经济学理论与方法用于研究现实问题提供了有利条件。同时，中国经济发展中的一些特殊问题，例如垄断行业和国有企业规制、安全规制、资源环境规制等，也成为中国规制经济学研究的对象和重要内容。经过多年努力，规制经济学的理论与方法逐步为我国学者所掌握，我国规制经济学学科建设和发展正在进入与国际接轨、创新应用的新阶段，改革和发展中出现的一些规制问题得到更及时、更深入的研究，更科学、更可靠的解释。

一是规制经济学理论传播、学习和研究阶段。20世纪八九十年代，随着微观经济学的普及和相关文献的引入，规制经济学为国内一些经济学者所重视，公共利益规制理论、利益集团规制理论、激励性规制理论、规制框架下的竞争理论等规制经济学理论与方法被介绍到国内。20世纪90年代和进入新世纪以来，随着激励性规制理论的引进和研究，国内规制经济学关注的重心发生转移，规制经济学进入系统发展阶段。对规制效果的检验衍生了规制框架下的竞争理论，同时也促进了利益集团规制理论、激励性规制理论的发展。在深入研究经济规制的基础上，随着资源环境、安全生产等领域的问题逐步突出，国内经济学界加强了社会性规制和反垄断规制理论与方法和相关文献的翻译、研究。张红凤（2005）认为，规制经济学这种由低级到高级、由脱离现实到逐渐贴近现实的“革命性”的变迁，决定了其规制政策的制定与实施发挥重要作用，对西方国家的经济增长和经济发展产生重大影响，在一定程度上表现出该学科的科学性与实用性，因此，规制经济学对我们有很强的借鉴意义。

二是运用规制经济学理论解释和研究改革实践中的经济规制问题。自20世纪90年代中后期以来，随着建立社会主义市场经济体制改革目标的确立和市场取向改革的深入，自然垄断产业的问题日益突出，我国开始注重自然垄断产业改革。电信、电力、民航等行业在实行政企分离、政资分开、业务分拆等方面取得了较大进展。在这种背景下，我国学者结合垄断行业和公用事业改革和发展实践，对其中的规制问题给予了比较多的研究和注意，取得了一些值得注意的研究成果。

虽然国内规制实证研究起步较晚，但是发展却十分迅速，出现了许多结合我国国情，体现实证研究针对性和实践性的研究成果。邓翔（1995）分析了天然气产业由输送网络等形成的自然垄断特征及其带来的问题。荣朝和、蒋仁才（1995）提出铁路不具有自然垄断的特性，而且在很大程度上也已失去过去的垄断地位，并分析了对铁路垄断特性产生误解的原因和垄断概念混乱带来的危害。刘阳平和叶元煦（1999）对电力产业内发电、输电、配电三个环节的技术经济特征进行了分析，结果表明电力产业内部不同环节具有不同的自然垄断特征。肖立武（1999）对美国、中国电信产业的发展进行了比较分析，提出中国电信业的垄断，其生成环境既非资本主义也非市场经济，而是有着鲜明的“中国特色”，可以说是高度集中的计划经济体制的一个历史延伸。王俊豪（1999）对公

用事业的政府管制体制改革进行了系统研究，并试图抽象出各个公用事业所面临的共同问题。在《中国政府管制体制改革研究》一书中，王俊豪结合中国电信、电力、自来水、天然气、铁路运输这五个公用事业面临的问题，从协调规模经济和竞争活力的视角，提出了政府管制体制改革的关键是政企分离，政府管制体制改革的主题是充分发挥竞争机制的积极作用，政府管制体制改革的目标是在基础设施产业实现有效竞争。肖兴志、孙阳（2006）从总量、价格、利润、效率和质量五个方面设定了计量模型，对电力产业的规制效果进行了分析与验证，发现电力规制改革显著地提高了电力产业的总量和效率，降低了电力价格水平和垄断利润，但在改善服务质量方面尚未发挥有效作用。于良春、丁启军（2007）首先从理论上分析了自然垄断产业进入规制的成本和收益项目，随后测算了电信业进入规制的成本和收益，研究结果表明电信业中的进入规制成本比收益高出2.07倍，他们认为我国电信业未来仍需进一步放松规制，以保证竞争的有效性。

在行业研究与分析以及改革实践不断推进的同时，一些研究侧重从理论层面反思自然垄断理论，并探讨公用事业改革的思路和路径，研究重点从政企关系、监管体制到民营化、纵向结构。关于政企关系和监管体制，余晖（1998）对公用事业管制现状进行了描述和分析，发现消费者在消费领域扩大的同时，消费的直接成本也在不合理地增加。王俊豪（1998）对自然垄断产业垄断与竞争的效率进行了比较分析，提出政府在制定管制政策时，应该同时考虑自然垄断产业的成本弱增性和竞争机制的积极作用，才能在自然垄断产业实现有效竞争。胡家勇（2003）分析了中国基础设施领域“政企合一”体制的弊端，阐述了开发基础设施领域产权、强化市场竞争和调整政府在基础设施领域职能的改革思路。其中，引进经营权的竞争至关重要。

三是开展社会性规制和反垄断规制的研究。规制经济学在我国发展初期，关注重心是经济性规制，社会性规制一度被忽视。于立（2006）认为，社会性规制（social regulation）容易跑出经济学家的视野，这主要是因为不知不觉地受到“经济学帝国主义”指责的禁锢。非经济性活动或非人为垄断+自然垄断的社会性活动，当然也存在成本与效益的关系，自然也是经济学的用武之地。而且，随着技术进步和社会发展，如果说经济性规制呈放松趋势的话，社会性规制虽然个别时候或许有些结构调整，但整体上一直呈加强趋势。社会性规制有时也称“HSE 规制”，那是由于经济学家到目前为止对医疗卫生（Health）、安全（Security）和环境（Environment）问题研究较多的缘故。这当然不是说社会性规制只限于这几个方面。对中国而言，社会性规制方兴未艾，很多属于社会性规制的问题还非常缺乏规制经济学的研究，如比较突出的就有医药市场问题、矿难问题、排污权交易问题等。

近几年，改革和发展实践迫切要求加强社会性规制和反垄断规制问题的研究，国内社会性规制的实证研究成果也不断出现。肖兴志、齐鹰飞、李红娟（2008）对中国煤矿安全规制效果进行了实证分析，认为煤矿工人通过理性行为在工资与安全二者间进行权衡。他们借鉴了 Viscusi（1979）、Klick 和 Stratmann（2003）的研究思路，在数理分析基础上，采用模型进行实证检验，得出中国的煤矿安全规制存在着趋于消失的 Peltzman 效应（Peltzman，1975）的结论。在反垄断规制方面，于春晖、吴一平（2006）对中国电力规制机构改革过程中出现的规制分权、组织合谋等行为的影响进行了实证分析。他们发现电力行业规制机构的分权化改革是失效的，而失效的主要原因在于规制机构与被规制企业间的合谋。于立（2006）认为，经济性规制也不是针对所有涉及市场失灵的经济活动，而主要是针对自然垄断的。非自然垄断（人为垄断）的规制主要是反垄断法的干预内容。这样，又可进一步明确，对于非自然垄断，主要交给反垄断机构去处理；而对于自然垄断，则允许它存在，但要规制垄断者行为。

四是对规制经济学本身发展进行研究和总结。汪秋明（2005）对传统规制理论发展的内在逻辑进行了分析，发现规制经济学的发展符合经济学发展和完善的一般规律。通过不断对最初理论的前提假设条件进行放松，引入更多反映真实世界的变量和使用解释力更强的经济学分析方法，对现实中的经济现象作出更为合理的解释。传统规制理论在最初的公共利益理论阶段，暗含着两个非常强的前提假设：第一，政府是“仁慈”的，以追求社会福利最大化为目标；第二，信息是完全的，政府可以了解所需要的被规制产业的任何信息。规制俘虏理论的出现正是通过对第一个前提假设的放松而发展起来的，它强调政府在规制关系中并不是“仁慈”和追求公共福利的，规制机构会被规制产业“俘虏”和控制，规制实际上成为生产者集团攫取产业利润的工具。规制经济理论则进一步对规制机构内部政治家的效用函数进行分析，规制的目标表现为追求政治支持最大化，三种典型分析模式只是在利益集团作用于规制机构的方式、手段以及结果的解释上各有侧重。通过对第二个假设条件的放松与拓展，新规制经济学不再纠缠于规制的基本理论问题，而是转向了对政府规制政策提供理论指导方面，其最大的特点是将激励问题引入到信息不对称条件下规制问题的分析中来。新规制经济学在新的分析框架中使用委托—代理理论对规制者和被规制企业的目标约束、信息结构和可选工具进行描述，在此基础上分析双方的行为和最优权衡，为政府在现实的约束条件下设计最优的规制政策提供理论指导和可行工具。

总体来看，规制经济学在我国的发展已经完成单纯理论和方法介绍、学习阶段，正在进入理论与实践融合发展的新阶段。国内学者能够及时掌握国外最新研究成果，国内改革和发展中的规制问题能够得到及时、深入的研究。

三　本年度学科发展理论前沿以及重大的热点问题

本年度规制经济学研究继续处于活跃状态，从基本理论到重大现实问题均有不少研究成果，研究成果与现实的结合更加紧密，研究领域逐步由垄断行业、公用事业的经济性规制延伸到健康、安全、环境等社会性规制。社会性规制和反垄断规制等问题的研究成果显著增多，出现了不少学术水平较高的研究成果。

一是对结合国内改革和发展实践，对规制理论问题的研究。张昕竹（2011）提出，垄断行业改革包括产权改革、经济自由化、规制改革三大根本性改革。其中规制改革由三个层面构成。规制改革的第一个层面是法律框架的建立，毋庸讳言，规制改革中的立法也许是最容易的部分，因此也是改革走得最快的部分，尽管执法效果仍有疑问，但是垄断行业适用的法律框架也许是和典型市场经济体制下的法律体系最接近的部分。规制改革的第二个层面是管理体制问题，或者说规制治理结构问题。世界规制改革实践似乎表明，建立专业的具有合理监管范围的独立监管机构是建立规制治理结构的关键。规制改革的第三个层面是规制政策改革。在众多的规制政策中，最为核心的问题是价格规制。这些重大改革依据的主要是现有的市场经济理论，但无论是基本的市场经济理论，还是由拉丰和蒂罗尔等经济学家开创和发展的现代规制理论，都没有从本质上直面转型环境下的垄断行业改革问题。造成改革步伐停滞甚至迟迟没有破题的重要原因是，尽管现代规制理论已成为垄断行业改革的指南，但其并没有解决转型经济环境下垄断行业改革所面临的一些根本性问题。姜琪（2011）分析了竞争、垄断和规制三者之间的关系，认为竞争与垄断二者之间存在相互转化机制，市场结构总是处于二者的中间状态，规制对竞争与垄断间的相互转化起着调节或制约作用。在“竞争—垄断—规制”动态均衡中，竞争的激励作用和潜在进入者打破垄断的强烈动机会促进技术进步和生产效率的提高，从而使得市场经济效率在长期中螺旋式上升。该结论的政策含义是，政府规制的重心不应过分强调市场结构，而应放在如何维持充分的潜在竞争压力上。一方面应鼓励开发能降低沉淀成本的新技术，另一方面应放在排除一切不利的人为的进入和退出壁垒。培育市场、考虑行业的长期发展和维持良好的竞争秩序，是政府规制的最终方向。

二是对环境规制与产业竞争力关系的研究。环境问题是金融危机过后新一轮科技革命和经济增长的首要问题，是世界经济发展方式转变的重要突破口，也是国际竞争的焦点。随着资源环境问题对经济发展的制约和障碍作用越来越明显，在可持续发展理念的指导下，出现了强化政府规制的要求，环境规制对竞争力的影响受到关注。环境竞争力成为人类社会竞争的一个新兴领域，是人类迈向更高发展阶段的重要问题。开展环境竞争力研究，是环境问题研究的必然，也是竞争力研究范围拓展的需要。20 世纪 80 年代后随着竞争力问题研究的拓展，环境竞争力逐步为学者所关注。目前，国内对环境竞争力问题的研究正在成为竞争力问题的一个焦点。叶琪（2011）梳理了环境竞争力理论研究的源流和进展，在比较分析的基础上，总结出当前研究可供借鉴和不足之处。黄茂兴、高建设（2011）通过对环境与竞争力关系的理论分析，阐述环境竞争力的内部构成和主要特征，并在进一步分析提升环境竞争力对生态文明建设重要意义的基础上，提出加快提升中国环境竞争力的路径选择。

三是结合食品安全问题对规制主体和体制的研究。近年来，我国食品安全事故频频发生。尤其是 2008 年 9 月爆发的三鹿奶粉事件造成了巨大的负面社会影响。食品安全问题危害了消费者的健康和生命安全，影响了食品产业的生存和发展，削弱了公众对政府的信心，也催生了食品安全规制研究的发展。袁文艺（2011）认为，我国食品安全全程管制链条中，整个管制过程都是由政府部门操作，政府是唯一的管制主体，管制什么、怎样管制、管制到何种程度等都由政府这个单一的管制主体来确定，并未体现其他专业性主体和社会力量的监管和参与作用。政府以垄断的方式包揽了整个管制过程，可概括为政府垄断管制模式。针对食品安全管制机构纵向权责不对等、横向协作不力的困境，提出合理划分各级政府之间的管制权，食品安全管制纵向以省级以下垂直管理为主，并整合现有的食品安全管制机构，形成由食品安全委员会统筹领导，农业和卫生两部门分段负责的综合分段管制模式，提高横向分段管制的综合性。乳制品已经成为人们生活中不可或缺的食品之一，乳制品安全不容忽视。近年来，中国频发的重大乳制品安全事件，更使乳制品安全问题成为关注度较高的社会问题。付宝森（2011）在题为“中国乳制品安全规制研究”的博士学位论文中，归纳介绍了中国乳制品安全规制的历史沿革和现状，分析了乳制品安全规制中各利益主体在市场运行中的行为，对国外发达国家乳制品安全规制效率进行了比较研究，认为单一乳制品安全规制机构优于多部门乳制品安全规制机构。

四是对电信和广电统一规制还是分业规制的研究。如何建立适应三网融合的规制体制一直是近年来理论界和业界争议的热点话题，其中一个重要的制度设计问题是，是否应该改变电信和广电分业规制的现状，设立一个融合的规制机构，对电信和广电进行统一规制。一种代表性观点认为，应建立统一的规制体制，这将有助于打破部门利益之争；但相反的观点则认为，在我国现有政治经济体制下，分业规制是更好的选择。张昕竹、马源等（2011）针对三网融合进程中规制机构应采取分业规制还是统一规制的问题，利用国际电联的规制机构问卷调查数据，通过建立规制机构设置模式的 Probit 选择模型，论证了我国应该对电信与广电业实施统一规制的政策结论。选择统一规制体制也与我国政府机构的大部制改革方向一致。

五是医疗服务改革和规制的研究。朱恒鹏（2011）通过梳理近二十年来中国政府管制医疗服务收费和药品价格的政策及其效果，证实管制具有内生性，一旦被引入，管制便会呈现自我强化的趋势，其负面效果也会越来越严重。顾昕（2011）认为，与国际水平相比，中国卫生费用中的药费支出比重长期居高不下。作为药品销售的最主要终端，公立医院中存在着“药价虚高”的现象，即公立医院倾向于高价进货、高价销售药品。即便在药品批发市场上存在着价格便宜的进货渠道，公立医院也倾向于视而不见。将药价虚高的现象归咎于公立医院的逐利性是皮相之见，因为逐利动机并不必然导致“高价进货、高价销售”这种运营模式。导致这种模式出现的根本原因，在于政府的不当价格管制在公立医院中营造的制度结构。尤其是政府对公立医院实施的药品加成管制，致使公立医院不采取高价进货的商业模式就必将利益受损。对药价虚高的公共治理之道不在于增多管制措施或强化现行管制措施，而在于调整或改革现行的管制措施。健全医保付费机制是正本，取消药品加成管制是清源。只要正本清源，公立医院药价虚高的顽症就不难治愈。

六是结合公共交通和出租车等行业对经济性规制问题的研究。单其文（2011）发现目前各地在城市公共交通的规制上偏重于保护，忽视了对行业运营中垄断势力的限制和约束，已经对行业自身发展、公交产品提供，甚至城市化进程都产生了诸多不利的影响。庄序莹（2011）提出，我国政府对出租车行业实行严格的准入管制，但基于自然垄断特性而对出租车行业进行准入管制的理由是不充分的。在特许经营权收益绝大部分分配给了出租车公司的情况下，政府管制使出租车公司获得垄断高价，并侵害到出租车司机与乘客的权益；出租车公司的高额利润导致非法营运增多，显然其收益与贡献是极其不匹配的。深层次原因是市场需求与准入管制的时滞性矛盾、出租车数量在空间分布上的不均衡及政府将新增道路上出租车的特许经营权完全无偿赋予了出租车公司。现阶段，对出租车行业实行以准入管制为核心的政府管制存在的弊端已然凸显，政府的强制性管制方式已不能很好地适应行业和社会发展的要求，在促进有效竞争的基础上转变管制方式，实行管制创新就成为一个必然的选择。张树全（2011）运用经济学的研究方法对出租车行业的数量管制问题进行了考察。研究发现，由于出租车行业具有很强的竞争性，单纯依靠市场的自发调节就能够实现该行业的资源优化配置；对出租车行业的数量管制，不但影响了出租车行业的自身发展，而且造成了社会福利损失。事实上，管制的重要原因是为了获得管制租金而不是增进社会福利。因此放宽对出租车行业的数量管制才是增进社会福利的有效选择。杨双钊（2011）对我国盐业规制体制和效果进行了分析，认为我国现行的以食盐专营制度为主要特色的盐业规制，在消除我国碘缺乏病，提高国民素质，优化产业结构方面起到了重要的作用，但因规制而产生的弊端也逐渐显露，改革已到刻不容缓的地步。改革关键在于打破食盐专营制度，优化市场主体和改革当前的行政管理体制。

七是对国土资源规制的研究。谷树忠、周洪等（2011）基于国土资源基础及其稀缺性和公共物品属性，以及企业活动的资源环境外部性等理论，提出国土资源规制的概念，认为国土资源规制既是对与国土资源相关的行为的规制，也是以国土资源为手段对企业及地方政府的规制。国土资源规制的基本内容包括：明晰国土资源基础状况、编制区域国土功能区划和国土规划、确定关键性国土资源的开发利用标准；优化国土资源规制路径，强化经济、法律、技术手段在国土资源规制中的运用；评定国土资源规制效果等。中国国土资源规制主要体现在土地参与宏观调控、用水配额管理和制定能源效率标准等方面。

八是对公用事业价格规制的研究更加深入。崔惠民、李文庆（2011）认为，公用事业定价过度市场化必然会损害消费者的利益，因此市场化定价需要企业接受政府监管，而政府监管也必须要有市场化取向意识。只有从我国城市公用事业的历史发展与现实体制出发，在政府价格规制的前提下，充分发挥竞争性市场定价的基础性作用，实现政府规制与市场化的完美融合，才能确保既达到对公用事业企业的激励机制，又实现公共利益最大化，为我国城市公用事业健康发展提供可靠的机制保障。

四　该学科进一步发展的趋势

作为产业组织经济学和法律经济学融合基础上发展起来的新兴学科，规制经济学研究领域将进一步拓展，其在经济学中的地位越来越重要，具有广阔的创新与发展空间。今后一个时期，规制经济学研究将进入一个与经济发展实践紧密结合、创新应用的新阶段，无论在研究视角、研究方法以及研究领域方面都会有新的进步，在命题本土化、方法规范化、水平国际化方向上取得新的突破。

第一，更加重视跟踪规制经济学学科前

沿和国外研究动态。我国规制经济学将继续从主要侧重基本概念、理论体系和研究方法的学习、吸收和借鉴，向更注重跟踪学科前沿和国外研究动态，及时了解国外研究的重点和焦点问题、采用的研究方法、主要政策建议和主张等方向转变。

第二，更加重视在理论框架设计和研究方法上与国际接轨。规制经济研究的国际化和各国研究成果的交流、相互促进将成为新的学术趋势。规制经济学的研究对象多为实际问题，具有较强的实践性和针对性。如何构建一个科学的、可行的理论分析框架，使拟研究的问题在理论与实际紧密结合基础上得到分析和解释，是今后规制经济学与国际接轨的重要领域。与此同时，规制经济学研究方法将继续拓展和丰富，更多复杂的实证工具将被应用在这一领域。沿着规制实证研究的发展轨迹，从最早收集数据作简单回归分析到目前构建复杂指标进行计量分析，未来规制经济学实证研究的方法将会越来越复杂。

第三，更加重视规制经济学与其他学科的交叉和融合。规制经济学研究一直具有与其他学科理论和方法相互渗透和融合的传统，我国规制经济学重大现实问题多需要采取开放的、跨学科研究。今后一个时期，产业经济学与微观经济学、博弈论与信息经济学、计量经济学、制度经济学、创新经济学、演化经济学、生态经济学、环境经济学的交叉和融合将得到进一步强化，规制经济学必将越来越多地吸收新的理论和方法，在与其他学科融合中得到新的发展。

参考文献与学科年度重要文献

崔惠民、李文庆：《公用事业产品定价的市场机制与政府规制》，《城市问题》2011 年第 7 期。

丹尼尔·F. 史普博：《管制与市场》，三联书店、上海人民出版社 1999 年版。

邓翔：《天然气行业建立现代企业制度需明确和解决的问题》，《天然气工业》1995 年第 4 期。

付宝森：《中国乳制品安全规制研究》，辽宁大学博士学位论文，2011 年。

谷树忠、周洪等：《国土资源规制：基本理论与中国实践》，《中国人口·资源与环境》2011 年第 5 期。

顾昕：《价格管制失灵与公立医院的药价虚高》，《中共浙江省委党校学报》2011 年第 6 期。

胡家勇：《论基础设施领域改革》，《管理世界》2003 年第 4 期。

姜琪：《论竞争、垄断与规制的动态均衡》，《经济问题》2011 年第 7 期。

刘阳平、叶元煦：《电力产业的自然垄断特征分析》，《哈尔滨工程大学学报》1999 年第 20 卷第 5 期。

荣朝和、蒋仁才：《重新认识铁路的“垄断特性”》，《中国铁路》1995 年第 11 期。

单其文：《我国城市公共交通运营的反垄断规制》，《学术界》2011 年第 1 期。

王俊豪：《英国政府管制体制改革研究》，三联书店 1998 年版。

王俊豪：《中国政府管制体制改革研究》，经济科学出版社 1999 年版。

王俊豪：《管制经济学原理》，高等教育出版社 2007 年版。

汪秋明：《新规制经济学研究述评》，《经济评论》2005 年第 4 期。

肖立武：《电信产业并非“自然垄断”——对美国电信业发展的历史考察及与中国的现实比照》，《中国工业经济》1999 年第 9 期。

杨双钊：《我国盐业规制与盐业发展问题研究》，《科技与管理》2011 年第 6 期。

余晖：《中国的政府管制制度》，《改革》1998 年第 3 期。

于立：《产业组织与政府规制研究新进展》，东北财经大学出版社 2006 年版。

袁文艺：《食品安全管制的模式转型与政策取向》，《财经问题研究》2011 年第 7 期。

张红凤：《规制经济学的变迁》，《经济学动态》2005 年第 8 期。

张树全：《出租车数量管制对社会福利的影响》，《城市问题》2011 年第 4 期。

张昕竹：《论垄断行业改革的理论基础》，《经济社会体制比较》2011 年第 3 期。

张昕竹、马源等：《电信广电应分业规制还是统一规制——基于跨国数据的实证研究》，《当代财经》2011 年第 8 期。

庄序莹：《出租车特许经营权管制评析》，《城市问题》2011 年第 1 期。

Posner, R. A., 1974. "Theories of Economic Regulation." Bell Journal of Economics, Vol. 5, pp. 335 – 358.

Viscusi, K. W.; Vernon, J. M. and Harrington, J. E., 1995. Economics of Regulation and Antitrust. The MITPress.

（刘戒骄）

学科前沿问题综述

物流经济学

一 学科概述

我国2001年4月颁布的《物流术语》是这样做的定义：物流是“物品从供应地向接收地的实体流动过程。根据实际需要，将运输、储存、搬运、包装、流通加工、配送、信息处理等基本功能实施有机结合”。可见，物流活动提供的是一种以运输、储存为主的，多种功能相结合的服务活动。物流的学科一直都归属于管理学科，而与物流相关的流通则一直归于经济学来进行研究。随着经济的发展，物流的作用越来越大，成为国民经济高效运行的重要支撑，使得物流研究不再仅仅局限于企业以管理为主的研究，而是扩大到整个经济层面的研究，使得物流到达了一个更高的层次。

据有关资料，目前我国一般工业品从产品出厂经过装卸、储存、运输等各个物流环节到消费者手中的流通费用约占商品价格的20%左右。而需保鲜的食品、水果和作为危品运输的一些化工产品的流通费用甚至高达商品售价的30%。即便是一般性的制造产品所消耗的时间和成本费用，都为物流的运作留下了巨大的空间。因此，重视现代物流经济的研究和应用，不仅仅可以获得“第三利润源泉”，而且对国民经济的良性发展无疑将带来广泛的变革。因此，物流经济学成为一门新兴的物流学科，并逐渐被各地所重视。

物流经济学是一门以物流为研究对象，依据经济目标而对物流行为进行优化的学科，如物流资源优化和配置、物流市场的供给和需求等。物流经济学的研究问题包含两部分，一部分是宏观经济问题，主要研究物流与国民经济和产业发展之间的关系；另一部分是微观经济问题，主要研究企业物流管理中的经济决策问题。物流经济学研究目的是解决物流活动如何取得决策者所期望的最佳经济目标，研究对象是物流产业的经济运行、物流活动的经济规律和资源配置问题。具体来说，一是对从事物流活动主体的研究，包括国家与企业、物流业与国民经济其他产业的相互关系以及物流业对国民经济发展的影响等；二是对物流活动客体的研究，包括物流活动内在运行的规则、物流经济活动所反映的客观经济规律以及物流成本等。

物流经济学是一门物流学和经济学的交叉学科，综合运用宏观经济学、微观经济学、产业经济学、工程经济学、计量经济学、物流学、运筹学、管理学、金融学、信息技术等相关学科理论。物流经济学既涉及物流理论也涉及物流实践，因此它是一门应用经济学科，它的侧重点既不是物流的管理和技术等，也不是物流的设施设备，而是揭示物流市场运行的规则和规律，从而组织和实现物流的有效运行。

因此，物流经济学的研究方法需要实证分析，如对企业进行观测和优化、对案例进行分析等，还需要运用系统的、经验的、比较的、逻辑推理的分析方法，通过建立科学理论来解释具体现象，力求达到解释物流经济中存在的具有普遍性的因果规律。具体研究方法有：多学科交叉运用、局部优化和整体优化的统一、理论和时间结合、定量与定性结合、横向与纵向比较研究等①。

近几年，我国经济高速发展，我国现代物流业也被推上了前所未有的高度。国家出台了一系列的政策，提出科学发展观，推动经济机构调整和发展方式转变，把大力发展服务业作为经济发展的重大举措。现代物流的产业地位在国家层面得到确立，我国现代物流进入全面快速、持续稳定发展的新阶段。这也为物流经济学的研究提供了一个良好的环境，物流经济学的研究逐渐向全面化和系统化转变。一方面，将新的经济学理论应用到物流研究中；另一方面，物流经济学也考虑与产业经济学、工程经济学、运筹学等学科紧密结合。近几年主要代表作有：2011 年王倩编著的《循环经济与发展绿色物流研究》；2011 年王智利主编的《物流经济地理》；2005 年魏际刚编著的《物流经济分析：发展的视角》；2005 年吴群琪编著的《物流经济》；2006 年陶君成编著的《中国物流经济发展研究》；2009 舒辉的《物流经济学》；2007 年喻小贤编著的《物流经济学》；2007 年吴晓辉主编的《物流经济学》；2007 年刘南编著的《现代物流与经济发展：理论、方法与实证分析》等。

二 近几年物流经济学的理论前沿和重大热点问题

（一）物流与经济增长

丁俊发（2008）提出要从经济学的角度来认识物流业。认为要从四个方面认识现代物流业的经济定位。第一，从国家层面讲，它是服务业的主导产业，是国民经济发展新的经济增长点，是恒量一个国家综合国力的重要指标。第二，从市场层面讲，物流市场是整个国家市场经济的重要组成部分。第三，从企业层面讲，现代物流是企业的第三利润源，企业在提高市场竞争力中，降低原材料成本与人力成本已没有什么空间，空间最大的来自降低物流成本。第四，从居民层面讲，现代物流是提高生活质量的重要一环。

袁东学（2011）研究了物流经济增长因素，采用生产函数研究物流经济的增长，发现制度因素和人力资本因素是显著地影响物流经济增长的。而结构因素、劳动力、固定资产投资对物流经济增长的影响统计上不显著。

李松庆（2012）利用广东省 2002 年、2007 年投入产出表，从关联效应、波及效应和结构效益三个方面分析了广东物流业的经济影响，提出要重视物流业的基础地位、扩大社会物流需求、优先发展国际物流、促进物流业与第二产业及整体经济的协调发展的政策建议。

（二）物流供给与需求

王之泰（2009）认为物流产业的建立和

① 具体参见喻小贤、陆松福《物流经济学》，人民交通出版社 2007 年版。

运行都是要解决物流供给问题。针对我国物流领域缺乏创新的问题，物流供给方应从满足需求的角度围绕“服务”的定位解决创新问题。

李建军、舒辉（2011）认为，消费、投资和出口通过扩大需求促进经济增长，而物流则通过物流供给使消费、投资、出口需求得到满足，进而间接促进经济增长。文章协整分析结果表明，消费、投资、出口和物流供给之间存在长期均衡关系，1%的消费和出口需求得到满足将分别减轻1.08%和0.35%的物流供给压力，投资增加1%将增加1.70%的物流供给能力。Granger因果关系检验结果表明，消费、出口在短期和长期均是物流供给的原因，投资短期内不是物流供给的原因，但长期内是物流供给的原因；物流供给短期内不是消费的原因，但长期内，物流供给和投资、出口一起成为消费的原因，投资和出口在短期和长期均不受系统内其他变量的影响。

（三）物流与经济的产业关联

范林榜（2012）认为物流与经济的关系因经济发达程度不同而改变，在经济欠发达地区，物流发展推动经济增长；在经济发达地区，经济增长拉动物流发展；在经济发展程度居于其间时，物流发展与经济增长互为因果，互相促进，共同发展。他认为经济相对欠发达的江苏省徐州市，应加大对物流产业的投入力度，逐步缩小与苏南的经济差距，最终实现苏北、苏中、苏南区域经济平衡发展和全面小康的目标。

韩杨（2012）运用Logistic模型对西北地区物流业与区域经济发展之间的关系进行了研究，采取边际分析和弹性分析法，对区域物流产业发展对区域经济增长的促进作用进行了量化分析，并对西北地区物流业发展进行了SWOT分析及相关建议。

张光明（2012）运用投入产出法，通过对2007年广西135个部门投入产出表重新整合，独立出包含物流产业在内的四部门投入产出表，从各产业部门的直接消耗系数、产业关联系数、列昂惕夫逆矩阵、影响力系数、感应度系数及生产诱发系数等方面，分析了广西物流产业与其他产业部门的关联效应和产业波及效应，揭示了广西物流产业在广西经济发展中的地位和作用，提出了发展广西物流产业的政策性建议。

樊娉（2012）从政府、市场和资源三个层面，建立影响区域物流产业升级的评价指标体系，采用主成分分析法对指标进行筛选，对筛选后的主成分进行最大方差正交旋转，得出关键因子。以珠海、广州和深圳三个珠三角城市为样本，寻求影响区域物流产业升级的关键因子。

李晔、陶瑾（2012）基于2007年河南省投入产出表，对河南省144个产业部门进行重新整合，划分成第一、第二、第三产业，同时独立出物流产业，以整理后的四个产业的数据为基础，运用投入产出分析法，计算出河南省物流产业与其他各产业之间的直接消耗系数、完全消耗系数、影响力系数以及感应系数等，进而对河南省物流产业与其他各产业之间的产业关联效应和产业波及效应进行分析，以期对河南省物流产业的发展提供参考依据。

（四）物流与低碳经济

周永良、陈祥军、李德生、王朔（2012）在对低碳经济的由来与内涵进行分析的基础上，提出了发展绿色物流是低碳经济模式的基本要求，以研究低碳经济模式下发展绿色物流面临的困难为基础，阐述了二氧化碳与碳的换算过程，建立了低碳经济模式下的绿色物流评价指标体系，提出了实施可持续发展的绿色物流等方法。

缪兴锋、王苏生（2008）认为在循环经济模式下，正向物流和逆向物流的整合是实现可持续发展的必然趋势。通过对物流体系活动过程的分析，阐述了物流活动中的流动源、非流动源以及不合理的物流资源配置对循环经济发展的影响。

郝海（2011）通过分析物流业的发展现状，从制度建设、技术创新、人力资源开发和规模发展方面阐述了低碳经济对物流业发展的推动作用。从物流企业的低碳运作、物流产业的低碳整合、区域物流的低碳规划三个层面阐述物流业低碳发展的战略，并提出低碳经济时代加速物流业发展的建议：提升对低碳物流的认识；积极创造良好的政策环境；缩小物流技术的差距；强化低碳物流的信息化内涵；不断提高低碳物流的管理水平；大力发展铁路货物运输。

靖新李（2011）通过分析逆向物流的内涵、管理问题、研究方法，在认识逆向物流的重要性基础上，提出了建立逆向物流优化系统的措施，认为对低碳经济的发展将带来巨大的经济利益和社会利益。

贾晓航、万静东（2012）认为实现物流的低碳化对加快东北经济区物流的发展具有重要的意义。并在低碳经济产生的背景下，结合东北经济区发展的特点，提出了东北经济区物流产业发展的相关对策。

（五）物流与区域经济

物流产业的发展对区域经济具有很强的带动作用，区域物流要和区域经济协调发展。如何运用定性和定量的方法分析物流对区域经济的贡献具有非常重要的意义。

1. 定性分析

定性方面的研究主要集中在系统阐述物流与经济增长之间的相互作用机理，包括物流发展对经济的推动作用以及经济增长如何带动物流业的发展。

黄成和（2008）认为我国现代物流通过与区域经济发展空间、发展要素连接，使现代物流与区域经济发展趋于一体化。现代物流业的发展，显著地降低了交易成本，使合作伙伴之间减少了交易费用。由此，我国现代物流激活区域经济可持续发展的途径为：激活区域产业结构升级，即由劳动密集型向资本密集型、技术密集型演进；促进以城市为中心的区域经济结构的合理布局和协调发展；提升区域经济竞争力。

郑霞忠（2009）系统介绍了物流推动论与经济拉动论等相关理论，并引入经济物流弹性分析二者间的相互作用。

何添锦（2010）在其《区域物流对城市群经济协调发展要素的作用机理》一文中，从不同角度阐述了发展物流对经济增长的作用，以及发展物流的不同方面是如何带动经济的。

汪恒（2009）从物流如何促进区域经济发展及经济如何带动物流进步两方面，论述了物流与区域经济之间的辩证关系。

张树敏（2011）分析了现代物流对促进区域经济增长的模式，分别从现代物流能形成区域经济的增长极，现代物流发展具有强化扩散效应的作用，现代物流降低运行成本，改变区域经济增长方式几方面展开分析。

2. 定量分析

定量方面的研究主要集中在：物流与经济发展两者间的灰色关联度分析、因果关系分析、多元统计理论中的相关系数及回归分

析等。

刘慧梅、孙克任（2008）从定量角度通过上海市的统计数据研究了区域物流业对区域经济的增长作用，运用Logistic模型确定区域物流业和区域经济增长之间的数量关系，并采用了边际分析和弹性分析计算出区域物流业的单位增长带来的区域经济的增长额度。

张颖（2009）运用系统动力学中的SD模型对物流业与经济增长的因果关系进行了系统仿真。

刘翠萍（2011）探讨了江苏物流业与经济发展的关系，基于江苏省1978—2009年的统计数据，运用协整分析和误差修正模型对江苏区域经济增长与物流的长期和短期关系进行研究。

（六）物流成本核算方法

1. M－A模型法

M－A模型法是将任务成本法和作业成本法结合来对企业的物流成本进行核算的一种方法。帅斌等（2006）在分析和比较任务成本法与作业成本法的基础上，将任务成本法与作业成本法结合起来构建了企业物流成本核算的M－A模型框架。徐小函（2008）在《物流成本核算方法》一文中对基于M－A模型的物流成本核算方法进行了深入的研究，并用实际案例进行了具体的核算应用。但该方法没有对模型进行实证分析或仿真，也没有考虑到时间成本以及一般管理费用的分配。

2. T－A模型法

T－A模型法是基于作业与时间相结合的物流成本核算方法。董雅丽、李长坤等（2008）在《基于时间与作业成本的物流成本核算模型与方法》一文中提出了一个新思路，即在物流作业成本法的基础上加进了基于物流时间的物流成本核算方法，构建了物流成本核算的T－A模型。其通过基于时间与作业相结合的物流成本核算模型与方法，对企业物流成本进行管理，以进一步挖掘物流隐性成本，为企业降低成本、提高利润提供了新的途径。

3. Q－TA核算模型法

覃爱琼（2009）在《基于QFD与作业成本法的Q－TA核算模型》一文中以不合格品和物料配送延时是否应纳入物流成本及拉动先进制造理论为出发点，以满足下道工序为基准，尝试对作业成本法延伸导入QFD（质量功能展开），提出Q－TA物流成本核算模型，注意克服物流管理的薄弱环节，进一步挖掘物流隐性成本。

三　中国物流经济研究今后发展方向估计

在经济全球化的影响下，竞争日益激烈，如何有效地配置和利用资源，有效地降低物流成本成为各国重点关注的问题。要实现这种战略，没有一个高度发达的、可靠快捷的物流系统是无法实现的。随着经济全球化的发展和网络经济的兴起，物流的功能也不再是单纯为了降低成本，而是发展成为依靠提高客户服务质量来提高综合竞争力。

我国经济正处在大变革中，物流的发展与中国经济的发展紧密相连。如何从宏观和战略的角度对物流经济进行把握和研究是未来研究的重点。同时，物流业对于区域经济的拉动作用更加强劲，今后区域物流与区域经济的相互关系也需要进一步的研究。加之我国大力发展低碳经济的需要，低碳物流、绿色物流、生态物流的研究也将是一个重要的方向。

参考文献与学科年度重要文献

王智利：《物流经济地理》（第2版），电子工业出版社2011年版。

舒辉：《物流经济学》，机械工业出版社2009年版。

郑霞忠、陈述：《现代物流与三峡区域经济增长关联效应研究——以宜昌市为例》，《中国流通经济》2009年第10期。

何添锦：《区域物流对城市群经济协调发展要素的作用机理》，《中国物流与采购》2010年第2期。

刘翠萍：《江苏物流业与经济增长——基于误差修正模型的分析》，《中国市场》2011年第23期。

张树敏：《现代物流对促进区域经济增长的模式分析》，《物流技术》2012年第5期。

袁东学：《物流经济增长因素研究》，《中国市场》2011年第28期。

周永良、陈祥军、李德生、王朔：《低碳经济模式对绿色物流发展的影响研究》，《军事交通学院学报》2012年第5期。

郝海：《低碳经济时代物流业发展的战略思考》，《铁道运输与经济》2011年第9期。

靖新李：《大力发展现代逆向物流业，建立新型工业化的低碳经济优化体系》，第八届沈阳科学学术年会（2011）。

李建军、舒辉：《消费、投资、出口与物流供给的关系——基于VECM的实证研究》，《华东经济管理》2011年第10期。

（孙开钊）

学科前沿问题综述

消费经济学

一　消费经济学学科概述

消费是人类通过消费品满足自身欲望的一种经济行为，是一切经济活动的起点。消费具有宏观和微观的双重属性，是经济学研究的基本起点和重要任务之一。消费经济学是以消费为研究对象的一门独立经济学科。消费在经济系统中的地位、作用、消费经济规律等问题的研究，主要由“消费经济学”来承担。在西方经济学体系中，消费经济学作为经济学的一个分支，兴起于20世纪30年代以后并在50年代以后逐步发展成熟，多位研究消费的经济学者获得诺贝尔经济学奖。我国的消费经济学萌芽于20世纪80年代初期，伴随经济社会发展战略的转变和社会主义市场经济的确立而逐步兴起。随着消费在社会经济运行中所处地位的不断提高，消费经济学越来越受到人们的重视，研究内容日趋丰富，学科体系也不断完善。目前，在“转变发展方式、调整经济结构”发展战略的大背景下，消费经济学在我国处于发展的黄金时期。

消费经济学的研究对象和具体研究内容在不同国家是不同的。在西方国家，消费经济学主要从微观角度出发来研究，更关注消费与生活质量的关系。第二次世界大战后，西方国家对消费问题的研究逐渐分化为两个方向：一是继续从微观角度中研究消费者行为，采用实证分析的方法，通过对消费者动机、消费心理、消费者行为模式的研究，为厂商的产品销售服务。二是从宏观角度来考察社会的消费活动、总消费支出的增减、社会消费结构、消费水平及其变化趋势等。采用总量分析的实证方法，非常注重数量分析，目的是通过对宏观消费的研究，为政府制定宏观经济政策，缓和经济波动提供参考。

在我国，经济学的发展存在两种体系，即马克思主义政治经济学和西方经济学，这两种体系的经济学所研究的对象、思路、内容和方法都存在明显的不同。我国消费经济学是创立者们在认真学习和深入研究马克思主义政治经济学的基础上，结合中国的实际而创立的具有中国特色的一门学科。我国消费经济学研究基于社会再生产过程及其四个环节，主要从宏观角度出发研究消费与经济的关系；重点分析不同群体、阶层在消费过程中所处的地位和它们之间的关系，研究消费关系在社会生产关系中的地位与作用以及消费领域内部不同要素之间的相互关系及其特殊矛盾，更关注的是消费对我国经济发展的作用。尽管我国不同的消费经济学著作对研究对象和内容有不同的观点，但都是从经济学角度来研究消费问题，其基本研究内容大致都包括消费在整个国民经济中的地位和作用、消费需求、消费水平、消费结构、消费方式、消费决策及消费效益、消费政策与消费模式等方面。也有个别著作论及了家庭消费，但从根本上来说，站在消费的主体——消费者的角度来研究和分析消费问题的学者很少。

二 中国消费经济学学科发展、演进概况

改革开放为我国消费经济学的发展提供了基础和条件，三十多年来，伴随经济社会发展的顺利转型，我国消费经济学不断发展和丰富。回顾我国消费经济学的建立、发展过程，大致可以分为以下几个阶段。

（一）消费经济学萌芽期

十一届三中全会以前，我国处于“先生产，后生活”，“重积累，轻消费”，“先治坡，后治窝”的特殊时代，消费没有得到应有的重视。消费问题是国内学术界研究的禁区，也没有消费经济学这个学科。改革开放后，我国一批经济学家在马克思主义经济理论的指导下从经济学角度在思想领域经过对社会主义制度的重新审视，达成“贫穷不是社会主义，社会主义就是要全体人民共同富裕”的共识后，一批专家学者开始试图打破对消费研究的禁区。1978 年，孙冶方先生在中国社会科学院社会科学规划上把消费经济学作为一个研究课题定下来，由湖南伊世杰教授承担。1979 年 4 月 28 日伊世杰教授在《光明日报》发表了《加强对消费问题的研究》一文，首次提出了把消费经济学作为一门独立的学科进行研究。尹世杰教授这篇文章的发表标志着禁区已被打破，意味着消费经济学在我国作为一门独立学科的种子开始萌芽。1980 年，在全国社会主义生产目的讨论会上，于光远先生提出：“要重视消费问题的研究，不研究消费问题，不从消费的需要出发，生产就没有真正的动力。”① 1982 年，在湖南湘潭召开全国第一次消费经济理论研讨会，于光远在给大会的信中提出：“消费给社会主义生产确定了明确和具体的目的……我们生产工作的好坏，用是否在可能范围内较好地满足社会消费需要来检验。”② 宋涛在大会发言中强调：“研究消费经济，要研究消费水平，适当鼓励消费；要研究社会消费与个人消费的关系，脑力劳动和体力劳动的关系，物质生活消费与文化生活消费的关系。”③ 这个阶段，我国消费经济学作为一门学科在一些专家的支持和学者的努力下处于产生的萌芽期。

（二）消费经济学的初创期

消费经济研究禁区被打破后，一些学者开始研究消费经济，初步取得一系列研究成果。1983 年，伊世杰教授主持完成的《社会主义消费经济学》出版，消费经济学的学科体系得以初步建立，标志着消费经济学这门新兴独立学科产生。1985 年该书获得首届孙冶方经济学奖，消费经济学作为一门学科得到理论界的认可。随后，理论界对消费经济学的研究开始如雨后春笋般 的涌现出来。关

① 于光远：《政治经济学社会主义部分探索（二）》，人民出版社 1981 年版，第 184—185 页。

② 尹世杰：《中国消费经济学建立和发展过程中的一些情况和问题》，《消费经济》2008 年第 6 期。

③ 同上。

于消费经济的论文、研讨会、专著开始出现并逐步增多，产生了不少研究成果。如，1984年5月，刘方棫的《消费经济学概论》出版；12月，厉以宁的《消费经济学》出版；1986年8月，杨圣明的《中国消费结构研究》出版；1987年，李彦和、沙全一的《简明社会主义消费经济学》，林伯鹏等的《消费结构学》，廖九如、柳思维等的《简明消费经济学》先后出版；1988年，顾纪瑞的《家庭消费经济学》及伊世杰编写的《中国消费结构研究》出版；1989年，杨圣明的《中国式消费模式选择》出版。20世纪80年代，消费领域还有一些专著出版，无法一一罗列。这些成果说明，在消费经济学领域，学者们不但对消费经济的基本理论展开了探讨，也对消费经济的专题开始了研究、创新，呈现良好发展的局面。这一时期开始了对消费经济的基本概念、范畴的研究，形成理论体系，出版了许多理论专著。

（三）消费经济学发展期

消费经济学创建后，为了适应社会经济生活快速变化的需要，一批消费经济学学者以研究消费领域的经济关系及其运行规律为己任，研究视野不断拓展，研究水平不断提升，研究问题也逐步深入。在消费者行为研究方面，逐步从关注个人消费到人与自然、人与社会协调发展的研究，提出"生态消费"、"绿色消费"的消费理念，为我国树立现代消费理念和可持续发展目标及建设环境节约型和环境友好型社会在消费者消费行为改变上起了不可替代的作用。在消费文化建设方面，我国消费经济学领域的学者们一直坚持社会主义核心价值体系，抵制消费领域的种种不文明现象，对于我国的消费文化和消费价值观建设具有重要的意义。在消费供求方面，特别是在供求总量平衡和消费结构与产业结构的关系方面出了一些很好的著述；同时，对投资需求和消费需求也进行了研究探讨，提出投资与消费失衡，有效需求不足是制约我国经济增长的瓶颈，为国家可持续发展调控目标提供了重要参考意见。在消费市场建设、培育方面研究成果显著，为我国消费市场的培育、发展作出了重要的贡献。此外，消费经济学领域的学者们还对消费公平进行了一系列的研究，提出了和谐消费理论及一系列反应我国和谐社会建设要求的消费领域的合理意见和建议。一部分学者也开始借鉴西方的消费理论和研究方法对我国消费问题进行了研究。总之，消费经济学由最初的对物质消费的关注，逐步过渡到对物质和精神需要满足的结合，然后提升到对生活质量的研究探讨，针对我国经济实践中不断出现的具体问题，如消费理念、消费文化、消费市场、消费水平、消费结构，消费者权益保护问题、住宅消费问题、劳务消费问题、食物消费问题、消费模式问题等进行研究，拓展和丰富了消费经济学的研究对象和内容。

在学科建设上，消费经济学学科体系逐步趋于完善，并与哲学、社会科学及其他学科之间进行交融研究提出一系列跨学科的理论成果及政策主张。学科理论体系建设的完善一方面巩固了其学科地位，另一方面也加深了人们对消费理论的认识，为我国特色的消费经济学进一步发展奠定了坚实的基础。消费经济学作为一门独立学科在我国依然是一门年轻的学科，其学科地位与应该发挥的作用尚不匹配，依然还没有进入到成熟阶段。

三　消费经济学理论前沿以及重大热点问题

在国际金融危机的冲击和影响下，我国转变经济发展方式变得特别迫切，推动经济增长实现由投资和出口推动向消费、投资和出口协调拉动转变成为我国的一项基本经济政策。近年来，消费与经济增长、消费模式、消费结构、消费制度、居民消费能力、消费行为等成为国内消费经济学研究的热点问题。

（一）关于启动消费与扩大内需的研究

当前，启动消费、扩大内需是国际国内形势对我国经济发展方式转变提出的迫切要求，也是学者们研究和重点关注的主要问题之一。孔庆龙（2009）认为，在扩大内需过程中，容易引发与我国资源短缺的国情相背离的过度消费和消费主义盛行，并在对各种消费主义的表现和消费者伦理分析的基础上，提出构建适度消费伦理的对策和措施。魏杰（2009）认为，在启动消费方面要解决好三大问题：一是提高居民收入，二是增加借贷型消费，三是提高居民的消费预期。胡志平和李慧中（2010）认为我国消费低迷的根源在于存在不利于消费增长的政治与经济制度，即压力型政绩考核制度、投资偏向型财政税收制度、“市场化取向”的公共服务制度和城市偏向性制度，正是这些制度导致扩大内需政策的效果一直不理想和消费持续低迷。破解我国消费低迷现象必须重构制度，形成国民消费稳定增长的可持续发展的动力机制。樊哲银（2010）认为，企业自主创新能力不足是导致国内部分消费需求无法满足、无效供给过多，制约居民消费增长的重要原因，并据此提出仅有刺激消费的措施是远远不够的，需要出台相应措施强化企业创新，实现产品差异化，激发潜在需求。金三林（2011）认为城乡居民收入比重下降是我国消费率下降的最主要原因，城乡居民消费倾向下降对消费率下降也有较大影响，城市化率提高是我国消费率变动的唯一正向促进因素。据此，他认为扩大我国居民消费应以提高居民收入比重和加快城市化进程为主要着力点，努力提高居民收入占国民收入的比重，公共支出占政府支出的比重；调整国民收入分配结构、政府支出结构和城乡二元结构；深化户籍制度改革、资源价格和税费改革、垄断性行业改革、税收制度改革。刘伟和蔡志洲（2012）认为，扩大内需尤其是提高最终消费水平，对促进我国下一阶段的经济增长和经济发展尤为重要。他们在对现阶段影响最终消费增长的主要因素进行分析的基础上，指出改善民生和扩大消费应成为我国未来经济增长的主要内容，直接关系到我国经济发展方式的转变和经济增长效率的提升。

（二）关于提高居民消费能力问题的研究

扩大内需特别是消费需求的关键是要大力增强城乡居民消费能力，将居民潜在购买力转化为现实消费需求。因此，关于居民消费能力问题研究成为学者研究和关注的重要问题之一。田学斌（2008）认为，我国居民消费率偏低，主要原因不在于消费力不足，而在于消费的制度环境不佳。他对影响城乡家庭消费扩张的制度性障碍进行梳理，并提出摒弃单纯以刺激消费为目标，转以家庭消费能力提高为依归，实现消费率稳步提升的目标的政策主张。康建英（2009）通过构建人口结构消费函数，利用时间序列分析从长期和短期两个角度考察了我国人口的年龄结构、收入、利率和存款4个经济变量对居民消费的影响，得出黄金年龄人口的储蓄能力强于消费倾向，对居民消费水平具有明显的抑制作用；年龄结构、储蓄、收入和利率水平4个解释变量对居民消费水平存在单向的因果关系，是影响消费增长的具体原因的结论。据此，提出提高国内需求水平不仅需要增加居民的可支配收入、提高居民福利水平，还需要进一步降低利率，实行宽松的财政政策。同时，还应进一步建立和完善社会保障制度，以期改变消费预期和消除低收入居民家庭生活顾虑。此外，还应进一步调整消费结构，以便适应人口红利给国家经济带来的冲击。严先溥（2012）认为，判断居民消费能力的强弱，不仅要看收入水平、收入结构、购买力的有效性和强弱性等，而且要从居民消费支出的多元化等因素进行分析，要看到在收入增长的同时，消费支出也与日俱增，一些刚性支出也在削弱居民的货币支付能力。只有增收减负才能实质性增强居民消费能力，形成经济增长、居民收入和消费三者良性互动，进一步增强经济发展的协调性和可持续性。何满喜和王勤（2012）通过建立浙江省城乡居民消费函数模型分析城乡居民消费能力趋势，结果表明：居民的现期收入水平和前期消费水平决定了居民的现期消费能力，并且城镇居民的消费能力远高于农村居民。据此，他们认为提高居民消费能力的主要途径是不断增加居民人均纯收入。而有效提高人均纯收入应该从多方面统筹计划与实施，如搞活流通、扩大就业、增加居民收入；发挥税费调节作用、减轻中低收入者负担，促进居民增收；扩大社会保障面、提高保障力度，消除居民后顾之忧等。

（三）关于消费结构问题的研究

消费是实现国民经济良性循环的关键，而消费结构是否合理又是经济能否平稳运行的关键。吴柏安（2010）对消费结构和经济增长的相互影响机制进行了分析，提出消费结构通过三大影响机制作用于经济增长，反过来，经济增长也会通过三大机制影响营销消费结构，消费结构与经济增长互相依赖，相互促进，两者必须相适应的观点。赵跃杰（2010）在分别分析我国城镇居民以及农村居民消费结构各自特点的基础上，针对不同消费支出选择相应的面板数据模型进行实证检验，发现不同收入阶层居民不仅在边际消费结构上有较大区别，而且在边际消费倾向上也有着较大不同，基本上消费水平随收入等级的提高而呈现递增的趋势。郭新华和夏瑞洁（2010）采用1978—2008年数据，考察了我国农村居民消费结构的时序变化和地区差距，发现我国农村居民消费水平不断提高，消费结构不断升级，高收入地区农村居民消费结构变动趋于稳定，中、低收入地区农村居民消费结构波动很大。据此提出政府应该不断采取增加农村居民收入，进一步优化农村居民消费结构，促进农村居民消费结构的升级换代，且不同地区宜采用差异化的政策，以缩小不同地区农村居民的消费差距。吴锐（2010）采用ELES模型对全国居民进行基本消费支出、边际消费倾向以及弹性分析，得出全国城镇居民对于不同消费品的边际消费倾向及基本消费需求，结果表明内需消费不足、贫困居民生活困难仍是影响我国城镇居民消费结构升级的主要原因。吴瑾和周博雅（2011）采用时间序列数据对1978—2009年我国城乡居民消费结构进行动态研究，分别从平均消费倾向、恩格尔系数的变动、经济增长过程中各项消费品的消费结构变动度和消费结构贡献率等方面进行分析，揭示属于生活必需品的食品、衣着的消费比重不断下降，而住房消费比重不断上升；属于享受型和发展型消费品的交通通信、医疗保健、教育文化娱乐用品及服务的消费比重呈现上升趋势，即城乡居民消费结构都在不断升级。张红伟和吴瑾（2011）运用ELES模型对我国城乡居民消费结构进行了实证分析，结果表明：现阶段农村居民消费整体较弱，消费结构虽有所升级但其明显滞后于城镇居民的消费结构，农村居民的消费支出还是以满足基本的生活保障为主，而城镇居民的享受型和发展型消费虽不断增加但仍有所不足；影响城乡居民消费水平和消费结构的因素不只是收入和价格，居民的消费习惯也起重要作用，此外政府在教育、医疗、住房、养老保险制度等方面的相关政策的完善对消除城乡居民尤其是农村居民的后顾之忧至关重要。同时也说明，我国消费结构优化的潜力大，消费量可提升的空间较大。

（四）关于消费模式的研究

消费模式是指消费增长应遵循的基本理论原则，它是人们消费行为的基本规范。主要包括消费水平、消费结构和消费方式三个因素，它们相互结合，构成一个完整的体系。国际金融危机爆发后，消费模式的发展和选择成为国内学者研究和关注的一项重要内容。胡雪萍（2009）认为，美国具有理论渊源和政府政策引导并长期奉行的过度消费模式是本次国际金融危机的重要诱因，尽管中国的谨慎型消费模式成为了中国抵御本次国际金融危机的一道屏障，但在国际金融危机背景下中国应加快消费转型，促进适度消费，以实现经济又好又快发展。严先溥（2010）通过中美两种不同消费模式的比较，得出中国消费转型的目标不是美国长期奉行的过度消费模式，而是要在现行的保守型消费与过度消费模式间寻求适合我国国情的消费模式，即适度超前的消费模式。毛中根和段军山（2009）认为借贷消费是一把“双刃剑”，既有利于扩大居民消费、拉动经济增长的效应，也会带来隐患甚至导致金融危机，影响经济和社会的正常发展。这次国际金融危机在根本上是美国的消费模式给世界带来的灾难。借鉴美国借贷消费的经验及教训和当前我国转变发展方式的要求，他们认为借贷消费模式对目前我国的经验意义可能要大于失败的教训，但结合实际，我国消费政策目标应该是扩大消费规模和实现可持续消费并举，即除鼓励消费以拉动经济增长之外，还应赋予节能、环保和可持续消费的含义。刘一娇（2010）在分析中美消费模式成因的基础上，对后危机时期两种消费模式的转变作出进一步探讨，她认为美国应增加储蓄，抑制消费，同时扩大高科技产品的出口；中国的高储蓄、低消费模式需要逐步进行调整，在调整过程中，中国需要扬长避短，在中美两种截然不同的消费模式之间寻求平衡点，着力于拉动内需，同时切实转变经济增长方式。张建平（2009）认为由于我国环境资源基础相对薄弱，政府应引导居民选择科学的节约型消费模式。他通过对世界一些典型国家的消费模式比较，提出我国未来可持续的消费模式应适度借鉴瑞典消费模式中建立良好社会保障，提高政府公共服务支出，提升居民消费信心，使居民敢于消费的经验；学习美国的消费理念和消费方式，但不提倡过度消费；要借鉴日本资源节约型消费模式，形成可持续消费模式。陈承明、韦艳（2012）认为要加快经济发展方式转变和促进人民生活水平提高，必须从国情和初级阶段的实际出发，建立和完善有中国特色的消费模式。中国特色消费模式的构建需要从提高中低收入阶层的消费水平，改善消费结构和拓展消费领域，扩大有效供给和鼓励供给创新等方面入手，在深化改革和创新的实践过程中不断发展和完善。总之，目前国内学者对西方国家的模式进行了大量的研究和探讨，特别是对美国的借贷消费研究比较深入，基本达成美国消费模式不适用于中国，我们应结合我国资源、环境和经济社会发展的实际探索具有中国特色的消费模式的共识。

（五）关于消费与经济增长关系的研究

经济增长是人类社会演进和发展过程中永恒的主题，是反映一国或地区发展和进步的一个重要指标，是社会各项事业发展的基础，备受各国政府和经济学者的重视。消费是促进社会经济增长的根本动力，是社会再生产过程中发挥承上启下作用的关键环节。近年来，在国际金融危机爆发和我国转变发展方式、调整经济结构的经济社会和政策的大背景下，国内学者从多个角度对消费和经济增长进行了深入的研究和探讨。

在居民消费与经济增长的关系方面，李占风（2008）认为消费对我国经济增长的拉动作用最大，其对经济增长拉动作用的巨大潜力还没有完全释放，对经济运行的调节能力还未得到充分发挥。姜涛和臧旭恒（2008）认为改革开放以来，我国经济增长在很大程度上得益于居民消费水平的提高，但经济增长并不能直接带动居民最终消费的增长的结论。沙一心和顾晓安（2009）通过分别建立误差修正模型进一步研究了城乡居民消费与经济增长的关系，得出城镇居民消费在短期内对经济增长的影响大于农村居民消费，但是从长期来看，农村居民消费对经济发展的推动作用远远大于城镇的结论。这说明农村居民消费对经济增长的影响具有一定的滞后性，对国民经济发展的作用是逐渐显现的。所以，增加农民收入，大力启动农村居民消费，激活农村消费市场，对中国经济的长远发展起着重要的推动作用。黄赜琳和傅冬绵（2012）运用多变量脉冲响应函数，对居民消费与经济增长的相互影响关系进行实证分析发现，现阶段我国居民消费的暂时性增加对未来的经济增长可能产生抑制作用；政府支出对居民消费和经济增长具有滞后效应，但其影响是正向的；CPI 的持续上升不仅不利于居民消费增长，对宏观经济的持续增长也会产生抑制作用；从长远来看，保持物价稳定、建立新的消费热点则是扩大内需和促进经济增长的关键。

在政府消费与经济增长的关系方面，毛中根和洪涛（2009）基于我国省际面板数据对政府消费与经济增长关系的实证研究得出以下结论，一是政府消费、投资和劳动对经济增长具有正向促进作用，且消费对经济增长的促进作用大于投资和劳动。二是政府消费在对经济增长的拉动上，东部地区强于中部和西部地区，中部地区又强于西部地区。据此，提出以下建议：一是政府财政支出方式应逐步实现从政府投资向政府消费转变，同时调整政府消费支出结构，提高支出效率；二是调整政府消费支出城乡结构和地区结构。政府支出应更多向农村和中西部倾斜，以不断缩小城乡和区域的公共服务差距。徐小鹰（2010）通过对城乡居民消费和政府消费与经济增长之间关系的实证研究，得出两个结论：一是城乡居民消费与经济增长之间相互影响，互为因果关系，相比之下，城镇居民消费对经济增长的影响则更为显著。二是政府消费会引起经济负增长，同时也会对城乡居民消费有一定的挤出效应，尤其是对农村居民消费的挤出效应更大。

另外，也有学者研究区域消费对经济增长的影响，如林岚剑和张建红（2010）认为我国东部地区存在消费不足，应鼓励消费，拉动内需，促进经济发展模式转变；中部地区投资、消费和出口均不足，除了继续鼓励消费，促进经济转型的同时，还应适当鼓励投资，缩减政府消费，增加出口能力；西部地区由于收入、消费水平不高，投资受到限制，不适合进行经济发展模式的转型，相反，应鼓励储蓄和投资，适当抑制消费，加快西部地区的经济增长。

四　学科进一步发展的趋势

随着科技的发展和经济社会的进步以及人类对物质和精神财富享受的追求，消费作为人类社会生活的主体在生产和生活中时地位将越显重要。伴随着人们的消费心理、消费行为、消费习惯、消费方式以及消费模式的变化，以消费为研究对象的消费经济学将受到政府和学界的重视，其研究内容将不断丰富，研究的深度将不断提升，因此，在传统消费经济学研究的基础上，消费伦理、符号消费、过度消费、异化消费、适度消费以及绿色消费、可持续消费、和谐消费和生态消费都将成为消费经济学理论界研究和关注的重要理论内容。

在国际经济失衡的大背景下，伴随国际金融危机的冲击未退和欧债危机的影响，促进消费、扩大内需，保持经济平稳增长和转变经济发展方式和调整经济结构是我国面临的一项重要而紧迫的艰巨任务。因此，未来一段时间内，如何促进消费、扩大内需，促进我国经济顺利转型依然是国内消费经济学者和学术界研究的一项主导性任务。与此同时，消费理论、消费函数、内需结构、消费结构、居民消费观、消费行为、消费能力、消费水平、消费倾向、消费模式、消费制度、消费政策、社会消费分层和区域性消费差异等都将是消费经济学者和国内学者研究的重要内容。总之，伴随经济社会的发展和消费型社会的来临，消费经济学者的研究成果对于理解经济社会现象和国家甚至世界经济社会发展政策的制定越发重要；消费经济学学科的重要性日益凸显，其在学科体系中的地位将不断提升。

参考文献与学科年度重要文献

于光远：《政治经济学社会主义部分探索（二）》，人民出版社 1981 年版，第 184—185 页。

尹世杰：《中国消费经济学建立和发展过程中的一些情况和问题》，《消费经济》2008 年第 6 期。

李占风：《消费对经济增长拉动作用的计量分析》，《统计决策》2008 年第 21 期。

傅艳、沙一心、顾晓安：《城乡居民消费与经济增长的实证研究》，《商业经济》2009 年第 9 期。

姜涛、臧旭恒：《中国居民最终消费与经济增长关系的协整分析》，《宏观管理》2008 年第 5 期。

毛中根、洪涛：《政府消费与经济增长：基于 1985—2007 年中国省际面板数据的实证分析》，《统计研究》2009 年 8 月第 26 卷第 8 期。

黄赜琳、傅冬绵：《居民消费演变特征事实及其对经济增长的影响》，《上海财经大学学报》2012 年 4 月第 14 卷第 2 期。

徐小鹰：《我国城乡居民消费、政府消费与经济增长的实证分析》，《科技创业》（月刊）2010 年第 6

期。

林岚剑、张建红：《东中西三个地区消费对经济增长影响的比较分析》，《中国外资》2011年1月。

严先溥：《金融危机下的消费思考——中、美消费模式的比较与启示》，《数据》2010年第3期。

刘一娇：《中美消费模式成因及趋势》，《商业研究》2010年第10期（总第403期）。

胡雪萍：《消费模式转型：国际金融危机视角下的反思》，《中南财经政法大学学报》2009年第4期（总第175期）。

张建平：《世界不同国家消费模式比较》，《中国党政干部论坛》2009年第2期。

陈承明、韦艳：《论发展和完善中国特色消费模式》，《郑州航空工业管理学院学报》2012年2月第30卷第2期。

毛中根、段军山：《借贷消费模式的“双刃性”：金融危机抑或经济增长》，《广东商学院学报》2010年第3期。

孔庆龙：《扩大内需背景下的消费伦理构建》，《经济纵横》2009年第9期。

魏杰：《中国经济保持增长的几个问题》，《中共中央党校学报》2009年8月第13卷第4期。

刘伟、蔡志洲：《扩大最终消费与提高经济增长效率》，《经济纵横》2012年第1期。

金三林：《我国消费需求不足的深层次原因及政策建议》，《重庆理工大学学报》（社会科学版），2011年第25卷第1期。

胡志平、李慧中：《消费低迷的制度解构与重构》，《社会科学研究》2010年第1期。

樊哲银：《自主创新能力不足制约居民消费增长》，《合作经济与科技》2010年1月号上（总第384期）。

吴柏安：《消费结构与经济增长相互影响机制研究》，《湖南商学院学报》2010年8月第17卷第4期。

吴瑾、周博雅：《改革开放以来我国居民消费结构的动态分析》，《统计与决策》2011年第11期（总第335期）。

赵跃杰：《基于面板模型的城乡居民消费结构实证检验》，《统计与决策》2010年第2期（总第302期）。

郭新华、夏瑞洁：《改革开放以来农村居民消费结构的时序变化和地区差距》，《经济问题探索》2010年第6期。

吴锐：《全国城镇居民消费结构的实证研究》，《陕西农业科学》2010年第1期。

张红伟、吴瑾：《我国城乡居民消费结构的实证研究》，《大连理工大学学报》（社会科学版）2011年3月第32卷第1期。

田学斌：《消费需求扩张的制度变革路径：消费能力视角》，《消费经济》2008年4月第24卷第2期。

严先溥：《对我国居民消费能力的基本判断与思考》，《调研世界》2012年第7期。

何满喜、王勤：《基于消费函数模型的居民消费能力与趋势的实证分析》，《数学的实践与认识》2012年5月第42卷第10期。

康建英：《人口年龄结构变化对我国消费的影响》，《人口与经济》2009年第2期。

（王雪峰）

旅游经济学

一　旅游经济研究：对象、方法与特征

第二次世界大战以来，随着现代旅游活动的发展，作为专门学科的旅游学应运而生。它以从事旅游活动的旅游者、为旅游者提供服务的旅游业以及双方的活动为对象，探究其特有的运行规律及其经济、社会和环境等综合方面的影响（宋瑞，2009）。

纵观世界各国的旅游研究，普遍存在着偏重研究对象之经济属性的倾向，即从宏观和中观层面探讨旅游活动的经济规律和经济影响，从微观层面研究旅游企业和组织的管理问题，前者属旅游经济研究领域，后者更偏于旅游管理研究。总体而言，旅游经济研究主要是从政治经济学、西方古典经济学或新古典经济学移植而来，微观经济学中的供求理论、厂商理论、消费者选择理论，宏观经济学中的国民收入衡量、经济政策的宏观影响以及国际经济学中国际贸易和国际货币的有关理论在旅游研究中的应用较多，而新制度经济学中的一些最新研究成果和前沿探索（如博弈论、制度变迁理论、公共选择理论等）则应用较少。近年来，除传统经济学外，实验经济学、行为经济学、体验经济学等的发展也为旅游经济学提供了新的思路，而对旅游者心理和行为的经济学研究也推动着这些新的经济学分支的发展。

过去三十多年中，我国旅游经济研究在不断引进和借鉴西方旅游研究和经济学一般理论方法的基础上，呈现出两个明显特征：一是研究问题的本土化；二是研究方法的数量化。在研究问题上，除了与国外学者一样，对旅游的产业性质、产业范围、经济影响、运行规律等问题加以分析外，国内研究者还特别关注对中国旅游发展模式的研究（如政府主导模式、旅游与地方经济发展、旅游业的制度变迁等）；在研究方法上，除了规范性研究、描述性研究、概念性研究、案例研究外，数量经济分析和数量模型研究在旅游经济研究中的应用也越来越普遍。

二　2008—2011 年我国旅游经济研究前沿

我国的旅游经济研究，围绕对中国问题的现实关注和对旅游本质的学术解释两条主线，使用各种理论和方法，从不同角度对我国旅游发展中的经济现象、经济关系和经济规律进行了探索。梳理 2008—2011 年期间发表的相关文献可见，涉猎范围广泛、研究角度多元、使用方法多样、研究成果众多，而其中如下五个方面的研究是其核心，也代表

了该领域的前沿。

（一）科学哲学视角：基础理论与研究范式

1. 基础理论

经历三十多年的积累，我国旅游经济研究进展显著，但从科学哲学的角度而言，尚属于科恩所说的“前科学”状态，基础理论研究依然较为薄弱。对于旅游的基础概念及旅游学科的研究对象和基本框架，学术界仍在讨论之中。近几年也出现了一些颇有深度的研究。例如，张凌云（2009）通过对国际国内流行的旅游定义和概念的分析，提出了旅游的新定义，即旅游就是人们在非惯常环境下的体验和在此环境下的一种短暂的生活方式。他试图以“非惯常环境”作为旅游核心概念来重构旅游经济学、旅游地理学等分支学科，甚至旅游学的学科体系框架。徐菊凤（2011）在通过梳理和分析国内外学者和机构对旅游本质认识、旅游内涵与外延、旅游定义表述方式的各种分歧和交融点指出，中国旅游学界可以在旅游基础理论研究方面基本确立如下五方面的共识：旅游是指人的活动，而不是这一活动所引发的社会经济现象总和；旅游的本质应该由其概念性定义而非技术性定义所界定；旅游的本质由“余暇＋异地＋休闲体验”三者共同决定，缺一不可；旅游是一种异地休闲活动，也是出于休闲目的的旅行活动，休闲和旅行的外延范畴都大于旅游；现有旅游数据来自扩大化的统计口径，狭义旅游定义不会贬损旅游产业和旅游学科地位，相反，它能起正面作用。当然这一共识能否达到，则取决于未来更加深入的探讨。

2. 研究范式

左冰（2009）探讨了西方旅游研究的相关范式，指出西方旅游研究的范式经历了20世纪70年代的交叉学科研究、80年代的多学科研究到90年代的系统研究的转变过程，而目前比较流行的是后学科研究方法。作者还指出，与其他社会学科一样，中国的旅游研究也主要在西方的研究框架下进行，未来旅游研究的本土化成为必然。具体而言，旅游研究的本土化分为两个层次：第一个层次是对西方旅游研究中的理论、方法、技术和工具进行改造和处理，使其适用于中国旅游研究，其基本步骤一般为：学习和接纳外国研究范式→改造或转换→本土化后的研究范式，可称之为“外源性本土化”；第二个层次是以中国语境下的旅游现象为研究根源或素材，通过对中国语境下旅游现象的研究，建构与之相适应的旅游学理论体系，可称之为“内源性本土化”。

（二）宏观经济视角：旅游与GDP、经济增长、制度变迁等

随着中国经济的快速发展，中国旅游产业保持持续增长的态势，其在国民经济中的地位与影响力逐步提高。与此同时，关于中国旅游经济影响的学术性研究也越来越多，主要集中在四个方面：一是对中国旅游业在国民经济中地位与作用的一般性描述；二是对中国旅游业经济影响基本理论的探讨，包括对旅游业的性质、范围的界定及其产业地位的认定；三是旅游业经济影响的测算方法及其实证研究；四是关于旅游经济影响的专项研究，主要涉及旅游业对税收、就业等影响的研究。2008年至今，这方面研究得到了进一步提升。

1. 旅游对国民经济增长的贡献

国内旅游是我国三大旅游市场的主体，对其经济贡献度的研究日益增多。张丽峰、柳彬德（2009）利用我国1994—2006年的

时间序列数据，运用计量经济学中的协整理论对城镇、农村居民旅游消费和经济增长之间的关系进行了研究后指出：①城镇居民旅游消费和GDP、第三产业增加值之间具有协整关系；城镇居民旅游消费每增加1%，GDP增加0.79%，第三产业增加值增加0.85%；②城镇居民旅游消费对第三产业的推动作用大于其对经济增长的推动作用，而农村居民旅游消费对经济增长和第三产业的发展没有明显的推动作用。赵磊、全华（2011）构建了国内旅游消费与经济增长之间的VAR计量模型，经过Johansen协整关系检验、Granger因果关系检验、脉冲响应函数和方差分解，发现国内旅游消费与经济增长之间存在长期均衡关系，但是在短期内国内旅游消费对经济增长的拉动作用小于经济增长对国内旅游消费的推动作用；而在长期内，国内旅游消费对经济增长的拉动作用要大于经济增长对国内旅游消费的推动作用。周文丽（2011）基于投入产出模型，利用中国《2002年部门投入产出表》，定量测度了1997—2007年我国城乡居民国内旅游消费对国民经济及各部门产出增长的贡献率及其变化，指出：①城镇居民国内旅游消费对经济增长的贡献在上升，农村居民的贡献在下降，总体国内旅游消费对经济增长的贡献在下降；②城乡居民国内旅游消费对各产业产出增长贡献从大到小依次为：旅游业、住宿和餐饮业、交通仓储和邮政业、金融保险业、其他服务业、房地产业和批发零售业；③我国旅游业发展八分靠国内旅游，二分靠国际旅游；国内旅游消费结构中，非基本消费比重较小，亟待提高。

随着国际旅游业的发展，国际旅游业的发展和经济增长之间的关系问题成为旅游业界和学界讨论和研究的重要问题。张丽峰（2008）利用1978—2006年的统计数据和状态空间模型对中国入境旅游与经济增长关系进行了研究，得出结论：中国入境旅游与经济增长之间存在一种随时间不断变化的长期均衡关系；基于状态空间模型的变参数估计能很好地揭示中国入境旅游对经济增长影响的时变规律。黄伟力、安莉（2010）使用最新的年度数据，构建了一个包含真实GDP、旅游外汇收入、汇率和消费者价格指数的4变量VAR模型，在对变量进行单位根检验、协整检验、Granger因果关系检验和弱外生性检验的基础上，对我国入境旅游的发展和经济增长之间进行了实证研究，得到一个基本的结论：经济增长是旅游发展的长期原因，但两者之间在短期内不存在因果关系；反映经济波动的消费者价格指数和外国旅游者在我国消费成本的汇率均对入境旅游的发展没有显著影响。蒋才芳、陈收（2010）以1985—2007年的原始数据为基础，运用相关性和协整检验方法，分析旅游外汇收入、FDI和国内生产总值之间的关系，结果显示：FDI和国内生产总值共同促进了旅游收入的增长，旅游外汇收入不论在短期还是长期都显著地促进了国内生产总值的增长。

2. 旅游与经济增长

中国旅游业在经历三十多年的高速增长后，目前已跃居全球第四大入境旅游接待国和亚洲第一大出境旅游客源国。这种超高速的旅游发展动力来自何处，无论在理论还是实践层面，对于世界各国旅游研究和发展都具有重大的意义。但迄今为止，除了主流经济学者们就中国经济增长问题开展整体性研究外，对于中国旅游业的增长因素或动力的分析却乏人问津。左冰（2011）以经济增长理论的进展为基础，使用中国大陆31个省（市、区）的历史面板数据，结合旅游业的经济特性，分析影响中国旅游经济增长的诸要素及其贡献度。结果表明，中国旅游经济的增长主要是依靠要素投入特别是资本投入而不是通过追求技术进步来获得的，属于典型的要素驱动型增长。

3. 旅游与制度变迁

回顾中国旅游业发展历程可以发现，中央政府与地方政府这一对博弈主体之间关系及行为的变化深刻地影响着我国旅游业的发展与演化历程。而现有旅游制度研究当中大多以未明晰的“政府”主体与微观主体之间的二元博弈分析则存在着理论缺陷，它忽视了我国“地方政府”作为一个客观存在的博弈主体在与“中央政府”、“微观主体”之间进行动态博弈与旅游制度设计过程中所起到的关键性作用。基于上述认识，杨春宇（2011）指出，随着我国经济体制改革的不断深化，我国地方政府业已成为制度企业家，而中央政府对地方政府进行放权让利及地方政府之间竞争的客观结果加速了我国旅游业的市场化进程；更为重要的是，具有独立利益目标与拥有资源配置权的地方政府在我国旅游业发展历程中扮演着主动谋取潜在制度净利益的角色。中央政府与地方政府在旅游业发展过程中走上了“分权”与“集权”两种截然不同的制度演化路径。一方面中央政府出台一系列宏观性、规范性、指导性法律法规，从总体上协调社会各方面力量，进行国家整体形象宣传，改善旅游大环境；另一方面地方政府则把中央政府提倡的“政府主导型”旅游业发展模式发挥到极致，从而演变成地方政府“主宰、主财和主干”旅游业的局面。因此，研究我国旅游业发展历程及其制度变迁问题毋庸置疑需要重点关注“地方政府”所起到的作用，应该明晰并引入“地方政府”博弈主体概念，构建旅游地多元动态博弈模型；研究与构建旅游地适应性管理制度理论体系；建立与细化管理目标体系，构建旅游地适应性管理模式具体实施流程。

（三）产业经济学视角：旅游产业链、产业关联带动、产业转型、产业聚集、产业融合与旅游新业态

1. 旅游产业链

近年来不少学者对旅游产业链概念和基本形态进行了研究，总体来看，还存在一些不足：没有明确旅游产业链与制造业产业链的本质区别；对旅游产业链的研究集中在旅游产业的价值链上；对旅游产业链的研究均以旅游六大要素（吃、住、行、游、购、娱）为产业链构成的核心，对旅游相关产业部门在旅游产业链中的位置缺乏探讨。基于此，从旅游产业的特殊性出发，将旅游产业链划分为旅游核心产业链和旅游相关产业链。其中核心产业链刻画了旅游产业从上游原材料、中游产品生产、下游销售到最终消费者的动态联系，由资源规划开发、旅游产品生产、旅游产品销售和旅游产品消费四个环节构成；相关产业链刻画了核心产业链从上游到下游的生产过程所涉及的相关产业部门。核心产业链与相关产业链之间长期存在物质和信息的供需传递关系，并进行相对稳定的合作和交易，使旅游产业链整体呈现出网络状特征。张朝枝等（2010）则认为，应以旅游体验为“硬核”来划分旅游产业价值链，涵盖旅游体验产品的设计、配套环境的制造、体验产品的营销与中介服务、生产、消费与服务的各个环节和流程，每个环节对旅游体

验产品所赋予的价值各不相同，其分布呈现出一条旅游产业价值链的“微笑曲线”。不过作者也承认，基于旅游体验这一视角的旅游产业链界定，虽然有助于理解更宽泛的旅游产业概念，但却同样存在着从统计角度难以操作的问题。而且，旅游产业链中各要素在“微笑曲线”中的位置也需要更多的实证研究来检验。

2. 产业关联带动

旅游产业具有很强的关联带动作用已成为普遍共识，然而对这一共识进行系统数理论证的研究并不多见。可喜的是，近几年此类研究日益增多。崔峰（2008）在《近30年来中国旅游业经济影响力研究》中采用中国1978—2006年旅游统计面板数据，基于灰色关联度模型分析中国旅游业与三次产业的关联度，发现其与第一产业的关联度最大，与第二、第三产业的关联度较小；运用旅游收入依存度、旅游需求收入弹性、旅游就业容量等指标，测算中国旅游业对国民经济的拉动效果，发现旅游业对国民经济的贡献和拉动作用不断增强，但仍不够突出。苏建军、孙根年、王丽芳（2011）系统分析了旅游业发展对第三产业增长及各部门的关联带动性，以中国旅游业与第三产业为对象，选取1982—2008年相关统计数据，采用三个序列数据和四个关键性指标，尝试运用非平稳时间序列分析方法、Granger因果关系检验法和弹性系数分析法，深入分析了旅游业对第三产业增长的关联关系。研究结果显示：①从时间序列数据分析看，旅游业发展与第三产业增长之间存在着长期均衡稳定的关系；旅游业发展对第三产业增长有正向促进作用，其中，入境旅游对第三产业增长的带动性要高于国内旅游。②从弹性分析看，入境旅游对第三产业及各部门增长的贡献度高于国内旅游。

3. 产业转型

经历三十余年的快速发展，我国旅游产业正面临着产业转型的紧迫任务。麻学锋（2009）指出，旅游产业转型需要依靠政府的理性构建和市场的自发演进同时进行，其中政府的作用主要是引导、方向控制和对自下而上反馈信息的选择和鉴别，而自下而上的自发作用则主要体现在对于新制度的试验、新制度的培育和新制度的自增强方面所起的作用。谢春山等（2010）指出，产业升级可从单个企业、产业结构、产业转移、产业集群等不同的视角来分析。企业升级意味着企业的创新以及向全球价值链的高附加值环节攀升；产业结构升级意味着产业由低级向高级、由低生产率向高生产率、由劳动密集型向资本、技术密集型的演化；产业转移的升级意味着选择适当的产业制造环节，积极参与区域间分工与贸易；产业集群升级意味着区域产业发展对集群特征的目标设定以及对集群作用的追求。旅游产业的转型升级具有系统性、动态性和针对性的特征，应从产业、市场、企业、产品、人才五个方面探索旅游产业转型升级的途径。

4. 产业聚集与产业集群

传统的产业集群理论主要应用于分析制造业和高新技术产业，事实上，随着经济的发展，产业集群现象已不再局限于上述产业，出现了向第三产业扩展的趋势。在第三产业中，旅游产业占有非常重要的地位。刘春济、高静（2008）使用E－G指数从全国、区域和部门三个层面对1997—2005年我国的旅游产业集聚程度进行了精确测算，对其变动趋势进行了分析，并重点阐释了产生上述趋势的原因。结果显示，从全国水平看，我国的旅游产业呈现出了明显的集聚表征，但近年来旅游产业集聚度下降幅度较大；从区域水平看，我国的旅游产业集聚程度差异性较大，全国六大区域旅游产业集聚度的稳定性由强到弱依次为直辖市、西南地区、东北三省、中部地区、东部沿海、西北地区；从部门水平看，国际旅行社的集聚程度最高，星级饭店和和旅游区（点）的分布较为均匀，而国内旅行社的分布则是分散化的。作者进一步指出，大部分旅游产业部门不适合高度的地方性集聚，除非有较高的资源承载力作为支撑；应该突破局部的空间限制，把更广阔的空间纳入到旅游产业集聚经济中来。赵黎明、邢雅楠（2011）采用 E－G 指数法，从区域和部门两个层面分别对 2000—2008 年我国旅游产业集聚程度进行了定量分析，重点阐释了我国旅游产业集聚程度变化的趋势及原因。研究显示：集聚程度随旅游产业发展阶段不同发生变化；由于旅游产业的特殊性，不能将集聚程度的提升作为旅游产业发展的目标，应该处理好阶段性集聚和扩散的关系；区位条件和外部环境因素会影响集聚程度变化趋势。

岳进、彭从友（2009）从规模和效能两个方面的 7 个指标构建了旅游产业集群竞争力评价模型，并以最新的数据评价了我国 24 个旅游强市的旅游产业集群竞争力。评价结果显示，东部城市旅游产业集群竞争力具有巨大的优势。可以看出，旅游产业集群竞争力与当地 GDP 总量密切相关。卞显红（2011）把旅游产业集群成长阶段分为孕育阶段、快速成长阶段、逐步成熟阶段及稳定阶段，并以杭州国际旅游综合体为例，对旅游产业集群持续成长驱动力进行了分析，认为：旅游要素比较优势为旅游产业集群持续成长的基础驱动力；强劲的旅游投资是旅游产业集群持续成长的保障性驱动力；完善集群网络是旅游产业集群持续成长的关键驱动力；集群创新是旅游产业集群持续发展的核心驱动力；强有力的旅游产业集群基核吸引力促进旅游产业集群持续成长；旅游者的消费需求偏好是杭州国际旅游综合体持续成长的需求驱动力。

5. 产业融合

旅游产业融合也是近几年来旅游经济研究中的一个热点，学者们对旅游产业融合的概念、模式、类型、动因、效应及作用等方面进行了探讨。徐虹、范清（2008）结合产业融合产生的前提条件分析，将产业融合的障碍分成制度障碍、能力障碍和需求障碍。陆晓清（2009）以网络游戏业与旅游业的产业融合为例，认为其融合的动力主要来自技术创新、市场需求和经济管制，其中技术创新是内在驱动力，市场需求和经济管制是外在推动力。麻学锋等（2010）认为，旅游产业融合的路径有四种：资源融合、技术融合、市场融合和功能融合，其中资源融合体现为工业旅游、农业旅游、节事旅游等，技术融合体现为旅游的产品创意、动漫设计、网络影响等，市场融合体现为会展旅游、商务旅游、房地产旅游等，功能融合体现为教育旅游、医疗旅游、体育旅游、修学旅游、奖励旅游等。

6. 旅游新业态

杨玲玲、魏小安（2009）认为，“旅游业态”与“旅游行业”、“旅游产业”概念具有渊源关系：业态是某个或多个企业的经营形态；行业是向同一个市场提供产品和服务的所有厂商；产业是具有某种同一属性组织的集合。而旅游业态发展的新的趋势体现为创新、革新、更新和融合，从其形成机制而言，表现为市场型新业态（如主题酒店等）、产品型新业态（如工业旅游、体育旅游等）、经营型新业态（如携程网、旅游房地产等）。张文建（2011）系统分析了集聚型、专业型、在线型、复合型、衍生型、准公共型等新型旅游业态，并列举实例进行了剖析。

（四）需求消费视角：旅游需求预测、旅游消费及其影响因素

1. 旅游需求预测

旅游需求预测在国家旅游发展政策制定和战略规划和决策等方面有着极为重要的作用。西方学者对于旅游需求预测的研究主要侧重于旅游需求模型与实证分析。我国旅游需求预测研究主要是建立在西方研究基础上的理论引介与探讨。陶伟、倪明（2010）基于对中西方研究差距与差异的对比分析指出：①就全球而言，主导着旅游需求预测研究领域的主要是西欧和北美国家，作为世界旅游业发展最快的亚太地区，旅游需求预测技术的研究和应用较少；旅游需求预测主要侧重于理论研究，对旅游管理和经营部门的指导有限；从预测尺度来讲，现有的研究文献主要着眼于大中尺度的预测，小尺度的预测研究寥寥无几。②我国旅游需求预测正处于起步阶段，现有的研究仍不能构成完整的基础理论体系；制约需求预测的一个因素是缺乏数据来源。

2. 旅游消费的特征分析

袁宇杰（2011）分别以出游率、人均旅游花费与旅游购买力衡量旅游消费，探讨了收入对我国城市居民国内旅游消费起决定作用的途径。作者整理了 2000—2009 年 28 个大中城市的城市居民国内旅游消费与人均可支配收入的平衡面板数据，构建了城市居民国内旅游消费面板模型。结果表明：对不同的旅游消费指标，收入的决定作用存在差异。其中，旅游购买力与出游率的收入弹性远大于人均旅游花费的收入弹性；与低收入城市居民相比较，高收入城市居民国内旅游的出游率收入弹性减小，人均旅游花费收入弹性增大。

3. 旅游消费的影响因素

影响旅游消费的因素很多，研究者们从不同角度分别进行了研究。周文丽、李世平（2010）基于凯恩斯消费理论，根据 1994—2007 年的数据，利用 Eviews 计量软件构建了城乡居民年总国内旅游消费支出与年总可支配收入、城乡居民基尼系数与国内旅游平均消费倾向之间的消费模型，得出城镇居民年总可支配收入增加 100 亿元，年总国内旅游消费支出增加 6.4 亿元，基尼系数每上升 0.1，国内旅游平均消费倾向下降 0.0051；农村居民年总纯收入每增加 100 亿元，年总国内旅游消费支出增加 12.37 亿元，基尼系数每上升 0.1，国内旅游平均消费倾向上升 0.0694 等结论。王纯阳、黄福才（2009）基于 1988—2008 年中国 11 个主要客源国的数据，建模法分析了中国入境旅游需求的主要影响因素和客源国的旅游需求弹性，预测了 2009—2017 年各国的旅华人数。研究表明，旅游者的忠诚是决定中国入境旅游需求最重要的影响因素；中国的旅游价格、客源国的经济条件、替代目的地的价格和特殊事件的作用也很明显。邓爱民（2011）利用中国 1993—2010 年的样本数据，运用单位根检验、格兰杰因果检验、协整分析和误差修正模型等计量经济学方法，对中国收入水平、实际汇率和中国出境旅游人数之间的关系进行了实证研究。结果表明，中国存在以出境旅游人数作为被解释变量，以收入水平和实际汇率为解释变量的长期均衡关系。从长期来看，收入水平的提高有助于中国出境旅游规模的扩大，而实际汇率的提高将会减少中

国出境旅游人数。

（五）区域经济视角：区域发展比较、竞争力评价、区域合作

1. 区域发展比较

郦振华、高峻（2011）借用基尼系数、变差系数、首位度等计量指标工具，以入境旅游人数为指标，研究了中国20个旅游城市入境旅游市场规模的空间差异性。研究发现，中国20个城市入境旅游市场规模的相对差异日渐缩小，但各城市位序变化的特征不同。根据各城市入境旅游市场规模位序变化的特征，将20个城市分为加速发展型、减速发展型、稳定发展型和波动发展型四种类型。同时利用SPSS统计软件测算的城市入境旅游市场规模的差异与城市GDP存在较高的相关性，且关联度相当显著。

2. 目的地竞争力评价

目的地竞争力评价是旅游研究的热点，国内外学者大多从影响旅游目的地竞争力的因素角度构建其评价指标与模型。冯学钢（2009）等人认为旅游目的地竞争力评价模型是一个类似企业投入产出的模型，目的地的资源禀赋以及各类支持性设施为目的地系统的投入部分（Input）；而目的地所吸引的客流、收益以及为当地居民所带来的福利则是目的地的产出表现（Output）；目的地的管理运行过程就是生产过程。目的地投入产出之间的效率则是最直观的竞争力表现。据此所进行的研究结果表明，中国31个省、市、自治区的旅游投入产出效率呈现东强西弱的格局，且大多数旅游目的地对其所占资源的利用效率不高。汪德根、陈田（2011）通过建构区域旅游竞争力评价三级指标体系，运用层次分析法和聚类分析法，测度和分析东部沿海三大旅游圈的旅游竞争力，并采用锡尔I（O）系数方法对旅游竞争力水平的差异进行分解，通过市场、效益、贡献、资源、设施、人才、经济、交通和环境等9个细分指标揭示东部沿海三大旅游圈旅游产业发展水平的差异。

3. 区域旅游合作

金丽、刘建东（2011）运用系统动力学从旅游业内部的要求及旅游外部环境两个方面探讨了区域内旅游合作的动力机制。鲁明勇（2011）以旅游合作数量和旅游合作研究论文数量的相互关系为依据，对旅游合作行动和理论研究的演化阶段进行重新划分后发现，两者联系紧密，阶段性特征比较明显。在2006年之前，两者演化呈一致性，之后旅游合作实践趋于冷静，而理论研究则很繁荣。不过，两者还没有形成良性循环，理论研究的深度挖掘不够。后续研究需要增强案例剖析的创新性，打造基本理论体系，加大纵向继承性研究。

三 我国旅游经济研究总体评述

过去三十多年里，我国旅游经济研究空前繁荣，成果众多，相关研究在引进和借鉴国外研究的基础上，强调对中国问题的现实关注和对旅游本质的学术解释，逐步形成了自身特有的知识积累和研究体系。通过2008—2011年的文献综述可以看出，一些论文选题视野开阔，贴近时事热点、学术前沿，研究领域呈发散性和多元化趋势。在研究方法上，不少论文都采用数理模型进行定量化研究。然而也必须看到，有些论文不适当地

过度使用数理模型分析，用计算代替思考，对于定量研究得出的结论缺乏定性分析和理论解释，论文研究深度不够，对于现实问题解释不足，指导性不强，有唯工具论之嫌，这种倾向在中青年学者中有扩大蔓延之势。正如张辉、魏翔在其编著的《新编旅游经济学》中提到的，“在我国，旅游经济学的理论研究还处于一个初级阶段，对旅游经济的研究无非是利用正统经济学的知识在旅游的标签下演练一些并不复杂的经济学习题而已”。目前旅游经济研究中，主要还是简单、零散地移植经济学的研究方法，并未形成系统、完备的研究范式，而在这些移植和引入当中，不乏盲目甚至谬误，使用者对经济学相关理论内涵缺乏清晰了解。总之，旅游经济研究的独立性、规范化、成熟度还不高，该领域所呈现的“繁荣”与“混沌”并存的特征也说明其尚未彻底完成“学科化”任务。

按照科学哲学的要求，构成一门独立学科须满足三个基本条件：其一，具有独特的、不可替代的研究对象或研究领域；其二，具有特有的概念、原理、命题、规律等所构成的严密的逻辑化的理论体系（知识体系）；其三，具有一定的学科知识产生方式和研究范式，即方法论。对于旅游经济研究而言，如何从纷杂的旅游活动和旅游现象中寻找到其本质，界定其独特的、不可替代的研究对象或研究领域，形成一套由特有的概念、原理、命题、规律等所构成的严密的、逻辑化的理论体系（知识体系），并建立起由个别到一般、由经验到理论的研究范式，依然任重道远。

参考文献与学科年度重要文献

崔峰：《近30年来中国旅游业经济影响力研究》，《地理与地理信息科学》2008年第6期。

张凌云、冉亚楠：《2009年旅游管理理论研究现状及热点问题窥探——基于2009年人大复印报刊资料〈旅游管理〉的统计分析》，2010年第2期。

马仪亮：《对旅游业几个重要问题的经济学分析》，《经济地理》2011年第5期。

周文丽：《基于投入产出模型的旅游消费对经济增长的动态影响研究》，《地域研究与开发》2011年第3期。

张丽峰、柳彬德：《我国居民旅游消费对经济增长的影响分析》，《技术经济》2009年第5期。

赵磊、全华：《中国国内旅游消费与经济增长关系的实证分析》，《经济问题》2011年第4期。

刘益：《旅游业对扩大我国最终消费的影响评估及对策分析》，《旅游学刊》2010年第9期。

黄伟力、安莉：《入境旅游发展与我国经济增长动态关系的实证检验》，《统计与决策》2010年第2期。

左冰：《中国旅游经济增长因素及其贡献度分析》，《商业经济与管理》2011年第10期。

蒋才芳、陈收：《旅游外汇收入、FDI与国内生产总值的协整分析》，《湖南大学学报》（社会科学版）2010年第4期。

杨春宇：《我国旅游制度变迁机制及其理论体系构建研究——基于新博弈格局视角》，《商业经济与管理》2011年第12期。

苏建军、孙根年、王丽芳：《1982年以来中国旅游业对第三产业的关联带动性分析》，《地理科学进展》2011年第8期。

胡道华、赵黎明：《我国旅游业与民航客运业相关性研究及启示》，《中国流通经济》2011年第9期。

徐丽霞、师守祥：《中国旅游业经济效益评价——基于1996—2005年数据的实证研究》，《北京第二外国语学院学报》2008年第9期。

谢春山、孟文、李琳琳、朱易兰：《旅游产业转型升级的理论研究》，《辽宁师范大学学报》（社会科学版）2010 年第 1 期。

赵小芸：《旅游产业的特殊性与旅游产业链的基本形态研究》，《上海经济研究》2010 年第 6 期。

张朝枝、邓曾、游旺：《基于旅游体验视角的旅游产业价值链分析》，《旅游学刊》2010 年第 6 期。

王兆峰、杨卫书：《旅游产业的脆弱性及其评价指标体系研究》，《江西社会科学》2009 年第 11 期。

刘春济、高静：《中国旅游产业集聚程度变动趋势实证研究》，《商业经济与管理》2008 年第 11 期。

赵黎明、邢雅楠：《基于 EG 指数的中国旅游产业集聚研究》，《西安电子科技大学学报》（社会科学版）2011 年第 2 期。

陆晓清：《论网络游戏业与旅游业的产业融合》，《重庆邮电大学学报》（社会科学版）2009 年第 1 期。

徐虹、范清：《我国旅游产业融合的障碍因素及其竞争力提升策略研究》，《旅游科学》2008 年第 4 期。

肖建勇、郑向敏：《我国旅游业的产业融合路径选择》，《宏观经济研究》2011 年第 12 期。

岳宏志、朱承亮：《我国旅游产业技术效率及其区域差异：2001—2007 年》，《云南财经大学学报》2010 年第 2 期。

岳进、彭从友：《中国 24 个旅游强市旅游产业集群竞争力评价与分析》，《特区经济》2009 年第 10 期。

卞显红：《旅游产业集群成长阶段及持续成长驱动力分析——以杭州国际旅游综合体为例》，《商业经济与管理》2011 年第 12 期。

周文丽、李世平：《基于凯恩斯消费理论的旅游消费与收入关系实证研究》，《旅游学刊》2010 年第 5 期。

邓爱民：《中国出境旅游需求决定因素的实证研究》，《宏观经济研究》2011 年第 12 期。

赵东喜：《人民币汇率与中国入境旅游需求关系研究》，《北京第二外国语学院学报》2011 年第 9 期。

袁宇杰：《基于面板模型的城市居民国内旅游消费实证分析》，《旅游科学》2011 年第 4 期。

陶伟、倪明：《中西方旅游需求预测对比研究：理论基础与模型》，《旅游学刊》2010 年第 8 期。

汪德根、陈田：《基于竞争力评价的区域旅游产业发展差异——以中国东部沿海三大旅游圈为例》，《地理科学进展》2011 年第 2 期。

徐淑梅、王烨、崔磊：《中国“四极”区域旅游合作发展模式研究》，《世界地理研究》2011 年第 2 期。

冯学钢、沈虹、胡小纯：《中国旅游目的地竞争力评价及实证研究》，《华东师范大学学报》（哲学社会科学版）2009 年第 5 期。

郭为、朱选功、何媛媛：《近三十年来中国城市旅游发展的阶段性和变化趋势》，《旅游科学》2008 年第 4 期。

王纯阳、黄福才：《中国入境旅游需求影响因素分析及预测——以外国客源市场为例》，《商业经济与管理》2009 年第 9 期。

杨玲玲、魏小安：《旅游游新业态的“新”意探析》，《资源与产业》2009 年第 6 期。

张文建：《市场变化格局下的旅游业态转型与创新》，《社会科学》2011 年第 10 期。

金丽、刘建东：《区域内旅游合作的动力机制及战略选择》，《天津商业大学学报》2011 年第 2 期。

鲁明勇：《区域旅游合作行动与理论研究的关联及演化特征》，《旅游论坛》2011 年第 4 期。

郦振华、高峻：《旅游产业规模差异与城市经济的耦合分析——以中国 20 个主要城市入境旅游为例》，《旅游论坛》2011 年第 6 期。

徐菊凤：《关于旅游学科基本概念的共识性问题》，《旅游学刊》2011 年第 10 期。

左冰：《西方旅游研究范式的转变：从交叉学科、多学科到后学科》，《旅游科学》2009 年第 4 期。

（宋瑞　赵鑫）

政治经济学

长期以来，国内学术界对于政治经济学的研究一直是沿着两个主要方向进行，其一是对传统政治经济学的研究，即对于马克思主义经济理论的深入挖掘与再认识；二是对中国经济体制改革过程中涌现出来的重大经济、社会现实问题进行深入研究，以期为进一步改革提供理论指导。2010—2011 年对于政治经济学的研究也主要在这两大方向上展开，具体包括：马克思主义基本经济理论及其在中国的发展，中国经济模式及其转型，社会公平与收入差距，“国进民退”的争论，完善社会主义初级阶段基本经济制度和国有企业效率、作用与定位等六个主要方面。其中，由“国进民退”争论引起的对社会主义初级阶段基本经济制度的研究以及对国有企业效率再探讨是近年来的热点问题。

一　马克思主义经济理论及其发展

随着“中央马克思主义理论研究与建设工程”的不断推进，对马克思主义政治经济学研究不断深化。卢江、杨继国①从广义政治经济学出发，通过对《资本论》第三卷中提出的股份公司与合作工厂是向新的生产方式过渡的两种主要形式进行研究后，认为这一理论是马克思主义过渡理论的重要组成部分。而且，过渡并非严格按照社会意识形态顺次进行，可能出现“跨越式”过渡。因此，向社会主义过渡的过程中，私有制在一定范围内会必然存在。赵英杰②的研究发现，马克思对产品异质现象进行了描述，但没有对其进行过系统地阐述，也没有在分析中系统地考虑产品异质性可能会带来的影响，也就是说《资本论》的分析实际暗含着产品同质的重要假设，但这一隐含假设并不足以影响其结论的正确性和一般性。因为，在垄断资本主义条件下，“产品差异”假设的引入只是更加有助于理解垄断价格与价值规律之间的关系，有助于对垄断资本主义生产关系的分析。孟捷③在劳动价值论前提下，将劳动生产率与单位时间创造的价值成正比的规律运用于分析以技术变革和劳动复杂程度提高为基础的价值形成过程，即将“成正比”规律与相对剩余价值生产规律进行了比较，结果发现劳动与资本之间可能存在正和而非

① 卢江、杨继国：《马克思主义过渡理论及其当代价值》，《经济学家》2011 年第 7 期。

② 赵英杰：《马克思主义经济分析中“产品差异”假设的引入及其意义》，《经济学家》2011 年第 1 期。

③ 孟捷：《劳动与资本在价值创造中的正和关系研究》，《经济研究》2011 年第 4 期。

零和关系，而实现正和关系的经济条件就是技术进步，但当技术创新已经扩散于整个经济，新一轮创新又未到来的时候，“成正比”就会逐渐消失，并为相对剩余价值率上升所表征的零和关系所取代，因此，在创新初期不同层面存在的正和关系构成了相对剩余价值规律的抵消因素。冯金华、侯和宏[①]在对斯蒂德曼的研究结论——按照马克思的方法计算价值时产生联合生产中出现负的价值和剩余价值——即负剩余价值与正利润并存的现象进行了重新审视后，认为斯蒂德曼的研究混淆了社会必要时间和自然时间，即，在确定不同生产过程中劳动所创造的价值时，斯蒂德曼根据的是自然时间，而非社会必要劳动时间。而如果按照社会必要劳动时间来决定不同生产过程中劳动所创造的价值，则即使是在联合生产的条件下，也不可能出现负的价值和剩余价值，更谈不上负剩余价值与正利润并存。因此，斯蒂德曼的研究是不正确的。

深入研究马克思主义经济理论对于形成中国特色社会主义经济理论体系至关重要。这是因为中国特色社会主义经济理论是马克思主义理论中国化的典型代表。卫兴华[②]研究了中国特色社会主义经济理论体系形成的过程，认为中国经济取得的巨大成就得益于中国特色社会主义理论，特别是中国特色社会主义经济理论的指导。而随着经济的发展，中国特色社会主义经济理论体系将不断发展与完善。但须注意，中国特色社会主义经济理论体系是与时俱进的，不同历史阶段的中国特色社会主义经济理论体系是共同性与特殊性的结合，是“源”与“流”的统一。其中，马克思主义的科学社会主义理论是共同性的“源”，而从中国国情出发，结合中国革命和建设实际，结合中国改革开放的历史和现实的实际，是运用和发展科学社会主义理论。此外，《学术月刊》2011 年第 7 期对马克思主义政治经济学现代化组织了专题讨论。其中，程恩富[③]认为马克思主义政治经济学现代化的方向是国际化、应用化、数学化和学派化。林岗[④]认为马克思主义政治经济学必须注重其应用性、中国化和具体化问题，因此，应立足中国的现实问题，不断研究和解决随着时代的前进和实践的发展所提出的新情况、新问题，从而加强马克思主义政治经济学的解释力和实践性。

二　中国经济模式及其转型

改革开放以来，中国经济实现了长期稳定快速增长，对于中国经济的高速成长，学界不断总结经验，并进一步形成理论指导。江小涓[⑤]认为我国之所以能够持续三十多年年均 9.7% 的经济增长得益于我国内需为主、外需为辅的大国双引擎增长模式。我国需求总体上以内需为主，对经济增长的贡献总体上也以内需为主，这是由我国人口众多，国

① 冯金华、侯和宏：《负剩余价值和正利润可以同时存在吗?》，《中国人民大学学报》2011 年第 3 期。

② 卫兴华：《中国特色社会主义经济理论体系研究》，《经济学动态》2011 年第 5 期。

③ 程恩富：《政治经济学现代化的四个学术方向》，《学术月刊》2011 年第 7 期。

④ 林岗：《通过解决重大现实问题来发展马克思主义经济学》，《学术月刊》2011 年第 7 期。

⑤ 江小涓：《大国双引擎增长模式》，《管理世界》2010 年第 6 期。

内市场巨大决定的。尽管外需在总需求中处于次要地位，但其对于调节我国国内要素结构失衡、增加就业、提高劳动者收入、缓解资源环境压力等方面的积极作用不可替代。此外，与其他国家相比，外需在我国经济中的重要地位是中国经济发展模式有别于其他大国的一个显著标志，也是解释中国持续高速增长、结构调整和体制改革的重要因素。张宇等①在总结经济学界对中国经济模式的认识经历的比较经济学范式、转轨经济学范式和政治经济学范式等三个主要的发展阶段基础上，认为中国经济模式涵盖基本制度、经济体制、发展道路、转型方式和全球化等多个方面的丰富内容。其中，社会主义基本制度处于中国经济模式的核心地位。中国经济模式就是社会主义基本经济制度在现实的改革、发展和开放过程中的展开或实现。因此，要进一步完善中国经济模式，就必须自觉坚持和完善我国的基本经济制度，实现其与市场经济的有机结合。丁任重、郭洪涛②则认为中国经济发展道路的核心内容是不盲目照搬外国模式，在实现社会稳定、坚持对外开放、借鉴国外发展经验的同时，立足本国国情，探索具有中国特色社会主义的发展道路。从纯公有制经济到多种所有制经济共同发展是中国经济发展的基础，从渐进式改革到攻坚改革是中国经济发展的动力，坚持社会主义经济体制改革是中国经济发展的支撑。陈爱民③认为中国经济发展模式包括渐进式的改革开放模式和“建设中国特色社会主义市场经济”的经济体制目标模式。其成功得益于经济、社会、政治的“稳定红利”，丰富的人力资源和人才资源的“人口红利”以及对外开放与国际接轨的“开放红利”。而政府在改革开放过程中对改革路径的选择、经济体制目标模式的制定、对宏观经济的有效调控和对以稳定为基础的经济发展的保障成功的发挥了主导作用。姚洋④总结了中国道路的四个特征，即社会平等、贤能体制、制度的有效性先于制度的纯洁性、中性政府。其中，社会平等奠定了中国现代化转型的基础；贤能体制选取有能力和德性的人进入政府，并以表现作为衡量政府好坏的标准；强调制度的有效性使得中国的制度转型比较平稳，并可能创造出新的制度形态；中性政府保证政府不受利益集团的左右，从而放开手脚采取选择性的，但有利于经济增长的政策。并认为只强调中国道路的特殊性，既不利于学术研究，也不利于国际上对中国成功的理解。中国三十多年的发展经验，对于发展中国家具有重要的启示意义，特别是中国政府关注社会平等，改进居民实质性福利，强调制度有效性而非纯洁性，保持中性而不被某个阶层所俘获等虽不能完全适用于他国发展，但其政府定位、制度设计以及对于国内居民的态度都值得其他国家借鉴。

中国经济发展模式创造了“中国奇迹”，促成了中国经济快速发展，但随着经济发展这一模式的某些弊端逐渐显现出来。具体包括经济结构不平衡问题加剧、收入分配差距不断拉大、资源消耗巨大、生态环境恶、对外依赖性越来越大、经济越来越脆弱等。解

① 张宇、张晨、蔡万焕：《中国经济模式的政治经济学分析》，《中国社会科学》2011 年第 3 期。

② 丁任重、郭洪涛：《中国经济发展道路：探索与转型》，《经济学动态》2011 年第 4 期。

③ 陈爱民：《论中国经济改革和发展模式》，《经济学动态》2011 年第 4 期。

④ 姚洋：《中国道路的世界意义》，《国际经济评论》2010 年第 1 期。

决中国经济模式的弊端必须依赖转变发展方式，动态调整中国经济的发展模式来实现。基于上述问题，郭熙保①认为应该将中国经济模式中增长优先、沿海先行、投资驱动和出口鼓励相应地进行调整，即将增长优先转为增长与公平并重，将沿海先行转为平衡增长，将投资驱动转为消费驱动，将出口鼓励转为出口中性。而要实现这种模式转换就必须树立科学发展观的理念，抛弃增长中心主义的思路，加快体制改革步伐和实施新的政绩考核体系。魏杰②认为当前中国经济发展模式正在发生重要转型，即从出口导向型经济增长模式转向内需拉动型经济增长模式，从传统成本优势转向技术优势和新成本优势，在资源与环境问题的巨大压力下形成环境友好型与资源节约型社会，在资本化进程中有效控制资产泡沫化问题，在激发经济活力中有效解决贪婪和信息不对称的问题。

除了上述经济表现上的问题外，中国经济模式也存在制度上的缺陷。杨春学③认为中国经济模式面临“系统性腐败”的严峻挑战，这一方面是由于某些制度安排先天的带有“腐败的基因”，另一方面则是因为当前约束和监督机制建设落后于分权化的市场化改革的发展，再有就是思想上受到某些形式的“腐败有益”论的影响。因此，完善和发展中国经济发展模式的关键是要扬弃能够成功创造“增长奇迹”而又面临系统性腐败的特殊制度安排，使中国经济发展模式“更新换代”。

三　社会公平与收入差距

收入差距与社会公平历来是经济学界关注的重点，近年来学界主要针对改革中的政府、制度以及市场化对于居民收入差距与社会平等的关系进行了较为深入的研究，得出了有益的结论。贺大兴、姚洋④从社会平等的角度对中国经济增长给出了一个政治经济学解释。他们的结论是，平等的社会结构使得政府选择成为在社会群体之间没有特定长期偏好的中性政府，这样的政府更可能把资源分配给生产力比较高的社会群体，从而促进经济增长。平等的社会结构得益于早期的中国革命，而改革开放使政府的工作重点向经济建设转移，采纳了有利于经济长期发展的政策。虽然中性政府没有自身的特殊偏好，但在政府把有限资源分配给生产力较高的群体或地区的过程中，收入差距扩大就成为经济发展的必然。

然而，政府真是中性的吗？李晓飞⑤利用 2006 年中国综合社会调查（CGSS2006）数据的实证研究结果表明，在经历 60 年改革和变迁之后，户籍制度仍然是导致当代中国社会差别的重要因素，人们的经济地位、政治地位和社会地位之间的差别，仍然都与户口性质密切相关。而户籍制度之所以能够维持并强化中国社会差别，与中国政府的行政

① 郭熙保：《论中国经济发展模式及其转变》，《当代财经》2011 年第 3 期。
② 魏杰：《中国经济发展模式的转型》，《政治经济学评论》2010 年第 2 期。
③ 杨春学：《中国经济模式与腐败问题》，《经济学动态》2011 年第 2 期。
④ 贺大兴、姚洋：《社会平等、中性政府与中国经济增长》，《经济研究》2011 年第 1 期
⑤ 李晓飞：《户籍制度与当代中国社会差别关系的实证分析》，《武汉大学学报》（哲学社会科学版）2011 年第 3 期。

理念和行为逻辑密切相关。因此，要消除户籍对实现社会公平正义的掣肘作用，就必须从改变政府行政理念和行为方式入手，把社会公平和服务行政作为政府公共行政实践的首要价值诉求和行为方式。张义博、付明卫①的研究认为中国市场化带有明显的阶段性，而在市场化的不同阶段，决定居民收入及其差异的因素是不同的。从 1978 年到 90 年代中后期，市场因素占主导，其后人力资本和政治资本开始发挥越来越重要的作用。因此，中国的改革带有某种不公平的特征。根据国外的研究，居民收入差距的扩大不利于社会稳定和经济发展。虽然，章元等②的实证研究发现没有明显的证据表明省内城乡收入差距的扩大必然增加各省的犯罪率。但是城市登记失业率的上升则会导致犯罪率的上升。他们的解释是，一方面城市登记失业率的上升意味着民工失业率可能上升，城市居民和农民工失业的增加都会直接推动犯罪率上升，而由于失业的农民工缺乏最低生活保障和社会保险，他们会更加脆弱并更容易走向犯罪，因此会更容易推动犯罪率的上升；另一方面，城市失业率的上升还会推动地方政府采取更加歧视农民工的就业政策以保护城市居民的就业，因而在犯罪率上升和犯罪高峰持续的过程中起到了推波助澜的作用。需要注意的是，章元等的研究明显存在代理变量选择有误的问题，因为城乡居民收入差距主要衡量的是城乡常住居民之间的收入差距，而城镇登记失业率等实际上从侧面反映了城镇内部居民收入差距，因此，如果对城镇内部居民收入差距与犯罪率进行实证研究应更能反映收入差距与犯罪率等社会稳定之间的真实关系。

四　“国进民退”的争论

近年来，所有制结构战略调整成果不断显现，国有经济经营绩效逐渐提高，“抓大放小”基本结束，转而转向提升国有经济整体质量。尽管国有经济在国民经济中的比重仍在逐渐下降，但速度明显放缓，而且，个别国有企业（特别是央企）从战略收缩逐渐转向战略扩张，正在实现国有经济“有进有退”的总体布局。与之前国有经济退出为主的改革相比，国有企业战略调整的这种变化被称为“国进民退”。对于这种所谓的“国进民退”学界予以广泛的讨论。其中，吴敬琏③等学者认为这种个别现象是一种改革的倒退。而胡星斗④更是建议全国两会审议制止“国进民退”。他认为，目前中国“在经济领域出现了大规模的‘国进民退’的狂潮，在钢铁、化工、煤炭、民航、公路、电力、金融、房地产等几乎所有的有利可图的领域，民营企业都被挤垮或被强制低价收购”，呼吁“制止‘国进民退’，是当前中国人民的首要任务”。

然而，对于是否存在“国进民退”学者

① 张义博、付明卫：《市场化改革对居民收入差距的影响》，《世界经济》2011 年第 3 期。

② 章元、刘时菁、刘亮：《城乡收入差距、民工失业与中国犯罪率的上升》，《经济研究》2011 年第 2 期

③ 吴敬琏：《经济转型不能“开倒车”》，《金融经济》2010 年第 7 期；《中国市场经济出现倒退》，财新网 2011 年 7 月 5 日。

④ 胡星斗：《建议“两会”审议和制止“国进民退”》，《学习月刊》2010 年第 2 期下旬刊。

们并没有取得一致意见。项启源①认为判断是否存在“国进民退”应从三方面来考察：其一，要从国民经济整体来看，是否出现了全局性的“国进民退”，而不能因为某些地区、某些行业国有企业增多一些，民营企业减少一些，就认为出现了“国进民退”的潮流；其二，要从几年来的发展状况看是否出现了“国进民退”的趋势，当前国内外形势复杂多变，由于某种原因而采取的应对措施，也不能作为“国进民退”已成为潮流的依据；其三，要看党中央和国务院对我国所有制结构在战略部署上是否出现了“国进民退”的重大变化，事实上，从党的十五大提出以公有制为主体、多种所有制经济共同发展的基本经济制度以来，党中央始终坚持这一制度至今未改变。基于上述标准，“国进民退”并不存在，而认为“国进民退”已成为潮流的说法是有些人为了坚持错误的改革方向而蓄意制造出来的伪命题。马骏②也认为改革开放以来，我国经济总体上表现出“国退民进”的趋势，近年逐步进入国有经济比重相对稳定时期。前期国有经济比重的显著下降主要来自于民营经济的快速发展和国有资本的战略性调整。近年国有经济的相对稳定得益于多种因素，包括国有资本相对集中于优势领域，机制体制改革发挥作用，国家政策的支持等。“国退民进”的总体趋势与“国进民退”个案案例并存并不矛盾。因为，部分国有企业不断扩张，但民营企业发展更快；国有企业“有进有退”，一些国有企业退出了没有竞争优势的领域。“国进民退”案例的背景各有不同，很难笼统地下一个肯定或否定的结论。

五　完善社会主义初级阶段基本经济制度

表面上是对“国退民进”或“国进民退”的争论，而实质是对社会主义初级阶段基本经济制度的理解存在差异。宪法明确规定了我国“在社会主义初级阶段，坚持公有制为主体、多种所有制经济共同发展的基本经济制度”。刘国光③认为，我国还处于社会主义初级阶段，这是实行社会主义基本经济制度的理论和现实依据。因为“判断社会的性质和发展方向的唯一标准就是看生产资料归谁所有”。社会主义公有制是社会主义制度的基础。公有制为主体也是初级阶段基本经济制度的前提和基础。坚持基本经济制度，首先要巩固公有制为主体这个前提和基础。公有资产占优势，更重要的表现为质的优势，即关键性的涉及经济命脉、战略全局和国民经济发展方向的生产资料占优势，而不是一般的微不足道的生产资料占优势；是先进的具有导向性控制性的生产资料占优势，并且不断提高、进步、发展、壮大，而不是落后的东西占优势。这样它才能控制经济命脉，对国民经济起主导作用，有强大的控制力、决定力、示范力和促进力。初级阶段基本制度不但要求公有制经济占主体地位，而且要求国有经济对国民经济起主导作用，国家应控制国民经济命脉，国有经济的控制力、影

① 项启源：《对“国进民退”争论的深入思考》，《当代经济研究》2011 年第 1 期。

② 马俊：《我国总体趋势上不存在“国进民退”》，《红旗文稿》2010 年第 2 期。

③ 刘国光：《关于社会主义初级阶段基本经济制度若干问题的思考》，《经济学动态》2011 年第 7 期。

响力和竞争力应得到增强。

卫兴华[①]认为要弄清与把握“社会主义初级阶段的基本经济制度”同“社会主义经济制度”的联系与区别。没有社会主义公有制，就没有社会主义经济制度，也就没有社会主义初级阶段的基本经济制度。以公有制为基础的社会主义制度取代私有制的资本主义制度，是从生产力标准和价值标准的统一着眼的。从生产力标准看，以社会主义公有制取代资本主义私有制，是为了消除资本主义生产社会化和资本主义私有制的基本矛盾，从而消除资本主义周期性破坏生产力的经济危机，以解放生产力，促进生产力的快速发展。从价值标准看，社会主义要结束几千年来人剥削人的阶级对立和贫富两极分化的制度，要实现人的自由和全面发展，实现社会主义的公平与正义，要让人民“过最美好、最幸福的生活”，要使劳动人民实现共同富裕。凡此种种，只有在生产资料公有制条件下方能实现。

有鉴于此，巩固我国改革开放经济成果，进一步促进经济发展的必由之路必须坚持两个毫不动摇，完善社会主义初级阶段基本经济制度，保证公有制的主体地位。对于非公有制经济，刘国光[②]认为，应该区分私有经济的性质与作用。当它处于社会主义初级阶段，适合生产力发展的需要时，它还起积极作用，以至构成社会主义市场经济的一个重要组成部分。由于它不具有社会主义的性质，因此不能说它也是社会主义经济的组成部分。卫兴华[③]指出非公有制经济可纳入“社会主义初级阶段基本经济制度”的范畴，但不能纳入“社会主义经济制度”的范畴。而值得注意的是“鼓励非公有制经济的发展不等于私有化”[④]。

六　国有企业效率、作用与定位

之所以“国进民退”成为争论的焦点，一方面是对基本经济制度理解存在差异，另一方面是因为学者们对于国有企业与国有经济对国民经济的作用的认识不一致。其中，反对者认为“国进民退”对我国经济存在巨大危害，包括：国有经济存在行政垄断，破坏市场竞争，不利于市场经济发展；国有经济效率低下，不利于社会资源的有效配置；国有经济职工收入高于非国有经济，不利于改善收入分配结构；国有经济存在的目的在于弥补市场失灵，因此，应该退出竞争性领域；国有经济的存在容易滋生腐败以及发达国家国有经济在国民经济中比重较低等。

然而，对于国有经济的效率问题，学界进行了深入探讨。刘瑞明、石磊[⑤]从国有企业软预算约束入手，分析了国有企业对增长

---

① 卫兴华：《坚持和完善我国现阶段基本经济制度》，《红旗文稿》2010 年第 18 期；《坚持和完善我国现阶段基本经济制度的理论和实践问题》，《马克思主义研究》2010 年第 10 期。

② 刘国光：《关于社会主义初级阶段基本经济制度若干问题的思考》，《经济学动态》2011 年第 7 期。

③ 卫兴华：《坚持和完善我国现阶段基本经济制度》，《红旗文稿》2010 年第 18 期；《坚持和完善我国现阶段基本经济制度的理论和实践问题》，《马克思主义研究》2010 年第 10 期。

④ 胡钧、韩东：《坚持社会主义公有制为主体、多种所有制经济共同发展的基本经济制度》，《高校理论战线》2010 年第 3 期。

⑤ 刘瑞明、石磊：《国有企业的双重效率损失与经济增长》，《经济研究》2010 年第 1 期。

拖累的机制。他们发现国有企业不仅本身存在效率损失，而且由于软预算约束的存在，拖累了民营企业的发展进度，从而对整个经济体构成“增长拖累”。此外，经济转型过程中，庞大的国有经济还通过金融压抑、歧视和效率误配等途径损害民营经济成长，最终对整个国民经济产生拖累效应。而这种拖累效应之所以没有突出显现，是因为金融漏损和民间金融的成长使拖累效应得到一定程度的掩盖，并成为中国经济高速成长的重要因素。①

对此，宗寒②认为国有企业的效率应包括两类，即国有企业自身的效率和国有经济的延伸效率。近年来，无论是国有企业自身效率还是国有经济的延伸效率都有大幅度提高，不但没有拖累经济增长，相反却大大促进了经济增长。而改革开放以来，国有企业亏损应该是由“拨改贷”、“利改税”等造成的政策性亏损，而且较之非公有制经济，国有经济的税负更重。因此，国有经济的“预算软约束”假说并不能成立，而以此为逻辑起点所得出的结论也就不能成立。洪功翔③认为国有企业效率是动态变化的。近年来，国有企业效率大幅度提高，已经不再是低效率的，而且，随着国有经济战略重组与公司制改革，国有经济预算软约束的体制根源早已不复存在，因此，国有企业“低效率”和“预算软约束”两个基本假设并不符合当前的现实。刘瑞明、石磊之所以得出国有企业因效率损失而拖累经济增长的结论还源于其实证分析所运用的数据陈旧且代理变量不够准确等。在运用2000—2008年数据进行实证分析后，洪功翔得出了国有经济不但没有拖累反而促进了经济增长的结论。李楠、乔榛④的实证研究发现，国有企业绩效虽仍有别于其他所有制类型的企业，但经济绩效自2003年前后发生明显好转，国有企业绩效已经与非国有经济较好的三资企业无差异。而国有企业规模、行业垄断地位以及国有经济战线的缩小对其绩效改善起积极作用。郝书辰等⑤依据国有企业的目标和功能将国有企业效率划分为运行效率和功能效率，通过运用山东省不同所有制结构企业数据进行了实证分析。结果表明，与非国有企业相比，国有企业运行效率处于中、低效率区，但呈现出上升的趋势，其中国有控股公司好于国有独资企业，这意味着现代企业制度对于改善国有企业运行效率具有正面作用。就功能效率而言，国有企业明显高于非国有企业，这意味着国有企业承担了更多的社会责任，而国有控股公司和国有独资公司的功能效率明显高于国有独资企业和集体企业，这证明公司制改革对于提高国有企业效率具有正面作用。综合运行效率和功能效率来看，国有企业高于非国有企业，这就意味着国有企业肩负的社会功能远远超过私营企业和港澳台企业。国有企业运行效率服务于功能效率的目标要求，使得国有企业的运行效率低于私营企业。张车伟、陈兰⑥的研究表明，影响国有企业效率提高的主要因素是国有企业劳动

① 刘瑞明：《金融压抑、所有制歧视与增长拖累——国有企业效率损失再考察》，《经济学》（季刊）2011年第2期。
② 宗寒：《正确认识国有企业的作用和效率》，《当代经济研究》2011年第2期。
③ 洪功翔：《国有企业存在双重效率损失吗》，《经济理论与经济管理》2010年第10期。
④ 李楠、乔榛：《国有企业改制政策效果的实证分析》，《数量经济技术经济研究》2010年第2期。
⑤ 郝书辰、陶虎、田金芳：《不同股权结构的国有企业治理效率比较研究》，《中国工业经济》2011年第9期。
⑥ 张车伟、陈兰：《劳动成本、效率与竞争优势》，《山东经济》2011年第5期。

产出效率过低，而且与未改制国有企业和非国有企业相比，改制国有企业所支付的劳动成本远高于未改制和非国有企业，这也制约了改制国有企业效率的提高。因此，虽然“减员增效”的国有企业改革对改善劳动投入有效配置具有积极作用，但面对日益剧烈的市场竞争，如何进一步提高劳动要素的产出效率仍然是国有企业改革发展过程中必须面对和解决的关键问题。

张晨、张宇①认为关于国有企业效率低下的种种证明，并非国有企业所特有，而是现代股份制企业所共同面临的问题。并且，众多有关国有企业和私有企业效率的经验研究也没有得出私有企业效率高于国有企业的最终结论，现实中既存在低效率的私有企业，也存在高效率的国有企业，私有企业在总体上并没有表现出比公有企业有效率，在许多产业中，公有制和私有制可能同样有效率。

显然，评价国有企业效率与国有企业的功能定位密不可分。因此，要评价国有企业效率就必须结合其功能定位进行分析。金碚②认为国有企业必须接受双重绩效评价，即作为企业，要评价其经营效率的高低；作为特殊企业，必须评价其是否体现了国家意志和人民的整体利益要求。作为企业，国有企业以摆脱经营困境和提高效率、效益为目标的改革已经在很大程度上得到实现。但作为特殊企业，国有企业还需要进一步改革。而改革的方向应该是：第一，实现更有利于经济整体有效运行和保证基本民生的基础设施、基础产业的稳定普遍供应；第二，在实现经济发展方式转变、建设重大民生事业工程，以及实现战略性新兴产业发展的关键突破，特别是形成保证国家安全的危机应急机制等方面，发挥更有效的功能；第三，在改善市场运行秩序和产业组织结构方面发挥积极作用；第四，在发挥收入分配“公平标杆”功能，扭转社会收入分配差距过大偏向上发挥积极作用。

对于垄断问题，丁冰③认为垄断包括对经济资源占有的垄断和对经营行为的垄断。社会主义国家对经济资源占有的垄断，即生产资料归全民所有而体现为拥有经济资源的国有企业，这乃是社会主义的主要经济基础，是需要不断巩固和发展壮大而不能削弱或消除的。但对于企业经营行为的垄断，包括企业经营交易过程中，几个大型企业联合，不顾消费者利益任意抬价、压价，因有损于人民利益和社会主义经济的正常发展，则必须反对，必须对其垄断的经营行为加强监管，直至勒令纠正或取缔。此外，国企职工收入高于私企职工收入不仅是正常的、必然的，而且正是社会主义国企优于私企的表现之一。而且，国企垄断和国有企业的存在虽然对社会居民收入差别有影响，但并不是贫富差距悬殊的主要原因，造成收入差距悬殊的根源在于私有制，而且因为私企、外企在国民经济中的比重很大（2/3 以上），自然就成为全社会贫富悬殊最主要的因素。

---

① 张晨、张宇：《“市场失灵”不是国有经济存在的依据——兼论国有经济在社会主义市场经济中的地位和作用》，《中国人民大学学报》2010 年第 5 期。

② 金碚：《论国有企业改革再定位》，《中国工业经济》2010 年第 4 期。

③ 丁冰：《坚持公有经济主体地位是坚持中国特色社会主义的生命线——兼析指责国有企业垄断的各种观点》，《福建论坛》（人文社会科学版）2011 年第 3 期。

参考文献

卢江、杨继国：《马克思主义过渡理论及其当代价值》，《经济学家》2011年第7期。

赵英杰：《马克思主义经济分析中“产品差异”假设的引入及其意义》，《经济学家》2011年第1期。

孟捷：《劳动与资本在价值创造中的正和关系研究》，《经济研究》2011年第4期。

冯金华、侯和宏：《负剩余价值和正利润可以同时存在吗?》，《中国人民大学学报》2011年第3期。

卫兴华：《中国特色社会主义经济理论体系研究》，《经济学动态》2011年第5期。

程恩富：《政治经济学现代化的四个学术方向》，《学术月刊》2011年第7期。

林岗：《通过解决重大现实问题来发展马克思主义经济学》，《学术月刊》2011年第7期。

江小涓：《大国双引擎增长模式》，《管理世界》2010年第6期。

张宇、张晨、蔡万焕：《中国经济模式的政治经济学分析》，《中国社会科学》2011年第3期。

丁任重、郭洪涛：《中国经济发展道路：探索与转型》，《经济学动态》2011年第4期。

陈爱民：《论中国经济改革和发展模式》，《经济学动态》2011年第4期。

姚洋：《中国道路的世界意义》，《国际经济评论》2010年第1期。

郭熙保：《论中国经济发展模式及其转变》，《当代财经》2011年第3期。

魏杰：《中国经济发展模式的转型》，《政治经济学评论》2010年第2期。

杨春学：《中国经济模式与腐败问题》，《经济学动态》2011年第2期。

贺大兴、姚洋：《社会平等、中性政府与中国经济增长》，《经济研究》2011年第1期。

李晓飞：《户籍制度与当代中国社会差别关系的实证分析》，《武汉大学学报》（哲学社会科学版）2011年第3期。

张义博、付明卫：《市场化改革对居民收入差距的影响》，《世界经济》2011年第3期。

章元、刘时菁、刘亮：《城乡收入差距、民工失业与中国犯罪率的上升》，《经济研究》2011年第2期

吴敬琏：《经济转型不能“开倒车”》，《金融经济》2010年第7期；《中国市场经济出现倒退》，财新网2011年7月5日。

胡星斗：《建议“两会”审议和制止“国进民退”》，《学习月刊》2010年第2期下旬刊。

项启源：《对“国进民退”争论的深入思考》，《当代经济研究》2011年第1期。

马俊：《我国总体趋势上不存在“国进民退”》，《红旗文稿》2010年第2期。

刘国光：《关于社会主义初级阶段基本经济制度若干问题的思考》，《经济学动态》2011年第7期。

卫兴华：《坚持和完善我国现阶段基本经济制度》，《红旗文稿》2010年第18期。

卫兴华：《坚持和完善我国现阶段基本经济制度的理论和实践问题》，《马克思主义研究》2010年第10期。

胡钧、韩东：《坚持社会主义公有制为主体、多种所有制经济共同发展的基本经济制度》，《高校理论战线》2010年第3期。

刘瑞明、石磊：《国有企业的双重效率损失与经济增长》，《经济研究》2010年第1期。

刘瑞明：《金融压抑、所有制歧视与增长拖累——国有企业效率损失再考察》，《经济学》（季刊）2011年第2期。

宗寒：《正确认识国有企业的作用和效率》，《当代经济研究》2011年第2期。

洪功翔：《国有企业存在双重效率损失吗》，《经济理论与经济管理》2010年第10期。

李楠、乔榛：《国有企业改制政策效果的实证分析》，《数量经济技术经济研究》2010年第2期。

郝书辰、陶虎、田金芳：《不同股权结构的国有企业治理效率比较研究》，《中国工业经济》2011年第9期。

张车伟、陈兰：《劳动成本、效率与竞争优势》，《山东经济》2011年第5期。

张晨、张宇：《“市场失灵”不是国有经济存在的依据——兼论国有经济在社会主义市场经济中的

地位和作用》，《中国人民大学学报》2010 年第 5 期。

金碚：《论国有企业改革再定位》，《中国工业经济》2010 年第 4 期。

丁冰：《坚持公有经济主体地位是坚持中国特色社会主义的生命线——兼析指责国有企业垄断的各种观点》，《福建论坛》（人文社会科学版）2011 年第 3 期。

（杨新铭）

学科前沿问题综述

发展经济学

近年来，发展经济学的研究，微观研究相对比较集中在教育、健康等社会发展相关领域以及收入分配和劳动力市场研究领域。而宏观方面的研究进展则更多地表现在可持续发展主题上。国际社会的研究趋势也渐渐影响到了中国的发展经济学研究，国内的相关研究中，也以教育健康、收入分配和劳动力市场，环境与可持续发展等研究的发展较快，研究水准也相对较高。本综述将主要就上述比较活跃的领域进行分析。

一　教育和健康研究

教育和健康作为人力资本的主要组成部分，是影响经济发展的重要因素。推动教育普及和健康水平的提升，已经成为实现经济和社会全面发展的主要政策手段之一。这一点已成为发展经济学的一个共识。

纵观从 2011 年度国内主流期刊发表的相关研究，该年度从发展经济学视角分析教育问题的研究主要集中在两个方面：一是高校扩招对大学生就业的影响；二是教育对收入分配和收入公平的影响。在健康与发展研究方面，该年度也凸显了两个研究主题：一是新型农村合作医疗制度的经济影响；二是老龄化与老年人口的健康问题。

（一）高校扩招与大学生就业问题

源于 20 世纪末期的中国高校扩招对毕业生就业的影响日渐凸显，并成为各界关注的热点问题。多数研究表明，高校扩招确实影响了当前的大学生就业，而这种影响在不同地区、不同性别之间存在差异。而随着扩招政策影响的稀释，大学毕业生的收入预期也逐渐趋于理性。

李彬（2011）分析了高校规模扩张与大学生城镇就业之间的关系，认为城市化率是影响高校毕业生就业规模的主要因素；高等教育规模增长幅度超出城市化率的增长是制约大学生就业规模的因素之一。工业化率则影响高校毕业生的就业结构。我国工业化集中度不高，高端产业发展滞后，城市人口规模的两极分化与工业经济结构的粗放，影响了高校毕业生就业水平。

邢春冰、李实（2011）使用 2000 年人口普查数据和 2005 年人口抽样调查数据研究了大学扩招对不同人群高等教育机会的大学毕业生就业的影响。结果发现，扩招的受益群体主要集中在东部地区、城镇地区，农村、西部地区和少数民族的女性受益较少。而扩招也使大学毕业生的失业率显著提高，这一效应中，一半以上来自大学毕业生平均能力的下降。

崔玉平（2011）使用中国2008届大学毕业生求职与工作能力调查的统计数据，分析影响本科高校毕业生就业率的省域社会经济因素，发现在省域社会经济发展水平指标中，影响最大的是省域城镇化率。敖山、丁小浩（2011）基于北京大学2009年全国高校毕业生就业抽样调查数据，分析性别差异对高校毕业生就业工作特征和流动特征的影响。结果表明，性别因素导致10.89%的薪金差异，男性获得就业地户口的概率比女性高出9.27%；在流动特征方面，男性毕业生比女性毕业生有更强的流动性。

张珂、赵忠（2011）研究了中国高校毕业生收入预期的动态变迁及影响因素。他们使用2003年和2009年中国人民大学北京地区高校毕业生就业调查数据，采用ordered-probit和扩展的Oaxaca-Blinder分解方法，分析了收入预期水平的影响因素和影响幅度，并对年份间预期水平差异进行了分解。结果发现，从2003—2009年，高校毕业生预期收入水平的准确度增加，人际差异缩小；收入预期水平的年度差异主要取决于特征变量的系数差异，反映了就业市场环境对预期的影响。这一结果表明，随着高校扩招政策等因素对就业市场造成的冲击在几年时间里被逐步稀释和消化，高校毕业生群体的收入预期正逐步趋于理性。

（二）教育与收入、收入分配及代际公平

教育作为人力资本的主要组成部分是影响个人收入的主要因素，而教育的不平等也将导致收入的不平等。教育不仅对当代人的收入和平等产生影响，而且具有代际传递的特征。研究表明，教育不仅影响了个人的收入增长，而且也是导致收入不平等的重要因素。这种不平等还可以传递到下一代。

梁润（2011）利用CHNS数据，研究了城乡和性别的教育收益率的动态变化，发现城镇的教育收益率总是高于农村，而无论是城镇还是农村，女性的教育收益率都高于男性。从动态变化来看，自2000年以来城乡教育收益率的差异逐年加大，其中主要是城乡男性劳动力的教育收益率差距增大。结果也表明，除教育水平本身的差异以外，教育收益率差异的扩大也是引起城乡收入差距加剧的重要原因。

薛进军、高晓淳（2011）使用1988年、1995年和2002年中国住户收入调查数据（CHIP）分析教育对收入分配差距的影响，结果发现1988—2002年中国城市教育水平提高很快，教育收益率迅速上升，教育对收入增长的贡献十分显著；但教育水平的提高扩大了不同学历人员之间的收入差距，呈现出“穷人更穷，富人更富”的马太效应。张艳华（2011）则使用宏观分省数据研究了教育公共投入对收入差距的影响。研究发现，人力资本对城乡收入增长均有较强的促进作用，且农村人力资本的产出弹性明显高于城市。但与城市相比，农村人力资本的外溢效应偏低，这在一定程度上拉大了业已存在的城乡差距。

在教育人力资本的代际传递效应方面，张苏、曾庆宝（2011）对近年来西方有关人力资本通过教育进行代际传递的相关文献进行梳理，分析了父母的受教育水平对子女的认知人力资本及健康人力资本积累的影响，并探讨了这一影响如何形成职业代际传递和收入代际传递，最终对社会公平和经济效率产生影响。李云森、齐豪（2011）分析了中国农村地区教育的代际影响。他们使用中国住户收入调查数据（CHIP）2002年的农村部分数据，以20世纪70年代在中国农村实

施的基础教育普及政策为父母教育的工具变量，使用2SLS回归，结果发现，母亲教育年限对子女是否接受10年以上教育有正相关因果联系，而父亲教育年限的影响并不显著。分样本估计结果表明，母亲教育对儿子教育、父亲教育对女儿教育分别有显著正的影响。依据家庭背景进一步细分的样本估计显示，这种影响仅限于家庭背景是贫（雇）农、下中农和中农的样本。

（三）新型农村合作医疗制度的经济影响

自2003年开始试点的新型农村合作医疗制度已经基本覆盖了全部农村地区，其对农村居民医疗服务利用的影响已有较多研究。随着该制度的进一步实施，其经济影响也开始显现。本年度对新农合经济影响的研究主要表现在对农村居民营养摄入、贫困、收入分配、储蓄和消费等方面的影响。

马双、张劼（2011）使用中国营养与健康调查数据（CHNS），研究了参加新农合对农户人均热量摄入的影响。作者使用极大似然估计的方法，控制试点地区的选择和居民是否参合的选择，消除这些选择过程对居民营养物质摄入产生的系统性影响。结果表明，在控制人均实际收入后，参加新农合的家庭其每日人均热量摄入量显著增加。对不同收入阶层该影响程度也不一致，新农合使低收入家庭比中高收入家庭人均每日多摄入111.5卡热量。

齐良书（2011）使用2003—2006年农业部农村固定观察点及清华大学经管学院2007年新型农村合作医疗农户家庭健康状况调查数据，研究了新农合对农村贫困、农户收入增长及农村收入分配的影响。结果显示，新农合的减贫效果明显，不仅能在农户层面上显著降低贫困发生概率，而且能在省区层面上显著降低贫困率；新农合能显著促进低收入和中等收入农民增收，但需要有利的外部经济环境作为支持条件；新农合能显著降低村庄内部的收入分配不均等程度，但对省区范围内的农民收入分配状况没有产生显著影响。

周晓艳等（2011）利用2003—2006年农业部农村固定观察点数据，采用双重差分模型来考察新型农村合作医疗对中国农村居民储蓄行为的影响。研究结果发现，农户参加新农合将显著的减少其家庭储蓄，但这种抑制农户家庭储蓄行为的效应随着时间呈显著的减弱趋势，且新农合对高收入农户家庭储蓄行为的影响可能要大于对低收入农户家庭储蓄行为的影响，对经济发达地区农户家庭储蓄行为的影响要高于对经济欠发达地区农户家庭储蓄行为的影响。

白重恩等（2011）使用2003—2006年农业部农村固定观察点及清华大学基于2006年子样本开展的农户调查数据，研究了新农合对农村居民消费的影响。结果表明，新农合使得非医疗支出类的家庭消费增加了约5.6个百分点。这一正向作用随医疗保险保障水平的提高而增强。同时，新农合对消费的正向影响在收入较低或健康状况较差的家庭中更强。这些结果都与医疗保险减少了预防性储蓄的假说相一致。

（四）老龄化与老年人口的健康问题

中国正在快速进入老龄化社会，老年人的健康以及与健康相关的医疗费用、就医模式等问题正成为中国面临的重大问题之一。老龄化及老年人的健康问题正成为发展经济学研究的热点之一。多数研究表明，老龄化是医疗费用升高的重要原因之一，而老年人的健康及就医行为也表现出其自身特征。

余央央（2011）利用2002—2008年中国的省级面板数据研究了老龄化对城乡医疗费用影响的差异。结果发现，老龄化与实际人均医疗支出呈显著正相关性，且老龄化的实际人均医疗支出弹性为0.268，在实际人均医疗支出变化中的贡献率为3.9%。城乡老龄化与医疗支出的关系存在城乡差异，城镇老龄化程度的提高显著增加医疗支出（支出弹性为0.207），而农村老龄化程度的提高不会增加医疗支出，甚至会导致自费医疗支出下降。

刘国恩等（2012）采用2005年中国老年健康长寿调查数据库（CLHLS）22省调查数据，分析了医疗保障对老人医疗服务需求的影响。结果发现，医保制度对老人医疗服务的影响主要表现在提高就医程度，而非就医选择行为的改变，同时医保制度又明显地促进了老人及时就医率。医保制度对减轻老人家庭医疗负担具有显著作用。城镇医保和公费医疗所发挥的作用明显高于其他保险形式。

刘宏等（2011）研究了不同养老模式对老年人健康的影响。该文从居住模式和主要经济来源两个方面来界定中国老年人的养老模式。根据2002年、2005年中国老年人口健康状况调查数据（Chinese Longitudinal Healthy Longevity Survey，CLHLS），从实证角度分析了中国不同养老模式如何影响老年人的健康状况。研究发现，养老模式是关系到中国老年人健康的一个关键因素，经济与居住均独立的老年夫妻有最明显的健康优势和主观幸福度优势，而依靠子女供养或政府补助的个人独居养老模式是最差的。这些经验发现可以为政府改善老龄人群的健康提供可靠的政策依据。

李实、杨穗（2011）利用中国收入分配课题组2002年和2007年城镇住户调查数据，分析了养老金对中国老年人健康的影响作用。结果显示，2002—2007年，随着养老金收入水平的提高，老年人自评健康状况越来越好，相比其他家庭人均收入，养老金对保障老年人健康的作用越来越突出；养老金通过家庭内部老年人口之间的再分配，发挥的作用更明显。由于收入差距的扩大和城市贫困问题的凸显，不平等对老年人的健康影响开始显现；对于单独居住老人，养老金的健康保障作用越来越重要。

二　收入分配和劳动力市场

（一）收入分配研究

收入分配仍然是学术界所关注的热点。研究收入分配可以从宏观功能性分配和微观规模性分配入手，功能性分配涉及要素收入份额，规模性分配则包含个体间收入差距及其扩大的原因和影响，常规的研究主题有个体收入不平等的度量和分解、个体收入差距扩大的解释以及收入不平等的影响等。2011年学术界对收入分配的研究继续在这些领域全方位展开，并出现了新的研究动向，特别是行为经济学研究公平观，以及宏观分配格局微观决定机制的研究尝试。

1. 全方位的研究范围

（1）宏观分配格局及解释

一些研究围绕中国要素收入分配失衡展开。罗长远（2011）对此给出了一个特定性要素模型的解释框架，并基于比较优势、要

素流动性和要素收入分配对中国劳动收入占比下降进行了分析，通过数值模拟勾勒出改革开放以来工业部门要素收入分配格局的演变，发现中国的要素市场改革没有跟上比较优势转换的节奏，是导致要素收入分配呈现多层次失衡的重要原因。翁杰（2011）从农村劳动力转移的角度研究了中国宏观分配格局，论文首先描述了劳动收入份额变动的变动趋势并对其进行了分解，进而建立了理论模型进行实证分析，认为劳动力转移影响劳动收入份额变动的途径主要有两个，分别是负的产业结构变动效应和负的产业内收入份额效应。

（2）收入分配状况的测度

由于国家统计局发布居民收入数据时只报告了收入分组数据，未报告基尼系数，一些学者对历年来的城乡基尼系数进行了计算，这些研究的差异主要体现在所使用的方法上，结论则大同小异，即全国存在较大的收入差距，其中城乡差距最主要，近年来差距变化趋势趋于平缓。此类研究典型的有胡志军、刘宗明、龚志民（2011）（以下简称胡文），尹虹潘、刘姝伶（2011）（以下简称尹文），李实、罗楚亮（2011）。胡文首先根据统计局公布的分组数据构造了全国的收入分布情况，进而估算了 1985 年以来的历年基尼系数，认为城乡总体基尼系数一直在上升，农村的基尼系数在 2003 年后开始缓慢下降，城乡差距对总体基尼系数的贡献在 2000 年后维持在 60% 左右。尹文所使用的方法是按人均收入高低对细分后得到的居民小组数据进行城乡混合排序，利用面积法近似地计算出中国总体基尼系数，中国总体基尼系数 2000 年就超过了 0.4，2009 年接近 0.5，2000 年到 2009 年全国总体基尼系数略呈 S 形的变化轨迹，在“十五”期间增大的趋势非常明显，而近年来随着经济发展基本面的变化，全国总体基尼系数逐渐趋于平稳，另外，城镇内部收入差距是“十五”期间全国基尼系数显著提高的最主要动力。由于对 2010 年王小鲁有关灰色收入的论文有不同意见，李实、罗楚亮（2011）使用帕累托分布修正住户调查抽样偏差对收入差距指标的影响，对收入定义、样本权重结构、抽样偏差以及地区间货币购买力差异进行调整，发现高收入人群样本偏差导致了城镇内部收入差距的严重低估，也导致了城乡之间收入差距和全国收入差距的较大程度的低估，以卡恩所定义的收入，调整之后的 2007 年全国基尼系数从 0.4831 变为 0.5307。

（3）收入差距扩大的解释

收入分配的影响因素一直是收入分配研究领域的重点，这些因素既有宏观方面的产业空间、贸易开放等，又有微观方面的劳动者差异。张文武、梁琦（2011）使用新经济地理学模型解释产业空间和地区收入差距的变化，认为地区间的人力资本分布不均衡会导致地区收入差距的进一步扩大。比较优势理论、要素禀赋理论和规模经济理论都证实了自由贸易可以提高参与国的福利水平和收入水平。有鉴于此，李磊等（2011）研究了贸易开放对中国城镇居民收入分配的影响，所使用的方法是在 Mincer 劳动收入方程中引入贸易开放度，使用两阶段最小二乘估计来控制内生性，贸易开放度对收入水平具有稳健的正向效应，但是此影响在企业类型、职业类型、劳动者技能水平等方面具有不平衡性。

（4）收入不平等的影响

吕炜、储德银（2011）从理论上界定了获得最快经济增长所需的最优居民收入差距，城乡居民收入差距与经济增长之间的关系应取决于实际城乡居民收入差距与最优城乡居民收入差距的偏离方向与偏离幅度，作者进一步采用GMM方法分析包含居民收入差距和经济增长的动态面板模型，分析发现中国城乡间收入差距与经济增长之间是非线性关系，在东部地区两者正相关，中西部地区则负相关，论文的政策建议是再分配政策应该考虑经济增长和居民收入差异的地区差距。此外，郭凯明、张全升、龚六堂（2011）研究了公共政策、经济增长与不平等演化的关系，通过数值模拟包含个人、厂商、政府、家庭养老机制的代际交叠动态一般均衡模型，论文发现，提高公共教育投入可以促进经济增长，减缓人口增长，但是对于调节收入分配的作用较弱，加大社会保障投入可以有效地降低不平等程度，但是却不利于经济的长期增长。唐东波、张军（2011）在收入分配Kuznets进程理论框架下总结了中国改革开放以来中国居民收入差距的特征，认为居民收入差距与城市就业比之间呈现倒U形关系，经济增长也是导致总体收入差距呈现倒U形关系的主要原因，作者又使用Theil指数二阶嵌套分解方法对收入差异进行分解发现，城乡差距占主导，地区间差距大于地区内差距，沿海地区内部收入差距最大。鲁元平、王韬（2011）对中国收入不平等与居民主观幸福感之间的关系及其作用机制进行了实证研究，认为中国的收入不平等对居民的主观幸福感有显著的负面影响，而且它对农村居民和低收入者的负面影响要显著大于城市居民和高收入者。

2. 新的研究动向

(1) 行为经济学与公平观

评价收入分配状况需要相应的价值判断，特别是公平观的判断。董志强（2011）使用演化博弈模型和随机演化仿真模型解释了人们为什么需要公平，主要原因是本能的公平行为在人类早期的生存竞争演化中比非公平的行为更适应生存，该项研究结果也表明当代行为和实验经济学所证实的公平心理偏好，可能有其演化根源。随着行为经济学理论和方法的日渐成熟和广泛应用，陈叶烽、周业安、宋紫峰（2011）运用行为经济学最后通牒实验方法考察分配动机的公平和分配结果的公平对人的行为决策的影响，研究发现分配动机的公平比分配结果的公平更会影响人们的决策，这个研究结果的政策含义是分配过程的公平比分配结果的公平更重要。

(2) 宏观分配格局的微观基础

近年来学术界主要从宏观角度分析劳动收入份额的下降，现在已经开始有研究关注要素收入分配和个人收入分配之间的互动关系，或者说是宏观分配格局的微观基础。伍山林（2011）根据中国制度环境构建一个包含劳动力异质性和企业异质性的模型来考察中国劳动收入份额的微观决定机制，该篇论文的研究结论是工资率对劳动收入份额的影响是多方面的，并非单独的正向关系；企业改制会降低劳动收入份额，税负对劳动收入份额的影响依赖于企业的类型，利润分享比例与劳动收入份额有正向相关关系。

(3) 残差收入不平等的研究

有别于常规的不平等指标的构建和宏观或微观可观测特体特征对收入差距的影响的研究，徐舒、朱南苗（2011）区分了劳动者不可观测的异质性能力、随机收入冲击及其相对应的价格效应对我国劳动者残差收入不平等的影响，分解了三个因素对残差收入不平等的相对贡献，发现引起残差收入不平等的最主要原因是暂时性收入冲击，与劳动者潜在能力相关的价格效应的上升，是解释残差收入不平等随时间不断扩大的主要原因。

（二）人口迁移与劳动力

人口迁移和劳动力也是发展经济学研究中的重点。2011 年，重要核心刊物中所登载的论文主题包括农村劳动力流动、农民工的城市融入、劳动力工资差异以及对刘易斯转折点的判断等。

1. 农村劳动力流动的影响因素和影响范围

影响劳动力流动的因素有哪些？李萍、谌新民（2011）以广东省为例考察了就业容量和就业风险对劳动力流动的影响，通过使用动态面板模型，发现除了工资水平之外，当地实际就业容量越大，越能吸引劳动力流入，相应的，地区就业风险加大，对外来劳动力的吸引力就会降低，另外，异质劳动力流动的影响因素不同。

农村劳动力流动会给输出地和输入地带来哪些影响？阮荣平、刘力、郑风田（2011）认为人口流动对输出地人力资本既有抑制效应也有促进效应，其强弱主要取决于经济发展水平、地区收入差距和人口流动规模，使用混合 OLS 以及随机效应估计作者自己通过统计年鉴和人口抽样调查生成的数据集，结果表明目前劳动力流动对输出地人力资本的总体效应为抑制效应。沈昆荣、于吉祥（2011）使用城镇居民收入决定模型考察了农村劳动力流动对城镇居民收入的影响，认为农村移民可以对城镇居民的收入产生正向作用，这个作用依赖于市场化的进程。迁移地针对农民工公共政策对其经济增长有较大的影响。郑思齐等（2011）构建了一个农民工住房与经济增长的数理模型，发现农民工聚居区的住房供给能力的提高以及对农民工聚居区居住环境的改良，会通过增加城市的人力资本总量从而促进城市经济的增长。

2. 与农村迁移劳动力城市融入有关的研究进展

农村迁移劳动力的城市化是近年来的研究热点，2011 年也有较多的研究论文以此为主题，主要是影响迁移和城市融入的因素，如新生代农民工等。何军（2011）使用分位数回归方法对比了新生代农民工与第一代农民工在城市融入程度和影响因素方面的代际差异，证实了这种差异的存在，发现新生代农民工的城市融入度较高，收入水平、社会资本和教育水平是影响城市融入的主要因素，社会因素也会影响城市定居的决策。叶鹏飞（2011）使用 2007 年清华大学社会学系 7 省区的调查数据，认为家庭因素和社会支持因素对农民工城市定居的意愿影响作用更加明显，农民工与城市居民的交往行为也会影响其定居意愿。但是该论文缺少与本地居民的对比。永久迁移也与迁移者的收入和经济因素密切相关，马瑞等（2011）认为农村迁移工人绝大多数有意愿留城居住，但是因为工作和收入问题定居难度很大。孟颖颖、邓大松（2011）使用作者搜集的专项调查数据对农民工收入水平与城市融合之间的关系进行了研究，结论是农民工收入水平在融合的初期与中期对融合程度的提高有显著的正效应，但融合后期，收入水平的继续增加并不能带来融合程度的明显增进，政策建议是不仅需要提高农民工的收入，还要给予他们公正的市民待遇。张翼（2011）使用人口计生委 2010 年动态监测数据研究了影响农民工进城落户意愿的因素，该研究以描述统计为主，认为大部分农民工不愿意户口非农化，有落户意愿的倾向于在大中城市落户，进城落户需要重点解决户籍和农村承包地的问题。

3. 劳动力工资决定和差异

叶林祥、李实、罗楚亮（2011）从行业垄断和企业所用制的角度实证研究了企业工资差异的影响因素，认为行业垄断是企业工资差异存在的前提，而所有制是导致企业工资差异存在的必要条件。杨娟、Sylvie Demurge、李实（2011）使用 CHIPS 数据，分析了 2002 年到 2007 年中国城镇不同所有制企业职工收入差距的变化趋势以及引起平均工资和工资分布差异的原因，工资差异分解的结果表明公有部门收入差距的分布相对均衡，但私营企业与其他所有制企业的收入差距主要来自于低收入者。随着时间的推移，个人特征对于解释工资差异的重要性越来越显著，不同所有制企业的收入差距呈现递减的趋势，市场分割对于高收入者仍非常重要。宁光杰（2011）使用 CHNS 2006 年数据对劳动者的工资性别差异进行了测度和分解，在控制个人特征和单位特征后，男性劳动者的小时收入比女性劳动者高 23.8%，差异存在的原因主要是收益率的不同，论文证实了性别歧视的存在，特别是工龄和就业获得方面。

4. 对刘易斯转折点和劳动力市场总体状况的探讨

刘易斯转折点是否来临的判断对中国经济发展具有重大的意义，但是，学术界对此的意见并不一致。在对刘易斯转折点到来持怀疑态度的研究中，余宇新、张平（2011）使用工业企业微观数据，以工资水平和资本收益率的关系为判断依据，在固定效应和工具变量最小二乘估计等多个回归方法下得出的结论是：现阶段中国经济的刘易斯拐点特征还并不明显，一些经济现象只是来源于制度性约束，中国还没有到达真正刘易斯框架下的刘易斯拐点。约翰·奈特、邓曲恒、李实（2011）度量了潜在的劳动力流动规模，中国的现实情况是农村地区存在着剩余劳动力，而同时城镇地区的农民工工资正在上涨，刘易斯拐点不一定明确存在，作者还用了劳动力市场分割和流动的制度性约束来解释这一现象。

都阳、陆旸（2011）使用卡尔曼滤波方法测算了中国时变自然失业率，发现在 2003 年之前，中国自然失业率逐年上升，2003 年达到峰值 5.42，之后开始下落，到 2009 年为 4.13，劳动力市场结构和供求关系的变化是解释这一趋势的主要原因；中国 20 世纪 90 年代的劳动力市场符合菲利普斯曲线的特征，但是近几年，周期性失业和通胀的关系变得复杂起来了。

三　环境与发展

随着中国经济快速发展及其带来的环境问题，环境与发展越来越成为中国经济发展中的一个重要话题。国际学术社区对中国环境问题的关注度越来越高，而国内的研究在近些年也有了不少的起色。2011 年我国学者在环境与发展问题上主要关注以下几个方面的问题：低碳经济、碳排放与经济发展、环境与工业发展和经济增长的关系、环境规制、环境税与贸易关系等方面。

（一）低碳经济和碳排放

低碳经济和碳排放的讨论主要是从理论、实证和政策研究等多个视角进行的。该领域的研究有这样一些新的趋势：第一，越来越多的实证研究方法应用于该领域；第二理论探讨逐步进入模型化阶段；第三，在碳排放和碳交易等研究方面，越来越偏向政策研究类型，研究结果的可操作性有所增强。

方大春、张敏新从经济史中探寻低碳经济理论根基，他们认为：低碳经济是世界关注焦点，低碳经济逐步成为发展模式主导。然而，理论界对低碳经济的研究主要集中在意义和途径，没有对低碳经济理论进行探讨，没有完善的低碳经济理论会导致对实际指导失误。构建低碳经济理论体系，夯实理论基础是发展低碳经济的关键。低碳经济理论对经济学的影响价值主要表现在提供经济发展新模式理论基石，引导消费方式转变，化解国际经济合作困境，完善国际经济学体系，拓宽环境问题解决途径等方面，丰富了相关经济学研究内容。

李涛、傅强基于非意愿变量三阶段 Ruggiero 模型对 1998—2008 年我国 29 个省级地区进行评价，以求解生产过程中给定各种投入要素和产出水平下实现碳排放污染最小化的效率指标，继而进行区域效率差异的比较，他们还运用核密度估计分析地区差异动态演进，并采用面板回归考察影响因素。结果发现：我国碳排放效率逐步提高，但区域分化明显，由单峰向双峰演变；效率改善更大程度上是来源于逼近效率前沿的结构性改善，而技术进步效应尚且不足，我国经济的迅速扩张并未对碳排放效率构成较大负面影响，产业结构调整对改善碳排放效率卓有成效，但改善作用对不同区域影响力度不同。

杨桂元、李璐则利用 1978—2008 年数据建立 VAR 模型，分析中国经济发展水平、经济结构、能源结构、能源效率和碳排放量之间动态的变动关系，找出了降低碳排放量的最为关键的三个要素，即加快经济发展、提高能源效率、优化能源结构。在对中国未来低碳经济发展展望的基础上，指出大力发展经济、提高能源效率、改善能源结构依次是降低碳排放实现我国低碳经济发展的最为有效的三个途径。

张丽峰则认为，为了减少温室气体排放，实现我国 2020 年减排目标和经济的可持续发展，需要通过加快调整工业内部结构、引进先进技术，开展技术创新，加大科研投入、提高能源利用效率、煤炭利用技术的创新、加快产业结构调整和加快能源消费结构调整等措施来实现减少碳排放。

林坦、宁俊飞认为，减少温室气体排放已经成为全球共识，而碳排放权交易是实现碳减排的有效机制，其中总量目标和初始排放权分配是排放权交易的核心，排放权分配效率是评价排放权是否公平的标准。因此，他们使用零和 DEA 模型对欧盟国家 2009 年的碳排放权的分配结果进行了评价，发现效率比较低；他们还按照零和 DEA 模型的迭代结果，计算了公平的碳排放权分配结果以及调整方式矩阵。

（二）环境、工业与经济增长

环境、工业与经济增长是环境问题的另一个较新的研究热点。在该领域的研究中，我们欣喜地看到，一些工业经济的研究者逐渐转向了环境与工业经济的关系研究中来，他们还将工业经济的一些研究方法带到了环境研究中，并做出了一些有价值的实证结果。

张成、朱乾龙、于同申对环境库兹涅茨曲线暗含着同质假设，即随着经济的增长，各个国家和地区经历着相似的环境影响轨迹进行质疑。他们对中国 30 个省份进行了整体和分组检验，结果表明：环境污染与经济增长的关系具有多种表现形态，这主要取决于地区和污染指标的选取，具体会呈现单调递减、U 形、倒 U 形、N 形和倒 N 形五种关系；不同组别的当前经济水平会给不同污染物带来不同的内生性影响。他们发现，我国在 CO_2 减排上的难度主要存在于高工业化高收入组、高工业化低收入组和低工业化低收入组；在固体废弃物减排上的难度主要存在于低工业化低收入组；在废水减排上的难度主要存在于低工业化高收入组和低工业化低收入组。因此，政府应当因地制宜，有针对性地提高环境规制强度，优化环境规制形式，实现环境保护和经济增长的双赢。

中国社会科学院工业经济研究所课题组认为：目前中国已进入产业转型升级的重要战略机遇期，面对应对气候变化的国际压力和日益加大的资源环境约束，中国工业迫切需要加快绿色转型。工业是中国经济的主体产业，工业绿色转型势必会对经济社会发展产生重大影响：一方面，在推动工业向绿色低碳化转型过程中需要付出一定的成本和代价；另一方面，实现工业绿色转型也将产生显著的效益。总体而言，工业绿色转型的效益远高于成本，这将成为中国工业绿色转型的根本动力。中国工业绿色转型需要加快机制创新。应充分借鉴国际经验，以政府战略法规为支撑，市场化推进，鼓励产业界积极响应、企业自主行动和公众广泛参与，建立涵盖环境规制、节能减排机制、绿色技术研发和产业化应用机制、国际协调机制的综合性开放式绿色转型机制创新体系，并在技术、资金、交易机制、国际合作等方面不断丰富绿色转型的政策措施。

黄光晓、林伯强使用元分析方法对中国工业部门资本能源替代问题的研究文献进行了量化分析。他们采用元回归模型对采用超越对数生产函数模型来估算 Morishima 替代弹性和交叉价格弹性的研究成本进行了分析，结果发现主要是由于研究者对规模报酬、技术中性等模型假设前提设定的差异造成研究结果的异质性。在对这些因素进行控制以后，他们重新估算了中国工业部门的资本能源替代弹性，发现两者的替代关系是确定的，并认为从长期看，通过加大资本要素的投入可以减少工业部门的能源消耗。

田银华、贺胜兵、胡石其采用 SML 序列指数法估算年份年中国各省环境约束下的 TFP 增长率，发现，在考虑环境约束之后，TFP 增长对我国经济增长的贡献不足 100%，说明我国经济粗放增长的现实技术进步是我国 TFP 增长的源泉。北部沿海、东部沿海、长江中游和大西南地区的 TFP 增长率呈上升趋势，而南部沿海、黄河中游、大西北和东北地区则呈下降趋势。2005 年以来 TFP 增长率呈明显的上升趋势，表明我国近年出台的环境相关政策对于破解环境问题和转变增长方式产生了积极的效果。回归结果显示，人均收入水平与环境约束下的 TFP 增长率呈“U”形关系，经济开放度、工业结构中的大中企业比例对 TFP 增长有正向影响，能源强度以及国有企业比例则存在负向影响。

杨子晖采用有向无环图技术方法，对中国经济增长、能源消费与二氧化碳排放的动态关系展开深入研究，并结合递归分析方法，考察增长、能源、排放关系随时间的演变轨迹。结果发现，能源消费与碳排放是支撑中国经济增长的重要因素，现阶段任何大规模节能减排的措施都将不可避免地对经济增长产生较大影响。他认为，中国存在着经济增长、能源消费和二氧化碳排放的关系链，随着经济的发展，二氧化碳排放进一步增加，中国将面临更加严峻的生态环境问题。能源消费与碳排放是中国十多亿人口生存和生活发展的客观需要，不顾中国人口规模庞大等基本国情，一味地要求中国等发展中国家承担与发达国家相同的减排责任，将可能延缓乃至阻碍低碳经济在欠发达国家（地区）乃至全球的发展进程。

（三）环境规制、环境税与贸易

随着中国出口贸易的不断提高，由环境问题而导致的贸易摩擦越发凸显。通过环境规制和环境税的征收似可减少贸易摩擦，但对我国产品的国际竞争力又可能产生影响，如何在环境规制和征收环境税的前提下继续保持我国外需的较高水平则是国内学者关心的另外一个热点话题。

高萍认为，节能减“碳”，实行低碳经济已在国际社会达到基本共识，此时实行环境税有助于避免可能引发的贸易争端，况且从长期来看，征收碳税对经济的影响较小，而且碳减排经济手段引入前期，碳税的实施成本低于碳交易。所以，中国应考虑征收环境税。

刘华军、闫庆悦分别利用时间序列数据和省际面板数据，对中国 CO_2 环境库兹涅茨曲线进行经验估计，研究贸易开放和 FDI 对中国 CO_2 排放的影响效应。他们使用 1952—2007 年时间序列协整分析发现，贸易开放对 CO_2 排放具有负的效应，但统计上不显著。而 1983—2007 年的时间序列协整检验则表明，贸易开放对 CO_2 排放具有正的效应，FDI 对 CO_2 排放具有负的效应，但均不显著。而在 1995—2007 年省级面板数据的协整检验分析中，他们发现，贸易开放对 CO_2 排放具有统计上显著的正效应；而 FDI 对 CO_2 排放具有负的效应同样不显著。

陈诗一对边际减排成本与中国环境税改革的关系进行了研究。他认为从促进减排和低碳转型的角度看，在确定碳税税率时，其大小要足以影响和改变排放者的行为，才能体现环境税的制度价值。并进而提出：短期可以执行无差别的碳税政策；长期则应适当调高碳税税率，且因行业而异。征收碳税在短期会对工业产出造成负面影响，但影响幅度不大，而其促进碳强度减排的作用明显，有利于 2020 年实现国家承诺的 40%—45% 的碳强度减排指标。而对某些重化工行业，仅靠征收碳税不足以降低碳强度，还应辅之以其他环境政策。

朱平芳、张征宇、姜国麟从地方分权的视角出发，以环境规制不可直接观测与地方环境决策的策略性博弈为出发点，分别从理论与实证的角度分析是否存在国内地方政府为保持本地的相对优势而采用竞相降低环境标准的方式吸引外商直接投资（FDI）的事实。他们通过联合检验地方环境决策竞争效应与环境规制强度对作用方向来判别逐底竞赛（Race-to-the-bottom）的存在，并基于 2003—2008 年中国 277 个地级城市构成的面板数据，建立空间计量模型对理论命题进行实证检验。结果发现：国内地方政府为吸引 FDI 而导致的环境政策博弈显著存在，但环境规制对 FDI 的影响作用平均而言并不显著。分位点估计进一步显示：地方环境决策的竞争程度随分位点的上升而不断增强；环境规制对 FDI 的作用方向与 FDI 本身的水平高低密切相关；在 FDI 低水平的城市间，环境规制对外资并非只是简单的遏止作用；环境逐底效应在 FDI 水平最高的城市间明显弱化，而这一效应在 FDI 中高水平的城市间最为显著。

董敏杰、梁泳梅、李钢对环境规制对中国出口竞争力的影响进行了分析研究。他们以企业污染治理成本作为政府环境规制强度的替代变量，以行业价格水平的变化衡量各行业国际竞争力受影响的程度，并利用加入污染治理支付成本的投入产出模型，测算了环境规制对中国产业国际竞争力的影响。结果发现，在2007年，污染治理成本使制造业贸易部门价格提高幅度低于4%；排污费征收标准使各部门价格受影响的程度仅增加0.5%左右，而进一步加强环境规制对各行业价格水平的影响程度不超过2%。因而提出，环境规制对中国贸易部门价格水平的影响在可承受范围内，也无须担忧环境规制降低中国产品国际竞争力。

参考文献与学科年度重要文献

敖山、丁小浩：《基于性别差异的我国高校毕业生就业特征研究》，《教育与经济》2011年第2期。

白重恩、李宏彬、吴斌珍：《医疗保险与消费：来自新型农村合作医疗的证据》，《经济研究》2012年第2期。

陈诗一：《边际减排成本与中国环境税改革》，《中国社会科学》2011年第3期。

陈叶烽、周业安、宋紫峰：《人们关注的是分配动机还是分配结果？——最后通牒实验视角下两种公平观的考察》，《经济研究》2011年第6期。

崔玉平：《高校本科毕业生就业率的区域经济影响因素分析》，《教育与经济》2011年第3期。

董敏杰、梁泳梅、李钢：《环境规制对中国出口竞争力的影响——基于投入产出表的分析》，《中国工业经济》2011年第3期。

董志强：《我们为何偏好公平：一个演化视角的解释》，《经济研究》2011年第8期。

都阳、陆旸：《中国的自然失业率水平及其含义》，《世界经济》2011年第4期。

方大春、张敏新：《低碳经济的理论基础及其经济学价值》，《中国人口·资源与环境》2011年第21卷第7期。

高萍：《开征碳税的必要性、路径选择与要素设计》，《税制改革》2011年第1期。

郭凯明、张全升、龚六堂：《公共政策、经济增长与不平等演化》，《经济研究》2011年第2期。

何军：《代际差异视角下农民工城市融入的影响因素分析——基于分位数回归方法》，《中国农村经济》2011年第6期。

胡志军、刘宗明、龚志民：《中国总体收入基尼系数的估计：1985—2008》，《经济学》（季刊）第10卷2011年第4期。

黄光晓、林伯强：《中国工业部门资本能源替代问题研究——基于元分析的视角》，《金融研究》2011年第6期。

李彬：《中国高效规模扩张与大学生城镇就业问题研究》，《中国人口科学》2011年第3期。

李磊、刘斌、胡博、谢璐：《贸易开放对城镇居民收入及分配的影响》，《经济学》（季刊）第11卷2011年第1期。

李萍、谌新民：《迁入地就业容量与就业风险对劳动力流动的影响——以广东省为例》，《中国人口科学》2011年第2期。

李实、罗楚亮：《中国收入差距究竟有多大？——对修正样本结构偏差的尝试》，《经济研究》2011年第4期。

李实、杨穗：《养老金收入与收入不平等对老年人健康的影响》，《中国人口科学》2011年第3期。

李涛、傅强：《中国省际碳排放效率研究》，《统计研究》第28卷2011年第7期。

梁润：《中国城乡教育收益率差异与收入差距》，《当代经济科学》2011年第6期。

林坦、宁俊飞：《基于零和DEA模型的欧盟国家碳排放权分配效率研究》，《数量经济技术经济研究》2011年第3期。

刘国恩、蔡春光、李林：《中国老人医疗保障与医疗服务需求的实证分析》，《经济研究》2011年第3期。

刘宏、高松、王俊：《养老模式对健康的影响》，《经济研究》2011年第4期。

刘华军、闫庆悦：《贸易开放、FDI与中国CO_2排放》，《数量经济技术经济研究》2011年第3期。

鲁元平、王韬：《收入不平等、社会犯罪与国民幸福感——来自中国的经验证据》，《经济学季刊》

第10卷2011年第4期。

吕炜、储德银：《城乡居民收入差距与经济增长研究》，《经济学动态》2011年第12期。

罗长远：《比较优势、要素流动性与劳动收入占比：对工业部门的一个数值模拟》，《世界经济文汇》2011年第5期。

马瑞等：《农村进城就业人员永久迁移留城意愿及社会保障需求——基于四省农村外出就业人口的实证分析》，《农业技术经济》2011年第7期。

马双、张劼：《新型农村合作医疗保险与居民营养结构的改善》，《经济研究》2011年第5期。

孟颖颖、邓大松：《农民工城市融合中的"收入悖论"——以湖北省武汉市为例》，《中国人口科学》2011年第1期。

宁光杰：《中国的工资性别差距及其分解——性别歧视在多大程度上存在?》，《世界经济文汇》2011年第2期。

齐良书：《新型农村合作医疗的减贫、增收和再分配效果研究》，《数量经济与技术经济研究》2011年第8期。

阮荣平、刘力、郑风田：《人口流动对输出地人力资本影响研究》，《中国人口科学》2011年第1期。

沈坤荣、余吉祥：《农村劳动力流动对中国城镇居民收入的影响——基于市场化进程中城乡劳动力分工视角的研究》，《管理世界》2011年第3期。

唐东波、张军：《中国的经济增长、城市化与收入分配的Kuznets进程：理论与经验》，《世界经济文汇》2011年第5期。

田银华、贺胜兵、胡石其：《环境约束下地区全要素生产率增长的再估算》，《中国工业经济》2011年第1期。

翁杰：《中国农村劳动力转移与劳动收入份额变动研究》，《中国人口科学》2011年第6期。

伍山林：《劳动收入份额决定机制：一个微观模型》，《经济研究》2011年第9期。

邢春冰、李实：《扩招"大跃进"、教育机会与大学毕业生就业》，《经济学（季刊）》第10卷2011年第4期。

徐舒、朱南苗：《异质性要素回报、随机冲击与残差收入不平等》，《经济研究》2011年第8期。

薛进军、高晓淳：《再论教育对收入增长与分配的影响》，《中国人口科学》2011年第2期。

杨桂元、李璐：《影响我国碳排放量因素分析与低碳经济的路径选择》，《科技和产业》2011年第1期。

杨娟、Sylvie Demurge、李实：《中国城镇不同所有制企业职工收入差距的变化趋势》，《经济学》（季刊）第11卷2011年第1期。

杨子晖：《经济增长能源消费与二氧化碳排放的动态关系研究》，《世界经济》2011年第6期。

叶林祥、李实、罗楚亮：《行业垄断、所有制与企业工资收入差距——基于第一次全国经济普查企业数据的实证研究》，《管理世界》2011年第4期。

叶鹏飞：《农民工的城市定居意愿研究：基于七省（区）调查数据的实证分析》，《社会》2011年第2期。

尹虹潘、刘姝伶：《中国总体基尼系数的变化趋势——基于2000—2009年数据的全国人口细分算法》，《中国人口科学》2011年第4期。

余央央：《老龄化对中国医疗费用的影响——城乡差异的视角》，《世界经济文汇》2011年第5期。

余宇新、张平：《刘易斯模型框架下中国刘易斯拐点问题探讨——来自企业微观数据的实证研究》，《世界经济文辉》2011年第6期。

约翰·奈特、邓曲恒、李实：《中国的民工荒与农村剩余劳动力》，《管理世界》2011年第11期。

张成、朱乾龙、于同申：《环境污染和经济增长的关系》，《统计研究》2011年第1期。

张珂、赵忠：《中国高校毕业生收入预期的动态变迁和影响因素分析》，《世界经济》2011年第3期。

张丽峰：《我国产业结构能源结构和碳排放关系研究》，《干旱区资源与环境》2011年第5期。

张文武、梁琦：《劳动地理集中、产业空间与地区收入差距》，《经济学》（季刊）第10卷2011年第2期。

张艳华：《教育公共投入与收入差距的波及效应》，《改革》2011年第9期。

张翼：《农民工"进城落户"意愿与中国近期城

镇化道路的选择》，《中国人口科学》2011 年第 2 期。

郑思齐、廖俊平、任荣荣、曹洋：《农民工住房政策与经济增长》，《经济研究》2011 年第 2 期。

中国社会科学院工业经济研究所课题组：《中国工业绿色转型研究》，《中国工业经济》2011 年第 4 期。

周晓艳、汪德华、李钧鹏：《新型农村合作医疗对中国农村居民储蓄行为影响的实证分析》，《经济科学》2011 年第 2 期。

朱平芳、张征宇、姜国麟：《FDI 与环境规制：基于地方分权视角的实证研究》，《经济研究》2011 年第 6 期。

（王震　何伟　魏众）

学科前沿问题综述

微观经济学

从2010—2012年上半年国内微观经济学学科发展十分迅速。根据国内五大权威经济类期刊近两年来所发表的文章特点，我们能发现，国内微观经济学学科发展不仅越来越与国外微观经济发展前沿研究相靠拢，还愈加注重对国内经济现象与理论中的难点和热点问题的探讨。现在就从2010—2012年上半年这期间国内学者对基础经济理论、产业经济学、医疗与健康经济学和劳动经济学这四大热门领域的研究成果进行简要梳理，以窥国内微观经济学科的前沿发展动态。其中产业经济学领域在这里主要指产业组织，尤其是规制、竞争与反垄断问题。文献来自于这期间发表在《经济研究》、《经济学》（季刊）、《管理世界》、《世界经济》与《中国工业经济》五大权威性经济类期刊上的微观经济类文章。

一　基础经济理论

国内微观经济学者在基础经济理论领域上所做的工作大致归纳为如下几点。

（一）关于博弈论基础的研究：主观博弈论解释制度演化与经典博弈论中随机序的细化与应用

黄凯南（《主观博弈论与制度内生演化》，《经济研究》，2010年第4期）指出，经典博弈论和演化博弈论强调参与者在外生给定的客观博弈形式下进行博弈，并将制度演化诉诸于外生参数或环境变化的做法很难解释制度的内生演化。黄凯南在较为系统地研究了主观博弈论的基本分析结构后指出：(1) 参与者各自在内生的主观博弈模型下进行博弈，主观博弈论能通过参与者主观博弈模型的演变来解释制度的内生演化；(2) 主观博弈论的个体假设是有限理性与主观能动相统一，其方法论体现归纳与推理的统一，一个完整的主管博弈论过程包括参与者学习博弈场景知识、建立主观博弈模型和在既有主观博弈模型下进行博弈这三个阶段；(3) 主观博弈论均衡包含主观博弈策略均衡、主观博弈模型均衡和主观信念均衡；(4) 在主观博弈论中制度内生于主观博弈规则，可将制度分为作为共同主观博弈模型的制度和作为有关博弈如何进行的共同信念的制度；(5) 参与者个人主观博弈模型的演变驱动了制度的内生演化；(6) 由于参与者认知的路径依赖，制度演化也呈现路径依赖，制度演化是一种渐进的知识积累过程。

龙永红（《经典随机序的细化与不完全信息博弈的比较静态分析》，《经济研究》，

2011 年增刊第 2 期）首先重点评述经典一阶和二阶随机占优两类随机序的细化及其相互关系，指出经典一阶随机占优（First-Order Stochastic Dominance）随机序可细化为单调似然比序（MLRO）、风险率占优（HRD）和单调概率比序（MPRO）；二阶随机占优（Second-Order Stochastic Dominance）则可细化为单交叉序（SCO）、单峰似然比序（ULRO）、单峰概率比序（UPRO）和单调累计概率比序（MCPRO）。此外将如上结果用于对称独立私人价值一级价格密封拍卖中，比较静态分析发现即使最强的经典随机序（如一阶和二阶随机占优）也不能导出明确的比较静态分析结果。

（二）拍卖与定价：理论拓展与运用

刘树林和杨卫星（《第一价格密封拍卖中的最优保留价和最优佣金率研究》，《经济研究》，2011 年第 11 期）在独立私有价值拍卖框架下构建了同时含有保留价和佣金率两参数的第一价格密封拍卖模型，研究发现：(1) 投标者的均衡报价关于佣金率递减，而关于保留价递增；投标者的预期收益与佣金率和保留价均呈反向变动。(2) 买者存在唯一的最优保留价且关于佣金率呈反向变动。(3) 即使卖者委托拍卖行而非自己设置保留价，拍卖行也存在唯一的最优保留价且关于佣金率呈反向变动。(4) 拍卖行设置的最优保留价小于卖者自己设置的最优保留价，因为卖者自己设置保留价而非委托拍卖行设置，是实现自身收益最大化，而委托拍卖行设置的话争取自己收益最大化的拍卖行只会在法规允许范围内设置一个最优佣金率。

王明荣与王明喜（《基于帕累托最优配置的碳排放许可证拍卖机制》，《中国工业经济》，2012 年第 5 期）在如何兑现我国 2020 年碳减排承诺的背景下试图前瞻性地研究如何有效地配置碳排放许可证问题，为此把帕累托最优概念引入碳排放许可证拍卖—交易框架内，设计了一个拥有四步骤的帕累托最优碳排放许可证拍卖机制，并用具体案例解释了该机制的运行机理和操作过程。该机制具有如下特征：无论在离散价格还是连续价格情形下，该机制均在有限时间内收敛于一个帕累托最优配置；在排除平局情况下，均衡配置是唯一的；在该机制下，卖方能实现收益最大化而买方拥有占优投标策略。

张海洋与平新乔（《土地流转、信息甄别与农村信用社贷款定价》，《世界经济》，2012 年第 3 期）综合了 Stiglitz&Weiss（1981）构建的借贷双方信息不对称理论和 Ghatak（2000）中的信息甄别模型研究了农户土地流转行为与农村信用社贷款定价的关系。作者认为农户的土地流转行为能反映其种地能力，因而农户的土地租赁情况可以作为一种信息识别机制，金融机构能据此识别贷款农户的风险状况。在实现自身盈利和支持“三农”双重目标约束下，贷款利率市场化中的农村信用社能根据农户土地租赁规模情况采取差异化的贷款定价策略，从而甄别农户类型，实现自身效用最大化。具体而言，贷款利率和农户的租地规模负相关，租入土地较多的农户得到的贷款利率较低，租入土地较少的农户贷款利率较高。作者还利用 2008 年农村金融调查数据验证了此分析结果，并发现该结果在控制了土地租赁的内生性和样本选择偏误后仍成立。可见规范和发展农村的土地流转市场，不仅有利于提高土地生产效率，还能促进农村金融市场的发展。

（三）机制设计：三个应用

吴斌珍与钟笑寒（《高考志愿填报机制与大学招生质量：一个基于择校机制理论的经验研究》，《经济学》（季刊），2012 年第 9 卷第 2 期）关注了高考志愿填报机制对优质大学学生质量的影响。他们论证了由考前填报无平行志愿的传统机制改为考后填报有平行志愿的新机制可以带来事后的效率与公平（“高分高就”），但是未必增加事前的效率与公平（“高能高就”或“高偏好高就”）。其中的原因有两点：首先，由于高考成绩不一定完美反映学生的真实能力（可理解为平时成绩或预期高考成绩），一旦平时成绩高的学生在高考中考分低于平时成绩低的学生，考后填报机制就会导致“高能低就”；而在考前填报机制下考生只能将预期成绩作为填报依据，使高能力学生在填报之时就锁定好学校，而低能力学生不敢填报好学校。其次，在考后填报机制下由于分数和名次已经确定，学生对自己所能上的学校更加了解，只需按照自身偏好顺序填报而不必考虑偏好强度；而在考前填报机制下由于考分不完全确定且志愿填报顺序很关键，只有对好学校偏好强度足够高的学生才敢将好学校放入靠前的志愿，这就使得好学校更易于录取到真正喜欢它的学生。同时作者还基于某顶级学院的学生数据和各省历年志愿填报机制的变化，从实证上验证了这样的假说：相对于考前无平行志愿的制度，考后填报机制确实有助于好学校招收到高考成绩更高的学生，实现“高分高就”，但是以大学学业衡量的学习能力或兴趣并没有显著地更高，甚至在某些衡量指标下显著地更低，未能实现“高能高就”或“高偏好高就”。

魏立佳（《中国高考录取与博士生录取的机制设计》，《经济学》（季刊），2009 年第 9 卷第 1 期）首先探讨了作为单次统一的学校录取方式的高考录取平行志愿制的优缺点，提出降低投档比例、打通不同院校各专业之间的志愿和增加志愿个数能改进学生的效用损失。然后作者考察了作为单次非统一录取方式的博士生招生考试录取机制的效用损失问题，并提出了一个满足公平、无浪费、个人理性、防策略和帕累托最优的偏好顺序非统一录取机制。注意，这个机制必须假定博士生考生偏好一致，以及学生在接到两个以上的拟录取通知后会立即拒绝偏好较低的高校。当然这两个假定前提不是不能解决的。在大多数人对招生高校评价相近或相同时，偏好顺序机制能减少违约现象的发生；学生保留所有拟录取名额到入学时再拒绝的损人不利已式行为稍加约束（如同时收取少量拟录取费）即可避免。

寇宗来与周敏（《多任务激励与能力筛选：大学如何提供终身教职合同?》，《世界经济》，2010 年第 6 期）尝试从多任务时间安排和能力筛选角度重新解释终身教职制度，为此集中回答两个问题：大学为什么需要终身教职制度？当候选人的能力类型信息私有时，大学应该以何种方式引入终身教职制度？具体而言大学直接向候选人授予终身教职还是采用“非升即走”合同？基本模型分析指出，鉴于大学教师科研绩效易度量而具有公共品性质的教学贡献难以衡量，关心科研和教学双重任务的大学如想激励教学活动，就须降低对科研活动的激励强度，比如向合格的教师授予只拿固定工资合同的终身教职。固定工资合同 + 终身教职制虽然能解决多任务激励难题，却会恶化大学招聘过程中的信息问题。考虑到教师候选人能力有高低，而高能力候选人的外部保留效用更高，大学这时面临两难选择：要么向低能力候选人让渡信息租金（工资满足高能力者的参与约束），要么大学教职出现空缺（工资仅满足低能力者的参与约束）。对此通过设定预备期和学术晋升标准而将信息筛选问题与多任务激励问题分离开的“非升即走”合同可能是一个解决之道：只有当候选人在预备期内的学术绩效达到预订标准时才可能被授予终身教职，从而起到筛选作用；对于已经获得终身教职的教师，大学向其支付固定工资但不能将其解雇，这种弱激励合同能促使教师进行教学活动。最后，模型拓展发现，给定存在较大学术绩效度量误差，如果候选人为高素质的概率很高，大学将采用高工资直接终身教职合同；如果候选人为高素质的概率很低，大学将用低工资直接终身教职合同；而如果候选人为高素质的概率不高不低，大学适合采用“非升即走”合同。

（四）机制设计：探寻最优机制

郑志刚（《研究偏好的信息不对称、逆向选择与最优学制设计》，《世界经济》，2010 年第 12 期）建立隐藏信息的逆向选择模型考察了学制设计以解决大学在选择申请人时所存在的逆向选择问题，并探讨了最优学制设计的影响因素。模型证明，当前许多中国大学所采用的单一普通硕士项目并不利于识别具有高研究偏好类型的申请人；而同时提供“硕博连读”和普通硕士项目供选择能有效地甄别立志于学术研究的申请人。同时提供“硕博连读”和普通硕士项目的模式是一种很好的信息甄别机制，能解决因申请人研究倾向信息不对称而导致的逆向选择问题。最后，最优学制受到多元化因素的影响，包括大学的教育成本与效率、申请人未来的职业收益、社会经济发展对研究型或大众型人才的需求和高研究偏好申请人比重的变化等。

王永钦与许海波（《社会异质性、公私互动与公共品提供的最优所有权安排》，《世界经济》，2010 年第 4 期）通过不完全合约理论框架分析了公共服务类公共品的最优所有权安排，着重回答两个问题：（1）公共品公家和私人提供两种所有制并存时，这两种所有制存在何种互动关系？（2）在公共服务部门所有制安排与竞争间存在何种关系？具体而言私有化（产业化）是否促进竞争？模型分析证明，对于医疗和教育之类公共服务公共品的提供而言，鉴于其独特的产品（服务）特征，单纯产业化或私有化并不能促进竞争；而公立组织和私立组织并存则能促进有实质性的竞争。公立与私立组织之间的竞争通过两种效应进行：当消费者异质时，多种所有制并存能使消费者“用脚投票”，从而满足不同消费者的偏好，提高配置效率，此时梯布效应（Tiebout Effect）占优；当消费者同质时，多种所有制并存能互为基准，促进标尺竞争，从而挤压不同所有制企业的“信息租金”，降低道德风险，提高生产效率，这时基准效应（Benchmarking Effect）占优。无论消费者同质还是异质，这两种效应均表明，在公共服务提供上，私立和公立组织并存要优于单一所有制。

贺俊、黄阳华与沈云昌（《校企合作研发的最优制度安排》，《中国工业经济》，2011 年第 2 期）重点分析了校企共同研发的最优制度安排问题。研究发现，在知识产权保护有效的情形下，企业与大学共同研发的最优合约是由企业拥有技术创新成果的知识产权，而同时企业向大学提供一个固定支付加上与技术绩效挂钩的可变报酬（类似于版税）；在弱知识产权保护情况下，一种次优合约安排是大学和企业模拟企业与企业之间合作研发时所采用的合资企业组织形式，但是大学拥有收益权和不具表决权的干股。可见，在共同研发过程中，为有效地促进公共研究机构的科技成果转化，企业对知识产权的争取必须配合以其他支付机制（如与研发产出挂钩的可变支付），以尽量激励大学的研发努力。

（五）锦标赛机制：两个应用

周权雄与朱卫平（《国企锦标赛激励效应与制约因素研究》，《经济学》（季刊），2010 年第 9 卷第 2 期）试图从锦标赛视角为国有企业竞争理论提供信息经济学模型方面的解释和实证支持。为此从政府干预和共同代理角度对经典锦标赛模型进行细化和拓展，以揭示国企锦标赛激励效应与制约因素，并利用 2451 家地方国有上市公司披露的薪酬差距数据对理论模型进行实证检验。理论模型揭示，薪酬差距的扩大和国企经营者赢得经济锦标赛激励的强化会增加国企经营者的努力水平，从而有利于公司绩效的提高，不过国企经营者赢得经济锦标赛的激励受到政府行政干预和共同代理问题的制约。实证结果也表明，我国地方国有上市公司薪酬差距与公司绩效呈显著正相关，与地方政府行政干预和共同代理问题的严重程度显著负相关，从而支持理论模型的论断。

李晓义等（《首位晋升与末位淘汰机制的试验比较》，《经济学》（季刊），2010 年第 10 卷第 1 期）采用实验经济学中的比较制度实验法比较了首位晋升制和末位淘汰制两种团队激励的锦标赛制。基于基本模型推导出三个命题：（1）在不考虑代理人风险态度和能力分布的情况下，如果晋升激励和淘汰惩罚等价，首位晋升机制与末位淘汰机制也等价；（2）在考虑代理人可以选择自身风险态度情况下，如果可供选择的产出误差项服从方差不等的对称均匀分布，首位晋升制与末位淘汰制仍然等价，代理人在这两机制下对于高和低两种风险态度无差异；（3）在考虑代理人能力分布的情况下，如果代理人能力分布左偏，则末位淘汰制优于首位晋升制，如果代理人能力分布右偏，则首位晋升制优于末位淘汰制。围绕这三个命题，作者对应地提出了三个实验假设并设计了三组比较制度实验。实验结果发现，首先，虽然理论上在奖励与惩罚相等时两机制等价，但在实际中却并非如此：如果要获得预期的团队激励效应，无论选择首位晋升制还是末位淘汰制，由于风险规避特征，所制定的奖励或惩罚程度一定要高于理论预测水平。在奖励与惩罚程度相同的情况下，由于损失规避效应的存在，末位淘汰制优于首位晋升制，从而造成现实中团队成员在情感上更加接受首位晋升制，同时又大多倾向于排斥末位淘汰制。其次，由于判断偏差的存在，激励制度可以改变人们的风险选择行为，尽管理论上并不这样认为。所以在团队激励中如果要鼓励代理人采取高风险行为（比如创新、研发），委托人应该采用首位晋升制；如果要诱导代理人采取低风险行为（如塑造保守的企业文化），委托人应该采用末位淘汰制。最后，团队成员的能力分布确实影响激励机制的选择，在团队成员的能力分布右偏即高能力成员比例较高时，宜用首位晋升制；当团队成员能力分布左偏即低能力成员比例较高时，适用末位淘汰制。这些结果表明团队个体的风险选择行为和能力分布特征等因素对这两机制的优劣比较很关键，进而深化了对团队成员的激励机制设计的理解。

（六）其他重要主题：合谋与软预算约束问题

卢远瞩（《同质市场中产量匹配惩罚策略下的默契合谋》，《经济学》（季刊），2010年第10卷第1期）研究了同质产品市场中产品匹配惩罚策略下的默契合谋问题，并与Lu & Wright（2010）所研究的价格匹配惩罚策略下的默契合谋进行比较。产量匹配惩罚策略这里指企业只对产量提高进行惩罚：如果偏离者的产量仍低于纳什均衡产量，那么就进行匹配；如果偏离产量高于纳什均衡产量，那么就将产量设定在纳什均衡产量水平；而价格匹配惩罚策略则指提价不会引起竞争对手的任何反应，只有降价才会被匹配，而且如果价格下降到纳什均衡价格水平以下，那么竞争对手将会把价格定在纳什均衡价格。研究发现：在产量匹配惩罚策略下，同质市场中的默契合谋是可能的；垄断产量不可能通过合谋实现；与纳什回归惩罚策略相比，合谋有可能更加困难，也可能同等容易。将此结果与Lu& Wright（2010）相比较发现，除了在两种策略下均无法通过合谋实现垄断产量或价格外，还存在两个重要区别：第一，同质产品市场的合谋在产量匹配惩罚策略下是可能的，而在价格匹配惩罚策略下是不可能的；第二，与纳什回归惩罚策略下的默契合谋相比，产量匹配惩罚策略下默契合谋可能更加困难也可能同等容易，而价格匹配惩罚策略下默契合谋总是更难。其中的原因在于：（1）在价格匹配惩罚策略下，每家企业都有激励将价格降低一个无穷小量，这样就能获得全部市场需求而招致的惩罚无穷小，从而使得同质市场中无法实现默契合谋；而由于在产量竞争中企业擅自提高产量并不能获得全部市场需求，进而完全有可能在产量匹配惩罚策略下产生默契合谋。（2）将产量从垄断产量处略微提高，对偏离者当期的利润增加存在一阶效应，而对随后各期的利润减少无一阶效应，从而使得难以通过合谋实现垄断产量。（3）偏离者既能选择较小程度的偏离（仍低于纳什均衡产量），也能选择较大程度的偏离（超过纳什均衡产量）。在较大偏离下，产量匹配惩罚策略规定的惩罚和纳什回归惩罚策略一致，鉴于偏离者多了一种偏离选择方式，合谋就不会变得更简单。产量匹配惩罚策略下最低的可合谋产量与纳什回归惩罚策略下最低可合谋产量的区别表明，惩罚策略的选择并非纯粹为了模型化方便。产量匹配惩罚策略下最低可合谋产量与价格匹配惩罚策略下最高的可合谋价格之间的不同性质表明，企业的竞争方式对默契合谋的形成和难易程度具有很大影响。

李双金与郑育家（《控制权收益、道德风险与软预算约束》，《财经研究》，2010年第5期）指出，Dewatripont & Maskin（1995）将软预算约束（科尔奈，1986）描述为一种“事前无效、事后有效”的动态激励问题从而能通过信贷分散化得到消除的观点，必须基于成熟的市场经济前提条件之下。鉴于转型经济（如中国经济）的普遍特征为控制权收益水平高且实现手段多样化，李双金与郑育家（2010）基于Dewatripont & Maskin（1995）的成果，通过构造一个包含控制权收益的多期投资博弈模型研究发现，转型经济体中大量存在的“事前无效、事后也无效”的软预算约束本质上是控制权人谋取私人利益的道德风险行为，无法通过信贷分散化机制来消除或减轻。完善的公司治理机制和法律机制才是消除事后无效率软预算约束的有效途径。

二 产业组织：垄断、规制与竞争

（一）行政垄断

在最新的国内产业组织文献中，对垄断的研究主要集中于行政垄断，较少关注经济性垄断，比如自然垄断问题。对行政垄断的研究主要围绕行政垄断的产生及维持的微观机制、行政垄断的强度测算及其后果分析两方面。这两方面的成果分别由如下两篇文献给出。

张伟与于良春（《行业行政垄断的形成及治理机制研究》，《中国工业经济》，2011年第1期）构建了规制机构与垄断厂商之间的重复博弈模型以分析行业行政垄断产生及维持的微观机理。结果显示，当垄断厂商对生产要素价格波动、技术进步等外生性不确定性占有更多、质量更好的信息时，垄断厂商能凭借此信息优势要求规制机构给予市场经营特权以实现规制机构想要达到的目标。为了应对外生不确定性对规制者的控制带来的冲击，规制者需要为垄断厂商提供更高水平的转移支付。当双方目标在均衡中协调时，行政性垄断将作为模型的内生结果而出现。如果规制机构更多考虑经济增长、规制机构与垄断厂商之间存在旋转门现象以及规制权力相对集中，无论垄断厂商具备何种产权性质，厂商主动型行政垄断均可能作为一种特定的制度安排而出现。基于对行政性垄断形成及维持机理的分析，最后作者指出，在渐进式改革背景下，治理行政垄断的基本思路应是由权力去制约权力，而非迅速实现垄断企业的民营化，治理机制主要是同时实施如下三点：规制机构与垄断厂商之间设立防火墙、引入多个规制机构并实施标尺规制，以及由政府组建新的垄断厂商以形成有效竞争。

于良春与张伟（《中国行业性行政垄断的强度与效率损失研究》，《经济研究》，2010年第3期）以分析转轨经济条件下行业性行政垄断问题的ISCP框架为基准，考察了行业性行政垄断的维持与传导机制，并通过一组制度、结构、行为与绩效指标体系测算了电力、电信、石油与铁路四个典型行业的行政垄断强度及其效率影响，发现石油行业中的石油开采领域与铁路行业的行政垄断强度最高，电信行业与电力行业中的输配电环节行政性垄断强度非常接近，而在放开进入限制的电力行业中的发电环节和石油炼化领域行政垄断强度则较低。此外，行业性行政垄断在微观、产业甚至宏观等各层面上均造成较大的效率损失，且这个损失额占GDP比重在不断增长，但是行政性垄断强度与行政垄断所致的效率损失之间并不存在简单的线性正相关关系。消除行政垄断，促进产业内竞争有利于提高产业效率，促进经济增长。

（二）规制

蒋传海（《网络效应、转移成本和竞争性价格歧视》，《经济研究》，2011年第9期）基于Hotelling横向差异化模型，构建了两阶段动态博弈模型，研究了在存在网络效应和转移成本的市场条件下，厂商根据消费者购买历史进行竞争性歧视定价的商业行为。研究结果表明，转移成本是厂商可以实施价格歧视的内在原因；在歧视性定价均衡中厂商在第二期会通过给予价格优惠吸引竞争对手的消费者转移，并在第一期为争取市场份额而进行激励的竞争，网络效应加剧了企业两期的价格竞争。就市场绩效而言，网络效应会提高消费者剩余和社会福利，降低厂商利润；而转移成本会降低社会福利。此外，与统一定价相比，歧视性定价降低了社会总福利。可见，以社会总福利为目标的公共政策应该着重于降低转移成本，并限制厂商使用歧视性定价策略。

刘晔与周志波（《完全信息条件下寡占产品市场中的环境税效应研究》，《中国工业经济》，2011 年第 8 期）研究了完全信息条件下环境税改革在寡占产品市场下的效应，分析了环境税对环境质量、经济增长和社会福利的影响。发现，（1）相对于强制性的行政管制排放政策，环境税是一种更为有效的环保政策，但是不利于技术革新。（2）环境税改革在任何情况下都不能获得“增长双重红利”，而能在一定条件下获得“福利双重红利”。（3）环境税的环境效益依赖于政府环保意识、寡头行业技术类型分布和寡头企业相对地位，故而环境税并不必然导致环境质量的改善。尽管当整个寡头行业都是污染技术型时最优环境税一定为正，但是如果寡头企业的技术分布不同，最优环境税就可能为负，从而导致环境质量恶化。（4）寡头行业的技术分布和企业的相对低位对环境税的环境效应和经济效应应有重要影响。当寡头企业技术分布相同时环境税改善环境质量并降低产出水平，而当技术分布不同时环境税对环境质量和产出的影响均不确定。（5）节能减排成本直接影响企业的技术和产出选择，节能减排成本越高对污染企业越有利，但是对技术革新越不利。（6）政府的环保意识分别通过影响政府的污染容忍度和节能减排成本对最优环境税产生直接和间接影响。鉴于此，作者倡导，中国环境税改革应基于环境保护和可持续发展而非双重红利理论，坚持污染管制和环境税结合的双重环境政策，并辅以技术革新补贴政策。

肖兴志、陈长石与齐鹰飞（《安全规制波动对煤炭生产的非对称影响研究》，《经济研究》，2011 年第 9 期）从煤矿安全规制中的“一刀切式治理”出发，结合规制过松与规制过严，提出“安全规制波动”命题并深入分析了其中的机理。他们指出，由于地方政府存在明显的经济增长与社会稳定双重约束，中国煤矿企业在高、低两种安全规制水平下生产，重、特大事故的发生是由低水平安全规制向高水平安全规制变化的拐点。但是随着事故影响的减弱，安全规制水平会下降。基于此，作者进一步实证研究了安全规制波动对煤炭生产的非对称影响：当安全规制低水平运行时，安全规制对煤炭产量的影响较大；而当安全规制高水平运行时，安全规制对煤炭产量的影响明显变小，且两种状态之间的转换速度较快。可见，这种非对称影响对保持煤矿企业生产预期稳定和预防重、特大安全事故发生造成不利影响。

张成等（《环境规制强度和生产技术进步》，《经济研究》，2011 年第 2 期）在环境规制强度与企业生产技术进步之间构建数理模型，并用 1998—2007 年中国 30 个省份工业部门面板数据进行检验发现，（1）在东部和中部地区，初始较弱的环境规制强度确实削弱了企业的生产技术进步率，然而随着环境规制强度的增加，企业生产技术进步率逐步提高，换言之环境规制强度与企业生产技术进步之间呈现 U 形关系；（2）在西部地区，受到环境规制形式的影响，环境规制强度与企业生产技术进步之间尚未形成在统计意义上显著的 U 形关系。可见从长远角度看，政府通过制定合理的环境规制政策，使企业同时提升治污技术和生产技术，进而为中国实现环境保护和经济增长的“双赢”提供技术支持。

傅京燕与李丽莎（《环境规制、要素禀赋与产业国际竞争力的实证研究——基于中国制造业的面板数据》，《管理世界》，2010年第10期）基于1996—2004年我国24个制造业面板数据，通过构造产业环境规制指标和产业污染密度指标，分析了环境规制效应、要素禀赋效应与产业国际竞争力的作用机理，试图据此回答三个疑问：我国环境规制的提高是否会使我国产业国际竞争力下降，即污染避难所假说是否在中国也成立？环境规制严格度是否是中国工业制成品比较优势的决定因素？严格的环境规制是否影响中国污染产业的国际竞争力？结果发现，我国污染密集型产业并不具有绝对的比较优势，因而我国并不是发达国家的“污染避难所”，也就是说污染避难所假说在中国也成立，同时发达国家指责发展中国家的“生态倾销”论据不成立；环境规制、物质资本和人力资本指标均对比较优势产生负面影响，且由于环境规制提高成本和促进创新的双重作用，使得其对比较优势的影响呈现U形，即在拐点之前环境规制负面地影响我国各产业竞争优势的形成，但跨过拐点后环境规制能促进比较优势的形成。

何大安（《政府产业规制的理性偏好》，《中国工业经济》，2010年第6期）通过在有限理性框架内解析政府对信息、环境、理论和经验等所形成的认知以及外部环境的不确定性对政府决策行为的影响来研究政府产业规制的理性偏好。指出政府理性偏好的形成过程是信息、环境、经验和理论等变量决定政府认知及其相应的政府理性程度的综合过程，进而指出政府产业规制的理性偏好能通过放弃完全理性和完全信息假设的模型来表示，以说明政府理性偏好的客观存在。

于李胜与王艳艳（《政府管制是否能够提高审计市场绩效》，《管理世界》，2010年第8期）着眼于2001年银广厦事件后加强政府管制是否能够提高审计质量，重整投资者信心，挽救审计行业的信任危机。为此作者以2001—2007年中国补充审计为背景，选取1998—2006年A股上市公司为样本并以2003年明文确立15家会计师事务所（Q15）的补充审计资格为分水岭，从审计师的角度对比研究了政府管制加强前后审计市场绩效的变化。结果显示，在后管制时代，获得政府青睐、取得隐性补充审计资格的Q15事务所能借助政府的力量获得租金，比如审计质量较补充审计制度实施前显著下降而审计收费却显著上升。由于审计质量的下降进一步导致这15家事务所的信息功能下降，使得理性企业在再融资（IPO）时代后期选择Q15以外的事务所。这些说明政府对审计市场的管制给部分事务所带来租金的同时，却降低了审计市场的绩效，政府“帮助之手”的角色并未实现。

车大为（《金融管制体制产生的内生机制及其影响》，《经济研究》，2011年增刊第2期）基于熊彼特模型框架分析金融管制产生的原因及其影响时指出，由于发展中国家在早期阶段资金相对短缺，如采取跨越式发展战略又要求资本密集投资，必然使经济内生出一套特殊的资金分配机制，在计划经济体制下就会相应地演化出以资金配给和低利率为特征的金融管制机制，而低利率与信贷配给所致的企业低效率和政府对企业的过度保护又进一步造成资本集中，从而易于形成以资本过度投资为特征的投资拉动型增长模式。当发展到一定程度时，此种模式常会使经济陷入贫困式陷阱中。只有当发展过程中的创新活动存在较强的规模报酬递增效应时，所集中的资金才可能促进技术进步，从而暂时摆脱贫困式陷阱。

王立成（《多委托人框架下的电力产业监管模型研究》，《管理世界》，2010 年第 9 期）基于共同代理理论探讨了存在经济性监管者和环境监管者两个监管人情况下的电力产业监管问题，研究发现，（1）从各自监管目标最大化角度出发，两个监管者的最优策略都是不合作；（2）两个监管者不合作情况下的监管效果将偏离社会最优状态，无法实现社会整体福利的最大化；（3）监管者的决策顺序将影响监管的效果，先行动的监管者会利用先动优势，使博弈均衡向有利于自己的方向偏移。可见从中央政府角度看，希望两个监管者合作，以提高社会整体福利，但是考虑到监管工作的专业性和防合谋的需求，监管权力需要分散化，所以作者主张在两个监管者之上再设立一个协调委员会，以在保持各监管者相对独立前提下通过相互之间的合作提高电力监管的整体效果。

郑世林和张昕竹（《经济体制改革与中国电信行业增长：1994—2007》，《经济研究》，2011 年第 10 期）利用 1994—2007 年省级面板数据，实证分析了经济体制改革对中国电信行业全要素生产率的影响，并在此基础上估算了改革对行业增长的贡献。研究发现：市场竞争和上市产权改革对电信行业全要素生产率具有显著的正向影响；中国加入 WTO 也显著提高了行业全要素生产率，但是建立相对独立的管制机构和颁布《规制条例》的影响并不显著；经济体制改革力度越大，对电信行业增长的贡献越大，因此继续深化经济体制改革对促进电信行业增长仍然具有较大空间。电信体制改革显著提高全要素生产率，从而促进了行业快速增长，其中在 1998—2002 年大规模的经济体制改革贡献了约 60% 的行业增长，但是在改革后期（2003—2007 年）经济体制改革贡献急速下降到约 18%。作者用这个变化去解释随着经济体制改革红利的消耗殆尽，前几年电信行业陷入低速增长期的原因。并认为电信分拆改革后所出现的竞争失衡也是导致电信行业陷入低速增长的重要原因。

（三）竞争

楼国强（《竞争何时能有效约束政府?》，《经济研究》，2010 年第 12 期）基于 Cai&Tresiman（2005）关于地区之间的不对称竞争可能导致某些地方政府的自我约束弱化的论点，进一步研究了外部竞争与政府自我约束之间的关系。楼国强（2010）首先对这篇文章结论进行解释道，文中的不对称性被定义为因地域间禀赋差异的存在，公共服务对资本产出的贡献不同，为此各地区对资本投资的吸引力不同。对于在资源禀赋处于不利地位的地区来说，竞争反而使得吸引到资本投资的可能性下降，政府对公共服务的供给缺乏动力，从而把更多公共资源转化为在职消费，从而产生类似的“破罐破摔”现象。楼国强（2010）注意到地区竞争常发生在资源禀赋和产业结构相似的地区之间，如果地区之间竞争态势对称，地区竞争还会导致政府自我约束的弱化吗？楼国强（2010）通过构造一个多重序贯竞争模型，发现其结果并不一定，地区竞争对政府约束的影响取决于地方官员对在职消费中获得的个人收益和通过供给公共服务获得的财政收益之间的权衡。当各地区政府同时运用税收和公共服务两种政策工具进行竞争时，两者之间的替代或互补关系取决于该地区的资源禀赋结构。如果资源禀赋较为充裕，通过提供公共服务产生的财政收益比通过在职消费获得的个人利益强度更大，此时增大税收竞争强度能激励地方政府供给更多的公共服务；如果禀赋相对稀缺，增大税收竞争强度反而可能刺激地方政府产生更多的在职消费。最后作者还利用“行政管理费”的省级面板数据，在经验上检验了地区竞争对政治治理的类似影响。单纯依靠政府自身内部的激励来提高公共资源的使用效率是不够的，一个稳健的制度安排还需要更多外部制约机制。

刘瑞明与石磊（《上游垄断、非对称竞争与社会福利——兼论大中型国有企业利润的性质》，《经济研究》，2011 年第 12 期）从“上游市场垄断、下游市场竞争”的非对称竞争视角回答了三个疑问：为什么近年来部分大中型国有企业的利润如此丰厚？国有企业的垄断地位如何妨碍了经济增长和社会福利？为什么民营企业不能快速发展壮大？研究发现，国有企业的盈利条件要求国有企业边际成本与民营企业边际成本的比值足够小，这取决于市场中企业的数量和所有制结构。维持国有企业在上游市场中的垄断地位相当于给予其隐性补贴，这构成部分大中型国有企业巨额利润的主要来源。此外还发现上游市场放开竞争有助于民营企业的发展和改善社会福利。

范合君与戚律东（《中国自然垄断产业竞争模式选择与设计研究》，《中国工业经济》，2011 年第 8 期）系统研究了规模经济性、市场容量、国际竞争力提升、经济效率、企业间规模差异与竞争关系等因素对我国自然垄断产业竞争模式的影响机理。研究发现，构建 5 家以上多种所有制并存的规模相当的综合运营商垄断竞争格局是我国自然垄断产业竞争模式改革的必然选择，同时实现此种格局的可行路径有三种：拆分在位国有垄断运营企业、培养进入者尤其是省级控股地方国有企业和发展替代品进行数网竞争。

徐舒、李涵与甘犁（《市场竞争与中国民航机票定价》，《经济学季刊》，2011 年第 10 卷第 2 期）试图通过对市场结构和机票价格的实证分析检验中国民航业过去十年来以放松价格管制和准入机制为内容的一系列市场化改革措施的实际效果。基于价格面板数据的分析结果显示，竞争激烈的航线上机票的平均价格水平更低；依然处于垄断经营状态下的航线机票价格较高且溢价幅度明显。这些都说明我国民航业的改革措施已经取得实际效果，竞争机制的引入确实有效地降低了机票价格水平，但是我国民航业市场中仍然有大量存在显著垄断溢价的垄断或双寡性航线，进一步放宽管制并引入竞争的改革还有很大的提升空间。

陈林与朱卫平（《创新竞争与垄断内生——兼议中国反垄断法的根本性裁判准则》，《中国工业经济》，2011 年第 6 期）在综合考虑流程创新的成本节约效应和产品创新的需求刺激效应基础上，构建了一个动态的创新和产量竞争模型以揭示产业动态发展中创新竞争与垄断之间的关系，以回答两个问题：是否所有的垄断行为均违法？怎样的垄断不违法？理论模型揭示，以往实证研究出现两者间的曲线呈“U 形”和“倒 U 形”的矛盾性结论的根本原因在于：创新与垄断的关系在动态变化，在不同的产业发展阶段呈现不同的关系。从长远来看，创新与垄断正相关，熊彼特假设成立：在一个在为企业数量固定的产业中，垄断势力的提升可以是创新和产量竞争的内生结果，是产业长期演化的自我生产结果或者说创新竞争导致垄断内生。并且这种市场内生的垄断与社会总福利、消费者剩余相辅相成，并行不悖，是产业发展的社会合意结果。据此作者进一步指出，并非所有垄断势力或行为均是违法的；企业因合法经营和技术创新而获得的垄断势力，与市场公平竞争、经济运行效率并不矛盾，是合法的，垄断是否是市场内生可以作为我国反垄断执法机构裁判“合法垄断”和“非法垄断”的根本性司法准则。

（四）特别主题：定价

叶泽、陈星文与蔡建刚（《电煤市场中买方市场集中度对均衡价格的影响分析》，《中国工业经济》，2012 年第 2 期）运用 Rubinstein 讨价还价模型和数值模拟分析了买方市场集中度变化（即改单一发电企业购煤为发电集团公司统一购煤甚至多家发电集团公司统一购煤）对电煤均衡价格的影响效应。结果发现，(1)“煤电之争”问题尤其是电煤市场价格持续上涨和发电企业经营困难，显然与“市场煤”与“计划电”的体制矛盾无关。在近年来电煤市场供求总量基本平衡的前提下，电煤价格持续大幅度上涨更大程度上是买卖双方使用不同竞争策略的结果，其中发电企业买方市场集中度偏低是主因。(2) 根据谈判模型，买卖双方谈判耐心系数唯一决定市场均衡价格，且发电企业谈判耐心系数越大，市场均衡价格越低。目前情况下影响发电企业谈判耐心系数的因素主要有市场集中度、电煤价格需求弹性、电煤自给率与交通运输能力，其中市场集中度是发电企业能改变用以提高谈判耐心系数的主要因素。(3) 根据模拟计算结果，发电企业统一购煤提高市场集中度可以降低电煤市场交易价格，其效果随着参与统一购煤的发电企业数量比例的增加而递增。总之作者建议，通过提高买方市场集中度来降低电煤市场均衡价格。

于立宏与郁义鸿（《纵向结构特性与电煤价格形成机制》，《中国工业经济》，2010 年第 3 期）指出解决电煤矛盾问题的关键在于构建电煤价格形成机制，并基于产业链上下游可能为垄断或寡头垄断的四种典型纵向结构下的价格机制分析了我国煤电产业链价格机制失效的原因，同时基于煤电产业链整体规制观点构建了整体规制框架，进一步讨论了电煤基准价格、上网电价与销售电价之间的关系以及煤电一体化对电煤价格形成的影响。在中国现实环境下，在煤电产业链上下游均寡头垄断的纵向结构中电煤—发电环节发生价格形成机制失效，而政府不放松电价规制和竞价上网实施不够条件下，产业链的外部冲击传导机制也失效，因而现实的选择只能是，政府需要实施产业链整体规制，而这又要求政府从产业链整体效率和煤电一体化发展趋势出发，组建一体化的“大能源”规制机构，负责能源产业链布局与发展规划。此外，基于现实背景，以电价倒推来确定电煤基准价格并对电煤价格实施区间规制，可作为近期解决煤电矛盾的可行之道。

李虹、董亮与谢明华（《取消燃气和电力补贴对我国居民生活的影响》，《经济研究》，2011 年第 2 期）通过构建耦合指标设计与投入产出计算的分析框架，从直接和间接影响两方面系统研究了取消燃气和电力补贴对中国城乡不同收入阶层居民生活的影响。其中直接影响关注取消补贴导致作为居民生活必需品的能源价格上涨，间接影响关注能源价格上涨的联动效应引起的其他部门商品价格上涨。通过计算发现，取消燃气和电力补贴之间导致居民能源消费支出增加，但对不同收入阶层居民的影响不同。收入越低，能源消费支出增加的影响越大，同时居民对这种能源支出增加的承受力越差。城乡横向比较发现农村低收入阶层受影响更大。此外，投入产出模型计算结构表明，能源价格变动的联动效应会进一步影响相关产品和服务价格并传递给消费者，从而导致居民生活总支出增加，低收入阶层居民受到的间接影响更显著。可见能源补贴建议就是争取实施阶梯化定价机制与补贴转移等，以让低收入阶层居民真正获益。

三　医疗与健康经济学

（一）新型农村合作医疗：影响

程令国和张晔（《“新农合”：经济绩效还是健康绩效?》，《经济研究》，2012 年第 1 期）使用中国老年健康影响因素跟踪调查（CLHLS）的 2005 年和 2008 年两期数据重新考察了新农合绩效问题，发现：新农合显著提高了参合者的健康水平；改善了参合者“有病不医”的状况，提高了其医疗服务利用率；降低了参合者的自付比率，但是实际医疗支出和大病支出发生率并未显著下降；医疗服务利用率的提高成为新农合影响参合者健康水平的一个重要渠道。据此作者推断，医疗服务需求弹性较大等原因使得参合者对新农合的反应是增加医疗消费而非减少医疗支出，因而新农合在改善参合者健康状况的同时并未明显降低医疗负担。

高梦滔（《新型农村合作医疗与农户储蓄：基于 8 省微观面板数据的经验研究》，《世界经济》，2010 年第 4 期）利用中国 8 省农户微观面板数据，在控制内生性前提下估计了农户参加新农合对储蓄的影响。结果发现，在不同储蓄测度下，参加新农合均能显著地减少农户储蓄量，在流动性最强的储蓄界定（现金加上银行存款）下减少效应大致位于 12%—15% 之间。同时在不同的模型设定下，这个结果还较为稳健。

高梦滔（《新型农村合作医疗与农户卫生服务利用》，《世界经济》，2010 年第 10 期）利用中国 8 省农户微观截面数据分析了新型农村合作医疗对农户医疗卫生服务利用影响的净效应，并比较了农户在不同级别医疗机构卫生服务利用情况。结果发现，（1）新农合能有效地增加农户卫生服务利用程度，参加新农合使得农户年就诊次数平均增加 0. 29 次；（2）从结构上看，新农合增加农户的医疗卫生服务利用更多集中于乡镇卫生院，县级医疗机构次之，增加最少的是村级卫生服务机构；（3）新农合的制度设计似乎未出现医疗保险市场中常见的逆向选择问题。研究结果进一步表明，新农合确实起到了促进农户有病及时就诊，增加医疗卫生服务利用的效果：从过程上看，新农合改变了原来农民缺乏医疗保障制度时“小病硬扛，大病等死”的局面；从结果上看，新农合应该能缓解农户“因病致贫，因病返贫”的困境。

马双与张哲（《新型农村合作医疗保险与居民营养结构的改善》，《经济研究》，2011 年第 5 期）采用极大似然估计法对始自 2003 年的新型农村合作医疗保险与居民营养结构之间的关系进行实证分析表明，新型农村合作医疗保险作为农村居民应对突发大额医疗花费的保证制度，在控制家庭实际收入等特征后，能够显著增加家庭每日人均热量摄入量，且对不同收入阶层影响程度不同：

人均收入越低的家庭，新农合对其影响越强；从营养结构上看，新农合显著增加家庭人均蛋白质、脂肪的摄入量，而对碳水化合物的摄入量无显著影响。虽然额外的热量增量能提高居民的劳动生产率，改善居民的身体健康状况，并给居民带来一系列经济、教育方面的收益，但是要继续优化家庭居民的营养结构，不仅要增加家庭可支配收入，还要尽量降低家庭未来不确定性。

封进、刘芳与陈泌（《新型农村合作医疗对县村两级医疗价格的影响》，《经济研究》，2010 年第 11 期）猜测道，当医疗供给方具有垄断定价能力且以盈利为目的时，引入医疗保险会导致医疗价格上涨，从而冲销医疗保险的效果。为了进一步验证，这三人从理论和实证两方面研究了新型农村合作医疗制度的价格效应，并基于村级和县级层面面板数据用倍差法进行估计，发现新农合对村诊所的价格无显著影响，但却会导致县级医院价格上涨，且报销比率越高，价格上涨幅度越高，价格上涨幅度和报销比率基本相同。可见研究结果验证了理论预计。政府为了帮助农民减轻医疗负担而补贴新型农村合作医疗的制度做法的实际有效性要依赖于医疗供给方的行为。在目前农村医疗服务体制改革相对滞后而县级医疗机构具有盈利性和垄断性双重特征的背景下，对农民的补贴初衷并不能如愿。村级医疗机构收费价格未发生显著变化说明当面临一定程度的竞争时，竞争将限制医疗保险带来的医疗费用膨胀。进一步而言，加强医疗供给方的竞争性才能有效发挥新农合制度的作用。

（二）医疗保险：影响

也有国内经济学者研究医疗保险制度，尤其是基本医疗保险和老年医疗保险，主要围绕实施既定医保制度的影响和医保制度变动的福利变动效应。研究前一主题的文献主要有两篇，分别如下：1. 甘犁、刘国恩和马双（《基本医疗保险对促进家庭消费的影响》，《经济研究》，2010 年增刊）立足于研究基本医疗保险与居民消费之间关系的现有文献，对比分析了政府投入的成本与效率，发现投资于基本医疗保险的政府资金使用是有效率的。政府在新型农村合作医疗保险上的投资将带动约 2.36 倍的农村居民消费；城镇职工医疗保险则带动了 4.16 倍的城镇家庭消费。以农村居民、城镇就业居民、城镇未就业居民的人口比例将医疗保险所带动的消费量进行折算，基本医疗保险约带动全国 7% 的消费。2. 刘国恩、蔡春光与李林（《中国老人医疗保障与医疗服务需求的实证分析》，《经济研究》，2011 年第 3 期）采用 2005 年中国老年健康长寿调查数据库（CLHLS）22 省调查数据，通过以中国 65 岁以上老年人群的 Anderson 医疗服务需求模型为框架，估计了关于中国老人医疗服务利用的 Heckman 样本选择模型与两部模型，以此实证分析了医疗保障对老年人医疗服务需求和家庭医疗负担的影响，集中回答了三个问题：医疗保障如何影响老人医疗服务的有效需求？医疗保障如何减轻老人家庭医疗负担？不同医疗保障形式（如公费医疗、合作医疗、贫困补助、城镇医保）对老年医疗服务利用产生何种影响？结果表明，1. 医疗保障制度对老人医疗服务的影响主要体现在提高就医程度，而非改变就医选择行为，同时医保制度明显促进了老人及时就医率；2. 医保制度显著地减轻了老人家庭医疗负担；3. 城镇医保和公费医疗所发挥的作用明显高于其他保险形式。基于此，作者进一步判断，国家医保政策在改善中国老人医疗服务利用和减轻老人家庭医疗负担方面确实发挥积极作用，且更多惠及就医必要性更大的老年人群，从资源配置角度看是提高效率的。因此进一步推进全民基本医疗保障制度建设不仅是国家惠及全民的医改重任，也是中国医疗卫生应对老龄化挑战的有效选择。

研究后一个主题的文献是汪浩（《医疗服务、医疗保险和管理医疗》，《世界经济》，2010 年第 1 期）。汪浩着眼于医疗服务与医疗保险之间的整合对医疗市场效率的影响，主要讨论并比较了医院直接向消费者提供医疗保险（整合保险模式）和医院通过独立的保险公司向消费者提供保险服务（独立保险模式）两种市场组织形式下的社会福利变动。模型分析发现，无论医疗服务市场是完全垄断还是垄断竞争，整合保险模式都为消费者提供了更多保险，且在效率上优于独立保险模式。这一结论进一步表明，加强医疗服务与医疗保险之间的协调有利于提高医疗服务市场的运行效率。

（三）医疗领域其他问题

寇宗来（《"以药养医"与"看病贵、看病难"》，《世界经济》，2010 年第 1 期）通过简单模型考察了中国现行医疗体系下"以药养医"与"看病贵、看病难"问题之间的内在逻辑。虽然政府将诊疗价格规制于较低水平，但是由于"医"和"药"具有强烈互补性，而"处方"又不能自由流通，医院能通过"打包销售"方式将垄断力量拓展至药品市场，进而造成以药价高为特征的"看病贵"问题；为了增强药品抽租的效力，医院又积极地提高患者就诊的"麻烦成本"（如排队就医的等候时间）以降低患者的就诊时间，从而造成"看病难"问题。如果考虑到麻烦成本，患者的实际就诊成本将是关于诊疗价格的准 U 形曲线。要解决"看病贵、看病难"问题，政府必须双管齐下：提高诊疗价格；实施"医药分离"。如果仍然维持低诊疗价格，降低"以药养医"程度反而可能降低社会福利。

卢洪友、连玉君与卢盛峰（《中国医疗服务市场中的信息不对称程度测算》，《经济研究》，2011 年第 4 期）构建了一个医疗服务市场上信息不对称程度的测度模型，并基于"中国健康与营养调查"（CHNS）中微观个体调查数据对医疗服务市场上医患双方的信息程度及其对最终医疗服务价格的影响效应进行实证测度。结果表明，1. 医患双方所掌握的信息因素对最终医疗服务价格的形成具有重要影响，同时医生相对于患者掌握着更多的信息并具有更强的议价能力；2. 几乎所有的患者都将被迫接受一个高于公正基准价格的价格，平均而言达成的医疗服务价格相对于基准价格要高出约 26%；3. 年度效应分析发现，在 1989—2006 年各年度医疗服务市场价格大致都高于基准价格约 26%，换言之改革开放以来中国医疗服务体制改革并未能有效解决"看病难、看病贵"的难题；4. 患者在城乡因素、医疗保险、工作状况、年龄以及受教育程度等因素上的异质性，对医患双方最终价格的作用很有限。鉴于此，作者认为：强调通过引进竞争，强化市场机制在医疗服务市场中调节作用的改革思路可能不一定适合中国国情。解决现实中普遍存在的医疗服务价格虚高问题，回归医疗服务的公益性，需要政府更多地参与其中，并有效发挥价格规制、市场监管和外部性矫正等功能。

朱恒鹏（《管制的内生性及其后果——以医药价格管制为例》,《世界经济》,2011年第7期）立足于中国医药价格管制的经验事实，证实了如下经济学命题：管制具有内生性，一旦被引入，管制便会呈现自我强化的趋势，其负面效果也会越来越严重。只要公立医院在医疗服务和药品零售市场上的行政垄断地位没有消除，现有的所有价格管制措施均无助于减轻患者的医疗费用负担，而且还会带来很严重的弊端。因此，降低患者医疗负担的首要措施是消除公立医院的这一行政垄断地位。在消除这一垄断的过程中，应该尽快取消现有对医疗服务和药品价格的各种直接和间接的管制措施。同时，应致力于完善医保付费机制，以此来控制医疗费用，前提是医保机构建立了较完善的治理结构。

四　劳动经济学

国内微观经济学者对劳动经济学领域的关注重点是高校扩招后高层次就业市场问题，尤其是高校扩招对劳动市场的影响。比如，1. 吴要武和赵泉（《高校扩招与大学毕业生就业》，《经济研究》，2010年第9期）将1999年以来的高校扩招视为一个自然实验，在“控制—干预”框架内评估扩招对大学新毕业生市场表现的影响，发现扩招给大学新毕业生的就业带来困难，主要表现为毕业生的劳动参与率下降、失业率上升和小时工资下降。此外还发现大学毕业生和高中毕业生之间仍存在显著的收入差距，“上大学”还是一个获利丰厚的人力资本投资。但是该文并未能对现在的招生规模过大还是不足作出分析。2. 徐舒（《劳动力市场歧视与高校扩招的影响——基于信号博弈模型的结构估计》,《经济学》（季刊），2010年第9卷第4期）基于一个静态信号博弈模型讨论了大学教育的人力资本积累效应、劳动者的先天能力和劳动力市场上的能力信号效应对大学生工资收入溢价的贡献，以及高校扩招对大学生—非大学生收入差距的影响。基于模型的结构估计表明，该模型确实能很好地拟合大学生和非大学生的现实工资分布。同时反事实状态的模拟结果表明，1. 在我国劳动力市场上，大学生的工资溢价主要由大学教育的人力资本积累效应引起，大约能解释大学生工资溢价的72%；2. 大学生与非大学生在人力资本投资和能力信号分布上的不同也会影响其工资分布。当高校扩招在更大程度上提高了高技术劳动者进入大学的概率时，劳动力市场上的信息不对称与高校扩招的相互作用会使劳动力市场对非大学生的歧视程度上升，在其他条件不变的情况下导致大学生与非大学生之间的收入差距扩大。换言之，与基于劳动力供给角度的分析不同，高校扩招可能通过劳动力市场歧视加剧大学生—非大学生的收入差距。

参考文献与学科年度重要文献

Cai, H. B., and D. Treisman, (2005), “Does Competition for Capital Discipline for Discipline Governments”, American Economic Review, 95 (3), 817 – 830.

Dewatripont and Maskin, (1995), “Credit and Efficiency in Centralized and Decentralized Economics”, Review of Economic Studies, 62, 541 – 555.

Ghatak, M., (2000), "Screening by the Campany You Keep: Joint Liability Lending and the Peer Selection Effect", Economic Journal, 110, 601 -631.

Lu, Y., and J. Wright, (2010), "Tacit Collusion with Price-Matching Punishments", International Journal of Industrial Organization, 28 (3), 298 -306.

Stiglitz, J. E., and A. Weiss, (1981), "Credit Rationing in Markets with Imperfect Information", American Economic Review, 71, 393 -410.

科尔奈（Kornai）：《短缺经济学》，经济科学出版社1986年版。

（方燕）

中国经济学年鉴

2012

第四篇 论文荟萃

理论经济学与方法

美国学派：推进美国经济崛起的国民经济学说

贾根良 著

《中国社会科学》2011 年第 4 期

26 千字

战后以来，美国出于推行自由贸易帝国主义和金融帝国主义的需要，刻意删除了美国保护主义的历史以及推进美国经济崛起的工业化逻辑，保护主义、美国学派与美国经济崛起的历史联系已经成为经济学和历史研究的“黑洞”。

推进美国经济崛起的国民经济学说，主要是由实践这一学说大政方针的政治家及作为追随者的经济理论家们发展起来的，他们形成了美国学派。美国学派的原始思想最早是由美国第一任财政部长亚历山大·汉密尔顿在 1791 年提出的，以表达立国领导人希望在政治和经济制度上摆脱欧洲特别是英国影响的强烈愿望。美国著名政治家亨利·克莱（Henry Clay，1777—1852）是美国两任众议院议长、第 9 任国务卿以及 1824 年、1828 年、1832 年、1836 年和 1844 年的总统候选人。1824 年，他提出以保护性关税、内部改善和国民银行为核心的“美国制度”，克莱因此被看做“美国制度”之父。这一概念使汉密尔顿的工业化战略和政策得以具体化，从而对美国经济的崛起产生了深远的影响。自此之后，“美国制度”的概念成了美国学派经济学说的基石。从其更全面的思想体系来看，美国学派的核心理论是由“生产率立国、保护性关税、国内市场、利益和谐与国民银行”构成的。

虽然人们并不了解美国学派在美国经济崛起中发挥的重大作用，但一般都知道李斯特的贸易保护学说对德国崛起所产生的深远影响。然而，李斯特经济学受惠于美国学派的事实却并不为更多的人所了解。美国学派还对日本等其他国家的工业化战略产生了重要的影响。美国学派的经济思想对我国启动内需、重新审视外向型发展战略的得失以及借鉴大国崛起的历史经验，提供了重要的启示。

第一，创造高端产业的绝对优势是大国崛起的关键因素。第二，美国学派高度重视本国资本品工业的自主发展和国内市场的广阔开拓，为大国崛起提供了来自成功经验的某种合理理论。第三，美国学派关于国民经济各部门之间平衡发展的思想，对我国当前启动内需具有重要的启迪意义。对于大国来说，国民经济各部门之间的平衡发展可以为这些部门提供互有保障的稳定市场，减缓以至避免世界经济周期波动特别是经济危机对本国经济冲击的破坏性影响。第四，美国学派高工资经济学说对我国有重要的启示。目前，我们正在建设的和谐社会和创新型国家，将为我国经济发展模式的新格局奠定基础，美国学派的“高工资战略”在这方面有较大的参考价值，需要深入研究。第五，中国应吸取美国经济自由放任和没有处理好金融问题的教训。

（孙三百）

民生的经济学性质

金碚 著

《中国工业经济》2011 年第 1 期

16 千字

从本质上说，经济活动的最终目的是满足民生需要，非民生的经济活动是人类行为的异化。然而，在现实中，这种异化现象不仅存在而且其规模甚至也是很巨大的。所以，研究并澄清民生的经济学价值及其性质，是一个具有重大理论价值和现实意义的课题。特别是对于正处于转变经济发展方式的重要关头的中国来说，它关系到未来中国经济社会发展的重大战略和政策调整的方向以及实现路径的选择。

民生改善的物质基础是一国或地区所生产的物质财富的不断增长，所以，基于国民核算体系的物质财富统计指标 GDP（或 GNP）及其人均值的增长，是衡量民生成就重要的显示性指标。然而两项指标都抽象掉了收入和财富分配的均等化程度和全社会经济资源在具有不同效用特征的产品生产过程中的配置状况会直接影响民生水平这一事实，所以需要辅以福利函数的测度来评估民生改善和民生成就的真实水平。

从民生改善的物质基础来看，能否保证所有居民的基本需要产品的普遍供应和是否构建起了全社会的安全网以降低和抵御全体居民的生存风险，也是民生成就和民生改善的重要内容。民生活动同其他经济和社会活动一样，是有成本的，而且是资源稀缺的，面临竞争时同样存在选择与取舍的问题。以更低成本和更有效率的方式生产和提供民生产品，实际上就是选择更有效率的组织形式和资源配置方式，按照居民的需求和需要，提供更多的民生产品。

此外，民生需求和需要不仅以居民的偏好为基础，而且受到社会价值观的深刻影响，而社会价值观不是纯理性推演的抽象概念，而是社会发展过程的历史产物，所以民生的价值是演化的，民生产品的供需关系以及民生满足（幸福感）的物质成本是显著变化的。因此，从经济分析角度来看，民生的发展是没有止境的，民生建设的目标永远是阶段性、历史性的。所以，真正伟大的民生成就和民生改善更需要建立和健全能够持续而广泛地改善民生并获得民众支持的经济机制以及与之相适应的社会和政治体制。

（王鸿鑫）

论道德的经济价值

王小锡　著

《中国社会科学》2011 年第 4 期

17 千字

20 世纪下半叶以来，道德的经济价值问题颇受争议，争论的双方是道德无用论和道德万能论。争论的产生实质上是由于既有经济话语体系对道德问题的排斥，以及传统的伦理研究对经济现象缺乏令人信服的解释力。尽管存在争议，然而对这一问题的深入研究有助于推动我国社会主义市场经济的进一步发展和完善。

无论是从宏观到微观还是从静态到动态来看，道德都是现代化大生产不可或缺的精神要素。作为伦理关系的价值凝结和规则体系，道德普遍地存在于社会生产过程中，生产的有效性和经济的高效益都与社会道德密切相关。正是在这一意义上，我们说道德在使用价值创造中的作用能够转化为可以带来经济价值的“生产性资源”，道德能够成为一种可以带来经济价值的精神生产力。

更进一步来看，由于道德在创造价值的过程中发挥着独特的作用，因此，也可能称道德是一种独特的资本。但是，道德资本又区别于一般意义上的资本：道德资本具有规范性和目的性双重价值。它通过激活有形资本、优化“毗邻效应”以及规范和引导三种方式在价值增值过程中发挥作用。

然而在现实的市场经济运行过程中，道德的经济价值主要通过企业的道德经营体现出来。而这又主要包括道德管理、道德营销和道德领导三个方面。只有通过多维度道德经营模式，企业才能最大限度地开发和利用人力资源，充分调动员工的潜能，提高产品的市场占有率，最终铸就企业的核心竞争力。

此外，道德的经济价值是有适用范围的，即存在合理性限度问题。由此，道德的经济价值要真正实现转化需要适宜的制度安排和环境建设。探讨道德的经济价值是要针对经济学中的伦理利己主义问题，为人类经济行为提供一个超越伦理利己主义的理论分析框架，以合理的道德理性去引导和矫正含有不合理价值观念的经济理性，探索一条更加健全合理的社会发展道路。

（王鸿鑫）

中国经济模式的政治经济学分析

张宇　张晨　蔡万焕　著

《中国社会科学》2011 年第 3 期

22 千字

自改革开放以来，中国经济持续高速发展。这一奇迹背后所蕴含的制度和理念是什么？是否存在中国模式？中国模式是否具有普遍意义？如何回答上述问题在很大程度上决定着历史发展的方向和未来世界的面貌。

在对近年来国内外学者对于中国经济模式的认识的发展和演进历程进行梳理分析后发现，对中国模式的认识发展可以划分为三个阶段：20 世纪 80 年代的比较经济学范式阶段、20 世纪 90 年代的转轨经济学范式阶段以及新世纪以来的政治经济学范式阶段。由于比较经济学范式与转轨经济学范式未能摆脱西方主流经济学的狭隘视野、价值偏见和思维定式，因此，随着对中国模式的认识和研究的深入，政治经济学范式正在并且必将成为学术界认识和研究中国经济模式的主导面。

从政治经济学范式来研究中国经济模式，其基本特征可以概括为以下几个方面：一是基本制度，二是经济体制，三是发展道路，四是转型方式，五是全球化。这五个方面的内容是相互联系、密不可分的。其中，基本制度特别是基本经济制度处于核心地位，起着关键作用。只有从基本经济制度出发，才能准确把握中国经济模式的本质及其内在逻辑。

中国的经济模式虽然业已形成并取得了举世瞩目的光辉成就，但是这一模式还不完善。由此产生了西方新左派与新自由主义的观点，它们看似对立，实则相通，都否定了社会主义与市场经济结合的可能性与合理性，也就从根本上否定了中国经济模式的价值与意义。然而，当前实现社会主义与市场经济更好的有机结合，是从根本上解决制约我国经济发展诸多矛盾的必由之路。

综合考虑中国的政治、经济、文化、社会等多种因素后，只能说中国的经济模式既有普遍性又有特殊性，不应该将两个特征对立起来看待。对中国的经济模式的研究更重要的意义在于，中国的经济模式为发展中国家走向现代化、发展市场经济和参与全球化开辟出了一条新的道路，展现了一种新的可能，同时也为人类的进步和社会主义的复兴带来了光明和希望。

（王鸿鑫）

开放式创新：基于价值创新的认知性框架

王睢　曾涛　著

《南开管理评论》2011 年第 2 期

17 千字

开放式创新既是一种从创新中获利的实

践，又是一种创造、解释以及研究这些实践的认知模型。这样的界定涵盖了基于开放性的各种创新实践，但也导致了学者们在其研究中赋予开放式创新不同的内涵，从而产生了概念具体化的问题。因此，有必要对开放式创新的本质进行研究和探讨，这有助于了解研究现状以及未来的研究方向与重点问题。

开放式创新作为一种新的范式，是针对工业经济时代的封闭式创新而提出的。作为一种创新范式，开放式创新的本质是基于创新资源流动与交换而嵌入在组织间层面的价值创新，不仅包含着开放式的价值创造，还涉及初期的价值识别与最终的价值获取。由此，开放式创新这个概念的具体化必须从现有局部研究视角上升到整体的价值创新层面，进而理清跨组织的价值识别、价值创造与价值获取三个重要维度及其之间的关系，才能对开放式创新有完整系统的认知。其中，价值识别意味着企业认识与评价各种价值创新方式，并基于对内外因素的考虑作出具体选择；开放式的价值创造活动随着创新资源的流动而跨越了企业边界，这表现在一方面以信息技术为支撑的先进的组织模式大量涌现，另一方面是过程的管理更加强调内外创新活动的有机融合、成本与风险控制等问题；价值获取从创新中获利的关键从互补性资产的投资与拥有转移到企业在组织间合作中优势地位的获取以及占有制度的灵活运用两个方面。

基于上述分析就建立起了一个开放式创新的认知框架，由创新资源、价值创新、获得创新价值和竞争优势三部分构成。在此基础上可以看到，现存关于开放式创新的相关研究在价值识别和价值创造环节相对成熟，而价值获取的研究还处于理论探讨阶段。认知性框架为我们解释开放式创新实践中的非常规现象提供了全景图，同时能够促进开放式创新相关延伸研究的发展。

（王鸿鑫）

报酬递增、互补性与经济组织

何志星　叶航　汪丁丁　著

《财经研究》2011 年第 1 期

9 千字

对于组织的研究是经济学研究的重要基础内容。该研究涉及制度、工业组织等多个方面。报酬递减缺乏微观基础，受到了越来越多的质疑，基于报酬递增的视角成为组织研究的新选择。同时结合互补性，这就构成了判断多元化效率的重要视角，对于多元化问题及其判断、多元化抑或专业化的战略选择具有重要意义。

Yang/Ng 模型复兴了古典经济学的生产传统，同时实现了制度或者说交易费用的内生化，从而较好地解释了组织的性质与演化。在 Yang/Ng 模型中，交易费用越高，专业化程度越低。随着专业化的不断深化，交易费用却受制于制度变革而成为阻碍组织进一步专业化的因素。因此，经济组织是禀赋约束下报酬递增与交易费用的均衡。

然而，上述模型中没有考虑同样对生产活动具有重大影响的互补性因素。在模型中加入互补性因素后并重新分析后得出，在互补性程度大于报酬递增程度时，即使交易费用为零，组织仍可能会趋于选择部分专业化。交易费用对组织的专业化影响是建立在报酬递增和互补性基础上的。组织是报酬递增与互补性两难冲突的结果，这才是组织的性质和组织演化的内因。上述结论在 Holmstrom-Kaplan 问题和多任务互补性中得到了充分体现。

对上述分析结论进行的归纳总结为：经济组织演化和发展的内因是生产，而不是交易；生产的报酬递增性与互补性决定了经济组织的活动性质和专业化程度，进而决定了经济组织的演化；交易费用在经济组织演化中发挥着重要作用，然而，这种作用建立在报酬递增与互补性发挥主导作用的基础上。该结论对我国现阶段出现的企业多元化问题及其判断、多元化抑或是专业化的战略选择有一定借鉴作用。

（王鸿鑫）

新自由主义货币经济学说的理论前提与现实影响

刘道一 著

《中国特色社会主义研究》2011 年第 1 期

9 千字

2008 年全球金融危机在充分暴露出资本主义制度无法根除的基本矛盾的同时，也使人们重新审视新自由主义货币经济学说，而对新自由主义的批判性研究成为学术界的关注点。该文从理论前提、内在尺度、伦理建构与现实影响四个方面对新自由主义货币经济学说进行反思，分析其逻辑结构的问题及其对现代世界经济的影响。

资本的欲望机制是新自由主义根本的理论前提，市场的客观性不过是资本的逻辑的设定或外化，它本质上服从于资本的强力，也为资本的扩张效劳。资本主义在当代的发展就是要通过金融资本的扩张带动产业资本的发展从而拉动经济增长。在这个过程中，对风险进行定价以完成各种各样的金融产品创新，并为这些逐利行为作出“无罪推定”，是新自由主义货币经济学说的工具化的重要表征。与之相伴随的，便是经济学本身的技术化，其目的论范式充分体现了资本的逻辑潜藏于经济学的数学化、实证化背后的意义构造，也与凯恩斯主义的以政府的“官本逻辑”为宗旨的理论范式共同指向服从而无法回归理论创造本应具有的独立性。

新自由主义货币经济学不仅宣称一系列“更为正确”的学术观点使之成为国家经济政策的重要依据，而且有力地将一整套价值判断嵌入到人们的价值观和生活中，并在不断造成的原有的社会共同体的瓦解中使自己日益成为现代世界不可回避的主流意识形态，新自由主义货币经济学在这一过程中成功地将其政治动机隐藏了起来。

资本的逻辑主导新自由主义货币经济学说的工具化与技术化，并通过其建制的自发秩序与意图伦理重构人们的视野与问题域。而借助人们被修正过的视野，资本实现其全球性的强力扩张，进而，资本主义以全球主义之名造成现代经济与政治的多层面的深刻异化。由资本的强力所推动的全球化，是以牟取利润为目的的“现场卷入（共同在场的环境）与跨距离的互动（在场和缺场的连接）之间的关联”；资本的强权与“某些国家”的特权相联系，就构成当今世界“共存于霸权之下”的奴性的意识形态。

（王鸿鑫）

新经济地理学的魅力和缺陷刍议

殷广卫 吴柏均 著

《南京社会科学》2011 年第 1 期

9 千字

新经济地理学的兴起使在西方源远流长的空间经济学得以复兴并融入经济学的主流，已经无可争辩地成为当前经济学领域最激动人心的前沿之一。新经济地理学在国际、国内掀起的研究热潮都是空前的，该文旨在从总体上总结其最值得关注的几个方面内容并加以评论，力图勾勒出新经济地理学的魅力和缺陷所在。

新经济地理学认为即使不存在外生差异，经济空间也必然会演变分化，在本来就存在外生差异的条件下，经济空间的分化更在情理和自然之中，并且区位因素、历史事件、政策等偶然因素经常起重要作用。而商品的自由贸易和要素的自由流动是经济集聚得以迅速发生从而经济地理迅速改变的制度性前提。

新经济地理学引起世界范围的空前关注是与其对现实世界强大的解释能力分不开的。以两个抽象区域为分析对象的一系列模型所揭示的循环累积因果机制适用于解释各种空间层面的经济集聚现象或相邻区域的演变分化，只要这些区域之间存在商品的贸易和（或）要素的流动。多区域模型适用的解释对象则更加广泛和复杂。

新经济地理学的政策含义在于：总体的区域经济政策终究只能在时间和空间两个维度上进行权衡，要努力把握区域经济总体效率和不同区域相对公平之间的度，应该顺应区域经济不平衡增长的内在趋势尽可能促进集聚，同时做好转移支付以维持不同区域之间的相对公平。

数学建模尽管是当前经济学研究方法的主流，但它不可避免地具有脱离现实和很难精确表示社会因果关系等的缺陷，新经济地理学模型也不能例外，其进一步发展的主要难点在于更全面、彻底地考虑空间维度，使模型的假定条件更接近现实并能更多地反映社会因果关系。

（王鸿鑫）

凯恩斯的均衡难题及对中国的启示

崔殿超　著

《学术交流》2011 年第 4 期

5 千字

就业函数是《就业、利息和货币通论》（以下简称《通论》）的核心模型，市场经济均衡难题是《通论》使用的核心原理。使用这个原理，凯恩斯得到因有效需求不足导致就业小于充分就业的结论。凯恩斯阐述的市场经济均衡难题在中国经济中得到了印证，对中国也有很好的启示。

《通论》论证就业不足使用的核心原理就是市场经济存在固有的均衡难题。由于边际消费倾向递减，有效需求不足，经济在总量上难以实现均衡。用投资来弥补有效需求的缺口能解决本期内的有效需求不足，但又增加了未来供求均衡的难度。投资取决于未来的预期收益，预期收益的不稳定决定了投资、产量和就业的波动，一般情况下，充分就业是难以实现的，只有在最好的情况下，市场经济才能实现充分就业。价格受制于成本缺少灵活变动的空间，因而也不能成为市场均衡的调节者，这进一步增加了市场经济在均衡上的难度。

改革开放后，中国已基本建立了市场经济制度，凯恩斯的市场经济均衡难题同样困扰着中国经济，从这个角度看，中国经济及其面临的问题也印证了凯恩斯理论。凯恩斯的均衡难题可以理解为市场经济必然存在供给过剩或产能过剩，而产能过剩困扰中国经济已经很长时间了。

由此，凯恩斯的理论对中国经济有几点启示：（1）产能过剩是市场经济发展的一般规律，尤其是成熟的市场经济必然要走到产能过剩这一步；（2）发展市场经济必须尊重市场经济规律；（3）不可能靠价格大幅度上下波动解决供求失衡问题包括产能过剩问题，相反，政府政策应该追求价格稳定，积极管理通货膨胀。

（王鸿鑫）

新古典范式、比较制度范式与契约结构范式——交易费用内生化的三种思路

张凤超　付才辉　著

《华南师范大学学报》（社会科学版）2011年第4期

10千字

目前，对交易费用进行描述化的处理严重影响了理论的严谨性，难以解释其对制度选择的意义。因此，需要对交易费用进行理论的模型化。该文介绍、评析已有的两种交易费用模型化范式：新古典范式和比较制度范式，尝试提出一种新的交易费用模型化范式——契约结构范式，并在契约结构范式下解答"均衡交易费用是怎样得到的"这一制度经济学中长期以来难以回答的核心问题。

新古典经济学范式下的交易费用模型化只不过是类似于对交易费用进行简单的描述，没有对交易组织过程的细节给予足够的关注，"交易费用是怎样因为组织安排而节约下来的"依然不得而知，无法解释制度与交易费用之间的关系。

比较制度范式通过引入"交易费用"这一核心基石，将经济学带入了一个包含制度的世界。在比较制度范式下，尽管能够洞察到同一个交易可能存在的多张备择契约安排的关键差异，但是每张契约安排的结构依然不得而知，其微观制度比较分析无法剖析契约结构，宏观制度比较分析无法厘清制度环境对契约结构的介入机制。在理论上仍然不能够回答"均衡交易费用是如何得到的"这一核心问题。

与比较制度范式不同，契约结构范式并不比较交易的不同契约安排与选择，而是剖析任意一个交易所对应的一张契约安排的结构；契约结构范式也不是将契约安排与制度环境分开来研究，而是通过分层来识别制度环境的影响。从契约结构的角度发现：交易参与人的行为品行和信息结构以及标的专用性会导致交易冲突；改善信息结构、提升治理水平是化解交易冲突的必由之路；均衡交易费用出现在信息费用和治理费用的边际效应相等时；制度环境的介入会节约交易费用但会耗费制度费用，二者的权衡导出均衡的制度边界。

（王鸿鑫）

经济体制评价标准的探讨及应用——生产力与幸福度"双标准"

张仁德　著

《经济社会体制比较》2011年第3期

20千字

一直以来，比较经济学把经济绩效作为经济体制的最终评价标准。然而，正如建立怎样的制度和体制不是目的一样，发展生产力本身也不是最终目的，归根结底，发展生产力是提高人民生活、实现人民幸福的最重要手段。由此，对经济体制先进性的评价标准进行探讨将有助于我们更为全面、客观地认识经济体制的绩效表现。

传统的和新的比较经济学都很重视分析经济体制的绩效，这是很自然的。否则，对经济体制进行比较研究就没有意义了。但是，尽管二者在方法论上有所不同，然而它们都是使用生产力指标作为评价经济体制的根本标准。可这恰恰是值得商榷的地方。

诚然，经济体制的改革与构建不能不考虑其对推动生产力发展的功能。但是，发展只是手段，是工具，并不是目的。人类社会普遍的幸福才应该是最后的目的。明白了发展生产力和幸福这两者之间的关系后，进一步就是关于如何定义幸福。幸福是一种基于

主体的主观感受，具有极强的个体依赖性。在经济学中，为了分析便利引入了效用这个概念，以此来作为对无法观测的幸福的替代物。可是，无论经济学里如何对幸福进行数学处理，始终无法掩盖其主体依赖性和不可观测性。

尽管生产力的发展不完全等价于幸福，可是二者之间确实存在一定程度上的一致性。而这种一致性的方向受到经济体制的影响。由此，生产力水平和幸福就构成了评价经济体制先进性的“双标准”。生产力水平是可测度的，问题在于如何测度幸福。基于幸福感受的环境客观性和生理基础共同性的原因，通过幸福指数来对幸福感进行衡量是合理的。在此基础上就可以在不同经济体制之间进行绩效比较以加以借鉴和对自身绩效进行改进。

如上所述，世界上各种经济体制以多样化的方式相互并存，同时又彼此竞争。这种为取得生产力和幸福度最大化而进行的激烈竞争，是世界各种经济体制不断进步与优化的不竭动力。然而，最佳体制的评判应该是生产力和幸福的“双标准”。最佳体制演进的过程、模式、均衡结果会不尽相同。

（王鸿鑫）

劳动价值论的“新解释”及其相关争论评述

孟捷　著

《中国人民大学学报》2011 年第 3 期

13 千字

劳动价值论的“新解释”被普遍认作当代劳动价值论研究中最为引人注目的发展，相关争论持续至今。但在我国学术界，对该理论的跟踪、评价乃至运用还非常欠缺。通过对新解释的基本思想和相关争论中的重要问题作一简略的评述，将有助于促进国内学者对新解释的研究。

新解释的理论出发点是劳动价值论的一个基本思想，即活劳动创造了新价值。但新解释把劳动价值论的这个理论命题转换成了经验性命题，提出在某一经济中所使用的活劳动与扣除了中间物质消耗的净产品之间存在着因果关系。为此，新解释在总量意义上定义了劳动时间的货币表现：它等于某一时期以市场价格度量的增加值（产出的价格减去工资以外的成本）与生产性活劳动的比率。根据新解释的定义，货币的价值（不同于货币商品的价值）等于一单位货币所代表的某一抽象劳动量。

上述关于货币价值的定义是通过净产品而非总产品给出的。新解释认为，倘若改用总产品，会带来重复计算的问题。这是因为，通过生产资料的生产而获取的利润，首先会作为全社会利润的一部分被计算，然后又会作为消费资料成本的一部分被计算。这一点也适用于生产资料货币价值的其他部分。但是目前，这一观点有学者支持也有学者反对，还无法达成共识。

学术界还就新解释中对于货币价值的定义进行了激烈的争论。尽管对立双方各执一词，争执不下，但是从中还是能发现新解释的定义存在缺陷。新解释由“循环推论”而得出的货币价值定义是依赖于马克思概念中的因果关系为前提的。而事实上，新解释的定义并非严格地依赖于这种特定的因果关系。尽管如此，只要新解释能够设法解决在计量上所面临的那些困难，尽可能地逼近马克思的理论所揭示的经济关系，则对于以劳动价值论为基础的经验分析还是有助益的。

此外，新解释学派虽然力图提出一种将马克思主义经济学范畴和经验分析相联系的简便方法，甚至一种马克思主义宏观经济学，但其基本定义具有事后静态特征，这为其经验运用带来了困难。

（王鸿鑫）

马克思主义经济学的继承、创新与发展

胡钧　著

《南京政治学院学报》2011 年第 1 期

10 千字

马克思主义是迄今为止最科学、最严整、最有生命力的理论体系，是唯一科学的世界观和历史观。然而，马克思主义也是动态的、发展的。因此，在新时期，正确理解马克思主义的继承、创新和发展三者之间的关系才更有利于巩固马克思主义在意识形态领域的指导地位。

在马克思主义的继承、创新和发展三者之间的关系上，根本的前提是继承，继承的前提又是正确理解和坚持马克思主义的基本原理，创新和发展只能建立在真正相信它是科学的、正确的、符合实际的基础上。从马克思主义的继承方面来说，必须继承的是：1. 生产力与生产关系是物质生产的两个不可分割的方面；2. 新生产关系是生产力强大发展的根本动力。我们应当真正重视我国社会主义经济建设的伟大实践经验，树立对马克思主义历史唯物主义和社会主义政治经济学的不可动摇的信念，并运用其解决经济发展实践中的新情况和新问题，而不是离开这一基本原理，从别的什么地方寻求灵感。

此外，随着我国向服务经济转型，有人提出应拓宽劳动价值理论作用领域。然而，这实际上是对劳动价值理论本身缺乏真正理解。论及马克思的劳动价值论的创新与发展，首先要完整、准确地理解马克思的劳动价值论，包括斯密和李嘉图的劳动价值论，明确他们的价值理论是研究物质生产领域的生产规律的，之后揭示物质生产与精神产品生产二者之间质的区别，进一步阐明精神产品生产和创作的特殊规律。

从马克思主义的创新和发展来看，需要注意的是，马克思主义经济学与新制度经济学并不能相容：新制度经济学绝不允许把“生产关系”、“生产资料所有制”这些经济学范畴吸收或融合到它的内容中去。马克思主义的创新、发展的实质应该是，坚持马克思主义的基本原理及其立场、观点和方法，运用这些基本原理研究现实的实际问题，研究新情况，解决新问题，形成一些新的理论和观点，用以指导实践并在实践中达到预期的目的。

（王鸿鑫）

经济发展与宏观调控

劳动生产率：关联与差异——基于 GWR 模型的分析

袁富华　著

《经济学》（季刊）2011 年第 1 期

10 千字

该文运用 2007 年 286 个城市的数据和局部线性空间模型，对中国城市劳动生产率的空间模式和影响因素进行了分析。研究发现，中国 286 个城市劳动生产率的空间模式表现出以下特点：总体来看，我国城市劳动生产率由东至西呈现出递减趋势，而区域劳动生产率在东部和西部表现出了比较显著的集聚特征——即两个区域的城市劳动生产率分别表现出各自的区域匀质性，但是中部地区城

市间劳动生产率的分布没有表现出类似的匀质性。基于这种认识，对于中国区域劳动生产率的均衡化趋势及区域经济潜力开发，我们的看法如下：(1) 中西部增长极的打造与空间关联的增强。改革开放以来东部地区经济的率先发展，是在我国国民收入水平较低状态下的明智选择，国家经济发展的这种地理干预政策，一方面促进了经济资源向东部区域的集聚，从而提升了东部地区经济和城市化的发展潜力；另一方面也为先富地区带动后富地区的动态空间均衡奠定了基础。文中揭示的中西部地区相对较低的经济密度，一定程度上归因于国家发展政策的倾斜，因此，重塑东、中西部地区的空间均衡，需要国家区域发展政策的引领。核心是坚持中西部地区产业集聚与空间集聚的一体化，打造新的增长极，并实现与东部地区经济的对接。(2) 支持有利于空间关联的基础设施建设。空间经济关联既包括生产要素流动性关联，也包括产业间投入产出关联。空间经济关联及由此产生的空间集聚或扩散，不仅取决于需求因素，而且取决于交易成本——包括由于空间距离而产生的运输成本以及信息获取成本。该文实证分析将东、中西部城市财政支出之于劳动生产率的影响，置于空间关联的框架内考察，得出的显著正效应，因此，若从财政支出视角来看，增强空间关联对于劳动生产率提高具有拉动作用。基于这一认识，我们认为，无论是中西部地区还是东部地区，交通运输的网络的完善，以及信息化设施的建设，对于区域联系的增强以及劳动生产率的提高均有裨益。实际上，鉴于中西部相对落后的运输、信息化设施，在这方面有所强调更显得有必要。(3) 城市化与中部崛起和西部开发。城市化过程本质上作为人口集聚、经济资源集聚的过程存在。因此，城市化对于区域间经济关联的增强具有显著促进作用，相应规模报酬递增不仅提高了城市劳动生产率，而且对地区差距也将产生持久影响。作为打造区域增长极和区域基础设施建设的载体，中西部地区的城市化在资源集聚和效率促进方面具有重要作用，尤其是对于人口密度和经济密度较低的西部而言更是如此。基于现阶段城市化现状及经济规模和效率的追赶要求，中部崛起和西部开发需要依托区域内大城市逐次展开，并以此带动周边中小城市的发展。

收入不确定性、住宅权属选择与住宅特征需求——以家庭类型差异为视角的理论与实证分析

周京奎　著

《经济学》(季刊) 2011 年第 10 卷第 4 期

24 千字

我国住房制度改革过程中，住宅需求模式发生了巨大变化，并呈现了三个阶段性特征：第一阶段是以租住公房为主，私有住宅为辅；第二阶段是以租住公房和私有住宅为主；第三阶段是以私有住宅为主，租住公房和私人房屋为辅。随着住宅权属选择的变化，住宅需求也正从基本需求向改善需求转变。值得注意的是，城镇居民住宅需求模式演化阶段与我国经济转轨历程相一致，而在经济转轨过程中，收入分配制度改革使城镇家庭面临着显著的收入不确定性，对家庭持久收入预期、消费偏好产生了巨大影响。然而，收入不确定性的外生冲击对不同类型家庭的住宅需求决策有哪些影响呢？该文在引入住宅特征价格和收入不确定性测量工具的基础上，采用中国城市住户调查数据进行实证分析。

该文基本计量模型及扩展模型的实证结果表明，在住宅权属选择方面，失业不确定

性的影响效应为负；社会经济地位较高的家庭更倾向于拥有住宅；而社会经济地位低的家庭受收入不确定性的负向影响更显著。在基本住宅需求方面，失业不确定性存在负向影响效应，社会经济地位相对较高的家庭倾向于扩大基本住宅需求，社会经济地位处于中等以及中下等水平的家庭的基本住宅需求，受收入不确定性的影响要小于其他类型家庭。在改善型住宅需求方面，由于城镇居民具有较高的消费偏好，使得收入不确定性对该类型住宅需求的影响相对较弱。

该文的政策含义主要有两点：一是应采取有效措施降低收入不确定性。收入不确定性是影响城镇居民尤其是弱势群体住房福利的重要因素，该福利影响不仅体现在能否提高住宅拥有率上，更体现在基本住宅和改善型住宅需求能否得到满足上。因此，在收入差距持续扩大和家庭分层日益明显的背景下，针对不同类型家庭实行有差别的收入提升政策，特别是降低失业风险，将有助于实现社会资源配置的帕累托效率。二是通过构建住房梯级供给机制与需求过滤机制来降低收入不确定性的负向影响。目前，虽然存在商品房市场、二手房市场和租赁市场，但消费者更青睐于商品房市场和二手房市场，尤其是前者。政府和企业往往把进入这两个市场的消费者看做是同质的，不同类型家庭不得不为获得同质的商品房而相互竞争．结果为开发商进一步拉升房价创造了条件．在收入不确定性存在的背景下，也再次降低了居民住房支付能力和在高房价下解决居住问题的能力。因此，通过政策引导，逐步在商品房市场和二手房市场中构建梯级供给模式，通过住宅质量和价格把消费者过滤到相应的梯级上，从而使市场参与者的利益得到极大化。

（小舟）

中国能源消费结构与产业结构关系分析

周江　李颖嘉　著

《求索》2011 年第 12 期

8 千字

近十年来，中国能源消费增长比世界的平均水平高，石油需求增长率比世界需求增长率高 5%；天然气需求增长率比世界高 10%；煤炭需求增长率比世界高 3%；水电需求增长率比世界高 7%。中国石油在 2007 年对外依存度为 48%，到了 2009 年，这一比例上升到了 52%，超过 50% 的国际警戒线。在本地供给五变化的前提下，五年后，中国石油对外依存度将达 65%，过度依赖石油进口将对中国能源安全带来极大的挑战。尽管中国煤炭、天然气、电力都基本自给自足，但按照现在中国能源产储量计算，五年后，天然气、煤炭本地生产将无法应对中国巨大的能源需求。如何通过调整产业结构，提高能源利用效率，缓解能源供需紧张局面，成为中国未来经济可持续发展的重要命题。

我国众多学者在能源消费结构与产业结构关系领域进行了诸多研究，但多采用二维数据分析模型，这类模型只单独处理横截面数据或时间序列数据，很难进行对比分析和同时分析，难以找出截面数据与时间序列数据之间的关系，无法挖掘能源消费结构与产业结构的内在规律。

该文采用具有三维特征的面板数据模型，对中国能源消费结构与产业结构的关系进行分析，将时间序列数据和截面数据分别沿空间和时间方向扩展，从三维（个体，时间，指标）角度，找出能源消费结构和产业结构在“不同时间”下两者之间的关联和影响程度，并给出科学的建议和对策。从分析结果中发现，在技术进步的影响下，能源消费结构与产业结构之间传统的内在联系越来越弱。产业结构对能源消费结构的影响，能源消费结构对产业结构的影响，都是显著的逐年降低，所以未来我国优化能源结构的思路要以适应技术进步为抓手，大力推进能源利用技术的改良和创新——由于煤炭占我国能源消费比重最大，所以煤炭应用技术的改良是重中之重。应对思路主要从两个方面着手：(1) 推动高新技术产业和现代服务业的发展，实现产业结构的优化，改变原有经济结构对煤炭过于依赖的局面；(2) 优化能源消费结构，一是发展新型清洁能源，降低能源强度；二是推动产业结构的转型升级，实现产业结构和能源消费结构之间的良性互动发展。同时未来还要注意协调以下三种关系：(1) 协调经济建设和能源建设，要使经济建设和能源建设相互促进，而不是相互制约；(2) 协调经济结构与能源消费结构，经济结构与能源消费结构相互影响，两者协调发展才有利于能源效率的提高；(3) 协调中国各区域的经济和能源发展，区域间的产业结构不同，对能源需求类型也不相同，所以区域协调发展才能创造共赢的局面。

（周江）

当前推动物价上涨的影响因素分析与调控策略

盛毅　著

《经济体制改革》2011 年第 4 期

6.5 千字

自 2010 年下半年以来，针对通胀所采取的各种措施并没有根本缓解通胀压力。对导致本轮通胀的主要影响因素的认识有："流动性过剩说"、"外汇占款说"、"增长过快说"、"外部输入说"、"成本推动说"。我们认为，推动本轮物价上涨的因素，与前几轮有较大的差别。物价上涨的基础是货币累计发行量过大导致流动性严重过剩。而流动性过剩主要由国际收支"双顺差"引发的外汇占款数量的逐年增加和 2009 年应对国际金融危机时的贷款规模超常增长两大因素。外汇占款数量的长期累积，起到了至关重要的助推作用。前两年也有流动性过剩而没有出现通胀，是因为有特殊的环境和条件。本轮物价的迅速反弹，主要受各地纷纷按照"十二五"规划确定的目标，加大了投资力度，而相对宽松的资金环境又为各地的项目建设提供了条件。旺盛的投资需求一方面造成了国内原材料和能源的供求失衡，进而推动其价格上涨；另一方面造成了劳动力供不应求，进而推动工资成本的上升。因此，导致本轮通胀的原因可以归结为流动性过剩、要素成本上升和国际大宗商品上涨三方面因素，应当根据这些因素变化选择调控的主要工具。

流动性调控分存量和增量两个方面。调控存量当前主要运用了存款准备金率、公开市场业务等。在保持经济持续平稳较快增长的前提下，治理流动性过剩将是一项长期而艰巨的任务，不能指望一蹴而就。调控力度和时间安排需要把握好，通过一段时间逐步把流动性降到适度水平。为了使在调控流动性的同时不对经济增长造成大的影响，通胀的控制目标不应定得太高，只要能回到 5% 以内的水平，就可以认为是温和的、可接受的。当前大型商业银行的存款准备金率已经上调到 21.5% 的水平，会不会引发新的问题，值得思考。物价回落比经济回落至少滞后半年以上，在经济增速已经开始回落、工业生产放慢情况可能较预期严重的情况下，要注意超调引发的"硬着陆"。调控流动性增量的有效手段是引导金融机构信贷合理、适度、平稳投放，逐步减轻外汇占款压力。严格控制新增贷款规模，将投资增长速度限定在一定范围内，使货币供应总量增长低于适度宽松时期，应当成为主要手段。将 M2 平均增速控制在 17% 以下甚至 16% 以下，有利于抑制投资过热。当前可以考虑采取不对称加息的办法，使利率变动既不会增强对“热钱”的吸引力，又有利于抑制投资需求。逐步减少贸易顺差，加大汇率政策的使用力度，也是今后长时期面临的重要任务。

鉴于本轮通胀的形成和治理的困难在很大程度上受体制机制影响，除了正确地选择调控领域和调控工具外，必须加快推进体制机制改革。

（盛毅）

中国政府储蓄研究：实践考察与政策应对

杨涛　著

《财贸经济》2011 年第 2 期

9 千字

中国的高储蓄率问题一直是国内外学者关注的焦点。高储蓄率支撑了中国的投资增长，但也引起了经济的内外失衡。中国政府储蓄近年来对总储蓄的贡献度不断增加，适度控制政府储蓄增长，是提高最终消费、解决当前经济失衡矛盾的重要措施。迄今为止，虽然针对国民储蓄的研究文献众多，但具体围绕政府储蓄的理论和实证研究却非常鲜见。

按照经济学对储蓄的定义，政府储蓄可以理解为政府的可支配收入减去其消费性支出的余额，但是在实践中，由于定义储蓄的方法有多种，这一概念还需要进行更细致的区分和界定。该文根据不同的政府储蓄界定方式，对中国改革开放以来政府储蓄的历史演变进行了计算，按照不同口径对中国政府储蓄的历史与现实状况进行考察，并且在资金流量表基础上对政府储蓄的结构进行了深入探讨与比较分析。在与其他典型市场经济国家的政府储蓄状况进行横向比较后发现，中国的总储蓄率一直处于高位，就政府储蓄率而言，中国也远高于多数国家或地区。同美国相比，中国政府储蓄占总储蓄的比重呈现平稳上升趋势，而美国的该指标则出现大起大落，对总储蓄的扰动极大。

2000 年以来，政府部门对国民储蓄的贡献程度不断上升，该文深入探讨了影响中国政府储蓄的主要因素：政府可支配收入不断上升；政府投资性支出的规模和增速都不断提高，而教育、医疗、社保领域的消费性支出则增长缓慢；政府边际储蓄倾向的不断提升。在判断这些因素未来变化趋势的基础上，提出了应对的重点与对策。该文提出，长远来看，要想从政府储蓄入手来降低国民储蓄率，需要考虑：政府应该在国民收入分配中向居民和企业进行倾斜，适度抑制税收和非税收收入的过快增长；政府直接投资的适度“退出”，已经成为优化财政政策工具与改善政策实施效果的关键，也有助于直接降低政府储蓄率；既应该抑制总的和面向国有企业的资本转移规模，也应当考虑适度增加对民营企业的资本转移，以避免出现经济中的“国进民退”现象；合理增加保障性政府消费支出；继续深化市场经济改革，转变政府经济职能等多项要求。如何确定最优的政府储蓄规模和结构，还需要从理论和实践两方面进一步探讨。

（薛波）

中国地方政府公共资本融资：问题、挑战与对策——基于地方政府融资平台债务状况的分析

刘煜辉　沈可挺　著

《金融评论》2011 年第 3 期

32 千字

改革以来，地方政府竞争在中国经济增长过程中起着至关重要的作用。地方政府对基础设施的投资资金长期以来主要依靠的却是各种显性或隐性的地方政府债务以及以土地财政为基础的预算外资金支撑。地方政府的自我融资能力对地方经济增长有着非常显著的影响。

综合起来看，地方政府融资平台项目贷款当中约有 2/3 的比例直接投向公共设施管理业、交通运输业以及电力、燃气及水的生产和供应业等公共基础设施建设管理项目。地方政府的举债资金主要是用于由当地政府安排的公共基础设施项目建设所需要的资本性支出，而不是用于地方政府经常性服务项目的支出。地方政府举债进行城市建设已经成为一种非常普遍的现象。

该文通过对地方政府融资平台债务现状的分析，对当前中国地方政府公共资本融资模式面临的问题与挑战进行了探讨。当前因地方融资平台债务激增导致的地方政府债务风险所反映的不只是中央与地方财政分权不当的问题，还深刻地反映了现有的公共资本投融资体制存在的缺陷。通过不同口径测算各省区地方融资平台贷款债务率状况和观察金融机构地方政府融资平台贷款集中度分布状况等基于地方融资平台贷款来源的分析，该文发现在当前的体制环境下试图通过单纯的商业银行体系改革来达到遏制地方政府过度举债行为的目标几乎是一项不可能完成的任务。为了加快推进地方政府金融管理体制改革，构建地方政府公共资本投资的可持续融资模式，现阶段需要一种综合性的解决方案：一是彻底改变当前以地方政府融资平台为主体、以土地储备作为抵押支持、以银行信贷作为主要资金来源的地方政府融资模式，构建以市政债券市场为基础的多元化的地方政府公共资本融资模式，促进地方债务的显性化和透明化；二是促进地方政府职能的根本性转变，围绕公共财政建设和服务型政府建设的体制改革目标，推进各级地方政府财政预算及其执行情况的透明化，从而强化对公共基础设施建设的长期投资计划及其资本预算约束。分析表明，彻底改变当前以地方政府融资平台为主体、以土地储备作为抵押支持、以银行信贷作为主要资金来源的地方政府融资模式，构建以市政债券市场为基础的多元化的地方政府公共资本融资模式，促进地方债务的显性化和透明化，是现阶段推进地方政府金融管理体制改革的关键。

（薛波）

资本体现式技术进步及其对经济增长的贡献率（1981—2007）

宋冬林　王林辉　董直庆　著

《中国社会科学》2011 年第 2 期

26 千字

自 20 世纪 70 年代以来，一些欧美发达国家经济持续增长，信息加工和通信业迅猛发展，但技术进步并未保持同步增长，而是呈现阶段性变化特征。同样，20 世纪 80 年代后，中国全社会固定资产投资每年以两位数增长且经济快速发展。但依据要素投入数据测算全要素生产率发现，中国经济高增长的同时，经济增长质量并未得到

明显改善。

传统方法度量的技术进步不仅没有出现预期增长反而持续下降，显示中国经济增长方式并没有向集约化方向发展，经济增长质量不断下降。这类假定的技术进步测算方法无法捕获新增设备资本品的质量变化。而且其度量的全要素生产率仅为中性技术进步，不能决定经济增长质量的全部。技术进步通常依附于资本或劳动投入过程中，并非均等提高资本和劳动的质量及其生产率，在有偏性技术进步发挥作用的经济环境中，用全要素生产率测算技术进步局限性较大，结论明显有悖于技术进步贡献事实，也无法据此准确判定经济增长质量和增长方式。

如何有效分离并测度依附于资本积累中的技术进步及其对经济增长的贡献率，是国际学术界研究的难点和前沿。通过构建出两部门的资本体现式技术进步和经济增长关系模型，关注资本投入的即期服务效率和资本质量变化，定量测度资本体现式技术进步对经济增长的贡献率，进而为正确判断我国经济增长质量和有效选择技术进步路径提供理论依据。利用我国 1980—2007 年的时间序列数据，依据质量变化差异，将资本存量分为建筑资本和设备资本两类，利用建筑资本质量不变假定构建出资本质量指数来调整设备资本存量，考察资本存量即期服务效率调整后资本体现式技术进步的贡献率。结果发现，设备资本和 GDP 增长率同期相关系数最高达 80%，体现式技术进步年均增长率为 4.78%，对经济增长的贡献率为 10.6%，占总资本贡献的 14.8%，即资本贡献中约有1/7是与其相融合的体现式技术进步贡献。

可见，传统方法分析生产率忽视资本体现式技术进步，明显低估整体技术进步对经济增长的贡献，易使我国经济增长质量和经济增长方式判断出现偏差甚至误判。同时实证检验结果发现，技术进步对经济增长作用呈现阶段性变化特征，20 世纪 80 年代经济产出主要依靠资本投入，资本贡献达到 58.5%。而同期技术进步贡献也不容忽视，资本体现式技术进步贡献为 12%，中性技术进步贡献为 25.4%。但 90 年代后资本贡献提高更快，贡献率超过 70%，而技术进步整体贡献却不断下降，资本体现式技术进步下降幅度不大，但中性技术进步降幅明显。

（孙三百）

中国的刘易斯转折点是否到来——理论辨析与国际经验

汪进　钟笑寒　著

《中国社会科学》2011 年第 5 期

26 千字

中国改革以来的经济发展似乎符合对刘易斯转折点到来之前的理论描述。在中国经济经历了长期快速增长，农村劳动力转移也已具备相当规模的今天，人们自然会问：刘易斯转折点到来了吗？蔡昉等人最早提出了这一问题，并给出了肯定的回答。但国内关于刘易斯转折点经验研究有不足之处，需要尝试从一个新的角度来识别刘易斯转折点。

首先，利用世界银行世界发展指数数据库 1980—2004 年 100 余个国家的数据来识别刘易斯转折点。如果刘易斯转折点成立，则有理由假定，在世界各国的经济发展中，应该普遍地（即统计上显著地）存在刘易斯转折点。通过较大样本量的平行数据来识别转折点，区别于目前仅就个别国家进行研究的方法，具有更为稳健的经济统计意义。

其次，研究中采用了数量标准，考察农业劳动力在劳动力总量中的比重随经济发展如何变化。通过考察劳动力总量（所占比重），避开了所谓剩余劳动力衡量的复杂问题。同时，将经济发展（以人均 GDP 衡量）而非时间作为主要的解释变量，符合刘易斯模型对于工业化（或现代化）进程是农业劳动力转移的原动力的想法，也有利于利用不同国家收入差别的较大变异作出更精确的估计。

再次，将刘易斯转折点界定为随国民收入的提高，农业劳动力转移由逐渐加快向逐渐减慢变化的转折点。与通常认为的转折点是瞬间到来的看法相反，把农业劳动力转移看成是一个不断发生的相对平滑的过程，而刘易斯转折点只是转移速度的变动，是一场"静悄悄的革命"。为此，引入人均 GDP（对数值）的三次多项式来回归农业劳动力比重并估计这一转折点。三次多项式是可以得出连续变动的农业劳动力转移速度的最简函数形式。

最后，还引入了一些影响刘易斯转折点前移或后移的自然禀赋和政府政策变量，从而能够评估影响转折点变动的其他一些重要因素。

经验分析表明，无论是无条件转折点（即不加任何控制变量）还是有条件转折点（加入控制变量），都显著地存在，其大致的范围在人均 GDP 300 美元至 4000 美元（购买力平价 2000 年国际美元）之间。而中国的人均收入至迟在 2002 年时已经进入了这一转折区间。不过，据此认为中国的刘易斯转折点已经到来、劳动力转移即将枯竭则为时尚早。经验分析也表明，中国的农业劳动力比重还显著高于同等收入下的世界平均水平约 10 个百分点，近年还有逐步扩大的趋势。这又表明中国的农业劳动力转移还不能跟上经济高速发展的步伐，农业劳动力转移仍然有潜力可挖。

（孙三百）

当前我国投资运行态势与结构特点

李雪松　张涛　娄峰　著

《中国社会科学院经济观察报告（2011）》

7 千字

改革开放三十多年来，我国经济运行的一个显著特点是：快速地集中并利用土地和劳动力资源，有效地形成和积累交通、城市基础设施、厂房、设备等社会和产业资本，推动经济高速增长。投资增长不仅能够创造需求，而且也是使企业竞争能力和国民经济结构得到提升的重要手段。由于投资增长与经济增长表现出较强的关联性，投资需求过快增长和急速下降往往成为经济过热或过冷的主要原因，投资运行周期在相当程度上决定了宏观经济运行的周期。实证结果表明：我国投资增长与经济增长之间存在单向传导关系，即投资是经济增长的 Granger 原因，而增长不是投资的 Granger 原因。这一结论的重要政策含义在于，投资是宏观调控的一个重要控制变量，当经济出现过热的时候，抑制投资过快增长是宏观调控政策体系最核心的手段，而在经济低迷时期，刺激投资则是经济复苏最有效、最直接的措施。

国际金融危机期间，我国经济社会发展环境极为复杂，我国政府果断实施应对国际金融危机冲击的一揽子计划，加快推进经济发展方式转变，巩固了经济社会发展的良好势头。该文从投资消费比例、产业投资、行业投资、内外资投资、国有和民间投资、中央项目和地方项目投资、中西部地区投资、投资资金来源等方面多角度详细比较和论述了国际金融危机前后我国的投资运行态势与结构特点。

该文的主要研究结论包括：国际金融危机后，我国投资与消费失衡状况有所改善；投资资金在三大产业之间分配比例有所优化，第三产业投资份额延续了逐步增加的态势，其投资比重稳步上升；内资主导作用进一步加强，外资逐渐恢复增长；民间投资渐趋活跃，经济增长内生动力增强；中央带动地方的拉动效应显现；中西部地区投资增速继续快于东部地区；自筹资金增速稳定，贷款增速高位回落；房地产投资所占比重没有发生明显变化；多数“两高”行业投资增速放缓，值得注意的是，虽然六大高耗能行业在国际金融危机后的总体趋势是下降的，但是自 2010 年第一季度以来，有色金属冶炼及压延加工业、黑色金属冶炼及压延加工业以及石油加工、炼焦及核燃料加工业的投资增速又有逐渐上升的势头。

（娄峰）

经济周期与保险周期——中国案例与国际比较

孙祁祥　郑伟　肖志光　著

《数量经济技术经济研究》2011 年第 3 期

22 千字

为考察研究新兴市场国家保险业在快速增长过程中的周期性波动的基本特征和规律，该文首次将对保险业周期问题的关注从承保周期转向保险周期，即围绕保险业长期增长趋势出现的周期性波动。为了全面和深入地了解新兴市场国家保险周期的基本规律和特征，我们首先选取中国作为重点分析研究的案例，在此基础上，为反映中国保险周期的比较特征，并了解新兴市场国家与工业化国家保险周期的根本差异，我们另外分别选取了 10 个新兴市场国家和 10 个工业化国家进行比较研究。具体来说，该文运用经济周期研究的基本方法和指标，对保险周期的基本特征、保险周期与经济周期的关系、保险周期波动的决定因素以及不同类型国家的区别和特点进行了系统的比较研究，得出了一些较有意义的结论。

首先，作为我们重点考察的对象，中国保险业在 1981 年至 2008 年共经历了 6 个完整的保险周期，周期平均长度为 4.5 年，波动幅度和粘性分别为 13.74 和 0.108，其周期性波动没有呈现出显著的对称性特征。此外，中国保险业的周期波动是顺经济周期、国内总需求周期、利率周期和股市周期，但是与固定资产投资的当期波动关系较弱。保险业的前期波动和主要经济变量的波动对保险业波动产生重要的影响，但其中经济增长率和利率波动的影响至关重要。从比较意义上而言，中国保险业在过去三十年间经历了波动频率较低、波动幅度相对较大的对称性周期性波动。

其次，就保险周期基本特征而言，新兴市场国家和工业化国家在周期长度方面差异不显著，一般在 3 到 5 年之间。但在波动性方面，新兴市场国家的波动幅度显著高于工业化国家（前者约为后者的两倍）；而且，在两组国家内部，波动性差异也很大。在粘性方面，大多数国家的粘性系数为负，表明在大多数国家保险业的当期冲动给未来波动的影响呈正负交替形式，这也是导致保险业波动较为频繁的原因；就整体而言，新兴市场国家的粘性显著高于工业化国家，但是由于平均差异值较小，导致两者在周期长度方面的差异并不显著。

最后，在保险周期的影响因素方面，无论是联动性分析还是实证研究结果都表明：（1）对于新兴市场国家来说，经济增长率和实际利率的周期性波动对保险业增长率波动将产生重要的影响；但是，对于工业化国家而言，主要经济变量的波动对保险业波动并不产生显著的影响。（2）保险业的周期性波动与以前各期的波动高度显著相关（特别是前第 2 期或第 3 期的波动），这表明保险业的周期性波动在一定程度上是一个自相关的过程。特别是对于工业化国家而言，由于经济波动对保险业波动的影响系数很小且不显著，因此，以前各期的波动对于保险业当期波动的影响就显得更加重要。这一结论一方面表明了对于工业化国家保险市场周期波动问题的研究集中关注于承保周期研究的合理性；另一方面也证实了我们在导言中的初步判断，即由于新兴市场国家保险市场发展主要由宏观经济因素影响和决定的特性，对于新兴市场国家保险市场波动问题的研究需要转移到对保险周期的研究。

上述结论表明，由于大部分新兴市场国家的保险业正在经历着快速增长，因此波动的幅度显著较大。并且，由于在这些国家中，宏观经济环境对于保险业增长往往起着决定性的影响，经济环境的波动也将对保险业的波动产生重要的影响。而对于工业化国家而言，由于保险市场已趋于成熟、稳定，甚至饱和，其周期性波动受保险市场自身微观环境和经营规律的影响较大，受经济波动的影响则相对很小，所以其周期性波动在很大程度上是一个自我发展、自我决定（理论上的自相关）的过程。

（郑伟）

“十二五”时期中国经济增长新特征

蔡昉　著

《青海社会科学》2011 年第 1 期

8 千字

“十二五”时期，中国经济社会发展呈现新的阶段性特征，中国发展仍处于可以大有作为的重要战略机遇期。继续抓住和用好中国发展的重要战略机遇期，通过政策调整克服所面临的挑战，对于实现经济的长期平稳较快发展，实现全面建设小康社会的目标，具有重要和关键的意义。

目前中国已经进入中等偏上收入国家的行列，摆在面前的挑战主要来自三个方面：1. 中等收入陷阱；2. 刘易斯拐点；3. 普通劳动者工资不断提高的趋势。其中，导致中等收入陷阱的主要原因为收入分配不均等，收入差距过大。与中等收入陷阱相关的另一个问题就是刘易斯拐点。中国过去多年来高速增长的奇迹主要依赖于充足的劳动力供给和高储蓄率，然而随着刘易斯拐点的到来，这些优势将逐渐成为过去式。同时，伴随着刘易斯拐点的到来，劳动力市场上供求关系发生改变，普通劳动者工资不断提高的趋势也会使我国传统意义上的相对优势面临挑战。

尽管中国经济的未来发展面临上述挑战，然而，中国经济并非就缺乏竞争力。与其他国家不同的是，中国是一个巨大的经济体，同时地区发展不平衡，因此，基于东亚经济发展的经验所总结出来的雁行理论运用到中国来以后就有了新的发展。随着经济的发展，比较优势发生变化，产业的转型升级和产业承接转移更多地可发生在中国国内，而并不像其他东亚国家所经历发生在国际之间，由此，中国经济的竞争力仍有可能继续保持下去。

为了应对上述挑战，并继续保持中国经

济的国际竞争力，就需要实现如下转变：第一，通过劳动力市场制度建设，提高基本公共服务均等化，显著改善居民收入分配状况。第二，通过东部、中部和西部地区之间的协调发展，推动产业结构转移、升级和整体优化。第三，推动以农民工的市民化为重点的城市化进程，提高社会保障体系对他们的覆盖水平。

（王鸿鑫）

房地产调控政策的有效性分析——基于动态一致性

韩葆　蒋东生　著

《经济与管理研究》2011 年第 4 期

11 千字

近几年，国内各地房价持续上涨，尽管国家对房地产市场实施了一系列的宏观调控政策，然而由于市场主体矛盾凸显，市场利益博弈越发激烈，政策陷入尴尬竟地。房地产调控政策的有效性如何进行评价？对于这个问题的回答有助于提高在未来制定调控政策的有效性。

政策动态不一致性指政策的制定和施行阶段出现的不一致问题。导致这一问题产生的主要原因有三个：个体偏好在时间上的不一致性、政府与个体偏好的不一致性以及个体之间偏好相互作用而产生的外部性。

在对 1998—2011 年我国房地产发展和调控政策演变历程进行梳理并划分为四个阶段的基础上，通过综合分析各阶段的特征后可以得出，我国的房地产调控政策具有明显的相机抉择特征，即“涨”与“调”，“调”与“涨”成为房地产市场走势和房地产调控政策的主调。基于政策动态不一致理论分析的框架，导致我国房地产政策动态不一致的原因也可以归结为个体偏好、政府与个人以及个体偏好相互作用三个方面。而更深层次的原因在于房地产兼有可以满足住房需求、改善需求、投资需求的三个特征以及各级政府属于不同的利益集团。

基于上述分析，对我国而言，房地产调控政策的制定和施行需要把重点放在规则的建立和执行上，对参与政策博弈的主体进行约束，通过一些正式或非正式的制度安排增强政策的可信性，取得社会公众的信任，如制定兼具规则与灵活性的政策、建立政府良好信誉、协调中央与地方政府关系、充分考虑公众反应等。

（王鸿鑫）

中国经济发展中的深层次问题

田国强　著

《学术月刊》2011 年第 3 期

8 千字

中国经济在经历了 30 年高速增长后，现在正面临何去何从的方向性问题：是政府主导还是市场主导？对这一问题的分析和回答会决定未来政府在我国经济发展中所扮演的角色，具有十分重要的理论和现实意义。

中国在从传统计划经济体制向现代市场经济体制转轨过程中，创造出持续高速经济增长的根本原因，不外是推行放开和开放的松绑放权型改革，满足了一个经济机制良好运行的四个先决条件：承认个人利益、给人们更多的经济自由、实行分散化决策、引入各类激励（包括市场）机制，从而很好地解决了信息和激励的问题。此外，原因还包括实行对外开放融入国际社会、地方政府分权鼓励区域竞争及采用渐进改革体制平稳转型，特别是正确处理好了改革、发展与稳定的关系。

然而，一直以来过于追求经济在数量方面而非质量方面的增长也为中国经济的持续、健康发展埋下了隐患。中国经济的长期深层次根本问题在于：深层次制度障碍未破除，深层次市场化改革滞后，政府、社会与市场的治理边界界定不清晰、不合理。导致“三重三轻”的不科学发展观：重政府轻市场，重国富轻民富，重发展轻服务。

基于上述分析，为了从根本上改变政府越位、错位、缺位的现象，充分发挥市场机制作用，就必须合理界定政府、社会与市场的治理边界，这也就要求实现政府职能的两个根本性转变：从发展型政府向服务型政府转变以及从全能型政府向有限型政府转变。通过加强深层次改革和长效制度建设，才能真正实现市场经济条件下基于合理健全规则的无为而治，以及推动科学发展，最终构建和谐社会，实现长期可持续的发展。

（王鸿鑫）

我国宏观经济形势判断的基本逻辑——国际金融危机以来的回顾与反思

余斌　任泽平　著

《经济学动态》2011 年第 4 期

8 千字

国际金融危机的爆发揭示了我国经济体制和发展方式存在的一些深层次问题。系统总结在应对危机过程中我国经济运行所显现出的基本逻辑及其深层次原因，有利于改进宏观经济形势分析，改善宏观调控。

中国经济增长动力具有“双轮驱动”的基本特征。由国际竞争力带来的外需和由居民消费升级带来的内需共同构成了中国经济增长的“双轮驱动力量”，而且两股力量都很强劲。我们应该清晰地分析把握这两股力量的强弱波动，平衡这两股力量以实现中国经济平稳较快增长，同时加快解决困扰这两股增长动力的深层次机制问题，使其能保持持久动力。

必须系统深刻地认识地方政府、国有企业、国有银行等主要微观主体的行为特征，这些因素既包含着中国经济发展模式的优势，也蕴涵着需要进一步改革的弊端，要加快重点领域和关键环节的改革，以改革促发展。

我国居民消费主要靠城镇居民拉动，农村居民主要是非市场性的自我服务消费，这次国际金融危机冲击的主要是农民工群体，大部分城镇居民收入影响较小。我国居民消费扩展的潜力和空间很大，只要政策予以适当的刺激和引导，就能够对经济形成强有力的拉动。

在经济全球化背景下，世界经济波动越来越具有“共振”性。欧美作为世界经济增长的火车头如果出现问题，其他地区也会受到不同程度的影响。与此同时，在世界经济的回复阶段，新兴经济体的回复速度要远快于发达国家。世界经济格局的兴衰演变必然会影响到我国出口市场格局的消长。

2011—2012 年的通胀形势存在较大的不确定性，如果世界经济逐渐步入复苏轨道，则这轮刺激计划所释放出的流动性会对全球大宗商品形成较大冲击，但如果世界经济仍处于触底阶段，则流动性会被逐渐消释。

（王鸿鑫）

基于物价控制的财政货币政策体制选择

卞志村　著

《中国金融》2011 年第 9 期

3 千字

2010 年第四季度以来，我国物价持续上涨的势头一直延续，物价问题是一个涉及民生的敏感问题，不仅直接影响百姓生活水平，还影响整个经济发展和社会稳定。物价问题已引起全社会的关注，此次物价上涨究竟起因于何？如何控制？笔者拟从财政货币政策体制角度对此加以分析。

2008 年年底，中国实施 4 万亿元财政刺激计划，其中 2.82 万亿元需要地方政府提供配套资金支持，而地方政府财力有限，因此银行贷款筹资模式被各级地方政府采用。银行贷款急剧膨胀直接造成中国近两年的 M1 和 M2 巨量增长，而后者直接导致物价持续上升。

当前我国的财政货币政策属于典型的积极型财政政策和被动型货币政策体制类型。这虽然有利于迅速调动各种资源应对国际金融危机，但是，随着中国经济逐步摆脱金融危机的影响而走向正常化，特别是物价的持续上升，这种财政货币政策体制面临的挑战越来越多：通胀预期不断强化；地方政府债务压力巨大；银行信贷违约风险增加。

为控制物价的持续上涨，我国财政货币政策体制转变势在必行，应该实行被动型财政政策与积极型货币政策体制。实施政府财政预算约束，严格控制政府债务和投资，同时提高中央银行独立性，加强货币政策制定和实施自主权，明确稳定物价的货币政策目标。为此要做好以下几方面的工作：一、增强政府债务风险意识，约束各级政府赤字财政行为；二、全面审计地方政府债务，建立规范的地方举债融资机制，有效防范和化解潜在风险；三、继续推进商业银行市场化改革进程，使商业银行真正成为独立的法人主体；四、增强中国人民银行的职能独立性和信用独立性，完善货币调控机制；五、协调中央银行多重目标之间的关系，做到在金融稳定与货币政策之间，强调货币政策优先；在经济增长与稳定物价之间，强调稳定物价优先。

（王鸿鑫）

从生产大国到消费大国：现状、机制与政策

毛中根　洪涛　著

《南京大学学报》（哲学·人文科学·社会科学版）2011 年第 3 期

15 千字

经过几十年的高速发展，中国已跃升为世界第二大经济体，但消费部门相对于生产部门的缓慢增长已成为制约中国经济社会可持续发展的重要因素之一。如何促进中国从生产大国到消费大国的转变，已经而且仍将在较长一段时间内成为政府部门、学术界和企业界所关注和讨论的热点问题。

通过对相关经济数据进行梳理和比较分析后可以得出，目前中国已成为世界制造业大国、农产品生产大国、出口大国和贸易大国，但现阶段居民消费水平还比较低、消费能力比较弱、消费结构有待优化升级，中国尚未成为世界消费大国。然而，近年来，我国消费支出的绝对数量和增长速度的提升引人注目。未来，消费支出也会因为我国经济结构调整升级、体制机制健全完善、经济社会持续发展而具有更大的增长空间。

经济学理论和战后日本的实践经验都表明，只要配合恰当的体制、机制，经济体从生产驱动向消费驱动转变有其内在的传导机制。鉴于此，为了充分挖掘我国内需的巨大潜力，积极促进从生产大国向消费大国转变，必须坚持扩大国内需求特别是消费需求发展战略，着力构建扩大消费的长效机制。这可

以从以下几个方面入手：提高城乡居民收入、缩小收入差距、建立健全社会保障体系、加快服务业发展等。

（王鸿鑫）

关于我国宏观收入分配的概念界定与核算

彭志龙　著

《中国信息报》2011 年 8 月 19 日

5 千字

近来，社会各界对收入分配问题的讨论越来越多。本文侧重讨论宏观收入分配的统计和核算问题，澄清一些容易引起误解的收入分配概念、口径及核算方法。

宏观收入分配核算主要包括界定分配主体及界定不同收入分配环节。我国的宏观收入分配主体分为政府部门、企业部门、住户部门、国外部门，这四大部门的界定基本遵循了联合国国民经济核算体系（以下简称 SNA）标准。我国政府部门主要包括行政事业单位，社会保障基金，非营利民间机构；企业部门指 SNA 中的“非金融公司部门”和“金融公司部门”；住户部门指城乡居民；国外部门是相对于国内而言的，是与我国常住单位进行交易的非常住单位的集合。

收入分配环节主要有：收入分配的起点或源头、初次分配、再分配。收入分配的起点或源头是各机构部门的增加值；初次分配是与生产活动直接相关的分配，主要是对参与生产的要素进行分配；再分配是初次分配的继续，其方式是“经常转移”。

收入分配核算是国民经济核算中较为复杂的核算，表现在：分配主体复杂，分配关系复杂及基础资料属性认定复杂。由于其复杂性产生了不少疑问，在此对比较有代表性的问题稍加解释：1. 目前我国不受政府控制的“为住户服务的非营利机构部门”规模相对较小，而且资料统计难度较大，因此并没有将其单列，而是与政府部门并在一起。2. 事业单位的规费收入只有很小的一部分形成了政府部门的可支配收入。3. 财政收入与政府可支配收入不是简单的包含和被包含关系，而是一个既有联系又有明显差别的两个收入概念。4. 政府可支配收入主要用于政府消费，投资性拨款及政府自身的固定资产投资。

我国宏观收入分配核算仍然需要进一步改进：对一些事业单位的归属进行调整和完善；将“为住户服务的非营利机构”逐步从政府部门独立出来；进一步增加收入分配核算基础资料的可获得性；科学认定某些基础数据的属性。

（王鸿鑫）

中国城市化的用地效率与农地保护

李天籽　王智辉　著

《求索》2011 年第 8 期

8 千字

城市化是中国这个农业大国实现现代化的核心问题。但目前中国城市化与新农村建设的这种协调发展机制还受到诸多因素的制约，其中最突出的一个障碍就是中国快速城市化的用地扩张与农地保护之间的矛盾。本文从用地效率的角度具体分析中国城市化与农地保护之间的相互关系。

农地保护的优化配置应该是寻求农地保护与城市化用地扩张之间的均衡，即要求稀缺的农地资源在不同的城市建设用地配置上的边际收益相等。考虑到中国不同规模、不同地区的城市用地扩张的边际收益差别极大，东部沿海地区大中城市用地扩张的边际收益要远大于中西部小城市的用地扩张，建设用地资源需要向东部沿海地区和大中城市倾斜，这样才能激励和促进城市用地效率的提高，这是化解中国快速城市化和农地保护矛盾的关键所在，也与我国目前的城市化发展战略相适应。

中国目前的土地资源管理是以农地保护为主导的，虽然指标分配上考虑了各地区经济发展水平的差异，但总体来说在土地资源配置上并未将城市化用地需求和用地效率作为分配的标准。这使得目前的土地政策虽能保证农地总量水平，但在一些地区却无法满足城市化发展的要求。

因此，有必要在保证农地总量水平的基础上，改善非农化用地指标的配置效率，通过差异化地配置用地的供给，使其满足各地区不同的建设用地需求，通过这种供需平衡机制来促进城市用地效率的提高，进而实现农地保护的长远目标。应该在中央政府对土地资源的集中管理中适当引入市场机制。并提出可以利用城市人均建设用地面积这一用地效率指标来间接度量城市化的用地需求，由此中央政府可以利用供需平衡的市场机制来引导农地非农化的配置效率。

（王鸿鑫）

地方政府竞争理论的起源、发展及其局限

黄纯纯　周业安　著

《中国人民大学学报》2011 年第 3 期

10 千字

在我国，近年来地方政府因相互竞争，导致了如重复建设、巨额隐形债务等宏观风险。因此，重新审视地方政府竞争，探究其性质及其后果，将是一个重要的课题。

所谓地方政府竞争或者辖区竞争，是指各辖区为了本地的利益最大化，采取相应的公共政策来争夺资源的竞争过程。由于资源的稀缺性以及经济主体的利己性，只要存在多级政府下的分权，就一定会出现次级政府竞争，这一竞争本质上和政体无关。始于上述理论起点，地方政府竞争理论不断发展，到目前为止该理论的研究方法历经了三个发展阶段。第一阶段基于蒂伯特模型，第二阶段以在研究中引入信息经济学和博弈论为特点，第三阶段主要是空间计量经济学的运用。从地方政府竞争理论研究的角度来看，可以分为横向财政竞争、纵向财政竞争以及标尺竞争。

如上所述，地方政府竞争理论的研究方法的新近发展是引入了空间计量经济学，并由此在实证上肯定了税收竞争、支出竞争和标尺竞争的存在性。然而对地方政府竞争的结果却存在许多争议，表现在如企业的区位选择、居民的社会选择、政府的公共服务供给等方面。

尽管地方政府竞争理论为理解现实现象提供了许多合理解释，但同时也需要看到其不足之处，特别是在将其作为指导中国实践时。这些理论不足主要表现在：地方竞争理论假设地方政府拥有财政自主权，理性人假设以及未考虑中央政府的策略。

（王鸿鑫）

国家审计职责的界定：责任关系的分析

秦荣生　著

《审计与经济研究》2011 年第 2 期

8 千字

国家审计职责的合理确定是审计制度建设的一个核心问题，法治与现代市场经济为国家审计职责确定提供了原则性的框架和先决性的约束条件。随着我国经济社会的发展，有必要对处在不断变化的环境中的国家审计

进行重新审视。

从国家审计与政府的责任关系来看，在现行国家审计领导体制下，国家审计机关要充分履行职责，应该重构好以下两种关系：一是政府领导与依法审计的关系，二是政府领导与对受托经济责任的监督。为了保证上述两种关系重构过程和重构结果的质量，就要求审计要独立于政治权威以及遵照客观的法律法规。

从各级国家审计之间的责任关系来看，为了解决“双重领导”体制下的这一矛盾，在新时期，地方国家审计对本级政府要实施有效监督应重新界定好三种关系：一是强化审计监督与突出重点的关系；二是强化审计监督与依法行政的关系；三是强化审计监督与联系沟通的关系。

从国家审计与国有企业的责任关系来看，按照《中华人民共和国审计法》规定，我国国家审计监督的对象不仅包括各级政府及其各部门，而且还包括数以万计的国有金融机构、企业等单位。然而从我国国情现实出发，在综合考虑了成本和收益后，我国国家审计可以选择性地对金融机构和企业等单位进行监督，而不是面面俱到。

从国家审计与内部审计的责任关系来看，我国国家审计与内部审计事实上存在着相互依赖的关系，而不应该是业务的指导和监督关系，这主要体现在两个方面：1. 国家审计作为一种外部审计，在工作中要利用内部审计的工作成果；2. 国家审计、内部审计是公司治理的两大基石，它们相互独立，各司其职。

从国家审计与社会审计的责任关系来看，国家审计机关对社会审计机构的审计质量具有监督权。然而由于二者在审计主体、标准、方法等方面存在差别，导致现实中往往出现不一致、不配合的尴尬。因此对二者进行责任重理是下一步工作的一项主要内容。

（王鸿鑫）

滞胀成因的重新审视与中国的滞胀风险

张晓晶　著

《经济学动态》2011 年第 7 期

9 千字

最近关于中国经济硬着陆以及通胀可能失控的说法很多，担心中国会出现滞胀的风险。然而，历史和经验告诉我们，人的主观直觉往往是不准确的。对中国是否真的已经发生或即将发生滞胀的评价需要建立在更为全面、客观的分析基础之上。

重新审视 20 世纪 70 年代西方国家出现的滞胀会发现，滞胀的成因可以从经济基本面与宏观政策面两个角度进行概括。从经济基本面来看，滞胀的成因主要有负向总供给冲击、总需求影响以及劳动生产率下滑和实际工资刚性。从宏观政策面来看，引起滞胀的因素则主要有不当的货币政策以及价格管制。

遵循上述分析框架并结合我国现实经济数据可以得出，从中国的经济层面看，我国近期发生滞胀的可能性很小。作出这一判断是基于我国本轮通胀主要是由需求拉动，以及工资增长的速度仍低于劳动生产率上升的速度的事实。但在中长期内，我国对可能面临的增速下滑与通胀压力并存的局面值得警惕，特别是注意防止政策不当可能引致的滞胀风险。这是由危机后各国普遍采用过度宽松的货币政策、各经济体逐渐复苏以及国内的人口结构、要素定价机制发生改变等共同决定的。

因此，当前抑制通胀的政策措施应着重关注以下几个方面：1. 总需求管理非常必要，从紧的货币政策不能动摇；2. 对于要素成本上升要因势利导，“容忍”相对价格的调整；3. 更多采用市场机制而非行政干预的办法来治理通胀；4. 稳定物价并对企业实行结构性减负。

（王鸿鑫）

区域公共品供给中的地方政府合作：角色定位与制度安排

刘晓峰　刘祖云　著

《贵州社会科学》2011 年第 1 期

6 千字

越来越多的跨行政区公共问题对传统行政结构和模式带来了巨大的挑战。对“供给”环节中地方政府的主导性角色进行重新审视并在此基础上对现有的地方政府合作协调体系进行法制化制度下再造，才是解决当前我国区域公共品问题的关键所在。

研究区域公共品的制度框架由三个层级组成：立宪层次、集体选择层次以及操作层次。其中，立宪层次有根本性意义。与上述框架相对应，对公共品进行“生产”和“供给”的区分是必要的。其中，前者指区域公共品的生产和服务行为，后者指对区域公共品的配置决定。公共品的供给与生产的区别为研究公共品提供了更清晰的视野，对供给环节制度的关注，其目标是更好地回应公民对公共品的偏好，并为高效地生产公共品提供制度支持。而在生产方面，则可以引入多元化主体之间的竞争，从而更经济地提供公共品。

在上述研究框架下，对区域公共品供给中需要解决的问题有：合作意愿表达与可信承诺问题；具体合作事项如费用、生产的确定问题；监督问题。为了解决上述问题，需要对我国当前地方政府合作机制予以法制化、制度化再造，核心在于建立一个高绩效的合作协调机构。这可以从两个方面来入手，即在法律层面的制度构建以及操作层面的制度构建。

（王鸿鑫）

我国地方政府“一票否决”式绩效评价的泛滥与治理——基于 356 个案例的后实证主义无干涉研究

尚虎平　李逸舒　著

《四川大学学报》（哲学社会科学版）2011 年第 4 期

15 千字

“一票否决”式政府绩效评价是具有中国特色的创造，尽管它曾经作出了突出贡献，但目前逐渐受到各方诟病。弄清楚“一票否决”的压力机制、动力机制以及深层次的管理逻辑将有助于对“一票否决”的做法进行科学、客观的评价，提高我国行政管理水平。

由于政府公共行政中存在大量非线性行为，无法用线性过程的多样本回归进行研究，因此，结合研究目的，采用基于案例的后实证主义因果机制的非干涉研究。在对收集到的 356 个“一票否决”式绩效评价案例进行编码、分类和统计分析后发现，我国“一票否决”式绩效评估方式涉及领域极为广泛，其动力来源主要为上级政府压力、人民需要以及组织发展需要。其中，“一票否决”式做法符合科学管理对管理流程的要求的案例仅占所研究样本的 4.2%。

基于上述统计分析，通过进一步分析发现“一票否决”式绩效评价的因果机制主要在于政府组织外的文化因素、组织内的科学管理问题、组织外的社会因素以及组织外的转型期行政悖论四个方面。具体来说就是：1. 青天文化与清官形象短期增强行政合法性；2. 社会主义行政为人民服务理念常驻；3. 前现代的“救火行政”；4. 未“除魅”的非科学化管理；5. 运动式行政的组织记忆、组织的惯例记忆，“一票否决”成为了行政组织的一种惯例基因；6. 泛压力体制捐式行政与责任剥削；7. 按照政府自身要求办事与消除非效率；8. 利益的权威性分配与被“俘获”；9. 行政僭代社会、社会对于行政的“弱行动力”。

总结各种诱致因素，突破困境的路径首当其冲的是实现行政模式从前现代到现代的跃升。首先，推行科学管理式行政，遵循行政模式发展规律，实现从前现代“救火行政”向现代“科学管理”跃升。其次，推行“审议行政”，提高社会弱利益集团、非集团普通民众行政管理参与度。

（王鸿鑫）

政府公共危机管理失灵：内在机理与消解路径——基于风险社会视域

金太军　著

《学术月刊》2011 年第 9 期

13 千字

在人类步入“风险社会”、公共危机频发已成为不争事实的语境下，在危机管理已成为政府所承担的“常态职能”、所面临的严峻挑战的背景下，讨论与探究公共危机治理的相关问题，特别是政府危机管理所遭遇的困境及治理路径，其学术价值和实践意义不言而喻。

现代化社会是一个充满风险的社会，即风险是现代性的基本要素和重要特征。危机是风险发生后的现实表状。因此，风险和危机之间存在难以割裂的内在联系。导致公共危机的原因来自内外多方面，同时危机涉及的政府、企业、公民三个主体之间关系很复杂，且存在政府失灵、企业失灵以及经济人非完全理性等问题。因此，对于公共危机的治理无法通过危机衍生系统的自适应来化解。

结合我国现实，目前我国政府公共危机管理失灵主要表现在三个层面：1. 基于传统“人治”理念治理风险社会的公共危机，政府“进退失据”；2. 基于现行官僚体制治理风险社会的公共危机，形成“有组织的不负责任”局面；3. 基于垄断式管理模式治理风险社会的公共危机，政府“力不从心”。由此可看出，一方面政府在公共危机管理上的采用“垄断式”策略，而另一方面政府又面临能力和资源的约束，致使政府在公共危机管理处于“低效”和“失灵”的状态。

鉴于此，更新危机管理理念，重塑官僚体制，引入“协作”治理体系，就成为化解政府公共危机管理失灵的基本路径。

（王鸿鑫）

中国市场化进程对经济增长的贡献

樊纲　王小鲁　马光荣　著

《经济研究》2011 年第 9 期

14 千字

1978 年以来，以市场化改革为方向的经济转型给中国带来了举世瞩目的经济成就。过去针对这方面的实证研究，由于有关市场化的信息不充分，所以研究虽然有意义但是并不全面。因此，有必要通过构建一套系统的度量市场化进程的指标体系，从实证上定量考察市场化改革对经济增长的影响。

在对国内外相关文献进行梳理和分析后发现：一方面，国外对转轨经济的跨国研究结果并不稳健，这可能是由于各国在转型过程中存在诸多难以度量的差异如政治制度和地缘环境等。而相对来说，我国有基本一致的宏观环境和政治制度，为定量识别市场化转型对增长的贡献提供了方便。另一方面，尽管国内近年来也有学者从不同角度、采用不同的标准和方法对我国地区经济增长进行研究，但所采用指标无法全面、完整地反映现实全貌。而采用国民经济研究所历年公布的分省市场化指数作为一个代表市场化进程的综合性指标，来研究市场化对经济增长的贡献，能基本保证各省份的市场化进程的横向和时间序列可比。

基于上述分析，利用中国各省份的市场化指数，定量考察了市场化改革对 TFP 提高和经济增长的作用。结果显示，从 1997 年到 2007 年，市场化指数对经济增长的贡献达到年均 1.45 个百分点。市场化改革进程的推进改善了资源配置效率和微观经济效率，这一时期全要素生产率增长的 39.23% 是由市场化改革贡献的。这表明，我国摆脱过去的计划经济模式，向市场经济转轨的基本改革方向是正确的。改革时期的经济增长加速和全要素生产率提高，首要的贡献因素是市场化。

虽然市场化改革取得了举世瞩目的成就，但中国的市场化改革进程还远远没有完成。市场化改革进程在地区之间、产品市场和要素市场之间、政府和市场之间以及城乡之间还存在着巨大的不平衡。针对以上问题，今后的市场化改革的重点领域是要素市场、行业垄断、政府角色以及政治体制。

（三鸿鑫）

中国地方政府债务治理的路径安排：清理存量、创新体制、强化监管

崔军　朱志钢　著

《首都经济贸易大学学报》2011 年第 4 期

10 千字

近年来，中国地方融资平台公司债务问题凸显，尤以地方融资平台债务及其风险为甚。因此，如何化解当前地方融资平台债务风险，构建中国地方政府债务治理的长效机制，是当前财政金融领域研究的一个重要课题。

通过对相关材料和数据进行梳理和分析后发现，当前我国地方政府债务及管理的问题突出表现在以下几个方面：债务总体规模较大，部分地方债务率过高；银行信贷风险与债券违约风险加大；由地方政府违规或变相担保导致的地方乃至中央财政风险日益凸显；影响调控政策效果、妨碍经济发展方式转变的风险隐现；地方政府债务管理较为混乱。

基于上述分析，从短期来看，化解我国目前天量的地方政府存量债务是当务之急。而总的指导思想就是“控增量，化存量”。为此，自 2010 年 6 月以来，国务院先后出台了多项清理地方融资平台的措施。这些措施的采取已经取得了明显效果，地方融资平台得到一定程度的清理和规范。但是，在化解现有地方政府存量债务的过程中，还需要保证地方政府债务统计的准确性，解决现有地方债务的资金来源以及强化对地方政府和商业银行的约束。

从长期来看，一方面要完善分税制、建立地方政府债券发行制度，另一方面要建立健全债务管理体系。就前者而言，就是要对地方债务中的“合理成分”通过改革分税制财政管理体制、建立地方政府债券发行制度等制度创新手段加以解决；同时必须建立健全地方政府债务管理体系，通过构建风险预警机制、设立偿债基金等常态化手段强化债务监管，实现地方政府债务的良性运行。就后者而言，就是要在体制创新的基础上，对于地方政府债券的发

行，要建立规范有效的债务管理和风险控制体系，形成长效机制。

（王鸿鑫）

转变发展方式目标下的财富政策——三大财富综合求解的视角

王燕梅　著

《中国工业经济》2011 年第 3 期

12 千字

转变发展方式既包含了发展目标的多元化，也意味着实现发展的方法和模式的转变。然而，如何从过去那种单纯追求劳动财富最大化转变为综合考虑劳动财富、自然财富和人文财富三者财富最大化的发展方式，并进而追求建立在这三者基础上的国民总效用最大化的发展方式？通过对这个问题的分析和思考，有助于理清三个财富之间的关系，明确发展的目的以及制定转变发展方式的政策措施。

从理论上来说，国民效用最大化是在既定的劳动财富、自然财富和人文财富的约束下的最优解。通过对三个财富的来源和特点进行分析会发现，三个财富分别与国民总效用存在正相关关系，而劳动财富分别与自然财富、人文财富之间存在负相关关系。此外，劳动财富对国民总效用的边际效用递减，而自然财富、人文财富分别对国民总效用的边际效用递增。值得注意的是，自然财富与人文财富对国民总效用的作用机制不同。前者主要通过参与劳动财富创造过程的方式以改变国民总效用，而后者主要通过影响人的主观感受的方式以改变国民总效用。

基于上述对三个财富与国民总效用的关系进行的分析，如果仅考虑劳动财富、自然财富、人文财富各自单维财富观下的政策目标，则对于劳动财富的追求可以是无止境的，这可以通过对投入要素的数量向质量方面的转变以及技术上的升级而达到；而对自然财富和人文财富的追求则在不同的发展阶段有着不同限度的“红线”。由此产生了均衡三个财富目标以追求国民效用最大化的政策制定问题。

综合上述对三个财富的特征以及各自对国民总效用的作用机制的分析结果，特别是三者之间的相互关系的分析结果，可以分别得出三大财富在综合求解下各自的政策，并进而得出三大财富综合求解下的财富效用贡献政策：由追求财富总量转变为追求国民效用总量；由追求数量转变为追求质量。政策的目标、实现途径和措施的核心都应聚焦于在追求财富的过程中实现效率的提升。

（王鸿鑫）

转变经济增长方式是全面且深入的改革——“政府主导”是模式还是改革对象

魏杰　著

《学术月刊》2011 年第 8 期

11 千字

中国经济自改革开放以来，取得了巨大的成就。但是中国的经济增长并不是完全建立在科学的增长方式基础上的，这种增长方式在推动中国经济高速增长的同时，也带来了诸多的经济与社会问题，因此转变经济增长方式应该是中国“十二五”的首要任务。

中国转变经济增长方式的内容主要包括：从出口导向型增长方式转向内需拉动型增长方式，从投资拉动型经济增长方式转向消费支撑型经济增长方式，从粗放型经济增长方式转向节能环保型经济增长方式，从以成本优势为特征的经济增长方式转向以技术创新为特征的经济增长方式，从政府主导型经济增长方式转向以市场经济为基础的经济增长方式。转变经济增长方式是一个系统工程，需要进行全方位的思考。

转变经济增长方式的重点是改革政府主导型经济增长方式：（1）政府主导型经济增长方式与市场资源配置相冲突，造成效率低下，贪腐严重，可能造成市场经济改革的倒退；（2）政府主导型经济增长方式下，财政政策和货币政策的作用往往被放大，会给经济增长带来巨大风险和潜在危机，难以保持经济平衡发展；（3）转变政府主导型经济增长方式，回归市场化改革的轨道，才能抑制国有经济比例过大的趋势，让国有经济回归“本意”；（4）放弃政府主导型经济增长方式是进行彻底的金融改革的前提和基础，才能形成高效而低风险的金融体制；（5）转变政府主导型经济增长方式才能形成真正的法治社会，保证经济的可持续增长。

（王鸿鑫）

财政与税收

县级财政生产性支出偏向研究

尹恒　朱虹　著

《中国社会科学》2011 年第 1 期

23 千字

财政支出偏向是指虽然政府必须平衡各方面对财政资金的需求，但他们内在地偏向某类支出，会尽可能将财政资金配置给这类支出。生产性支出偏向，就是财政决策偏向生产性支出。财政支出的生产性偏向背离了代表性居民效用最大化的目标，福利损失是显而易见的。

中国县级政府的支出责任与省级政府存在明显的差别，民众享受的基础教育、卫生和社会保障等基本公共品主要是由县级政府提供的。进入 21 世纪后，中国政府更加重视公共服务和民生问题。然而，县级财政的生产性支出偏向严重地偏离了向公共财政转型的财政体制改革方向和“公共服务型政府”建设的目标。它是造成地方财政“越位”与“缺位”问题的根源。

那么，中国地方财政是否存在生产性支出偏向？产生这种支出偏向的内在原因是什么？基于 2067 个县（市）2001—2005 年财政经济数据，首次在县级政府层面讨论这些问题。首先，从理论上探讨地方政府目标与其支出偏向的关系。其次，利用县级政府可自由支配的上级转移支付的不确定性，分析不同性质的资金来源对县级财政支出影响的差异，据此验证生产性支出偏向是否存在。

理论分析表明，导致财政支出生产性偏向的根本原因，是对上负责的垂直管理体制下，县级政府以经济增长率最大化为目标。以 GDP 为考核官员政绩的单一标准，能够在一定程度上调动地方政府提高本地经济水平的积极性，但也带来负面影响。在给定税率的约束下，公共支出结构是政府影响地方经济的重要财政政策。县级政府官员提高经济增长率的激励，会表现为对不同类型财政支出的偏向，即持续追加能够直接提高本地增长率的公共投入。长此以往，会扭曲地区财政支出结构，忽视基本公共产品的提供。实证检验为县级财政生产性支出偏向的存在提供了有力的证据。

从根本上解决县级财政生产性支出偏向问题，需要逐步调整对上负责的垂直管理体制，逐渐增强县级政府对本地居民公共服务需求的敏感性和反应性。在这方面，中国农村的村民委员会选举制度改革提供了证据。同样，增强本地居民对县级政府行为的约束，逐步强化县级政府对下负责的机制，能够使县级政府的目标逐渐回归到最大化代表性居民的福利，从根源上消除财政支出的生产性偏向，为“公共服务型政府”建设和公共财政改革扫清障碍，真正发挥经济分权的效率。

（孙三百）

中国税收高速增长的源泉：税收能力与税收努力框架下的解释

吕冰洋　郭庆旺　著

《中国社会科学》2011 年第 2 期

26 千字

自 1994 年分税制改革以来，我国税收收入呈现长达十多年的高速增长态势。1986—1992 年税收收入年均增长率仅为 7.2%，而 1995—2008 年高达 18.4%。2009 年中国经济遭遇巨大困难，从 2008 年第四季度起税收滑坡明显，社会各界对国家税务总局 2009 年初制定的税收增长 8% 目标的实现普遍持怀疑态度。然而，2009 年税收同比增长 9.1%，这还是在大力度实施结构性减税 5000 亿元的情况下取得的。2010 年，税收同比增长 20.8%，再现高速增长趋势。

如此强劲的税收增长势头引起了社会各界的广泛关注，特别是近年来，以税收收入增长为主要支撑的政府支出扩张深入到经济各个角落，人们开始质疑税收高速增长的合理性及其可持续性。

在税收能力和税收努力框架下，分析中国税收增长的源泉，并对未来税收增长进行了展望。研究结论可归纳为以下四点。

第一，税收分权的变动提高了税务部门征税能力和税收努力。分税制改革实际上是一种税收分权改革，它从以定额合同和分成合同为主的契约形式向分税合同为主的契约形式转变，由此对各级税务部门产生了强烈的税收激励作用。这种激励作用促进税务部门征税能力和税收努力的提高，进而带动税收高速增长。

第二，间接税的税制设计放大了纳税能力。这种间接税的放大器作用表现为：一是生产型增值税规定购入固定资产的进项税不能抵扣增值税；二是增值税与营业税、营业税税目之间存在重复征税。随着我国专业化分工的发展、工业化进程的加快、资本的不断积累、房地产市场的繁荣，间接税的税制设计导致税收增幅高于 GDP 增幅。

第三，税收增长“红利”对税收高速增长影响巨大。近十年来，我国经济增长正处于人口红利、技术模仿红利、工业化和城市化红利的集中释放期，这促使了企业所得税、增值税、营业税三大主体税种的收入高速增长。

第四，未来数年税收增长弹性可能在 1.28—1.34 之间。在未来不发生较大税制改革的情况下，在抑制税收高速增长的因素中，征税能力和税收努力的作用效果降低，增值税的纳税能力放大器作用部分消失，而支撑税收高速增长的因素——税收增长红利和营业税重复征税机制依旧存在。因此从短期看，在金融危机时期税收增长幅度会有回落，但在后金融危机时期，随着民间投资的高涨，税收收入仍可能保持较高速度的增长。

（孙三百）

中国财政收入规模：演变与展望

中国社科院财贸所课题组（汪德华执笔）

《经济学动态》2011 年第 3 期

11 千字

财政政策作用的空间从根本上说是由财

政收入规模决定的。财政收入规模研究也是分析财政相关问题的基础。中国的财政收入规模，或者说宏观税负，在近年来已经成为社会关注的焦点问题。一种观点认为"国富民穷"，即国民收入分配中财政收入水平过高，由此主张大力减税；另一种观点以地方政府为代表，认为各级财政财力不足，教育、医疗、养老等民生性支出尚欠账颇多，如要进一步改善民生甚至还需增加政府财力。因此，关于当前财政收入规模是否适度的讨论，关系到"十二五"时期内财税改革以及财政政策的整体走向的选择。

讨论中国财政收入规模是否适度，应当以核算财政收入规模及其结构为基础。然而，由于我国的财政统计与国际标准不一致，这一基础且看似简单的问题，却常常陷于口径之争，缺乏明确的答案。官方公布的财政收入规模，一般认为并未包含所有的财政收入。一些机构和学者试图对中国的整体财政收入规模进行估算，但各种估算的定义、方法、数据来源不一，其估算的结果并不统一，结论的严谨程度也存在疑问。

该文基于国际货币基金组织《政府财政统计手册》所界定的国际可比口径，初步核算了1998—2009年的中国全口径财政收入规模。结果显示，全口径财政收入占国内生产总值（GDP）的比重从1998年的20.4%上升到2009年的32.2%。结构分析表明，税收收入以及土地出让收入、社保缴费收入等非税收入，在此期间均实现了快速增长。当前中国财政支出面临基础设施建设支出与民生福利性支出双重压力。在这种支出基本格局之下，维持超过30%的全口径财政收入规模有其经济合理性。

该文展望"十二五"时期的中国财政收入形势，认为全口径财政收入规模难以下降。为此，加强支出管理以及优化财政收入结构是较高税负背景下的关键改革措施。

（杨志勇）

取消燃气和电力补贴对我国居民生活的影响

李虹　董亮　谢明华　著

《经济研究》2011年第2期

18千字

燃气与电力是现代社会重要的生活能源。随着中国经济与社会的快速发展，居民燃气以及电力的消费量、普及率都有了较大的提高，而促进这种消费量与普及率不断上升的重要原因之一是中国政府长期以来以低价形式对燃气和电力进行的消费性补贴，这种补贴政策使得中国居民燃气与电力的终端消费价格普遍低于国际价格。

补贴政策是低收入阶层居民获取现代能源的重要途径之一，然而其在促进居民燃气、电力等现代能源的消费与普及的同时，也逐渐暴露出种种弊端：一方面，中国燃气和电力补贴规模较大，增加了政府的财政负担；另一方面，由于补贴机制存在的缺陷，导致从补贴政策中得到较大收益的并非是最需要补贴的低收入阶层而是高收入阶层，从而加剧了社会的不公平。这种"富人搭穷人便车"的现象对于中国这样一个人口众多、贫富差距较大、社会结构复杂的发展中国家来说尤为严重，因此，中国能源补贴改革尤其是化石能源补贴改革势在必行。但长期的国际能源补贴改革实践证明，改革也将会带来一些负面影响，其中尤为突出的是对居民生活，特别是贫困阶层居民生活的影响。

为了分析研究取消燃气和电力补贴对于中国城乡不同收入阶层居民生活的影响，该文首先应用国际主流方法——价差法估算了中国 2007 年燃气和电力的补贴规模；其次考虑到中国居民贫富与区域差异，将城乡居民按收入水平分为 10 组，引入“能源预算”概念并设计“影响指数”、“承受力指数”等核心指标，结合投入产出模型，从直接和间接两方面综合研究了取消燃气和电力补贴对不同收入阶层居民生活的影响。通过计算分析，该文主要结论有：第一，2007 年中国燃气和电力补贴的补贴率较高，分别为 23.56% 和 52.43%。第二，从直接影响角度来看，取消燃气和电力补贴会直接导致居民能源消费支出增加，但对不同收入阶层居民的影响不同。从影响情况和抵御这种影响的承受力两方面来看，收入越低，取消补贴对其能源消费支出增加的影响越大，同时居民对这种能源支出增加的承受力越差。城乡横向比较，农村低收入阶层受影响更大。第三，投入产出模型计算结果表明，能源价格变动的联动效应会进一步影响相关产品和服务的价格，分析结果表明，无论从直接影响还是间接影响的角度，取消燃气和电力补贴对低收入阶层居民，尤其是农村低收入居民的冲击更大。最后基于实证分析结果，提出应制定差异化、阶梯化的能源补贴改革政策、定价机制及将取消补贴节省的资金转移公共事业中的补贴转移等政策，从而在真正意义上实现“富人补贴穷人”，让低收入阶层居民真正从中获益的目标。

（李虹）

“民生财政”论析

贾康　梁季　张立承　著

《中共中央党校学报》2011 年第 2 期

15 千字

近年来，关注和改善民生成为持续的社会热点，也成为社会各界关注和讨论的重要问题，通过理清有关民生的一些基本概念，进而分析探讨公共财政与民生之间关系的一些基本点，在一定程度上能够为学界研究以及实际工作部门政策的制定、宣传与实施提供参考。

公共财政与民生密不可分，它以满足社会公共需要为财政分配的主要目标和工作重心；以提供公共产品和服务为“以财行政”的基本方式；以法治化、民主化的规范的公共选择作为财政资源配置的决策、运行于监督机制；以公开、透明、完整的预算体系作为公共财政分配的运行载体。其内在逻辑、基本框架和全部特征都决定了公共财政就是民生财政。

公共财政首先要保障基本民生。在财力有限性这一硬性约束条件下，财政分配不可能在某一时期对于民生事项面面俱到，平均用力，只能权衡利弊得失后选择本阶段最需要保障且有能力保障的民生事项予以重点倾斜，从基本民生的“托底”保障做起，可以逐步提高托底的具体标准。“取之于民，用之于民”的公共财政分配中，收入再分配是其应有之义与关键内容，也是政府介入而改进民生的资源优化配置的基本原理与运行机理之所在。

财政管理的科学化、精细化是改善民生进程中提升公共政策效力的必然要求。随着社会的发展进步，用于改善民生的财政资金规模不断扩大，财政管理的复杂程度也趋于上升，都需要科学化、精细化的财政管理来提高管理效率，规范业务工作全程。

努力降低行政成本是新时期公共财政和政府管理面临的重大挑战与重要任务。我国以行政成本支撑的制度与政策产出对民生改善产生了巨大正效应，但是同时要高度重视、努力消除行政成本偏高、过高所形成的负面影响，深化财政改革和全面配套改革，降低行政成本，更好的保障民生。

（王鸿鑫）

解决我国地方政府债务的思路

马海涛　马金华　著

《当代财经》2011 年第 7 期

8 千字

2009 年以来，我国政府实施“双松”政策，在一定程度上有效拉动了国内投资，促进了就业和经济增长，缓解了全球金融危机的蔓延。但是，受此影响，为了筹集建设资金，地方政府债务规模不断膨胀，地方债务问题逐渐引起各界关注。探讨解决我国地方政府债务问题的出路，已成为事关我国经济安全和社会稳定的重要问题。

在对国内外关于地方政府债务文献和我国地方政府债务发展历程进行梳理的基础上，对导致我国地方政府大规模举债的原因总结有三条：在 2006 年以前，主要原因来自于财政体制。在 2006 年以后，除财政体制外，经济增长方式也是主要原因。同时，地方政府债务从凸显直至膨胀的全过程中始终存在的一个问题，那就是法制缺失和多头管理。在上述地方政府债务成因分析的基础上进而能进行地方政府债务风险分析，结果可能表现为一条风险链：地方政府债务规模不对称扩张导致隐性债务增加、偿债风险加大，由此扩大了地方财政运行的不确定性以及银行信贷安全，并进而为社会动荡和政府危机埋下隐患。

鉴于此，解决目前我国地方政府债务的根本出路在于地方政府举债债券化，最终使地方政府债务走向透明化、法制化、市场化、规范化的道路。这需要从建立完善地方政府债务信息披露制和政府会计核算制、加强预算控制、健全预算会计、地方政府借款债券化和法制化、加强地方债务的管理和问责、总体部署阶段实施等几个方面入手。

（王鸿鑫）

地方政府融资平台风险测算与规范发展研究

王修华　刘灿　金洁　著

《财经理论与实践》2011 年第 2 期

6 千字

自 2010 年 6 月起，地方政府融资平台整肃力度逐步升级，关于其规范发展的媒体声音与专家论辩如火如荼，各种观点碰撞激烈。如何科学度量地方政府融资平台风险，厘清其风险形成和积聚的深层次原因，对规范地方政府融资平台发展具有重要的意义。

通过参考现有研究假设条件和计量方法并根据当前宏观经济运行状况，结合地方融资平台主要投资项目的建设周期，对项目建设周期、融资比例、资金需求比例、基准利率以及地方政府财政收入结构和增速进行假设，并对 2009—2015 年地方政府偿债规模和偿债能力进行测算得出，我国地方政府融资平台贷款余额和偿债金额将分别在 2011 年和 2013 年达到峰值，且偿债基本在可用财政收入 45% 以内，整体债务规模仍在地方承受范围内。

尽管上述测算的结果显示未来几年内地方政府融资平台偿债风险可控，但是出于慎重和长远发展角度考虑，进一步分析地方政府融资平台风险形成和集聚原因对规范平台发展具有重要意义。由此，分宏观、中观、微观三个维度，外部环境和内部运行两个角度，从宏观经济环境和国家政策、区域经济环境、地方财政状况和平台运营状况四个层面构建起了地方融资平台风险类型与影响因素的分析框架。需要注意的是，尽管框架内显示特定的因素导致特定的风险，然而由于各因素之间存在相关性，因此，风险一旦形成，会进而在政府和金融体系产生风险的横向和纵向传导。在此基础上进一步分析发现，地方政府融资风险形成和积聚的根本原因在于分税制改革后地方政府财权和事权的不匹配，融资平台管理和治理的不到位以及银行对短视、逐利的逆向激励。

基于上述分析，对规范地方政府融资平台规范发展的对策建议为：城投公司向特定目的公司转变、政府信用向公司信用转变、隐性负债向显性负债转变、事后补救向事前预警转变、传统融资向多元化融资转变。

（王鸿鑫）

递延所得税的合理性辨析

周华　著

《经济管理》2011 年第 2 期

15 千字

递延所得税的会计规则操作成本巨大而益处甚微，是最令人费解的会计规则之一。然而，所得税会计准则涉及所有大中型企业，其影响面不容低估。对递延所得税会计规则产生的原因及其影响进行研究有助于厘定问题之症结并提出正本清源的解决方案。

通过对美国所得税会计规则的演变历程进行梳理发现，今天所采用所得税会计规则是伴随着会计规则和税收法规在不断的矛盾冲突与调和的过程而发展演变形成的。我国会计法规借鉴域外经验，亦步亦趋地引入了纳税影响会计法。

为了阐明纳税影响会计法的真实目的，可以通过模拟分析递延法、债务法和资产负债表债务法的操作要领和效果来实现。递延法、债务法和资产负债表债务法都属于纳税影响会计法。三者的设计思路相同，区别仅在于操作方式。递延所得税本质上是对预期利润计算的预期所得税费用。通过上述模拟分析可知，为确保所得税费用与利润总额大体上保持比例关系的关键在于，要通过纳税影响会计法为预期利润计算预期所得税。这就是纳税影响会计法和递延所得税的目的之所在。

尽管美国会计准则的建设处于领先地位，尤其对于所得税会计理论和实务的研究方面可谓起着率先垂范的作用。然而，相关会计规则实际上是在理论缺失的背景下设计出台的，主要表现在：所得税究竟是不是一项费用值得商榷；递延所得税资产和递延所得税负债的误导性；有无必要计算递延所得税；计算递延所得税有无可行性；递延所得税是公共会计师行业为自己量身定做的金融分析规则。

基于上述分析，有必要重申会计的依法记账原则，即所得税会计规则的设计应当坚持“依法记账原则”；会计立法应当尽量缩小与税法的差异；应付税款法是科学的所得税会计处理方法。

综上所述，倡导会计规则与税收法规各行其是的“分离论”在理论上不成立，在实践中行不通。税收法规和会计规则之间应当进一步加强协调，不能任由二者差异的扩大。

（王鸿鑫）

我国土地财政的区域差异与成因——基于省际面板数据的实证研究

顾乃华　王小霞　陈雄辉　著

《产经评论》2011 年第 2 期

12 千字

“土地财政”指地方政府的财政支出日益依赖于通过出让土地使用权获得的各种收入，分为两部分，一是与土地有关的税收，二是与土地有关的政府非税收入。现有文献大多是对土地财政进行理论层面的探讨，采用实证分析手段的则较少。该文则是借助实证手段来研究我国土地财政现象目的是解释我国土地财政区域差异成因。

从区域对比看，2003—2007 年，以土地出让金收入与 GDP 比值衡量的我国省际土地财政强度的差距，总体而言呈现先下降继而小幅上升的变化轨迹。从东中西三大地带看，由于东部经济的活跃程度和房地产业的发达程度均远超中西部，因此土地出让金收入的区域分布呈现“东高西低”格局。

关于土地财政的动因有两种观点：“财政压力说”和“GDP 锦标赛”说。“财政压力说”即土地财政是地方政府为缓解财政收支缺口的被动之举。“GDP 锦标赛说”即土地财政是地方政府官员为提高晋升概率而谋求借助土地开发推动 GDP 增长的主动之举。基于省际面板数据的实证检验结果支持土地财政动因的“GDP 锦标赛说”而拒绝“财政压力说”。正是发展条件不同的各地区围绕 GDP 增长展开锦标赛，将土地作为招商引资的筹码，以及推动城市扩张和大力发展房地产业的载体，从而导致了土地财政的区域差异。

要想缓解土地财政现象以及缩小土地财政的区域差异，首先就是要改变不合理的考核地方官员的指标体系。要用更具综合性的指标体系替代当前比较单一的增长指标；其次，要为地方政府开辟新的筹集发展资金的渠道；再次，应加强对地方政府土地出让收入的管理与监督，确保出让金专款专用。除把土地出让金纳入地方财政预算，实行收支两条线管理以外，还应强化土地出让收支监督管理，防止国有土地资产收益流失。相关监督部门应在各自的职责范围内，采用平时检查和重点检查相结合的方法，加强对土地出让金的征收分配和使用监督工作。

（王鸿鑫）

个人所得税税制模式：公平与效率的权衡

余显财　著

《中南财经政法大学学报》2011 年第 2 期

10 千字

税制模式是一个涉及所得税公平与效率权衡问题的重要因素，对其的研究引起了学界和纳税人的广泛关注。尽管近年来为了适应我国经济发展的需要对税制进行了多次调整和改革，但是目前仍存在对现行税制的质疑声。由此，对我国现行税制的合理性进行重新审视就显得十分必要。

在对税制模式的实践发展历程进行梳理和分析上得出，税制模式主要分为三类，即分类税制、分类综合税制以及综合税制。从历史上看，分类税制往往是经济不发达的国家所采用的典型税制，而综合税制大多为经济发达国家所采用。但目前也存在综合税制向分类税制的回归。由此，采用何种形式的所得税制度似乎与经济发展水平并无严格的关系，分类税制或分类综合税制并不是经验型税制发展过程中必不可少的阶段。

税制模式的优劣有三个基本评判标准，即收入生产率、对所得分配的影响和税法的简洁性。分类税制相对综合税制来说，前者在间接性上胜于后者，但后者在所得分配上更表现出兼顾公平与效率的特征。此外，二者在收入生产率方面没有明显差别。分类综合税制介于分类税制和综合税制之间，但没有证据表明分类综合税制要好于综合税制。

由于三类税制各有优劣，因此各国对于

税制的选择更多的还是在综合考虑本国经济上的需要和技术上的可能。从经济上而言，主要考量的是不同税制模式的税负分配结果是否能与社会的价值取向保持一致以及征收成本做到最低；从技术上而言，需要考量的是税务管理的水平是否符合税制模式对其的要求。

综合以上分析，由分类税制向分类综合税制或综合税制转向的建议并不一定能实现预期的政策目标。是否转向需要根据一定时期的经济、政治、技术和管理上的现实需要和文化传承的惯性来决定。事实上，在工薪收入构成了我国居民收入的主要来源的收入结构之下，再加之对资本利得暂时不征税，我国的分类税已经具备部分综合税制的性质了。这种特殊的分类税才是适合我国目前国情的税制模式。

（王鸿鑫）

我国公共预算管理的现状及其改革

“扩大内需的财税政策研究”课题组

《华中师范大学学报》（人文社会科学版）2011 年第 3 期

9 千字

“十二五”的诸多改革都需要在政府主导下推动，需要依赖政府财政，特别是政府预算参与其中，以调整利益格局，吸纳改革成本，为改革前行铺路搭桥。基于此，如何在汲取“十一五”时期预算改革的经验及总结不足的基础上，进一步深化我国公共预算管理，以预算改革保障经济体制的顺利转变，以预算调整促进社会结构的良性变化成为我们当前所面临的现实问题。

“十一五”期间的一系列预算改革措施大大推进了我国预算的完整性、规范化以及公开性，为“十二五”打下了良好基础。然而，改革仍未解决深层次矛盾，我国预算管理仍然存在很多问题：1. 预算立法改革滞后，人大监管权难以得到法律的充分保障；2. 脱离预算监管的预算外收支依然存在，预算全面性有待加强；3. 预算外资金预算权的分割和行政主导倾向明显；4. 预算外资金收支脱钩，产生约束与激励新的冲突；5. 预算衔接问题造成财政资金预算外运行。

“十二五”时期预算管理改革将面临新的挑战：全球化背景下经济波动的加剧增强了预算灵活性的要求；社会保障等赋权项目的膨胀增加了预算的不可控性；政府干预经济方式发生调整，政府显性支出向隐性转变；预算改革要以我国“十二五”政治经济体制变革为前提。

“十二五”时期，新的形势、新的任务以及预算在改革中被赋予的重要意义，势必要求我国未来预算改革的路径与实施方案放置于国家政治、经济以及行政体制配套改革的整体蓝图中进行谋划，循序渐进地推动“十二五”时期预算改革的前行和深入：1. 预算收支管理改革需要与政治经济体制改革同步推进；2. 加快《预算法》的修订，以法律形式重构预算分配权；3. 进一步加强政府预算外收支管理，实现立法控制下的分类管理；4. 进一步推动“全口径”预算，实现预算的完整性；5. 预算改革需要其他具体配套制度的保障。

（王鸿鑫）

我国宏观税负水平多维视角解析

安体富　著

《广东商学院学报》2011 年第 1 期

8 千字

我国的宏观税负水平是高还是低？是重还是轻？在理论界和实际部门一直存在着争

论。宏观税负是一个比较复杂的问题，宏观税负水平的高低受多种因素的影响，因此应该通过多角度进行深入研究。

首先，相对于国际上通行的采用税收收入占国内生产总值的比重来衡量宏观税负水平高低的做法，我国有大、中、小三个宏观税负指标。这是由我国财政收入结构的特殊性所决定的。由此得出，评价一个国家或者地区的宏观税负不能脱离本国或地区的政府收入水平。

其次，基于对国际间税负的比较分析发现，目前我国小口径的宏观税负（税收收入占 GDP 比重）即使说不高的话，起码也不算低。由此得出，在进行宏观税负的国际比较时，应注重国家选择和有无可比性问题。

再次，从我国国民收入分配格局来看，同样基于相关数据的国际间比较分析后发现，当前我国国民收入分配格局存在向政府和企业倾斜、居民分配比率呈下降趋势的特征。由此似乎能得出这样的结论，即我国税负有加重的趋势。然而在确切回答之前还需再审视一下转移支付和公共物品及服务的提供情况。

评价税负的轻重必须联系政府为纳税人提供的公共产品和服务的数量及质量进行考察，这是衡量税负轻重的最终标准。结合相关数据的分析发现，最近几年我国政府加大了对有关民生方面的投入，但总体来看投入仍相当不足。政府提供基本公共产品和服务与宏观税负水平的不对称，使得纳税人确实产生税收负担偏重的感觉。

综上所述，我们认为：目前我国大口径的宏观税负偏高，而中、小口径的宏观税负与当前经济社会发展大体上是相适应的。今后 5—10 年我国宏观税负水平发展的趋势和合理区间，主要决定于以下几个因素的相互作用：经济发展的水平和速度、财政职能的转变和民生财政的构建以及正确处理税收收入与非税收入之间的关系。

（王鸿鑫）

调整财政民生支出和行政管理支出对劳动报酬的影响——基于 CGE 模型的收入再分配研究

董万好　刘兰娟　王军　著

《财经研究》2011 年第 9 期

9 千字

近年来，劳动报酬占比重过低问题引起了广泛关注。同时，相关数据显示我国行政管理部门劳动报酬增速明显快于其他部门。由此引申出一个问题，是否过快增长的行政管理部门劳动报酬挤占了其他部门的劳动报酬？如果答案是肯定的，那又该如何解决？显然，对这两个问题的研究和解答具有重要的现实意义。

在对国内外相关文献进行梳理和分析后，决定采用 CGE 分析框架来模拟并分析财政支出结构调整对劳动报酬的影响。其中，选择劳动报酬作为被解释变量，行政管理支出和财政民生支出作为解释变量。特别的，财政民生支出仅包括科技教育卫生和社保等方面。此外，考虑到我国劳动力市场已经到达刘易斯拐点的现实，模型中劳动力供给设定为外生变量，这一点有别于其他既有研究。

在对相关数据和参数进行整理和设定后，分三个不同的方案来进行模拟：1. 在财政支出结构不变情况下增加财政支出；2. 财政支出不增加行政管理支出而相应增加财政民生支出；3. 增加财政支出结构调整为遏制行政管理支出而增加财政民生支出。第一、第二种方案是观察增加的行政管理支出是否以劳动报酬的形式归宿于行政管理部门进而侵蚀了其他部门的劳动报酬。第三种方案是观察遏制行政管理支出增加财政民生项目支出是否能缩小这样的差距。

在前述工作的基础上进行模拟后得出的结论是，在财政支出总量增加、结构不变的情况下，行政管理部门劳动报酬增长过快，并且降低了其他部门的劳动报酬占比；其他部门的劳动报酬过低与财政行政管理支出和行政管理部门的劳动报酬增长过快有关；削减行政管理支出对国民经济各产业部门的劳动报酬具有正向影响；在财政支出增加的情况下，增大科技等财政民生支出比重对国民经济各产业部门劳动报酬的正向影响较为显著。

（王鸿鑫）

低碳经济与税制改革

邓子基　杨志宏　著

《财政研究》2011 年第 8 期

7 千字

发展低碳经济的实质就是经济发展方式的转变，即由资源消耗型发展向资源节约型和环境友好型发展转变。据此，发展低碳经济乃是税制改革的客观要求。

第一，发展低碳经济的基础和前提是能源结构的调整，即减少化石能源消耗，增加可再生清洁能源比重，实现能源结构多元化。这就要求税制在鼓励可再生清洁能源产业发展的同时，还要约束过度开采与消耗煤炭、石油等高碳能源的行为。

第二，发展低碳经济的根本出路是产业结构的调整。要通过技术创新、产业转型，淘汰高投入、高耗能、高污染、低效益产业，抑制过剩产业，大力发展低能耗、低污染、高效益的战略性新兴产业。这就要求税制能够激励技术创新，培育全民的自主创新能力，扶持新兴产业的发展，推进传统产业向新兴产业的转型。

第三，发展低碳经济要以低排放实现低污染，其最终落脚点是实现经济发展与环境保护的双赢。这就要求税制更加注重对环境保护的激励，鼓励有利于环保的低排放消费品的消费，并对破坏生态环境的行为进行约束。

促进低碳经济发展的税收政策属于环境资源税制的范畴，但我国当前并没有系统的环境资源税制，更没有促进低碳经济发展的独立税种。虽然目前的税制体系中存在一些与环境资源保护有关的税种和一系列有利于环保、节能减排的税收优惠措施，且在客观上对促进我国环境保护与自然资源的综合利用起到了一定的积极作用，但其主观的设计初衷大都不是以环境保护和节能为目的的。因此，我国当前税制对发展低碳经济的促进作用有限。

以低碳为导向改革现行税制，并不是对现有相关税种作简单的调整，而是要比较发展低碳经济对税制的客观要求与现行税制对发展低碳经济所起的有限作用两个方面的差异，以此为切入点，构建适应低碳经济发展要求的低碳税制。

中国矿产资源税费制度的整体配套改革：国际比较视野

施文泼　贾康　著

《改革》2011 年第 1 期

24 千字

矿产资源在全球经济和社会发展中的地位越来越重要，已成为影响国际竞争和世界经济发展的重要因素。我国资源税费制度建立较晚，制度设计相对较弱，在运行过程中存在一些问题，亟待改革。因此，我国有必要借鉴国际经验，对矿产资源税费制度进行整体配套改革，以促进我国矿业的健康发展和经济社会的可持续发展。

从各国的矿产资源税费实践来看，以下几点经验值得借鉴：1. 制定矿产资源税费制度时必须充分考虑矿产资源相关活动的特殊性。2. 从制度设计的角度来说，并不存在一个完美无缺的工具，必须搭配各种税费工具，相互以长补短。3. 从矿产资源税費制度的发展演变来看，各国加之于矿业部门的税负高低与矿产资源的租金高低相关联。4. 税收激励政策是矿产资源税费制度中一个不可或缺的部分。

我国现行的矿产资源税费制度与国外通行的税费制度有部分相似之处，但在具体的制度设计上则与国际通行做法有着很大的差距。我国现行矿产资源税费制度还不够完善，对矿产资源相关活动的特殊性考虑不足，尚不能很好发挥其应有的作用。现行税费制度既无法实现政府有效分享资源租金收入的目的，也未能有效地为投资者创造公平的竞争环境和有效地激励矿业企业行为，促进资源合理、长效、保护性开采，甚至在客观上助长了矿业企业“吃肥丢瘦、采厚弃薄”的“掠夺性”开采行为。

我国有必要借鉴国际经验，对矿产资源税费制度进行整体配套改革：全面实行矿产资源有偿取得制度，推进矿业权的市场化配置；适当调整探矿权、采矿权使用费收费标准；改革资源税，实现对矿产资源绝对租金的有效调节；改革和扩展特别收益金；给予矿业企业特殊的企业所得税优惠政策；探索建立矿业企业耗竭准备金制度；积极研讨“环境修复基金”和“安全生产基金”的制度设计问题；长期坚持动态优化改进我国矿产资源税费制度。

（王鸿鑫）

货币与金融

投资者保护微观效应文献综述——基于影响机制复杂性与结果多样性的新观察

李维安　王倩　著

《南开管理评论》2011 年第 6 期

19.5 千字

投资者保护作为一个重要的制度因素，在影响企业发展方面具有不可忽视的作用。最近十几年，投资者保护对经济活动的影响已经得到了大量研究的关注。为更好地服务于我国市场发展和经济进步，我们必须了解投资者保护制度的具体作用机理和传导路径。因此，该文从正反两个方面着重总结了投资者保护对企业微观行为影响的相关文献，此外还讨论了现有研究中存在的不足，指出了投资者保护未来研究的几个发展趋势和方向。

该文将有关文献分为两类：第一类研究集中于讨论投资者保护在改善公司治理和企业价值的重要作用，这类研究非常丰富；第二类研究则发现投资者保护对企业风险的降低和其他利益相关者的利益存在不可忽略的负面影响，这类研究方兴未艾。通过对现有文献的梳理，该文得出以下结论：1. 投资者保护对微观经济活动的影响是复杂的，但多数研究都集中于讨论投资者保护的积极作用，直到最近才有少数研究关注其可能造成的负面影响。以后的研究非常有必要从投资者保护负面影响的角度展开分析，并在此基础上全面客观的评价投资者保护的影响，帮助政策制定者在制定政策的过程中能够扬长避短，充分发挥法律保护的最大功能。2. 关于投资者保护与环境的交互作用方面的研究比较缺乏。未来的研究可以进一步探讨投资者保护与市场、监管，以及政府质量等环境的相互作用，了解投资者保护的适用条件和不同政策之间的兼容性，并进一步分析不同制度的搭配对企业发展的共同效果，最大限度地发挥投资者保护的作用。3. 以往的微观研究都是将金融企业在样本中剔除，不考虑法律保护对金融行业的影响。全面客观的理解和评价投资者保护对金融企业及其风险水平的影响具有重大的理论和现实意义，很可能会成为学术界研究的新热点。4. 大部分学者都是以 LLSV 中的国家作为研究对象进行跨国分析，而专门针对单个国家特别是新兴转型国家的投资者保护研究还十分有限。将来的研究可以结合中国等新兴转型国家的具体特点，分析这些地区的投资者保护制度的演变规律，帮助发展中国家制定出适合自身实际的政策，为更好地促进经济和社会的发展提供经验借鉴。

（李维安　程新生）

公司价值、自愿披露与市场化进程——基于定性信息的披露

程新生　谭有超　许垒　著

《金融研究》2011 年第 8 期

13.6 千字

自愿性信息披露是指除强制性披露的信息之外，上市公司基于公司形象、投资者关系、回避诉讼风险等动机主动披露的信息，如管理者对公司长期战略及竞争优势的评价、环境保护和社区责任、公司实际运作数据、前瞻性预测信息、公司治理效果等，管理人员自主性是自愿性信息披露制度的最大特点。自愿披露能够提高公司信息的完整性和可靠性，促进公司治理结构的改善，并有助于树立公司社会责任方面的良好形象。目前，我国的信息披露机制是强制性披露为主，自愿性披露为辅。在现实中，我国上市公司自愿性信息披露不论是内容还是质量，都远远不能满足监管部门、证券专业人士以及投资者的要求。

关于自愿披露动机的研究一直是人们关注的热点问题，根据不同的动机假说，公司价值对于自愿披露的影响既可能是正向也有可能是负向的。而目前国内学者对于二者之间关系的研究主要还是偏重于资本市场交易动机假说，普遍认为公司价值越高、业绩越好的企业，为了在资本市场上展示良好的形象，避免“次品车”市场条件下的“价值折价”，往往倾向于披露更多的信息。

资本市场交易动机是以市场发展比较成熟为前提约束条件的，因此，在中国新兴市场的环境下，需要考虑市场发展的不同阶段来研究各种自愿披露行为。与其他国内学者普遍从资本市场交易动机假说来解释公司价值与自愿披露之间关系的研究思路不同，该文以关系经济等新兴市场的显著特征为切入点，结合我国特殊的制度背景并考虑到专有成本动机的影响，对二者之间的关系进行了更加深入地分析和诠释，研究发现：总体而言，在以关系为基础的经济社会中，关系成为获取资源和竞争优势的重要源泉，所以拥有更多关系网的价值越高的公司为避免由于披露所带来的高额专有成本，资本市场交易的披露动机并不显著，公司价值与自愿披露显著负相关；但是在市场化进程较高的地区，上述情况得到了一定程度的逆转。该文的研究有助于理解和认识我国自愿披露动机的特殊性，并对于制定相适应的信息披露准则具有借鉴意义。

（程新生）

中小企业联保贷款的信誉博弈分析

谢世清　李四光　著

《经济研究》2011 年第 1 期

17 千字

中小企业融资难问题集中凸显了我国经济迅速发展过程中极不协调的经济结构和落后融资结构之间的矛盾：银行潜在体制缺陷、不完善的信用评级制度、不成熟的资本市场和不尽合理的税收制度。为有效解决我国中小企业融资难问题，国内学者提出了开展中小企业联保贷款业务，提出由相互熟悉的中小企业自愿结成联保小组申请贷款，共同分担信贷风险。然而，这种联保贷款并没有引起学术界和业界的足够重视，而且本身的实施效果也不甚理想。

在农户联保贷款开展并不顺利的情况下，是否有开展中小企业联保贷款业务的必要？与农户联保贷款相比，中小企业联保贷款是否存在制度上的合理性？中小企业联保贷款能否克服传统的“抵押担保”贷款模式下的缺陷，有效解决我国中小企业融资难问题？联保贷款在具体设计上还存在哪些值得改进的地方？是否有必要引进保证金制度？这些问题都将是有效克服中小企业融资难问题中亟待解决的重要现实问题，也正是本研究的意义之所在。

该文在对国内外农户联保贷款的成功经验和现实制约进行考察的基础上，构建了一个中小企业联保贷款的动态博弈分析框架，深入分析了银行如何通过设置信誉成本将银行与企业之间的贷款—还款博弈转化为联保贷款企业成员之间的信誉博弈降低信用风险的制度基础。该文还从企业的逆向选择角度讨论了信誉成本的真实性对联保贷款成功开展的重要性，分析了高信誉企业的比例对银行开展联保贷款激励约束条件的影响，给出了联保贷款的市场风险边界，最后探讨了中小企业联保贷款较农户联保贷款更有可能取得成功的现实制度优势来源。

该文的研究得出以下五点主要结论：(1) 有效的信誉成本是开展中小企业联保贷款的制度基础；(2) 信誉成本主要体现为企业违约后所遭受的信贷约束引致的机会成本；(3) 银行的激励条件内生地决定了联保贷款的市场风险边界；(4) 联保贷款可以拓展银行所能忍受的市场风险阀值；(5) 保证金制度有助于消除多元联保贷款下因信息甄别难度上升所带来的信用风险。

（谢世清）

“十二五”中国的金融改革与发展

夏斌　陈道富　著

《中国发展观察》2011 年第 4 期

5 千字

可以肯定的是，一国或地区的金融市场的质量对于本国的经济发展具有不可替代的作用。随着中国经济发展方式的转型，中国的金融体系在“十二五”期间同样面临改革和发展的问题。而为了解决好这个问题，关键的第一步就是要明确改革的主要任务是什么。

为保证我国顺利实现金融的充分市场化和有限全球化的战略，进而推动和促进我国的金融改革和发展，主要的任务有七项。这其中，最基本也是作为其他任务前提的是基本实现国内金融的充分市场化。而为了达到这个目的，核心是必须放松国内现存的各种金融管制。改革的第二项主要任务是确立市场真正可信的、钉住一篮子货币的、有管理的浮动汇率制度。这是在当下条件制约下谋求长远发展的最佳选择。再有，在开放金融市场和实行有管理的浮动汇率制度的基础上，通过香港这个具有特殊地位的人民币离岸市场载体，形成人民币区域化为核心内容的金融开放格局。这是金融开放中的一项核心任务。此外，近年来，随着我国外汇储备激增，如何调整外汇储备管理体制，增加战略性收益也是未来金融改革和发展的主要任务之一。

上述四项任务针对的是能够获得实实在在的收益，然而，为了我国金融体系乃至整体经济的长远发展，软实力的培养更为重要。为此，应以过去从未有的积极姿态重视并参与国际金融事务。此外，随着金融改革和发展的进行，市场化及随之而来的风险和不确定因素很可能增加，因此，不断完善适应金融大开放的调控监管体系，是始终伴随战略过渡期的一项重要任务。最后，正确认识和妥善处理上海、香港、台湾三个金融市场的地位和作用，将大大有利于中华经济圈的崛起和亚洲经济的崛起。

（王鸿鑫）

中国证券市场监管有效性研究

郝旭光　著

《中国工业经济》2011 年第 6 期

12 千字

我国证券市场尽管取得了巨大进步，但仍处于发展的初级阶段。证券市场的运行和监管还存在许多问题，一直缺乏明确的有效性判别标准，监管的有效性难以得到合理的界定和评判。因此，研究如何进行有效的证券市场监管，研究证券市场监管有效性的判别标准，以增强监管的有效性，就有着重要的意义。

通过对监管部门进行问卷调研显示，监管有效性的判别标准主要有针对性、前瞻性、综合性、严密性、权威性、及时性。这 6 个标准很好地满足了促进性、判别性、独立性、完备性这 4 个条件，组成了一个评价体系，确保了评价内容的完整。

运用层次分析法对上述 6 个标准的重要性顺序进行了研究，通过对监管部门、一般投资者、券商、上市公司、基金公司、其他部委、商业银行、一般专家、特殊专家九类受访者的调查分析显示，七类被调查者（不包括两类专家）对 6 个标准的重要性排序是：针对性、综合性、严密性、权威性、及时性、前瞻性。特殊专家与其他受访者的组合，除了与监管者的组合认为权威性最不重要以外，其余全都把前瞻性排在最后。根据所有被调查者整体组合的综合权重向量，建立了监管有效性模型。

通过运用七级标度、有效性模型，分两个阶段对中国证券市场监管有效性进行实证检验，并加以比较，二者结果相近，由此证明了 6 个判别标准及其有效性模型的实用性。研究还发现，所有被调查者对中国证券监管效果的整体评价和对具体政策效果的评价都没有达到及格水平，说明被调查者认为中国证券市场监管有效性程度较低。在评价整体监管效果和具体监管措施时，无论根据人数的简单加权平均值还是根据权重的加权平均值，打分最低的大都是前瞻性和严密性。

（王鸿鑫）

公允价值与股市过度反应——来自中国证券市场的经验证据

谭洪涛　蔡利　蔡春　著

《经济研究》2011 年第 7 期

17 千字

始于 2007 年年末的金融危机和全球经济危机，把公允价值这一技术性的资产和负债的计量模式问题上升到了国家金融稳定的宏观高度，学者对公允价值会计做法的评价褒贬不一。由此，对公允价值与股市过度反应的相关关系的探讨有助于正确理解公允价值资产计量模式对我国资产价格的影响，为加强金融审慎监管、维护我国金融稳定、保障国家经济安全提供有用参考。

在相关理论分析的基础上，运用事件研究法，以公允价值变动损益和股票回报为观察对象，对我国股票市场上的公允价值与股市过度反应进行了实证研究。通过对2007—2010年16个季度公告日为样本的研究发现：1. 股市过度反应与公允价值变动损益显著相关，金融业每1单位的后者变动与12.5789倍的过度反应相关；2. 过度反应主要发生在估计窗口而非事件窗口；3. 我国金融业上市公司的金融资产市值计量模式显著放大了股市泡沫，且在不同的市场条件下，股票回报对公允价值的过度反应程度呈现出非对称性，市场上升时的泡沫乘数是市场下降时的两倍。

由此，不仅发现了市值计量模式与股市过度反应显著相关的经验证据，还根据公允价值的市价计量特点，修正了传统事件研究法只注重考察事件窗口的局限，构造了股票回报对“公允价值变动损益”的回归模型，并以事件窗口和估计窗口的反应系数之和是否为1作为股市过度反应的判断标准，计算出了过度反应的幅度、发生期和发生行业特点，进一步揭示了金融业股票泡沫与金融资产市值计量的内在联系。

基于上述分析结果，部分回应了公允价值与金融危机的争论，即公允价值不是金融危机的始作俑者。这有助于深刻理解公允价值对金融稳定的作用机理。然而，即使公允价值完全客观，也会对金融系统产生深远影响。这就要求加强金融监管，明确我国金融监管方向。此外，会计准则制定机构应充分了解公允价值引入产生的经济后果，不断完善相应的规则制度，更好地为投资决策服务。

（王鸿鑫）

美国长期货币需求的稳定性：一个新方法

（王艺明）Wang Yiming 著

Economics Letters. Volume 111, Issue 1, April 2011

7千字

是否存在长期稳定的货币需求函数是宏观经济研究中的一个重要问题，在现有研究中一般采用协整检验来判断长期均衡关系是否存在。但有趣的是，在对美国货币需求函数的研究中，一般均无法发现协整关系的存在，这就意味着不存在长期稳定的货币需求函数，这对于货币政策的制定有重要影响。如果稳定的货币需求函数不存在，那么货币政策的有效性就令人质疑。这篇论文中，作者假设美国的长期货币需求函数并非不存在，而是其中存在多个结构性变动，那么以单一的协整方程就无法表示长期货币需求函数。这种结构性变动的产生源于经济结构的变动，比如，在大萧条阶段，因为经济陷入流动性陷阱，货币需求函数的利率弹性会突然提高；再如，第二次世界大战前和第二次世界大战后的货币需求函数也可能不同。因此，该文对美国长期货币需求函数的结构性变动进行了统计检验，发现在1931年和1952年两个时点上，美国的货币需求函数均发生了变动。1931年以前货币需求的利率弹性较高，与该期间的美国经济出现的大萧条相关。而1952年以后货币需求的收入弹性大幅减低，这与美国金融体系在该期间的发展相关。因此长期稳定的货币需求函数是存在的，但其中可能存在结构性变动，整体来看，1952年以后的半个多世纪，美国的货币需求是稳定的。

（王艺明）

人民币汇率与我国房地产价格——基于 Markov 区制转换 VAR 模型的实证研究

朱孟楠　刘林　倪玉娟　著

《金融研究》2011 年第 5 期

12 千字

2005 年汇改后，人民币不断小幅升值，大量的国际资本流入，与此同时我国的股市和房地产市场异常繁荣。在全球经济仍未从金融危机中恢复的背景下，我国良好的经济基本面以及汇差、利差等因素是吸引国际资本流入的重要原因。这些国际资本持续流入可能导致我国股市和楼市价格上涨，强化人民币升值预期，从而进一步促进资本流入，形成一种正反馈机制。此外，国际资本进入房地产市场对国内资本具有示范效应，从而引发羊群效应。在当前的经济金融一体化的背景下，汇率和资产价格的关系也越来越紧密。资产价格的波动会诱使国际资本流动，如果对资本流动管理不力很可能会对汇率造成影响，1998 年的金融危机就是一个很好的例子。因此，研究人民币汇率与房地产价格之间的关系对于维护金融系统的稳定，防范金融风险具有重要的意义。

已有文献主要分析汇率冲击对房地产价格的影响，很少分析汇率与房地产价格的相互关系，且基本采用线性模型进行实证研究，但实际上汇率与房地产价格可能存在非线性关系。该文在已有文献的基础上，通过构建包含房地产需求者、开发商和地方政府、中央政府的房地产市场，基于房地产市场上存在国外投资者的假设，构建包含房地产市场和外汇市场的离散型动态理论模型，分析汇率与房地产价格之间的关系。然后采用非线性的 Markov 区制转换 VAR 模型研究了 2005 年汇改后到 2010 年 9 月人民币兑美元实际汇率、我国实际房地产价格和实际货币供给间的相互非线性动态关系。

理论模型结论表明：国外投资者的存在使得汇率与房地产价格联系在一起，且两者之间呈现出相互促进的关系，即房地产价格上涨（下跌）—汇率升值（贬值）—房地产价格上涨（下跌）；外汇市场的干预导致国内货币市场流动性发生变化也可能导致房地产价格发生变化，特别是在考虑到房地产供给刚性的状况下，货币供给过多将导致房地产价格上涨。

实证研究结果表明：我国实际房地产价格上涨将导致人民币兑美元实际汇率升值，但存在明显滞后效应；2005 年汇改以来，包含人民币兑美元实际汇率、实际房地产价格和实际货币供给的经济系统存在两种不同的状态，即人民币兑美元实际汇率变动幅度较大、实际房地产价格波动幅度较大、实际货币供给增长幅度较慢和人民币兑美元实际汇率变动幅度较小、实际房地产价格以较小幅度稳步上涨、实际货币供给增长较快，后种经济状态下人民币兑美元实际汇率升值可能会导致我国实际房地产价格上涨，而实际房地产价格上涨在两种经济状态下都较为持续地导致实际汇率升值。

（朱孟楠）

我国承销商利用分析师报告托市了吗？

潘越　戴亦一　刘思超　著

《经济研究》2011 年第 3 期

23 千字

学术界对于我国 IPO 市场是否存在承销商托市行为一直存在争议。近年来，西方学者的研究发现，由于传统的直接托市方式往往遭受严格的市场监管，因此不少承销商转而采用间接托市方式。那么，在我国法律明令禁止承销商以直接交易股票的方式托市的制度背景下，我国 IPO 市场上的承销商有没有可能转而利用过于乐观的分析师报告这种隐蔽的手段，来为其所承销的股票进行间接托市呢？如果存在这种承销商托市行为，那么在 IPO 抑价现象十分普遍的中国资本市场，承销商又是出于何种动机居然要冒损害自身声誉的风险去刻意发布有失偏颇的分析师报告？当承销商面临激烈的利益冲突时，市场声誉机制又在多大程度上可以约束承销商的托市行为？此外，投资者对于承销商发布的具有托市性质的分析师报告又会有怎样的市场反应？

该文利用我国 IPO 公司的分析师报告数据对上述问题作出回答。通过收集 2006—2008 年沪深两市的 IPO 公司在上市一年内获得的券商分析师的研究报告为样本，实证考察我国证券承销商在新股上市后为股票提供评级预测支持的托市行为，以及投资者对于不同分析师所发布报告的市场反应差异。该文得出的主要结论如下（1）承销商会利用乐观但偏颇的分析师报告为市场表现不佳的新股进行托市，但这一现象在新股上市 90 天后消失。（2）总体上，声誉机制可以有效约束承销商利用过于乐观的分析师报告为新股托市的这一利益冲突行为。但进一步的细分研究发现，在新股上市 90 天的锁定期内，承销商来自大客户（机构投资者）的托市压力较大，声誉机制的约束作用不显著，但在 90 天后，承销商托市的压力缓解，声誉机制的自我约束作用显著增强，其利用过于乐观的分析师报告进行托市的行为会得到自我抑制。这一结果恰好解释了我国的承销商托市行为为什么会在新股上市 90 天后消失。（3）市场投资者总体上能够识别承销商的托市意图，并对承销商分析师报告的系统偏误进行自我调整。

该研究不仅为我国承销商是否存在托市行为提供了新的直接性经验证据，而且有助于市场各方洞悉分析师报告背后的利益冲突，同时也为监管部门出台相关的规范政策提供了新的决策参考。

（潘越）

中国房地产市场价格泡沫的检验与成因机理研究

曾五一　李想　著

《数量经济技术经济研究 》2011 年第 1 期

15 千字

由于不同学者使用的模型、变量、样本期间以及研究范围等的差异，所得到的结论也不尽相同。总的来看，我国房地产泡沫研究存在的问题主要表现在：一是在研究全国是否存在房地产泡沫时，使用的是国家层面的数据，但实际上我国的房地产业主要集中在城市，使用城市层面的数据研究我国是否存在房地产泡沫会更有说服力。二是在数据期间的选择上存在不足。从全国范围来看，我国房地产价格的快速上涨大约始自 2003 年，在这之前我国的房价一直都比较平稳，所以如果我国存在房地产泡沫的话更应该出现在 2003 年之后，但以往的研究其选择的数据期间有一大部分或全部是我国房价平稳的时期。在一般的模型中，同时使用有泡沫时期和无泡沫时期的数据显然会妨碍我们得出正确的结论。

基于以上考虑，该文选择了 2003—2009 年我国 35 个大中城市的季度面板数据，并利用 Pesaran（2007）提出的对截面相关（cross-section dependence）具有稳健性的 CIPS 面板单位根检验和 Pedroni 面板协整检验，对我国房地产价格是否存在泡沫进行研究。检验结果发现，房屋销售价格指数和租赁价格指数序列的单整阶数不相等，并且二者不存在协整关系，这表明在样本期间内我国房地产价格存在泡沫。该文认为，泡沫存在的原因可能来自三个方面：（1）银行信贷对房地产的过度支持。（2）投机因素和羊群行为。（3）地方政府行为。

当前，必须深刻认识到房地产泡沫破灭对国民经济可能造成的严重危害，吸取日本和美国泡沫破灭的教训，加强对银行信贷的监管，严格房地产贷款的审批；提高有效供给，优化供给结构；改革现行的财政制度，使地方政府的财权和事权能够匹配起来，消除“土地财政”产生的制度根源，及时采取有效措施争取实现房地产价格的“软着陆”。

（许永洪）

产业经济与企业管理

内源融资和增长：来自中国企业的微观计量经济的证据

刘小玄　等著

《发展经济学》（英文期刊）2011 年 9 月

20 千字

内源融资对于中国企业增长的最终效果是什么？通过对 2000—2007 年的全国规模以上的工业企业的面板数据的分析发现，国有企业（SOE）和集体企业（COE）的增长几乎不受可得到的现金流的影响，而私企和外企是最受其影响的。这个结果表明，中国的投资机会是以不同方式进行的。该文表明，国企不服从于融资约束，或许是由于其政府目标需要保证它们得到无限制的国有银行的贷款。相反，由于受到银行歧视，私企是最受融资约束的。该文还发现，私企之间存在某种程度的异质性差异，沿海地区的私企和具有少量外资的私企是最受到融资约束的。在所考察的样本期间，尽管受到银行歧视，私企仍然获得高速增长。结论是，这可能是由于较高生产率企业的现金流的累积所致。只要存在高水平的内源融资，高增长率因而就能与捆绑的融资约束保持可兼容的发展。

该文补充了 Ayyagari 和 Cull 的结论，他们发现，既不是非正规融资，也不是商业信用，在说明中国经济增长中发挥了重要作用，而该文表明，企业产生现金流的能力可能在其中发挥了极为重要的作用。分析样本中 65% 是私企，它们产生内源融资的能力，可能是解决中国经济增长之谜的原因。

然而，如果中国私企的竞争优势受到侵蚀，由于原材料和劳动成本的增长，以及汇率变动的影响等，那么这些企业产生内源资金的能力就会受到限制。因此，这可能导致增长的显著下降。为了确保中国经济的持续旺盛，有必要采取措施，确保更广泛地进入机构融资的通道的建立。

（经科）

中国服务业增长的区域差异性研究：基于鲍莫尔—富克斯假说的实证分析

靖学青　著

《经济管理》2011 年第 6 期

13 千字

改革开放以来，我国服务业虽然增长较快，但是发展水平仍然相对较低，不但落后于发达国家，而且也落后于经济发展水平相近的一些国家，因此探讨服务业发展问题以及谋划服务业较快增长一直是我国学界研究的一大热点。该文摘取1997—2008年全国31个省市区的样本数据，就鲍莫尔—富克斯假说提出的服务业就业份额增长的影响因素，对我国31个省市区进行了实证检验。从计量分析结果来看，我国大部分省市区服务业就业增长状况符合鲍莫尔—富克斯假说的基本观点，但是省市区之间存在较大的差异性，主要表现在：

第一，京、津、冀、晋、吉、浙、闽、赣、鲁、豫、湘、渝、贵、陕、青、宁16个省市区服务业就业份额的增长主要是由于服务业劳动生产率增长滞后造成的，而且其服务需求的价格弹性较小，但是实际人均可支配收入增长的影响不显著。这意味着：这些省市区应警惕和防治服务部门的“成本病”是当务之急，途径主要是促进市场竞争，增加服务供给，提高服务质量和劳动生产率，以遏制服务价格过快上涨。第二，辽、云、新3个省区服务业就业份额的增长主要是由于地区实际人均可支配收入增长造成的，而且服务需求的收入弹性较大，而服务业劳动生产率增长滞后的影响不显著。这意味着：该3省区促进服务业增长的有效途径主要是大力促进经济增长，提高地区人均可支配收入，服务业就业份额将比人均收入更大的幅度增长。第三，黑、沪、苏、鄂、桂5个省市区的地区人均收入增长和服务业劳动生产率增长滞后两个因素对服务业就业份额增长均具有显著影响，但不同之处是：这两个因素都显著地促进了黑、沪、苏、鄂4省市服务业就业份额增长，而广西只有服务业劳动生产率增长滞后显著地促进了服务业就业份额增长，地区人均收入增长反而起到了抑制作用。这意味着：促进地区经济增长并进而提高人均收入对黑、沪、苏、鄂4省市服务业就业增长具有显著作用，但是应该警惕和防治服务部门的“成本病”；广西除了警惕和防治服务部门的“成本病”外，还应通过提高服务质量和增加服务供给等措施，合理引导居民增加服务消费，以促进服务就业增长。

我国31个省市区服务需求的收入弹性和价格弹性虽然分别属于三种不同的组合，但是产生的宏观经济效应却是相同的，即无论以实际值还是名义值衡量，服务业占GDP比重都将随收入水平的提高而上升。这意味着：伴随着经济快速增长，我国各省市区服务业增加值在地区经济中的比重均将逐步提高，产业结构优化和升级趋势是可以预见的。

（靖学青）

大型国企国有产权的“委托问题”

蓝定香　著

《社会科学研究》2011年第6期

10千字

与企业的私有产权相比，企业国有产权的委托—代理具有特殊性。其委托的“标的”不同、目标不同、性质不同。私有产权一般只是经营权的委托与代理，而国有产权则首先是所有权的委托与代理；私有产权委托—代理的目标一般是追求经济效益的最大化，目标清晰且单一，而国有产权委托—代理的目标究竟是经济效益，还是社会效益，抑或是政治效益，既不清晰，也不单一，而是经济效益、社会效益甚至政治效益兼而有之，而且，究竟什么情况下追求经济效益最大化、什么情况下追求社会效益最大化、什么情况下考虑国家战略而追求政治效益最大化既是很不清晰的，也是很难清晰的；私有产权委托—代理的性质一般是经济性或称资本性的，即能够产生最大的“回报”——经济效益，具有明显的资本性——

能够带来最大的剩余价值，而国有产权委托—代理的性质则是资本性委托、行政性委托、社会性委托、政治性委托并存的“混合性”委托—代理，其目标是多元化的，既要追求国有资本保值增值，又要借助行政管理体制的运行乃至要符合行政官员的目标追求（名誉、地位、权势等），还要追求社会效益乃至政治效益。

与一般企业的产权委托关系相比，大型国企国有产权的委托关系具有特殊性，存在原始委托人虚置、行政性委托、多重委托、长链条委托等许多“委托问题”，最终导致无人真正对国有企业的经营状况进而对“全民”的国有资产负责。为此，应当明确大型国企产权制度改革的方向是：除了两个“极少数”大型国企，即极少数处于“公共性”领域的必须由国家独资经营的企业和极少数经营难以为继而必须“退出”的企业外，其余大型国企都应当推进产权多元化改革。疏解大型国企国有产权的“委托问题”，可通过引进非国有投资者，建立控股股东制衡的混合股权结构。这就需要转变观念，消除国企产权多元化必然导致私有化、导致国有资产流失等认识误区，消除国资管理机构作为“出资人”与“监管者”两种角色之间的冲突，真正落实“新36条”（国务院于2010年5月13日再次发布的“国务院关于鼓励和引导民间投资健康发展的若干意见”）的有关政策文件，鼓励非国（公）有经济参与大型国企产权多元化改革，完善和规范国有产权流动的市场化平台，督促国有产权通过产权交易市场进行流转，消除大型国企的不良资产、冗员以及三产和辅业剥离等历史负担，加快推进大型国企的产权多元化改革。

（蓝定香）

错过购买情境下消费者后悔对购买意向的影响研究

李东进　马云飞　杜立婷　著

《南开管理评论》2011年第5期

18.5千字

错过购买是一个非常常见的现象，人们错过一次购买后，面对下一次购买机会，是继续不购买，还是选择购买？消费者错过购买后，后悔会如何影响随后的行为，如何引导错过购买的消费者在将来采取购买行为，这是一个值得研究的问题。该文从后悔的角度，通过系统地考察后悔对随后行为的影响，探究人们错过购买后，后悔对未来购买意向的影响，继而研究如何利用后悔增强人们未来的购买意向。

前人的研究得出了不一致的结论。有研究发现，当消费者错过购买后，倾向于继续不购买。但是，Patrick，Lancellotti和Demello发现，当错过的产品与目标相关，且很难再有类似的购买机会时，后悔会产生更大的压力，人们更有动力采取积极的应对方式，即提高购买意向。

该文通过三个实验来对此问题进行研究。研究一的结果表明，人们错过购买后，如果为错过购买而后悔，后悔会激发人们的修正性行为和对错过的机会的渴望，因而能够促使人们提高未来的购买意向。研究二的结果表明，人们错过购买后，如果提供关于购买结果的积极信息，会激发和增强人们的后悔，后悔会成为一种动力，促使人们在面对下一次购买机会时增强购买意向。研究三的结果表明，后悔对未来购买意向的影响受到消费者感知的下一次购买机会易达性的调节，当消费者为错过购买而后悔时，面对下一次购买机会，如果认为该机会是容易到达的，也就是说情境因素有助于他们通过行为（即购买产品）来减轻后悔，人们倾向于采取行为，因此后悔会提高购买意向；但是，如果消费者认为未来的购买机会很难到达，比如需要花费很多时间和努力，或即使努力也很难得到令人满意的结果，则倾向于从认知上调节后悔（如贬低该购买机会的价值），采取购买行为的意向较低，因此即使后悔增强，人们的购买意向也不会有显著提高。

本研究同时具有较强的实践意义。首先，有助于营销者促使上一次错过购买的消费者在未来采取购买行为。该文提出，通过提供关于购买结果的积极信息（如广播、互联网传播、口碑相传等），来激发消费者的后悔，从而促使他们在未来提高购买意向。其次，本研究为营销者如何利用消费者的情感提供了参考。

（程新生）

治理主体干预对公司多元化战略的影响路径——基于管理者过度自信的间接效应检验

周杰　薛有志　著

《南开管理评论》2011 年第 1 期

16.5 千字

20 世纪 90 年代以来，多元化战略开始受到中国上市公司的青睐，但中国企业联合会 2006 年的一份研究报告显示，“中国的失败企业绝大多数败于多元化”。对此，国内外学者基于委托代理理论揭示了多元化战略决策的非科学性问题。相应地，公司治理与多元化战略关系的研究逐渐被学术界所关注，而委托代理理论便成为形成这一关系的内在机理。过度自信是指，高估决策收益或成功可能性，而低估决策风险或失败概率的心理偏差。Hayward 等的研究指出，当管理者过度相信未来的发展前景并且非常自信地认为自己不会犯错误时，他更可能制定错误的战略决策。因此，管理者的过度自信可能也是导致非科学多元化战略决策的重要原因之一。由此可看出，引发非科学多元化战略决策的原因可能表现为两个方面，第一，管理者与股东间的委托代理冲突；第二，以管理者过度自信为特征的认知偏差。公司治理会通过对控制幻觉的作用而影响管理者的过度自信倾向，从而最终影响公司多元化战略决策的科学性。

理论界直接检验管理者过度自信与多元化战略关系的文献并不多见，但通过梳理管理者过度自信与公司决策偏好的相关文献，可以基于三个方面的研究成果提出“管理者过度自信促进公司实施多元化战略”的基本命题：第一，管理者过度自信与公司投资支出的关系；第二，管理者过度自信对公司并购行为的影响；第三，管理者过度自信与公司新产品开发的联系。

该文以 2007 年中国沪深非金融类上市公司为研究对象，通过实证的研究方法，一方面，检验了管理者过度自信对公司多元化水平的影响；另一方面，检验了治理主体的监控与干预对管理者过度自信的影响，最后，根据上述两个方面，检验了治理主体的监控与干预对公司多元化程度的直接影响效应和间接影响效应，构建了治理主体的监控与干预对公司多元化战略的影响路径。研究结果表明：管理者过度自信显著地促进了公司实施多元化战略；债权人、股东与政府的监控与干预倾向显著地抑制了管理者过度自信问题；债权人和股东的监控与干预不仅通过对管理者过度自信的影响对公司多元化战略具有显著地间接影响效应，而且通过委托代理冲突的抑制对公司多元化战略具有显著地直接影响效应，而政府的监控与干预对多元化战略的影响仅仅表现为间接效应。

（程新生）

新企业创业导向转化为绩效的新企业能力：理论模型与中国实证研究

胡望斌　张玉利　著

《南开管理评论》2011 年第 1 期

21 千字

新企业高失败率和成长巨大差异性引起了学者们广泛和深入的关注。新企业（New Venture）是成立时间不长、在创业企业没有达到成熟阶段前的形态。创业导向是企业进入新业务领域所采取的具有创新性、承担风险性和超前行动性的战略决策观念与模式，其研究源于战略管理领域的战略决策模式。新企业缺乏成熟企业拥有的资源能力、市场力量等优势，它们成功与否在很大程度上取决于能否引入一种创业导向（EO）战略来加强它的积极和革新行为，实现战略整合与提升进而实现生存和成长。创业导向的研究已取得了一定的成果，但仍然存在着一些争论，如创业导向的构成维度到底是单一维度还是多维度？新企业与成熟企业创业导向表现是否相同？创业导向作为影响新企业绩效的重要因素已得到较多研究的证实，但是否适用于中国转型经济背景下的新企业？尤其是创业导向影响新企业绩效的作用机制没有得到很好的解释。

在概念和实证两方面，创业导向研究已取得许多共识，开始成为创业研究中少数几个已有相当知识性积累的领域。且目前国内外学术界在创业导向和企业绩效的关系和转化路径的研究方面已取得了较丰富的成果，但未取得一致结论。

鉴于现有研究陷于在新企业创业导向与绩效间无限追加调节和中介变量的复杂模型中，而忽视了其中关键要素的深入挖掘，该文基于演化经济学、战略理论和组织理论，认为新企业从创业导向到组织绩效，中间需要一定的转化路径与能力支持，并创造性地提出了一个新的构念——新企业能力，构建了“创业导向——新企业能力——新企业绩效”关系理论模型。然后基于在中国天津市 9 家创业中心内按照系统分层抽样获取的数据对理论模型进行了检验，得出如下几个结论：第一，中国转型经济背景下新企业创业导向相比成熟企业具有独特性；第二，新企业创业导向与组织绩效正相关，且环境因素具有不同的调节作用；第三，新企业创业导向与组织绩效的间接关系明显强于直接关系，新企业能力是新企业创业导向转化为组织绩效的重要路径。

（程新生）

审计质量对盈余管理和权益资本成本的影响：来自于中国的证据

Hanwen Chen（陈汉文）Zeyun Chen Gerald J. Lobo Yanyan Wang（王艳艳）

《当代会计研究》（Contemporary Accounting Research），2011 年第 3 期

16.6 千字

中国的经济改革在过去的 30 年里已经取得了长足的发展，无论是经济总量还是企业数量都有了质的飞跃，作为资本市场发展过程中重要的信息中介，我国的独立审计也经历了恢复重建、稳定发展、脱钩改制和扩大规模等阶段。然而，一个至关重要的问题是，在世界最大的转型经济中，审计质量在抑制公司管理当局的盈余管理和企业定价中到底发挥什么样的作用？

该文立足于中国经济改革三十年来审计市场的变化，研究了我国会计师事务所脱钩改制

之后，审计质量对盈余管理和资本成本的影响在国有企业和非国有企业中的差异。研究结果发现，由于这两类企业在所有权结构方面的差异，导致他们的代理问题和破产风险存在差异，因此审计质量在降低财务报告的噪音以及降低投资者的定价风险角色方面，在国有企业和非国有企业中存在显著差异。具体表现为，在非国有企业中，“八大”审计的企业盈余管理和权益资本成本显著低于“非八大”；而在国有企业中，“八大”审计的企业盈余管理和权益资本成本与“非八大”不存在显著差异。此外，该文还发现，“八大”在非国有企业中抑制财务报告噪音和降低资本成本的作用显著大于在国有企业中的作用。

该文的贡献在于：首先，该研究丰富了审计质量对盈余管理和权益资本成本的影响的相关研究。过去以美国市场为对象的研究存在的一个潜在假定是：审计质量对财务报告质量的影响在所有企业中是不存在差异的。而中国资本市场中存在两类企业——国有企业和非国有企业，这两类企业所有制结构的差异使得他们的代理问题和管理当局的动机都存在差异，这为我们研究审计质量对不同企业的影响是否相同提供了独特的环境，我们的研究也表明独立审计在不同的企业当中的作用是存在差异的。其次，Fan 和 Wong（2005）以东亚转型经济为样本的研究表明，高质量的审计在法律环境薄弱的制度下具有公司质量角色，因为代理冲突严重的企业更倾向于雇用高质量的独立审计，而我国的研究拓展了上述结论。我们的研究表明，独立审计在法律薄弱环境下的公司治理功能仅局限于一部分企业，但是雇用高质量的审计会给企业带来无形的收益——低权益资本成本。再次，Khurana 和 Raman（2004）的研究认为高质量独立审计降低权益资本成本的功能只存在于美国的资本市场，并进一步认为是法律风险而不是审计声誉带来了感知的审计质量。我们的研究则拓展了上述研究，表明即使在同一法律体制下，审计质量的影响在不同的所有制结构企业中也是存在差异的。

（王艳艳）

技术嵌入、创新差异化战略与企业绩效——来自中国制造企业的证据

刘雪锋 吴晓波 著

《创新管理、政策与实践》2011 年第 1 期

7 千字（英文单词）

改革开放初期，中国众多的制造企业从低成本的加工制造切入全球价值链，靠所谓低成本劳动力等资源的比较优势参与全球价值链分工合作，并利用廉价劳动力的比较优势迅速发展起来，完成了资本的“原始积累”。但由于劳动力、能源等资源的逐渐紧缺，以及新兴的低成本地区（如越南）的兴起，中国制造企业的先前的劳动力等资源低成本比较优势逐渐被磨蚀，以及企业追求健康、持续发展的要求，大量的制造企业正在进行战略转型，从传统的低成本战略向差异化战略转型。很多成功企业的成长历程表明，通过企业的嵌入性网络合作，制造企业在网络中获取知识与积累能力，提升创新能力与市场管理能力，逐步实现战略演化，从传统的低成本制造战略转型到差异化经营战略，企业在战略提升的过程中赢得持续的竞争优势。该文以此为背景，研究了制造企业如何在其嵌入性网络中积累知识与能力，从而制定与实施创新差异化战略，以及带来企业绩效的提高。

已有的相关研究都认为网络嵌入性影响企业绩效或企业竞争优势的获取，但不同研究背景的学者提出了不同的网络嵌入性影响企业绩效的机制。该文在这些研究的基础上，

以制造企业为样本，把技术嵌入性分为关系维度与结构维度进行考察，研究了技术嵌入性的关系维度与结构维度以及两者的交互作用对企业创新差异化战略影响，进而如何影响企业绩效。

该文以182个制造企业为样本进行了统计实证研究，经问卷设计、数据收集、变量度量、信度与效度检验、多元回归分析，对假设进行了逐一验证。

通过本研究的分析论证，形成了以下主要研究结论。

（1）本研究以相关研究为基础，该文研究了技术嵌入性与企业创新差异化战略之间的关系。研究结果表明，技术嵌入性的关系维度与结构维度会影响企业获取异质性的有用资源，特别是有用的新的知识与信息，从而影响创新差异化战略的构思与实施；企业的创新差异化战略有利于企业绩效的提高，并且创新差异化战略在技术嵌入性的关系维度与结构维度影响企业绩效的关系中起中介作用。

（2）在上述研究结论的基础上，本研究进一步假设与检验了技术嵌入性的关于维度与结构维度的交互作用对创新差异化战略以及企业绩效的影响。研究结果表明，两者的交互作用直接影响企业绩效，创新差异化战略不在其中起中介作用。

（刘雪锋）

电子商务网站界面美感设计对消费者价值的影响研究

蔡舜　徐云杰　著

International Journal of Electronic Commerce，2011，15（4）

11.5千字（英文单词）

互联网的普及以及网络技术的进步促进了电子商务的发展与繁荣。与此同时，电子商务正在逐步地改变着人们的消费行为以及传统的商务模式。作为一种全新的商务活动，电子商务与传统的商务模式存在着明显的差异。在传统商务模式下，信息可以通过多种渠道传递给消费者，如产品的展示、商店的环境以及销售人员的服务等，与之相对，B2C电子商务模式下，电子商务网站更多地依赖于网站的界面来传递这些信息。因此，研究网上消费者的行为以及他们如何与电子商务网站界面互动从理论和实践上具有重要意义。

早期的电子商务网站界面设计往往采用可用性（Usability）来评价一个网站的设计。可用性概念的重点在于如何设计用户界面使得计算机设备的用户能够更加有效地完成任务。然而，网上消费者的购物过程并不仅仅是一个完成特定任务的过程。实际上，网上消费者同时具有两种身份：其一，他们是电子商务网站的使用者；其二，更重要的，他们是消费者，除了购买需要的商品，他们同样希望能享受购物的过程。特别是近年来，随着电子商务的普及、互联网用户的增加以及网络商品的多样化，网站往往承载了除单纯的信息提供者和交易平台以外更多的角色与功能，如市场营销、广告包装、品牌建立以及客户关怀。由于网上消费者通过网站界面与电子商务网站进行互动，因此，网站的界面美感（Aesthetics）显得尤为重要。实际上，越来越多的学者以及电子商务企业已经逐渐意识到，评价一个电子商务网站，除了讲求可用性，其整体界面的美感（Aesthetics）设计同样重要。

本研究基于计量心理学的方法，采用行为科学实验，从消费者价值的角度对电子商务网站的界面设计进行了研究，该文指出，电子商务网站的界面设计是一个多维度的概念，其内涵包含经典美感（Classical Aesthetics）和感官美感（Expressive Aesthetics）两个不同维度，经典美感指的是设计的条理性和清晰性。与之相对的，感官美感注重于设计的独创性、创新性和多样性。本研究主要具有以下结论与意义。一、经典美感和感官美感对消费者价值具有显著的正向影响。传统的管理学和市场学理论指出，消费者价值在很大程度上决定了消费者的购买行为。为消费者提供更多的价值能够有效地提高消费者的忠诚度，提升商家的利润以及竞争优势。二、本研究同时探索了电子商务网站界面设计两个不同的美感维度对不同类型的商品的适用性。本研究有助于验证不同的解释理论的有效性，进一步探索界面美感和消费者价值关联模型的内在科学原理。

（蔡舜）

敏捷供应链伙伴选择决策模型与方法文献综述

吴翀 David Barnes　著

Journal of Purchasing and Supply Management，2011，17（4）

12 千字（英文单词）

敏捷供应链的一个关键特征是其强调供应链的柔性——根据迅速变化的市场竞争环境迅速构建和重构。如果敏捷供应链没有高效的动态构建能力，其不可能不断地满足一个快速变化的市场。科学的伙伴选择是敏捷供应链构建的前提，持续的敏捷供应链伙伴选择决策改进是敏捷供应链成功的关键。随着敏捷供应链对自身敏捷性的要求不断提高，伙伴选择决策的决策频度在不断增加，伙伴选择决策的重要性更加显现。

综合已有研究的成果，将敏捷供应链伙伴选择划分为：评价指标体系构建，伙伴筛选分类，伙伴选定与订单分配，决策反馈与持续改进四个阶段。针对四个阶段的不同决策特点，分别分析和总结了各阶段现有研究文献的成果与需要进一步研究的方向。

通过对现有文献的分析与归纳总结发现：第一，到目前为止，学者们还较少关注动态市场环境下的伙伴选择决策问题，而这种决策环境却又是各种决策情形中最为复杂和重要的一种。敏捷供应链伙伴选择问题的决策环境正属于这种复杂的决策环境。面对动态市场需求，核心企业通常需要构建或重构新的敏捷供应链以准确高效地满足顾客需求。第二，在整个伙伴选择决策过程的研究中，“伙伴选定阶段”得到了最多的关注。在“伙伴选定阶段”之前的两个阶段，“评价指标体系构建阶段”和“伙伴筛选分类阶段”受到的关注相对较少。De Boer and Wegen（2003）指出，目前有必要将研究重点转移到伙伴选择的早期阶段，如筛选分类和评价指标体系构建阶段。第三，现有伙伴选择理论框架中存在的大量方法和模型表明，并不是所有的方法和模型在各种可能的决策环境下都适用。然而，现有的研究文献却并没有充分考虑决策环境问题。事实上，越是决策环境具有特殊性就越是要求决策方法或模型与之相适应。第四，敏捷供应链伙伴选择“伙伴选定阶段”主要采用了四种决策技术和方法：线性加权法、数学规划法、层次分析法/网络分析法和模糊集方法。每一种方法都有其各自的优势与不足。第五，为高效准确地解决敏捷供应链伙伴选择及其持续改进问题，必须同时考虑定性与定量要求。当不同组织拥有不同的组织目标时，并不存在某种单一的方法能够适用于全面解决敏捷供应链伙伴选择及其持续改进问题。这就促使通过更进一步的研究，构建更先进的复合决策方法和模型，高效准确地解决敏捷供应链伙伴选择及其持续改进问题。

（吴翀）

企业成长：政治关联还是能力建设？

杨其静　著

《经济研究》2011 年第 10 期

25 千字

自 1978 年开始市场经济导向的改革以来，尽管中国经济已经获得了举世瞩目的辉煌成就，然而遗憾的是至今却没有塑造出一批具有强大核心竞争力的、有国际影响力的企业。尽管企业的质量和生命力是一个经济体的质量和竞争力的微观基础，但学术界对于该现象还缺乏严谨而系统的思考。不少学者将阻碍中国企业，尤其是民营企业的发展原因归结为国家对企业所有权性质的歧视，然而该文提出了这样一个问题：即便所有的企业都民营化了且政府给予每个其他平等的与之打交道的机会，企业就一定会专注于自身核心竞争力的打造吗？答案是否定的。

该文强调现实中的企业不会消极地将自己的命运托付给市场需求和其他企业，因为它们不仅会努力对内进行能力建设，而且也会对外寻求政府帮助，以便获得某种竞争优势。然而，资源有限的企业必须在能力建设和政治关联之间进行权衡。该文借助一个品质纵向差异竞争模型中而证明，如果一个经济体的政治经济环境使得：（ⅰ）政府掌控着企业所需的大量资源且有很大的自由处置权，（ⅱ）法律对知识产权的保护不力或者企业自身的既有能力不足而使得提升和维护产品品质优势很困难，（ⅲ）较低的经济发展水平使得大多数国民更看重商品的价格而非品质，（ⅳ）国内收入分配严重不均使得低端消费者比例很大而缺乏一个足够庞大的中间消费群体，（ⅴ）实力超群的高品质企业（比如，著名跨国公司）存在于行业中，那么，企业将普遍地热衷于与政府搞政治关联，甚至将其作为占优的策略选择。不仅如此，在这样的政治经济环境中还可能存在着一个恶性循环：一旦各个企业将更多的资源用于政治关联而必然减少内在能力的建设，从而这些企业不太可能提供异质性的高品质产品；产品品质趋同的企业之间将展开激烈的价格竞争，而大大压缩了各自的利润空间；有限的利润大大限制了企业的研发能力，从而企业不得不更多地寻求降低成本的方法；这进一步强化了企业对掌握大量资源的政府的依赖和对包括劳动工资在内的生产成本的控制，从而使得社会收入分配变得更加不平等——政府部门获得更多的租金而广大的普通劳动者收入增长缓慢；较高收入水平的中间消费群体的缺失，从而无法诱导那些低品质企业走上积极提升产品品质的道路，尤其是那些已有实力超群的企业存在的行业；自身能力无法得到有效提升的企业群体必然展开更加激烈的价格竞争。

（杨其静）

服务业是节约投资的产业吗？——基于总量与 ICOR 的研究

李勇坚　夏杰长　著

《中国社会科学院研究生院学报》2011 年第 5 期

10 千字

20 世纪 60 年代，Baumol 第一次建立了一个服务业增长的宏观经济模型。通过该模型，Baumol 指出，服务业占 GDP 比重的上升主要是因为服务业的生产率增长速度低于制造业的增长速度，因而，服务业的成本大幅度上升，造成服务业在 GDP 中的份额大幅度上升。因此，服务业所消耗的资源虽然越来越多，但从整体上看，消费者所实际接受的服务量并没有随着经济增长而明显增加。从这一观点出发，我们可以推论出，服务业的投资在整体经济中是缺乏效率的，因为服务业的成长来源于其本身价格的上涨，而非效率的提升。

从增长动力来看，服务业的增长具有明显投资驱动的特征。从 1993 年开始，我国服务业投资占全部投资的比例开始超过 50%。之后，这个比例一直保持在 50% 以上，其中在 2001 年达到 65%，之后稍有下降，但仍维持在 54% 左右。服务业投资占全部投资的比重超过 50% 这一事实的确令人吃惊。因为从中国服务业增加值占 GDP 的比重来看，直到 2010 年仍远远低于 45%。这意味着应该对服务业的投资效率进行反思。

从投资/增量产出比来看，服务业作为一个整体是三大产业部门中最高的。这一事实说明，从整体上看，服务业的确是一个高资本消耗的部门，而且投资效率较低。我们认为，造成这一结果的原因主要是服务业投资体制。从投资主体来看，服务业投资仍然主要以国有投资为主。2008 年我国城镇服务业投资中，国有控股投资占 49.4%．14 个大类行业中，除批发和零售业、住宿和餐饮业、房地产业、租赁和商务服务业、居民服务业和其他服务业 5 个行业外，其他 9 个行业国有投资均占 50% 以上，其中交通运输仓储和邮政业、水利环境和公共设施管理业、教育 3 个行业国有投资占 80% 以上。然而，服务业内部各个行业的投资效率差异非常大，通过对服务业内部的主要行业进行分析，可以看出交通运输仓储邮电业与房地产业这两个部门消耗了服务业 60% 以上的投资，而且其投资的产出效率极低。这一切的根源都是服务业投资体制或宏观管理体制。

从整体上看，服务业是一个相当昂贵的部门。服务业在吞噬了大量资本的同时，并没有带来与其投资相适应的产出。服务业投资的低效率来源于交通运输仓储邮政业与房地产业的巨额投资消耗与畸高的投资/增量产出比，而二者投资低效率的根源在于现有的投资体制与宏观经济管理体制。要提升服务业的投资效率，则需要着力从投资体制与土地管理制度等方面进行深入有效的改革。

（孔繁来）

我国战略性海洋新兴产业发展模式及创新路径

向晓梅　著

《广东社会科学》2011 年第 5 期

7 千字

进入 21 世纪以来，全球海洋经济快速发展，培育战略性海洋新兴产业成为沿海各国提高海洋竞争力的重大战略举措。大力培育和发展战略性海洋新兴产业，对于我国加快转变经济发展方式，实现经济社会可持续发展具有十分重大的现实意义。

根据战略性海洋新兴产业所具备的高技术引领性、资源综合利用性、环境友好性、与陆地经济的融合性、对国民经济的主导带动性五大产业特征，该文提出我国战略性海洋新兴产业的三种发展模式：在高新技术创新引领发展模式下，推动海洋装备制造业、深海矿产资源勘探开发等产业的快速发展；在资源保护下的综合开发利用模式下，推动海水综合利用产业、海洋生物医药产业和海洋可再生能源产业等的发展；在海陆资源对接融合的统筹开发模式下，大力发展滨海旅游、港口物流、信息服务业等海洋现代服务业。

从战略性海洋新兴产业的特征及发展模式出发，我国应创新战略性海洋新兴产业的发展路径：（1）加强海洋科技创新能力，促进海洋科技成果的产业化进程；（2）构建海洋生态平衡系统，推动海洋新兴产业的可持续发展；（3）在政府主导下引入市场经济手段及民间资本，充分开发深海外海资源，拓展海洋新兴产业发展新领域；（4）促进海陆资源互动对接，为海洋新兴产业发展提供更广阔的基础和空间；（5）借鉴美国东海岸绿道建设经验，构建滨海蓝色城镇带和景观带，优化海洋新兴产业发展环境；（6）探索海洋管理体制创新，深化海洋管理体制机制改革。

该文的创新之处：一是对战略性海洋新兴产业的发展特征、发展模式和发展路径进行系统详尽的分析，弥补了现有理论研究的空白。二是在深入分析海洋经济时代战略性海洋新兴产业新特点的基础上，提出我国发展战略性海洋新兴产业的“三大”模式，对我国战略性海洋新兴产业的发展具有指导意义。三是提出我国发展战略性海洋新兴产业的“六大”创新路径，观点更具针对性与可操作性，为相关部门制定发展策略提供了指南。

（向晓梅）

民营企业的政治联系、劳动雇佣与公司价值

何德旭　周中胜　著

《数量经济技术经济研究》2011 年第 9 期

19 千字

民营企业寻求建立政治联系的现象在转型经济体和发展中国家是一种非常普通的现象。那么，为什么民营企业会寻求建立政治联系，民营企业建立政治联系的动机是什么？民营企业的政治联系会提高公司的价值吗？对此，以往的研究文献并未取得一致意见。很多研究认为，企业建立政治联系可以提高公司的价值，具体体现在两个方面：一是通过建立政治联系可以为企业获取寻租收益，如税收优惠、信贷便利、行业准入管制放松、财政补贴等，从而提升企业的价值。另外，在制度不健全的条件下，如投资者法律保护制度、产权和金融发展等制度落后的地区，通过建立政治联系可以克服制度欠发达的状况，保护企业的合法权益不受侵害，从而形成一种非正式的替代机制，以帮助民营企业实现自身发展，提升公司价值。但与此同时，其他一些研究则发现，政治关系会使公司承担政府的寻租成本，政治关系会损害公司的价值。以往的研究并未取得一致的结论，现有的理论如寻租理论或制度替代理论似乎也无法完整地解释这一现象。因此，在转轨经济条件下，政治联系的建立究竟对于企业和社会有什么样的影响，如何理解民营企业的政治联系与公司价值的关系，需要进一步的分析与检验。

该文认为中国政府与企业之间的关系在制度环境不健全的情况下，可能会跨越不同的市场，从而形成一种互联的关系型合约关系。基于此，以中国转轨经济条件下政府与企业之间互联的关系型合约理论为基础，以民营企业的劳动雇佣为切入点，该文探寻了民营企业的政治联系与劳动雇佣以及公司价值的关系。以 2007—2009 年的民营上市公司作为研究样本，实证结果发现，民营企业的政治联系与公司的雇佣人数及雇佣成本均呈显著的正相关关系，而且这种正相关的关系在市场化程度较低的地区更为突出；民营公司的政治联系并不影响公司的价值。研究结果表明，尽管民营公司通过与政府建立政治联系可能会在银行信贷、财政补贴、市场准

入等方面获取租金收益；但与此同时，公司也必须承担更加多的社会职能如劳动力就业等。因此，民营企业的政治联系对公司价值的影响存在不确定性。该文的研究丰富和拓展了民营企业的政治联系的相关文献，能更好地解释民营企业的政治联系与公司价值之间的关系；也丰富了有关我国转轨经济下政府与企业之间关系的相关文献。

（何德旭）

企业无边界发展研究——基于案例的视角

李海舰　陈小勇　著

《中国工业经济》2011 年第 6 期

18 千字

一般而言，企业是有形要素（f1）和无形要素（f2）的集合体。在理论上，企业函数（f）可有三种形式：f = f（f1，0），f = f（0，f2），f = f（f1，f2）。然而，在现实中，f = f（f1，0），f = f（0，f2）两种极端形式的企业几乎是不存在的，而 f = f（f1，f2）才是现实中企业的常态。按照有形要素决定企业的实体发展、无形要素决定企业的虚拟发展的分析，现代企业应是有边界发展和无边界发展的融合。

无边界发展既是现代企业的理论创新，更是现代企业的实践创新。作者基于案例的视角，从三个层面概括了企业无边界发展的实践。从经营层面看，企业无边界发展包括：超越产品边界，超越时间边界，超越空间边界，超越运作边界；从管理层面看，企业无边界发展包括：超越垂直边界，超越水平边界；从操作层面看，企业无边界发展包括：虚拟研发，虚拟制造，虚拟销售，虚拟物流，等等。接着，作者从四个方面探讨了现代企业无边界发展的支撑要件，包括：信息技术与无边界发展，虚拟空间与无边界发展，虚拟运作与无边界发展，核心能力与无边界发展。作者指出，在信息化、虚拟化、全球化的背景下，通过无边界发展，任何一个具有核心能力的企业都可构筑成一个庞大的企业帝国。

根据无边界发展理论，“做大”企业可有两大思路：一是传统思路，通过产权关系链接，做大规模，有形之大，这是企业的实体形式之大，体现的是企业的“实力”，即有边界发展道路；二是现代思路，通过契约关系链接，做大网络，无形之大，这是企业的虚拟形式之大，体现的是企业的“势力”，即无边界发展道路。这样一来，现代企业应是规模之大和网络之大的融合，现代企业应是有形之大和无形之大的融合，现代企业应是“实力”之大和“势力”之大的融合，现代企业应是有边界发展和无边界发展的融合。即企业是在有边界中实现无边界发展，是企业在高层次上的做大做强。

现代企业可以分为两类：一类是网主企业（包括规则设计商和系统集成商），一类是节点企业（指模块供应商）。根据无边界发展理论，作为网主企业，不是制造产品而是打造体系平台，然后通过体系平台吸纳节点企业进入，进入节点企业越多，说明网主企业的无边界发展水平越高；作为节点企业，不是做大规模而是做强核心能力，然后通过拥有核心能力融入网主企业之中，融入网主企业越多，说明节点企业的无边界发展水平越高。在无边界发展理论的指导下，任何企业通过全球重构可以成为轻型、柔性、弹性企业，这类新型企业一般具有如下特点：小脑袋大身子，小核心大外围，小实体大虚拟，而这正代表了全球现代企业发展的最新形态。

（李海舰）

中国工业结构转型升级的进展、问题与趋势

金碚　吕铁　邓洲　著

《中国工业经济》2011年第2期

22千字

"十一五"前四年，中国工业结构调整取得了明显进展。一是工业结构呈重型化趋势，重制造业产值比重提高了2.06个百分点，轻、重制造业结构由"十五"的24.2:75.8调整为21.1:78.9。二是能源和原材料工业保持高增长态势，黑色金属冶炼及压延加工业、有色金属冶炼及压延加工业的比重分别提高了1.19和1.44个百分点；机电产业产值比重基本稳定。三是内资企业比重上升，企业个数和产值比重分别提高了1.13和1.07个百分点。四是大企业比重下降，企业个数、工业总产值、主营业务收入、利润总额比重分别下降了0.17、4.21、4.38和14.40个百分点。五是资本密集型行业比重下降，11个资本密集型行业的产值比重下降了4.74个百分点，利润总额比重下降超过20个百分点。六是技术密集型行业比重有所提高，R&D经费投入与主营业务收入比超过0.6%的行业产值比重提高近2个百分点。七是工业制成品出口比重保持高位水平，出口额占全部商品出口比重保持在94%以上，工业制成品出口占全球贸易总量的比重提高3.87个百分点。八是工业经济地区差距有所缩小，中部地区和西部地区工业企业产值比重分别提高1.51和0.95个百分点。

尽管"十一五"时期中国工业结构的调整取得了明显进展，但制约和影响工业结构转型升级的问题仍然突出。一是多种生产要素的供需形势已经发生变化，原先支撑工业增长的资源、土地和劳动力的低成本比较优势开始减弱。二是重化工业粗放发展与能源和环境约束的矛盾突出，重化工业中相当多的落后产能使工业生产能源效率难以提高，重化工业粗放式的发展方式使得环境状况严重恶化。三是产能过剩问题呈现扩大趋势，除了炼铁、炼钢、电解铝等传统产业外，新能源、新材料、电子信息等新兴产业的产能过剩问题也开始凸现。四是制造业向全球价值链高端攀升缓慢，自20世纪90年代以来，出口产品的国内技术含量甚至有所下降。五是自主创新对结构转型升级的支撑不足，高技术产业发展与技术发展并不同步。六是资本深化与增加就业之间的矛盾日趋尖锐。

"十二五"期间，中国工业结构变化的基本趋势包括：工业和服务业将呈现共同快速增长，工业占国民经济的比重将缓慢上升或基本稳定，工业和服务业的融合程度将提高。受产能控制和资源环境约束影响，重工业比重提高的速度有所放缓，重化工业将进入深化发展的阶段。新兴产业的发展将提速，但产业向高端制造迈进还存在许多障碍，中低端制造所占比重过大的问题还将持续。产业组织结构将有所优化，但大企业进一步做大做强的难度将提高。地区差异将进一步缩小，技术进步推动东部地区工业转型升级的趋势更加明显。

（邓洲）

中国产业升级的方向与路径

李钢　廖建辉　向奕霓　著

《中国工业经济》2011年第10期

18千字

2007年党的十七大报告提出，加快转变经济发展方式，是关系国民经济全面紧迫而重大的战略任务。经济发展方式转变的本质就是经济结构调整，更加健康的经济结构能

保证中国经济可持续的快速增长。经济结构可能是供给结构（产业结构）、需要结构（投资、消费、净出口的比例）、分配结构（资本、劳动、政府所得）等；其中产业结构的调整是最具可操作性的经济调整内容。很多学者认为产业结构调整内容要从主要依靠第二产业带动向依靠第一、第二、第三产业协同带动转变，特别是要提高第三产业在整个国民经济中的比重，提高现代服务行业对经济增长的贡献。

该文从发达国家三次产业效率、三次产业供给与需要、国际贸易等方面进行了分析，提出以下基本判断：（1）发达国家第三产业比例的不断提高，并非反映了第三产业是产业升级的方向，也绝非说明了第三产业比第二产业高级；（2）发达国家第三产业比例不断提高的同时，最终消费中第二产业提供的商品比例并没有大幅下降；（3）发达国家第三产业比例不断提高，是以发达的国际贸易为基础，是以发展中国家第二产业的快速发展为前提，因而在现有技术经济条件下，不具有全球第三产业占比大幅提高的基础；（4）发达国家第三产业比例的不断提高也是以发达国家的第三产业与第二产业价格扭曲为基础，如果第二产业价格大幅上升，其占比将会大幅上升。

该文利用购买力平价分行业的数据计算了我国 2000 年至 2009 年的产业结构，计算结果显示目前通行的产业结构数据高估了第二产业近 14 个百分点，该文计算的 2009 年三次产业结构为 5∶32∶63。2009 年的产业结构已经与日本等国 2000 年相接近；与目前中国人均 GDP 相同时的发达国家产业结构相比，中国第二产业的比例不是高了，而是低了；中国第二产业占 GDP 的比例还有提升的空间，第二产业特别是制造业的加快发展仍旧是中国产业升级的方向及产业政策的着力点。虽然经过 30 年快速的发展，中国经济的要素禀赋在不断发生量变，但到目前为止中国要素禀赋的质变尚未发生，中国的比较优势仍旧是劳动密集型产业，而且研究表明至少在“十二五”期间，中国的比较优势仍旧是劳动密集型产业。

（向奕霓）

产业规制中的决策行为及其属性——一个解说政府和厂商行为的分析框架

何大安　著

《浙江社会科学》2011 年第 5 期

16 千字

现有的关于产业规制中的政府和厂商决策行为的分析和研究，受理性经济人范式的影响极为深刻，它通常以效用最大化为原则将政府和厂商的行为属性理解或描述为理性决策。然而，大量的现实事例告诉我们，经济参与者不一定完全理性，其行为目的通常也不仅仅只是追求效用最大化。因此，如果我们在评说规制经济学相关理论的基础上能对政府和厂商的行为属性有创新式理解，将有助于规制理论框架的重塑。

在学术界，对于产业规制理论的研究分为两派：赞成规制和反对规制。然而，仔细分析两派各自用于否定对方理论的立论依据后会发现，这些相应的立论依据又常常可以反过来被对手用于扼制自己所主张的观点。由此，相关争论就这样长期僵持下来。而如果通过在既有的产业规制理论中引入对经济活动主体的决策属性和行为确定过程的考虑，也许能为解决上述争论提供另一个方案。

产业规制中的决策行为及其属性，是规制理论在研究政府和厂商行为时不可回避的一个基础理论问题。理解主体的决策行为属性的要义，在于行为人是否对影响决策的信息和环境等复杂因素进行加工和处理，从而形成对该项决策的特定认知。这是对新古典经济学以效用最大化和偏好一致性来定义理性决策的一种可供深入研究的修正。此外，理性决策和非理性决策都有可能产生正负效用的事实，表明以能否实现效用最大化来判别理性决策的观点值得商榷。

如果上述的分析观点成立，规制经济学有关政府和厂商的行为研究在一定程度和范围内有必要作出某些调整。这是一种企图重新架构产业规制理论分析框架的设想，它可以概括为试图以前述所解说的决策行为属性来构造一个有别于新古典经济学的效用函数，并以此来重新架构产业规制理论的学术努力。

（王鸿鑫）

产业关联下的生产性服务业发展——基于需求规模和需求结构的研究

肖文　樊文静　著

《经济学家》2011 年第 6 期

10 千字

20 世纪 80 年代以来，西方发达国家经济发展的显著特点之一，就是生产性服务业逐步取代制造业成为经济增长的主要动力和创新源泉。目前，关于生产性服务业的研究主要集中在生产性服务业发展对制造业作用的供给层面，且研究样本主要针对发达国家或地区。但是，考虑到我国经济发展的具体情况，以及产业结构和外向型经济的特点，影响生产性服务业发展的需求因素非常值得关注。

从理论研究来看，影响生产性服务业发展的需求因素主要涉及需求规模和需求结构两个方面。其中，需求规模通过规模经济、生产迂回程度加强、降低外购交易成本来对生产性服务业发展发挥作用。而需求结构则通过产业间机构和产业内结构两种不同的方式来影响生产性服务业发展。

从中国现实来看，制造业的落后导致对生产性服务业的需求规模小、层次低。同时，随着以代工生产和加工贸易为特征的中国制造的发展，阻碍了生产性服务业与制造业的产业关联，使中国生产性服务业缺乏有效市场需求的支撑。此外，由于服务业本身发展不足更进一步影响了生产性服务业的“自我增强”机制的运行。

为了验证以上分析，该文采用固定效用模型进行计量分析，得出的结论是，需求规模促进了生产性服务业的发展，但服务业发展的促进效应大于制造业；工业企业平均规模与生产性服务业的发展负相关，这跟企业的产权结构和经营目标以及是否进行规模扩张的动机有关；中国外向型经济的发展确实阻碍了制造业和生产性服务业的产业关联；劳动力投入对生产性服务业发展有很大的促进作用，同时，经济发展水平对生产性服务业发展有很强的收入效应。

（王鸿鑫）

品牌资产动态模型的逻辑结构及其演进机理

曹洪军　莎娜　庄晖　著

《宏观经济研究》2011 年第 4 期

10 千字

近年来，品牌资产领域的研究主要是从财务管理、消费者感知、财务管理结合消费者感知这三个视角进行的。然而，现有针对品牌资产的相关理论研究的局限性在于缺乏系统性和动态性。因此，尝试对品牌资产进行系统性和动态性的研究有助于满足我国企业对品牌建设实践的需要。

从静态上来看，品牌资产动态模型可以由五大要素构成，分别是显性品牌资产、隐性品牌资产、资源、环境及品牌政策。其中，品牌资产的核心成分包括品牌认知、品牌态度和品牌形象三个部分。同时，根据显性品牌资产与隐性品牌资产高低的不同，可以将品牌资产价值增长要素分为四个区域，分别是萌芽品牌区域、潜力品牌区域、危机品牌区域与成功品牌区域。处于每个区域中的品牌具有其相应的资源、环境和品牌政策特征。

从动态上来看，构成品牌资产动态模型的五大要素在品牌资产形成和演变过程中各自发挥着独特的作用。其中，环境的不断变化是品牌资产动态模型的逻辑前提；隐性品牌资产品牌决定资产动态模型演进方向；品牌政策是资产动态模型的助推器；资源是品牌资产动态模型的前置条件与运行结果；显性品牌资产是整个品牌资产动态模型运行实时效果的外显。由此可看出，在上述五个环节的环环相扣、相互配合下，构成了具有无限循环特征的复杂的动态演进系统。

综合上述分析可以得出，企业自身的积累和良好的环境对于企业品牌发展来说非常重要。同时，品牌建设是一个长期循环的过程，企业应该在充分认识品牌资产动态模型运行机制的基础上尽可能地推动其进行正向无限循环。

（王鸿鑫）

市场经济与软约束——对市场经济微观基础的反思

林光彬　著

《政治经济学评述》2011 年第 3 期

22 千字

市场经济发展的历史显示，预算软约束的发展趋势是越来越软，越来越社会化。如何从经济史的角度来看待这一问题？预算软约束在当下是否又呈现出新的特征？对于这两个问题的分析和回答有助于加深对市场经济的理解，为旨在推动我国经济社会持续健康发展的政策制定提供参考。

通过对现代市场经济的主要组织——有限责任公司、银行机构非银行金融机构和全球化经济组织的具有历史性、内生性特点的预算软约束分析，可以看出，现代公司所有权的社会化与预算软约束的常态化导致市场经济自身无法实现资源优化配置的理想功能。更进一步，由于经济参与主体的预算软约束特征，致使建立在理性经济人和追求利润最大化假设上的微观经济学的基本原理无法解释现代市场经济的运行特征。从更为宏观的层面来看，现代市场经济的主要组织之间固有的、特殊的、相互担保的连接方式是经济危机不断循环与周期性爆发的内在原因。

上述分析适用于任何一个以私有化为基础的市场经济国家或者地区，这是由市场经济的主要组织的预算软约束所决定的。然而应该看到，当今世界正处于经济全球化高速发展的阶段，这决定了预算软约束也会全球化蔓延。由此，必须加强企业组织和金融监管制度的创新和监管力度；同时，加快建立国际经济新秩序、矫正失衡的国际储备货币体系和加强对跨国经济组织的全球管理。

（王鸿鑫）

管理学视角下的民营化现象：一个多层面的研究框架

武常岐　韩煦　著

《管理世界》2011 年第 8 期

16 千字

近年来，民营化已经逐渐成为全球经济发展和中国经济发展的重要组成部分。然而，很多与民营化相关的管理学问题却仍然没有得到很好的检验和回答。因此，从管理学角度出发对民营化进行研究不仅有助于我们深入理解民营化本身，还有助于我们进一步完善对其他管理学问题的理解。

通过对近年来国际和国内关于民营化相关文献进行整理、分类和分析后发现，管理学为民营化研究所作出的贡献主要体现为：解释了民营化改善组织绩效的机制以及为进一步研究民营化提供了多维的视角。然而也存在着如相关文献较少、研究对象、研究方法以及讨论样本单一等不足。

为了弥补既有理论研究的不足，可以以一个基于个人、公司以及群体的三个层面的研究框架，从管理学角度对民营化现象进行解析。具体来说，个人层面是将民营化视为企业家转型、学习和自我选择的过程；公司层面是将民营化视为公司资源、治理结构和战略重组的过程；群体层面是将民营化视为新的企业群体出现的过程。此外，三个层面之间并不是相互独立的，而是互相影响，互为因果。

在建立起上述针对民营化研究框架的基础上，结合中国在政治体制、经济环境以及文化等方面所具有的特殊性，使中国的民营化企业成为了检验、补充并发展与民营化相关的管理学理论的极佳样本。而这就需要更多基于中国制度背景下的民营化研究。

（王鸿鑫）

论垄断行业改革的理论基础

张昕竹　著

《经济社会体制比较》2011 年第 3 期

8 千字

产权改革、经济自由化、规制改革是垄断行业改革的基本内容，但与其他国家的改革经验不同，中国选择了一条不同的垄断行业改革路径。在历经 21 世纪初大规模制度和机制层面的改革探索以后，中国垄断行业的改革已出现瓶颈。尽管现代规制理论已成为垄断行业改革的指南，但其并没有解决转型经济环境下垄断行业改革所面临的一些根本性问题，造成改革步伐停滞甚至迟迟没有破题。

中国的垄断行业国有企业的产权改革与其他国家不同，中国并没有对这些领域的国有企业进行大规模的产权私有化，虽然在有些领域极小范围内引入了资本多元化，但是国有控股的基本格局没有改变。产权理论并没有从根本上解决国有产权的性质问题，也没有回答什么情况下会出现国有产权的问题。产权理论的发展没有出现具有划时代意义的重大突破，甚至可以说还没有破题。

中国的经济自由化方式主要内容虽然是打破垄断引入竞争，但是引入竞争是在基本上没有实行产权制度改革、没有大规模私有化的前提下进行的。这种改革思路在理论界引起很大争议，但对此相关的研究始终没有突破性进展。中国经济自由化另外的特征：一个是引入有限竞争，而不是强调充分竞争；另一个是反垄断制度的姗姗来迟，这两者对经济发展的影响也始终没有明确的结论。

规制改革的内容主要包括建立法律框架、规制治理结构、规制政策改革。中国在规制改革中并没有建立独立监管机构，而是在现有的行政体制下，建立垄断行业的规制治理结构。规制政策中，最核心的问题是价格规制，而现代规制理论并没有考虑政府规制面临的制度约束问题，更没有考虑可能面对的一些重要的转型问题。

中国规制改革由急风暴雨转为和风细雨，其背后有着深刻的理论背景。而中国垄断行业改革所面临的很多问题，是现代规制理论所没有解决的。在垄断行业改革的重大基础理论难以取得突破的时刻，我们需要不断总结实证经验，为未来的理论突破提供实证证据。

（王鸿鑫）

企业间领导力：一种理解联盟企业行为与战略的新视角

郝斌　任浩　著

《中国工业经济》2011 年第 3 期

13 千字

对一个企业联盟来说，核心企业对联盟的控制、协调及其树立的声望和地位，集中表现为核心企业的“企业间领导力”。企业间领导力不仅关系到核心企业协调网络运作的行为与能力，而且关系到网络成员的绩效和整个网络的成长。为此，打开企业间领导力的内核，探究其理论结构，不仅能够推动联盟核心企业的成长，而且有利于联盟整体绩效的提升与联盟成功。

在对相关文献进行整理和分析的基础上可以将企业间领导力的形成过程表述为：企业在既定的网络地位条件下，通过信息控制和行为控制进而强化其在网络中的主导地位，在获得网络认同后最终成为网络领导。联盟核心企业所具有的企业间领导力代表了核心企业的领导能力或影响力，能够直接作用于成员企业的行为，使得成员企业主动追随并乐于为了共同的联盟利益而努力。

由上述分析中可以看出，网络地位企业在联盟中的发展是企业间领导能力的基础。企业根据网络结构和网络规则来选择自己的战略和行为以实现网络能力向企业间领导力的转化。而为了成为最终的联盟领导者，经过强化后的企业主导地位需要得到网络认同。实现网络认同的途径主要有两条，一条是发挥直接作用的一致性认知，另一条是结合发挥直接作用和间接作用的合法性认知。

上述分析结果的现实意义是，随着跨国公司联盟合作的浪潮席卷全球，中国企业也开始逐渐引入联盟战略。中国企业应通过发展企业间领导力来培育或构建战略联盟。为此，中国企业联盟建构策略包括：发展系统设计能力、深化迂回生产链的技术分工、强化联盟企业间非对称性依赖关系。

（王鸿鑫）

十字路口的中国管理研究：一些哲学层面的思考

曾荣光　著

《重庆大学学报》（社会科学版）2011 年第 4 期

10 千字

中国管理研究所面临的一个关键议题是情境化问题。不管我们如何在中国情境下应用现有的理论，他们实际上都脱胎于西方的情境。Tsui 区分出处理这一问题的两个方面：理论应用与理论创新。前者是将现有理论直接应用于中国的情境，后者试图以新的理论解释中国管理中的独特现象。Barney 和 Zhang 认为中国管理研究正徘徊于这两条道路的十字路口，提出了许多真知灼见与实用建议。该文另辟蹊径，从哲学层面讨论这一问题。

情境化中国管理研究的一个主要议题是西方管理理论是否能够充分地解释中国管理现象。换句话说，这些理论是否能够准确地反映这些现象的本质。不同的哲学派系对情境化有不同的解释，从某些哲学流派来看，它甚至不构成任何议题。我们的讨论将以批判实在主义的观点为基础。

迪昂—奎因认为理论不可能孤立地经受检验，而只能经受与辅助假设组一起的联合检验。辅助假设组包括背景假设、研究方法和推理规则。根据这一论题，实证普适性的重复检验是一种适合在中国情境下测试西方理论的方法。

由于难以确定性地推翻已有的管理理论，试图创造新的理论来解释独特的中国管理现象，可能导致理论的过度繁衍，并延续薄弱甚至虚假的理论，从而进一步分裂我们已经支离破碎的学科。这并不是全然反对发展本土理论，而是建议要谨言慎行。

研究实证规律是一种对理论应用或理论创新的可行替代。这一替代方法的核心优势和理论负载的观察有关。理论往往“限制我们所问的各种问题”，影响我们认为可以接收的数据以及决定我们解释调查结果的方式。这个方法的另一个优点是，侧重实证规律的学者并不急于过早地创造新的理论，这样就不至于在一个学科中增加一个薄弱的理论。因此我们建议用实证规律式的研究作为理论应用和理论创新以外的另一选择。

（王鸿鑫）

中国管理与组织研究 30 年：论文作者、风格与主题的分布及其演变

尤树洋　贾良定　蔡亚华　著

《华南师范大学学报》（社会科学版）2011 年第 4 期

10 千字

自 20 世纪 80 年代以来，国际学术界对中国管理情境及其研究兴趣越来越浓厚的同时，国内管理学界的努力也是日见成效。中国组织管理研究历经 30 年蓬勃发展，我们有必要也是时候回顾与反思这 30 年的发展情况，并思考未来前进之路。

基于研究目的，主要从中国组织管理研究贡献者来源分布、研究方式层次领域的演变趋势以及中国组织管理研究主题的演变趋势及其主题关联性三个方面来进行。通过运用编码分析、统计描述、网络分析等方法对 1980 年至 2010 年国内 10 本权威管理学研究学术性期刊进行系统回顾和评价后得出：

第一，总体上看，过去 30 年间，中国管理学科建设迅速，并呈现持续成长的态势。

第二，从研究主体上看，我国管理学研究的主体在过去 30 年间呈现出由独立研究向合作研究转变并逐步趋于专业化的态势。

第三，从研究风格上看，我国管理学研究在过去 30 年间逐步走向科学化、专业化和精细化。

第四，从研究内容上看，过去 30 年间，我国管理学研究成果从较为单一的研究领域或主题向多元化的研究内容转变。

第五，从研究载体上看，在我国管理学研究发展历程中，学术性期刊起到了至关重要的作用。

由此，纵观这 30 年的发展历程，尽管我国组织与战略管理研究起步较晚，但发展迅速。研究成果数量和质量均呈现出明显的增长态势，学科建设逐步趋近科学化、规范化和多元化。

（王鸿鑫）

中西方研究管理的整合

梁觉　著

《重庆大学学报》（社会科学版）2011 年第 4 期

5 千字

Barney 和 Zhang 认为中国管理研究有两

条不同的发展路径，即文化普遍性（中国管理理论）和文化特殊性（管理的中国理论）。这两种观点在跨文化心理学和人类学领域内讨论并争论了几十年，Barney 和 Zhang 对这两种观点的利弊作了深入透彻的分析。然而通过参照文化心理学和人类学的分析会发现，中国管理研究实际上可能不仅仅局限于这两种视角。

中国管理研究的其他三种视角：首先，中国管理研究者可以发展创新的及具有影响力的想法和理论，这些想法和理论并不一定局限于中国文化的北京，而可以是放诸四海而皆准的。这一方向成功的几率取决于所提出想法和理论的价值。如果中国管理研究者提出真正具有开拓性的想法，并能够列出确凿的证据，他们的理论框架最终会获得全世界的认可。另一种途径是尝试融合，即“文化特殊性—文化普遍性”结合的方法，以整合西方及本土的理论的元素，发展一种“中西方的管理理论”，这种理论融合的方法会在国际学术界产生重大影响。最后一个方向是使用协同方法实现西方及本土理论之间的动态互动，并最终发展出创新的、具有文化普遍适用性的理论。文化特殊性研究可以通过提供新观点来修正和扩展文化普遍性理论。反之，文化普遍性研究可以突出在某一特定文化中被文化特殊性研究者错过的重要理论构念和过程。随着研究的积累，文化特殊性和文化普遍性理论通过不断交流和相互刺激得以完善，进而出现理论整合和普遍性理论的形成。

中国情境为新构念和新现象的涌现提供了丰富的沃土，为了充分发挥其潜力，必须鼓励多样化方法，对中国管理研究应同时重视上述三种思路。

（王鸿鑫）

企业出口决策：“被迫”还是“自选择”——浙江与广东的经验比较

赵伟 赵金亮 韩媛媛 著

《当代经济科学》2011 年第 1 期
8 千字

企业出口决策是近期国内外经验研究的一个热点论题。国外围绕这个主题的研究大多从企业最具代表性的生产率异质性入手，进行理论推演并实证检验该因素对企业出口决策的影响。借用这一分析框架，该文试图通过对浙江和广东两省企业的出口决策进行实证检验与对比分析，为其在新形势下实现“战略突围”提供支持。

通过对浙、粤两省近年来相关经济数据进行梳理和分析后发现，浙江和广东两省在出口贸易方式上具有十分鲜明的差异。平均而言，前者的一般贸易占了出口总额的近八成，而后者在来料加工比重锐减的同时，总的加工贸易依然占据了出口总额的六成左右。这也就意味着浙、粤两省在出口贸易方式上分别具有十分明显的“一般贸易”和“加工贸易”偏向。

为了更清楚地看出两省在出口贸易方式上的差异对各自出口政策选择所造成的影响，参照 Cole 等研究所采用的 Probit 模型进行计量分析。需要注意的是，为了让模型更契合中国现实进行了部分改进：增加了企业全要素生产率的二次项；控制企业年龄的同时增加了其平方项；增加了可反映滞后一期出口状态“异质性”的交互项。在此基础上，对数据和变量进行整理并带入模型进行估计后得出的结论为，生产率对企业出口倾向的影响不同，进而在“自我选择效应”上表现出巨大差异，浙江省企业是符合与违背“自选择”的现象并存，而广东省企业则呈现出明显的“自我选择悖论”。此外，对于前一期出口企业而言，生产率均未显著提高其出口倾向，这隐含着企业在创新动力上存在着“出口惰性”。

鉴于上述分析，浙、粤两省的企业在新形势下要实现“战略突围”就需要继续加强企业自主创新能力的培养，加快企业转型升级的步伐，由过度依赖外需转向注重内需，实现内外兼修。

（王鸿鑫）

要素市场扭曲是否激发了中国企业出口

张杰　周晓艳　郑文平　芦哲　著

《世界经济》2011 年第 8 期
21 千字

改革开放以来，中国政府成功运用出口导向战略使中国对全球市场的出口实现了快速增长。然而，同时也产生了对中国政府操纵汇率和贸易保护等质疑的声音。因此，有必要对影响中国企业出口行为的原因进行更深入、客观的分析。

在对相关文献进行梳理和分析的基础上提出理论假设，我国企业出口行为的主要原因是我国扭曲的要素市场，根本原因在于政府对于要素市场的干预和控制，如资本、土地、劳动力和环境。而要素市场的扭曲表现为要素市场的发展明显落后于产品市场的发展。进一步分析得出，中国政府之所以对要素市场进行干预和控制，是因为其对经济增长的内生性需求。

鉴于中国各地区之间存在异质性和市场分割性以及相关数据的不完整性，决定采用地区间的要素市场扭曲的测度指标为（各省级地区产品市场市场化进程程度指数—要素市场市场化进程程度指数）/产品市场市场化进程程度指数以及（各省级地区总体市场市场化进程程度指数—要素市场市场化进程程度指数）/总体市场市场化进程程度指数。或者，各省级地区要素市场市场化进程程度指数/产品市场市场化进程程度指数以及各省级地区要素市场市场化进程程度指数/总体市场市场化进程程度指数。

在上述分析的基础上对相关数据和变量进行处理并带入模型估计后得出的结论是：要素市场扭曲激励了中国本土企业出口，同时也激励了外资企业的出口动机，但这种激励效应要小于本土企业；要素市场扭曲程度较高的地区中本土企业的利润率相对较低，且扭曲程度越高，有出口的本土企业利润率越低。这表明要素市场扭曲相对提升了外资出口企业在中国本土市场的竞争力。

由此得出的政策启示是，一方面，积极推进要素市场的市场化进程，合理且适度地扭转中国企业对出口的偏好和依赖；另一方面，积极推进要素市场的市场化进程，实现本土企业出口方式的转变和出口收益的增加，彻底扭转本土企业出口越多收益越低的困境。

（王鸿鑫）

服务业增长：真实含义、多重影响和发展趋势

江小涓　著

《经济研究》2011 年第 4 期
16 千字

服务经济本质上是一种非实体化的经济。它在定义和测度、评价标准、生产和消费关系等方面与制造业有很大差异，还涉及许多超经济的问题。对服务业加快发展的含义及其影响进行重新审视和再研究，有助于加深对相关问题的理解。

服务业的复杂性至少体现在以下三个方面：构成庞杂、性质差异和目标多元，这些都对分析研究和实际工作带来困难。其中，

构成庞杂导致了“共性”难以概括以及统计困难。性质差异则导致了对服务业进行分类比较困难。而目标多元决定了评判标准的模糊性。

服务业在国民经济中比重上升的含义与制造业有很大不同。理解服务业增长含义的核心是：比重上升的原因可能是真实增长，也可能是名义增长。决定服务业在国民经济中比重上升的四个主要因素可以概括为“一实三名”。其中，新增服务消费导致真实增长，服务相对价格上升、服务专业化和外移以及自我服务转为市场化服务导致名义增长。

服务业“真实增长”的积极意义无须赘述。需要特别分析的是“名义增长”。从静态和微观看，这些增长是“名义”的，然而从动态和宏观看，它们都蕴涵着真实变化，有重要意义。特别要关注三个积极影响和三个长期挑战：对提高生产效率、提高服务水平和改善收入分配的积极影响，对交易费用、稳定物价和公共服务可持续性带来的长期挑战。

从国际比较和我国现阶段国情出发，结合上述分析，对我国服务业的增长前景作几点预测：1. 进入中等偏上国家行列后服务业比重明显上升的可能性增加；2. 由于真实需求快速增加，“名义增长”的影响增强以及政策环境明显改善，促进服务业加快发展的真实因素和名义因素已经具备。

基于上述分析，促进服务业加快发展和提高竞争力，深化改革开放很重要。要消除进入障碍和垄断力量，通过竞争促进服务业降低成本、提高质量和改善服务。特别是公共服务领域要加快改革开放，从“事业型”发展为主转向“事业型”、“产业型”并重发展，聚集更多资源，开拓更多消费空间。

（王鸿鑫）

管理学的价值性困境：回顾、争鸣与评论

高良谋　高静美　著

《管理世界》2011 年第 1 期

44 千字

历经百年发展，管理学仍然面临着诸多困境和挑战。人们对学科内一些元问题的认识仍然充满争议，“科学化”和“实践相关性”对于管理学来说似乎是鱼和熊掌。因此，在对管理学百年来针对一些元问题所阐发的争鸣性观点进行回顾、比较和评述的基础上，厘清不同争论之间的差异性与普遍性，对于以何种标准判断什么是有效的管理学研究，进而对管理学本身进行清晰定位十分重要。

回顾管理百年的发展历程，管理学研究领域存在着诸多争论，这些争论大都围绕着管理学的学科属性、理论构建方法、学科方法以及理论与实践之间的关系等问题而展开。其中，学科属性与理论的构建方式具有密切的相关性，有什么样的学科属性就决定了人们会以什么样的理论构建方式和方法去作研究。学科属性处于最核心的位置，而学科属性一方面因学科内的争鸣而得到发展，另一方面也大量借鉴了相关学科的知识，相关学科知识的借鉴既促进了管理学本身的发展，也带来了人们对于学科本身的合法性的质疑。与此同时，学者们为了维持学科合法性而向“科学化”靠拢的过程中，又面临着“实践相关性”的挑战。

而如何在这场纷争中取得一种平衡状态，研究方法是一个关键性的中介变量。在确定管理学研究方法方面，不仅要肯定科学成分之中的理论或范式的优先价值，也要承认管理学的实用性。此外，管理学对于社会生产和生活的指导作用不仅关系到研究者所在行

业组织对其研究贡献的判断，从而给研究者带来职业归属感和声誉，而且管理学的实用性还因解决实际问题而能获得社会的支持。

（王鸿鑫）

基于产业集群与全球价值链耦合视角的集群企业升级研究

彭迪云　刘彩梅　著

《南昌大学学报》（人文社会科学版）2011年第1期

10千字

我国正处于市场化和国际化深入发展的转型时期，产业集群嵌入全球价值链与升级问题已成为学术界讨论的热点。对产业集群与全球价值链之间的互动及其结果的探讨，为加快产业集群的成长及其在全球价值链中分工地位的提升，具有一定的理论创新价值与重要的实践意义。

产业集群理论的研究始于19世纪20年代，在其发展的过程中呈现出许多有影响力的学说，形成了产业集群理论的“丛林”。但这些不同的学说归结起来可以分为三大板块：区域中心论、企业中心论和网络中心论。其中，区域中心论强调产业集群的整体性，忽略了集群企业的个体差异性。企业中心论则与区域中心论相反，强调集群企业个体的专业性、差异性。而网络中心论可以看做是上述二者的整合，兼顾集群整体性和集群企业个体差异性。

随着全球价值链的发展，基于要素优化配置的考虑，价值链上的各个环节分布在世界各地，并进而形成分散的产业集群。各产业集群在利用自身优势不断发展的同时，由于协同作用以及与全球价值链的耦合效用不断强化，使得微笑曲线整体位置上移，实现了集群自身及集群企业的升级。此外，在考虑了产业集群所处的环境因素后，可以将集群企业升级路径划分为集群内协作度的升级、集群外关联度的升级、集群创新度的升级以及价值链潜入度的升级。

基于上述分析，集群企业必须加强集群内部网络关系构建，相互合作，相互协同，充分发挥集群优势，全力抓住集群外部关联，提高自身创新能力，在研发、设计、生产等领域不断提升，嵌入新的价值链，进而改善或巩固在链上的地位，或在恰当时机转向附加值更高的价值链。

（王鸿鑫）

架构创新、生态位优化与后发企业的跨越式赶超——基于比亚迪、联发科、华为、振华重工创新实践的理论探索

朱瑞博　刘志阳　刘芸　著

《管理世界》2011年第7期

51千字

与技术先进的跨国公司相比，中国参与全球竞争的企业绝大多数属于后发企业，普遍缺乏关键技术和核心技术，能够动员的各种创新资源也比较少。由此可以引出一系列问题，后发企业是否能够实现跨越式赶超？如果可以实现，那方法或者策略是什么？方法或者策略是否唯一？是否可持续？对这些问题进行深入的分析和讨论具有重要的理论和现实意义。

基于对比亚迪、联发科、华为、振华重工四个案例的分析，可以看出架构创新在这些企业的超常规发展中起到了关键作用。架构创新是对产品构成、组织结构和生产流程的系统性创新，它不仅反映了产品构成要素之间相互依存和功能分担关系的改变，还反映了产业系统内各利益主体之间互动关系的

改变。

与模块创新不同，架构创新为后发企业占据有利的产业生态位提供了难得的机会窗口，是优化企业生态位的有效方式。从生态位的角度来看，架构创新就是企业在过去已经占有的现实生态位的基础上，引入新的构架知识或技术，突破产业中主导企业构建的架构模式，重新组合产业生态系统中的各种潜在资源。

决定后发企业采取不同的架构创新模式的影响因素主要有四个：1. 充分发挥中国低劳动力成本优势是架构创新策略的主要着眼点；2. 技术成熟度和产品性能优化决定着产品架构是整合性还是模块性；3. 差异化的架构创新策略是能否突破先发企业构建的追赶陷阱或战略性隔绝机制的关键；4. 架构创新能力的高低决定着企业能否采取适宜的架构创新策略。

从后发企业从架构创新中获利的分析框架中可以看到互补性资产扮演了关键角色，但仅仅进行了架构创新并不能保证一定能够从创新中获利，还涉及对互补性资产的拥有和掌控能力，因此，架构创新者必须要立足于架构创新所带来的生态位优势，大力培育关键的互补性资产，构建一个有机整合的商业生态系统，以系统竞争取得收益最大化。

（王鸿鑫）

权威、认同与家族企业代际传承问题

周燕　葛建华　著

《当代财经》2011 年第 3 期

8 千字

家族企业传承的关注焦点之一就是继承人选择。企业传承的成功依赖于继承人对企业组织的成功嵌入，但在代际传承过程中，企业员工的情感、态度和行为能否平稳过渡，也是判断企业传承成功与否的重要一面。因此，考虑如何将家族企业的员工纳入家族企业传承研究框架具有理论和现实意义。

在家族企业创立之初，创始人的个人情感、愿景与企业文化高度一致，由此，在企业员工认同组织身份并融入组织之后，会产生领导认同替代组织认同的趋势。这种认同替代一方面塑造和强化了家族企业创业阶段领导者的权威基础，但另一方面也成为家族企业传承中权威困境的关键因素。

认同与权威是管理中影响组织中个体决策的重要力量。只有在被下属接受，或者只有在双方行为确定发生时，上下属之间才存在权威关系，权威的焦点在于服从的一方。由此可得出，认同与权威之间存在着相互强化的关系，即权威—认同—权威强化。此外，组织中的权威分为个人之间的权威以及组织与个人之间的权威两种。其中，前者建立在领导者影响力基础上，后者则建立在制度约束基础上。而由于领导认同替代组织认同趋势的存在，家族企业中的权威会发生转移。

在上述分析的基础上可以建立由外而内的“领导行为—员工反应”模型。其中，领导行为包括威权、德行和仁慈，三者对应的员工反映依次为服从、认同和感恩。需要注意的是，家族企业的特殊性决定了企业内“领导认同—领导权威”取代了传统意义上的“组织认同—组织权威”形式。但二者并不冲突，随着家族企业的发展壮大，前者逐渐向后者转变的趋势是在所难免的。

上述框架解释了家族企业认同和权威的关系，但是这只是针对家族企业创始人这一代而言。由此进而引出另一个问题，即家族企业的代际传承问题。由于代际之间存在差异性，领导认同和领导权威成为家族企业必须面临的挑战。解决这一问题需要依赖传承的平稳过渡和突破既有的组织权威。

（王鸿鑫）

上市公司财务预测信息的真实性与虚假陈述研究

蒋尧明　著

《当代财经》2011 年第 11 期

16 千字

目前，我国法院在审理因财务预测信息虚假陈述引发的民事赔偿案件时很少甚至不会考虑会计学科的性质及财务预测信息生产和披露的特殊性，这不尽合理。因此，结合我国现实，系统研究上市公司财务预测信息披露的真实性与虚假陈述问题，将有助于有关部门制定政策措施提供理论和方法上的支持。

财务预测信息固有的不确定性和模糊性的本质，决定了它的基本特征主要包括以下几个方面：1. 具有明显的价值判断属性；2. 受系统外部因素和内部因素的影响；3. 由依据的假设不同可以表现为预测与规划或两者的结合；4. 因预测对象、使用对象、预测周期等的不同而使预测结果有所差异；5. 预测结果具有弹性；6. 在相关性和可靠性的两难选择中，相关性是财务预测信息的首要特征。只有弄清楚了财务预测信息的本质及其特征，才能对财务预测信息的真实性及其是否存在虚假陈述作出正确的判断，并以此为基础进一步确定财务预测信息虚假陈述的具体内容。

财务预测信息必须尽可能真实地反映企业在预测期间的财务状况经营成果和现金流量情况。这里的真实应该是“法律真实”而非“客观真实”。法律真实相对于客观真实具有以下主要特征：1. 法律真实并不完全是客观的东西，掺杂人的主观因素或作用；2. 法律真实的概念本身隐含着误差的可能性；3. 法律真实在一定意义上是以概率为基础的真实，它追求尽可能大概率的客观真实；4. 法律真实在一定程度上是一种事实推定；5. 法律真实是一种相对真实；6. 法律真实侧重于形式真实而非实质真实；7. 法律真实具有价值判断的属性；8. 法律真实可以有不同的等级与层次。由于客观事物是不断变化的，而人的知识是相对的，且立法是以价值判断为基础的，这就决定了依据这种法律真实标准编制和披露的财务预测信息，其真实性只能是相对的、动态的，而不是绝对的。

基于上述分析，财务预测信息虚假陈述的衡量标准应该是“法律真实”。同时，财务预测信息虚假陈述具体包括虚假记载、误导性陈述、重大遗漏和不正当披露四种形式。

（王鸿鑫）

试论商业模式构念的本质、研究方法及未来研究方向

龚丽敏　江诗松　魏江　著

《外国经济与管理》2011 年第 3 期

12 千字

尽管商业模式是一个极具吸引力的概念，但是与实践界和理论界对商业模式所表现的极大热情形成鲜明对照的是，它们对商业模式的理解“混沌”或模糊。由此产生对商业模式这一构念的质疑。因此，深入研究商业模式构念的有效性及其运行机制具有重要的理论和实践意义。

评价商业模式是否是一有效的构念，需要从构念本身的有效性判断标准入手。这是建构商业模式相关理论的基本前提和必要步骤。构念的有效性判断基于可证伪性和有用性。其中，可证伪性又包含效度、信度和非连续性。自有商业模式这一概念以来，学者

和企业家都进行过许多的研究和实践，其效度和信度已经得到了公认。而对于非连续性的判断，由于商业模式本身具有间断平衡的特征，因此非连续性也得到满足。对于构念的有用性来说，无可置疑的是，商业模式对于价值创造和价值获取的作用已经在电子商务行业得到了广泛的承认，由此商业模式作为构念的有用性要求也得以满足。

在肯定了商业模式确实是一个有效的概念后，从理论和实践出发，需要考察其普适性问题。洛桑学派对此给出了肯定的答案：商业模式创造价值和获取价值的作用机制由“How”、“What”、“Who”和“How much”构成，由此就可以看出，认为商业模式只适用于电子商务领域的观点有失偏颇。

在商业模式的有效性和普适性得到确认的基础上，需要搭建起商业模式的整体框架。商业模式由于其涵盖的内容非常广泛，符合“大伞构念”的特征。然而，正因为这种涵盖内容的复杂性，导致商业模式整体性框架无法达成共识。而通过运用架构法来研究商业模式会大有裨益。这是由商业模式本身具有的整体性、“殊途同归性”以及间断平衡性等所决定的。此外，需要在运用架构法时注意内部匹配和模型匹配。

（王鸿鑫）

用服务科学解析价值链

吴照云　余长春　著

《中国工业经济》2011 年第 4 期

15 千字

在当前日趋激烈的竞争环境下，经济活动已从以制造为中心转向以服务和创新为中心，经营理念也呈现顾客价值至上的服务型特征。把服务嵌入价值链之中，从服务科学视角研究价值链中的服务系统问题，是产生新价值和提升原价值的动力源泉。

综合服务科学理论，可把价值链中的服务系统分成人力资源服务模块、服务关系模块、服务质量模块、服务创新模块、服务外包模块、服务信息共享模块、知识服务和服务绩效模块八个维度。同时，价值链中的每个环节都同八个模块中的部分或全部产生或紧或松的关联，八个模块之间相互形成纵横交错的关联网。

在八大模块体系中，人力资源服务模块是价值链系统的物质载体；知识服务模块是获取持续竞争优势和创造力的源泉；服务外包模块是为了集中有限资源来突出企业的核心竞争力；服务创新模块是价值创造与增值的有效途径，因而是价值链的核心；服务信息共享模块能保证价值链服务系统中信息的准确传递；服务关系模块主要协调价值链中各类主体之间和各个价值产生环节之间的关系；服务质量模块是服务性竞争的基石；服务绩效模块是对其他七个模块的服务绩效的检验。由此，构建起了一个以价值创造和增值为切入点，把八大模块充分嵌入价值链之中的服务与价值链耦合的八维体系模型。

服务科学导向下价值链升级遵循量的积累和质的飞跃规律，是从价值链中的各个环节及细微之处着手通过嵌入增加或优化服务性要素来实现。根据微笑曲线，结合运用上述服务与价值链耦合的八大模块，服务科学导向下的价值链升级包括宏观和微观两个层面，且分别沿着外延式升级和内涵式升级两大路径前行。

服务科学视角下价值链的优化是价值链系统中各种关系不断协调和优化重组过程，需侧重于整体集成分析优化的全过程，注重优化过程中系统内各要素之间的关系，用开放的、整体的视点来看待八大模块之间的关系，处理好价值链的升级等系列问题。

（王鸿鑫）

知识产权保护与“赶超陷阱”——基于 GVC 治理者控制的视角

张建忠　刘志彪　著

《中国工业经济》2011 年第 6 期

18 千字

发达国家借助于本国的知识产权保护制度，有效地激励了国内产业升级，这可能是工业革命以来发达国家最深刻的制度创新之一。相比之下，如何准确评估和认识知识产权保护对发展中国家产业升级的影响，特别是内在影响机理，是后发国家通过知识产权制度来推进本国产业攀升全球价值链必须认真思考的问题。随着全球价值链分工的日益深化，对知识产权的控制已经成为价值链治理者（简称“链主”）持续获取产品内分工利益和阻碍发展中国家产业升级的有力武器。

中国以低端代工方式切入全球价值链，其通过早期学习和模仿积累下来的资金、经验和技术成果是否已转化为升级的动力？全球链主借助于知识产权制度而采取的策略性行为是否会对中国产业升级造成影响？链主控制下的“赶超陷阱”是否存在？中国如何从价值链治理者的控制中实现突围？这些都亟待深入研究。

已有的研究文献似乎都从保护垄断和激励创新相权衡的角度来研究知识产权保护对发展中国家工业化的影响。这就可能忽略了中国以代工方式深度加入全球价值链低端这一特征性事实，也未能将链主策略性行为纳入研究范围，所以既有的结论是否适用于中国尚待进一步研究和检验。

针对以上问题，运用双重道德风险建模的方法得出以下基本结论：一是更高的知识产权保护水平通过降低代工的机会成本，产生更高比例的代工企业，同时又吸引链主将更多的制造活动外包给发展中国家，使发展中国家陷入“赶超陷阱”。二是本土企业获得价值链高端要素的支持程度越小，越容易引发企业选择代工，同时会增加链主进行订单转移的规模，因此具有强化“赶超陷阱”的作用。三是采取限制过度竞争的产业政策尽管会减少链主外包的范围，但会通过提高本土企业学习和模仿的预期收益来减少低端代工的企业数量，因此具有弱化“赶超陷阱”的作用。运用我国 2006 年至 2009 年 29 个行业的面板数据，结果显示，链主利用知识产权实施的控制造成了国有和非国有企业收益的显著下降，并导致国有企业同全球链主之间技术差距的拉大，从而为“赶超陷阱”提供了间接证据。

（张建忠　吴福象）

管理问题与理论建立：开展中国本土管理研究的策略

徐淑英　张志学　著

《重庆大学学报》（社会科学版）2011 年第 4 期

13 千字

不可否认的是，当今的管理知识体系在很大程度上是建立在欧美发达国家的学术研究发现的基础上的。然而，随着对管理学研究的深化和广化，研究人员越来越重视管理学中的情景因素。考虑如何在管理学研究中加入中国本土情景因素有助于为全球管理知识作出贡献。

通过对全球管理知识的现状进行梳理和分析后发现，关于中国大陆组织与管理研究文章发现，绝大多数有影响的研究都具有本土化特征。这些研究是高水平的情境化研究，具备为全球管理知识作出贡献的潜力，而不是对西方理论或发现的简单复制与验证。更进一步地分析发现，对情景敏感的研究分为实证的和概化与扩展两类。然而，两类研究都只实现了考虑情景因素研究中的情景化，研究受制于最初的指导理论限制。而为了克服这种不足，需要实现针对具体情景研究中的情景化。这可以通过归纳法和扎根法来实现。在此基础上形成的高水平本土研究由于其高度创新性和适度连贯性的结合，为国际或主流（西方）的学者提供了一个对问题本质、潜在局限性和扩展现有观点进行反思的机会。

而为了保证高水平的本土研究为全球管理知识作出贡献，研究者必须对情境有深入的了解，并将这些关于情境的知识同理论和研究方法结合起来。这就需要坚持高水平本土研究的关联原则和效度原则，同时适当结合归纳研究法。通过推动、参与、接受并认可在中国背景中进行的高水平的本土研究，向学者们提供了为全球管理知识作出贡献的机会。

（王鸿鑫）

积极心理学运动对组织行为学及人力资源管理的影响

田喜洲　谢晋宇　著

《管理评论》2011 年第 7 期

7 千字

积极心理学是 21 世纪心理学研究的一个新方向，而积极心理学运动（PPM）则掀起了一场积极运动，其影响是广泛而深远的。特别是推动了组织行为学以及人力资源管理理论和实践的发展。

2000 年 1 月，Seligman 和 Csikzentmihalyi 在世界著名的心理学杂志《美国心理学家》上发表了《积极心理学导论》一文，详细介绍了积极心理学的研究内容、方法与发展方向，使积极心理学为世人所熟悉。相对于之前主流心理学主要研究人的心理问题、消极情绪与矫正功能，积极心理学强调个体与群体的积极心理力量。

积极心理学在理论上的贡献是推动了组织行为学的再认识。通过借鉴积极心理学的研究思想、方向、概念和方法，积极组织行为学的形成与发展，进而随着影响力的扩大，积极心理学运动推动了积极组织学术的兴起。此外，积极心理学改变了之前组织行为学对人格理论的认识。

由于人力资源管理的理论和实践很大一部分都是基于组织行为学的成果，因此，积极心理学对组织行为学产生重大影响的同时，人力资源管理也开始出现了新的发展动向。随着积极心理学影响范围和程度的扩大，积极心理资本这一概念逐渐为人所知，且学者倾向于认为它甚至超越了人力资本和社会资本的价值。鉴于此，人力资源管理的实践从招聘、培训到薪酬管理再到制度建设等一系列流程上都把如何提升积极心理资本作为工作的重点。

然而，积极心理学运动虽然对组织行为学、人力资源管理实践产生了重要影响，但并不意味着这些影响完全都是正面的。它还无法从根本上改变传统组织行为学及人力资源管理的学科地位与实践作用。

（王鸿鑫）

领导者如何影响创造力和创新？——相关影响机制的文献综述与理论整合

黄达鑫　马力　著

《经济科学》2011 年第 1 期

11 千字

不断提高企业的创新绩效对于中国经济的健康发展具有极其重要的意义，而这有赖于有效的领导行为。鉴于领导者在推动和促进创新过程中的重大作用，无论从理论和实践的角度，我们都值得进一步深入探讨领导者和创新之间的关系。

在创新的过程中，已有许多因素（包括个人特征、政策因素和组织环境等情境因素）会影响最终创新的顺利实现，其中，组织各层级的领导者是非常重要的因素之一。领导对创新的重要影响，激发了一系列针对这一关系的研究。但总体看来，领导对创新的影响的研究仍缺乏有效的理论整合，缺乏一个解释领导是如何影响创新和创造力的理论框架。

在对相关文献进行梳理和分析的基础上，为了建立前述领导影响创新和创造力机制的理论框架，可以按照以下思路来进行。首先，内在动机、领域相关技能以及创造力相关过程是个人创造力三个最重要的个体内部影响因素，它们共同决定了创造力的过程以及成果；其次，组织内不同层级的领导者及工作环境要素共同构成了影响个人创造力的外部因素；再次，通过采用不同的要素（特质、行为、关系），领导者不仅能够直接影响个体的内在动机、领域相关技能以及创造力的相关过程，还能够通过作用于工作环境中的其他要素间接地影响个人创造力；最后，个人创造力的提升还能够促进团队和组织创新水平的提高。至此，建立起了一个基于 Amabile 的创造力组成理论、领导者的不同层级（直接上级、团队领导、组织领导）以及领导者的不同要素（特质、行为、关系）的整合模型。

然而上述得出的理论框架只是建立在对相关文献进行梳理和整合的基础上，未来研究仍需持续关注领导对组织内不同层次创新的影响机制，并且还要开展相关的实证研究来支持这些理论假设；同时，进行跨层次、跨学科的综合，拓宽研究的范围。

（王鸿鑫）

统筹管理：提升科技创新能力

郭勇　著

《光明日报》2011 年 3 月 4 日

2.8 千字

改革开放三十多年来，我国科技投入在不断增加，但科技创新能力的提升并不快，科技成果转化率和转化速度远远低于发达国家。据有关资料显示，2009 年我国研发人员总量大约 200 万，世界排名第一；研发总经费 5802.1 亿元，世界排名第三。但在瑞士洛桑国际管理学院（简称 IMD）发布的世界竞争力评价体系中，我国科技国际竞争力在全球排序从 2007 年的第 28 位下降到 2008 年的第 31 位，再降到 2009 年的第 32 位。为什么位居世界前列的科技投入，不能产生与之对应的科技实力？关键是我国科技资源配置效率不高，存在科技资源配置交叉化、管理分割化与运转封闭化等问题。而影响科技资源配置效率提高的主要原因，是来自科技预算管理政出多门、产业部门投入权限太小以及科技投入评价论文导向的科技投入管理体制的约束。

因此，当下优化科技资源配置，改革科技投入管理体制比增加科技投入更重要——如果不改革科技投入管理体制，则科技资源投入缺乏统筹的体制不仅会拖累财政，而且容易淡化对全国科技创新的统筹管理职能，消解各产业主管部门促进科技创新的义务与责任，浪费有限科技资源，降低科技创新贡献率，制约我国经济发展方式的转变进程。

面对当前新科技革命与经济一体化融合加速的新趋势，要求国家科研预算与目标体现科技创新，并实行产学研相结合的集中协调型的制度安排。而我国多元分散型的科技投入管理体制，使得科技活动与经济、社会发展的全局性要求和中心任务难以密切结合，科技资源得不到有效配置。这就要求我国科技投入管理体制改革应以建立统筹型管理体制为取向，一是突出归口管理预算。强化政府科技部门对科技工作的归口管理预算职能，形成科技工作大联合、大协作和大集成的新局面。二是强化专业对口管理。科技资源投入“交叉配置、封闭运转”导致科技资源配置重复、浪费严重。在突出科技部门归口管理预算的前提下，应强化我国产业部门专业对口管理职能，财政科技预算向产业化领域倾斜，增加我国产业部门的科技经费，使我国最具有潜力的市场需求成为拉动我国产业技术进步的强大动力。三是注重成果转化评估。对于应用研究的科技成果，要注重成果转化评价标准。对未进入应用阶段的成果不受理鉴定，对已进入应用阶段的成果在鉴定时，应对其应用效益作出明确的评价。

（郭勇）

区域经济与可持续发展

空间集聚是否总能促进经济增长：基于不同假定条件下的思考

孙浦阳　武力超　张伯伟　著

《世界经济》2011 年第 10 期

13 千字

经济活动在空间上的集聚能否促进经济增长，不仅是经济地理学者研究的一个基本问题，同时也是连接新经济增长理论和地理经济学的核心理论问题之一。由于科技创新与社会变革在空间上趋于集中，并且它们在地区间的扩散速度相对缓慢，因此长时间以来很多学者都认为经济增长具有区域集中的特性。之前的研究大多支持空间集聚有益于经济增长的观点，这些研究表明经济增长和空间集聚具有互补性，从而使得政策制定者被迫在支持落后地区的发展和促进国家经济增长之间作出抉择。不难发现，经济增长与空间集聚的关系与经济政策密切相关，围绕经济政策对此关系的影响亟待进行进一步深入的研究。

目前很多文献用规范的模型刻画了集聚促进经济增长的作用机制，但是相关的经验研究依然相对缺乏。基于此，我们将使用世界范围的面板数据库，在对“威廉姆森假说”和“开放性假说”进行经验检验的基础上，来验证空间集聚与经济增长的关系是否受到经济发展的不同阶段制度和区域因素的影响，从而较为全面地反映各种空间集聚变量在模型不同假定条件下的表现。

针对以上问题，使用世界性的国家样本数据集合，利用计量经济学方法，对空间集聚与经济增长的关系进行经验分析，得出以下基本结论。首先，验证了威廉姆森假说，结果表明伴随着国家经济的高速发展和不断深化，整个国家的空间集聚对于经济增长的影响在不断下降，甚至转变为负向影响，国家在经济增长和区域公平之间的权衡可能会逐渐失去相关性。这也意味着，在最贫穷的国家实施抑制集聚的经济政策会对经济增长产生破坏性的影响。因此对于发达国家而言，重要的任务在于如何在整体集聚趋于饱和的状态下刺激地区内部的溢出效应；而对于发展中国家而言，处理好空间集聚与经济增长的关系，对实现可持续发展具有重要的经济和政策意义。其次，研究发现对外贸易的增长削弱了国家国内空间集聚对经济增长的促进作用。最后，通过分组检验发现空间集聚对于经济增长的促进作用和开放性对于空间集聚的影响因区域和法律体系差异而不同。

（小笋）

FDI 与环境规制：基于地方分权的视角

朱平芳　张征宇　姜国麟　著

《经济研究》2011 年第 6 期

18 千字

经济赶超的目标是否促使开放经济与自由贸易下发展中国家的地方政府通过竞相降低环境标准的方式吸引外资企业落户，这是一个长久以来在理论和实证上都备受争议的话题。中国自改革开放以来，FDI 一直被认为是中国经济增长奇迹背后的基础性驱动因素。与此同时，国内环境质量的不断恶化也引发了人们对于过度引进外资的担心。近年来，已有不少文献对中国是否已成为跨国企业的“污染避难所”这一假设进行了实证检验。基于地方分权的视角，该文以环境规制不可直接观测与地方环境决策的策略性博弈为出发点，分别从理论与实证的角度分析是否存在国内地方政府为保持本地的相对优势而采用竞相降低环境标准的方式吸引外商直接投资（FDI）的事实。与已有文献不同，该文通过联合检验地方环境决策竞争效应与环境规制强度对 FDI 作用方向来判别“逐底竞赛”的存在。基于 2003—2008 年中国 277 个地级城市构成的面板数据，该文建立空间计量模型对理论命题进行实证检验，结果表明：国内地方政府为吸引 FDI 而导致的环境政策博弈显著存在，但环境规制对 FDI 的影响作用平均而言并不显著。分位点估计进一步显示：地方环境决策的竞争程度随分位点的上升而不断增强；环境规制对 FDI 的作用方向与 FDI 本身的水平高低密切相关；在 FDI 低水平的城市间，环境规制对外资并非只是简单的遏制作用；环境“逐底效应”在 FDI 水平最高的城市间明显弱化，而这一效应在 FDI 中高水平的城市间最为显著。

以上实证分析带来的政策启示主要有：在以重经济绩效轻公共服务为特点的目标函数下，地方政府原本就具有以放松环境规制为手段来争取流动性要素的动机。当这一争夺过程在与国内地方分权的体制联系在一起时，争夺的激烈程度与对资源配置的扭曲作用更加明显：地方分权给予地方官员通过快速发展本地经济而让自身在地区间政治与财政竞争中脱颖而出的极大激励；环境政策作为博弈工具在地方招商引资中的作用被不断放大；由此引发的盲目攀比和恶性竞争导致资源的极大浪费与不合理配置。更为严重的是，这将使得国内部分地区本来就很不协调的环境与经济发展的关系雪上加霜。这些都提醒我们，在地方分权的背景下，优化引资结构，提高引资效率的关键可能并不仅仅限于引资政策的调整，还包括中央政府能否有效地监督规范地方政府的竞争行为，调整与地方政府目标函数有关的制度安排，逐步减轻 GDP 在考核地方官员绩效时的权重等。

（张征宇）

社会管理创新必须推进城乡一体化

陈文胜　陆福兴　著

《中国发展观察》2011 年第 10 期

8 千字

中国城乡一体化转型已进入关键期，清除城乡分割的社会管理体制障碍，消减城乡经济发展不平衡，缓解城乡矛盾冲突，缩小社会贫富差距，已经刻不容缓。当前，城乡分割是社会管理创新的主要障碍。其一，城乡分割阻碍农民城市融入，阻碍社会和谐融合；其二，城乡分割造成城市空心化，影响城市化质量；其三，城乡分割的社会管理体制不仅阻碍农民成为新市民，而且剥夺了农民的平等国民待遇，对农民存在严重的身份歧视。如何适应新的社会经济发展要求，实现国家的和谐稳定发展，不仅仅是经济发展的要求，也不完全是资源环境能够解决的问题，而是实现社会城乡一体化融合的关键。

解决三大矛盾是城乡一体化社会管理创新的关键。我国社会矛盾的变迁经历了改革初期职工国有企业身份退出引发的就业矛盾，到城市化进程中的征地拆迁国家与居民的利益矛盾，再到今天经济快速发展中执法不公、贪污腐败的社会管理矛盾等三个发展过程，形成了挑战社会管理创新的三大矛盾：一是人民政府与为人民服务的官民矛盾。政府官员与人民隔膜、政府寻租和与民争利、“倒金字塔”的权力结构失衡和农村基层“民不能主”等矛盾日益突出。二是货币主导的社区流动和社会服务引发贫富矛盾。如通过征地拆迁建设高端小区和别墅区，把平民挤进安置小区，而让富人住进高端楼房，阻碍了富人与穷人之间的交流；贵族学校的精英教育设立货币门槛，把大量穷人的孩子拒之门外，势必造成下一代的不公平发展。三是二元分割下非公平国民待遇引发的城乡矛盾。农民工问题由一代延伸到新生代，新生代农民工既读不好书也不愿意从事艰苦的工作，四处流动，成为城市社会的边缘人，城乡社会的稳定风险增大，潜在的城乡矛盾日益突出。

城乡一体化社会管理创新的重点是社会融合。我国社会管理创新的首要任务是加速城乡社会融合，建立城乡一体化发展的社会管理体制机制。一是坚持城乡一体化的社会管理新理念，深化城乡一体化的公民意识。二是完善城乡一体化管理机构设置，建立新的流动人口管理载体；成立省级信访中心，建立上访网上申请预约制度，形成对信访事件引发单位和个人的监督。三是构建民生本位的透明政府和财政体系，建立政府与民众之间的信任体系，防止“跑部钱进”的财政分配不公。四是培育城乡一体的多样化社会服务组织，赋权于社会，让社会提高自我管理的能力，实现社会矛盾的自我消解。五是建立公民多维流动的社会发展机制，处理好农民工进城的问题；创建公民纵向流动机制，促进社会公平流动。六是要倡导效率文化、平等文化、责任文化和廉洁文化，形成公平廉政的社会管理文化。

（陆福兴）

我国碳生产率区域差异性研究

潘家华　张丽峰　著

《中国工业经济》2011 年第 5 期

19 千字

目前我国是全球最大的二氧化碳排放国。在国际社会减量 CO_2 排放少的形势下，中国的碳排放及其变化成为世界各国关注的焦点。而我国是发展中国家，在经济保持高速增长的同时，应尽可能控制碳排放的增长，而立即进行大规模减排，走绝对减排的发展道路并不现实，在可持续发展框架下应对气候变化，提高碳生产率是关键，而这需要地方政府贯彻落实到节能减排的具体行动中，因为地方政府是重要的管理者和实施者。因此，该文以 1995—2008 年为样本期，利用聚类分析、泰尔指数、脱钩指数等方法分析了我国各省市及东、中、西三大区域碳生产率的差异性，从经济发展水平、能源消费结构、产业结构以及居民的消费水平及结构等方面分析了区域碳生产率产生差异的原因，从转变经济增长方式、产业结构优化、升级、能源消费结构调整和技术进步等方面提出了减排对策。

该文具体研究结论主要有：我国东、中、西三大地区碳排放总量呈现东部高于中部、中部又多于西部的区域格局，十多年来维持不变。2008 年东部地区碳排放量占全国碳排放总量的47.3%，中部比重为28.6%，西部为24.1%。三大地区碳排放量均呈现出逐年增长态势，东部地区年均增长率为7.47%，中部地区年增长率为5.81%，西部地区年增长率为7.64%。全国大部分省份的碳生产率呈逐年上升趋势，西部地区各省份上升的趋势不明显，海南却呈现逐渐下降的趋势，山东呈现先升后降的趋势。三大地区碳生产率数值依然呈现出东、中、西逐次递减的格局。但在碳生产率年均增长速度上，中部地区最快，年均增长速度为4.91%，东部地区年均增长速度为4.30%，西部地区最慢，年均增长速度仅为3.31%。碳生产率总泰尔指数表明我国碳生产率呈现出明显区域差异性。三大区域碳生产率泰尔指数表明：东部地区内部差异在不断缩小，中部地区内部差异先大后小，而西部内部差异却呈现出扩大的趋势。我国区域碳生产率总体分布差异主要是由地区内差异引起，而地区内差异又主要来自东部地区内差异。地区间差异贡献率较小，保持在20%左右，但近年来呈上升趋势，表明东、中、西部地区的差异总体上不断扩大，对于未来我国碳生产率差异的变化趋势会有重要影响。利用脱钩指数动态分析了我国三大区域经济增长与碳排放之间的脱钩特征，进一步反映了碳生产率的区域差异性。分析结果表明，不同经济发展阶段的脱钩指数呈现不同的状态，碳生产率也表现出不同变化特征，即使在相同脱钩状态下，东中西部的碳生产率也存在差异，东部碳生产率大于中西部。

（张丽峰）

中国区域发展战略转型与税收政策调整

魏后凯　张燕　谢先树　著

《税务研究》2011 年第 7 期

10 千字

改革开放以来，中国区域经济发展经历了从不平衡发展到协调发展的战略转变。在国家有关政策的大力支持下，近年来中西部和东北地区投资增长加快，地区经济呈现相对均衡的增长态势，东西差距已由扩大转变为缩小，产业布局逐步由过去向东部集中转变为向中西部转移扩散。这些都表明，当前中国区域经济发展已经进入到一个重要的战略转型或拐点时期。伴随区域发展战略的转变，国家区域性税收政策导向也从过去的“向东倾斜”转变为更加注重促进中西部发展和东北地区振兴，这对促进区域协调发展起到了积极的作用：一是减轻了企业税收负担，增强了企业的发展活力；二是改善了投资环境，推动了地区的招商引资；三是引导了投资方向，优化地区的产业结构；四是增加了地方财力，增强地区的发展能力。当然，也应该看到，现阶段区域性税收优惠政策依然存在一些问题，包括：税收支持的区域目标导向不够明确；对落后地区的税收支持力度不够；没有较好体现分类指导的思想；税收优惠结构单一，缺乏弹性；税收优惠门槛过高，范围较窄等。当前，中国区域协调发展战略已进入全面深入实施的新阶段，国家区域性税收政策应进一步调整完善。

一是明确国家区域政策的基本导向。首先，中国东部、东北、中部和西部四大区域面积辽阔，区内自然条件、社会经济特点和所面临的问题差异较大，任何一项忽视这种差异的“普惠性”政策都将难以取得较好的效果。其次，从国内外经验看，在社会主义市场经济条件下，国家区域政策应更加强调公平原则，注重分类指导，并针对问题区域展开。

二是加大对西部地区的税收支持力度。逐步取消东部地区部分税收优惠政策，在西部大开发新十年中给予面更广、力度更大的税收优惠，特别是进一步加大中央对西部地区税收返还、财税转移支付的力度，优化税收优惠结构，扩大资源税征收范围等。

三是施行分类管理的区域性税收政策。针对不同类型主体功能区的定位及发展导向，制定实施分类管理的区域性税收政策。其中，优化和重点开发区着重采取以效率为主要目标鼓励企业自主创新的税收政策；限制和禁止开发区着重采取以公平为目标防止耗竭资源与保护生态的税收政策，以及提升公共服务水平的转移支付政策。

四是建立完善区域性特别税收优惠制度。对革命老区、民族地区、水库和生态移民地区以及一些关键问题区域，可根据不同区域的自然、经济和社会发展特点，在现行区域性税收政策的基础上，针对不同类型地区的发展需求给予相应的税收特别优惠。

（张燕）

中国城市化发展的地区差异及趋势分析

盛广耀　著

《学习与实践》2011 年第 4 期

11 千字

中国城市化的发展存在明显的地域差异，并且处在不断的变动之中。需要随着发展状况和形势的变化，对区域城市化差异的演变过程进行动态把握，为国家有针对性地制定促进不同地区城市化健康发展的差别化城市化战略提供依据。

通过对东、中、西部和东北地区城市化率，城市化速度，城镇人口分布和城市基础设施等方面的发展差异及其变动状况进行比较研究表明：自改革开放以来，2005 年前，中、西部地区与东部地区城市化的发展差距趋于扩大，区域间城市化的发展速度呈现出由东部沿海地区到中部地区，再到西部地区依次降低的格局；2005 年后，城市化发展的差异出现转折性变化，地区之间发展差距开始趋于缩小。东部地区城市化经历了从不断加速到逐步减速的演变；东北地区城市化自 20 世纪 90 年代急剧减慢后，一直维持着低位缓慢回升的状态；中、西部地区则呈不断加速的态势。相应的，东部和东北地区城镇人口占全国城镇人口中的比重有所降低，中、西部地区城镇人口的比重则有所提高。而且研究还表明，城市化发展的地区差距，不仅表现在人口城市化方面，同时也表现在城市建设方面。其中，东北地区城市建设严重滞后，与其人口城市化水平不符。各地区城市市政公用设施水平还不能满足城市现代化发展的要求，仍有较大的提升空间，特别是在城市环境建设方面。

中国城市化发展区域差异的这种变动，主要受到区域城市化发展阶段的演进、区域政策的作用、区域经济增长的变化及发展水平等因素的影响。未来，区域城市化的发展趋势将呈现以下几个方面的特点：（1）人口城市化的地区差距将继续趋于缩小。“十二五”期间，东部地区的城市化速度与前期相比将有所放缓，东北地区仍将维持在相对不高的水平上，而中、西部地区城市化仍将呈加快发展的态势，保持在较高水平并快于东部地区。(2) 重点区域和城市群作为带动和协调东中西部发展的重要手段，将主导各地区城市化的发展态势。东部开发强度已经较高而资源环境承载能力有所减弱的区域，将以优化提升为重点，而中西部在资源环境承载能力较强、集聚经济和人口条件较好的区域，将培育形成若干城市群和重点经济区。(3) 城市现代化将成为各地区城市化发展的重点任务。提高城市发展的质量和内涵，实现城市现代化是未来中国城市化的共同目标，东部地区城市现代化的步伐将趋于加快，中、西部和东北地区城市现代化的发展水平也将不断提升。

（盛广耀）

气候公平原则与国际气候制度构建

郑艳　梁帆　著

《世界经济与政治》2011 年第 6 期

16 千字

气候变化对于全球经济、社会及环境的可持续发展正在造成深远的影响。与其他全球环境问题相比，气候变化问题具有复杂性和特殊性。其中，对公平原则的不同理解是导致全球气候变化协议久议不决的原因之一。

气候变化从人与自然两个视角引发了对公平问题的讨论：一是对环境权利与环境伦理的关注，二是气候变化对不同群体的发展权利的影响。该文从伦理学、福利经济学等领域的基本概念和理论入手，分析了国际气候制度构建过程中的气候公平原则及其核心要素。公平本质上是一种分配原则，气候谈判的核心议题就是对全球碳排放空间的分配。对国际气候制度的公平性讨论，一是其形成过程（程序公平）；二是利益及负担分配后果（结果公平）。其中结果公平包括平等主义原则、差别原则、历史责任原则、经济效率原则、尊重现状原则、无悔原则等；程序公平包括政治共识原则、主权协商原则、平等参与原则、全体参与原则等。

由于国际社会对“共同但有区别的责任”的不同理解和阐释，国际社会形成了“气候公平”理论中的两大主流论点，即“平等人权论（equal human rights）”和“历史责任论（historical responsibility）”。“平等人权论”强调排放权和免于气候损害权属于人人平等享有的基本权利，在此基础上考虑如何以平等的机会和道义责任进行减排。而“历史责任论”更关注减排责任和适应成本的分摊问题，强调发达国家有对因其工业化时期的历史排放导致的气候变化后果对发展中国家进行赔偿或补偿的道德义务，认为历史排放责任越大、能力越强的国家和个体应该承担更多的减排任务和适应成本。

该文对国际社会几种主要的减排和适应方案分别进行了公平性分析，并利用碳排放及福利指标量化标识了主要国家的“责任—能力”示意图，形象地揭示出发达国家为构建公平的国际减排机制所应当肩负的率先垂范的道义责任。指出，为了实现气候公平目标，须从两方面改进和完善现有国际气候制度：(1) 从实现结果公平，达成一个具有可操作性的机制设计出发，国际减排机制应当优先考虑各国的减排责任、能力和经济效率三个要素，适应机制则应当基于责任、能力及需求的考量；(2) 从实现程序公平，促进2012 年后的国际气候制度立法的目的出发，国际气候制度设计应当确保全体参与原则和平等协商原则。

（郑艳）

低碳城市发展规划的功能定位与内容解析

庄贵阳　李红玉　朱守先　著

《城市发展研究》2011 年第 8 期

7 千字

中国的低碳经济理论和实践，一直共同“成长”，共同进步。虽然国内很多城市提出了建设低碳城市的构想，但总体上具有自发性、零散性和尝试性的特点，“学中干，干中学”，尚未形成统一的体系。国家发改委明确要求五省八市低碳经济试点地区编制低碳发展规划，制定支持低碳绿色发展的配套政策，加快建立以低碳排放为特征的产业体系，建立温室气体排放数据统计和管理体系以及积极倡导低碳绿色生活方式和消费模式，成为国内低碳实践体系化过程中重要的一步。作为一个新的研究方向，我国以低碳为导向的城市规划研究刚刚起步，还未形成有效系统的低碳城市规划理论体系和方法。该文是作者对吉林市、广元市、深圳市等城市低碳发展规划或路线图研究的经验总结，希望能够推动中国低碳城市建设的理论研究与实践探索。

低碳城市发展规划是从低碳化目标出发来规划城市的发展建设的，是单目标指向的，其规划的重点更多在于城市社会经济的低碳化发展。由于城市空间安排和土地利用指标的配置对城市低碳发展具有重要影响，因此，低碳城市发展规划功能定位是在低碳经济社会发展规划基础上，对城市空间规划和城乡土地利用规划给出方向性的规定。

制定低碳城市发展规划与制定其他类型的规划程序基本相似，首先要进行前期基础性工作，通过对城市低碳发展现状水平进行客观评估，分析现阶段城市低碳发展所具有的优势、劣势，所面临的内外部发展机遇和挑战。与其他经济社会发展规划不同，低碳城市发展规划强调碳排放约束下城市的可持续发展。因此，编制低碳城市发展规划的基础是掌握城市能源及碳排放的基本情况。

低碳城市发展规划虽然是战略性规划，但也要求具有很强的可操作性和实用性。从国家和地方应对气候变化方案以及各地低碳城市建设实践来看，低碳城市发展规划的重点任务包括产业低碳化、能源供应低碳化，空间布局及基础设施的低碳化、低碳生态系统和增强碳汇、构建低碳社会消费模式等。

低碳城市发展规划的实施需要相应的保障措施，包括组织保障、资金保障和政策保障等。当前最重要的是把低碳城市发展局规划的目标纳入目标管理体系，并落实责任主体，定期对完成情况进行检查评估，并视情况实施奖惩。

（朱守先）

如何在保障中国经济增长前提下完成碳减排目标

林伯强　孙传旺　著

《中国社会科学》2011 年第 1 期

21 千字

碳强度计算的是一国在一定时期内二氧化碳排放量与单位 GDP 的比值，以吨二氧化碳/万元产值，或吨碳/万元产值来表示。碳强度指标既受能源效率的影响，也受能源结构的影响，涉及能源质量问题。发达国家的碳减排是绝对量的减排，而中国的碳减排是与 GDP 相关的相对量减排。作为发展中国家，经济发展对现阶段的中国至关重要。碳强度目标与经济增长直接相关，达到某个碳强度目标，可以通过减少碳排放、增加 GDP 或两者同时进行来实现。因此，如何完成中国的碳强度目标，既是能源总量和能源结构的问题，也是经济增长的问题。

2009年11月，国务院首次发布了中国的减排目标，承诺到2020年，单位GDP的碳排放（即碳强度）在2005年的基础上下降40%—45%。以此为背景，系统而深入地研究中国经济增长和二氧化碳排放的主要影响因素。

首先，采用索洛增长模型，引入产业结构、城市化率与能效水平等带有经济发展阶段性特征的变量，分析中国经济增长的推动因素，同时借助状态空间模型，动态考察各解释变量对经济影响系数的变化趋势。结果说明，中国经济仍将保持较快增长速度，2005—2020年GDP的平均增长率为8.3%。

其次，通过因素分解，从收入、城市化、能源强度、产业结构、能源消费结构和人口增长等六个方面考察二氧化碳排放量的变化情况。分析表明，按基准情形，2020年中国将排放二氧化碳103.9亿吨，而高速增长情形与低速增长情形下的碳排放量分别是120.4亿吨和90.8亿吨。收入是导致现阶段碳排放增加的主要因素，城市化因素的作用次之。能源强度因素具有最明显的碳减排作用。而就产业结构因素看，现阶段经济发展（即城市化和工业化进程）不利于中国减排二氧化碳。基准情形下对变量的敏感性分析表明，能效水平变化对二氧化碳排放的影响最为明显，说明中国以往的节能政策需要坚持并深化。

结合经济增长和碳排放分析表明：2020年单位GDP二氧化碳排放量较2005年可下降43.5%，这与政府的低碳目标基本吻合。进一步对可能出现的不同经济增长率进行情景分析，也验证了政府承诺的碳强度目标区间的合理性。如果政府有意识地加大改变能源结构的力度，减少煤炭在能源消费总量中的比例，中国有望在2020年超额完成承诺的低碳目标。

未来一段时期，提高能源效率是减少碳排放的主要途径。能源强度的改善有利于全要素生产率的提高，对经济增长同样具有拉动作用。城市化进程不会减缓，但可以为政府促进减排提供机会。中国的低碳经济转型战略应以节能为主，发展清洁能源为辅。

（孙三百）

边际减排成本与中国环境税改革

陈诗一　著

《中国社会科学》2011年第4期

26千字

2009年11月，国务院决定2020年单位国内生产总值二氧化碳排放比2005年下降40%—45%，并作为约束性指标纳入国民经济和社会发展中长期规划。但是，我国的环境政策如何改革才能保证减排指标的顺利落实呢？

基于市场机制和经济激励的环境政策，主要以环境税和污染排放权交易为代表，分别以庇古税和科斯定理作为其政策的理论基础。由于产权保护和界定成本很高，排污权交易有一定的操作难度，因此，环境税便成为各国保护环境的主要手段。环境税也称为生态税和绿色税，它把环境污染和生态破坏的社会成本内化到生产成本和市场价格中去，再通过市场机制来分配环境资源，具有较高的经济效率。我国传统的环境政策通常是行政命令式的。相对于行政命令式政策和排放权交易制度，环境税更具灵活性，赋予企业更多选择，企业可以根据自身边际减排成本大小，选择排放并交税或是通过环境治理减少排放避免交税。

运用方向性距离函数构成的节能减排行为分析模型，度量中国工业两位数行业在整个改革开放期间的二氧化碳排放边际减排成本，并以此估算未来中国征收碳税税率的合理数值。基于多项式动态面板模型的预测显示，碳税征收在短期内会对工业增加值增长造成负面影响，但是这种负面影响幅度很小，工业增加值更多由其历史信息所驱动，在整个预测期间保持年均 8.8% 的增长速度，其中“十二五”和“十三五”期间增加值增长分别为 9.8% 和 8.3%。重工业行业尽管碳税征收的税率较低，但是由于税基较大，其产出仍然比轻工业更容易受碳税征收影响。

碳税征收对工业二氧化碳排放强度降低的作用是明显的。预测结果显示，2020 年工业全行业和轻重工业二氧化碳排放强度将比 2005 年分别降低 42.8%、40% 和 46.2%，与国家承诺的 40%—45% 的碳强度减排约束性指标相似。然而具体到某些行业，比如石油开采业和石油加工业，碳税征收政策并不足以降低碳强度，应该考虑更有效的减排方式。

总之，碳税征收的总体生态效应是明显的，这是因为碳税一方面可以通过提高能源价格、刺激节能减排和提高能源效率来直接促进碳减排；另一方面可以通过碳税收入的再分配，再投资于低碳技术以及对旧有税制的各种扭曲现象进行调整，从而达到间接减排的效果。因此，该文碳税征收的产出和生态影响预测分析的基本结论是，碳税征收利大于弊，中国环境税改革可以先从征收碳税率开始。为应对新气候公约和规避发达国家碳关税，中国碳税征收理想时机为“十二五”计划伊始，4 万亿元经济刺激投资也会有效减轻碳税征收初期的震荡影响。财政部财政科学研究所课题组也认为可以考虑未来五年内开征碳税。

（孙三百）

FDI 对东部沿海三大都市圈经济增长作用的机制比较研究——基于长三角、珠三角、京津冀代表性城市的实证分析

王志锋　杨少丽　著

《经济社会体制比较》2011 年第 6 期

9.5 千字

外商直接投资（FDI）在我国具有较强的地域差异性特征，这在我国三大外商投资密集区——长三角、珠三角及京津冀都市圈之间同样存在。这种差异性导致了 FDI 对三大都市圈经济增长影响的不一致。关于 FDI 对我国区域经济增长影响和差异比较的研究已有很多，但大多选取国家视角、东中西地区差异视角，或者基于省级数据进行分析，对同属东部发达地区的长三角、珠三角及京津冀三大都市圈之间差异的研究并不多见，尤其是基于传导机制从公共服务、产业聚集情况和对外贸易视角进行的比较研究。

为明晰 FDI 对三大都市圈经济增长影响的区域差异，检验该文提出的从 FDI 到公共服务、产业聚集和对外贸易，再到区域经济增长的传导机制，该文利用三大区域的代表性城市——上海、深圳和北京 1987—2009 年的时间序列数据，对 FDI 对其经济增长以及公共服务、产业聚集、对外贸易的影响进行实证分析及比较，并将结论扩展到三大都市圈。研究发现，尽管 FDI 对三区域代表城市的经济增长均有显著正向影响，但通过对比 FDI 对公共服务、产业聚集和对外贸易的影响可知，FDI 对三城市及其所在区域经济增长影响的传导路径存在差异性。

基于实证研究与分析结论，该文认为，FDI 对三大都市圈经济增长的影响侧重不同，各区域应突出其传导机制优势因素，缩短 FDI 通过最优路径促进经济增长的时间消耗，

从而促进区域经济增长。1. 在公共服务传导路径上，各区域都表现良好，因此，要积极利用 FDI 对公共服务的促进作用并放大该作用，特别是这方面优势比较明显的珠三角地区，在外资北移的背景下，如何强化区域优势非常关键。2. 相对而言，FDI 对以北京为代表的京津冀地区产业聚集影响较显著，特别是第三产业，这既是现有政策的结果，更应该是继续努力的方向。珠三角地区在工业制造业聚集效应明显，应该继续在延伸产业链条、提高工业质量上下工夫，同时要注意产业结构的高级化，这是珠三角地区转变增长模式的根本支持。此外，相较于公共服务和对外贸易，总体而言，外资对各地产业聚集促进效应还很有限，有待加强。3. 在珠三角和长三角地区，FDI 与对外贸易具有高度正相关关系，特别是具有高度外贸依存度的珠三角地区，如何既保持区域优势，又避免过度依赖外资和出口所带来的经济风险，这是 2008 年世界经济危机发生后必须要考虑的现实问题。4. 三大都市圈各自最优传导路径的发现和实现，离不开区域内城市间在外资利用上的分工与协作，而这前提是产业的“错位发展”和消除区域政府间的行政壁垒。唯有此，才能强化其传导机制的优势因素，提高整个区域对外资的吸引力和产业竞争力。

（王志锋　杨少丽）

基于能值理论的循环经济投入产出模型的理论探讨

刘轶芳　佟仁城　著

《管理评论》2011 年第 5 期

18.5 千字

投入产出技术是研究循环经济的有效方法，但由于实物型循环经济投入产出表各元素衡量单位不统一、产业环节划分过细等问题，导致实物表在实际应用中存在巨大障碍。该文在总结实物型循环经济投入产出表存在问题的基础上，分别从经济学、生态学的角度出发，对循环经济投入产出表的应用进行进一步的理论探讨；深入分析了价值型、能值型循环经济投入产出表构建的可行性及难点；并以从生态学角度出发为例，结合生态学能值理论构建了能值型循环经济投入产出表及分析模型。这在一定程度上进一步完善了循环经济投入产出理论，为定量化描述和分析循环经济系统提供了新的思路。

该文在构建的实物型循环经济投入产出表的基础上，从经济学、生态学角度对循环经济投入产出表的应用进行探讨，分析了构建价值型和能值型循环经济投入产出表的可行性及难点。分析得出以下结论：1. 实物型循环经济投入产出表是循环经济投入产出分析应用的基础。无论从经济学角度构建价值型循环经济投入产出表，还是从生态学角度构建能值型循环经济投入产出表，都是以实物型循环经济投入产出表为基本出发点的。虽然实物表由于其衡量单位不统一而使得分析过程难以深入，但实物表对循环经济过程描述得最为完整，表现最直观，因此是循环经济投入产出应用分析的基本依据。2. 价值型循环经济投入产出表和实物型循环经济投入产出表各具有一定的优势，但在实际应用中也都存在较大难题。价值型循环经济投入产出表可直接反映和调节人们的经济决策和活动，现阶段在指导人们实践中更具优势。但在构建价值型表的过程中，针对废弃物、自然资源以及垃圾的经济价值测定存在较大难度。相比较而言，能值型循环经济投入产出表能够更科学地反映经济系统对生态环境的整体影响。同时，在对循环经济系统及各类物质资源的能值分析过程中，该文还总结了简化实物表的重要原则。这已体现在所构建的能值型循环经济投入产出表中。但在实际应用能值表时，表中各元素能值转换率的测定仍存在不确定性，需以能值理论的发展程度为前提。3. 混合型循环经济投入产出表可能是循环经济投入产出应用研究的又一发展方向。通过分析发现，价值型表和实物型表的优势和不足在一定程度上可以结合和互补。因此，将价值型、能值型，甚至实物型循环经济投入产出表相结合，构建混合型循环经济投入产出表可能会成为循环经济投入产出应用研究的一个重要发展方向。

（刘轶芳　佟仁城）

城乡二元体制的非公正性与矫正路径

党国英　著

《改革》2011 年第 6 期

12 千字

经济效率、社会平等与政治稳定是政治家通常追寻的施政目标，在一定条件下，这些目标可概括为社会公正目标。在我国，社会公正目标实现的主要障碍之一是城乡二元体制。中央政府为克服这一障碍所确定的战略是城乡经济社会一体化。该文主要讨论城乡二元体制的非公正性以及城乡一体化与社会公正性目标的契合问题。

经济学认为，平等与效率之间通常具有负相关性；但严重的制度缺陷也可能导致效率与平等同时受损，形成社会的非公正性。中国的城乡二元分割体制便属于后一种情形。二元体制既导致劳动要素使用和土地要素使用的效率损失，也产生宏观经济的效率损失。二元体制牺牲社会平等既表现在国民收入初次分配过程中，也反映在国民收入再分配的环节中。土地要素交易过程中也存在不平等。此外，二元体制还产生政治不稳定。

观察我国多年的政策讨论以及政府决策实践，消除二元体制实际上有两种相互对立的主张常常见诸政策研究文献或体现于政府政策。一是要通过大力发展农村公共事业，提高农村公共服务水平，改善农民权利，实现城乡基本公共服务均等化，最终消除二元体制；二是通过积极的城市化政策大幅度改变生活经济结构，减少农村人口，提高农业经济效率，以降低农村公共服务规模，最终实现城乡一体化。该文认为，后一路径更为可行。

积极的城镇化发展路径需要有正确的指导思想和一揽子政策措施。大致来说，要注意的方面一是加快农村人口转移，使城市化率至少每年增加一个百分点左右，有的地方可以更快一些。二是要改善规划管理，逐步实现城乡规划的法制化和民主化，把农村建设规划纳入统一的城乡建设规划系统，做好统筹安排。国家层面上要抓好总体规划，同时大幅度放权给对方，实现规划的分层管理。要注意合理布局各类城市，使中小城市有更大的发展空间。三是大力推进农业现代化，帮助农民富裕起来。要培养专业农民，使专业农户逐步成为农村的主体居民。四是要在城镇化过程中充分发挥市场对资源配置的基础性作用。五是要维护社会公正，不能在城镇化过程中损害人民的利益，要让市民和农民都享受到城镇化的好处。

（党国英）

大型建设项目区域经济影响评价理论基础及其评价体系

李平　王宏伟　著

《中国社会科学院研究生院学报》2011 年第 2 期

12 千字

中国经济社会正处于工业化、城镇化加

速发展阶段，大型基础设施建设作用凸显，任务艰巨，对区域内经济和社会发展、生态环境以及资源利用的影响举足轻重。大型建设项目具有投资额高、实施周期长、跨区域空间大、技术复杂、不确定性高等特点，再加上由于相关利益者众多所形成的错综复杂的利益格局，以及非经济因素的存在等，都造成大型建设项目决策困难。大型建设项目区域经济影响评价理论与方法的科学性和规范性成为大型项目决策的关键，而目前相关的理论和实证研究方面还存在较多的空白。该研究的目的在于通过阐明大型建设项目对区域经济影响的途径，完善项目区域经济评价的理论和方法，以便更好地服务于项目决策，促进合理配置资源，促进地区的可持续发展。

在梳理和归纳国内外项目评价发展历程的基础上，总结和探索大型建设项目对区域经济影响评价的理论基础，指出费用效益理论、福利经济学理论，以及区域经济学中的区域不平衡发展论、增长极理论和梯度理论是大型建设项目区域经济影响的理论基础。明确大型建设项目对区域经济影响评价分析的主要内容、直接效益和间接效益范围的界定，具体包括大型建设项目对地区经济增长的影响，对产业结构的影响，对相关产业的带动影响，对劳动就业的影响，对增加地方财政税收的影响，对促进技术创新的作用，对加快城市化进程的影响，对改变国民收入分配格局和缩小地区发展差距的影响，对改善地区生产生活条件和居民生活质量的影响，对促进资源的合理开发利用和节能减排的影响等。

由于大型建设项目具有复杂程度和不确定性高、影响深远等特点，大型建设项目评价方法的应用和创新应体现综合性和系统性强的特点，并反映我国仍处于发展中国家的具体国情，还要体现将评价结果作为决策主要依据的这一目标。鉴于上述考虑，除了传统的可行性分析方法、费用效益分析法、指标分析法之外，应加强系统分析方法、优化分析方法、投入产出方法、模拟法等方法在大型项目区域经济影响分析中的应用和创新，特别是区域投入产出分析法、CGE 方法和经济模拟方法的应用。

该研究在完善项目区域经济评价的理论和方法的基础上，提出规范大型建设项目区域经济影响的评价体系，增强大型建设项目决策依据的科学性。

（李平）

交通基础设施与中国区域经济一体化：一个引力模型分析

刘生龙　胡鞍钢　著

《经济研究》2011 年第 3 期

18 千字

从历史的经验来看，形成国内统一的市场能够导致更大的市场规模和充分竞争，使得资源的配置流向最有效率的地方。因此，实现区域经济一体化能够产生规模经济和促进经济增长。虽然国内许多研究者对中国的市场分割和区域市场一体化进行了研究，然而在解释市场分割时，人们往往从财政分权后的地方保护主义角度进行解释；而在研究区域经济一体化时又往往专注于对我国区域经济一体化的程度进行判断。从理论上来讲，加强各省份交通基础设施建设能够降低区域之间的贸易成本，提高区域之间的贸易效率。这对增加区域之间的贸易往来、扩大市场的规模效应、促进专业分工能够产生积极的作用。因此，交通基础设施的改善很可能是促进区域经济一体化的一项重要手段。然而，有关交通基础设施对中国区域经济一体化影响的文献并不多见。

在一个引力模型和边界效应模型的基础之上引入交通基础设施变量以验证交通基础设施对我国区域贸易量的影响，实证结果表明，交通基础设施的改善对我国的区域贸易总量产生了显著的促进作用。虽然交通基础设施的改善促进了我国的区域贸易总量，但是这并不意味着交通基础设施的改善能够促进我国的区域经济一体化，一种可能的结果是交通基础设施改善后只是促进了区域内部之间的贸易，形成所谓的“诸侯经济”，这对区域经济一体化来说反而是不利的。为了验证交通基础设施对区域间贸易的影响，该文计算了各省份的“边界效应”，将边界效应作为衡量我国区域经济一体化程度的负向指标，验证交通基础设施对这一负向指标的影响。实证的结果进一步表明，交通基础设施对我国的边界效应产生了显著的负向影响，这就意味着交通基础设施不仅提高了我国的区域贸易总量，而且这种贸易总量的增加主要是通过区域之间贸易量的提高来完成的，进而说明交通基础设施对我国的区域经济一体化产生了显著的促进作用。

（刘生龙）

为什么我国发达地区的服务业比重反而较低？——兼论我国现代服务业发展的新思路

刘志彪　著

《南京大学学报》2011 年第 3 期

10 千字

我国人均收入较高、经济发展领先的地区其服务业比重反而较低，这是一个理论上长期没有给予清晰解释的重要问题。其实，服务业比重的演变规律只适合于国家层面或大都市经济区的分析，它并不适用，也不能用于指导一个经济体系并不完整的、缺少相对独立性的非大都市经济区的结构调整，尤其不适合用来指导一个省内某些行政区域的结构调整。原因在于：第一，大都市经济区发展模型与非大都市经济区的发展模型有根本的差异和不可比性。第二，现代服务业与制造业在空间上具有协同定位的要求，决定了大都市经济区适宜发展现代高端服务业，而其“周边地区”比较适合发展先进制造业。第三，我国很多的非大都市经济区，其产业结构的特性处于第二产业比重“始终过高”的状态，这与它们参与当今经济全球化分工模式直接相关。我国经济发达地区服务业比重长期难以较大幅度上升的原因，除了受收入水平等因素影响外，还主要与其深度地参与全球产品内分工的特性有关，也即大量承接国际制造业外包使全球制造业市场成为支持这些地区制造业比重持续上升的因素，而这些地区服务业并没有实现全球化，支撑其发展的只是本地化为主的市场容量。用第三产业占比水平来衡量一个地区经济现代化程度，这一逻辑并不成立。未来我国经济发达地区发展现代服务业的战略和政策，必须基于加入全球产品内分工的特征和扩大内需的国家战略去寻求全新的发展理念和手段。比如，第一，要像过去我们推进工业化一样，按照规模化和集聚化的要求去推进服务经济的发展。第二，要像过去我们发展制造业出口导向经济一样，按照全球化的思路去推动服务业市场发展。第三，要利用我国庞大的制造业的“市场需求”优势，在现有制造业转型升级的基础上，实现现代服务业与制造业协调发展。第四，要利用我国在空间上客观存在的东中西三元结构特性，有次序地实现东部地区“退二进三”和制造业的产业转移，从经济区域总体上而不是各个行政区域形成以服务经济为主的产业结构。第五，要利用“十二五”期间我国城乡一体化发展战略加速实施的机遇以及各地加紧实施的民生发展战略的良机，在扩大内需中内生地发展服务业。第六，要在承接国际服务外包市场所形成的基础设施和所积累的经验的基础上，利用内需市场日益扩大的机遇，大力促进服务外包市场国内化的发展。

（程俊杰　曹宝杰）

中国经济低碳发展的影响因素及其对碳减排的作用

王锋　冯根福　著

《中国经济问题》2011 年第 3 期

9 千字

经济低碳发展是在全球变暖背景下中国实现可持续发展的必由之路。推动中国经济低碳发展会受到诸多因素的影响，而对于哪些关键因素会影响中国经济的低碳发展和这些关键因素会对中国的碳减排产生什么作用这两个问题的回答，对制定有效的低碳发展政策有着重要的理论和现实意义。

通过对中国经济低碳发展的影响因素相关文献的整理和分析得出，人口增长、经济发展、收入水平提高、城镇化与工业化进程以及交通工具数量的增加会推动二氧化碳排放量增长；而能源利用效率提高、技术进步、能源价格上涨、林业与生态保护建设会抑制或减少二氧化碳排放量的增长；经济结构和能源结构调整以及居民消费模式变化是可以引导的，如果将这些因素引导到有利于经济低碳化的路径上来，则这些因素将成为节能减排的有力工具。上述结论仅是对以往文献进行的总结和概括，它们是否与当下的中国现实情况相符呢？通过对国内和国际间相关数据进行分析后，对前述问题的回答应该是肯定的。

由此得出，中国可以通过调整能源结构、引导居民消费模式变化、促进能源技术进步和提高能源价格等政策来推动经济低碳发展。当然，实现经济低碳发展的政策措施不仅仅有以上四项，征收碳税、植树造林和碳捕获与封存等也是一些有效的措施。

（王鸿鑫）

节能减排须减少盲目性——关于能源消耗强度指标的若干思考

郑玉歆　著

《学习与实践》2011 年第 9 期

11 千字

中国正处于经济快速增长的工业化阶段，面临着全球气候变暖及巨大的资源环境压力，近几年来加大了对节能减排的规制力度。然而，对于节能减排不论在认识上还是在实践上都存在着不少值得思考和改进的地方。因此，加深对节能减排目标及其规律性的认识，无疑将有利于我国节能减排的健康开展和可持续发展战略的实现。

从理论分析上看，在现阶段，中国不应该采用能源消耗强度作为对能源效率的考核指标。一方面，能源消耗强度并不能全面、完整、科学地反映能源投入和经济产出的情况；另一方面，由于不同地区和不同经济体之间存在区位特点、资源禀赋以及产业结构等差别，由此简单进行能源消耗强度比较缺乏合理性。鉴于此，可以考虑使用实物量能耗指标考核能源效率或节能效果，在产品层次上或行业层次上进行。

从国内现实和国际要求来看，在现阶段，中国也不应该采用能源消耗强度作为对能源效率的考核指标。国内方面，综合考虑历史上的经验教训、未来的长期发展以及温室气体的减排等因素后得出，不应该过度追求能耗强度短期内的大幅度下降。国际方面，通过对现有发达国家的发展的历史和现实进行对比可以得出，发达国家传统发展之路难以为继，不应成为我国效仿的对象。这主要源于其生产和消费模式之间的不匹配。

综合上述分析结果，为了更好地实现我国节能减排的目标，必须加深对能耗强度的内涵与变动规律的理解。中国的节能减排不应该沿袭发达国家的老路，消费模式应成为节能减排更重要的领域。

（王鸿鑫）

中国经济增长质量的时序变化与地区差异分析

钞小静　任保平　著

《经济研究》2011 年第 4 期

18 千字

目前对经济增长质量问题的研究成果以定性分析为主，该文从清晰的经济增长质量定义出发构建出测度经济增长质量的指数，使用均值化方法对各指标数值进行无量纲化处理，采用主成分分析法确定各指标的权重，并以基础指标的协方差矩阵作为输入，来对经济转型期中国以及各地区的经济增长质量状态进行量化考察。

从总体分析来看，1978—2007 年我国经济增长数量迅速扩张，经济增长质量水平也有一定程度的提高，1987—1993 年则有略微的下降。经济转型 30 年间，经济增长质量指数的变化主要体现在资源利用和生态环境代价方面，经济增长稳定性和福利变化成果分配对经济增长质量指数的贡献基本相当，而经济增长结构对经济增长质量指数的作用是负向的。

从区域视角来看，各省、市、自治区的经济增长质量水平都获得一定程度的提高，但是其经济增长质量的绝对水平与变动幅度却存在很大差异。在经济转型初期，高经济增长质量水平的省市集中于西部和中部地区，东部地区处于相对较低的水平。随着时间的推移，东部省市上升的幅度不仅远大于西部省市，而且也略高于中部省市，近年来经济增长质量水平较高的省市集中于东部地区。

根据以上分析，提出以下几点政策建议：第一，调整和优化经济增长结构，重视经济增长结构失衡的矫正，促进经济均衡发展；第二，保持宏观经济调控方向和经济政策工具的稳定性和持续性，运用多样化调控手段进行微调，增强经济增长的稳定性；第三，提高经济增长的包容性，推动公平的经济增长，注重收入分配的平等程度，重视由利益冲突向利益和谐的转化，由少数人分享型的增长向全体人民分享的增长模式转变；第四，转变经济发展方式，大力推行循环经济，实现资源利用效率的改进与生态环境代价的降低；第五，重视地区经济增长质量的差距，在制定区域发展政策的过程中，要考虑各地区经济增长数量的发展水平，还要兼顾各地区经济增长质量的状态。

（王鸿鑫）

国际智力回流的技术扩散效应研究——基于中国地区差异及门槛回归的实证分析

李平　许家云　著

《经济学》（季刊）2011 年第 3 期

28 千字

当前海外回流人才正逐步成为很多国家

或地区经济发展和技术进步的重要生力军。如何评价智力回流对本国或地区技术进步的影响以及如何充分利用智力回流促进技术进步？对上述问题的探讨有助于为相关政策措施的制定和调整提供参考。

对近年来智力回流相关文献进行梳理和分析后得出，海归对回流国技术进步的影响机制归纳为人力资本效应、竞争效应、企业间技术知识的直接学习以及网络效应。其中，企业间技术知识的直接学习又包括自愿的技术转移以及非自愿的技术扩散两种方式。此外，海归技术外溢效应可能存在较为明显的“门槛特征”。

基于上述分析，以中国为例，在传统国际技术扩散三大路径的基础上，引入海归因素，采用 2000—2008 年中国 30 个地区的面板数据检验了海归对中国各地区技术进步的影响，并进一步运用 Hansen 提出的门槛检验方法，选取地方财政收入、经济发展水平、科研投入、人力资本水平以及金融市场效率五个门槛变量对海归技术进步效应的门槛水平进行检验。实证结果显示：海归对各地区技术进步均发挥了重要作用，但贡献度却存在显著差异，且海归的技术溢出效应存在时滞性，在控制了海归溢出的内生性后，该文的结论依然稳健；地方财政收入、经济发展水平、科研投入以及金融市场效率与海归技术溢出呈单调正相关关系，而人力资本水平对海归技术溢出效应的影响存在显著的区间效应，两者呈 U 形关系。

总结上述分析结论，对我国的政策启示是：应进一步提高科技和教育投入在国民经济中的比重，在金融、法律以及公共服务等方面健全和完善相关的体制机制。

（王鸿鑫）

缩小城乡收入差距的若干问题

刘芳　著

《河南社会科学》2011 年第 2 期

6 千字

城乡收入差距过大是我国当前面临的突出问题之一。在我国现有条件下缩小过大的城乡收入差距，需要科学地认识造成这种差距的因素，并在此基础上选择可行的、有效的具体措施。

首先，关于城乡收入差距是扩大还是缩小的问题。根据我国现行的统计分类以及多数学者的研究，我国城乡收入差距不但过大，而且出现扩大趋势。然而也有学者就此提出质疑。争论的实质究其原因是因为我国的城乡人口统计不完善，把城镇农民工当做农村居民来统计的主张是不合理的。

其次，关于农业剩余劳动力是否仍然大量存在的问题。目前，学术界就中国的人口红利是否已经或即将终结的问题未能达成共识。这可以认为是由于观察问题的视角不同、论证使用的数据不同、理论分析的逻辑不同等多方面的原因。综合多方面的因素，应该认为，我国现在仍然存在大量的农业剩余劳动力，但其主体是隐性剩余部分，而不是显性剩余部分。由于隐性剩余农业劳动力的大量存在，导致了估算困难进而引发争议。此外，隐性剩余农业劳动力的大量存在也导致了劳动力要素市场的不稳定性。

由上述分析可以看出，当前缩小我国城乡收入差距的关键在于如何更好地消化农业剩余劳动力。而统筹城乡发展为解决这一难题提供了一个思路。在统筹城乡发展的进程中，随着我国农业生产经营方式的完善和农业生产技术的提高，农业生产所需要的农业劳动力在一个相当长的时期会趋于减少。因此，在统筹城乡发展的进程中，只有通过完善城市化，才能更好地实现农业剩余劳动力的转移。而完善城市化的最终目标是要随着城市发展形成既符合效率原则又满足公平要求的公民自由择业和自由居住的经济社会环境。也就是说，完善城市化除了在质的方面要进行重大制度改革外，在量的方面也要有很大发展。

（王鸿鑫）

都市圈新型卫星城市发展研究

彭劲松　著

《西部论坛》2011 年第 3 期

8 千字

发展卫星城市是化解城市规模过大问题的有效途径。目前，我国城市化进程的“大都市圈”化趋势日益强化，而在都市圈体系构建中卫星城市的地位与作用也日益重要。因此，对都市圈体系结构下发展新型卫星城市的选择标准、结构模式进行探讨具有重要的现实意义。

在对国内外有关卫星城市的理论研究和实践经验进行梳理和分析后发现，既有研究和实践均未能从都市圈体系建设的高度来研究和规划卫星城市建设，而都市圈建设格局下的卫星城市发展，其选择标准、建设模式与政策保障等都不同于早期卫星城市，由此需要对这一问题进行再审视。

从我国现实来看，我国的都市圈发展有四个阶段。这四个阶段的划分依据是都市圈母城的规模经济绩效水平，即随着发展阶段由低到高，母城的规模经济递减，规模效应逐渐转化为扩散效应。随着都市圈的不断发展，卫星城市也会不断转型，其在都市圈中将承担着更复合的功能形成新型卫星城市，如缓解交通压力、优化环境资源配置、促进城乡统筹等。由此决定了在卫星城市规划之初就需要进行综合考虑，统筹方方面面的利益得失。而为了达到这一要求，需要在卫星城市的选择上遵循空间紧密联系原则、功能配套协调原则以及资源可充分利用原则。同时，卫星城市的角色定位应该有所聚集，突出专业性，通过卫星城市之间的配合实现协同作用。

基于上述分析，推进都市圈新型卫星城市健康发展的对策建议是，建立科学的卫星城市规划体系，依托 SOD 城市开发模式完善城市服务功能，完善都市圈中心城区与卫星城市之间的公共交通网络配置，并推进都市圈中心城区与卫星城市产业链整合。

（王鸿鑫）

中国的绿色政策与就业：存在双重红利吗?

陆旸　著

《经济研究》2011 年第 7 期

15 千字

减排与就业的“双重红利假说”认为，在征收碳税的同时减少所得税，能够实现减少碳排放与增加就业的双重红利。现实中，很多欧洲国家通过改变税收扭曲，成功地获得了“双重红利效应”。那么，通过税收结构调整，中国能否创造出类似于欧洲国家的就业“双重红利”是一个非常值得探讨的问题。

通过对国内外相关文献进行梳理和分析后发现，目前学术界就绿色政策与就业之间的相关关系尚无定论。同时结合我国在经济结构、比较优势以及绿色政策的具体内容等方面与其他国家存在一定的差异，需要深入考察绿色政策的“双重红利”效应对现实中国的适用性。

基于上述分析，对 1996—2007 年高碳行业的产出增长率和就业增长率，以及低碳行业的产出增长率和就业增长率进行VAR模型估计。并且根据AIC和SC标准，选择滞后一期的VAR模型。进而在模型通过稳定性检验后根据VAR模型的估计结果，采用不同的碳税政策组合对VAR模型进行脉冲冲击。结果显示，征收10元/吨的碳税对两部门的产出和就业影响并不显著；如果采取征收碳税并减少所得税的“中性”绿色税收政策将会促进中国低碳部门的产出增长；但至少到目前为止，与发达国家的经验事实不同，中国还难以在短期内获得就业的“双重红利”。之所以存在这种国际间经验比较的差异，原因可能是由于各国所处的经济发展阶段不同。

虽然实现中国的“就业双重红利”还存在很多制约条件，但是在节能减排和经济结构调整的双重压力下，中国政府也可以通过绿色税收制度改革促进中国的低碳经济发展。

（王鸿鑫）

中国长江三角洲地区技术转移的渠道分析

安同良　刘伟伟　田莉娜　著

《南京大学学报》（哲学·人文科学·社会科学版）2011年第4期

12千字

技术转移既是企业实现技术能力提升的重要方式，也是区域竞争力的重要源泉。随着经济社会的发展，技术转移的参与主体以及技术转移渠道的类型和数量较以前都有大幅度的增加，由此导致技术转移传导机制变得更为复杂。因此，有必要对这一问题重新进行审视，这对于企业转型升级、获取竞争力具有重要的意义。

技术转移过程中主要涉及行为主体和技术属性。其中，行为主体包括国内外的各种公司、大学、科研机构以及政府。技术属性则包括易于传播的显性技术以及不易于传播的隐性技术。在此基础上，从扩散主体（国内、国际）和技术属性（显性、隐性）两个维度就可以建立起对企业获取外部新技术的情景分析框架，涵盖了技术转移的一般渠道的五种基本类型。它们分别是国际贸易、FDI、合作R&D、产业集群和科技中介。其中，前二者具有高国际维度属性，国际贸易和科技中介具有高显性技术属性，而合作R&D则是两个维度的平衡点。

基于上述框架，构建技术转移对我国长三角各省市技术进步的效应的模型，数据采用1990—2008年长三角地区的面板数据。模型估计结果表明：1. 对技术转移的研究，需要从多视角出发，同步考虑国际国内的技术转移渠道，对宏观层面、微观机制以及产业层面的技术转移渠道效应综合考察；2. 在长三角地区的上海、江苏、浙江三地，技术转移的渠道效应存在差异，其中上海形成了“开放型经济＋专业化科技服务市场＋产学研合作”的技术进步模式；江苏形成了“FDI＋产学研合作”的良性技术发展路径；而浙江“特色产业集群＋FDI”的技术转移模式对浙江中小企业的技术进步发挥了巨大的贡献。

由此得到的政策启示如下：1. 在坚持通过引入外商直接投资以及通过国际贸易的方式吸收外国先进技术的同时，各地区应当加强国内技术转移体系的建立与完善；2. 各地区的资源禀赋、经济发展程度以及产业结构存在不同，应当重点发展特定的技术转移渠道，建立符合地区发展特征的技术转移模式。

（王鸿鑫）

劳动经济与收入分配

刘易斯转折点与库兹涅茨假说下的劳动力分流研究

肖卫　向国成　朱有志　著

《中国人口科学》2011 年第 1 期

12 千字

随着经济发展，农村剩余劳动力从农业部门流向现代产业部门是工业化和城市化过程中的必然现象。刘易斯的二元经济发展模式，把经济发展过程看成是现代工业部门相对传统农业部门的扩张过程，这一扩张过程将一直持续到把沉积在传统农业部门中的剩余劳动力全部转移，直至出现一个城乡一体化的劳动力市场。二元经济发展模式包括两个阶段和两个拐点。第一个阶段是劳动力无限供给阶段，此时农村劳动力过剩，其劳动报酬取决于维持生活所需的生活资料的价值，低于利润最大化的现代工业部门的劳动报酬，剩余劳动力基于劳动力报酬差异由农业部门向工业部门无限供给，劳动供给曲线呈水平状。第二个阶段是劳动力短缺阶段，随着现代工业部门的扩张，劳动力需求增长速度大于劳动力供给增长速度，使得劳动力由剩余变为短缺，由劳动边际生产力决定的劳动力工资水平不断提高，劳动力供给曲线由水平开始向上倾斜，这一拐点被称为“刘易斯转折点”。在拉尼斯—费景汉的模式中，这一转折点被称为“短缺点”。刘易斯并没有对二次转折之间的经济发展特征，尤其是对劳动力流动的规律作更多的分析。这种理论缺憾直接导致中国这类后起发展中国家在转型过程中对许多政策无所适从。

对于中国是否已经进入刘易斯转折点，理论界仍然莫衷一是。其实，随着中国工业化的快速推进，农业和现代产业都将在物质投入、技术进步和人力资本的作用下加快发展。二元经济结构的转化必须要以农业发展为支撑，随着农业生产效率提高和农业从业者的工资增加，中国农民工已经开始在农业与现代产业之间进行“二次流动”，劳动力逐渐在两部门之间进行分流，劳动力已然变得稀缺，劳动力供给曲线由水平状进入上升阶段，中国已然具备刘易斯转折点的显著特征，正处于刘易斯两个转折点之间的区间。

基于以上背景，该文构建一个以结构理论和空间经济理论为基础的理论模型，分析二元经济转化过程中农民工基于市场机制在区域之间和部门之间理性分流。认为农民工作为现代产业中最具流动性的劳动力，适时在区域之间和城乡之间作出基于市场机制的理性选择，进行“二次流动”，是当前“调结构、转方式”过程中人力资源优化配置的有效途径，并有利于区域经济协调发展和现代农业发展。

（肖卫）

试论低端劳动力工资形成机制的变革及其经济效应

杨瑞龙　著

《财贸经济》2011 年第 7 期

25 千字

自 2004 年“民工荒”爆发后，农民工工资结束了长期的停滞状态，进入了一个快速的上升通道。工资水平的上涨是由人口因素、周期因素、政策因素、结构因素等多因素导致的。随着农民工工资形成机制从传统的生存工资法则转向保留工资约束下的市场议价型工资法则，中国经济将迎来工资快速上涨的新时期。收入分配格局的变动为中国迎来库兹涅茨倒U形曲线的拐点性转变提供了新契机，为缩小收入分配差异过大提供了新的可能性，这将促进中国经济增长模式由外需驱动型向内需驱动型、由投资驱动型向消费驱动型的加速转变。

“民工荒”的出现不仅说明中国低端劳动力市场出现了由总体过剩向结构性过剩的拐点变化，更为重要的是它宣告了中国低端劳动力市场的工资形成机制发生了重要的转变。

本轮工资上涨不仅说明了中国低端劳动力市场出现了结构性拐点变化，更为重要的是它宣告了中国低端劳动力市场的工资形成机制正从传统的/ 生存工资定价法则向保留工资约束下的市场议价法则转变。

低端劳动力价格上涨的传导作用将导致中高端劳动力市场工资水平的相应变动，最终导致要素市场总体发生变化，促使要素市场价格机制在资源配置中的主导作用得到加强。在要素价格市场化机制的作用下，工资形成机制变革将带来新的增长点，形成新的竞争基础。

近年来，“民工荒”现象的涌现不仅说明了中国低端劳动力市场出现了结构性拐点变化，更为重要的是它宣告了中国低端劳动力市场的工资形成机制正从传统的/ 生存工资定价法则向保留工资约束下的市场议价法则转变。这种由低端劳动力市场开启的全局性工资形成机制的变革在未来不断加速的城市化进程和进一步工业化以及制度改革的作用下，必将引起工资的补偿性上涨、保留工资的提高以及工资与劳动生产效率的同步提高，中国经济将迎来工资快速上涨的新时期。这一新时期有以下显著特点。

第一，要从战略发展的高度，把低端劳动力市场工资形成机制的变革与要素价格市场化作为未来经济结构调整的核心，通过价格机制的杠杆作用撬动整个经济结构的重塑。如此，将以往单纯的行政转型思路转变到以市场为导向来推动经济结构转变的思路上来，使市场主体自发地、全面地、稳定地在分配机制的调整、产业的升级、区位的选择和创新的强化中扮演重要的角色。

第二，要积极推动低端劳动力市场工资形成机制的变革，引导和规范低端劳动力市场/ 市场协议工资形成机制的培育。政府要顺应工资形成机制变革趋势，积极推进工资形成机制变革的制度建设。要落实劳动法切实推进工资集体协商机制和进行深入细致的工资条例改革。同时，逐步完善工会制度，加强劳资纠纷的立法，重视农民工的培训。同时积极采取各种措施，以应对工资水平的上涨带来的负面冲击。

第三，尽管市场力量成为未来结构调整的基本驱动力，但劳动剩余与工资上涨的并存格局决定了结构调整还要辅之以政府的适度干预，防止单一的市场机制将中国经济过早地引入到偏离就业的新古典轨道上。政府干预主要体现在中观层面的产业干预和微观层面对企业技术选择行为的间接引导上。例如，在农民工工资水平大幅度上涨和农民工工资市场议价机制形成之后，政府应当引导该机制变革对于中高端劳动力市场的冲击，积极培育市场化工资形成机制，有意向地调整传统的劳资关系，加强初次分配改革中的各项制度建设。

（杨瑞龙）

劳动剩余条件下的供给不足与工资上涨——基于家庭分工的视角

丁守海 著

《中国社会科学》2011 年第 5 期

29 千字

近年来，中国农民工工资步入了上涨的快车道。调查显示，仅 2005—2009 年全国农民工工资就上涨了 65%，年均涨幅达 13%。2010 年工潮事件更是引发了新一轮猛烈的加薪潮。据称，当年农民工工资涨幅不低于 20%。令人困惑的是，在工资快速上涨的同时，缺工问题并没有明显缓解。究竟是什么因素引发农民工工资大幅上涨？为什么工资上涨未能有效缓解用工短缺问题？它是不是意味着剩余劳动力真的枯竭了？

要对农民工工资上涨现象作出合理解释，就必须在正视劳动剩余格局的基本前提下，结合中国当前的特殊国情，对传统理论特别是刘易斯模型的劳动供给理论及工资决定机制作出进一步修正。劳动供给是一种家庭行为，同时受到时间禀赋在工农业部门之间有限分割的制约，这一约束条件内生于中国城乡二元制度体系以及特殊的劳动力转移模式，它使劳动供给强烈受制于家庭分工。随着劳动供给增长以及留守劳动力的减少，家庭分工的约束不断强化，并使保留工资以递增的幅度上涨。在这种情况下，劳动供给对工资的反应是非连续的：在达到新的保留工资水平前，工资上涨并不能刺激劳动供给增长。与这种劳动供给形态相对应，工业劳动需求扩张成为工资上涨的主要驱动力。

对内蒙古、甘肃两省区 1500 个农户的调查数据验证了这一判断。当劳动需求扩张时，工资试探性上涨，而在达到新保留工资之前，劳动供给维持不变，企业就有限劳动供给展开争夺，助推工资持续上涨。在这个过程中，工资不断微调，带动劳动需求连续微调，但不能带动劳动供给微调，因此恢复劳动力市场的均衡要经历更长的“试错”过程。此前经济将长期面临工资上涨与市场不能出清的并存局面。这是我们理解今天中国现象的关键。

可见，近年来中国出现的农民工工资上涨和用工短缺持续蔓延现象完全有可能源于劳动剩余条件下的供给不足，并不必然意味着剩余劳动力枯竭，不能作为刘易斯拐点到来的证据。当务之急并不是讨论刘易斯拐点到来后的对策问题，而是审慎识别为什么在劳动剩余阶段会出现工资上涨与劳动供给不足的矛盾，并尽快疏通从剩余劳动力到产业工人的输送通道，让蛰伏农村的人口红利发挥其应有价值。

（孙三百）

中国的自然失业率水平及其含义

都阳 陆旸 著

《世界经济》2011 年第 4 期

15.5 千字

“菲利普斯曲线”理论认为，通货膨胀与周期性失业之间存在短期的替代关系，在长期条件下，失业率将返回其“自然水平”。进而“自然失业率”成为了将失业与通货膨胀联系在一起的重要宏观经济指标。从“自然失业率”理论提出至今，大量文献都试图对不同国家的自然失业率进行准确估计。然而，受到统计数据的限制，对中国自然失业率的研究文献相对匮乏。但事实上，自然失业率随时间发生变化的现象在发展中国家或经济转型国家中更为普遍，因为它们往往面临着更加剧烈的经济结构调整以及更为明显的体制转轨，并由此直接引发自然失业率的上升。那么人们不禁要问：中国的自然失业率水平到底是多少？中国的自然失业率是否随时间发生了变化？推动这些变化的原因又是什么？最终对这些问题的回答将有利于我们了解中国的微观劳动力市场，同时也有利于我们通过观测周期性失业（失业减去自然失业）与通货膨胀之间的相对变动关系，更好地判断反通货膨胀政策的实际效果。

基于自然失业率理论研究的最新进展，我们在不变“自然失业率”和非线性置信区间估计的基础上，采用了卡尔曼滤波方法对中国1987—2009年的时变自然失业率进行了描述。最终发现：第一，与其他文献研究结论不同，中国的自然失业率呈现出了先上升后下降的变化趋势。中国的自然失业率从1997年的3.778%上升到2003年的5.416%；此后，自然失业率开始下降，2009年中国的自然失业率又回落到4.132%。第二，中国国有企业改革引发的下岗问题直接影响了自然失业率的变化趋势，而劳动力流动、劳动力市场人口结构特征变化，特别是“婴儿潮”都可能成为影响中国自然失业率的重要因素。第三，根据估计得到的自然失业率水平，我们描述了中国的菲利普斯曲线，并发现中国在1990—1999年之间出现了典型的菲利普斯曲线特征，即短期失业率（失业率缺口）与通货膨胀之间存在负相关关系；然而，自2000年以来，中国短期失业率与通货膨胀之间的关系变得十分复杂，特别是受到2008年金融危机的影响，中国短期失业率上升的同时伴随了通货膨胀率的上涨。但除此之外，中国的周期性失业率与通货膨胀之间依然存在着比较明显的替代关系。

（陆旸）

中国就业政策评价：1998—2008

赖德胜　孟大虎　李长安　田永坡　著

《北京师范大学学报》（社会科学版）2011年第3期

19千字

从消极就业政策到积极就业政策的转变，标志着中国政府以更为积极的姿态来处理就业问题。然而如何更为科学、合理、客观地对政策实施的有效性进行评估，是“十二五”期间进一步调整就业政策、使积极就业政策取得更大成效的前提和基础。

通过对我国就业政策从消极到积极的转变和发展过程进行梳理，将2002年作为就业政策类型发生转变的分界点。同时，将2002年之后我国积极就业政策的发展划分为三个阶段。除了对我国积极就业政策的阶段和内容的描述外，政策支出的宏观描述构成了另一个重要的分析维度。为了更为全面地评价就业支出政策，数据分类别统计了消极就业政策支出和积极就业政策支出，其中后者包括了公共财政用于就业的支出、税收优惠、工商管理行政性收费减免、小额担保贷款和主辅分离辅业改制减免税。同时，对于残缺的部分数据采用了移动平均法、内插法、倒推法等方法进行了估算。

在上述分析的基础上，选取历年的下岗失业人员再就业数量作为被解释变量，将落实积极就业政策方面的支出和落实消极就业政策方面的支出作为两个解释变量，建立时间序列计量模型。通过协整分析得出，落实积极就业政策的支出每变动1%将导致下岗失业人员的再就业数量同向变动0.27%；落实消极就业政策的支出每变动1%将引起下岗失业人员的再就业数量反向变动1.05%。然而值得注意的是，变量进行格兰杰因果关系检验，但并没有通过检验。这可能是由于因果关系检验对滞后长度很敏感，而该文的样本容量长度不够（只有11年）。

基于上述研究，相应的政策建议为：尽快建立积极就业政策的效果评价体系；完善积极就业政策的框架体系是制定就业政策的重点；加大积极就业政策的财政扶持力度，扩大就业扶持资金的筹集渠道；改善失业保险基金的支出结构，完善失业保险促进就业的功能，劳动报酬水平的实际变化调整与居民最低生活保障费的发放标准挂钩。

（王鸿鑫）

中国城镇居民劳动参与工资弹性的地区差异

张世伟　贾朋　著

《吉林大学社会科学学报》2011年第1期

10千字

城镇居民失业一直是中国经济发展过程中的一个突出问题，理论上政府通过设计和实施相应的公共政策能够一定程度上缓解失业问题，但公共政策实际作用效果取决于城镇居民的劳动参与行为反应。因此有必要分析中国不同地区城镇居民劳动参与行为，进而比较不同地区城镇居民参与工资弹性的差异。

通过微观经济计量方法分析发现，无论是男性还是女性，地区平均工资越高城镇居民劳动参与率越高，说明在地区间经济发展水平存在很大差异情境下，户籍制度形成的劳动力市场分割限制了劳动力的自由流动，导致中国劳动力市场资源配置效率的降低。因此，消除户籍制度形成的劳动力市场分割，能有效促进城镇居民的劳动参与和就业，抑制地区收入差距扩大。

受教育年限对城镇居民的劳动参与和工资获得均有明显的正向影响，因此发展教育不仅会促进城镇居民的就业，而且有助于城镇居民工资水平的提升。

女性劳动参与工资弹性明显大于男性劳动参与工资弹性。由于女性的工资率和劳动参与率均明显低于男性的工资率和劳动参与率，提高女性的工资率，尽量消除针对女性的就业歧视和工资歧视，将有助于男性和女性之间工资差距的缩小。

尽管男性劳动参与的工资弹性普遍较低，但中部地区男性劳动参与的工资弹性仍明显大于东部地区和西部地区。由于中部地区工资率相对较低且劳动参与率较低，提升中部地区的工资率对促进中部地区城镇居民的劳动参与和就业的作用效果将非常显著。

（王鸿鑫）

试论低端劳动力工资形成机制的变革及其经济效应

中国人民大学“中国宏观经济分析与预测”课题组

《财贸经济》2011年第7期

9千字

自2004年“民工荒”爆发后，农民工工资结束了长期的停滞状态，进入了一个快速的上升通道。进入2011年，“民工荒”愈演愈烈，还出现了中西部与东部争抢农民工的现象。如何看待本轮的工资上升？本轮工资上升是一个短期现象还是一个长期趋势？本轮工资上升到底会对我国经济产生什么短期和长期影响？对于这三个问题的思考和回答有助于加深我们对我国经济结构调整以及未来发展趋势的理解。

通过对近年来相关数据进行梳理和分析可以得出，中国低端劳动力市场已由总体过剩向结构性过剩转变。这主要表现在：工资上涨与“民工荒”并存；由人口结构变动导致低端劳动力供求发生变动；劳资冲突激增。

然而，隐藏在这些现象的背后更为重要的是，中国低端劳动力市场的工资形成机制正从传统的“生存工资定价法则”向“保留工资约束下的市场议价法则”转变。这主要是因为，随着世界经济大环境发生变化以及我国经济社会不断发展，经济结构、人口结构、产业结构、发展模式、体制机制以及相关的政策措施也在不断地进行调整和变化，强化了要素市场市场价格机制在资源配置中的主导作用。

基于上述分析，可以预见的是，这种由低端劳动力市场开启的全局性工资形成机制的变革在未来不断加速的城市化进程和进一步工业化以及制度改革的作用下，必将引起工资的补偿性上涨、保留工资的提高以及工资与劳动生产效率的同步提高，中国经济将迎来工资快速上涨的新时期。而为了应对工资上涨所带来的负效应，顺利实现我国全面市场型结构转型，就需要加强市场化以及相关体制机制的建设和完善。此外，为了防止单一的市场机制将中国经济过早地引入到偏离就业的新古典轨道上，政府的适度干预也是必需的。

（王鸿鑫）

人力资本：调整我国初次分配关系的政策着力点

焦斌龙　著

《经济学动态》2011 年第 2 期

6 千字

近年来，初次分配中资本和劳动所得比重反差成为了社会关注的焦点。为解决这一问题，各地政府相继出台最低工资标准，然而却遇到了企业的抵制和政策操作上的困难。该文在深入分析提高劳动报酬比重的政策困境基础上，探讨从人力资本角度审视和解决初次分配中劳资对立的新途径。

提高劳动报酬比重从决策层面来看，存在着提高与不提高的“两难困境”。一方面，维持当前资本和劳动在初次分配中的格局不利于经济长期发展。另一方面，提高劳动报酬比重又会影响我国中短期的比较优势。研究这一困境逻辑起点是对当前我国劳动在初次分配中是否得到了公平的补偿，当前劳动报酬低是否是经济发展阶段的必然现象，是否存在资本吞噬劳动成果现象等问题的回答。通过分析发现，我国目前的确存在资本侵占劳动的现象，必须改革初次分配制度，提高劳动报酬的比重。

由此，人力资本为我们提供了实现初次分配公平与效率统一的新视角：1. 劳动者人力资本回报不足正是我国初次收入分配不公平的关键症结；2. 人力资本存量是工资集体协商的基础；3. 提高人力资本回报为初次分配提供了一个劳动和资本互利共赢的新模式；4. 提高人力资本回报将加快我国经济发展方式的转变。

上述结论从现实操作来看就是：在推进工资集体协商制度建立过程中，充分发挥高层次人力资本所有者的核心作用；推动企业建立健全各种绩效管理制度，实现人力资本所有者收入与企业绩效同步增长；推行职工持股计划，实现职工收入和企业业绩共同增长；推动企业树立人才兴企，人力资本强企的理念，尊重人才，建立与人力资本水平相结合的薪酬制度。

（王鸿鑫）

中国劳动力错配对 TFP 的影响分析

袁志刚　解栋栋　著

《经济研究》2011 年第 7 期

15 千字

要素流动理论是传统的发展经济学的核

心课题，但随着近年来发展经济学和经济增长理论的融合，在二元经济的增长核算框架下定量地分析要素错配对经济增长的影响逐渐成为发展和增长理论的一个前沿课题。

通过利用一个劳动力错配对TFP影响的核算框架，对中国改革开放30年以来的经济增长经验进行了定量分析。结果发现，中国以农业部门就业比例过高为特征的劳动力错配对经济增长的总生产率（TFP）有着显著的负效应，其效率损失区间约为-2%至-18%。并且，自从1978年以来，这种负的效应没有明显的减弱趋势，而是随着制度改革的阶段性呈现一定的周期性波动的同时有逐渐扩大的趋势。通过对总效应进行分解，发现改革以来逐渐扩大的工资差异是导致总效应产生和波动的主要原因，部门的名义规模只是起到了非常小的作用，我国显著的工资差异则是我国结构变动滞后的一个重要原因。

由于劳动力流动障碍导致的劳动力在部门之间的错配对经济增长造成的平均效应损失大约在-8%左右。所以，进一步消除阻碍劳动力跨部门流动的各种制度障碍是释放未来中国增长潜力的重要内容。

现阶段，户籍制度、土地制度和社会保障制度的改革滞后严重地影响了劳动力从农村向城市、从农业向非农产业的转移。中国经济持续增长，要融全球化、工业化、城市化为一体，注重改变第一产业和第三产业长期落后的情况，而第一产业和第三产业的发展又必须借助于中国经济在全球化过程中进一步的工业化和城市化。

在未来的经济发展中，要逐步改革户籍制度，代之以就业和稳定居住地为基础的居住证制度；让农民自由支配土地的使用权，实现稀缺土地资源高效率配置；进一步突破制约经济发展、社会进步的体制性障碍，积极引入市场竞争性力量，打破各种形式的行业垄断。

（王鸿鑫）

技能偏向型技术进步必然加剧工资不平等吗？

许志成　闫佳　著

《经济评论》2011年第3期

13千字

20世纪70年代末到90年代末美国和其他OECD国家的工资不平等程度都有较大幅度的扩大。劳动经济学家普遍认为这是由技能偏向型技术进步导致的。然而，该文则指出其理论基础的缺陷，并将教育效率和劳动力市场的技能供求关系整合在一个技能偏向型技术进步与工资不平等都处于内生演化的动态模型中来讨论技能偏向型技术进步对工资不平等演化路径的影响，丰富了有关技能偏好型技术进步对于工资不平等影响的研究。

教育系统的效率对工资不平等的演化发挥了至关重要的作用。具体来说，经济中一个稳定的高技能劳动力比例决定了工资不平等、经济增长率和技术进步的程度，技术发生率影响了短期和长期中工资不平等演化方向，并且存在一个区间使得教育系统的效率控制着工资不平等演化的速度。短期中，技术发生率的提高会扩大工资不平等。而从长期来看，在比较有效的教育系统支持下，不但技术进步更为迅速，而且技术发生率的提高会缩小工资不平等。技术进步改变了高技能劳动力和低技能劳动力在劳动力组合中的有效性，于是有效性的变化作为短期和长期中工资不平等演化的推动力，和教育系统效率一同决定了最终工资不平等的程度。随着社会的发展，技术进步的速度日益加快。而加速的技术进步会带来生产效率的提升并因此而改变不同群体的收入状况，从而推动工资不平等的演化。

以上结论对于包括中国在内的发展中国家有着更为重要的意义。中国在引进发达国家的技术和资本或是自主开发新技术的时候，如何能够不让技术进步扩大收入不平等的程度是一个非常重要的问题。此外，中国的教育体系长期以来以低效著称，应试教育严重扼杀了创新能力，不利于知识传承；僵化的行政官僚式管理的高等教育体系使得教育对于知识和科技进步的贡献并不如人们所期待的那样充分有效。因此，进一步的教育改革所应提高的并不仅仅是教育效率本身，更为重要的是，教育应成为促进技术进步、缩小收入差距的重要工具。

（王鸿鑫）

再谈分配不公的主要矛盾和根源——兼答何炼成教授

吴宣恭　著

《当代经济研究》2011 年第 8 期

12 千字

“国进民退”和收入分配差距过大是当今中国社会关注的焦点，且有种观点认为正是因为国进民退加之国企（特别是垄断国企）收入过高导致了收入差距拉大。然而事实真是如此吗？

在对近年来我国行业平均工资水平的数据进行梳理和分析后得出的结论是，目前我国的收入分配不公的主要矛盾和根源是私营企业主收入同普通劳动者收入之间的差距远远大于行业间劳动者的工资差别。这是对现实中批评国企收入过高言论的有力反驳。

此外，针对一些社会言论中对恢复过去那种平均主义的倾向，应该注意到，由于不同劳动者向社会提供的劳动在质量和数量上各不相同，他们所得报酬以及生活水平存在适当的差别。这原是按劳分配方式自身的要求，完全符合社会主义的公平原则。

再有，无论是经济学理论还是实践都承认现实中存在市场失灵，而应对市场失灵就需要政府的介入。考虑到我国是社会主义国家，国有企业是国家意愿在经济上的外化表现，理当在关乎民生和安全等关键领域占支配垄断地位。并且，即使在竞争性领域，只要国有经济能具有更高的效率那就应该和其他主体展开竞争。同时，对私营经济做到有限制，有引导。

总结上述的分析可以得出，如果只认定“国退民进”是唯一道路，一味鼓吹、逼迫国有经济持续退出，社会主义初级阶段的基本经济制度就会遭到破坏，劳动人民有支付能力的需求与生产迅速发展之间的矛盾就会变成主要矛盾。发展生产的目的就不是最大限度满足人民的需要，而是对最大利润的追逐，财富悬殊和分配不公就会愈演愈烈，问题就会永远得不到解决。

（王鸿鑫）

通货膨胀、劳动力市场与工资率走势

田雪原　著

《财贸经济》2011 年第 7 期

8 千字

从目前的统计数据来看，我国确实存在比较严重的通货膨胀。对此次通货膨胀的成因进行深入考察，区分其中的可控和不可控因素，做到对症下药，药到病除。

当前中国的通货膨胀的主要特点是在商品供给总体充裕和过剩的情况下，由买方市场主动加价发动演变而来。基于这一现实情

况，主流的解释有两种，一是输入性质的外生通货膨胀，另一个是内生的通货膨胀。然而，从我国生产力方面对外依赖程度较高以及体制机制方面存在的不足来看，此次通货膨胀应该是外生与内生相结合的通货膨胀。外因是变化的条件，内因是变化的依据，外因通过内因而起作用。

基于上述分析，解决此次通货膨胀主要应从内因入手。在对我国近年来人口结构数据进行梳理和分析后得出结论，我国的人口结构发展大致可以分为三个阶段。第一阶段是2010年以前的总体过剩阶段，表现为劳动力买方市场，工资率被人为压低；第二阶段是劳动年龄人口占比越过峰值，但尚未达到绝对数量峰值，劳动力市场由供大于求向供求平衡转变，工资率处于劳资博弈状态；第三阶段是2017年以后，即占比和绝对数量总体短缺阶段，工资率将呈持续上涨趋势。我国当前正处于人口结构变动的第二阶段。

进一步分析发现，我国未来一段时期内工资率有持续走高的趋势。这是因为历史积累的欠账较多、刘易斯拐点的到来以及劳动力市场力量向卖方转移。鉴于此，适度的通货膨胀是合理的，但是要着眼于实际工资的提升，因为仅仅名义工资的提升是有害的，对通胀治理不利。

（王鸿鑫）

非均衡契约、劳资冲突及其治理

周建国　著

《上海交通大学学报》（哲学社会科学版）

2011年第1期

11千字

近年来，在中国经济创造奇迹和繁荣的同时，社会矛盾和社会冲突却在日益加剧。对于问题产生的原因，如果不能从理论上解释清楚其深层机理，就很有可能引起人们的误解，并进而产生巨大的负面社会效应，因此必须予以高度重视。

如果把社会构成看成是一种交易秩序结构，那么，当代中国改革的实质内涵就是从计划交易秩序向市场交易秩序的转型。而之所以会发生这样的转型是由于计划交易秩序在激励机制和扩展交易秩序方面存在着致命的弱点，这与经济参与个体需求的不断发展形成了反差。

伴随着交易秩序转型的是社会各群体之间利益关系的调整和重组。在计划交易秩序中实际上存在的只有国家和个人的契约关系，二者是控制与依赖的关系。而转变到市场交易秩序后，国家成为了“守夜人”，企业和个人之间都形成了明显的契约关系，即权威和服从。由于信息的不对称以及利己主义，雇主和雇员之间进而可能引发劳资矛盾和冲突。

然而，从世界各国的发展经验来看，建立在合理契约关系基础之上的市场经济体制总体上是有利于经济发展和社会稳定的，关键在于这一非均衡契约关系的合理程度如何。而我国现实中发生的劳资冲突的原因就是这一非均衡契约关系超出了合理限度。这从企业内部情况来看，是由于非对称的权力结构以及约束无力使这一非均衡契约关系超出了合理限度；而政府外部监控的无力或政府与市场的“结盟”助推了这种畸变关系的形成。

基于上述分析，治理劳资矛盾和冲突的关键是要建立劳资双方激励兼容的非均衡契约关系。而要做到这一点，主要是解决好两方面的问题：一方面是在企业内部建立雇主和雇员之间激励兼容机制；另一方面是依靠国家这个公民权利的保护机构从外部通过法律法规来约束雇主对员工的侵害，如此才能把劳资双方非均衡契约关系控制在合理的范围内。

（王鸿鑫）

我国初次收入分配结构变迁的探讨

乔榛 著

《经济学动态》2011 年第 9 期

8 千字

改革开放后的 32 年，中国经济保持了持续增长的态势。但是与此同时，我国初次收入分配的劳动份额却在逐年下降，这与经济发展的民生转向不甚和谐。探究这一问题背后的原因及其形成机制将有助于尽快扭转收入差距扩大的趋势。

经济学里对于初次收入分配结构的分析在亚当·斯密之后分化为了两条路径，一条是马克思所采用的基于资本家和工人之间分配关系来进行研究，提出初次收入分配结构取决于劳动力市场供求关系以及资本家和工人议价能力对比。另一条是新古典理论所采用的边际法，提出资本和公司的报酬取决于各自的边际生产率。由于两条路径对研究问题所选择的角度不同，进而形成不同的初次收入分配结构变迁机理。前者表现为收入分配结构在资本家和工人不断斗争中演化，后者则表现为收入分配结构由于资本与劳动力随着技术的发展不断相互替代所形成的动态演化。

然而，上述理论都不能很好地解释我国现实。我国在 1978 年开始了两个重要的转型，一个是计划经济向市场经济的体制转型，另一个是落后经济向发达经济的发展转型。进而引起了一系列具有特殊性的变化，如我国企业体制改革、发展战略转型、发展动力转变等。因此，我国初次分配结构变迁在遵循一般机理的同时还受到上述特殊体制和发展转型带来的影响，这让转变我国初次分配结构的任务变得更加艰巨。

尽管如此，还是应该确信，我国劳动份额随经济增长的变动最后还是会呈现出一个 U 形曲线形状。可是还应该意识到，基于初次收入分配结构的机制而探索一条适合的路径以实现初次分配结构转型更为重要。而这需要遵循两个原则：1. 必须处理好我国初次收入分配结构转型与经济发展的关系，即保增长、促内需；2. 必须把握好发展水平与改善民生的重要时机，避免中等收入陷阱。基于上述原则，要开辟出一条顺利实现我国初次收入分配结构转型的路径，需要提高劳动者地位，实现经济发展方式转变以及深化经济体制改革，同时要发挥好国家对劳动者地位保护这一重要职能。

（韵江）

户内人口匹配数据的误用与改进——兼与《高等教育扩张与教育机会平等》一文商榷

杨舸　王广州　著

《社会学研究》2011 年第 3 期

13 千字

户内人口匹配数据被广泛地应用于社会学、人口学及相关领域的研究中，研究者可以利用“成员与户主的关系”来构建各种户内成员关系，如夫妻关系、父子关系、母子关系，这些关系被广泛地应用于婚姻、家庭、代际、社会网络、生育、社会流动等问题的研究中。但户内人口匹配数据的选择性偏差常常被研究者忽略。例如，从社会学视角研究个体发展的影响因素时，往往需要匹配子女或父母的信息。但成年子女和父辈生活在同一“户”中的可能性却大大降低，许多成年子女由于结婚、外出就业或就学等原因离开父辈居住。这些离开父辈居住的子女会被排除在研究数据之外。同样，在研究妇女生育史时，对母亲—子女进行匹配。幼年子女多数与母亲生活在一起，但较年长子女往往已经离家，许多母亲的信息也不能与其全部存活子女匹配上，容易错误估计母亲的生育子女数和初育年龄。

针对这类问题该文利用2000年第五次人口普查和2005年1%人口抽样调查原始抽样数据对户内父子、母子和夫妻关系进行匹配，发现三种匹配数据均存在不同程度的选择性偏差，体现在年龄、性别、流动状况、城乡分布、教育、地区分布等方面。如果直接利用这样的数据进行计算，就会影响结论的准确性。

匹配选择性会使匹配样本的分布偏离于总体的分布。解决问题就是要让匹配样本分布尽量接近总体分布。该文使用两种方法对匹配样本分布进行调整：一是加权，对不同个案给予不同的权重，在权重的倍数效果下，匹配样本分布能基本接近总体分布；二是再抽样，在匹配样本中再抽取一个子样本，使得子样本的分布接近总体分布。该文对《高等教育扩张与教育机会不平等》一文的匹配数据、分析模型和研究结论进行再检验，发现匹配数据的选择性偏差对分析模型和研究结论的影响是确定的。户内人口匹配数据的偏差不仅影响统计模型因素判断程度的错误，甚至完全改变影响因素的作用方向。为了减小匹配数据偏差的影响，该文提出户内人口匹配数据偏差的调整方法和思路，认为加权和再抽样方法能够在一定程度上弥补“选择性偏差”，相比来说，加权模型的调整效果更加理想。

（杨舸）

国际经济与国际贸易

“金砖国家”通货膨胀周期的协动性

张兵　李翠莲　著

《经济研究》2011年第9期

22千字

2001年，美国高盛公司（Goldman Sachs）首次提出“金砖四国”（BRIC）的概念，囊括了中国、印度、巴西和俄罗斯四个全球最大的新兴市场国家。2010年12月，南非正式加入，“金砖四国”由此变为“金砖国家”（BRICS）。在经过2009—2012年分别于俄罗斯、巴西、中国和印度举行的多次“金砖国家”领导人会晤后，“金砖国家”已经成为新兴市场国家多边合作的一种新模式和全球经济治理的一个新平台，在世界经济中日益发挥举足轻重的作用。近年来以包括中国在内的“金砖国家”为代表的新兴经济体和发展中国家普遍都面临着较大的通货膨胀压力，而通货膨胀问题处理得是否得当直接关系到各国经济乃至整个世界经济的发展。有鉴于此，该文旨在尝试利用SPSS因子分析和聚类分析方法探讨“金砖国家”通货膨胀周期的协动性及其影响因素，从而在一个侧面反映“金砖国家”合作机制的形成原因及其未来加强经济合作和政策协调的必要性，同时能够为中国通货膨胀的有效治理提供可资借鉴的政策建议。

通过观察统计数据并计算Pearson相关系数和Spearman序列相关系数可以发现，“金砖国家”通货膨胀周期波动存在比较明显的协动性。SPSS因子分析和聚类分析的结果表明，“金砖国家”通货膨胀周期协动性的出现在很大程度上是源自世界通货膨胀波动的冲击和发展中大国因素的综合作用。"金砖国家"通货膨胀周期可以分为"大起大落"型和比较稳定型。中国通货膨胀周期波动虽介于这两者之间，但更具有"大起大落"的倾向。这些研究结论一方面可以在一个侧面反映"金砖国家"合作机制的形成原因和历史必然性；另一方面也凸显出"金砖国家"在未来进一步加强经济合作和政策协调，甚至通过吸纳更多国家加入而进行进一步扩容的必要性。更为重要的是，由于中国通货膨胀周期波动存在着"大起大落"的倾向，因此我们在制定治理通货膨胀政策时一方面需要进一步与包括"金砖国家"在内的国际社会进行政策合作和协调，积极应对世界经济和通货膨胀波动的冲击；另一方面更需要进一步发挥我国在体制机制方面的优势，提高国内应对通货膨胀政策的灵活性和针对性，密切关注政策发挥作用的路径和时滞，准确把握政策力度，避免出现由于政策调控不力或调节过度而人为造成"大起大落"的不稳定局面，使得我国通货膨胀周期得到有效治理，从而促进我国经济增长周期能够真正实现在适度高位的平稳运行。

（文冰）

出口改善了员工收入吗?

包群　邵敏　侯维忠　著

《经济研究》2011 年第 9 期

26 千字

出口贸易已经成为改革开放以来我国经济快速增长的重要推动力，大量经验证据证实了出口贸易不仅有力地推动了我国总体经济增长与区域经济发展，而且也在国内企业技术进步、生产率提高等方面扮演了重要角色。然而，作为一个劳动力要素相对丰裕的发展中大国，普通劳动者是否充分享受了出口贸易快速发展所带来的收益？正如一些文献所强调的，改革开放以来劳动力报酬在我国总体经济中所占份额呈现了下降趋势，那么出口贸易能否在改善劳动力要素报酬方面发挥积极作用？换言之，我们能否如经典的国际贸易理论所表明的，通过出口我们具有比较优势的劳动力密集型行业来提升劳动者报酬？对这一问题的回答无疑有助于我们全面评价对外贸易在我国经济发展中的作用，尤其是对收入分配的影响。

为了回答上述问题，已有相关文献大多侧重于比较出口与非出口企业两组企业样本的工资水平，这一做法固然能够直观地看到出口对工资的影响，然而又存在着一些缺陷。首先，如果企业出口行为本身取决于一些其他因素，尤其是与工资水平直接相关的因素，则将不可避免地带来分析样本的选择性偏差，从而导致研究结论的失真。其次，更为重要的是，已有研究大多在某一特定时间段来比较两组企业的工资水平，这一静态分析难以反映企业出口对工人工资的动态影响。针对上述缺陷，该文确立核心研究问题为：企业一旦开始出口，则这一行为对其后年份的工资报酬有何影响？

采用我国制造业 1 万多家企业 1998—2001 年的统计数据，并运用倍差法，对上述问题进行检验分析，得出以下基本结论：在控制了企业规模、开工时间、企业人均资本等因素，且考虑了工资的地区、行业与所有制差异后，没有充分证据表明企业的出口行为将显著提升员工的收入回报，并且在改变不同配对方法、区分内资与外资企业、考虑企业出口密集度与工资的时滞效应等各类情形下，这一结果都较为稳健。最后也考虑了企业出口行为的内生性，以预测的企业出口概率值进行了再估计，同样没有发现企业出口显著改善了员工回报。因此，尽管劳动密集型行业的出口符合我国基于要素禀赋比较优势的国际分工模式，但仍需要谨慎评价这一出口模式对改善劳动力报酬的积极作用。

（小宝）

中国参与量化全球经济再平衡可行性分析

潘正彦　著

《国际贸易》2011 年第 5 期

8 千字

2010 年，中国贸易顺差为 1831 亿美元，约占 GDP 的 3.15%，这一比重已经低于德国、日本等贸易顺差大国，这反映了中国实现贸易平衡的政策取向。金融危机后，中国不再追求过大的贸易顺差，而是健康、可持续发展，保持贸易的基本平衡。对于美国等提出的所谓量化全球经济再平衡的方案，从中国的角度，有必要用客观、务实、科学的态度来应对。

全球经济再平衡正逐步成为共识。近 20 年尤其是近 10 年，美国、欧洲、日本等在全球经济的相对地位下降和新兴国家相对地位的上升是不争的事实。尤其是本次金融危机后，原有的世界经济格局和增长模式（即美欧经济消费模式和新兴国家的生产模式）将面临挑战。2010 年 10 月，在韩国庆州 20 国集团央行行长和财政部长会议召开前夕，美国建议各主要顺差国和主要逆差国制定一个将经常项目差额控制在 GDP 4% 以内的目标。即所谓量化全球经济平衡方案。虽然开始各国对此态度不同，中国也有自己的意见，但是，中国必须正视全球经济再平衡中的中国的责任，也不应回避全球经济增长再平衡。

事实上，中国与全球经济平衡的关系越来越密切。一是中国经济高速增长同样受益于全球经济发展。世界银行在《中国避开全球危机经济继续强劲增长》一文中指出，“2002 年前后，全球经济形势开始出现变化；国际贸易与资本流动加速”对中国经济增长同样功不可没。中国“贸易增长非常迅速，全球需求的扩张促进了出口导向型增长。按实际值计算，在这一时期的大部分时间里，中国出口的年均增速超过 20%。中国成为一个更大的资本净出口国，这一时期中国的经常账户盈余平均为 GDP 的 6.1%”。二是中国经济开始与全球经济平衡，尤其是美欧经济的平衡问题的客观联系。金融危机后美国经济结构的调整将对全球经济再平衡和中国经济产生重大、深刻的影响。欧洲经济也难以保持对中国经常账户的持续盈余的状况。三是高速增长的中国经济受到全球经济平衡的客观制约。

从中国参与量化全球经济再平衡的可行性分析，中国不仅应该正视自己在全球经济再平衡中的义务，而且也可以参与全球经济平衡再量化。一是金融危机后中国经济更追求可持续的经济增长。二是中国经济再平衡客观上有助于解决全球经济失衡；同时，中国经济的再平衡也是中国经济结构调整的战略需要。

（潘正彦）

跨国营销模式选择的权变影响：基于顾客视角的研究

张峰　吴晓云　著

《南开管理评论》2011 年第 6 期

23 千字

企业跨国营销有两种模式：（1）寻求不同国家顾客价值的一致性、追求规模经济和形象一致性的标准化营销；（2）最大限度关注和满足国家差异的适应性营销。近些年，在"走出去"政策的刺激和支持下，已经有诸如海尔、TCL、华为、中兴、联想、吉利等众多的中国企业"走出去"，并逐步创建了自己的国际品牌。商务部发布的数据显示，2010年年底，中国5000多家境内投资主体设立对外直接投资企业达1.2万多家，遍布全球172个国家和地区。那么，对诸多正在以及试图国际化的企业来讲，应该选择哪种模式呢？作为国际化过程中首要面临的一项战略决策，该问题直接关系到企业在国际市场的战略导向和资源配置。

已有的研究成果存在两个问题：第一，现有研究结论缺乏一致性甚至相互矛盾。第二，以往研究更多关注营销模式选择所带来的销售增长、成本节约以及利润增长等经济利益，忽视了这些利益产生的根本基础——顾客反应（认知、情感、行为）。

该文在总结以往文献和实地访谈的基础上选定"母国—东道国"和"东道国—东道国"两类研究视角，分别检验了以品牌母国和品牌东道国为基准衍生出的营销标准化程度对东道国顾客心理的影响关系，且引入了市场情境因素这一调节变量，得出以下结论：1. 营销标准化程度会显著影响东道国顾客的心理认知。2. 母国与东道国或者东道国与东道国之间的市场相似性对营销标准化程度与品牌知名度、品牌联想、感知质量和品牌情感之间的直接路径关系存在显著的调节效应；市场相似性对营销标准化程度与品牌忠诚（态度和行为忠诚）之间的总效应关系也存在显著的调节效应。3. 在高市场相似性情境中，营销标准化对顾客心理会产生积极的影响效应。4. 在低市场相似性情境中，营销标准化对顾客心理的影响效应显著弱于高市场相似性情境下的表现：除了对品牌知名度有显著的提升之外，对品牌联想、感知质量和品牌情感的影响效应非常弱并且不显著，甚至存在显著的负向影响。

（程新生）

人民币国际化："贸易结算+离岸市场"还是"资本输出+跨国企业"——以日元国际化的教训为例

殷剑峰　著

《国际经济评论》2011年第4期

18千字

日元国际化正式启动于1984年，其主要背景有两个：美国希望压迫日本开放资本项目和国内市场；日本经济的崛起所带来的对美国经济地位的挑战和美元地位的诱惑。日元确实成为国际货币中的一员，但是经过1990年泡沫危机及随后延续迄今的经济乏力，从国际货币体系的层级结构看，日元国际化是失败的。

目前人民币国际化的实践似乎违背了政策的初衷。将人民币跨境贸易结算作为一种推动人民币国际化的工具，是考虑到美元贬值风险及希望通过人民币国际化来"倒逼"国内金融改革的考虑。自2009年4月推行人民币跨境贸易结算试点以来，遇到了两个问题：单向的"货币替代"似乎正在使中国暴露在更多而不是更少的美元风险之中；香港人民币离岸市场的滞后似乎正在"倒逼"资本项目开放而非"倒逼"国内金融改革，从而有可能违背了我们关于改革次序的共识。

该文以日元国际化的教训为例，说明了"贸易结算+离岸市场/资本项目开放"的日元国际化模式之所以失败的原因：一是除了政治、军事因素以及国内金融市场发展滞后之外，日本非金融企业缺乏国际竞争力，尤其是匮乏有影响力的跨国企业是日元贸易结算不能顺利推行的根本原因；二是国内金融改革尚未展开就急忙放开资本项目，这在当时造成了一个横跨在岸和离岸市场的“再贷款游戏”，并成为1990年日本泡沫危机和长期经济增长乏力的重要原因。

以史为镜，通过观察贸易结算推行人民币国际化的可能性、离岸市场发展以及背后的资本项目开放等，可以得知日元国际化的模式是失败的，它也同样不适用于人民币的国际化。历史告诉我们，除了特殊的欧元模式（若干主权国家采用同一货币）之外，在英镑和美元成为国际关键货币的过程中，特别是国内金融市场尚未充分发展的初始阶段，都采用的是“资本输出＋国际卡特尔/跨国企业”模式。历史同样告诉我们，离岸市场的发展不是本国货币成为国际关键货币的因，而仅仅是果。在本国货币国际化的过程中，尤其是初始阶段，它显然不可能发挥重要的作用。

该文建议，在国内金融改革实质推动并基本完成前，人民币国际化应该从激进、危险的“贸易结算＋离岸市场/资本项目开放”模式转向渐进、稳定的“资本输出＋国际卡特尔跨国企业”模式。

（薛波）

股票市场的国际一体化进程

费兆奇　著
《世界经济》2011年第10期
25千字

近些年，全球股市的波动及其在各市场之间的传递现象十分明显，国际股市的一体化进程引起了投资者和决策者的高度关注。目前，一体化的相关文献主要集中于世界单因素模型的静态检验。该文在非对称BEKK模型的基础上，将世界单因素扩展为世界—区域—双因素一体化的检验，即允许当地股市的预期外收益除了受当地因素的影响外，还受到两个外部因素的冲击：世界性因素和区域性因素。通过比较世界一体化与区域一体化的差异及特征，为决策者和国际投资者提供更多的参考依据及投资选择。并通过构建Kalman-filter-（T）GARCH（简称KF-（T）GARCH）体系，扩展了传统的Kalman-filter体系，用最大似然函数法对KF-（T）GARCH体系进行参数估计，旨在研究和比较国际股市的世界一体化和区域一体化进程。

该文研究了亚洲、欧洲、拉美和澳洲4个区域中19经济体的股票指数，通过各国（地区）股市收益率统计量性质描述、进行（T）GARCH因素的显著性检验、各国（地区）股市的世界一体化与区域一体化的均值及差异、各市场在金融危机（事件）期间受外界因素影响的情况等模型检验，通过描述样本数据，分析和解释模型的计量结果。

该文的研究发现：在1985—2009年的检验区间内，亚洲、澳洲和拉美3个区域中大部分市场（特别是新兴市场）与美国的一体化程度显著高于区域一体化，这说明美国因素对上述市场的影响仍然占据主导地位；欧洲货币联盟成员国与欧洲的区域一体化水平显著地高于它们与美国的一体化水平，而其他区域的大部分市场与美国的一体化水平显著地高于区域一体化水平；样本中大部分市场的一体化水平在2000年以后出现了“趋同”的现象，意味着从长期的角度看，国际分散化投资的潜在利益正在逐渐减少甚至消失，电子信息化与金融自由化和金融开放是“趋同”的可能解释。在金融危机（或事件）发生期间，美国或区域因素对各国股市的影响程度明显增强，外界因素对新兴股市的冲击程度显著地大于对发达市场的冲击。2008年之后，中国股票市场的一体化水平（包括美国和区域）快速攀升。其中，中国股市与亚洲的区域一体化水平在2008年9月超过了中国与美国的一体化水平，意味着区域因素对中国股市的影响占据了主导地位。

（薛波）

转变外贸发展方式的经验与理论分析——中国应对国际金融危机冲击的一种总结

裴长洪　彭磊　郑文　著

《中国社会科学》2011年第1期

18千字

2004年中央经济工作会议曾提出“转变外贸增长方式”，2009年12月中央经济工作会议提出了“加快外贸发展方式的转变”。从“增长方式”的转变到“发展方式”的转变，深刻反映了中国政府决策者对中国自身经验的新认识和对科学发展观的新理解。以往有关外贸增长方式转变研究的认识也没有完全过时，但为什么要强调把转变外贸增长方式提升为转变外贸发展方式，这究竟蕴含了哪些新的信息和新的认识呢？

转变外贸发展方式，绝不仅仅局限于优化出口商品结构和提高出口产品附加值，尽管这也很重要。这是应对国际金融危机冲击后，我国的政策导向从转变外贸增长方式上升为转变外贸发展方式的最重要的内在依据。我国的经验说明，某些经济学的认识工具，如“价格的贸易条件”和“微笑曲线”等理论，对解读中国的对外贸易存在局限性，如果运用不当，就会把原本具有一定科学性的理论推导到谬误上去。我国转变外贸发展方式的经济学含义应定义为：转变外贸的国民收益方式和格局；转变外贸的竞争方式；转变外贸的市场开拓方式；转变外贸的资源利用方式。

建议有关部门制定出较为科学、合理并易于操作的考核指标体系。例如，第一，商品和服务出口部门的就业人数和贸易增长速度。这两个指标反映低成本制造技术的生产扩大、国际分工的区域扩大和人力资本的利用，由此反映我国国民福利的增进。第二，商品和服务出口贸易占世界市场份额的增减趋势。这个指标反映我国企业对国际市场开拓能力的状况。第三，加工贸易出口增值率。由于加工贸易出口占我国出口贸易的50%以上，加工贸易出口增值率可以反映我国出口贸易的生产结构在国际分工中的价值链位次以及国内产业的配套水平、出口生产对国内产业的带动作用。第四，高新技术产品出口在总出口中的比重。这个指标是对加工贸易出口增值率的补充和印证，可以进一步佐证我国出口产品实现生产分工价值链提升的水平。第五，中西部省区在全国出口贸易中的比重。这个指标反映产业转移的状况。第六，不同行业出口商品的出口换汇成本。这是综合考察外贸生产和流通两个领域成本节约的关键指标，是反映生产效率与流通效率的竞争力指标。第七，进出口产品中的碳含量和能源消耗。这个指标反映我国的环境和生态保护福利。第八，资源类产品进口贸易量与贸易值的对比。这个指标反映进口贸易中能否以较低的成本获取外部资源。

（孙三百）

论国际贸易成本

夏先良　著

《财贸经济》2011年第9期

13千字

国际贸易成本是国际贸易学的核心概念

之一，尽管它已不是一个新概念，但近年来国际贸易学界开始重新关注国际贸易成本问题。不同学者对国际贸易成本概念界定、性质、补偿方式、影响、测度方法等的认识差别和分歧较大。

该篇论文在对国际贸易成本概念界定和分类基础上，将马克思价值理论和流通费用理论扩展到国际贸易成本理论研究之中，科学分析国际比较优势规律与国际价值规律之间的并行关系和不同条件下的作用程度，反对把由生产成本和贸易成本构成的“全成本”作为比较优势形成的基础；分析国际贸易成本对国际产业分工与贸易的影响，解释国际贸易成本与国际价值量之间的关系以及国际贸易成本与贸易量之间的关系，回击西方经济学的重力模型方法用贸易量、产出量解释和测度贸易成本的错误。必要的国际生产成本和非纯粹贸易成本构成的国际成本是国际价值的基础；国别机会成本才是国际比较优势的基础。价值是由生产创造出来的、客观的社会财富，它不是靠纯粹的贸易倒手就可以创造的。纯粹贸易成本不增加价值，不由价值补偿，而是对剩余价值的扣除，社会应把它限制在必要的限度内，非必要的就得不到补偿，但是必要的纯粹贸易成本必不可少。贸易利润也不是单靠节约贸易成本得来的。国际贸易成本对国际产业分工与贸易具有复杂的影响。计量结果显示的中国（包括生产成本在内的）国际贸易成本下降的判断应该是指单位出口成本，而非实际的总体出口成本下降。

该篇论文的主要结论是：国际比较优势规律和国际价值规律分别沿着生产力和生产关系两条既关联又区别的路径并行制约国际贸易，分别具有不同的形成基础。一定社会历史时期生产创造出来的价值是一定的、客观的，不由贸易而任意增减，但可由贸易发展状况影响对外实现的价值量。国际贸易成本的构成复杂，在价值形成中的地位和作用不同，补偿方式也不同。社会对贸易成本的开支并不是都得到补偿，补偿只限定在必要的开支范围内。国际贸易成本不仅对国际贸易规模、贸易流向、贸易结构、贸易空间范围、贸易模式、国际竞争力具有复杂的影响，而且对国际分工产生一定的反作用。

（张宁）

国外服务业FDI最新研究的进展与启示

李文秀　夏杰长　著

《国外社会科学》2011 年第 4 期

15 千字

随着跨国公司组织结构的更加分散化，服务外包、特许经营等新的业务模式不断涌现，许多公司再也不纯粹依赖公司内部的优势，所有权优势也依赖于与其他公司之间所建立的交互关系，出现了和先前跨国公司内部化理论刚好相反的情况。于是，为了更好地探讨服务业 FDI，许多学者开始跳出传统制造业 FDI 理论，开始关注服务业跨国公司的外部联系，并从多个方面探讨服务业 FDI 的动因、影响因素及其与经济发展的关系，也产生了丰富的研究成果。

自 20 世纪 90 年代以来，部分学者开始综合考虑内外两方面的因素，对服务业 FDI 的动因进行探讨。如拉伍洛克等提出了服务业跨国公司扩张八类动因，包括相同的顾客需求、全球性顾客、全球性销售渠道、全球规模经济、有利的物流条件、信息技术的发展、政府政策和管制以及可转移的竞争优势等。马库森和斯特兰德用知识资本模型解释了商贸服务业 FDI 的动机，指出获取知识的重要性。总的来说，服务业 FDI 的主要动机就是要绕过贸易限制进入东道国市场，并通过在东道国市场上获得的多方面联系来提升自身竞争力。

国外对服务业 FDI 影响因素的研究是从两个层面进行分析的。首先是总体层面上的研究，如斯蒂芬认为，东道国市场开放程度、市场规模、文化差距、全球寡占反应是服务业国际直接投资的主要影响因素。其次是行业层面上的研究，这方面的研究又主要集中在如下几个方面：一是对金融服务业 FDI 决定因素的分析，如亚默瑞研究发现，GNP、国内贸易水平、制造业 FDI、国内风险等与金融服务业 FDI 正相关，而 GNP 的长期变化与金融服务业 FDI 负相关，汇率变化、收益率以及国内风险等与金融服务业 FDI 之间的相关性不明显。二是银行业 FDI 的决定因素，卡勒米对美国银行业的 FDI 进行研究后发现，东道国的市场规模、市场增长率、单位劳动成本、贸易量和经济规模是影响其 FDI 进入的主要因素。三是保险业 FDI 的影响因素，如法利波尔茨、莫斯利恩认为，相对收益率、人民币汇率、来源国保险行业规模以及美国和来源国之间的双边关系是决定来源国在美国进行保险服务 FDI 的主要因素。

服务业 FDI 与经济增长关系十分复杂，对于服务业 FDI 是否促进东道国经济发展还没有达成一致意见，但大部分学者承认服务业 FDI 对东道国经济发展有一定的积极效应，但强调这种积极效应的产生依赖于一定的前提条件。

（孔繁来）

境外热钱对中国经济的影响及对策思考

黎友焕　王凯　著

《财经科学》2011 年第 3 期

5.7 千字

人民币升值预期和国内房地产、股市价格上涨预期使得境外热钱大量流入中国，对中国的经济产生了严重的负面效应，干扰中国货币政策的有效性，威胁到中国的金融安全。那么热钱究竟是什么？其流入中国的动机又是什么？热钱的流入又会对我国经济社会的发展产生什么样的影响？对于热钱这种异常的波动我们又应该采取怎样的措施来应对？面对目前热钱乱象，这些问题亟待解决。

“热钱”就是根据其预期收益而流动的投机性短期资本，而境外热钱是指来自国外和港澳台的资金，主要采取短期投机的方式快速进出中国境内以逐利。境外热钱具有来自包括港台的境外、终将连本带利返回境外、以赢利为目标、属于国际资本流动范畴四大特征。

而热钱进入中国的动机就是为了赢利，中国目前人民币预期汇率与名义汇率偏离导致的人民币升值预期和使房地产市场价格过快上涨的经济发展现状为热钱的“套汇”“套价”提供了巨大的空间。伴随着中国利率市场化进程，其价格信号及其国际传导效应逐渐增强，当国内利率高于国外利率时，会诱发热钱流入中国以实现“套利”。分析热钱流入中国的四个阶段，可以明显看出热钱的趋利性质，中国经济运行趋于繁荣，热钱大量流入，经济趋于消沉，热钱便严重抽离。通过对近 100 个地下钱庄的访谈和问卷研究，对境外热钱流动渠道进行汇总和梳理发现，热钱跨境流动的途径共有近百种，包罗万象，这就导致要监控管理热钱的走向变得十分困难。

热钱的流入对我国经济的影响主要集中在对股市、房地产市场以及货币政策、金融安全的影响上。大量研究短期资本流动的文献表明：中国股票市场是热钱潜入后的主要去处之一，热钱走势与股价走势的相关性在不断增强；在中国房地产是具有很高的投资和投机价值的资产，这对于热钱的流入具有致命的吸引力，热钱的流入致使楼市价格虚高，扭曲了房地产的供给结构，扩大房地产泡沫，导致明显的“效用失真”问题，一旦泡沫破裂，热钱便会抽离，从而导致房地产行业危机甚至是国家金融危机；同时，热钱的流动会削弱货币政策应有的效应；热钱加速流入会造成一国宏观经济失衡，形成资产泡沫；而热钱的迅速出逃又会造成资产价格的大幅波动，甚至引发严重的金融危机。

面对热钱异动，如果中国政府能采取强有力的对策性措施，不但可以提升政府的信誉，而且可以有效控制大规模短期国际资本的集中外逃及可能引发的金融危机。根据上面的分析，可以从以下三方面着手：第一，在防治热钱的思路上，该文认为既要“堵”更要“疏”，甚至是“堵”不如“疏”。第二，完善人民币汇率和利率机制，减少热钱套汇和套利的空间。第三，加强热钱流动监测系统的建设。

（黎友焕）

生产分割与制造业国际分工——以苹果、波音和英特尔为案例的分析

刘戒骄　著

《中国工业经济》2011 年第 4 期

15 千字

该文归纳研究了生产分割产生的原因，提出并结合案例分析了生产分割后制造业的 4 种基本组织方式。作者提出，作为一种制造业组织形式，生产分割可以通过两种方式节约生产成本：一是在给定生产要素成本情况下，采用生产分割方式能够通过提高生产专业化水平节约生产要素消耗数量。二是由于不同国家和地区生产要素差异，把一些活动转移到成本较低的国家和地区，通过利用低成本生产要素以更低成本从事至少一个环节的生产活动。在生产分割条件下，制造业企业通过外购决策选择产品基本组织方式。企业既要确定是否外购以及在多大程度上外购，也要确定是否以及在多大程度上将业务转移到国外。

苹果、波音和英特尔是其中影响力很大的三个跨国公司，其生产分割和外购方式选择可以在很大程度上说明制造业组织方式的选择。论文分析表明，苹果、波音和英特尔三个公司均对产品设计、研发和制造等环节进行了生产分割。这三个公司的共同之处是将设计、研发、品牌、营销等环节保留在企业内部，并将其作为企业核心业务。但这三个公司制造环节采取的组织方式存在较大差异。苹果和波音公司产品制造均采取较高程度的外购方式，零部件制造和产品组装、测试等环节均由第三方企业完成，说明苹果公司生产分割和外购程度高，采取的是比较完全彻底的生产分割和组织方式。波音公司外购领域不断扩大，但飞机组装和测试仍主要在美国国内进行。英特尔公司产品制造不是采取外购而是企业自行建厂制造的组织方式。其中，微处理器制造完全在美国国内进行，英特尔美国国外仅有三个制造厂，这三个制造厂主要从事芯片组等产品制造。由于这三个公司生产组织方式差异，其对产品制造过程的控制也具有不同的特点。苹果公司主要采用合同和技术手段管理生产过程，协调与供货商的关系。波音公司虽然也主要采取合同和技术手段管理控制生产过程，但可能比苹果公司更强调技术手段。英特尔公司对制造厂拥有完全所有权，主要采取企业内部手

段管理控制生产过程。

该文研究表明，制造业企业根据市场竞争强度权衡技术和成本，选择生产分割方式和程度。在竞争强度较低的产业，企业优先考虑维持技术优势，倾向选择内部一体化生产组织方式，自己投资建造工厂。在竞争强度较高的产业，企业优先考虑营造成本优势，倾向选择外购，最大程度利用第三方设施。竞争强度提高将推动企业在更大范围寻求更有效率的制造地点、供应商和合作伙伴，采取更加开放的组织方式。只有科学把握制造业组织方式演进规律，创造并利用制造业开放程度不断提高的有利条件，才能改善中国这个发展中工业化大国的产业国际分工地位。

（刘戒骄）

全球公共债务危机与世界资本主义新变化

刘厚俊　袁志田　著

《马克思主义研究》2011 年第 10 期

14 千字

2010 年以来全球公共债务危机愈演愈烈，公共债务危机、美元危机、世界财富的再分配成为当前世界经济的首要经济问题。但是，公共债务危机较多地只是被当做某种“危机事件”，而非某种“趋势”或某种“规律”来进行研究，对公共债务危机的认识还有待进一步提升。实际上，全球公共债务危机不是一个与“金融危机”类似的事件，而是反映了世界资本主义的某种新变化和世界经济危机某种新的发展趋势。

当代世界资本主义新变化主要有三个重要结论：一是资本主义制度“有限改良论”，二是资本主义实现了“自我扬弃”，三是资本主义与社会主义从“共和”走向“融合”。与资本主义宏观变化趋势相对应，对当代资本主义微观层面的研究亦有三个重要的结论：一是管理组织的再造，二是劳资关系的恶化，三是生产活动的金融化。微观机制的研究强调了资本主义制度在生产关系、组织行为和运行机制之间的互动过程，结果是资本主义宏观运行模式也发生了很大变化。实体经济的困境迫使资本主义转向虚拟经济，实体经济被虚拟经济不断吞噬，但虚拟经济的发展最终又要受制于实体经济的发展，虚拟空间平均利润的增长不可能快于实体经济价值创造的增长，虚拟市场任何虚幻的增长奇迹最终都将因为看似偶然，实是必然的各种预期冲击所破灭，资本主义经济运行始终处在危机的边缘。

新的宏观运行模式表明，当代资本主义就好比挂了空挡的发动机，无论速度多么快，“资本主义的空转”都不能产生实体经济的发展动力。而为了维护这种空转，资本主义需要从实体经济抽取更多的资源，使脆弱的实体经济雪上加霜。随着工资份额下降，社会消费能力和消费水平下降，政府不得不依靠财政扩张政策来扩大需求，而财政扩张政策的资金来源不外乎税收、公共债务、通胀和对外掠夺等。过去，对外掠夺是发达资本主义缓和内部矛盾的主要手段，这些手段包括资本输出、基于垂直分工的全球生产体系、伪装的超国家治理、货币战争、石油战争、军火输出、武装掠夺等。随着经济全球化，资本主义通过纯粹经济形式的矛盾转移途径逐渐收窄，而纯粹的军事掠夺尚在伪善的面纱下没有成为常态，内部手段也就成为主要手段。而在内部手段中，税收重负不仅会抑制私人投资，而且也会导致选举政治中的不利局面，通胀也会导致经济极度不稳定和社会矛盾，因此公共债务也就成为各国经济稳定运行的“常规武器”。经济全球化是世界资本主义的一个全新起点，表明在新的世界混战爆发前夕，资本主义危机的解决方式不得不从它惯常使用的“外部转移”向“内部转化”方式转变，使得世界资本主义危机因素更多地在发达国家内部暴露出来。

从最深的层次来看，全球资本主义制度乃是全球公共债务危机的最深刻根源。全球公共债务危机不仅难以从根本上消除，而且还具有强烈的传染性，这种传染性不仅表现在通过金融系统中资金链而引发的连锁反应，而且还表现在通过危机背景下共同的经济救助模式而引发的共同应对方式，已经发生的公共债务危机将会引发全球范围更广泛的公共债务危机。中国经济不可避免地受到全球公共债务危机的冲击，但任何影响和冲击都是基于该经济体系自身的特性而发生的。对于中国来说，不仅要应对全球公共债务危机对中国所带来的冲击和影响，更要分析公共债务危机形成的基本制度原因，那些连高收入的发达国家都不能抗拒的公共债务危机，远不是什么行政管理问题，而是有着较深刻的制度背景的。因此，未来中国公共债务的可持续运用和中国经济的可持续发展，有赖于中国特色社会主义的基本经济制度的完善，唯有如此，方能从根本上防范未来公共债务危机发生的可能。

（吴福象）

加快推进我国对外经济发展方式转变的战略选择

李翀　著

《经济理论与经济管理》2011 年第 3 期

12 千字

改革开放以来，我国经济发展取得举世瞩目的成就。但是按照现行的经济发展方式很难实现我国经济长期稳定的发展，特别是美国金融危机后，我国出口大幅度下滑，经济面临衰退的危险。因此，如何加快我国对外经济发展方式的转变成为目前我们面临的重大挑战。

转变对外经济发展方式主要应从以下三方面入手。

首先，在对外贸易方面实行以超比较优势为核心的梯形对外货物贸易发展战略和以比较优势变迁为背景的雁形对外服务贸易发展战略。这种发展战略将有力推进我国现行的对外货物贸易及对外服务贸易发展方式的转变，既可以充分发挥我国已有的优势，又可以培育潜在的优势和超级的优势，以保证我国对外货物贸易和对外服务贸易的可持续发展。

其次，在直接投资方面实行以超所有权优势为重点的多方位对外直接投资发展战略和以调整结构为主线的质量型引进外国直接投资发展战略。通过超所有权优势可以将企业作为内部化的有效制度载体，获得降低交易费用、融合外部资源扩张与聚焦核心资源收缩的作用。通过调整引进外国直接投资的结构来提高我国引进外国直接投资的质量和水平。

再次，在对外金融方面实行以渐进的人民币国际化为中心的对外金融发展战略和以防范风险为目标的宏观审慎金融监管体系。人民币的国际化将使我国的金融体系更加开放，金融创新更加活跃，金融机构和金融市场也面临更多的风险冲击。因此，要防范系统性风险，构建宏观审慎的金融监管体系，这是关系到我国对外经济发展方式转变和保持我国经济持续健康发展的关键问题。

对外贸易发展方式、直接投资发展方式和对外金融发展方式是相互联系、相互制约的，必须在对外和对内经济发展方式的相互作用中，在对外贸易、直接投资和对外金融发展方式的相互联系中，考虑如何通过对外经济发展战略的总体布局，加快推进我国对外经济发展方式的转变。

（王鸿鑫）

世界经济结构的深刻变化和新兴经济的新挑战

朱民　著

《国际金融研究》2011 年第 10 期

13 千字

2008 年爆发的全球金融危机深刻地改变着全球经济金融的格局。危机后全球经济恢复的最为显著的特征是发达经济体与新兴经济体的"双速复苏"，发达经济增长乏力，新兴经济第一次成为全球经济增长的主导力量。然而，从长远考虑，新兴经济体需要冷静、全面、客观地看待这场格局变化所带来的机遇和挑战。

通过对这次金融危机以来相关经济数据进行梳理和分析后可以看到，全球经济重心正从发达经济体向新兴和发展中经济体转移。发达经济体与新兴和发展中经济体在危机中的"双速复苏"到目前的"双速增长"以及未来很可能的"双速发展"正在深刻地改变全球经济的格局。这主要体现在以下几个方面：新兴经济成为全球经济增长和需求的主导；全球资源需求总量和结构正在经历结构性变化；全球农业和食品加工业面临规模和结构性调整；全球制造业生产模式重新定位；南—南主导的新全球贸易结构显现；全球资本大流动和金融结构深刻变化。

尽管全球经济增长的重心正在转移，有利于新兴经济在总量和人均收入方面逐渐向发达经济的水平趋同，然而在新形势下，新兴经济多年以来形成的过分依赖外需的发展模式成为其需要面临的重大挑战。为了化解其面临的短期和中长期挑战，新兴经济体必须在增长模式、政策制度以及生活方式等方面进行深刻的结构性变革。

（王鸿鑫）

海外研发资本对中国技术进步的知识溢出

肖文　林高榜　著

《世界经济》2011 年第 1 期

12 千字

技术进步是经济增长的长期动力。中国作为后发国家，相比依赖本国研发能力，吸收海外研发资本的知识溢出更为重要。因此，对海外研发资本的知识溢出对中国技术进步的作用渠道和效果进行研究，有助于合理吸收海外研发资本知识溢出，从而实现经济长期增长所亟须解决的重大问题。

在对海外研发资本知识溢出的相关研究文献进行梳理和分析的基础上，针对既有文献中知识溢出的渠道考虑得不够全面的不足，决定以知识驱动的内生增长模型为基础，对 Coe 和 Helpman 的研发溢出模型进行相关扩展来估计海外研发资本知识溢出对我国技术进步的影响效果。此外，为了方便数据处理和模型估计，对进口、外商直接投资和对外直接投资三个间接渠道的处理建立在等效外溢的基础之上。

在对相关数据进行处理代入扩展模型并进行估计后得出：中国本土 R&D 资本是决定技术进步的最重要的因素，但由于投入结构不合理等原因，前者并不是技术效率提升的因素；由于存在竞争机制、关联机制和模仿机制，所以资本品进口贸易是重要的间接溢出渠道，而消费品进口贸易作用不显著；外商在华研发直接投资是重要的直接溢出渠道，对技术效率的贡献显著；外商直接投资渠道海外研发资本溢出效应不显著；对外直接投资和技术引进合同的对我国技术进步的促进作用不明显。

（王鸿鑫）

基础设施对中国企业出口行为的影响："集约边际"还是"扩展边际"

盛丹　包群　王永进　著

《世界经济》2011 年第 1 期

15 千字

基础设施的提高在中国经济增长中的重要作用得到了许多经验研究的实证。然而这种推动作用是通过边际的集约效用还是扩展效用发挥的尚不得知，但是可以确定的是上述两种效用对经济增长的推动效果不同，因此有必要就这一问题进行深入的研究。

通过对相关文献进行梳理和分析发现，尽管不同的学者从不同的研究角度、采用不同的研究方法对基础设施与出口行为之间的正相关关系进行了实证肯定，然而他们的理论出发点都基于基础设施有助于降低出口的固定成本和可变成本，并进而影响一国或地区是否出口和出口多少的政策选择。

基于上述分析，研究采用了 Heckman 构造的两阶段选择模型。其中，第一阶段是 probit 的出口选择模型，第二阶段是修正的出口数量模型。需要说明的是，为了避免数据样本的自我选择偏差，在第二阶段引入了逆米尔斯比以区别于普通最小二乘法。此外，还在模型中引入了企业生产率、工资、所有制等企业特征以考察不同企业的出口行为对基础设施规模的敏感性。

在对相关数据进行整理后分别采用最小二乘法和工具变量法进行模型估计，这样做的目的在于增强结果的稳健性。结果显示，基础设施水平的提高能够改善企业的出口决策，使更多的企业选择出口。同时对于出口企业而言，基础设施的改善能够增加它们的出口数量。通过系数标准化，还发现基础设施对出口决策的影响要明显高于出口数量，这说明中国基础设施更多是促进出口贸易"扩展的边际"增长。此外，基础设施的建设能够促进内资企业的出口决策和出口数量的增加，但对外资企业却起到了相反的作用。研发投入对企业出口行为的影响存在明显的所有制差异。研发投入能够促进外资企业的出口决策和出口数量，而对内资企业的作用恰恰相反。

（王鸿鑫）

中国人才国际竞争力的测度与比较

倪鹏飞　李清彬　刘凯　著

《江淮论坛》2011 年第 3 期

13 千字

当今国际竞争归根结底是人才的竞争，而当前有关中国的人才竞争力在国际上的地位研究还是空白，该文试图填补这一空白，研究中国人才的国际竞争力状况。这有利于正确评价和预测中国人才实力在国际上所处的地位及未来变化，分析形成的原因，进而设计有效的制度来改善、提升和制定前瞻性的人才强国政策。

该文吸收了当前国内外国际竞争力比较中有关人才竞争力的有价值要素，构建了人才国际竞争力的理论模型，设计出一个具有操作性、可比较的人才国际竞争力指标体系。该模型框架突出强调人才竞争力的四个类别，巧妙地从投入和产出、现状和潜力、主体和环境等三个维度，一体化地展示了人才国际竞争力要素和机制。

依照模型框架和指标体系，通过对 58 个主要国家1999—2006年的应用，我们发现中国人才竞争力的主要特征为：1. 综合竞争力处于中等地位，近期还有上升的趋势；2. 人才创富能力相对较强，而人才环境则相对落后。该文作者认为，一个人才强国的基本特征表现有：人才规模大；人才水平高；形成多层次、结构合理的人才体系；形成开放性、层级间自由流动的人才体系。目前的中国已经基本确立人才大国的地位，但距人才强国还存在较大差距。

根据研究结果和人才强国的标准，提出下面几点针对性的政策建议：构建人才强国战略，维护国家人才安全，做到有法可依、依法行事；优化创新创业环境，营造良好人才生态；倡导全民皆才理念，强化培养模式创新；推动人才科学引进，实现人才结构优化。

（王鸿鑫）

基于中国的国际政治经济学研究——问题领域、理论突破和学科弥合

宋国友　著

《世界经济与政治》2011年第1期

18千字

自国际政治经济学引入到中国以来，相关研究取得了长足的进步，然而还处于跟随和借鉴的阶段，对适用于中国的理论和实践的相关研究依然相对缺乏。如何建立中国的国际政治经济学研究思路对促进相关的学术进步具有重要意义。

通过对国际政治经济学在中国的发展历程进行梳理后发现，中国国际政治经济学研究尽管取得了显著进展，但仍存在着较为突出的“脱离中国”现象，这在实证研究和理论研究方面均有所体现，如存在本土化研究缺乏以及研究议题偏好等。为了解决上述问题，应该先确立正确的研究思路，即问题领域—理论突破—学科弥合。

从问题领域方面来说，应该结合国际政治经济学研究的核心议题领域和研究路径。具体来说，核心议题领域包括但不仅限于生产、贸易、货币和金融。研究路径除了国际政治经济学中包含的国内国际双向路径外，还应包括国内政治路径和国家间双边互动路径。

从理论突破方面来说，尽管存在对既有理论体系的突破和基于研究的理论突破两种不同的方式，但是结合现实情况来看，中国学术界聚焦于后者更为实际。需要注意的是，在进行基于中国现实情况研究的理论突破时要特别注意既有理论中相关假设的适用性问题。因为这有可能有助于实现基于中国的国际政治经济学理论本身的突破。

从学科弥合方面来说，由于国际政治经济学所具有的学科交叉性，因此中国国际政治经济学学界必须重视与国际经济学进行学科弥合，最为重要和最为根本的是要有经济问题意识。在识别出值得研究的经济问题之后，再用国际政治的学术训练和思维方式来审视和阐述经济问题。这是本质意义上的学科弥合。

总的来说，中国国际政治经济学学术共同体如果能够在基于中国实践研究领域取得显著效果，不仅能够缩小与西方国际政治经济学研究的差距，帮助提升中国学者在国际学界的地位，而且也将为构建国际政治经济学领域的中国学派提供有力的支持。

（王鸿鑫）

外汇管制、汇率均衡与政府决策行为

何大安　著

《学术月刊》2011年第5期

13千字

不同国家或同一国家在不同经济发展阶

段的汇率政策取向是不同的，这源于政府出于本国利益考虑的均衡汇率期望。在现实中，政府外汇管制存在着是否经历思考和认知的过程，依据这一准则，对政府决策作出理性和非理性的行为属性分析，有助于我们对外汇管制、均衡汇率与政府决策行为的理解。

外汇管制是出于自由汇兑与完全禁止汇兑区间的一种政府决策行为。汇率均衡是一个关联于利率、通货膨胀率、国际贸易顺差与逆差的动态决定过程。固定汇率制与伸缩汇率制难以形成单一均衡的汇率，致使许多国家采取外汇管制措施。外汇管制对利率、通货膨胀率、贸易顺差和逆差等变量的影响，无论是直接还是间接的，最终要影响到汇率。

如果政府实施外汇管制是为了平衡国际收支、保住平价、防止通货膨胀和维护国内政策，则政府是理性经济人。如果政府直接照搬或套用理论而采取外汇管制，而放弃了对影响汇率波动的信息和环境等复杂因素的思考和认知，那么政府的决策便存在着非理性现象。

现实中，政府外汇管制和汇率决定的动机、偏好和目标会在一定程度和范围内受非经济因素的影响或制约，政府外汇管制和汇率决定的决策行为是经济性和非经济性的动机、偏好和目标的融合。基于政府在外汇管制和实现汇率均衡中的决策有时是出于经济性和非经济性的混合原因，对政府决策行为的定性分析就必须围绕政府面对特定事件时的决策动机、偏好和效用函数来进行。也就是说，应当把外汇管制、汇率均衡与政府决策行为放置于同一框架来研究。

（王鸿鑫）

“优先购买国货”的经济效应分析

蔡宏波　赵春明　陈昊　著

《世界经济》2011 年第 7 期

8 千字

全球金融危机爆发以来，各国政府为了尽快恢复本国经济纷纷出台了经济刺激政策，这其中就包括贸易保护政策。由此，在全球范围内贸易保护主义抬头，贸易摩擦增多。然而，采用贸易保护政策真的能起到增进福利的作用吗？问题的答案也许能从对具体的“优先购买国货”政策效果的研究入手找到一些线索。

在对国内外关于贸易保护政策效应的相关文献进行梳理后，决定基于 Shaked 和 Sutton 收入差异化模型以及 Mussa 和 Rosen 产品质量垂直差别化模型，采用人工神经网络和系统仿真技术来模拟双寡头企业的市场演化，从多个视角对“优先购买国货”的经济效应进行检验。之所以这样做是因为，上述模型和技术更为全面、客观地刻画了现实世界中的行为主体的异质性、有限理性以及信息不对称性。

在上述工作的基础上进行模型估计。估计分为两个阶段进行，第一阶段通过人工神经网络刻画企业有限理性，构造出仿真系统来拟合经济现实，在价格、利润、福利等关键指标比较稳定并计算相关均值后进入第二阶段。第二阶段在第一阶段的基础上，将“优先购买国货”这一政策描述转化为模型参数设置，具体的思路是通过在模型中引入政策的执行力度和消费者对政策的效用抵减两个参数进行模型扩展。

在进行仿真模拟后，对“优先购买国货”的政策结论是：实施“优先购买国货”的政策会造成进口产品和本国产品价格同时上升，消费者剩余明显下降；该政策使国内产业利润有所提高，国外产业利润显著减少；国内福利随政策执行力度变化略显混沌，当本国产品质量较低时，国内福利随政策执行力度提升而下降；世界总福利与政策严苛程度负相关，随着国内产品与进口产品质量趋同，其对世界总福利的损害有所降低。此外，经验证，模型内关于国内收入分布的假设不影响上述结论成立的一般性。由此，对同样市场结构下“保护贸易增进社会福利”的观点提出了挑战。

（王鸿鑫）

出口集聚之溢出效应研究——基于中国企业层面数据的实证分析

赵婷　金祥荣　著

《浙江社会科学》2011 年第 6 期

11 千字

出口溢出效应是近年贸易经济学研究的一个热门实证论题，然而针对我国的相关研究相对较少。由于我国存在较大的行业和地域差异，因此在考虑我国现实问题时，需要在传统的出口溢出效应研究中加入上述两个因素。

在对出口集聚的溢出效应的相关研究文献进行梳理和分析后，决定基于 Heckman 二阶段模型来对我国的出口集聚溢出效应进行计量估计。其中，模型的第一阶段用于判断企业是否出口，第二阶段在第一阶段的选择是出口后确定出口的数量。由于 Heckman 模型要求包含排斥性约束，考虑到中国的现实情况，决定采用资金流动性来作为排斥性约束。

在上述工作的基础上，将相关变量的数据经整理带入模型并估计后得出的结论是，就全国而言，本土企业的出口均具有显著的正溢出效应。其中出口本土企业集聚的溢出效应，要明显高于外资出口企业集聚的溢出效应，行业内出口企业集聚的溢出效应，要高于行业间溢出效应。而分别为东、中、西部地区来看，各个地区之间明显不同。东部地区出口集聚溢出效应与全国总体的集聚溢出效应大体一致；中部地区则与全国总体情形相反，即外资出口企业集聚的溢出效应超过了本土企业；而在西部地区，行业内外资出口企业集聚的溢出效应高于本土企业，行业间本土抑或外资出口企业集聚尚未出现显著的溢出效应。

上述结论的政策含义是，中国的外贸政策应该结合招商引资和积极发展本土企业，实现一定程度上的政策错位，适应三大地区外向型产业发展的空间差异。

（王鸿鑫）

中心国金融危机与国际货币体系更替之间的联系

苏天鹏　著

《财经科学》2011 年第 7 期

8 千字

2007 年开始爆发的美国次债危机将全世界拖入了新一轮的世界性金融危机之中。如何看待中心国金融危机对国际货币体系的影响，有助于了解未来国际货币体系的发展和变革方向，也有助于为中国在当前国际货币体系中的政策选择提供一些建议。

中心国金融危机与国际货币体系更替之间存在密切联系，当国际货币体系的中心国霸权地位开始逐步下降后，随着其对资本输入依赖程度的不断加深，中心国家的力量会开始不断地被削弱，并带来外围国家对其货币作为储备货币的信心的下降和这种模式的难以为继，中心国货币价值的下降会带来中心国储备货币信心危机的发生。同时从历史来看，中心国出现储备货币信心危机通常还不是国际货币体系更替的标志性事件，只有当中心国出现主权债务危机时，旧的国际货币体系才会到达终点。即旧的国际货币体系的瓦解和新的体系的诞生，通常会以中心国发生主权债务危机为标志。另外，旧的体系瓦解和新的体系诞生通常还需要新的中心国家的出现，以替代原有中心国家在国际货币体系中的地位和作用。

从中国在目前国际货币体系的地位和国际货币体系的发展态势来看，美国的霸权垄断地位不断下降已经是不争的事实，但目前国际货币体系中心国家的更替还没有发生，究其原因，一个是能够替代美国的中心国家还未真正出现；另一个是美国虽然爆发了次贷危机，新一轮的美元货币危机的发生压力也在增大，但其目前还未出现主权债务危机的情况，因此中国作为外围国家和美国国债的主要持有者，应重点关注美国国债市场的变化趋势，并及时做好应对措施。

（王鸿鑫）

富国、穷国和中国——全球治理与中国的责任

李稻葵　著

《国际经济评论》2011 年第 4 期

6 千字

世界经济将会出现相当长时间甚至长达十年的比较混乱的调整。当今的世界格局可以总结为：富国、穷国和中国。在此形势下，正确认识中国的作用和地位尤为重要。

金融危机之后，综观各发达国家都出现国家信用下降的问题，国家财政形势严峻，很可能无法在一两年时间内迅速解决。同时，发展中国家尽管经济增长速度非常快，但是宏观管理方面仍然蕴藏着巨大的矛盾。由此，未来五至十年，世界经济恐怕会经过一个比较痛苦的、比较复杂的调整阶段。

基于上述判断，在未来十年，国际经济不断波动过程中，有三件大事是需要中国努力做好的。做好这三件事既符合中国的利益，也符合世界经济的利益。这三件事是，降低贸易顺差、维护国际金融稳定以及推进国际经济界的重大改革。其中，降低贸易顺差这件事中国已经做了，而且做得非常成功，只是宣传没跟上。维护国际金融稳定这件事中国也是做得多，但讲得太少。如在危机中，中国对美国和日本债券的继续持有，以及人民币汇率的稳中有升等。推进国际经济界的重大改革这件事正在做，但是一些研究没有跟上，思路也还不尽完全正确。

总之，中国要尽到国际责任，满足国际社会金融稳定的需要，就要做好自己的功课。这就对我们大学的人才培养提出了更高的要求。我们的人才以后不仅要会在中国的金融界和企业里运作，而且要会帮助中国的企业、百姓、家庭出国投资，得到非常高的回报率，可以胜过外国人到中国境内投资获得的回报率，那时候中国才真正成为名副其实的世界大国。

（王鸿鑫）

“世界工厂”变迁的文化动因——文化何以主导制造强国变迁

张明之　著

《河南社会科学》2011 年第 6 期

12 千字

文化既有内敛稳定的倾向，又易受外力影响而改变文化秩序，更能够由内部产生新的观念。不同的文化特质，会影响甚至左右经济和社会的发展。因此，深入研究文化影响经济社会发展的机制具有重要的现实意义。

基于创新与竞争的区域文化能够降低文化成本进而提升地区竞争力。文化成本反映

了人民对待创新的态度，创新是获取竞争优势的不竭动力。从文化对经济发展的影响机制来看，主要有三种机制。

第一，主导性文化价值观机制。19世纪英国世界工厂衰落过程中的文化因素给出了最好的诠释。19世纪中叶之前，英国是第一个公认的世界工厂。英国文化素以正统自居。由于正统，因而谦和、宽容，能够兼收并蓄，从而得以有效降低文化成本，进而改变当地的要素成本与交易成本。但也由于自视正统，不能与时俱进，束缚了创新文化的发展。

第二，本地文化的根治性机制。自由主义文化对美国世界工厂兴衰的影响过程就是生动的案例。由于民族形成的特殊性，美国文化自建国以来就表现出开放、自由、创新、冒险的特征。由此，促进了技术、人才和资本的流入，进而成就了美国世界工厂的地位。然而，20世纪80年代以后，在自由主义文化支配下，美国人民族优越感不断膨胀，最终导致部分竞争优势转移到了其他国家。

第三，文化的学习和信息传播价值机制。东亚文化与日本的技术社会环境变迁过程是典型代表。第二次世界大战后到20世纪90年代之前的这段时间是日本高速发展的黄金时期，这在很大程度上可以归因于日本文化带有明显的儒教特征。在这样的文化氛围下，日本对待技术的态度是引进—吸收—创新—再引进，同时高储蓄率保证了投资驱动经济的货币需求，此外，特殊的雇佣制度造就了忠诚勤勉的劳动者。技术、资本、人才三个方面保证了经济的高速发展。然而，也正是由于日本缺乏主创精神，导致20世纪90年代以后，其经济发展陷入困境。

从历代世界制造中心的成长与变迁中可以发现，文化因素发挥着最深层次的作用或扮演着最后起决定力量的角色。

（王鸿鑫）

外资零售企业中国市场进入模式、成长策略与经营绩效的关系——多案例比较研究

汪旭晖　王夏扬　著

《北京工商大学学报》（社会科学版）2011年第2期
12千字

从2004年12月11日起，我国取消了外资零售企业在数量、地域及股权比例等方面的限制，促使外资零售企业加速了在华扩张进程。由于这些企业采取的进入模式和成长策略不同，必然会导致企业在绩效上的差异。因此，对这一问题进行进一步的研究将有助于为零售企业进行战略管理与决策提供一些借鉴。

经过对沃尔玛、家乐福、大润发和特易购在华发展历程的深入分析，从市场进入模式和成长战略选择角度出发，并综合考虑当前各企业的财务和非财务绩效表现后，可以发展出如下命题：1. 外资零售企业选择不同的进入模式对其中国市场的经营绩效有影响；2. 外资零售企业在华采用不同的成长策略对经营绩效有影响；3. 外资零售企业采取不同进入模式与成长策略配合类型对其在中国市场经营绩效有影响；4. 在企业特性（海外投资经验）影响下，进入模式对经营绩效的影响有变化；5. 在企业特性（海外投资经验）影响下，成长策略对经营绩效的影响没有变化；6. 在企业特性（海外投资经验）影响下，进入模式与成长策略的配合类型对经营绩效的影响有变化。

由此得出的政策启示是，企业应根据目标国家或地区的特殊国情（区情）合理选择

进入模式。在进入市场后，需结合企业自身情况适当调整成长策略。同时，要格外注重成长战略与进入模式的配合类型对企业绩效的影响。此外，本土企业应重视跨区域发展经验的积累。

（王鸿鑫）

农业发展与农村经济

现代农业循环经济发展的基本态势及对策建议

郭晓鸣　廖祖君　张鸣鸣　著

《农业经济问题》2011 年第 12 期

7 千字

近年来，随着农业现代化步伐的加快和食品质量安全问题的凸显，传统的小规模分散经营方式加快向规模化集中经营方式转变。然而，规模化经营方式，特别是规模化养殖，也对生态环境产生了严重的污染和破坏。同时，居民食品消费结构的显著变化，使得绿色食品、有机食品等优质农产品的发展具有更广阔的市场增长空间。而农民集中居住区不断修建，大量农民从传统庭院迁进楼房，也势必导致农村房屋的居住功能与生产功能呈日渐分离的趋势。在这种形势下，急需探索一种既符合环境保护要求，又与居民食品消费结构和农业生产方式变化相适应的现代农业发展模式。该背景下，全国各地积极探索以循环经济为依托的农业现代化之路。

全国各地以资源禀赋为基础，加大农业循环经济的资金、科技、人才等投入，因地制宜，大胆创新，探索出多种极具实践价值的种养循环模式。一是，以生猪养殖为中心的种养循环模式，即指“猪 + 沼（发酵床） + 果（菜、粮）”、“猪 + 沼 + 电”等以生猪养殖为中心的种养循环模式。二是，以林果种植为中心的种养循环模式，即指“林果种植 + 小家禽养殖”、“林果种植 + 林下套种牧草 + 牲畜养殖 + 沼气 + 有机肥种植林果”等模式。三是，立体复合型种养循环模式，即指“小家禽 + 牧草 + 水产”、“麦—菌—稻”、“稻田种养综合利用”等立体复合型种养循环模式。我国农业种养循环经济已经起步，多种循环模式在各地均有不同程度的发展，在节约资源、降低污染、产品提档升级、改善农户生活质量、提高农民收入以及优化产业结构、规避产业风险等方面具有显著成效。

虽然现代农业循环经济发展已经起步，取得了一些卓有成效的实践，但要在更大范围内和更高层次上推动其发展，还必须突破以下几个主要的困难与制约。第一，现代农业循环经济设施的建设和管护成本较高，是一项投资回报期较长、涉及项目较多的系统性工程，用于基础建设的一次性投入较大。第二，现代农业循环经济对小农户的挤出效应较强，小农户在循环链中均处于较低层级，难以分享循环农业中产品高级化所带来的附加收益。第三，技术要素投入不足制约现代农业循环经济发展，技术要素投入的严重不足已经成为现代农业循环经济发展的重要障碍。第四，循环链多元主体的利益联结机制不完善，利益协调难度大，较高的交易费用导致种养循环链面临不可持续发展的风险。第五，信息不对称制约着循环经济市场效益的发挥，消费市场由于产品信息不对称导致市场认同度较低，循环模式下的农产品价值优势难以转变为价格优势。

现代农业循环经济发展应坚持以循环经济园为载体，以适度规模种养殖业为核心，以标准化生产为基础，以产业化经营为手段，以种养结合、能源平衡为重点，针对现代农业循环经济发展的关键环节，建立科学完善的政策激励机制和财政投入体系，构建现代农业循环经济的长效发展机制。其一，建立现代农业循环经济发展专项资金，重点支持循环链上的关键节点和薄弱环节，确保循环链无缝化和集约化。其二，强化以规模经营为核心的主导模式，通过财政补贴和贴息等方式引导规范经营的“集中居住 + 生态养殖 + 绿色种植 + 种养循环”成为现代农业循环经济的主导模式。其三，打造风格多样的现代农业循环经济模式，尽快形成适应不同发展环境的循环农业模式。其四，以循环链中的关键环节为重点支持对象，应对具有公共产品性质的环节、循环链节点和农户直接受益的环节进行重点支持。其五，构建财政长效支持机制，针对不同利益主体的诉求，在财政投入机制、投资重点、扶持主体等方面建设长效机制。

（廖祖君）

农民工还能返回农业吗？——来自全国农产品成本收益调查数据的分析

王美艳　著

《中国农村观察》2011 年第 1 期

13 千字

2008 年金融危机发生后，7000 万在城镇就业的农民工于 2009 年春节前提前返乡，其中有 1200 万是由于与金融危机有关的因素返乡。但令人意外的是，遭遇到金融危机冲击而不得不在春节期间提前返乡的农民工，在家乡经过短暂的调整之后，迅速返回城市就业。这种现象显示，农民工迁移成为从农村流向城市，从农业部门流向非农业部门的单向流动模式，这与过去所观察到的农民工迁移既有流出又有回流的模式有着本质的不同。

该文认为，农业生产方式的变化，是造成中国农民工迁移模式变化的一个较为重要的原因。试想以下这样一个逻辑：如果农业生产中的劳动投入越来越少，资本投入越来越多，也就是说，农业越来越倾向于使用节约劳动的生产方式，显然，农业中不可能再吸纳大量的农民工返回到农业中来。这样，就很容易理解金融危机发生后，农民工返乡又迅速返城的现象了。

该文利用全国农产品成本收益调查数据，考察了农业生产中的劳动力成本、劳动投入、资本投入和边际劳动生产率的变化，探讨了农业生产方式的变化，以及其与农民工目前的这种单向的从农村到城市，从农业部门向非农部门流动模式的关系。分析发现，20 世纪 90 年代中期以来，主要粮食作物的劳动总投入和单位面积的劳动投入都迅速下降，农业机械投入大幅度增加，资本劳动比迅速提高，而 2004 年以来农业劳动力成本显著提高。该文用粳稻作为粮食作物的代表，估计了粳稻的生产函数，并计算了粳稻的劳动产出弹性和边际劳动生产率。与 1980—2004 年相比，2005—2009 年，粳稻的劳动产出弹性和边际劳动生产率有大幅度提高。这些发现表明，中国农业的生产方式已经发生了实质性的变化。农业生产中的劳动投入越来越少，资本投入越来越多，也就是说，农业越来越倾向于使用节约劳动的生产方式。伴随着农业生产方式的变化，不仅农业中的一些劳动力要继续迁移到城镇就业，而且对于已经迁移到城镇的农民工而言，当他们在城镇的就业受到冲击时，他们也很难再返回到农业中来。未来农业劳动力的主要出路是城镇的就业岗位，而不是农业。

（王美艳）

家庭生命周期、夫妇生命历程与家庭结构变动——以河北农村调查数据为基础的分析

王跃生　著

《社会科学战线》2011 年第 6 期

25 千字

家庭生命周期是对以夫妇为核心的家庭从建立、生育子女、子女离家、空巢至最终解体过程的研究，是国内外学者分析家庭变动重要视角。但这一方法也有局限性，突出问题是，它建立在夫妇婚后独立生活基础上，或者说它以核心家庭作为周期的始点和过程，不适合普遍存在直系家庭及其他家庭形式的国家或地区。笔者认为，在分析微观家庭的纵向演变时，家庭生命周期仍是一个可以借用的方法，但需要改进，即将家庭生命周期与夫妇生命历程结合起来分析。夫妇生命历程指男女缔结婚姻之后所经历的主要生命阶段。它以家庭为载体和依托，以夫妇生命历程事件为主干，以其子女的存在形式为分支，揭示夫妇在不同生命阶段的家庭形态。

该文实证分析以 2008 年对河北省赤城县、赵县和唐山市丰润区农村进行的家庭生命周期和代际关系调查为基础。根据该项研究，亲子代 30—80 岁以上组受访者初婚和第一个子女、第二个子女出生时所生活家庭类型显示：初婚时，各个年龄组于多婚姻单位家庭生活的比例均在 80% 以上，60 岁组及以下则超过 90%。它表明，在北方农村，尽管结婚时期差别较大，但初婚时年轻夫妇与父母共同生活的习惯仍得到遵守。高龄组和低龄组之间的差异表现为，高龄组受访者初婚时有一部分亲代已去世，结婚时只能组成夫妇家庭；而低龄组结婚时父母或父母一方在世，有条件与父母共同生活。第一个孩子和第二个孩子出生时，高龄组受访者同父母共同生活的比例则与其兄弟数量有关。50 岁和 40 岁组兄弟数量相对较多，婚后生第一个孩子或生第二个孩子后分家比例要高于亲代 60 岁及以上组。30 岁组受访者中的独子比例（即父母只有一个儿子）增加，婚后和生育后与父母同居的比例有所扩大，从而在一定范围内提高多婚姻单位家庭的份额。

家庭生命周期和夫妇生命历程与家庭结构的关系是：受访者初婚时多与父母组成二代直系家庭，随着子女出生和他们的父母逐渐年迈，其家庭形式出现分流：一部分因与父母分灶而形成核心家庭，另一部分因要承担赡养老年父母之责而形成三代直系家庭。在多子女生育时代，生育过程完成时，核心家庭成为主导家庭。当子女进入婚嫁阶段，直系家庭再次上升。丧偶之后，与子女组成直系家庭、单独生活和被诸个子女轮养成为主要的生活方式。若将被轮养和单独生活视为家庭解体的话，它们只是老年人归宿的一部分。中国农村夫妇不同生命历程的家庭结构不仅与抚幼功能有关，而且与养老功能相关。子代分家行为增多，“家内养老”逐渐演变为“家际养老”。在当代，老年人终老于直系家庭的情形已经改变。

（王跃生）

基于低碳经济视角下的我国农村居民消费方式探讨

谢淑娟　著

《学术交流》2011 年第 8 期

7.5 千字

当前转变高能耗、高污染的经济发展方式，大力推进节能减排，发展以低能耗、低排放为标志的低碳经济，正在成为世界各国经济发展的共同选择。因此，探究低碳经济逐渐成为近年来的热点问题。目前，学术界

关于低碳经济的研究逐渐从侧重生产领域的研究转向兼顾消费领域的探讨。但学者们对低碳消费的研究，目前着眼点主要限于城市，对农村地区的低碳消费问题并未引起足够的重视。其实，随着农村经济的快速发展和城市化进程的加快，农村消费将是我国未来碳排放增长的主要来源之一，如何选择低碳生产与消费途径已经成为中国农村面临的巨大挑战。因此，要从根本上解决高污染、高排放难题，单靠转变城市的生产和消费方式是远远不够的，在农村实行低碳消费必不可少。当前我国大部分农村地区经济发展水平低，基础设施落后，农户生活用能仍以秸秆、薪柴等低效燃烧为主，室内外环境污染相当严重，能源利用效率低，仅为25%左右，节能潜力巨大。因此，研究农村居民的低碳消费方式并宣传绿色低碳的能源消费方式，有利于保护和改善农村生态环境，提高农民生活质量；与此同时能引起全社会对农村低碳生活、节能减排的关注，扩大低碳消费和低碳经济的影响，这对于实现全国节能减排目标具有重要意义。就此，针对目前我国农村居民生活消费方式存在的能源消费结构不合理，含碳废气排放严重，生活污水、垃圾、畜禽养殖污染严重，生活用水方式粗放等问题，深入分析农村居民实现低碳消费面临的主要障碍是农户收入水平不高，农户低碳消费观念薄弱，农村低碳消费领域资金支持不足，缺乏制度保障与引导等三个方面；并由此提出实现低碳消费方式的主要路径：提高农村居民的收入；加强新能源、节能技术的推广应用，提高生活用能效率；加强对农村环境的监管与治理，提高农村废弃物的综合利用水平；广泛宣传低碳消费观念，提高村民的低碳意识。针对农村低碳消费属于新兴的理念，需要政府相关的制度创新与政策引导，重点提出四点政策建议：政府加大对农村发展沼气、太阳能等新型环保能源的资金与技术投入；大力倡导并扶持农村低碳生活；建立健全低碳消费发展的相关政策制度；逐步开展鼓励低碳消费的农村消费金融服务。

（谢淑娟）

农村集体建设用地公开流转势在必行——基于隐形流转与公开流转的效率差异分析

杨秀琴　著

《农村经济》2011 年第 12 期

7.3 千字

为了解决日益突出的用地矛盾，国家“十二五”规划明确提出了加快建设城乡统一建设用地市场的要求。经过多年的发展，我国已形成了较为成熟的城市建设用地市场，但我国农村土地市场仍然很不完善，因此，建设城乡统一的建设用地市场关键在于加快农村土地市场建设，并逐渐实现城乡建设用地市场的对接与统一。我国农村集体建设用地约为 1800 万公顷，相当于国有建设用地的 2.57 倍，是我国土地资源的重要组成部分。但是我国集体建设用地市场建设相当缓慢，目前集体建设用地流转仍处于公开流转与隐形流转共存、隐形流转为主的阶段。可见，规范集体建设用地流转，建设集体建设用地流转市场对于加快建立城乡统一的建设用地市场具有重要的意义。

近年来，许多学者对集体建设用地隐形流转产生的积极作用、存在的问题等作过大量的研究，但鲜有学者关注集体建设用地隐形流转与公开流转的效率问题。

该文将集体建设用地隐形流转与公开流转纳入统一的分析框架，从实践经验和理论论证两个角度分析两者的效率差异，并得到以下研究结论。第一，流转实践经验表明，在政策与法律抑制中产生发展的隐形流转具有畸形、灰色的特点，出现了流转价格扭曲、寻租行为普遍等问题，降低了流转效率。相比而言，公开流转注重发挥政府的规范引导职能和市场的基础性作用，较好地解决了流转价格扭曲、寻租行为普遍等问题，避免了土地资源浪费，确实维护了农民的利益，产生了较理想的配置效率。第二，理论分析表明，在市场发育环境、价格形成机制、交易竞争机制等无法健康形成，政府也未能正确发挥调控作用的双失灵情况下，隐形流转降低了流转的均衡价格，导致了集体建设用地过度流转，造成了社会福利损失，流转既偏离了社会最优，也偏离了私人最优；而公开流转在市场主导与政府合理调控下能有效地克服价格扭曲，使入市流转的集体建设用地数量趋近实际需求量，流转效率趋向最优。第三，理性的人们对流转更优效率的追求决定了隐形流转向公开流转转变是不可逆转的趋势，只有加快国家层面上的流转制度改革创新，完善监督处罚机制，探索公开流转市场体系建设，从制度、操作、交易等方面加快推动隐形流转向公开流转转变，才能促进集体建设用地流转健康有序、适度高效发展，推动城乡统一建设用地市场的建设进程。

（杨秀琴）

“十二五”时期中国农村发展若干战略问题分析与思考

中国社会科学院农村发展研究所课题组

《中国农村经济》2011 年第 1 期

15 千字

现阶段，我国农业和农村发展的新变化是：粮食连续增产，农业出现新的双层经营模式，种植业与养殖业一体的生产经营方式开始解体，农产品供给转向国内国际双向平衡格局，农村要素市场发育进程加快，农村基本公共服务供给实现了突破性进展。

存在的主要问题是：满足农产品需求的资源压力依然很大，农产品质量安全政策的有效性不足，农民的土地合法权益没有得到充分保障。

深化改革的思考是：调整粮食安全战略思路，除了继续强调粮食生产外，还要倡导健康的饮食观念，减少食物相对低价、结构不合理造成的食物浪费，同时对城乡低收入群体有针对性地发放食物补贴。赋予农民经营村庄建设用地的权利，使农民获得发展城市的好处，而不仅是分享城市发展的好处。增加农村基本公共服务供给，逐步实现城乡基本公共服务均等化；剥离附着在城市户籍制度上的福利，逐步消除城乡户籍在体制上的福利差异。以发展有机肥产业为切入点治理规模化养殖污染。政府要把化肥补贴转为有机肥补贴，促进有机肥产业的发展，同时减少化肥投入造成的面源污染。

（李周）

中国农村政策效果评价及影响因素分析——基于村干部视角

罗万纯 著

《中国农村经济》2011 年第 1 期

10 千字

为促进新农村建设和改善农村居民的生产、生活环境，国家出台了多项政策。在这些政策中，与农民利益密切相关的主要有农业税减免和农业补贴、新型农村合作医疗、农村免费义务教育、农村基础设施投资、农村居民最低生活保障、农村生态环境建设等一系列政策。村干部是农村政策的直接执行者，他们的政策执行行为关系到农村政策的实施效果。了解这些政策的执行情况、村干部对这些政策的评价及其影响因素，对发现农村政策存在的问题并加以完善有着重要的现实意义。

中国农村政策一直是学者关注的热点问题，有很多学者从不同角度进行了研究，现有研究还有进一步拓展的空间。从研究内容上看，目前的研究大部分集中在对某项具体政策或农村政策总体的分析上，而同时评价多项具体政策的研究相对较少。从研究方法上说，目前的研究主要采用定性分析方法，而采用定量分析方法的比较少。从研究所采用的数据来看，现有的研究大多是利用宏观数据或针对普通农户的调查数据，而利用专门针对村干部的调查数据的研究也比较少。

该文利用调查数据，对中国农村政策的执行情况、村干部对农村政策的评价情况及其影响因素进行了分析。研究表明：农村政策在减轻农民负担、增加农民收入、改善农民生产生活条件等方面发挥了重要作用，但不少政策还需要进一步完善；按村干部对政策实施效果的评价值从大到小排序，依次是农业税减免政策、种粮直接补贴政策、免费义务教育政策、新型农村合作医疗政策、农村居民最低生活保障政策、良种补贴政策、基础设施投资政策、农机具购置补贴政策、农业生产资料增支综合直接补贴政策、农村生态环境建设政策；男性村干部对政策总体效果的评价显著高于女性的评价，西部地区村干部的评价要显著高于东部地区和中部地区村干部的评价，而村干部的受教育年限、当干部年限、户均补贴、所属村的地貌等因素对政策效果评价的影响不显著。

（罗万纯）

中国农业温室气体排放：现状及挑战

谭秋成　著

《中国人口·资源与环境》2011 年第 10 期

15 千字

农业是中国温室气体排放的一项重要来源。居民对肉类、奶类等动物蛋白质需求的增加导致牲畜肠道和粪便排放更多的 CH_4 和 N_2O，化肥使用增加则导致土壤排放更多的 N_2O 和 CO_2。该文试图回答：（1）中国农业温室气体排放的现状如何？（2）一旦全球达成温室气体减排协议，中国农业将受何种程度影响？

该文从农业生产过程和化肥、能源等投入两方面计算了中国农业温室气体排放。2009 年，中国农业总计排放温室气体 158557.3 万吨 CO_2 当量，比 1980 年增长 52.03%，年均增长 1.46%。其中，CH_4 占总排放的 25%，N_2O 占总排放的 52%，CO_2 占总排放的 23%。按来源分析，在 2009 年排放的温室气体中，水稻种植排放 14264.45 万吨，占 9%；畜牧生产排放 42709.94 万吨，占 26.94%；土壤排放 47457.81 万吨，占 29.93%；化肥、能源、农药、农膜等投入排放 54125.11 万吨，占 34.14%。

按 1978 年为基期的可比价格计算，2009 年每元农业 GDP 排放的温室气体为 2.98 公斤，仅相当于 1980 年的 39.21%。每公斤粮食排放的温室气体为 1.5 公斤，较 1980 年下降了 30.56%。其中，稻谷、小麦、玉米每公斤排放的温室气体分别为 1.67 公斤、1.25 公斤、1.13 公斤，较 1980 年下降了 29.83%、44.44%、18.12%。1985—2008 年，每公斤肉类和牛奶排放的温室气体都有较大幅度降低。特别是牛肉，23 年间下降了 85.81%。粮食、肉、蛋、奶等必需品的温室气体排放效率提高主要取决于技术进步和生产效率提高。以水稻种植为例，1980—2009年，中国水稻种植面积减少了12.55%，但由于杂交等育种技术的突破，化肥、农膜、能源等高效投入增加，抛秧等技术推广，每公顷稻谷产量由4130公斤增至6585公斤，单产提高了59.44%，总产量增加了39.45%。

对于种植单季粮食的土地，每吨CO_2为80元将使23.27%的耕地退出粮食生产；当每吨CO_2为100元时，这一比例高达63.31%。对于种植双季粮食的土地，每吨CO_2价格达到130—140元之间时，将有50%的耕地退出粮食生产。由于中国粮食生产利润率过低，CO_2较低的价格便严重影响粮食生产面积和产量。

（谭秋成）

农村劳动力流动对中国城镇居民收入的影响

沈坤荣　余吉祥　著

《管理世界》2011年第3期

13千字

外来移民对本地居民收入的影响是一个全球关注的话题。在国内，农村移民对城镇本地居民的影响也经过了热烈的讨论，但至今未取得一致的观点。北京大学中国经济研究中心城市劳动力市场课题组（1998）、杨云彦等（2000，2001）、刘学军和赵耀辉（2009）的研究倾向于支持“竞争性假说”。即外来移民会对城镇本地居民的就业机会和工资水平产生竞争性的影响。然而，由于城市劳动力市场的分割，Knight et al.（1999）、王德文等（2004）以及乔明睿等（2009）的研究则倾向于认为，外来移民对城镇本地居民的“竞争性威胁”很小。也有一些学者提出了外来移民和城镇本地居民在劳动力市场上的“互补性假说”（王桂新等，2001；钟笑寒，2006）。上述研究均未考虑到中国实施的市场化改革对劳动力市场的深刻影响。我们的研究则认为，以非国有经济发展为主要途径的市场化改革不仅直接为外来移民和城镇本地劳动力提供了就业机会，还通过提升城镇劳动力市场上的分工水平给双方带来了福祉。因此，从这一角度来看，外来移民将很少对城镇本地居民产生“竞争性威胁”。当然，我们也需要注意到，在城镇劳动市场上，基于户籍身份的就业机会、工资水平和福利待遇的城乡差异阻碍了劳动力市场的一体化进程，这对外来移民与城镇本地居民的分工合作产生了负面影响，从而降低了农村移民和城市本地居民从分工中获得经济剩余的机会。

该文通过建立计量经济学模型检验了上述假说。具体策略是，引入外来移民规模与非国有经济发展水平和城市劳动力市场分割程度的交乘项，所代表的含义是：农村移民对城镇居民收入的影响将取决于非国有经济的发展水平和劳动力市场的分割程度。研究结果显示：农村移民可以对城市居民的收入产生正向影响，但这一结论严重依赖于城镇非国有经济的发展水平以及城镇劳动力市场的分割程度。在市场化发展水平较高的地区，农村移民将对城镇本地居民的收入产生正向影响，但在市场化发展水平较低的地区，这一影响是负向的。

该项研究的启示在于，促进农村劳动力流动，不仅有益于农村居民收入增长，也有益于城镇居民收入增长。但是，要使得这种作用得以发挥，深化市场经济体制改革，打破劳动力市场分割十分重要。

（沈坤荣　吴福象）

制度变革、专用性资产积累与农村内部贫富分化

张超　著

《江海学刊》2011 年第 2 期

12 千字

中国农村内部的贫富分化已逐渐成为一个显性问题。该文用更全面的视角和在更长时间跨度内，在构建逻辑与结构合理的分析框架的基础上进行详细分析。分析框架反映了农村内部五等份收入组与增收致富方式的大致对应关系，即低收入户和部分中低收入户往往只进行简单的种植和养殖；部分中低、中等收入户则可能进入企业或外出打工，从而获得工资性收入；部分中等、中高收入户往往进行特种种植、养殖，或能获得较高层次的就业岗位；高收入户则往往能进行企业化经营。

从贫富分化过程与原因的实证分析结果看，在中国农村制度变革早期，制度变革能为农民创造初始机会均等的增收致富机会，但由于农民自身禀赋、能力、认知的差异，导致个人专用性资产的投入和积累的不同，即主要是干中学技能和社会支持关系的不同，进而造成农民打工就业、经营活动等增收致富方式的分化，农民之间收入增长的规模和速度呈现明显差异，农民之间贫富分化由此产生并不断加深。特别是，农民之间具有排他性的社会支持关系的差异，在制度变革如土地流转的初期，以及新机会出现如乡镇企业发展的初期，往往会成为农民职业、收入和贫富分化的主要原因。1985—1990 年和 2009 年成为贫富分化最快时期的原因也就在于此。尤其是近两年来，少数经营大户依靠社会支持关系增强而实现收入迅速增长，成为当前农村贫富分化加速的重要成因。

对逐渐成为农村经济社会主体的“农二代”来说，那种制度变革的初始公平早已不复存在，特别是“农二代”的社会支持关系较多的是从其父辈或主要亲友中继承来的，“农一代”社会支持关系的多少在很大程度上决定了“农二代”社会支持关系的多少，这就造成了“农二代”社会支持关系存量的起点不公平，以及生存、创业和增收的起点不公平，也容易导致农村内部贫富分化的“路径依赖”。因此，如果农村社会能提供更多的公平支持以克服社会支持关系“继承”这一负面影响，那么“农二代”就可能获得更多的发展和增收机会。进而，农村发展就不必是少数人先富的这种所谓“效率优先”的逻辑路径，贫富差距扩大也不必是必经的阶段。

在农民增收致富的社会支持系统中，镇村基层政府起到决定性作用。因此，未来中国农村内部贫富差距缩小和农民持续共同发展，既依赖于农民个人专用性资产的积累这一内生因素，也依赖于制度的改革与完善，以及农村经济、政治与社会的协同发展，并为“农二代”发展提供公平的社会支持系统。

（张超）

农民专业合作组织的经济效果分析——以南京市西瓜合作社为例

伊藤顺一　包宗顺　苏群　著

《中国农村观察》2011 年第 5 期

16 千字

以往大量的此类研究主要是通过社员与非社员之间的简单比较，分析参加合作组织对提高农户收入或农业生产率的影响。然而，由于存在一定的入社条件或部分农户由于其他原因不愿入社等，简单比较容易产生选择性偏差并导致结果的可信度降低。该文以南京市横溪镇的调查数据为基础，运用 PSM 方

法来消除选择性偏差和内生性等问题，并对农民参加专业合作社的经济效果进行了实证分析。

从样本的平均值来看，社员与非社员的西瓜种植收入分别为 84.5 元/日和 40.7 元/日，但采用 PSM 法估计的合作对农民收入的影响结果只占 50% 左右。因此，单纯比较包含了选择性偏差，会导致合作对农户经济的影响放大。该研究将是否参加合作社的影响因素进行了特定化，同时，对合作社排除小农的理由以及农户对参加合作组织的迟疑原因进行了分析。以往研究已经指出，合作社之所以优先与大规模农户签约，是出于节约成本和降低风险的考虑。实际上，本次调查的合作社干部也指出，为了节约成本而排除小农，而且社员与非社员相比更具有风险偏好。此外，Probit 分析的结果表明，“对人民公社的印象”、“新旧合作社的区别”、“新技术新品种的采用”、“周围农户的入社情况”对是否入社存在显著影响。换言之，对现在合作社与 20 世纪 50 年代的初级社与高级社之间的区别不理解的农户，以及对人民公社反感的农户，其合作组织的参加率较低，相反，热心于采用新技术、新品种的农户，以及周围社员较多的农户，其入社的概率较高。但“周围农户的入社情况”对农户参加合作社的决定所产生的影响，是模仿行为还是作为无法观察的代理变量，还难以判断。

该研究的政策含义有两个。其一是入社限制的弊端和废除方法。从经济状况来看，非社员不仅在西瓜种植收入方面，而且在家庭总收入和资产方面也差于社员，特别是小规模非社员农户，处于农户的中下层。因此，以生产规模设置“入社门槛”会导致农村内部新的收入差距。此外，样本选择模型和 PSM 法的分析结果都表明，合作的效果对小规模农户更明显。因此，合作社在废除入社限制的同时，可以通过征收交易手续费来弥补交易成本，这样就可以在保护农户和合作社利益的同时，达到社会公正。其二是有必要加大对农户相应的宣传力度。小规模农户中由于对合作社认识不足而对入社迟疑的不在少数。因此，增加其对新型合作社的理解，以及对《中华人民共和国农民专业合作社法》具体条款的认识十分必要。

（包宗顺）

中国农村居民收入流动性的多维透视：1989—2009

张立冬　著

《农业技术经济》2011 年第 8 期

12 千字

收入流动性是研究关于同一组个体在两个或更长时段内的收入分配问题。由于视角的不同，经济学家对收入流动性的定义方式往往各不相同，不同的收入流动性测度指标实际上度量的是完全不同的收入流动性的概念，因为每个概念都有着各自不同的含义及侧重点，所以收入流动性测度事实上是一个多面体。为此，该文分别从相对流动、绝对流动和福利视角对 1989—2009 年中国农村居民的收入流动性进行了多维度的分析。

研究发现：第一，除 2000—2004 年外，中国农村居民的相对收入流动性呈现出不断下降且趋于稳定的态势。由于相对收入流动性反映了一个社会的机会公平程度，较高的相对收入流动性意味着人们可以获得公平的改善自身收入地位的机会，即一个人的收入更多的是取决于他的自身特征（如智慧、能力、努力程度等），而不是完全取决于他的社会地位、家庭背景或者某些制度约束。这意味着当前农村居民改善自身收入地位的机会大不如前，农村社会的收入分层结构日趋僵化稳定。第二，在2000年前后，中国农村居民收入的绝对流动性表现出先下降后上升的趋势特征，同时2000年之后农村居民人均收入的大幅度增长是促使绝对收入流动性显著上升的主因。第三，收入流动性对农村居民的长期收入分配起到了积极的改善作用，同时这一作用具有全局性，而不是仅仅体现在特定类型的农户群组中。第四，不同类型农户家庭群组的收入流动性存在显著差异，教育程度为高中及以上，以及非农业户、沿海地区的农户群组的收入流动性相对较低。

综合来看，尽管2000年之后中国农村居民的绝对收入流动性显著提高，且收入流动性改善了农村居民的长期收入分配，但是反映社会公平程度的相对收入流动性却呈现出不断下降的态势。这意味着，对于底层农户群体而言，其向上流动的机会和渠道日益稀少，且自身各种争取和努力的积极作用将日益减弱。显然，如果收入分配格局僵化稳定的态势进一步恶化的话，底层农户群体会逐步对自身的前景和社会丧失希望，这将会对社会的和谐稳定发展形成严峻的挑战。由此，就目前中国农村收入分配关系的改善而言，在努力提高非农就业机会并改善农民增收方式的稳定性以缩小收入差距的同时，一个现实而又迫切的问题是要通过消除各种体制和机制障碍，为农村居民营造一个公平正义的发展机会和环境，形成一个自由顺畅的相对收入流动机制，从而缓解收入不平等所带来的社会压力，并逐步改善收入分配关系。

（张立冬）

农民职业分化、养老保障与农村土地流转——基于南京市372份农户问卷调查的实证研究

许恒周　郭忠兴　郭玉燕　著

《农业技术经济》2011年第1期

8千字

随着工业化、城市化的发展，经济发达地区的农村劳动力逐步向第二、第三产业转移，这导致农村非农就业比例的提高以及农户对土地依赖性的减弱，同时农业产业结构的调整又催生了土地的适度规模经营，这些因素促进了农村土地的流转。而农村土地流转在很大程度上又与农民职业、收入及对土地的依赖性紧密相关。

农民分化是近年来农村社会出现的一个不可忽视的现象，国内学者也进行了关注和研究，但研究更多的是将土地流转和流转农户都作为整体来分析二者之间的关系，没有将农村土地的产权结构进行细化，如承包权、转让权、继承权、抵押权等，也没能深入分析不同职业的农民对土地养老保障功能的认知态度，进而影响不同职业的农民对土地流转行为决策的差异。基于此，该文通过对江苏省南京市372份农户问卷调查，结合农民分化与养老保障的理论分析，用Logistic模型对农民职业分化、养老保障与农村土地流转的关系进行了实证分析。研究结果表明：在农民职业分化背景下，在众多影响土地流转决策的因素中，文化程度、职业类别、是否具有非农就业技能、家庭养老、商业养老、是否拥有转让权和地权稳定性（不经常被调整）这七个因素对土地流转有着显著影响。其中文化程度、职业类别、是否具有非农就业技能、商业养老、是否拥有转让权、地权稳定性与土地流转呈正相关，即文化程度越高、从事职业越偏离

纯农业、具有非农技能、依靠商业养老、认为拥有转让权和较安全的地权稳定性、非农就业机会越多，则农民的土地流转倾向就越明显；而家庭养老则与土地流转呈负相关，即越主要依靠家庭养老，越不倾向于进行土地流转，更加注重长期稳定的土地产权。并根据研究结论提出了如下政策建议：第一，大力发展非农产业，提供非农就业机会和收入来源，满足不同阶层农民追求产业收入最大化和不同职业兴趣目标，为促进土地流转提供物质基础。第二，提高农村劳动力文化与职业技术素质，培育不同阶层农民独特的资源禀赋优势，为农民选择不同职业提供技术素质保障，实现农业劳动力转移，促进土地流转。第三，逐步建立和完善农村社会保障体系。分阶段、分步骤实现城乡一体化的社会保障制度，弱化土地的社会保障职能，由政府财政投入统一提供社会保障，减少农民的后顾之忧。第四，积极宣传有关农村土地流转和社会养老保障等基本政策，从观念上加强农民对新政策的认识与理解，为土地流转创造良好的社会环境。

（郭玉燕）

农村工业化还能走多远

钟宁桦　著

《经济研究》2011 年第 1 期

13 千字

面临中国城乡和区域间发展失衡的现状，以及当前日益迫切的经济结构调整，中国农村未来的发展应当走一条怎样的道路？对于这个问题的回答存在两种截然不同的观点：一种观点倾向于保持改革开放以来中国在农村发展上既有的政策取向，继续推进农村工业化，并辅之以政府补贴；另一种观点则主张改革现有制度壁垒，以顺应经济全球化和市场化的大趋势。由于两种观点实际上是指出了两种不同的农村发展道路，因此对于农村工业化推动缩小城乡差距这一问题的研究具有很重要的理论和现实意义。

从现实来看，我国的户籍制度限制了劳动力在城乡间的自由流动，阻碍了农村人口进入到生产率更高的城市工业部门工作。在这一制度约束下，乡镇企业给予了农村富余劳动力以“离土不离乡”的方式参与到工业部门生产的机会，并使中国农村“偶然而被迫”地走上了一条农村工业化的道路。通过其生产的工业品在城乡间的自由流动，乡镇企业的发展缩小了城乡收入差距。

从理论分析来看，尽管存在类似于国际贸易中的要素价格趋同理论，但是随着劳动力在城乡间流动规模的日益增大以及竞争的日趋激烈，农村工业化对于缩小城乡收入差距的作用也应逐步减小。

从实证研究来看，在基于 1987—2008 年 28 个省的数据分析并进行乡镇企业在缩小城乡收入差距中的作用的估计后得出：无论是以从业人员，还是以总产值来度量的乡镇企业规模的扩大都显著地提高了农村居民的相对收入。再进一步估计了这一作用的年度变化后又得出：与乡镇企业利润率变化的趋势一致，乡镇企业在缩小城乡收入差距中的年度边际作用呈现整体向下的趋势；并且，在 1998 年之后，该作用的估计值非常小，证实了前述的理论分析内容。

由此可以得出的政策建议是，一方面，工业化应集中于城市内及周边地区，同时允许和培训更多的农村劳动力进入城市工业部门工作，放松户籍管制；另一方面，农村应该力争实现农业现代化和规模经营。同时发挥比较优势，就一定能够最终带来经济总量的持续增长与微观个体收入的持续上升。

（王鸿鑫）

农业水利设施的历史变迁与治理政策选择

王朝明　杜辉　著

《改革》2011 年第 1 期

13 千字

继 2006 年重庆等地遭遇百年一遇的大伏旱，2009 年北方粮食主产区区域性春旱后，2009—2010 年西南地区遭遇了百年一遇的大旱。而西南地区的水资源与全国来比是相当丰富的，除了气候和经济活动的影响外，实际上显露了我国农业水利设施供给机制和供给主体的缺失。因此，对于这个问题的研究有助于探索有效的供给模式和治理机制，为治理政策选择提供参考。

在对新中国成立以来的农业水利设施供给机制和供给主体的历史沿革进行梳理和归纳总结的基础上，可以将我国农业水利设施的供给主体分为三类：农户、社区，以及地方和中央政府。通过对各具体的供给主体供给农业水利设施时面临的行为约束及其理性选择的市场逻辑进行分析后可以提出五个假说。

假说 1：农户从事农业生产中获得的收入比在非农业生产中获得的收入越多，其投资（或供给）农田水利设施的可能性就越大；

假说 2：主要从事农业生产的农户，其投资农田水利设施的收益—成本比越大，其投资的意愿越高。同时，其投资还受信贷状况和流动性约束的影响；

假说 3：如果农业水利设施的使用者之间存在较强的相互依赖性，农业水利设施具有公共池塘资源的属性，那么通过有效的制度安排和自我治理，社区可以有效提供类似的公共物品；

假说 4：受财政约束、政治激励和风险回报等变量的限制，政府的理性选择不一定是投资于农业水利基础设施；

假说 5：农业水利设施的多元供给是最有效率的。

在采用已有的国内外实证研究的经验证据对上述假说进行证实的基础上，可以得出针对农业水利设施有效供给的对策建议为：应界定农业水利设施的产权属性，建立鼓励农业投资水利设施的激励机制，建立健全相应预算制度，探索有效的供给模式和治理机制。

（王鸿鑫）

2003 年以来中国农产品价格上涨分析

李国祥　著

《中国农村经济》2011 年第 2 期

13 千字

2010 年，中国农产品价格总体上又呈现出较大幅度的上涨，农产品生产价格较上年同期上涨了 10.9%，其中，粮食生产价格上涨了 13.3%，这引起了社会的广泛关注。对中国农产品价格的影响因素、产生的后果、长期的趋势以及可能采取的应对措施的研究，将有助于保护农业生产者和食品消费者的经济利益，维护农产品市场的稳定。

通过对 2003—2008 年中国农产品价格经历的两轮大幅度上涨过程进行梳理，发现中国农产品价格上涨的特征是，每轮上涨往往以某种或者几种主要农产品价格领头上涨为先导。而导致农产品价格产生波动的因素除了气候灾害、动植物疫情病情等不可控因素外，主要有五个：农产品供求关系、农产品生产成本、货币供给量、国家农产品价格政策和国际农产品价格波动及其对国内市场的传导。其中农产品供求关系和农产品生产成本是最主要的影响力量。而货币供给量对于农产品价格的影响在统计上不显著，但从国内历年的情况来看，两者之间存在肯定的正相关关系。此外，随着我国农业政策制定的日趋合理化、经济整体的开放程度的不断提高，国内的农业补贴和农产品价格支持政策、国际农产品价格波动及其对国内农产品价格的传导等，也会对中国国内农产品价格上涨产生明显影响。

在农产品价格上涨对生产者和消费者的影响方面，通过对近年来相关数据进行梳理分析后得出，农产品生产价格波动既会明显影响农民家庭经营第一产业纯收入的增长，又会通过食品消费价格的变化影响城乡居民食品消费支出的增长和城乡居民家庭恩格尔系数的升降。

在农产品价格走势方面，由于供求关系的周期性波动、成本趋于上升、货币供给量增长趋于常态等因素，所以，综合来看，中国农产品价格短期上涨压力大于长期上涨压力，但总体上趋于上涨的势头不会改变。

基于上述分析，如果从提高粮食生产能力、加强市场监管、完善农业支持政策和调节供求关系四个方面入手，稳定农产品市场，促进农产品合理价格的形成，实现全国物价总水平的稳定，是完全可能的。

（三鸿鑫）

增加农民收入与扩大农村消费研究

方松海　王为农　黄汉权　著

《管理世界》2011 年第 5 期

27 千字

“十二五”是我国全面建设小康社会承前启后的关键时期。在这个时期继续保持农民收入较快增长、农村消费持续扩张，是转变经济发展方式、实现经济持续快速健康发展的战略举措。因此，探讨如何通过提高农村居民的收入能力和消费能力，以更好地提升其生活水平，提高其在国民经济增长中的收益分配比重和消费贡献率，对更好地促进经济持续、健康发展和实现全面小康有着十分重要的意义。

通过对收入、消费理论与政策实践背后纷繁复杂的逻辑结构进行梳理后，可以概括得出：农业生产、农民生活以及收入分配将分别从微观和宏观层面影响消费倾向；消费环境、消费补贴政策将会通过消费成本和价格体系的改变影响消费结构；增强农民消费能力、提高收入需多管齐下。

在对近年来相关数据进行整理和分析的基础上可以看出，当前我国农民收入和消费的特征表现为，农民收入增长促进了农村消费数量的增长和消费结构的升级。但同时也暴露出一些问题，主要是：农民收入和消费的增长速度慢于国民经济增长速度，慢于城镇居民增长速度，以至于城乡差距持续拉大，在国民经济分配中的份额持续下降。所以，增加农民收入以提高消费能力，在确保较快提高其消费能力的基础上激发消费潜力是“十二五”期间扩大农村消费的核心。

通过对调研结果的梳理和分析得出，影响农民增收和扩大消费的因素归纳起来有三类，一类是同时影响收入和消费增长的人力资本、金融体系和基础设施，一类是主要影响增收的有利因素的弱化，还有一类是主要影响消费扩张的社会保障和人口结构。

在上述分析结果的基础上，结合对已施行的农业政策成效的评价，提出“十二五”期间增加农民收入与扩大农村消费的对策建议为：实施三大差别化支持方案；推动农民收入倍增计划，从根本上增强农民消费能力；

实施农村居民生活现代化促进工程以及完善消费政策。

（王鸿鑫）

农民工流动就业决策行为的影响因素——珠江三角洲地区农民工就业调查研究

王春超　著

《华中师范大学学报》（人文社会科学版）2011 年第 2 期

14 千字

在中国社会转型、经济结构调整的背景下，农民工面临就业的新挑战。因此，有必要分析农民工流动就业情况，研究影响其就业的重要因素，寻找影响就业流动的新机制和解决农民工流动就业问题的有效途径。

调查显示农民工整体流动倾向较强。农民工对于流动区域选择遵循理性原则，会充分考虑流动成本与收益，并根据所得信息作出理性决策。农民工个人素质和能力情况是其作出流动就业决策的第一步考虑因素，而其流动就业决策确是多方面因素综合影响的结果。

从农民工个人因素、个人收入特征、家庭因素、就业环境因素、社会因素等方面而言，农民工的个人收入特征对其就业流动性影响最为明显，尤其是工资收入；从农民工的工资水平看，农民工的流动就业决策受限于自身人力资本积累，工龄、劳动熟练程度是工资增长的主要指标。而同时农民工流动过程中工龄优势呈现类似正态分布。初入社会与年龄稍大的农民工其工龄优势均不明显。

基于以上结论，提出以下政策建议：1. 在完善最低工资保障制度的基础上，通过各种就业政策逐步提高农民工的就业质量；2. 要建立健全相应的监督机制，保障农民工子女享受公平受教育的权利；3. 严格规范劳动合同，完善劳动监察体制，保障农民工依法获取劳动报酬和休息的权利；4. 加强对工会的扶持和建设，提高农民工话语权，形成劳资双方平等谈判的健康氛围，切实解决侵犯农民工合法权益的突出问题；5. 改变城乡劳动力市场块状分割的现状，给予新生代农民工平等竞争的机会和权利，建立健全各种保险和生活保障制度。

（王鸿鑫）

农业比较收益低吗——基于不同成本收益核算框架的比较分析及政策含义

唐茂华　黄少安　著

《中南财经政法大学学报》2011 年第 4 期

10 千字

一直以来，农业比较收益低是学界和政府部门的普遍观点。然而，这种“先入为主”的简单化处理方式并不利于对我国农业经营状况和农民经营行为进行深入了解。因此，对这个问题进行重新审视，有助于对农业比较收益有一个更为全面的理解和判断，进而为我国制定相关涉农政策提供参考。

通过对历年来我国农产品成本收益核算体系的演进过程进行回顾不难看出，核算体系中的指标设计进一步完善了成本核算的科学性和系统性，更加贴近实际，较直观、全面地反映了农业生产的实际支出和实际所得。

基于上述分析，分别采用实际支出（收入）法和虚拟支出（收入）法对我国 1990—2008 年农业比较收益进行计算。结果显示，两种计算方法都肯定了讨论期内我国农业比较收益较高。更特别的是，通过虚拟支出（收入）法得到的数据表明讨论期内农业比较收益甚至远高于一般行业的利润水平。由此引出了高农业比较收益与低农民收入的二元悖论。通过对农业比较收益核算体系中带有强烈主观色彩的家庭用工折旧和自营土地折租进行分析后，上述悖论的原因在于农业家庭土地经营规模小、效率低以及农村土地流转不顺畅导致的土地机会成本低估。

至此，由上述分析结果所引申出来的政策含义是，农业补贴政策及实施机制需要进一步完善的同时，还需要促进土地流转和规模经营的长效机制的配套建设。

（王鸿鑫）

自然资源约束下的中国农业发展

成德宁　侯伟丽　阿力同其米克　著

《南都学坛》（人文社会科学学报）2011 年第 1 期

11 千字

农业生产是以自然资源为基础的活动，土地等自然资源仍然是发展中国家农业发展过程中最普遍的限制性因素。因此，自然资源禀赋不能被看做是既定的因素而忽视其作用。中国是世界上农业资源严重贾乏的国家之一。农业自然资源匮乏对中国农业生产率提高、农业经营规模扩大、农业产业结构调整等都有着很强的制约作用，进而影响着中国农业现代化的模式和进程。

目前中国的农业仍然是以自然资源为基础的活动，在人口增长压力下，自然资源相对稀缺程度日益提高，在人均自然资源禀赋急剧下降、人口快速增长的情况下，实现资本对自然资源的替代是不容易的。许多发展中国家由于农业生产率低，却强行把资源配置到工业部门来实现经济现代化，最终掉人由于人口增长导致的食品价格上升，迫使经济处于停滞状态。可以说，人地关系高度紧张是中国农业不发达、农民贫困的一个重要原因，也是中国三农问题突出的一个重要根源。

改革开放以来，中国农业的发展取得了举世瞩目的成就，但是也面临着自然资源的约束。劳动力/土地不利的比率直接制约着农业生产率的提高，在很大程度上决定着农业经营方式和经营规模选择，水资源的日益短缺也越来越成为农业发展面临的桎梏。中国农业发展必须清醒地认识到这些约束条件，选择合适的发展策略：加快农业技术创新，实现由资源型农业向科学型农业的转变；选择合适的农业经营方式，着重扩大农户外部经营规模；调整农产品贸易结构，出口劳动密集型农产品，换取土地密集型农产品；发展生态农业，建立农业可持续发展的模式。

（王鸿鑫）

究竟是什么因素阻碍了中国农地流转——基于农地控制权偏好的制度解析及政策含义

刘芬华　著

《经济社会体制比较》2011 年第 2 期

11 千字

目前中国农村劳动力的就业结构发生了根本性的变化，过密化农业的人口压力已基本解除，据以解决农地零碎化问题的诸多条件已经具备。然而，现实情况却与上述推断相左。对这一问题的深入研究有助于为中国现代农业组织替代小农制度提供一个可供参考的解决思路。

在进行了实地调研的基础上发现，历史上对我国小农制度存在合理性的诸多理论解释由于时过境迁，在今天已不再具备说服力，如尊严寄托、国家控制等。而阐述理性小农理论的舒尔茨—波普金命题，因为其经济分析中的成本—收益比较工具优势，有理由成为研究中国农地制度演化问题的合适工具。

从可流转农地的供求关系看，农地流转市场发育不良，是受到了供给规模以及农户供给意愿的阻滞。而这种供给意愿不足又可以进一步概括解释为契约不完备状态下的农地控制权偏好。具体来说就是，由于极低的农地流转的地租性收益以及农地控制权所带来的即保障功能、农地资产保全功能以及土地纠纷规避功能，进而产生了农户的农地控制权偏好。

然而上述结论也不具有普遍适用性，农地控制权制度替代能力存在区域差异，这主要表现在经济发达地区与欠发达地区之间。而产生这一差异的原因可以归结为：非农就业机会的本土化差异，农村养老保险制度的执行力差异以及市场契约关系对于圈层结构关系的替代程度差异。

总的来看，传统农区的农地制度至今未发生诱致性变迁，其关键在于农户家庭的农地控制权偏好尚未得到本质性替代。但是，农地控制权偏好并非不能替代，经济发达地区农地流转速率的提高，已经提供了代表性典型案例，也为中国现代农业组织替代小农制度和中国农地制度的变迁提供一个可供参考的解决思路。

（王鸿鑫）

外资进入对我国粮食安全的影响及对策

李丰　李光泗　郭晓东　著

《现代经济探讨》2011 年第 6 期

8 千字

近年来，外资正以前所未有的速度和规模进入我国粮食产业，并出现了横向拓展、纵向延伸、全面覆盖的趋势。外资的进入可以提高国内粮食产业资源配置的效率，推进粮食产业升级与发展，优化粮食安全成本，但是由此所带来的负面效应也是不容忽视的。因此，对粮食产业领域的外资进入形势进行系统分析和认识，并做出相应的粮食安全政策和粮食产业政策安排，是当前一项迫在眉睫的重要任务。

发达国家巨额的剩余资本、我国粮食产业巨大的发展空间及脆弱的国内粮企是外资顺利进入我国粮食产业的重要条件。外资通过投资模式、营销模式和赢利模式等不同的方式进入我国粮食产业，对我国粮食产业既产生积极影响也有消极影响：外资进入提升了国内粮食产业的现代化水平，促使国内粮食产业格局革命性调整和国内粮食流通体制进行被动式的改革。然而同时，外资进入也加速了国内粮食企业分化，加大了我国粮食市场宏观调控难度，加剧了粮食市场的价格波动。

基于上述分析，为确保我国粮食产业健康稳健的发展，提出如下建议：1. 健全粮食安全保证政策法规体系；2. 完善粮食产业风险预警机制；3. 规范外资粮食企业进入及经营行为，避免外资对我国粮食产业的关键环节造成垄断；4. 促进国内粮食企业整合与能力提升。

（王鸿鑫）

农民财产权收入的土地财产权结构新探——权利束的法经济学观点

李胜兰　于凤瑞　著

《广东商学院学报》2011 年第 4 期

13 千字

该文通过反思大陆法系传统财产权理论，从权利束的法经济学观点出发找寻农村土地财产权结构的基点，以定限物权为核心设计农村土地上的权利束体系，充分发挥财产权的流动性，可增加农民获得财产性收入的方式。

目前，我国农村土地财产权转让法律制度不符合农村要素市场对土地财产权商品化的要求，这从财产法理论方面来说，原因有两个，一是受传统大陆法物权权能分离理论的影响，二是农村土地财产权转让以土地使用权为基础。由此导致农村土地市场交易受到限制，造成农民财政性收入的程序、方式，以及效力方面的困境。

为了解决上述问题，可以从权利束理论入手。权利束理论强调财产权的各具体内容，定限物权是权利束理论适用于农村土地财产权的契合点。定限物权的运作机能在于解决资源归属与利用之间的矛盾，使静态的权利与动态的权能有机而灵活地结合起来，以实现有限财产收益的最大化。此外，在登记方法日渐进步，已达到可极大降低信息成本的条件下，只要能够对权利的设定进行登记，交易者就应保有交易的自由，从而突破目前的物权法定原则。

在上述分析的基础上可以遵循如下原则构建起农村土地权利束体系：1. 自主处分原则，各权利束的设定是通过交易各方自主意思表示而达成的权利转让，各权利之间地位平等；2. 划定作为权利束主体的农民集体与定限物权人之间的权利界限；3. 基于财产权的排他性，各权利束之间不得重叠而发生权利的交错；4. 强调财产权属性的综合性，而非简单地将之定性为物权或债权。

总的来说，财产性收入更加强调财产在资本市场上的运作，随着不动产的动产化以及农民理财观念的转变与投资渠道的增加，如何通过市场交易行政或司法界定的方式进一步设计农村土地财产权权利束体系，细化农村土地财产权证券化制度，从而扩大农民财产性收入来源，并分析其可行性，实为今后更应努力探索的方向。

（王鸿鑫）

社区主导型草地共管模式：成效与机制——基于社会资本视角的分析

陈秋红　著

《中国农村经济》2011 年第 5 期

15 千字

作为一种新的后发展地区的资源管理模式，自然资源共管在 20 世纪 80 年代末期开始逐渐兴起，并在近年来得到了较多关注。

不过，它在中国的起步较晚，国内的相关研究从 21 世纪初才开始出现。从国内现有的相关研究成果看，其内容主要集中在综述国外资源共管的思想、理论及方法，介绍某些地区实施资源共管的做法、效果和经验，分析资源共管在中国的实施现状与存在的问题等方面，而分析自然资源共管内在机制的相关研究不多，且其理论基础主要为博弈理论、治理理论和集体行动理论，从社会资本视角展开的相关研究较少，将集体行动理论和社会资本理论结合在一起展开的研究则更少。同时，其研究对象主要为森林资源和自然保护区，对哈丁的“公地悲剧”中所涉及的草地（牧地）这一研究对象的相关研究略显不足。

在政府的推动下，草地共管项目目前在中国一些地区已经得到了实施。不过，这些项目都是由政府或有关机构自上而下通过行政力量干预或资金注入等方式推动，由科研机构或企业牵头实施的。在这种情况下，基层组织在实施这些项目时难免会带有一定的完成任务或追求政绩的嫌疑。即使没有这样的嫌疑，这些由外部力量主导的共管模式也与由社区主导的、内生性的共管模式有较大差异。社区主导型草地共管模式的实施成效如何？什么因素影响这一内生性制度的演进逻辑和内在机制？学术界对这些问题虽然有所研究，但从社会资本视角展开的分析很少，相关的实证研究更是不足。

鉴于此，该文引入一个基层自发的、由社区主导的草地共管（共同放牧管理）案例，在概括说明其主要特点的基础上，利用牧户调查数据，采用比较分析方法分析了当地实施这一模式所取得的成效，并试图从社会资本的视角分析影响其内在机制的因素。研究结果表明，第一，草地共管是一种有效的草地资源可持续管理模式，它促进了牧民增收、草地资源的保护和社区治理的改善，提高了牧民的生态意识。第二，在草地共管的机制形成和成功实践中，社会资本发挥着关键性作用：传统文化等社区基础有利于形成草地共管的认同机制；社区制度和社区组织等社区规范有利于形成草地共管的制度安排机制；民间精英担任行政领导和社区信任有利于形成草地共管的运行机制；民间规范和社区联系有利于形成草地共管的监管机制。

（陈秋红）

企业“带动”农户的可能与限度

熊万胜　石梅静　著

《开放时代》2011 年第 4 期

19 千字

农业领域的“带动”指的是一种经济与社会功能，这种功能主要是由龙头企业这种企业制度来实现的，而这种企业制度在中国的发展与农业产业化经营的发展战略是联系在一起的。对这一功能的作用机制进行研究对现实实践具有重要的指导意义。

在对农业产业化战略、龙头企业制度和“带动”承诺三者的发展历程和相互关系进行梳理后发现，在农村发展实践中的“带动”与农业产业化政策文本中所指的“带动”相比具有更宽泛的内涵。此外，带动关系不仅仅体现为企业内部制度和企业行为的外部性，还体现在农业经营与管理组织“体系”内部的关系中。为了更清楚地看到这一点，在将企业和农户之间的制度安排分为四种类型的基础上结合相关文献分析得出，市场竞争激烈到一定的程度之后，不仅龙头企业带动农户的承诺难以实现，就是合作社也可能远离农户中的弱者。

更进一步分析，从企业行为的外部性来考察带动关系得出的结论是，考察带动功能是否存在，不必限于龙头企业或贩子与农户之间关系的微观结构，还应放眼于整个农产品市场体系的宏观或者中观结构；我们不仅可以在企业或者合作组织里来思考，还可以从组织之间的关系中来思考，由此提出了一个农业产业组织“体系”的概念。

基于上述分析，将农业产业组织体系分别从无形市场上的产业组织间关系和有形市场上的产业组织之间的关系两个角度来进行分析后，可以构建起一个从农业产业化到农业产业区的框架。农业的专业化和区域化是经济发展的自然趋向，也是国家政策鼓励的方向，所以，在市场经济条件下，实现更好带动功能的可能性还是存在的。

但是，企业对于农户的“带动”最终是无法完满的，因为汪洋大海般的承包制小农依然是被遗忘的角色，他们既不能被龙头企业带动，也很难被专业合作社带动。解决“带动”问题的未来方案应该不是建立一个统一的组织模式，而是发展出多种组织形式共生共荣的农业产业组织“体系”。

（王鸿鑫）

基于粮食安全背景的中国粮食企业“走出去”关键性影响因素研究

马述忠　段钒　著

《浙江社会科学》2011 年第 5 期

11 千字

粮食企业“走出去”既是中国政府支持的农业国际化发展战略，也是在国际市场上备受争议的粮食产业投资行为。中国粮食企业在实现自身发展的同时，需要面对来自国际市场的政治风险与同业竞争压力。因此，对中国粮食企业“走出去”的关键性影响因素进行分析有着重要的理论和现实意义。

保障粮食安全、推动粮食企业“走出去”对于我国而言具有多重意义。首先，保障粮食安全是维护社会稳定与保持经济发展的基础要件。其次，在粮食安全框架内，国家能够推行优惠与促进农业产业发展的政策，企业与农民则获得长期成长的基础保障，粮食安全与经济增长之间存在一定的互动关系。再次，“走出去”与保障粮食安全相辅相成，在更广阔的范围上，贯彻与落实粮食安全目标还能够对促进中国粮食企业“走出去”形成有益的辅助与支持。因此，对我国粮食企业“走出去”关键性影响因素的分析应建立在以“走出去”辅助保障我国粮食安全的框架基础之上。此外，粮食企业“走出去”对于预防潜在粮食危机、优化资源配置、促进国内产业链与粮食企业共同成长方面也具有重要意义。

在上述分析的基础上，设计出《粮食安全背景下的中国粮食企业“走出去”影响因素调查问卷》以获取样本信息，并运用主成分分析法对问卷所得数据进行分析，通过综合因素评分判别与提取影响中国粮食企业“走出去”的关键性影响因素。结果显示，有 16 个变量对中国粮食企业“走出去”行为的影响大于其他变量。但单纯通过统计方法得到其重要性实际上还可能遭遇经济学理论解释能力不足的问题。

通过以上分析，提出以下政策建议：1. 凸显粮食企业自身战略规划在“走出去”中的整体影响力；2. 关注东道国政治环境因素对投资项目稳定性的影响；3. 优化粮食生产资源配置，降低“走出去”的经济成本；4. 判断我国粮食企业“走出去”对东道国产生的社会与环境影响；5. 运用现代粮食技术提升“走出去”的科技含量。

（王鸿鑫）

经济史研究

近代上海工人阶层的工资与生活——以 20 世纪 30 年代调查为中心的分析

张忠民　著

《中国经济史研究》2011 年第 2 期

18 千字

20 世纪 30 年代，在中国城市经济、工业经济快速发展，社会经济日益卷入世界经济体系的大背景下，国内各机构及个人各自独立地进行了一系列有关上海城市工人工资以及生活状况的调查。从调查项目设计的合理、准备工作的周详，以及调查实施的延续时间来看，上海市社会局的调查统计无疑具有较高的质量和较重要的价值。

文章以 20 世纪 20 年代末 30 年代前半叶上海市政府社会局的调查资料为主要依据，对该时期上海工厂工人的工资率、工人的实际收入、工人家庭的生活程度，以及生活费指数、真实工资指数等，进行了较为系统、详尽的考察。文章认为：

第一，近代上海工人的工资体系具有“自主性”和“多样性”两大显著特征。所谓自主性说的是，在这一工资体系下，企业的工资制度以及工资水平的确定，完全是由企业自主决定的事情。所谓的多样性说的是，近代上海工人的工资收入在各行业、各工厂、各工种、各岗位，以及不同性别、不同计酬方式之间，具有极大的差异性，这种差异性不仅表现在不同工种、不同岗位、不同技能的工资率等级的多元化上，更多地还表现在额定工资之外诸如升工、赏工、津贴、奖金、花红等各种实际收入的名目上。

第二，20 世纪 30 年代的上海工人及其家庭，就其工资水平及生活程度而言，无论是其消费内容，还是与国外工人阶层以及同一城市中除城市贫民、无业游民之外的其他社会阶层相比，都是低水准的。但另一方面，同时期上海工人及其家庭的生活状况总体上还是基本稳定的。它们主要体现在两个方面，一是工资收入的基本稳定，二是生活程度的基本稳定。

第三，工人工资水平与社会经济及产业发展的阶段与程度具有十分密切的关系。后发展国家要在竞争中建立和发展自身的工业和工业体系，最具竞争力的条件就是劳工成本的低廉。而当劳动力的供给十分充分时，这种低廉的劳动力成本就更会成为后发展国家最重要的竞争优势。然而，低廉的劳动力成本也必须有一个合理的水平和均衡点，这个均衡点就是必须保证工人及家庭成员的基本再生产，必须保证工厂企业在企业家、技术人员之外，还能够得到和保持充分、稳定，以及足够数量的工人队伍，特别是技术工人、熟练工人队伍。历史经验已经证明，无论在什么样的历史条件下，熟练、稳定的产业工人队伍都是上海工业以及上海社会经济发展的基础条件之一，而维持这一条件的基础因素之一则是工人以及工人家庭基本生活的保障。

（张忠民）

“裁厘改统”对国内粮食市场整合的效应

赵留彦　赵岩　窦志强　著

《经济研究》2011 年第 8 期
20 千字

中国历史上税与费一直相伴而生，费重于税是常见现象。当权者以“费改税”为目的的财政改革努力一直都没有停止。该文选择中国历史上重大税费改革中最近的一次——民国时期的“裁厘改统”作为研究对象，研究裁厘改统前后国内粮食市场的整合状况。目的在于探讨这一改革政策对于促进国内市场整合和商品贸易方面的作用。

市场整合可以理解为地区间货物贸易的顺畅情况。两地区之间进行货物贸易，如果输入地的价格等于输出地的价格加上两地间货物的运输成本，则称市场是整合的。市场整合有助于优化地区分工和资源配置效率，通过度量市场整合程度，可以得到地区间经济一体化方面的重要信息。

利用粮食价格数据来研究市场整合程度在我国经济史学界很常见。直觉上，市场整合程度较高时，地区间粮价应更一致，因此从粮价相关性可以推断市场整合信息。利用相关系数或线性回归系数研究市场整合虽然被广泛使用，然而该方法的不足之处也为研究者所认识：第一，除了市场整合之外，同时影响两地粮价的因素也可能导致粮价呈现高的相关性；第二，一般而言粮价序列是不平稳的，这将导致“伪相关”问题。于是近年研究市场整合的文献更青睐于使用不平稳数据统计方法，常用的是协整模型。

无论是相关系数方法还是基于协整的检验方法都忽略了交易成本。交易成本不可观测，对于商品贸易却有至关重要的影响。市场整合的前提在于两地商品存在价差时，会出现跨地区贸易和套利行为。然而，交易成本导致两地价差“中性带”出现。在中性带内，尽管两地价格不同，扣除掉交易成本后却无套利机会。换言之，当冲击导致两地价差超出某个数值（阈值）时套利行为才会使得两地价格出现收敛趋势；价差不是足够大的话，两地的价格本身并没有联系。即使整合度较高，两地区价格也并不总是相同或者相差常数，甚至价差在阈值之内时两地区价格变化可以毫无相关性。也就是说，交易成本使得两地价格对大的冲击和小的冲击反应模式不同。不过，市场整合度越高，跨市场套利就越容易，中性带越窄（阈值越小）。反过来，中性带越宽则意味着市场整合度越低。

这样，通过阈值便将两地的价格关系划分为不同的状态：价差超过阈值时两地价格呈现收敛趋势；价差小于阈值时形成中性带，两地价格变动互相独立。该文通过一类非线性时间序列分析方法——门阈误差修正模型，分多个不同的状态估计上海、芜湖等地的粮价关系。经验结论表明，裁厘改统政策实施之后，地区间贸易成本相对于以前下降了40%，并且，原来厘金制度下的商品流通环节苛捐杂税几乎完全被取消，从而市场整合程度大大增强。

（赵留彦）

用 GDP 评价新中国头 30 年建设成就的几个问题

李强　著

《当代中国史研究》2011 年第 1 期

13 千字

GDP 是衡量某个时期经济发展水平的一个重要指标。由于 GDP 是一个专业性很强的指标，其中的某些概念和方法与人们通常的认识并不一致，因此会经常发生误用、错用的情况。该文尝试对新中国成立头 30 年的 GDP 指标进行一些分析，以方便大家更准确地使用 GDP 指标评价新中国成立头 30 年的建设成就。

新中国国民经济核算体系的演变随着我国经济体制的改革大体经历了三个时期：第一个时期是从新中国成立到 20 世纪 80 年代初，实行的是物质产品平衡表体系。第二个时期是从 20 世纪 80 年代初到 90 年代末，实行的是“中国式的国民经济账户体系”。第三个时期是从 2002 年起至今，实行的是国民经济账户体系。需要指出的是，中国之所以放弃物质产品平衡表体系而实行国民经济账户体系，原因是多方面的，复杂的，并且在很大程度上是由具体的历史条件决定的，并不是像有些人认为的那样，还是因为物质产品平衡表体系从理论到实践都是错误的，才改用国民经济账户体系。

目前 1952—1978 年 GDP 主要有张风波、国家统计局、麦迪森三种数据。张风波 GDP 数据与国家统计局 GDP 数据差别不大，而麦迪森数据平均比国家统计局数据高出 29.8% 左右。中国学术界并不完全认同国外的评估，但是承认中国 GDP 核算还存在若干问题，其中住房服务、财政补贴和企业内部的福利性服务可能会对 GDP 数据调整有较大影响。

传统认为，发展中国家的经济总量被低估主要表现在未观测经济方面，但实际上，产品经济是计划经济国际经济总量被低估的另一个重要方面。汇率法 GDP 并不能真实地反映我国的经济实力及在世界上的地位，购买力平价 GDP 是一个重要的参考。现行的1952—1978 年 GDP 低估了中国这一时期的建设成绩，应同时使用社会总产值和社会总产品的若干数据和事实进行补充和调整。

（王鸿鑫）

中国经济学年鉴

2012

第五篇 著作选介

研究系列

《中华人民共和国经济史（1953—1957）》

董志凯　武力　著

社会科学文献出版社 2011 年版

1018 千字

该书是继《中华人民共和国经济史（1949—1952）》后，由中国社会科学院经济研究所中国现代经济史研究室撰写的中华人民共和国经济史第二卷，是在十年查阅整理经济档案的基础上撰写的。全书大量使用了第一手档案资料，内容丰富翔实。与同类著作比较，内容更为全面，不仅包含经济管理体制变革、宏观经济形势和工农业生产情况，而且对这一时期的企业体制、市场、物价、财政、金融、投资、交通、通信、基础工业、基础设施建设、科技、劳动就业、城市化、人民生活等均作了内容充实的阐述。与第一卷结合起来阅读，对于了解中华人民共和国建立初期的经济社会状况，认识社会主义经济在中国形成的历史，具有启迪意义。

该书在以下方面的探索有所深入和创新：

（1）全面阐述中国工业化战略形成的背景、条件及实施情况

1953—1957 年是中华人民共和国建立初期经济体制变革和经济成长的重要阶段，是第一个五年计划实施与完成的时期。"一五"时期工业化建设的基本任务是集中主要力量进行以苏联帮助我国设计的 156 项建设为中心的、由限额以上的 694 个建设单位组成的大中型项目建设。这些项目以能源、原材料、机械制造为主，当时称作"重工业"。项目设置的依据主要是新中国成立初期，西方对华封锁禁运、国家安全受到严重威胁，国内基础工业极端缺乏的社会经济背景。优先发展重工业不是新中国的发明，只是面对经济封锁和朝鲜战争，毛泽东领导的执政党对重工业的建设更加看重。根据中国国情，中国工业化的任务定位于建立"独立完整的工业体系"。毛泽东不同意苏联按大工业总产值占工农业总产值超过 70% 就宣布实现了工业化的办法，因为还有五亿多农民从事农业生产。工业化是要建设完整的工业体系。

（2）具体阐释 20 世纪 50 年代中国由市场经济体制向计划经济体制转型

"一五"时期经济体制的变化既是激进的，又有着分步骤渐进的特点。本书具体阐述了以苏联模式为榜样的计划经济体制在中央和地方的政府管理部门逐步建立的历程，以及随政治经济形势发展所作的调整和变化。

1953 年开始的大规模工业建设使中国经济、社会发生巨大变化。在资金、技术、物力、人力全面短缺的背景下，为了发展建设周期长、投入额度高的重工业，原有民间资金极度分散难以胜任，只有依靠中央政府集中财力物力才可能进行。历史上形成的高度集中的国家资本和具有高度组织纪律性的执政党为此创造了条件。在 1956 年社会主义改造完成之前，多种经济成分并存，市场机制仍在一定程度上发挥作用，国家也还在一定程度上利用市场对经济进行调节。多元化的市场主体在市场上竞争越来越激烈。在国家财力物力和管理能力难以应对市场竞争的背景下，一方面以开展增产节约运动等方式，加快生产发展；另一方面加快了经济体制从市场向计划的变革步伐。随着社会主义改造的基本完成，形成了以指令性计划为主、指导性计划为辅的计划经济体制。随之出现的

问题既有改造过程“四过”的后遗症，更有单一公有制经济本身的弊病。1956 年中共八大前后，党和国家开始了对社会主义经济管理体制的探索。但是在国际敌视、孤立与封锁，国内生产要素匮乏，产业结构失衡，管理经验缺乏等历史条件下，工业化建设需要服务于新生政权的巩固，以行政命令为主体的计划管理体制的弊病难以得到深入广泛的认识与认真的纠正。

（3）以大量篇幅和翔实资料阐述与解析“一五”时期的经济运行

经济运行受经济体制制约，经济体制的变化服务于经济运行。该书将经济决策、运行和实效结合起来考察，具体阐述了五年间工、农、交、商、财、金、资等方面的运行机制、运行状况和与之相应的生产发展与产业结构变化，并阐述了与此相应的城市化进程，也展示和分析了职工收入分配、福利保障以及城乡居民生活的演变。

在工业方面，对于如何发挥原有企业的潜力和地方工业的作用作了较多阐述。在农业方面，具体阐述了政府制定和实施的一系列促进农村经济发展的经济政策。对于铁路、公路、水运、航空、管道、通信等构成现代物资流通和信息传递的六种方式在这一时期的发展也作了较详细的阐述。对于建立科研机构、制订科技发展规划、建立健全科研队伍等举措，地质勘探、勘察测绘等事业发展也置于经济运行中作了分析。

随着国民经济计划管理的加强，国内自由市场逐渐萎缩，以国营商业为主导的城乡商业体系建立起来，对市场的管理也在加强。在对外贸易领域，密切配合国家的和平外交政策。外贸进出口在已有基础上进一步发展，并逐步形成了高度集中统一的外贸经营管理体制。

大规模工业化建设的展开，使得城市规划与城市建设受到重视，城市化进程明显加快。劳动就业工作配合工业化、城市化开展。劳动力布局调整加快；劳动就业计划管理体制形成，企业的劳动管理制度初步形成，管理的内容和目标在不断强化。根据在发展生产、提高劳动生产率的基础上逐步改善职工生活的方针，适当增加了职工收入，并建立起新的劳动保险和福利制度。

工农业生产的快速发展，劳动生产率的提高，为城乡居民收入提高和生活改善打下了坚实的物质基础。全国居民消费基金每年平均增长 6.7%；全国人民的平均消费水平增长了 34.2%。国民经济取得了较好的效益。

（4）在研究经济管理体制变革、经济运行和经济效益的基础上，分析这一时期积累与消费的关系、财政金融运作方式及其在中国经济发展和体制变迁中的地位和作用，以及中外经济关系演变中的经验教训等。

鉴于该书的质量与意义，该书已被国家社会科学规划办收入 2011 年度《中国社会科学文库》。

（董志凯）

《建设的经济学——马克思主义经济学中国化研究》

裴小革　著

中国社会科学出版社 2011 年版

296 千字

该书结合中国社会主义经济建设的历史经验和最新情况，探索了马克思主义经济学中国化的有关问题，提出了社会主义经济建设中的一切进步既依赖人的发展又为了人的发展，人力既是社会主义经济建设的手段，更是社会主义经济建设目的的观点。它侧重研究了中国化马克思主义经济学的建设方面，但并没有否认其革命方面，而是认为，这种经济学对于阻碍生产力发展和人民共同富裕的经济制度来说是革命的，对于有利于生产力发展和人民共同富裕的经济制度来说是建设的。

该书阐述了中国化马克思主义经济学与中国改革开放的关系，以及这种经济学的建设性质和基本框架。它指出，社会主义制度的创建是现代中国经济社会发展的伟大成就，中国的改革开放是对这一成就的继承和发展。改革开放不是要推翻社会主义制度，而是要发展和完善社会主义制度。因此，指导改革开放的经济学，必须是一种主张建设发展社会主义的中国化马克思主义经济学，而不可能是一种主张推翻葬送社会主义的非马克思主义激进经济学。中国化马克思主义建设经济学的理论框架可以包容西方经济学所研究的一切内容，但并不局限于它所研究的范围。

该书还着重研究了建立在中国化马克思主义经济学基础上的中国国家、集体、家庭和个体经济建设理论。它指出，中共十六大特别是中共十六届三中全会以后，中央明确提出了以人为本的科学发展观，是一次新的思想解放，是对中国化马克思主义经济学的又一次正本清源。科学发展观以人为本的核心要义，体现了社会主义国家经济建设手段与目的的统一，揭示了社会主义国家经济建设的构成基础。国家经济建设的构成基础有个体和群体两个方面。自然，国家经济建设发展要求国家从群体经济建设上看要发展，但从来就没有离开个体的抽象群体，群体的人民总是由个体的人民组成的，群体的经济建设总要来源于个体的经济建设。所以，国家、集体和家庭作为群体存在形式，不应阻止个体经济建设的发展，而应给人民的个体经济建设提供最充分的条件。

社会主义的目的，就在于让劳动者发挥创造财富的主体作用，并让劳动者拥有享受自己劳动成果的权利。一个孤立生活着的人无须顾及他的行为是否会给其他人造成损害，尽可以去做那些对他本人有利的事情。但是，一个在社会中生活的人，无论他做什么事情时，不仅要想到他的行为将带来的直接利益，而且还要充分考虑它是否侵犯了他人利益，是否符合社会的整体利益。任何权利都是有边界的，一个人从事个体经济建设的权利不是绝对的权利，并非可以完全不受限制，因此，将个体经济建设分为兼容性的和侵略性的是合理的。要保护有利于社会和他人的兼容性个体经济建设，就要对一切侵犯社会和他人权利的行为进行打击惩罚，让一切侵犯别人和社会利益的人得不偿失，付出沉重的代价。

（裴小革）

《加快推进我国经济结构战略性调整和发展方式转变》

张平　刘霞辉　王宏淼　著
中国社会科学出版社 2011 年版
700 千字

中国正处于一个具有重大历史意义的承前启后、继往开来的时期。依据中国经济发展纲要，到 2020 年中国将实现全面建设小康社会的目标，2020 年至 21 世纪中叶进入中等发达国家行列，实现中华民族的伟大复兴。因而从现在起到 2020 年将是一个发展关键期和重大的经济结构调整期。沿着原有的发展模式却很容易陷入“中等收入陷阱”，即：（1）赶超结构畸形不可持续，以创新为基础的内生增长机制尚未孕育出来；（2）增长与分享不匹配，社会不稳定的因素增加；（3）

开放导致了外部冲击，缺少足够的宏微观管理经验进行应对；（4）政府干预资源配置的模式难以转变等。总之，此前成功赶超的战略已经不适合这一时期。中国的经济增长是被原有不可持续的路径锁定，还是进行结构性的战略转变、机制转换并进入到一个可持续发展的轨道上，成为了理论和现实的前沿问题。张平、刘霞辉、王宏淼等主笔的《加快推进我国经济结构战略性调整和发展方式转变》一书对此进行了探索和解答，对未来20年的发展情景进行了模拟，以求从理论和政策上为国家的复兴作出贡献。

第一，从发展阶段来看，预计到2012年我国人均收入将接近5000美元，进入中等偏上收入（或中高收入）国家区间，到2020年前后人均GDP将达到10000美元，接近高收入国家下限。因此未来10年将是极其关键的时期。如何突破“中等收入陷阱”，顺利推进发展方式转变，实现战略调整与结构均衡化是这一阶段的关键问题。

第二，作为一定的自然约束和社会约束下经济发展的途径和机制，经济发展方式或模式不仅是一个经济、社会和自然的范畴，也是一个历史范畴。既因时代条件不同而具有“阶段性”、“发展性”，又具有“非均衡—均衡—新的非均衡—新的均衡……”等内在规律上的同一性。因此，转变经济发展方式，可被视为一个连续的再均衡过程，即根据不同的经济发展阶段，通过发展机制转换、制度结构创新和利益格局的动态调整，使自然—经济—社会从非均衡状态向均衡状态收敛，不断实现帕累托最优改进。中国的经济发展方式转变，应当基于现实发展阶段和条件而展开。

第三，经济赶超是一种非均衡发展战略，即将经济资源集中动员到前景看好的部门，从而获得加速增长的目的。改革30年，甚至建国60年，我国实行的都是这样一种发展战略。总体上看工业化过程就是集中经济资源，发展工业。因此非均衡就意味着扭曲，没有扭曲不可能获得加速增长，不可能有赶超。但是，长期的政府干预型赶超带来了资源、人口、环境等的高度紧张，如果继续绷得很紧，不放松，就会出大问题。因此在进入中上发展阶段后，经济发展战略就应当减少扭曲，减少不平衡程度，逐步从较大的扭曲、较大的非均衡，转向较小的扭曲、较小的非均衡，到若干年后实现均衡增长、内生增长。

第四，经济增长动力转换，应从以工业化为核心的产业结构配置转向以城市化为核心的空间资源再配置。要达到中高收入目标，实现从非均衡向均衡、从不平衡向平衡增长战略过渡，空间结构配置是一个关键。空间结构的再配置意味着要实现三个重大转变或调整：第一个转变是市场，要从国际转向国内，从外需依赖转向内外需并重。第二个转变是要素，要通过要素价格调整，使要素从沿海向中西部流动。30年来的发展是沿海地区带动的，现在地区差距已经很大了。促进要素向内陆流动，可带来新的增长机会，也可降低地区差距。第三个转变是资源，要从乡村向城市群落合理集中。通过好的城市化模式带动劳动就业、第三产业发展以及消费需求升级。

第五，该书提出的核心概念“结构均衡增长”在理论上是一个理想状态，但它却是经济发展方式转变、战略调整和动力转换的基准目标，强调了：（1）技术创新推动总量增长；（2）要素配置均衡协调；（3）公平激励，成果分享。但上述三位一体目标的实现核心是以市场为基础调节机制，推动内生式均衡发展路径。我国经济发展方式转变、增长机制转换与结构调整的核心问题可能是政府过多地主动参与了调结构，中国计划经济时期政府计算了大量的综合平衡和最优结构，但越调越失败，关键不是人为提高何种比例，而是要解决机制、体制转型，让市场起到基础配置资源的功能，才能走上均衡发展的道路。同时积极发挥政府的公共服务职能，保障社会福利分配的帕累托改进，保障自然与增长的均衡比例调整，转变发展方式的本质是市场与政府配置资源职能的再划分和确定过程，是机制、体制和激励，而非很具体的比例调整。

第六，中国已是世界第二大经济体，从规模、开放和发展的阶段特征看，提高经济增长质量和效益，增强经济增长的稳定性与可持续性都是新发展周期宏观政策最为重要的方面。中国应继续延伸“十一五”提出的以科学发展观统领经济和社会的基本原则，加快形成一个具有中国特色的可持续发展模式：稳速增效、普遍分享和天人合一的均衡体系。

该书由一个总报告和30多个系列报告或论文组成，其中2/3的文章已经公开发表，6篇文章在《经济研究》上发表，有12篇在国内其他一流学术刊物上发表。它的出版，将有助于从理论上增进对中国发展阶段和大方向的理解和认识，为中国经济战略转型和可持续发展提供前瞻性、综合性的决策支撑。

（王宏淼）

《中华人民共和国经济档案资料选编（1958—1965）财政卷》

姜长青　著

中国财政经济出版社 2011 年版

1500 千字

1958—1965 年是中华人民共和国经济发展过程中承上启下的一个重要发展阶段，1958 年开始至 1960 年年末基本结束的三年“大跃进”，是中国人民在中国共产党领导下试图摆脱苏联高度集中的计划经济体制，探索中国自己的建设道路的重大努力。主要由于经济工作中“左”的指导思想，也由于1958 年以来的“大跃进”和 1959 年的“反右倾”等运动，造成国民经济主要比例关系严重失调，连年出现财政赤字，人民生活遭遇极大困难，某些地区甚至出现了饿死人的现象。中国经济建设已不能按照原定的第二个五年计划的部署继续前进，中共中央决定对国民经济实行调整，1960 年 9 月中共中央在批转国家计委《关于 1961 年国民经济计划控制数字的报告》中提出了国民经济调整、充实、巩固、提高的“八字方针”，1961 年 1 月中共八届九中全会正式批准。中国经济被迫转入 1961 年至 1965 年的经济调整阶段。

调整初期，财政面临的困难是十分严重的，一方面自 1958 年“大跃进”以来至 1961 年连续 4 年财政赤字，共达 180.35 亿元，亏空严重；另外经过调查核实，需要财政弥补加以解决的资金高于原来估计的 347 亿元，实际达到 370 亿元。按照刘少奇的说法，调整时期，类似于非常时期，非常时期要有非常的应付办法才能克服困难。

财政在经济调整过程中担负着支持国民经济恢复和发展的重任，而且财政工作本身也要在实践中完善发展。财政工作为支持国民经济的调整所采取的主要措施如下：（1）改进财政管理体制，加强集中统一，搞好综合平衡。（2）支持恢复农业生产，财政加大了对农业生产的投资和贷款。（3）压缩基本建设战线，调整工业投资结构，促进企业扭亏为盈，增加财政收入。（4）加强财政纪律，健全财经工作规章制度等。

财政卷档案资料选择要突出反映这一时期国家财政工作的主线并兼顾财政自身的发

展演变。该书在文献资料的选择和篇章结构设计上都力图有所创新。在中央档案馆花费数年之功，从数以万计的馆藏财政档案资料中反复斟酌选择，所选取的档案资料基本上反映了国家这一时期财政工作的全局，其中许多资料是第一次披露，其中有些资料弥补了某些重大历史问题研究过程中的资料不足或欠缺。编辑整理过程中，由于各部分档案资料的完整程度存在着很大差异，该书在篇章结构设计中根据档案资料的丰富程度和相关性大小，以及各章节的主题思路等，分为八个部分，使各个部分的档案资料既能突出反映本部分的主题，又能和其他部分进行有机的衔接，避免了档案资料的碎片化和无序化，从而使该书整体结构显得紧凑，浑然一体。该书的出版一定程度上丰富了新中国财政学研究的史料，对新中国财政史研究的进一步深入开展将是一个大的推动。

（姜长青）

《工业化、城市化和农村转型问题的思考》

杨建文　顾建发　等著

上海社会科学院出版社 2011 年版

200 千字

从 20 世纪 90 年代以来，随着我国工业化、城市化的进程加快，促进了我国经济的发展，同时农村经济也得到快速发展。但由于多方面的原因，由此引发了工业化、城市化过程中农村社会经济的一系列问题和矛盾，最典型的就是安置、就业、保障三大问题。上海市奉贤区潆缺村由于面临国家铁路建设、国家电网建设、化工区开发建设三个大项目的动迁，全村 4400 多亩土地基本全部被征用，而潆缺村也从原先一个先进村、富裕村变成落后村、贫困村，其中主要原因有二：一是动迁安置出现偏差，二是集体经济失去支撑。

2010 年，根据上海市委组织部、市委农村工作办公室《关于深化城乡党组织结对帮扶活动努力构建城乡统筹基层党建格局的实施意见》，奉贤区潆缺村成为上海社会科学院部门经济所党总支的结对帮扶对象。2010 年 11 月 29 日至 11 月 30 日，上海社会科学院部门经济所党总支组织全所党员和部分研究生对潆缺村进行前期的帮扶调研，主要以入户问卷调研的形式。党员分成 2—3 人带一个研究生为一组，对村里 82 户家庭进行访谈问卷调研，问卷调研的问题主要包括三方面：个人及家庭基本特征（8 个问题）、生活状况（16 个问题）、政府制度评价（11 个问题）。并在此基础上组成“工业化、城市化和农村转型问题的思考”课题组，所长、党总支书记杨建文同志亲自挂帅担任课题组组长，党总支委员顾建发同志担任课题组执行组长，并有 10 名中青年党员科研人员共同参加，并在此基础上出版。

该书试图通过潆缺村这一典型个案，揭示我国和上海工业化、城市化进程中所暴露出来的问题，并试图通过这些问题的背景分析，探索上海农村社会经济转型的新路。

该书共分三大部分。

在第一部分工业化、城市化和农村转型问题的思考中，首先提出工业化、城市化是人类文明进步、社会经济发展的必然趋势，也是我国现代化的一大战略，是解决我国三农问题的根本出路。但在工业化、城市化过程中，大量农村土地转化成为工业用地和城市建设用地，而作为农村土地的经营者农民和自留地、宅基地上的所有者，农民理应是工业化、城市化的受益者。但是，在一些地方实际情况却恰恰相反，并且这一情况在全国还有蔓延的趋势。主要是农村土地征用存在五大问题：（1）征地用途不明，（2）土地征用程序不健全，（3）补偿标准非常低，（4）安置方式有问题，（5）补偿弹性非常大。

如何正确处理工业化、城市化进程中的矛盾？1. 高度重视农民的权益问题。一是建立新的农村集体土地征用补偿机制，二是合理分配集体土地产权出让收益，三是要转变思想观念，农民富裕是好事。2. 保留和加强农村集体经济：（1）长期保留农村集体经济组织。（2）大幅度提高农用地征地补偿标准。（3）农村集体经济量化到个人。3. 进一步完善农民保障体系：（1）建立全面、稳定的离土农民社会保障体系，（2）建立农村社会保障基金制度，（3）切实做好离土农民的劳动安置工作。

在第二部分工业化、城市化农村转型与村级经济中，回顾和总结上海村级集体经济发展变化的过程。2009 年，上海郊区共有 1722 个行政村，其中，30% 左右的村级组织比较富足；50% 的村级组织有稳定的收入来源，能够基本满足村域日常开支；20% 的村缺乏稳定的收入来源，村级日常开支入不敷出。并且选取四个不同经济层次的集体经济进行分析，最后提出上海村级集体经济出路在于：一是村级集体经济发展要健全组织领导机制。二是村级集体经济发展要立足服务。三是村级集体经济发展要优化环境。四是村级集体经济发展要深化土地改革。五是村级集体经济发展要完善集体资产管理方式。六是村级集体经济发展要因地制宜。

在第三部分漴缺村“农转非”家庭状况调查与分析中，整体来讲，居民对“农转非”的总体评价是正面的，是赞成的。“农转非”对村民的生活是有改善的。只有少数人因为特殊情况导致“农转非”后生活水平下降而持负面评价。具体而言，在家庭收入方面，62.2% 的家庭农转非后收入有所增长，而因“农转非”而家庭收入减少的仅占 22.0%。在生活水平方面，61.0% 的被调查者认为“农转非”后生活水平比原来好，只有 12.2% 的人认为比原来更差。在公共服务方面，大部分人认为在医疗、用水、天然气、有线电视等方面有较大改善，而认为公共服务变差的仅占 13.4%。在调研过程中，居民反映最多的问题主要集中在以下八个方面：第一，由于村民受教育程度不高，掌握技能少而造成的再就业难题；第二，医疗保障不足以应对大病，因病致贫的风险很大；第三，物价上涨严重威胁生活水准；第四，镇保水平较低；第五，家庭中适龄教育儿童支出很大，但却没有相应的补偿；第六，环境污染将长期危害居民健康；第七，土地补偿款未曾支付给居民；第八，新建社区配套服务不完善，缺少统一规划。

该书出版后，获得上海市委常委、政法委书记吴志明同志肯定性的批示，同时引起上海市发改委、上海市农委、奉贤区区委和区政府的高度重视。

（杨建文　顾建发等）

《货币政策效果解析——非对称效应的成因与机制》

曹永琴　著

商务印书馆 2011 年版

260 千字

2008 年，百年一遇的金融危机肆虐全球，整个世界都面临陷入深度衰退的危机。各国政府联合推出宽松的货币政策，时隔半年，强力的宽松货币政策见效了，世界经济呈现 V 形反弹之势。人们似乎忘记美国 20 世纪 30 年代和日本“失去十年”中货币政策的无能，货币政策“中性论”和“无效论”在此次危机后显得苍白无力。人们传统的观念是，货币政策作为金融系统的宏观调控政策，对经济整体有单向且确定的影响。然而，近百年中央银行货币政策实践却一再否定这种观念，事情并没那么简单！相同货币政策在经济不同阶段的实施效果可能差异很大，不同地区对单一货币政策的反应完全迥异。人们对中央银行实施货币政策的灵活性提出越来越高的要求，精细化和结构化成为未来货币政策理论与实践发展的方向，货币政策非对称效应的研究应运而生。

随着研究的深入，货币政策非对称效应的研究范畴逐渐从宏观层面向中观层面乃至微观层面拓展，主要集中在以下三个方面。一是货币政策在时间维度上的非对称效应。这包含两个层次的非对称效应：第一，紧缩性和扩张性货币政策的非对称效应；第二，货币政策在不同经济周期阶段的非对称效应。二是区域维度上的非对称性。三是产业和行业维度上的非对称效应，这主要包含了不同产业、不同行业和不同规模企业三个层次上的非对称效应。探求货币政策非对称效应的形成原因，研究货币政策对不同产业、不同行业和不同规模企业影响非对称的表现形式及其形成机理，成为货币政策理论日益重要的议题。

建立统一的货币政策非对称研究分析框架是该书最大的贡献。货币政策非对称效应理论是20世纪90年代以来货币政策领域蓬勃发展的重要研究方向，但目前缺乏对货币政策非对称效应形成机理的系统研究，相关理论研究匮乏，因此该书研究货币政策更为关注的是货币政策非对称效应的形成机理，这也是该书选题的由来。该书将菜单成本引入货币政策分析框架，回答了为什么紧缩性货币政策比扩张性货币政策更有效的问题。该书进一步将菜单成本与现任美联储主席伯南克开创的金融加速器理论融合起来，发现金融摩擦在不同经济阶段、区域、产业和企业间的差异使得货币政策效应在这四个维度上呈现出了非对称性。上述研究在书中分别被称为直接和间接的货币政策形成机制。

该书在新凯恩斯框架内构建菜单成本模型和金融加速器模型分析中国货币政策非对称效应形成机理。经典的货币政策非对称效应是指相同幅度负向货币冲击引起的产出下降大于正向货币冲击引致的产出增加。随着货币政策理论的深入，货币政策非对称效应研究拓展到了时间（经济周期不同阶段）、区域、产业和企业四个维度。该书沿着货币政策传导渠道建立了不确定环境中随机动态一般均衡模型，能够在统一的框架内解释四个维度上货币政策非对称效应形成机理。核心结论是，价格粘性是货币政策非对称效应存在的前提，金融加速器在此基础上放大了货币政策非对称效应。

该书通过构建菜单成本模型分析价格粘性的成因，进而考察货币政策非对称效应的直接形成机理。货币政策非对称效应的主要成因是非对称的价格传导机制，这与企业面临不确定冲击时的最优定价决策密切相关。当经济受到不确定货币供给冲击时，企业通过比较菜单成本与扭曲成本决定均衡产量和价格。如果菜单成本小于扭曲成本，企业将调价不调产；又如果菜单成本大于扭曲成本，企业将调产不调价。这就是价格粘性的成因。更进一步，由于存在着降价刚性，企业降价比涨价需承受更大的菜单成本。从货币政策的价格传导渠道来看，在预期通货膨胀率趋势为正的环境中，因而面临正向货币供给冲击时企业更倾向于调整价格而非产量；面临负向货币冲击时企业会更多地调整产量而不是价格。这就是货币政策非对称效应的直接形成机制。如果以货币政策对产出的影响来衡量货币政策有效性的标准，那么紧缩性货币政策比扩张性货币政策更加有效。

货币政策冲击通过不完全信贷市场传导之后，金融加速器会加剧货币政策非对称效应。货币政策非对称效应产生于非对称的价格粘性，而放大于金融加速器，主要原因在于金融加速器会放大和加速外生扰动对整个经济系统的冲击。货币冲击经过金融加速器传导会导致外源融资升水、信贷规模和产出大幅波动，在货币政策非对称效应直接形成机制的基础上，金融加速器会放大货币冲击对产出的非对称影响。同时，金融摩擦在货币政策非对称效应的间接形成机制中发挥着核心作用。由于金融加速器机制的作用，金融摩擦与货币政策效应非对称程度之间具有非线性关系。融资杠杆与融资升水之间以及金融摩擦与金融加速数之间为正向关系，这两类正向关系决定了金融摩擦与货币政策效应非对称程度之间的正向关系。与不存在金融摩擦的信贷市场环境相比，相同程度的货币政策冲击对产出的影响更大，所以正负向货币政策导致的产出变化的差距更大，这就是货币政策非对称效应的间接形成机制。

金融摩擦随着具体时间、区域、产业和企业而变，在不同金融摩擦下金融加速器功效差异导致货币政策非对称效应在这四个维度上表现形式和程度亦有所不同。一般而言，金融摩擦越大，金融加速器的功效越强，货币政策非对称效应越显著。在金融摩擦较大的经济环境中，货币政策的实施效果比金融摩擦较小环境中的货币政策效果显著。在时间维度上，一是金融摩擦在金融体系不成熟时期比较小，金融市场发展初期一国经济受货币政策的影响更大；二是在经济繁荣阶段小于衰退阶段，经济衰退期货币政策的效果强于繁荣期货币政策效果。在区域层面上，欠发达地区经济受信贷约束更强，金融摩擦也较大；金融发达地区的货币政策效果弱于金融欠发达地区的货币政策效果。在产业层面上，有形资产比重低的劳动密集型产业由于贷款抵押资产价值低，面临较强的金融约束，货币政策对低有形资产比重产业的作用效果强于高有形资产比重产业。在企业层面上，中小型企业受到较强的信贷约束，货币政策对中小型企业的影响强于大型企业。总之，货币政策非对称效应在不同维度上的形成原因都可以通过金融摩擦的差异来解释。

综上所述，菜单成本模型和金融加速器模型能够揭示货币政策非对称效应的形成机理，从而可以在一个统一的理论框架下解释货币政策在时间、区域、产业和企业四个维度上表现出的非对称性效应。只有掌握货币政策非对称效应形成机理，中央银行才能科学地制定和实施有效的货币政策。

（曹永琴）

《复兴与增长：共容性组织推动的经济制度变迁1921—2011》

权衡　高帆　乔兆红　著

中国大百科全书出版社2011年版

278千字

如何从政党视角对于中国经济发展的长期表现及其内在规律进行理论分析？如何从90年看中国的发展模式？中国共产党为什么促进了国家民族的复兴和经济增长？如何解释经济增长中的政党因素？这些研究内容构

成了《复兴与增长：共容性组织推动的经济制度变迁 1921—2011》的核心内容。该书是纪念中国共产党成立 90 周年“中国共产党与现代化使命丛书”的经济卷。全书除导论和结论外共分 8 章，就复兴与发展、政党与制度建构、战略调整、体制创新、发展绩效、发展模式、战略新选择、远景展望等方面的问题展开了全面系统的研究。

该书指出，中国百年复兴与中国经济长期增长，期间伴随着几个非常重要的标志性事件，而执政党在这些事件中扮演了重要角色，甚至决定并影响了中国经济的长期增长趋势和规律。一是 1921 年至 1948 年的建党与民族复兴和现代化目标模式的确立；二是 1949 年至 1978 年党建国家与现代化道路的制度重构；三是 1978 年到 1988 年的改革开放与经济增长的体制新选择；四是 1989 年到 2002 年的市场经济新目标和 WTO 与中国融入全球化；五是 2002 年至今的科学发展观与现代化的新路径和新目标。

该书从共产党领导中华民族实现复兴、推动改革开放与现代化发展角度进行了概括和分析，着重阐述了中国共产党的领导地位和角色如何体现在中国的发展和进步上，其总结和分析均从政治和政策层面展开。

透过这些发展经验，我们可以得出如下几点理论性结论和认识：1. 百年中国经济发展的主线和目标，是中国共产党致力于领导中国实现民族复兴与经济现代化，这是决定执政党长期执政并引导发展的重要合法性和动力。2. 中国共产党在百年中国经济发展中扮演十分重要的政党角色，其成功的秘密在于党的共容性组织特征及其对于经济增长的内在激励上。正是共容性的特点，能够为实现中华民族复兴与发展的共同目标而努力，使经济增长形成内生激励机制，获得内生动力。中国百年发展中的制度创新、体制变迁、战略选择三位一体的逻辑框架，正是在共容性组织推动下实现的激励性增长的必然反映。3. 中国共产党治理经济的成功，也得益于政党功能的一系列重要转型。中国共产党坚持马克思主义政党的属性，但是其生命力在于成功转型的实现，包括从革命党到执政党的转型、从党的意志转化为政府行为的转型、从党的政策到国家法律的转型、从政党推动到市场主导的转型。正是这些依据时间、地点和条件而作出的转型和调整，才使得中国共产党积极探索适应性发展的路径，推动经济增长走向成功。4. 中国共产党治理经济的成功，更重要的是党由于共容性组织而形成的共识：意识形态的共识、基本制度的共识、纠错纠偏的共识、经济增长的共识、市场经济的共识、对外开放的共识、科学发展的共识。正是这些共识，使党能够在重大政治议题、发展战略以及事关经济社会问题的政策上，组织成员内部比较容易达成一致意见，减少合约摩擦和行政成本，提高效率。5. 中国共产党领导中国人民实现民族复兴，善于学习一切文明成果和先进经验，同时能够结合中国国情走自己的道路，开辟有中国特色的现代化发展道路和模式。中国作为发展中大国，其崛起模式不具有可复制性。中国式的现代化路径可能不同于欧美、日本，而是在中国这块土壤里生成并发展出的具有中国特质的现代化模式。中国不会把自己的模式输出给其他国家，因为中国也曾经在照搬别国发展模式上走了很多弯路。中国的经验表明，任何一个国家的发展都应当选择适合自己国情和实际情况的道路。6. 中国经济发展的过程，使执政党作为共容性组织能够坚持实事求是的科学态度，不断推进制度创新和调整。从经济制度、发展战略的建立和调整到经济体制的选择，执政党始终通过积极的适应性调整，不断推动制度创新和发展。制度创新带来经济增长活力和效率的极大释放。7. 选择适宜的发展战略，通过实施工业化战略、城市化战略、全球化战略，实现民族复兴和现代化发展目标。中国共产党的共容性组织特征决定了其善于学习各国发展中的先进经验推动发展。因此，学习效应、模仿效应使中国少走很多弯路，实现了赶超。这也是中国经济发展最重要的后发优势的体现。8. 百年中国经济发展与民族复兴的梦想尚未完成，中国经济模式和发展道路面临转型和创新。民族复兴的梦想与蓝图尚未实现，未来的发展前景依然光明。中国的发展模式需要进一步创新和转型。这将是下一个百年，中国经济发展的灵魂和生命力所在，在这个过程中，中国共产党无疑将继续发挥极其重要的领导、组织和推动作用。

（乔兆红）

《印度经济改革发展二十年：理论、实证与比较》

沈开艳　等著

上海人民出版社 2011 年版

450 千字

该书旨在从纵向的历史维度和横向的部门维度，对印度经济改革与发展进行实证分析与理论思考。书中延续了中印比较、为我所用的研究风格，集中论述了 1991 年以来印度经济改革的背景、发展历程、经验成就、部门特色、国别发展模式以及发展中一些悬而未决的问题。全书立足于大量的史料和官方数据，从经济发展和制度变迁的视角，运用比较发展经济学的研究方法，通过不断追问印度改革与发展的动力所在，探寻印度作为一个崛起的大国，其发展的一般规律以及未来政策演进可能的方向。

基于纵向历史的维度，该书认为，1991 年前后印度的外部经济和内部经济都发生了重要改变。拉奥政府上台后，提出了以“自由化、市场化、全球化和私有化”为核心目标的改革措施及主张，将印度经济从即将崩溃的边缘拉回，基本完成了印度改革与发展路径的切换，为 1990 年以后印度经济的起飞奠定了坚实的基础。1991 年之后，历届政府继续奉行以“四化”为特色的新经济政策，但由于党派及利益集团不同，经济改革与发展具有浓郁的政治色彩，非经济因素对经济的作用更为明显与重要。

基于横向部门的维度，该书论述了印度在农业、工业、服务业尤其是金融服务业方面的一般发展规律，探讨国有与民营、市场与政府、工业化与城市化、贫困化与社会保障、传统与开放等几组相对或相关的经济范畴。通过对以上多方面、多领域的基础性的梳理和深层次的分析，一方面总结了印度经济改革开放二十年来的做法及经验教训、得失成败，更重要的是从中得出了有助于中国经济改革与发展的若干启示。

最后是有关印度经济改革与发展的理性思考，反思印度经济改革中产生的个性问题，以及中印改革中遇到的共性问题，在此基础上，对印度经济改革作出展望与假想。此外，该书还较多地研究和关注非经济因素对经济表现的影响，比如政治因素。看到了一个经济基础薄弱的国家是如何发展民主政治的以及民主政治制度又是如何与经济展开互动的。该书还提出了一些值得进一步思索或足以引发更深入研究的开放性问题，并作了一些尝试性回答。

该书比较了中印两国的经济发展模式，认为主要有以下不同特点：一是从产业结构看，三次产业发展的次序不同。中国遵循的是传统的工业化发展模式，沿着从农业到制造业，再到服务业循序渐进的道路发展。印度经济结构演进形态走了一条非传统的道路，表现为从农业社会直接转向以服务经济为基础的经济增长道路上来，把更多注意力集中到了发展第三产业之上。二是从需求结构看，中国的经济增长以投资拉动为主，印度则以内需消费拉动为主。三是从消费结构看，中国经济增长过分依赖投资，私人消费的拉动作用十分有限。印度的消费支出中，私人消费远远超过政府消费，印度主要是依靠居民消费来推动经济增长的。四是从主导产业看，中国经济发展主要依靠制造业，制造业是经济的主导产业。印度在没有发生基础广泛的制造业革命的情况下，是依托服务业的发展来推动经济增长的，特别是软件产业及信息技术带动的服务外包业，在全球范围内取得了成功。五是从 FDI 与外贸依存度看，在投资方面，中国吸引了大量的外国工业资本，FDI 数额很高。中国拥有巨额贸易顺差，在世界贸易中占有优势地位。与中国相比，印度的外资、外贸规模占整个经济比重不高，国际贸易每年都出现逆差。

比较和评价中印两国经济发展模式的孰优孰劣，主要看这种模式是否适应本国的国情。

从中印两国经济改革与发展的成效来看，经过长期摸索，两国都能在保持政局基本稳定的前提下，分别找到一条在特定历史条件下最适合本国国情的经济发展道路，充分利用自身的比较优势和世界经济发展提供给自己的机遇，不失时机地发展经济，并带动国民经济向符合比较优势的方向发展，在各不相同的发展模式下，取得了同样显著的经济成绩，推动了国民经济的整体增长。

中国经济改革与发展的模式主要通过高储蓄、高投资（包括大量国际资本的流入）、高出口，大力发展基础设施建设，以强大的制造业推动工业化进程，是一种适合中国国情的兼顾内需和外向的发展模式。而印度发展模式的特征是通过建立完善的资本市场和银行系统解决投资来源，通过扩大内需和国内投资拉动经济，增加本国国民收入，它走的是一条扩大内需和鼓励发展高科技产业的道路。这种方式使印度经济不过于依赖国际市场，本国经济抗击外部风险冲击的能力较强。

（沈开艳等）

《外资的宏观经济效应传导机制研究》

赵蓓文　著

上海人民出版社 2011 年版

200 千字

该书在综合分析国内外关于外资宏观经济效应形成理论的基础上，提出从直接投资、对外贸易和货币金融的角度建立 FDI 对宏观经济影响的三维分析框架；并通过对有 FDI 流入的 IS/LM/BP 模型的分析，说明三维传导相互作用的机理，从而建立 FDI 宏观经济效应的“三维传导模型”。在此基础上，该书通过对影响 FDI 宏观经济效应传导机制的制度因素分析，说明俄罗斯、中东欧转型国家传导机制的特殊性，并对作为转型国家特例的中国进行跨时期分析。作为补充，该书以 FDI 对美中贸易逆差的影响为例进行了关于“美国在华直接投资的贸易效应”的格兰杰因果检验和关于“中美贸易不平衡问题产生的原因”的案例研究，并就次贷危机对中国 FDI 宏观经济效应的影响进行分析，从而使该书的研究内容从理论模型逐步过渡到现实问题。

第一章“FDI宏观经济效应形成的理论分析”解释和说明了国内外关于FDI宏观经济效应研究的三大理论分支，从而为本书将直接投资、对外贸易和货币金融这三个紧密联系的方面纳入到一个三维框架中来进行FDI宏观经济效应传导机制的研究奠定了扎实的理论基础。

第二章“FDI宏观经济效应传导机制的模型分析”从FDI宏观经济效应传导的制度因素入手，提出经济发展水平、贸易自由化水平和金融开放水平是决定FDI宏观经济效应传导的主要因素，进而从直接投资维、对外贸易维和货币金融维的综合性视角，构建FDI宏观经济效应三维传导的一般模型，提出直接投资、对外贸易和货币金融传导机制的主要环节。该书提出，在固定汇率的情况下，FDI对贸易余额和国民收入的效应是不确定的，它取决于在一个经济中贸易与投资的相互关系究竟是互补的还是替代的；在浮动汇率的情况下，FDI的国民收入效应是确定的，FDI流入能够通过出口促进以及随之而来的贸易收支两种渠道提高国民收入。

第三章“转型国家FDI宏观经济效应传导机制的特殊性”通过对一般市场经济国家与俄罗斯、中东欧转型国家FDI宏观经济效应传导机制制度因素的比较，说明转型国家FDI宏观经济效应传导机制的特殊性，从而建立转型国家FDI宏观经济效应传导机制的特殊模型。该书提出，由于转型国家同时具有计划经济和市场经济的特征，其“混合经济”不仅具有多种所有制经济并存的特点，而且还具有明显的过渡性，即阶段性特征，因而具有一定的特殊性。从转型国家有FDI流入的IS/LM/BP模型来看，由于转型国家具有金融体制改革滞后、利率自由化程度不高等特点，因此，与发达市场经济国家相比，转型国家的外资流入对利率的敏感性更低，BP线也更为陡峭一些。但是，在贸易与投资互补的情况下，无论是在固定汇率下还是在浮动汇率下，FDI流入促进转型国家收入的增长都是确定的，但与同样情况下的一般市场经济国家相比，收入的提高相对较少。

第四章“中国FDI宏观经济效应传导机制的跨时期分析”放松了模型分析的假设条件。作为特例，中国兼具转型经济国家、新兴市场经济国家和发展中国家三种特征，与发达经济体相比，FDI促进中国国民收入的提高相对较少。在跨时期分析中，该书放松了关于技术水平不变和劳动生产率不变的假设条件，从而得出了以下的重要结论：由技术水平提高所带来的技术和价格传导机制的有效传导将显著增强FDI对国民收入的促进作用，并且国际收支也将逐步趋于平衡，从而解决中国现存的资本项目和经常项目双顺差的现象。该结论从理论上证明了中国实施自主创新战略，建设创新型国家的重要性，指出了在开放中实现技术进步和结构升级的政策含义。

第五章“关于中国FDI宏观经济效应的实证分析”通过关于“美国在华直接投资的贸易效应”的格兰杰因果检验和关于“中美贸易不平衡问题产生的原因”的案例研究，以FDI对美中贸易逆差的影响为例，从实证检验和案例分析两个角度为该书关于FDI宏观经济效应的理论研究提供了现实依据。为了增强格兰杰因果检验的准确性，报告采取了对全样本和子样本分别进行回归并加以比较的分析方法，在一定程度上弥补了时间序列长度的不足，找出了结构突变的原因。实证检验的结果与案例分析的结果是一致的：说明美国在华直接投资与中国对美国出口之间存在双向的因果关系，即相互影响；同时，虽然全样本回归数据表明美国在华直接投资与中国对美国出口之间存在显著的正相关关系，但在子样本回归中变量系数的符号发生了相反的变化。因此，从整体而言，美中贸易与投资的关系存在一定的不确定性；在这一突变中，政策性因素起到了十分重要的作用。

第六章“次贷危机对中国 FDI 宏观经济效应的影响”分析了次贷危机对于全球经济格局和中国投资贸易增长方式的影响，E11等新兴经济体外资政策调整的新趋势。并根据模型分析的结论，提出利用外资实施科技创新推动中国开放型经济转型升级的主要战略。从而完成了从理论分析、模型分析、实证分析到对策分析的研究，并对转型经济体和新兴经济体的案例分别进行分析，以更好地体现中国集转型经济国家、新兴市场经济国家和发展中国家三种特征于一身的特殊性。

（赵蓓文）

《论共同富裕与区域经济非均衡协调发展》

陈映　著

人民出版社2011年版

294千字

共同富裕是社会主义的本质特征，既是科学社会主义的范畴，也是经济学的范畴；既是宏观经济发展的目标，也是区域经济发展的目标。合理解决各种区域问题，促进区域经济的协调发展，其目标都是为了共同富裕。围绕共同富裕与区域协调发展，该书进行了创新性研究：跳出在均衡和非均衡发展战略的范围内寻求解决区域经济差异办法的传统思维，将“共同富裕”这一科学社会主义的范畴引入区域经济发展研究范畴，并与非均衡协调发展道路相结合，从而在方向和道路的统一上探讨了共同富裕目标下的区域发展格局和城乡区域协调互动机制等问题，拓展了空间均衡理论研究思路，拓宽了解决区域发展和区际关系问题的视野；认为共同富裕的目标固然要最终落实到全体社会成员物质文化生活水平提高和人的全面发展上，但终极目标是要通过一个个时间和空间环节以及一步步具体措施逐步地实现共同富裕目标下的城乡统筹和区域统筹，正是这种必不可少的空间环节和空间措施将共同富裕目标与区域经非均衡协调发展这一现实途径统一起来，用于研究中国区域经济发展与区际关系协调上的重大问题，如区域之间的协调、城乡之间的协调、收入分配的协调等，将重点论与全局论统一起来，揭示了我国区域经济发展的客观趋势和正确道路；认为城乡结构、产业结构以及收入结构的变化，最终要体现到空间开发布局上。

该书分为总论和分论两个部分。

第一、第二、第三章为总论，整理归纳了共同富裕和区域经济非均衡协调发展的相关范畴和基本理论，通过对新中国成立以来中国区域经济发展战略的布局与调整的历史回顾，紧紧围绕中国区域经济发展不平衡、地区差距不断扩大这一重大经济社会问题，提出了构建逐步走向共同富裕的区域经济新格局的总体思路。

第一章，共同富裕的区域经济学解析。对共同富裕的科学内涵进行了界定，指出共同富裕既是科学社会主义范畴，也是经济学范畴，共同富裕是一个历史的、动态的过程；通过对邓小平“先富、共富”思想和“两个大局”战略构想的分析，通过对共同富裕与空间均衡关系的探讨，揭示了邓小平共同富裕思想对区域科学的重大贡献；阐述了科学发展观统领下的全面小康建设的理论与实践，论述了全面小康建设与共同富裕的内在关系；对效率与公平、社会福利最大化、可持续发展等西方学者的相关论述进行了评述。

第二章，区域经济发展道路的理论与实践。对区域差异理论、区域优势理论和区域经济发展阶段理论进行了评析；揭示了区域差异与区域经济发展、区域优势与区域经济发展、区域发展阶段与区域经济发展的内在联系；对新中国成立以来中国区域经济均衡发展战略、非均衡发展战略以及非均衡协调发展战略进行了回顾，对战略的实施过程及成效进行了评价。

第三章，构建逐步走向共同富裕的区域格局。通过对我国区域经济不平衡发展现状的分析，尤其是东、中、西部在经济增长速度、人均 GDP 和人均可支配收入、工业化和城市化水平，以及开放度等方面的差距、成因及经济社会效应的分析的基础上，提出缩小地区差距促进区域经济协调发展的重要性、基本原则及措施；提出构建逐步走向共同富裕的区域经济新格局，探讨了继续推进西部大开发，振兴东北等老工业基地，促进中部地区崛起，加快东部地区发展的重大意义、战略机遇、重点任务及对策措施。

第四章至第七章为专论，从共同富裕目标下的区域协调发展、共同富裕目标下的城乡统筹发展、共同富裕目标下的收入分配统筹、宏观调控与统筹区域经济发展几方面探讨了共同富裕与区域经济非均衡协调发展的关系。

第四章，共同富裕目标下的区域协调发展。通过对我国区域空间结构变化特征的分析，提出了协调空间开发秩序和调整空间结构的主要思路；阐述了主体功能区划是我国空间开发模式的重大创新；通过对区域协调发展的认识和我国区域协调发展的总体评价，提出了共同富裕目标下我国区域协调发展的总体思路，提出了统筹区域协调发展的主要措施。

第五章，共同富裕目标下的城乡统筹。对中国城乡关系的历史变迁进行了回顾；对中国城乡差距的现状进行了描述；对城乡共同富裕和协调发展的经济约束、社会约束以及制度约束进行了分析；提出统筹城乡发展的对策措施。

第六章，共同富裕目标下的收入分配统筹。通过对我国现阶段的贫富差距的理性分析，提出要实现共同富裕目标，就必须缩小贫富差距，既反对平均主义，又防止两极分化；分析了“富民”与“强区”的内在关系，阐述了以人为本、富民为本、富民为先的发展观；提出建立逐步走向共同富裕的收入分配机制，既强调发挥市场机制在收入分配中的效率功能，又强调发挥政府在收入分配公平中的调节作用。

第七章，宏观调控与统筹区域经济发展。通过对市场调节和宏观调控两种调节方式的分析，分析了宏观调控的重要作用、主要政策手段等；阐述了中央政府和地方政府在统筹区域经济发展中的职能。

总之，该书的目的和重要意义在于，在对共同富裕与区域经济非均衡协调发展进行深入认识的基础上，充分吸收学术界已有的研究成果，力求形成一部对共同富裕和区域经济非均衡协调发展理论和实践有所启示的专著。目前，我国区域协调发展还有诸多问题亟须解决。区域协调发展作为增强发展协调性的重要内容之一，是实现中国经济社会又好又快发展、确保实现全面建设小康社会、促进和谐社会建设、进而基本实现现代化的基本要求，也是保证各地区人民共享改革发展成果、逐步实现共同富裕的重大举措。在新的历史时期，必须从贯彻落实科学发展观，全面建设小康社会的战略高度，深刻认识促进区域协调发展、实现共同富裕的重大意义，并对此进行深入、持久的研究。

（陈映）

《军民融合：提升西部地区自主创新能力和高技术产业研究》

刘世庆　邵平桢　许英明　周剑风　等著

人民出版社 2011 年版

350 千字

该书是国家社科基金重点项目（07AJY003）最终成果。由四川省社科院、四川省国防科工办、重要国防科研院所合作完成，并得到国防科技老专家指导。该成果以发挥西部国防科技工业特殊优势为主线，以提升西部自主创新能力和高技术产业为重点，以西部军工大省四川、陕西、重庆、贵州等军民融合发展为支撑，以推进西部地区建设国家战略性新兴产业基地为目标（航空航天、核能、新一代电子信息、重型装备制造、新材料等），从三个层次（总报告、分报告、专题报告）十一个方面展开研究。

（一）国防科技工业是西部地区的特殊资源和创新优势。西部地区是国家在 20 世纪 60 年代建设的战略后方基地。在准备打仗的冷战时期，西部地区国防科技工业为保证国家安全和确立我国在世界的地位，作出了重要贡献，为我国现代军事工业的建立发挥了重要作用。冷战结束后的新军事变革时期，西部国防科技工业进一步适应现代电子信息战争的需要，承担了国防科技转型、科技强军、自主设计和制造现代化尖端武器的任务，使我国国防现代化建设进入国际前列，适应现代战争的能力大大提高，国防科技工业水平显著提升。西部大开发战略和多项西部重大工程建设，新经济时代对高技术的需求，新军事变革和国防现代化建设的需要等，为国防科技工业加速发展并形成主导产业，为西部地区充分释放国防科技工业的优势和潜能，全面提升高科技研发制造能力，奠定了更为广阔的市场空间和发展条件。

（二）军民融合发展是国际主流趋势和我国国防科技工业改革发展方向。国防科技工业在相对平静的和平时期如何发展，是一个世界性课题。对于从计划经济向市场经济转型的中国更多了一重挑战：市场经济改变了资源配置方式和商业游戏规则，要求我们不仅要尊重国防工业发展规律，而且要思考市场经济和全球化背景下国防科技工业发展的新模式。国防工业发展规律不同于一般工业，从我国经验看，冷战结束和改革开放后，以经济建设为中心和以出口导向为主的建设大规模展开，整个经济开始向市场化转型，国防科技工业一方面由于裁减军队、减少国防经费，军品需求大幅下降，另一方面，由于整个国民经济的市场化转型，不能不对国防科技工业产生影响，因此，完全靠国养军的体制和政策已制约了国防科技工业的发展，为此，军转民、民养军、军工企业改革脱困、组建军工集团、改革军品采购制度、推进“民进军”、军工开放和国际合作等改革应运而生。这些改革使国防科技工业的发展迈上一个大大超越前三十年的新阶段，从单纯依靠国家、服务军队转向军民一体、军民融合的新阶段。2007 年 10 月党的十七大报告明确要求“走出一条中国特色的军民融合式发展路子”。

（三）发挥西部地区国防科技工业优势的重点要放在提升西部地区自主创新能力上。西部地区国防科技工业已积累起雄厚的创新资源，形成了独特的技术优势和明显的高技术优势，可以通过技术外溢、人才支撑、产业关联、产业集群等多种途径和多种方式，对西部地区的自主创新能力产生强劲的辐射带动作用。推进思路：一是从“项目”向“机制”转变；二是充分发挥国防科技工业的“溢出效应”；三是充分发挥国防科技工业产业链的“溢出效应”。推进路径：政府推动、军地合作、产业牵引、开放驱动、平台支撑、法律保障。

（四）发挥西部地区国防科技工业优势要落脚在发展西部地区高技术产业上。国防科技工业是高技术产业的摇篮和引擎。从西部地区国防科技工业已有基础、市场增长空间、新经济的时代特征、新军事变革的牵引、国家相关规划确定的发展方向等因素出发，西部地区军民融合高技术产业的优先领域和重点产业主要是电子信息产业、汽车摩托车产业、重大装备产业、航空航天产业、核电产业、船舶产业、爆破材料产业等，西部地区特别要在核电设计和设备制造，航空航天设计和设备制造，新一代电子信息产业创新和制造，新型装备机械制造，新材料等领域，建成在全国具有突出地位、对西部地区有重大影响的军民融合高技术产业集群和基地。报告对军民融合高技术产业发展方向和骨干依托力量进行了调研和论证。

（五）军民融合发展西部地区高技术产业的体制机制创新与政策建议。改革开放三十年来，特别是近十年来，西部地区在发挥军工优势提升自主创新能力和发展高技术产业方面有很大突破，但仍然面临很多制约，主要是：如何解决好军工保密性与技术转移、国防科技工业知识产权保护与交易、知识创新主体国防科研院所改革、技术创新主体企业活力与能力、大型企业龙头作用发挥与中小企业创新能力培育、军与民技术标准统筹、军与民科技资源共享等，国防科技工业军民融合发展需要进一步在国防科技工业管理体制、军工企业改革和现代企业制度建设、军民共享创新资源、军地合作产业基地（园区）建设、国际合作和对外开放等方面，不断创新和探索，建设军民一体化的国家工业基础和国防工业体系，军民融合的国防科技创新体系。该书从顶层设计、基础建设、宏观体制、微观体制、军地互动、项目牵引等十个方面进行了讨论。

（刘世庆）

《城市群整合论——基于中部城市群整合机制的实证分析》

童中贤 著

格致出版社、上海人民出版社 2011 年版

262 千字

中部地区基本形成了中原城市群、长株潭城市群、武汉城市圈、皖江城市带等城市群，这些城市群是如何发育的？城市群城市是否能整合？如果能整合，整合的方向和策略是什么？这些问题构成了《城市群整合论——基于中部城市群整合机制的实证分析》的核心内容。该书系国家社科基金项目最终成果，并被中国都市圈发展与管理研究中心选入国家“十一五”重点图书出版规划项目“都市圈发展与管理研究系列丛书”。

该书以新城市群的推动手段为研究重点，以新城市群的整合机制为研究线索，以新城市群竞争力提升为研究目标，研究了我国中部新城市群的整合问题，形成了“四大机制、两类模型、一大体系”的研究成果。全书分为 10 章，1—4 章分析了城市群整合的理论、中部地区城市发展的历史演变、中部城市群整合的时代背景和现实基础；5—8 章分析了中部城市群整合的利益机制、动力机

制、链接机制和制导机制；第9章分析了中部城市群竞争力评价体系；第10章以长武郑都市带为例分析了城市群的培育与整合。

该书认为，在中部地区已经产生城市群现象的情况下，实现城市之间、城镇之间、城乡之间以及资源、信息、产业、设施、制度、文化等方面的整合，有利于加速推进城市化，实现中部崛起。此外，在一个巨大的城乡交融的区域内实现城市群的整合，也将在一定程度上消弭城乡之间的体制鸿沟和贫富鸿沟。

在整合过程中，利益是城市群整合的逻辑起点。城市群自形成以来，始终展现着多元利益的冲突与整合的复杂情境。在城市群整合过程中，不同的利益主体有着不同的利益需求。城市群整合的利益机制，就是通过相应的法规、制度、政策等规则，利用各方利益主体的合力，使利益主体追求预期利益的努力与城市群整合目标建立起内在的必然联系，进而实现资源要素配置的合理化和利益获取的最大化。

从城市群整合的动力机制上看，推动城市群形成和发展的动力，可以综合为外部动力、内部动力和耦合动力三大部分。不同的动力运行方式不同，整合的模式也不一样。在城市群整合过程中，注意发挥牵引动力的作用，将会收到事半功倍的效果。

城市群通过各种链来整合，城市群整合的价值链就是通过对整个城市群的协调，最有效率地创造城市价值，并使城市价值能够链接起来，从而使城市群利益最大化。根据城市群空间整合的基本规律，以及城市群空间结构现状与未来发展趋势，中部城市群空间链接的主体模式可分为“扁担”、“极核网络”、“成长三角”、“扇形”、“星座”、“单核”等类型。产业链不仅使城市群形成新型分工格局，而且促进城市协作，而外包生产则使城市群空间结网。

城市群整合的本质是制导，是积极有效地按照城市群发展规律的导顺制逆的整合。导顺和制逆是相辅相成的两个方面。没有“导顺”，就不需要“制逆”；没有“制逆”，“导顺”也不会成功。“导顺制逆”是搞好中部城市群整合的基本原则与方法，也是促进中部城市群又好又快发展的必由之路。

该书还指出：中部城市群整合发展的战略思路应以坚持科学发展观为指导，以建设资源节约型、环境友好型、人口均衡型城市群为目标，通过点、轴、圈的跨域资源互补、要素组配、城镇绵延以及一体化建设，科学规划并配置以人口、水体、能源、土地、产业、市场、技术、文化及其基础设施等空间综合承载负荷为主的城市职能结构，不懈营造中部地区城市集群区域“一带三极六核六轴三十七节点”的空间结构体系，缔创内陆腹地高融聚态、大辐射面、深和谐度、优宜居性、强竞争力的城市群科学发展模式。

该书认为，区域整体竞争力替代单个城市竞争力，以城市群促进区域经济发展，是发达国家经济发展的一条重要经验。中部地区要朝着一体化的愿景目标，谋求促进各行政区间的社会经济资源要素不断向极核型城市与极域型地理空间流动和集聚，缔造并做大做强新兴城市群，就要对中部城市群发展的战略态势进行理性审度，只有化域外压力为内生活力，由内生活力来激发并增强城市群的府际驱导协同力、市场主体创新力及社会民众回应力，才能营造城市集群行为联动的后发优势，实现中部城市群的跨越式发展。

城市群整合的一个非常重要的目的就是要提升城市群的竞争力，该书在对城市群竞争力重新定义的基础上，提出了新的城市群竞争力三角模型，用公式表示即为：城市群综合竞争力 = F（城市群结构竞争力，城市群功能竞争力，城市群绩效竞争力）。根据这一模型，该书构建了新的城市群评价指标体系，并对中部六大城市群进行了实证分析。结果显示：中部城市群综合竞争力格局表现明显差异性，城市群综合竞争力和结构竞争力呈高度相关性，城市群间功能竞争力差距大于结构竞争力差距，城市群综合竞争力受制于功能竞争力的影响大。

该书还提出，在大力发展中原城市群、武汉城市圈、长株潭城市群、皖江城市带、环鄱阳湖城市群、太原城市圈的基础上，重点整合长株潭城市群、武汉城市圈、中原城市群这三大城市群，促进由多城市群联结的长武郑都市带——中国经济第四增长极的发育成长，形成以巨型城市群绵延带为特征的中部崛起脊梁，不仅是促进中部崛起的重大战略布局，也是加快推进东中西互动，实现我国区域经济协调发展的重大战略举措。

（刘晓）

《中国：未来二十年的改革与发展》

郜若素　Jane Golley　宋立刚　主编
社会科学文献出版社 2011 年版
363 千字

过去 30 多年的改革，中国的发展成就举世瞩目。从内部来看，一些来自计划经济体制的因素是有利于改革和经济增长的，如基本的工业基础、良好的农业灌溉系统以及相对发展较好的教育体系；同时，经济发展的低起点使得中国得以享有低成本优势，促进了中国经济的增长和竞争力的提升。从外部来看，中国的改革恰好遇上新一轮的全球化进程，而此轮全球化进程带来了更为开放的全球贸易环境，更为频繁的资本、劳动力和技术跨国流动，此外，交通运输、通信和信息技术的进步使得交易成本大幅降低，这些因素都在为中国发展提供机遇，助推着中国经济的发展。

不过，接下来的 20 年，中国将会面对更多的挑战：如何应对劳动力无限供给时代的结束；如何转变严重依赖投资和出口的增长模式；如何解决能源消耗迅速增长所带来的资源紧缺和碳排放问题；如何深化要素市场改革，从而真正完成向市场经济体制的转变。本书将对上述问题进行分析和解答，并给出相应的政策性建议。

该书第一部分着重研究中国的长期发展趋势和问题。郜若素认为中国经济未来的成功取决于以下几个因素：经济的灵活性；对外贸易、投资和思想的开放性；人力资源的质量，以及经济发展相适应的监管体系。郜若素认为，通过经济的灵活性和结构调整，中国在通过“刘易斯转折期”的时候经济发展并不必然会减速。姚洋在分析“华盛顿共识”和“北京共识”后指出，过去 30 多年的改革，中国的发展改革其实更符合“华盛顿共识”——政府基本没有被排他的利益集团所俘获，保持相对公正无私，从而使中国的改革取得了巨大成功，而进一步的政治改革和深入的民主化势在必行，唯有如此，方能避免中国政府受怀有不同目的的利益集团的左右。张永生则对中国未来政府间关系演进的几种模式做了分析，认为未来中国政府间的关系很可能会演进成为一种混合结构——中央和省级之间的关系为自下而上的人员关系和自上而下的财政关系，省内则是人员和财政关系均为自上而下，张永生认为，在这种混合结构中，如何避免纵向政府机会主义行为是一个大的挑战。Huw Mckay、盛誉和宋立刚明确证实了钢铁业的库兹涅茨倒U形曲线（KCS）的存在，他们认为，在钢铁单位消耗量的路径上，中国的发展模式最终将会融合北美、独联体、西欧、日本和亚洲新兴工业化国家的经验，而不可能维持极高的钢铁单位消耗量的路径前行。张中祥提供了许多详尽的数据表明中国在能源保护和碳减排方面所取得的成就，他提出，中国要想达成既定的目标，在于摆脱高能耗、高污染、以资源密集型产业为主的工业结构，且需要地方政府的密切合作。Janey Golley分析了长久以来困扰中国的地区经济发展不平衡问题。分析结果显示，在未来的20年，一些产业将扩展到西部地区，但这无法解决地区间发展不平衡的问题。

该书第二部分关注中国在融入全球化进程中可能遇到的挑战和机遇。肖耿认为低息资本导致全球房地产和股票市场的泡沫，其中也包括中国。中国需要提高利率并改进资本管理机制，以确保资本流入更有效的投资领域中。Tyers和张莹则认为，国际上要求人民币名义汇率升值的压力，无论是通过紧缩的货币政策，还是限制出口使人民币升值，其对中国和世界的整体利益都是有害的。陈春来阐述了这样一个问题：中国吸引FDI的巨大成功是否以其他发展中国家，特别是亚洲国家的损失为前提？他的研究表明，进入中国的FDI增加与进入其他亚洲经济体的FDI增加具有显著的正向关系。在全球金融危机对城乡融合的影响方面，孔涛等通过“中国和印尼城乡融合项目”调查发现，与人们的想象不同，金融危机主要对农村地区产生影响，大批城市中的农民工回到了农村的农业产业中，而城市中的农民工的收入也呈正向变化。她们认为，未来农业部门不再可能继续提供这样的缓冲作用，建立一个广泛的社会福利保障体系和保障农村土地的财产权制度势在必行。

该书第三部分着重于“政策和改革：未完成的任务”。胡永泰认为中国的繁荣之路存在一系列潜在风险：财政弱化和生产力增长速度减缓是主要的经济机制故障；政府管理方式不完善是“软件故障”；而能源紧张和环境恶化则会使发展道路受阻。他建议通过推进城市化、培养更多企业家、实现司法独立，以及更好地与其他国家沟通合作等方式解决相应的问题。

黄益平和王碧珺指出，中国结构不平衡问题的根源在于要素市场的扭曲，这导致劳动力、土地、资本、自然资源和环境的真实价格受到压制，相当于向生产商、出口商和投资者提供了大量补贴。这也将威胁中国未来发展的稳定性、平衡性和可持续性。蔡昉和王美艳指出，户口制度导致农民转变成为农民工但却难以享受所在城市的公共卫生服务和社会保障，进一步的户口制度改革对中国未来的发展至关重要，这将有助于在未来几十年里将“农民变农民工”转变为“移民变城市居民”。吴延瑞认为，内生性的创新对于中国未来几十年的可持续增长是非常重要的。分析显示，相对于外商投资企业和私企来说，国有企业在研发的意愿和努力方面表现要更好。他建议国家出台具体政策措施鼓励非国有企业参与创新，同时完善法律体系以保护知识产权。Ryan Manuel研究的中国的医疗卫生改革，他认为，除非中国政府可以有效地解决个人医疗服务提供者所面临的激励问题，同时解决政府在监督、合作、管理方面的缺失问题，否则，未来20年中国的医疗改革将出现更多问题。

（恽薇）

《中国会计准则的国际趋同效果研究》

曲晓辉 等著

立信会计出版社 2011 年版

269 千字

在经济全球化的大背景下，会计准则作为财务会计的实务规范，经过较长期间的国际协调，正在日益走向全球趋同。会计准则的国际协调和全球趋同，不仅是国际会计的重要领域，也是会计学科当今最为重要的理论与现实问题。我国会计准则与国际准则的协调，由渐进走向 2006 年的实质性趋同，并在 2010 年提出与国际准则持续全面趋同的路线图。我国会计准则国际趋同的效果究竟如何？这样的趋同的理论意义和现实影响到底怎样？这些问题值得深入系统地加以研究。

该书是厦门大学曲晓辉教授主持的“我国会计准则的国际趋同效果研究”阶段性成果，是教育部人文社会科学重点研究基地重大项目，被列为“十二五”国家重点图书出版规划项目，得到了“国家出版基金项目”和“上海文化发展基金会资助项目”的资助。这是中国会计准则国际趋同研究的重大阶段性成果。

该书对会计准则趋同效果研究领域的多种研究方法及其实际作用进行综合测试，分别从总体和具体项目两个层面检验我国会计准则国际趋同的效果并尝试检验方法的创新，同时基于经验证据对我国会计准则体系的国际趋同程度进行评价。具体来说，首先，该书对会计准则国际协调与全球趋同进行一般性的讨论，在此基础上对会计准则国际协调国内外文献进行系统的回顾，进而针对会计准则国际趋同及其效果，对会计基本理论、盈余稳健性、具体准则项目的国际趋同程度和中国会计准则与国际准则总体趋同程度进行理论分析和实证检验。其次，该书在对具体准则趋同度的实证检验方面侧重对财务报告易于产生重大影响的资产计价准则、研发准则、关联方关系准则和公允价值准则。再次，在准则趋同范围上，主要涉及中国准则与 IFRS、欧洲向 IFRS 趋同的效果检验。同时，本书也回顾和评价 IFRS 应用情况的调查。最后，针对国际评估准则委员会（IVSC）工作的最新进展，全书还对会计国际协调与趋同的量化研究进行了梳理。

与同类的其他研究相比，该书在基本理论创新、研究方法创新、研究思路创新和新的经验证据的获取等方面，取得了重要进展。

如在财务会计的基本理论方面，该书认为，当前财务会计的理念，主要表现为多重混合计量属性、广泛使用估值技术、逐渐弱化配比。“根据经济学的收益概念，我们就要把着眼点集中在企业生产经营能力的维持，而淡化历时久远沉积的原始成本情结。进一步地，实体资本的理念可以扩展到资产范畴。资产作为资本的现实载体，其价值变化，以及由此决定的企业净资产的价值变化，顺理成章地应当在会计范畴予以反映，由此必将强化财务会计在评价企业价值方面的作用。这样，资产负债表地位的提升就是自然而然的了。因此，我们就为当前的财务会计理念找到了合理的解释。”（该书第 66 页）

而在研究方法和研究思路方面，考虑到会计准则本身固有的特性，作者基于现有统计分析方法的局限，发现了更适合于对会计准则国际趋同进行度量的研究方法——模糊聚类分析法。该方法是根据研究的样本或指标（变量）之间的亲疏关系（相似性）进行测度的一种统计数学方法。事实上，每一具体的会计准则都可以理解为一个单独的样品，全部会计准则是由各个具体准则组成的一批样品，每一具体的会计准则又可以进一步划分为多个观测指标，每一观测指标下还有不同的观测点，按照完全匹配、基本匹配、基本不匹配和完全不匹配的标准划分并对每一观点进行赋值，并计算出各观测指标的匹配程度，然后以各观测指标的匹配程度作为对会计准则趋同程度归类的依据，从而把全部会计准则的国际趋同程度有层次地加以归类，同时，根据各观测指标的匹配程度也可以计算出会计准则的总体和个体趋同程度。

该书的实证研究结论也给出了重要启示，如关于会计制度的强制性变迁是否显著提高我国上市公司会计盈余的稳健性，研究结果显示，1995—1997 年期间上市公司会计盈余不具有稳健性，意在提高上市公司稳健性水平的《股份有限公司会计制度》的实施并未实质性增强 1998—2000 年期间会计盈余的稳健性水平，而更为积极贯彻国际通行的稳健会计政策的《企业会计制度》的实施则显著提升了 2001—2004 年期间我国上市公司会计盈余的稳健性。然而，单独对赢利公司所作的进一步检验却表明，2001—2004 年期间会计盈余显示的稳健性特征主要是由于亏损公司“洗大澡”造成的。研究结果表明，单纯转变会计准则并不能改善会计信息的质量，除非附以相配套的强有力的法律和执行机制。

总的来说，该书在总体技术路线、子课题定位、研究思路、研究方法和研究证据方面进行一系列创新性尝试，丰富了会计准则理论，赋予研究成果以较高的学术价值。体现了理论与实践相结合，继承与创新相结合，学术研究与知识创新和实务探索并举，借鉴国际经验与探索本国现实的有机结合，规范研究与实证研究相结合，客观地评价了会计准则国际协调和趋同的成效。本研究所取得的经验证据、理论论述对国家会计准则的制定与发展、资本市场涉及会计信息方面的监管以及对企业的会计准则执行和财务报告的编制，具有重要的借鉴意义。为我国会计准则持续国际趋同的战略决策提供了证据支持，为我国企业跨国上市和发行证券以及我国资本市场对外来资本主体资质的评价提供了政策借鉴。

（黄成良）

《生态供应链管理方略》

计国君　著

厦门大学出版社 2011 年版

358 千字

21 世纪全球经济一体化、生态化两大导向，相互促进，相辅相成，引发了大规模、有意识的生态化研究及企业层次上实施清洁生产研究，世界各国政府都把向生态产业转型及升级作为国家战略。虽然在工业中清洁生产在理论和实践得到一定发展，并取得一定效果，但企业的可持续发展还受到供应链上下游相关企业的影响，单个企业的环境努力作用有限，无法达到整体优化。且单个企业的环境治理成本高且效果有限，在近十多年中，很多学者关注以产品为纽带建立起的供应链企业间环境治理，在传统的供应链中融入“绿色”或“环保意识”理念，即绿色供应链。虽然绿色供应链管理注重废旧产品和包装物的再生利用，绿色供应链所依存成本高的特点必然对链上的企业，尤其是核心企业的经济实力有一定的要求，从而限制了中小型企业对绿色供应链管理模式的采用，且对废弃物和能源再利用的考虑相对不足，闭环程度较低。在工业生态学中，主要研究以副产品、废弃物、次级能量等为连接媒介，模仿自然生态系统的物质循环利用关系而建立起的供应链环境治理，如生态工业链、生态产业链等互补型企业组成的工业共生网络，这些互补型企业组成的工业共生网络形成一种各种资源循环流动的闭环系统，最大限度地减少废物排放，但企业之间依赖性强，网络形成受地理位置限制，市场应变能力、风险抵抗能力和可操作性较低，而且对回收品的利用不足。这些催生了生态供应链的产生与管理。

生态供应链是一种全新的管理理念，强调用整体的、系统的观点来看待问题，是对原有供应链的整体优化，它以供应链管理技术为基础，涉及供应商、制造商、分销商、零售商、物流商等企业和最终用户等构成的网络，同时站在整个社会的角度从原材料采购、产品制造、分销、运输、仓储、消费到回收处理的整个供应链管理过程，使得整个供应链对外界环境产生的不良影响降至最小，资源利用效率最高，并使整个供应链的经济效益和社会效益最优化。

该书以基于环境意识供应链管理相关的决策方法贯穿全书，整合了作者及其博硕士生研究生三年多来的研究成果，集成了其中在国内外刊物上发表的相关论文 30 多篇及数百篇近几年来的相关文献，将经过锤炼后的思想最终集成了本书的体系结构。其中有些内容属于探索性的还未见文献论述。同时，整合了 2006 年度福建省高等学校新世纪优秀人才计划项目的三要成果、2008 年国家青年科学基金项目“基于企业社会责任的绿色供应链实证分析与运作研究”（70802052）以及 2009 年国家自然资金资助项目“基于复杂产品供应链的不连续创新能级研究”（70971111）的部分成果。主要包括四章内容，从环境意识供应链涉及的关键活动出发，第一章探讨了基于再造的不确定需求下产品回收模式，关注于再造闭环供应链及其回收模式、不确定下无价差时再造回收模式、不确定需求下有价差时再造回收模式、再造产品定价策略、WEEE 回收条例有效实施问题、回收条例约束下的再制造供应链决策等；第二章针对集群供应链管理实际，探讨了驱动集群供应链高效运作的四个驱动因素；对不同类型的集群式供应链具体的组织模式进行了研究；利用量子物理学理论论证了集群供应链实际上是一个具“波粒二象性”的组织；利用博弈论得到集群供应链分工制度也会随着交易成本和利益的变化而不断地集成，集群供应链中的纵向关系实际上是供应链或企业根据经济环境的变化对分工制度安排进一步集成的过程；引入了热力学第二定律的相关内涵，分析得出集群供应链系统具有热力学系统的耗散结构特征，且给出了集群供应链系统内部熵和环境熵的计算模型，利用熵增方法来综合评价集群供应链系统绩效等；第三章着力叙述生态供应链管理的基本内涵，针对生态供应链合作关系，探讨了生态供应链的供求关系构建、工业共生关系构建、渠道合作关系构建等；第四章主要探讨面向产品创新的生态供应链，主要包括生态供应链管理相关理论、生态供应链的形成机理、生态供应链组建的稳定性、面向产品创新生态供应链的合作与协调关系、基于再制造的生态供应链网络均衡等。重点研究了生态产品创新过程中，生态供应链成员企业之间、多周期产品之间的协调问题，分析了政府监管法规和支持政策对其影响。全书以翔实的案例为依托，以环境意识供应链管理理论为导向，针对我国国情，提出了一些切实的管理策略，通过建模与仿真分析得到了一系列有价值的新理论新方法。

总之，在以工业化为核心的近代社会，尽管技术的“双刃”现象早有显现，但实际上人们总是乐于肯定技术进步的正面效应，而易于忽视技术进步的负面效应，在政策上则表现为一味鼓励技术发展，缺乏对技术进步的必要选择机制。这种倾向往往造成技术创新经济价值与生态价值的背离，特别是由于滥用技术而导致生态环境的破坏进而威胁到人类自身生存的后果，显得尤为突出。我国政府把“扎实推进资源节约和环境保护。深化资源性产品价格和环保收费改革，建立健全能够灵活反映市场供求关系、资源稀缺程度和环境损害成本的资源性产品价格形成机制”确定为“十二五”期间经济社会发展和改革开放的主要任务之一，以生态化为核心的经济发展方式转型要求必须强化技术创新的“选择”意识，将传统技术创新转变为生态技术创新。另外，产品作为联系生产与生活的一个中介，对当前人类所面临的生态环境问题有着不可推卸的责任。因此，如何以产品为中心进行生态技术创新——生态产品创新，成为改善环境绩效的重要途径之一。再者，随着产品创新技术日趋复杂，由单一企业完成所有创新工作已经不可能，企业间关系中“纵向一体化”模式需转换为“横向一体化”，即以供应链为纽带通过企业间协同进行产品创新。生态产品创新与供应链的集成体——生态供应链是一个多个主体构成的多目标复杂网络，上下游、同层级乃至多层级企业间活动交互在一起，相互影响、相互制约，不可避免会出现冲突，因此需要从整体出发进行协调，以保证我国企业创新的成功以及生态供应链的健康、有序运行及发展。

该书的研究成果对我国现代制造企业的建设和发展、对我国政府可持续发展战略的制定和实施具有现实的参考价值和指导意义。

（计国君）

《企业员工战略性培训与开发——基于胜任力提升的视角》

宋培林　著

厦门大学出版社 2011 年版

320 千字

企业如何从战略需求出发去培训开发员工，以改善员工绩效并促进员工成长，进而增强企业竞争优势，是较长时期以来人力资源开发管理理论与实践领域人们所关注的一个焦点。迄今，已有的相关研究几乎都认为，提升员工胜任力，是员工个体成长和企业整体发展的共同需要，从战略角度探索和实施员工培训开发，进而提升员工胜任力，对员工个体成长和企业整体发展都具有十分重要的意义。但员工胜任力提升与员工战略性培训开发之间究竟应当怎样连接，如何构建基于胜任力提升的员工战略性培训开发模型及其实现机制……对类似问题的解剖或回答，在相关领域的理论和实践中仍然属于探索性课题。

该书首先对员工培训已有理论基础和研究观点进行了概略讨论，然后借鉴相关理论和研究成果，基于胜任力提升的视角，构建了一个企业员工战略性培训开发研究模型。这个研究模型的主要特点在于：第一，以组织战略为出发点。基于胜任力提升视角的员工培训与开发，其最终目的是实现组织战略，提高企业竞争优势，因此，组织战略是决定员工培训与开发原则、内容和程序等的最重要依据和最基本的逻辑起点；第二，以组织结构为载体。由组织战略、战略目标和战略任务组成的战略层共同决定了企业的岗位任职体系和接班人培养体系，合理的与组织战略相一致的组织结构，是胜任力模型、绩效考核体系和培训与开发体系得以建立的载体；第三，以胜任力模型为基础。只有建立起与组织战略一致的、不同岗位的胜任力模型，才能够保证模型中其他系统以此为基础的有序运行，而且胜任力模型直接决定了绩效考核及培训与开发的具体对象和内容；第四，以绩效考核为判断标准。绩效考核结果是判断员工或团队是否达到岗位或团队胜任力要求以及培训与开发是否有效的重要标准；第五，以员工培训与开发为落脚点。书中对组织战略、胜任力模型和绩效考核体系的分析，其目的均在于明确员工培训与开发对象、内容、方式和程序。而后，该书遵从这个模型，对企业高层管理者、中层管理者、知识型员工、企业内部团队和企业接班人的战略性培训开发问题进行了专题讨论。

该书的写作隐含或明示了这样几个基本观点：第一，企业组织体系实际就是企业胜任力体系，企业胜任力体系是不同层级或不同职能（业务）岗位胜任力的有机组合；第二，企业员工所拥有的胜任力是组织实际胜任力的基础，组织实际胜任力在很大程度上决定着企业的竞争优势；第三，员工所拥有的胜任力可以通过企业培训开发而提升；第四，企业的核心竞争优势由企业员工实际拥有的胜任力结构与员工任职岗位所要求的胜任力结构之间的契合度决定；第五，当企业员工实际拥有的胜任力结构与其任职岗位所要求的胜任力结构对比存在缺口时，企业为了保持或提升核心竞争优势，就应当为相关员工提供胜任力结构缺口所指向的培训开发。该书的讨论是从企业整体发展和员工个体成长共融的角度加以立论的。理论上，一方面，企业为了实现战略目标和战略任务，需要提升企业的胜任力，而提升员工胜任力则是提升企业胜任力的基础和根本；另一方面，员工要取得高绩效并获得不断成长，也必须持续提升自己的胜任力。实践中，站在企业整体的角度，衡量或促进员工胜任力提升的最好平台或有效工具就是接班人计划。将胜任力提升与接班人计划相联系，接班人计划可以解释为企业基于员工胜任力提升的、满足企业战略要求的、动态的人才梯队建设项目，是通过关键（或核心）人才培养而提升企业胜任力的人才发展计划。站在员工个体的角度，员工的职业生涯规划为员工个体胜任力的提升提供了一种依据和导向。需要说明的是，该书的讨论，隐含了企业应当拥有接班人计划和员工职业生涯规划这样两个前提。有了这样两个前提，企业对员工的胜任力提升就可以理解为，要么是企业针对员工现有任职岗位，通过绩效评估所明确的胜任力结构缺口，对员工进行的知识、能力和价值观等特征的培训，要么是企业根据员工现有胜任力结构与接班人计划或员工职业生涯规划所指向的员工目标岗位需要的胜任力结构之间的胜任力结构缺口，对员工进行的知识、能力和价值观等特征的开发。

在该书作者看来，企业的所有岗位都是为支持企业战略目标和战略任务的达成而设置的，企业全体员工共同构成了企业接班人的“候选池”。在企业接班人计划和员工职业生涯规划的导引下，对企业20%的关键或核心（岗位）员工实施战略性培训开发以提升其胜任力，就可以达到维持和提升组织胜任力的目的；而通过将接班人计划动态化则可以确保剩下80%（岗位上）的员工始终保持在企业接班人的“候选池”中，只要符合条件，这些员工就会适时被纳入接班人计划中，通过晋升或被调迁到属于20%的关键或核心岗位上任职，成为企业重点培训开发的对象。有鉴于此，该书基于胜任力提升着重讨论了企业高层管理者、中层管理者、知识型员工、企业内部团队和企业接班人的战略性培训开发问题，而没有专门针对一般员工的培训开发问题展开讨论。

（宋培林）

《企业人力资本投资分析》

刘志坚　著

厦门大学出版社 2011 年版

220 千字

知识经济时代，人力资本在企业中起着关键性的作用，甚至决定着企业的兴衰，获取企业所需人力资本的企业人力资本投资活动已成为企业投资不可或缺的一项活动。然而，目前理论上直接从企业角度探讨人力资本活动的研究不多且存在一定程度的局限，实践中企业人力资本投资活动也存在诸多问题。因此，进一步揭示企业人力资本投资活动的内在规律，给企业提供进行人力资本投资活动的投资分析方法就成为一个既有理论价值又有实践意义的研究课题。

在相当长的时间内，物质资本概念处于经济分析中的主流，从理论到实践真正重视的仅仅是物质资本，虽然将人的知识、技能视为一种资本的努力不时出现，但未能得到充分的认同和研究。因此在谈及企业的投资问题时，企业各方关注的往往是物质资本，研究最多的也是物质资本，企业人力资本仅仅是其中的配角或是一个事先约定的常数。随着人力资本在企业中地位的彰显，企业人力资本投资也就成为各方关注的对象，企业人力资本投资必然以独立的角色成为企业投资中应该研究探讨的问题之一。由此，我们需要明确，企业人力资本投资与企业物质资本投资间存在异性与共性之处。另外，20 世纪 60 年代以来，关于人力资本投资方面的研究已取得世人瞩目的成就，那么企业人力资本投资与现代人力资本理论中的人力资本投资存在什么样的共性与异性，也是需要我们厘清的问题。该书把企业人力资本投资活动作为研究对象，以人力资本理论为理论基石，从企业角度尝试阐述以下问题：什么是企业人力资本？它与通常意义上的人力资本有何区别？企业中人力资本是如何形成的？企业人力资本投资的投资主体是谁？企业人力资本投资具有哪些特征？企业人力资本投资与企业物质资本投资、人力资本理论中人力资本投资之间有哪些共性、哪些差异性？企业人力资本的产权归属以及在投资分析中如何量化企业人力资本？为利用人力资本投资分析和物质资本投资分析的相关研究成果与研究方法来评价企业人力资本投资项目的经济效益，并突出企业人力资本投资项目经济效益评价过程的特点奠定了理论基础。

该书在指出相关文献研究局限性的基础上，把一次性的企业人力资本投资活动作为一个投资项目来构建经济效益评价体系。借鉴投资项目评估方法，从以下几方面探讨：一是企业人力资本投资需求分析，包括如何识别企业的人力资本投资需求？哪些因素影响着企业人力资本投资需求？企业进行人力资本投资的根本动因是什么？如何预测企业人力资本投资需求量与需求结构？二是企业自身投资能力分析，包括如何设计人力资本投资方案？如何进行总投资估算以及所需资金的筹措问题？如何确认与估算成本费用及收入？三是效益分析与风险分析，主要是探讨如何对企业有能力投资的备选方案进行经济效益评价与风险分析以决定备选投资方案的取舍。

该书研究中对一些基本问题进行了创新性的处理。在企业人力资本测度问题上，先是把企业人力资本看成是一个静态的概念（即不考虑承载者的努力因素）进行测度与分析，而后把其动态的含义置于企业人力资本投资风险中考虑，避免了用静态的标准去测度动态的过程，从而解决了企业人力资本投资分析中人力资本测度的难题；在企业人力资本投资需求分析问题上，是从企业人力资本的量和结构方面预测需求，并较为详细地阐明了企业人力资本的类型划分，为企业人力资本投资结构合理性的分析以及备选投资方案的拟定带来了便利；在企业人力资本投资项目的总投资估算中，把投资分为获取投资与运营投资，为投资方案总成本的构成、各年成本与收益的估算以及经济效益评价奠定了基础；在投资风险分析上，认为风险因素的出现促使投资方案的不确定因素往不利方向发展，最终影响到投资的预期经济效益，通过对不同类型风险因素的分析，来达到避免风险因素的出现或减轻风险因素出现对投资效益的影响；研究过程中始终坚持投资领域的基本原则——“谁投资、谁决策、谁获取收益、谁承担风险”来处理投资主体与投资收益的关系，认为人力资本所有权是可以分割的，它应按各投资主体对其形成的贡献比例拥有相应的人力资本所有权，这为企业人力资本投资收益的分割、企业人力资本投资风险的控制以及企业人力资本的测度提供了依据。

该书在研究过程中具有以下特点：一是在借助、总结众多专家和学者的研究方法、研究成果的基础上，针对企业人力资本投资评价活动进行的探索性研究；二是研究过程中始终立足于企业（企业所有者），以企业作为研究主体，从投资的角度来审视和分析企业人力资本的获取与使用问题；三是强调数据的可获取性和方法的可操作性，注重评价过程中相关数据的搜集、整理和分析，把企业人力资本投资决策过程看成是投资信息的搜集、整理和分析的过程。

尽管人力资本理论的理论价值与实践价值已为学术界与实业界所认可并接受，然而关于人力资本的概念、人力资本的测度方法、人力资本产权问题等方面仍存在诸多可争议之处。该书是在这些争议问题的基础上基于企业视角对人力资本投资分析进行的探索性研究，也必然存在许多不足之处，因此，作者期望能通过该书的研究起到抛砖引玉的作用，一方面，促进理论界从企业角度对人力资本投资分析方面做进一步研究；另一方面，唤起企业界对人力资本投资活动前期评价分析活动的重视，让企业在实施人力资本投资活动之前能有意识、有方向地进行一些投资分析和研究而不至于盲目投资。

（刘志坚）

《中国区域政策——评价与展望》

魏后凯　等著

经济管理出版社 2011 年版

422 千字

该书深入考察了中国区域政策的演变、评价、科学基础及体系构建，明确提出未来中国应实行“4+2”的区域发展战略和政策框架，并着重对关键问题区域和主体功能区两种类型区存在的主要问题、调整完善方向和具体措施进行了系统深入的研究，充分体现了前瞻性、综合性、创新性和可操作性的特点。

回顾历史，该书发现新中国成立以来，中国区域政策的演变大体经历了四个阶段：1949—1978年向西推进的平衡发展阶段、1979—1990年向东倾斜的不平衡发展阶段、1991—1998年开始关注中西部的协调发展战略启动阶段、1999年以后的区域协调发展战略全面实施阶段。改革开放以来，中国政府制定了一系列的区域政策措施，中国区域经济获得了持续的高速增长，取得了较大的成效。特别是自1999年来，随着西部大开发、东北振兴和促进中部崛起战略的实施，中西部和东北地区转移投资增长加快，地区经济相对均衡增长，产业布局由集中转变为扩散，东西部差距由扩大转变为缩小，农村扶贫工作稳步推进，中国区域协调发展成效日益显现。但现行的国家区域政策尚存在过分强调效率目标、区域政策泛化成普惠制、政出多门、忽视民间资本引导、缺乏体制机制创新、"一对一"的特殊区域政策引发不公平竞争等问题，因而促进区域协调发展仍将是一项长期的艰巨任务。

该书认为，当前中国区域发展已经进入到更加注重科学发展的新时代，因此应建立一种与科学发展观相适应的新型区域协调发展理论。新时期建立和完善以促进区域协调发展为核心的国家区域政策体系，应遵循三个基本准则：更加强调公平目标、更加注重分类指导、针对问题区域展开。在今后较长一段时间内，中国应继续坚持统筹区域协调发展的总方针，进一步深化完善国家区域政策体系，推动形成主体功能定位清晰、东中西良性互动、各地区合理分工、公共服务和人民生活水平差距趋向缩小的区域协调发展新格局。

展望未来，该书明确提出并系统论述了中国未来区域政策应采取"4+2"的区域发展战略和政策框架。所谓"4"，就是在战略规划层面，按照西部、东北、中部和东部4大区域，对全国经济布局和区域发展进行统筹规划部署，进一步深化完善国家区域发展总体战略。所谓"2"，就是在政策操作层面，按照主体功能区和关键问题区域2种类型区，实施差别化的区域调控与国家援助政策：一是针对不同的主体功能区，实行分类管理的区域调控政策体系，科学规范空间开发秩序；二是针对不同的关键问题区域，实行差别化的国家援助政策体系，推动形成区域协调发展的新格局。

在国家战略规划层面，作者认为在今后一段时期内中国仍应以四大区域为地域框架，进一步深化完善国家区域发展总体战略。要深入实施西部大开发，就必须加快特色优势产业发展，大力推进空间优化布局，积极构建新型开发格局。要全面振兴东北地区，就必须着力抓好产业振兴，重点培育经济带和都市圈，从投资驱动转向创新驱动，加快实施全面开放战略。要促进中部崛起，就必须加强国家基地和枢纽建设，实行多中心网络开发战略，加快推进工业化和城镇化。要实现东北地区转型升级，就必须明确转型升级的方向，多管齐下，促进城市群可持续发展。

在政策操作层面，作者提出应对关键问题区域，实行差别化的国家援助政策体系。对处于相对衰退中的老工业基地，要加大财税支持力度，完善投融资政策，加大对衰退产业的援助，鼓励技术创新，重视资源环境保护。对结构单一的资源枯竭城市，要加大财政金融支持，培育发展接续产业，完善社会保障体系，注重生态环境修复。对经济发展落后的贫困地区要加强对集中连片贫困地区的综合扶贫开发和治理，强化劳动力转移培训和科教扶贫，大力推进产业化扶贫，精心组织移民扶贫。对过度膨胀的大都市区，应科学制定大都市区规划，强化政府公共服务能力，综合解决交通拥堵问题，加强城市环境污染治理。对财政包袱沉重的粮食主产区，应加大财政扶持力度，实施减免税收优惠政策，加强基础设施修复和建设，扶持农副产品深加工项目。对各种矛盾交融的边境地区，应加大财政投入力度，加强基础设施建设，推进兴边富民重点工程建设。对自然灾害突发区，应根据灾前预报阶段、救灾阶段、灾后重建阶段分别实行不同的援助政策。对民族地区，应加大财政转移支付力度，加快资源税改革，减轻民族地区企业税负，扶持产业发展，加快开发步伐，健全区域生态补偿机制等。对革命老区，应明确老区扶持政策的基本导向，加快贫困老区基础设施建设，实施税收优惠，增加教育投入，拓宽投融资渠道，加强对口帮扶，加强生态建设，大力发展红色旅游等。对特殊经济区，则应科学调整政策目标和政策空间，并对特殊经济区的税收政策、土地政策、财政投资政策、产业政策、管理体制等进行调整与并轨。

在政策操作层面，作者还提出应针对主体功能区，实行分类管理的区域调控政策。主体功能区建设应长短结合，分步推进，区划、规划、政策和考核“四位一体”。当前必须按照四类主体功能区的定位和发展导向，尽快完善考核指标体系和相关配套政策，实行差别化分类管理。为此，要加快建立以基本公共服务均等化为目标，适应主体功能区要求的公共财政体制；实行按领域安排与主体功能区安排相结合的投资政策；实行符合主体功能区定位和发展导向的差别化产业政策；按照主体功能区定位的要求，实行积极引导人口有序流动并定居落户的人口政策；按照主体功能区的定位，实行差别化的土地利用政策；根据不同主体功能区的定位和环境容量，实行差别化的生态环境政策；加快立法，建立健全有利于推进主体功能区的法律法规体系。

（郭叶波）

《低碳经济规划：理论·方法·模型》

娄伟　李萌　等著

社会科学文献出版社 2011 年版

450 千字

由于面临越来越大的气候变化及能源替代压力，低碳经济迅速成为国内外各界关注的焦点。我国许多城市提出要发展“低碳经济”、建设“低碳城市”、打造“低碳产业”、构建“低碳经济示范区”、开发新能源与可再生能源等目标。要实现这些目标诉求，制定科学性、针对性强的低碳经济方面的规划是一个重要保障。

100 多年来，各类规划理论、方法及工具有了长足的发展，这些规划理论及经验为制定低碳经济发展规划提供了很好的基础，但由于低碳经济规划有自身的特点，需要在原有的区域规划、城市规划、产业规划等规划理论及方法的基础上进行发展创新。因此，加强低碳经济规划理论、方法及模型工具的研究就具有很强的现实意义。

低碳经济的特征是以减少温室气体排放为目标，构筑低能耗、低污染为基础的经济发展体系，包括低碳能源系统、低碳技术和低碳产业体系。在本书中，低碳经济属于一个广义的概念，不仅包括了低碳产业、低碳技术、新能源与可再生能源，也包含低碳城市、低碳交通、建筑节能等多个方面在内，是低碳发展的统称。因此，低碳经济规划在本书中包括了低碳城市规划、低碳产业规划、新能源与可再生能源规划、低碳技术规划、低碳交通规划、建筑节能规划等多个方面的规划。

该书既介绍一般的规划理论及方法，又系统分析了低碳城市规划、低碳产业规划、新能源与可再生能源规划、低碳技术规划、低碳交通规划、建筑节能规划等低碳经济规划的理论、方法及模型。

该书关注的重点内容包括：

在介绍低碳经济规划的一般理论及方法的基础上，重点分析了低碳经济的制度、标准化等内容，并基于层次分析法系统介绍了低碳经济评价的方法；既系统分析了碳足迹等计算方法，也介绍了碳交易、碳税、碳汇等同低碳经济相关的财政金融税收概念及发展现状；介绍低碳城市标准、低碳城市规划的一般理论及方法，分析低碳城市规划的步骤、方法、重点等内容。同时，以北京为例，重点介绍了综合计算一个城市碳足迹的方法；重点分析低碳产业规划中的主导产业选择的方法，并以具体案例进行分析说明；分析了低碳产业园的规划方法；分析低碳技术规划的方法、重点，并基于 AHP 法与 PAR 法，构建了低碳技术创新能力评价及低碳技术创新激励体系；分析了制定新能源与可再生能源规划的方法、重点及模型工具。同时，以我国可再生能源今后若干年的发展目标为基准情境，利用六步情境分析法，分析为实现可再生能源战略目标需面对的情景，以及应该采取的对策；分别介绍了生物质能、太阳能、风能、水能、地热能等可再生能源的资源测算方法，并选择具体案例系统分析如何测算评价可再生能源资源；分析了土地利用变化如何影响碳排放，以及如何通过土地利用规划降低碳排放等内容，并详细介绍了土地利用、森林、农业的碳排放与碳固定计算方法；介绍了低碳交通规划、低碳建筑规划、低碳生活规划的基本内容，以及规划方法、规划重点，并选择了一些典型案例进行分析说明；详细介绍了低碳经济规划中政策体系建设，以及低碳经济规划中政策问题界定与方案评估方法。同时，详细介绍了目前比较流行的政策分析模型工具——CGE 模型，及其在低碳政策分析中的应用；分析了基于新能源替代情境的 3E 模型系统的协调度分析方法，并以我国能源、经济与环境协调发展作为案例进行验证；重点介绍了 SEE－2R 模型及案例分析。SEE－2R 模型是本书作者在充分考虑可再生能源的特性、能源替代，特别是可再生能源资源的可利用量及再生性等因素的前提下，提出的评价可再生能源开发可持续性的模型。同时，全书也较系统地分析了评价低碳经济规划可持续性的方法，以提高规划本身的质量，推动规划的落实。

总体来说，该书具有以下几个特点：

一是体系完善。该书涵盖了低碳经济规划领域的大部分重要内容，如低碳城市规划理论与方法、低碳产业规划理论与方法、低碳产业园规划的理论与方法、低碳技术规划理论与方法、新能源与可再生能源的规划理论及方法、低碳交通规划方法、低碳建筑规划方法等。

二是重点突出。该书在介绍一般低碳经济规划理论与方法的基础上，每章又各有重点，这些重点都属于低碳经济规划需要掌握的核心方法或工具。如低碳城市标准问题、主导低碳产业选择问题、基于可再生能源替代的能源结构优化问题、低碳技术发展路线图问题、低碳经济的协调发展问题、低碳经济的可持续发展问题等。

三是方法创新。该书介绍了大量低碳经济规划所需要的定量及定性方法，并重点介绍了一些目前国内外比较流行的规划方法及规划模型工具。如情境分析法、一般均衡模型、3E 模型、SENSOR－SAIT 模型等，涵盖了目前低碳经济规划所经常采用的绝大多数新方法及新工具。

四是可操作性强。该书重视规划方法的可操作性，详细介绍了碳足迹、可再生能源资源等的计算方法，以及众多规划重点。同时，每一章都附有典型案例，读者依据介绍的低碳经济规划方法及案例，就可熟练掌握低碳经济规划的方法。

（娄伟）

《“金砖四国”与国际转型：BRICs 智库巴西峰会的思考》

李扬　著

社会科学文献出版社 2011 年版

601 千字

当前，全球经济重回正常的增长之路充满了困难和不确定性。然而，在应对此次百年不遇的金融危机的过程中，“金砖四国”（中国、印度、俄罗斯、巴西）发挥了令世人瞩目的独特作用。危机爆发后，四国政府根据各自的国情采取了相应的经济刺激计划，并且收到了明显的效果，“金砖四国”的经济总和占全球 GDP 的比重由 2007 年的 13% 上升为 2009 年的 15%。过去 5 年中，“金砖四国”对世界经济增长的贡献率达到 50%。“金砖四国”的发展正进入一个新的历史阶段，同时，“金砖四国”的合作也面临一个难得的历史机遇。求同存异、加强团结合作、维护发展中国家的共同利益、谋求发展中国家利益的最大化，应是推进“金砖四国”合作的方针和原则。

2010 年 4 月在巴西利亚举行了首届“金砖四国”智库峰会，为“金砖四国”的深化合作提供智力支持和政策咨询是四国智库召开峰会的立意所在。来自“金砖四国”智库的专家学者就金融危机、国际贸易、气候变化、外国直接投资、技术创新、全球治理等专题展开了深入讨论，分析了“金砖四国”在“后危机时代”的全球转型中的角色，并就四国合作领域、合作内容提出了有针对性的对策建议。与会学者的主要观点如下。

“金砖四国”应加强合作共同应对金融危机。有专家指出，为了适应 21 世纪的要求，“金砖四国”作为新兴经济体之间的一种合作，不仅有利于世界经济稳定，还在推动世界经济转向全球监管制度、最小化转型期风险及拟定世界经济稳定发展的灵活模式方面扮演着不可或缺的历史角色。有学者认为，进入后危机时代，由于世界经济的发展模式、格局及治理结构都将发生重大调整和变化，“金砖四国”无论是在短期经济政策协调还是长期发展战略方面，无论是推动全球经济可持续发展还是参与全球治理都将面临新的机遇和挑战。四国合作空间加大，既是维护自身利益的共同诉求，也是对全球经济的贡献。另外，有学者针对汇率提出，“金砖四国”的汇率制度方面既有共性也有个性。“金砖四国”历史上接连不断的金融危机表明了这些新兴发展中国家过去并未完全处理好开放与发展之间的节奏和关系。由于中国与其他金砖三国经济发展阶段、模式、规模较为接近，这些国家在汇率管理中的经验和教训值得借鉴。

“金砖四国”应共促贸易发展。学者通过分析金融危机传导的贸易途径、出口多样性、贸易平衡、比较优势变化、竞争互补、竞争压力等几个方面与“金砖四国”的关系看出，“金砖四国”均已发展成世界性的货物贸易大国，相互间的依赖程度也明显提升。总体上，BRICs在贸易领域的合作宜循序渐进，依托G20这个全球经济治理的主要平台，加强重大问题上的协调一致。有专家对巴西将区域选择作为提升出口技术含量的工具进行讨论，提出在现有地理因素和面临其他区域的若干区域集团前提下，区域选择是不可避免的，但面临许多困难。

“金砖四国”将成为全球外国直接投资的重要来源。专家认为，共同的战略地位使“金砖四国”构成独特的政治俱乐部，共同面临的挑战使它们成为新的利益共同体，共同的发展阶段促使它们成为互利合作伙伴。“金砖四国”应积极发挥政府引导作用，促进相互投资；建立合作科技研发机制，为四国经济发展谋划后劲；建立和完善集团金融机制，促进相互投资；相互开放市场，实现贸易与投资互动。有学者概述中国企业国际化的近期发展进程、国际化特点和推动国际化进程的主要政策措施，认为企业有必要实行国际化。虽然开展海外投资的主要中国企业在海外资产和销售方面取得了显著成效，但这些企业的劳动力仍然集中在中国本土。中国投资的大部分流向亚洲和中东这些最具活力的地区。

“金砖四国”应协调共同应对气候变化问题。大家认为，发达国家是否真正承认其历史责任，是协调各国共同采取保护环境立场的关键。中国为应对气候变化和保护环境付出努力。在保护地球、保护环境的合作方面，“金砖四国”之间具有非常广阔的合作空间。有学者指出，如果要避免气候变化引致的风险，必须立即在资源配置、经济、人类和制度上作根本性改变，在心态和行为上进行根本性改变。当代最大的挑战是重构文明，因此环境危机就有了人文维度。

“金砖四国”应加强技术创新领域的合作。有专家通过从三个方面的比较：四国政府直接投资于国家创新系统建设的情况、创新体系建设中采取的政策措施、各自政府与国家创新体系关系中存在的问题及改进的方向比较，认为“金砖四国”构建国家创新体系具有趋同性的倾向，同时缺乏根植性的现状。有学者提出，根据当前的国际形势，“金砖四国”的一个主要任务是阻止产生新的可能导致国际战争并毁灭全人类的全球威胁。在经济和金融领域内加强合作，是“金砖四国”合作的基础和起点。中国还将承担世界经济复苏和发展的引擎、非西方发展模式的典范、美元资产债权国利益的代表等角色。同时，也有学者以“金砖四国”的机制化与其中的中国角色为考察对象，尝试以“带倾向性的多边合作”这一基本概念对其加以总结概括，四国走向合作的“倾向性”的形成是四国朝野在冷战后根据变化了的国际局势进行务实外交的产物。

该书汇集了参与巴西利亚“金砖四国”智库峰会部与中外专家的研究成果，它为公众认识“金砖四国”，了解“金砖四国”合作现状和前景提供了一扇很好的窗口。

（薛波）

《五铢钱制度研究》

石俊志　著

中国金融出版社2011年版

258千字

五铢钱是我国古代流通时间最为长久的钱币形态。该书从货币法律制度的角度深入研究探讨了五铢钱在各个不同时期的形制变化和流通特点，通过采用大量文献资料与出土文物相结合的方式，揭示了五铢钱流通的盛衰转化及五铢钱与金、银、谷、帛轮相交替充当主要货币职能的经济原因和制度原因。该书研究、考证了五铢钱制度的建立、演变和终结的全过程，对五铢钱律令和五铢钱价值进行了深入细致的分析探讨，进而对五铢钱借贷活动做了全面、系统的阐释，基于对金属货币名目化过程的研究，该书指出，由依靠法律制度流通的通宝钱，最终替代依靠金属价值流通的纪重铜钱，是金属货币形态发展演变的必然结果。

该书共分六章。

第一章介绍了五铢钱制度的建立过程。自汉武帝元鼎四年（公元前113年）取代半两钱成为全国统一流通的钱币，至唐高祖武德四年（公元621年）始铸开元通宝，五铢钱的流通时间长达734年。五铢钱采用青铜铸造，铭文五铢，法重五铢，是典型的纪重铜钱。五铢钱制度的建立，经历了与半两钱混合流通到取代半两钱的过程，总共使用了6年的时间，通过数次货币改制，最终成为全国统一法定流通的钱币。

第二章分析了五铢钱制度的演变过程及原因和影响。王莽进行了货币改制，核心是铸行虚币大钱，通过用大钱兑换流通中的五铢钱，将天下钱币大量收归朝廷，用钱币调节经济，以实现“抑兼并、齐庶民”的政策目标。王莽货币改制的结果是钱法大乱，物价暴涨，人民无法使用钱币进行交易，只好杂用谷帛金粟为币。到东汉初建武十六年（公元40年），五铢钱制度才得以恢复。东汉末期爆发黄巾起义，东汉政权全面瘫痪，董卓率军进京，朝廷铸行小钱用以收购生活物资，产生了董卓小钱，结果是五铢钱制度再次崩溃。魏晋时期，自然经济形成，商品经济全面衰退，五铢钱基本退出流通领域，以物易物成为主要的商品交换形式。在此情况下，谷帛的货币性质日益突出。南北朝时期，南朝主要使用三国时期东吴流通的旧钱。为了战争需要，北朝主要采用铸行虚币大钱的方式来掠夺民财，扩大货币名义流通总量。

第三章研究了五铢钱制度的终结过程。西汉时期黄金是典型货币，具备全面、完整的货币职能。西汉后，对外贸易引起了黄金的外流，数量大量减少，布帛渐渐代替黄金，黄金的货币职能被削弱。隋初就铸行了五铢钱，与前朝各种旧钱并行流通。隋王朝循序渐进、逐步统一，用5年时间，扩大五铢钱的流通量，禁绝了旧钱流通。隋灭陈后，五铢钱流通范围覆盖到南方，五铢钱制度重归一统。唐朝政权建立初期，为支持战争并稳定经济秩序，需要创建一种全新的货币，于是产生了“开元通宝”。随着唐王朝政权的逐步稳定，开元通宝钱制度就逐步地取代了五铢钱制度，成为国家法定的、统一的钱币制度。在这过程中，钱币的名目化仍在继续。

第四章对五铢钱律令进行了研究。五铢钱流通的基本规则，是由汉律最初确立的。五铢钱的铸行和流通，应该是遵循《二年律令》的规定；或者至少，是继续沿着《二年律令》的立法精神运行的。它确立的基本规则是：法律保护劣币流通；法律打击盗铸钱币；法律禁止毁钱为铜；法律限制金、铜出关。五铢钱流通时期，不仅存在单一钱币制度，还多次出现复合钱币制度。单一钱币制度具有相当强盛的持续性，几乎贯穿了五铢钱流通的整个时期。复合钱币制度存在明显缺陷，时常成为朝廷虚币敛财的手段。复合钱币制度在五铢钱流通时期以多种形式多次出现，但均未能持久。在五铢钱流通时期，复合钱币制度应该包括法律规定五铢钱与充当若干五铢钱“大钱”并行流通的制度；法律允许五铢钱与国号钱、年号钱、吉语钱等非五铢钱币并行流通的制度，以及法律允许当朝铸行五铢钱与古钱并行流通的制度。金银谷帛在各个阶段与五铢钱并行流通。此外，本章还探索了各朝钱货律令，如：魏晋赎刑用金；北齐赎刑用绢；南朝萧梁政权有禁减陌钱之律；隋朝赎刑用铜。

五铢钱是纪重铜钱，具有铜金属凭其自身价值充当货币职能的性质。因此，五铢钱的价值，受其重量、含铜量、社会流通总量以及社会对货币流通总需求的影响。第五章研究了五铢钱在不同时期的价值。五铢钱流通时期，我国古代商品经济经历了从繁荣到衰退，再从衰退到复苏的演变过程，形成历时久远、大起大落的周期。经研究，本书发现，当商品经济衰退时，五铢钱的流通也出现萧条，金银谷帛的货币功能便随之增强；当商品经济复苏时，五铢钱的流通也出现兴旺，金银谷帛的货币功能便随之减弱。五铢钱与金银谷帛之间的比价，相对于其他商品而言，应该具有比较稳定的关系。但是，受黄金西输和商品生产技术发展的影响，五铢钱与金银谷帛之间的比价，在不同的历史时期呈现不同的特点。鉴于此，五铢钱的购买力，在不同的历史时期也存在着明显差异。

第六章考察了五铢钱的借贷活动。五铢钱流通时期，社会上多数债务人开始拥有一些可供处置的财产。在债务清偿出现困难时，法律支持对债务人人身的执行便逐步转为对财务的执行。各种类型的抵押放款应运而生。比较能够形成规模的抵押放款业务产生于南朝的寺院。货币借款有利于社会资源的有效配置，抵押放款业务的出现和扩展，为我国古代大唐盛世的出现提供了必要的金融环境条件。

（薛波）

《中国“迷失的货币”》

何海峰　著

社会科学文献出版社 2011 年版

278 千字

改革开放以来，中国经济出现了一个现象——“迷失的货币”，即广义货币供给增长率超过了国内生产总值与居民消费价格水平的增长率之和。作为一个具有中国特色的经济现象，“货币迷失”不仅成为货币经济学研究者的关注点，同时也引起诸多宏观经济学研究者的兴趣。该书尝试对该现象进行货币分析和研究。“投资—储蓄”的均衡分析可以成为解释该现象的一个范式，但是如何解释这一过程中的货币性现象？该书研究的核心即在于建立一个纳入了货币的分析框架来解释这一简单而又复杂的货币经济现象。

该书首先回顾了“货币迷失”——这一中国经济出现的典型现象发生的背景，并进行了同一指标的国际对比，然后比较系统地分析了货币经济学主流理论可能存在的缺陷，考察了非主流观点对现实情况的解释力。该书介绍了货币经济学的主流理论范式，即瓦尔拉斯—希克斯—帕廷金传统，并把现代货币经济学的基本结论归纳为对货币的界定、宏观结论与微观基础，简单说明货币经济学的分析范式即货币存量分析与货币流量分析，并在此基础上对货币经济学的核心范畴进行界定。该书利用有关数据考察了中国货币与产出、价格的实证关系，在计量分析的基础上，对货币经济学的一些基本问题进行再考察，并提出该书的货币经济学一般框架的逻辑结构。

该书发现，中国货币迷失产生的原因在于中国经济的结构性变化，它与中国货币经济表现出的货币内生性、利率外生性、银行信贷（资金可得性）融资主导模式等特征密切相关。中国经济转型在经济与金融上的表层特征为，经济转型上的特征是经济的市场化和现代化；金融发展上的特征是长期的银行主导金融结构以及已见成效的金融改革；经济货币化与金融化的特征是经济呈现高货币化。由于这种复杂性，该书通过建立一个加入了中间层次与环节的货币与经济增长关系的分析框架，并通过对各环节即货币与信贷环节，货币、信贷—金融资产环节，金融资产—实物资本、经济环节，信贷—实物资本环节进行了分解检验，验证了中国货币经济的特征。

其次，在回顾国内对货币需求研究的基础上，该书构造一个用于解释“货币迷失”的总量货币需求（M2）模型，并使用中国的数据来实证检验中国是否存在“货币迷失”问题。研究发现，派生货币增长的原因与对非金融机构债权增长率相关程度最高，同时也说明了中国货币供给的内生性在加强。从传统的货币需求与供给分析两个方面，该书完成了对中国转型时期“迷失的货币”这一特殊经济现象的解释，得出在狭义理解上的货币并不“迷失”的结论。出现这一现象是与中国货币经济特征分不开的，它实际上意味着中国当前的货币政策已无法精确化。

最后，该书简要总结货币政策理论的新发展与货币政策变化的新趋势。20世纪80年代以来货币政策理论的研究结果主要包括三个方面：一是货币政策决策的相机抉择与按规则行事，二是货币政策操作程序与利率规则，三是新凯恩斯主义框架下的货币政策。中国货币政策在战略与决策原则上有两个根本特征：现实上的多目标选择与实质上的相机抉择。通过分析货币数量目标能否持续、信贷管理是不是历史的反动、利率市场化的真正意义何在以及汇率是不是中间目标等四个设问来解释中国货币政策中间目标的选择问题。

该书得出四个基本结论。一是中国“迷失的货币”是一个复杂的现象。其他国家的货币“迷失”大都发生在经济波动甚至衰退时期，中国的货币“迷失”则发生在经济高速稳定增长的背景下。从根本上看，中国“迷失的货币”的复杂性，根源于中国转型货币经济的本质。二是中国货币与经济增长的一般分析框架可以揭示“迷失的货币”的内在机制。该书借鉴了复杂经济学和演化经济学的一些分析方法，并结合对中国货币经济特征的认识，尝试寻找货币对经济增长影响的“货币—信贷—金融资产—实物资本—经济增长”的传导路径。三是中国总量货币需求模型可以在形式上揭示中国“迷失的货币”。该书通过建立一个总量的货币需求模型，考虑到中国经济转型的本质特征（由计划到市场、由传统到现代以及广义的金融创新），经过计量处理后，得到的结论是：在货币需求的框架内，中国货币“迷失”现象完全可以得到比较满意的解释。需要强调的是，这一结果是通过引入经济转型的制度变量而得到的。四是，该书发现，中国当前实行的以货币数量为中间目标的货币政策，在较长一段时间内难以真正追求其单一的目标，在决策与实施上表现了“应急式”的特征。该书认为，货币“迷失”现象的长期存在，以及由此导致的货币政策无法精确化的事实说明，间接调控需要传递准确的信息、有效传导及影响经济行为主体的价格型变量。如果把中国货币政策范式概括为向“增加规则”转变，那么实现这一转变的中期要求，是加快金融体制改革、推进利率市场化、培育短期基准利率并同时建立对它的有效调控机制。换言之，我们需要向以利率为工具和信息变量的“无货币量”的货币政策范式转变。中国货币政策转变的长期目标，是建立起目标规则和工具规则有机结合的通货膨胀目标制。

（薛波）

《中国地区金融生态环境评价：2009—2010》

刘煜辉　等著

社会科学文献出版社 2011 年版

285 千字

作为一个大国经济体，我国的地区金融生态环境呈现出明显的地区差异，这种地区差异导致了各地在金融条件上的差异，从而直接影响到地方融资的可获得性和融资成本。评价一个地方的金融生态环境好坏，地方政府对金融的行政干预强弱是一个重要指标。金融生态评价无论对地方政府的融资还是对银行发放信贷都十分重要，在实际工作中将有很好的发展前景，目前急需要做的是建立一套行之有效的金融生态评价模式和方法。从 2005 年起，中国社会科学院金融研究所在中国人民银行的支持和协助下开始实施对中国地区金融生态环境的研究，立足于地区层面，对我国不同地区之间金融业的健康程度的巨大差异的成因进行了制度经济学意义的分析，构建了中国地区金融生态环境的评价体系，并据此对 30 个省区市和 100 多个城市的地区金融生态进行了系统地年度测评和分析。本书是中国城市/地区金融生态环境评价研究项目的第四份专题研究报告。

该书正文共分四个部分。第一部分收录了中国地区金融生态评价报告（2010）：地方政府债务治理与区域金融生态环境建设，专注于探讨如何通过区域金融生态环境建设促进地方政府债务治理的问题。通过分析得出的主要结论如下：自 2008 年年底以来，地方政府融资平台贷款总体规模急剧膨胀，地方政府债务风险上升；由于不同地区的地方融资平台贷款集中度以及地方政府的可支配财力风险均存在明显差异，因此在评估地方政府融资平台贷款偿付风险时不仅需要注意地方融资平台的总体债务状况，还需要对各地区融资平台贷款的差异状况予以高度关注；尽管经过过去几年的改革和发展，商业银行的内部控制和风险管理已经逐步得到强化，但是在当前地方政府能够主导区域经济运行的体制环境下，金融机构很难防范地方政府的隐形干预；地方政府通过组建地方融资平台绕开有关对外融资的体制与政策障碍的过程，同时也是一个地方政府债务隐形化的过程；这种趋势使得监管当局对地方政府债务风险的监控变得更为困难，由此更容易造成地方政府过度举债的问题；地方政府过度举债主要是由于对公共基础设施建设的投资失控所致，中国当前面临的突出问题在于缺乏有效的手段遏制地方政府进行过度举债和过度投资的持续冲动。为此提出以下建议：第一，经过现阶段清理整顿之后的地方融资平台公司应该真正确立独立的市场主体地位，完全与地方政府脱钩，彻底改变原先以土地储备作为抵押支持的融资模式。第二，大力发展市政债券市场，对具有稳定经营性收入的公益性项目，允许相关的地方融资平台公司通过发行收益债券进行融资，以发债项目未来收益作为偿债资金来源，对主要依靠财政性资金偿还债务的公益性项目，允许地方政府发行一般责任债券进行融资，以地方财政收入作为偿债资金的来源。第三，地方政府应把不具有真正独立地位的地方融资平台统一纳入地方财政预算，此类地方融资平台确实需要通过商业银行贷款进行融资的，应在地方财政和债务信息进一步透明化基础上，把银行贷款纳入地方政府总体债务规模当中，实行严格的限额管理，并纳入统一的征信系统。第四，通过对地区金融生态环境和地方政府信用状况进行连续评价，以及对市政债券信用状况进行连续评级，利用公开市场投资者“以脚投票”的压力强化对地方政府的债务约束。

第二部分“中国地区金融生态环境评价结果分析报告”通过对地区经济基础、金融发展、政府治理、制度文化四个方面的相关指标进行单因素数据筛选分析，构建中国地区金融生态环境的多因素评价模型，最终得出对30个地区及110个大中城市的金融生态环境的综合评价结果：我国地区金融生态环境存在着巨大的差异。东部沿海地区的金融生态环境要优于中部和西部地区。东部地区的金融生态环境已经比较完善。中部和东北三省入选的37个城市中，除了省会城市排于Ⅱ级之外，其他的城市密集分布在Ⅲ级和Ⅴ级，显示出金融生态环境的差异性。与东、中和东北三大地区相比，西部地区的金融生态环境综合评分相对较低，特别是贵州、甘肃和青海三省。找到适合西部发展的金融发展模式是西部金融发展的重要切入点。

鉴于构建的指标体系中某些方面的评价缺乏客观统计数据，第三部分“中国地区金融生态环境问卷调查结果分析报告”借助了央行调查统计系统的问卷调查通道，来了解110个参与金融生态环境评价的城市的司法、诚信和社会信用等方面的情况。此次文件调查结果在政府治理、法治环境、诚信文化、市场中介组织发展四个方面反馈出大量信息，一方面对一些缺乏客观数据的指标，较为准确地给出了评价结果，另一方面将调研数据与客观数据结合起来，有效印证了客观指标反映的结果。

第四部分“中国地区证券生态环境评价结果分析报告”从证券金融深化程度、证券市场培育程度、证券市场发育程度、证券期货中介机构竞争力四个方面的相关指标进行单因素数据筛选分析，构建中国地区金融生态环境的多因素评价模型，最终得出对31个地区的证券生态环境的综合评价结果。

（薛波）

《中国农业成长阶段论——成长过程、前沿问题及国际比较》

胡霞 著

中国人民大学出版社2011年版

264千字

进入21世纪，伴随中国经济的高速成长，中国农业也发生了阶段性变化。这种变化不同于以往任何一个时期的农业变革，它已经超越了某种农业技术进步和政策调整而引起的农业产量上的变化，这种变化是一种根本性的质的变化，即长期困扰中国工业化进程的粮食问题基本被克服，中国农业开始进入了农业调整阶段。在这一阶段，农民收入问题成为中国农业发展的最为核心的问题。在新的成长阶段上，如何才能解决越来越严重的农村贫困化和城乡收入差别问题？如何在农业劳动力大量转移的过程中推进中国农业现代化？农业的规模化经营是否适合中国？以生态破坏为代价的粮食至上的惯性何时休？所有这些问题必将困扰今后数十年中国农业和农村的发展。因此准确地认识这种农业成长阶段的转变，就意味着我们必须对农业政策做重大调整，而且是不同于过去的方向性调整。

基于这样的考虑，本书着重解析中国农业成长阶段的变化，分析新的成长阶段上中国农业面临的主要问题。

该书首先阐述中国农业阶段性转变的必然性。从20世纪50年代中国工业化一开始，粮食问题始终是牵制中国工业化步伐的主要因素。这种状况一直到1978年的农村改革才开始有了转机。在经历了近20年农业进步，进入世纪之交之际，中国农业终于克服了长期困扰中国工业化进程的粮食问题，也就是说，依靠低价粮食来满足廉价劳动力供应的工业化模式已经不再适用，工业不需要榨取农业也能自行发展了。相反，由于工业发展速度远高于农业部门，工业部门不仅不能再榨取农业，反而应该保护和反哺逐渐变成弱势产业的农业。从农业自身的发展来说，增产不再是中国农业问题的主要矛盾，质疑能否养活 13 亿中国人已变成昔日的话题，取而代之的是农民收入问题，更确切地说是农民与城市非农产业之间的收入差距问题。正是这样的农业主题的变化预示了中国农业已经开始进入了以农民收入为核心的农业调整阶段。

其次，该书较为详细地论述了我国劳动力转移对于解决农民收入问题的有效性，指出农民收入问题或者说城乡之间的收入差距问题的本质。在经济发展过程中，过多的农民只能追逐越来越小的农业收入份额，而城市居民却能分享越来越大的第二和第三产业的收入份额，这必然导致城乡之间收入差距的扩大。中国农民要分享到中国经济增长的好处，就必须有大部分农民离开他们熟悉的农业，到城市的各个行业寻找就业机会，这是提高农民收入水平、缩小与城市居民收入差距的最主要途径。

接下来的问题是大量的农民转移到了非农业部门之后，他们的土地又该交给谁来经营呢？更为严重的问题是，进城务工的农民大都是有一定文化素质、会种地的青壮年劳动力，他们的流失必定会对农业生产造成直接的影响。让劳动力素质较弱的留在农村的老人和妇女来承担中国农业现代化的大任显然是行不通的，收入也是没有保障的。

该书探讨通过实现农业规模化经营的方式和途径解决问题。其中，将离开农业的农民的土地集中起来，交给一部分有能力的农户来专心经营——即采取代耕的方法是一个行之有效的办法。农业规模化经营可以解决农业生产效率问题，也能让留下来的农民通过扩大经营规模来提高他们的收入，使他们不进城也能获得与城市工薪阶层差不多的收入。

还有另一种超越个体农户层面的规模化经营的方法，这就是以村为单位的生产合作性规模化经营。具体来说，同一村庄的农户，不论是专业农户，还是只有老人在家的兼业农户，大家在协商的基础上联合起来，组成互相帮助、取长补短的生产合作组织（有的也叫做村庄农场）。各家各户带着土地加入进来，由村里有能力的壮劳力牵头统一安排生产，年终结算时首先扣除各种成本开支（如机械费用、干部工资等），然后按各家的土地面积、劳动力强弱和出工时间进行分配。这种生产合作化最明显的好处就是村里的农业机械能够得到充分的利用，降低了生产成本，而且老年劳动力也能干一些力所能及的农活，此外分散的农户组织起来后还可以增强村庄的活力。

在进入新的农业成长阶段之后，中国农业还面临着另一重大政策性问题，就是如何治理不断恶化的生态环境问题，其重要程度丝毫不逊于前面涉及的各种农业问题。在经济发展的初期，保障粮食供给是农业部门的至高无上的目标，以至于许多地区不顾自然规律的约束去开垦生态系统脆弱的边际土地，其结果是所有的人不得不承受生态环境破坏带来的诸如沙尘暴、水资源短缺等种种恶果。没有良好的生态环境，国民整体的福利水平就会受到影响，即使再高的经济增长的成果也会大打折扣。从这种角度来说，中国在基本克服粮食问题并进入新的农业成长阶段后，应该及时调整政策，停止过去那种破坏生态环境的农业发展方式，促进与环境协调一致的可持续发展。这将是今后数十年甚至更长时间农业政策上一个重要目标。

基于这样的考虑，该书分析在新的农业成长阶段上维护生态环境的重要意义，并基于作者对中国西北地区长期跟踪式的实地调查和实证分析的数据，提出政府应从环境保护的角度重新审视农业的基本价值，通过农业环境保护来提高我国农业的竞争力。

中国农业在新的成长阶段所面临的难题是崭新的，沿用过去的政策已经解决不了现在的问题，这就需要我们用更新的思维和更广阔的眼光来审视和分析这些新问题，这也包括分析和借鉴其他国家的经验。发达国家早在20世纪50年代就陆续进入农业调整阶段，半个多世纪以来，它们也一直试图解决农业调整阶段上的各种问题，无论是它们的经验还是失败的教训，对于刚刚进入农业调整阶段的中国来说是非常值得借鉴的。

（胡霞）

《中国宏观经济分析的理论体系》

郑超愚　等著

中国人民大学出版社 2011 年版

180 千字

该书析取1980年以来中国宏观经济运行和政策操作的历史经验，探索性建立中国总供给总需求（AD－AS）分析的理论框架，进而在中国 AD－AS 模型体系的支持下，从中国宏观经济的特殊表现和最新发展出发，考察中国经济增长与波动机制及其与开放经济的交互作用，建立面向需求管理的中国宏观经济分析与预测模型，以辅助中国宏观经济形势和政策的实时跟踪研究。

该书初步形成以中国 AD－AS 模型为核心的中国宏观经济分析的理论模型和计量模型体系，采取“AD－AS 模型 → 经济增长、经济波动与通货膨胀分析 → 宏观经济计量模型 → 需求管理原理 → 宏观经济政策设计”这样的技术路线。其中，存在着政策设计对分析模型的目标导向以及计量模型对理论模型的应用检验这样的双重反馈过程。

该书分 4 篇 9 章，其主要研究内容按四层次递进展开：层次一，建立中国 AS 函数、AD 函数以及 AS－AD 模型；层次二，建立中国经济增长与通货膨胀模型；层次三，分析开放条件下中国经济波动机制和汇率演化趋势；层次四，建立中国宏观经济计量模型和中国货币政策理论基础，揭示中国需求管理经验的宏观经济学意义。

第 1 篇“总供给总需求模型”，包括第 1 章“中国总供给函数与总需求函数”与第 2 章“中国总供给总需求模型的静态学与动态学”，建立中国 AS 函数与 AD 函数，进而考察中国 AS－AD 模型体系的比较静态与动态性质及其货币经济周期含义。

第 2 篇“经济增长与通货膨胀”，包括第 3 章“中国经济增长的模式、结构与效率”与第 4 章“中国结构性通货膨胀与成本推动型通货膨胀”，依据中国经济内生增长的准 AK 模型，描述中国经济增长的资本积累、部门分布以及能源消费特征，并且建立中国结构性通货膨胀与成本推动型通货膨胀的理论模型和计量方法。

第 3 篇“开放经济”，包括第 5 章“中国经济波动的需求驱动力与国际耦合性”与第 6 章“动态购买力平价理论：模型、证据与预测”，从国际贸易视角分析中国经济波动的外部需求驱动力量及其国际耦合机制，并且建立动态购买力平价（PPP）理论，描述发展中国家实际汇率对传统 PPP 理论的系统偏离及其动态演化特征，预测人民币汇率升值趋势。

第 4 篇“需求管理”，包括第 7 章“中国宏观经济分析与预测模型—CMAFM 模型”、第 8 章“滞后效应、多重均衡与反向软着陆：中国需求管理经验”与第 9 章“中国货币政策规则与货币政策效应”，建立中国宏观经济分析与预测年度计量模型—CMAFM 模型，通过形式化表述的需求管理决策问题揭示中国积极需求管理经验的重要宏观经济学含义，并且描述和分析中国货币政策的货币供应、利率与汇率政策规则及其经济稳定效应。

著作附录“中国宏观经济政策取向的经验和理论基础”，综合运用中国宏观经济分析的理论体系，分析与预测中国经济增长、经济波动与通货膨胀的短期态势与长期趋势，提出后危机时期中国积极需求管理的政策取向和操作原则。

该书的理论创新和应用价值归纳如下。

1. AS－AD 模型：附加总需求的中国 AS 函数、货币主义结构的中国 AD 函数以及由此组成的中国 AS－AD 模型，初步模型化中国宏观经济运行的特殊性质，揭示其超越时代和国家界限的前瞻性和普遍性宏观经济学含义。

2. 经济增长、经济波动与通货膨胀模型：在二元经济结构条件下，建立资本积累驱动的中国经济内生增长准 AK 模型；在经济体制转型过程中，建立基于名义价格粘性的中国结构性通货膨胀模型和基于价格形成过程的中国成本推动型通货膨胀模型；依据中国经济波动的外部需求驱动性质，描述中国经济周期耦合国际经济周期的国际贸易传导机制。

3. 动态 PPP 理论：动态 PPP 理论建立面向发展中国家的结构化与参数化 PPP 理论，将实际汇率指数简约化为在经济增长推动下趋近传统 PPP 理论的连续升值过程，有效预测人民币汇率的升值趋势。

4. CMAFM 模型：CMAFM 模型具有良好的 IS－LM－AS 模型理论基础与系统仿真统计能力，在 2002 年原始版本基础上连续开发改进版本，支持中国人民大学中国宏观经济分析与预测中心中国宏观经济形势与政策的实时跟踪研究。

5. 微擅操作与反向软着陆：容纳滞后效应的积极需求管理避免低水平的国民收入均衡陷阱，并且通过微擅操作模式，在弥合通货膨胀缺口时实现实际国民收入在潜在国民收入技术上限上的反向软着陆。

6. 货币政策规则：设计经济稳定取向的中国货币供应目标政策规则体系，描述有管理浮动汇率制度下利率政策与汇率政策交互作用而导致的内生经济波动过程，并且建立基于汇率动态的开放经济资本资产定价模型。

（郑超愚）

《中国宏观经济分析与预测：2010—2011》

中国人民大学经济研究所

中国人民大学出版社 2011 年版

300 千字

报告认为，在“前期刺激性政策的惯性释放”、“外部环境恢复性改善”、“消费高位运行”以及“市场型需求上扬”等因素的作用下，中国宏观经济步入了稳定复苏的轨道之中，呈现出实体经济高位回落趋稳，“泡沫蔓延”所触发的物价水平持续攀升宣告中国提前进入“防通货膨胀”的调控时期，中国经济增长的动力机制发生巨大转换等三大特点。

报告指出，2011年将是中国最为复杂，但总体运行却相对平稳的一年。其复杂性表现宏观经济下行力量和上行力量同时存在，相互交织。政府将高举“防通胀”的大旗，“流动性回收”将成为宏观经济调控的核心，并主导着中国宏观经济的下行力量。房地产政策的持续和进一步加码，将使房地产销售、房地产投资以及房地产价格出现实质性调整，房地产短期“软着陆”可能诱发中国宏观经济下行力量的强化。发达国家经济复苏动力进一步放缓、失业率居高不下、贸易不平衡持续等原因将使中国外部环境恶化，贸易冲突、汇率冲突以及货币冲突将上新台阶，进而加剧中国经济下行压力。但是，2011年是“十二五”的开局之年，新规划中所孕育的“战略性新兴产业振兴计划”、“区域发展规划”、“民生工程”、“收入倍增计划”与新的消费刺激政策等内容将带来强烈的宏观刺激效应，有效对冲各种下行压力。城市化的加速、“高铁时代”的到来、“收入—消费”台阶效应等中期力量的释放，将成为2010年宏观经济稳定的支撑力量。同时，这些力量的释放具有强烈的不确定性。

报告认为，2011年中国宏观经济的平稳性表现在：下行力量与上行力量抵消，使全年波幅不大；政策调整的空间依然较大，特别是财政调整的空间很大，可以有效控制经济下滑；内生增长机制已经形成，市场型需求已经启动，市场主体对于波动的预期和抵抗能力加强，自我调整可以有效缓冲各种外生冲击。

依据中国人民大学中国宏观经济分析与预测模型—CMAFM模型，分年度预测2010年与2011年中国宏观经济形势，其主要预测如下：2010年全年GDP增长达到10.1%，比2009年提高1个百分点，宏观经济较2009年出现明显的回升。2011年GDP增速将达到9.6%，呈现出平稳增长的态势。2010年固定资产投资增速为23.1%，2011年为22.5%。2010年全社会消费品零售名义增速达到18.3%，对于GDP增长的贡献率首次超过投资，达到55.4%。2011年名义增速将达到17.8%，实际增速与2010年相当，增长贡献率将再次超过投资，中国开始步入“消费拉动的时代”。2010年贸易总额增长32.4%，其中进口增速为36.1%，出口增速为29.3%。贸易顺差总额为1846亿美元，比2009年减少了5.9%，考虑价格因素，外需对于GDP增长的核算贡献为0，改变2009年负贡献率的局面。2011年中国贸易总额增速出现回落，仅为22.4%，比2010年下滑了10个百分点。中国贸易开始在常态化的基础上进入“外部再平衡调整时期”。由于信贷惯性的作用，2010年全年信贷总额将突破7.5万亿，M1增速为19.3%，M2增速为18.1%，比计划调控的水平略高，流动性依然保持较为宽裕的状态。2011年是“流动性回收年”，信贷投放将保持在7—7.5万亿，M1、M2在2011年的增速将进一步回落，逐步实现常态化，预计为16.9%和17%。2010年，在经济反弹、产能过剩、价格翘尾、流动性依然充裕、国际大宗商品价格的回升与个别农产品供求恶化等多重因素的作用下，全年物价水平较大的提升，全年CPI估计在3.2%，GDP平减指数为3.7%。2011年物价水平将出现小幅回落，CPI为3.0%，未来3%左右的CPI增速很可能常态化、中期化。但是，中国并不存在“滞涨”的问题。

报告的主要政策建议包括：“控物价、启规划、稳复苏”是2011年宏观经济调控的核心。以“流动性回收”为主、辅之以“市场秩序的治理”、“多渠道进行供求平抑”、“价格适度释放”、“预期引导”等措施，对中国经济泡沫的蔓延和价格水平的持续上扬进行治理。2011年货币政策应当从目前的适度宽松向中性定位，建议M2增速不宜超过17%，新增信贷维持在7—7.5万亿。这需要中央银行进行150—200个基点左右的存款准备金率，同时进行适度加息。房地产调控还必须持续，短期以“控资金”为主、中期应以“增加供给”和“制度建设”为核心。同时高度关注房地产商资金链的变异以及未来房地产市场全面调整的路径和深度。为配合“十二五计划”的启动，财政政策在货币政策进行总量收缩的同时，应当保持总量积极的原则。2011年的财政赤字可以根据需要进行扩大，在扩大地方政府发债权利的基础上，重点用于地方国债的规模，建议规模在4000亿左右。未来改革应当减税与税制转型并行。消费政策应当更多从一次性刺激转向中长期制度性调整之上。一方面应当启动“收入倍增计划”，另一方面积极进行低收入人群消费启动的配套设施建设，通过关税和建立消费特区等手段，促进中国高端消费本土化。同时，加速城市交通基础设施的建设，以降低汽车等产业在消费中所起到的主导性作用。

（刘元春）

《秦汉管理思想》

龚贤　著

经济管理出版社2011年版

225千字

龚贤所著《秦汉管理思想》以秦汉著名政治家、政论家和思想家的管理思想为主要研究对象，深入考察秦汉时期儒家、道家、法家在管理思想领域的此消彼长、发展变迁，并探讨这些思想的当代价值和启示，是迄今为止第一部较为全面系统研究秦汉管理思想的专著。

作者认为，秦汉时期的思想领域中，道家、儒家、法家等诸家思想各擅胜场，在管理实践中皆发挥了重要的作用。道家思想是西汉前期和东汉前期的国家政治管理实践中居于主导地位的思想；儒家思想自武帝时期开始成为居于正统地位的管理思想，这一状况一直持续了整个封建社会；法家思想虽然自秦代之后受到诸多思想家的诟病，但是汉代成功的国家管理者皆外儒内法，运用法令刑罚制度来加强对臣民的控制。

作者将西汉管理思想的发展分为三个阶段：西汉前期管理思想的代表人物有陆贾、贾谊、文帝、淮南王刘安等，主要特点是道家无为而治的思想居于主导地位，德治和法治并用的思想居于辅助地位，在具体管理实践中贯彻了民为邦本的精神。其中，陆贾认为仁义为本应该通过无为之治来实现，贾谊主张加强中央集权。文帝兼取诸家思想的长处并贯彻到具体的国家管理实践中，大力推行民为邦本的思想，与民休息、轻徭薄赋，加强民族团结；同时采用黄老道家的思想方法加强中央集权。西汉中期管理思想的代表人物有董仲舒、武帝、司马迁等，主要特点是儒术独尊和中央集权进一步加强。董仲舒首先提出独尊儒术；倡扬循道以治；主张以德治国、德主刑辅，思想一统，选贤授能，等。司马迁提倡德治，反对暴政；他不仅重视商业，还提出了具体的商业管理和货币管理措施。武帝是独尊儒术的倡导者和践行者，在具体管理实践中兼采法治，加强皇权，改革吏治，以德治农，以法治商，及兵礼交用以维护各民族之间的和平，其文治武功为后来诸朝所景仰。昭帝时期的盐铁会议，反映了本时期贤良文学之士的重仁义、重农、富民、德治与御史大夫桑弘羊为代表的法家之士重财富、重商、富国、法治两种思想之间的论争。西汉后期管理思想的代表人物主要有元帝和王莽，主要特点是纯用儒术儒士施政和福瑞灾异论政。王莽竖起儒家的大旗实行新政，通过一系列旨在加强国家对关系国计民生重要行业垄断的改革，企图缓解当时极端尖锐的社会矛盾和化解其统治危机，结果反而进一步激化了社会矛盾，直接导致绿林、赤眉大起义。

作者亦将东汉管理思想的发展分为三个阶段，打破了学界对东汉思想史的旧有区划：东汉前期管理思想的代表人物是光武帝和班固，主要特点是以黄老道家无为而治的思想为指导，并推行抑强扶弱的政策措施。光武帝宗奉黄老、尊儒尚节，整顿吏治、加强集权，并采取了一系列发展经济的措施。史学家班固主张礼法并用、德主刑辅，经济方面认为食足而后货通，应加强工商业管理。东汉中期管理思想方面的代表人物有王符、崔寔等，主要特点是针对当时外戚与宦官交替当政的局面和渐趋凋敝的社会经济，王符、崔寔等提出儒法并用以维护朝纲，及重农不抑商的主张。王符认为应选贤授能，以教化治国、法治为辅，加强边疆管理；经济方面要重农富民，发展工商。崔寔认为君须明、臣须贤，应以德治平、以法理乱，还认为政因时变；经济方面认为应以农业为主，多样经营。东汉后期管理思想的代表人物是荀悦、仲长统等，主要特点是针对宦官专权进一步加强，荀悦、仲长统等提出应重民养民，德与刑、教与法兼用以挽救危局的主张。荀悦提出以道为纲，君臣民一体，及谨权量、审法度的思想。仲长统认为管理国家要德刑并用；经济方面实行富国兴邦的政策。这些观点，是作者在之前相关研究的基础上，深入考察和思考相关文献之后提出的，具有重要的创新意义。同时，作者还能准确把握到不同思想家对同一主张在论述上的细微差别，体现了扎实的学术功底。

在研究方法上，作者以文献学的方法为基础阐释秦汉文献，适当运用了分析法和归纳法。作者从当代的角度和当代人的眼光考察秦汉管理思想，用今人眼光激活秦汉管理智慧，不仅为了发掘秦汉思想精华，更是为了古为今用。

（龚贤）

《全球化与中国农村发展》

王洛林　主编　张晓山　执行主编
经济管理出版社 2011 年版
280 千字

在全球化进程中，中国与世界各国在经济、政治、文化等领域的联系日益紧密，一方面分享着全球化带来的收益，另一方面也面临全球化所带来的巨大影响和冲击。全球化对中国农村发展的影响主要体现在对中国的农民与农业的影响。中国在利用国内外两个市场和两种资源解决农产品供给的同时，国内粮食安全越来越多地受到来自国际市场的影响，农产品市场的金融化也使得农产品的价格波动越来越大。在全球化背景下，中国农民被动地进入农业产业化经营，农业劳动者往往处于弱势地位。在这样的背景下，如何认识全球化与中国农村发展之间的关系成为一个重要的课题。该书，对中国农村发展如何参与全球化进程、如何回应全球化挑战作了细致、深入的研究，并提出相关的政策建议。

该书指出，农业全球化导致中国的农产品贸易量大增，促进了中国农业由传统农业向市场化、商品化、区域化和专业化为特点的现代农业的过渡。但是，发挥农业比较优势，进口土地密集型和消耗水资源的农产品、出口劳动密集型农产品的战略选择，要正视理论上的竞争力转化为现实竞争力的制约因素。农产品绿色贸易壁垒限制了比较优势的发挥，农产品的大量进口直接影响了以农业为生的纯农户和兼业户的就业与收入，由此引起的向传统农业回归及阻碍农业现代化的倾向值得警醒。

该书探讨了全球化背景下中国农产品进出口格局对中国粮食安全的影响。基于GTAP模型模拟的结果，研究指出，进口大豆即进口资源的观点对中国的国情来讲是可以接受的，特别是面对我国加快的城镇化、工业化进程而言。“弃油保粮”战略下，2006年我国净进口农产品适用国外耕地的播种面积为1903.5万公顷。2010年大豆进口量相当于国内近4亿亩播种面积的产量。然而要警惕过量进口国外转基因大豆对国内大豆产业的危害，要运用世贸规则，保障国内大豆主产区大豆种植者和加工企业的生存与发展。

以食用植物油加工行业为例，就外资进入中国农业以及农业上下游产业对中国粮食安全的影响，该书指出，国内民营企业具有更高的效率，利润率高于外资企业和国有企业，可以在激烈的行业竞争中继续生存下去。未来的发展思路应该是在鼓励竞争的基础上，着力提高国内油脂加工企业的市场竞争力和市场份额，维护国家粮食安全和食品有效供给。

该书还从全球价值链与利益分配的角度分析了全球化对中国农户的影响指出，农业全球价值链不断扩张的过程中，农户的利益得失因参与方式的不同而异，中国农户将在很长一段时间内主要是以直接竞争者的身份参与全球价值链的整合。全球化背景下，越来越多的风险无法通过企业内部化来分解，外资企业向上整合产业链以规避风险、实现利润最大化的做法，未必适合中国。面对市场波动过程中的潜在违约风险，通过其他手段强化企业与农户的关系时，农户利益往往缺乏有效保障。因此，在垂直一体化过程中，如何使小农户在农产品加工领域更好地规避全球化带来的大市场风险就十分重要。

该书系统回顾了改革开放以来中国农村发展的思路和模式，在评价中国农村发展实践的成效和缺陷的基础上，论证了实行以科学发展观为内涵的农村发展新模式的迫切性。研究指出，目前支撑农村发展新模式的政治、社会和财政能力等方面的保障条件仍不具备，制度与政策改革的滞后影响了农村发展新模式的实现，制度障碍具体体现在地方政府缺乏实现新模式的激励；财政转移支付制度不利于新模式的落实；农村公共产品和服务的供给机制不健全；农村社会保障事业滞后，与市场化、全球化进程不相适应；进城农民工的生存权和发展权缺乏保障等。该书探讨了在较低的经济水平上实行农村发展新模式的可能性，并提出实现农村发展新模式的政策选择。

该书对发展中大国印度自市场化改革以来的农村发展进行了详尽梳理，介绍了印度从社会公平出发针对农村弱势群体设计的计划。印度将短期救助与长期发展相衔接，通过关注资本积累、设施改善和技能提升，逐步增强了农村弱势群体的自我发展能力。与印度相比较，当中国的农村弱势群体面对新的冲击，相关保障不能通过市场得到解决时，又缺少各类计划为其提供保障和缓冲，这实际成为中国农村贫困和贫富差距拉大的重要原因。因此，印度的发展模式、各类发展计划和保障措施为全球化背景下的中国农村发展提供了借鉴。全书既有国际视野，也有对中国农村实际情况的较准确的把握；既有理论高度，也有翔实的中国农村基层数据和案例研究为依托，具有较高的理论和应用价值。

（刘长全）

《碳排放交易制度的中国道路——国际实践与中国应用》

王毅刚　葛兴安　邵诗洋　等著

经济管理出版社 2011 年版

610 千字

随着气候变化问题的日益严峻和低碳经济的日益流行，小小的二氧化碳牵动着全球亿万人的心。如何在碳上做文章，做成功的文章，成为全球政界与商界关注的焦点。国际上走在低碳经济前列的经济体的成功经验表明，低碳经济的发展需要碳经济的发展与壮大。例如，欧盟借助其欧盟排放交易体系，成为全球最大的碳经济体，有力推动欧洲低碳经济领先于世界。

他山之石，可以攻玉。越来越多的发达经济体借鉴欧盟排放交易体系，在发展本国碳经济的道路上不断向前。能源资源约束与全球变暖的双重压力也催促着中国走向低碳经济并认识到发展碳经济对于走向低碳经济的重要性。

《京都议定书》下的清洁发展机制为中国碳经济播下了种子。但与发达经济体成熟的碳经济相比显得初级和稚嫩。中国迫切需要掌握发达经济体成熟的碳经济是什么样子的？它们是如何发展的？发展过程中遇到哪些问题？这些问题又是如何解决的？中国能够直接复制这种成熟的模式吗？中国的特殊性又在哪里？

该书全面介绍了全球所有设计或运行中的碳排放交易体系，填补了国内这方面的空白，可以说是一本国际碳交易制度的教科书。该书详尽介绍了《京都议定书》框架下的国际温室气体碳交易；可以作为我国碳交易制度蓝本的欧洲碳交易体系；美国和澳大利亚的区域碳交易；日本东京都经验（作者认为日本的实践对我国都市碳交易特别是建筑碳交易有参考价值）和发展中国家印度的实践。成功在于细节之中，因此除了在概念和理念上了解一个制度，更要了解一个制度执行的细节。基于这个原因，该书对各国碳交易制度的细节刻意地做了不遗余力的描述。

该书的价值还在于提供了理解一个制度的理性框架：判断一个制度的好坏不可以因为它的发明人是英国人还是美国人，而是要说明在制度分析层面上理性经济人假设的前提也是成立的。借鉴发达经济体的经验或制度的关键是要看其经验或制度是否能对中国经济社会起到正收益的作用。同时，一个经验或制度得以实施且不背离设立的初衷，则要求在制度设计中，做到制度中的各利益主体的自利性的行动不会影响到制度最终的目标，也就是赫尔维茨所说的制度设计理论中的激励相容。

该书对中国碳排放交易制度顶层设计提供了特别有价值的思考方向，即总量分置的碳排放总量控制方法以及区域分置的减排区域规划方法。所谓总量分置，即将排放总量划分为存量和增量，存量为绝对量，设定减排目标和总量限制，开展总量控制与交易；增量采用高基准线（如单位产能的温室气体排放量）要求，降低碳排放强度，并在若干年后将部分增量转化为存量以接受总量限排管制。在区域分置上提出了依照国际京都议定书模式的层级推进方法，设计了三级减排区域：先行核心减排区、渐进预备观察减排区以及全国的自愿减排行动区。

该书全面的信息和新颖的观点对于从事碳交易和碳市场的研究人员，对于需要了解和掌握碳交易体系的人士，对于政策决策人士具有较高的参考价值。

（葛兴安）

《信息化与区域经济发展——推进地方信息化与工业化深度融合》

金江军　刘古权　杨汉东　编著

经济管理出版社 2011 年版

342 千字

2007 年 10 月，中共十七大报告提出了“全面认识工业化、信息化、城镇化、市场化、国际化深入发展的新形势新任务……大力推进信息化与工业化融合，促进工业由大变强”。中共十七届五中全会进一步提出“推动信息化和工业化深度融合”。为了贯彻党中央、国务院这一战略部署，2008 年大部制改革组建了工业和信息化部。目前，各级地方工业和信息化主管部门普遍将推进两化融合作为一项重点工作。

从全国各地的实践来看，两化融合对于调整经济结构、转变经济发展方式具有明显的促进作用，主要体现在两大方面：一是利用现代信息技术改造传统产业，促进产业结构升级；二是在融合过程中催生出新产业，形成新的经济增长点，促进产业结构优化。

我们可以从点、线、面多层次、多角度去认识两化融合的重大意义。这里的“点”是指企业。许多生动案例证明，两化融合促进企业的生产经营管理发生了明显的，甚至是根本性变化，企业的经济社会效益、整体素质，特别是适应市场环境变化的反应能力有了大幅度提升，形成了企业新的竞争力。这里的“线”是指行业。两化融合促成了行业内部、行业上下游之间协作，提高了整体供应链的运行效率，提升了行业的整体竞争力。这里的“面”是指区域。两化融合促进了产业集群的转型升级，对促进县域经济的发展起到了关键作用。

该书首先阐述了两化融合的基础理论、发展历程、重大意义，然后从技术融合、产品融合、业务融合、产业衍生四个方面以及区域、行业、企业三个层次对两化融合进行了全面论述，介绍了第一批国家级两化融合试验区建设情况，分析了信息化与原材料工业、消费品工业、装备工业融合现状、重点和典型案例，阐述了中小企业信息化、全程电子商务、企业专利信息利用方法。最后提出了两化融合发展水平评估方法，从组织、政策、资金、人才、交流与合作五个方面论述了如何建立和完善两化融合保障体系。

总的来说，该书结构清晰，内容丰富、实用性强，反映了作者们近年来的两化融合实践总结和研究成果，体现出了理论与实践相结合的追求。

随着工业社会向信息社会演进，信息不仅是一种重要的生产要素，而且对资本、劳动力、土地等生产要素有明显的替代作用。实践证明，两化融合可以有效缓解当前中国经济增长中出现的工业用地紧张、“用工荒”、生态环境代价过大、资源能源消耗过快等问题。

（高新民）

《中国能源供应体系研究》

史丹　等著

经济管理出版社 2011 年版

390 千字

改革开放以来，持续稳定的能源供应支撑了中国经济长时期的快速增长，对中国经济起飞和发展起到了重要的作用。然而，伴随着经济的高速增长，也带来了严重的能源供给压力以及环境污染等问题。严重的缺电现象、典型的高碳能源结构已经成为困扰中国经济快速健康发展的障碍。因此，建立稳定、经济、清洁的能源供应体系，为经济社会发展提供能源保障，对于实现中国经济可持续发展具有重要的战略意义。

如何保障能源供给问题是当前中国能源界的热点问题，也是理论界研究的前沿领域。近年来，全国各地在中国能源供给问题上进行了深入探索，学术界有关这方面的研究成果也逐渐增多。但总体上看，目前国内对中国能源供给问题进行多维度、多层次的系统深入研究仍不多见。《中国能源供应体系研究》在这方面进行了有益的探索。纵观全书，该书具有以下三个突出特点：

一是全面性。将能源供应体系界定为四个部分：能源供应的物质体系，能源供应的安全保障体系，能源供应的清洁体系，能源供应的价格体系。采用定性与定量分析相结合的方法，系统深入地研究了中国能源供应物质体系、安全保障体系、清洁体系、价格体系的现状，指出了中国能源供应体系建设过程中存在的问题及其原因，并提出了构建稳定、经济、清洁的能源供应体系的基本构想以及相应的政策措施，体现了多维度、多视角、多层次的全面性特点。

二是创新性。对能源供应体系进行了全面阐述，认为能源供应体系应该包括物质体系、安全保障体系、清洁体系和价格体系四个方面。这一提法丰富了中国能源供应体系的内涵，扩大了能源供应体系研究领域，完善了能源供应体系研究的框架，对能源经济研究和中国能源领域体制改革都具有一定意义。此外，该书对能源安全的概念与内涵也作了全面系统的阐述。认为能源安全是主观性和客观性的结合，相对性和绝对性的结合，外部性和政治性的结合。对能源安全所面临的风险进行了归类分析，并针对价格风险，提出了能源价格承受力的概念和分析方法。该书对能源安全研究的视角、方法以及提出的具有新意的观点在国内学术界得到了一致认可，丰富了国内能源安全课题研究的内容。

三是应用性。在实证研究的基础上，不仅提出了构建中国能源供应体系的战略构想，还提出了一些具有可操作性的相关政策建议，可供有关部门决策时参考。书中提出，要通过优化能源产业组织结构和优化能源运输方式、加强能源传输各环节的衔接等手段来完善能源供应生产运输体系；在构建能源清洁体系方面，该书认为能源供应的清洁体系建设是最薄弱的，其完善思路是不仅依赖于政府的推动和产业发展，而且还需要依赖于消费者与市场的选择，等等。

该书着重从经济学视角对中国能源供应问题进行了大量、深入细致的研究工作，提出了许多有价值的概念和观点，是一本理论与现实联系较好的学术著作。因此该书的研究对如何进一步优化中国能源供应体系具有较好的应用价值。

（史丹）

《中国农村土地制度变迁》

张悦　著

经济管理出版社 2011 年版

150 千字

意识形态是伴随着西方哲学的发展而形成的一个重要领域。

在西方经济理论中，作为把意识形态引入经济分析中的开拓者——诺思，运用现代经济学的方法（交易费用的分析框架）和认知科学来界定和分析意识形态，而且他还初步阐明了意识形态（或认知）作用于经济绩效的具体机制。

很长时间以来，意识形态问题在经济研究中没有得到足够的重视，大多数经济学家都忽视了思想观念在决策中的作用。

现代经济增长理论越来越重视意识形态在经济增长中的重要作用。文化（意识形态）不仅决定某一时期的社会绩效，而且通过它的支持性框架（scaffolding）约束参与者，从而影响长期的变迁过程。制度的变迁从表面上看无非是新制度取代旧制度的过程，在制度变迁表象的背后，却是意识形态的"无形之手"在深层次上影响制度变迁的方向和强度，制度的变迁或续存依赖于意识形态的支撑，从某种程度上，可以说，制度是意识形态的直接体现，制度变迁的过程实质是意识形态发展与变迁的过程。

随着制度经济学理论的不断发展，逐渐使我们认识到意识形态等非正式制度对制度选择的重要作用。因此，本书试图用制度经济学中诺思的意识形态理论来研究新中国成立后中国农村土地制度变迁与意识形态之间的关系，为诺思的意识形态理论提供一个研究中国现代经济发展的案例。

新中国成立以来，中国农村土地制度经历的几次大的变迁，经历了农村土地私有制、完全集体所有制，最终发展成为现在的家庭联产承包责任制。不管这些土地制度变革的历史背景如何，都给当时的农村甚至整个中国的经济社会带来了相当大的影响，农村土地制度变革不仅带动了整个中国土地制度的改革，也使农村和国家的改革和发展也随之跌宕起伏。该书以新中国成立以来中国农村土地制度为研究对象，从制度经济学的视角，研究新中国成立以来意识形态与中国农村土地制度变迁及其绩效之间的关系。

新中国成立后中国农村土地制度在不同时期的选择与"内生性"和"外生性"意识形态的关系极为密切。该书从制度经济学中诺思的意识形态理论出发，首先探讨了中国所特有的"内生性"意识形态以及在不同时期具有明显时代烙印的"外生性"意识形态的特点，其次研究了意识形态与不同时期中国农村土地制度形成之间的关系及其对制度绩效的影响。"内生性"意识形态主要包括家庭意识、均平思想；"外生性"意识形态主要包括"大跃进"运动、"四清"运动、"文化大革命"以及改革开放后的"解放思想、实事求是"；中国农村土地制度主要包括在上述意识形态影响下形成的农村土地私有制、完全集体所有制与家庭联产承包责任制。

在研究中国农村土地制度、绩效与意识形态这一问题的基础上，该书试图将这一问题的研究结论推广应用到中国目前的意识形态和制度选择之间关系的研究上，在给未来农村土地制度的选择开出药方的同时，也可以在实践中检验诺思的意识形态与制度变迁的紧密关系的正确性。

从微观上讲，中国的农村土地在其制度的失败与成功经验中，意识形态在制度变迁中的重要作用不容忽视。尤其是"内生性"意识形态与"外生性"意识形态在制度变迁中的互融性对制度的绩效产生明显的影响。因此在经济分析中研究意识形态理论，尤其是意识形态与正式制度选择之间的关系，可以对现代经济发展在建立正式制度方面提供参考。

从宏观上讲，在经济、社会高速发展的今天，意识形态对人们的行为具有很高的约束力。从而证明了加强意识形态建设的重要性，尤其是国家对“外生性”意识形态的建设与投资要在充分尊重“内生性”意识形态（文化传统）的基础上进行，成功的意识形态必将会对我国的经济发展起到积极的推动作用。

该书运用新制度经济学的相关理论，特别是诺思的意识形态理论与制度变迁理论对新中国成立以来中国农村的土地制度变迁过程加以分析和论述，为中国农村土地制度的研究提供了一个新的视角，是在农村土地制度方面研究方法的一个尝试，同时该书以中国的现代史实作为诺思意识形态理论的佐证，也是对诺思意识形态理论的发展和完善。

（张悦）

《中国上市公司自愿性信息披露与监管》

梁飞媛　著

经济管理出版社 2011 年版

254 千字

该书的研究对象是拥有众多相关利益者的上市公司自愿信息披露，向读者展示了中国资本市场信息披露与监管态势的整体走向，揭示了资本市场发展的特质及其与投资者信息共享的现实关系。毋庸置疑，这一写作角度是独特的。研究既有横向上的广度，又有纵向上的深度，达到微观审视与宏观研究的有机结合。通过对现实数据的实证与演绎，为自愿披露系统的构建提供了一种理论与实践相结合的模式，有助于信息披露强制与自愿体系的进一步完美，形成一门独立的科学，因而，具有独特的学术价值。具体地说，这又表现为“三个层面”的可读与新锐。

第一，理论研究：框架与流程让人如释重负。

该书在以下两个理论研究方面值得一提：一是系统研究自愿性信息披露内容。系统研究自愿性信息披露内容不仅是理论研究我国自愿性信息披露的基础，更是加强规范和监管我国自愿性信息披露、提高自愿性信息披露质量的前提。通过诠释“自愿性信息披露”的内涵，对比、分析国内外学者对自愿性信息披露内容研究的差异，立足于当前中国新兴证券市场的公司自愿性信息披露的实践特征，提出了确定自愿性信息披露内容的前提和基本原则，构建了我国自愿性信息披露的内容：战略性信息、预测性财务信息、财务分析信息和社会责任信息四个部分。并对四个部分的具体内容进行独到的诠释。自愿性信息披露内容的确定为我国自愿性信息披露的理论研究，以及现状的实证研究相关指标体系及评分表的构建提供了依据。二是勾画了自愿性信息披露传递的总过程图。经过信息的披露、传递和运用过程，证券信息会最终反映在证券价格上。但证券信息能否及时、全面、有效地反映到证券价格上将取决于整个信息传递总过程的每一个环节是否公平、有效。自愿性信息披露传递过程图的构建为自愿性信息披露监管的研究和创新奠定了理论基础。

第二，现状研究：披露与监管全面如实而证。

在对自愿性信息披露现状进行国际比较的基础上，针对我国目前自愿性信息披露现状研究几乎空白的现实情况，以市值规模大盘股作为标准从沪深两市选出 325 家上市公司，运用分类计算上市公司自愿性信息披露指数等方法，进行描述性分析，分析我国上市公司自愿性信息披露的现状。结果表明，我国上市公司自愿性信息披露总体水平不高；同行业中不同样本公司披露指数存在明显的差异；不同行业间各项披露指数也存在明显的差异。

在上市公司自愿性信息披露策略方面，一是构建了自愿性信息披露策略研究的基本理论架构。首先引入“专有性成本”概念，通过数学模型，试图探讨专有性成本与上市公司自愿性披露水平之间的关系；然后将竞争因素引入披露策略进行分析，理论上分析了专有性成本框架下以及产品市场竞争环境下公司的披露政策选择。为研究我国上市公司自愿性信息披露策略问题构建了理论研究框架。二是对产品市场竞争与上市公司自愿性披露策略的实证研究。研究结果表明：在专有性成本理论框架下，公司信息披露策略与市场竞争密切相关，要在获得资本市场再评价收益和保护产品市场长期竞争优势之间进行权衡，一家公司是否披露在很大程度上取决于其竞争对手可能的反应，通过预期竞争者对公司信息披露的反应行为以及其对公司的可能影响，进而考虑这种影响的净收益，是公司自愿性信息披露决策的基础。

在监管自愿性信息披露方面，丰富了自愿性信息披露监管理论。包括：界定了自愿性信息披露监管的范畴、比较分析不同的信息披露监管体制。还基于证券监管理论对自愿性信息披露监管进行诠释；提出政府对证券市场进行有效监管、实施帕累托改进成为一种必然；提出了适合新兴市场的适度自愿性信息披露监管理论与思路。

第三，学术价值：服务与引导监管制度安排。

通过借鉴成熟资本市场自愿性信息披露监管经验，在深入研究自愿性信息披露传递各环节的监管现实的基础上，结合我国自愿性信息披露的实际，提出对我国自愿性信息披露进行有效管制的一系列制度安排。

其一，确定了我国自愿性信息披露制度的五项基本原则，并分别提出实现的路径。其二，结合一体化趋势的信息披露制度体系结构，提出重构我国信息披露监管体系的基本思路。其三，提出自愿性信息披露有效管制的相关措施。

（陈满娜）

《中原经济区策论》

喻新安　顾永东　主编

经济管理出版社 2011 年版

300 千字

以中原经济区纳入全国主体功能区规划以及写入国家“十二五”规划纲要为标志，中原经济区正式上升为国家战略。中原经济区的范围大体包括河南全部以及晋东南、冀南、鲁西南、皖西北、苏北等周边地区。该区域同属中原历史文化支脉，历史上经济、文化联系较为密切，发展阶段大体相近，面临的发展难题和发展任务基本相同。中原经济区建设的战略定位是建成全国“三化”协调发展示范区、全国重要的经济增长板块、全国重要的综合交通枢纽和物流中心、华夏历史文明的重要传承区；战略目标是探索出一条不以牺牲农业和粮食、生态和环境为代价的“三化”协调科学发展之路，构建中原城市群、粮食生产核心区、“四区两带”生态功能区三大格局，努力增创粮食生产新优势、促进“三化”协调新进展、实现改革开放新突破、取得转型发展新跨越、开创和谐社会建设新局面。

2011 年 1 月中旬，中共中央政治局常委、国务院总理温家宝到河南视察工作时指出：“河南是中国的缩影，也象征着祖国的发展，我对中原经济区建设、对河南发展寄予厚望。河南这块古老的大地，一定能够通过中原经济区的带动焕发青春。”温家宝总理强调：中原经济区的发展，必须坚持以科学发展观为指导，以人为本，统筹兼顾，实现经济与社会的协调发展，进一步推进改革开放，着力改善民生，争取在今后十年我国发展的重要战略机遇期，能使中原经济区有个跨越式的发展和进步。

基于此背景，该书从促进中原经济区协调、可持续发展的战略高度出发，以中原经济区为研究对象，对中原经济区建设的理论与实践问题进行了系统研究和深入探讨。该书是河南省社会科学院区域经济重点学科为了推动中原经济区建设开好局起好步而推出的又一部力作。学科的专家学者多次酝酿讨论在中原经济区得到中央认可后如何深化研究的问题。

《中原经济区策论》重点研究区域新格局下的中原经济区建设，包括“三化”协调发展的内涵与外延，中原经济区的“后发优势”与“后发劣势”，中原经济区的发展目标与基本途径，中原经济区主体功能区建设，培育打造中原经济区核心区，提升中原经济区区域竞争力，增强中原经济区战略腹地效应，破解中原经济区“三化”协调难题，加快中原经济区新型工业化，提速中原经济区新型城镇化，推进中原经济区农业现代化，中原经济区跨越发展与融资推动，中原经济区转型发展与开放带动，中原经济区区域创新与“先行先试”，中原经济区重点开发与项目布局，更好地发挥中原经济区比较优势，中原经济区发展的统筹和协调，强化中原经济区规划导向作用等，以期为中原经济区的建设提供理论和决策参考。

该书的研究丰富了区域经济的研究内容，有利于我们更好地立足当地、为省域经济社会发展大局服务。中原经济区研究是区域经济学研究领域的一个新命题，该书的出版将为促进我国区域经济协调、可持续发展增添一份呼唤、助上一臂之力。

该书具有重要的现实意义，研究方法比较科学、规范，研究内容和政策建议的前瞻性。

（申桂萍）

《企业社会责任管理体系研究》

彭华岗　主编

经济管理出版社 2011 年版

262 千字

随着近年来中国企业社会责任运动的蓬勃发展，企业社会责任已经从解释问题向解决问题转变，如何建立一套行之有效的管理体系，提升履行社会责任的绩效成为一批社会责任领先企业亟待解决的问题，许多中央企业已经在积极探索将社会责任融入企业使命、战略和日常运营的有效模式。

该书是在中国社会科学院经济学部企业社会责任研究中心所承担的国务院国资委 2010 年软课题“中央企业社会责任推进机制”的研究成果基础上编写而成，由总报告和八章案例构成。

总报告在相关文献研究和企业深入调研的基础上，创新地提出了中国企业社会责任管理体系的六维范式：（1）责任战略，明确企业社会责任理念，梳理责任议题，制定社会责任规划；（2）责任治理，构建企业社会责任管理组织体系，建立社会责任管理制度，明确各部门、各岗位的具体责任议题与社会责任工作职能；（3）责任融合，将企业社会责任理念融入企业战略、日常运营，推动社会责任危机管理和专项实践；（4）责任绩效，构建企业社会责任指标体系和考核评价体系，推动履责绩效持续改进；（5）责任沟通，推动利益相关方参与，建立社会责任专栏、发布社会责任报告、开展社会责任内部交流；（6）责任调研，通过企业内部调研全面把握履责现状，通过与教研机构开展社会责任研究解决社会责任工作中的新问题，通过参与国内外社会责任标准制定，推动行业社会责任发展，争取中国企业在社会责任领域的国际话语权。该六项管理工作构成一个周而复始的闭环改进过程，推动企业社会责任工作持续改进。以上述范式为基础，总报告构建了一套企业社会责任管理水平的评价指标体系，对 122 家中央企业的社会责任管理现状进行了定量评价，总结了中央企业社会责任管理的阶段性特征和中央企业推进社会责任工作的路径，评价了其现实意义和局限性，提出了相应的意见和政策建议。

书中八章案例分别深入、系统地阐述了八家中央企业——中国华能集团公司、国家电网公司、中国中钢集团公司、中国远洋运输集团公司、宝钢集团公司、中国移动通信集团公司、中国南方电网公司、中国石化集团等的企业的社会责任概念体系、推进部署、组织架构、制度设计、培训宣导、对外沟通、工作规划，以及当前的困难、障碍和相应对策等，为中国企业构建社会责任管理体系提供了全面有益的参考。

（张蒽）

《日本技术创新机制》

刘湘丽　著

经济管理出版社 2011 年版

278 千字

改革开放以来的三十余年，中国通过引进外国技术和资本，迅速提高了制造技术，扩大了生产规模，成为了屈指可数的“世界工厂”。但现在中国制造业的许多关键技术、设备仍需要从国外进口，多数产品处于产业链下游，附加价值不高。因此，中国只有加快自主创新进程，缩小与工业发达国家的技术差距，才能成为工业强国。然而，中国对创新管理时日尚浅、缺乏经验，有必要对发达国家的创新制度及具体做法进行研究，而日本是一个值得关注的对象。日本在“二战”后以“技术立国”“科学立国”为理念，仅用了数十年的时间，实现了赶超欧美发达国家的目的，跻身于世界高科技国家行列，在创新管理方面积累了不少经验。该书系统地解析日本技术创新机制的精髓，以其为他山之石，对中国改进创新管理具有重要意义。

该书包括十章。第一章描述日本从技术引进国变成技术输出国的历史进程，分析日本企业如何提高技术能力，考察从欧美国家的技术引进、政策手段和市场竞争如何对提高技术能力发挥作用。第二章从立法和科技管理体制的角度，考察日本技术创新政策的制定和实施机制，评价日本技术政策的特点。第三章介绍日本的创新管理新措施——技术战略图，分析技术战略图的意义以及在集结“产学官”力量、形成社会共识、提高研发目标实现度和资源效率方面的作用。第四章介绍日本研究开发经费以及在提高研究开发经费的使用效率和效果方面采取的措施。第五章介绍国家科研项目的评价机制，以分散型电池电力储藏系统项目的追踪评价为例，分析评价标准、评价程序、评价委员会等重要环节的作用。第六章对企业研究开发的现状和技术创新机制中的问题进行介绍和评析。第七章首先介绍中小企业政策的管理体制，然后对中小企业技术革新制度、中小企业研究开发援助政策进行评析。第八章阐述日本在管理技术方面的创新，对丰田生产方式、有机综合式的生产组织、技术核心的开放式管理、知识型技能的组织学习体系、技术创新过程的全员参与等特点进行理论分析。第九章是对日本培养技术人才政策的介绍，包括“产学官”联手培养技术人才体系、制造业核心技术人才的培养措施，还介绍了校企联手培养技术人才的事例。第十章介绍日本的知识集群政策和产业集群政策，分析“产学官”合作在技术创新中的意义和作用。

该书把日本技术创新机制的特点归纳为九个方面。

（1）国家政策注重科研与创新的联系。

（2）科学技术政策既有战略性又有灵活性。

（3）建立技术创新的决策与推进体制。

（4）采用技术战略图保证技术开发活动的方向性和有效性。

（5）提高国家研究开发效率。

（6）通过评价制度引导技术创新。

（7）促进企业技术创新。

（8）注重学习的企业管理技术创新。

（9）重视技术人才培养。

该书根据原文资料、实地调研结果，对日本的有关法规制度及具体做法，进行了全面、详细的介绍和重点评析，对现状进行了较准确的描述。在此基础上，从经济学和管理学的角度，进行了理论分析，同时还就如何参考借鉴作了探讨。

（刘湘丽）

《上市公司金融效率与监管机制研究》

朴哲范　著

经济管理出版社 2011 年版

360 千字

该书是浙江省社科政府管制与公共政策研究基地项目“基于金融效率的浙江企业风险控制与防范机制研究（09JDGZ004YB）”研究成果和教育部人文社科“国有企业投资动态效率评价的理论机理与应用研究（10YJA790143）”的阶段成果。

该书对我国上市公司的融资效率、投资效率、经营效率和留存分配效率的特征、影响因素和绩效应有系统进行了深入的研究分析，并在此基础上提出规范治理上市公司投融资行为的措施和监管机制。该书围绕六方面问题展开：

（1）与国外上市公司比较，财务生命周期阶段资本结构有何特征？与优序融资理论、自由现金流量理论和权衡理论比较，我国上市公司融资有何特征？

（2）影响资本结构的因素有哪些？企业选择内部融资和外部融资的动因是什么？

（3）企业投资决策对现金流敏感的动因是什么？哪些因素影响投资决策？

（4）我国上市公司 R&D 投入和对创新绩效是否存在因融资不当导致违约风险？

（5）我国上市公司营运资本—现金流外汇风险暴露度如何？受哪些因素的影响？

（6）我国上市公司的经营能力、经营模式和管理水平对企业价值有何影响？

围绕上述六个方面的问题，首先，确定上市公司金融效率定义。其次，利用因子分析、欧拉模型（Euler model）、面板数据分析、违约概率模型、创新绩效计算公式、外汇风险暴露度计算公式和结构方程模型，并结合中国特殊的外部环境对我国上市公司的金融效率和影响因素进行理论分析和实证研究。再次，结合我国上市公司的投资效率、融资效率、经营效率和公司治理特征，提出了监管机制问题。

该书在现有研究成果的基础上，对上市公司的金融效率和监管问题进行较系统的研究。

第一，较系统地提出了企业金融效率的

度量和影响因素分析方法。在实证分析中，利用因子分析、Euler model、面板数据分析、违约概率模型、创新绩效计算公式、外汇风险暴露度计算公式和结构方程模型，结合投资效率、融资效率、经营效率和留存分配效率，较系统地分析了影响金融效率的因素。

第二，建立了一个系统分析框架和实证检验模型。首次从财务生命周期角度，实证分析了资本结构特征及影响因素。结合投资效率和融资效率，借鉴欧拉模型和面板数据，实证分析投资决策对现金流敏感的动因。

第三，为研究上市公司抗外汇风险能力和营运能力，建立了考虑名义汇率和实际汇率的现金流外汇风险暴露度模型并实证分析外汇风险暴露度影响因素。

第四，为检验影响企业价值的深层次原因和克服传统的多变量分析方法，利用结构方程模型（SEM），分析了我国上市公司经营模式、管理水平和经营能力对企业价值的影响。

第五，应用最新数据（2002 年 1 月至 2009 年 12 月）对我国上市公司的上市公司财务生命周期阶段资本结构特征及影响因素、企业投资决策对现金流敏感的动因、企业创新绩效、企业现金流外汇风险暴露度及影响因素、R&D 投入与违约风险和经营模式、经营能力对企业价值影响度等进行了实证检验。

第六，提出了监管机制问题。

该书的学术价值和应用价值

第一，揭示我国上市公司在特殊制度环境下的企业金融效率影响因素和形成机理，为企业金融效率理论提供新的解释和我国上市公司的实证研究结果。

第二，为政府正确引导投融资行为、上市公司的监管、规范公司治理等方面提供理论依据。

第三，对提高企业的配置效率，对于上市公司金融效率评价方法和指标体系进一步完善和发展具有理论意义。

（张艳）

《中国企业自主创新战略研究》

王钦　等著

经济管理出版社 2011 年版

233 千字

企业自主创新是国家创新战略实现的重要保证，同时中国企业自主创新问题的提出又有其特殊的国情背景，那就是中国如何尽快实现从工业大国向工业强国转变，如何尽快实现从要素驱动和投资驱动阶段尽快向创新驱动阶段转变。同时，在“开放经济”基础上，中国企业直接同跨国公司竞争，培育企业“竞争优势”，提升“国际竞争力”，打破“技术依赖”和“封锁”，实现“赶超”和“技术突破”，从“追随者”（follower）转变为“进攻者”（attacker）就成为自主创新战略问题研究的基本前提和题中应有之意。《中国企业自主创新战略研究》一书正是基于全球化和技术赶超的大背景，重点从技术范式视角对中国企业的自主创新战略模式进行了研究，对机床、低压电器、医药、卫星通信等行业典型企业案例进行了深入剖析。

该书将技术变量引入创新战略分析。改革开放以来的 30 多年，制度变量一直是影响企业行为的关键变量，企业战略行为的选择与制度环境变化直接相关。中国企业的外部竞争环境先后经历了从计划与市场并存的过渡阶段，到社会主义市场经济体制初步建立阶段，再到社会主义市场体制经济完善阶段。可以说，以改革开放为主线，从“计划经济体制”向“社会主义市场经济体制”转变，从“行政管理”向“市场竞争”转变，从

"政企不分"向"企业成为市场经济的主体"的转变，是中国企业战略环境变迁的最大特征。随着社会主义市场经济制度的不断完善，制度变量越来越稳定，对企业战略的影响也就相对减弱。但同时，无论从企业战略演进的阶段出发，还是从全球化的竞争格局出发，技术变量对企业战略的影响变得更加突出，并对企业战略的定位、组织架构、组织能力提升都产生了更加直接的影响。

该书认为，从技术范式视角来看企业的创新战略活动，基本上可以分为两类：一类是既定技术范式下的企业创新战略活动，例如，数控机床、低压电器行业；另一类新兴技术范式下的企业创新战略活动，例如，卫星通信、中低速磁悬浮、现代中药行业。就处于既定技术范式的企业而言，技术机会相对稳定，未来技术路线和机会来源都比较明确，在一段时期内不存在革命性的变化；同时，领先企业已经拥有了以核心技术作为基础的收益方式；此外，往往发达国家的这些行业已经比较清晰地对技术形成了认知，并形成了系统的行业技术积累；最后，就是知识内在的界面已经形成，并存在正式的知识转移。对处于新兴技术范式的企业而言，技术存在较大的不确定性，对于未来的技术路线，以及技术来源都不是十分明确，存在革命性变化的可能；同时，还没有形成较为稳定收益方式；还有对于技术认知并未达成共识，也未形成各层次系统的技术积累；最后，知识还处于非编码化状态，知识的转移更多是非正式的。

该书研究发现，处于既定技术范式的中国企业常常会面临"技术锁定"和"创新锁定"的问题，企业并不总是自然地从技术引进和模仿过渡到创新。而这一锁定通常表现为"工艺锁定"，即企业通过技术引进和消化能够形成一定的生产制造能力，但并不总是能够形成"产品设计或创新"的能力，进而通过产品创新引导工艺创新。通过对沈阳机床集团和天水 213 电器公司案例分析发现，如果企业寄希望从技术引进就直接获得产品创新能力，通常这条路是走不通的。只有通过有意识进行技术识别，进行技术能力积累，并实现核心技术突破，才能够实现产品创新，进而通过产品创新带动工艺创新，形成产品和工艺创新的良性互动。另外，在进行产品创新过程中，开放式创新是一种有效的实现模式。沈阳机床的核心技术突破、协同创新与能力提升模式，天水 213 厂的技术识别、平台构建和持续积累都对上述观点进行了验证。

该书认为，对处于新兴技术范式的中国企业而言，既面临着技术赶超的机会，同时也面临着技术、市场和产品的不确定性。在这个过程中，技术和市场的互动发展是最典型的特征。基本上都是在具有初步技术和知识积累的前提下，从市场需求识别开始，通过开放式创新方式，整合企业内外各种创新资源，最终实现产品创新和工艺创新，并进而持续提升创新能力。

（王钦）

《个人所得税：迈出走向"综合与分类相结合"的脚步》

高培勇　张斌　等著

中国财政经济出版社 2011 年版

357 千字

该书是中国社会科学院财政与贸易经济研究所"中国财政政策报告"系列专著的第九种。该书共分九章，在考察国内外税制的基础之上，提出中国个人所得税制改革的"财贸所方案"，即与税制征管环境和条件约束相适应的具有可操作性的“综合与分类相结合”的改革方案。

“财贸所方案”的基本设计思路是：以中国现阶段税收征管的约束和未来发展为前提，以经济全球化背景下国际税收竞争和主要市场经济国家个人所得税的改革趋势为参照系，立足中国具体国情，在现行分类所得税制要素保持稳定的基础上，以相对较小的征管成本引入综合制因素，尽快建立初始的“综合与分类相结合”的个人所得税制度；以此为基础，随着个人所得税征管机制的不断完善，通过保持初始改革方案的可拓展性，实现由初始方案向目标方案——未来的“综合与分类相结合”个人所得税制度——的过渡。

初始方案的基本内容主要包括：第一，以现行分类所得税制为基础，尽可能保持现行分类所得税制基本框架的稳定。对于11类所得项目，仍然按现行税制进行分类征收，以源泉扣缴为主。同时，辅之以在中国境内两处或者两处以上取得工资、薪金所得；从中国境外取得所得；取得应纳税所得，没有扣缴义务人等情况的自行申报纳税。对于现行税制框架下各分类所得项目的费用扣除、适用税率等因素，尽可能保持不变或基本不变。

第二，仅对年所得超过12万元纳税人实行自行申报并综合计征。以现行年所得超过12万元纳税人自行申报制度为基础，选择部分所得项目实行年终综合计征，适用累进税率和综合费用扣除标准，计算年度应纳税额。对于纳入综合范围的所得项目已代扣代缴的税款视为预缴税款，汇算清缴后多退少补；对于未纳入综合范围的所得项目，也需自行申报。已按规定代扣代缴税款的视为纳税义务完结，未代扣代缴税款或代扣代缴税款不足的，要补缴税款。初始阶段，考虑到征管因素的制约，暂不实行以家庭为单位的申报。年所得12万元以下的纳税人按现行分类税制计征税款，不适用综合计征，也无须申报年度所得。综合税率表和综合费用扣除标准的设计，应使大部分年所得12万元以下纳税人分类计征的应纳税额低于或等于综合计征的税负。对适用综合计征的纳税人设定年所得标准，可以在初始阶段大幅降低实行自行申报、汇算清缴纳税人的规模。

第三，纳入综合计征范围所得项目的选择。现行11类所得项目中，除偶然所得和经国务院财政部门确定征税的其他所得外，属于劳动所得的有四项，即工资薪金所得，劳务报酬所得，稿酬所得，特许权使用费所得；属于资本与劳动混合所得的有两项，即个体工商户生产经营所得，对企事业单位的承包经营、承租经营所得；属于资本所得的有三项，即利息、股息、红利所得，财产租赁所得，财产转让所得。

第四，综合税率与费用扣除。综合税率表与综合费用扣除项目，决定了年所得超过12万元纳税人的最终法定税负。最终法定税负与已经代扣扣缴的预扣税款的差额，则决定了自行申报后退税或补税的金额。在初始阶段，综合税率和费用扣除项目的设计应重点考虑与分类计征的衔接问题，尤其是与工资薪金所得累进税率表的衔接。主要出于降低征管成本的考虑，尽可能保持年所得超过12万元纳税人综合计征的最终税负与代扣代缴的预扣税款基本一致，不需要退补税款。

第五，税收征管机制与配套措施。按照年所得12万元以上的标准，初始阶段全国适用综合计征的纳税人数量可以控制在数百万人，而且这部分纳税人多集中于沿海发达地区。故而，这有利于降低初始阶段的税收征管成本，对税务机关目前围绕间接税征收建立起来的税收征管模式的冲击相对较小，可以为适应“综合和分类相结合”的个人所得税制要求的税收征管机制与配套措施的完善争取时间。

个税改革应在此基础上实行渐进式改革，实现由初始方案向目标方案的过渡。具体包括：第一，长期保持年所得12万元为综合计征的门槛，随着居民收入增长，适用自行申报综合计征纳税人的数量将逐步增加，由此自动实现“综合与分类相结合”税制适用范围的稳定扩张。第二，随着征管条件和征管机制的完善，通过逐步调整扩大纳入综合范围的所得项目，更好地发挥个人所得税调节收入分配的功能。第三，适时引入差别扣除项目，条件成熟时允许以家庭为单位申报纳税。第四，适时调整税率结构，促进税制公平。

（杨志勇）

《互利共赢开放战略理论与政策：中国外向型经济可持续发展研究》

于立新　等著

社会科学文献出版社 2011 年版

520 千字

2005 年 10 月，中共中央关于制定国民经济和社会发展第十一个五年规划的建议，首次提出实施互利共赢的开放战略。党的十七大报告更是深刻指出：“中国将始终不渝奉行互利共赢的开放战略”。互利共赢开放战略是一个具有鲜明时代特征和中国特色的新理念，是科学发展观在对外开放领域的实践运用，是促进国民经济发展的战略举措，是中国始终不渝走和平发展道路的重要体现，是贯彻落实科学发展观加快经济发展方式转变的战略抓手。互利共赢开放战略概括地讲，基本内涵至少应该包括四个方面的内容，即立足于全球意识的开放战略升级，站在世界级经济大国新起点上的科学开放，进一步提高对外开放的质量和效益，以及营造更加有利的国际战略环境。

当代全球化的发展在一定程度上加剧了世界资源配置经济发展的不平衡性，导致全球经济周期性波动和金融经济危机。从历史进程看，中国已经跨入全面参与全球经济合作与治理的新阶段。因此，关注中国在国际分工价值链中的贸易利益，加强外贸与外资政策的协调性，选择区域经济合作最佳自由贸易区模式，推进对非洲的直接投资及东北亚经济一体化战略，促进海峡两岸经贸关系及机电产业整合，加快汇率制度改革、资本账户开放与货币政策有效性的衔接，探寻人民币国际化路径与实施策略，将是 21 世纪崛起的中国作为负责任的世界大国不可回避的重要问题。

该书提出了中国分享对外贸易利益的模式，指出中国贸易利益“虚拟性”是在没有找到适合中国可持续发展的对外贸易道路之前的一种必然，从某种程度上讲，这是寻找新道路时所付出的代价。在实行工业化和城镇化的过程中，不能无视那些失地农民或剩余劳动力处于失业状态，而必须大力发展劳动密集型产业。但是，又不能固守这种低附加值的产业，需要通过借助吸收外商直接投资进行加工贸易，实现中国优势要素由劳动密集型向资本和技术密集型转化，不断提高要素在整个产业链上的控制力，实现互利共赢的对外开放初衷。

在协调外贸与外资政策方面，要借鉴跨国公司贸易与投资及其他相关政策一体化的思路和方法，创新投资和贸易流程，兼顾多方的利益得失，实施以提高国际竞争力为导向的均衡发展战略，通过加大国际贸易的开放度来影响国际直接投资，并采取最优的国际经济资源的置换政策，以促进本国经济贸易和投资的发展。为了提高外商直接投资的技术外溢效应、推动中国技术进步和优化产业结构，政府要完善激励机制和促进跨国公司技术流入，构建有利于诱导跨国公司技术升级和技术外溢的市场环境；企业则要创新突破与跨国公司合作竞争。

应对技术性贸易壁垒，要以统一化、简明化、规范化为目标，对国内相关 TBT 信息制度进行改革，为中国出口企业跨越国外技术性贸易壁垒提供良好的信息环境；鼓励企业自主研发的积极性，进一步改变中国出口产品结构，提高出口商品的技术水平和附加值水平；不断追踪发达国家 TBT 发展动向，加强对国外主要标准法规的分析研究，为国内企业应对国外 TBT 提供对策建议；充分发挥政府及社会中介机构的服务职能。同时，要实现引进外商投资与实施反倾销措施的协调，寻求解决反倾销与引资相冲突的政策着眼点。

在贸易战略方面，我们要在资源环境从紧条件下实施中国对外贸易的可持续发展战略，并逐渐加强区域经济合作，构建中国自由贸易区战略，推进海峡两岸机电产品贸易与产业整合，深入探讨了中日韩区域经济一体化发展前景。此外，作为一个负责任的大国，还要完善中国对非洲直接投资的战略规划，力争在促进中国对非直接投资长远发展的同时，也帮助非洲国家实现工业化发展目标，摆脱贫困落后的现状。

关于目前在我国推进汇率制度改革，该书认为完善有管理的浮动汇率制度与资本账户开放不应该机械地决定谁先谁后，而是应该协同进行，根据具体的国内外经济金融、政治形势审时度势，稳步推进。在完善有管理的浮动汇率制度的过程中，选择必要的资本项目有步骤地放开，同时资本项目管制的不断减少也促进形成真正有管理的浮动汇率制度。

该书全面、系统地总结了我国改革开放三十多年外向型经济发展的基本经验，详尽阐述了具有中国特色的外贸、外资、区域经济合作及对外投资政策的理论依据，深入探索了未来中国实施互利共赢开放战略需要关注的技术性贸易措施、外资技术外溢与创新、可持续贸易、自由贸易区战略、海峡两岸贸易产业整合、资源环境压力下贸易政策调整、贸易利益在国际产业分工价值链中的提升、反倾销与外商投资等重大现实政策问题。

（于立新）

《中国“走出去”方式创新研究》

冯雷　夏先良　等著

社会科学文献出版社 2011 年版

390 千字

该书是中国社会科学院重点课题“实施‘走出去’战略，创新对外投资与合作方式研究”的最终成果。该项研究从 2008 年底立项，2009 年初开展研究工作，历时三年，2011 年底出版了该书。三年里，课题组走访了国内一些海外投资业务活跃的制造企业、能源企业、资源开发企业、工程承包及劳务输出企业、对外证券投资企业等，与有关政府主管部门及有关学术单位进行了广泛的政策探讨与学术交流，此外，课题组出访芬兰，与芬兰阿尔托大学进行了深入的学术交流，考察了在芬中资企业的发展情况。在广泛调研的基础上，形成了一系列阶段性的研究成果，经过反复深入的谈论，形成初步的研究报告，借鉴专家研讨会上的修改意见，写作和出版了该书作为最终研究成果。

当今时代是全球化持续深化的时代，世界各国之间政治、经济、文化交流与合作日益密切。资本、技术、商品、服务、信息以及人员流动日益加速。跨国公司在世界政治经济中正在发挥前所未有的巨大力量，国际合作已经成为不可阻挡的潮流。中国海外投资的机遇大于挑战，西方老牌跨国公司对中国海外投资既担心、恐惧和恐慌，又欣喜若狂，因为带来许多新的有利可图的机会。中国“走出去”面临许多难以预测的风险。中国如何“走出去”搏击风云变幻的世界经济形势，是当前面临的战略问题。跨国经营企业既面对更复杂的环境，同时也有更多机遇，要把握好资本、资源、市场以及人才的优化配置，因地制宜开展跨国并购、投资、融资、租赁承包、代工或外包以及贸易等，选择更适合自身发展需要和条件的“走出去”方式。这种选择需要深入研究规律，不断探索与总结实践经验，所以“走出去”方式的创新研究是一个长期的主题。

该书共分为十一章。第一章，总结了中国实施“走出去”战略的历程和特征。包括中国对外直接投资的历程和特征、中国对外证券投资的历程和特征两个方面。第二章，对中国实施“走出去”战略的理论文献进行了回顾。包括五个方面：研究文献综述、分析直接投资的理论框架、中国对外直接投资的政策体系、金融危机后实施“走出去”战略的新机遇与新问题、“走出去”战略的新视角和新现象。第三章，论证了“走出去”企业投资方式的创新。包括四个层次：生产与经营能力形成的基本路径；生产与经营能力形成路径的选择因素；国际上的主流观点及其发展趋势；中国对外直接投资的现状、经验与教训。第四章，论证了“走出去”企业选择产权方式创新。包括六个方面：“走出去”企业的产权构造；我国“走出去”企业产权运营的优势；我国“走出去”企业产权配置面临的挑战；我国“走出去”企业产权方式的选择与创新；“走出去”企业产权运营的风险；总结和对策建议；第五章，研究和论证了人力资源“走出去”方式的创新；第六章，分析和研究了中国资源型企业“走出去”方式创新。包括以下五个方面：我国资源型企业“走出去”的动因；我国资源型企业“走出去”的发展历程；我国资源型企业“走出去”方式的发展；我国资源型企业“走出去”存在的问题；创新资源型企业“走出去”的方式。第七章，分析和论证了知识产权“走出去”方式创新包括七个层面：知识产权成为企业“走出去”跨国经营的重要资产；国际知识产权增长与流动趋势；中国促进知识产权“走出去”的意义；中国知识产权“走出去”面临的挑战；传统的知识产权“走出去”方式；知识产权“走出去”的创新方式；完善我国知识产权“走出去”的政策与制度。第八章，研究和论证了中国海外企业跨文化适应力。包括以下几个方面：跨文化适应力评估体系；中资在芬兰企业跨文化适应能力的现状与问题；中资在芬兰企业提高跨文化适应能力的经验启示。第九章，研究了中国“走出去”企业跨文化沟通效果。首先，分析了中国海外投资地域的语言文化分布；其次，研究了中国海外企业跨文化沟通面临的问题和挑战；再次，分析了中国海外企业跨文化沟通效果。最后，提出了相关政策建议。第十章，研究了中国海外企业跨文化沟通策略理论。首先，提出理论假设；其次，研究了跨文化沟通的理论模型构建和讨论；再次，提出了中国海外企业跨文化沟通策略；最后，提出了结论和应用。第十一章，总结和研究了全球文化一体化与中国文化“走出去”问题。共分为五个层次：经济全球化推进文化同化的经济机制与因素；民族或区域文化差异化、多样化的经济机制与因素；全球文化异化和同化的动态均衡发展；中国文化传播比文化创新更重要；中国文化“走出去”促进世界文化交流与多样性。

（张宁）

《超越人口红利》

蔡昉　著

社会科学文献出版社 2011 年版

269 千字

在过去三十余年的时间里，中国经济增长成为世界经济的重要引擎。然而，世界经济的历史表明，一个国家过去的成功经济发展，并不能为未来的经济发展成功买下保险。特别是当跨入中等收入国家行列之后，以往的成功做法已经不能保证其可以继续一路凯歌前进。中国在“十二五”时期，由于刘易斯转折点的到来和人口红利的消失，必将面临诸多的严峻挑战，存在着困于“中等收入陷阱”的危险。只有成功应对这些挑战，才能突破潜在的“陷阱”，才能实现全面建设小康社会的宏伟目标。

进入 21 世纪以后，中国经济出现了从沿海地区到全国范围的“民工荒”，随后伴之以普通劳动者工资的连续多年上涨。在许多人的理念中，人口众多、劳动力丰富，是中国社会天经地义、恒久不变的特征，因此，出现劳动力短缺现象是不可思议的。另一方面，许多国外观察家担心，中国经济的减速可能一发不可收拾（“中国经济崩溃论”），因此，这类论调会引起诸多误解甚至恐慌。

作为一个发展经济学研究者和中国经济发展的一线观察者，该书及时作出了中国经济刘易斯转折点到来的判断。人口转变是伴随着经济社会发展的一个过程，其结果之一，即劳动年龄人口比重迅速上升，并通过劳动力供给充足和高储蓄率为经济发展提供了人口红利。如果以人口抚养比作为度量人口红利的指标，其经历了长期的下降过程之后，下降速度已经放缓，并预计在 2013 年见底，随后逆转为上升的过程。在坚持进行经验研究前提下，该书从不同角度论证这个阶段性变化的判断。

从不同角度论证了人口红利消失的判断，以及未来经济增长的新源泉。该书能够对广大国内外读者对相关问题的更深入思考有所裨益。首先，该书得出的结论具有重要的政策意义，有助于决策者从更加长期的增长视野思考经济政策。其次，有助于国内外读者认识中国经济增长阶段的新特征和面临的挑战。第三，该书包括不同专题的短文，同时提供专业性更强的深度阅读，相互补充，可以同时满足经济专业读者和一般读者的阅读需求。本书的主题和观点可以概括如下。

第一，阐述作者关于刘易斯转折点到来和人口红利即将消失的判断，使用数据和经验分析的方法提供最新证据。人口红利以劳动年龄人口持续增长和人口抚养比持续下降为标志，随着中国逐步进入劳动年龄人口不再增长、人口抚养比停止下降的新阶段，在经济增长对劳动力需求仍然十分强劲的情况下，劳动力供求关系发生重大变化，表现在自 2004 年以来，劳动力短缺不断出现并导致工资持续上涨。按照发展经济学的定义，这就意味着中国的刘易斯转折点已经到来。进而，人口红利也将消失。这个发展阶段的变化具有十分重要的政策含义，新的经济发展阶段带来新的政策挑战。

第二，作者在相关文章中揭示了中国人口转变与经济发展关系的“未富先老”特征，即在较低的经济发展水平上具有了更高的老龄化，以及这个特征给中国带来的特殊挑战。例如，就业的总量矛盾和结构性矛盾同时存在，表现为农民工、大学毕业生和城镇就业困难人员面临的就业难题；劳动关系发生新的变化，提出构建和谐劳动关系的制度需求；普通劳动者与熟练劳动者工资趋同导致人力资本回报率降低，从而教育激励下降，将成为未来人力资本的瓶颈。这些现象被作者称为“成长中的烦恼”。此外，这个发展阶段变化可能减缓经济增长速度，在现实中不平衡、不协调和不可持续因素继续存在的情况下，使得中国面临着如何跨越中等收入阶段，避免中等收入陷阱的重大政策选择。

第三，从挖掘第一次人口红利潜力和开发第二次人口红利源泉等角度着眼，提出若干政策改革建议，并论证改革的迫切性和优先序。这类改革包括：从基本公共服务均等化和户籍制度改革两个方面着手，推进以农民工市民化为特征的深度城市化；在实施区域发展战略过程中，防止偏离比较优势的倾向；多途径解决收入分配不均等问题，加快劳动力市场制度建设，保持社会和谐稳定和经济增长可持续性；保持各级各类教育的扩张趋势，加大教育激励，提高教育质量，为产业结构变化和建立创新型国家积累人力资本。

（蔡昉）

《外资研发中心的现状及其政策建议》

崔新健　著

人民出版社 2011 年版

400 千字

在研发全球化背景下，外资研发中心在我国国家创新体系（NIS）建设完善中发挥着越来越重要的作用。当今科技全球化，使外部技术来源的重要性增加，对许多技术链条不完整的发展中国家而言，跨国界的技术系统有时比国内的技术系统更为重要，开放性国家创新体系成为趋势。外商研发投资的增加，为我国建设完善国家创新体系提供了重要的外部资源。该书以外资研发中心的现状及政策建议为研究主题，研究定位于符合政策制定者的整合性视角，对外资研发中心展开国家创新体系视阈研究，基于研究提出具有全局性和统一性的政策体系战略及政策建议。这对我国有效利用外资研发中心，实现党中央提出的建设创新型国家的目标和“加快建设中国特色国家创新体系”的目标具有重要的意义。

该书是国家社会科学基金项目的最终成果，首次从国家创新体系视角对在华外资研发中心的现状、特点、效应作了全面的研究。全书由三大部分共八章组成，第一部分“背景与基础”（第 1 章），主要是构建研究框架，第二部分“现状与成因”（第 2—7 章），主要是应用研究框架各种角度下现状与成因的实证分析；第三部分“政策”（第 8 章），主要是应用研究框架构建政策体系，基于整个研究提出政策建议。

研发全球化浓缩了当今全球化趋势下的主题背景，在跨国研发理论和国家创新体系理论基础上，精炼研究术语及范畴，构建嵌含外资研发中心的开放性国家创新体系分析框架。这一分析框架由国家创新体系的开放性与外资研发中心的嵌入性两理论脉络共同支撑，拓开外资研发中心研究的新视阈。

围绕主题从宏观、中观、微观不同层面展开研究，从国家创新体系视阈分析外资研发中心的现状与环境。纵向回顾外资研发中心发展的时间轨迹；横向呈现外资研发中心的空间状态，依据外资研发中心910个样本和世界500强投资研发中心385个样本两个调研数据库，从来源地、行业结构、区域分布、设立方式等多维度统计描述外资研发中心的截面图景，探究外资研发中心的深度特点。调查问卷结果表明外商对环境的主观看法，从主客观两方面评价外资研发中心的环境。

从产业创新体系（IIS）视线与区域创新体系（RIS）视角分析外资研发中心结构及其影响因素。外商研发投资业绩评价指数全面反映外商研发投资的行业结构现状；外商研发投资的潜力评价指标系统表明外商研发投资的行业环境及预示其变化趋势，分行业评价指标测算、比较及分析并客观展现了外商研发投资行业现状与环境。外商研发投资业绩评价指数全面反映外商研发投资的区域分布现状；外商研发投资的潜力评价指标系统表明外商研发投资的区域环境及预示其变化趋势，分区域评价指标测算、比较及分析客观展现了外商研发投资区域现状与环境。建模分析外商研发投资的区位决定因素，探求区域分布现状的成因。

从公司创新体系（CIS）视点分析外资研发中心的运行与关联，以及跨国公司与我国高校的研发合作。从两个角度应用三种方法探究外资研发中心微观行为，从公司创新体系视点应用调查问卷数据统计分析外商研发中心的运行及其绩效、关联及其效应；从国家创新体系视阈剖析外资研发中心的关联及其效应；应用文献分析跨国公司研发动机、企业变量、区位变量及研发中心类型之间相互作用动态关系，建立外资研发中心类型决策的理论模型；应用调查问卷数据统计分析外资研发中心的微观行为，全面呈现外资研发中心运行、绩效、关联、效应的现实图景。跨国公司与我国科研机构及高校的合作，可应用数据统计描述跨国公司与我国高校研发合作的发展与特征；在华跨国公司选择高校研发合作伙伴的影响因素主要有：双方的相容性、信任了解程度、合作伙伴的技术创新及知识产权情况以及人力资本水平四个因素。

从各个层面分析外资研发中心的正效应及其潜在的负效应。国家创新体系分析框架揭示了构成系统的行为主体之间存在关联互动及知识流动，外资研发中心嵌入的关联互动会产生实质性长远效应。正效应的动态分析从四个角度展开，辨识国家创新体系视阈的开放效应、IIS视线的关联效应、RIS视角的集聚效应及CIS视点的示范效应。潜在负效应分析聚焦于“挤出效应”、“掠夺行为”、“技术锁定”三点。

在明确利用外资研发中心的目标和政策体系的前提下，从鼓励研发FDI、研发FDI获益、建立完善国家创新体系这三个方面提出政策建议。长期应该重点转向“建设完善国家创新体系”子体系建设；中长期应该聚焦于“研发FDI获益”子体系构建；短期应该关注“鼓励研发FDI”子体系的整理规范。

（崔新健）

《中印农村社会保护比较》

张晓山　崔红志　刘长全　等著

社会科学文献出版社2011年版

544千字

该项成果是从最基层的田野调查入手，对中国和印度两个国家农户的基础资料进行分析，进而开展的中国与印度两国农村社会保护的比较研究。

该书旨在探索中印两国如何创新农村社会保护体系，如何制订建立在保护农民权利基础上的需求驱动型的政策措施，并检验其可持续性的条件，以使农村的弱势群体能普遍享受到基本的社会保护，使农村的边缘化的目标人群能接近资源和机会。该书试图回答以下几个问题：（1）中印两国农村弱势群体对于基本社会保护的需求是什么？（2）中印两国现行的农村社会保护制度在满足农户需求方面处于什么样的状况？（3）中印两国现行的针对农村弱势群体的社会保护制度安排方面的差异及其原因。（4）在为农民提供社会保护上，政府与非政府组织（企业、自助组织、NGO 等）各自扮演什么角色？

该书共分四个部分：第一部分包括文献综述、研究的方法论、中印两国基本国情和发展战略的比较研究以及基于村庄调查的中印农村社会保护比较研究的主要发现等。第二部分是中印农村社会保护若干领域的比较研究，共涉及食品、住房、就业、义务教育、健康卫生、妇女权益、老年以及意外事故等八个领域。第三部分是中印农村社会保护制度与机构调查，包括中方调查地区农村社会保护的制度与政策研究和印度方面农村社会保护的制度与政策研究。第四部分是中方问卷调查农户的案例访谈精选。

该书的主要发现是：（1）中印两国所调查村庄的农民总体上享受社会保护的程度较低，普遍存在权利失效的情况。（2）中印两国所调查村庄农民对基础性社会保障的需求更加迫切，并由此直接影响对意外事故社会保障的需求。（3）中印两国在土地制度方面的差异也许可以在某种程度上解释两国在农村社会保护方面的不同现状、采取的不同政策措施及制度安排。（4）家庭、土地和农村社区等传统社会保护手段的功能弱化甚至失灵导致农民资源禀赋权利和交换权利的失效。（5）在社会保护方面，政府应承担主要责任。从中方和印方课题组 2005 年对各自国家样本村的调查看，中国和印度在农村社会保护问题上都存在政府的失职，消除社会保护方面城乡二元结构的任务还很艰巨。（6）由于两国行政体制和管理机制不同，中国发达地区与不发达地区在向农民提供社会保护方面的地区差距远没有印度大。（7）农民组织化程度的高低影响政府向其提供社会保护的激励方式和激励强度。（8）中国与印度政府向农民提供社会保护的方式有所不同，在政府失灵和市场失灵的情况下，如何通过其他社会力量来弥补社会保护方面的缺口，印度在这方面的做法值得研究。但在社会保护提供主体多元化这个问题上，要防止借口多元化而放弃政府在提供公共服务方面的责任。过去很长时期，中国在“效率优先、兼顾公平”的理念指导下，实际是把提供社会保护等公共服务的职责推给了市场；而印度则强调主体多元化，把提供公共服务的责任推给了非政府组织。在中国现阶段，农民社会保护方面的政府失职仍然是矛盾的主要方面，政府应该成为社会保护的最主要的提供主体，但提供方式可以更灵活多样，如政府提供资源或资金，购买服务，具体服务工作由社会团体实施等。

该书在方法论上的特色是中国与印度双方的研究人员以统一的理论框架、方法论和调查设计为前提，从最基层的田野调查入手，对两个国家农户的基础资料进行分析，进而开展农村社会保护的比较研究。该研究将宏观与微观比较相结合，将基层调研与国家层面的比较相结合。以最基层的农村、农户的比较为基础，以宏观制度的比较为视野和框架，从最底层组织和农户的角度来评判各自国家有关农村社会保护政策的实施效果。并探索两个国家各自对农户的社会保护政策从最上层传导到最基层的传导路径和出现的问题。

该书的应用价值在于通过对中印两国农村社会保护的比较研究，有利于全面认识中印两国农民对公共服务和社会保护的需求，了解农民在享受社会保护方面所处的状态，更深入地认识乡村组织架构、治理模式和公共政策体系对农村社会保护供给的影响。这些问题与中印两个发展中大国的社会经济转型密切相关，与我国构建和谐社会，建设惠及十几亿人口的全面小康社会的目标和任务紧密相连，是亟待研究的重大问题。

（张晓山）

《中国农村市场化》

李静　韩斌　著

东方出版社 2011 年版

201 千字

近年来，关于“中国市场经济地位”问题已成为我国外交和外贸领域中的一个重大问题，一些国家承认了中国的市场经济地位，还有一些国家如美国等仍不承认。虽然归根结底，市场经济地位的获得由“政治决定”而非“经济决定”。但这一问题的提出，也说明了，一方面，中国的市场化改革已经取得了重大成就，另一方面，中国的市场化改革还没有完成，还有一些路要走。中国的市场化改革已经走过了 30 年的历程，如何评价中国市场化改革的进程和中国的市场化水平，已成为近十年来研究的一个热点。目前，已经有很多人对中国的市场化程度进行了分析和测算，但大部分研究按照宏观经济学的分类方式，将中国的国民经济分为第一产业、第二产业和第三产业来研究。北京师范大学经济与资源管理研究所、陈宗胜、樊纲以及美国传统基金会和加拿大弗雷泽研究所等国际组织，这些研究的普遍特点是把中国的国民经济作为一个整体来研究，而对于农村经济的市场化研究较少。

中国的市场化改革起源于农村。农村市场化是中国经济市场化的一个重要的组成部分，但在中国城乡二元经济体制下，农村市场化在某种程度上又有其相对独立性。中国在市场化的起点、过程和进展等方面在城乡之间是完全不同的，如土地、劳动力、资本等生产要素的市场化在农村与城市不是同步的。因此，有必要对农村市场化程度进行独立研究。

该书研究了两方面问题：一是在中国二元结构的背景下，农村经济市场化与城市或整个国民经济的市场化之间的差距，从而为消除二元结构、统筹城乡发展提供政策参考；二是在中国渐进式改革的背景下，研究市场化改革在农村不同领域所取得的不同进展，衡量不同领域的改革成果，以明确市场化改革在哪些领域已完成或已取得重大成就，在哪些领域的市场化改革还没有进展或有待突破，从而明确农村下一步的改革和发展的方向。

该书采用了北京师范大学经济与资源管理研究所在 2003 年、2005 年和 2008 年《中国市场经济发展报告》的研究方法和判断标准即“政府行为规范化”、“经济主体自由化”、“生产要素市场化”、“贸易环境公平化”和“金融参数合理化”。根据农村经济的特点，从农村市场经营主体的市场化、农村经济的货币化和多样化、农产品市场化、生产要素市场化和政府农村管理体制的市场化等五个方面，对改革以来中国在农村经济领域中的市场化努力和市场化成果作一描述和介绍，并对农村市场化水平进行测度，对测度的结果进行比较和分析，最后得出结论。

该书采用的数据绝大部分来自统计年鉴和

公开发表的权威书刊，选取1992年的数据，是由于1992年是中国确定社会主义市场经济体制的起始之年；整理2001—2005年的数据，主要目的是关注近年来农村市场化发展的情况，并为预测未来的发展趋势提供依据。

该书结构是：第一章回顾了改革开放以来农村市场化改革的理论，从中可以看出我国的农村改革理论的发展脉络、关注重点和热点，从一个历史的大背景展现了我国农村市场化过程中的重大理论成果；第二章对改革以来中国政府为在农村发展市场经济所进行的主要的制度改革与制度建设进行评价，从中可以了解到为推动农村市场经济发展，中国政府在制度改革和建设方面的渐进过程，市场经济的发展有赖于相应的制度改革和制度建设；第三章主要介绍有关农村市场化测度的研究成果并给予评述；第四章分析农村市场化各个领域中所取得的效果以及存在的不足，从中可以看到，经过30年的改革和发展，中国农村经济的市场化水平已经在不断提高；第五章选取一些指标对农村市场化已取得的成果和不足进行测算，以明确到2005年为止，农村市场化已达到了何种程度？距离改革与发展的目标还有多远？结论包括上述变量变化原因的分析、中国农村经济的市场化与整体经济市场化的差距、今后农村经济改革的重点领域及未来农村经济市场化的发展趋势。

该报告的结论是：

（1）农村市场化改革和发展在农村经济各个领域之间是不均衡的，明显落后的是生产要素市场化方面，这将是我国今后改革的重点领域。

（2）虽然中国的市场化改革始于农村，但目前已落后于整个国民经济的市场化进程。落后的主要原因是城乡二元的生产要素市场。

（3）目前农村经济中的各种问题，特别是生产要素市场如土地、资金、劳动力市场存在的问题以及贫富差距和城乡差距问题等已经得到了高度的重视，未来几年农村经济市场化水平将快速提高。

（李静）

《烟庄村：一个劳动力流出村庄的经济社会变迁》

潘劲　著

中国社会科学出版社2011年版

216千字

有关劳动力的流动，人们长期以来更多关注的是对流入地的影响以及农民工在当地的社会融入问题，而较少关注劳动力流动对输出地的影响。在有限的研究中，也多从宏观层面展开分析。该书在对烟庄村村民的经济、社会、文化、宗教生活等进行深入细腻阐述基础上，力图从一个微观案例映射由于劳动力的流动而对中国农村所带来的变化。该书有以下几个方面的特点：

（1）在翔实调查基础上得出有价值的观点和结论。在大量走访、深度访谈和问卷调查基础上，阐述了由于劳动力流动而使村庄的经济与社会所发生的变化：产业结构的调整、家庭收支结构的变化以及农民物质和文化生活水平的提高。伴随劳动力的流动，农村各种新的问题也在不断产生，例如留守家庭问题，社区治理问题等。同时在经济社会发生激烈变迁时，也依然存在一种凝固的景象：陶醉于安稳祥和的田园生活中的村民；一些人在经历外出打工的“洗礼”之后，重又回归故土，通过“相亲”、“随礼”等方式再融入这一熟人社会，等等。该书得出结论：劳动力流动对村庄的影响是多重的，既有积极的一面，也有消极的一面；村庄既有迎接变迁的张力，也有固守本色的动力；村民既有外流的激情和冲动，也有对乡土的守望与回归。各种面相交织着，构成当下丰富多彩的村庄生活。

（2）观察思考深入，描述细腻鲜活。该书揭示了很多涉及中国农村改革与发展中的深层次问题，例如劳动力流动中的制度障碍、土地制度与社会稳定问题、留守家庭问题以及社区治理问题，等等。

该书详细描述了小家庭的成立与发展、父母对小家庭的扶助、子女对父母的赡养，乡村社会“轮养父母”这一特殊的老人赡养方式及轮养过程；在阐述生产队的衰落过程中，不仅详细记录了生产队的机械、房屋等每一件固定资产及每一口牲畜的作价，而且对生产队所拥有的每一棵树木，甚至扫帚、水桶等小农具作价都有详细介绍，真实再现了当时人们对集体资产“分光分净”的历史。

（3）信息量大，有重要的参考价值。首先，研究内容丰富，不仅包括村庄的劳动力流动、农业生产与经营、土地的承包与流转、非农产业以及家庭收入与支出等经济领域，还包括村庄的家庭生活、文化、宗教、社区管理等社会政治领域。其次，个案访谈深入生动，针对性强。最后，《一个烟庄村民的365天》，以日记形式展现了一个村民在一年里每天的生产与生活。为研究中国“三农”问题的人们提供了重要的参考。

（4）由个案研究推衍出普遍存在的问题。书中不乏带有普遍性的观点。例如，对农村统计数据准确性的质疑。该书通过对烟庄村的调查得出结论：尽管统计部门声称样本户是随机抽取的，但事实并非如此。在农村，能够坚持天天记账的人几乎没有，能够坚持几天记一次账的人也并不多见，靠统计部门的随机抽样是难以找到合适人选的，一般都是经村委会遴选才能确定。这些人必须长期在村内生活且又不很忙碌，而符合这一条件的人大多是以农业为主，本人基本不外出务工，而由这样的家庭推导出的一个地区的非农产业收入是很少的，由此导致统计部门提供的有关农户非农产业方面的数据与实际数据相差悬殊。这种统计数据的误差不仅存在于烟庄，在整个中国农村都普遍存在。

（潘劲）

《中国对外贸易的环境成本——基于能耗视角的分析》

张友国　著

中国社会科学出版社 2011 年版

312 千字

随着国际社会以及国人可持续发展和环境意识的不断增强，与贸易相关的资源环境问题日益受到社会各界的关注。近年来引起不少研究者兴趣的则是这样一个问题：贸易对中国资源消耗和环境污染的贡献到底有多大？这一问题的解决不仅有助于人们深入认识贸易的环境影响，为相关研究提供借鉴，还能为决策者制定具有针对性的贸易政策、能源政策和环境政策提供参考依据。而这正是《中国对外贸易的环境成本——基于能耗视角的分析》的核心内容。该书是应用投入产出模型系统评价中国对外贸易环境成本的第一本专著。该书主要从贸易含污量（effluent embodied in trade）概念出发，基于（进口）非竞争型投入产出模型给出了贸易对中国能源环境影响的评价模型；并进一步从贸易的环境影响机制出发，采用投入产出结构分解方法给出了贸易含污量的四因素和六因素结构分解模型以及外向型需求模式的能源环境影响模型；在此基础上，结合相关数据和中国贸易发展战略的历史演变，分析了中国对外贸易的环境成本。

该书认为在实施对外开放战略过程中，中国采取了一系列贸易政策、措施，跨国公司也纷纷来华投资设厂，中国的对外贸易尤其是加工贸易增长十分迅速。贸易的扩张为中国的经济增长和就业作出了贡献，但同时也给中国带来了一系列麻烦，如过度依赖出口的经济增长和就业风险、汇率风险、贸易摩擦、国内相关产业及自主创新受到的冲击等。除了上述一系列经济影响外，贸易对中国环境的影响或者说中国贸易的环境成本也发展到了不容忽视的地步。

贸易的环境效应大致可以归纳为配置效应、规模效应、收入效应、结构效应、产品效应、技术效应和政策效应七个方面。而贸易的上述环境效应在中国均有不同程度的体现。一方面，贸易对中国的生态环境产生了积极影响，如贸易缓解了中国的资源供应紧张以及生态环境的压力，促进了国外环保技术和产品在中国的扩散；另一方面，贸易也对中国的生态环境产生了消极影响，如贸易在极大地促进中国经济快速增长的同时，也对中国的环境造成了不小的冲击。

对中国贸易含污量的实证分析表明：(1) 出口和进口对中国的能耗和三要污染物排放的影响都不断增大。2005 年以来，中国已成为能源、二氧化碳和二氧化硫的净输出国。(2) 1987 年以来，中国的环境贸易条件呈现不断恶化的趋势。(3) 中国的出口含碳量主要集中于制造业部门的产品，其中通信设备、计算机及其他电子设备制造业、化学工业、电气、机械及器材制造业、交通运输仓储及邮电业和纺织业等部门近年的出口对中国碳排放的影响较大。(4) 中国的贸易含污量主要体现在中国与亚太地区国家的双边贸易中，具有一定的地缘特征。(5) 贸易的完全和直接能源环境影响相差悬殊。

从生态效率角度对中国出口部门的评价发现：(1) 2002 年以来，中国出口部门的生态效率整体呈现不断上升的趋势，尤其是基于二氧化硫排放的生态效率有显著改善。不过，相对于各类需求的平均生态效率水平而言，出口部门的生态效率还略显太低，尤其是低于居民消费和政府消费的生态效率。(2) 按照完全生态效率认定的高效率出口产品或服务与按照直接生态效率认定的高效率出口产品或服务具有较大的差异。无论是根据完全生态效率还是直接生态效率评价，低效率的出口产品都基本相同。

对贸易含污量变化的比较静态分析表明，出口含污量的迅速膨胀主要是出口规模的快速扩张带来的，而技术进步有效地遏制了上述规模效应，出口结构变化也导致出口含污量有所增加，但其影响很小。进口含污量的结构分解结果显示出与上述类似的情形，但进口结构变化却导致进口含污量有所下降。20 世纪 90 年代以来的外向型需求模式也导致中国的能源环境成本有所上升，尽管这一影响相对来说不是很大。

总的来看，中国对外贸易的环境成本不可避免地随着出口规模的迅速扩张而增加，已经到了不可忽视的地步。环境贸易条件恶化并不是中国比较优势的发挥，而是中国的环境规制力度不够强，以及利用贸易促进环境保护的意识不够。中国的净贸易含碳量数额巨大，在确定中国的碳排放责任时需要考虑这一因素。中国贸易含碳量的快速增加与中国改革开放以来逐渐形成的外向型经济增长模式、贸易增长模式密切相关，中国贸易含碳量的国别（地区）流向和贸易格局密切相关。出口结构的变化总体上也不利于降低贸易的环境成本，但是，由生产部门的能源强度、投入结构、能源结构以及碳排放系数的变化带来的技术效应却有效地抑制了贸易的环境成本。

尽管中国对外贸易的环境成本巨大，但这并不意味着中国要盲目地控制出口规模的增长来减少出口的环境影响。通过技术进步和产业结构升级转变对外贸易发展方式，加强环境规制，强化贸易对环境的积极影响而弱化其消极影响，才是有效控制对外贸易环境成本的根本途径。

（张友国）

《鄂尔多斯集团考察》

胡洁　吕峻　李朝霞　等著

经济管理出版社 2011 年版

320 千字

鄂尔多斯集团历经 30 年的发展，创造了一个中国西部商业的奇迹。它不仅把一个名不见经传的小厂打造成了世界羊绒大王，在羊绒这个小圈子里成功培育出中国纺织服装行业第一品牌，而且以一企之力在不毛之地建成了一个循环经济示范工业园区，在铁合金领域又创造了一项世界第一，成功完成了多元化经营的战略转型。作为中国成功大企业的代表尤其是国有企业民营化改革的典型代表，鄂尔多斯集团的崛起和快速发展，反映了改革开放以来中国企业改革发展的历程。该书试图通过对鄂尔多斯集团全景式的考察和外部体制环境变迁的深刻总结，反映中国企业经营管理的现状，揭示中国企业持续成长的规律，探讨中国式企业管理产生的机制和土壤，说明中国式企业管理的渊源。

该书从企业的发展历程、企业战略管理、公司治理、组织与管理制度、人力资源、财务管理体制、生产运作、科技创新、营销和品牌管理、企业多元化、国际化经营以及企业文化、企业领导力等方面，全方位分析鄂尔多斯集团的管理模式，探讨多元化经营的经验与问题，剖析其创业文化，破译其发展基因，深入挖掘其成功奥妙和宝贵经验。

关于战略管理。回顾了鄂尔多斯集团的战略演变，总结了战略管理的基本模式以及企业在战略制定、战略决策、战略宣传贯彻和执行等方面的特点与成功经验。鄂尔多斯集团在每一个阶段，都能根据自身所处的经营环境充分发挥地域优势制定战略，并及时根据环境变化调整战略，由此成为企业成功的关键。

关于公司治理。企业产权结构是治理结构的基础。鄂尔多斯集团在产权制度上进行了一场持久而深刻的革命，最终实现了由国有企业向民营股份制企业的转制。并完善了现代企业制度，市场应变能力、经营决策能力和企业管理得到大幅提升。

在组织与管理制度方面，鄂尔多斯集团，形成了以产权关系为纽带的投资控股型母子公司体系，以战略一体化、投资一体化、品牌一体化、文化一体化为主要特征的战略管控模式，以控股集团分权授权、各产业集团自主经营为基本取向的责、权、利体系，以精干高效、层次分明为优势的组织体制，实现了大集团小运作、专业化分工和资源要素共享的集团式优势管理。

在人力资源管理方面，回顾了鄂尔多斯集团人力资源管理的发展历程，分析了集团目前人力资源管理的现状，总结了集团覆盖人力资源各环节的管理体系、运作方式、主要做法和经验。

关于财务管理与资本运作，通过对鄂尔多斯集团财务管理的变迁和现行模式，企业的资金管理和全面预算管理等具体财务管理方法和成果，以及投融资管理和资本运作管理的全面考察，发现鄂尔多斯集团在发展过程中，能够适时调整财务管理体制，建立了适应各时期组织运作的财务管控模式，根据企业不同发展阶段的资金需求、成本变化等特征，通过多种方式的资本运作，及时获取资金，满足发展需求，并根据发展战略适时调整资产结构，从而确保了企业健康快速的发展。

在技术进步与研发管理方面，鄂尔多斯集团对自主创新的高度重视和对研发大量投入，建立了完善的研发管理体制及内部运行机制。

在生产运作和供应链管理方面，鄂尔多斯集团抓住并控制关键环节，不断优化流程再造，采用科学化、制度化、目标化流程管理。对生产运营完全实行市场化运作，强化合同契约管理，通过引进比较管理，建立健全赛马机制，由此有效提高了生产经营效率，使企业实现和保持低成本竞争优势。

在营销管理方面，鄂尔多斯集团始终坚持内外销并举的营销战略。营销制度遵循由产品营销到品牌营销的路径不断变革。

关于国际化经营，本文通过考察鄂尔多斯集团国际化经营的发展历程、经营模式，分析目前集团国际化经营面临的众多问题和挑战，探讨了企业国际化经营的关键因素、匹配条件及成功经验。

关于多元化经营，鄂尔多斯集团从“一业为主，多元化经营”到“三足鼎立、协同发展”，再到“五业并举，协同发展”的新格局，其多元化发展得益于区域资源优势、区位优势、产业优势和政策优势，走出了一条基于资源、品牌、能力和文化的渐进式战略转型道路。

鄂尔多斯企业文化是其自创建以来经营管理实践不断积累形成的文化沉淀，是不断吸纳扬弃而形成的经营管理思想，是用来指导企业及员工行为的价值取向和企业兴旺发达和长治久安的制胜法宝。

通过鄂尔多斯集团的剖析，我们不仅能够看到中国羊绒行业发展的缩影，还能够从中领悟 30 年来中国企业乃至中国经济改革开放的历程。无疑鄂尔多斯集团的经验能为目前中国企业的发展提供宝贵的借鉴。

（胡洁）

《基础设施与经济发展》

刘生龙　著

清华大学出版社 2011 年版

154 千字

改革开放以来，中国经济增长取得了举世瞩目的成就，创造了“中国奇迹”，在此期间，中国的基础设施建设也取得了重要的成就。该书主要从基础设施的视角对中国的经济增长奇迹进行解释。

通过收集中国各省份 1978—2007 年的省级面板数据，该书首先通过面板数据的格兰杰因果关系检验方法检验了交通、能源和信息基础设施与中国经济增长之间的因果关系，结果表明中国的基础设施与经济增长之间互为因果关系，这就意味着基础设施既是中国经济增长的因，又是中国经济增长的果。在克服了解释变量的内生性问题之后，该书的实证检验结果表明即交通、能源和信息基础设施均对中国的长期经济增长产生了显著的正向影响。

基础设施主要通过两种途径来促进经济增长：一方面，它是一种投资，这种投资能够直接促进经济增长；另一方面，基础设施尤其是一些经济性的基础设施具有规模效应和网络效应，这种效应既可以通过提高产出效率促进经济增长，又可以通过引导发达地区对落后地区经济增长的溢出效应来促进经济增长，这就是所谓的溢出效应。通过收集全国各省份1988—2007年的面板数据实证结果表明，交通基础设施和信息基础设施对我国的经济增长有显著的正外部性，具体表现为两者对我国的TFP有着显著的正向促进作用，而能源基础设施对我国的经济增长则不存在显著的正外部性。

由于交通基础设施一方面是经济发展的副产品，另一方面也是促进市场发展和经济增长的必要条件，因此各省份不同的基础设施条件很可能是导致我国区域经济发展差距的重要原因之一。利用中国28个省份1987—2007年的面板数据，该书的实证结果表明：（1）交通基础设施对中国的经济增长有着显著的正向促进作用；（2）不同的地理位置和交通基础设施条件在我国区域经济发展差距中的确扮演了重要的角色。而基于增长模型的分解结果表明：（1）不同省份交通基础设施的差异导致了它们在经济发展中的差异；（2）中国东部沿海地区和中部沿长江地区交通基础设施发达，这一条件成为促进它们经济增长的有利条件，而西部地区和北部地区交通基础设施落后，这一条件成为阻碍它们经济增长的不利条件。

为了促进西部地区的经济发展，中国2000年开始对西部十个省份实施西部大开发战略。研究结果表明西部大开发的实施，使得西部地区的经济增长速度增加了约1.5个百分点，由此使得西部地区2000年以来的经济增长率超过了中东部地区，促使中国区域经济从趋异转向收敛。但是，西部大开发促进西部地区经济增长的机制，主要是通过大量的实物资本和交通基础设施投资实现的。而那些反映经济增长质量和软环境的重要因素，如人力资本、外商直接投资、城镇化、对外开放度等方面，并没有因为西部大开发而得到显著改善。

在一个空间面板经济计量模型基础之上，该书对交通投资对中国经济增长的正外部性进行了验证，研究结果表明从1985年到2006年，我国的交通运输投资平均每增长一个百分点将会导致GDP增长0.28个百分点，而在这0.28个百分点中，交通运输投资的直接贡献为0.22个百分点，由于其外部性的存在而导致的经济增长为0.06个百分点。总体而言，从1985年到2006年我国交通运输投资所带来的GDP增加平均每年为248亿元，其中的196亿元来自交通运输投资的直接贡献，另外52亿元则来自交通运输的外部性。这就意味着如果考虑到交通运输的外部性，交通运输投资对我国经济增长的贡献率平均每年为13.8%。

该书还验证了交通基础设施对中国区域经济一体化的影响。利用中国2008年省际货物运输周转量数据，实证表明：（1）2008年中国省际贸易的边界效应处于6—23之间，这一数值与发达国家之间贸易的边界效应值比较接近；（2）交通基础设施的改善对中国的区域贸易产生了积极的正向影响，从2000年到2008年，由交通基础设施的改善导致的区域贸易增加量占总增加量的29.1%。交通基础设施对边界效应的影响，简单的实证检验表明，交通基础设施的改善即能够促进总贸易量的增长，还能够促进省际之间的贸易往来，也就是说交通基础设施的改善能够促进区域经济一体化。

该书引入交通、通信和自来水基础设施变量，将基础设施视为影响农村居民收入增长的重要因素。基于静态和动态非平衡面板的实证分析，得到的结论如下：（1）道路基础设施的可获得性对中国农村居民的收入增长有着显著的正向影响；（2）在静态模型中我们发现通信和自来水基础设施对农村居民收入增长有着显著的正向影响，而在动态模型中我们发现尽管通信和自来水基础设施对农村居民收入增长有着正向影响，但这些影响都没能通过显著性检验；（3）教育和经验的一次方对农村居民的收入增长有着显著的正向影响，经验的二次方对农村居民的收入增长有着显著的负向影响，这一结论符合明瑟方程的预期。

该书从各个方面证实了基础设施对中国经济增长的积极影响和溢出效应，其政策含义十分明显：基础设施对经济增长有着显著的正向促进作用和溢出效应，这就意味着在过去的30年时间里，基础设施在中国经济增长奇迹中扮演了重要的角色。由于中国广大的中西部地区基础设施发展相对东部来说仍然不足，在今后相当长一段时间里，通过加强落后地区的基础设施建设不仅可以促进经济增长，还能够引导东部沿海地区对内陆地区进行溢出，促进区域经济一体化，进而实现我国区域经济的协调发展。

（刘生龙）

《入世十年与中国保险业对外开放——理论、评价与政策选择》

孙祁祥　郑伟　等著

经济科学出版社 2011 年版

210 千字

2001 年 12 月 11 日，中国正式成为世贸组织成员。入世十年，中国对外开放迈上新台阶，综合国力大幅提升，国际地位和影响力显著提高。保险业作为中国入世谈判的焦点和入世后对外开放的排头兵，在中国整个对外开放战略布局中一直居于重要地位。

该书在入世十年的大背景下，从基本理论出发，对中国保险业的对外开放进行宏观层面和微观层面的系统评价，并在国际比较的基础上，深入讨论未来中国保险市场对外开放的若干重大议题与政策选择。

该书除导论之外，分为五章。第一章是“保险市场对外开放的理论阐述”，第二章是“中国保险业对外开放的演进与评价”，第三章是“外资保险公司的经营战略及评价”，第四章是“保险市场对外开放的国际比较”，第五章是“未来保险市场对外开放的重大议题与政策选择：2011—2020”。

导论。关于中国保险业的对外开放，有一系列重要基础性问题值得认真思考。五个基本理念是：（1）“互利共赢”而非“零和博弈”是保险业对外开放的战略基石；（2）保险业对外开放应当遵循“三个有利于”的判断标准；（3）对外开放下的保险监管更应关注“宏观审慎监管”的最新趋势；（4）保险业“走出去”将成为服务国家战略的必然要求；（5）“全球统一监管规则”将对保险业开放格局产生深远影响。

第一章“保险市场对外开放的理论阐述”。比较优势理论和金融深化理论告诉我们，开放保险市场，引入外部市场竞争主体，对于发展中国家保险市场的发展具有重要推动作用。对于跨国保险集团而言，在考虑所有权优势、区位优势、市场内部化优势的基础上，海外扩张的动机，主要有保险集团基于追随客户的扩张战略、基于市场寻求的扩张战略以及全球范围内的风险分散动机。从实际运行来看，被动扩张是保险集团海外扩张的“初级阶段”，主动扩张是当前越来越多保险集团海外扩张的选择，全球市场的风险分散战略则是保险集团经营中降低风险的必然选择。新兴市场国家对外开放保险市场，引进国际保险集团，是其金融自由化的重要内容，对外开放的根本动因是推进本国保险产业的发展，进而推动本国金融产业的深化以及经济的健康发展。但是关于保险市场开放效应的理论研究和实证研究都不能对这一命题给出肯定的回答。为了发展保险产业、推动经济良性循环，新兴市场国家的选择应该是，积极稳妥地对外开放保险市场，合理有度地利用贸易保护措施。

第二章“中国保险业对外开放的演进与评价”。本章从历史纵向的视角，对中国保险业对外开放历程进行全面的总结和评价，着重考察了中国对外开放的整体部署和开放观对保险业开放进程的影响、保险市场开放格局的演变以及对外开放对产业安全、金融安全、行业竞争力等方面的影响。入世十年来，保险业迅速地进入了全方位开放阶段，保险业对外开放的实践历程也清楚地告诉我们，对外开放带来的竞争压力和示范效应，加速了保险业对内改革的进程，进而大大地推动了行业竞争力的提升，促进了监管制度的改革与完善，提升了消费者的福利。一个全球性的资源、资金、技术和产品的开放体系，符合我国的长期利益。

第三章“外资保险公司的经营战略及评价”。本章从微观视角对入世十年来外资寿险公司和外资产险公司在组织结构、产品、营销渠道、区域发展、人才发展等方面的经营战略进行总结与评价。研究发现，在组织结构战略上，外资保险公司的基本导向是因势利导，选择最能发挥出自身优势的组织结构；在产品战略上，外资保险公司的基本导向是在政策允许的范围内，充分利用外方股东的产品研发优势，通过差异化来满足目标市场上消费者的需要；在营销渠道战略上，外资寿险公司存在着“总体上的趋同”和“个体上的分化”两种特征，而外资产险公司的营销渠道战略则由于受到多种因素制约而简单得多；在区域发展战略上，外资保险公司基本都把总部所在地放在了上海、北京等中心城市，在区域布局上基本都把长三角、珠三角、环渤海等地区作为战略“桥头堡”，并在此基础上逐步对中西部地区进行渗透。展望未来，外资保险公司将面临中资保险公司越来越强的竞争压力；外资保险公司的经营战略有待调整；外资保险公司之间的分化趋势将进一步加剧。

第四章“保险市场对外开放的国际比较”。本章按照开放速度和程度的不同将不同国家（地区）的开放分成两种模式：快速充分开放和逐步有限开放。在对每种模式选取典型国家，从开放动因、开放进程和开放效果三个方面进行述评的基础上，总结了若干国际经验与教训：第一，保险业开放应该基于本国国情，循序渐进；第二，监管及配套措施应紧跟保险市场开放步伐；第三，坚持本国的立场和规划，提升面对发达国家压力时的谈判能力；第四，重视再保险市场在保险市场对外开放中的重要作用。

第五章“未来保险市场对外开放的重大议题与政策选择：2011—2020”。本章在描述未来十年中国保险业对外开放所面临的世界政治经济格局以及保险业发展背景的基础上，讨论未来十年中国保险市场对外开放的若干重大议题，如合资寿险公司的股权比例问题、保险业对外开放的深度和广度问题、外资保险区域平衡发展和保险供给结构平衡发展问题、保险业“走出去”的问题、保险业与其他金融部门改革开放的相互借鉴与协同问题。然后，根据前面各章的分析结论，按照开放、共赢、与时俱进的思路，借鉴国际经验，结合中国国情，将未来保险市场对外开放战略划分为三个实施阶段，论述了中国保险业在未来十年进一步对外开放的六大战略。

（郑伟）

《相关市场理论与实践——反垄断中相关市场界定的经济学分析》

李虹　著

商务印书馆 2011 年版

390 千字

自《中华人民共和国反垄断法》和《国务院反垄断委员会关于相关市场界定的指南》颁布以来，中国反垄断执法规范化问题越来越引人关注。在反垄断的执法过程中，相关市场的界定是反垄断案件经济分析的基础和关键，它对于判定企业经营活动的法律后果具有潜在的决定性作用。

中国的反垄断法立法起步较晚，直到2008 年 8 月才正式开始实施《中华人民共和国反垄断法》，2009 年 5 月发布的《国务院反垄断委员会关于相关市场界定的指南》给相关市场的界定提供了更多的指导，同时也提高了国务院反垄断执法机构的执法工作的透明度。长期以来，中国反垄断立法及司法实践都比较欠缺，使得中国反垄断执法中相关市场界定一直没有得到应有的重视。由于中国是大陆法系的成文法国家，因此明确相关市场的含义与界定标准，对于中国完善反垄断立法并促进其实施具有重大的意义且任务紧迫。

该书作为国内外首部利用经济学理论对相关市场界定进行深入系统的理论研究及现实可行性分析的专著，不仅对中国反垄断立法的不断完善及具体实施措施的优化具有重要指导意义，也会促使反垄断法真正发挥打破市场垄断和维护市场竞争秩序的作用，因而该书填补了中国反垄断中相关市场界定问题的理论与实证研究的空白。该书主要目的是：第一，引起国内经济学界同行对反垄断经济学作为一门重要经济学分支学科的重视，并力图为有志于深入研究当代国际反垄断经济学发展的读者们提供较全面系统的国际研究成果，使国内研究能够及时跟上国际反垄断领域研究最新进展；第二，为法学界、执法机构、社会监督力量等在反垄断司法实践中界定相关市场提供科学有效的理论依据，促进中国的反垄断法顺利有效地实施。

该书首先以经济学理论发展为脉络，系统梳理了美国、欧盟等国家相关法律条款及其兼并指南中对相关市场含义和界定标准的阐述，并总结了其发展演变的过程和规律，深入分析了经济学理论的发展对相关市场界定的影响。并在此基础上，按照相关市场界定的早期经济学方法、SSNIP 检验方法以及基于价格的检验方法等分析框架，对相关市场界定方法进行了分类，阐述了每种方法的产生背景、含义、运用及各方法之间的内在联系与区别等，从理论和司法实践两个角度对这些方法进行了评价，进而总结出界定相关市场所必须遵循的一般规律，作者的这些研究为中国的反垄断立法及反垄断司法实践的科学化与合理化发展提供了可借鉴的宝贵经验。

该书具有如下特征：

第一，完整、深刻地剖析了经济学中各种弹性理论的深层次内涵及其在相关市场界定中的应用，以及各弹性指标间的相互关联。这对于中国在未来司法实践中准确地使用弹性工具，有效实施《国务院反垄断委员会关于相关市场界定的指南》中提出的 SSNIP 检验方法具有重要的指导意义。

第二，全面系统地总结了对提供多元化产品或服务的企业的相关市场界定的问题。除了可以将企业生产的具有交易补偿性的一组产品视为一个整体并利用集群市场方法来判断其市场支配地位外，还可利用子市场方法去判断企业在某个更小范围市场中的垄断状况，当然还包括界于集群市场与子市场之间、按产品和服务的性质划分的次级市场方法。这些方法为解决目前反垄断司法实践中出现的越来越多的以提供多元化产品或服务为主的企业的兼并案件的调查与审理，提供了一个新的分析思路，也是一个有力且有效地保护竞争的工具。

第三，随着知识技术的不断进步，以知识产权许可为代表的创新市场及技术市场的界定问题显得越来越重要。该书首次系统清晰地阐述了创新市场和技术市场产生的背景、含义、界定方法、适用条件，并对相应的司法实践过程进行了深入剖析与评价，比较了 SSNIP 检验在创新市场、技术市场中的运用与在传统市场界定中的不同，分析了创新市场、技术市场与传统产品市场之间的关系等。创新市场和技术市场的合理界定对保护企业的创新力及研发能力具有举足轻重的作用，同时也增强了创新对中国经济增长的助推作用，从而将推动中国知识经济更好更快地发展。

第四，随着全球化步伐的不断加快，非横向的企业竞争与兼并行为越来越多，对竞争造成的影响也越来越大，该书对非横向兼并中相关市场的界定问题进行了深入的讨论，不仅分析了其理论基础，还对相关案例进行介绍，为中国非横向兼并案件中相关市场的界定提供了有价值的参考。

第五，首次系统地梳理了国际上各种相关市场界定方法的司法实践，主要包括方法应用的首次案例、经典案例及具有代表性的案例，分析了各种方法的具体操作流程。这项研究对中国这样一个缺乏相关市场界定案例与实践的国家来说，指导意义与借鉴作用尤为突出。

（李虹）

《金融伦理学》

王曙光　等著

北京大学出版社 2011 年版

550 千字

席卷全球的金融危机给世界经济带来了前所未有的冲击。学术界、监管者和社会公众从反思中认识到，金融危机一方面源于金融监管缺位、金融制度缺失和世界金融体系内在弊端，但更重要的是，金融危机与金融体系的伦理失范和金融机构的社会责任问题密切相关。这一点越来越成为全球知识界的共识。

当今全球金融业已不再仅仅是纯粹的技术活动，其所涉及的伦理问题是影响金融机构效率和金融体系稳健性的决定因素之一。金融伦理规则是对金融法律的重要补充，金融领域的诚信缺失和败德行为危及金融体系的稳定发展。当下中国金融业快速发展，金融与经济社会发展和公众福利之间的关系越来越密切，金融企业如何在自身发展中处理好伦理问题，从而成为负责任的金融企业，已经成为金融界必须面对的命题。

《金融伦理学》一书的写作目的在于“将伦理视角嵌入金融学教育过程，将道德基因融入金融学学生心灵”。作为国内首部系统的金融伦理学研究教材与专著，该书的出版在当代中国金融学界和伦理学界有着重要意义。该书的目的在于开创完整的金融伦理学的理论框架和教学体系，使读者系统地透过伦理视角审视整个金融体系的运作，深刻反思金融与伦理的辩证关系，理解金融体系内部的伦理冲突及其相关利益者之间的伦理关系，全面把握金融伦理的核心范畴和基本价值规范，从而确立一种有利于金融稳健运作、公众福利提升和社会和谐发展的崭新的金融伦理规则。

该书深入探讨了金融体系中的平等、公平、诚信等三大伦理原则及其实现方式，系统梳理了金融市场中的三大关系范畴，即权利—义务关系、委托—代理关系和自律—他律关系，对金融市场的伦理冲突与金融机构的伦理行为和社会责任进行了全面阐述与反思。该书对商业银行、投资银行、保险机构、资本市场和民间金融市场的金融伦理问题进行了详尽的理论和案例研究，有较高的理论和实践价值。

（王曙光）

《走向全球第三大货币——人民币国际化问题研究》

宋敏　屈宏斌　孙增元　等著
北京大学出版社 2011 年版
240 千字

作为全球最大的出口贸易国，却仍然用他国货币作为主要贸易结算货币，这在人类经济史上也是绝无仅有的，而中国正是这绝无仅有的国家。基于这样一个基本事实再来理解最近决策层在推动扩大人民币贸易结算范围上所做的努力，就会发现这是一个再自然不过的选择。决策层目前正致力于给予人民币贸易结算必要的税收、贸易信贷和资本项目方面的政策支持。更重要的是，对于境内和境外进出口企业来说，能够节约换汇和用美元交易的相关费用，并有效规避人民币汇率升值的风险，从而对用人民币替代美元进行贸易结算的积极性很高。从试点开始至今，人民币贸易结算额大幅上升。鉴于企业、金融机构，特别是跨国银行空前高涨的参与热情，辅以全球范围内的人民币清算系统即将在短短数月内投入使用，未来几年内人民币国际化的步伐有望大大加快，超出多数人的想象。

考察人民币贸易结算的潜在需求所在，我们要把目光投向西方发达经济体之外——新兴市场。中国作为不少新兴市场经济国家的最大贸易伙伴，现有贸易结算既不用人民币也不用他们本国的货币。现在是做些改变的时候了，将贸易结算货币从现行的美元结算转为用人民币结算无疑是非常有吸引力的选择：在美元汇率走势日渐动荡的背景下尤其如此。前瞻地看，在全球经济增长重心从西方向新兴市场转移的过程中，新兴市场的份额可能继续快速上升。以这样的增长态势发展，乐观估计未来三到五年内中国对新兴市场的贸易量的一半可以实现用人民币结算。也意味着相当于每年有两万亿美元规模的贸易流动是用人民币来结算的。相信不远的将来人民币将成长为全球国际贸易三大结算货币之一。

该书是对人民币国际化问题的系统化研究。主要进行了以下几方面的分析：（1）解决“要不要”的问题，也就是人民币国际化对我国的经济发展，金融建设的成本收益分析；（2）“可不可以”的问题，即当今的国际政治经济环境和国内的经济发展对人民币国际化的影响问题，这方面的分析主要从国际化货币诸如英镑、美元、欧元等的历史出发，总结经验教训，对当今世界货币体系发展作出展望，并对人民币国际化给出合理的定位；（3）“会怎样”的问题，即对人民币的国际化前景大体的预期；（4）最后一个问题是“怎么走”，也就是人民币国际化的具体战略实施。

在推动人民币国际化方面，该论著强调积极且谨慎的态度。以史为鉴，国际化货币似乎都曾出现危机性问题，这要求我们多多吸取经验教训，防范人民币国际化中可能的成本，另外人民币国际化是一个过程，未来还有很长一段路要走，在当前，人民币国际化的定位应该是“分一杯羹”，采取务实的区域化路线。从大处讲，人民币应该在世界经济全球化，中国经济改革发展的大环境下去考虑，从细处着手，人民币国际化需与中国金融改革，资本账户开放，利率市场化，人民币汇改等密切结合起来。

具体而言：(1) 自身经济实力的增强是关键。努力保持经济的稳定和可持续发展，逐步提升产业结构，扩大内需，构建具有核心竞争力的贸易模式，进一步提高中国在国际上的经济地位。(2) 中国不完善的金融体系无疑是人民币国际化的最大障碍。完善的金融制度，健全的法律和有效的监管是金融市场健康发展的基础，也是国外投资者对人民币产生信心的源泉。要稳步推进金融市场改革，加大金融市场的广度和深度建设，鼓励金融创新。另外，金融改革应该循序渐进，各个制度的改革应该相互配合，维持金融市场的稳定性。(3) 完善人民币汇率形成机制，保持人民币的币值稳定。具体地，要推进人民币汇率制度的改革，逐步建立基本稳定且自由浮动的汇率政策，同时要实施稳健的货币政策和财政政策，使人民币币值有长期稳定的预期，从而保证人民币能够独立承担国际计价和交易功能以及价值储藏功能。(4) 加强人民币区域合作，形成货币使用的“惯性”。从区域化着手，扩大人民币的使用规模，如加强与周边国家和地区、发展中国家在人民币国际化方面的合作，加快香港作为人民币离岸中心的建设等。在推动人民币区域化的进程中，要把握人民币区域化的节奏，控制人民币汇率改革和资本账户开放的风险，特别是要发挥香港在人民币离岸业务方面的优势，将香港建设成为人民币离岸中心。

（宋敏）

《中国企业品牌竞争力指数系统理论与实践》

张世贤　杨世伟　著

经济管理出版社 2011 年版

243 千字

随着我国消费市场从“商品消费”进入“品牌消费”的客观环境变化，企业之间的竞争越来越体现为企业品牌之间的竞争。然而国内企业在加强竞争力、进行战略性品牌管理方面还没有一个标准化的、持续的基础性参考指标。提升中国企业品牌竞争力，建立科学、客观、系统的品牌管理体系已迫在眉睫。

第一，企业品牌竞争力的内涵。

企业的核心竞争力直接体现为品牌竞争力。良好的品牌形象能使企业提高市场占有率和覆盖率，为其创造更大的利润；作为价值符号，品牌所蕴含的个性和品质为消费者创造了附加价值。狭义的品牌竞争力源于企业占有和运作关系资源（即品牌）的差异，通过品牌竞争的形式，为企业在市场上取得竞争优势，保持竞争优势和扩大竞争优势，而相对于竞争对手所具有的比较能力。广义的品牌竞争力涵盖产品层次的品牌竞争力、企业层次的品牌竞争力、产业层次的品牌竞争力、区域层次的品牌竞争力，所谓品牌竞争力即反映在各自层面获取相对竞争优势能力的集合。

第二，品牌竞争力的来源。

企业运作系统一般分为企业内部系统和外部系统。内部系统是指通过管理资源的配置，使采购、生产、储运、营销、服务、财务、研发和人事等活动依循各种规则运转起来，以实现企业的各种目标。在一定程度上，企业品牌竞争力的高低决定于企业创造绩效的能力，而创造绩效主要是通过内部系统来实现的，所以，企业的内部运作系统是品牌竞争力的主要来源。外部系统主要是指人口、经济、技术、自然、政治和法律、社会和文化等环境，通过对企业内部系统的作用而影响品牌竞争力。品牌竞争力的内部来源是根本性要素，是决定品牌竞争力形成的主要变量，由两部分构成：(1) 直接来源：品牌质量、价格、分销渠道、促销与品牌传播；(2) 间接来源：管理、技术、人力资源、创新以及企业文化等。外部来源是辅助性要素，是影响品牌竞争力形成的保障变量，包括产业、战略联盟、政府政策、教育与文化等方面。

第三，企业品牌竞争力评价指标体系。

品牌竞争力指标体系是一系列用以评估品牌竞争力状态的要素体系，本质是将品牌竞争力这一复杂、不可直接测量的概念分解成可以直接衡量的片段。该体系是一套全面系统的评价体系，在吸收学术界、权威机构公认的理论成果的基础上有所创新，兼具系统性（企业内部如发展潜力、财务表现和市场表现指标，企业外部如消费者支持）、动态性（现状情况如市场表现、财务表现和消费者支持指标，未来状况如发展潜力指标）和科学性（定性指标如发展潜力和消费者支持指标，定量指标如市场表现、财务表现）。品牌竞争力指标体系包括 4 个一级指标、18 个二级指标、72 个三级指标，从不同层面对品牌竞争力进行评价。

财务表现指标从企业绩效角度反映品牌对企业的贡献率，市场表现指标则从品牌竞争的角度反映企业当前的竞争地位。品牌财务表现层面的指标分为规模因素、增长因素和效率因素三个二级指标。品牌的市场竞争表现指标划分为市场占有能力、超值获利能力、市场稳定性、国际市场影响力四个二级指标。品牌发展潜力层面的指标主要通过品牌技术创新力、品牌资源筹供力、品牌市场营销力、品牌市场成长力、品牌基础管理能力五个二级指标衡量。基于消费者的品牌竞争力评估主要是评估顾客或消费者对品牌的知名度、美誉度和忠诚度等指标。品牌忠诚度主要通过品牌溢价性、品牌偏好型、再次购买性、行为忠诚度、顾客推荐率、缺货忠诚率六个三级指标衡量。

（张世贤）

《中国区域经济学前沿（2010/2011）：“十二五”区域规划与政策研究》

李平　陈耀　郝寿义　主编

经济管理出版社 2011 年版

980 千字

区域规划与区域政策是区域经济学的重要组成部分，该书以“十二五”时期的区域规划和政策为主题，主要围绕区域规划的科学基础和政策取向、产业转型升级与产业转移、区域协调发展战略等领域展开理论和实证研究。

第一，关于区域规划与政策取向。2009 年以来，国务院先后批复了二十余个区域规划，区域经济规划正以空前的密集度出台并跃升至国家战略层面。在这种宏观背景下，如何科学地编制与有效实施国家级区域规划，是学术界和实际部门面临的一项重要课题。该书认为，区域规划就是在一定的地理空间范围内对经济要素进行布局生态环境保护的制度性安排。通过分析区域规划与主体功能区规划、国土规划、经济社会发展规划之间的关系，发现区域规划与综合配套改革试验区、区域发展战略、区域政策中存在着异同，主要包括规划的范围、规划的指导思想与发展目标、区域功能定位与发展方向、产业结构调整与空间布局优化、基础设施建设与生态环境保护以及政策与保障措施等几方面内容。该书系统分析了近期我国区域规划的特点，即突出区域的发展定位、增强区域规划的发展目标的战略性、正确认识规划的发展环境、形成地区发展特色和促进生产力合理布局。

我国经济社会发展的转型给我国区域规划带来了多重的冲击，在转型期需要构建区域规划新的模式，以解决区域发展过程中面临的新问题。首先是在意识层次上，确立价值理性回归下的新区域主义作为新时期区域规划的核心指导思想；其次是在行动层面上以城乡总体规划作为区域规划的主线，确立区域规划在城乡规划体系中的法理地位；再次，倡导多学科参与区域规划，促使区域规划从单一的技术学科向旨在维护社会公平、空间公正的综合学科转变。针对未来区域规划的生产力布局安排，主张从“三个重要依据”来考虑：一是作为产业选择的重要依据，二是作为项目审批的重要依据，三是作为企业选址的重要依据。

区域政策是政府调控区域经济发展和协调区域经济关系的一个手段，涉及利益的转移，通过政府的集中安排，有目的地对某些类型的问题区域实行倾斜，以改变由市场机制作用所形成的一些空间结果。

第二，产业转型升级与产业转移。国际金融危机爆发以后，我国产业转型升级与区域发展方式转变已成为应对金融危机的主要手段。我国工业增长与投资受国际金融危机的影响，呈现出明显的区域特点，最早表现在外向度比较高的沿海发达地区，随后渐次向内陆地区蔓延。目前存在的主要问题是，沿海地区增长过于依赖外需，中西部地区对投资依赖程度高，粗放型增长的区域特征依然突出。后危机时代，我国地区工业要努力实现“四个转变”，即有针对性地刺激内需，实现外需拉动型向内需拉动型转变；强化自主创新能力，实现粗放型增长向集约型增长的转变；加快发展循环经济，实现环境损害型向低碳生态型转变；引导产业有序转移，实现“移民就业”向“移业就民”转变。

地区产业转型是指对该地区已有产业进行提升或发展新兴替代产业。不同地区发展的特点及其所处的特定历史环境决定着地区产业转型时表现为多种类型。通过计量发现，集中了全国近80%份额高技术产业的东部地区，全要素生产率提高明显高于中西部，但资本在产出中的重要性很低，依赖劳动力的投入，并且还有不断强化的趋势。中西部的高技术产业则以劳动节约型为主，依赖资本的投入，但效率较低，既没有带来明显的资本收益，也没有带来就业的增加。这说明中国的高技术产业和区域要素禀赋严重背离，这可能是造成近年来中国高技术产业增长乏力的主要原因。高技术产业效率的提高需要东部转变增长方式，提高自主创新能力，改变单纯依赖低劳动力成本的状况，同时中西部地区的高技术产业应注重对当地经济的带动作用。

区域产业转移是区域经济发展不平衡的必然产物，也是开放经济条件下实现区域产业协调发展的内在要求和趋势。面对金融危机的蔓延与冲击，我国东部地区向中西部地区的产业转移速度与规模正在提升，这对促进区域经济协调发展、积极应对金融危机具有重要的意义。目前，中西部地区在承接东部产业转移的过程中，在商务成本、产业配套能力和投资环境等方面还存在诸多制约因素。中央政府应加紧制定相关规划和政策对区域产业转移加以引导和协调，并通过财政、税收等手段加以支持和促进。中西部地区要加快提升产业配套能力、优化投资环境，在承接转移产业时应该是有选择性的，应结合现有主导产业、注重发挥要素的聚集效应、保护环境、结合未来产业发展方向进行承接。

新形势下，我国区域产业结构调整面临着一些新的问题。如劳动力比较优势正在发生变化；区域经济关系正向重复竞争、投资效益低下向加强协作、协调共赢转变。在这种情况下，产业转移对于区域产业升级与协调发展将起到越来越重要的作用。

第三，区域协调发展战略。新中国成立以来，我国的区域经济发展战略经历从均衡发展到非均衡发展，再到协调发展的两个转变。通过构建了综合考虑产业（部门）、空间（区域）、动态（时间）三个维度的评价体系，并运用该评价体系测算了中国东、中、西、东北四大区域和国家层面的区域协调发展程度，发现自2000年国家实施区域协调发展战略以来，国家层面的协调程度不断提升，但四大区域却表现出不同的发展趋势，东部和西部地区整体协调程度较低但具有明显的上升趋势，中部和东北地区虽然整体协调程度较高，但2005年后不断下降；而三个维度方面，动态协调度不断提升，但产业和空间协调度上升趋势不明显，中部和东北地区的空间协调度甚至出现下降。因此，区域协调发展要有前瞻性的思考，一是坚持科学发展观，确立区域经济社会的综合发展目标。二是坚持和谐发展，加强对我国区域发展中各种矛盾和问题的研究。三是以构建和谐的区域关系为目标，加快建立区域利益协调机制。

（陈耀）

《长江三角洲地区 R&D 的行为模式和技术转移问题研究》

安同良　等著

经济科学出版社 2011 年版

280 千字

长江三角洲地区作为中国经济改革与发展的前沿地带，以制造业为主驱动并参与国际分工，在“中国制造”的过程中，起到了排头兵的作用。但制造业企业仍未摆脱技术依赖症，本土企业存在着研发劣势。

该书以制造业最为发达的长江三角洲地区为研究对象，以企业技术创新与技术能力研究范式为基础，探究长江三角洲地区经济一体化的过程中，中国制造业企业 R&D 行为模式的演化机理、技术转移与技术学习的内在规律；指导中国企业作出明智的 R&D 发展决策，避免企业被锁定在技术的拿来主义与技术依赖——技术能力发展的低级化道路上。

该书共分三部分：第一篇，长三角洲地区 R&D 的行为模式。在细致回顾研究 R&D 的国内外文献之后，从国际、国内、长三角地区三个角度对 R&D 行为模式进行多维度、多视角的比较观测，结果表明：中国 R&D 经费支出总额的世界排名靠前，但是我国 R&D 经费支出总额中用于基础研究的经费较低、R&D 活动的质量不高，因此我国的 R&D 活动尚不能有力地支撑我国经济的发展；全国各省 R&D 强度地区间结构差异明显，并呈两极分化的趋势；大中型制造业企业和企业集团是长三角 R&D 活动的主要承担者。长三角地区原始创新、集成创新、消化吸收创新平分秋色，原始创新在企业创新活动中所占的比例仍然偏小。长三角地区各种层次的 R&D 成果均稳步发展，其中国内领先的成果占主导地位，国际领先的成果仍然相对较少。

在 1998—2008 年全国 30 个地区面板数据的基础上，建立多元回归模型进行计量检验，并从地区层面进行比较分析。实证表明，产业结构水平较低时，经济发展水平较高时，GDP 的快速增长和产业结构的优化升级可以明显促进 R&D 强度的提高。但是当经济发展水平较低、产业结构水平较高时，两者与 R&D 强度的关系并不显著；人力资本存量水平的提高会显著带来 R&D 强度的提高，其影响程度受经济发展水平这个初始因素制约，经济越发达，人力资本促进 R&D 强度的弹性越高；国有制的比重和政府对 R&D 活动的直接补贴与 R&D 强度呈负相关关系。

第二篇，长三角洲地区技术转移。本篇设计了一整套评价技术转移的客观指标体系；并在构建技术进步和转移的一般模型的基础上，将技术转移的国内外多极供给纳入一个整合的系统，考察了包括 FDI、进出口贸易、产学研、科技服务、集群内技术流动等多重技术转移渠道对区域技术技术进步与创新的影响，全面揭示长三角地区在开放条件下技术转移绩效、模式与技术学习的内在机制，从而得出科学的、定量化的结论。

在理论研究方面，该书建立了一个更为系统的框架来综合考虑多种技术转移渠道对企业技术能力和区域技术进步的影响。并且提供一个基于长三角经验的独特的实证视角。本篇最后对沪、苏、浙三地各自不同的有效技术转移模式进行了分析与总结，从而为国家的技术转移政策以及各地企业的实践活动提供借鉴。

第三篇，政策与案例。本篇首先对 R&D 补贴对中国企业自主创新的激励效应进行了分析。研究发现在中国这样的技术追赶型国家，政府惯常将 R&D 补贴作为激励企业进行自主创新的关键政策手段，但事实是企业经常发送虚假的“创新类型”信号以获取政府 R&D 补贴。我们建立了一个企业与 R&D 补贴政策制定者之间的动态不对称信息博弈模型，力图刻画企业获取 R&D 补贴的策略性行为及 R&D 补贴的激励效应。研究表明当两者之间存在信息不对称、且用于原始创新的专用性人力资本价格过于低廉时，原始创新补贴将产生“逆向”激励作用。面对企业释放的虚假信号和高昂的甄别成本，政策制定者的最优补贴方案是通过提高原始创新的专用性人力资本价格从而形成分离均衡。我们的结论为甄别企业的真实创新类型提供了可信的方法，同时更给出了提高政府 R&D 补贴效率可行的政策建议。本篇借鉴企业技术能力的研究成果，通过对典型中小代工企业三丽帽业技术能力的发展历程研究，总结出其技术能力发展过程中的企业家主导依赖性、订单导向性、生产环节针对性以及演进过程中的低层次循环等特征，得出了案例企业技术能力发展的一般轨迹，结合中小代工企业的特点，概括出中小代工企业技术能力发展的特点及存在问题，并从企业本身和政府角度提出了改进建议。

（安同良　吴福象）

《文化资本、企业家精神与经济增长：浙商与粤商成长经验的研究》

高波　著

人民出版社 2011 年版

250 千字

20 世纪 90 年代以来，全球化、信息化和市场化的浪潮改变了人类的生产方式和生活方式，塑造了全新的世界地图，为社会科学研究提供了丰富的材料和复杂的现象。从传统经济学意义上来说，资源配置、要素流动、结构升级、技术创新和制度变迁，是经济增长和发展的基本因素。但是，必须透过资源、结构、技术、制度因素的表象，深入分析经济行为主体的动机、文化价值观及其行为特征，从而科学、准确地理解经济增长和发展的趋向。

企业家是推动产业升级、技术创新和制度变迁最重要的行为主体，企业家行为直接影响着一个国家或地区的经济增长和发展。在经济学理论研究中，企业家居于十分重要的地位。改革开放以来，对于中国的经济转型和发展来说，企业家发挥了越来越重要的作用。企业家作为市场经济的行为主体，在充分利用市场机制的同时，也在一定程度上弥补了市场的缺陷。企业家可以减少市场调节的盲目性，降低交易费用，从而提高市场调节的效率。大胆创新、不断进取、直面风险是企业家的基本素质，是市场经济条件下企业家的基本职能。大量高素质的企业家的成长和企业家精神的普及，是中国市场经济体制不断完善和经济发展的强大动力。

企业家精神包括创新精神、敬业精神和合作精神。创新是对常规的突破，是企业家最鲜明的特征。企业家精神实质上是企业家价值观体系的不断扩展和创新，或者说是企业家文化资本的持续积累。文化价值观是企业家精神的“灵魂”和企业家创新的动力源泉。如果没有文化价值观的创新和突破，市场创新、技术创新和制度创新都难以发生，企业家精神必将枯竭。

从文化和文化资本层面，揭示企业家精神的实质，探讨企业家成长的路径，解开经济增长和经济发展的密码，是该书的一个主旨。作为一种探索，该书力求在以下几个方面作出理论创新和实践探讨。第一，企业家精神是文化资本投资的结果，而文化资本积累决定了创业、创新的数量和质量，进而影响经济增长。企业家精神和企业家是经济增长的引擎，企业家精神通过激励创新、促进竞争和增加就业的内在机制推动经济增长。第二，经济增长影响人们的创业意愿，而以创业、创新为特质的企业家精神对经济增长具有显著影响，企业家精神的发展将大大增进人们的福祉。对浙江和广东的实证分析表明，企业家精神是经济增长的根本动力，浙江和广东是一片创业、创新的沃土，炽热的企业家精神造就了浙江和广东高速经济增长的奇迹。第三，浙商成长的文化环境是浙东文化，粤商成长的文化环境是岭南文化，浙粤深厚的文化积淀，持续的文化创新，催生了历久弥新的企业家精神。浙江和广东的地理和资源条件，孕育了生生不息的浙东文化和岭南文化。浙东文化经世致用、义利并存、开拓创新，是浙商成长的文化环境。岭南文化自由开放、冒险开拓、务实创新，是粤商成长的文化环境。浙东文化和岭南文化不排斥海外异域文化，表现出开放与灵活的海洋文化特点。浙东文化和岭南文化，都是天生的商业文化，它们不耻言利，重利务实，具有强烈的功利主义，开放包容，诚信合作。第四，浙粤企业家具有强烈的企业家精神和企业家的人格魅力，浙粤企业家的财富观、信任观、公平观和社会责任感不同程度地受到区域文化、教育和宗教信仰等的影响。第五，政府制度创新和政府的行政效率及服务质量，对企业家精神的兴起具有极其重要的作用。政府制度创新本身是一种企业家精神的具体表现。政府制度创新，作为一种制度供给，通过改变企业家的创新收益和创新成本，对企业家创业、创新产生激励，进而影响企业家的创新行为，决定企业的经营绩效。浙江和广东是中国改革开放的试验田和前沿阵地。浙江和广东的地方政府擅长无为而治，充分发挥市场的作用，尽量减少政府干预，从而为民间的制度创新、产业创新和市场开拓提供了广阔的空间，促进了企业家精神的兴起和发展，以及民营经济的发展。最后，近代以来的三次文化变迁使中国获得了持续的文化资本积累，中国经济得以实现起飞，而中国的文化创新和华商精神的兴起，是中国走向世界经济强国的两大引擎面对中国经济的停滞和增长之谜——“李约瑟之谜”和“邓小平效应”，主流经济学一筹莫展。因为长期以来制约或促进中国经济增长的并非是资源、资本或劳动力，尽管这些要素在不同时期也很重要，甚至也不只是技术进步和制度变革，而是内在地决定制度和技术创新的文化变迁状况。毫无疑问，“解放思想”是解放生产力的前提，文化创新是制度创新与技术创新的基础。总之，中国文化资本积累的过程中，华商发挥了重要的作用，他们用自己的行动实践和改变了许多原有的文化价值观。大陆华商与海外华商共同组成了世界的重要经济力量。

（高波　吴福象）

《企业多元化的本土研究：理论与方法》

贾良定　鲁倩　苏文兵　等著

商务印书馆 2011 年版

300 千字

最近十多年来，我国管理学研究发展迅速，许多学校开设了管理学研究方法课程，采用实证方法的学术论文比重也越来越大。

各种多元化测量方法，都是分别基于不同理论视角构造出来的，并且都是在西方背景下用不同数据进行检验和运用的。因此，在我国使用中国企业数据展开本土的多元化研究时，首要任务是回答一个基本问题：针对我国上市公司的数据结构，上述的多元化测量方法是否有效可信地测量企业“多元化”这个概念？针对我国上市公司的数据结构，如何使用这些测量方法？该书的第二、三、四章系统地回答了这些问题。基本结论是：（1）针对我国上市公司的数据结构，这些多元化测量方法具有良好的信度和效度；（2）根据目前我国上市公司数据报告的特点，建议使用某种测量法的两个或以上的指数通过聚类分析，构建出类似于 Rumelt 的战略类型，进行多元化与其他变量的关系研究。

第五、六、七章探讨了高管团队的人口统计特征、资源冗余与企业多元化行为的关系，以及高管团队的“和而不同”与企业绩效的关系。这些研究中的核心概念——多元化——的测量完全建立在本书的第二、三、四章的研究基础之上。

从研究类型来看，该书的第二、三、四章对多元化测量方法的效度和信度研究属于复制性研究，其目的是探讨各种多元化测量方法的有效性，回答一个基本问题——“它们适合中国的本土研究吗?”；该书的第五、六、七章试图展开一些创新性的实质性关系研究。如第六章根据我国转轨经济的特征，把企业冗余分为“刚性”（管理者对此的自由处置能力比较弱，如应收账款、存货和费用所产生的非现金性资源）和“弹性”（管理者对此的自由处置能力比较强，如流动比率、资产负债率所产生的现金性资源）两类。研究者发现，刚性冗余与企业多元化程度显著相关，而弹性冗余与企业多元化程度没有显著关系。并且发现，当第一大股东持股类型为法人股时，弹性冗余与企业多元化程度显著负相关，随着第一大股东持股比例的增加，弹性冗余与企业多元化程度的负相关关系则更加强。这说明，中国企业至少是上市公司并非弹性冗余导向的多元化行为，导致企业多元化程度增加的是那些刚性冗余（如以“三角债”或“以货易货”形式存在的应收账款等），并且公司治理结构对企业多元化战略行为能够起到委托代理理论所预期的控制效果。再如，基于中国传统思想，研究者发展了“和而不同”的概念。第七章研究表明，“和而不同”的企业高管团队都将引致最高的无论是短期还是长期的企业会计绩效。

从研究目的来说，该书的第二、三、四章不仅为第五、六、七章服务，而且为未来有关我国企业多元化的相关研究奠定了良好的概念和方法基础。

该书实践着《美国管理学会学报》（*Academy of Management Journal*）的前主编Thomas Lee（2002）对中国管理研究的三点建议，并实践着我们所增加的一点建议。这三条建议是：其一，从已知开始，即“从有限的主导范式开始进行证实或证为工作”；并强调这一工作进程“应该限定在大约五年的时间范围内。”其二，保持警觉，即“希望我们学术刊物的编辑们、审阅者们、作者们和读者们能够对中国管理学学术成果在苛刻的研究严谨性方面保持警觉。”其三，微观和宏观结合研究，即“在‘组织行为’研究中保留‘组织’的概念”，同时在“战略”研究中看到“人”的存在。我们增加的建议是，走自己的路，即如果学术研究是一场对话活动的话，那么我们可以建立自己的对话，让别人逐渐参与进来。展开一流的、能为知识和实践作贡献的科学研究，“严谨性警觉”当属最重要的原则，如果没有严谨性，结论是站不住脚的。该书保持高度“严谨性警觉”，“从已知开始”，检查西方情景下发展出来的多种多元化测量方法的效度与信度，并提供如何在中国本土使用这些方法的建议。在研究企业多元化行为时，我们时刻记住中国情境以及企业中的“人”——高管团队。我们不仅“从已知开始”学着走路，而且试图从中国文化中提炼出一般的概念与理论——“和而不同”（harmonized diversity）——来研究自己的问题。我们还期望植根于中华历史与文化的概念与理论也普适于其他历史与文化的情境中去。

该书的所有数据均来源于CCER和Wind数据库和2000年“第五次全国人口普查”长表中“R19”（行业）和“R20”（职业）的江苏省数据；《中国统计年鉴（2007）》相关数据。该书将源于CCER和Wind数据库的所有用作最后分析的数据全部公布，并且公布详细的分析步骤与程序，以期读者检验本书研究的结论。

（贾良定　吴福象）

《经济发展方式转变的机理与路径》

沈坤荣　等著

人民出版社 2011 年版

550 千字

中国粗放型增长所积累的矛盾日益突出。资源消耗高和生态环境承载力下降、收入分配差距拉大、国际贸易争端激化、金融风险加大等都已经成为中国经济持续发展的巨大障碍。在国家适时提出加快转变经济发展方式的重大战略后，如何使经济发展实现由主要依靠物质资源消耗向创新驱动转变，由粗放型向集约型转变成了一个重要课题。该书认为，重构经济发展动力机制是解决中国经济可持续增长问题的重中之重，而经济发展动力机制的重构主要是实现由过度依赖外需向积极拉动内需的转变。而要拉动内需，除了提高劳动者收入、调整收入分配、完善公共服务体系外，更要从微观上构建扩大消费、拉动内需的产业基础。为此需要理解已有产业基础形成的独特制度背景。该书认为，积极构建有限和有效政府是未来制度创新的基本方向，以加快经济发展方式的转变。

该书首先在推进中国经济增长的动力结构与微观机理方面进行了深入探讨。然后分别从“技术创新、对外开放与发展方式转变”，“资源环境约束与发展方式转变”，“经济结构转换与发展方式转变”等三个方面研究了中国经济发展方式转变的机理与路径。

第一，中国经济增长的动力结构与微观机理研究。中国经济增长的动力结构可归结为：工业和服务业是产业主导，城市化是空间载体，市场化是体制基础，国际化是战略支撑。然而，在中国改革开放后三十多年的经济增长过程中，这些动力中蕴含着一系列的不可持续性因素。中国的行政性分权为地方政府提供了财政税收权、地区国有资源的支配权以及影响企业行为三种能力，不可避免地导致中国经济增长具有粗放型的特征。因此，在推进实现中国经济增长模式转变的过程中，制度变革是一个关键，制度变革的总体目标是培育与现代经济增长模式相适应的微观行为主体，这主要取决于地方政府职能的转型。目前阶段必须围绕官员晋升机制、国有资源配置体制以及财政税收体制进行一系列“渐进式”的调整，更多地引入地方官员晋升的民主机制、资源配置的竞争机制与监督机制以及财政税收的公共服务机制。

第二，技术创新、对外开放与发展方式转变研究。(1) 基于财政税收权激励的税收竞争使得地方政府在吸引 FDI 上采取策略性行为。研究显示：竞争的外部性使辖区间财政政策的选择表现出明显的策略性，其中，粗放式的税价竞争一直是我国辖区间竞争的主要特征，不过，近年来的竞争策略趋势正在由单纯的税价竞争向财政支出领域扩展。辖区间财政竞争不仅使辖区吸收 FDI 溢出效应的能力下降，降低了 FDI 的增长绩效，而且也使 FDI 的增长绩效在辖区间表现出明显的差异性。(2) 基于低劳动力成本的引资政策还影响到了 FDI 溢出效应。研究发现，FDI 外溢效应的拐点特征具有鲜明的产业性，尤其是劳动密集型产业已经进入了拐点后的新发展阶段，而资本密集型产业却并未进入正面效应消退期。(3) 发现国有企业的研发效率只有非国有企业的一半，但是国有企业和非国有企业都存在技术转化障碍。

第三，资源环境约束与发展方式转变研究。(1) 基于一个动态一阶自回归模型对全国、分地区的 FDI 环境效应进行了考察。结果显示，FDI 的增加确实给我国的生态环境带来了一定的不利影响，分地区考察的结果则表明 FDI 在我国各地区之间具有不同的环境效应，中东部地区显著优于西部地区，这可能与落后地区地方政府在引资政策上的“向底线竞争”有密切关系，从而使得中国落后地区成为“污染天堂”。从不同时期上看，FDI（包括外资企业的进出口）的环境效应具有动态改良的趋势。(2) 研究证明，国际油价冲击对中国经济存在非对称性效应，而数量型的增长方式进一步强化了油价波动的逆向冲击效应。为了规避国际油价波动的负面效应，政府不应当过多干预油价，应当由市场机制对油价波动进行自发调节，实现资源的优化配置。缓解油价波动对中国经济的冲击，应以提高能源效率为主。

第四，经济结构转换与发展方式转变研究。理论模型分析说明：地方政府干预能力的加强导致大量的资源流向使用效率并不高的权力性贷款，并且导致了租金的耗散和信贷资源配置效率的低下，从而对经济增长产生负面影响，并造成了地方政府拉动投资过热和“粗放型”经济增长模式的形成。更进一步，关系型银行业务的萎缩会导致中小企业产生外源融资困难，从而迫使它们不得不依靠自身的内部盈余来进行资金积累，从而对中小企业的发展产生不利的影响。因此，将地方政府财政收入与支出相互协调和匹配的政策将有助于减小地方政府干预的激励，从而更有利于金融发展市场化环境的构建，提高我国金融资金的配制效率，从而进一步促进我国经济增长方式从“粗放型”向“集约型”的转型。

（沈坤荣　吴福象）

《制度变迁与制度绩效：新中国农地制度演进与前瞻分析》

杨德才　等著

经济科学出版社 2011 年版

280 千字

土地制度作为农村经济社会制度的核心和基本制度，它不仅对土地资源配置及其效率有重大影响，而且对农村社会稳定和社会公平正义也有着重大影响。我国农村土地制度经过六十多年演变，目前已经形成了“农地集体所有，家庭承包经营，承包权长期稳定，鼓励农地流转”的一套完整的土地制度。该书以新中国六十多年农地制度变迁为研究对象，剖析制度变迁及其安排对农地产出绩效的影响，以探寻新中国农地制度变迁的内在机理并总结其中的成败得失，从而为我国农地制度未来可能的变迁提供有意义的借鉴与指导。该书共计 7 章，除第 1 章为绪论外，其余 6 章可以分为两个部分：

第一部分为第 2 章、第 3 章，重点分析新中国农地制度变迁的路径及其绩效。在新中国六十多年里，伴随生产力水平的不断提高和经济社会的向前发展，我国农村土地产权制度发生了三次重大变革。第一次土地产权制度变革改变了土地在不同社会阶层之间的分配，农民成为土地的真正主人，生产积极性和创造性大大提高，农业生产稳定发展，不仅稳定和巩固了新生的政权，也为整体国民经济的恢复发展起了决定性的作用；第二次变革由于脱离了当时的农村生产力发展现状，加上制度本身的不完善，挫伤了农民的生产积极性，对农村经济和农业生产力造成了严重破坏；第三次变革通过将土地的所有权和使用权相分离，把土地承包给农民使用，实行集体经营与家庭经营相结合的双层经营体制，兼顾国家、集体和个人三者的利益，调动了农民的生产积极性，不仅促进了农业生产，也极大地提高了农民的生活水平。从这三次制度变迁发现，新中国农地产权制度变迁一直是向着优化资源配置、寻求最优制度绩效的方向而发展的。

新中国六十多年农地制度变迁的重要启示有：(1) 从制度变迁的方式来看，在新中国六十多年的历程里，我国的农地制度变迁经历过供给型的强制性制度变迁和需求型的诱致性制度变迁，就绩效而言，后者显然要优于前者，因此，仅从这个角度来看，需求型的诱致性制度变迁应是今后我国农地制度变迁的最主要形式。(2) 不论是其前的强制性制度变迁还是其后的诱致性制度变迁，都具有典型的路径依赖特征。我国今后的农地制度变迁必须充分重视路径依赖因素的影响。(3) 一种制度要想成为正式的制度安排，一般是自上而下的供给型制度要容易得多，而自下而上的需求型制度则困难重重。供给型制度能否取得好的绩效，则取决于该制度是否真正贴近现实问题和现实需求；而需求性制度能否取得好的绩效，则取决于决定制度安排的领导者是否接受该制度、是迟还是早安排该项制度。(4) 制度变迁实际上是一个追求潜在利润的制度交替过程，而利润的分割则很可能决定着制度变迁的方式和制度变迁的速度。(5) 一种制度安排在一段时期内很可能是较优的、有效率的，但这并不意味着该制度安排就是不可改变的、是一劳永逸的，经常的情况应是，制度要在经济发展过程中不断地进行修补，不断地量变着，只有这样，才能保持制度的边际效用不至于下降。(6) 虽然需求型的诱致性制度变迁一般都能产生较好的绩效，但是，从另一个角度讲，需求型的诱致性制度变迁一般总是产生于制度供给严重不足时期，就我国的实际来看，今后的农地制度变迁能否节约成本、发挥效益，更主要的是依靠政府有否前瞻性的制度供给。如果继续实施由农户自己去摸索最佳的制度安排，将可能影响并滞后着农业经营潜在效益的发挥。

第二部分为第4章至第7章，重点分析改革开放以来尤其是当前社会处于转型期背景下的农地流动流转与农地非农化问题。在转型期，我国农地制度变迁依然是渐进式的：一方面土地家庭承包经营的模式在法律上逐步加以确认；另一方面随着市场化改革的加深，市场因素已经渗入到农村经济社会的各个角落。然而，进入20世纪90年代中期以来，渐进式改革所带来的矛盾开始突显。在诸多问题中，农村土地是否应该私有化、农村土地征用过程中如何保护耕地和农民权益、土地调整、农地的流转等四个问题特别突出。这些问题涉及土地产权归属问题、土地产权界定、保障问题以及土地产权的转移、配置效率问题。(1) 农地产权归属问题。在家庭承包责任制框架下，对于农村居民而言，农地仍然具有社会保障功能，因此，土地的集体所有，相对于农民私人所有，至少在确保土地资产分配上的均等化、降低交易成本、提供广泛的非正式社会保障等方面，具有公平优于效率的合理性。(2) 土地征用过程中耕地保护与农民土地权益的保护问题。其症结在于土地交易缺乏合理的法律和制度基础，地方政府将征用土地由“协议征地”原则上变成了“公告征地”，以致对农民土地权益的大量侵害事件时有发生。(3) 土地流转及其绩效问题。土地作为农业生产的主要生产要素，只有合理流动，才能提高使用效益。农地流转的出现是作为“理性人”的农户，在响应获利机会时自发提倡、组织和实行的。一般认为，土地流转在提高效率和公平方面蕴含着巨大潜能，它使土地向更有效率的生产者进行低成本转移成为可能，也促进了租出土地者到非农部门工作，并能积累经验和资本。

上述四个问题往往是交织在一起的。对于目前中国农地产权制度，不一定要求土地私有化，现行的土地制度和产权框架足以使农民进行土地交易，只要这些产权能够充分流转，就能保护耕地和农民权益，并提高土地的配置效率。而且世界范围内的经验也表明，就资源配置而言，土地租赁是比土地买卖更有效的手段。毫无疑问，中国农村持续的经济增长来自于市场化取向的制度变迁及其所导致的资源配置。农地产权制度是农业增长的源泉，这已被中国的转型实践所证实。中国农地制度现在面临的问题是，如何通过变革现有农地制度以促进农业产出和社会福利的进一步增长。

（杨德才　吴福象）

《性别分层与劳动力市场》

李春玲　等著

中国社会科学出版社 2011 年版

283 千字

现代社会分层理论的一个基本理论假定是：职业是当代社会分层系统的基础因素，职业身份决定了个人的基本社会经济状态，决定了个人在社会分层系统中的大体位置，从而，男性和女性在职业结构中的地位分布状态决定了性别分层的基本形态，职业地位获得过程的性别差异也反映出男女之间的机会平等的大致水平，这其中，劳动力市场的性别平等程度对于男女职业地位获得产生了关键性的作用。改革开放的推进和经济的迅速发展，为女性的职业发展和职业地位提升提供了机遇，然而，目前劳动力市场普遍存在的性别歧视现象，又为女性的职业地位获得制造了一系列的障碍，使得男女两性在职业领域的不平等日益增强，并相应拉大了两性社会经济地位的差距，最终导致整个社会的性别不平等程度上升。为了充分了解当前的劳动力市场的性别差异和不平等现象，探寻导致这些现象的原因，深入分析劳动力市场的不平等与性别分层之间的关系，提供消除和减少劳动力市场的性别不平等现象的政策方案，中国社会科学院社会学研究所开展了“劳动力市场的性别不平等与职业地位获得的性别差异”的专题研究，此项研究为中国社会科学院的重点项目，同时还获得了福特基金会资助。此书即是这项研究的主要研究成果。

该书的研究采用定量和定性相结合的研究方法，从社会结构宏观层面、组织层面和个体层面多视角进行分析。宏观层面分析主要依据人口普查数据和全国抽样调查资料进行定量分析；组织层面分析主要依据工作单位调查数据和职工访谈资料进行定量和定性分析（在全国范围内抽选八个企业和组织机构及其负责人实施调查）；个体层面分析主要依据全国抽样调查数据和就业人员个案访谈资料进行定量和定性分析（在全国范围内选择 50 个访谈对象进行深入访谈）。

该书共分为九章，分别是：就业领域的性别差异；职业、行业和单位的性别隔离；收入的性别差距及其变化；社会经济地位获得的性别差异；工作场所的男女权力差异；单位组织与性别不平等；高等教育机会与性别不平等；流动劳动力（农民工）中的性别差异；性别歧视与女大学生就业。

该书的主要发现如下：

（1）在就业领域，女性就业机会明显少于男性，两者之间的差距还在持续扩大。女性下岗失业的可能性也明显大于男性。婚姻和生育以及家务负担对女性就业产生了不利影响，企业雇主对已婚和育龄女性有明显的就业歧视。女性的人力资本状况也是导致女性就业率低于男性的原因之一。目前女性劳动力的学历水平低于男性劳动力，但更重要的一点，女性在工作以后的人力资本投资和积累（专业技能培训）方面明显少于男性。

（2）在职业性别隔离方面，中国的职业性别隔离程度与国际平均水平相比较处于较低水平，并且，其总体呈现下降趋势，除了经济改革的最初十年职业性别隔离水平有所上升，这之后的 90 年代和本世纪以来，性别隔离水平持续下降。导致职业性别隔离指数下降的一个主要原因是女性劳动力向白领职业扩张，20 世纪 90 年代，女性向白领职业的扩张尤其迅猛，不过，2000 年以来，女性向白领职业领域的扩张似乎趋于停滞。

（3）在男女收入差距方面，经济改革以来中国的收入性别差距在逐步扩大，市场竞争机制和性别不平等共同促成了收入性别差距的拉大。目前收入分配领域中存在的性别歧视现象不是“同工不同酬”的显性歧视，更多的是采取隐性的形式——分配性性别歧视和估价性性别歧视，这尤其体现在针对女性的“年龄歧视”。

（4）在社会经济地位获得方面，个人的社会经济地位获得过程存在着一些重要的性别差异。首先，家庭背景因素对于女性的地位获得的影响明显大于对男性的影响，尤其表现在教育地位获得和职业地位获得方面。其次，教育水平对于女性的地位获得的作用更大，尤其表现在经济地位获得方面。另外，工作年限和年龄对于男性和女性的作用有所差异。工作年限的累积和年龄增长对于男性的经济地位和职业地位的提高都有明显的正向作用，但这种正向作用在女性身上表现的并不明显。

（5）在工作场所的权力分配方面，领导职位主要是由男性控制，女性担任领导职务的比例大大低于男性，而且越是在实权部门，女性能够晋升到领导职位的几率越低。导致这种现象的原因，一方面是由于女性的人力资本水平低于男性以及女性的人力资本特性在某些方面不同于男性，但更主要的是由于社会致因，包括文化传统所导致的性别刻板印象；掌控权力的男性对女性的权力排斥和工作场所中“男性同盟”对女性员工的抵制；以及现存的制度设计和权力结构对女性职务晋升的不利影响。

（6）在高等教育机会平等方面，中国的男女教育水平和教育机会的差距在不断缩小，但与国际平均水平相比较，中国高等教育中的女性比例仍处于中间偏低水平。中国的高等教育机会的性别差距随着教育层次的提高而增大，在大专教育中男女比例较为接近，在本科和硕士生中男性比例略高于女性，但在博士生中男性比例远远高于女性。高等教育机会的性别差距和城乡差距交互作用，使农村女性的高等教育机会明显低于其他社会群体。

该书最终结论是，中国女性的职业地位和教育地位明显改善，职业和教育领域的性别平等化进程在持续推进，意味着女性在性别分层中的地位有所提升。然而，另一方面，在就业领域和收入分配领域，女性的境遇却有所恶化，收入的性别差距在逐步扩大，男女就业率差距也有所拉大，女性的失业率不断提高，这些变化导致了女性的相对经济地位有所下降。女性经济地位的下降导致了较低社会阶层的妇女地位进一步恶化，她们对于男性（父亲、丈夫、儿子）的依赖性增强，进而在家庭、婚姻和其他的社会生活领域中的地位进一步弱化。

（李春玲）

《世界城市研究：兼与北京比较》

陆军　等著

中国社会科学出版社 2011 年版

400 千字

世界城市是城市世界中的翘楚，位居全球城市体系的塔尖。作为“城市的领袖”，关于世界城市的基本规律与发展趋势的主题研究，将对中国的城市化进程，以及中国城市的发展战略、功能塑造、社会经济运行和政策调控措施等，产生极其重要的借鉴和启示意义。2010 年 3 月，北京市第十三届人大三次会议提出把北京建设成为世界城市的战略目标。作为在我国城市体系中，功能要求最为特殊、综合实力最为强大、空间结构最具特色的城市，如何基于雄厚的基础实力和完善的首都城市功能，进一步汲取世界城市的有益经验，加快城市向世界城市的跨越式发展，成为北京市的必然选择和历史性命题。

该书系统采集原始数据，综合运用历史分析、比较分析和数量分析等方法，对纽约、东京和伦敦三个世界城市的人口特征、土地利用、空间形态、交通网络、产业结构和区域协调发展进行深度解析。继而，基于北京市的发展现状与基础，对人口发展、城市土地利用、空间分布、产业结构等展开系统的比较分析，初步构建了一整套关于世界城市重要领域发展的理论与实证研究体系。

进入20世纪以来，关于国际大都市的发展研究角度主要集中在城市职能、特征及其在整个世界城市体系中的地位等三个方面。该书研究表明，世界城市的基本功能可以概括为政治中心、贸易中心、集疏运中心、金融服务中心、信息中心、人力资本中心和高端工业产品制造中心等复合性职能。世界城市职能体系的分类指标体系包括社会、经济、文化、科技和政治等一级指标5个，二级指标16个，三级指标33—40个。除传统指标外，对世界城市的衡量标准还需要增加国际贸易公司的规模与数量、境外上市公司的数量和资本规模、高技术孵化公司的数量、国外政府派出机构的数量以及举办国际文化活动的次数，以及城市外部的区域性联系强度等新型指标。进一步研究发现，世界城市形成的动力机制与条件包括：优良的自然条件优势、良好的经济腹地条件、良好的基础设施条件、发达的跨国集团总部、高度发达的现代服务业、灵活的政治体制和经济环境、发达的全球贸易、强大的文化功能、信息化的时代带来的机遇等主要条件。而跨国公司集中程度、国际资本的控制能力、经济腹地的规模大小、城市服务功能的大小、航空客流网的集中程度、信息网络的功能强度、生产性服务业的规模等级等，是世界城市体系划分的主要依据与影响要素。

纽约、巴黎和伦敦的人口规模及增长变化表明，人口增长变动受工业化与城市化、政治经济、经济增长方式和技术发展的影响最为强烈。世界城市人口增长的过程分为缓慢增长→加速增长→快速增长→稳定增长→缓慢减少→稳定发展→缓慢增长七个步骤，而且人口规模超过800万成为基本趋势。研究发现，世界城市的人口分布密度规律包括：核心区出现逆城市化的时间均相对较早；核心区逆城市化的程度更加强烈；核心外围式空间结构形态已被打破；城市化加速阶段，人口向特定功能区集聚的现象极其明显；信息化时代，中心城区人口规模通常保持在一定的上限之内等。

在城市空间发展上，世界城市大都先后经历了城镇据点的形成、经济职能起步、发展空间拓展、城市空间整体调整、城市功能空间一体化等几个阶段。贸易港口建设、交通网络体系、桥梁设施布局、水文地形约束、适宜居住环境等是城市空间布局结构形成和演变的主要因素。世界城市的土地利用结构表现出居住用地占有绝对优势、工业用地劣势明显、公共设施用地集约程度较高、开敞空间和娱乐用地占有比较突出的地位和交通建设用地快速增长等相对一致的特征。制造业和传统服务行业均走向衰退或增长较为缓慢。现代生产性服务业在世界城市占据明显优势，尤其以金融保险业和房地产业作为主导产业门类；交通运输、商业以及面向高档消费群体和国际游客为主的高端服务业也占据一定优势。

该书的比较研究发现，北京的城市人口空间转移特征与规律为：不同分区的人口集聚与分散特征差别明显；城市中心区人口分散与集聚开始出现差异；市域范围内形成“破碎火山口”式人口密度变动格局；流动人口快速增长在各分区呈现差异化分布。在城市土地利用与空间布局上，北京具有受自然约束力最小，同心圆发展模式较为稳定；受交通网络体系影响较大，呈现明显辐射式空间拓展态势；商业商务用地初具规模，但布局相对分散；绿地系统较为发达，但中心城区绿化覆盖率相对较低；局部地区的工业布局结构仍需调整；居住区分化格局仍没有形成分区等特征。在北京的劳动就业与行业增加值上，通信设备—计算机及其他电子设备制造业、印刷业和记录媒介的复制、仪器仪表、文化—办公用机械制造业和科学研究和综合技术服务业的熵值较高，但与世界城市的现状仍有较大差距。北京市的优势行业仍主要集中在第二产业，尤其是技术和资本密集型的行业，今后应一方面继续加强城市基础设施建设与更新改造，提高生活和生产保障体系的质量；更重要的是优先扶持高端生产性服务、高技术型先进制造、非资源依赖型等产业部门发展，进一步降低融资源、污染和高耗能于一体的部门的比重。

“罗马不是一天建成的”，对北京而言，建设世界城市的战略必然是一个重大的长期性的历史命题。

（陆军）

《建国初期长江中下游地区乡村地权市场探微》

张静　著

中国社会科学出版社 2011 年版

246 千字

地权变迁是 20 世纪中期中国乡村所展现的重要经济现象，新中国成立初期土地制度变迁的动力和转化机制是什么？地权交易与当时所谓“两极分化”和资本主义自发趋势的关系如何？地权变动中政府和农民的行为有何不同？雇佣制和租佃制这两种经营方式的关系怎样？这些问题构成了该书的主要内容。在对大量档案资料整理基础上，该书系统地回顾了新中国成立后的土地制度变迁、中共中央的相关政策演变，考察了地权交易主体、特征、规模和功能，探讨了农村劳动力市场和土地市场的整合状况，构建了制度约束中的正式规则和非正式规则及非制度约束对小农经济行为影响的理论模式。

从新中国成立前后中共的土地政策演变来看，新中国成立初期的土地改革彻底废除了封建地主土地所有制，打破了非经营性土地占有的垄断，为土改后土地等生产要素的合理流动创造了一个良好的环境。土改结束后，针对当时农村生产力水平低下和农民个体经济的普遍贫困的问题，国家通过允许土地等生产要素的流动，来实现资源的优化配置、一定程度上改善了贫困农户的生活水平和提高其经营能力。同时，出于防止当时所谓的农村“两极分化”的政治需要，对土地买卖和租佃等地权交易行为加以种种规制，从而阻碍了土地等生产要素的自由流动。随着农业集体化高潮的到来，农民的土地被迫入组入社，使得土地等生产要素的流动固化，总的来看，土改结束后——集体化高潮前，各种形式的地权交易一直处于被抑制的状态。

从微观层面的农民间地权交易来看，地权市场传承传统农业经济社会的地权交易的诸多特征的同时，一些引人注目的趋势开始出现或加强：从地权流转的原因和绩效来看，当时大部分地权交易具有合理有效配置土地和劳动力资源的经济功能；小农家庭纷纷卷入土地买卖和租佃关系中，个体农民尤其是贫雇农、中农等占人口绝大多数的普通劳动者开始成为地权市场的交易主体；地权交易普遍呈现小额数、高频率、细零化的特征；地权占有和使用的分散性及各地生态环境、耕作习俗的差异性，造成地权交易形式的多元化。种种特征表明，地权市场日趋细密化和复杂化，其作为调整劳动力和土地资源的配置功能日趋强化，相应的其转移家庭和社会财富从普通劳动者向地主、富农集中的阶级分化功能逐渐式微。

农村雇佣关系与土地租佃关系一样，都是实现劳动力和土地有效结合的一种重要的资源配置方式。这一时期长江中下游六省农村都不同程度地存在着雇佣关系，尽管这一时期雇工农户的数量较多、比重较大，但单位农户的雇工数量却很少；从地区上讲，大部分雇佣劳动集中在商业性农业比较发达、经济作物种植区和农户经营规模比较大的地区；从农户方面讲，雇佣关系主要发生在贫雇农和中农等普通劳动阶层之间，多数具有调剂劳动力的性质；在雇佣形式上，长工数量、佣期急剧下降和短工数量显著增加是这一段时期的最大特点。

新中国成立初期农民间的地权交易，发生于正式制度和非正式制度相互交织的制度环境中，这两种制度约束动态地决定和改变着个体小农的行为空间。地权交易中呈现出的强烈的政府干预——正式的制度安排，最终决定了乡村土地制度变迁的方向和地权交易的方式。同时，对带有浓厚传统色彩的乡村社会的理解如果仅仅停留在正式组织或正式制度的层面是远远不够的，该书指出，传统的习俗和惯例因其固有的稳定性和路径依赖特征，也独特地影响着乡村地权交易方式和内容。

从长江中下游六省农村的实际调查情况来看，新中国成立初期农村土地买卖、租佃关系的存在和发展大部分是社会分工和生产调整的结果。通过土地买卖和租佃关系，并没有出现广大贫农和中农逐渐失去土地、富农日益集中更多土地的趋势。相反，土地流转规模越高的省份，贫雇农和中农阶层占有土地比重相应的越大。此外，从当时农村阶级结构变化的基本趋势和特点来看，多数农户经济成分普遍上升或接近上升，中农成为农村阶级结构的基本构成，这说明农村并没有出现两极分化。

如何在新形势下建立有序、规范的土地流转机制、保护农民土地权益并促进土地这种特殊生产要素的自由、合理流动，既需要在新的历史时期提出新的思路，又要总结历史经验从中获得借鉴和启迪。归纳而言，该书的核心内涵可以概括为以下四个方面，这也构成了我国新时期土地改革的四点启示：促进土地等生产要素的合理流转是解决我国农村人地矛盾困境的有效途径；尊重和确保农民在土地使用权流转中的主体地位；妥善处理农村剩余劳动力的合理分工和转移；逐步建立同农民土地持有产权制度协调配套的农村社会保障体系。

新中国成立前后，中国共产党用市场机制配置土地资源的尝试、用经济手段解决人地矛盾的做法、正确理解农民在地权变迁中所采取的策略和行为等可为今天土地流转改革提供历史借鉴和启示。

（张静）

《中国水泥业的发展：产业组织与结构变化》

田岛俊雄　朱荫贵　加岛润　等著

中国社会科学出版社 2011 年版

315 千字

该书是集东亚各国和地区的十多位学者，

采取国际分工合作，通过多层面多角度分析探讨中国水泥业的发展历史和当前面临的问题，力图揭示和解释中国水泥业暨中国工业化过程中的特点的著作。

依据国家统计局于 2011 年进行的统计，中国粗钢的年产量为 6 亿 8388 万吨、水泥的年产量为 20 亿 8500 万吨，产量逐年递进，该年粗钢和水泥已分别占世界总产量的 40% 和 50% 以上。中国重工业杰出的生产实绩，已引起全球瞩目。日本 2011 年度（2011 年 4 月至 2012 年 3 月）的水泥年产量仅为 5757 万吨，因有大地震后的复兴要素，才比上年度稍微增加一点，但远远不及日本历史上产量最高的 1996 年度（9956 万吨）的 60%。中国台湾进入转折点的时间早于日本，水泥产量于 1993 年达到最高产量（2397 万吨），2011 年已减少到 1685 万吨。由此可见，一个国家和地区的经济发展以及水泥年产量和人均产量的关系呈现倒 U 字形曲线。纵使目前中国水泥业位居世界第一，不久后也将进入过剩阶段，在开始大量出口水泥的同时，还必须要调整国内生产和产业组织结构。以日本水泥业的发展经验而言，自 20 世纪 20 年代以来虽然经历了大小不一的曲折，但发展路径上基本处于供过于求格局，历经组织同业联合或卡特尔、限制生产和销售以及倾销到国外市场等不同的阶段。

1886 年英国人在澳门青洲开办水泥厂以来，中国已有 120 多年的水泥业发展历史。在洋务运动时期的 1889 年，当时的洋务官员创办唐山细棉土厂后，中国水泥业相继引进海外技术，发展比较快。尤其在第一次世界大战后，启新洋灰、上海华商和中国水泥等沿海地区的新兴民族企业为了对抗日本水泥企业的“出口倾销”行为，开始自己组织同业联营、试图分割国内市场，同时向政府要求恢复关税自主权，保护国内市场。与此同时，在广东、山西和重庆等地也开始进口回转窑设备，组建进口替代性官办水泥业。

1956 年中央成立建材工业部，以解放前的水泥业为基础，共辖有 20 家中央企业，产量比重约占当时全国产量的 95%，掌控包括进出口在内的水泥经济“管制高地”。“一五”时期中国从当时的民主德国等购入三十多座湿法回转窑和立波尔窑等先进设备，由于三年困难时期等原因，无法顺利安装和消化这些大量进口的设备，这种状况一直持续到 70 年代的“小水泥”业大发展时代为止。

1979 年的中国水泥产量为 7390 万吨，其中“大中型企业”（统配企业）产量为 2472 万吨，约占全国产量的三分之一。“小水泥”（地方小企业）为 4918 万吨，占三分之二。“小水泥”主要靠立窑或机立窑技术，作为“五小工业”的重要组成部分，覆盖全国各地，持续发展一直到 90 年代，对农村地区的工业化发展有相当的贡献。到了 2000 年，中国水泥企业一共有 6800 家，年产量为 5 亿 9700 万吨，每一家平均不到 9 万吨（《中国水泥年鉴（2001—2005）》）。这清楚地表明转轨时期的中国水泥业主要靠“小水泥”技术发展，产业组织相当分散。

“九五”计划和 2010 年远景目标纲要开始要求“经济增长方式转变”。到了 20 世纪 90 年代后，河北唐山冀东和安徽海螺等 70 年代末引进国外预分解新型干法设备的企业快速发展，进入 21 世纪后随着设备国产化和结构调整等产业政策出台，部分“小水泥”开始被淘汰。但次贷危机后国家采取扩大内需、建材下乡等一系列政策，国内市场持续扩大，到了 2010 年还保留规模以上水泥企业为 4774 家（《中国水泥年鉴（2011）》）。

该书划分为历史篇和现状篇两大部分，从各个地区包括台湾在内、在发展中经历的种种问题入手，力图深入地探讨中国水泥业发展成长中面临的问题：例如时空分布、产业组织以及资金、设备和技术来源等方面的问题和体现出来的特点。这不仅仅是水泥业自身特点的体现，同时也是中国走向工业化和现代化历程中特点的反映。

总体来看，该书具有以下几个明显的特点：

首先，时段长。该书关注点起于民国时期，下限截止于 2010 年，打破了此前一般以近代现代划分研究时段的做法，长时段的考察有助于更清楚地发现和解决问题。其次，研究的范围广、涉及的问题多：既有宏观考察，也有以某一省区进行的考察；既有经济政策的考察，也有技术设备、需求结构对产业发展的影响和作用的探讨；既有国际比较的视野，也有乡镇小水泥的具体剖析；既有对水泥企业资金的考察，也有产品贸易所带来的制约和影响分析。第三，该书各部分的作者来自于不同的专业和领域，因此该书的研究是经济学和历史学学科交叉碰撞后取得的成果。

（田岛俊雄　朱荫贵　加岛润）

《科学发展观与财税体制改革研究》

张馨　主编

中国财政经济出版社 2011 年版

375 千字

该书是国家社科重点基金《科学发展观与财税体制改革》课题的成果。

研究的逻辑体系和思路是：总括性研究→支出结构研究→财政体制研究→税收制度研究→政府收费制度研究→政府债务制度研究→公共预算制度研究→国有资本经营预算制度研究→社会保障制度研究。由此，相应形成了该书的九章内容。

第一章《总论》对科学发展观与财税体制关系，作了总括性分析与探讨，界定了“科学发展观”与“财税体制”等基本概念，分析论证了科学发展观与公共财政本质上的相通与一致。在此基础上，提出了按科学发展观改革财税体制所应遵循的基本指导思想。即从追求 GDP 和财政收入为基本特征转到真正的公共财政制度上来，转到基本工作重心服务于民生上来。

第二章《科学发展观与财政支出结构调整》。该章的研究指出，落实“科学发展观”的根本方法是“统筹兼顾”，是通过“五个统筹”，来兼顾各方利益和长远发展，实现经济社会全面、协调、可持续、以人为本的科学发展。即城乡统筹、区域统筹、统筹经济社会发展、统筹人与自然、内外统筹等要求，去调整我国财政支出结构调整，确保财政活动有利于整个社会经济的科学发展。

第三章《科学发展观与财政体制改革》。该章的研究指出，财政体制由不同层级政府间财权与事权的分配制度和转移支付制度组成。当前的“分税制”规范了中央与地方财权与事权分配制度，转移支付制度也在逐步建立过程中。但与成熟市场国家的比较，我国当前的财政体制还有很多不合理、不透明的地方。要实践科学发展观，财政体制就需要进一步规范财权与事权分配制度，并建立公开透明的转移支付制度。

第四章《科学发展观与税收制度改革》。该章首先对我国改革开放以来特别是 1994 年税制改革以来税收制度变迁作了简要回顾，接着，全面分析了我国现行税制中各税种现存的问题；最后，从有利于以人为本、改善民生；从有利于优化结构、全面协调发展；从有利于实现资源节约、环境友好角度出发，对现行税制中流转税、所得税、财产税、资源和环境税的全面改革优化提出了相应的政策建议。

第五章《科学发展观与政府收费制度改革》。该章首先分阶段对我国政府收费制度的变迁作了简要回顾。进而分析了我国社会保障收费、农村税费、国有资源有偿收费、环保收费等各项政府非税收入现存的问题；最后，针对上述问题，在推进社会保障费改税、深化农村税费改革、深化国有资源收费制度改革、推进环境税改革等方面提出了具体的政策建议。

第六章《科学发展观与政府债务制度改革》。该章首先介绍了现行政府债务制度，分析了中央债务和地方债务各自与科学发展观的差距。认为，对于中央政府债务制度，应积极完善其发行、使用和偿还等各环节的具体制度。对于地方政府债务制度，要积极稳妥地推进地方政府债务制度改革，建立健全相关法律法规，建立地方债务管理体制，完善地方债券市场，明晰政府间事权划分以分清偿债责任，扩大地方债发行主体，清理地方政府债务，加快隐性债务显性化步伐，等等。

第七章《科学发展观与公共预算制度改革》。该章主要以科学发展观分析我国公共预算制度问题。提出应当从以下方面完善我国公共预算制度：以“发展”要义为指导，完善控制导向的公共预算制度建设；以“全面性”要求为指导，逐步推进“全口径预算”管理；以“全面协调”要求为指导，加快完善公共预算体系；按“以人为本”要求，积极推进公共预算透明度建设。

第八章《科学发展观与国有资本经营预算制度改革》。该章主要以科学发展观分析我国国有资本经营预算制度问题。提出国有资本经营预算制度应当进行以下改革：以“发展”为指导，加快完善国有资本经营预算制度建设；以“以人为本”为指导，突出国有资本公共性特征和国有资本收益分配的公共性方向；按“全面性”要求，逐步扩大国有资本经营预算的编制范围；按“协调性”要求，协调国资委、财政部门及其他相关部门的关系；统筹国有资本经营预算与公共预算、社会保障预算间的关系；按“可持续性”要求，科学确定国有资本收益上交比例的制度性规范，构建国有资本战略调整计划与年度预算的模式；按“统筹兼顾”方法完善国有资本经营预算的各项具体制度。

第九章《科学发展观与社会保障财政制度改革》。该章将我国现行的社会保障财政制度问题分为支出、收入、管理三方面，重点探讨了科学发展观下“以人为本”和提高社会保障力度以及覆盖面从而改善民生的关系、“可持续发展”与协调社会保障城乡以及地区差距的关系、“可持续发展”和理顺社会保障财政制度改革中政府、企业、个人三者之间的责任以及中央和地方政府之间责任的关系等问题。

（王艺明）

《中国宏观经济分析与预测（2011年）——劳工工资：宏观经济视角的研究》

李文溥　著

经济科学出版社 2011 年版

300 千字

2010 年，世界经济缓慢复苏带动了中国出口增长的恢复。但是，随着经济走向复苏，民工荒再次降临中国大地。是中国的劳动力转移真的面临它的“刘易斯拐点”？还是由于无组织的劳动根本无力与资本抗衡，劳工工资的些微增长不仅远远低于劳动生产率的提高，甚至不抵日趋上涨的劳动力再生产费用。在各级政府以经济建设为中心，奉行GDP主义，追求财政收入最大化的行为机制没有彻底改变之前，劳动与资本之间利益合理分配的格局是根本无望实现的。然而已经有不少声音在反对提高劳工工资甚至最低工资标准了！一个最重要的担心或许也是最有威胁力的理由是继续提高劳工工资将损害中国产业的国际竞争力。一个简单的事实却被“忘记”：至少近十年来中国制造业的劳动生产率提高幅度是远远高于平均工资上涨水平的，中国制造业的工资水平其实是在相对下降的。提高制造业的劳工工资水平具有极为重要的宏观意义：有利于推进经济发展方式的转变和经济结构的调整，缩小我国经济的外部失衡；有利于调整既有的要素比价扭曲，奠定产业结构正常升级的微观基础；有利于改变目前的滚动城市化格局，加快城市化，促进第三产业发展；有利于推进科技进步和创新，推动资源节约型、环境友好型社会建设；有利于推进社会经济体制的进一步改革。

该书首先从转变经济发展方式与调整经济结构失衡的角度分析了调整工资与汇率的宏观效应。第二章从调整工资对我国制造业国际竞争力的影响着手，通过计算中国相对单位劳动力成本，发现中国产品的国际竞争优势主要来自于劳动生产率长期以来大幅度地超过了工资水平的增长。第三章着重比较了调整工资与调整汇率对中国内外经济失衡调整的作用。第四章以新古典经济学框架中劳动报酬比重的决定为分析基础，从理论上分析了我国近十五年来，伴随着资本深化，劳动报酬比重持续性下降的原因。第五章采用了全国和地区数据，从资本产出比和要素替代两个方面，详细全面考察了影响我国劳动报酬比重的因素。在此基础上，进一步分析导致中国不同地区、不同行业以及不同部门之间收入差距的原因。第六章利用1997—2007年各行业的职工实际平均工资的省际面板数据，采用Theil指数二级嵌套方法分解总体差异中的地区差异和行业差异，发现地区差异对整个的工资差异的作用正在减小，而行业差异的作用正在加大。第七章在考虑我国城镇劳动力市场的二元性特点（技术劳动力行业和非技术劳动力行业）的基础上，构建一个简单的理论模型，来考察农村劳动力流动与非农业经济部门的增长、城镇单位行业间收入差距之间的关系。第八章研究了经济周期波动对劳动者报酬的影响。结果显示，西部地区劳动报酬份额对经济周期的反应力度强于东部和中部。第九章对调整最低工资进行了经济效应分析，提出了提高劳工收入水平的政策建议。第十章从财政分权、公共物品供给的角度讨论如何缩小我国城乡收入差距。第十一章利用“中国季度宏观经济模型（CQMM）”为分析与政策模拟的工具，对2010年至2011年八个季度的中国宏观经济主要指标进行了两次预测（2010年2月、2010年9月）。同时，模拟扩张性反危机政策在2010年“退市”时不同政策力度的选择以及调整居民可支配收入对宏观经济总量及结构的影响；以及在净出口和投资对GDP的拉动效应持续下降，居民消费需求又不能快速扩张的情况下，如果宏观调控继续延续“投资驱动”的模式，通过地方政府的投资竞争来实现GDP的增长，在既定国内外经济环境下，中国经济增长的总量和结构将产生什么变化？结果表明，中国存在着逐步提高劳动报酬水平的较大空间。逐步提高劳工工资是调整国民收入分配结构、转变经济发展方式的重要切入点。

（龚敏）

《中国低碳转型》

林伯强　著

科学出版社2011年版

252千字

全球变暖已成为全球的共识与关注焦点，低碳经济作为一种新型的经济增长模式，是人类实现可持续发展的必然选择。中国正处在城市化工业化的发展阶段，能源需求具有刚性，而作为目前世界最大的二氧化碳排放国家，又面临着降低碳排放的国际压力与发展经济的国内重任。低碳经济将对中国的能源消费，产业发展以及居民生活方式产生巨大变革。

低碳经济要求开发、利用新能源来取代石油等传统能源。对中国来说，发展新能源具有减少石油对外依存和节能减排的双重意义。中国迫切需要一个有效的新能源发展战略。在低碳经济下，中国经济如何实现转型？能源产业存在哪些机遇与挑战？中国的能源补贴存在哪些问题？能源价格如何改革？煤电为何难以联动，解决方法有哪些？日益严峻的能源和环境问题需要中国仔细审视如何实现经济“又好又快”的增长。这是该书所涵盖的热点能源与环境问题，通过解答上述问题，能够起到对能源政策实践具有较强指导意义的作用。

应该看到，2000—2007年全球碳排放增量处于快速增长阶段，其中增量的大部分来源于中国、印度等发展中国家。

具体就我国的实际而言，目前我国正处于工业化及城市化、从低收入转入中等收入的关键阶段。在此过程中，我国的电力产业呈现两大基本特征。

其一是电力需求快速增长和电力刚性需求。截至2010年年底，我国城市化率已达到47.5%，2020年这一比率有望达到62%左右。按照这一比率，我国城市人口将净增3亿人左右。从能源消费角度而言，我国可能面临“重建一个美国”这样如此巨大的能源消耗量。此外，城市化进程将产生大量的城市基础设施和住房需求，而因城市化所产生的就业需求也要求产业发展将主要以劳动密集型为主，在国际贸易分工中处于生产低端、高耗能产品的位置。

其二是中国能源结构以煤为主。预计到2020年，我国煤炭占能源消费总量的比率仍将达到64.9%左右，清洁能源占能源消费总量的15%到16%。从这个角度而言，我国在未来十年内以煤为主的能源结构都不会发生明显的改变，而较高的煤炭消费则意味着较高的碳排放。

目前我国正式对外宣布控制温室气体排放的行动目标，即到2020年单位国内生产总值二氧化碳排放比2005年下降40%—45%，此举标志着我国将面临低碳转型。特别是自哥本哈根会议以后，碳排放量对于今后的中国而言将成为约束条件，这也要求中国加快向低碳战略转变。

低碳全球化的基础是二氧化碳是全球性影响，必须由全球共同应对。对此，该书作者认为，未来发达国家有可能采取三种对策，一是通过技术和资金援助，提高发展中国家的整体效率，减少排放，这是一个比较温和的做法；二是通过碳交易，支持发展中国家进行减排；三是对发展中国家比较不利的做法，即发达国家通过碳税迫使发展中国家减少排放。这三种做法，在不同的时间段有可能是以一种做法为主；而最终可能是三种同时出现，而发展中国家如何应对接下来有可能出现的相关问题则变得尤为关键。

低碳是一个政策选择。低碳相关的政策研究，中国的能源经济工作者拥有最好的实践和政策研究的地理优势。可以说，现阶段的能源和碳排放的增量主要来自中国和印度这两个发展中的人口大国。中国低碳经济的发展面临着能源稀缺和价格问题、温室气体排放问题和低碳转型问题等，现阶段中国是解决全球气候变暖问题的关键和主战场，各个国家都必须到中国来，帮助中国寻找低碳经济发展的解决方案，这也可以为解决今后的印度排放问题做好准备，因为中国的低碳解决方案应该是印度可以借鉴的。本书旨在从经济学视角分析低碳相关的能源政策，希望对那些愿意对中国能源环境问题作深入思考的读者，提供有益的启发。

（林伯强）

经济皮书专题

《城乡一体化蓝皮书：中国城乡一体化发展报告（2011）》

汝信　付崇兰　主编

社会科学文献出版社 2011 年版

295 千字

新形势下，中国城乡一体化要按照形成城乡一体化新格局的要求，改革和健全“以工促农、以城带乡”的长效机制，统筹城乡发展。这是党和国家确定的一项长期历史任务。中国城乡发展和建设取得了扎扎实实的成效。为了顺应这一历史形势和要求，中国社会科学院当代城乡发展规划院组织编写了城乡一体化蓝皮书系列之一——《中国城乡一体化发展报告（2011）》，旨在从城乡统筹发展的视角探讨中国城乡一体化的发展规律。

城镇化是世界各个国家和地区经济社会发展的必然趋势和必由之路，是一个国家或地区现代化程度的重要标志。同时，城镇化也是世界各国促进城乡协调发展、缩小城乡差距、消除城乡体制差别，实现城乡一体化发展的重要途径，但我国的国情、城镇化发展过程及特点决定了我国的城镇化道路既不同于西方发达国家的城市化道路，也不同于许多发展中国家的城市化道路，是具有中国特色的城镇化道路。

在总结新中国成立半个多世纪以来我国城镇化发展进程的基础上，该书将中国的城镇化进程划分为以下几个阶段：城乡分离的城镇化起步阶段（1949—1957 年）、城乡对立的剧烈波动阶段（1958—1965 年）、城乡关系僵化的停滞阶段（1966—1977 年）、城乡关系松动的复苏阶段（1978—1992 年）、城乡关系改善的稳步增长期（1993—2002 年）和城乡矛盾显现的高速发展期（2003 年至今）。

该书分析指出，中国城镇化发展的历史进程呈现起步晚、波动大、复苏慢、推进快等鲜明特点，目前我国正处于工业化发展的中期阶段，随着我国城镇化的不断发展，城与乡在资源、投入、能源、产业布局等方面存在较大竞争，城乡矛盾也随之而生，主要体现在城乡收入、城乡教育、城乡医疗、城乡就业以及城乡的消费和政府的公共投入等多方面的差别，但这一时期正是城镇化发展的高速时期，是城市发展的吸纳期。

分析认为，我国正处在新的起点上全面建设小康社会的关键时期，处于工业化、城镇化深入发展的重要时期，也是深化改革开放、深入推进经济发展方式加快转变的攻坚时期，城乡一体化发展呈现新的阶段性特征和要求：城乡发展中不平衡、不协调的问题依然突出；社会建设相对滞后于经济发展；因征地拆迁、环境污染及不同群体利益诉求等引发的矛盾和问题增多；城镇化质量不高，城镇化目标过高；等等。

虽然我国城镇化的发展具有复杂性和艰巨性，但目前我国城镇化进程处于快速发展时期，并且这种态势还将会保持一段较长时间，因此，应针对我国城镇化发展的现状及特点，健全并完善经济发展的各项体制机制，科学理顺城乡关系，保障城镇化的可持续发展。

从涵盖的内容上看，该书总结了 2010 年全国各地城乡一体化发展现状，分析了城乡规划、产业布局、基础设施、公共服务等方面取得的突破和成效，从土地、户籍、教育、农民工、社保改革的政策体系等各个角度，汇集各地创新经验，分析转型环境下的新现象、新问题，选编了具有代表性的理论研究、社会调查、各地案例，依次编辑为理论篇和实践篇，并编写了 2010 年中国城乡一体化大事记。

从理论与实践意义上看，该书通过对城乡统筹发展和建设情况进行调查，系统研究了促进城乡一体化建设的理论支撑和实践创新，深入分析了各地在城乡协调、统筹发展等方面存在的共性问题、突出问题，并提出了具有前瞻性和指导意义的对策建议，对政府部门、学界和广大读者具有较高的参考价值。

2011 年 12 月 8 日，中国社会科学院当代城乡发展规划院、社会科学文献出版社联合在北京举办了“统筹城乡发展改善民生，建设小康社会”研讨会暨 2011 年《城乡一体化蓝皮书》首发式，引起媒体广泛关注。会上探讨了中国城乡统筹过程中存在的一些问题，而这些也是媒体和社会关注的热点问题：

第一，“新农合”效果怎样？

该书认为，以新型合作医疗和农村最低生活保障制度为主要内容的农村社会保障制度的建立一直被视为是缩小城乡居民社会福利差距，促进城乡统筹发展的重要举措。在全国层面，我国从 2002 年开始重新实施农村合作医疗制度，从 2003 年开始大力推进农村最低生活保障制度。经过几年的实践，这两项制度已经从最初的试点发展到基本上覆盖全部农村地区，享受农村低保的人数与参加新农合的人数均大为提升。

但新农合的问题也突显出来。目前，每个省份因各自情况不同，报销比例不尽相同，但是，整体而言，农民的报销比例是最小的，通常在 40%—50%，城镇居民次之，最高的是城镇职工，一般能达到 80%。农民认为最大的问题是“收费高”，很多农民认为随着医疗费用的报销，药价也水涨船高，农民从中获取的真正利益并不多。同时，新农合保障的疾病类型少，程序复杂等也不能满足农民的需求，在很多时候还会给农民造成麻烦。

与此同时，农民群体中的一部分——农民工群体对新农合的满意度较低，他们从户籍身份上讲是农民，但从职业分工上讲他们是流动在城市里的工人，他们的医疗费用无法纳入报销范围，对于他们而言，新农合并没有改善他们的医疗环境，也没有给他们保障。

第二，为什么会出现“反城镇化或拒城镇化”现象？

调查显示，部分用人单位不与进城务工农民签订劳动合同，不给农民工投保。由于对城镇建设中征用农地补偿标准较低，安置、保障措施不到位，不但引起农民群众的不满，导致群体性上访事件，引发社会矛盾、影响社会安定，而且使得进城农民因进城后生活水平下降而要求将户口迁回农村，出现“反城镇化或拒城镇化”现象。

第三，警惕“空心镇、空心村”现象

书中分析，到2007年，我国设市城市数量为655个，建制镇达到20000多个，城镇人口由2003年的52376万增长到2007年的59379万，进城务工经商的农民已达1.2亿人，城镇化率也由40.53%上升到44.94%，城镇化水平年均增长0.9个百分点，2010年第六次人口普查我国城镇化率49.62%。但调查发现，相对于土地的大量占用，我国农村人口的城镇化速度和产业增长并没有相应的得到较大幅度的提高，许多地区存在大量的“空心镇、空心村”。

上述这些方面均是城乡统筹过程中需要着力解决的问题。

（王玉山）

《中国低碳经济发展报告（2011）》

薛进军　主编

社会科学文献出版社2011年版

490千字

2009年12月18日，国务院总理温家宝在丹麦哥本哈根气候变化会议领导人会议上指出，到2020年，我国单位国内生产总值CO_2排放将实现比2005年下降40%—50%的减排目标。为实现这个长期目标，我国《十二五规划》明确提出未来5年单位国内生产总值CO_2排放降低17%，还把节能减排、加快低碳技术研发、建立完善温室气体排放统计核算制度、建立碳排放交易市场、推进低碳试点示范等放在十分突出的位置。

而西方国家一直对中国施加巨大的压力，要求中国的减排行动能够接受国际监督，即达到“可测量、可报告、可验证”。中国作为全球第一大温室气体排放国，同时也是快速成长中的发展中国家，顺应时代潮流，提出适合自己的低碳经济指标体系，既是对国际社会的责任，也是自身经济转型的需要。

在这种背景下，对外经济贸易大学国际低碳经济研究所主持编写的第一本以低碳经济为主题的《中国低碳经济发展报告(2011)》出版了。本报告汇集了一批罗马俱乐部核心成员、IPCC工作组成员、碳排放理论的先驱者、政府气候变化问题顾问、低碳社会和低碳城市计划设计人员等世界顶尖学者、政府官员和有识之士，主要探讨了世界金融危机后国际经济的现状，比较各国发展低碳经济的经验和政策，总结COP15以来各国应对气候变化的新动向，并为联合国气候谈判制造舆论。

该报告分为四部分：第一部分是总报告，第二部分是低碳经济的分析方法，第三部分是低碳经济在国外，第四部分是低碳经济在中国。

中国的GDP已超过日本位居世界第二，与此同时，CO_2排放也超过美国位居世界第一。如果中国继续保持调整增长，可能会大大快于国际机构预测，在2020年以前超过美国成为世界第一大经济体。但中国的资源和环境是否能够满足经济增长的巨大需求，成为一大疑问。因此，节能减排不仅来自国际的压力，更主要是出于中国自身发展的需要。总报告通过比较国外发展低碳经济的经验，分析其对中国的借鉴意义，并就如何应对国际气候变化谈判、发展有中国特色的低碳经济等问题，提出了协调气候变化与低碳经济发展的管理体制，制定相关法律政策，设定减排与GDP增长挂钩指标、实施减排总量控制等相关政策建议。

实践总是先于理论，低碳经济也是如此。通过对低碳经济增长理论、碳排放量的计量方法、低碳经济与就业的经济分析、低碳可持续发展、森林碳汇与低碳经济、低碳国际贸易的理论与经验分析等相关理论方法的研究，为中国低碳经济发展提供了一些基本的分析方法。

低碳经济的概念第一次出自2003年英国的能源白皮书，而2009年哥本哈根气候谈判会议以后，低碳经济的概念迅速普及，低碳经济也得到迅猛发展。目前，英国的低碳经济和低碳城市、日本的低碳社会、法国和丹麦的低碳技术、德国的低碳产业已初步形成，成为这些国家新的代名词。相对而言，发达国家发展低碳经济起步较早，已经积累了一些经验。本报告通过概括国外一些国家低碳经济发展的经验，分析其特点，总结了一些有益的政策和做法，能对中国发展低碳经济有所参考。对于拥有13亿人口和人均4000美元收入的快速增长的中国来说，如果不借鉴其他国家的发展经验，很难实现到2020年将单位国内生产总值 CO_2 排放强度削减40%—50%的目标。

发展低碳经济，在中国已引起政府的高度关注，通过对中国低碳能源发展道路选择、中国未来增长路径的碳排放制约、中国发展低碳经济面临的压力、碳关税对中国经济的影响、分部门的碳排放推算与减排对策分析，以及低碳经济的商务模型的探讨与研究，分析了低碳经济在中国的发展状况。报告还以中国国际海运集装箱集团、宝山钢铁、海尔集团、青岛港集团四家企业为案例，归纳了中国工业企业在节能减排方面的五个成功经验，并在此基础上提出了可行性建议。报告进一步地介绍了上海、山西、江苏、贵州等省发展低碳经济的先进经验，以供借鉴。

然而，中国是一个人口大国，整体上还是一个中低收入的发展中国家，正处于工业化的中期阶段，只有个别大城市进入了工业化的后期阶段。在这样的环境下发展低碳经济，需要破解能源结构矛盾突出、产业集中度不高、对外贸易结构不合理以及人口规模的扩大和人口结构的变迁等各方面的压力。本报告将日本、德国、韩国以及发展中国家印度的发展低碳经济的案例研究纳入其中，通过国际比较，得出结论，发展低碳经济是节约能源和减少 CO_2 排放量的最现实有效的途径，低碳经济是一个新的经济增长动力，一场新的工业革命，全球发展低碳经济的竞争必将导致世界经济和政治格局的调整。发展低碳经济对提高中国的国际竞争力具有重要的意义，是应对包括能源安全和气候变化在内的一系列挑战的重要途径。因此，中国政府应当积极推动低碳经济的发展，并尽快制定国家发展战略发展绿色经济，通过借鉴其他国家的先进经验，用以探索符合中国国情的低碳经济新模式。

（冯咏梅）

《餐饮产业蓝皮书：中国餐饮产业发展报告（2011）》

荆林波　等著

社会科学文献出版社2011年版

330千字

2011年是“十二五”的开局之年，转变经济发展方式、加快产业升级成为全社会的共识。餐饮业是与百姓生活息息相关的生产性服务业，也面临着转变行业发展方式、培育产业品牌、提升餐饮产业竞争力的现实问题。《中国餐饮产业发展报告（2011）》重点研究了四大方面的内容：一是产业篇，中国烹饪协会从餐饮企业经营、企业信息化、一次性餐具使用情况、节能降耗、消费满意度等方面进行调查，撰写出一系列分析报告。二是专题篇，对于行业关注较为集中的调味料研发、中式菜品设计、中央厨房、连锁经营等话题作深入探讨。三是地区篇，选择了东、中、西部地区有代表性的城市，对其近年来在打造地区餐饮品牌、提升餐饮经济方面的显著成就予以推广。四是企业篇，通过展示高档正餐、中式快餐、西式快餐等不同业态有代表性的企业的发展业绩，挖掘各企业在不同经济成分、不同经营档次背后的相通之处，介绍宝贵的经验提供给行业内的企业作参考。除此之外，该报告在附录部分还列出了2010年中国餐饮百强企业的名单和2010年以来主管部门出台的与企业经营密切相关的“食品方面”的行政法规与规范性文件，以体现年度特征。

2010年是餐饮业蓬勃发展的一年，产业规模持续扩大，增长速度稳步提升。2010年全国住宿餐饮业零售额为21000亿元，比2006年翻了一番；全国餐饮收入达17648亿元，增长18.1%，对社会消费品零售总额增长的贡献率为8.55%，拉动社会消费品零售总额增长1.56个百分点。从餐饮消费形式来看，团购逐渐被广大消费者认可。2010年中国网络团购经历了从无到有、从小到大的发展过程，团购网站达到了2612家，团购的主力军集中在25—35岁的年轻群体中。从餐饮销售渠道来看，企业为了节约经营成本、增加营业利润，开始大力推出“外卖”业务，包括网上订餐，这是企业经营模式不断变革的成果。从餐饮企业品牌建设来看，各地企业都开始着重宣传本地餐饮文化和美食，中国饮食文化和餐饮品牌得到广泛传播。当然，2010年餐饮业发展也遇到了经营成本上升、食品安全事件频发、人员素质有待提高等问题。

“产业篇”力求“用数据说话”，中国烹饪协会从企业信息化、一次性餐具使用情况、节能降耗、消费满意度等方面进行调查，发表了相关的调查研究报告。信息化是餐饮企业创新发展的重要手段之一，目前信息技术已经深入到原料采购、点餐、人员考核、客户关系管理等各个方面。中国烹饪协会对全国各地350家餐饮企业发放调查问卷，回收了329份有效问卷，43%的企业认为开展信息化有助于企业提高经营效率，25%的企业认为信息化方便企业开展管理工作，仅有约16%的受访企业将信息化建设的着眼点放在“创造价值”方面，超过60%的受访企业认为企业网站建设最主要的功能就是“宣传企业形象”，未能充分利用网络来拓展业务和提升管理效率等。在一次性餐具使用方面，一次性餐具在餐饮行业内被广泛使用，尤其是外出就餐极易促成一次性餐具用量的增加，78%的受访者一周用五次以上一次性餐具。在节能降耗方面，大部分企业都表示出实施节能降耗的强烈意愿，但始终“缺乏节能降耗的政策体系和资金支持”。在对消费者餐饮消费满意度的调查中，只有3%的受访者表示“非常满意”，将近50%的受访者对餐饮消费的满意度表示“一般”。餐饮企业在不断提高经营管理和服务质量的同时，应注意与顾客的沟通，掌握消费者的消费心理，这是关系餐饮产业可持续发展的重要因素。

“专题篇”定位在“热点关注”，对于行业关注较为集中的调味料研发、中式菜品的设计、中央厨房、连锁经营等话题做了深入探讨。在研发调味品时要秉承营养健康原则、美学原则和方便与文化原则。中国饮食讲究“色、香、味”俱全，饮食烹饪与调味品就如同鱼和水的关系，应促使二者共同发展，这对提升中餐调味技术和菜品质量，甚至是中国饮食文化走向世界都有重要贡献。中国烹饪经历了一个长期发展的过程，中式菜点的设计也应探索如何创新，使中式菜点的技术愈加精湛，品种日益繁多，风味特色愈加突出，营养更加科学等，中式菜点的设计要遵循文化性、无害性、美术性、可口性、多样性、欣赏性、技术性、自然性、科学性、食用性、保健性、规律性、品牌性、市场性原则。随着团餐业的发展，中央厨房逐渐成为一种新的餐饮业经营模式，目前我国的团餐业中央厨房按服务对象可分为高校供餐、学生营养餐、企业员工餐、部队供餐、航空供餐、铁路供餐等，按照工艺流程可分为全热链型、全冷链型以及冷热链混合型中央厨房，冷链技术等为中餐工业化的发展奠定了基础，相信我国未来团餐业必将走向高科技含量的行列。如今连锁经营已成为餐饮行业的整体趋势，但并不意味着所有的餐饮企业都适用于连锁经营；连锁体系的构建不能仅仅关注技术、工艺和产品，而且要着力于构建服务于整个企业发展战略的运作体系。

“地区篇”突出“政府作为”，对云南省、湖南衡东、银川、佛山顺德等地区近年来在打造地区餐饮品牌、提升餐饮经济方面的显著成就予以推广。其中，衡东是湖南发展较快的县区之一，其土菜产业已经成为当地经济发展的支柱产业。衡东县着眼于挖掘土菜文化底蕴，打造品牌，延伸链条，使得土菜产业快速发展，逐步成为全县的新兴支柱产业。顺德政府把饮食资源定位为顺德最有吸引力的旅游资源，顺德餐饮技艺独特，产品体系丰富；发展势头强劲；政府长期以来非常重视，使得顺德餐饮产业无论在市场需求、生产要素、政府作用方面，还是在区域产业结构、企业素质方面都有较强的竞争力。

“企业篇”侧重“经验介绍”，通过介绍净雅、百胜、小肥羊、和合谷等不同业态代表性企业的发展业绩，为行业内其他餐饮企业提供宝贵的经验。净雅以“让我们一起影响世界”为信念，凭借在菜品标准化、企业管理标准化和人才复制化方面的探索和实践，成为中式正餐标准化企业的领头羊。百胜餐饮集团拥有最大的全球餐厅网络，在中国的发展速度惊人，已在中国内地开了超过3200家肯德基餐厅、500多家必胜客餐厅和20多家东方既白餐厅，还在2009年3月成功收购中国火锅第一品牌的小肥羊20%的股份；同时，非常重视“本土化”策略，推出一系列适合中国消费者口味的产品。

（林尧）

《城乡统筹蓝皮书：中国城乡统筹发展报告（2011）》

程志强　潘晨光　主编
社会科学文献出版社 2011 年版
335 千字

中共十六次代表大会提出“全面建设小康社会必须统筹城乡经济社会发展”，标志着我国从传统的“二元”发展模式向城乡统筹发展模式的转变。近年来，各地探索城乡户籍改革的实践一直在进行，经历了不少失败，也积累了丰富的经验。正是在此背景下，由北京大学、中国社会科学院、财政部财政科学研究所等单位的研究人员组成团队，推出了关于城乡统筹发展的年度性报告——《中国城乡统筹发展报告（2011）》。

全书共分四个部分，包括总报告、市场要素篇、地方经验篇、理论探索篇，介绍了

城乡统筹发展的内涵、特征和对中国未来经济发展的重大意义，对我国城乡统筹所面临的有利条件和制约因素进行了深入分析；从产业结构升级、财政金融体系完善、非农就业增长、教育医疗养老等公共服务一体化等方面详细探讨了城乡统筹的体制机制和具体的政策措施。

改革开放三十多年的成就举世瞩目，但在从计划经济体制转向社会主义市场经济体制的过程中，作为计划经济体制两大支柱之一的城乡二元体制的改革相对滞后，导致城乡发展不协调，城乡差距呈扩大趋势。这增加了全面建设小康社会、实现共同富裕、构建和谐社会的难度，为此必须加大城乡统筹的力度。统筹城乡发展最重要的任务就是改革城乡二元体制，这是中国下一轮改革发展的重点，也是一场伟大的社会变革。

书中指出，城乡二元体制改革将大大促进社会的稳定，而不会导致社会的不稳定；城乡二元体制改革将推动城市经济的改革和发展，而不会因加重城市的负担而阻碍城市经济的发展，也不会阻碍城市经济改革的深化；城乡二元体制改革不是要消灭农村和农民，也不是要把农村变成城镇，把农民改变为职工，而主要是使农村和城市的差别大大缩小，使农民充分享有改革开放的成果，在社会方面享受同样的待遇。

随着新时期农村形势的发展，现行的农村家庭承包制已有一些不适应的地方。问题主要是把土地等生产要素分散在一家一户，制约了土地规模经营和土地使用效率，影响对土地加大投入的积极性，进而影响农业生产率的提高和农民收入的上升。加之，在农民有可能进城务工的情况下，不少农村青壮年劳动力外出务工，家庭承包的耕地或者撂荒，生产资料闲置，或者只剩下老弱劳动力耕种，使土地使用效率大大降低。这在耕地流转有限的广大农村形成了极不合理的状况。因此，农业适度规模经营是发展现代农业、提高农业生产力的内在要求。没有规模经营，不能有效地利用土地资源，农业生产效率就很难提高。当前土地承包办法急需根据情况的变化调整完善，急需合理科学地配置土地资源，鼓励各地探索土地承包权的多种有效流转方式。

该书指出，发达的市场经济国家的城乡一体化都是双向的。而迄今为止，我国正在推进的城乡一体化则是单向的。双向城乡一体化的推进，一方面，可使农民“带资进城”，加快了城镇化建设；另一方面，城里愿意迁到农村的个人和企业也可以如愿以偿，“带资带技术下乡”，在乡下生活、工作、投资。城乡分割的户籍制度将随之取消，代之以全国统一的身份证制度。随着双向城乡一体化的推进，不仅传统的服务业会进一步发展，而且现代服务业也会迅速发展，第三产业在国民生产总值中的比重也将不断上升，三次产业在国民生产总值的比重将趋于合理，新的岗位将在第三产业的发展中涌现出来。到了那个时候，城乡社会保障也将一体化。城乡居民的后顾之忧将逐渐减少甚至完全消失，追求生活质量成为全社会绝大多数人的共同愿望。内需将会有大的突破，中国经济也会转入以居民消费拉动为主。

让农民充分享受改革开放的成果，不是靠增加政府投入或放宽信贷就能解决的。只有不失时机地进行城乡二元体制改革，让农民和城市居民享有同等的权利，拥有同等的机会，才是下一阶段改革的重点。当前，打破城乡分割分治的二元体制，形成城乡发展一体化新格局，也必须进一步解放思想、实事求是。学术界必须开展前瞻性理论研究和理论创新，在理论上率先突破，摆脱一切束缚城乡二元体制问题解决的思想桎梏，在全社会营造改革城乡二元体制的氛围；必须在政策、法律、制度、文化等诸多方面进行有利于推进城乡一体化的变革，尽快扭转城乡差距扩大趋势；必须勇于探索实践，统筹城乡试验区要大胆改革试验，开辟一条新路。

（王莉莉）

《新兴经济体蓝皮书：金砖国家经济社会发展报告（2011）》

林跃勤　周文　主编

社会科学文献出版社 2011 年版

566 千字

《新兴经济体蓝皮书：金砖国家经济社会发展报告（2011）》是由林跃勤、周文主编的“新兴经济体蓝皮书”的第一本，并将逐年出版，旨在通过金砖国家经济与社会发展的现状、问题、政策、体制改革等的研究，对新兴大国赶超发展问题进行深层次理论探讨，并在比较的基础上总结出一般发展规律及对中国的启示。

近年来，金砖国家的经济得到了长足发展，并受到了世界各国的普遍重视。因此每年对金砖国家经济社会发展情况进行全面、系统、科学的跟踪及比较分析具有非常重要的意义。

该报告分为三部分，分别是总报告、国别报告和专门报告。第一部分总报告是“新兴经济体加速崛起与金砖国家赶超发展”，描述了近数十年来新兴经济体的出现、发展、崛起的趋势；金砖国家赶超发展趋势、特点与动因；金砖国家发展中的软肋与面临的挑战；后危机时代金砖国家通往持续赶超与崛起的路径与可能的前景。

第二部分国别报告，由金砖国家 5 个独立国家分报告组成。“巴西经济与社会发展回顾与展望”部分，全面概述近十年来巴西经济的发展状况，提出了未来扩大投资、促进经济较快发展的政策选择；最后，还总结了巴西和中国之间贸易和投资关系的发展及前景；“俄罗斯经济社会发展回顾与展望”部分，全面回顾分析了近年俄罗斯社会经济发展变化状况，周期性演变特点，提出了推进后危机时期国家经济现代化的方法以及更为科学合理的发展政策建议；“印度经济社会：与金砖伙伴齐飞”部分，回顾了印度过去二十年尤其是 21 世纪头十年的经济和社会发展，探讨了印度与其他金砖伙伴合作共进的方向与前景。“中国经济与社会发展回顾与展望”部分，介绍了 2010 年中国经济主要经济与社会发展政策取向与发展成就，分析了中国在反危机中率先复苏的动因，并对发展前景进行了预测；“南非经济与社会发展回顾与展望”，分析了 2008 年金融危机期间，南非实施稳健财政政策和货币政策、扩大社会开支和扩大公共投资的政策等。

第三部分，专门领域发展比较报告，由 7 个分报告组成。“金砖国家财政政策比较”，总结了金砖国家财政体制基本特点、金砖国家财政政策变化状况；“金砖国家金融政策比较”，综合考察了金砖国家的金融体制改革与运行机制，指出了进一步健全金融风险管理机制和提高金融效率所面临的挑战和努力方向；“金砖国家区域发展政策比较”，探讨了大国区域不平衡发展规律，指明了推进区域繁荣与均衡发展促进经济社会和谐可持续发展、实现大国崛起的重要意义以及制度创新与政策优化的重要性；“金砖国家对外经贸改革与发展比较”，梳理了金砖国家外贸体制改革过程与外贸发展概况，考察了 2008 年国际金融危机对金砖国家对外贸易与合作的冲击，总结了金砖国家应对外部冲击、维持外贸稳定的调控特点与经验启示，并展望了2011年及以后金砖国家经贸合作发展前景；“金砖国家就业、收入分配与社会保障改革与发展比较”，应用比较分析的方法概括金砖国家在社会发展方面的特点，及其对中国加快社会发展的启示；“金砖国家国际竞争力比较”，指出金砖国家建立有效的合作机制，应将潜在的比较优势转变为国际竞争优势，并极大地促进金砖国家整体国际竞争力的提升；“金砖国家合作及其与经济社会发展互动”，分析了金砖国家合作的理论基础并提出金砖国家合作与经济社会发展互动的策略与机制。

该报告最大特点就是逐年发布，每年定期面向社会发布金砖国家经济社会走势与未来前景研判，以期为党政决策部门建言献策，为大专院校、科研院所、企业及其他组织、机构的相关研究提供重要参考。

（高雁）

《经济蓝皮书：2012年中国经济形势分析与预测》

陈佳贵　李扬　主编

社会科学文献出版社2011年版

436千字

“经济蓝皮书”是在中国社会科学院经济学部“中国经济形势分析与预测”课题组召开的“中国经济形势分析与预测——2011年秋季座谈会”的基础上，由政府部门、科研团体、高等院校等各方专家、学者共同形成的关于中国经济形势的研究成果。

2011年是实施“十二五”规划的开局之年，在转型深化的大背景下，我国经济增长由政策刺激开始向自主增长有序过渡，国内通货膨胀由累积释放向逐步缓解转变，总体上看，经济运行继续朝宏观调控的预期方向发展。后金融危机时代，全球经济的稳步复苏仍面临着巨大考验，发达经济体的经济增速显著放缓以及日益严重的债务危机，进一步使全球经济复苏前景蒙上阴影。国内经济社会发展在通胀压力和稳定增长方面也存在一系列新问题。

在这样的背景下，该报告的智库功能就更加凸显。在结构上，该报告延续2011年的体例，仍分为综合预测篇、政策分析篇、财政金融篇、专题研究篇、台港澳经济篇及国际背景篇，共32篇文章，由经济领域的知名专家和学者或研究课题组合作撰写，专家和学者包括张宇燕、刘树成、蔡昉、张平等。运用定量与定性相结合的方法，对2011年中国宏观及微观经济层面形势，特别是全球金融危机及其对中国经济的影响进行了深入分析，得出了中国经济发展的外部环境不确定性较大等结论，并且对2012年中国的经济走势进行了预测。

在世界经济复苏乏力、货币政策转向稳健、消费刺激政策逐步淡出等综合因素影响下，2011年我国国民经济增长速度将有所放缓，预计GDP全年增长速度将达到9.2%左右，增速比上年回落1.2个百分点；2012年，若国际经济政治环境不再发生显著恶化，国内不出现大范围的严重自然灾害和其他重大问题，经济增速虽将继续有所回落，但仍将保持在合理增长区间，GDP增长率预计达到8.9%。

该报告认为，面对当前复杂的国内外形势，宏观调控应以稳为主，政策搭配要审慎灵活。我们必须继续把转变经济发展方式和进一步调整经济结构作为各项经济社会发展工作的核心内容和根本对策，处理好速度、结构、物价的关系，保持经济平稳较快发展和社会和谐稳定。

（高雁）

《商业蓝皮书：中国商业发展报告（2010—2011）》

荆林波　主编

社会科学文献出版社 2011 年版

281 千字

由中国社会科学院财政与贸易经济研究所和香港利丰研究中心合作编著，每年发布的《中国商业发展报告》，即“商业蓝皮书”，是研究中国商业发展的第一部蓝皮书。2010 年和 2011 年该书成功实现了全球同步发行中英文版，书中涉及的主要热点问题及相关研究成果均被各大媒体第一时间转载、报道。

该书从关注扩大消费与消费升级的大背景出发，突出了中国商业的宏观经济和社会背景，详细分析了批发业、物流业、餐饮业与电子商务等产业的发展状况，剖析了商业地产、商业板块、业内并购、信息投入、零供关系、价格波动、KPI 等状况，特别对中国出口转内销、农村消费市场、奢侈品市场等进行了针对性研究，并且对国外商业的最新发展、国外百货业近期动态、外国商业在我国的投资状况、美国零售业 REITS 经营模式进行了专门研究。全书包括总报告、产业分析、产业要素分析、专题分析四大部分。

目前我国经济虽然保持了平稳较快发展，但现有的一些深层次矛盾和问题可能变得更为复杂。国际市场，经济环境瞬息万变，全球市场需求依然不足，金融领域风险尚未消除，世界经济复苏进程缓慢，贸易摩擦加剧，我国出口压力依然较大，美元对主要货币加速贬值，全球主要经济体面临的挑战有增无减。国内市场，经济基础还不稳、不牢，国内市场潜在问题不少，经济的不可持续发展和不平衡发展问题突出，资源环境承载能力较弱，房地产市场调控难度加大，收入分配结构仍不合理，居民收入差距有所扩大，产能过剩矛盾依然严峻，经济内生增长动力还不是很足，消费连续高速增长不可持续。面对这些可能影响我国经济健康发展的问题，应把加快建设现代产业体系作为结构调整的关键环节，作为强外需与扩内需的重点任务，作为促进供需平衡增长的重要结合点。尤其是加快发展服务业，提高服务业在三次产业结构中的比重，尽快使服务业成为国民经济的主导产业，是推进我国经济结构调整、加快转变经济增长方式的必由之路，是有效缓解我国能源资源短缺的瓶颈制约、提高资源利用效率的迫切需要，是适应对外开放新形势、实现综合实力整体提升的有效途径。我国现代产业体系的建设与发展不仅关系到如何满足日益扩大的城镇居民消费需求，而且关系到如何实现产业结构的调整。也就是说，加快建设现代产业体系是扩大城镇居民消费需求的重要增长点，也是经济结构调整的重要着力点。

“十二五”期间，中国面对内外贸一体发展的大趋势，供应链上的成员包括生产商、批发分销商及零售商之间合作和经营模式正发生转变。越来越多的出口生产商透过联盟协作、向产业链上下游延伸等方式，积极发展中国本土销售市场；为更有效连接生产商与零售商，也有批发分销商发挥其桥梁角色，降低内贸交易成本；为适应新的市场环境变化，新的零售业态应运而生，零供关系也日益受到重视。

该书力图将宏观与微观相结合，定量分析与定性分析相结合，规范研究与实证研究相结合，国际背景与国内实际相结合，境外研究人员与内地研究人员相结合，得出了很多有意义的研究成果，希望能给业界、学术界和政界带来更多的启示。

（王莉莉）

《金融蓝皮书：中国金融发展报告（2011）》

李扬 主编
社会科学文献出版社 2011 年版
400 千字

《中国金融发展报告》系列丛书至 2011 年底已经连续出版 8 年。8 年来，中国社会科学院金融研究所“中国金融发展报告”课题组一直不懈努力，为我国金融发展创新、金融形势分析、金融政策制定等作出了重大的贡献。

《中国金融发展报告（2011）》是 2011 年度报告，旨在对 2010 年中国金融发展和运行中的各方面情况进行概括和分析，对所发生的一些主要金融事件进行研讨和评论。

2010 年是“十一五”最后一年，“十一五”期间中国金融系统遭遇了重大困难，也获得了巨大的成就。特别是为应对金融危机所采取的刺激措施，影响逐渐显现。《中国金融发展报告（2011）》回顾了“十一五”时期中国金融的发展，系统全面地分析了 2010 年中国金融业的发展运行情况，理论联系实际，数据翔实，分析透彻，展示了课题组成员深厚的理论功底。

承续往年的《中国金融发展报告》基本结构，该报告依然由三部分构成：

第一部分为“宏观经济运行分析”，共五篇文章，一方面，对 2010 年中国经济运行情况进行回顾和分析，并对中国“十一五”期间的经济发展状况进行了总体梳理，尤其是对中国“十二五”规划期间的发展前景进行了预测和展望；另一方面，该报告专门分析了 2010 年中国经济运行中的一些主要问题，如物价走势、财政收支等。此外，该部分还分析了中国的对外部门的发展情况。总的来说，第一部分是对 2010 年中国金融形势的一个回顾和总结，是该报告最基本的部分。

第二部分为“金融运行分析”，共十二篇文章。与往年大致相同，该部分的重点是系统分析中国金融市场，主要包括 2010 年中国的货币政策、银行业和保险业发展状况，同时，分析了 2010 年中国的货币市场、股票市场、债券市场、银行理财产品市场、期货市场以及外汇储备等的发展走势，概要记述了金融监管、地区金融生态环境，最后，概要分析了国际金融形势中的新变化。与以往年度不同的是，该年度报告在相关部分增加了学术界对 2010 年金融运行中的一些认识及其争论，增加了金融运行过程中的制度和政策变化的内容，以扩展读者在这些方面的视野。

第三部分为“专题分析”，共八篇文章。该部分根据中国金融发展中的新动态，对全球经济再平衡、新资本协议实施、政策性金融的转型、融资租赁业发展、股指期货运行、商业健康保险和政策性住宅金融等进行了深度分析和研判，并对外汇储备管理体制以及日本政策性住宅金融的演进及其对中国的启示进行了分析和探讨。

（高雁）

《中国人口与劳动问题报告 No. 12——“十二五”时期挑战：人口、就业与收入分配》

蔡昉 主编
社会科学文献出版社 2011 年版
248 千字

中国已经进入中等收入国家的行列，需要认真应对“中等收入陷阱”的挑战。如何系统地解决人口、就业、收入分配等经济社会问题，保持国民经济的持续增长和经济与社会的协调发展？这是“十二五”和以后一段时期，中国学术和政策研究的重大课题。该书从劳动力市场态势、政策与发展的角度，切入了这一重大课题的研究。该书提供了农民工数量、结构等方面的最新数据，提出了政策调整的重点。全国农村固定观察点调查显示：2010 年，农村外出就业劳动力的规模进一步扩大，但增长速度稳中有降；农村外出劳动力的年龄、教育和就业结构基本稳定；跨省就业比重上升；收入继续提高但涨幅回落。国家统计局新生代农民工专项调查数据显示：在农村外出劳动力中，“新生代农民工”已经成为主体；他们的文化素质较高，拥有与前一代农民工不同的诉求；但是，这一农民工群体在社会保障参与、城市社会融入等方面面临一些突出问题。

该书下篇的前两章是关于中国经济发展和劳动力市场变化的战略性、综合性研究报告。第一章“‘十二五’时期中国经济发展的五大挑战”。中国经济已经到达刘易斯转折点，要实现经济发展的平衡、协调和可持续，必须认识五个问题：“未富先老”，“梅佐乔诺陷阱”，“读书无用论”；“依赖症”；“成长中的烦恼”——劳动关系中的矛盾与冲突。提出了相应的政策建议：在人口红利上挖潜和创新，依托比较优势发展中西部地区，加强学校教育，政府对企业的保护要产业导向和适度，改善劳动关系势在必行。第二章“人口转变如何影响未来经济发展?”深入论述中国经济发展的阶段性变化，在分析了刘易斯转折和老龄化挑战的特点之后，提出以内需拉增长、产业转移与升级和发挥技术赶超优势三项重要的政策选择。第三章和第十章聚焦劳动力市场，从人口转变和刘易斯转折点入手，分析农民工年龄结构的变化、工资上涨和趋同、竞争下的产业升级和劳动关系建设，为劳动力市场政策、产业政策和收入分配政策调整提供了有价值的建议和参考。

该书下篇其余的十章，是对“十二五”时期劳动力市场态势和相关政策的专题分析，内容广泛，从就业数量与结构、城镇就业与城市化、自然失业率、就业弹性、劳动力市场和户籍制度改革方方面面。从问题导向的视角来看，对现行统计体系和统计数据的讨论是很多章节的共同关注点。

第四章对中国的就业总量和就业结构进行了重新估计，所得到的就业总量和农业就业比重都明显低于公布的统计数据。第五章讨论了城镇就业和城市化的不同的统计口径，按照不同的方案预测了“十二五”时期的中国城市化水平和就业增长。第八章针对一些外国学者提出的中国经济增长没有有效带动就业提高的观点，提出对就业统计的认识上存在一些误区，传统的统计体系不能有效覆盖的城镇就业，因而导致对中国就业增长的误判。第十一章对不同来源的农民工收入数据进行了讨论和评估，分析了两大主要调查方法——“流出地法”和“流入地法”可能存在的偏差，对农民工和城市本地劳动者的收入差异作了一个重新估计。第十三章重点研究农民工进城对城乡居民收入统计带来的影响，发现统计缺失和统计遗漏使得中国的城乡居民收入差距被明显高估了。

第十二章总结了近年来城市劳动力市场深化改革的三大举措，认为旧的城乡分割体制已经终结；区域分割因素造成新的制度性排斥，但不会派生新的社会阶层；打破城乡分割为实现刘易斯转折提供了制度条件。第十四章全面回顾和评估户籍制度改革，认为户籍制度改革推动了农村劳动力转移，刘易斯转折为进一步深化户籍制度改革提供了新的激励机制。这些系统性的制度变迁探讨，有助于正确认识有关劳动力流动和配置的制度变革成果，把握进一步改革的大方向和基本政策取向。

第六章参照相关国际研究，估计了中国自然失业率的水平，得出一些重要发现，并给出政策建议；第七章讨论了中等收入国家的就业特征，预测了中国“十二五”期间收入弹性变化的大致趋势；第九章专门探讨了“十二五”期间的产业结构变动和区域转移。这些内容，也是新形势下，中国劳动力市场演进的重要议题。

（张展新）

中国经济学年鉴

2012

第六篇

研究课题

2011年度国家社会科学基金资助项目（理论经济）一览表（153项）

序号	项目名称	负责人	所在省市	工作单位	项目类别	预期成果	计划完成时间	批准号
1	马克思主义经济学中国化的方法论与中国政治经济学范畴体系研究	刘永佶	北京	中央民族大学	重点项目	专著	2015-6-30	11AJL001
2	虚拟经济与实体经济协调发展研究	殷剑峰	北京	中国社会科学院	重点项目	专著 研究报告	2012-12-31	11AJL002
3	居民收入来源结构优化研究	范从来	江苏	南京大学	重点项目	专题论文集 研究报告	2014-12-30	11AJL003
4	后金融危机时代我国参与国际货币体系改革与人民币国际化问题研究	保建云	北京	中国人民大学	重点项目	专著 研究报告	2015-12-30	11AJL004
5	低碳经济环境下我国对外贸易发展方式转变研究	赵春明	北京	北京师范大学	重点项目	专题论文集 研究报告	2013-12-30	11AJL005
6	技术创新视角下的我国能源产业成长战略研究	胡　健	陕西	西安财经学院	重点项目	专著	2013-8-30	11AJL007
7	多方利益博弈下的稀土产业管制研究	吴一丁	江西	江西理工大学	重点项目	专著 研究报告	2014-8-30	11AJL006
8	新型战略产业的培育机制研究	贺正楚	湖南	长沙理工大学	重点项目	专著 专题论文集	2014-12-30	11AJL008
9	中国海洋战略性新兴产业发展问题研究	韩立民	山东	中国海洋大学	重点项目	专著	2013-12-31	11AJL009
10	产业协同集聚与我国产业升级研究	赵　伟	浙江	浙江大学	重点项目	专著	2014-12-31	11AJL010
11	实施新一轮西部大开发战略跟踪研究	陈仲常	重庆	重庆大学	重点项目	专著 研究报告	2013-7-30	11AJL011
12	马克思主义宏观经济调控理论与模型研究	肖耀球	湖南	湖南省社会科学院	一般项目	专著 研究报告	2013-12-30	11BJL011

续表

序号	项目名称	负责人	所在省市	工作单位	项目类别	预期成果	计划完成时间	批准号
13	近些年西方学者对马克思和恩格斯经济学文本的研究及评析	郑吉伟	北京	中国人民大学	一般项目	专著	2014-9-30	11BJL008
14	中国实现经济强国的货币政策与财富创造研究	罗天勇	贵州	贵州财经学院	一般项目	研究报告 专题论文集	2013-12-31	11BJL005
15	加快经济发展方式转变与城市增长管理协动机理研究	刘荣增	河南	河南科技学院	一般项目	研究报告	2013-12-31	11BJL001
16	中国跨越“中等收入陷阱”的产业升级战略研究	杜曙光	山东	曲阜师范大学	一般项目	专著	2014-6-30	11BJL004
17	完善县级财政体制与加快转变经济发展方式研究	欧阳日辉	北京	中央财经大学	一般项目	专著	2013-12-30	11BJL002
18	中国经济发展方式包容性转变的体制机制研究	王新建	浙江	浙江理工大学	一般项目	专著 专题论文集	2013-6-30	11BJL003
19	人力资本价值提升对加快经济发展方式转变的作用机理研究	何菊莲	湖南	湖南师范大学	一般项目	专著	2013-10-30	11BJL010
20	转变经济发展方式的创新劳动理论研究	裴小革	北京	中国社会科学院	一般项目	专著	2014-6-1	11BJL006
21	《资本论》宏观经济分析方法及其中国化研究	何干强	江苏	南京财经大学	一般项目	专著	2013-12-31	11BJL007
22	马克思企业理论的创造性转化研究	许光伟	江西	江西财经大学	一般项目	专著 专题论文集	2013-12-31	11BJL009
23	金融联结的理论机理研究	米运生	广东	华南农业大学	一般项目	专题论文集 研究报告	2013-6-30	11BJL012

续表

序号	项目名称	负责人	所在省市	工作单位	项目类别	预期成果	计划完成时间	批准号
24	文化传统、约束机制与契约履行研究	韩 毅	辽宁	辽宁大学	一般项目	研究报告 专题论文集	2013-12-31	11BJL014
25	唐宋时期中国经济重心南移问题研究	李景寿	贵州	贵州师范大学	一般项目	专著	2013-9-30	11BJL013
26	中国黄金市场的制度、功能与变迁研究（1921—2011）	魏 忠	上海	上海金融学院	一般项目	专著 专题论文集	2014-6-30	11BJL016
27	中国产业结构演变中的大国因素研究（1949—2010）	武 力	北京	中国社会科学院当代中国研究所	一般项目	专著 研究报告	2013-12-31	11BJL015
28	行为宏观经济学在中国经济波动理论和政策中的应用研究	李 彬	北京	中央财经大学	一般项目	研究报告	2013-9-1	11BJL018
29	我国保障性住房基金及发展模式问题研究	刘 园	北京	对外经济贸易大学	一般项目	研究报告	2013-7-1	11BJL017
30	证券监管中的地方政府选择性执行研究	徐德信	安徽	安徽工业大学	一般项目	专题论文集 研究报告	2014-12-31	11BJL019
31	房价上升对我国居民消费倾向的影响及公共政策的应用研究	杜 莉	上海	复旦大学	一般项目	专题论文集 研究报告	2012-12-31	11BJL020
32	扩大居民消费需求长效机制研究	赵振华	北京	中央党校	一般项目	研究报告	2013-6-30	11BJL021
33	后金融危机时代的通货膨胀治理研究	王 曦	广东	中山大学	一般项目	专题论文集 研究报告	2012-12-31	11BJL022
34	我国劳动者报酬的基础理论、社会功能和规范、提高途径研究	王云中	江苏	南京财经大学	一般项目	专著 研究报告	2013-12-31	11BJL023

续表

序号	项目名称	负责人	所在省市	工作单位	项目类别	预期成果	计划完成时间	批准号
35	我国中小型制造企业升级研究	袁红林	江西	江西财经大学	一般项目	研究报告	2014-12-30	11BJL025
36	我国商业银行中小企业关系借贷及其应用研究	何　韧	上海	上海财经大学	一般项目	专题论文集 研究报告	2013-12-30	11BJL027
37	政府支持中小企业创新研究	魏　杰	北京	清华大学	一般项目	研究报告	2013-6-30	11BJL026
38	我国国有企业提升自主创新能力的机制与路径研究	李　政	吉林	吉林大学	一般项目	专题论文集 研究报告	2013-12-30	11BJL024
39	城乡统筹融资机制研究	张迎春	四川	西南财经大学	一般项目	专著 研究报告	2013-12-31	11BJL029
40	包容性增长范式下多层次区域统筹城乡发展道路研究	周文兴	重庆	重庆大学	一般项目	专题论文集 研究报告	2014-8-26	11BJL028
41	工业化过程中城乡收入分配格局演化的动态性质及趋势研究	云伟宏	河南	河南财经政法大学	一般项目	专著 研究报告	2012-9-30	11BJL031
42	苏州市城乡一体化发展道路研究	夏永祥	江苏	苏州大学	一般项目	专著 研究报告	2013-12-31	11BJL032
43	大国工业化过程中的政府作用国际比较研究	张进铭	江西	江西财经大学	一般项目	研究报告	2013-12-31	11BJL030
44	西部地区统筹城乡经济一体化的类型分析与经验研究	郭俊华	陕西	西北大学	一般项目	专著	2013-12-31	11BJL033
45	土地财政及土地金融系统性风险的演化机理与管控机制研究	辛　波	山东	山东工商学院	一般项目	专著 研究报告	2014-9-30	11BJL035

续表

序号	项目名称	负责人	所在省市	工作单位	项目类别	预期成果	计划完成时间	批准号
46	长三角统筹户籍与土地管理制度改革研究	陈学法	江苏	徐州师范大学	一般项目	专题论文集 研究报告	2013-12-31	11BJL034
47	我国农村退耕还林工程的可持续发展研究	杨伟勇	北京	对外经济贸易大学	一般项目	专题论文集 研究报告	2014-3-5	11BJL042
48	内陆农区市场化与分工演进研究	刘东勋	河南	河南大学	一般项目	专著	2013-12-31	11BJL036
49	一般均衡下农业发展、二元经济结构转化与经济增长研究	肖　卫	湖南	湖南省社会科学院	一般项目	专题论文集 研究报告	2012-12-31	11BJL037
50	农业产业基金与转变农业发展方式研究	刘祚祥	湖南	长沙理工大学	一般项目	专著 研究报告	2014-12-30	11BJL043
51	新型农村合作医疗可持续发展研究	李立清	湖南	湖南农业大学	一般项目	专题论文集 研究报告	2012-12-20	11BJL038
52	当前中国农村多维贫困的测度与反贫困政策研究	张全红	广东	五邑大学	一般项目	专题论文集 研究报告	2013-12-31	11BJL040
53	新时期我国农村劳动力转移流向及其趋势研究	黄宁阳	湖北	华中农业大学	一般项目	专题论文集 研究报告	2013-12-31	11BJL041
54	财政激励、预期与农民工市民化矫正机制研究	张　俊	安徽	安徽财经大学	一般项目	研究报告	2013-12-31	11BJL039
55	中国超额外汇储备成因、效应与管理研究	王三兴	安徽	安徽大学	一般项目	专著 专题论文集	2014-12-30	11BJL044
56	全球价值链分工的就业效应：理论与实证研究	姜德波	江苏	南京审计学院	一般项目	专题论文集	2014-12-31	11BJL045

续表

序号	项目名称	负责人	所在省市	工作单位	项目类别	预期成果	计划完成时间	批准号
57	中美经济非对称共生条件下我国流动性重复逆转问题研究	叶　莉	河北	河北工业大学	一般项目	研究报告	2013-6-30	11BJL048
58	中国与经合组织主要国家工业技术差距的动态测度和分析研究	柳剑平	湖北	湖北大学	一般项目	研究报告	2013-9-1	11BJL047
59	中国参与资源性产品国际价格形成机制研究	魏　龙	湖北	武汉理工大学	一般项目	研究报告	2012-12-31	11BJL046
60	汇率冲击、贸易摩擦对中国直接投资流出的诱发机制研究	孙文莉	北京	北京外国语大学	一般项目	专著	2013-12-30	11BJL049
61	新国际分工背景下集群企业国际化成长机制研究	彭迪云	江西	南昌大学	一般项目	专著 研究报告	2014-6-30	11BJL051
62	基于标准竞争优势的中国贸易投资大国发展战略研究	侯俊军	湖南	湖南大学	一般项目	专著 研究报告	2013-12-31	11BJL050
63	行业协会在资源性产品对外贸易中的战略转型研究	王玉珍	山西	山西财经大学	一般项目	专著 研究报告	2013-12-31	11BJL052
64	依托国内市场促进大国外贸发展方式转变的机制研究	易先忠	湖南	湖南商学院	一般项目	专著 研究报告	2013-11-30	11BJL053
65	城市物流网络运行机理与演化机制研究	张　锦	四川	西南交通大学	一般项目	专题论文集 研究报告	2013-6-30	11BJL054
66	京津冀都市圈发展的脆弱性研究与评估	冯振环	天津	天津财经大学	一般项目	研究报告	2013-12-30	11BJL055

续表

序号	项目名称	负责人	所在省市	工作单位	项目类别	预期成果	计划完成时间	批准号
67	资源环境约束下的淮河流域经济发展方式转变研究	任志安	安徽	安徽财经大学	一般项目	研究报告	2013-12-31	11BJL056
68	重大自然灾害的经济恢复与灾后重建的中国模式研究	谢永刚	黑龙江	黑龙江大学	一般项目	研究报告	2014-5-30	11BJL060
69	限制开发区生态效率评估与产业结构优化研究	孙育平	江西	江西省社会科学院	一般项目	研究报告	2013-6-30	11BJL059
70	西部限制开发区配套政策研究	陈　映	四川	四川省社会科学院	一般项目	专著 研究报告	2013-12-30	11BJL058
71	对华环境援助的减污效应分析与政策研究	佘群芝	湖北	中南财经政法大学	一般项目	专著 研究报告	2013-12-31	11BJL076
72	我国经济可持续发展的自然资源价格理论研究	王天义	北京	中央党校	一般项目	专著	2013-12-31	11BJL057
73	西部地区低碳经济发展模式与机制研究	徐承红	四川	西南财经大学	一般项目	研究报告 专题论文集	2012-8-30	11BJL061
74	文化对经济活动的影响研究	杭　行	上海	复旦大学	一般项目	专题论文集 研究报告	2013-12-30	11BJL062
75	服务业总体规模、结构演进的历史趋势和内在机理研究	余道先	湖北	武汉大学	一般项目	专著 专题论文集	2013-12-31	11BJL064
76	服务业发展与城市群演进的互动机制研究	李江帆	广东	中山大学	一般项目	专著 专题论文集	2013-12-31	11BJL063
77	我国区域经济发展新战略格局的空间形态与发展趋势研究	龚绍东	河南	河南省社会科学院	一般项目	专著	2014-6-30	11BJL067

续表

序号	项目名称	负责人	所在省市	工作单位	项目类别	预期成果	计划完成时间	批准号
78	人力资本、自我发展能力与大国区域经济协调发展	刘智勇	湖南	湖南商学院	一般项目	专题论文集 研究报告	2013-12-30	11BJL066
79	专业市场发展战略与区域经济协调发展研究	杨海军	江西	南昌航空大学	一般项目	专著 专题论文集	2013-6-30	11BJL069
80	基于国家战略的中国区域发展空间重组研究	刘　涛	山东	山东政法学院	一般项目	专著 研究报告	2013-9-30	11BJL065
81	新经济地理学视角下的转移支付与中国区域协调发展研究	薄文广	天津	南开大学	一般项目	专题论文集 研究报告	2013-12-1	11BJL068
82	西部地区经济发展新实践研究	黄志亮	重庆	重庆工商大学	一般项目	专著 研究报告	2013-12-30	11BJL072
83	成渝经济区域联盟组织机制研究	靳景玉	重庆	重庆工商大学	一般项目	研究报告	2013-7-31	11BJL070
84	中国藏区经济社会发展中的国家意志与农牧民行为互动研究	陈文烈	青海	青海民族大学	一般项目	专著	2013-12-30	11BJL073
85	西部大开发中的自我发展能力构建研究	梁双陆	云南	云南大学	一般项目	专著	2013-12-30	11BJL071
86	服务嵌入、创新驱动与产业网络协同演进实证研究	李守伟	江苏	江苏大学	一般项目	研究报告 专题论文集	2013-12-31	11BJL074
87	区域发展战略中的资源共享问题研究	王玉海	北京	北京师范大学	一般项目	专题论文集 研究报告	2014-12-1	11BJL075

续表

序号	项目名称	负责人	所在省市	工作单位	项目类别	预期成果	计划完成时间	批准号
88	中国跨越“中等收入陷阱”的战略创新研究	李　月	天津	南开大学	青年项目	专题论文集 研究报告	2013-12-30	11CJL003
89	后人口红利时代劳动力流动问题研究	孙晓芳	山西	山西财经大学	青年项目	研究报告	2014-12-30	11CJL002
90	包容性增长的实现路径研究	方大春	安徽	安徽工业大学	青年项目	专著 专题论文集	2013-12-31	11CJL001
91	演化经济学视角下的技术创新机制与政策研究	杨勇华	广东	广州大学	青年项目	专著 专题论文集	2013-12-31	11CJL005
92	马克思主义农业生态思想及其当代价值研究	李繁荣	山西	太原师范学院	青年项目	专著 研究报告	2013-6-30	11CJL004
93	近代外国在华直接投资与中外竞争研究	梁　华	北京	中国社会科学院	青年项目	专著	2014-12-31	11CJL006
94	1842—2010：长江三角洲经济区的形成与绩效研究	方书生	上海	上海社会科学院	青年项目	专著 研究报告	2013-12-30	11CJL007
95	中国实际经济周期与税收政策效应研究	黄赜琳	上海	上海财经大学	青年项目	专题论文集 研究报告	2013-9-30	11CJL009
96	地方政府行为、财政金融关联与宏观经济波动研究	傅　勇	上海	中国人民银行	青年项目	专著	2013-7-1	11CJL008
97	调整和优化公共投资与政府消费结构的研究	朱宏飞	上海	复旦大学	青年项目	专著	2013-12-31	11CJL024
98	我国现阶段潜在产出及产出缺口变动特征研究	邓　创	吉林	吉林大学	青年项目	专题论文集	2014-12-31	11CJL012

续表

序号	项目名称	负责人	所在省市	工作单位	项目类别	预期成果	计划完成时间	批准号
99	低碳转型引致的经济减速问题及其对策研究	李　猛	上海	上海市委党校	青年项目	专题论文集 研究报告	2012-12-31	11CJL011
100	长期经济增长的一致理论研究	赖普清	浙江	浙江大学	青年项目	专题论文集 研究报告	2013-12-31	11CJL010
101	中国居民消费特征的理论和实证分析研究	孙　涛	山东	山东大学	青年项目	专题论文集 研究报告	2013-12-31	11CJL016
102	我国经济发展方式转型中的投资效率的测度及国际比较研究	雷　辉	上海	上海对外贸易学院	青年项目	专题论文集 研究报告	2013-12-31	11CJL015
103	收入与制度视阈下提高居民实际与潜在消费能力的长效机制研究	邹　红	四川	西南财经大学	青年项目	专著 专题论文集	2013-12-30	11CJL013
104	提高我国居民消费能力长效机制研究	吴振球	湖北	中南财经政法大学	青年项目	研究报告	2014-7-1	11CJL014
105	价格非平衡变化的微观机制与通货膨胀率动态模型研究	田　堃	湖南	湘潭大学	青年项目	专题论文集	2013-12-30	11CJL017
106	中国通货膨胀波动、不确定性及其治理研究	杨小军	江苏	南京邮电大学	青年项目	专题论文集 研究报告	2013-12-31	11CJL020
107	社会资本、信任与地区金融发展问题研究	崔　巍	北京	北京大学	青年项目	专题论文集 研究报告	2014-12-31	11CJL019
108	金融稳定约束下中国货币政策规则研究	郭红兵	广东	广东商学院	青年项目	专著 专题论文集	2013-12-31	11CJL018

续表

序号	项目名称	负责人	所在省市	工作单位	项目类别	预期成果	计划完成时间	批准号
109	居民收入来源结构优化研究	陈晓枫	福建	福建师范大学	青年项目	专著 研究报告	2014-6-1	11CJL021
110	提高中国制造业中劳动者报酬所占比重的理论基础和途径研究	张　杰	北京	中国人民大学	青年项目	专题论文集	2012-12-30	11CJL023
111	弱势群体自雇行为的经济学研究	陈立兵	湖北	中南财经政法大学	青年项目	专题论文集	2013-12-31	11CJL022
112	环境优化与中小企业成长方式转型研究	张继彤	江苏	南京师范大学	青年项目	研究报告	2013-12-31	11CJL025
113	我国城乡统筹发展的制度安排与路径选择研究	张　秋	河南	河南师范大学	青年项目	研究报告	2013-12-31	11CJL026
114	制度性贫困与包容性增长减贫模式研究	文雁兵	浙江	浙江大学	青年项目	专题论文集 研究报告	2012-9-30	11CJL033
115	集体林权制度改革中的金融支持制度研究	程　玥	福建	厦门大学	青年项目	专题论文集 研究报告	2013-12-30	11CJL027
116	我国土地资本化进程中的制度创新研究	张海鹏	天津	南开大学	青年项目	专题论文集 研究报告	2014-6-30	11CJL028
117	中国农民土地产权相关问题研究	陈胜祥	江西	江西师范大学	青年项目	专著 研究报告	41455	11CJL034
118	教育、医疗公共品供给均等化与城乡收入差距缩小的关系研究	高连水	北京	北京大学	青年项目	专题论文集 研究报告	2013-6-30	11CJL030

续表

序号	项目名称	负责人	所在省市	工作单位	项目类别	预期成果	计划完成时间	批准号
119	基本医疗卫生服务共享目标下政府卫生投入研究	肖海翔	湖南	湖南大学	青年项目	专题论文集 研究报告	2013-12-30	11CJL029
120	农村劳动力流动促进经济集聚的机制及演变趋势研究	余吉祥	安徽	安徽科技学院	青年项目	专题论文集	2014-6-30	11CJL031
121	农民工市民化的障碍和途径研究	王　震	北京	中国社会科学院	青年项目	专题论文集 研究报告	2013-7-1	11CJL032
122	中国外汇储备投资风险管理研究	李　杰	北京	中央财经大学	青年项目	专著 专题论文集	2014-7-1	11CJL037
123	制度视角下金融发展与社会公平问题研究	王鸾凤	湖北	湖北大学	青年项目	专著 专题论文集	2014-7-30	11CJL036
124	俄罗斯二十年金融改革回顾、展望及对我国的启示研究	陈菁泉	辽宁	东北财经大学	青年项目	研究报告	2013-3-1	11CJL043
125	人民币国际化对中国经济内外均衡动态影响研究	沙文兵	安徽	安徽财经大学	青年项目	专著	2013-6-30	11CJL035
126	过度外部失衡参考性指标构建研究	李　昕	北京	北京大学	青年项目	专著 研究报告	2013-3-30	11CJL038
127	中国经济发展的全球效应研究	罗长远	上海	复旦大学	青年项目	专题论文集 研究报告	2013-12-31	11CJL039
128	中国对外直接投资逆向技术溢出与区域竞争力研究	欧阳艳艳	广东	中山大学	青年项目	专著	2013-12-30	11CJL042
129	我国工业行业的出口广延边际与技术进步的理论及实证研究	祝树金	湖南	湖南大学	青年项目	专题论文集 研究报告	2013-6-30	11CJL041

续表

序号	项目名称	负责人	所在省市	工作单位	项目类别	预期成果	计划完成时间	批准号
130	国际外包下的偏向性技术进步与行业收入差距研究	孙文杰	江苏	南京审计学院	青年项目	研究报告	2013-12-30	11CJL040
131	对外贸易与收入不平等的理论模型与经验分析研究	张　艳	北京	中央财经大学	青年项目	专著	2013-9-1	11CJL044
132	主体功能区宏观调控机制及其政策研究	郝大江	黑龙江	哈尔滨商业大学	青年项目	专著 研究报告	2014-5-30	11CJL046
133	辽宁港口群—东北腹地经济空间联动发展机理研究	董晓菲	辽宁	辽宁省委党校	青年项目	研究报告	2012-5-20	11CJL045
134	综合运输体系对区域经济空间格局的塑造与优化研究	来逢波	山东	山东交通学院	青年项目	专著 研究报告	2013-12-31	11CJL049
135	城市群多重均衡与区域协调发展研究	赵　勇	陕西	西北大学	青年项目	专著	2014-6-30	11CJL047
136	都市圈“经济—资源—环境”的耦联机理与协同路径研究	刘承良	湖北	华中师范大学	青年项目	专题论文集 研究报告	2013-12-31	11CJL048
137	大国自然资源优势与产业发展战略选择	邓柏盛	湖南	湖南商学院	青年项目	专题论文集 研究报告	2012-12-31	11CJL050
138	资源与环境双重约束下我国经济发展方式转变的实证研究	陈海波	江苏	江苏大学	青年项目	专著 专题论文集	2013-6-30	11CJL052
139	能源与环境约束下的区域经济发展方式转变的路径选择研究	刘玲利	河南	郑州大学	青年项目	研究报告	2013-6-30	11CJL051

续表

序号	项目名称	负责人	所在省市	工作单位	项目类别	预期成果	计划完成时间	批准号
140	实现西部地区"负成本"低碳转型的经济政策研究	蒋海勇	广西	广西财经学院	青年项目	专著 专题论文集	2013-5-30	11CJL054
141	中国出口贸易碳成本测度与真实出口贸易利益评估研究	李　真	上海	华东师范大学	青年项目	专题论文集 研究报告	2014-6-29	11CJL056
142	我国发展低碳经济的激励问题研究	宋　蕾	上海	中国浦东干部学院	青年项目	研究报告	2013-6-30	11CJL055
143	工业领域低碳技术和低碳产业发展的国际比较、国内促进及经济气候效应研究	马建平	北京	中华女子学院	青年项目	专题论文集 研究报告	2013-12-31	11CJL053
144	战略性新兴产业培育的机制与路径研究	徐梦周	浙江	浙江省委党校	青年项目	专题论文集 研究报告	2014-3-31	11CJL058
145	新兴战略产业自主创新的模块结构与竞争优势研究	蔡晓月	上海	复旦大学	青年项目	专题论文集 研究报告	2013-12-31	11CJL057
146	基于空间优化的产业转移与区域协调发展研究	高云虹	甘肃	兰州商学院	青年项目	专题论文集 研究报告	2013-5-31	11CJL059
147	产业聚集的福利效应与我国区域福利均等化政策研究	刘　军	江苏	南京信息工程大学	青年项目	专著	2013-12-31	11CJL065
148	基于全球服务价值链的我国现代服务业发展战略研究	原小能	江苏	南京财经大学	青年项目	研究报告	2014-12-31	11CJL066
149	社会资本视角下的我国区域协调发展战略研究	赵家章	北京	首都经济贸易大学	青年项目	专著	2013-12-30	11CJL060

续表

序号	项目名称	负责人	所在省市	工作单位	项目类别	预期成果	计划完成时间	批准号
150	生态文明视角下我国粮食核心区建设与区域经济协调发展机制研究	关利响	河南	河南财经政法大学	青年项目	专著 研究报告	2013-12-31	11CJL061
151	西部民族地区自我发展能力研究	汪海霞	新疆	石河子大学	青年项目	研究报告	2013-6-30	11CJL062
152	中国区域经济差异的尺度效应分析	周杰文	江西	南昌大学	青年项目	研究报告	2013-9-1	11CJL064
153	基于产业集群的规制理论创新	杨　慧	山东	山东经济学院	青年项目	研究报告	2013-1-1	11CJL063

资料来源：http：//www. npopss-cn. gov. cn/GB/219555/219558/index. html。

2011 年度国家社会科学基金资助项目（管理学）一览表（240 项）

序号	项目名称	负责人	所在省市	工作单位	项目类别	预期成果	计划完成时间	批准号
1	我国制造企业创新型成本领先战略研究	陈　圻	江苏	南京航空航天大学	重点项目	专题论文集 研究报告	2014-12-31	11AGL001
2	我国战略性新兴产业创新主体胜任力模型构建与开发机制研究	王建民	北京	北京师范大学	重点项目	专著 研究报告	2013-12-31	11AGL002
3	理工科大学生知识创业能力的培养模式研究	刘丽君	北京	北京理工大学	重点项目	专著 研究报告	2014-12-31	11AGL003
4	华中丘陵地区油茶生态产业链构建及对策研究	管天球	湖南	湖南科技学院	重点项目	专著 研究报告	2012-12-30	11AGL004
5	基于粮食安全的中国海外耕地投资战略与对策研究	卢新海	湖北	华中科技大学	重点项目	专著 研究报告	2014-8-31	11AGL005

续表

序号	项目名称	负责人	所在省市	工作单位	项目类别	预期成果	计划完成时间	批准号
6	成本转嫁与养老保险风险评估研究	赵　曼	湖北	中南财经政法大学	重点项目	专著 研究报告	2013-6-30	11AGL006
7	城镇化与省直管县改革研究：模式、战略与政策	张占斌	北京	国家行政学院	重点项目	专著 研究报告	2013-6-30	11AGL007
8	国家“十二五”教育发展规划实施情况跟踪研究	张　珏	上海	上海市教科院	重点项目	研究报告	2016-6-30	11AGL008
9	特殊重大工程项目社会稳定风险评估及预警模型研究	胡象明	北京	北京航空航天大学	重点项目	专著	2013-12-30	11AGL009
10	我国核化生应急管理体系研究	李晓明	北京	解放军防化指挥工程学院	重点项目	研究报告	2012-12-31	11AGL011
11	高原高寒地区特大地震灾害应急处置能力研究	张　伟	青海	青海省委党校	重点项目	研究报告	2014-8-31	11AGL010
12	和谐社会建构与公民自我管理研究	马晓军	河南	解放军信息工程大学	一般项目	专著 研究报告	2012-12-1	11BGL002
13	复杂系统理论框架下公共组织网络结构及其运行机制研究	杨博文	四川	西南石油大学	一般项目	专题论文集 研究报告	2013-12-31	11BGL001
14	西方管理学方法论百年发展史及其启示研究	李翔宇	广西	广西师范大学	一般项目	专著 专题论文集	2014-6-30	11BGL005
15	中国管理哲学特质研究	邢文祥	北京	中央财经大学	一般项目	专著 研究报告	2013-12-31	11BGL004
16	中国管理哲学的本体论基础、任务与功能研究	吕　力	湖北	武汉工程大学	一般项目	专著 专题论文集	2014-6-30	11BGL003
17	基于产品内分工的内陆开放型加工贸易模式研究	王　旭	重庆	重庆大学	一般项目	专著	2012-6-30	11BGL006

续表

序号	项目名称	负责人	所在省市	工作单位	项目类别	预期成果	计划完成时间	批准号
18	我国西部大开发中的三线军工企业转型升级研究	李　烨	贵州	贵州大学	一般项目	研究报告	2013-8-30	11BGL009
19	本土代工企业自创国际品牌：路径依赖与能力突破研究	杨桂菊	上海	华东理工大学	一般项目	专著 研究报告	2013-12-30	11BGL010
20	全球分工背景下中小企业国际化成长机制及模式研究	叶文忠	湖南	湖南科技大学	一般项目	专题论文集 研究报告	2013-12-31	11BGL007
21	增长方式转型情景下企业跨区域进入模式	宋铁波	广东	华南理工大学	一般项目	专题论文集	2013-12-30	11BGL008
22	中国家族性企业集团的分立治理模式研究	吴　炯	上海	东华大学	一般项目	专著 专题论文集	2013-8-31	11BGL012
23	行为公司治理视角下的金融机构伦理决策研究	丁瑞莲	湖南	中南大学	一般项目	专题论文集 研究报告	2013-12-30	11BGL011
24	面向网络舆论监督的公民行为及其动态演化机制研究	徐　光	黑龙江	哈尔滨师范大学	一般项目	专题论文集 研究报告	2013-6-30	11BGL013
25	团队过程视角下的高层梯队特征对企业行为和绩效的影响研究	葛玉辉	上海	上海理工大学	一般项目	专题论文集 研究报告	2014-6-30	11BGL014
26	转型期中国企业人力资源管理变革研究	周文斌	北京	中国社会科学院	一般项目	研究报告 专题论文集	2013-12-31	11BGL016
27	绿色发展与多重转型背景下中国企业人力资源战略竞争优势动态提升转换研究	李宝元	北京	北京师范大学	一般项目	专著 研究报告	2013-12-30	11BGL015

续表

序号	项 目 名 称	负责人	所在省市	工作单位	项目类别	预期成果	计划完成时间	批准号
28	组织学习行为与智力资本理论研究	南星恒	甘肃	兰州商学院	一般项目	专著 研究报告	2014-5-31	11BGL017
29	企业高管薪酬差距对企业绩效的影响及政策研究	陈胜军	北京	对外经济贸易大学	一般项目	专著 专题论文集	2014-7-31	11BGL019
30	党政领导干部民主测评的优化与完善研究	刘　昕	北京	中国人民大学	一般项目	专题论文集 研究报告	2013-12-30	11BGL018
31	跨国资本运营中的会计准则趋同研究	杨有红	北京	北京工商大学	一般项目	研究报告	2013-7-31	11BGL020
32	中国企业管理会计控制系统框架与应用研究	刘俊勇	北京	中央财经大学	一般项目	专著 研究报告	2014-12-31	11BGL027
33	内部资本市场对企业集团成长的作用机制研究	王峰娟	北京	北京工商大学	一般项目	研究报告	2013-12-31	11BGL022
34	金融企业内部控制优化与会计舞弊防范研究——山西票号历史经验剖析与现实借鉴	康　均	湖北	中南财经政法大学	一般项目	研究报告	2013-12-31	11BGL021
35	中小企业团体融资路径与机制研究	潘永明	天津	天津理工大学	一般项目	研究报告 专题论文集	2014-12-31	11BGL023
36	碳交易市场、碳会计核算及碳社会责任问题研究	王爱国	山东	山东经济学院	一般项目	研究报告	2013-12-31	11BGL025
37	基于核心能力视角的我国上市公司治理效率研究	黄文锋	广东	暨南大学	一般项目	专题论文集 研究报告	2013-5-30	11BGL024
38	管理防御、资本结构与公司业绩研究	黄国良	江苏	中国矿业大学	一般项目	专题论文集 研究报告	2013-12-31	11BGL028

续表

序号	项 目 名 称	负责人	所在省市	工作单位	项目类别	预期成果	计划完成时间	批准号
39	资本成本约束、可持续分红与国有企业价值创造	李光贵	河南	河南财经政法大学	一般项目	专著 研究报告	2013-12-31	11BGL026
40	基于循环经济的资源价值流成本管理创新研究	王普查	江苏	河海大学	一般项目	专题论文集	2014-6-30	11BGL029
41	快速城市化中的“城中村”金融问题研究	姚益龙	广东	中山大学	一般项目	专题论文集 研究报告	2012-12-30	11BGL030
42	少数民族发展资金绩效考评研究	张学东	宁夏	北方民族大学	一般项目	研究报告	2013-12-31	11BGL033
43	企业预算劳动报酬的指导性依据：一种调控初次收入分配的政策选择	李　波	湖北	中南财经政法大学	一般项目	专题论文集 研究报告	2013-12-31	11BGL032
44	基于财政社会学的抑制收入极化系统研究	贺蕊莉	辽宁	东北财经大学	一般项目	专题论文集 研究报告	2012-12-31	11BGL031
45	食品安全背景下农业企业物流外包决策研究	文晓巍	广东	华南农业大学	一般项目	专题论文集 研究报告	2013-12-30	11BGL034
46	基于广义收入的提高居民消费能力长效机制研究	徐会奇	山东	青岛大学	一般项目	专题论文集	2012-12-31	11BGL035
47	基于价值网络理论下的社会性媒体对企业渠道组合动态平衡机制的影响研究	沙振权	广东	华南理工大学	一般项目	专题论文集	2013-12-30	11BGL036
48	企业营销生态化绩效及其实现路径研究	邓德胜	湖南	中南林业科技大学	一般项目	专题论文集 研究报告	2012-12-30	11BGL037

续表

序号	项目名称	负责人	所在省市	工作单位	项目类别	预期成果	计划完成时间	批准号
49	从低碳消费态度到低碳消费行为的现场实验研究	张　浩	江苏	南京航空航天大学	一般项目	研究报告	2014-12-31	11BGL038
50	我国企业跨国并购中的逆向知识转移研究	吴先明	湖北	武汉大学	一般项目	专著 专题论文集	2014-12-31	11BGL044
51	交互式创新扩散的社会系统影响机制研究	刘　丹	北京	北京邮电大学	一般项目	专著 研究报告	2014-6-30	11BGL041
52	产业技术创新联盟中知识转移的创新机制与价值增值实现研究	吴　洁	江苏	江苏科技大学	一般项目	专题论文集 研究报告	2013-12-31	11BGL039
53	生态学视角下高科技企业技术知识管理研究	陈　华	江西	南昌大学	一般项目	专题论文集 研究报告	2014-9-30	11BGL042
54	低碳经济环境下新能源汽车产业的技术轨道与创新绩效互动关系研究	缪小明	陕西	西北工业大学	一般项目	专题论文集 研究报告	2014-6-30	11BGL040
55	区域创新系统与产业价值链互动及管理策略研究	胡登峰	安徽	安徽财经大学	一般项目	专著	2013-12-31	11BGL043
56	新生代农民工创业的机理、模式与路径研究	刘美玉	辽宁	东北财经大学	一般项目	专题论文集 研究报告	2012-12-30	11BGL045
57	公司治理伦理的运行机制研究	张世云	重庆	重庆邮电大学	一般项目	专著 研究报告	2014-6-30	11BGL046
58	民营大企业转型利益相关者的委托代理关系研究	江若尘	上海	上海财经大学	一般项目	专题论文集 研究报告	2014-1-30	11BGL049

续表

序号	项目名称	负责人	所在省市	工作单位	项目类别	预期成果	计划完成时间	批准号
59	金融危机背景下的企业风险——传导、预警机制与应急管理研究	彭韶兵	四川	西南财经大学	一般项目	专著 研究报告	2013-12-31	11BGL048
60	后国际金融危机背景下企业风险预警和应急管理研究	浦　军	北京	对外经济贸易大学	一般项目	专著 专题论文集	2013-12-31	11BGL047
61	休闲客流的空间扩散特征与区域综合效应研究	李其原	四川	西华师范大学	一般项目	专题论文集 研究报告	2013-12-30	11BGL051
62	区域一体化背景下旅游公共服务提供机制创新研究	吴国清	上海	上海师范大学	一般项目	专著 研究报告	2013-12-31	11BGL050
63	海峡两岸旅游综合服务质量评估模型及其应用研究	林德荣	福建	厦门大学	一般项目	专题论文集 研究报告	2014-6-30	11BGL052
64	游客教育体系及其驱动机制研究	文首文	广东	深圳职业技术学院	一般项目	研究报告	2013-12-30	11BGL053
65	农业产业化龙头企业社会责任研究	张照新	北京	农业部	一般项目	研究报告	2013-6-30	11BGL054
66	西部农村公共服务供给效率评价与改进策略研究	邓宗兵	重庆	西南大学	一般项目	专著	2013-9-30	11BGL055
67	农产品物流仓单质押盈利模式与风险防范研究	庞　燕	湖南	中南林业科技大学	一般项目	专题论文集 研究报告	2014-6-30	11BGL057
68	加强食品质量安全供应链管理：组织及制度研究	王华书	贵州	贵州大学	一般项目	研究报告	2013-3-31	11BGL060
69	应对林产品贸易保护政策《雷斯法案》的长效机制研究	曹玉昆	黑龙江	东北林业大学	一般项目	专题论文集 研究报告	2013-5-31	11BGL059

续表

序号	项 目 名 称	负责人	所在省市	工作单位	项目类别	预期成果	计划完成时间	批准号
70	我国生猪价格调控政策绩效评价及调控机制改进研究	周发明	湖南	湖南人文科技学院	一般项目	专题论文集 研究报告	2013-8-31	11BGL058
71	地方治理背景下的土地增值收益分配研究	朱一中	广东	华南理工大学	一般项目	专题论文集 研究报告	2013-12-31	11BGL056
72	网络组织与中小企业节能减排研究	吴利华	江苏	东南大学	一般项目	研究报告 专题论文集	2014-12-31	11BGL061
73	我国节能减排的环境审计规制研究	黄溶冰	江苏	南京审计学院	一般项目	专题论文集 研究报告	2013-12-31	11BGL062
74	新生代农民工生活方式研究	沈　蕾	上海	东华大学	一般项目	专著 研究报告	2013-10-30	11BGL067
75	我国农村劳动力转移与粮食安全问题研究	王跃梅	浙江	浙江财经学院	一般项目	专著 研究报告	2013-12-31	11BGL066
76	中国企业跨国经营中的员工关系研究	何燕珍	福建	厦门大学	一般项目	专题论文集 研究报告	2014-6-30	11BGL068
77	公共就业培训绩效评价问题研究	何　筠	江西	南昌大学	一般项目	专著 研究报告	2014-12-30	11BGL063
78	公共资助就业培训项目在少数民族农村地区的实施效果研究	杨锦秀	四川	四川农业大学	一般项目	专题论文集 研究报告	2013-12-31	11BGL064
79	人才筛选标准异化与大学生就业力提升研究	李光红	山东	济南大学	一般项目	专题论文集 研究报告	2013-12-31	11BGL065
80	我国社会保障税税收设计	蒲晓红	四川	四川大学	一般项目	研究报告	2013-6-30	11BGL071
81	建立和健全我国新型社会救助体系研究	林闽钢	江苏	南京大学	一般项目	研究报告 专题论文集	2013-12-30	11BGL069

续表

序号	项目名称	负责人	所在省市	工作单位	项目类别	预期成果	计划完成时间	批准号
82	延迟退休年龄对社保养老基金收支规模及就业的影响	吕志勇	山东	山东财政学院	一般项目	研究报告	2013-12-31	11BGL072
83	农村最低生活保障制度分配效果评估与瞄准效率检验	谢东梅	福建	福建农林大学	一般项目	专题论文集 研究报告	2013-7-1	11BGL070
84	区域产业转移中我国西部承接地政府间合作治理机制研究	罗若愚	四川	电子科技大学	一般项目	专题论文集 研究报告	2013-7-30	11BGL074
85	我国政府绩效管理本土化策略的实证研究	刘旭涛	北京	国家行政学院	一般项目	专著 研究报告	2013-3-31	11BGL075
86	政府与社会组织协同提供公共服务研究	敬乂嘉	上海	复旦大学	一般项目	专著	2013-9-1	11BGL076
87	地方政府绩效评估结果偏差的影响因素、生成机理及矫正对策研究	何文盛	甘肃	兰州大学	一般项目	专题论文集 研究报告	2014-6-1	11BGL073
88	基本公共服务均等化视角下我国省级政府技术效率研究	唐天伟	江西	江西师范大学	一般项目	专著	2013-12-31	11BGL077
89	新时期青年自组织对社会稳定影响的调查研究	何　跃	重庆	重庆大学	一般项目	专题论文集 研究报告	2012-12-31	11BGL078
90	高校实施发展性教师评价研究	张萌物	陕西	西安理工大学	一般项目	专题论文集 研究报告	2014-12-31	11BGL079
91	我国高校学术资源配置的权力博弈与制度设计研究	查永军	江苏	扬州大学	一般项目	专著 研究报告	2014-6-30	11BGL080
92	理顺政府间财政关系　实施全口径公共预算管理	李冬妍	天津	南开大学	一般项目	研究报告	2013-8-30	11BGL081

续表

序号	项目名称	负责人	所在省市	工作单位	项目类别	预期成果	计划完成时间	批准号
93	公共绩效管理与政府财务报告改革研究	常　丽	辽宁	东北财经大学	一般项目	研究报告	2012-12-30	11BGL085
94	网络化治理理论及本土化实践研究	孙　健	甘肃	西北师范大学	一般项目	专著 研究报告	2014-10-20	11BGL082
95	土地出让金运作模式改革研究	李明月	广东	华南理工大学	一般项目	研究报告	2014-12-30	11BGL084
96	农地承包权退出与农民工市民化问题统筹研究	楚德江	江苏	徐州师范大学	一般项目	专著 研究报告	2013-12-31	11BGL083
97	网络涉警舆情危机指标体系和应对机制研究	倪荫林	河北	廊坊武警学院	一般项目	研究报告	2012-12-31	11BGL087
98	核电站组织风险研究	戴立操	湖南	南华大学	一般项目	专题论文集 研究报告	2013-12-31	11BGL086
99	重大水利工程项目建设的社会稳定风险评估机制研究	黄德春	江苏	河海大学	一般项目	研究报告	2012-12-31	11BGL088
100	基于模糊信息的应急物流系统决策问题研究	郭子雪	河北	河北大学	一般项目	专著	2014-6-30	11BGL089
101	基于隐性知识管理的中医传承机制和策略研究	申俊龙	江苏	南京中医药大学	一般项目	专题论文集 专著	2014-12-31	11BGL090
102	基于最小代价的突发性传染病扩散路径阻断策略研究	王雪华	辽宁	大连理工大学	一般项目	专著 研究报告	2013-12-25	11BGL091
103	公共服务的有效需求表达机制研究	岳　军	山东	山东财政学院	一般项目	研究报告	2012-12-31	11BGL093
104	公共信息符号系统管理标准研究	牟　跃	天津	天津师范大学	一般项目	专著 研究报告	2013-12-30	11BGL094

续表

序号	项目名称	负责人	所在省市	工作单位	项目类别	预期成果	计划完成时间	批准号
105	我国藏区地方政府公共服务可及性问题及其公共治理研究	赵春盛	云南	云南大学	一般项目	专著	2013-12-20	11BGL095
106	包容性增长视角下县级政府公共服务能力研究	李晓园	江西	江西师范大学	一般项目	专著	2013-12-31	11BGL092
107	产业集群网络结构风险预警管理研究	王卫东	浙江	中国计量学院	一般项目	专著 研究报告	2013-9-1	11BGL096
108	中国—东盟自由贸易区与广西多区域合作物流物联网服务体系建设研究	林兴志	广西	广西经济管理干部学院	一般项目	研究报告	2013-12-31	11BGL098
109	中国服务业国际化水平提升研究：理论与实证	何　骏	上海	上海财经大学	一般项目	研究报告	2013-12-31	11BGL099
110	促进民族地区低碳产业发展的创新机制与政策研究	肖文韬	湖北	中南民族大学	一般项目	研究报告 专题论文集	2013-12-31	11BGL097
111	现代服务业发展推动我国城市转型研究	李程骅	江苏	南京市社会科学院	一般项目	专著 研究报告	2014-12-31	11BGL103
112	我国可持续城市化过程中的小城镇作用机制及其综合评价研究	李崇明	湖北	华中师范大学	一般项目	研究报告	2013-12-31	11BGL102
113	快速发展中的城市轨道交通政府补贴机制研究	欧国立	北京	北京交通大学	一般项目	研究报告	2013-10-30	11BGL101
114	旧城改造中的城市规划“角色错位”及改进对策研究	洪亮平	湖北	华中科技大学	一般项目	专题论文集 研究报告	2014-6-30	11BGL100

续表

序号	项目名称	负责人	所在省市	工作单位	项目类别	预期成果	计划完成时间	批准号
115	社会建设进程中政府培育志愿者可持续发展研究	张　勤	江苏	南京工业大学	一般项目	专著	2013-12-31	11BGL104
116	行业协会成长的内在机制研究	胡辉华	广东	暨南大学	一般项目	专著	2013-12-31	11BGL105
117	媒体数字内容资产的版权定价机制研究	宋培义	北京	中国传媒大学	一般项目	研究报告	2014-6-30	11BGL107
118	中国文化产品走向世界的战略对策研究	雷兴长	甘肃	兰州商学院	一般项目	专著	2013-8-30	11BGL109
119	基于超限战视角的文化产业国际竞争战略研究	钱寿海	江苏	江苏省委党校	一般项目	研究报告	2013-12-31	11BGL106
120	我国文化产业管理模式与绩效评估研究	杨卫武	上海	上海师范大学	一般项目	专题论文集 研究报告	2013-12-31	11BGL108
121	黔湘桂侗族非物质文化遗产跨区域保护和传承研究	胡艳丽	贵州	凯里学院	一般项目	研究报告	2013-12-31	11BGL111
122	闽台濒危非物质文化遗产的传承与保护性旅游利用研究	郑耀星	福建	福建师范大学	一般项目	专著	2013-12-30	11BGL110
123	公共危机状态下军队应急管理模式创新研究	袁　中	安徽	解放军汽车管理学院	一般项目	专著 研究报告	2012-12-31	11BGL112
124	中国人民解放军管理思想发展史研究	高　存	沈阳	解放军沈阳炮兵学院	一般项目	专著	2014-12-30	11BGL113
125	提升中国服务业企业国际化水平实证研究	樊　瑛	北京	对外经济贸易大学	青年项目	专题论文集 研究报告	2014-8-30	11CGL003

续表

序号	项目名称	负责人	所在省市	工作单位	项目类别	预期成果	计划完成时间	批准号
126	基于动态环境下专利战略变化研究	周勇涛	湖北	湖北大学	青年项目	专著 研究报告	2014-12-31	11CGL002
127	低碳经济背景下我国创意产业园区发展的经济空间动力机制和创新模式研究	易　华	湖南	湖南商学院	青年项目	专题论文集 研究报告	2013-12-31	11CGL001
128	循环经济中再制造业产业化发展对策研究	曹　俊	重庆	重庆科技学院	青年项目	研究报告	2013-12-31	11CGL004
129	基于知识密集型服务机构嵌入视角的集群企业成长研究	赖　磊	广东	广东外语外贸大学	青年项目	专题论文集 研究报告	2013-12-31	11CGL005
130	我国企业海外并购的法律风险研究	林　莎	湖南	中南大学	青年项目	研究报告 专题论文集	2013-12-1	11CGL006
131	基于企业社会责任的企业软实力测量及其绩效影响机制研究	嵇国平	江西	南昌工程学院	青年项目	专著 研究报告	2014-12-30	11CGL008
132	多市场接触视角下企业间公关非伦理行为的互动机理及治理对策研究	李华君	湖北	华中科技大学	青年项目	专著 专题论文集	2013-12-31	11CGL010
133	企业重复不道德行为及对策研究	李志强	上海	中国浦东干部学院	青年项目	专题论文集 研究报告	2013-12-30	11CGL011
134	基于TMT权变管理的动态能力与企业绩效提升路径研究	曹红军	福建	福州大学	青年项目	专著 专题论文集	2014-7-1	11CGL007
135	具有政府背景的高管对企业投资低效率行为的影响及治理机制研究	黄新建	重庆	重庆大学	青年项目	专著	2013-12-30	11CGL009

续表

序号	项目名称	负责人	所在省市	工作单位	项目类别	预期成果	计划完成时间	批准号
136	团队互动过程对团队效能的影响机制研究	王海霞	天津	天津财经大学	青年项目	专题论文集 研究报告	2013-12-31	11CGL012
137	我国制造企业服务化转型中的人力资源管理研究	朱永跃	江苏	江苏大学	青年项目	专题论文集 研究报告	2014-12-31	11CGL014
138	面向业务流程的企业人力资源管理模式研究	宋成一	江苏	南京师范大学	青年项目	研究报告	2013-12-31	11CGL013
139	新兴战略产业人才培育机制研究	王晓莉	辽宁	东北财经大学	青年项目	专题论文集 研究报告	2013-6-30	11CGL015
140	社会工作证照制度研究：理论、实证与对策	章长城	湖北	中南民族大学	青年项目	研究报告 专题论文集	2013-6-30	11CGL016
141	政治关联对会计信息质量的影响机制及其后果的研究	唐　松	上海	上海财经大学	青年项目	专题论文集 研究报告	2012-12-31	11CGL017
142	基于社会网络分析的公司舞弊行为研究	王茂斌	北京	对外经济贸易大学	青年项目	专著 研究报告	2014-6-30	11CGL019
143	基于国家经济安全的政府审计制度建设研究	徐向真	山东	济南大学	青年项目	研究报告	2013-12-30	11CGL018
144	信息技术环境下企业内部控制信息披露优化研究	庞艳红	浙江	浙江农林大学	青年项目	专著	2013-12-31	11CGL020
145	基金激励机制对股市波动的影响及其优化研究	彭　耿	湖南	吉首大学	青年项目	专题论文集	2014-6-30	11CGL022

续表

序号	项目名称	负责人	所在省市	工作单位	项目类别	预期成果	计划完成时间	批准号
146	改善我国证券分析师监管研究	王宇熹	上海	上海工程技术大学	青年项目	专著	2012-12-31	11CGL021
147	中国证券市场卖交易信息披露及其监管制度研究	罗黎平	湖南	湖南省社会科学院	青年项目	专著 专题论文集	2013-12-31	11CGL023
148	上市公司大股东关系、董事会履职与盈余质量研究	刘亭立	北京	北京工业大学	青年项目	专题论文集 研究报告	2013-12-31	11CGL026
149	后股改时代管理层权力、高管薪酬和公司绩效作用机制研究	傅　颀	浙江	浙江财经学院	青年项目	专题论文集 研究报告	2014-6-30	11CGL024
150	基于会计的投资者保护评价体系及指数建设研究	张宏亮	北京	北京工商大学	青年项目	专著	2014-12-31	11CGL025
151	公平分配视角下的中国遗产税问题研究	高凤勤	山东	山东经济学院	青年项目	专著	2014-6-30	11CGL028
152	创新地方预算监督机制研究	王　晟	浙江	浙江财经学院	青年项目	专题论文集 研究报告	2014-6-30	11CGL027
153	供应链企业绿色技术选择的冲突与协调机制研究	夏　德	湖北	武汉理工大学	青年项目	研究报告	2014-12-30	11CGL030
154	基于低碳经济视角的物流网络布局优化理论与方法研究	张得志	湖南	中南大学	青年项目	专著 研究报告	2013-12-30	11CGL032
155	供应链主导权形成机制研究	赵金实	上海	同济大学	青年项目	专题论文集 研究报告	2012-12-31	11CGL031
156	产品差异化视角下绿色供应链的定位决策与协调机制研究	张成堂	安徽	安徽农业大学	青年项目	专题论文集	2013-12-31	11CGL029

续表

序号	项目名称	负责人	所在省市	工作单位	项目类别	预期成果	计划完成时间	批准号
157	奢侈品牌运作和管理研究	卢　晓	上海	复旦大学	青年项目	专著 研究报告	2014-9-1	11CGL033
158	网络媒体的发展与企业营销战略变革	高　杰	上海	上海大学	青年项目	专著 研究报告	2012-12-31	11CGL034
159	植入式广告的消费者内隐记忆及其启动效应研究	宋思根	安徽	安徽财经大学	青年项目	专题论文集 研究报告	2013-12-31	11CGL035
160	消费者对企业环境责任行为的响应机制与策略研究	李祝平	湖南	长沙理工大学	青年项目	专题论文集 研究报告	2013-12-30	11CGL036
161	家族企业成长机制研究	代吉林	安徽	安庆师范学院	青年项目	专题论文集	2013-12-31	11CGL038
162	面向创新型国家的技术政策建构研究	张学文	河北	河北师范大学	青年项目	专题论文集 研究报告	2014-6-30	11CGL039
163	基于吸收能力视角的中国对外直接投资逆向技术溢出效应研究	徐　磊	重庆	四川外语学院	青年项目	专著 研究报告	2013-12-31	11CGL037
164	中国轨道交通装备制造业开放式自主创新能力研究	林　莉	辽宁	大连交通大学	青年项目	专题论文集 研究报告	2012-12-31	11CGL044
165	生产性服务创新推动制造业升级的模式研究	张　琰	上海	华东师范大学	青年项目	专题论文集 研究报告	2013-6-30	11CGL041
166	我国战略性新兴产业公共服务平台运行机制及其绩效评估研究	柳宏志	浙江	浙江大学	青年项目	专著 专题论文集	2013-12-31	11CGL042
167	制造集群网络创新机制研究	左小明	广东	华南师范大学	青年项目	专题论文集 研究报告	2014-12-31	11CGL043

续表

序号	项目名称	负责人	所在省市	工作单位	项目类别	预期成果	计划完成时间	批准号
168	区域因素对创新型企业成长的影响及对策研究	郭　韬	黑龙江	哈尔滨工程大学	青年项目	研究报告	2013-12-31	11CGL040
169	金融机构治理风险的产生机理与传导机制研究	夏　喆	湖北	湖北经济学院	青年项目	专著 研究报告	2013-12-30	11CGL046
170	保险公司治理的合规性与有效性及其对绩效影响的实证研究	郝　臣	天津	南开大学	青年项目	专题论文集 研究报告	2013-7-1	11CGL045
171	转型期中国企业并购后控制研究	乐　琦	广东	华南师范大学	青年项目	专题论文集 研究报告	2012-12-31	11CGL050
172	后危机时代基于盈余管理视角的企业财务预警研究	吴　芃	江苏	东南大学	青年项目	专著 专题论文集	2014-6-30	11CGL047
173	转型背景下中国企业集团成长模式研究	王　丹	上海	上海财经大学	青年项目	专题论文集 研究报告	2013-6-30	11BYY088
174	科技企业孵化器与风险投资合作的效率机制研究	左志刚	广东	广东外语外贸大学	青年项目	专著 专题论文集	2013-12-31	11CGL051
175	家族治理与民营企业的成长：基于资源观的视角	郭　萍	广东	华南农业大学	青年项目	专题论文集 研究报告	2013-12-30	11CGL048
176	基于供需特征分析的中国邮轮旅游发展策略研究	张言庆	山东	青岛大学	青年项目	专题论文集 研究报告	2013-6-30	11CGL052
177	苏南旅游业低碳化转型的系统模式与绩效评价	侯国林	江苏	南京师范大学	青年项目	研究报告	2013-6-30	11CGL054
178	价值链视角下的中国旅游企业集团成长模式研究	陈雪钧	重庆	重庆交通大学	青年项目	研究报告	2013-12-30	11CGL053

续表

序号	项目名称	负责人	所在省市	工作单位	项目类别	预期成果	计划完成时间	批准号
179	我国农村村庄治理对公共基础设施投资影响的实证研究	张同龙	天津	天津师范大学	青年项目	研究报告	2013-12-30	11CGL058
180	我国低碳现代农业发展研究	米松华	浙江	浙江大学	青年项目	专题论文集 研究报告	2013-12-31	11CGL057
181	非农就业市场不完善对农业生产方式和效率的影响研究	李明艳	浙江	浙江省社会科学院	青年项目	专著 研究报告	2013-12-30	11CGL055
182	统筹城乡视野下基于农户后顾生计保障的农村居民点整合研究	王　成	重庆	西南大学	青年项目	专著	2013-12-31	11CGL056
183	林木生物质能源发展潜力评价与产业形成机制研究	张　兰	北京	北京交通大学	青年项目	专著	2014-12-31	11CGL060
184	西方林产品绿色政府采购绩效评价及我国实施前景研究	李小勇	北京	北京林业大学	青年项目	研究报告	2013-9-30	11CGL061
185	供应链核心企业主导的农产品质量安全管理研究	张　蓓	广东	华南农业大学	青年项目	专题论文集 研究报告	2013-12-30	11CGL059
186	中国合同能源管理发展对策研究	魏　东	山东	山东省委党校	青年项目	研究报告	2013-6-20	11CGL063
187	企业碳排放信息会计计量、报告与审计鉴证研究	汪方军	陕西	西安交通大学	青年项目	专著 专题论文集	2014-6-30	11CGL062
188	我国产品碳标签制度设计与运行管理机制研究	邓明君	湖南	湖南科技大学	青年项目	研究报告	2013-12-31	11CGL064

续表

序号	项目名称	负责人	所在省市	工作单位	项目类别	预期成果	计划完成时间	批准号
189	中国工业行业技术进步、就业结构升级与技能供需调整研究	敖荣军	湖北	华中师范大学	青年项目	专著	2013-6-30	11CGL068
190	农民工城市融入问题研究	孟颖颖	湖北	武汉大学	青年项目	专著 研究报告	2013-7-1	11CGL066
191	我国“技工荒”问题及对策研究	王雁琳	浙江	杭州师范大学	青年项目	专题论文集 研究报告	2013-12-31	11CGL067
192	劳动密集型和知识密集型私营企业劳动关系策略模式比较研究	朱　飞	北京	中央财经大学	青年项目	专题论文集 研究报告	2014-6-1	11CGL065
193	基于国民均等受益的健康保障路径研究	翟绍果	陕西	西北大学	青年项目	专著 研究报告	2013-12-30	11CGL070
194	脆弱性视角下民族地区扶贫救助管理与模式创新	郭佩霞	四川	西南财经大学	青年项目	研究报告	2013-12-30	11CGL069
195	医疗保险体系隐性负债、基金负债与财政压力评估	胡宏伟	北京	华北电力大学	青年项目	专著 专题论文集	2013-12-30	11CGL072
196	中国城乡老年人养老方式选择的多层次研究	刘　超	广东	广东外语外贸大学	青年项目	专题论文集 研究报告	2014-9-1	11CGL071
197	我国地方政府简政强镇事权改革模式跟踪研究	叶贵仁	广东	华南理工大学	青年项目	专题论文集 研究报告	2014-6-30	11CGL076
198	农民市民化进程中的政府治理变革研究	冷向明	湖北	华中师范大学	青年项目	研究报告	2013-12-31	11CGL075

续表

序号	项目名称	负责人	所在省市	工作单位	项目类别	预期成果	计划完成时间	批准号
199	服务型地方政府的组织模式与运行机制研究	翟　磊	天津	南开大学	青年项目	专著 专题论文集	2013-7-1	11CGL073
200	基于模糊理论的地方政府绩效评估的元评估指标体系研究	曹堂哲	北京	中央财经大学	青年项目	专著 研究报告	2013-12-15	11CGL074
201	转型期我国港口多层级治理模式的构建及路径研究	郑士源	上海	上海海事大学交通运输学院	青年项目	专著 研究报告	2013-6-30	11CGL077
202	提升公众环境意识的嵌入模式研究	李金兵	北京	北京大学	青年项目	专题论文集 研究报告	2014-12-31	11CGL086
203	在校流动儿童健康需求及对策研究	纪　颖	北京	北京大学	青年项目	研究报告	2013-12-31	11CGL080
204	西部民族地区城乡义务教育师资均衡的财政保障机制研究	马　青	宁夏	宁夏大学	青年项目	专著	2014-12-30	11CGL079
205	大学筹资结构、行为与办学绩效	王寰安	北京	首都师范大学	青年项目	研究报告	2013-6-20	11CGL078
206	“后乡村精英”时代乡村治理模式创新研究	张芳山	江西	南昌大学	青年项目	专著 专题论文集	2014-6-30	11CGL081
207	公共服务需求的表达与整合机制建设：城市基层的实证研究	容　志	上海	上海市委党校	青年项目	专著	2013-6-1	11CGL082
208	转型期土地供给管制政策对住房价格波动的影响机制与政策效果评估研究	严金海	福建	厦门大学	青年项目	专著 研究报告	2013-12-31	11CGL085

续表

序号	项目名称	负责人	所在省市	工作单位	项目类别	预期成果	计划完成时间	批准号
209	土地市场中开发商行贿的表征、演变及损害研究	张红霞	湖北	华中科技大学	青年项目	专题论文集 研究报告	2013-12-31	11CGL084
210	公平正义视阈下城市基本住房用地配置及政策设计研究	卢　珂	湖北	武汉科技大学	青年项目	研究报告	2014-12-31	11CGL083
211	危险品物流风险管理的研究	张冠湘	广东	华南理工大学	青年项目	研究报告	2013-12-31	11CGL088
212	民族地区新农村建设中的防灾减灾能力建设研究	张　伟	湖南	吉首大学	青年项目	专题论文集 研究报告	2013-12-31	11CGL087
213	公共危机管理中地方政府行为取向的动力机制研究	赖诗攀	福建	华侨大学	青年项目	专题论文集	2014-7-1	11CGL094
214	基于信息的适应性政府应急决策机制研究	钟开斌	北京	国家行政学院	青年项目	研究报告	2012-12-31	11CGL090
215	城市突发公共事件风险治理及其实现机制研究	吴志敏	浙江	温州大学	青年项目	专著	2013-7-30	11CGL089
216	网络群体性事件演变规律及智能仿真研究	徐　勇	湖北	湖北省委党校	青年项目	研究报告 电脑软件	2013-3-30	11CGL092
217	重大群体性事件发生、演化及其阻断机制研究	向良云	江苏	南京工业大学	青年项目	专著	2013-12-31	11CGL093
218	基于移动实时通信技术的中国大城市突发事件联动应急机制实证研究	刘淑华	上海	复旦大学	青年项目	专题论文集 研究报告	2013-12-31	11CGL091

续表

序号	项 目 名 称	负责人	所在省市	工作单位	项目类别	预期成果	计划完成时间	批准号
219	制药产业资本诉求与国家药物政策研究	葛　锐	山东	山东经济学院	青年项目	专著 研究报告	2013-9-1	11CGL096
220	社区卫生服务机构与医院协同改革模式研究	张录法	上海	上海交通大学	青年项目	专题论文集 研究报告	2013-9-30	11CGL095
221	我国公立医院补偿机制系统建模与仿真研究	徐　敢	机关	国家药监局	青年项目	研究报告	2014-10-30	11CGL097
222	同乡商会组织与城市公共服务供给研究	吴志国	湖南	湖南省社会科学院	青年项目	专著 研究报告	2014-7-30	11CGL101
223	气象公共服务效益评估方法的创新研究	郭　际	江苏	南京信息工程大学	青年项目	专题论文集 研究报告	2013-12-31	11CGL100
224	公共文化服务体系财政保障机制研究	涂　斌	广东	广东外语外贸大学	青年项目	专题论文集 研究报告	2013-6-30	11CGL099
225	城市低收入家庭公共服务的需求表达机制研究：基于上海、长沙和成都的调查分析	陈水生	上海	复旦大学	青年项目	研究报告	2014-12-31	11CGL098
226	电子商务声誉结构与评价研究	卢志刚	天津	天津财经大学	青年项目	专著	2013-7-1	11CGL102
227	低碳经济视域下西部承接产业转移的战略路径与价值实现机理研究——基于重庆的实证	王作军	重庆	西南大学	青年项目	专著	2013-12-30	11CGL104
228	成渝经济区建设进程中的土地集约利用问题研究	朱莉芬	重庆	重庆工商大学	青年项目	研究报告	2013-7-1	11CGL103

续表

序号	项目名称	负责人	所在省市	工作单位	项目类别	预期成果	计划完成时间	批准号
229	基于复杂系统理论的城市物流系统运行机制研究	杨浩雄	北京	北京工商大学	青年项目	研究报告	2013-7-31	11CGL105
230	非营利组织与多元住房供应体系构建研究：基于国内实证调查与中外比较的视角	汪建强	山东	山东工商学院	青年项目	研究报告	2012-12-31	11CGL106
231	我国文艺演出院线运行机制研究	王文杰	北京	对外经济贸易大学	青年项目	专著	2014-10-20	11CGL109
232	基于国际竞争力视角的我国文化产品出口促进机制和对策研究	邵　军	江苏	东南大学	青年项目	专题论文集 研究报告	2014-12-31	11CGL107
233	基于文化产业发展的版权保护优化研究	彭　辉	上海	复旦大学	青年项目	专著	2013-3-1	11CGL108
234	新疆地质遗迹资源保护开发研究	李翠林	新疆	新疆财经大学	青年项目	研究报告	2013-12-31	11CGL113
235	文化遗产领域社会组织作用机理研究	刘爱河	北京	中国文化遗产研究院	青年项目	研究报告	2014-6-30	11CGL112
236	“申遗”背景下线性文化遗产旅游合作机制及其制度响应研究	刘庆余	山东	曲阜师范大学	青年项目	研究报告	2014-6-30	11CGL110
237	民营资本介入古村镇遗产保护和旅游开发的风险、机制与政策研究	吴文智	上海	华东师范大学	青年项目	研究报告	2014-9-30	11CGL111
238	灾后川西“藏羌”碉楼的应用人类学研究	李春霞	四川	四川大学	青年项目	研究报告	2014-12-30	11CGL114

续表

序号	项目名称	负责人	所在省市	工作单位	项目类别	预期成果	计划完成时间	批准号
239	我国战略性新兴产业军民融合式发展研究	黄朝峰	湖南	解放军国防科学技术大学	青年项目	研究报告	2012-12-31	11CGL115
240	战时军事法规建设研究	孙　君	湖北	解放军海军工程大学	青年项目	专著 研究报告	2012-12-31	11CGL116

2011年度国家社会科学基金资助项目（应用经济）一览表（272项）

序号	项目名称	负责人	所在省市	工作单位	项目类别	预期成果	计划完成时间	批准号
1	“十二五”前期价格上涨趋势和主要影响因素分析研究	李朝鲜	北京	北京工商大学	重点项目	研究报告	2013-12-31	11AJY009
2	人民币升值对中国制造业国际竞争力影响研究	胡国良	江苏	江苏省社会科学院	重点项目	专题论文集 研究报告	2012-12-31	11AJY005
3	中国海洋经济周期波动监测预警研究	殷克东	山东	中国海洋大学	重点项目	专著 研究报告	2013-12-31	11AJY003
4	国防经济资源保障绩效研究	陈晓和	上海	上海财经大学	重点项目	专著 研究报告	2014-12-31	11AJY004
5	资源配置的新陈代谢与我国制造业竞争力提升研究	袁堂军	上海	复旦大学	重点项目	专著 研究报告	2014-3-30	11AJY006
6	“三位一体”农协机制构建研究	胡振华	浙江	温州大学	重点项目	专题论文集 研究报告	2013-6-30	11AJY007
7	海洋经济战略下我国沿海地区产业转型升级问题研究	晏维龙	江苏	淮海工学院	重点项目	专著 专题论文集	2014-6-30	11AJY001

续表

序号	项目名称	负责人	所在省市	工作单位	项目类别	预期成果	计划完成时间	批准号
8	国际粮食安全政策动向与我国粮食安全对策研究	高铁生	浙江	浙江工商大学	重点项目	专著 研究报告	2013-3-30	11AJY008
9	应对贸易保护主义的政策预警和储备制度研究	张汉林	北京	对外经济贸易大学	重点项目	专著	2012-12-31	11AJY002
10	基于构建橄榄型分配格局目标的我国直接税体系建设研究	崔　军	北京	中国人民大学	重点项目	专题论文集 研究报告	2013-3-31	11AJY010
11	税收总水平变化规律与中国税收总水平研究	马国强	辽宁	东北财经大学	重点项目	专著 研究报告	2013-6-30	11AJY011
12	资源经济时代矿产资源税制改革研究	蒲志仲	湖北	长江大学	重点项目	专题论文集 研究报告	2013-12-30	11AJY012
13	境外股东大额持股对中国股市风险的影响	刘少波	广东	暨南大学	重点项目	专题论文集 专著	2014-6-30	11AJY013
14	风险管理与公司价值关系研究	王　稔	北京	对外经济贸易大学	重点项目	专题论文集 研究报告	2013-12-31	11AJY014
15	生态屏障建设下西部省域经济增长极培育路径研究	肖良武	贵州	贵阳学院	一般项目	专著 研究报告	2013-5-30	11BJY011
16	资本第二性、土地资本化与产业升级的财富极化效应研究	孙国峰	浙江	浙江工商大学	一般项目	专著 专题论文集	2012-12-30	11BJY002
17	我国沿海地区二次产业结构升级研究	杨运杰	北京	中央财经大学	一般项目	专著 研究报告	2013-6-30	11BJY001

续表

序号	项目名称	负责人	所在省市	工作单位	项目类别	预期成果	计划完成时间	批准号
18	闽台合作构建台湾海峡经济区战略研究	张向前	福建	华侨大学	一般项目	研究报告	2012-12-31	11BJY003
19	缩小区域差距的产业分工机制及价值链构造模式研究	王秀模	重庆	重庆市社会科学院	一般项目	研究报告	2013-6-30	11BJY004
20	以企业为主体的战略性新兴产业自主创新机制研究	孙　早	陕西	西安交通大学	一般项目	专题论文集 研究报告	2013-6-30	11BJY006
21	我国海洋战略性新兴产业选择、培育的理论与实证研究	宁　凌	广东	广东海洋大学	一般项目	专著 专题论文集	2013-12-31	11BJY005
22	战略性新兴产业发展的金融支持效率研究	熊正德	湖南	湖南大学	一般项目	专题论文集 研究报告	2013-6-30	11BJY007
23	我国对外直接投资的产业选择战略与政策研究	张　岩	山东	山东大学	一般项目	专著 专题论文集	2013-12-30	11BJY010
24	不同地区社会资本和经济发展的关系——基于实验经济学的研究	秦向东	上海	上海交通大学	一般项目	专著 专题论文集	2013-12-31	11BJY008
25	加入政府采购协议对我国产业发展的影响与对策研究	袁红英	山东	山东省社会科学院	一般项目	研究报告	2013-12-20	11BJY009
26	弱平稳过程之间的伪回归研究	刘汉中	湖南	湖南商学院	一般项目	研究报告 专题论文集	2013-12-31	11BJY012
27	人民币汇率与中美贸易不平衡问题实证研究	黄万阳	辽宁	东北财经大学	一般项目	专著 研究报告	2013-12-30	11BJY014

续表

序号	项目名称	负责人	所在省市	工作单位	项目类别	预期成果	计划完成时间	批准号
28	关于主观资产组合模型的行为金融理论建构与方法研究	孟勇	山西	山西财经大学	一般项目	专著 专题论文集	2014-12-31	11BJY013
29	银行会计制度与监管政策冲突根源及化解策略研究	于永生	浙江	浙江财经学院	一般项目	专题论文集 研究报告	2013-6-30	11BJY018
30	产权会计视角下的我国稀土定价权问题研究	查道林	湖北	中国地质大学（武汉）	一般项目	研究报告	2012-12-31	11BJY015
31	国有垄断企业内部治理中第三类代理成本问题研究	饶晓秋	江西	江西财经大学	一般项目	专著 研究报告	2013-12-31	11BJY016
32	会计准则的动态周期过程研究	武辉	山东	山东财政学院	一般项目	研究报告	2012-12-31	11BJY017
33	会计师事务所国际化发展战略研究	李长爱	湖北	湖北经济学院	一般项目	专著 研究报告	2013-12-30	11BJY019
34	跨国公司在华研发投资与中国区域自主创新互动发展研究	章文光	北京	北京师范大学	一般项目	专著	2013-12-31	11BJY026
35	基于碳排放量的区域产业结构协调发展研究	于维洋	河北	燕山大学	一般项目	专题论文集 研究报告	2013-7-1	11BJY020
36	嵌入跨国外包体系的区域产业集群升级机理研究	晏敬东	湖北	武汉理工大学	一般项目	专题论文集 研究报告	2012-12-31	11BJY022
37	欠发达地区承接产业转移研究	祁苑玲	云南	云南省委党校	一般项目	研究报告	2012-12-30	11BJY021
38	自主创新技术与标准相结合的产业化路径研究	邹德文	湖北	湖北省委党校	一般项目	研究报告	2012-12-30	11BJY024

续表

序号	项目名称	负责人	所在省市	工作单位	项目类别	预期成果	计划完成时间	批准号
39	国有大型企业技术创新的市场化机制研究	许　敏	江苏	南京工业大学	一般项目	专题论文集	2013-6-30	11BJY023
40	技术创新中的标准锁定效应及反锁定规制研究	陶爱萍	安徽	合肥工业大学	一般项目	专著 研究报告	2013-12-31	11BJY027
41	节能环保产业自主创新技术 R&D 投资问题研究	武普照	山东	山东财政学院	一般项目	研究报告	2012-12-31	11BJY025
42	新疆煤炭资源开发生态补偿研究	吕雁琴	新疆	新疆大学	一般项目	研究报告	2013-12-31	11BJY032
43	京津水源涵养地生态建设模式研究	王岳森	河北	石家庄铁道大学	一般项目	研究报告	2012-9-1	11BJY030
44	生态补偿资金分配模式及其效益评估模型研究——以汉江为例	胡仪元	陕西	陕西理工学院	一般项目	专著 专题论文集	2014-12-31	11BJY031
45	稻作生态系统多功能性价值与绿色补贴研究	向平安	湖南	湖南农业大学	一般项目	专著 研究报告	2014-12-31	11BJY028
46	基于能值理论的环洞庭湖区农业生态效率研究	朱玉林	湖南	中南林业科技大学	一般项目	专题论文集 研究报告	2013-12-30	11BJY029
47	我国居民收入差距的现状、趋势及其对策研究	陈建东	四川	西南财经大学	一般项目	专著 研究报告	2013-5-1	11BJY034
48	基于金融性资产的我国收入差距代际传递差异性研究	刘建和	浙江	浙江财经学院	一般项目	专题论文集 研究报告	2014-6-30	11BJY033

续表

序号	项目名称	负责人	所在省市	工作单位	项目类别	预期成果	计划完成时间	批准号
49	技术进步影响就业的理论与实证及扩大我国劳动就业的对策研究	赵　利	山东	山东财政学院	一般项目	研究报告	2013-12-1	11BJY035
50	经济周期波动下的就业转移效应与公共政策研究	朱金生	湖北	武汉理工大学	一般项目	专题论文集 研究报告	2013-12-30	11BJY043
51	隐性收入与腐败的规模、关系及影响研究	孙群力	湖北	中南财经政法大学	一般项目	专题论文集 研究报告	2014-7-1	11BJY036
52	西部地区新生代农民工贫困问题研究	陈灿平	四川	西南民族大学	一般项目	专著	2013-12-31	11BJY038
53	高房价背景下农民工住房支持的理论与政策研究	周建华	湖南	长沙理工大学	一般项目	研究报告 专题论文集	2014-10-30	11BJY044
54	我国社会保障公平的非均衡发展研究	吕学静	北京	首都经贸大学	一般项目	专著 研究报告	2013-11-30	11BJY037
55	中国农民工市民化的路径选择与对策研究	金喜在	吉林	东北师范大学	一般项目	专著 研究报告	2014-6-30	11BJY039
56	人口老龄化对储蓄、消费和社会保障的影响研究	李正龙	上海	上海工程技术大学	一般项目	专题论文集 研究报告	2013-12-31	11BJY042
57	军队转业干部可持续发展职业能力开发研究	贾鸿雁	河北	河北经贸大学	一般项目	专著 研究报告	2012-12-31	11BJY041
58	调整人口就业年限的影响及对策研究	汪　泓	上海	上海工程技术大学	一般项目	专著 研究报告	2013-3-1	11BJY040

续表

序号	项目名称	负责人	所在省市	工作单位	项目类别	预期成果	计划完成时间	批准号
59	中心镇发展与城乡一体化关系研究	郑文哲	浙江	浙江师范大学	一般项目	专著 研究报告	2013-6-30	11BJY048
60	民生导向的重庆市统筹城乡发展新机制实证研究	刘成杰	重庆	重庆工商大学	一般项目	研究报告	2013-8-31	11BJY046
61	产业转移、专业市场布局与中国特色城镇化的互动机理和协调发展研究	彭继增	江西	南昌大学	一般项目	研究报告 专题论文集	2014-6-30	11BJY045
62	中小城镇发展与城乡一体化关系研究	陈春生	陕西	西安财经学院	一般项目	研究报告 专题论文集	2013-12-20	11BJY047
63	煤炭资源型区域工业化与城市化空间协调布局研究	郭文炯	山西	太原师范学院	一般项目	研究报告	2013-12-31	11BJY049
64	统筹城乡发展的户籍、社会保障与土地管理制度联动机制研究	彭新万	江西	江西财经大学	一般项目	专著 研究报告	2013-12-30	11BJY050
65	中国建筑业低碳竞争力评价及低碳发展机制研究	陆菊春	湖北	武汉大学	一般项目	研究报告	2013-12-31	11BJY051
66	城市化、集聚效应与可持续增长	陈昌兵	北京	中国社会科学院	一般项目	研究报告	2013-5-20	11BJY053
67	中国城市公共产品空间失配的纾解策略研究	陆　军	北京	北京大学	一般项目	专著 研究报告	2013-6-30	11BJY055
68	城市房屋征收补偿中的公平机制研究	赵海云	江西	江西师范大学	一般项目	专著 研究报告	2013-12-30	11BJY052

续表

序号	项目名称	负责人	所在省市	工作单位	项目类别	预期成果	计划完成时间	批准号
69	城市交通拥堵及其控制问题研究	刘小丽	江西	景德镇陶瓷学院	一般项目	研究报告	2013-12-30	11BJY054
70	区域碳交易市场制度构建与运行模式研究	李炯	浙江	浙江省委党校	一般项目	研究报告	2012-12-30	11BJY056
71	我国能源消费总量控制与对策研究	曾胜	重庆	重庆工商大学	一般项目	研究报告 专题论文集	2013-6-30	11BJY058
72	中国新能源产业化发展的影响因素及其作用机理研究	李萌	北京	中国社会科学院	一般项目	专著	2013-12-31	11BJY059
73	基于循环经济的矿产资源产业链技术发展路径研究	闫军印	河北	石家庄经济学院	一般项目	专著 研究报告	2013-12-31	11BJY057
74	我国发展液态生物质燃料的社会成本收益分析研究	吴方卫	上海	上海财经大学	一般项目	专著 研究报告	2013-2-10	11BJY062
75	山东半岛蓝色经济区资源可持续供给保障体系研究	陈晓文	山东	青岛大学	一般项目	专著	2014-12-31	11BJY061
76	低碳经济全球博弈与我国的对策研究	陈志恒	吉林	吉林大学	一般项目	研究报告	2014-10-31	11BJY060
77	中国农村水贫困测度与水资源援助战略研究	孙才志	辽宁	辽宁师范大学	一般项目	专题论文集 研究报告	2014-6-30	11BJY063
78	我国海洋渔业经济低碳化实现机制研究	邵桂兰	山东	中国海洋大学	一般项目	专著	2013-12-31	11BJY064
79	开放经济条件下我国碳减排责任动态研究	徐盈之	江苏	东南大学	一般项目	专题论文集 研究报告	2014-6-30	11BJY066

续表

序号	项目名称	负责人	所在省市	工作单位	项目类别	预期成果	计划完成时间	批准号
80	庇古税对中国重点行业节能和温室气体减排效果研究	毛显强	北京	北京师范大学	一般项目	研究报告	2012-12-31	11BJY065
81	振兴东北老工业基地战略跟踪研究	丁晓燕	吉林	吉林省社会科学院	一般项目	研究报告	2013-12-30	11BJY068
82	东北老工业基地振兴与俄罗斯远东开发联动效应研究	孙先民	黑龙江	黑河学院	一般项目	专题论文集 研究报告	2014-5-30	11BJY067
83	“十二五”时期深化我国垄断性行业改革研究	吕福玉	四川	四川理工学院	一般项目	专题论文集 研究报告	2013-6-30	11BJY069
84	煤炭产业战略并购研究	樊燕萍	山西	太原理工大学	一般项目	专著 研究报告	2014-7-1	11BJY071
85	中部地区高碳产业低碳发展的路径与政策研究	王玲杰	河南	河南省社会科学院	一般项目	专著 研究报告	2013-12-30	11BJY073
86	落后产能的淘汰机制研究	窦　彬	湖北	中南民族大学	一般项目	研究报告 专题论文集	2013-12-31	11BJY070
87	我国产业低碳化发展研究	刘险峰	湖南	湖南省社会科学院	一般项目	专题论文集 研究报告	2012-8-30	11BJY072
88	基于竞争力视角的我国制造业体系升级问题研究	胡　昱	山东	青岛市委党校	一般项目	研究报告	2013-5-8	11BJY074
89	自主技术标准化对中国装备制造业经济增长贡献测度研究及实证分析	郭卫东	北京	首都经贸大学	一般项目	专著 研究报告	2013-12-30	11BJY075
90	基于企业基因的创新型中小企业成长研究	张玉明	山东	山东大学	一般项目	专著	2014-6-30	11BJY078

续表

序号	项目名称	负责人	所在省市	工作单位	项目类别	预期成果	计划完成时间	批准号
91	高新技术企业非效率研发投资行为及其治理机制研究	韩　鹏	河南	河南理工大学	一般项目	专著 研究报告	2013-7-30	11BJY077
92	产业优势响应产业政策的机理研究	石　奇	江苏	南京财经大学	一般项目	专题论文集 研究报告	2014-6-30	11BJY076
93	中国钢铁产业产能过剩预警与调控体系研究	冯　梅	北京	北京科技大学	一般项目	专著 研究报告	2013-12-31	11BJY079
94	农村小型金融组织创新与风险控制研究	丁忠民	重庆	西南大学	一般项目	专著	2012-12-30	11BJY082
95	基于金融效率视角的我国农村新型金融组织发展研究	姚凤阁	黑龙江	哈尔滨商业大学	一般项目	专著 研究报告	2014-5-30	11BJY080
96	农村物流金融创新模式研究	胡　愈	湖南	湖南商学院	一般项目	专题论文集 研究报告	2013-12-30	11BJY081
97	农村新型金融组织创新研究	贾　立	四川	四川大学	一般项目	专著	2013-12-31	11BJY083
98	农民专业合作社信用合作研究	潘淑娟	安徽	安徽财经大学	一般项目	专著 专题论文集	2014-6-30	11BJY084
99	农村集体土地隐性市场实证调查及其规范对策研究	朱明芬	浙江	杭州市委党校	一般项目	研究报告	2013-6-30	11BJY086
100	农村土地承包经营权流转管理制度创新问题研究	廖宏斌	四川	西南财经大学	一般项目	专题论文集	2014-12-30	11BJY087
101	中国农村“空心村”土地整理研究	张　国	福建	福建师范大学	一般项目	研究报告	2014-7-1	11BJY088

续表

序号	项目名称	负责人	所在省市	工作单位	项目类别	预期成果	计划完成时间	批准号
102	差异化视角下农村土地承包经营权流转市场形成机理及其政策分类设计研究	程传兴	河南	河南农业大学	一般项目	研究报告	2014-7-1	11BJY085
103	西方农业合作经济组织创新和发展及其对中国的启示研究	娄　锋	云南	云南大学	一般项目	专著 研究报告	2013-12-20	11BJY090
104	创新和发展农村土地流转合作社研究	李忠旭	辽宁	沈阳农业大学	一般项目	研究报告	2013-12-1	11BJY089
105	农村环境保护社区机制的理论建构与实践模式研究	乌　画	湖南	中南大学	一般项目	专著	2014-12-30	11BJY093
106	基于土地发展权的农村居民点整理利益分配理论与实证研究	张占录	北京	中国人民大学	一般项目	专著 专题论文集	2013-9-30	11BJY092
107	“十二五”农村水利投融资机制创新研究	王广深	广东	华南农业大学	一般项目	研究报告 专题论文集	2012-12-30	11BJY091
108	农村妇女非农就业、家庭迁移与土地流转	商春荣	广东	华南农业大学	一般项目	专题论文集 研究报告	2014-7-30	11BJY094
109	信息服务与社会学习研究	高梦滔	云南	云南民族大学	一般项目	研究报告	2013-7-1	11BJY095
110	粮食主产区农户农地投入行为及其利益补偿机制研究	张建杰	河南	河南财经政法大学	一般项目	专著 研究报告	2013-7-30	11BJY096
111	提高我国农产品国际竞争力研究	罗知颂	广西	广西师范大学	一般项目	专著	2013-12-30	11BJY098

续表

序号	项目名称	负责人	所在省市	工作单位	项目类别	预期成果	计划完成时间	批准号
112	农产品价格波动与调控对策研究	张立中	北京	北京林业大学	一般项目	专著 研究报告	2013-9-30	11BJY097
113	农产品流通渠道的选择与优化研究	彭　晖	陕西	西安交通大学	一般项目	研究报告	2013-12-30	11BJY109
114	面向哈萨克斯坦的农业投资环境综合评估研究	夏　咏	新疆	新疆农业大学	一般项目	研究报告	2012-12-31	11BJY099
115	农地使用权市场化流转研究	刁怀宏	广东	广东商学院	一般项目	研究报告	2013-6-30	11BJY100
116	食用农产品协会产品质量安全治理行为及绩效研究	秦　利	黑龙江	东北林业大学	一般项目	专题论文集 研究报告	2013-5-31	11BJY101
117	我国“气候智能型”农业发展研究	李秀香	江西	江西财经大学	一般项目	专著 研究报告	2013-12-30	11BJY103
118	新疆发展外向型农业问题研究	宋建华	新疆	新疆社会科学院	一般项目	研究报告	2013-10-30	11BJY104
119	主要农产品加工业集群与其产业带（主产区）的多维协调发展研究	韩绍凤	湖南	湖南科技大学	一般项目	专著	2014-12-31	11BJY108
120	引导外商投资发展中国现代农业的模式选择与政策调控研究	吕立才	广东	华南农业大学	一般项目	专题论文集 研究报告	2013-6-30	11BJY106
121	新形势下我国农业微观组织发展趋势研究	乔颖丽	河北	北方学院	一般项目	专题论文集 研究报告	2012-12-30	11BJY105
122	东北地区现代化大农业低碳发展模式与对策研究	马边防	黑龙江	黑龙江省委党校	一般项目	专著 研究报告	2013-5-31	11BJY102

续表

序号	项目名称	负责人	所在省市	工作单位	项目类别	预期成果	计划完成时间	批准号
123	增加农民收入的途径和政策研究	党夏宁	陕西	西北政法大学	一般项目	专题论文集 研究报告	2013-12-31	11BJY107
124	低碳成本与收益的金融均衡机制研究	甘爱平	上海	上海海事大学经济管理学院	一般项目	研究报告	2013-12-31	11BJY110
125	面向城市需求的鲜活农产品冷链物流管理体系研究	翁心刚	北京	北京物资学院	一般项目	专著 研究报告	2012-12-31	11BJY111
126	开发我国农村消费市场的流通视角	李骏阳	上海	上海大学	一般项目	专著 研究报告	2014-12-31	11BJY112
127	经济全球化背景下我国对外贸易利益分配研究	林　玲	湖北	武汉大学	一般项目	研究报告	2014-12-31	11BJY113
128	我国稀土产品出口政策体系研究	杨丹辉	北京	中国社会科学院	一般项目	专著 研究报告	2012-12-31	11BJY114
129	基于结构优化的我国农产品国际竞争力研究	丁家云	安徽	铜陵学院	一般项目	专著	2013-12-10	11BJY116
130	后危机时代提升中国木质林产品国际竞争力的策略研究	余建辉	福建	福建农林大学	一般项目	专题论文集 研究报告	2013-12-30	11BJY115
131	我国商品市场周期阶段与影响因素分析	陈乐一	湖南	湖南大学	一般项目	研究报告	2012-12-31	11BJY120
132	中国食品安全战略研究	王殿华	天津	天津科技大学	一般项目	研究报告 专题论文集	2013-12-31	11BJY119
133	影响我国消费率偏低的心理因素及对策研究	江　林	北京	中国人民大学	一般项目	研究报告	2013-12-31	11BJY118

续表

序号	项目名称	负责人	所在省市	工作单位	项目类别	预期成果	计划完成时间	批准号
134	生猪市场价格波动的非线性动态特征及平抑机制研究	李泽华	湖南	湖南商学院	一般项目	专题论文集	2013-12-31	11BJY117
135	我国北方沿海城市水价形成、优化及其政策支持体系研究	段治平	山东	山东经济学院	一般项目	专题论文集 研究报告	2013-10-31	11BJY121
136	西南民族地区旅游产业利益相关者利益冲突与协调研究	张海燕	湖南	吉首大学	一般项目	专题论文集	2014-12-30	11BJY122
137	中国国际旅游市场潜力提升研究	万绪才	江苏	南京财经大学	一般项目	专著	2013-12-31	11BJY123
138	中国土地收益分配问题研究	邓宏乾	湖北	华中师范大学	一般项目	专题论文集 研究报告	2013-12-30	11BJY124
139	企业重组所得税制度研究	林德木	福建	福州大学	一般项目	专著 研究报告	2013-6-30	11BJY127
140	我国战略性新兴产业培育的财税政策研究	刘建民	湖南	湖南大学	一般项目	专题论文集 研究报告	2013-6-30	11BJY129
141	我国宏观税负合理性研究	梁　朋	北京	中央党校	一般项目	研究报告	2013-9-10	11BJY128
142	构建特色产业体系、发展西藏生态经济的财税对策研究	陈爱东	西藏	西藏民族学院	一般项目	专著	2012-12-31	11BJY125
143	建立扩大居民消费需求长效机制的税收政策研究	席卫群	江西	江西财经大学	一般项目	专题论文集 研究报告	2013-6-30	11BJY126
144	优化分税制财政管理体制研究	王振宇	辽宁	辽宁省财政科学研究所	一般项目	专著 研究报告	2013-12-31	11BJY130

续表

序号	项目名称	负责人	所在省市	工作单位	项目类别	预期成果	计划完成时间	批准号
145	多重目标约束下的我国房产课税体系研究	沈玉平	浙江	浙江财经学院	一般项目	专著 研究报告	2013-8-26	11BJY131
146	社会公平视角下的我国遗产税制度设计研究	马克和	安徽	铜陵学院	一般项目	专题论文集 研究报告	2013-7-31	11BJY133
147	环境税经济效应分析研究	张宏翔	湖北	武汉大学	一般项目	专著 研究报告	2013-1-31	11BJY132
148	军民融合背景下军费投向投量及优化研究	李湘黔	湖南	解放军国防科学技术大学	一般项目	专题论文集 研究报告	2013-12-31	11BJY134
149	建立多元环保投融资机制研究	彭　熠	浙江	浙江理工大学	一般项目	研究报告 专题论文集	2013-7-30	11BJY135
150	我国高铁投资效率及国际比较研究	梁　蓓	北京	对外经济贸易大学	一般项目	专题论文集 研究报告	2014-12-31	11BJY137
151	企业环保投资效率评价体系构建与应用研究	唐国平	湖北	中南财经政法大学	一般项目	研究报告	2013-12-31	11BJY136
152	终极控制权、大股东掏空与中小投资者保护研究	陈　红	湖北	中南财经政法大学	一般项目	专题论文集 研究报告	2013-12-31	11BJY149
153	新股发行风险信息披露的多维分析研究	黄方亮	山东	山东财政学院	一般项目	研究报告	2013-12-30	11BJY139
154	资产价格波动与金融脆弱性互动机制研究	马亚明	天津	天津财经大学	一般项目	专著	2013-12-30	11BJY140
155	上市公司价值视角下的外资参股效应研究	苏国强	广东	广东商学院	一般项目	研究报告	2013-6-30	11BJY138

续表

序号	项目名称	负责人	所在省市	工作单位	项目类别	预期成果	计划完成时间	批准号
156	完善人民币汇率形成机制及应对升值压力研究	刘　柏	吉林	吉林大学	一般项目	专题论文集	2013-12-31	11BJY141
157	弱势美元战略对中国外贸发展影响研究	沈国兵	上海	复旦大学	一般项目	研究报告 专题论文集	2013-6-28	11BJY142
158	中国东盟自由贸易区框架下西南边疆离岸金融中心布局研究	刘明显	广西	广西财经学院	一般项目	专题论文集 研究报告	2013-12-31	11BJY144
159	碳资产的特殊风险与收益研究	刘纪显	广东	华南师范大学	一般项目	专题论文集	2013-12-31	11BJY143
160	宏观审慎管理制度框架下的政策性住房金融研究	刘丽巍	辽宁	东北财经大学	一般项目	专题论文集 研究报告	2013-7-1	11BJY146
161	政府竞争、企业并购与产业整合的机制与效应研究	王凤荣	山东	山东大学	一般项目	专题论文集 研究报告	2013-12-31	11BJY148
162	公众学习、通胀预期形成与最优货币政策研究	卞志村	江苏	南京财经大学	一般项目	专著	2014-12-31	11BJY145
163	系统科学范式下的金融理论与应用	刘　超	山东	山东经济学院	一般项目	研究报告	2013-12-31	11BJY147
164	西部民族地区对外贸易空间拓展与经济增长研究	贺彩银	甘肃	西北民族大学	青年项目	研究报告	2013-12-31	11CJY002
165	培育西部民族地区特色优势产业集群和增强自我发展能力研究	唐昭霞	四川	四川省委党校	青年项目	研究报告	2012-9-1	11CJY001

续表

序号	项目名称	负责人	所在省市	工作单位	项目类别	预期成果	计划完成时间	批准号
166	新形势下国家经济安全面临的问题与对策研究	戴　臻	北京	对外经济贸易大学	青年项目	专著	2012-12-31	11CJY003
167	我国战略性新兴产业中商业模式创新与技术创新的耦合机制研究	石军伟	湖北	中南财经政法大学	青年项目	专题论文集 研究报告	2014-6-30	11CJY004
168	战略性新兴产业国际竞争优势构筑研究	王家宝	上海	华东理工大学	青年项目	专著 专题论文集	2014-7-1	11CZZ020
169	我国文化产业向价值链高端攀升路径研究	郭新茹	江苏	南京师范大学	青年项目	专题论文集 研究报告	2014-1-15	11CJY006
170	基于产业组织特征的共性技术研发联盟治理机制研究	黄少卿	上海	上海交通大学	青年项目	专著 专题论文集	2013-7-1	11CJY007
171	市场一体化的经济增长效应研究	吴　梅	广东	华南理工大学	青年项目	研究报告	2013-12-31	11CJY010
172	区域价格水平差异对我国收入差距的影响研究	谭本艳	湖北	湖北大学	青年项目	研究报告	2014-7-31	11CJY009
173	"十二五"时期可持续节能路径分析研究	潘祺志	辽宁	东北财经大学	青年项目	专著 研究报告	2014-10-31	11CJY008
174	中国工业行业研发溢出效益实证研究	张征宇	上海	上海社会科学院	青年项目	专题论文集	2013-12-31	11CJY011
175	国家经济安全体系中审计监督功能定位与实施路径研究	曹　越	湖南	湖南大学	青年项目	研究报告	2013-12-31	11CJY013
176	会计师事务所合并、组织形式变化与资本市场审计行为研究	周中胜	江苏	苏州大学	青年项目	专题论文集	2014-12-31	11CJY014

续表

序号	项目名称	负责人	所在省市	工作单位	项目类别	预期成果	计划完成时间	批准号
177	包容性增长框架下财政预算审计监督一体化改革研究	李　璐	湖北	中南财经政法大学	青年项目	专著 专题论文集	2013-12-31	11CJY012
178	劳动力转移刚性、产业转移与区域协调发展研究	樊士德	江苏	南京审计学院	青年项目	专题论文集 研究报告	2013-12-31	11CJY015
179	中西部承接产业转移的效率评价与福利测度研究	郑　鑫	河南	河南省社会科学院	青年项目	专著	2012-12-31	11CJY016
180	面向战略性新兴产业技术成果产业化的包容性金融支持平台研究	邓　平	湖南	湖南省社会科学院	青年项目	专著 研究报告	2013-12-31	11CJY018
181	加快推进我国自主创新技术成果产业化的体制机制与政策措施研究	余典范	上海	上海财经大学	青年项目	研究报告	2012-12-30	11CJY017
182	承包企业技术创新与国际外包陷阱跨越研究	牛卫平	广东	华南农业大学	青年项目	研究报告	2013-12-30	11CJY019
183	大国经济增长的需求动力机制研究	杜　焱	湖南	湖南商学院	青年项目	专题论文集 研究报告	2012-12-31	11CJY020
184	我国海洋渔业的生态转型模式及对策研究	许罕多	山东	中国海洋大学	青年项目	专题论文集 研究报告	2014-12-30	11CJY022
185	西部草原生态安全与牧区可持续发展研究	周　俊	四川	四川省社会科学院	青年项目	研究报告	2013-3-31	11CJY023
186	基于生态功能区建设的国有林区社会经济转型问题研究	王玉芳	黑龙江	东北林业大学	青年项目	专题论文集 研究报告	2013-5-30	11CJY021

续表

序号	项目名称	负责人	所在省市	工作单位	项目类别	预期成果	计划完成时间	批准号
187	转型经济背景下我国企业员工收入差距研究	陈　震	湖北	中南财经政法大学	青年项目	专著 专题论文集	2013-6-30	11CJY025
188	我国收入差距现状和趋势研究	段景辉	上海	上海海关学院管理系	青年项目	专著 专题论文集	2013-12-30	11CJY024
189	残疾人就业问题研究	廖　娟	北京	北京大学	青年项目	研究报告	2013-12-31	11CJY026
190	环境库兹涅茨曲线形成的原因是收入增加还是污染转移研究	陆　旸	北京	中国社会科学院	青年项目	研究报告	2013-6-30	11CJY027
191	劳动报酬与劳动生产率增长的关系研究	曲　玥	北京	中国社会科学院	青年项目	研究报告	2013-7-30	11CJY028
192	内蒙古牧区劳动力转移问题研究	讷木和吉日嘎拉	内蒙古	内蒙古大学	青年项目	专著 研究报告	2014-12-31	11CJY029
193	人口年龄结构对居民消费影响机制的实证研究	王　芳	江苏	南京财经大学	青年项目	研究报告	2013-12-31	11CJY031
194	人口年龄结构、高储蓄率与外贸失衡的传导机制及相关政策研究	杨继军	江苏	南京审计学院	青年项目	专题论文集 研究报告	2013-12-31	11CJY030
195	典型省市统筹户籍改革的成本与收益比较研究	吴华安	重庆	重庆工商大学	青年项目	专题论文集 研究报告	2013-12-30	11CJY032
196	住房价格波动的时空特征、传导机理与金融风险研究	卢建新	湖北	中南财经政法大学	青年项目	专著 专题论文集	2013-8-31	11CJY034

续表

序号	项目名称	负责人	所在省市	工作单位	项目类别	预期成果	计划完成时间	批准号
197	我国住宅价格形成机制及发展对策研究	吴炜峰	山东	山东省社会科学院	青年项目	研究报告	2013-6-30	11CJY033
198	我国都市圈空间组织的经济绩效与空间结构优化研究	孙铁山	北京	北京大学	青年项目	专题论文集	2013-12-30	11CJY036
199	农民工住房需求特征与政策回应设计研究	李世龙	重庆	重庆大学	青年项目	专著 研究报告	2013-5-30	11CJY035
200	区域性碳交易模式选择及其经济效应分析研究	蔡宏波	北京	北京师范大学	青年项目	专题论文集 研究报告	2013-6-30	11CJY037
201	矿产资源开发生态补偿的产权制度研究	曾先锋	河北	燕山大学	青年项目	专题论文集 研究报告	2013-6-30	11CJY038
202	中国能源消费增长机理及区域特征研究	高卫东	山东	济南大学	青年项目	研究报告	2013-7-1	11CJY039
203	建筑废弃物循环利用产业促进研究	胡鸣明	重庆	重庆大学	青年项目	专题论文集 研究报告	2012-12-30	11CJY040
204	环境承载力的空间转移及其对我国可持续发展影响研究	徐晓勇	云南	云南大学	青年项目	研究报告	2012-10-30	11CJY041
205	中国工业企业低碳生产转型研究	童　霞	江苏	南通大学	青年项目	研究报告	2014-12-31	11CJY042
206	全业务运营环境下中国电信业网络接入规制变革研究	李美娟	云南	云南师范大学	青年项目	研究报告	2013-6-30	11CJY043
207	低碳经济下提升我国制造业贸易竞争力研究	杜运苏	江苏	南京财经大学	青年项目	专著 专题论文集	2013-12-31	11CJY045

续表

序号	项目名称	负责人	所在省市	工作单位	项目类别	预期成果	计划完成时间	批准号
208	中国工业化进程中经济结构变化的模式和主要推动因素研究	杨智峰	上海	上海金融学院	青年项目	研究报告	2014-2-18	11CJY044
209	双重目标驱动下农村新型金融组织创新研究	杨亦民	湖南	湖南农业大学	青年项目	专著	2013-6-30	11CJY047
210	扩大内需视角下农村金融供给创新路径研究	张　琦	湖南	湖南商学院	青年项目	研究报告	2012-12-31	11CJY046
211	农村新型金融机构小额信贷风险控制研究	刘雪莲	黑龙江	黑龙江大学	青年项目	专著	2014-5-30	11CJY048
212	我国村镇银行创新发展研究	慕丽杰	辽宁	辽宁大学	青年项目	研究报告	2013-12-31	11CJY049
213	城乡建设用地增减挂钩中农民土地收益分配机制研究	穆向丽	北京	农业部	青年项目	研究报告	2012-12-31	11CJY050
214	创业型农村合作组织发展机制研究	邓俊森	河南	南阳师范学院	青年项目	专著 研究报告	2012-12-31	11CJY052
215	创新和发展新型农村经济组织政府扶持体系研究	许英梅	山东	山东省社会科学院	青年项目	研究报告	2012-12-31	11CJY051
216	新医改背景下完善农村三级医疗卫生服务体系研究	董黎明	安徽	安徽财经大学	青年项目	专题论文集 研究报告	2012-12-31	11CJY053
217	西南民族地区农户调适行为与农业抗灾能力提升研究	罗小锋	湖北	华中农业大学	青年项目	专题论文集 研究报告	2013-12-31	11CJY055
218	农村公共投资的成本分担与福利效应研究	史耀波	陕西	西安理工大学	青年项目	研究报告	2013-12-31	11CJY054

续表

序号	项目名称	负责人	所在省市	工作单位	项目类别	预期成果	计划完成时间	批准号
219	粮食主产区利益补偿机制及配套政策研究	陈明星	河南	河南省社会科学院	青年项目	专著 研究报告	2012-12-30	11CJY057
220	国际粮食贸易博弈与中国的战略选择	袁洪斌	重庆	重庆邮电大学	青年项目	研究报告	2013-12-31	11CJY056
221	不同组织模式下农户生产效率研究	管　曦	福建	福建农林大学	青年项目	研究报告	2013-6-30	11CJY058
222	发展节水农业的水权和农民用水合作制度设计研究	李　鹤	北京	中国农业大学	青年项目	专著 研究报告	2013-6-30	11CJY059
223	农业机械购置补贴政策实施效果及优化研究	颜玄洲	江西	江西农业大学	青年项目	研究报告	2012-12-31	11CJY062
224	灌溉管理改革对农户生计影响研究	赵立娟	内蒙古	内蒙古财经学院	青年项目	研究报告	2013-12-31	11CJY060
225	可持续发展背景下我国农业补贴社会绩效追踪研究	乔翠霞	山东	山东省委党校	青年项目	研究报告	2013-10-31	11CJY061
226	热带农产品价格波动研究	刘锐金	海南	中国热带农业科学院	青年项目	专题论文集 研究报告	2013-12-31	11CJY064
227	农产品价格波动、传导与调控实证分析研究	赵　玉	江西	东华理工大学	青年项目	专著 研究报告	2013-12-31	11CJY063
228	中国大宗农产品价格波动外部冲击测度及对策研究	黄先明	江西	江西财经大学	青年项目	研究报告 专题论文集	2013-12-31	11CJY065
229	收入流动性、贫困动态性与中国扶贫政策调整研究	张立冬	江苏	江苏省社会科学院	青年项目	专题论文集	2014-12-31	11CJY066

续表

序号	项目名称	负责人	所在省市	工作单位	项目类别	预期成果	计划完成时间	批准号
230	高速铁路对区域经济影响的动力学特征研究	王　敏	甘肃	兰州交通大学	青年项目	专题论文集 研究报告	2013-2-10	11CJY067
231	我国港口区域生态补偿机制研究	李亚军	辽宁	大连海事大学	青年项目	专题论文集 研究报告	2013-12-31	11CJY068
232	“十二五”期间加快发展现代服务业实证调查与国际经验研究	乔为国	北京	中国科学院	青年项目	专著	2012-6-30	11CJY069
233	“十二五”时期加快发展现代服务业的区域对策研究	刘　奕	北京	中国社会科学院	青年项目	专著 研究报告	2013-12-31	11CJY070
234	流通创新与现代商贸服务业发展对策研究	丁　宁	安徽	安徽财经大学	青年项目	专题论文集 研究报告	2012-12-31	11CJY071
235	全球价值链分工背景下中国贸易利益分配机制研究	李宏艳	天津	天津财经大学	青年项目	专著	2014-7-1	11CJY072
236	新社会责任国际标准对我国企业“走出去”的冲击与对策研究	李　丽	北京	对外经济贸易大学	青年项目	研究报告	2013-8-31	11CJY077
237	中国外商直接投资的区位选择与优化配置研究	聂名华	湖北	中南财经政法大学	青年项目	研究报告	2013-9-30	11CJY078
238	知识产权保护对我国对外贸易的影响及政策研究	余长林	福建	厦门大学	青年项目	专题论文集 研究报告	2013-12-31	11CJY073
239	我国农业环境质量对农产品国际竞争力的影响及对策研究	彭可茂	广东	华南理工大学	青年项目	研究报告	2013-12-31	11CJY074

续表

序号	项目名称	负责人	所在省市	工作单位	项目类别	预期成果	计划完成时间	批准号
240	质量安全视角下的农产品供应链管理模式及政策研究	陆杉	湖南	湖南商学院	青年项目	专题论文集 研究报告	2012-12-1	11CJY075
241	产业结构升级视角下我国居民消费率的决定因素研究	封福育	江西	江西财经大学	青年项目	专著 研究报告	2013-12-30	11CJY076
242	基于民生负担测度的抑制商品投机研究	吴军	上海	上海大学	青年项目	专著 研究报告	2013-12-31	11CJY079
243	"十二五"前期中国物价上涨主要因素和走势研究	何启志	安徽	安徽财经大学	青年项目	专题论文集 研究报告	2012-6-30	11CJY080
244	创意经济背景下旅游业与文化创意产业融合发展机制及实证研究	张玉蓉	重庆	重庆交通大学	青年项目	研究报告	2013-6-30	11CJY081
245	中国旅游企业跨国经营潜力评估与发展战略	厉新建	北京	北京第二外国语学院	青年项目	专著 研究报告	2013-6-30	11CJY084
246	我国旅游服务进出口互动机制与模式研究	叶莉	广西	广西财经学院	青年项目	专题论文集 研究报告	2013-12-30	11CJY083
247	高铁时代区域旅游产业要素配置研究	于秋阳	上海	上海师范大学	青年项目	专题论文集 研究报告	2013-12-31	11CJY082
248	我国政府公共服务支出对居民消费率影响研究	丁颖	北京	北京大学	青年项目	专著 研究报告	2013-4-15	11CJY086
249	中国地区间财政均等化与财政转移支付制度完善研究	刘亮	河北	河北省委党校	青年项目	研究报告	2013-12-31	11CJY088
250	我国地方政府绩效预算改革的实证研究	苟燕楠	上海	复旦大学	青年项目	研究报告	2012-12-30	11CJY085

续表

序号	项目名称	负责人	所在省市	工作单位	项目类别	预期成果	计划完成时间	批准号
251	应对转型期贫困“代际转移”的公共政策体系创新研究	徐　慧	重庆	重庆工商大学	青年项目	研究报告	2013-12-31	11CJY087
252	土地财政转型视角下的地方财政体制优化研究	彭　健	辽宁	东北财经大学	青年项目	专题论文集 研究报告	2013-6-30	11CJY089
253	个人所得税结构累进性与有效累进性的关系研究	石子印	山东	聊城大学	青年项目	专著 研究报告	2014-5-31	11CJY090
254	市场差异、公平性变量与房地产税基批量评估模型研究	米旭明	广东	深圳大学	青年项目	专题论文集 研究报告	2014-12-31	11CJY092
255	经济社会双转轨背景下中国房地产税改革的制度环境研究	唐　明	湖南	湖南大学	青年项目	专题论文集 研究报告	2013-12-30	11CJY091
256	后“次贷”危机时期金融风险财政化问题研究	李　伟	天津	天津财经大学	青年项目	专著 研究报告	2014-6-30	11CJY093
257	依托国际生产组织推进我国对外投资战略与政策研究	洪联英	湖南	长沙理工大学	青年项目	专著 专题论文集	2014-3-30	11CJY095
258	我国投资效率及国际比较研究	李泽广	天津	南开大学	青年项目	专题论文集 研究报告	2013-7-1	11CJY094
259	股票市场资产价格跳跃的风险及依存结构研究	赵　华	福建	厦门大学	青年项目	专题论文集 研究报告	2012-12-31	11CJY096
260	治理转型视角的整体上市中央企业经营者监控模式转换研究	李东升	山东	山东工商学院	青年项目	研究报告	2013-6-30	11CJY097
261	中国与全球股票市场价格波动的动态相关性研究	周佰成	吉林	吉林大学	青年项目	研究报告	2013-6-30	11CJY105

续表

序号	项目名称	负责人	所在省市	工作单位	项目类别	预期成果	计划完成时间	批准号
262	中美货币政策背离视角下人民币汇率的波动趋势、特征及升值空间研究	谷　宇	辽宁	大连理工大学	青年项目	专著 专题论文集	2013-12-30	11CJY100
263	我国利率政策与汇率政策动态协调机制问题研究	范立夫	辽宁	东北财经大学	青年项目	专著 研究报告	2013-12-31	11CJY099
264	人民币汇率、资产价格波动与宏观经济稳定研究	陈　云	广东	华南师范大学	青年项目	专题论文集 研究报告	2013-6-30	11CJY098
265	主要经济体货币政策发展趋势及对我国影响研究	谢怀筑	北京	中国人民银行	青年项目	研究报告	2013-12-31	11CJY102
266	货币政策产业非对称效应研究	曹永琴	上海	上海社会科学院	青年项目	研究报告	2013-6-30	11CJY101
267	我国货币政策的预期管理研究	李云峰	江西	江西师范大学	青年项目	专著 研究报告	2013-6-30	11CJY106
268	中国通货膨胀惯性研究	苏梽芳	福建	华侨大学	青年项目	专题论文集 研究报告	2013-12-31	11CJY104
269	金融网络视角下的宏观审慎管理实证研究	贾彦东	北京	中国人民银行	青年项目	研究报告	2013-12-31	11CJY103
270	中国养老保险制度“参量式”改革效应评估及政策应用研究	郑　伟	北京	北京大学	青年项目	专著 研究报告	2013-12-30	11CJY108
271	养老保险制度整合、结构优化与财务可持续性研究	吴永求	重庆	重庆大学	青年项目	研究报告	2012-12-30	11CJY107
272	政策性农业保险的效率评估及机制优化研究	施　红	浙江	浙江大学	青年项目	专著 专题论文集	2013-12-31	11CJY109

资料来源：http://www.npopss-cn.gov.cn/GB/219555/219558/index.html。

2011 年度国家社科基金西部项目立项一览表（经济学）

批准号	课题名称	负责人	工作单位	预期成果	拟完成时间
11XDJ015	90 年来农村基层党组织建设的历史进程及其基本经验研究	何文兰	陕西省社会科学院	研究报告	2013-12-30
11XFX010	我国政策性农业保险监管法律制度构建研究	何文强	川北医学院人文社科学院	专著 研究报告	2014-6-30
11XFX013	西部民族地区基层民主发展规范化研究——基于村民自治现状的实地调查与思考	张显伟	广西民族大学	专著	2013-12-28
11XGJ001	中国（新疆）与中亚资本流动的金融安全研究	周丽华	新疆财经大学	研究报告	2013-12-31
11XGJ002	东南亚地区反洗钱多边合作机制研究	李　春	云南警官学院刑事侦查学院	研究报告	2013-12-31
11XGJ007	中亚三国能源投资环境评价研究	尤立杰	新疆农业大学	研究报告	2012-12-31
11XGJ010	推动新一轮图们江区域合作开发研究	金祥波	延边大学社会科学基础部	研究报告	2013-12-30
11XGL001	企业社会责任研究	王建琼	西南交通大学	专题论文集 研究报告	2013-8-31
11XGL002	市场化进程、终极人控制与公司并购绩效	陈旭东	石河子大学经济与管理学院	研究报告	2013-6-30
11XGL003	促进企业技术创新的财政资助政策研究	熊维勤	重庆工商大学长江上游经济研究中心	专题论文集 研究报告	2013-6-30
11XGL005	西部地区成长型中小企业董事会特征及其对企业绩效的影响研究	魏良益	四川省社会科学院	专著	2013-12-31
11XGL006	新疆农村富余劳动力异地务工研究	王香玲	塔里木大学人文学院	研究报告	2013-6-30
11XGL007	省直管县体制下的县乡政府的角色定位与职能转换研究	贾　晋	西南财经大学西部经济研究中心	专著	2013-7-1

续表

批准号	课题名称	负责人	工作单位	预期成果	拟完成时间
11XGL008	西部地方政府绩效目标设置管理研究	郭立宏	西安理工大学	研究报告	2013-12-30
11XGL011	西部民族贫困地区农村公共文化产品供给机制研究	李长友	吉首大学法学院	专著	2014-12-31
11XGL012	拉萨非物质文化遗产旅游开发研究	巴桑吉巴	西藏大学理学院	研究报告	2014-12-30
11XGL013	青海藏区民族文化旅游产业化发展研究	边世平	青海大学财经学院旅游公共管理系	专著 研究报告	2014-12-31
11XGL014	西部企业营销道德与营销绩效关系的实证研究	周秀兰	河西学院	研究报告 专题论文集	2013-2-15
11XGL016	西部企业和谐劳动关系研究	郭心毅	重庆电子工程职业学院	专著 研究报告	2013-12-31
11XGL017	区域医疗协同平台稳定性提升机制研究	游　静	重庆科技学院工商与管理学院	研究报告	2013-12-31
11XGL018	产业集群政府分层管理研究	唐凯江	成都学院管理学院	专著 专题论文集	2013-6-30
11XGL019	西安大遗址旅游容量的优化调控研究	崔　琰	西安文理学院	研究报告	2012-12-31
11XGL020	生态移民背景下西部民族地区人力资源开发与反贫困研究	蒋蓉华	桂林理工大学	研究报告	2013-6-30
11XGL021	农村留守儿童政策研究	任运昌	重庆教育学院	专著 研究报告	2012-12-30
11XJL001	建立区域经济发展新格局的战略研究	康继军	重庆大学经济与工商管理学院	专著	2014-6-30

续表

批准号	课题名称	负责人	工作单位	预期成果	拟完成时间
11XJL002	制度激励、要素聚集与西部地区增强自我发展能力研究——兼论特殊困难地区的要素贫困	李晓红	贵州大学管理学院	专著	2014-12-31
11XJL003	20世纪50年代前期农家收支与农村经济体制变迁研究	常明明	贵州财经学院	研究报告	2014-7-31
11XJL004	西部地区金融资产结构调整与产业结构升级互动机制研究	杜家廷	重庆师范大学经济与管理学院	研究报告	2013-12-30
11XJL005	经济增长、收入分配与新疆贫困变动相关性问题研究	玛依拉·米吉提	新疆财经大学	专著 研究报告	2013-12-30
11XJL006	劳动者报酬合理比重的理论构建与实现途径研究	荀关玉	曲靖师范学院经济与管理学院	专著	2013-12-31
11XJL007	城乡一体化进程中的新型城乡形态研究	刘俊杰	广西师范大学经济管理学院	专著	2014-6-30
11XJL008	中国特色城镇化道路的区域响应、动力机制与政策创新	魏丽莉	兰州大学经济学院	研究报告	2013-12-31
11XJL009	西部地区服务业集聚与城镇化互动发展研究	陈立泰	重庆大学人口资源环境经济与管理研究中心	专著	2013-12-31
11XJL010	西部农村贫困地区自我发展能力构建研究	徐孝勇	重庆师范大学经济与管理学院	研究报告	2013-12-31
11XJL011	马克思主义经济学视域中的国家理论研究	张国昀	天水师范学院经济与社会管理学院	研究报告 专题论文集	2013-12-31
11XJL012	近代中国投资者保护机制研究	赵劲松	西南财经大学经济学院	专著	2014-7-30

续表

批准号	课题名称	负责人	工作单位	预期成果	拟完成时间
11XJL013	网络经济时代劳资关系的边界扩展研究	赵秀丽	内蒙古财经学院经济学院	研究报告	2014-9-30
11XJL016	西部地区中小企业融资绩效研究	杨 毅	广西工学院	专题论文集 研究报告	2013-6-30
11XJY001	西部内陆经济跨越式发展研究	王 军	成都市经济发展研究院	专著 研究报告	2012-12-31
11XJY002	实施新一轮西部大开发战略跟踪研究	凌经球	中共广西壮族自治区委员会党校	研究报告	2013-6-30
11XJY003	水危机视角下西北地区产业结构优化升级研究	陈 艳	兰州交通大学	专著 研究报告	2013-12-31
11XJY004	西部资源型产业碳排放问题研究	赵选民	西安石油大学经济管理学院	研究报告	2013-12-31
11XJY005	国家对口支援背景下的新疆承接产业转移问题研究	王晓娟	中共新疆生产建设兵团委员会党校	专著	2013-12-31
11XJY006	西部地区承接产业转移与产业结构优化升级研究	罗 哲	甘肃省社会科学院	研究报告 专著	2013-12-31
11XJY007	资本禀赋、不确定性与西部农村劳动力就业行为研究	宋山梅	贵州大学管理学院	研究报告	2013-9-30
11XJY008	综合配套改革试验区管理体制比较研究	王佳宁	重庆社会科学院	专著 研究报告	2012-6-30
11XJY009	内蒙古低碳能源发展实现路径研究	杨 光	内蒙古工业大学管理现代化研究中心	专题论文集 研究报告	2013-12-31

续表

批准号	课题名称	负责人	工作单位	预期成果	拟完成时间
11XJY010	西部国有大型资源型企业改革研究	于克信	云南财经大学工商管理学院	研究报告	2013-12-31
11XJY011	生态安全与西藏新型工业化研究	毛阳海	西藏民族学院财经学院	研究报告	2013-12-31
11XJY012	青海农牧民专业合作经济组织建设路径研究	蔡守琴	青海大学财经学院	研究报告	2013-12-30
11XJY013	西部地区城市化进程中的农业产业转移研究	杨启智	四川农业大学旅游学院	专著 专题论文集	2012-12-31
11XJY014	个人所得的重新界定与一体化所得课税的构建研究	宋丽颖	西安交通大学	专著 研究报告	2013-6-30
11XJY015	资源环境约束下的新疆产业转型研究	张凤丽	石河子大学经济与管理学院	研究报告	2013-6-30
11XJY016	西部地区民族文化资源开发与文化产业发展研究	熊正贤	长江师范学院乌江流域社会经济文化研究中心	专著	2013-12-31
11XJY017	非再生能源资源有偿使用制度和生态补偿机制研究	华晓龙	内蒙古财经学院金融学院	研究报告	2013-7-1
11XJY019	国家粮食安全视角下的土地“增减挂钩”制度评价与完善研究	任　平	四川师范大学	专著 研究报告	2013-6-30
11XJY020	我国牧民专业合作社利益分配机制研究	田艳丽	内蒙古农业大学经济管理学院	研究报告	2013-12-30
11XJY021	西部地区农业自我发展能力研究	马　静	陕西理工学院经济贸易系	研究报告	2014-6-30

续表

批准号	课题名称	负责人	工作单位	预期成果	拟完成时间
11XJY022	西部低碳旅游景区评价指标体系及发展模式研究	李晓琴	成都理工大学旅游与城乡规划学院	专题论文集 研究报告	2012-12-31
11XJY023	我国主权财富基金对外投资战略研究	张海亮	昆明理工大学管理与经济学院	专题论文集 研究报告	2013-6-30
11XJY024	银行系统性风险与逆周期宏观审慎监管机制设计研究	董青马	西南财经大学中国金融研究中心	专题论文集 研究报告	2012-12-31
11XJY025	中国居民家庭金融资产结构风险与经济周期波动的关系研究	徐　梅	西北政法大学经济管理学院	专著 专题论文集	2014-6-30
11XJY026	后金融危机时代中国参与国际区域经济合作战略研究	李玉珍	延边大学经济管理学院	专著	2013-12-30
11XJY027	农村公路财政资金运行管理机制研究	李　丽	长安大学经济与管理学院	研究报告	2013-3-30
11XJY028	西部农村微型金融制度设计及其减贫效应研究	唐柳洁	云南财经大学财政与经济学院	专著 研究报告	2013-12-31
11XJY029	贫困地区小额信贷的目标偏移问题研究	聂　强	西北农林科技大学	研究报告	2013-12-31
11XKS009	中国特色社会主义按劳分配制度研究	魏长徽	中共甘肃省委党校经济学教研部	专题论文集 研究报告	2013-12-31
11XKS010	泛北部湾区域生态文明共享模式及实现机制研究	肖　祥	桂林理工大学	专题论文集 研究报告	2013-12-30
11XKS011	内蒙古呼包鄂地区工业化与生态文明建设研究	甄江红	内蒙古师范大学地理科学学院	专著 研究报告	2013-12-30

续表

批准号	课题名称	负责人	工作单位	预期成果	拟完成时间
11XKS012	新型工业化发展中关键人群的生态文明观测评体系研究	宋锡辉	云南师范大学	研究报告	2013-12-31
11XKS024	科学发展观与中国模式创新研究	何关银	中共重庆市委党校	专著 研究报告	2013-12-31
11XMZ002	二十世纪三四十年代绥远地区灾荒与社会救济研究	珠　飒	内蒙古工业大学	专著	2014-12-30
11XMZ003	民族地区特殊公共服务有效供给机制研究	张　序	四川省社会科学院	专著	2013-12-31
11XMZ004	“十二五”时期经济社会发展与完善民族区域自治制度研究	张　廉	中共宁夏回族自治区委员会党校	专著 研究报告	2013-12-31
11XMZ008	社会建设优先发展——民族地区现代化的新型路径选择	李红梅	北方民族大学思想政治理论课教学部	专著	2014-12-31
11XMZ009	西北民族地区新农村文化建设研究	刘朝霞	甘肃农业大学人文学院	研究报告	2013-12-30
11XMZ010	西部民族地区经济结构调整与主体功能区战略研究	苏多杰	中共青海省委党校	研究报告	2013-6-18
11XMZ034	“十二五”时期藏区农牧民收入倍增预期研究	朱　华	青海省社会科学院经济研究所	研究报告	2012-12-31
11XMZ035	少数民族地区伊斯兰金融研究	刘天明	宁夏社会科学院	研究报告	2013-12-31
11XMZ036	内蒙古经济增长、结构调整和就业效应的实证研究	吴晶英	内蒙古社会科学院	专著	2013-6-30

续表

批准号	课题名称	负责人	工作单位	预期成果	拟完成时间
11XMZ037	西部地区民族民间文化产业发展的金融支持研究	毛有碧	贵州财经学院	专著	2013-12-31
11XMZ038	新疆少数民族就业困难群体的成因和社会支持研究	何　剑	石河子大学商学院	研究报告	2013-6-30
11XMZ041	新疆少数民族学生高等教育投资收益率调查研究	龚凤兰	新疆财经大学	研究报告	2013-12-31
11XMZ045	三江源区生态移民生产生活安置效益评估研究	孙发平	青海省社会科学院	研究报告	2012-12-31
11XMZ046	西部少数民族地区旅游开发地居民满意度实证研究	黄大勇	重庆工商大学长江上游经济研究中心	专题论文集 研究报告	2013-7-31
11XMZ047	西南少数民族地区旅游资源开发与城镇化建设的良性互动机制研究	毛长义	重庆师范大学地理与旅游学院	研究报告	2013-9-30
11XMZ048	新疆旅游资源战略性开发对缓解绿洲城镇孤岛效应的作用机理研究	杨宏伟	石河子大学	研究报告	2013-6-30
11XMZ049	西部少数民族地区民族贸易发展研究	梅花·托哈依	北方民族大学商学院	专著 研究报告	2013-12-30
11XMZ050	边疆民族地区加快经济发展方式转变与改善民生研究	王春明	广西财经学院	研究报告	2014-6-30
11XMZ052	气候变化背景下实现青海藏区绿色发展的制度创新研究	曲　波	青海大学财经学院	研究报告	2013-9-30
11XMZ053	人口较少民族的民生改善调查研究	周元福	青海大学财经学院	研究报告	2013-12-30

续表

批准号	课题名称	负责人	工作单位	预期成果	拟完成时间
11XMZ054	缩小少数民族地区城乡居民收入差距的途径及对策研究	李江南	昌吉学院	研究报告	2013-6-30
11XMZ055	西部民族地区资源开发受益机制研究	王承武	新疆农业大学	专著 研究报告	2013-7-30
11XMZ056	优先新疆城镇化布局与发展小城镇研究	卫利·巴拉提	新疆维吾尔自治区党校	研究报告	2013-12-31
11XMZ057	资源型经济发展方式转变与加快西部少数民族地区发展研究	黄钧儒	贵州省社会科学院	研究报告	2013-12-31
11XMZ058	西南民族地区经济社会发展的经验学习及其机制研究	杨　鹏	广西社会科学院	专著 研究报告	2012-12-31
11XMZ059	西部民族地区内生增长能力的制度安排与路径选择	严　红	中共四川省委党校	专著	2012-12-30
11XMZ067	西部民族地区小城镇公共服务研究	陈海勇	中共贵州省委党校	研究报告	2013-8-30
11XMZ068	川滇藏地区旅游经济差异及协调发展研究	王文静	昆明学院旅游系	研究报告	2013-12-30
11XMZ069	农村经济制度变迁与西北民族地区农牧业增长研究	谢宗棠	西北民族大学管理学院	研究报告	2014-12-31
11XMZ070	西藏边境城镇建设与稳定发展关系研究	杨剑萍	中共西藏自治区委员会党校	研究报告	2013-6-30
11XMZ071	西藏农牧民增收问题研究	徐伍达	西藏自治区社会科学院	研究报告	2012-8-30
11XMZ072	云南人口较少民族农民增收问题研究	陈　蕊	云南农业大学经济管理学院	研究报告	2013-12-31

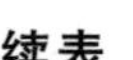

续表

批准号	课题名称	负责人	工作单位	预期成果	拟完成时间
11XMZ073	中国—东盟自由贸易区带动下的西部民族地区城镇化布局研究	曾　鹏	桂林理工大学	专题论文集 研究报告	2013-12-31
11XMZ080	新疆哈萨克族经济发展现状研究	阿德力汗	新疆社会科学院	专著	2013-6-30
11XMZ081	农村留守人口社区健康管理体系的构建研究	崔文香	延边大学护理学院	研究报告	2014-12-30
11XMZ082	近代以来内蒙古行政建制变迁及其城市化问题研究	孟和宝音	内蒙古科技大学包头师范学院政治与法律学院	专著 译著	2014-3-5
11XRK001	边疆民族地区大学生就业状况调查与对策研究	李全胜	新疆师范大学	研究报告	2014-6-30
11XRK002	西部少数民族地区土地流转制度下的农民养老保障机制改革研究	崔　瑛	云南农业大学经济管理学院	研究报告	2013-12-30
11XRK004	新疆维吾尔族人口流动情况调查与研究	杨忠娜	塔里木大学经济与管理学院	专题论文集 研究报告	2013-12-30
11XRK005	我国社会养老保障与家庭保障融合创新研究	张海川	西南财经大学保险学院	研究报告	2013-6-30
11XRK006	新生代农民工的群体分化及其结构融合研究	白　萌	西安交通大学公共政策与管理学院	专题论文集 研究报告	2013-6-30
11XRK007	海南人口发展与生态演变研究	詹兴文	海南省社会科学界联合会	专著 研究报告	2014-12-20
11XSH005	云南跨境民族地区大学生返乡就业状况调查研究	韦　颖	云南师范大学	研究报告	2013-6-30
11XSH006	民族地区少数民族人口社会流动研究	刘亚萍	内蒙古财经学院公共管理系	研究报告	2013-12-31
11XSH022	新生代维吾尔族农民工城市适应问题研究	凯沙尔·夏木西	新疆师范大学	研究报告	2014-6-30

续表

批准号	课题名称	负责人	工作单位	预期成果	拟完成时间
11XSH027	企业社会责任信息传递机制研究	杜 剑	贵州财经学院会计学院	专著	2013-12-31
11XSH029	西部地区农村养老保障体系建设中的政府责任研究	郑 军	绵阳师范学院	专著 研究报告	2013-12-31
11XSS002	16世纪英国工商业国家干预研究	柴 彬	兰州大学历史文化学院	专著	2013-12-30
11XTJ003	公共政策影响消费率的测度及统计评价研究	张文红	西安财经学院	研究报告	2013-12-31
11XTJ004	新疆少数民族地区人口增长与少数民族地区经济发展的关系研究	阿迪力·努尔	新疆财经大学	研究报告	2013-12-31
11XTQ004	不同养老模式下老年人生活质量研究	李小平	遵义医学院	专题论文集 研究报告	2013-12-30
11XZX002	马克思主义中国化的途径研究	李国红	兰州商学院	专著 专题论文集	2013-5-30
11XZZ009	民族自治地区乡村治理结构及运行机制研究	陈文琼	广西师范学院	专著	2014-7-1
11XZZ012	西北民族地区基本公共服务均等化问题研究	方晓彤	兰州城市学院	专著	2013-12-31
11XZZ013	城乡一体化发展与户籍制度改革研究	王锦东	陕西教育学院政治经济系	研究报告	2012-10-1
11XZZ015	西部贫困县基本公共服务与扶贫开发联动研究	李雪峰	内蒙古财经学院公共管理系	专著 研究报告	2013-12-31

资料来源：http：//www. npopss-cn. gov. cn/GB/219468/14960099. html。

2011年国家社科基金重大项目（第一批）（经济学）立项一览表

批准号	首席专家	课题名称	责任单位
11&ZD001	罗志军	我国东部发达地区率先基本实现现代化的理论和实践研究	中共江苏省委研究室 南京大学
11&ZD002	刘迎秋	抓住和用好本世纪第二个十年我国发展重要战略机遇期的若干重大问题研究——面向未来的我国大国经济发展战略	中国社会科学院研究生院
11&ZD003	范剑勇	新型城市化视角下的经济发展方式转变研究	复旦大学
11&ZD004	施建军	“十二五”时期我国发展的创新驱动战略研究	对外经济贸易大学
11&ZD005	马龙龙	大国赶超经济与可持续发展背景下的内外需关系调整研究	中国人民大学
11&ZD006	邹　薇	应对“中等收入陷阱”挑战的综合研究	武汉大学
11&ZD007	桑百川	我国新一轮对外开放的战略布局、主要目标与政策选择研究	对外经济贸易大学
11&ZD008	陈继勇	后金融危机时代中国参与全球经济再平衡的战略与路径研究	武汉大学
11&ZD009	张正河	同步推进工业化、城镇化和农业现代化战略研究	中国农业大学
11&ZD010	张　兵	现代农业导向的农业结构战略性调整研究	南京农业大学
11&ZD011	徐亚平	“稳增长、调结构、防通胀”三重目标下我国货币政策优化与预期管理研究	安徽大学
11&ZD012	罗能生	推进我国区域经济、政治、社会、文化及生态协同发展研究	湖南大学
11&ZD013	郭继强	收入分配制度改革的总体框架与具体路径研究	浙江大学
11&ZD014	柳清瑞	城乡社会保障体系协调发展研究	辽宁大学
11&ZD015	杜子芳	CPI理论重建及编制方案改进研究	中国人民大学
11&ZD016	张健华	构建我国金融宏观审慎政策框架研究	中国人民银行金融研究所
11&ZD017	王爱俭	人民币国际化进程中我国货币政策与汇率政策协调研究	天津财经大学

续表

批准号	首席专家	课题名称	责任单位
11&ZD018	孙立坚	重构国际金融治理体系——亚洲的视角和中国的选择	复旦大学
11&ZD030	王淑芹	我国社会诚信制度体系建设研究	首都师范大学
11&ZD036	江立华	城市流动人口服务管理问题研究	华中师范大学
11&ZD037	许庆	城乡统筹发展背景下户籍制度改革与城镇化问题研究	上海财经大学
11&ZD038	杨云彦	完善人口和计划生育利益导向政策体系研究	中南财经政法大学
11&ZD039	邓宏乾	我国住房保障问题与改革创新研究	华中师范大学
11&ZD040	成金华	我国资源环境问题的区域差异和生态文明指标体系研究	中国地质大学（武汉）
11&ZD041	卢洪友	城乡环境基本公共服务非均等程度评估及均等化路径研究	武汉大学
11&ZD043	田银华	基于CGE模型的产业结构调整污染减排效应和政策研究	湖南科技大学
11&ZD044	张龙平	国家利益保护导向的中国环境审计体系创新研究	中南财经政法大学
11&ZD045	宋旭光	中国能源—环境—经济综合核算体系研究	北京师范大学
11&ZD046	朱　晶	粮食安全框架下全球资本、自然资源和技术利用的战略选择研究	南京农业大学
11&ZD047	温　涛	农民收入超常规增长的要素集聚与战略协同研究	西南大学
11&ZD048	黄少安	土地产权、土地流转与土地征收补偿制度研究	山东大学
11&ZD049	江曼琦	基于区域产业链视角的京津冀区域经济一体化研究	南开大学
11&ZD050	耿明斋	中西部地区承接产业转移的重点与政策研究	河南大学
11&ZD051	史　丹	促进新能源产业发展的政策措施体系研究	中国社会科学院财政与贸易经济研究所
11&ZD052	王志刚	供应链视角下食品药品安全监管制度创新研究	中国人民大学
11&ZD053	田　玲	我国巨灾保险制度安排与实施路径研究	武汉大学

资料来源：http：//www. npopss-cn. gov. cn/GB/219555/219558/index. html。

2011年国家社科基金重大项目（第二批）（经济学）立项一览表

批准号	课题名称	首席专家	责任单位	资助额（万元）	所在省市
11&ZD067	中国特色社会主义制度研究	肖贵清	清华大学	60	北京
11&ZD070	中国特色社会主义社会管理体系研究	张康之	南京大学	60	江苏
11&ZD073	中国特色公共经济理论与政策研究	石　磊	复旦大学	60	上海
11&ZD076	中国特色知识产权理论体系研究	吴汉东	中南财经政法大学	60	湖北
11&ZD084	中国经济伦理思想通史研究	王小锡	南京师范大学	60	江苏
11&ZD139	创新型国家背景下的科技创新与金融创新结合问题研究	王　元	中国科技发展战略研究院	70	北京
11&ZD140	新兴技术未来分析理论方法与产业创新研究	黄鲁成	北京工业大学	80	北京
11&ZD141	金融产业经济学研究	冉光和	重庆大学	60	重庆
11&ZD142	现代产业体系发展的理论与政策研究	芮明杰	复旦大学	60	上海
11&ZD143	我国战略性新兴产业的信息资源保障体系与服务模式研究	霍国庆	中国科学院	60	北京
11&ZD144	大国经济发展理论研究	欧阳峣	湖南商学院	70	湖南
11&ZD145	中国会计通史系列问题研究	郭道扬	中南财经政法大学	80	湖北
11&ZD146	制度变迁视角下的中国二元经济转型研究	张桂文	辽宁大学	80	辽宁
11&ZD147	当代中国“单位制度”的形成及变迁研究	田毅鹏	吉林大学	60	吉林

续表

批准号	课题名称	首席专家	责任单位	资助额（万元）	所在省市
11&ZD149	现代社会信任模式与机制研究	周　怡	复旦大学	60	上海
11&ZD153	新组织理论和组织治理研究	高良谋	东北财经大学	60	辽宁

资料来源：http：//www. npopss-cn. gov. cn/GB/219555/219558/index. html。

2011 年国家社科基金重大项目（第三批）（经济学）立项一览表

批准号	首席专家	责任单位	课题名称	主要涉及学科领域
11&ZD154	王世福 张振刚	华南理工大学	中国城市社会来临与智慧城市设计及发展战略研究	建筑学、信息系统、城市规划学、社会学、管理学、经济学、法学等
11&ZD155	应瑞瑶	南京农业大学	环境保护、食品安全与农业生产服务体系研究	食品科学、环境科学、农业生态学、化学、生物技术、应用经济、社会学等
11&ZD156	张卫国	华南理工大学	金融复杂系统的演化与控制研究	金融工程、数学物理、系统科学、统计学、应用经济等
11&ZD157	赵彦云	中国人民大学	经济社会公共数据的空间统计样本数据开发及应用研究	地理学、空间统计学、社会学、管理学、经济学等
11&ZD158	程　虹	武汉大学	我国质量安全评价与网络预警方法研究	质检科学、应用经济、管理科学与工程、计算机科学等
11&ZD159	覃成林 肖金成	暨南大学	高铁快速发展背景下区域经济协调发展及相关政策研究	地理学、交通运输学、区域经济、管理学、系统工程等
11&ZD161	文传浩	重庆工商大学	三峡库区独特地理单元“环境—经济—社会”发展变化研究	地理信息系统、生态学、产业经济、人文地理、社会学、公共管理等
11&ZD163	魏晓平	中国矿业大学	我国矿产资源跨期优化配置机制研究	地质学、经济学、环境科学、资源学、地矿学等

续表

批准号	首席专家	责任单位	课题名称	主要涉及学科领域
11&ZD164	罗东坤	中国石油大学（北京）	基于中国石油安全视角的海外油气资源接替战略研究	石油科学、经济学、能源科学、国际问题研究等
11&ZD165	王宗军	华中科技大学	中国低碳经济的多维评估体系及可视化平台	环境工程学、应用经济、生态学、系统工程、网络技术等
11&ZD166	肖　序	中南大学	基于工业的循环经济价值流分析研究	循环经济学、环境科学、工业生态学、环境会计学等
11&ZD167	张　浩 王　强	对外经济贸易大学	极端气候事件的区域分布、变化规律和应对机制研究	气象科学、数理统计、灾害学、经济学、地理信息系统等
11&ZD168	周海炜	河海大学	中国与周边国家水资源合作开发机制研究	水文学、水资源管理、水利工程、环境工程、国际问题、国际法、管理学、经济学、社会学等
11&ZD170	高山行	西安交通大学	生物技术及其产业发展的法律保障机制研究	生物技术、基因工程、农业科学、管理学、法学、经济学等
11&ZD171	李燕凌	湖南农业大学	突发性动物疫情公共危机演化机理及应急公共政策研究	防疫学、动物学、管理学、危机管理、经济学等
11&ZD172	陈　超	南京农业大学	转基因作物产业化可持续发展研究	生物技术、农业科学、基因工程、应用经济、法学、社会学等
11&ZD176	陈　文	复旦大学	中国医疗支付制度系统性改革规范化研究	管理学、医学、卫生经济、财政学、数理统计、法学等
11&ZD178	杜骏飞	南京大学	网络游戏对青少年发展的影响与引导研究	信息科学、心理学、传播学、教育学、社会学、产业经济学等

资料来源：http：//www. npopss-cn. gov. cn/GB/219555/219558/index. html。

2011 年国家社科基金后期资助项目立项一览表（经济学）

理论经济（17 项）

序号	项目名称	负责人	工作单位
1	中国工业制成品出口商品结构及其就业效应研究	魏　浩	北京师范大学
2	中国近代银行制度变迁及其绩效研究	兰日旭	中央财经大学
3	结构变迁与经济增长——天津近代工业发展的特点与动因（1860—1949）	董智勇	天津师范大学
4	政府情报与近代日本对华经济扩张	王　力	浙江财经学院
5	多维邻近性与产业集群创新研究	李　琳	湖南大学
6	横向并购反垄断控制中的效率抗辩研究	余东华	山东大学
7	技术进步、国际贸易与经济转型	殷德生	华东师范大学
8	基于多方法融合的中国教育经济学知识图谱：1980—2010	黄维	长沙理工大学
9	成渝经济区发展研究	王如渊	西华师范大学
10	非正规金融：根源、运行与演进	杨　农	中国银行间市场交易商协会
11	马克思劳动价值论及其当代阐释	赵庆元	石家庄经济学院
12	预期理论在宏观经济中的应用	江世银	四川省委党校
13	宏观经济运行中的总量均衡区间问题研究	管怀鎏	南通大学
14	区域经济差异的资本形成机制研究	张志元	山东经济学院
15	外商直接投资机理与效应——基于物流产业特征的研究	王　杨	大连交通大学
16	环境规制理论研究	张红凤	山东经济学院
17	创造性破坏及其动态效应	钟春平	华中科技大学

应用经济（8 项）

序号	项目名称	负责人	工作单位
1	大国竞争的金融战略	陈雨露	中国人民大学

续表

序号	项目名称	负责人	工作单位
2	普惠金融——中国农村金融重建中的制度创新与法律框架	王曙光	北京大学
3	全球化背景下金融监管的博弈分析	韩忠亮	北京大学
4	中国环境经济的现代理论与政策研究	曹洪军	山东财政学院
5	低碳经济发展研究	王文军	陕西师范大学
6	转售价格维持的经济效应与反垄断政策	唐要家	浙江财经学院
7	农地流转风险与防范研究	朱　强	湖南文理学院
8	竞争力财务经济学——企业价值、资本与竞争力分析	王跃武	湖南大学

资料来源：http：//www. npopss-cn. gov. cn/GB/219555/219558/index. html。

2011年国家社科基金中华学术外译项目立项一览表（经济学）

序号	学科	项目名称	资助文版	项目负责人	工作单位
1	经济学	中国经济改革发展之路	英文	外语教学与研究出版社	
2		中国宏观经济分析的理论体系	英文	中国人民大学出版社	
3		中国宏观经济分析与预测（2011—2012）	英文	中国人民大学出版社	
4		中国地方政府规模与结构优化研究	英文	中国人民大学出版社	
5		中国经济特区史论	英文	社会科学文献出版社	
6		中国农村金融论纲	英文	中国人民大学出版社	
7		中国通货膨胀的新特点、新机制、新政策与计量测算研究	英文	中国人民大学出版社	
8		中国西部减贫与可持续发展	英文	社会科学文献出版社	
9		中国民营企业国际化影响因素与模式选择	英文	肖文	浙江大学
10		中国人口与劳动	英文	社会科学文献出版社	
11		中国经济学人（期刊）	英文	《中国经济学人》编辑部	

资料来源：http：//www. npopss-cn. gov. cn/GB/219469/16977254. html。

中国社会科学院经济学部2011年院重大课题立项一览表

单位：经济学部　　　　经费单位：万元　字数单位：千字

序号	单位	课题名称	主持人	职称	课题组人数	最终成果形式	卷（册）数	预计字数	预计完成时间	批准经费	备注
1	经济所	宏观分配格局的宏观和微观视角	魏　众	研究员	10	专著	1	300	2013.12	27	
2	工经所	改革新阶段中国国有企业的制度创新研究	余　菁	副研究员	10人	专著	1	280	2013.8	22	
3	农发所	农地产权与村级组织：城市化的视角	陆　雷	副研究员	7	专著	1	300	2013.6	22	
4	财贸所	“十二五”期间扩大消费若干重大问题及政策研究	荆林波	研究员	8	专著	1	250	2011.12	20	
5	金融所	后危机时代金融监管改革的新方向：宏观审慎监管理论及实践研究	王国刚	研究员	10	研究报告	1	300	2011.12	20	
6	数技经所	中国战略性新兴产业发展背景下现代制造业体系的构建	李金华	研究员	9	专著	1	300	2013.12	25	
7	人口所	劳动力市场转变与农民工就业问题研究	都　阳	研究员	9	专著	1	200	2012.12	27	

第七篇 研究生教育

2011年全国经济学和管理学博士研究生的毕业与招生人数

单位代码	单位名称	所在省市	专业名称	专业代码	毕业生数	招生数
10001	北京大学	北京	理论经济学（发展经济学）	020100	1	2
10001	北京大学	北京	政治经济学	020101	6	10
10001	北京大学	北京	经济思想史	020102	1	0
10001	北京大学	北京	经济史	020103	0	0
10001	北京大学	北京	西方经济学	020104	9	12
10001	北京大学	北京	世界经济	020105	4	2
10001	北京大学	北京	国民经济学	020201	9	8
10001	北京大学	北京	区域经济学	020202	5	3
10001	北京大学	北京	财政学（含：税收学）	020203	4	3
10001	北京大学	北京	金融学	020204	11	15
10001	北京大学	北京	产业经济学	020205	0	2
10001	北京大学	北京	统计学	020208	1	4
10001	北京大学	北京	会计学	120201	5	7
10001	北京大学	北京	企业管理	120202	13	15
10001	北京大学	北京	行政管理	120401	22	13
10001	北京大学	北京	社会医学与卫生事业管理	120402	4	4
10001	北京大学	北京	教育经济与管理	120403	26	16
10001	北京大学	北京	图书馆、情报与档案管理（编辑）	120500	3	4
10001	北京大学	北京	图书馆学	120501	5	5
10001	北京大学	北京	情报学	120502	11	8
10002	中国人民大学	北京	政治经济学	020101	21	26

续表

单位代码	单位名称	所在省市	专业名称	专业代码	毕业生数	招生数
10002	中国人民大学	北京	经济思想史	020102	4	3
10002	中国人民大学	北京	经济史	020103	5	4
10002	中国人民大学	北京	西方经济学	020104	11	11
10002	中国人民大学	北京	世界经济	020105	10	16
10002	中国人民大学	北京	人口、资源与环境经济学	020106	10	10
10002	中国人民大学	北京	网络经济学	020199	13	9
10002	中国人民大学	北京	国民经济学	020201	23	14
10002	中国人民大学	北京	区域经济学	020202	6	5
10002	中国人民大学	北京	财政学（含：税收学）	020203	15	16
10002	中国人民大学	北京	金融学（含：保险学）	020204	24	32
10002	中国人民大学	北京	产业经济学	020205	13	8
10002	中国人民大学	北京	国际贸易学	020206	10	6
10002	中国人民大学	北京	劳动经济学	020207	9	10
10002	中国人民大学	北京	统计学	020208	22	19
10002	中国人民大学	北京	数量经济学	020209	6	2
10002	中国人民大学	北京	金融工程	020299	29	23
10002	中国人民大学	北京	会计学	120201	16	19
10002	中国人民大学	北京	企业管理（含：财务管理、市场营销、人力资源管理）	120202	17	16
10002	中国人民大学	北京	技术经济及管理	120204	9	16
10002	中国人民大学	北京	人力资源管理	120299	30	36
10002	中国人民大学	北京	农业经济管理	120301	13	14
10002	中国人民大学	北京	林业经济管理	120302	0	2
10002	中国人民大学	北京	农村发展	120399	6	1
10002	中国人民大学	北京	行政管理	120401	9	21
10002	中国人民大学	北京	教育经济与管理	120403	4	6
10002	中国人民大学	北京	社会保障	120404	16	13
10002	中国人民大学	北京	土地资源管理	120405	11	11

续表

单位代码	单位名称	所在省市	专业名称	专业代码	毕业生数	招生数
10002	中国人民大学	北京	公共组织与人力资源	120499	10	20
10002	中国人民大学	北京	图书馆学	120501	0	1
10002	中国人民大学	北京	情报学	120502	6	5
10002	中国人民大学	北京	档案学	120503	6	7
10002	中国人民大学	北京	信息资源管理	120599	0	3
10003	清华大学	北京	理论经济学	020100	3	20
10003	清华大学	北京	应用经济学	020200	14	19
10003	清华大学	北京	管理科学与工程	120100	20	38
10003	清华大学	北京	工商管理	120200	16	28
10003	清华大学	北京	公共管理	120400	16	30
10004	北京交通大学	北京	产业经济学	020205	17	39
10004	北京交通大学	北京	管理科学与工程	120100	8	0
10004	北京交通大学	北京	管理科学	120199	19	34
10004	北京交通大学	北京	会计学	120201	2	10
10004	北京交通大学	北京	企业管理（含：财务管理、市场营销、人力资源管理）	120202	12	17
10004	北京交通大学	北京	旅游管理	120203	0	4
10005	北京工业大学	北京	管理科学与工程	120100	13	19
10006	北京航空航天大学	北京	国民经济学	020201	0	0
10006	北京航空航天大学	北京	管理科学与工程	120100	48	51
10006	北京航空航天大学	北京	金融工程	120199	14	30
10006	北京航空航天大学	北京	教育经济与管理	120403	8	16
10007	北京理工大学	北京	管理科学与工程	120100	34	52
10007	北京理工大学	北京	企业管理（含：财务管理、市场营销、人力资源管理）	120202	21	24
10008	北京科技大学	北京	管理科学与工程	120100	26	13
10008	北京科技大学	北京	科技与教育管理	120199	5	6
10008	北京科技大学	北京	企业管理（含：财务管理、市场营销、人力资源管理）	120202	9	18

续表

单位代码	单位名称	所在省市	专业名称	专业代码	毕业生数	招生数
10013	北京邮电大学	北京	管理科学与工程	120100	8	18
10019	中国农业大学	北京	管理科学与工程	120100	11	14
10019	中国农业大学	北京	农村发展与管理	120199	24	40
10019	中国农业大学	北京	农业经济管理	120301	51	40
10019	中国农业大学	北京	农业经济史	120399	0	2
10019	中国农业大学	北京	土地资源管理	120405	7	11
10022	北京林业大学	北京	农业经济管理	120301	1	7
10022	北京林业大学	北京	林业经济管理	120302	39	26
10027	北京师范大学	北京	政治经济学	020101	10	9
10027	北京师范大学	北京	西方经济学	020104	7	8
10027	北京师范大学	北京	世界经济	020105	10	12
10027	北京师范大学	北京	人口、资源与环境经济学	020106	1	5
10027	北京师范大学	北京	行政管理	120401	8	15
10027	北京师范大学	北京	社会医学与卫生事业管理	120402	2	3
10027	北京师范大学	北京	教育经济与管理	120403	28	22
10027	北京师范大学	北京	社会保障	120404	12	5
10027	北京师范大学	北京	土地资源管理	120405	3	13
10027	北京师范大学	北京	公共管理新专业	120499	3	9
10034	中央财经大学	北京	政治经济学	020101	1	8
10034	中央财经大学	北京	国民经济学	020201	9	15
10034	中央财经大学	北京	区域经济学	020202	1	1
10034	中央财经大学	北京	财政学（含：税收学）	020203	29	26
10034	中央财经大学	北京	金融学（含：保险学）	020204	17	33
10034	中央财经大学	北京	产业经济学	020205	0	3
10034	中央财经大学	北京	国际贸易学	020206	4	5
10034	中央财经大学	北京	劳动经济学	020207	2	7
10034	中央财经大学	北京	统计学	020208	2	6
10034	中央财经大学	北京	数量经济学	020209	2	3

续表

单位代码	单位名称	所在省市	专业名称	专业代码	毕业生数	招生数
10034	中央财经大学	北京	国防经济	020210	1	2
10034	中央财经大学	北京	跨国公司管理	020299	17	26
10034	中央财经大学	北京	会计学	120201	23	24
10036	对外经济贸易大学	北京	世界经济	020105	2	11
10036	对外经济贸易大学	北京	区域经济学	020202	0	1
10036	对外经济贸易大学	北京	财政学	020203	0	1
10036	对外经济贸易大学	北京	金融学	020204	16	34
10036	对外经济贸易大学	北京	产业经济学	020205	0	8
10036	对外经济贸易大学	北京	国际贸易学	020206	14	20
10036	对外经济贸易大学	北京	统计学	020208	0	1
10036	对外经济贸易大学	北京	数量经济学	020209	1	3
10036	对外经济贸易大学	北京	企业管理	120202	2	18
10038	首都经济贸易大学	北京	国民经济学	020201	0	5
10038	首都经济贸易大学	北京	区域经济学	020202	0	4
10038	首都经济贸易大学	北京	财政学（含：税收学）	020203	2	3
10038	首都经济贸易大学	北京	金融学（含：保险学）	020204	2	4
10038	首都经济贸易大学	北京	产业经济学	020205	2	6
10038	首都经济贸易大学	北京	国际贸易学	020206	0	5
10038	首都经济贸易大学	北京	劳动经济学	020207	6	10
10038	首都经济贸易大学	北京	统计学	020208	3	7
10038	首都经济贸易大学	北京	数量经济学	020209	8	5
10038	首都经济贸易大学	北京	企业管理（含：财务管理、市场营销、人力资源管理）	120202	14	8
10053	中国政法大学	北京	世界经济	020105	1	8
10054	华北电力大学	北京	管理科学与工程	120100	3	6
10054	华北电力大学	北京	工程与项目管理	120199	0	13
10054	华北电力大学	北京	技术经济及管理	120204	21	29
11413	中国矿业大学(北京)	北京	管理科学与工程	120100	38	24

续表

单位代码	单位名称	所在省市	专业名称	专业代码	毕业生数	招生数
11413	中国矿业大学(北京)	北京	管理科学与工程新专业	120199	19	9
11413	中国矿业大学(北京)	北京	土地资源管理	120405	3	7
11415	中国地质大学(北京)	北京	管理科学与工程	120100	8	26
11415	中国地质大学(北京)	北京	土地资源管理	120405	13	20
10055	南开大学	天津	政治经济学	020101	19	21
10055	南开大学	天津	经济思想史	020102	3	1
10055	南开大学	天津	经济史	020103	4	4
10055	南开大学	天津	西方经济学	020104	7	11
10055	南开大学	天津	世界经济	020105	10	19
10055	南开大学	天津	人口、资源与环境经济学	020106	3	4
10055	南开大学	天津	区域经济学	020202	12	9
10055	南开大学	天津	财政学（含：税收学）	020203	11	3
10055	南开大学	天津	金融学（含：保险学）	020204	28	25
10055	南开大学	天津	产业经济学	020205	14	7
10055	南开大学	天津	国际贸易学	020206	9	15
10055	南开大学	天津	劳动经济学	020207	2	2
10055	南开大学	天津	数量经济学	020209	5	2
10055	南开大学	天津	保险学	020299	11	9
10055	南开大学	天津	管理科学与工程	120100	7	8
10055	南开大学	天津	会计学	120201	12	6
10055	南开大学	天津	企业管理（含：财务管理、市场营销、人力资源管理）	120202	21	18
10055	南开大学	天津	旅游管理	120203	4	7
10055	南开大学	天津	技术经济及管理	120204	1	3
10055	南开大学	天津	公司治理	120299	25	18
10055	南开大学	天津	行政管理	120401	13	10
10055	南开大学	天津	图书馆学	120501	5	4
10055	南开大学	天津	情报学	120502	4	2

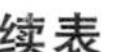

续表

单位代码	单位名称	所在省市	专业名称	专业代码	毕业生数	招生数
10056	天津大学	天津	管理科学与工程	120100	51	47
10056	天津大学	天津	工业工程	120199	28	13
10056	天津大学	天津	会计学	120201	4	3
10056	天津大学	天津	企业管理（含：财务管理、市场营销、人力资源管理）	120202	6	7
10056	天津大学	天津	旅游管理	120203	1	1
10056	天津大学	天津	技术经济及管理	120204	36	19
10070	天津财经大学	天津	国民经济学	020201	1	1
10070	天津财经大学	天津	财政学（含：税收学）	020203	3	4
10070	天津财经大学	天津	金融学（含：保险学）	020204	8	14
10070	天津财经大学	天津	产业经济学	020205	0	2
10070	天津财经大学	天津	国际贸易学	020206	2	6
10070	天津财经大学	天津	统计学	020208	5	6
10070	天津财经大学	天津	数量经济学	020209	0	0
10070	天津财经大学	天津	会计学	120201	5	8
10070	天津财经大学	天津	企业管理（含：财务管理、市场营销、人力资源管理）	120202	5	8
10075	河北大学	河北	世界经济	020105	3	10
10080	河北工业大学	河北	管理科学与工程	120100	13	25
10080	河北工业大学	河北	管理科学与工程新专业	120199	4	0
10080	河北工业大学	河北	技术经济及管理	120204	7	11
10086	河北农业大学	河北	农业经济管理	120301	4	4
10086	河北农业大学	河北	林业经济管理	120302	0	0
10086	河北农业大学	河北	农业技术经济与项目管理	120399	2	3
10216	燕山大学	河北	管理科学与工程	120100	3	9
10216	燕山大学	河北	运筹与管理	120199	0	1
10108	山西大学	山西	经济史	020103	1	4
10108	山西大学	山西	管理科学与工程	120100	1	6
10125	山西财经大学	山西	政治经济学	020101	2	8

续表

单位代码	单位名称	所在省市	专业名称	专业代码	毕业生数	招生数
10125	山西财经大学	山西	金融学	020204	4	9
10125	山西财经大学	山西	统计学	020208	0	6
10129	内蒙古农业大学	内蒙古	农业经济管理	120301	4	6
10140	辽宁大学	辽宁	政治经济学	020101	4	6
10140	辽宁大学	辽宁	经济思想史	020102	3	3
10140	辽宁大学	辽宁	经济史	020103	2	3
10140	辽宁大学	辽宁	西方经济学	020104	5	5
10140	辽宁大学	辽宁	世界经济	020105	5	8
10140	辽宁大学	辽宁	人口、资源与环境经济学	020106	2	2
10140	辽宁大学	辽宁	赶超经济学	020199	7	3
10140	辽宁大学	辽宁	国民经济学	020201	3	7
10140	辽宁大学	辽宁	区域经济学	020202	4	5
10140	辽宁大学	辽宁	财政学（含：税收学）	020203	3	3
10140	辽宁大学	辽宁	金融学（含：保险学）	020204	11	12
10140	辽宁大学	辽宁	产业经济学	020205	5	5
10140	辽宁大学	辽宁	国际贸易学	020206	5	6
10140	辽宁大学	辽宁	劳动经济学	020207	1	0
10140	辽宁大学	辽宁	统计学	020208	0	1
10140	辽宁大学	辽宁	数量经济学	020209	2	1
10140	辽宁大学	辽宁	技术经济学	020299	9	6
10140	辽宁大学	辽宁	会计学	120201	2	2
10140	辽宁大学	辽宁	企业管理（含：财务管理、市场营销、人力资源管理）	120202	14	13
10140	辽宁大学	辽宁	技术经济及管理	120204	3	4
10141	大连理工大学	辽宁	管理科学与工程	120100	21	15
10141	大连理工大学	辽宁	管理科学与工程新专业	120199	25	31
10141	大连理工大学	辽宁	会计学	120201	4	2
10141	大连理工大学	辽宁	企业管理（含：财务管理、市场营销、人力资源管理）	120202	18	11

续表

单位代码	单位名称	所在省市	专业名称	专业代码	毕业生数	招生数
10141	大连理工大学	辽宁	旅游管理	120203	1	4
10141	大连理工大学	辽宁	技术经济及管理	120204	19	11
10145	东北大学	辽宁	管理科学与工程	120100	21	32
10145	东北大学	辽宁	企业管理（含：财务管理、市场营销、人力资源管理）	120202	5	19
10145	东北大学	辽宁	行政管理	120401	3	21
10145	东北大学	辽宁	教育经济与管理	120403	1	9
10145	东北大学	辽宁	社会保障	120404	0	0
10145	东北大学	辽宁	土地资源管理	120405	0	3
10147	辽宁工程技术大学	辽宁	管理科学与工程	120100	4	17
10147	辽宁工程技术大学	辽宁	管理科学与工程新专业	120199	0	0
10151	大连海事大学	辽宁	管理科学与工程	120100	3	9
10157	沈阳农业大学	辽宁	农林经济管理	120300	9	15
10157	沈阳农业大学	辽宁	农业经济管理	120301	9	0
10157	沈阳农业大学	辽宁	林业经济管理	120302	0	0
10157	沈阳农业大学	辽宁	土地利用与信息化技术	120405	3	2
10173	东北财经大学	辽宁	政治经济学	020101	2	5
10173	东北财经大学	辽宁	经济思想史	020102	2	1
10173	东北财经大学	辽宁	经济史	020103	0	1
10173	东北财经大学	辽宁	西方经济学	020104	3	2
10173	东北财经大学	辽宁	世界经济	020105	5	5
10173	东北财经大学	辽宁	人口、资源与环境经济学	020106	1	2
10173	东北财经大学	辽宁	国民经济学	020201	6	7
10173	东北财经大学	辽宁	区域经济学	020202	3	5
10173	东北财经大学	辽宁	财政学（含：税收学）	020203	19	18
10173	东北财经大学	辽宁	金融学（含：保险学）	020204	19	17
10173	东北财经大学	辽宁	产业经济学	020205	6	5
10173	东北财经大学	辽宁	国际贸易学	020206	3	5

续表

单位代码	单位名称	所在省市	专业名称	专业代码	毕业生数	招生数
10173	东北财经大学	辽宁	劳动经济学	020207	1	3
10173	东北财经大学	辽宁	统计学	020208	1	3
10173	东北财经大学	辽宁	数量经济学	020209	5	4
10173	东北财经大学	辽宁	规制经济学	020299	2	1
10173	东北财经大学	辽宁	金融工程	025100	0	6
10173	东北财经大学	辽宁	管理科学与工程	120100	0	16
10173	东北财经大学	辽宁	会计学	120201	7	16
10173	东北财经大学	辽宁	企业管理（含：财务管理、市场营销、人力资源管理）	120202	12	30
10173	东北财经大学	辽宁	旅游管理	120203	2	3
10173	东北财经大学	辽宁	技术经济及管理	120204	2	2
10173	东北财经大学	辽宁	产业组织学	120299	1	0
10173	东北财经大学	辽宁	社会保障	120404	1	10
10173	东北财经大学	辽宁	公共经济与公共政策	120499	0	1
10183	吉林大学	吉林	理论经济学	020100	4	1
10183	吉林大学	吉林	政治经济学	020101	9	6
10183	吉林大学	吉林	经济思想史	020102	1	2
10183	吉林大学	吉林	西方经济学	020104	10	4
10183	吉林大学	吉林	世界经济	020105	27	22
10183	吉林大学	吉林	人口、资源与环境经济学	020106	6	17
10183	吉林大学	吉林	理论经济学新专业	020199	8	6
10183	吉林大学	吉林	区域经济学	020202	12	24
10183	吉林大学	吉林	金融学（含：保险学）	020204	0	9
10183	吉林大学	吉林	产业经济学	020205	8	9
10183	吉林大学	吉林	数量经济学	020209	21	24
10183	吉林大学	吉林	管理科学与工程	120100	14	12
10183	吉林大学	吉林	会计学	120201	0	11
10183	吉林大学	吉林	企业管理（含：财务管理、市场营销、人力资源管理）	120202	23	11

续表

单位代码	单位名称	所在省市	专业名称	专业代码	毕业生数	招生数
10183	吉林大学	吉林	技术经济及管理	120204	19	21
10183	吉林大学	吉林	行政管理	120401	15	10
10183	吉林大学	吉林	社会医学与卫生事业管理	120402	1	9
10183	吉林大学	吉林	社会保障	120404	0	6
10183	吉林大学	吉林	土地资源管理	120405	0	4
10183	吉林大学	吉林	公共管理新专业	120499	0	8
10183	吉林大学	吉林	图书馆学	120501	3	5
10183	吉林大学	吉林	情报学	120502	8	7
10193	吉林农业大学	吉林	农业经济管理	120301	6	6
10193	吉林农业大学	吉林	林业经济管理	120302	2	0
10193	吉林农业大学	吉林	畜牧业经济管理	120399	0	3
10200	东北师范大学	吉林	世界经济	020105	11	23
10200	东北师范大学	吉林	区域经济学	020202	16	13
10200	东北师范大学	吉林	教育经济与管理	120403	6	6
10213	哈尔滨工业大学	黑龙江	管理科学与工程	120100	24	46
10213	哈尔滨工业大学	黑龙江	企业管理	120202	11	12
10213	哈尔滨工业大学	黑龙江	技术经济及管理	120204	8	20
10213	哈尔滨工业大学	黑龙江	行政管理	120401	1	8
10214	哈尔滨理工大学	黑龙江	管理科学与工程	120100	16	12
10214	哈尔滨理工大学	黑龙江	技术经济及管理	120204	0	4
10217	哈尔滨工程大学	黑龙江	管理科学与工程	120100	31	34
10224	东北农业大学	黑龙江	农业经济管理	120301	12	14
10224	东北农业大学	黑龙江	林业经济管理	120302	3	2
10225	东北林业大学	黑龙江	农业经济管理	120301	5	10
10225	东北林业大学	黑龙江	林业经济管理	120302	12	19
10226	哈尔滨医科大学	黑龙江	社会医学与卫生事业管理	120402	1	7
10240	哈尔滨商业大学	黑龙江	产业经济学	020205	4	11
10246	复旦大学	上海	政治经济学	020101	7	7

续表

单位代码	单位名称	所在省市	专业名称	专业代码	毕业生数	招生数
10246	复旦大学	上海	经济思想史	020102	0	1
10246	复旦大学	上海	西方经济学	020104	6	9
10246	复旦大学	上海	世界经济	020105	10	8
10246	复旦大学	上海	人口、资源与环境经济学	020106	1	3
10246	复旦大学	上海	应用经济学	020200	0	4
10246	复旦大学	上海	国民经济学	020201	2	2
10246	复旦大学	上海	区域经济学	020202	0	1
10246	复旦大学	上海	金融学（含：保险学）	020204	16	13
10246	复旦大学	上海	产业经济学	020205	6	0
10246	复旦大学	上海	国际贸易学	020206	2	2
10246	复旦大学	上海	统计学	020208	0	0
10246	复旦大学	上海	数量经济学	020209	2	1
10246	复旦大学	上海	金融管理与金融工程	020299	3	2
10246	复旦大学	上海	管理科学与工程	120100	10	8
10246	复旦大学	上海	物流与运营管理	120199	2	0
10246	复旦大学	上海	工商管理	120200	0	19
10246	复旦大学	上海	会计学	120201	4	0
10246	复旦大学	上海	企业管理（含：财务管理、市场营销、人力资源管理）	120202	13	0
10246	复旦大学	上海	旅游管理	120203	2	3
10246	复旦大学	上海	东方管理学	120299	3	0
10246	复旦大学	上海	行政管理	120401	2	4
10246	复旦大学	上海	社会医学与卫生事业管理	120402	7	12
10246	复旦大学	上海	社会管理与社会政策	120499	2	9
10247	同济大学	上海	管理科学与工程	120100	17	7
10247	同济大学	上海	管理理论与工业工程	120199	29	52
10247	同济大学	上海	会计学	120201	1	1
10247	同济大学	上海	企业管理（含：财务管理、市场营销、人力资源管理）	120202	5	16

续表

单位代码	单位名称	所在省市	专业名称	专业代码	毕业生数	招生数
10247	同济大学	上海	技术经济及管理	120204	14	7
10247	同济大学	上海	土地资源管理	120405	0	1
10248	上海交通大学	上海	产业经济学	020205	9	11
10248	上海交通大学	上海	金融学	025100	5	7
10248	上海交通大学	上海	管理科学与工程	120100	22	21
10248	上海交通大学	上海	工商管理	120200	16	52
10248	上海交通大学	上海	会计学	120201	3	0
10248	上海交通大学	上海	企业管理	120202	17	0
10248	上海交通大学	上海	农业经济管理	120301	3	2
10252	上海理工大学	上海	管理科学与工程	120100	29	18
10255	东华大学	上海	管理科学与工程	120100	23	10
10255	东华大学	上海	企业管理（含：财务管理、市场营销、人力资源管理）	120202	15	10
10269	华东师范大学	上海	世界经济	020105	9	9
10269	华东师范大学	上海	金融学（含：保险学）	020204	4	6
10269	华东师范大学	上海	教育经济与管理	120403	3	7
10272	上海财经大学	上海	理论经济学	020100	0	10
10272	上海财经大学	上海	政治经济学	020101	7	1
10272	上海财经大学	上海	经济思想史	020102	1	4
10272	上海财经大学	上海	经济史	020103	1	1
10272	上海财经大学	上海	西方经济学	020104	2	10
10272	上海财经大学	上海	世界经济	020105	7	4
10272	上海财经大学	上海	人口、资源与环境经济学	020106	0	0
10272	上海财经大学	上海	经济哲学	020199	8	16
10272	上海财经大学	上海	国民经济学	020201	2	2
10272	上海财经大学	上海	区域经济学	020202	2	2
10272	上海财经大学	上海	财政学（含：税收学）	020203	7	7
10272	上海财经大学	上海	金融学（含：保险学）	020204	27	32

续表

单位代码	单位名称	所在省市	专业名称	专业代码	毕业生数	招生数
10272	上海财经大学	上海	产业经济学	020205	7	7
10272	上海财经大学	上海	国际贸易学	020206	6	6
10272	上海财经大学	上海	劳动经济学	020207	0	1
10272	上海财经大学	上海	统计学	020208	5	18
10272	上海财经大学	上海	数量经济学	020209	3	2
10272	上海财经大学	上海	国防经济	020210	2	2
10272	上海财经大学	上海	投资经济	020299	27	27
10272	上海财经大学	上海	管理科学与工程	120100	4	14
10272	上海财经大学	上海	会计学	120201	11	8
10272	上海财经大学	上海	企业管理（含：财务管理、市场营销、人力资源管理）	120202	13	21
10272	上海财经大学	上海	旅游管理	120203	0	3
10272	上海财经大学	上海	技术经济及管理	120204	2	3
10272	上海财经大学	上海	市场营销学	120299	14	7
10272	上海财经大学	上海	农业经济管理	120301	1	4
10280	上海大学	上海	应用经济学	020200	0	0
10280	上海大学	上海	管理科学与工程	120100	3	15
10280	南京大学	江苏	理论经济学	020100	20	20
10280	南京大学	江苏	政治经济学	020101	5	0
10280	南京大学	江苏	西方经济学	020104	0	0
10280	南京大学	江苏	世界经济	020105	5	0
10280	南京大学	江苏	应用经济学	020200	7	24
10280	南京大学	江苏	产业经济学	020205	4	0
10280	南京大学	江苏	金融学	025100	4	0
10280	南京大学	江苏	管理科学与工程	120100	13	13
10280	南京大学	江苏	信息管理工程	120199	1	1
10280	南京大学	江苏	工商管理	120200	15	24
10280	南京大学	江苏	会计学	120201	7	12

续表

单位代码	单位名称	所在省市	专业名称	专业代码	毕业生数	招生数
10280	南京大学	江苏	企业管理（含：财务管理、市场营销、人力资源管理）	120202	6	0
10280	南京大学	江苏	行政管理	120401	9	24
10280	南京大学	江苏	图书馆学	120501	5	2
10280	南京大学	江苏	情报学	120502	13	9
10280	南京大学	江苏	档案学	120503	0	4
10280	南京大学	江苏	信息资源管理	120599	0	9
10285	苏州大学	江苏	财政学（含：税收学）	020203	0	3
10285	苏州大学	江苏	金融学（含：保险学）	020204	13	10
10285	苏州大学	江苏	企业管理（含：财务管理、市场营销、人力资源管理）	120202	1	6
10286	东南大学	江苏	管理科学与工程	120100	54	29
10286	东南大学	江苏	管理科学与工程新专业	120199	2	2
10287	南京航空航天大学	江苏	管理科学与工程	120100	23	34
10287	南京航空航天大学	江苏	工程与项目管理	120199	15	3
10288	南京理工大学	江苏	管理科学与工程	120100	2	0
10290	中国矿业大学	江苏	管理科学与工程	120100	12	21
10290	中国矿业大学	江苏	工程管理	120199	7	7
10290	中国矿业大学	江苏	土地资源管理	120405	0	5
10294	河海大学	江苏	管理科学与工程	120100	20	29
10294	河海大学	江苏	技术经济及管理	120204	32	65
10298	南京林业大学	江苏	林业经济管理	120302	12	9
10299	江苏大学	江苏	管理科学与工程	120100	17	12
10299	江苏大学	江苏	创新管理与中小企业发展	120199	3	4
10307	南京农业大学	江苏	农业经济管理	120301	28	21
10307	南京农业大学	江苏	农村发展	120399	6	7
10307	南京农业大学	江苏	行政管理	120401	6	8
10307	南京农业大学	江苏	教育经济与管理	120403	7	6
10307	南京农业大学	江苏	社会保障	120404	0	3

续表

单位代码	单位名称	所在省市	专业名称	专业代码	毕业生数	招生数
10307	南京农业大学	江苏	土地资源管理	120405	24	20
10335	浙江大学	浙江	政治经济学	020101	20	4
10335	浙江大学	浙江	经济思想史	020102	0	2
10335	浙江大学	浙江	西方经济学	020104	7	7
10335	浙江大学	浙江	世界经济	020105	3	3
10335	浙江大学	浙江	人口、资源与环境经济学	020106	0	1
10335	浙江大学	浙江	金融经济理论	020199	0	10
10335	浙江大学	浙江	产业经济学	020205	2	2
10335	浙江大学	浙江	国际贸易学	020206	5	7
10335	浙江大学	浙江	劳动经济学	020207	3	4
10335	浙江大学	浙江	管理科学与工程	120100	12	13
10335	浙江大学	浙江	会计学	120201	0	1
10335	浙江大学	浙江	企业管理	120202	28	22
10335	浙江大学	浙江	旅游管理	120203	0	6
10335	浙江大学	浙江	技术经济及管理	120204	2	0
10335	浙江大学	浙江	创业管理	120299	0	1
10335	浙江大学	浙江	农业经济管理	120301	8	12
10335	浙江大学	浙江	林业经济管理	120302	0	0
10335	浙江大学	浙江	行政管理	120401	3	11
10335	浙江大学	浙江	社会医学与卫生事业管理	120402	3	2
10335	浙江大学	浙江	教育经济与管理	120403	1	5
10335	浙江大学	浙江	社会保障	120404	0	2
10335	浙江大学	浙江	土地资源管理	120405	7	7
10335	浙江大学	浙江	非传统安全管理	120499	0	5
10337	浙江工业大学	浙江	国际贸易学	020206	0	5
10337	浙江工业大学	浙江	技术经济及管理	120204	2	8
10353	浙江工商大学	浙江	统计学	020208	4	10

续表

单位代码	单位名称	所在省市	专业名称	专业代码	毕业生数	招生数
10353	浙江工商大学	浙江	企业管理（含：财务管理、市场营销、人力资源管理）	120202	6	16
10357	安徽大学	安徽	政治经济学	020101	2	8
10358	中国科学技术大学	安徽	管理科学与工程	120100	58	41
10358	中国科学技术大学	安徽	金融工程	120199	9	6
10359	合肥工业大学	安徽	管理科学与工程	120100	12	0
10359	合肥工业大学	安徽	电子商务	120199	3	13
10359	合肥工业大学	安徽	企业管理	120202	1	19
10384	厦门大学	福建	政治经济学	020101	8	8
10384	厦门大学	福建	经济思想史	020102	1	1
10384	厦门大学	福建	西方经济学	020104	9	8
10384	厦门大学	福建	世界经济	020105	10	10
10384	厦门大学	福建	人口、资源与环境经济学	020106	1	0
10384	厦门大学	福建	理论经济学（法律经济学）	020199	1	1
10384	厦门大学	福建	国民经济学	020201	0	1
10384	厦门大学	福建	区域经济学	020202	4	9
10384	厦门大学	福建	财政学（含：税收学）	020203	9	6
10384	厦门大学	福建	金融学（含：保险学）	020204	20	30
10384	厦门大学	福建	产业经济学	020205	1	0
10384	厦门大学	福建	国际贸易学	020206	2	4
10384	厦门大学	福建	劳动经济学	020207	0	0
10384	厦门大学	福建	统计学	020208	10	9
10384	厦门大学	福建	数量经济学	020209	2	5
10384	厦门大学	福建	应用经济学（经济信息管理学）	020299	23	28
10384	厦门大学	福建	管理科学与工程	120100	3	5
10384	厦门大学	福建	会计学	120201	20	16
10384	厦门大学	福建	企业管理（含：财务管理、市场营销、人力资源管理）	120202	8	11
10384	厦门大学	福建	旅游管理	120203	2	5

续表

单位代码	单位名称	所在省市	专业名称	专业代码	毕业生数	招生数
10384	厦门大学	福建	技术经济及管理	120204	0	4
10384	厦门大学	福建	工商管理（财务学）	120299	4	16
10384	厦门大学	福建	行政管理	120401	5	11
10384	厦门大学	福建	教育经济与管理	120403	3	3
10384	厦门大学	福建	社会保障	120404	2	1
10385	华侨大学	福建	数量经济学	020209	6	6
10385	华侨大学	福建	企业管理	120202	7	9
10385	华侨大学	福建	旅游管理	120203	4	4
10386	福州大学	福建	管理科学与工程	120100	2	0
10386	福州大学	福建	科技与教育管理	120199	1	14
10386	福州大学	福建	技术经济及管理	120204	0	5
10389	福建农林大学	福建	企业管理（含：财务管理、市场营销、人力资源管理）	120202	0	0
10389	福建农林大学	福建	农业经济管理	120301	8	17
10389	福建农林大学	福建	林业经济管理	120302	13	3
10389	福建农林大学	福建	涉农企业经营与管理	120399	0	7
10394	福建师范大学	福建	政治经济学	020101	5	5
10394	福建师范大学	福建	经济思想史	020102	2	4
10394	福建师范大学	福建	经济史	020103	1	1
10394	福建师范大学	福建	西方经济学	020104	2	1
10394	福建师范大学	福建	世界经济	020105	1	2
10394	福建师范大学	福建	人口、资源与环境经济学	020106	2	1
10403	南昌大学	江西	管理科学与工程	120100	6	13
10421	江西财经大学	江西	政治经济学	020101	6	7
10421	江西财经大学	江西	西方经济学	020104	5	4
10421	江西财经大学	江西	财政学（含：税收学）	020203	7	10
10421	江西财经大学	江西	产业经济学	020205	6	7
10421	江西财经大学	江西	信息管理与信息系统	120199	22	23

续表

单位代码	单位名称	所在省市	专业名称	专业代码	毕业生数	招生数
10421	江西财经大学	江西	会计学	120201	2	4
10422	山东大学	山东	政治经济学	020101	4	2
10422	山东大学	山东	西方经济学	020104	4	7
10422	山东大学	山东	世界经济	020105	0	1
10422	山东大学	山东	人口、资源与环境经济学	020106	2	0
10422	山东大学	山东	理论经济学新专业	020199	1	3
10422	山东大学	山东	国民经济学	020201	4	4
10422	山东大学	山东	财政学（含：税收学）	020203	3	3
10422	山东大学	山东	金融学（含：保险学）	020204	5	10
10422	山东大学	山东	产业经济学	020205	2	4
10422	山东大学	山东	国际贸易学	020206	3	5
10422	山东大学	山东	数量经济学	020209	1	2
10422	山东大学	山东	应用经济学新专业	020299	0	1
10422	山东大学	山东	管理科学与工程	120100	5	6
10422	山东大学	山东	管理科学与工程新专业	120199	0	3
10422	山东大学	山东	企业管理（含：财务管理、市场营销、人力资源管理）	120202	7	15
10422	山东大学	山东	社会医学与卫生事业管理	120402	15	17
10422	山东大学	山东	社会保障	120404	0	3
10423	中国海洋大学	山东	会计学	120201	6	10
10423	中国海洋大学	山东	企业管理（含：财务管理、市场营销、人力资源管理）	120202	0	0
10423	中国海洋大学	山东	旅游管理	120203	0	0
10423	中国海洋大学	山东	技术经济及管理	120204	0	0
10423	中国海洋大学	山东	农业经济管理	120301	20	21
10434	山东农业大学	山东	农业经济管理	120301	11	9
10445	山东师范大学	山东	人口、资源与环境经济学	020106	1	1
10445	山东师范大学	山东	管理科学与工程	120100	0	0
10445	山东师范大学	山东	管理决策理论与应用	120199	5	12

续表

单位代码	单位名称	所在省市	专业名称	专业代码	毕业生数	招生数
11065	青岛大学	山东	人口、资源与环境经济学	020106	0	5
10466	河南农业大学	河南	农业经济管理	120301	2	1
10475	河南大学	河南	政治经济学	020101	3	3
10475	河南大学	河南	国民经济学	020201	3	3
10475	河南大学	河南	区域经济学	020202	2	5
10486	武汉大学	湖北	政治经济学	020101	21	17
10486	武汉大学	湖北	经济思想史	020102	9	8
10486	武汉大学	湖北	经济史	020103	3	0
10486	武汉大学	湖北	西方经济学	020104	6	8
10486	武汉大学	湖北	世界经济	020105	11	11
10486	武汉大学	湖北	人口、资源与环境经济学	020106	2	3
10486	武汉大学	湖北	区域经济学	020202	0	8
10486	武汉大学	湖北	财政学	020203	3	6
10486	武汉大学	湖北	金融学	020204	21	13
10486	武汉大学	湖北	产业经济学	020205	5	5
10486	武汉大学	湖北	国际贸易学	020206	3	0
10486	武汉大学	湖北	数量经济学	020209	4	5
10486	武汉大学	湖北	金融工程	020299	8	6
10486	武汉大学	湖北	管理科学与工程	120100	16	19
10486	武汉大学	湖北	城市系统工程	120199	4	15
10486	武汉大学	湖北	会计学	120201	6	12
10486	武汉大学	湖北	企业管理	120202	38	16
10486	武汉大学	湖北	技术经济及管理	120204	3	9
10486	武汉大学	湖北	市场营销管理	120299	6	25
10486	武汉大学	湖北	行政管理	120401	21	6
10486	武汉大学	湖北	社会医学与卫生事业管理	120402	0	5
10486	武汉大学	湖北	教育经济与管理	120403	3	12
10486	武汉大学	湖北	社会保障	120404	6	10

续表

单位代码	单位名称	所在省市	专业名称	专业代码	毕业生数	招生数
10486	武汉大学	湖北	土地资源管理	120405	6	7
10486	武汉大学	湖北	公共经济管理	120499	7	3
10486	武汉大学	湖北	图书馆学	120501	3	3
10486	武汉大学	湖北	情报学	120502	13	13
10486	武汉大学	湖北	档案学	120503	4	2
10486	武汉大学	湖北	出版发行学	120599	9	16
10487	华中科技大学	湖北	西方经济学	020104	37	26
10487	华中科技大学	湖北	数量经济学	020209	13	13
10487	华中科技大学	湖北	管理科学与工程	120100	44	35
10487	华中科技大学	湖北	工商管理	120200	16	34
10487	华中科技大学	湖北	企业管理（含：财务管理、市场营销、人力资源管理）	120202	8	0
10487	华中科技大学	湖北	技术经济及管理	120204	3	0
10487	华中科技大学	湖北	公共管理	120400	3	4
10487	华中科技大学	湖北	行政管理	120401	19	36
10487	华中科技大学	湖北	社会医学与卫生事业管理	120402	30	18
10487	华中科技大学	湖北	教育经济与管理	120403	6	7
10487	华中科技大学	湖北	社会保障	120404	5	3
10487	华中科技大学	湖北	土地资源管理	120405	5	5
10491	中国地质大学	湖北	管理科学与工程	120100	8	12
10491	中国地质大学	湖北	土地资源管理	120405	5	7
10497	武汉理工大学	湖北	产业经济学	020205	20	12
10497	武汉理工大学	湖北	管理科学与工程	120100	31	14
10497	武汉理工大学	湖北	信息管理及信息系统	120199	2	0
10497	武汉理工大学	湖北	企业管理（含：财务管理、市场营销、人力资源管理）	120202	4	8
10497	武汉理工大学	湖北	技术经济及管理	120204	5	4
10504	华中农业大学	湖北	国际贸易学	020206	0	0

续表

单位代码	单位名称	所在省市	专业名称	专业代码	毕业生数	招生数
10504	华中农业大学	湖北	企业管理（含：财务管理、市场营销、人力资源管理）	120202	1	0
10504	华中农业大学	湖北	农业经济管理	120301	23	12
10504	华中农业大学	湖北	农业贸易与农村金融管理	120399	13	6
10504	华中农业大学	湖北	土地资源管理	120405	5	5
10511	华中师范大学	湖北	行政管理	120401	8	13
10511	华中师范大学	湖北	情报学	120502	8	12
10512	湖北大学	湖北	世界经济	020105	0	4
10520	中南财经政法大学	湖北	政治经济学	020101	4	5
10520	中南财经政法大学	湖北	经济思想史	020102	6	3
10520	中南财经政法大学	湖北	经济史	020103	5	6
10520	中南财经政法大学	湖北	西方经济学	020104	6	6
10520	中南财经政法大学	湖北	世界经济	020105	4	4
10520	中南财经政法大学	湖北	人口、资源与环境经济学	020106	6	2
10520	中南财经政法大学	湖北	理论经济学新专业	020199	0	0
10520	中南财经政法大学	湖北	国民经济学	020201	7	7
10520	中南财经政法大学	湖北	区域经济学	020202	3	2
10520	中南财经政法大学	湖北	财政学（含：税收学）	020203	17	14
10520	中南财经政法大学	湖北	金融学（含：保险学）	020204	7	15
10520	中南财经政法大学	湖北	产业经济学	020205	12	18
10520	中南财经政法大学	湖北	国际贸易学	020206	9	13
10520	中南财经政法大学	湖北	劳动经济学	020207	2	5
10520	中南财经政法大学	湖北	统计学	020208	2	5
10520	中南财经政法大学	湖北	数量经济学	020209	1	4
10520	中南财经政法大学	湖北	应用经济学新专业	020299	1	9
10520	中南财经政法大学	湖北	会计学	120201	7	11
10520	中南财经政法大学	湖北	企业管理（含：财务管理、市场营销、人力资源管理）	120202	11	26
10520	中南财经政法大学	湖北	旅游管理	120203	6	6

续表

单位代码	单位名称	所在省市	专业名称	专业代码	毕业生数	招生数
10520	中南财经政法大学	湖北	工商管理新专业	120299	6	2
10520	中南财经政法大学	湖北	行政管理	120401	0	0
10520	中南财经政法大学	湖北	社会保障	120404	2	6
10520	中南财经政法大学	湖北	土地资源管理	120405	0	0
10530	湘潭大学	湖南	政治经济学	020101	4	11
10530	湘潭大学	湖南	行政管理	120401	8	9
10532	湖南大学	湖南	理论经济学	020100	1	0
10532	湖南大学	湖南	政治经济学	020101	5	6
10532	湖南大学	湖南	应用经济学	020200	8	40
10532	湖南大学	湖南	金融学（含：保险学）	020204	15	0
10532	湖南大学	湖南	产业经济学	020205	1	0
10532	湖南大学	湖南	国际贸易学	020206	4	0
10532	湖南大学	湖南	数量经济学	020209	2	0
10532	湖南大学	湖南	管理科学与工程	120100	5	15
10532	湖南大学	湖南	工商管理	120200	0	13
10532	湖南大学	湖南	会计学	120201	1	0
10532	湖南大学	湖南	企业管理（含：财务管理、市场营销、人力资源管理）	120202	2	0
10533	中南大学	湖南	人口、资源与环境经济学	020106	0	1
10533	中南大学	湖南	管理科学与工程	120100	57	54
10533	中南大学	湖南	管理科学与工程新专业	120199	7	0
10533	中南大学	湖南	工商管理	120200	10	65
10533	中南大学	湖南	会计学	120201	4	0
10533	中南大学	湖南	企业管理（含：财务管理、市场营销、人力资源管理）	120202	1	0
10533	中南大学	湖南	技术经济及管理	120204	1	0
10533	中南大学	湖南	社会医学与卫生事业管理	120402	5	14
10533	中南大学	湖南	技术经济及管理	125600	2	31
10537	湖南农业大学	湖南	农业经济管理	120301	12	21

续表

单位代码	单位名称	所在省市	专业名称	专业代码	毕业生数	招生数
10558	中山大学	广东	西方经济学	020104	6	10
10558	中山大学	广东	世界经济	020105	9	6
10558	中山大学	广东	财政学（含：税收学）	020203	2	5
10558	中山大学	广东	金融学（含：保险学）	020204	18	18
10558	中山大学	广东	管理科学与工程	120100	7	14
10558	中山大学	广东	会计学	120201	8	12
10558	中山大学	广东	企业管理（含：财务管理、市场营销、人力资源管理）	120202	22	18
10558	中山大学	广东	旅游管理	120203	2	6
10558	中山大学	广东	技术经济及管理	120204	1	1
10558	中山大学	广东	财务与投资管理	120299	4	5
10558	中山大学	广东	行政管理	120401	14	17
10558	中山大学	广东	社会医学与卫生事业管理	120402	1	0
10558	中山大学	广东	教育经济与管理	120403	5	6
10558	中山大学	广东	社会保障	120404	2	5
10558	中山大学	广东	土地资源管理	120405	0	2
10558	中山大学	广东	法律与行政	120499	0	4
10558	中山大学	广东	图书馆学	120501	0	5
10559	暨南大学	广东	政治经济学	020101	1	1
10559	暨南大学	广东	国民经济学	020201	5	5
10559	暨南大学	广东	区域经济学	020202	4	10
10559	暨南大学	广东	财政学（含：税收学）	020203	6	2
10559	暨南大学	广东	金融学（含：保险学）	020204	12	9
10559	暨南大学	广东	产业经济学	020205	16	16
10559	暨南大学	广东	国际贸易学	020206	5	5
10559	暨南大学	广东	劳动经济学	020207	1	1
10559	暨南大学	广东	统计学	020208	4	4
10559	暨南大学	广东	数量经济学	020209	0	2

续表

单位代码	单位名称	所在省市	专业名称	专业代码	毕业生数	招生数
10559	暨南大学	广东	应用经济学新专业	020299	2	1
10559	暨南大学	广东	管理科学与工程	120100	2	7
10559	暨南大学	广东	管理科学与工程新专业	120199	0	0
10559	暨南大学	广东	会计学	120201	5	3
10559	暨南大学	广东	企业管理（含：财务管理、市场营销、人力资源管理）	120202	22	12
10559	暨南大学	广东	旅游管理	120203	4	4
10559	暨南大学	广东	技术经济及管理	120204	0	1
10559	暨南大学	广东	工商管理新专业	120299	1	11
10561	华南理工大学	广东	管理科学与工程	120100	6	0
10561	华南理工大学	广东	管理决策与系统理论	120199	18	20
10561	华南理工大学	广东	企业管理（含：财务管理、市场营销、人力资源管理）	120202	11	23
10564	华南农业大学	广东	农业经济管理	120301	11	5
10564	华南农业大学	广东	林业经济管理	120302	0	1
10564	华南农业大学	广东	农村产业经济与制度经济	120399	8	5
10574	华南师范大学	广东	政治经济学	020101	7	5
10574	华南师范大学	广东	劳动经济学	020207	0	4
10574	华南师范大学	广东	教育经济与管理	120403	2	3
10590	深圳大学	广东	政治经济学	020101	5	9
11845	广东工业大学	广东	管理科学与工程	120100	0	7
10611	重庆大学	重庆	数量经济学	020209	4	15
10611	重庆大学	重庆	管理科学与工程	120100	27	29
10611	重庆大学	重庆	管理科学与工程（工程与项目管理）	120199	0	3
10611	重庆大学	重庆	工商管理	120200	1	0
10611	重庆大学	重庆	会计学	120201	4	4
10611	重庆大学	重庆	企业管理	120202	5	17
10611	重庆大学	重庆	旅游管理	120203	2	0

续表

单位代码	单位名称	所在省市	专业名称	专业代码	毕业生数	招生数
10611	重庆大学	重庆	技术经济及管理	120204	37	19
10635	西南大学	重庆	农业经济管理	120301	9	2
10635	西南大学	重庆	林业经济管理	120302	0	0
10635	西南大学	重庆	农林经济管理新专业	120399	3	17
10610	四川大学	四川	政治经济学	020101	43	17
10610	四川大学	四川	经济思想史	020102	1	4
10610	四川大学	四川	经济史	020103	5	2
10610	四川大学	四川	西方经济学	020104	1	1
10610	四川大学	四川	世界经济	020105	22	14
10610	四川大学	四川	人口、资源与环境经济学	020106	3	4
10610	四川大学	四川	组织经济学	020199	7	23
10610	四川大学	四川	国民经济学	020201	0	0
10610	四川大学	四川	流行病与卫生统计学	020208	3	0
10610	四川大学	四川	管理科学与工程	120100	15	16
10610	四川大学	四川	医院管理与卫生政策	120199	3	1
10610	四川大学	四川	会计学	120201	4	6
10610	四川大学	四川	企业管理	120202	34	16
10610	四川大学	四川	旅游管理	120203	9	7
10610	四川大学	四川	技术经济及管理	120204	3	11
10610	四川大学	四川	公司金融	120299	0	7
10610	四川大学	四川	社会医学与卫生事业管理	120402	3	1
10613	西南交通大学	四川	管理科学与工程	120100	21	19
10613	西南交通大学	四川	公共工程组织与管理	120199	8	9
10613	西南交通大学	四川	企业管理（含：财务管理、市场营销、人力资源管理）	120202	10	20
10614	电子科技大学	四川	管理科学与工程	120100	31	23
10614	电子科技大学	四川	企业管理	120202	1	9
10626	四川农业大学	四川	农业经济管理	120301	5	10

续表

单位代码	单位名称	所在省市	专业名称	专业代码	毕业生数	招生数
10651	西南财经大学	四川	政治经济学	020101	18	9
10651	西南财经大学	四川	经济史	020103	0	2
10651	西南财经大学	四川	西方经济学	020104	3	5
10651	西南财经大学	四川	世界经济	020105	2	2
10651	西南财经大学	四川	人口、资源与环境经济学	020106	2	2
10651	西南财经大学	四川	法律经济学	020199	0	2
10651	西南财经大学	四川	国民经济学	020201	3	6
10651	西南财经大学	四川	区域经济学	020202	5	4
10651	西南财经大学	四川	财政学（含：税收学）	020203	12	10
10651	西南财经大学	四川	金融学（含：保险学）	020204	51	55
10651	西南财经大学	四川	产业经济学	020205	5	7
10651	西南财经大学	四川	国际贸易学	020206	3	3
10651	西南财经大学	四川	劳动经济学	020207	1	3
10651	西南财经大学	四川	统计学	020208	1	4
10651	西南财经大学	四川	数量经济学	020209	5	3
10651	西南财经大学	四川	国防经济	020210	1	1
10651	西南财经大学	四川	消费经济学	020299	15	15
10651	西南财经大学	四川	会计学	120201	15	6
10651	西南财经大学	四川	企业管理（含：财务管理、市场营销、人力资源管理）	120202	29	32
10651	西南财经大学	四川	旅游管理	120203	0	1
10651	西南财经大学	四川	技术经济及管理	120204	0	3
10651	西南财经大学	四川	经济信息技术及管理	120299	0	6
10673	云南大学	云南	政治经济学	020101	19	19
10673	云南大学	云南	人口、资源与环境经济学	020106	3	4
10673	云南大学	云南	旅游管理	120203	7	5
10673	云南大学	云南	行政管理	120401	1	6
10673	云南大学	云南	档案学	120503	2	3

续表

单位代码	单位名称	所在省市	专业名称	专业代码	毕业生数	招生数
10674	昆明理工大学	云南	管理科学与工程	120100	4	17
10674	昆明理工大学	云南	国土资源信息化管理	120199	0	4
10697	西北大学	陕西	政治经济学	020101	6	6
10697	西北大学	陕西	经济思想史	020102	2	1
10697	西北大学	陕西	西方经济学	020104	3	3
10697	西北大学	陕西	世界经济	020105	1	3
10697	西北大学	陕西	人口、资源与环境经济学	020106	3	2
10697	西北大学	陕西	公共经济学	020199	9	4
10697	西北大学	陕西	国民经济学	020201	9	12
10697	西北大学	陕西	企业管理（含：财务管理、市场营销、人力资源管理）	120202	2	7
10697	西北大学	陕西	旅游管理	120203	1	3
10698	西安交通大学	陕西	应用经济学	020200	0	41
10698	西安交通大学	陕西	区域经济学	020202	9	0
10698	西安交通大学	陕西	财政学（含：税收学）	020203	0	0
10698	西安交通大学	陕西	金融学（含：保险学）	020204	23	0
10698	西安交通大学	陕西	产业经济学	020205	20	0
10698	西安交通大学	陕西	国际贸易学	020206	1	0
10698	西安交通大学	陕西	数量经济学	020209	2	0
10698	西安交通大学	陕西	管理科学与工程	120100	21	33
10698	西安交通大学	陕西	工商管理	120200	0	44
10698	西安交通大学	陕西	会计学	120201	2	0
10698	西安交通大学	陕西	企业管理（含：财务管理、市场营销、人力资源管理）	120202	13	0
10698	西安交通大学	陕西	技术经济及管理	120204	0	0
10699	西北工业大学	陕西	管理科学与工程	120100	22	18
10700	西安理工大学	陕西	管理科学与工程	120100	8	14
10700	西安理工大学	陕西	企业管理（含：财务管理、市场营销、人力资源管理）	120202	0	8

续表

单位代码	单位名称	所在省市	专业名称	专业代码	毕业生数	招生数
10703	西安建筑科技大学	陕西	管理科学与工程	120100	6	0
10703	西安建筑科技大学	陕西	管理科学与工程新专业	120199	0	20
10712	西北农林科技大学	陕西	农业经济管理	120301	30	19
10712	西北农林科技大学	陕西	林业经济管理	120302	1	4
10712	西北农林科技大学	陕西	农业与农村社会发展	120399	22	9
10718	陕西师范大学	陕西	人口、资源与环境经济学	020106	1	5
10718	陕西师范大学	陕西	国民经济学	020201	0	5
10718	陕西师范大学	陕西	旅游管理	120203	6	6
10730	兰州大学	甘肃	区域经济学	020202	17	18
10730	兰州大学	甘肃	行政管理	120401	6	12
10755	新疆大学	新疆	人口、资源与环境经济学	020106	5	10
10758	新疆农业大学	新疆	农业经济管理	120301	8	8
10758	新疆农业大学	新疆	林业经济管理	120302	0	0
10759	石河子大学	新疆	农业经济管理	120301	6	15
80000	中共中央党校	北京	政治经济学	020101	21	22
80002	中国科学院数学与系统科学研究院［已撤销］	北京	管理科学与工程	120100	11	11
80060	中国科学院地理科学与资源研究所［已撤销］	北京	农业经济管理	120301	3	5
80155	中国科学院文献情报中心［已撤销］	北京	图书馆学	120501	4	6
80155	中国科学院文献情报中心［已撤销］	北京	情报学	120502	8	9
80164	科技政策与管理科学研究所［已撤销］	北京	管理科学与工程	120100	24	19
80170	中国科学院研究生院	北京	管理科学与工程	120100	29	31
80170	中国科学院研究生院	北京	创新管理	120199	4	20

续表

单位代码	单位名称	所在省市	专业名称	专业代码	毕业生数	招生数
80201	中国社会科学院研究生院	北京	理论经济学	020100	0	0
80201	中国社会科学院研究生院	北京	政治经济学	020101	2	4
80201	中国社会科学院研究生院	北京	经济思想史	020102	1	2
80201	中国社会科学院研究生院	北京	经济史	020103	2	3
80201	中国社会科学院研究生院	北京	西方经济学	020104	1	5
80201	中国社会科学院研究生院	北京	世界经济	020105	16	21
80201	中国社会科学院研究生院	北京	人口、资源与环境经济学	020106	2	2
80201	中国社会科学院研究生院	北京	应用经济学	020200	0	0
80201	中国社会科学院研究生院	北京	国民经济学	020201	23	41
80201	中国社会科学院研究生院	北京	区域经济学	020202	3	1
80201	中国社会科学院研究生院	北京	财政学（含：税收学）	020203	3	10
80201	中国社会科学院研究生院	北京	金融学（含：保险学）	020204	16	17
80201	中国社会科学院研究生院	北京	产业经济学	020205	7	14
80201	中国社会科学院研究生院	北京	国际贸易学	020206	5	6
80201	中国社会科学院研究生院	北京	劳动经济学	020207	1	3
80201	中国社会科学院研究生院	北京	统计学	020208	0	0
80201	中国社会科学院研究生院	北京	数量经济学	020209	8	8
80201	中国社会科学院研究生院	北京	会计学	120201	3	2

续表

单位代码	单位名称	所在省市	专业名称	专业代码	毕业生数	招生数
80201	中国社会科学院研究生院	北京	企业管理（含：财务管理、市场营销、人力资源管理）	120202	4	4
80201	中国社会科学院研究生院	北京	旅游管理	120203	0	1
80201	中国社会科学院研究生院	北京	技术经济及管理	120204	1	5
80201	中国社会科学院研究生院	北京	农业经济管理	120301	8	11
80201	中国社会科学院研究生院	北京	林业经济管理	120302	0	1
81601	财政部财政科学研究所	北京	财政学（含：税收学）	020203	47	47
81601	财政部财政科学研究所	北京	会计学	120201	27	20
81801	人行研究生部	北京	金融学（含：保险学）	020204	16	15
82101	中国农业科学院研究生院	北京	农业经济管理	120301	11	17
82101	中国农业科学院研究生院	北京	农业资源与环境经济学	120399	9	8
87903	上海社会科学院研究生部	上海	政治经济学	020101	7	6
87903	上海社会科学院研究生部	上海	经济思想史	020102	3	1
87903	上海社会科学院研究生部	上海	经济史	020103	1	2
87903	上海社会科学院研究生部	上海	西方经济学	020104	6	3
87903	上海社会科学院研究生部	上海	世界经济	020105	7	11
87903	上海社会科学院研究生部	上海	人口、资源与环境经济学	020106	1	2
87903	上海社会科学院研究生部	上海	产业经济学	020205	13	12

2011年经济学、管理学"全国优秀博士学位论文"名单及中文摘要

一　2011年经济学、管理学"全国优秀博士学位论文"名单

学科名称	论文作者	论文题目	指导教师	学位授予单位
理论经济学	徐奇渊	人民币国际化进程中的汇率变化研究	刘力臻	东北师范大学
应用经济学	解　垩	城乡卫生医疗服务均等化研究	樊丽明	山东大学
管理科学与工程	吴　杰	数据包络分析（DEA）的交叉效率研究——基于博弈理论的效率评估方法	梁　樑	中国科学技术大学
工商管理	江　旭	医院间联盟中的知识获取与伙伴机会主义——信任与契约的交互作用研究	李　垣	西安交通大学
公共管理	谭　荣	农地非农化的效率：资源配置、治理结构与制度环境	曲福田	南京农业大学

二　2011年经济学、管理学"全国优秀博士学位论文"中文摘要

徐奇渊：《人民币国际化进程中的汇率变化研究》

人民币国际化，被货币当局提高到官方战略的层面，肇始自美国金融危机全面爆发、国际金融形势动荡的2008年岁尾之际。而在此一年之后，人民币汇率又遭遇了来自国际社会的升值压力。中国以及人民币在当下的这种境遇绝非空前；对于历史上的德国以及马克、日本以及日元，又何尝不是如此？该文所关心的问题就是：货币国际化的进程中，汇率在短期和长期将有何必然性的变化规律可循？以及由此导致的国际货币体系变化，对于国际货币政策的协调又有什么样的要求？这些一般性的结论，对于中国以及人民币又有何启示性？

为了回答上述问题，该文循着以下思路展开研究：

第二章，返本溯源，以 Grassman 法则为切入点，从国际分工体系角度出发，对货币国际化的真正经济含义进行了诠释。分析认为：本质上，国际货币的背后是这样一种经济系统——其具有良好的制度安排，从而使得市场交易效率与劳动分工形成良性循环，在此基础上造就了国际分工中具有强势地位的国家，而货币国际化就是该国的分工体系在国际范围的进一步扩展。基于这一视角，该文对日元国际化的奇异之路作出了解释，即日元国际化的先扬后抑源自其在国际分工体系中的固有弱势和后天失调。然后，又从理论上说明了，人民币国际化之所以首先表现为周边化，是由于：（1）中国经济在全球分工体系中的相对弱势，以及（2）在周边区域中的相对强势。

第三章，考察货币国际化进程中汇率变化的事实特征。对于考察的样本货币、样本期间，该文按照事先设定的约束条件进行了筛选；最后，以 1979 年 1 季度到 1994 年 4 季度作为样本期间，对四个组别国家的样本数据（实际有效汇率序列）进行分析。结果显示：德国、日本和南非这一组国家的货币，其汇率变动的长期升值趋势非常显著。接下来对短期波动的考察，也表明：南非兰德（Rand）、德国马克和日本日元在长期升值趋势的基础上，还具有相对较小的波动性，故皆堪称是具有稳定升值趋势的货币类型。

第四章，给出了汇率变化在短期、长期两个方面的经验特征。而第四章和第五章，则分别从理论角度对上述两个特征进行了解读。

其中，对于汇率的短期波动性问题：该文第四章基于新开放宏观经济学（NOEM）的框架，在代表性居民的效用函数中，加入了外国货币，并通过货币栖息地假说为本、外币在效用函数中的参数进行了限制。以这个包含货币的效用函数（MIU）为基础，这个新开放宏观经济学的变体揭示了一种新的汇率超调机制（Overshooting）。在这个汇率超调机制中，偏好程度、主观贴现率、利率等因素将会对汇率的超调产生影响。而受到居民更多偏爱的货币，则其超调程度就会相对较弱，从而使汇率的波动表现为相对较弱。虽然居民对于货币偏好的形成，其本身也值得继续探讨；但是这一理论结果已经展示了货币国际化进程中汇率波动较弱的一个可能的机制。并且这一发现，也使得人民币汇率政策选择更具灵活性的制度安排得到了理论的支撑。

第五章则着眼于考察长期的汇率升值趋势。由于货币国际化本质上就是该国在国际分工体系中地位的进一步提高，以及空间范围的进一步扩展。因此，劳动生产率的提高作为一个关键的反映指标，将表现为长期、持续地提升。而实体经济部门的这种变化，将通过巴拉萨—萨缪尔森效应（Balassa - Samuleson Effect）作用于本币的汇率水平，使得本币汇率在长时期呈现出升值的趋势。结合中国的一些情况，我们还考虑了劳动人口参与率、可贸易品和不可贸易品的部门权重，以及交易成本等因素对巴拉萨—萨缪尔森效应的影响。结果也显示出，人民币汇率存在较大程度的升值压力。如果中国经济在未来仍然表现出强劲的增长势头，则通过劳动生产率的提高，以及巴拉萨—萨缪尔森效应的作用，人民币汇率还将持续面临升值压力，直至其以某种形式实现释放。

在上述经验和理论研究的基础上，该文第六章试图对货币国际化进程中的货币、汇率政策有所启示。第六章首先讨论了（1）货币国际化进程中，该国的最优货币政策路径；以及（2）国际间的货币政策应当如何进行协调——从而避免国际货币体系更迭可能引发的货币体系失衡。

其中，对于第一个问题，假定了一个以铸币收入最大化为目标函数的货币当局，通过考察其在货币国际化过程中货币政策的最优动态路径，作者指出：首先，铸币收益将经历活跃、成熟和冷却三个阶段，并且铸币收益在第三阶段最终趋向衰减；其次，主观贴现率、经济增长状况、货币乘数等因素，均将对上述三个阶段的时间长度产生影响。具体而言，主观贴现率越是表现为不耐，经济增长速度越低，货币创造乘数越大，则铸币收益的冷却阶段到来越早。也许货币当局并不是以铸币收入为最大化行为的目标；但是，上述发现仍然有助于理解一国在货币国际化不同阶段的政策约束，以及由此产生的对于货币国际化和区域货币合作的不同兴趣程度。

对于第二个问题，该文第六章以20世纪70年代的国际货币体系更迭为背景，将麦金农（1982）的两国模型（国际货币国家和非国际货币国家）扩展为三国模型（增加了货币国际化进程中的国家）。分阶段以比较静态的方式考察在三国情况下，新生国际货币国家对原有国际货币体系将产生何种影响，以及各国如何进行有效的货币政策合作，以减少这种冲击带来的负面影响。一个基本的结论是：以美国为代表的国际货币国家，应当实行紧缩性倾向的货币政策；而货币国际化进程中的国家，则应当实行宽松性倾向的货币政策。

该文的贡献主要有以下几个方面：

（1）从国际分工体系角度出发，对货币国际化进行了诠释。并且，以Grassman法则为切入点，获得了相关的指标体系，对分工体系在全球和区域的表现进行了描述。进而在理论上验证了人民币国际化将首先表现为周边化；同时，也说明了人民币国际化将是一个长期的过程。

（2）考察人民币境外存量的缺口估计方法。该文第二章，在考察香港人民币存量的过程中，提出了缺口估计方法，所得结果也与各方面的证据较为吻合。由于在此方面缺少有效的统计监控，为直接测算带来了困难，该文提出的缺口估计方法能够在一定程度上解决这一问题。

（3）货币国际化进程中汇率变化的长、短期特征总结及其理论分析。该文第三章对典型货币的经验事实的分析发现：货币国际化进程中的汇率变化具有如下特征：短期波动性相对较小和长期升值趋势。该判断对于人民币国际化的未来颇具参考性。对于这两个方面的特征，第四、五章还分别进行了理论分析。其中，第四章还得到了汇率超调的新解释：货币替代行为也可引致汇率超调。

（4）货币国际化进程中的货币政策

该文第六章研究了货币国际化进程中，基础货币发行速度变化的动态最优路径。结果发现，该进程中的铸币收益将经历活跃、成熟和冷却三个阶段，同时指出了相关的影响因素，以及铸币收益在长期中衰减的规律。

解垩：《城乡卫生医疗服务均等化研究》

卫生医疗服务在许多方面表现出巨大的城乡差异，如医疗资源占有、卫生筹资、健康消费、医疗保障等的城乡不均等。城乡卫生医疗服务不均等不仅影响到国民的健康，也会带来一系列社会问题。国内外现有研究在揭示城乡卫生医疗服务均等化的特征及原因方面虽然做出了一些很好尝试，但总体而言尚不够全面和深入，忽略了一些重要问题，如城乡卫生医疗服务均等化的范围是什么？如何为城乡卫生医疗服务均等化制定标准？城乡卫生医疗服务均等化的实质是什么？城乡卫生医疗服务不均等有什么负面效应？卫生体制和其他的制度安排在城乡卫生医疗服务不均等中扮演了什么角色？而这些关键问题的解答显然对于我们更深刻地认识我国的城乡卫生医疗服务均等化具有重要意义。为此，该文在国内外已有研究的基础上，运用国际上较为先进和流行的方法对我国城乡卫生医疗服务均等化进行全面、系统的研究，以期完善有关城乡公共服务均等化的基本理论，对我国城乡卫生医疗服务均等化及医疗体制改革实践提供科学的政策建议。

全文共 8 章，除第 1 章绪论以外，第 2—4 章是该文分析的基础和前提：第 2 章是有关城乡卫生医疗服务均等化的理论及实证研究综述。第 3 章是城乡卫生医疗服务均等化的机理分析。第 4 章是城乡卫生医疗服务均等化的国际经验。第 5 章到第 8 章具体考察中国城乡卫生医疗服务的公平性、城乡卫生医疗服务不均等的效应、中国城乡卫生医疗服务不均等的原因并提出对策建议：第 5 章从卫生筹资、健康消费、医疗服务利用和健康公平等视角出发，对城乡卫生医疗服务的公平性进行分解和分析。第 6 章剖析城乡卫生医疗服务非均等的经济和社会效应。第 7 章，从政府方、需求方、医疗保障方探究我国城乡卫生医疗服务不均等的原因。第 8 章为该文的政策建议部分。

第 2 章是文献综述。首先，疏理了西方的卫生医疗服务公平理论，即公共品理论、福利经济学理论、超福利主义理论、最大最小理论、平均主义理论，为我国城乡卫生医疗服务均等化研究奠定理论基础。其次，对卫生医疗服务公平的实证文献进行了回顾。

第 3 章是城乡卫生医疗服务均等化的机理分析。首先从城乡卫生医疗服务均等化的内涵及实质出发，分析政府、供需双方、第三方四者在城乡卫生医疗服务均等化中的关联及其运行机理，并设计了城乡卫生医疗服务均等化的指标体系。

第 4 章的经验借鉴部分，通过对亚洲的日本、韩国、中国台湾及欧美国家城乡卫生医疗服务均等化的制度安排进行考察，总结出其一般规律及启示。

第 5 章对城乡卫生医疗服务公平性进行分解分析。文章使用类似于税收再分配的方法对我国卫生筹资进行了分解分析；在医疗服务利用和健康公平性的分解分析上使用了集中系数分解方法；利用泰尔指数、基尼系数和阿特金森指数对居民健康消费不平等进行的分析。

第 6 章对我国城乡卫生医疗服务非均等的效应进行分析。该章首先从公共健康消费和个体健康消费两个方面切入，利用面板数据模型分析城乡卫生医疗服务非均等造成的收入差距扩大效应。并分析了城乡医疗保险发展的经济和社会效应，使用倍差方法对城乡医疗保险改革的福利效应进行研究，利用 TIP 贫困曲线和 PEN 队列描绘我国医疗保险与城乡反贫困的关系。该章还利用健康绩效系数对健康效率和健康公平的权衡进行了计算。

第 7 章对城乡卫生医疗服务非均等的原因剖析。文章首先使用空间计量经济学方法、面板数据分析了政府行为对我国城乡卫生医疗服务均等化的影响。然后分析城乡收入差距对卫生服务利用、健康、筹资的影响。

通过上述这些研究，该文得到了如下主

要结论。

（1）城乡卫生医疗服务均等化是指政府参与其中的使城乡居民能无差别地享受同质的公共卫生服务、基本医疗服务和医疗保障服务的过程。城乡卫生医疗服务均等化的实质是公平，并且是公平与效率的统一；城乡卫生医疗服务均等化的目标是保证城乡居民生存和发展的起点公平、城乡居民基本就医权的平等以及公共卫生与基本医疗服务均等；城乡卫生医疗服务均等化的指标体系应由三个系统组成，即公平系统、效率系统及政府责任系统。发达国家（地区）的城乡卫生医疗服务均等化给我国的启示是：医疗保障模式应以社会医疗保险为主，必须强调政府责任。

（2）城乡间的差距构成居民总体健康消费差距的主体；东、中、西部居民健康消费差异的特点各异；人口变动在减缓健康消费差距扩大方面起到的作用微小；最近几年，农村内部健康消费不平等逐渐缩小，城镇内部健康消费不平等逐渐扩大。

我国卫生筹资增加了收入不平等，表现出了亲富人的再分配，主要的原因在于水平不平等和再排序效应，如果相同收入的人群进行相同的卫生支付，再分配效应将会降低64%，另一部分原因在于卫生筹资系统的累退性。在同为从穷人到富人的再分配中，农村卫生筹资亲富人的再分配程度高于城市；农村卫生筹资的累退程度大于城市；农村卫生筹资的水平不平等小于城市。

我国存在亲富人的健康不平等、医疗服务利用不平等，高收入人群的健康状况更好并使用了更多的医疗服务，收入因素对医疗服务利用不平等的贡献在0.13—0.2之间，医疗保险等因素也扩大了医疗服务利用不平等；农村健康不平等程度总体上高于城市，健康不平等程度城乡均在加深；1991—2006年，城、乡收入变动对城、乡健康不平等上升的平均贡献率分别为7.08%和13.38%。

（3）城乡私人健康投资、公共健康投资差距都不同程度地对城乡收入差距扩大起到了强化作用。发生灾难性卫生支出的城乡家庭比例较高，最穷群体的医疗费用超过收入的比例增加，医疗保险对减少收入不平等只起到微弱作用。医疗保险补偿后，城乡患病家庭的贫困并没有减少，医疗保险在减贫上的作用很小。关于贫困特征的多元回归模型显示，家庭成员较多、教育程度低、抚养比率高、参保人数比率低是贫困的诱因，条件多元回归模型则显示，医疗保险对贫困的变动没有影响。由于大部分弱势群体没有被医疗保险覆盖、医疗保险基金节余率高、国家投资责任不到位等原因，使得我国过去的医疗保险制度在城乡反贫困方面作用微弱。

在平均健康水平下降且健康不平等增加的情况下，我国的健康绩效呈现下降态势。

新农合增加了医疗服务可及性，但却对净医疗费用影响甚微。城镇医疗保险改革对预防性储蓄没有挤出效应，医疗支出风险并没有随着改革的推进而降低，是我国城镇医疗保险改革对储蓄没有影响的重要原因。

（4）政府重城轻乡忽视社会发展的战略及卫生财政偏差是城乡卫生医疗服务非均等的根本原因。医疗卫生支出是消费支出的构成部分，其基础是收入（生产率）。农民生产率低收入少，其中能用于医疗卫生的支出也少，城乡收入差距严重地抑制了农村居民对医疗卫生服务的需求，造成城乡卫生医疗服务支出上的不均等。再者，医疗保险的严重分割也是城乡卫生医疗服务不均等的原因。

（5）实现城乡卫生医疗服务均等化需要政府统筹城乡发展与农民国民待遇。改变政绩考核标准、健全卫生财政制度、缩小城乡收入差距是实现城乡卫生医疗服务均等化的着力点。应分三步进行城乡医疗保险整合。

吴杰：《数据包络分析（DEA）的交叉效率研究——基于博弈理论的效率评估方法》

效率（绩效）评价在现实生活中是一项非常常见和重要的工作。但是，当被评价系统存在多输入和多输出指标时，绩效评价工作则变得非常困难，尤其当输入和输出指标之间存在复杂的甚至是未知的关系时，评价工作将更加难以进行。数据包络分析（Data Envelopment Analysis，DEA）作为处理多输入多输出系统评价问题一种有效的非参数统计方法，在组织相对效率评价和组织改进投入产出效率方面越来越受到重视。近年来，利用DEA方法对决策单元（Decision Making Unit，DMU）进行效率排序的方法层出不穷，交叉效率评价方法作为其中的典型代表，也得到了长足的发展和广泛的应用。交叉效率评价方法的主要思想是利用互评体系来消除或减轻传统DEA方法中单纯依靠自评体系来对决策单元进行评价的弊端，该方法能够判断出表现最优的决策单元从而对所有的决策单元进行充分排序，并且能够解决传统DEA方法中权系数过于极端和不现实的问题。但是，交叉效率评价方法依然存在缺陷，如交叉效率值经常不唯一；平均交叉效率值和权重之间没有相应的联系从而不能帮助决策者改进其效率；并且最终的平均交叉效率值并不是帕累托最优或是可以进行帕累托改进，从而所有的决策单元往往不会有接受这些评价结果的动机。解决上述问题的一个有效手段就是引入博弈理论，该文将利用博弈理论方法对交叉效率相关问题做系统而深入的考察。

该文具有创新性的主要研究成果包括以下几个方面：

（1）交叉效率不唯一性问题研究。由于传统DEA模型的最优解经常不唯一，从而基于传统DEA模型的交叉效率也经常不唯一，该缺陷严重影响了交叉效率评价方法在实际问题中的应用。针对此问题的相关解决方法并不多见，而且存在一定的弊端，如所提出的非线性规划模型的求解问题等。针对交叉效率不唯一性问题，该文通过引入更加贴近现实情况的二次目标（如最大化整体效率目标、保护弱小决策单元的最大化最小效率目标以及减少决策单元间效率差异的最小化效率平均绝对离差目标等）解决该问题。通过严密的数学证明和详细的实证研究发现，该文所提出的解决方法能够很好地解决交叉效率不唯一性问题，并且较之已有解决方法存在一定的优势。相关结果发表于国际期刊 *International Journal of Production Economics*（2008，113（2）：1025—1030），*Expert Systems with Applications*（2008，doi：10. 1016/j. eswa. 2008. 05. 042）以及国内期刊《系统工程与电子技术》（2008，30（10）：1890—1894）。

（2）博弈交叉效率模型研究。该文在回顾传统交叉效率评价方法的基础上，着重指出了现有方法存在的若干缺陷，如交叉效率不唯一，交叉效率评价结果并不能被所有决策单元接受等。该文将非合作博弈理论与交叉效率评价方法结合起来，提出了博弈交叉效率的概念。在研究过程中，每个决策单元被看作是博弈的参与人，每个参与人在其他决策单元效率不受损害的情况下最大化自身的效率值，在此基础上提出了DEA博弈交叉效率模型，并设计算法求解博弈交叉效率，最后证明了该博弈交叉效率值就是纳什均衡点。研究成果发表于国际管理科学和运筹学领域的旗帜性期刊 *Operations Research*（2008，56（5）：1278—1288）。国际著名 DEA 学者 Wade D. Cook 和 Larry M. Seiford 在纪念 DEA 方法创立三十年的综述性文章中（Wade D. Cook and Larry M. Seiford（2009），"Data envelopment analysis（DEA） - Thirty years on"，*European Journal of Operational Research* 192（1），1—17），对该成果进行了详细介绍和点评；由中国科学技术协会主编，中国优选法统筹法与经济数学研究会组织编著的《2007—2008 管理科学与工程学科发展报告》，将该成果作为我国管理科学与工程领域的研究亮点和重大突破进行了详细报道。

（3）基于合作博弈理论的交叉效率评价方法研究。该文研究了合作博弈理论与交叉效率评价方法的结合。首先，针对用于自评的 DEA CCR 模型和用于互评的交叉效率评价模型在评价过程中所存在的弊端，利用经典的纳什讨价还价模型求解 CCR 模型和交叉效率评价模型之间的讨价还价均衡解，探讨了该讨价还价均衡解所具有的性质。之后针对交叉效率评价方法在评价过程中由于最终的平均化所导致的弊端，放松最终确定交叉效率值的平均化假设，结合合作博弈理论，把需要作评价的各决策单元看作合作博弈的局中人，通过求解合作博弈的解（Shapley 值和核子解）分别得到各决策单元在最终评价中的权重，并确定最终的交叉效率值。相关研究成果发表于国际期刊 *Expert Systems with Applications*（2009，36（1）：872—876），*Expert Systems with Applications*（2008，doi：10. 1016/j. eswa. 2008. 05. 001）以及国内期刊《系统工程理论与实践》（2008，28（5）：92—97）。

（4）夏季奥运会参赛国效率研究。对于奥运会奖牌榜如何进行排序问题，至今并未存在一种公认的排序方法。DEA 方法由于在处理多输入多输出系统评价问题方面的优势，已被越来越多的学者运用到奥运会参赛国效率评价和排序问题，该文利用交叉效率评价方法和博弈交叉效率评价方法对夏季奥运会参赛国效率评价问题进行了系统研究，主要内容包括以下两个方面：（i）基于交叉效率评价方法的奥运会参赛国效率研究。该文利用考虑权重限制的交叉效率评价方法对过去六届夏季奥运会的参赛国进行效率评价，通过交叉效率对各参赛国在过去六届夏季奥运会中的表现做详细分析，并且针对效率改进基准的选择问题，该文将交叉效率评价方法和聚类分析技术结合起来，为表现差的参赛国提供切实可行的参考基准。相关结果发表于国际期刊 *European Journal of Operational Research*（2008，doi：10. 1016/j. ejor. 2008. 06. 030）和 *International Journal of Enterprise Network Management*（2008，2（4）：377—392）。（ii）基于博弈交叉效率模型的奥运会参赛国效率研究。该文对提出的博弈交叉效率模型进行改进，使其在考虑规模收益情况下依然有效，此项改进也解决了交叉效率值在考虑规模收益情况下可能为负值的弊端。在此基础上，考虑到奥运会参赛国在评价和排序时所存在的竞争因素，该文利用改进的博弈交叉效率模型对过去六届夏季奥运会的参赛国进行效率评价和排序。通过考虑参赛国之间存在的竞争关系，我们对已有研究进行了拓展，并且，由于博弈交叉效率值是唯一的，而且通过算法得到的解（博弈交叉效率值）是纳什均衡点，从而最终的分析结果将更加可靠并对决策者更加有益。此项研究成果发表于国际期刊 *Omega：The International Journal of Management Science*（2009，37（4）：

909—918）。

除了上述研究结果与贡献外，该文还指出了该领域一些值得进一步研究的前沿问题。

江旭：《医院间联盟中的知识获取与伙伴机会主义——信任与契约的交互作用研究》

作为经济和社会体制改革的重要组成部分，我国医疗卫生体制改革已成为整个社会高度关注的热点问题。然而，经过20多年的改革与发展，尽管我国医疗卫生体制发生了很大变化，在某些方面也取得了显著成就，但暴露的问题则更为严重。作为医疗服务体系的重要组成部分，我国医院的发展状况也不尽如人意，尤其在医院内部管理以及医患关系等诸多方面仍存在大量问题。近来，随着医疗卫生体制改革的不断推进，在市场与政府的共同作用下，许多医院建立了以双向转诊、技术指导和人才培养等为主要合作内容的战略联盟，取得了一定的进展。但在实际运作过程中，医院联盟却经常面临困境，出现了各种亟须解决的问题，导致许多联盟医院难以实现预期的“双赢”目标。

在上述背景下，该文探讨了医院间联盟中的知识管理和保护问题。在日益激烈的国际竞争中，知识已成为组织可拥有的最为重要的战略性资源之一。为了获取更多的外部知识，越来越多的组织（包括医院）热衷于相互合作或构建战略联盟。然而，在与合作伙伴分享知识的同时，各联盟成员都会暴露在特定的风险之中：合作伙伴可能利用信息非对称（或信息不完全）而采取机会主义行为，窃取或侵占其他成员的关键技能和核心技术，从而给联盟成员带来知识泄露的风险。这种被学术界称为“边界困境”的两难局面，使得联盟成员不得不考虑如何在知识获取与保护间寻求平衡。正是在这一问题的驱动下，并借鉴一般组织理论的分析方法，该文探讨了联盟医院如何在正式与非正式治理机制间进行选择，以达到最大化知识获取的同时有效防范伙伴机会主义的目的。

该文提出，同时考虑联盟信任和契约控制是解决“边界困境”问题的一个可行思路。信任通常被认为是一种具有积极作用的联盟治理方式，它的形成与发展会起到降低交易成本、增强信息交流以及减少关系风险等积极作用。在新近的联盟研究中，有学者强调了两种信任机制（善意信任和能力信任）对伙伴关系发展的重要性。在对这两类信任方式深入分析的基础上，该文提出，同时考虑善意信任和能力信任可以很好地解决知识获取与保护间的平衡问题。然而，信任应当适度，太低或太高的伙伴间信任关系都不能带来最优的结果。当医院对合作伙伴的信任偏离适度状态时，合作关系会走向两个极端：信任太低容易导致监管过度，信任太高则会疏于监控，均不能有效解决前述边界困境问题。在此情形下，有必要结合另一种联盟治理机制——契约控制来更加完善地解决本文提出的问题。主要原因在于，联盟契约详细规定了伙伴间知识转移的条件及对投机行为的惩罚措施，能够有效弥补单纯依靠信任机制的不足，达到最大化知识获取并降低伙伴机会主义的目的。

在上述分析的基础上，该文探讨了善意信任、能力信任以及契约控制对知识获取和伙伴机会主义的直接效应，以及两种信任类型分别与契约控制的交互效应。通过对先前文献的仔细梳理，我们设计了包含该文各要素测量变量的调查问卷，并在我国医疗服务行业对具有联盟关系的医院进行了实地调研，最终获得了190份完整有效的问卷回复。数据分析的结果表明，该文提出的10个假设中有9个获得了经验验证。总体来看，该文的概念模型得到了统计数据的有效支持。

概括起来，该文得出了如下几个研究结论，这同时也构成了该文的创新点：

第一，揭示了善意信任具有“阴暗面”。通常，善意信任使得联盟各方更加主动、自愿地按照事前的约定提供知识和技术以供分享，同时减少合作中的机会主义行为。然而，善意信任并不是越高越好，现实中存在一个最优信任水平，一旦超过这一水平，联盟成员会过度相信合作伙伴的诚意，忽视对自身知识的保护，为合作伙伴追求短期利益、侵占知识资产等投机行为提供了事实上的便利。因而，善意信任的过度发展容易导致伙伴机会主义行为的增加，表明现实中的联盟成员应建立对合作伙伴适度的善意信任。基于以上研究发现，该文得出结论：善意信任与知识获取正相关；与伙伴机会主义呈现先减弱后增强的U形关系。这对先前文献普遍持有的观点“信任总具有积极作用”提出了挑战，有助于更加深刻地认识善意信任在联盟发展及管理过程中的实际作用。

第二，能力信任是对合作伙伴现有知识存量和专业技能的心理感知，如果合作伙伴拥有很高的与联盟事务相关的累积知识存量，它就拥有相对较高的知识传播和吸收能力。这样，能力信任的增加就会促进伙伴间知识分享的深度和广度，表明能力信任与知识获取之间存在正相关关系。但另一方面，实证检验的结果同时表明，能力信任与伙伴机会主义间不存在显著的相关关系，表明能力信任与合作伙伴是否实施机会主义行为并无直接的因果关系。这一结论丰富了现有研究对能力信任本质及其作用的认识，为更好地理解能力信任所带来的积极效应提供了实证支持。

第三，交易成本理论强调正式契约对伙伴机会主义的防范作用。通常，正式契约规定了联盟双方的权利、责任和义务，并通过完善的监督和惩罚机制保证契约的顺利执行。联盟成员可以随时监控合作伙伴的行为，一旦发现窃取核心技术或其他机会主义行为，它就会启用契约中的惩罚条款，有效降低合作伙伴实施机会主义行为的可能性。此外，适度的条款规定使得联盟双方明确与对方分享知识的边界，这在一定程度上促进了医院间的知识共享。然而，过于注重正式的控制方式也会产生不利的影响，例如，某一联盟成员签订详细契约的要求通常会被认为是对对方不信任的表现，可能引起合作伙伴的反感，不愿意提供更多的知识以供分享。上述理论分析和实证结果表明，契约控制与伙伴机会主义负相关；与知识获取呈现先增强后减弱的倒U形非线性相关。这两个研究发现不仅验证了先前有关契约控制与机会主义关系的研究结论，还拓展了我们对契约控制在联盟知识管理过程中应有作用的理解。

第四，现有文献一直存在联盟信任与契约控制间是互补还是替代关系的争论，先前的经验研究对这两种可能性分别给予了支持。该文认为，笼统地研究一般意义上的信任概念与契约控制的交互效应具有一定的局限性，应根据研究目的的不同和研究方法的差异，分别探讨不同类型的信任机制与契约控制的交互对联盟结果的影响。基于此，该文深入探讨了善意信任和能力信任分别与契约控制的交互效应。实证研究的结果表明，在解决边界困境问题上，善意信任与契约控制相互替代，即两者的同时使用不仅降低了医院的知识获取水平，还增加了伙伴的机会主义行为；能力信任与契约控制互为补充，即两者的结合使用增加了医院的知识获取水平并有效降低了伙伴的机会主义行为。这两个研究结论不仅填补了现有文献缺乏对不同类型的信任机制与契约控制交互效应研究的空白，还为联盟成员选择恰当的信任及控制机制以解决“边界困境”问题提供了有益的理论指导。

总体而言，该文提出的概念模型得到了调研数据的有效支持，得出的研究结论也基本解决了所发现的现实问题，为联盟医院提供了一定的实践指导，为政府在相关问题上的政策制定提供了理论支持。此外，该文对一些理论观点进行了经验验证，提出了新的观点和看法，填补了现有文献在相关问题上的研究空白，实现了对现有理论的深入和拓展，总体上达到了预期的研究目的。最后，鉴于医院组织形式的特殊性，该文采用一般组织理论的分析方法详细阐述了提出的概念模型，并对研究结果进行了扩展分析，以使研究结论对各种类型的组织间联盟都有一定的启示作用，使得该文的研究结论具有更为广泛的普适性。

谭荣：《农地非农化的效率：资源配置、治理结构与制度环境》

农地非农化，即土地从农业用途向非农建设用途的转变，是世界各国工业化、城镇化进程中的普遍现象。农地非农化对于现阶段中国经济增长、城市化和工业化作出了巨大贡献。然而，过快的农地非农化（1989—2006 年均 15.06 万公顷）也造成中国经济低效增长、粮食安全受损、生态环境退化、农民权益受损等问题。同时，由于中国农地的产权特征（公有与模糊）和农地非农化治理的特殊性（政府主导），造成原本只属于自然资源配置范畴的农地非农化，成为涉及经济、社会和环境多方面的重大公共管理问题，这使得如何构建符合可持续发展原则的农地非农化政策，成为中国现阶段主要的公共政策目标之一。

为了有效解决农地非农化这一资源管理问题，提高农地非农化配置的效率成为最主要的理论和政策取向。许多文献在规划管制、配额控制、市场配置及立法等方面进行广泛讨论，但很少涉及农地非农化的效率本身。从公共管理角度对农地非农化的效率内涵及其计量的研究，在国际上也几乎空白（Buitelaar, 2007）。因此，从自然资源的公共管理视角出发给出农地非农化效率的标准将成为理论和实践的首要任务，同时还需要探究何种因素对效率提高产生影响。

对具有外部性特征的资源的治理，新古典经济学理论（比如庇古学派）认为，因为该类资源的利用经常忽视资源的非市场价值，导致出现了私人成本和社会成本的分歧，因此需要政府通过配额、税费、补贴等方式进行调节，以实现资源利用的效率。然而，现实中大量的诸如“森林砍伐”、“渔业捕捞”、“草场放牧”等行为，几乎很少也很难通过计算理论上的“最优砍伐量”、“最大捕捞量”或“最佳放牧量”等来设定配额、税费或补贴。这不禁让人产生了一个疑问，为什么理论和现实出现了如此“分歧”？

当认识到市场本身运转也需要成本（即交易费用），而这些费用又包括很多不能准确测算的成本，新制度经济学开始对传统理论提出质疑——尽管计算难以准确把握的边际成本和收益仍有一定意义，但对于解决效率问题很可能是徒劳的。如果从另一个角度，即通过合理的制度安排和治理结构设计可以实现资源利用过程中交易费用的减少，则当总收益一定时，资源利用效率必然能得到提高。

理解了上述经济理论中效率内涵的变化，现有公共领域资源利用效率的理论也就需要拓展了。因此，本文的研究目的就是尝试回答下列问题：（1）如何从经济效率本质出发，把新古典经济学和新制度经济学在效率研究上的贡献衔接起来，给出一个公共管理视角下资源利用（农地非农化）的效率标准（定义），同时发展出一个适合自然资源的公共管理问题的分析框架；（2）对中国农地非农化现有效率进行评价；（3）探寻农地非农化效率改进的途径。

为了实现上述目标，该论文设计了五个部分的研究内容。第一部分包括第1—4章，是本文的理论基础，从讨论资源利用效率的定义出发，把新古典和新制度经济学衔接起来，给出公共管理视角下资源利用（农地非农化）的效率定义。同时建立一个包含资源配置、治理结构和制度环境三个层次的分析框架。第二部分包括第5—6章，是在资源配置层次对农地非农化效率进行判断。第三部分是第7章，是在治理层次对农地非农化效率进行判断。第四部分是第8章，是在制度环境层次对农地非农化效率进行判断。最后第五部分是第9章，即研究的结论和政策建议。

论文第一部分是对效率概念的梳理和对效率本质的讨论，这是分析农地非农化效率的理论基石。首先对经济学范畴内的效率概念进行了总结，并对这些概念的历史进行了回顾。然后，从前提假设和理论逻辑的角度归纳了这些概念的贡献和缺陷，进而引申出公共管理视角下资源利用的效率标准：即效率应该同时包含资源配置、治理结构和制度环境三个层次上的内涵。第一，在资源配置层次上，效率是指符合边际效率，即，边际（社会）成本和边际（社会）收益相等。第二，在治理结构层次上，效率是指相比较而言被选择的治理结构能够更小化交易费用。第三，在制度环境层次上，效率是指制度环境有利于尽可能地最小化治理结构产生的交易费用。这个定义其实融合了新古典和新制度经济学在效率判断上的标准。所以，本文对农地非农化效率的定义是，行为人应该能够不断捕获判断农地非农化成本收益的大小及其变化，将其作为改善现有行为的决策参考，同时，还必须考虑交易费用的大小，通过不断调整治理结构和制度安排来尽可能减少农地非农化过程中的交易费用，以实现农地非农化净收益的不断提高。这个效率的定义，避免了现有概念的缺陷，更重要的是对公共资源利用效率定义的拓展——区分了私人领域和公共领域资源在追求效率上的差别，即需要通过资源配置、治理结构和制度环境三个层次分析公共管理领域资源的效率。为此，第一部分还建立了包含资源配置、治理结构和制度环境三层次的农地非农化效率分析框架。这个框架探讨了各层次在研究农地非农化效率上的逻辑关系，同时细化了不同层次上资源利用（农地非农化）效率的分析思路。

论文第二部分是对资源配置层次上农地非农化效率进行判断。试图运用新古典经济学方法，对中国农地非农化在数量和质量上效率的考察。该部分首先提出了农地非农化代价性损失、过度性损失Ⅰ和过度性损失Ⅱ的理论划分。代价性损失是指市场功能完整的条件下，区域经济增长必需的农地非农化数量，即经济增长必须付出的、合理的代价，而过度性损失则是指经济增长过程中，由于市场失灵和政府失灵引起的本可以避免的农地资源消耗，分别对应过度性损失Ⅰ和过度性损失Ⅱ。在此基础上，提出了两个重要假设：①我国农地非农化普遍存在市场失灵，主要表现为农地利用的非市场价值未能反映在土地利用决策框架之中而导致农地非农配置效率降低；②我国土地资源配置还存在着严重的政府失灵，即表现为政府严重扭曲土地价格和市场运行机制，从而导致市场不能在配置过程中发挥主导作用。接着，该部分通过生产函数模型估计土地资源在农业和非农业部门的边际效益曲线，计算出1989—2003年间中国农地非农化的代价性损失比例为33.4%，过度性损失I比例为44.9%，过度性损失II的比例为21.7%。这个结果证明了前面的假设，并提出加快市场化进程以提高效率的建议。

论文第二部分还进行了第二个实证，运用新古典经济学的方法，分析了治理结构对农地非农化效率和社会福利变化的影响。该部分建立了一个包括农地征用、城市一级和城市二级三个土地子市场的农地非农化“多市场均衡模型”，并运用典型案例，计算出现有土地市场结构造成农地过度非农化占总非农化面积的33.7%。而且农地所有者的福利损失有27.6%转移给了工业企业，7.6%转移给了地方政府，其余64.7%成为社会福利净损失而浪费掉了。上述实证分析表明，现有治理结构和制度环境下，资源配置层次的低效率是必然，如果不对现有的治理结构和制度环境进行改变，则效率改善无法实现。

论文第三部分将视角转移到治理结构的层次，用新制度经济学的方法来分析农地非农化效率的改进问题。为了有效解决新古典经济学因无法准确测量交易费用而难以提出农地非农化效率改进途径的问题，该部分将农地非农化看作由各种不同的“交易”组成的，构建了研究农地非农化管理的交易费用、交易属性及治理结构关系的模型。然后通过H市的实证，判断了交易费用的影响因素，估计了政府或者市场两种治理结构下的交易费用函数，测算了两种治理结构的交易费用，进而判断了市场与政府的边界。研究发现，如果政府不干预农地非农化，由于负外部性造成的总交易成本反而会大大增加。如果政府适当调整部分市场和政府的分工，交易总成本会降低11.3%。基于此，研究认为现阶段的农地非农化还应以政府治理为主，辅以市场制。当然长期来看，在完善了相应的土地产权和规划管制等制度后，应该让市场更多地参与治理。研究同时也证明了新古典经济学因忽视交易费用的存在而不能全面地提出资源效率改善的路径和建议。

论文第四部分讨论如何从制度环境层次上进一步实现农地非农化的效率改进。该部分首先运用经济史分析方法（历史的纵向比较）和比较制度分析方法（国家间的横向比较）对现阶段农地非农化的制度环境进行了评价。然后，通过辨析中国土地资源和农地非农化的特征，遵循Ostrom公共池塘资源治理的原则来判断制度环境的改进途径，进而为改进农地非农化的公共政策体系服务。主要结论是，中国农地非农化管理在经济史的角度上是符合效率改进的，但是，与德国、荷兰等国相比，在产权、规划、市场、行政、司法等方面存在缺陷，制约了农地非农化管理绩效的进一步提升。缺陷就是潜在的改进方向，是否可行的判断标准是改进产生的交易费用小于改进节省的交易费用。基于此，该部分讨论了如何通过产权、规划、市场、行政管理和司法体系等方面改革来实现效率的改进。

第五部分是全文的总结。全文通过拓展公共管理视角下资源利用效率的概念，在三个层次上对中国农地非农化的效率进行了考察。资源配置层次的研究发现，现阶段中国农地非农化存在效率损失，同时，为了实现农地非农化的效率改进，需要上升到治理结构和制度环境层次。治理结构层次的研究发现，现阶段在产权和规制两大制度尚不完善的情况下单纯依赖市场机制并不是适宜的农地非农化治理结构。而一旦土地产权明晰、规划制度有效，治理结构还应该以市场治理为主。制度环境层次的研究结论要求在产权、规划、市场、行政和司法等方面进一步提升农地非农化的效率。基于三个层次上的研究结论，全文也提出了相应的政策建议，主要包括理顺政府和市场的关系、实现现有土地公共政策的三步调整、建立科学有效的规划控制机制、发挥土地市场配置能力、加强土地监管体系等。

全文最重要的创新就在于从效率的本质出发，将新古典经济学和新制度经济学的相关理论联系在一起，形成公共管理视角的资源利用（农地非农化）的效率定义和分析框架，这是一个理论上的飞跃。同时，各个层次上的研究能够将国际上主流的研究方法与中国农地非农化的现实问题联系在一起，既促进了中国农地非农化效率问题研究的创新，也能够为现阶段政府宏观决策提供有战略价值的政策建议，同时使得该论文的研究能够得到国际学术界的认可和关注。

（源数据信息来源说明：“2011 年全国经济学和管理学博士研究生的毕业与招生人数”的源数据来自教育部教育管理信息中心数据处；“2011 年经济学、管理学‘全国优秀博士学位论文’名单及中文摘要”的源数据来自中国学位与研究生教育信息网）

中国经济学年鉴

2012

第八篇 学界动态

学术会议综述

中国社会科学院经济学部2011年经济形势座谈会

2011年2月11—13日由中国社会科学院经济学部和科研局主办、中国社会科学院财政与贸易经济研究所承办的“中国社会科学院经济学部2011年经济形势座谈会——2010年回顾与2011年展望”在河北省三河市燕郊开发区召开。中国社会科学院常务副院长王伟光、河北省常务副省长赵勇出席并讲话。中国社会科学院副院长武寅、副院长李扬、院纪检组组长李秋芳、院秘书长黄浩涛等出席。来自中国社科院经济学部各研究所、院科研局、院人事教育局、院国际合作局、院监察局、院离退休干部工作局、研究生院、院直属机关党委、中国社会科学出版社、社会科学文献出版社、经济管理出版社、河北省财政厅、廊坊市财政局、三河市财政局等单位的领导和专家学者共100余人出席此次会议。

与会代表认为，在经历了美国金融危机洗礼之后，全球经济格局正酝酿着重大调整，中国仍处于可大有作为的重要战略机遇期。本轮经济危机可能成为世界经济走向新格局的转折点。一方面，在实体经济领域，20世纪90年代以来从新兴经济体和发达经济体此盈彼缩的过程来看，新兴经济体将逐渐发挥引领全球发展的作用，并持续冲击完全由发达经济体主寻的旧的全球化模式。另一方面，国际金融领域也出现前所未有的新情况。那些深陷债务危机中难以自拔的，是掌握着国际储备货币发行权和国际规则制定权的发达经济体，若无新兴经济体的援手则不能解脱。在新的环境下，转变经济发展方式是世界各国的共同任务。当然，发达经济体的调整过程将痛苦且漫长，新兴经济体的调整任务亦不会轻松。中国经济发展方式的转变要从建设“创新型国家”，大力发展服务业尤其要在金融业的发展上迈出重大步伐，工业化、城镇化和农业现代化三化并举，积极参与新国际规则的制定等方面入手。

有代表立足于国际经济形势和世界经济增长趋势，说明了世界经济的不确定因素与风险，阐述了美国量化宽松政策可能的后果。对于中国经济，尽管宏观经济回升向好的势头继续巩固，但是投资增速、经价格调整的消费零售额都出现了减缓的迹象，并且，当前中国经济社会发展存在的问题仍然较多，特别是保持价格总水平的基本稳定更是当前宏观调控最为迫切的任务。中国物价上涨较快的原因是多方面的，包括输入型通货膨胀加大了成本上涨的压力，农业基础薄弱和增加农民收入的压力，劳动力要素成本上升、土地要素成本上升、房地产价格高企、物流成本高昂、上年涨价的翘尾等因素的综合作用，并且国内较多货币存量对价格的影响也在逐步释放。抑制通货膨胀，应以经济手段和法律手段为主，辅之以必要的行政手段，全面加强价格调控和监管工作。

有代表认为，当前中国已经出现通货膨胀，因此现在的问题是要治理通货膨胀，而不是要防止通货膨胀；2010 年 CPI 上涨 3.3% 低于人们的感受是可以理解的，原因在于房价变动和食品价格在 CPI 中的权重偏低；2011 年的中国经济工作把稳定物价放在第一位是非常切合实际的；为了社会的和谐稳定，建议开展低收入群体 CPI 的统计工作（低收入群体的 CPI 比一般人的 CPI 大概要高 2 个百分点左右）；中国的 CPI 从长期来看可能会呈上升趋势，对此除了实施稳健的货币政策以外，最重要的是要重视农业和粮食，保障市场供给。

与会代表认为，尽管中国经济发展取得了举世瞩目的成就，但也应该清醒地认识到发展中不平衡、不协调、不可持续的问题依然突出。“十二五”时期是“全面建设小康社会”的关键时期，是深化改革开放、加快转变经济发展方式的攻坚时期。2011 年，中国发展面临的形势仍然极其复杂，必须为转变经济发展方式创造良好的环境，引导各方面把工作着力点放在加快经济结构调整、提高发展质量和效益、增加就业、改善民生、促进社会和谐等领域。经济领域的一些工作重点要加强，加快推进经济结构战略性调整、保持物价总体水平的基本稳定、进一步扩大内需特别是居民消费需求、巩固和加强农业的基础地位、深入推进重点领域的改革和不断提高对外开放水平。

会议还就中国工业转型升级与企业自主创新、农村经济形势与农村社会保障、投资消费与外贸形势、财税金融形势及政策、劳动力就业与收入分配、城市发展与能源消费、世界经济走势与区域经济合作等重大问题进行了探讨与交流。

（王朝阳）

2011 年中国能源经济论坛

2011 年 1 月 8 日，由中国能源经济研究院、《中国能源报》联合主办，中国经济发展研究会协办的“2011 中国能源经济论坛”在北京举行，论坛主题是“现代能源产业体系：战略与展望”。来自国家能源局、《人民日报》社、国务院发展研究中心、商务部、美国能源基金会、中国煤炭经济研究会、全国工商联、中国人民大学、中国社会科学院等单位的政府官员、专家学者和能源企业家共 300 余人参加了本次论坛。

一　能源是关系国计民生的战略产业

国家能源局局长张国宝认为，“十二五”时期，能源发展应以转变能源发展方式为主线，合理控制能源消费总量，大力调整能源结构，积极开展能源国际合作，加强科技创新能力建设，推动能源生产方式和利用方式变革，构建安全稳定经济清洁的现代能源产业体系，为全面建设“小康社会”提供坚实的能源保障。

二　现代能源产业体系的内在逻辑

（1）现代能源产业体系的内涵。史丹认为，现代能源产业体系拥有强大的技术研发能力和先进技术的应用能力，以合理的能源结构为支撑，同时具备大型化、集约化、市场高度集中化、空间布局合理化等特征的现代能源产业组织体系。曾鸣认为，现代能源产业体系应具有高端融合性、清洁安全性、灵活适应性和规模包容性等特征。

（2）现代能源产业体系建设中的矛盾与难题。黄泰岩认为2011年中国处于经济调整期的中期阶段，正面临许多矛盾和困难。能源行业要全面把握当下重要调整期，积蓄能量、合理投资，为迎接新的经济高潮作好充足的准备。史丹认为，建设现代能源产业体系面对三大矛盾：整个经济发展和“节能减排”的矛盾；发挥比较优势和改善能源结构的矛盾，这是市场选择和政府的干预的矛盾；保证能源需求和能源安全的矛盾。同时存在改进能效，能源运输，能源价格改革的难题。

三 现代能源产业体系的发展战略和实现路径

（1）构建现代能源产业体系的整体思路。张国宝指出，构建现代能源体系，要加快转变能源发展方式，推动传统能源清洁高效利用，建立大型煤炭、石油基地，优化发展火电；要加快开发新能源和可再生能源，在保护生态和做好移民工作的前提下积极发展水电，在确保安全的基础上高效发展核电，积极发展风电，稳步发展太阳能；要优化能源发展布局，统筹东中西部能源开发，建设现代能源体系；要加强创新能力建设，依托国家科技重大专项，带动能源科技创新取得重大突破，同时依托国家能源研发中心，组织重大能源科技攻关，还要依托国家重大工程，推进能源重大装备自主化。

（2）助推新能源产业成为第四次产业革命的先导产业和主导产业。史丹认为，第四次产业革命的引领产业就是新能源和新材料技术上的突破。冯飞认为非化石能源对化石能源的替代趋势越来越明显。

风电企业华锐公司副总裁陶刚认为，对于新能源企业来说，要不断深化集约发展、安全发展、清洁发展和可持续发展的理念，从技术、质量、服务全方位助推新能源产业成为未来经济发展的主导产业。

（3）充分发挥电力产业在现代能源产业体系中的支撑作用。曾鸣认为，科学发展现代能源产业体系，应从要素驱动向需求驱动转变，从数量扩张向质量提升转变，从能源产品向能源战略转变。充分发挥电力在现代能源产业体系中的支撑作用，成为涵盖新产品、新业态、新技术、新体制、新模式的“五新工程”。

（金泓摘自《经济动态》
2011年第3期）

2011年特华金融论坛

2011年1月9日，2011年特华金融论坛在北京举行。本届论坛主题是：“2011年中国宏观经济形势和政策”。论坛由中国社会科学院金融研究所、中国保监会政策研究室、中国银监会培训中心和特华博士后科研工作站联合主办，华安财产保险股份有限公司协办。中国社会科学院副院长李扬研究员主持论坛，中国人民银行副行长刘士余、中国生产力学会会长王茂林、中信证券首席经济学家胡一帆和中国社科院金融研究所所长王国刚作了主题发言。

一 后危机时代国际经济形势展望

李扬认为此次危机可以堪比20世纪30

年代危机和70年代危机，危机的恢复过程将延续相当长时期，而且问题非常的复杂。李扬解释“经历相当长时期”不是一直坏下去，也不是在低水平上延续，而是指恢复过程充满了波动、充满了意想不到或者预料不到的事件。胡一帆认为美国经济正在稳步复苏，政策保持适度宽松，私人消费与企业投资正在逐步发挥主导作用，并确保经济可持续发展；欧元区恰恰相反，持续受债务危机困扰，私人部门还没有出现任何清晰的复苏信号，各国政策及出台的经济政策也是围绕本国情况。

二 后危机时代中国经济面临的挑战与机遇

胡一帆认为在今后两年中国整体发展外部环境比较有利，输入性通胀会比较小。李扬认为中国全面融入了“全球化”，全球任何一个角落任何一点事情都会对中国产生非常重大的影响，讨论中国宏观经济形势与宏观经济政策需考虑全球经济形势对中国的影响。

三 后危机时代中国经济金融的运行与宏观政策

李扬认为未来中国的发展，转变经济发展方式，贯彻落实“科学发展观”，从研究角度来看，有三个问题非常重要：一是牢牢把握住科技发展作为主导的要点，大力推行“创新型国家”的建设；二是工业化、城镇化以及农业的现代化“三化”并举；三是大力发展服务业，特别是要发展高端的服务业。戴根有则认为，未来中国经济走势取决于货币信贷政策和房地产调控。王国刚就中国宏观经济形势谈了三个问题：一是中国GDP增速多少合适；二是价格问题，首先应弄清楚物价上涨的成因，根据成因，综合采取各项政策，不能简单看到CPI过3%就盖一个通货膨胀的“帽子”，而采用单一货币政策进行调控；三是对货币M2的认识问题，中国M2超过GDP的现象需要深入研究，不能简单认为是货币超发，其主要原因可能还在于中国的高储蓄率。

洪崎围绕中国商业银行的经营问题，谈了中小商业银行面临的三个挑战：一是加强资本充足率形成的资本约束；二是直接融资对信贷的冲击；三是利率市场化对存贷款利率的冲击。洪崎建议，希望在中国能够真正开展信贷资产证券化，以利于缓解风险和约束资本。

（王力　张红亮）

宏观经济与房地产市场研讨会

2011年1月16日，由中国社会科学院经济研究所、《经济学动态》杂志社与北京大学中国都市经济研究基地在北京大学经济学院举办了首届“宏观经济与房地产市场”研讨会。

北京大学经济学院副教授、房地产金融研究中心主任冯科主持了研讨会。与会专家学者作了主题发言，内容涉及中国房地产业现状、房地产市场宏观调控、房地产市场与宏观经济关系、房地产发展阶段、房地产市场调控国际经验以及房地产市场研究等方面。

《经济学动态》主编杨春学教授认为，中国房地产问题有很多层面，需要清晰地分析，对于经济学研究来说，必须分清楚投资性需求与投机性需求。如何把房价控制在合理范围内，实现“理性回归”是政府调控的目标。因为房价高对很多产业产生了影响，提升了发展成本。

北京大学经济学院党委书记兼副院长黄桂田教授认为，近年来，中国房地产市场的突出特点是房价的高位运行，这与中国经济社会发展极不匹配，政府的管制政策收效甚微，这一切都与基本需求密切相关。主要是因为中国还处在工业化、城市化、市场化、国际化、信息化的大背景下，对房地产存在很强的刚性需求。与此同时，中国的经济增长还是需要大量的货币来支撑。黄桂田建议，中国的资本市场应吸收大量的资金，以缓解房地产市场和普通消费品市场的压力。

《经济学动态》编辑部主任周学认为，中国的房地产市场在宏观经济中的作用举足轻重，房地产市场应该进入城市化和工业化的良性循环。从一般房地产发展阶段来看，可分为四个阶段：自住房阶段、投资者阶段、投机者阶段、泡沫破灭阶段。中国处于第三阶段，因此必须采取有效的市场干预机制，把房价控制住，防止进入第四阶段。

北京市哲学与社会科学规划办公室主任王祥武认为，中国房地产问题的解决，一是专业性，二是结合国情。在专业性方面，要求提供数据全面、翔实、准确的各种研究，加强针对性；而结合国情，政府完全可以不卖土地，由政府出资盖房子卖，从而控制房价。

北京大学经济学院副教授张辉认为，当前中国决定房地产价格的因素包括需求和供给两个方面，在需求方面，一是货币储蓄余额因素；二是就业率。在供给方面，一是公共住宅，2009 年经济适用房不到 4%；二是土地供应量，北京市每年需要经营性用地 1500 公顷，而土地的实际供应不足。房地产市场的发展对于国民经济发展的作用极为重要，房地产行业是抗衰退、通胀的狙击手。这是因为房地产市场行业独有特征：一是行业关联性大，房地产行业与国民经济很多行业相关；二是房地产行业，具有平衡消费和投资关系的作用。由于房地产市场的前两个特征，使得需求性政策具有短期性，而在对抗危机的情况下，可以用需求性政策取得较快而明显的政策效果。

《新经济》杂志社社长杨明认为房价的问题首先是民生问题。

（经科）

第二届中国低碳经济论坛

2011 年 1 月 15—16 日，第二届中国低碳经济论坛在北京召开，会议围绕“低碳经济发展与城市经济转型”的主题展开。来自学界、业界的专家学者共同研究和展望了中国及全球低碳经济的发展趋势。

全国政协人口资源环境委员会副主任王玉庆在主题演讲中表示，中国经济发展要狠抓节能，实现能源总量的控制。他指出，中国单位 GDP 能耗很高，狠抓节能是减少碳排放最现实的选择。节能涉及众多领域，工业节能、建筑节能、交通节能、社会生活节能、智能电网的改造等，这些方面都大有可为。

王玉庆说，2009 年中国的工业能耗占到经济社会能耗总量的 71.3%，当前迫切需要通过产业结构调整，加快淘汰落后产能。据工信部的估算，在 18 个重点行业中落后产能占到总产能的 15%—25%，应大力支持企业的技术改造，用高新技术和信息技术改造提升传统产业，降低单位产品的能耗，严格执行并逐步提高国家建筑节能标准，进行耗能建筑的节能改造。对于中国低碳城市发展存在的问题，中国国际经济交流中心秘书长、商务部原副部长魏建国指出，一些地方政府对低碳城市发展的模式认识不到位，认为招商引资的经济指标硬，任务完成本来就很困难，现在还要加上一个低碳，企业的准入门槛被进一步提高，这一问题要引起重视。

（金泓摘自《中国社会科学报》2011 年 2 月 17 日）

中国经济 50 人论坛 2011 年年会

2011 年 2 月 19 日，“中国经济 50 人论坛”2011 年年会在北京召开。来自各领域的知名专家学者与会，以“为‘十二五’开好局起好步的几个重大问题”为主题进行了探讨与交流，就如何真正实现中国经济发展方式的转变、如何为“十二五”开好局起好步、如何推进全面改革等问题进行分析并提出了相关建议与对策。专家称，经济发展方式的转变在“十二五”期间落到实处至关重要。

一 培育对货币的有效需求

中国宏观政策选择和完善宏观政策的效果是“十二五”规划期间非常重要的问题。论坛成员认为，当前造成中国货币市场供大于求的原因主要有：内需不足与技术创新能力弱，货币信贷政策与财政政策相连导致信贷进一步增大，货币政策中需求与供给效应的失衡关系等。

针对中国货币市场供求失衡的问题，专家指出，“十二五”规划期间，从短期来看货币政策的首要目标是防止资产价格过高。中国应当培育对货币的有效需求，货币政策目标应多元化，运用数量工具比运用价格工具更有效；从长期来看应当培育中国经济对货币真实、有效需求，应当注重创新。此外，在进行宏观政策调整时，除强调短期总量均衡外，还要关注供给方面的调整，强调效益的作用，完善宏观政策效果。

二 避免比较优势处在“真空”状态

有专家认为，从中国经济的短期调控来看，“十二五”期间面临“两难”，即兼顾增长和通胀；从中长期来看，“十二五”期间会发生一系列变化，主要是劳动力供需形式变化，人口老龄化使得储蓄率变化，全要素生产率贡献下降，潜在增长水平下降等。还有专家指出，“未富先老”将成为“十二五”期间中国必须面对的一项重要挑战。“先老”意味着会丧失原有劳动密集型的比较优势，而“未富”意味着在短期内又不可能实现资本密集型的比较优势，这会导致比较优势处在“真空”状态。因此，中国经济发展方式要转向内需，以避免出现比较优势的“真空”状态。此外，论坛成员认为，只有大力发展城镇化，才能实现拉动内需。

同时，还有论坛成员提出，当前中国经济有三大结构失衡，即出口投资消费结构失衡，财政收入、企业利润和居民个人收入失衡，产业结构失衡、过剩与短缺并存。“十二五”期间中国面临结构调整的问题，首先应当从对财政收入、企业利润和居民个人收入调整入手，实现提高居民个人收入；其次要调整财政支出结构，增大在医疗、教育与社会保障方面的投入。此外，还有专家认为，应当在增加居民个人收入总量的同时缩小收入差距。

三 明确“转什么”、“怎么转”

“十二五”规划以科技发展为主题，以加快经济发展为主线，深化改革开放，促进中国经济长期平稳较快发展及社会和谐稳定，为全面建成“小康社会”打下具有决定性意义的基础。

论坛成员认为，从中国经济的宏观调控来看，以管理通胀为重点，着力防范金融风险，力保金融环境基本稳定；从深化改革开放来看，要建立和完善市场经济体制和机制。关键在于，规范市场竞争秩序、规范政府间竞争发展模式。因此，要进一步强化政府作为公共事物管理者的意识和作用，加强覆盖性方面的管理，强化舆论监督，进一步发挥非政府组织（NGO）的作用。

此外，论坛成员认为，“十二五”期间要想真正实现中国经济发展方式转变，就要明确“转什么”、“怎么转”，把转变经济发展方式落到实处。

（金泓摘自《中国社会科学报》
2011 年 2 月 22 日）

中国省域经济发展研讨会

2011 年 2 月 28 日，由社会科学文献出版社、国务院发展研究中心管理世界杂志社、环境保护部环境规划院、福建省人民政府发展研究中心、福建师范大学与福建东南竞争力研究院联合主办，由全国经济综合竞争力研究中心福建师范大学分中心承办的中国省域经济发展研讨会在北京召开。会议发布的 2011 年《省域经济综合竞争力蓝皮书》指出，在后金融危机时代，中国各省域经济增长迅速，表现出极强的活力和竞争力，为中国经济实现恢复性增长和世界经济走出金融危机阴霾作出了突出贡献。

当前，中国各省域经济增长迅速，经济规模不断扩大，中国在国际上的经济实力持续提升。有专家指出，在中国经济发展过程中，省域经济发挥了中流砥柱的作用。2009 年，全国四大区域经济综合竞争力平均得分比较，东部地区上升了 1.49 分，中部地区上升了 2.08 分，西部地区上升了 2.61 分，东北地区上升了 1.29 分。各省域经济综合竞争力的全面持续上升，也体现了中国经济发展的良好态势。还有学者表示，由于不同要素禀赋、不同发展阶段、不同技术水平、不同产业结构等因素，导致中国 31 个省、市、区发展的差异很大，政府应当推行差异化的发展战略。又有专家建议，避免区域政策碎片化，推行跨行政区经济、环境等竞争力的评估机制，大力开展跨省域经济区的先行先试。

一 省域经济发展总量“富可敌国”

省域经济综合竞争力，反映了各省在经济等方面综合发展能力及其在全国的竞争地位，决定着中国经济及其国际竞争力的发展水平。蓝皮书指出，2009 年处于中国经济上游区的是上海市、北京市、江苏省、广东省、浙江省、天津市、山东省、辽宁省、福建省、内蒙古自治区。从反映经济总量的 GDP 来看，中国这些地区与“经合组织”成员国比较，部分地区经济指标排位已经进入中游位置，甚至超过部分发达国家，其中广东、江苏和山东3个省份的GDP均进入前20位，超过了比利时、波兰、瑞典等其他19个“经合组织”成员国，其他7个地区的GDP也都超过一些国家，其中GDP总量最少的天津市，也超过了斯洛伐克、卢森堡、斯洛文尼亚和冰岛4个国家。

二 省域经济发展方式亟须转变

与“经合组织”国家相比，中国大陆只有上海市、北京市和天津市三个直辖市的GDP超过了少数几个国家，如上海市的人均GDP超过了“经合组织”成员国的波兰、智利、土耳其和墨西哥4国，北京市排在智利之前，天津市排在土耳其之前，说明这3个直辖市的经济发展水平已经达到发达国家的水平。2009年中国GDP居世界第3位，中国人均GDP以3744美元位于164个国家和地区的第86位。中国经济发展水平与发达国家的差距还很明显。据统计，中国固定资产投资和进出口总额都已位居世界第1位。投资和出口依然是拉动经济增长的主要力量，消费对经济增长的拉动作用与世界其他发达国家还存在较大差距，中国亟须加快实现投资、出口与消费协调带动，实现产业结构优化升级，加快经济发展方式转变。

三 着力加强保障和改善民生

蓝皮书分析认为，“十二五”开局之年，各省份要着力加强保障和改善民生。一要坚持更加积极的就业政策，把促进充分就业作为经济社会发展的优先目标，完善城乡公共就业服务体系，保障劳动者权益，构建和谐劳动关系。二要加强农民工职业技能培训，加强对就业困难人员和零就业家庭的援助，鼓励有实力的大企业创造更多智力密集型就业机会。三要加快建设覆盖城乡居民的社会保障体系，在扩大养老保险覆盖面、提高统筹层次、完善转移接续办法等方面要取得新进展。四要扎实推进医药卫生体制改革，突出抓好健全基本药物制度和加快公立医院改革试点工作，保障群众用药安全有效、价格合理、方便可及，坚持公共医疗卫生的公益性质，为群众提供满意的基本医疗卫生服务。五要加快推进住房保障体系建设，强化政府责任，加大保障性安居工程建设，加快“棚户区”和农村危房改造，大力发展公共租赁住房，缓解群众在居住方面遇到的困难，逐步形成符合国情的保障性住房体系和商品房体系。

（金泓摘自《中国社会科学报》
2011年3月10日）

中国社会保障改革与发展战略研讨会

2011年2月28日至3月1日，“中国社会保障改革与发展战略”研讨会在北京中国人民大学举行。全国人大常委会副委员长华建敏、全国政协副主席张梅颖出席并讲话，中国社会保障改革与发展战略研究项目总负责人郑功成教授主持了会议。同期，还举行了《中国社会保障改革与发展战略》一书的首发式。来自人力资源和社会保障部、民政部、财政部等多个中央部委的负责人、部分地方政府代表，以及全国70多所高校和研究机构的专家学者约400人出席了会议。

郑功成教授于2007年发起、组织理论学术界独立开展中国社会保障改革与发展战略研究，旨在系统、完整地描绘中国社会保障发展的理论战略蓝图。项目成果有：《中国社会保障改革与发展战略——理念，目标与行动方案》、《中国社会保障改革与发展战略》。

一 战略总目标：逐步迈向中国特色社会主义福利社会

在《中国社会保障改革与发展战略点报告》中郑功成认为，中国社保体系发展应当遵循“三步走”的战略：到2012年，构建起“两免除一解险”的社会保障制度框架，为建设健全、完备的中国特色社会保障制度奠定坚实基础；到2020年，实现中国特色社会保障制度全面定型、稳定发展；到2049年，在进一步完善中国特色社会保障制度并实现制度可持续发展的同时，提高保障水平，确保国民生活质量，全方位地满足国民对社会保障及相关服务的需求，真正迈向中国特色社会主义福利社会。南京大学林闽钢教授提出，应当通过制度并轨和整合，逐步实现制度合一、服务衔接、功能配套的城乡一体化社会保障。国家行政学院丁元竹教授提出，应当使居民不分城乡、不分地区的均等享有基础教育、基本医疗、基本养老和社会救助的基本权利，实现机会均等。清华大学杨燕绥教授提出，应当根据“政事分离、垂直管理、公共服务均等化”的原则，建立国家社会保险总局及其省市县三级垂直经办管理机构。天津大学张再生教授提议，建设覆盖全国、网络共用、信息共享的社会保障信息管理平台。南京财经大学林治芬教授提出应当根据不同社会保障项目的不同特征，由不同层级政府合理分担财政责任。中国社会科学院王延中研究员建议，军人保险应当采取“一制多项”的制度框架。首都经济贸易大学吕学静教授提出，应当建立一个城乡统筹、以促进就业为导向的就业保障制度体系。

二 养老保险制度发展战略目标：实现人人老有所养

郑功成教授和鲁全博士在报告中提出，中国养老保险体系建设应当遵循“三步走”发展战略：在2012年时，建立由职工基本养老保险、公职人员基本养老保险、农民基本养老保险和城乡居民老年津贴制度构成的，有序组合的多元养老保障体系，实现制度全覆盖；在2020年时，以缴费型养老保险为主体的养老保障体系实现全面定型、稳定发展，人人能够较公平地享有养老金及相关服务；到2049年时，建成以国民养老保险为主体的多层次养老保障体系，实现人人享有体面的老年生活。他们还提出了推进全国统筹、延长退休年龄、化解转轨成本、建立适度集权的监管体制和垂直管理的经办机制，适度壮大战略储备基金等重大战略措施。浙江大学米红教授提出了从“制度全覆盖”到“人群全覆盖”的步骤。中国人民大学王晓军教授提出，公职人员养老保险制度改革应当由中央政府统一设计方案，同步推行，通过制度的结构调整，实现责任的重新划分和制度的可持续发展。中国人民大学杨俊副教授提出，建立“自我平衡、自我发展”的养老保险基金投资管理体系，逐步建立多元化投资模式。辽宁大学穆怀中教授等提出了女先男后、小步渐进，到2045年实现男女同龄65岁退休的延迟退休年龄方案。

三　医疗保障制度发展战略目标：实现人人享有健康

郑功成教授和彭宅文博士在报告中提出，医疗保障制度的发展路径是在完善现行各项医疗保障制度的基础上，从多元化制度安排发展到二元制度安排，再由二元制度安排发展到一元制度安排；从只考虑疾病医疗的保险发展到保障国民健康保险；从地域性一元化的医疗保障发展到全国统一的国民健康保险，最终实现"人人享有健康"的发展目标。医疗保障发展"三步走"战略是：到2012年，实现多元医疗保障制度覆盖全民，同时积极引导与推动城镇居民医疗保险与农村新型合作医疗保险并轨；到2020年，建立区域型一元化的国民医疗保险制度，实现区域范围内的制度整合和待遇公平；到2040年前后，建成全国统一的国民健康保险制度，让全体国民公平地享有充分的健康保障。武汉大学王保真教授提出，城镇职工基本医疗保险改革的重点是完善筹资机制、偿付机制、激励机制以及支付机制。中山大学申曙光教授主张，弱化、取消城镇职工医疗保险的个人账户，细化缴费政策，合理控制基金结余率。中国农业科学研究院刘静研究员指出，西部地区医疗保障制度建设要加大中央转移支付力度。中国人民大学杨立雄副教授指出，城乡医疗求助制度一是要支持贫困群体参加医疗保险，二是要对受助者进行事前、事中和事后一体化的帮助来解决医疗困境。安徽师范大学戴卫东副教授建议建立护理保险制度，为老年人提供合适的护理服务并分担高额的护理费用。中山大学彭宅文博士提出医疗保障制度配套改革的三大任务：激活与培育市场主体，构建价格机制，完善政府监管。

四　社会救助与社会福利制度发展目标：确保并不断提高国民基本生活质量

郑功成教授和杨立雄副教授在报告中提出的社会救助制度发展的"三步走"战略是：在2012年之前，重点推进社会救助城乡一体化，赋予国民法定社会救助权；到2020年时，实现综合型救助制度定型、稳定和可持续发展；到2049年时，实现维持低收入群体一定的生活质量，实现从免除生存危机到确保人格尊严、从生存型救助向促进发展型转变。

郑功成教授在报告中提出的中国社会福利体系建设的"三步走"战略是：在2015年之前，初步形成社会福利体系制度框架，重点推进城乡老年服务体系建设、残疾人服务体系建设和幼儿事业发展，兼顾探索长期护理保险和临终关怀，理顺管理体制，创新服务机制；2020年之前，促使社会福利制度体系走向全面定型、稳定和可持续发展，全面满足城乡居民的社会福利需求；2049年以前，不断提升社会福利水平与社会服务质量，使社会福利成为中国特色福利社会的重要支撑，真正实现全体国民生有体面、死有尊严的目标。

（金泓摘自《经济学动态》2011年第4期）

2011年《服务业蓝皮书》新闻发布会

2011年3月1日，由中国社会科学院财政与贸易经济研究所举办的2011年《服务业蓝皮书》新闻发布会在北京举行，来自中国社会科学院、科技部、商务部、国家发展和改革委员会等相关部门的专家学者和官员出席会议。会议发布的2011年《服务业蓝皮书》指出，中国将在“十二五”末迎来服务经济时代，服务业将成为经济发展、产业升级和改善民主福利的“主力军”。

一　社会发展的重要“拐点”

蓝皮书预计，“十二五”期间，中国服务业增加值占GDP的比重将上升大约4个百分点，即占GDP的比重约为47%，服务业增长速度可能快于同期GDP增长速度2个百分点；服务业就业比重将上升5个百分点左右，即服务业就业人数占全部就业比重近40%；服务贸易总额约为7000亿美元，年均增长速度不低于17%；服务业吸引外商投资增长程度不低于17%；服务业吸引外商投资增长速度不低于20%，利用外资规模达到1100亿美元。到2015年，服务业对中国国民经济增长、劳动就业、消费支出的贡献都将是最大的。基于这样的判断，蓝皮书提出，中国“十二五”时期，服务业特别是生产性服务业的增长程度明显快于工业，服务业增加值比重将超过工业，服务经济将成为国民经济的主力军，中国将在“十二五”末迎来服务经济时代，将成为中国经济社会发展的一个重要“拐点”。中国经济社会发展进入一个新的阶段。

二　均衡发展任重道远

蓝皮书指出，从总体上看，中国将在“十二五”迎来服务经济时代，但区域间服务业的发展很不平衡。根据服务业所占比重及其他方面因素的综合考虑，可以将中国服务业发展水平或者发达程度分为四个层次：第一层次是北京和上海两座城市，代表了国内服务业特别是现代服务业发展的最高水平，它们实际上已经进入了服务经济时代，服务业主导了其经济与社会生活。第二层次是天津、广东、浙江、江苏、辽宁等经济较发达地区，目前正处于制造业与服务业双轮驱动阶段，但5年后基本能够确定服务业的主导地位。第三层次是山东、四川、安徽、黑龙江、吉林、湖北、湖南、陕西、重庆、山西、河北、广西，服务业基本处于从属地位，5年后很可能形成服务业与制造业双轮驱动的格局，但这些地区的中心城市或者次中心城市很有可能以形成服务经济为主的经济结构。第四层次是江西、内蒙古、新疆、宁夏、甘肃、青海等地区。这些地区经济总体水平较落后，或者产业结构较单一，城市化进程也较慢，服务业发展任重而道远。

三　积极应对新的挑战

蓝皮书认为，面对即将到来的“服务经济时代”，中国要实施创新、融合、集聚和开放的全新发展思维与战略选择，要在体制机制上有较大的突破，通过科学有效的产业引导政策，着力解决服务业发展负担过重和融资渠道不畅的问题，同时还要重视信用环境体系、服务标准化与服务统计等基础性工作的建设。其中，金融、信息与电子商务、科技研发、物流商贸、节能环保服务、商务与租赁服务、文化旅游、家庭服务、健康服务业等领域是中国服务业发展过程中要予以重点关注的领域；服务贸易是服务业对外开放形式，是中国国际贸易中的“短板”，要通过大力发展服务贸易，转变国际贸易增长方式，提升中国服务业发展与开放竞争力；政府与市场是推动服务业发展的两大力量，既要充分发挥市场机制在服务业发展中的基础性作用，坚决推进服务业体制机制创新，打破服务业领域的各种垄断，消除服务业发展的体制障碍，也要积极运用财税、金融、科技、人力资源等公共政策力促服务业快速、有序、健康发展民。

（金泓摘自《中国社会科学报》2011 年 3 月 10 日）

中国经济社会发展智库第四届高层论坛

2011 年 3 月 2 日，由中国经济社会发展智库理事会、中国社会科学院经济社会发展研究中心和中国人民大学马克思主义研究院共同主办的“中国经济社会发展智库第四届高层论坛”在北京召开。中国社会科学院党组成员、副院长李扬出席并致辞。

李扬在致辞中指出，物价、住房与收入分配问题是目前中国三大热点问题。住房问题非常复杂，涉及民生、经济发展、政治以及社会各界心态，应当综合、全面、系统地研究。目前，应对住房问题，需要一个总体解决方案。回顾中国现行住房制度建立的进程，在住房制度改革之前，住房供应完全由计划控制，在“先生产、后生活”的计划原则片面指导下，几十年很少建造住房，导致人均住房面积不断下降。2002 年，政府运用市场化手段正式推行住房改革。经过十年努力，全国人均住房面积从 6.7 平方米提升至 30 平方米，住房制度改革取得了显著成就，这是不可否认的事实。

针对当前中国住房问题，李扬强调，一要深入分析住房性质。住房兼备商品属性与社会属性，兼备消费属性与投资属性，十分复杂，完全依靠计划或者政府解决不了，而完全依靠市场也解决不好。因此，应当构建一项政府作用与市场机制有效结合、互相配合、分工明确的制度。二要厘清住房市场结构。合理的结构应当是租房和买房并重。三要处理好土地收益分配问题。随着城市化、工业化与市场经济不断发展与深化，中国很多生产要素已卷入资本化浪潮。其中，土地资本化过程中的权益分配问题是关键所在。四要加强调控的制度改革。对住房市场的调控不要仅仅关注住房价格的变化，应当加强基础制度改革，规范房地产公司的治理机制、市场交易结构、交易合约的设定和中介机构的行为，实现信念公开化、透明化。五要进一步规范金融市场秩序。当前，应当加快发展互助性机构与政策性机构，规范金融市场秩序，加强对公积金监管，健全统一的金融系统政策，形成合理有效的金融支持体系，提供多样化的金融产品和服务。六要简化房产税费体系。中国房产市场中，税费繁复是一个很大的问题，其中费多于税，而且费大于税，税收环节重流通、轻所得。如何调整税费要进一步探讨。此外，还要借鉴国际经验。中国是社会主义国家，不可能单一地借鉴某些国家的经验，需要有总体的顶层设计。在顶层设计不完备之前，单一政策要慎用，否则会影响整个市场的健康发展。

来自各领域的知名专家学者与会，以“住房理论与政策”为主题进行了探讨与交流。

在深化中国住房制度问题上，专家指出，针对不同群体采取不同政策措施，是实现住房公平的关键，也是引导住房市场健康发展，使房价回归合理水平的重要手段。住房建设要从民生性与公益性考虑，着力扩大保障性住房建设，重点应是“可承受性”住房，要把老百姓的“刚性需求”作为住房建设的服务方向，把解决“农民工”住房问题作为重点。还有专家认为，要推进商品房和保障房双轨制，售房市场和租房市场双轨制。

该届论坛提出，要认真贯彻落实最近中央在住房问题上的一系列调控政策，在住房领域建立“基础—主导”型双重调节机制，实行“以公租房为主体、以商品房和私租房为辅”的城市“新住房策论”，从根本上解决住房问题。一方面发挥市场对资源配置的基础性作用，提高资源配置的效率。另一方面通过政府有效干预，把住房既是生活必需品又具有投资性功能的属性更多复归到生活必需品属性，将住房投资性功能限制在较小范围。同时，通过政府有效干预和政策完善，纠正国民经济发展对房地产市场的过度依赖。通过政府主导，大力提供保障性住房，实现住房领域的公正公平，让广大普通民众和弱势群体“住有所居”，实现“居者有其屋”。

（金泓摘自《中国社会科学报》
2011 年 3 月 10 日）

全球货币体系改革国际研讨会

2011 年 3 月 18—19 日，中央财经大学金融学院联合美国哥伦比亚大学政策对话倡议组织与中央财经大学国际金融研究中心，共同举办“全球货币体系改革”国际研讨会。

一　国际货币体系的总体架构

2001 年度“诺贝尔经济学奖”得主约瑟夫·斯蒂格利茨（Joseph Stiglitz）教授回顾了 2007 年以来的全球金融危机的起源。他指出，国际金融体系或者货币体系应该更好地配置资源和管理风险，但是在此次金融危机中反而放大了整个系统的风险。对于财政赤字导致贸易赤字的传统观点，斯蒂格利茨教授提出了质疑。他认为，大部分 G7 国家都是贸易赤字引致财政赤字。这意味着，储备货币国容易出现财政赤字。

斯蒂格利茨提出，美国的量化宽松政策造成全球流动性泛滥，全球储蓄没有配置到最有效的地方，这些问题都与国际货币体系的缺陷密切相关。由于国际货币体系无法实现自动稳定和自我约束，多元化的储备货币体系是不稳定的。

斯蒂格利茨还对未来全球金融体系改革提出了建议。

中国人民银行副行长、国家外汇管理局局长易纲探讨了历史上对国际货币体系进行改革的尝试，深入剖析了当前国际货币体系的缺陷，包括储备货币汇率的大幅波动、资本流动规模巨大且波动频繁、全球流动性的此起彼伏、储备货币发行国经济政策的外溢效应以及全球经济失衡的持续扩大。进而对国际货币体系的未来前景进行了展望，并提出相应的政策建议。

中央财经大学金融学院院长张礼卿教授认同斯蒂格利茨委员会报告的观点：当今货币体系的不稳定性是由于政策协调失误造成的。美元主导的国际货币体系有三个方面的缺陷：一是“特里芬难题”；二是主要储备货币发行国的货币政策目标与全球金融稳定目标存在着冲突。三是在现有的国际货币体系下面，很多新兴国家不得不积累大量美元储备，资本大量从发展中国家流向发达国家。对此，张礼卿教授认为可以分为短期和长期两个方面改革国际货币体系。

美国哥伦比亚大学国际与公共事务学院

José Antonio Ocampo 教授提出，在极端的固定汇率制与浮动汇率制之间存在一个多元货币体系，以特别提款权作为主权货币有助于维护这种货币体系的稳定性。理想的全球货币体系，应该具有一个处于中心地位的全球性基金，外围是区域性和次区域性基金。

二　特别提款权的改革与前景

美国哥伦比亚大学国际与公共事务学院 Jos6 Antonio Ocampo 教授主张实施单一特别提款权账户方案。他指出，改革国际货币体系有三方面问题需要考虑。首先是通货膨胀趋势；二是解决特里芬难题；三是体系内的权益如何分配。

北京大学国家发展研究院黄益平教授认为，特别提款权的货币篮子应反映世界经济的真实情况，人民币是最有潜力进入这个“货币篮子”的货币。中国应该增强人民币汇率弹性，快速放开汇率管制，推进资本账户有条件的自由化。如果人民币能够进入 SDR“货币篮子”，将有助于加快国际货币体系改革。

美国加州大学伯克利分校的 Eichengreen 的提案设想是：特别提款权为自由浮动的私人货币，没有基础篮子，由市场决定资产。美国国际经济研究所研究员 Williamson 的提案包含了更广泛的特别提款权分配，使它日后能够成为更重要的储备资产。他相信基金组织应该被授权在危机时发行更多的特别提款权。现在分配特别提款权有很多障碍，其原因是，发展中国家没有把它看成是预防性措施，而看作摆脱发达国家的手段。如果特别提款权利率能以其他方式确定，那么这个问题就会得到改进。只有当特别提款权成为公共资产时这个问题才能避免。这时，人民币才应进入“货币篮子”。

关于特别提款权在国际货币体系中的前景。魏本华认为如果想把特别提款权转变成为硬通货，就不得不准备着时刻对其进行支付。美国不想扩大特别提款权的分配，因为他们想在其他国家需要他时能够进行支付。JohnWilliamson 认为如果想扩大特别提款权在体系中的作用，就必须有一个足够大的分配数额。JoseAntonio Ocampo 相信美国不会按照 Eichengreen 的提案改革，因为特别提款权如果变成私人资产，其数量变得更多了，这不符合美国的利益。SK 中国研究院院长 Yun-jong Wang 先生提出，特别提款权只具有象征意义，而不能在市场上广泛使用。

JosephStiglitz 教授指出，有很多方案可以解决全球储蓄过剩，其中之一就是特别提款权。特别提款权应该是公众的，发展中国家有责任将其在国内转变成购买力。

三　多边货币体系与人民币国际化

美国加州大学戴维斯分校 Wing Thye Woo 教授认为，储备货币多元化和人民币国际化的益处只是在于降低外汇市场交易成本，并不能降低国际货币体系的不稳定性或者提高货币体系的公平性。人民币国际化是一种必然趋势。储备货币多元化也是一种必然趋势。

张礼卿教授指出，超主权货币的形成需要世界各国达成共识，只能在长期实现。储备货币多元化在短期内更具现实性，中国应该寻求短期和中期内的人民币国际化。人民币国际化基本上是以市场驱动为基础，并有助于全球金融稳定。

泰国前财政部长 Chalongphob Sussangkarn 先生指出，人民币国际化意味着中国应该有不受限制的离岸市场，外国人可以投资于以人民币计价的债券。由于中国有大量的贸易盈余，如果其他国家想持有人民币，中国就必须让资本流动，允许外国人发行人民币债券，但这会存在很大的风险。如果一个国家本身的经济总量或储备不够大，那么这是非常危险的。

中国应该慎重考虑货币国际化的步伐，而且要时刻注意离岸市场，避免遭到冲击。斯蒂格利茨教授也指出，对中国而言，金融市场开放和人民币资本项目可兑换必须谨慎从事。

易纲指出，最近在跨境贸易结算中人民币被更多地使用，主要是由市场推动的，表明市场对于人民币的需求增加。中国政府只是放开了过去的货币结算限制，并未有力推人民币国际化进程。人民币资本项目可兑换也没有一个官方认可的时间表，中国政策环境只允许其稳步和渐进式推进。

中国社会科学院学部委员、研究员余永定讨论了中国巨额外汇储备的安全问题与中国的货币政策选择。他指出，一旦美元债券出现危机，那么中国巨额的外汇储备将遭受巨大的损失，而且中国的外汇储备的币值目前也在遭受着巨大的损失。面对这一现实状况，中国有三种政策选择：推动区域金融合作；加快人民币国际化进程；改革国际货币体系。但是目前这些措施都需要很久才能实现。余永定认为应让人民币汇率完全浮动。放开人民币汇率不会对出口企业带来太大的损失。

美国密苏里大学堪萨斯分校和列维研究所 Jan Kregel 教授讨论了人民币成为国际货币的必要性与可能性。

四　区域货币合作及其对全球货币体系的影响

泰国前财政部长 Chalongphob Sussangkarn 先生提出，从全球体系来看，IMF 是主要的全球机构。对规则制定的垄断权以及对国家进行援助使其占据了重要地位。然而，在 1997 年东亚危机后，由于其处理问题欠佳，它的可信度受到损害。目前仍有国家怀疑 IMF 在东亚危机后是否有所改变。正是出于这些担心，东亚国家开始货币合作。

SK 中国研究院院长 Yunjong Wang 先生认为，由于种种原因，亚洲区域金融安排前途渺茫。

德国发展研究所高级经济学家 Ulrich Volz 先生提到兼顾国际货币基金组织和区域金融安排（RFA's）的作用。它们之间不应被视作是非此即彼的关系，而是相互补充的关系。

（中央财经大学金融学院）

中国政府债务管理与资产价格风险研讨会

2011 年 3 月 19 日，由中国人民大学公共管理学院和《经济研究》编辑部共同主办的“中国政府债务管理与资产价格风险研讨会”在北京中国人民大学举办。来自中国人民大学、北京大学、清华大学、南开大学、南京大学、中央财经大学、东北财经大学、英国伦敦政治经济学院等高校的 50 余位专家学者参会。

研讨会开幕式由中国人民大学公共管理学院院长董克用教授主持，中国人民大学副校长杨惠林教授，《经济研究》编辑部主任王诚教授，中国人民大学公共管理学院副院长、公共财政研究所所长许光建教授分别致辞。

开幕式邀请了2010年度诺贝尔经济学奖得主、英国伦敦政治经济学院克里斯托弗·皮萨里德斯（Christopher A. Pissarides）教授，美联储研究员闪辉博士，中国社会科学院财贸所所长高培勇教授以及财政部财科所刘尚希副所长分别进行主题演讲。

克里斯托弗在主题演讲中借鉴其针对欧洲的实证研究结果，分别阐述了关于劳动力市场和财政政策的相关问题及政策建议。他着重介绍了贝弗里奇曲线，并对英美的曲线状况进行了实证研究。他强调：政府应着重帮助失业者增加工作经验，实施的相关措施应具有一定的灵活性。在分析当前欧洲财政政策未获短期效果的原因是流动性短缺后，他认为，中央政府不应再为地方政府的过度债务埋单，即使进行担保也要施行强有力的财政政策以确保还债能力；同时，他还强调了国际贸易和内需平衡同时获得解决的重要性。

闪耀在主题演讲中重点探讨了美国房地产市场以及各州和地方政府税收收入的问题。她发现即使不动产交易税、销售税、个人所得税和企业所得税都受到了房地产泡沫的影响，但房产税在萧条时期仍保持健康稳定的增长率。房屋价格评估的滞后性使得房屋价格变化对房地产税的影响要在三年后才能显现。她认为，房产税的滞后效应有助于缓解经济萧条的影响，有“自动稳定器”的作用，但真正的复苏还是要依靠实体经济的恢复。

高培勇在主题演讲中论述了他对中国地方债务的思考。他认为，地方政府大规模借债的深层次原因在于地方政府的投资冲动，长久以来一直存在，不适当的政绩观、过于多元化的财政主体及不健全的地方财政导致了地方政府的投资冲动，为解决这一问题，他认为中国应当实施全方位和深层次的改革，对地方政府性债务进行全面审计并研究建立规范的地方政府举债融资机制。

刘尚希在主题演讲中，以或有负债为切入点，对地方政府债务结构、性质和实质进行了分析。他认为对地方政府债务规模的理解有一定误区。因为地方政府大量债务不是直接负债，而是或有负债。二者性质不同导致不能直接相加。他强调政府的债务不全是客观债务，也有“隐性债务”、“或有负债”这样的主观性债务。而企业的债务全都是客观债务。如果用认识企业债务的方法认识政府债务就会陷入误区。

一　中国政府债务管理

政府债务作为政府调度社会资金，弥补财政赤字，并借以调控经济运行的一种特殊分配方式，成为关乎一国经济健康发展的重大议题。中国的政府债务，特别是地方政府债务的风险与管理，受到了诸多学者的关注。代表们对目前地方政府债务发行面临的主要问题、地方债务的形成机制以及地方债和经济增长之间的关系对中国地方政府债务的风险治理和共性理论；对中国地方政府债务的现状进行了分析，并从体制、政策、管理、社会层面分析地方债务的成因，同时重点讨论了地方政府债务对社会的影响。

代表还从中国银行业不良资产的现状出发，具体量化分析了中国银行不良资产与财政风险的相带关系，并最终提出了具体的化解财政风险的应对措施。

二　房地产价格风险研究

尤其是近年来，中国城市房价上涨速度

远远超过了国民收入的增长速度，有关房地产泡沫、房价调控政策、贷款购房等方面的问题也受到越来越多的重视。正是基于这样的时代背景和意义，专家学者们就有关房地产价格风险的问题进行了系统、深入的探讨。具体对现阶段中国房地产市场整体价格水平的泡沫大小及其发展趋势。对贷款购房者的策略性拒绝还贷问题，对中国房地产价格和货币需求，对政府调控政策的实际效果，并对“新政”的短期和长期效果作出理论预测。

三　中国公共财政政策与宏观调控研究

当前中国面临的国际国内环境十分复杂，妥善实施积极的财政，稳妥处理保持经济平稳较快发展、调整经济结构，管理通胀预期成为近期中国制定公共财政政策并进行宏观调控的关键。与会专家还对居在财务性收入和收入差距、公司债务市场效率及我国积极财政政策的影响与趋势等问题进行了深入的研讨。

（金泓摘自《经济研究》
2011 年第 5 期）

中国社会科学论坛（2011·经济学）

2011 年 4 月 2 日，“中国社会科学论坛（2011·经济学）——中国低碳发展的融资机制与政策”在安徽黄山举行，主题为“中国低碳发展的融资机制与政策”。本次研讨会由中国社会科学院主办，中国社会科学院城市发展与环境研究所和美国能源基金会合作承办。

来自中国社会科学院、国家能源局、财政部、环保部环境规划院、中国水电规划设计研究院、中国人民大学、世界资源研究所、美国环保协会、日本全球环境战略研究所、韩国全球绿色增长研究所、德国慕尼黑再保险公司等国内外专家学者以及金融业、证券业、保险业、政府部门的代表，出席研讨会并发表演讲。

中国社会科学院国际合作局副局长王镭在开幕式致辞中指出，中国社会科学论坛是中国社会科学院在 2010 年推出的高层次学术研讨平台，其目的是加强社科院与政府部门、研究机构、国际组织和企业之间的交流，论坛的成功举办对中国的和谐发展、中外优秀文明成果的交流具有深层意义。2011 年是中国“十二五”规划开局之年，节能环保、低碳经济在国家“十二五”规划中占有重要地位。低碳经济是中国社会科学院近年来的重要研究课题之一，作为中国社会科学论坛 2011 年首次会议，本次研讨受到了社会科学院的高度重视。

与会专家就中国在转变经济发展方式、积极应对全球气候变化背景下如何解决低碳发展的融资问题进行了广泛交流，前瞻性分析了我国低碳经济的发展趋势和融资需求，从理论层面、管理层面和市场微观主体的操作层面，深入讨论了中国低碳发展中融资机制设计与政策安排，并提出了有针对性的政策建议。

中国社会科学院城市发展与环境研究所所长潘家华在主题报告《低碳的资金困境与融资选择》中认为，目前中国低碳发展面临的主要瓶颈在于融资困境。突破这个瓶颈的方案在于：一是由行政主体建立政策支持，并向市场发送稳定、连续的政策信号；二是有效率地使用公共资金，推动碳市场的发展繁荣，从而吸引私营资本进行低碳投资；三是促进与发展中国家间的资金支持与合作。在协调当前分散的融资渠道的基础上，建立多层次、多渠道的融资体系，才能走出融资困境，实现中高碳经济向低碳经济的转型。

与会专家学者还别就公共融资、碳市场、碳基金等主题进行了交流和讨论。

（禹湘）

海西 2011 · 两岸经济暨金融研讨会

2011 年 4 月 7 日，由厦门市政府与厦门大学联合主办的“海西 2011 · 两岸经济暨金融研讨会”，于厦门大学隆重召开。两岸政商学各界精英齐聚一堂，针对 ECFA 与“十二五”双驱动对两岸经贸合作与新竞合关系等热门议题，进行深入交流和探讨。

“海西 2011 · 两岸经济暨金融研讨会”由厦门大学王亚南经济研究院与经济学院、厦大两岸金融研究中心及北大光华—富邦两岸金融研究中心承办；由台湾第二大上市金控——富邦金控、富邦财产保险有限公司及厦门银行任协办单位；支持单位为中国人民银行厦门市支行、中国证券监督管理委员会厦门监管局及中国保险监督管理委员会厦门监管局。

研讨会充分抓住当前两岸经济金融合作的重大历史机遇，邀请来自两岸的政府代表、专家学者和业界精英共同就专题“ECFA 与‘十二五’双驱动：两岸经贸合作与新竞合关系”及其背景之下的“后 ECFA 时代，两岸产业发展及两岸金融合作之趋势与‘十二五’展望”、“两岸中小企业信用与风险管理”展开高层对话，其中，将特别邀请全国人民代表大会财政经济委员会吴晓灵副主任委员发表大会演讲，邀请国台办孙亚夫副主任、厦门市政府副市长丁国炎、厦门大学校长朱崇实及富邦金控董事长蔡明忠为开幕式致辞。

国务院台湾事务办公室副主任孙亚夫致辞。他说，国务院批准了海峡西岸经济区发展规划，进一步明确了海西建设的具体目标、任务分工、建设布局和先行先试的政策。国台办将抓住“十二五”（2011—2015 年）规划纲要实施的契机，在加快转变经济发展方式、扩大内需尤其是消费需求的过程中为两岸经济合作创造更良好的条件，开辟更广阔的空间。同时也将全力支持海峡西岸经济区建设，发挥海西在促进两岸关系发展中的独特作用。

“海西 2011 · 两岸经济暨金融研讨会”是厦门大学王亚南经济研究院与台湾富邦金控自 2009 年以来第三次合作举办该研讨会，“海西 · 两岸经济暨金融研讨会”充分把握两岸关系逐渐好转的大好局面，举办以来每次均吸引来自海峡两岸众多杰出的专家学者与会，并针对新的形势就两岸如何加强经济、金融等方面的交流与合作议题，进行了广泛的研讨，为推进两岸经济金融实质性合作提供了一个广阔的交流平台。

（厦门大学经济学院）

农村金融机构经营机制转型高层论坛

2011 年 4 月 8 日，由中国社会科学院金融研究所主持召开的“农村金融机构经营机制转型”高层论坛在北京召开。中国社会科学院经济学部委员、副院长李扬参加论坛并致辞。中国银行业协会副会长杨再平、中国银监会合作金融监管部处长邢桂君、金融研究所银行研究室主任曾刚、金融研究所法与金融研究室主任胡滨、对外经贸大学金融学院院长丁志杰、中国社会科学院农发所研究员冯兴元、浙江新昌农村合作银行董事长赵学夫等参加论坛并发言。来自学术界、监管当局以及农村银行机构等方面的专家学者100余人参加了此次论坛。

李扬在研讨会上指出，随着经济增长重心转移，中国农村金融体系改革势必成为金融体系改革核心。未来要继续推进农村金融机构完善治理结构，加快农村金融机构省联社改革，规范法人治理结构，提高理事会决策独立性和科学性，金融体系不能沦为地方政府的“钱口袋”。政策部门未来要继续支持民间资本投资入股农村金融机构。下一步要强化民间资本的出资权利，在清晰股权结构的基础上，减少地方政府的行政干预。

杨再平在研讨会上，详细地评论了中小银行创新与服务的基本原则，并对未来的发展前景进行了预测。王国刚认为，中国农村金融存在的问题是体制机制所造成的“中间梗塞”。中国地域广阔，不同地区的经济和外部环境差异非常大，很难用简单同一的模式进行改革，使得农村金融改革路程变得很漫长。邢桂君则认为，在中国金融领域，农村金融是最难搞好的；在农村金融领域，农村中小银行又是最难搞好的。如果每个农村金融机构的经营都好了，那么显而易见，中国整个的农村金融事业就好了。因此，问题的关键是如何搞好单个的农村金融机构。

胡滨指出，农村金融涉及一些根本的制度性问题，但从自身发展的角度来说，农村金融机构法人治理结构虚化、农村金融机构缺少精细化管理、也无具有自身特点的管理系统等，但这些问题可以通过自身的不断提高来加以解决。邢桂君建议，在具体的操作方式上，下一步要大力推进中国农村中小金融机构的股份制改革，建立以激励约束机制为核心的治理模式，把每个员工从上到下连起来，形成一个具有强大凝聚力和生命力的自驱动组织。

冯兴元指出，中国除了正规的金融机构之外，还存在着准金融和民间金融形式。民间金融有些是半组织化的，有些是正规或者准正规的金融机构，它做两笔账，账外有账，账内是正规金融，账外是民间金融。农村存在着正式金融机构密度总体下降和垄断化问题，农村需要多样化的金融机构和活动。

曾刚则表示，目前很多人担心农村金融机构现代化改革会导致农村金融机构追求最高的收益回报，偏离原来支持“三农”的方向，这种担心是多余的。管理层完全可以通过调整金融资本所设定的参数，激发员工支持“三农”甚至小额贷款业务。

此外，来自实务界的代表、浙江新昌农合行董事长赵学夫、瑞华融信管理咨询公司董事长张海云，分别从各自工作的角度，对中国农村金融机构经营机制转型问题发表了自己的观点。

（曾刚）

社会主义政治经济学理论研讨会

2011年4月16日，上海市经济学会与上海社会科学院经济研究所联合举办“社会主义经济学理论研讨会暨祝贺袁恩桢研究员荣获上海市学术贡献奖座谈会”。会议由上海市经济学会会长、上海市政府发展研究中心主任周振华主持，上海社会科学院常务副院长、经济所所长左学金作总结。经济学会及上海社会科学院经济所资深学者、研究人员和学生代表等40余人出席。

与会者高度评价了袁恩桢在50多年科研生涯中的学术贡献，赞扬袁恩桢坚持马列主义基本原理与中国实践相结合；联系国情、市情，推进改革实践；选题有远见和胆量，取得丰硕学术成果。与会者还就中国体制改革的问题和任务展开讨论：

一，社会主义市场经济理论需要在实践中发展和完善。从中共的十四大提出社会主义市场经济理论至今已20年，虽破解了公有制与市场经济结合的难题，但目前社会上出现的种种令人担忧的问题，说明社会主义与市场经济结合仍有很大的研究空间。如何解释骄人的发展业绩与严重的经济与社会问题并存的现象。市场经济发展如何更好地体现社会主义要求，如何处理好公有制与私有制的关系，划清基本经济制度同私有化和单一公有制的界限等。

二，社会主义初级阶段的基本经济制度需要坚持和完善。与会者认为，以公有制为主体、多种所有制经济共同发展的基本经济制度的确立，是初级阶段社会主义发展的必由之路。实践证明，民营经济的发展是当代中国社会生产力发展的一个重要因素，是落后农村脱贫致富的一条重要途径，也是坚持对外开放与吸引外资的一个重要条件。目前突出的问题是公有制经济如何深化改革，真正有效地发挥主体作用。另外加强农民的土地财产性收入房价、收入分配、应对经济危机等研究非常必要。

三，国有企业改革与发展“滞后”的难题需要逐步破解。袁恩桢曾提出现有国有企业存在改革与发展两个滞后状况。与会者认为，目前国有企业“两个滞后”的问题仍然存在。一些垄断性央企高收入已成为收入分配差距过大的热点。国企应该受到人民的监督，否则就会成为谋取私利的用具，有悖于改革初衷。有代表强调，实践中的许多问题都与国有企业的改革发展相关联。

四，社会主义经济学需要在实践中丰富和发展。与会者认为，社会主义经济学是中国特色社会主义理论体系的主要内容和重要组成部分，是马克思主义与当代中国实际和时代发展不断结合、完善的理论体系。中国的经济学与中国经济发展关系密切。中国的改革开放与发展离不开经济学家的贡献，如何对中国经济成就作出总结，需要坚持马克思主义经济学，又要以世界公认的学术语言进行长期、深入的科学研究。既不能虚无自己，也不要虚无西方。有代表指出，社会主义经济学的创新和发展需要处理好四方面问题：科学理论与当代中国实际的关系，马克思主义经济学与西方经济学的关系，生产力与生产关系的关系，市场经济与社会主义关系。

与会代表一致认为，中国经济与全球经济已经联系在一起了。中国的经济学不仅要研究、解释并解决中国发展中的新问题，也要努力研究、解释和解决世界性问题。

（周晓庄）

第十三届全国政治经济学研讨会

2011年4月27日—28日，由中国社会科学院经济研究所与北京工商大学经济学院联合主办的第十三届全国政治经济学研讨会在北京工商大学召开。来自中国社会科学院、北京大学、清华大学、《经济学动态》编辑部、中共山东诸城市委、中共广西玉林市委等30多家单位的80多位专家学者围绕“中国的城镇化道路”主题，展开了热烈而深入的讨论。

一 中国城镇化问题的理论研究方面

主要观点有：（1）城市化的实质在于产业的选择与产业聚集，因此对城市化的研究要以产业为视角。此外，城市病的实质在于城市政治中心、文化中心及经济中心的重叠。

（2）群众的福利追求行为是城市化进程不断演进的动力所在。城市化的最终目的是提升居民福利水平，实现人的可持续发展。

（3）推进城镇化建设是中国经济扩大内需的必然选择，城镇化的发展可以创造生产性需求和生活性需求，并为三次产业的协调发展提供历史机遇。因此，应该积极加快中国特色城镇化建设。

（4）近年来中国城市化进程中出现的突出特点，包括区域间城市化非均衡发展、大城市脱离周围腹地畸形发展、土地城市化快于人口城市化及城市化进程落后于工业化的进程等，因此，中国的城市化应走集约型的发展道路，实行城乡统筹发展。

（5）根据中国城镇化中遇到的主要问题，提出中国城镇化道路应遵循如下原则：大中小城市与小城镇协调发展；城镇化必须低碳发展；改革户籍制度，完善社会保障和基本公共服务体系；加快社会主义新农村建设，促进城乡差异化协调发展。

二 中国城镇化的道路与模式的现实选择

（1）山东诸城市副市长孙文力介绍了诸城市推进新型城镇化建设，加快城乡一体化进程的实践经验：构筑以“中心城区—城市副中心—重点镇—农村社区”为框架的新型城镇化体系。

（2）广西玉林市委副秘书长兼政策研究室主任严海波介绍了广西玉林统筹城乡的探索与实践。玉林的城镇化是小工业拉动大农业，特点是项目引进经济发展与财富分配均衡同等重要、中心城市与中小城镇建设同等重要、城镇化与新农村建设同等重要。

（3）根据对鄂尔多斯市格舍壕移民新区建设的考察，提出无土安置移民是中国西部生态脆弱型地区城乡一体化发展的创新实践与模式探索。无土安置移民把地处偏僻的农牧民整体移植到城乡结合部，彻底实现“三个转化”。

三 城镇化中的土地问题

（1）中国城市化进程中的问题几乎都和土地制度有关，其中一个突出的问题是征地的二律背反，因此，较好的解决办法是改革城市土地所有制结构，对国有土地进行分级所有，同时消除对农地私有的担忧，对国有和集体建设用地实行同地同价同权。

（2）解决以家庭为单位平均分割土地的格局与农村城镇化之间矛盾的有效方法是土地股份合作制。要在坚持土地集体所有和“家庭联产承包经营”稳定不变的前提下允许和加快土地承包经营权的流转。土地股份合作制代表着农村土地承包经营权流转制度改革的方向和趋势。

四 城镇化与相关产业发展

（1）关于城市化进程中的房地产业问题，认为主要原因包括宏观调控的被动型、短期性和波动性；快速城市化的放大作用；

土地财政的扩大作用；利益群体的形成；普遍性的投机行为及商品房、保障房供给结构的失衡等。走出怪圈的路径是调整财税体系；保持政策稳定；优化产业结构；提高百姓收入；落实住房保障；深化市场体系。

（2）城镇化进程中的二元经济转型与中国的粮食安全问题：首先立足于国内实现自给自足，其次小规模农业经营使中国粮食生产潜力不容乐观，引发粮食供求关系大幅度波动，最后，中国应采取促进劳动力非农化转移、促进土地流转、建立农村支持保护体系、深化粮食流通体制改革等措施以保证粮食安全。

（3）加快农村城镇化必须走发展第三产业的道路，中国城镇化建设与第三产业的发展之间存在着互相联动的重要关系，为解决我国就业问题提供了有力的途径。

（经科）

亚洲金融合作的新方向国际学术研讨会

2011 年 4 月 28 日，由中国社会科学院金融研究所与韩国资本市场研究院共同承办的“亚洲金融合作的新方向（Asian Financial Collaboration at a Crossroads）”国际学术研讨会在韩国首尔隆重举行。来自韩国主要金融机构、高校和研究组织的 300 多位专家学者参加了本次国际研讨会。

金融研究所所长王国刚研究员率团参加会议并发表主题演讲。王国刚所长、韩国金融服务委员会主席 Seok - Dong Kim、中国驻韩国大使馆经济商务公使衔参赞周长亭、韩国资本市场研究院院长 Hyoung - Tae Kim、中国国家开发银行业务发展局局长刘勇、亚洲开发银行高级研究顾问 Peter Morgan、前日本银行货币经济研究所总干事 Wataru Takahashi、韩国产业银行研究中心主任 Ki Soon park、中国社会科学院金融所所长助理胡滨研究员、中国《金融评论》编辑部主任程炼博士以及中国社会科学院经济所宏观经济研究室主任张晓晶研究员出席本次会议，并作发言。

王国刚以《国际货币体系改革的思考》为题发表了主题演讲，就国际货币体系的发展脉络、存在的突出问题进行了深入的剖析，并提出了建立多元化国际货币体系的建议，得到了与会代表的广泛认同。

张晓晶以《人民币国际化：最新进展、国际经验与前提条件》为主题发表演讲。张晓晶指出人民币国际化是中国最终摆脱现行不合理的国际经济和金融体系的根本出路，是降低对美元及美元资产依赖的根本之道。其有利之处有三：一是避免外汇储备的损失；二是对国际货币体系改革的回应；三是使实体经济层面与货币金融层面相匹配。同时，张晓晶还以德国马克和日元的国际化进程为借鉴，提出人民币国际化必须具备的几个先决条件，并从国际条件、国内条件以及发挥香港的作用三个方面分析了人民币国际化的前景。

（尹振涛）

经济发展与抑制通货膨胀研讨会

2011 年 4 月 28 日，由中国社会科学院经济学部主办，财政与贸易经济研究所承办的“经济发展与抑制通货膨胀研讨会”在北京召开。中国社会科学院经济学部主任陈佳贵研究员出席并发表讲话。来自中国社会科学院、国家发改委价格司、中国人民大学等单位的领导与专家学者等共40余人出席了会议。

一 对当前经济运行与价格形势的基本判断

与会代表认为，综合考虑2011年中国第一季度的各项统计数据，特别是全年物价上涨的翘尾因素和近来新的涨价因素，今年的物价上涨率4%的控制目标将很难实现。国际大宗商品价格上涨，国内企业生产成本增加，在实施“十二五”规划的开局之年，各地区经济增长率的目标都很高，经济明显过热，必将加剧通胀，物价上涨将很难控制。今年全年中国实际物价上涨率估计将达到5%左右。

与会代表认为，这一轮通货膨胀主要不是输入型的，而是固定资产投资规模过大、贸易盈余过高和货币供应过多造成的。面对当前的通货膨胀形势，宏观调控和微观规制都陷入两难境地。但在财政税收政策方面还有相当大的转寰空间。可能的政策选项包括：个人所得税在“十二五”期间争取一步调减到位，大宗商品调减增值税，增加针对弱势群体和低收入人群的价格补贴等。此外，以《价格法》和《反垄断法》等法规为依据，价格管理和微观规制在引导企业定价行为、维护市场秩序和打击价格违法行为方面还大有可为。

与会代表还认为，价格总水平持续走高将持续较长一段时间，必须做好长期应对通货膨胀的准备，建立抑制通货膨胀的长效机制。

二 新形势下抑制通胀与保障民生的新思路

与会代表认为，虽然目前国内物价上涨幅度还处在可控范围之内，但由于当前通货膨胀形势十分复杂，其影响不仅事关经济发展和人民生活，而且关系到政局稳定和社会的安定团结，理应引起高度重视。应当格外重视通货膨胀对弱势群体的切身利益、居民心理和社会思潮的影响。

与会代表认为，要转变中国经济发展方式，实现包容性增长，应有效克服片面追求经济过高增长速度的倾向，改变效益低下的粗放型增长方式。还应努力消除通货膨胀对收入分配格局的不利影响，防止低收入家庭财富缩水、贫富差距拉大和实际工资水平的下降。要切实保障居民生活必需品特别是食品的市场供应。保障群众生活，适度提高低保、社保、农村“五保户”救助和大学生助学金标准，防止通货膨胀过度损害底层民众切身利益。稳定通胀预期，制定应急预案以应对突出事件对市场造成的意外冲击。应当采取有力措施，建立长效机制，稳定农产品的生产和供应，切实降低食品流通成本。

三 资源价格改革与要素市场建设

与会代表认为，通货膨胀将影响到资源产品的价格改革，一旦通胀趋缓，即应把握时机，适时适度地推进价格改革。经验表明，通货膨胀是价格改革的最大障碍。在短期内政府主要倚重行政干预来控制物价是可以理解的。但是，不适当的行政干预会对市场机制造成不利影响，有可能麻痹市场机制的作用。因此，待到本轮通货膨胀趋于缓和，还是应当坚定不移、适时适度地推进资源产品的价格改革。即使是在现有的格局下，也可以通过调整结构来化解能源原材料价格上涨的压力。

与会代表认为，应关注劳动力市场的转变和工资率的变动，警惕工资与物价螺旋上升式的通货膨胀。在“十二五”及其更长远的时间内，工资率将有持续走高的趋势。随着劳动力充裕比较优势的逐步消失，社会总成本上升，积累和投资率下降，由此助推因劳动力成本上升引起的物价总水平上涨，经济增长将趋于乏力。因此，工资率的提升应当适度。否则有可能形成通胀带动工资率上行，反过来工资率上行又带动通胀，落入“通胀——工资率上行——通胀”的恶性循环，不仅不利于抑制通胀和提高居民实际生活水平，反而有可能扩大收入差距。

与会代表认为，中国股市震荡加剧，但存在着结构失衡的因素。在通货膨胀的大背景下，政府仍然应当努力完善资本市场结构，完善资本市场功能，改革新股发行定价机制，规范资本市场秩序，打击内幕交易，改善上市公司治理结构。

（张群群）

中国社会民生与经济增长学术研讨会

2011 年 4 月 29—30 日，“中国社会民生与经济增长”学术研讨会暨首都经济学家论坛主席团会议在河北召开。会议由北京师范大学当代经济理论研究中心和中国社会科学院《经济学动态》杂志社共同主办，来自北京大学、中国人民大学、北京师范大学、中共中央党校、中国社会科学院经济研究所、首都师范大学、中国政法大学等首都高校和科研机构的专家学者参加了本次会议。

学术研讨会充分贯彻“两会”（全国人大与全国政协）精神，紧扣“两会”热点——民生问题，就中国社会民生与经济增长问题畅所欲言，展开了热烈的讨论。与会者认为：改善民生与保持经济增长是中国社会两件同等重要的大事，二者缺一不可。一方面，只有保持经济的持续、稳定增长，才能为改善民生提供坚实的经济基础和物质基础。就中国当前的经济发展状况而言，转变经济增长方式已是刻不容缓的任务。旧有的粗放型经济增长方式不可避免地带来了资源环境约束、收入差距扩大、经济结构失衡等问题。要缓解这些问题，实现经济的可持续稳定发展，必须加快向集约型经济增长方式的转变。另一方面，伴随着经济的发展，改善民生的重要性和紧迫性也越来越凸显出来。国以民为本，改善民生、提高人民生活水平，是保持经济持续增长的重要动力。改善 民生需要从四个方面入手。一是加强社会主义经济体制建设。具体而言，必须进一步完善就业机制、保护劳动者权益，完善收入分配机制、缩小收入差距，完善社会保障机制、使人民安居乐业。二是加强政策支持，包括稳定物价政策、税收惠民政策、就业指导政策、惠农政策等多个方面。三是加强法律建设。通过法律规范各社会主体的行为，保证各主体的正当权益不受侵害。四是加强道德建设。利用道德因素对社会主体行为的软约束，作为规范主体行为的辅助手段。

与会学者还结合当地实际对社会民生与经济增长问题进行了探讨，通过对河北省当地商品集散市场的考察，发现同质商品在集散地的零售价格仅为北京市场价格的 1/4—1/5，存在较大差价。对此，学者们运用经济学理论，尤其是马克思经济理念进行了深入分析。推测差价存在的主要原因在于：中间流通环节过多，处于流通环节的主体为追求利润，大幅加价导致商业利润膨胀。指出，商业利润膨胀会带来两方面的不良后果：一方面，高价格显然会损害消费者的利益，并且可能导致价格总水平的上涨；另一方面，商业利润挤压生产利润，商业部门的实际收入远远大于生产部门，从而导致不同部门间从业人员收入差距加大问题。因此，为了改善民生，维持经济长期稳定增长，要在发展商业的同时，协调商业部门与生产部门之间的关系，使二者均衡发展。

（金泓摘自《经济学动态》2011 年第 8 期）

中国医疗改革与老年健康、福利跨学科研究研讨会

2011 年 4 月，中央财经大学和《经济研究》编辑部举办了“中国医疗改革与老年健康、福利跨学科研究”学术研讨会，就我国医疗改革政策评价、老年人口的健康保障、医疗卫生服务的改善、社会保障改革、老龄化应对等问题进行讨论。

一 中国医疗卫生改革政策相关研究最新进展

（1）有效借助营利资本提高医疗服务的整体效率，对于提高医疗和服务水平有着非常重大的意义。目前，中国医疗领域的营利资本呈现出发展不均衡状态，且综合医疗服务领域发展滞后，而基层以及专科医疗领域发展较好。若要改变这一现状，首先要理顺公立医院与其管理者之间的关系，分离所有者—监管者职能；其次是构建有效的公立医院内部人事制度，理顺激励约束体系。

（2）因职工基本医疗保险能够转嫁个人健康波动产生的医疗支出风险，个人可能面临的医疗支出风险绝大部分将由社会承担。因此政府应进一步充实社会统筹基金和大病基金，以此抵御可能发生的大病风险。

（3）新型农村合作医疗制度（NCMS）作为中国农村社会保障制度具有扶贫效果。另外，NCMS 在不同性别之间产生的作用还不尽相同。

（4）商业健康保险对一国医疗保障的作用毋庸置疑，因此，应当发展保险机构与卫生部门之间的长期合作关系，建立城乡医疗卫生信息统计制度，并通过一定的财税政策，引导商业健康保险设计出与社会医疗保障互补的差异化、多元化产品。

（5）农村医疗保健制度里的农民参与率与缴费水平的权衡以及共付率的选择尤其显得重要。在分析了中国农村合作医疗的最优共付率，及不同缴费水平对参与率的影响后，提出了在维持高覆盖率及基金平衡条件下我国现行农村合作医疗制度的不合理性及解决方案。

二 “老龄健康”相关研究最新进展

（1）通过经济学角度研究老年健康问题对社会资源与人力资源配置、相关学科建设意义重大，可与其他学科形成有效互补，老龄健康经济学的研究必须基于对相关自然学科的充分了解和高质量的基础数据库。

（2）残疾老年人群体的福利需求既表现为整体的同一性又兼具不同特征子群体的差异性，因此残疾人福利制度的未来改革必须

考虑通过构建和完善多层次、多支柱的福利制度体系来满足残疾老年人群的需求多样性，在保障该人群整体同一性福利需求的基础上充分满足其不同子群体的差异性福利需求。

（3）对老年人居住模式与老年健康的因果关系的研究发现，与子女合住对老年人的生活自理能力并没有显著影响，但显著改善了老人的认知功能与自评健康现状，而且弱势老人或无偶老人受居住模式的影响更显著。同时，老年人的健康状况本身也是其进行居住选择的重要决定因素。其研究为政府的房屋设计政策和住房购买政策提供了重要参考，也从理论上证明丰富老年人的精神生活，重视老年人的人际交往是必要的。

从激励机制、可持续性、项目管理和运营三个方面对新农保制度存在的问题进行了深入解析。结论是：当前制度安排下农民对于“新农保”缺乏参保激励，未来财政补贴将面临更大压力。从项目管理和运营的角度，指出“新农保”较之“老农保”存的问题。

三　医疗卫生政策与老龄健康研究中跨学科研究的趋势

本次会议达成了一个重要共识：跨学科研究将成为医疗卫生政策和老龄健康研究的主流趋势。自然科学主要探讨物对健康和政策的影响，而社会科学原则主要探讨人与社会相互作用对健康和政策的影响。从这一角度讲，社会科学和自然科这主要研究内容上的差异都是对对方的一种非常有效的补充。

（金泓摘自《经济研究》2011 年第 6 期）

中国经济史中 GDP 估算的资料来源与理论方法研讨会

2011 年 5 月 7 日，中国社会科学院经济研究所《中国经济史研究》编辑部、北京大学经济学院、清华大学中国经济史研究中心、南开大学经济史研究中心在北京联合举办了“中国经济史中 GDP 估算的资料来源与理论方法研讨会”，来自中国社科院、北京大学、清华大学、南开大学等单位的学者参加了此次会议。

专家分别介绍了各自的研究状况和对 GDP 研究的思考。吴承明研究员的书面发言《全要素分析方法与中国经济史研究》，介绍了美国商务部经济分析局丹尼森（E. D. Denisin）研究美国经济增长的“全要素分析方法”，指出，制度以及国家、意识形态属于上层建筑，它们对经济基础的作用不是直接的，往往要经过相当长的时间才能显现，而且不可计量，不能纳入丹尼森模型。因此“全要素”分析必须在丹尼森的模型之外另立制度等专项。全要素分析就是分析要素与整个经济增长的关系及其变迁。其实，那种计量模型并不是研究历史的好方法，它将复杂的社会关系都简化为函数关系，已属失真，又用时间变量代替历史思考，不能说明其来龙去脉。所以，在全要素分析中，那些用丹尼森模型计量的部分，仍然要辅之于逻辑分析，才比较完善。

史志宏介绍了所主持的国家社科基金项目“19 世纪上半期中国经济总量估值”。此项研究以“重建历史数据”为目标，对二千多种地方志一一过筛，然后将所得数据仔细考核，在此基础上以收入法估算国民经济总量。他认为 GDP 是衡量历史上经济发展总量指标最好的一种，便于横向、纵向比较。计量虽然只是一种方法，如果有条件仍应做计量，相比之下传统的举例法易被史料误导。他呼吁建立近代经济数据“两库一丛书”，分别为“原始数据资料库”、“修正数据资料库”和在修正数据基础上的研究丛书。

王玉茹的论文就是检验购买力平价法在中国经济史中运用的可能性，认为该理论在研究中国长时段历史中具有不确定性与极大风险，指出研究中国经济发展的历史要在搞清楚微观层面的基础上再考察其宏观的发展趋势，而不是本末倒置。

刘逖的《中国历史上的 GDP 估算中跨国换算方法初探》分析了历史上的 GDP 换算为当代可进行国际比较的数据的几种换算方法的利弊，认为在进行跨时期跨国比较时，当期购买力平价法是一种比较好的方法。

刘巍，认为用计量方法估算出来近代中国的 GDP 应该接受以下几项考评：第一，理论函数的前提假设与中国的宏观经济运行环境是否贴近；第二，理论函数的因果关系设置是否合理；第三，数量模型效果是否显著；第四，外推数据是否依据与残差有关的变量做了必要的修正；第五是否从其他角度对外推数据做了验证。彭凯翔从数据选取和数学方法运用等角度，从价格的横向平均、纵向平均、季节波动，市价/所得价格和影子价格四个方面指出历史 GDP 估算在计价时可能发生的误差。刘光临认为选择对某一地区的 GDP 研究，涉及区域小，资料多，假设的范围小，反而令人信服，这是 GDP 研究可行的发展方向。倪玉平提出 GDP 估算的三个原则：重视原始资料收集和整理、注意估值的合理性、注意历史感。

（经科）

上海企业论坛

2011 年 5 月 7 日，上海社会科学院、上海市党建研究会和上海市企业党委书记工作研究会联合举办“上海企业论坛：企业党建新探索”。论坛特别邀请了 2 家在沪央企、2 家上海国企、1 家国有控股上市企业、1 家上市公众企业和 1 家民营企业的党委书记，围绕企业党建作专题发言，并请浦东干部学院、市委组织部、市委党校和上海社科院的 4 位专家作了精彩点评。130 多位企业领导人和专家学者出席了论坛。

一　关于“创先争优”和“学习型党组织”建设

中国航空无线电电子研究所介绍了将“党建”融入研究所的“中心”和“大局”，创造了“四个管”和四个工作方法。他们探索三个层级、七个维度的人才培养考核方式；构建党员网络沟通平台，支部编制报纸等新的党建制度。中海油轮公司坚持党委中心组学习、企业发展论坛和干部教育培训“三个平台”和领导干部调研制度等学习型组织建设。点评强调完善学习、优化行为和体现业绩的三位一体。要以创先争优为目标，以学习型党组织建设为载体，以基层党支部为基础，形成党建的新格局。

二　关于“党务公开”和“党的群众工作”

上海卷烟厂按照管理流程，构建“办事公开民主管理实施方案”。明确并划分党务公开的类别、内容和范围；运用多种载体，强化“公开”实施力度。上海锅炉厂制订高端技能型人才的“山鹰计划”，新进大学生的“海鹰计划”和高级人才的“雄鹰计划”。专家较高地评价了两个企业的成功案例，并就深化“党建”工作提出：一是面对利益、思想和身份的多元化的管理对象，对管理有效性提出了挑战；二是党组织要起引领作用，注重各层面的党群工作的方式方法；三是强调党务公开的重点和实质是有效监督。

三　关于“引领企业文化”和“企业党组织与管理层的沟通机制”

大众交通集团党委引领“一切为大众”的核心价值理念，通过创办《大众TAXI》周刊，打造与强化大众“文化基因”。均瑶集团确立“共同的价值观”、“业主的权威”、“党组织的旗帜作用”、“党委负责人和业主的关系”、“党委与公司的关系”的五个工作理念和“互相尊重”、“内方外圆”、“尽快职业化”、“以作为求地位”、“增强影响力”的五个工作方法。专家点评肯定了大众集团党委将党建理念转化为员工的语言、目标、文化和均瑶集团党委寻找自身发展内生性的切合点和生长点的实践探索。建议有计划地选派青年干部到非公企业从事党建，培育高素质，高水平的党建人才队伍。

四　关于“企业社会责任：构筑反腐倡廉屏障”

专家肯定了上海浦东路桥建设集团公司“企业构筑反腐倡廉屏障”的“三离”（分离、脱离、远离）阳光工程紫外线制度。认为要从长远和总体铲除腐败滋生的土壤，要解决和完善干部选拔、评价和能上能下的制度企高管层建立与员工和谐关系的六个要点和措施。

（周晓庄）

第四届“湖湘三农”论坛——“两型社会”建设与县域发展

2011年5月14—15日由湖南省新农村建设促进会、衡阳市人民政府、中国社会科学院农村发展研究所、湖南省人民政府农村工作办公室、湖南省农业厅、湖南省林业厅、湖南省水利厅、湖南省社会科学院、湖南省广播电影电视局、湖南广播电视台、湖南日报报业集团、中南林业科技大学、南华大学、衡阳师范学院共同主办，湖南省农村发展研究院、衡阳市人民政府农村工作办公室、衡阳县人民政府、衡阳市社会科学界联合会、湖南乐为新技术实业有限公司承办的第四届“湖湘三农”论坛在湖南衡阳市举行。来自全国各地的党政干部、专家学者、基层实践工作者和农民代表共计300多人出席了论坛。本次论坛的主题是：“两型社会”建设和县域发展。

会议由湖南省人大常委会副主任蔡力峰主持。中共湖南省委常委、组织部长黄建国在大会致开幕词，中共衡阳市委书记张文雄致欢迎词。中国社会科学院农村发展研究所所长李周研究员作题为《“十二五”时期中国农村发展若干战略问题分析与思考》主题报告；湖北省社会科学院院长宋亚平教授作题为《农业，说声爱你不容易》主题报告。

一　关于两型社会与县域发展

与会代表热烈地讨论了“两型社会”与县域发展的内在联系。认为“两型社会”建设的重要任务在县域，“两型社会”是县域经济发展的必然选择。发展两型县域经济、开展低碳经济技术创新，推进低碳工业园区与城镇建设，是构建两型县域的重要内容和途径。节能减排与发展新能源是两型县域建设的重要内容，社会的公平正义、社会关系的和谐是两型县域建设的题中应有之义。

二 关于城乡一体化与县域发展

学者们认为，县域是农村与城市连接的节点，城乡一体化是中国破解城乡二元结构的关键。县域城乡一体化必须改变城乡文化二元结构。加强城市基础设施建设，完善城市功能，充分发挥大中小城市和小城镇各自的优势，形成产业集群是城乡一体化可持续的前提；城乡一体化必须合理运用城镇建设占用耕地、城镇建设投资、推进产业集群中统筹政府和市场的作用。

三 关于农业现代化与县域发展

与会者一致认为，现代农业是县域经济发展的新的源泉，建设现代农业要推进农业基础设施建设，发展壮大优势特色产业，培育壮大农业产业化龙头企业，推进农村劳动力转移就业，培育壮大农村能人经济。此外，建设现代农业还要创新土地管理使用机制，创新现代农业经营组织，创新农村融资体制机制，创新公益事业投入机制，创新农村工作体制机制等。

四 关于新农村建设与县域发展

“新农村”建设是县域发展的重要组成部分，政治与社会改革是“新农村”建设与县域发展的内在动力。县政改革要明确总体目标、完善制度设计，进而通过试点探索出具有典型性和推广价值的县级政体改革模式。无论是新农村建设还是县域发展，需要一套有效的评价体系。

五 关于县域经济发展的支持体系

与会者认为，农业基础设施，特别是农业水利设施是县域经济赖以发展的基础。农村金融是县域经济发展的重要条件；县域发展的人才支撑十分重要，对推动县域经济的快速发展具有重大的现实意义和深远的历史意义。

（陆福兴）

纪念杨坚白百年诞辰学术研讨会

2011 年 5 月 25 日，中国社会科学院科研局和中国社会科学院经济研究所联合主办的“纪念杨坚白先生百年诞辰学术研讨会”在北京召开。刘国光、张卓元等老一辈经济学家和中国社科院经济所的老同志梁文森、沈立人等出席会议，参加会议的还有杨坚白的学生杨圣明、张曙光等人以及杨坚白的女儿杨之刚。会议由中国社科院经济所副所长张平主持。与会人员作了精彩发言，充分表达了对杨坚白的崇高敬意和深切缅怀。

梁文森满怀激情地作了《向社会主义宏观经济学开拓者杨坚白同志致敬》的主题发言，拉开了学术研讨会的序幕。沈立人追忆了杨坚白的学术创新，并对增长过度依赖投资等一系列中国面临的现实挑战提出自己的独特看法。杨圣明动情地追思了杨坚白对自己的厚爱和培养，向会议提交了《青春作赋，白首穷经——我国著名经济学家、统计学家杨坚白教授》的文章。张曙光在《杨坚白的学问人生》的主题发言中，从四个方面总结了杨坚白的理论贡献，其他与会人员也大致从这四个方面对杨坚白的贡献进行了阐述和归纳。

与会人员认为，杨坚白首先是一个统计学家，在统计理论方面作出了较大贡献。他在统计理论上的贡献主要体现在两个方面：一是在国内首倡统计监督，充分体现出先见性和坚持真理的勇气；二是对数理统计学科的重新发现和精辟阐述，指出数理统计学是数学的一个分支学科，本身并没有阶级性。其次，在生产价格理论方面，杨坚白明确指出生产价格不是资本主义经济的特殊现象，在社会主义经济中有必要使用生产价格。全球金融和经济危机说明，杨坚白的理论贡献具有很强的现实意义。再次，杨坚白是1949年以后中国计算和研究国民收入问题的先驱，宏观经济学的开创者，甚至可以称为“中国宏观经济学之父”。杨坚白将国民收入与综合平衡联系起来，主张“以社会总产品和国民收入为主体，以速度和比例为核心”，进行国民经济综合平衡，从社会再生产的总体上考察再生产的各个环节以及各个方面的平衡关系。最后，杨坚白是社会主义商品经济和市场经济理论的倡导者，他明确指出商品经济与市场经济并无本质的不同，并始终如一地坚持自己的理论观点。改革开放后中国经济学界在这个问题上发生过激烈论战。与许多人观点的反反复复不同，杨坚白的立场和观点是明确和一贯的，而所写他关于这个问题的文章堪称中国经济改革理论的名篇。

在谈及杨坚白的治学精神时，与会人员感触最深的有三点。首先，杨坚白一生追求和坚持真理，始终如一地坚持自己的理论观点，从不因任何非学术的原因而发生动摇。其次，杨坚白经常到全国各地进行调研，深入了解实体经济的运行情况，不图富贵，不慕虚名，理论联系实际、扎扎实实地进行理论的创新和探索。再次，杨坚白富有创新和开拓精神，除了培养出一大批宏观经济学研究人才外，还是中国数量经济、人口经济、生态经济等研究领域的倡导者和开拓者。杨坚白虽然一生经历多次磨难，但始终保持本色、矢志不移，有着淡泊名利、宠辱不惊的高尚情操。

（金泓摘自《中国社会科学报》2011年6月9日）

深化垄断行业改革与反垄断高层论坛

2011年5月28日，深化垄断行业改革与反垄断高层论坛在北京召开会议。本次会议由首都经济贸易大学、中国工业经济杂志社、山东大学反垄断与竞争政策研究中心、哈尔滨商业大学、浙江财经学院、江西财经大学联合主办，首都经济贸易大学工商管理学院承办。来自国内高校和科研院所70余名专家学者参加了论坛，共商当前深化中国垄断行业改革和反垄断问题。

一　深化垄断行业改革的理论基础

中国社会科学院工业经济研究所所长金碚研究员提出，垄断行业改革以及反垄断需要重视其观念基础。中国垄断行业改革很艰难。在西方国家，反垄断是大家的共识，而且在某种程度上是构建一个经济规则的过程中层次非常高的原则。但在中国，尤其在目前产业发展多元化、结构越来越复杂，而且在很多实力非常强、竞争力非常强的大型企业的实际操作中，存在着许多的争议。一个原因是对反垄断怎么理解的。主要涉及垄断是否导致效率和市场绩效损失，造成不公平竞争、损害消费者利益等。西方国家认为垄断会导致效率的损失，导致竞争对手的不公，导致消费者利益受损，所以一定要消除垄断现象。很多人认为在中国垄断对经济有积极的影响，保证国家经济安全等，认为垄断的存在是必要的。那么，这个必要是一种特殊情况，还是在观念上就认为存在垄断。垄断现象的争议，归根结底要在垄断的观念上达成共识，否则改革之路会走得很艰难，垄断与反垄断将成为利益集团之间的博弈，而不是由科学的结论形成的体制。

中国社会科学院竞争与规制研究中心主任张昕竹研究员认为，中国垄断行业改革有三大技术理论缺失：(1) 国有产权理论尚未破题。(2) 建立在国有产权上的竞争理论还没有建立起来。(3) 现有的规制理论缺乏对诸多转型因素的考虑。

南开大学经济与社会发展研究院杜传忠教授认为，激励规制经济学的俘获理论可以为中国垄断产业改革提供思路。从根本上解决规制俘获问题，要破除长期沿袭下来的行政性管制方式，建立与市场经济相符合的新型政府监管体制。垄断行业政府管制体制改革的过程实质上是各利益主体的利益博弈过程。政府管制体制的改革必须充分考虑各利益主体之间的利益关系，形成各利益主体之间的制衡机制和行为主体的激励、约束机制等。

二 深化垄断行业改革与促进经济增长

国务院发展研究中心副主任刘世锦研究员指出，在现阶段中国经济增长速度减速过程中，应深化垄断行业改革和加强反垄断，培育新的经济增长点。如果中国经济发展路径类同于成功追赶型，则 2015 年经济回落 2%—3% 是正常的。中国经济增长速度回落的实质：按照目前的增长态势，再过 3—5 年，将会达到成功追赶型国家增速回落时所达到的 11000 国际元的水平。中国经济增长速度回落期面临的挑战：一是与高速增长相伴随的高流动性和规模经济收益，掩盖了低效率问题。二是增长的动力会变化。随着经济增长回落，在低成本要素优势逐步减弱之后，中国经济能否形成创新驱动为基础的新竞争优势，存在一定的不确定。进而认为服务业将是中国下一步的重要增长领域，而在金融、电信、能源、卫生、文化、教育等领域的进入限制很有可能抑制新的技术和经济增长潜力。促进垄断改革的有效途径是通过对内与对外开放扩大准入和竞争，使垄断性行业竞争取得实质性发展。

北京大学经济学院平新乔教授认为，通过深化中国服务业的垄断改革，促进中国经济增长。研究发现，中国服务业的垄断程度要显著高于工业的垄断程度，而且现代服务业的垄断程度又要高于传统服务业。此外，研究私人资本和外国资本投资的进入程度对行业垄断程度的影响表明，提高私人资本的比重会增强行业的竞争程度，而对外资的开放并不能够降低垄断程度，反而可能表现为反竞争。因此，加快服务业发展也许更应注重民营资本的引入，在这方面推进改革，才能有良好长效的改革成果。

首都经济贸易大学工商管理学院张孝梅博士指出，通过对中国石油、电信、交通等 20 个垄断行业的数据研究发现，垄断行业效率很低，垄断所造成的损失非常大。中国垄断行业的改革将成为中国下一个五年计划的引擎，中国垄断行业改革平均每年可以提高 GDP 的 1%。

山东大学经济学院乔岳博士指出，政府竞争可以促进中国经济快速增长。市场分割通过阻碍全要素生产率的进步显著阻碍了即期经济增长，但却在一定条件下促进了未来经济增长，从而为市场分割与未来经济增长之间的“倒 U 形”关系假说提供了理论基础。

中国社会科学院数量经济与技术经济研究所郑世林博士研究发现，中国电信经济体制改革显著提高了全要素生产率，从而促进了行业快速增长，但是在改革后期（2003—2007 年），随着经济体制改革“红利”消耗殆尽，电信行业陷入了低速增长期。因此经济体制改革停滞不前，以及电信企业分拆后所形成的竞争失衡是造成电信行业陷入低速增长的两个重要原因。另外海外上市也凸显了全要素生产率的作用，加入 WTO 也起到了正向作用。

三　深化垄断行业改革的推动力

国务院发展研究中心产业经济研究部部长冯飞研究员认为，目前，要深化中国垄断行业改革，应该把体制外对改革的期盼转化为体制内推动改革的动力。改革需要持续动力这是主要问题，而非在于某些具体的改革措施。之前改革动力出自于企业内、行业内，主要解决发展问题。例如，电力行业的改革，以及三峡电站建设和建成后如何分电，仍然属于电力体制改革。改革持续动力何在，最大呼声来自体制外，公众对改革的期待更强烈，相反，由于体制内的改革动力不足，行业内对改革甚至是抵制的。如何形成改革的持续性动力是深化垄断改革要解决的问题。新一轮改革的动力来自于效率的提高，而不只是解决短缺问题。

中国社会科学院经济研究所剧锦文研究员认为，对于如何继续深化中国垄断行业改革，学者的观点主要有转变观念、行业开放、引入竞争因素、改革体制和加大市场化力度、改革治理模式、行政力量推动、企业分拆导致竞争结构。目前，非公有经济进入中国垄断产业存在严重的制度壁垒，这是下一步改革的主要方向。应该通过行业开放、放松管制，让非公经济进入。

浙江财经学院工商管理学院唐要家教授认为，目前，中国反垄断法实施的整体效果不明显。需要建立三位一体执法体系：公共执法机构主动执法、私人诉讼和举报、违法企业自身的主动举报。同时建立激励性执法体制：使企业的合谋成本大于不合谋的成本；向公安机关举报的收益大于不举报的收益。

四　垄断行业的竞争导入

中国社会科学院经济研究所原所长张卓元研究员认为，深化中国垄断行业改革最重要的是引入竞争机制。引入新的厂商，开展竞争。

首都经济贸易大学校长助理戚聿东教授认为，中国垄断行业必须启动改革。即：六位一体三阶段整体渐进改革观。“整体改”包括产权、治理、竞争、运营、价格、规制六个核心方面。涉及政府、行业、企业、公众众多方面，按照先易后难渐进式改革，分为三个阶段：第一个阶段，进行运营模式和产权模式改革；第二个阶段，进行产权模式和治理模式改革；第三个阶段，进行价格模式和竞争模式的改革。“十二五”时期对垄断行业改革的重点是进行竞争化改造。

五　垄断企业治理结构改革

中国人民大学经济学院院长杨瑞龙教授认为，改革中国垄断行业首先要解决理论上的问题。主流的理论有借用产业组织理论：

行为—结构—绩效自然垄断企业应从内部角度来改变垄断企业的治理结构。引入利益相关方进入董事会、监事会，在内部形成相互制约的机制。

江西财经大学副校长卢福财教授提出，垄断国有企业应建立基于利益相关者的公司治理机制。股东是自有资本的代表；债权人是借人资本的代表；员工是人力资本的代表；供应商、客户则是社会资本的代表，这些利益相关者是不同利益代表。作为为公众提供公共产品和服务的垄断国有企业有必要引入公众或者客户进入公司治理中。

六 垄断行业改革、利益集团与效率损失

国家发展和改革委员会宏观经济研究院常修泽教授提出，深化中国垄断行业改革，首先要摆脱特殊利益羁绊。

山东大学反垄断与竞争政策研究中心主任于良春教授认为，中国垄断行业改革的预期收益有多大？要告诉决策者，垄断行业改革能带来巨大预期收益，其意义不亚于促进经济增长所带来的问题。

北京交通大学经济管理学院赵坚教授认为，垄断的代价如何估算，新古典经济学对垄断损失研究供给曲线已知，通过哈博格三角形来计算损失。

北京师范大学经济与工商管理学院副院长高明华教授认为，垄断国有企业高管薪酬与实际绩效不符。其薪酬是很高的，尤其是隐性薪酬非常高，而绝不是偏低。

浙江工业大学汪贵浦教授认为，银行业垄断存在福利损失。

首都经济贸易大学工商管理学院范合君博士指出，政府要放松垄断行业的规制，支持和引导民营资本进入垄断产业，以形成更加有效的竞争格局。在引导民营企业进入垄断行业时，规制机构应该弱化对资产保值增值的考核，并延长规制机构领导人的任期。

东北财经大学王姚瑶博士指出，对中国烟草产业进行改革，对劳动投入的调整效果要优于对资本投入的调整。税收政策对效率的影响很大，对烟草产业要改革税收体制。

与会代表还就城市公用事业改革和有线电视、电信、铁路和电力等行业改革进行了研讨。

（金泓摘自《中国工业经济》2011 年第 7 期）

第七届中国社科农经网络大会暨湖北省第三届“三农”论坛

2011 年 5 月 30 日，由中国社会科学院农村发展研究所、湖北省“三农”问题研究会、湖北省社会科学院主办，湖北省恩施土家族苗族自治州人民政府承办的“第七届中国社科农经网络大会暨湖北省第三届三农论坛”在湖北恩施召开。来自中国社会科学院、全国各省社会科学院和湖北省涉及农业部门的 150 名代表参加了此次大会。本次论坛的主题是：农业综合开发与保障国家粮食安全。

一 保障粮食安全：推进农业综合开发的首要目标

与会专家学者一致认为：我国人口与资源矛盾日趋突出，要以不断减少的耕地和水资源养活不断增加的人口，必须继续搞好农业综合开发，不断提高农业综合生产能力，夯实粮食等主要农产品稳定增产的基础。有

学者认为，推进农业综合开发，提高粮食安全保障水平，要顺应资源环境“硬约束”、经济社会条件新变化、粮食安全观新调整以及全球变暖趋势加剧等新形势、新挑战。有专家建议：农业综合开发要切实注重体现中央“两个聚焦”精神，即农业综合开发资金安排要向高标准农田建设聚焦，项目布局要向粮食主产区聚焦。

二　农田水利建设：推进农业综合开发的主要任务

农田水利是农业的命脉，水沛则粮足，粮足则天下安。与会者一致认为：加强农田水利建设，增强农田水利对农业生产的支撑和保障能力，实现水资源的可持续利用，是推进农业综合开发的主要任务。与会学者从扩大灌溉面积、高效节约用水、减轻洪涝危害和保护生态环境等不同视角探讨了农田水利建设建设的主攻方向及重点难点，并提出了推进农田水利建设技术创新和深化农田水利管理体制改革的对策建议。

三　财政金融支持：推进农业综合开发的物质基础

农业综合开发资金需求量大，当前中国农业综合开发存在投入不足、渠道分散、资金使用效率低下等问题。有学者认为，这是既存在政府财政投入不足的问题，也存在金融资本缺乏等问题，因此，但单靠政府力量无法解决农业综合开发投入不足的问题。对此，有学者强调要创新农业综合开发投资方式，在政府居于主导地位框架下，通过引入市场机制和建立激励机制，加快构建起包括政府、金融资本、民间资本、农民、非盈利组织在内的多元投资机制。

四　体制机制创新：推进农业综合开发的持久动力

体制与机制不够灵活是制约农业综合开发的重要因素。有学者提出要从提高土地产出率，提高农业生产的物质装备、技术水平和管理水平入手，构建高效农业产业体系等方面来提高农业综合生产能力。有学者强调要坚持以系统、科学的规划引导农业综合开发，体现层次性、照顾多样性、保持连续性，同时，充分尊重农民意愿，调动农民“自己事自己办、自己工程自己管”的积极性，使农田水利基础设施等真正确保农村和农民长期受益。

（马德富）

第七届企业跨国经营国际研讨会

2011 年 6 月 5—6 日，南京大学商学院主办的第七届企业跨国经营国际研讨会隆重举行，此次大会的主题是“转型经济中与后金融危机时代企业管理”。来自中国、美国、日本、英国、法国、德国、葡萄牙、荷兰、爱尔兰、比利时、瑞典、澳大利亚、新西兰、新加坡等近 20 个国家和地区的学者、公司总裁出席会议，与会总人数达 300 多人。本届研讨会共收到国内外研究论文 100 余篇，经过大会组织专家匿名评审，有 68 篇论文被录用并汇集成册正式出版，研究主题共 18 个，包括海外直接投资与跨国企业经营、跨文化管理、后经济危机时代的企业经营策略、转型经济中的人力资源管理、中日两国经济发展与企业管理，等等。

南京大学党委书记洪银兴教授、2001 年度诺贝尔经济学得主、世界银行发展中国家经济发展委员会主席、斯坦福大学教授迈克尔·斯班塞（Michael Spence）博士、美国密苏里—圣路易斯大学副校长兼国际研究中心主任 Joel Glassman 教授、中国对外经济贸易大学校长施建军教授、美国克莱蒙特大学彼得·德鲁克教授、管理学院 Jean Lipman - Blumen 教授、美国匹兹堡大学管理学院院长 John T. Delaney 教授、澳大利亚纽卡斯尔大学副校长兼商务与法律学院院长 Stephen Nicholas 博士、荷兰马斯特里赫特管理学院院长 Peter P. de Gijsel 教授、澳大利亚悉尼大学经济与管理学副院长、教授 John Shields 博士和新西兰奥克兰理工大学商务与法律院长 Geoff Perry 博士参加了研讨会。

此次会议通过大会主题报告和分组讨论的形式，对后危机时代和转型经济条件下的领导力、战略管理、企业家精神等重要管理问题进行了探讨，成果卓著，意义深远，为企业变被动为主动、化危机为转机提供了重要的参考和指导。

赵曙明教授作了题为《转型经济下高胜任素质、高积极性和高协作性的员工能力开发研究》的主题演讲。

与会者集中探讨了如何在经济转型阶段，特别是金融危机后，在新的、复杂的、不确定的国内外环境中成功经营管理企业，实现企业经营管理的转型。

（吴福象）

2011 年管理科学与运筹国际研讨会

2011 年 6 月 8—10 日，“2011 年管理科学与运筹”国际研讨会在福建厦门召开。此次会议是由厦门大学管理学院管理科学系主办、香港中文大学和香港科技大学协办的国际性学术交流会，旨在为管理科学与运筹学相关领域的学者以及相关行业的人员提供一个学习与交流的机会，以此促进彼此的了解，共同提高该领域的学术水平。

开幕式由厦门大学管理学院副院长刘震宇教授主持，国内外该领域 14 位华人学者进行了特邀主题讲座，围绕着管理科学与运筹领域的几个热点问题，包括管理科学与运筹的最新理论与方法、传统物流与供应链的最新问题、再制造与绿色供应链等作了演讲。

报告过程中，演讲者与听众们不时互动，并进行深入的讨论和交流。研讨会的成功举办，将对管理科学与运筹学的发展产生影响。

（徐迪）

2011 年中国增值税改革国际学术会议

2011 年 6 月 8 日，由闽江学院新华都商学院主办，厦门大学财政系、闽江学院公共经济学与金融学系、海西地方财政与发展研究中心承办的“2011 年中国增值税改革国际学术会议”在福州举行。

本次会议主题为增值税与营业税一体化改革——国际经验与中国实践。国际著名税务专家、澳大利亚莫纳什大学 Rick Krever 教授应邀担任本次国际会议的学术委员会主席，他同时也是此次国际学术会议的发起人之一。国际著名经济学家、2006 年诺贝尔经济学奖获得者、闽江学院新华都商学院院长埃德蒙·菲尔普斯教授到会致辞。

来自中国、美国、澳大利亚、荷兰等国家的七十余名知名教授参会。更有两岸三地知名经济学家和财税专家全面参与；来自全国人大常委会、中央政府财政部、国家税务总局以及台湾政治大学、香港大学、北京大学、中央财经大学、中南财经大学、厦门大学、闽江学院等机构和院校的专家学者积极参与、提交论文。

开幕式由闽江学院校长杨斌教授主持。他说，这次会议的主题是增值税扩围问题，这是当前中国财政改革的重点也是难点问题。针对这一专题举办如此大规模的国际学术会议，这在全国尚属首次。会议将分享国际经验、展开理论探索和改革实践的利弊分析。

本次研讨会分两天共十场分别进行。会议选题涉及以下几个方面：中央和地方政府之间增值税收入分配；中国增值税扩展到服务业的特殊难题和选择；增值税和营业税行业税负差异研究；金融商品课增值税问题之探讨；欧洲增值税的经验教训；中国与韩国增值税制度要素比较研究；营业税转增值税改革对金融业流转税负担的影响；我国增值税转型的宏观经济效应检验；中国增值税转型的经济影响等。与会专家一致认为，在当前中国加快深化经济体制改革进程，转变经济发展方式的大背景下，税制改革被提上一个前所未有的高度。扩大增值税征收范围，实现增值税和营业税一体化，是今后中国税制改革的主要内容之一。

（厦门大学经济学院）

第五届中国经济增长与周期论坛

2011 年 6 月 11—12 日，由中国社会科学院经济研究所、首都经济贸易大学以及香港经济导报社共同举办的“中国经济增长与周期（2011）”论坛在北京召开。来自全国各地的 80 余名专家学者和政府官员围绕着“后危机时代中国经济可持续繁荣暨中国城市生活质量指数发布”这一主题展开讨论，许多宏观经济研究领域的著名专家出席了本次论坛。

一　中国宏观经济走势与特点

（1）中国经济在 2011 年将延续 2010 年经济增速前高后低的走势。基数的原因将在一定程度上影响今年的季度经济走势；某些经济政策的调整和政策效应的递减，将在一定程度影响今年消费增长；收入分配改革力度加大，城乡居民购买力增强，一定程度上对消费起到支撑作用。

（2）未来中国经济增长压力会进一步增大，从拉动经济增长的“三驾马车”看，消费、投资、净出口的增速都在回落。中国经济增长一定程度上依赖美国、欧盟和日本的经济走势。

（3）从经济周期的角度分析中国的经济走势，宏观调控的侧重点依旧是使经济走稳，防止经济从偏快转向过热。

（4）投资和消费严重的失衡，意味着这一轮的中国经济增长主要是依靠投资和重化工业带动。

（5）有学者对各省市的经济增长率加权平均，大概是在 10.5%，超过“十二五”规划 7% 的指标，这个高增长主要是投资带动。这种情况就意味着“十二五”后期，产能过剩将导致中国经济下滑，并使贷款问题暴露。

（6）新的一轮周期适度增长的上线，最好下调两个百分点，适度区间就是 8%—10%，当实际经济增长率高出 10% 时，就要实行适度紧缩的宏观调控政策。当实际经济增长率低于 8% 时，就要实行适度扩张的宏观调控政策。积极的财政政策与稳健的货币政策相搭配，是这次宏观调控政策组合的特点。

二　在城市生活质量指数

（1）客观指标和主观指标加权的城市居民生活质量指标体系，反映出中国城市生活质量满意度并不像中国的经济增长一样乐观，总平均指数为 54.49，处于一般和满意之间，城市居民“生活质量”提高空间较大；反映出经济高速增长背后存在“两大反差”：一是高速的经济增长与居民生活质量的提高之间存在反差，二是居民实际生活质量与居民主观感受之间存在反差。

（2）中国最近 30 多年经济快速增长，经济实力大为增强，但居民对生活质量的满意度并不很高，这说明高速经济增长并不必然带来生活质量满意度的提高，反差的存在表明中国经济应在继续保持快速稳定增长的同时，应努力提高居民的生活水平和生活质量、经济运行质量与经济增长质量。政府应着力降低生活成本，提高居民收入，加大城市基础设施建设，重视生态环境建设，建立健全社会保障制度，着力改善民生，改革和完善收入分配制度，提升生活质量主观满意度。

（3）中国未来 10 年潜在增长率仍具有 8%—9% 的能力。通过对发达国家和发展中国家经济增长过程中投资趋势的观察，有学者提出“投资依趋势增长和拐点命题”，即从长期趋势看，投资（或投资对经济增长的贡献）会出现城市化加速时期的对数线性增长与城市化成熟时期的下降趋势。因为城市化加速时期，资本深化及由此导致的生产率提高的内在要求，这为判断中国未来资本积累动态变动情景，提供了理论基础。

（经科）

国际贸易与物流：问题与前景中韩联合学术研讨会

2011 年 6 月 12 日，由中国社会科学院财政与贸易经济研究所、韩国仁荷大学、宁波大学和浙江万里学院共同举办的“国际贸易与物流：问题与前景”中韩联合学术研讨会在浙江宁波召开。会议由中国社会科学院与宁波市人民政府战略合作项目——宁波市现代高端服务业发展研究中心以及宁波市创意设计产业与城市发展研究中心承办。来自中国社会科学院财贸所、韩国仁荷大学国际物流与贸易研究院和中国台湾开南大学、宁波大学、浙江万里学院以及宁波市有关单位的专家学者共 200 余人参加了会议。中国社会科学院学部委员、财贸所所长高培勇教授，韩国仁荷大学国际物流与贸易研究院院长、韩国协商学会会长郑仁教（CHEONG Inkyo）教授，宁波大学副校长冯志敏教授，浙江万里学院副校长应敏教授分别在开幕式上致辞。

研讨会于当天上午在宁波大学举行。韩国仁荷大学国际物流与贸易研究院金渊星（Youn Sung KIM）教授、财贸所副所长荆林波研究员、宁波大学商学院孙建红副教授分别就“韩国企业的绿色采购策略与激励制度”、“聚焦‘十二五’规划——中国的对外贸易与物流”、“宁波海铁联运的问题与对策”作主题报告。金渊星教授探讨了绿色采购策略的内涵，并运用博弈分析方法指出了韩国企业实施绿色采购策略的必要性，进而通过具体案例，详细介绍了 MOE 与 31 个企业之间签署的“绿色采购协议”的运作和激励措施。荆林波研究员分析了中国“十二五”期间面临的国际环境和国内背景，指出“十二五”是中国转型发展的关键时期，其主题是科学发展，其主线是转变经济发展方式，并着重介绍了“十二五”期间中国国际贸易与物流发展的目标和举措。孙建红副教授围绕介绍了宁波发展大宗货物海铁联运的区位优势及现状，指出了目前存在的问题以及应对之策。围绕三位专家的演讲，与会人员展开了讨论，并就中韩贸易与物流的其他问题进行了广泛研讨。

研讨会当天下午在浙江万里学院继续举行。韩国仁荷大学静石物流通商研究院 Paul T－W Lee 教授、财贸所副所长荆林波研究员、浙江万里学院商学院院长助理刘春香博士分别针对“中国融入南—南自由贸易化进程对国际物流的影响”、“中国宏观经济与贸易形势展望”、“宁波对外贸易转型模式探讨”三个议题作了主题发言。Paul T－W Lee 教授认为，南南合作即发展中国家间的经济技术合作，是促进发展的国际多边合作不可或缺的重要组成部分，是发展中国家自力更生、谋求发展的重要渠道，也是确保发展中国家有效融入和参与世界经济的手段。荆林波研究员对全球经济走势进行了深入分析，并对中国加入 WTO 之后国内出口呈线性增长的趋势作了客观中肯的评价。刘春香博士从宁波外贸发展进程入手，说明了中国对外贸易在后危机时代面临的挑战，并结合贸易模式转变的经验，阐述了宁波今后的发展前景。她认为，可以通过海外投资和节能减排这两项措施，带动外贸的发展，积极地实施战略投资，使得外贸发展迎风直上。

（王朝阳）

中国留美经济学会 2011 年年会

2011 年 6 月 18—19 日，由中国留美经济学会主办，中国对外经济贸易大学承办的中国留美学会 2011 年会在北京举行，年会主题为“入世（WTO）十年：中国与世界经济”。共举行三场圆桌论坛，分别对“加入世界贸易组织（WTO）十年：中国经济与世界经济”、“中国的医疗卫生改革”、“中国农业部门的议题”等热点议题展开研讨。

在 18 日的开幕式上，中国商务部国际贸易谈判副代表崇泉作了主旨演讲。他认为，加入世界经贸组织（WTO）十年，中国经济取得了跨越式发展，货物贸易快速增长，服务贸易、投资贸易极大发展，但也面临一系列挑战，如通货膨胀、贸易保护主义抬头、贸易摩擦不断出现、跨国公司投资前景不明、国内经济结构调整加大、中国的传统比较优势削弱等。

此次年会共有 250 多名国内外知名学者、国际组织官员和国家有关部委领导参加，诺贝尔经济学奖获得者埃里克·马斯金，北京大学副校长海闻，加拿大卡尔加里大学的史考特·泰勒博士及国际经济和金融学会会长、美国科罗拉多大学波尔德分校社会科学学院副院长凯斯·麦斯克斯作了演讲。

（金泓摘自《中国社会科学报》
2011 年 6 月）

2011年度（第九届）中国法经济学论坛

2011年6月18—19日，由山东大学经济研究院（中心）、浙江大学经济学院、《经济研究》编辑部主办，中央财经大学经济学院承办的2011年度（第九届）“中国法经济学论坛”在北京举行。来自山东大学、浙江大学、北京大学、清华大学、中央财经大学、中国政法大学、西南政法大学、上海交通大学、台湾大学等近50余所高等院校和科研机构的近百名专家、学者出席。

论坛进行了大会主题报告和分组讨论。主题报告有：《执法与守法：博弈论与历史比较制度分析的视角》、《商业银行治理与公司法理理论的冲突》、《商事审判在中国经济发展中作用探析：理论与实证》、《法治建设与制度创新》、《“生产型”政府》、《诉权的经济分析》、《幸福经济学视角下的中国城镇居住房问题》、《管制“收—放—收”的考察——基于共享认知行为的理解》。另外，与会者就法经济学的基本理论、政府与管制、婚姻与侵权、财产法、司法与诉讼、犯罪与刑罚、社会互动、金融制度等进行了分组讨论。

一 有关法经济学的基本理论的讨论

（1）许多学者从系统解读科斯的经典文献《经济学中的灯塔》入手研究法经济学基本理论。他们认为，经济学家之所以在公共产品究竟由谁来提供这个问题上争论不休，根源在于对物品与服务的纯私人品和纯公共品的二元对立划分，现实中的物品或服务表现为从纯私人品到纯公共品的连续性，因而对公共品的提供表现出制度的多样性。由引得出一般命题是作者社会控制工具的制度的供给也应该是继续的。（2）一些学者认为，当前法律与经济学的结合是以经济方法分析法律，埋没了科斯比较制度的经济学。科斯的比较制度，比较的是系统全部的成本，比较的视野是全部法律系统产值的大小，因此作为市场交易基础的法律必须是稳定的，而作为市场替代的法律必须有防止恣意的程序控制。许多学者还对法经济学的理论研究成果进行了综述。

二 政府与管制

政府行为与监管是许多学者关注的热点，主要包括对政府行为、政府管制与市场行为等方面的研究。（1）有代表提出了“生产型”政府的概念，认为从政府公共开支的结构上看，中国政府偏向于生产型投资活动，之所以如此是由中国政府的计划传统与合法性决定的。（2）中央政府是转轨动力的真正控制者和来源。（3）认为政府行为通过预期机制和示范机制对社会信任发挥显著影响。

对资本市场和金融机构的监管也受到了许多学者的关注。（1）认为在信息不对称条件下监管者的能力和成本函数决定了某种机制更优，在监管者能力较低时或者在监管成本较高时，补贴机制优于惩罚机制。（2）在对证券市场的政府监管权和市场监管权进行了比较后，认为中国证券市场监管的有效性受到证券基本制度、经济政策和投资者结构等方面的影响。（3）研究了中国证券市场中的政府管理行为后认为在中国证券市场上对投资者的保护存在“司法失灵”的问题。（4）“禁止信托公司承诺收益”这一法律规定会降低社会总收益和总福利，信托公司应该自主选择是否承诺收益。(5) 认知偏差可能是对金融消费者权益造成损害。

还有许多学者研究了产品安全的监管问题和劳动法律移植、雇佣劳动者年龄门槛等监管制度。

三 财产法与侵权

财产法与侵权一直是法经济学研究的重点领域，对侵权的研究主要集中于财产权问题，具体包括公司治理与银行治理、违约责任、知识产权保护、拆迁与征收等。

本次论坛一些学者的具体观点有：(1) 公司治理是基于所有权与控制权的分离，与公司管理是不同的，所有公司都有管理问题，但不都存在治理问题。利益相关者理论是不能够成立的。在银行治理中，政府参与治理是因为政府作为存款人的代理人参与治理，而存款人是商业银行的“准股东”。(2) 以中国民营上市公司为样本对最终控股股东的不对称股权结构、法律保护和公司绩效之间的关系进行回归，表现为现金流权和公司财务绩效之间存在正相关关系，即存在激励效应；超额控制权和不对称股权结构对公司财务绩效有负相关关系，即存在侵占效应。(3) 高管薪酬制度本来是为降低代理成本的机制，但中国国有控股上市公司国有股东的特殊所有的制度性对这种制度产生不良影响，导致法律对高管薪酬的监管失灵，需要通过调整法律法规对中国国有控股上市高管薪酬进行严格控制。

代表们还对以下问题进行了研究：契约事前预期损害和事后实际损害的效率比较；知识产权保护对产业聚集的影响；知识产权保护对企业创新的影响，从名义和实际知识产权保护两个视角探讨了激励创新的，直接机制和间接机制；网络著作权的保护制度；《城市房屋拆迁管理条件》(2001) 到《国有土地上房屋征收与补偿条例》(2011) 的变迁；《〈婚姻法〉司法解释（三）》(征求意见稿) 关于夫妻共同财产的规定以及这一规定对男女双方婚姻选择的激励作用。

四 司法、执法、犯罪与刑罚

对于司法、执法、犯罪与刑罚等传统的法学问题，许多学者从法经济学的角度进行了深入研究。主要问题有：(1) 如何提高守法人群比例、减少违法事件。(2) 上诉程序中的信息机制。(3) “历史遗留问题”的法律宽容。保护当事人通过法律规避行为所获得的经济利益。(4) 民事检察监督制度的存废。

五 法律与社会规范、经济增长

有多位学者研究了法律与社会规范、法律与经济增长和经济周期之间的关系。主要有以下方面：(1) 对儒家法律治理结构从形成和执行两个角度进行考察。(2) 考察了部分有宗教信仰教企业家宗教信仰与契约、法律、信任之间的关系。(3) 研究了法律和社会资本在民营企业公司治理中的互动关系。(4) 研究了商事审判对经济发展的作用。(5) 讨论了公允价值会计准则在资本市场繁荣和危机中的“顺周期”效应。

（金泓摘自《经济研究》2011 年第 8 期）

资本市场与金融创新国际研讨会

2011 年 6 月 25 日，《经济研究》编辑部与上海财经大学金融学院在上海合作举办了

"资本市场与金融创新"国际论坛。主要就"资本市场与金融产品的创新与发展"、"公司治理及企业融资问题的相关研究"、"货币市场、宏观经济与银行风险管理"等前沿学术问题展开讨论。

一 资本市场与金融产品的创新与发展理论

针对资本市场的金融创新产品对促成2007年金融危机的重要影响，美国罗切斯特大学Whited教授构造了一个企业投资和现金持有模型来考察委托代理问题。指出，管理层一般倾向于建造一个"企业帝国"，并持有次优的内部流动性和过度使用昂贵的外部融资，从而拓展了"金融加速器"理论的研究。

美国麻省理工学院王江教授，构造了"国债收益率曲线非平滑度"指标，较好地解释了企业外部融资溢价随经济形势波动的问题。

复旦大学王永钦副教授的研究发现，住房的供给弹性、房产税、购房首付率、信贷市场上的有限责任制度、住房的质量和产权保护度等对于"泡沫"的生成具有重要的影响。

另外，南京大学易志高研究了投资者分类偏好对资产价格形成的影响；上海财经大学郭照蕊博士考察了股票价格的同步性是否可以反映股票定价效率；中山大学徐浩峰博士研究了媒体效应与证券价格泡沫形成之间的关系。

二 公司治理及企业融资问题的相关研究

上海财经大学游搁嘉对CEO委托代理问题进行分析，发现模型产生的最优合约和现实观察到的最优合约差异度从之前文献中的29%下降到了8%，并且和现实相符，最优合约呈现出局部凸性的性质。

西安交通大学Fonseka博士考察了上市制造业企业融资能力和企业竞争关系，结果表明企业内源融资能力对其竞争力并无显著影响，而外部融资，如银行、股票市场、公司债及可转换债券市场能力则对公司的竞争优势产生显著正向影响。

上海财经大学陈智华助教考察发现，监管要求仅仅是需要两家评级公司的评级，而债券发行者为何依然要进行昂贵的第三次的评级。实证结果表明当债券处于投机级和投资级的边缘时，企业更倾向于进行第三次评级，而且第三次评级能增加债券发行之后的交易量。

上海财经大学徐龙炳教授分析指出，在股票价值被极度低估的时候，渗透成本较低，产业资本会通过举牌渗入金融资本，选择同行业、股权结构相对分散的企业作为被举牌公司。

复旦大学杨国超研究了股票市场环境对债券发行成本的影响，结果显示债券融资成本与股票市场投资者情绪之间存在负相关关系。

还有代表从受保企业的财务状况预警评价、企业管理能力预警评价、企业创新能力预警评价三个层面系统设计了小企业金融担保风险预警系统的指标体系；对中国公司债利差的构成及影响因素进行了实证研究；创业企业在上市前引入私募股权资本的动机和后果，以及股权对管理层的激励问题；市场化改革对企业高管在职消费的影响；官员任期对于地方政府投资的影响等进行了研究。

三 货币市场、宏观经济与银行风险管理

代表们还对以下问题进行了研究，并得出相关结论：

（1）通过中国居民对于未来具有不确定性预期等经济特征，解释了中国过高的居民储蓄率和外汇储备积累问题。

（2）对内部人减持前操控影响因素与减

持后市场反应影响因素进行了系统的分析，得到的信息越不对称，内部人传递的信息影响就越大，以及越容易被操控的公司内部人减持时越不敢操控的论断。

（3）提出风险调整资本收益率（RAROC）为基础的绩效审计方法，提出风险调整的商业银行绩效审计评价内容与切入点。

（全泓摘自《经济研究》2011 年第 9 期）

第二届全球智库峰会

2011 年 6 月 25—26 日，由中国国际经济交流中心举办的第二届“全球智库峰会”在北京举行，会议围绕“全球经济治理：共同责任”主题，分别对经济形势与通胀治理、G20 与国际货币体系改革、能源安全与核能、产业转移与重构、资本流动与投资环境、全球治理与智库作用等与全球经济治理相关的重大问题进行了深入探讨和交流。国务院领导及有关部门负责人、外国前政要、国际组织领导人、中外智库代表、中方企业代表等 500 多人出席会议。

一　关于全球经济治理与中国贡献

1. 关于加强全球经济治理。国务院副总理李克强就完善全球经济治理提出五点看法：第一，加强全球经济治理对世界经济发展十分重要；第二，完善财政金融体系是消除金融危机根源的关键之举；第三，实现经济健康复苏需要警惕全球性通胀风险；第四，推动经济持续发展必须坚持全球化与自由贸易；第五，缩小南北发展差距是促进世界持久繁荣的根本措施。

中国国际经济交流中心理事长曾培炎表示，现在没有哪一个国家和地区能够凭借一己之力应对所有挑战。我们应秉承“同享人类智慧、共谋全球发展”的理念，凝聚全球智慧，研究探讨世界经济发展形势和完善全球经济治理之策。美国前政要亨利·基辛格指出中美合作伙伴关系是全球化的基础，也是国际体系中最重要的因素。

2. 面对全球经济挑战，各国需密切合作。中国在全球经济治理中发挥着重要使用。基辛格表示，中国为应对国际金融危机作出了很大贡献：一是中国经济增长阻止了全球经济下滑，使世界经济避免了更严重的衰退。二是中国持有美国国债和其他债券，使全球市场免于进一步动荡，对全球金融体系恢复至关重要。中国发展模式是建立在实用而非意识形态基础上，改革非常实事求是。中国正在平衡世界经济，承担着推动世界经济复苏的重任。

二　全球经济形势与通胀治理

与会代表的主要观点有：

1. 全球经济复苏风险较大，新兴经济体注入新活力。（1）尽管最近世界经济增长有所减缓，但未来经济发展推动力仍然强大。中国、俄罗斯、印度、巴西、南非五国为代表的新兴经济体发展势头良好，成为拉动全球经济增长的重要动力。（2）世界经济复苏面临的六大风险和挑战：一是美欧失业率高；二是各主要货币汇率波动加剧；三是国际大宗商品价格上扬；四是主权任务增长和危机持续；五是贸易和投资摩擦升温；六是全球性通胀上升。

2. 全球通胀压力较大，上升趋势不减。

"美联储"实施量化宽松货币政策带来美元贬值，导致全球性通胀，对世界经济的破坏性可能比 2008 年金融危机还要严重。估计，2011 年全球通胀率会高于金融危机前的 4%。应加强全球通胀治理，实现全球经济均衡发展。

三 G20 组织与国际货币体系改革

提升 G20 组织功能。(1) G20 目前还是一个松散性组织，应该设立秘书处，使其成为全球经济治理的协调人和监督者。(2) 加快国际货币体系改革。建议 G20 把国际货币体系改革作为一项迫切的历史使命，形成改革议程，就改革目标、指导思想、基本原则、基本步骤和主要国家责任取得共识提出改革时间表，增加透明度。(3) 推进人民币国际化。(4) 对储备货币发行实施监督，G20 应该作出规范性规定。

四 能源安全与核能

与会代表的主要观点有：

1. 全球能源安全面临新形势。(1) 一是西亚、北非局势动荡使能源安全地缘政治特征进一步强化；二是日本福岛核泄漏事故给全球能源安全带来重大影响；三是国际原油价格上涨成为全球经济复苏面临的主要风险；四是新兴经济体能源需求占全球能源需求比例不断提高；五是全球范围内能源合作不断加深，新能源对保障世界能源安全将发挥越来越重要的作用。(2) 国际合作是解决能源安全问题的重要途径。G20 应将能源安全问题列为讨论主题。(3) 全球核电发展不会止步。(4) 必须吸取福岛核泄漏事故教训。

2. 可以从四方面着手确保核能安全利用：一是提高安全标准，二是建立危机管理机制，三是加强研发，四是加强国际合作。

五 产业转移与重构

与会代表提出对中国产业转型的建议。(1) 中国很多企业在劳动力短缺和工资上升情况下，往往选择加大投资，这对于中国经济短期是好事，但长期不可持续。(2) 中国制造业"用工荒"是个严重问题，这要求中国生产制造业必须增强自身竞争力。(3) 中国产业应该从低端产业走向高附加值产业，中国政府如提高工人工资，将有助于推动这一进程。

六 资本流动与投资环境

与会代表认为：

1. 必须关注国际资本流动风险。(1) 其中最大的不确定因素是欧洲债务危机对资本流动和全球经济的冲击。(2) 美元贬值和西方国家与新兴市场国家利差是引导资本流动的重要原因。(3) 国际资本流动具有多边性和可逆性，助长了经济大起大落，起到放大器和抽水机的作用。

2. 进一步改善国际投资环境。

七 关于智库交流与合作

代表一致认为：智库交流助推全球经济治理改革；全球经济治理变革对智库提出更高要求。

(金泓摘自《经济学动态》
2011 年第 8 期)

非化石能源发展前景经济学分析研讨会

2011 年 7 月 5 日，由中国社会科学院经济学部主办、中国社会科学院城市发展与环境研究所承办的“非化石能源发展前景经济学分析”研讨会在北京举行。来自中国社会科学院、中国科学院、国家发改委、国家能源局、中国气象局、中国电力企业联合会、国家水电可持续发展研究中心、国家能源专家咨询委员会、中国资源综合利用协会、中国绿色碳汇基金会等机构，北京环境交易所、皇明集团、中投碳信等企业以及联合国开发计划署驻华代表处、美国环保协会等境外机构的专家、学者30余人出席了此次研讨会并作主题发言。

全国人大常委会委员、中国社会科学院原副院长、经济学部主任陈佳贵研究员致开幕词。他认为：中国未来经济发展的需要必然导致能源需求居高不下，大力发展非化石能源成为中国实现可持续发展和经济转型的必然选择。“十二五”规划纲要中明确提出中国非化石能源比例在“十二五”末将达到11.4%，2020年则预计达到15%目标。希望深入分析中国非化石能源发展的前景和障碍，为实现和促进决策层面对非化石能源发展制定长远和合理的规划并制定相应的政策提供科学依据。

参会人员围绕“十一五”趋势与“十二五”目标解读风能、光能能源利用发展前景、核能水电、生物质能、政策与展望五个主题，就非化石能源的技术选择、产业发展方式、政策扶持等问题进行了深入探讨，交流了各自领域的研究进展。研讨会形成了如下观点：第一，中国非化石能源的发展潜力巨大，但是同时挑战严峻，对于中国未来非化石能源发展目标，需要严谨、审慎评估，要充分考虑目标的现实意义。第二，未来的中国经济发展需要改变能源消费模式，放缓能源消费总量增长速度。第三，在非化石能源取得革命性突破之前，研发应优于推广，政府财政资金不宜用于补贴产能膨胀的非化石能源产业的重复建设，而应用于补贴和扶持非化石能源领域先进技术的研发。第四，非化石能源发展是一个整体工程，需要配套建设。第五，发展非化石能源需考虑广义的成本—收益问题，即应将溢出的外部经济和外部不经济综合考量。第六，碳市场的发展能够提供相对稳定的投资预期，可以依靠碳市场来推进非化石能源发展。第七，要重视发展非商品能源。在建筑物中融入地热、太阳能等非商品能源并将极大促进能源节约。第八，对非化石能源市场的发展加强规划和引导，进一步完善非化石能源发展的政策和法规。第九，尽快形成通过发展非化石能源产业来带动科技创新的机制，增强企业和国家竞争力。

（廖茂林）

第二届银行治理研讨会

2011年7月2日，山东大学银行治理研究中心、山东大学经济学院和《经济研究》杂志社在济南联合举办了第二届“银行治理研讨会”。研讨会由山东省应用金融理论与政策研究基地和山东省金融风险控制工程技术研究中心承办。来自中国银监会、中国社会科学院、南开大学、中国人民大学、厦门大学、中山大学、电子科技大学、武汉大学、广东商学院、中国工商银行、中国银行、中信银行、北京普信管理咨询有限公司等单位的专家学者60余人参加了研讨会。

一 经济形势、政策变动与银行风险

中国社会科学院经济研究所所长裴长洪分析：2011 年上半年的中国经济形势在经济增长速度方面，投资是支撑经济增长的主要因素，在通货膨胀方面，居民消费价格涨幅进一步提高，随着租金、劳动力成本的持续大幅上涨，价格上涨向服务项目蔓延将是大势所趋；在国际收支方面，在贸易出现逆差和数量顺差不大的情况下，经常项目和整个国际收支出现巨额顺差。在信贷和融资方面，尽管信贷较前期有所减少，但是社会融资规模依然较大。

有学者指出：人民币汇率适度改革后，汇率日趋浮动，使中国企业暴露在更大的外汇风险中，商业银行作为特殊的金融企业，面临的外汇风险暴露得到重视。而人民币升值对其股票收益和现金流有不利影响。

诸多国外学者将全球金融危机的爆发部分归因于美国长期过度宽松的货币政策，并指出较低的联邦基金率是金融机构进行过度风险投资的重要原因。研究发现，无论是利率的变化还是准备金率的调整都能对银行风险产生显著影响。利率水平越低，银行风险水平越高；存款准备金率越低，银行风险越大。

与会代表对商业银行净利差决定因素进行阐述，指出随着金融深化中利率市场化进程，净利差高低及其决定因素受到重视。因此，在利率市场化渐进改革的过程中，利差水平及波动性的影响因素研究更应当注重中国银行业利差制度演进的内在逻辑及其在中国现实中所特有的经济内涵，同时也应注意在不同经济周期中净利差波动在经济中的影响。

二 金融监管与银行风险

有代表指出：（1）以内部治理失衡和信息不对称加剧为特征的内部治理失灵，以监管创新不足和监管效率低下为特征的单边监管，阻碍了政府对银行业的有效监督和管理。因此，应从准公共品的角度审视银行业发展，应将外部监管与银行业内部治理融为一体，转变传统的单边监管模式，逐步搭建网络型监管模式。

（2）关于资本要求对银行资本增长，融资形式选择和融资规模的影响。分析表明：银行面临的资本监管压力是银行进行对外融资的直接动因，当监管压力越大时，银行的资本增长越迅速。对外融资形式的选择银行受监管影响，更多使用股权融资。因而中国政府监管部门在参照《巴塞尔协议》新规定提高资本监管的标准时，需要考虑到我国的实际情况，分阶段、分内容、分个体地实施新的资本标准，以最小程度地降低由于大规模融资造成的市场动荡。

（3）由于金融对中国未来的经济越来越重要的作用，因此对于金融监管的再监管必将成为政府部门慎重考虑的问题。监管者对违规现象的查处取决于政府部门制定的风险激励、自身努力和市场风险；监管人员的综合素质、知识经验、道德水平、激励程度等主观因素对监管绩效的影响至关重要。因此，政府部门必须建立一套科学有效的监管绩效考核和激励约束机制。

三 地方政府与银行信贷

由于银行监管部门的资本要求对银行的资本增长和外部融资影响巨大，作为推动经济发展的关键因素，银行信贷无疑是地方官员实现地方经济发展的重要手段，同时政府对银行的广泛所有权又为信贷干预提供了可能，因此地方官员的治理特征势必对银行信贷有重要影响。地方官员的来源、去向以及任期等治理特征会对辖区内城商行的信贷投放产生重要、显著的影响。

在财权和事权的不对称情形下，地方政府对金融资源进行干预的一个不可忽视的重要动机就是腐败行为。因此，不同性质城市商业银行在进行信贷决策和处理地方政府间的关系时，需要对地方政府动机加以区分，以有效合理地进行信贷决策防控银行风险。

四　商业银行治理机制与银行风险

对于中国商业银行公司治理机制的框架，与会专家表达了各自的观点。

长期以来，农村信用社在促进农业发展、农民增收方面，发挥了不可替代的重要作用；但是，农信社资金流失严重、信贷支农资金远远不能满足农村经济发展的需要。因此，农信社需要完善法人治理结构提高内部治理程度、充分发挥董事会的核心作用、提升监事会独立性与有效性、加强技术创新，以提高市场竞争力、赢利能力和农村金融覆盖率。

（1）金融机构公司治理的脆弱性是造成本次金融危机的重要原因之一。银行自身所具有的脆弱性、外部性、信息不对称性特点迫切需要公司治理。另外，董事会整体风险治理能力较弱，尤其在新产品的出现和集团运营日趋复杂化的情形下，董事会风险管理能力没有跟上创新的步伐，最终导致金融风险集聚。应该从以下方面进行改进：提高董事会运作的有效性与风险管控能力和独立性，加强董事会履职评价的关注度，加强信息披露和透明度，建立健全监督体系和问责机制，建立科学的激励约束机制。

（2）中国银行业改革的目标是提高中资银行的整体素质和竞争力。引进境外战略投资者无疑是中国银行业改革中备受关注的热点问题。境外战略投资者入股中资银行，在短期内显著提高了引资银行的创新能力；然而，事关核心技术的风险管理能力而言，战略引资的影响有限。进一步的分析发现，境外战略投资者的持股比例与中资银行的信用风险水平之间呈倒U形关系，由于外资“少数股权”的限制，境外战略投资者的积极作用未能有效发挥。因此，在法律制度框架下应该充分发挥战略投资者的积极作用，从根本上遏制国有股在银行中独大的局面。

（3）关于公司治理原则：提出了任何银行必不可少的四种监督形式：由董事会或监事会实施的监督；由不参与各业务领域日常经营的人员实施的监督；各业务领域直接的条线监督；独立的风险管理部门、合规部门和审计部门的监督；关键岗位人员的适宜性和恰当性。

（金泓摘自《经济研究》
2011 年第 10 期）

中国农村经济发展高层论坛

2011 年 7 月 9—10 日，“中国农村经济发展高层论坛”在广州举行。会议由华南农业大学经济管理学院与《经济研究》杂志社联合举办，广东农业企业发展研究中心和广东农村经济研究中心联合承办。来自全国各大高校、科研院所和政府部门的 73 位专家学者出席了会议。

一　现代农业发展

（1）关于宏观经济转型与农业问题的拐点。有代表认为如果中国经济增长的模式出现大的变化，对于农业发展产生的影响可以用“农业问题”的三个拐点来描述：开放拐点——给予农业更多的支持；改革拐点——放松农村土地市场管制，使得规模经营成为可能；效率拐点——农业的产业化、组织化、技术创新。

（2）关于土地制度的变迁。有代表指出，农民收入大体源于三个方面：产品性收入、工资性收入和财产性收入。三方面的增长空间极为有限，由此预示着土地的财产性收入的增长空间是极为巨大的。土地制度变迁的方向是：从保障功能向财产性功能转变。即保障和维护农民土地的财产性权利。

（3）在有限的耕地资源约束下提高农业的生产效率，增加农产品产量，保持农业经济的持续稳定发展，成为众多学者所关注的焦点。研究发现，全要素生产率的增长主要来自于农业技术进步，而不是技术效率和规模效率的提高。

（4）关于农民工外出务工对于输出地经济的影响，代表指出农民工大规模外出尽管带来了可观的劳务收入，但造成输出地区实际经济总量低于其可能的潜在总量，导致其现实经济增长率与其潜在经济增长率存在巨大缺口。

（5）鉴于“农民工”大量流入城市的现实，代表提出，必须改革户籍管理制度，完善农民工的公共服务，不断降低城镇户籍的福利含量，逐步让户口与福利脱钩，还原户籍的人口登记功能，突破以户籍与福利合一的社会管理制度。

二　农产品贸易和流通

（1）全球经济的不断发展有赖于各国之间进行的商品和服务贸易。但是中国加入 WTO 后，与贸易伙伴居高不下的农产品贸易成本，需要政府、行业组织和企业的共同努力应对。

（2）国际金融危机对中国农产品的进口和出口的负面影响比工业品要严重得多。因为第一，随着经济发展，农产品收入弹性可能不是小于而是大于工业品。第二，随着资本稀缺性问题缓解和金融市场发展，农产品的投资属性愈发显著。第三，通过价格效应和汇率效应，货币升值会使贸易伙伴国其农产品贸易遭遇严重的不利影响。

三　农村公共物品的供给与需求

农村公共物品供给的效率与公平，是保证农村社会和谐发展的基础条件，也是保证新农村建设顺利进行的必要条件。但是，尽管当前中国农民生活水平有了显著提高，但农村公共品的供给并没有得到应有的改善，公共品供给与需求不相适应的矛盾突出。研究结果表明农村公共物品供给技术效率出现了退化现象；且存在显著的地区差异；技术效率具有进一步提升的空间；财政分权、人口规模、地理区位等不可控因素在农村公共物品供给效率差异形成中发挥了重要作用。

代表们还研究了以下问题：（1）长期以来中国农村基础设施供给实行“自上而下”的统包统管制度，造成农村公共品的供需不匹配。（2）公路、码头及铁路三类交通基础设施建设对农业生产技术效率的影响很大。（3）农户采用农业技术对未来中国推进农业发展方式转变、改造传统农业乃至建设现代农业具有重要意义。（4）农民专业合作社扮演着促进农业发展，带动农民增收的角色。而庞杂的社会网络关系使得农民专业合作社事业的发展面临着考验。

四　农业企业与社会发展

农业龙头企业发迹于第一产业农业，与

农村、农民、农村社区保持着始终无法割裂的天然关系。社会资本通过企业管理理念的变化、物质和人力资本的增效、非正式制度激励与约束三条作用路径对农业企业发展产生影响。

农业龙头企业与农户一般采取“公司+农户”联盟的订单方式运作。然而“公司+农户”联盟在中国差序格局的社会中运行，其治理更多地受到非正式制度和社会资本的影响。因此，必须考虑公司与农户的合约联结方式。在农业龙头企业与农户交易的过程中，必须充分考虑制度、经济、文化、习俗、地域等多因素的社会嵌入，不能完全按照经济利益准则行事，而且经济主体的社会网络嵌入必须适度。

（金泓摘自《经济研究》2011 年第 10 期）

北美华人会计教授会（CAPANA）第四届年会

2011 年 7 月 14—15 日，北美华人会计教授会（CAPANA）第四届年会在福建厦门举行，此次会议由厦门大学的管理学院、财务管理与会计研究院、会计发展研究中心共同承办，是财务、会计研究领域华人学者的高层学术会议。来自美国、英国、新加坡和中国香港、台湾、内地等近 90 位会计教授与会。

开幕式上沈艺峰院长代表承办方致欢迎辞，欢迎更多的专家学者加入发展中国财务、会计领域的学术研究。

CAPANA 现任主席顾朝阳教授致辞，对北美华人会计教授会相关情况作了介绍。

相关学者也针对自己感兴趣的话题作了广泛而深入的探讨，并提出了许多建设性的意见。

北美华人会计教授年会是北美、亚太、欧洲等地华人会计学者创新会计理论、探究会计实践和交流学术思想的高层学术盛会。通过对相关会计、财务问题的探讨交流，融合多元化的会计观点、理论，广泛吸收分享来自不同地区华人会计学者的观点和思想，搭建国际会计学界学习和交流平台，并将切实增进彼此之间的友谊和学术合作。

（于李胜）

转变经济增长方式与管理方式研讨会

2011 年 7 月 16 日，由中国社会科学杂志社和东北财经大学联合举办的转变经济增长方式与管理方式研讨会在辽宁大连举行。来自中国社会科学杂志社、东北财经大学、南京大学、中央财经大学、浙江师范大学等机构的专家学者就加快转变增长方式与创新管理理论、管理方式等问题展开讨论。

与会者认为，改革开放以来，中国创造了经济增长奇迹，并率先走出金融危机阴影，成为全球经济增长的主要引擎。同时，中国经济增长方式的转变刚刚破题，改变粗放型增长方式、增强可持续发展能力任重道远。

决定经济增长方式先进与否的因素多种多样，其中，转型期的政府行为是最为关键的因素之一。当前，制约中国经济增长方式转变的主要原因：一是传统观念催生的不正确、非科学的发展观，曲解“发展才是硬道理”的本义。二是地方政府追求业绩所导致的地区间恶性竞争。三是中国国情、技术水平、经济红利的客观条件约束。同时也应该看到，管理模式及管理效率是转变经济增长方式的重要决定条件之一。

在中国，管理理论与管理方式创新滞后，不适应于推动中国经济增长方式转变现象也比较突出。一方面，管理科学、管理理论创新步伐缓慢，如国内管理学界对管理科学100年来理论演变的总结、反思方面的成果很少，反映对管理科学创新的努力不够。另一方面，实践中存在两种管理偏向：一是沿用传统落后管理方式，不注重管理模式重构和创新，使得管理效率低下；二是过度追求管理效率，忽视人本关怀，使经济增长与社会发展不同步，发展成果分享失衡，发展协调性、可持续性差，群体性事件增多，威胁社会和谐，也制约经济发展效率的提高。因此，促进管理创新是推动经济增长方式转变不可或缺的重要环节。

与会专家学者建议，转变经济增长方式要从整体性推进体制改革入手，规范政府行为，并以理念创新、制度创新、管理创新为手段，实现中国经济增长方式的全面转型。其中，管理创新具有特殊意义。

（金泓摘自《中国社会科学报》
2011 年 7 月 26 日）

中国区域经济学会 2011 年年会

2011 年 7 月 24 日，中国区域经济学会 2011 年年会暨资源型城市可持续发展高层论坛在新疆克拉玛依召开。本届年会由中国区域经济学会与新疆克拉玛依市政府共同主办，由克拉玛依市发展和改革委员会、克拉玛依市社会经济发展研究中心、新疆油田公司工程咨询中心承办。大会共收到论文 120 余篇，来自全国各地近 150 位专家学者出席了会议。大会采取主题演讲和专题讨论的方式，设立了资源型城市转型、产业转移与转型升级、区域科学发展三个分论坛，就区域经济学前沿问题和中国区域经济发展实践进行了交流和研讨。

一 资源型城市转型

克拉玛依市副市长赵武生作了题为“克拉玛依可持续发展之路——建设世界石油城的探索与实践”的主题演讲，介绍了克拉玛依市的经济社会发展现状和实现城市转型的构想与展望，对国家扶持资源型城市转型的政策提出了三个方面的建议：一是建议中央政府调整有关自然资源开发的税收政策，将资源税更多地留给当地以支持其城市转型战略；二是建议中央政府制定明确的资源型城市产业转移援助政策，鼓励资源型中央企业对口支援资源型城市；三是建议中央政府对资源型城市的扶持要扩大范围，不能只关注处于枯竭期的资源型城市，应该确定一批资源型城市转型试点城市，制定特殊的扶持政策和财政措施，并希望把克拉玛依市打造“世界石油城”的战略规划纳入国家《天山北坡经济带发展规划》，为克拉玛依市的城市转型提供制度保障。

国家发展和改革委员会国土开发与地区经济研究所所长肖金成研究员作了题为“资源型城市转型与新疆的发展”的主题演讲，对我国资源型城市转型的背景和发展方向进行了分析。肖金成研究员认为我国资源型城市具有三个基本特征：一是产业比较单一，城市依靠单一的矿产业；二是中心性不强，城市仅仅是因为有矿，所以聚集了很多人，与周边区域没有多大的经济关联；三是以国有大企业为主体，往往是先有企业，后有城市。关于新疆的发展思路，肖金成研究员提出了几个建议：一是打造天山北坡城市群，促使产业向“北斗星”状布局的天山北坡七大城市集聚；二是培育经济增长极；三是东部地区与西部地区合作、共建边境经济合作区；四是加大向西开放力度，开拓中亚、南亚和欧洲市场，化资源优势为经济优势。

中国社会科学院城市发展与环境研究所副所长魏后凯研究员作了关于“中国资源型城市转型的国家援助政策”的主题演讲，指出资源型城市是一种按职能划分的城市类型，是经济发展初中期阶段的产物，主要分布于中西部和东北地区，当前面临的问题突出表现为“四性一不顺”。“四性”指经济结构单一性（包括产业结构单一、就业结构单一和所有制结构单一）、城市形成的资源性、产业链条的断裂性和城市布局的分散性，“一不顺”指大多数资源型城市仍实行政企合一的体制，造成城矿关系和体制不顺。

魏后凯研究员指出，资源型城市的转型需要国家给予适当的援助政策，但目前中央政府对资源型城市的援助政策还存在很多问题：一是援助标准比较单一，没有对享受援助政策的资格设定综合性判断标准；二是援助政策尚未形成体系，现有政策多是针对具体问题进行“一事一议”，缺乏从城市综合体角度出发的系统考虑；三是缺乏宏观层面的规划，缺乏全国性的资源性城市转型总体规划，容易造成地方利益与国家整体利益的冲突；四是政府间职责分工不明确，中央、省、市三级政府之间以及政府与市场之间的行为边界都比较模糊；五是尚未建立长效机制，援助机制和补偿机制尚未真正建立，援助政策没有实现制度化；六是监管体系不完善，对援助资金的具体去向、用途和使用效果等缺乏有效的监督机制和管理制度；七是援助政策缺乏明确的法律地位，政策的实施具有较强的暂时性，其实施效果是否达到预期目的也缺乏严格的法律规定。他提出了对资源型城市援助政策调整的重点：第一，尽快启动编制《全国资源枯竭城市转型规划》。第二，建立评价指标体系，采用定性与定量相结合的方法，确定国家支持和重点援助的资源型城市。第三，政府援助政策支持的重点明确为资源型城市的接替产业发展、生态环境治理、社会建设和保障体系等。第四，加快建立资源开发利用的补偿机制，重点是改革资源税费征收制度，完善资源价格形成机制，建立资源开发补偿基金，并建立产业结构调整专项基金和矿山环保与土地复垦保证金制度。第五，组建专门机构，统筹解决资源型城市的转型发展问题，负责研究制定系统的国家援助规划、援助措施以及政策实施的协调、效果评价等工作。

集美大学工商管理学院蒋晓蕙院长和汤韵讲师认为资源型城市转型策略的制定首先应从宏观层面出发，寻找城市经济发展的新优势，其次应依据新的区域发展优势条件，从微观层面出发，确定产业转型的模式，具体包括产业延伸模式、产业更新模式和产业复合模式。

西北大学经济管理学院王开盛博士等对国内资源型城市的人力资本积累进行了研究，认为处在资源丰裕期的城市通过开发自然资源即可在短期内获得高收益，这往往会降低居民和城市政府对教育投资的动力，对人力资本投资与积累形成了挤出效应，进而使接替产业因缺乏人力资本而难以发展，据此提出促进资源型城市接替产业发展的关键是加强人力资本投资与积累。

二 产业转移与承接

中国社会科学院工业经济研究所陈耀研究员和陈钰博士从工业布局调整的角度考察了国内区际产业转移现象。他们分析了中国不同地区行业产值、产量等指标，指出，目前国内工业布局存在的问题主要表现在四个方面。一是各地普遍追求重工业化，结构调整难度大。二是制造业仍主要集中于沿海少数省份，向外转移有阻力。三是内陆粗放型增长特征显著，沿海沿江工业污染重。他们认为，中国未来的工业布局应以主体功能区规划为基础，以推动城市群的形成为依托，以发展循环经济和生态工业为要求，推动各类区域转型升级，着力改善中西部地区投资环境，培育其内生发展能力，引导东部地区产业有序转移。

陈耀研究员在大会发言中将中国国内产业转移形式按主要动力来源划分为三种类型，分别是成本驱动型、资源驱动型和市场驱动型，并认为国内较为成功的区际产业转移案例多采取了集群式转移的方式。他还对国内区域经济学界对于产业转移研究的现状进行了总结，认为其难点在于如何使用现有统计数据识别产业转移，并有效地区分出对于促进区域协调发展作用较大的产业转移方式，从而为制定有针对性的政策提供依据和参考。

中国人民大学区域与城市经济研究所孙久文所长和胡安俊博士从雁阵模式的基本内涵出发，论证了雁阵模式在中国区域间的适用性：一是中国地区间存在巨大的资源禀赋差异，二是中西部地区经济发展水平在不断提高，三是东部资金正在大规模投向中西部地区。他们还认为中西部承接产业等级在提升，投资产业正逐步由劳动密集型产业向资本密集型、技术密集型产业转化，第三产业正在成为投资的主要领域。

中国社会科学院工业经济研究所石碧华副研究员对外商投资向中西部转移的问题进行了研究。指出，外商投资向中西部的转移也存在很多问题。一是外商投资总量和规模都较小，与东部差距大。二是外商投资于中西部的产业过度集中，主要集中于建材、造纸等传统制造业及房地产业、电力燃气及水的生产和供应业。三是投资方式和来源较为单一，在方式上以外商独资和中外合资为主，股份制企业等投资方式所占比重很小；在来源上以亚洲国家和地区为主，来自欧美国家的投资数额较小。四是外商投资的地区分布不均衡。五是在引资中存在盲目性，缺乏规划指导。六是东部地区外资内迁面临政府性拦蓄。七是存在污染转移问题。

中国纺织经济研究中心研究处副处长田丽副研究员使用地区行业投资额、新开工项目数、产品产量等指标考察了国内纺织产业的布局情况，认为纺织产业在东部沿海地区高度集中的同时，向中西部转移的速度正在加快，但中西部纺织产业发展相对零散，竞争力相对较低，提出中西部应抓住机遇，积极发展纺织整机，带动配套产业发展，实现产业链条整体转移，并加强产业集群和特色区域的建设。

淮海工学院商学院孙军副教授和东南大学经济管理学院高彦彦博士后认为随着经济的发展，生产性服务业和制造业将发生空间分离，他们将生产者服务视为一种投入品，基于 D－S 模型研究了融入空间因素后生产性服务业和制造业之间的互动关系，证明了制造业产业转移的规模取决于转移带来的工资成本优势和制造业与生产服务业空间分离产生的距离成本之间的权衡，为保证区域产业结构升级和产业转移的顺利进行，应通过政策调整弱化市场分割带来的负面影响，推进区域一体化进程，并通过基础设施的建设，为区域经济一体化提供硬件支撑。

中国社会科学院工业经济研究所郑鑫博士和陈耀研究员指出，原有的产业转移理论模型源自新古典国际贸易理论，并没有考虑空间因素的影响，他们将运输费用、需求分布等空间变量引入了雁阵模型和产品生命周期理论，构建出一个基于区位论思想的两地区模型，证明了在考虑空间因素后，生产成本差异并不能构成产业转移的充分条件。他们还使用该模型阐释了产业转移过程中产业布局形态由集中变为分散、再由分散变为集中的一般过程，并认为该变化过程的快慢可反映产业转移的效率；使用模型推导和案例分析的方法，证明了运输费用的降低和内需的扩大有助于产业转移效率的提高，而地方保护主义则会降低产业转移的效率。

东南大学经济管理学院薛漫天讲师和何玉梅讲师依据2000—2008年的企业、行业、地区等多层面数据，使用计量经济模型考察了中国出口企业在内陆省市进行区位选择的影响因素，发现与市场的接近度、本省运输基础设施、本省产业基础和产业多样化等因素的对于区位选择决策的影响作用明显，而包括工资在内的其他因素影响不大。

湖南科技大学商学院贺胜兵讲师等使用2010年和2011年普通工人网络招聘工资数据，对沿海产业向中西部转移的劳动力成本因素进行了计量分析，发现东西部的工资差距趋于缩小，劳动力成本降低不足以构成驱动沿海企业跨区域大规模转移的充分条件。

兰州商学院经贸学院胡静寅副教授和研究生刘珊珊指出，国内各地区在承接国外产业转移过程中存在政府过度让渡职能的现象，如在引进国外自来水厂商时将自来水定价权也转让给了外商，严重侵犯了居民利益。他们设计了评价政府职能让渡的指标体系，并利用该指标体系对我国各地区进行评价。提出西部地区应吸取东部地区的经验，地方政府应合理运用自己的职能，争取承接高附加值、对当地经济发展有正面效应的国际产业，避免过度让渡政府职能。

三　区域工业化与产业转型升级

中国社会科学院工业经济研究所王钦副研究员和肖红军助理研究员使用人均GDP、三次产业产值比、制造业增加值占比、人口城镇化率和第一产业就业占比五个指标对2009年中国的工业化水平进行了测评，结果表明当前中国正处于工业化中期的后半阶段，并正快速朝工业化后期迈进，预计“十二五”期间中国将进入工业化后期的前半阶段。

中国社会科学院工业经济研究所周民良研究员从区域经济学的视角出发，对“十一五”期间的区域制造业转型升级的成效和问题进行了分析。他认为“十一五”时期制造业转型升级的趋势明显。同时，我国区域产业发展也暴露出了很多问题：一是东南沿海一些轻型工业基础较好的省份出现了明显的热衷于大钢铁、大化工的建设倾向，导致经济重型化重复建设问题恶化；二是伴随着产业的跨地区转移，内地的环境压力也不断加大；三是部分地区片面地把转变经济发展方式等同于转变生产方式，通过层层分解节能降耗指标到具体企业，忽视了对粗放型消费方式的转变；四是毒奶粉、瘦肉精等食品安全事件反映出政府对制造业的质量监管不到位。

江西财经大学经济发展研究院张进铭教授对中国工业化和经济发展模式的负面效应和挑战进行了研究。改革开放以来我国经济持续高速增长，一些学者将我国的发展方式誉为“中国模式”，但是这种模式本身却存在严重的负面效应。未来“中国模式”还将面临三大严峻挑战：一是有限的资源将难以支持未来经济的持续、高速增长，二是政府主导的以投资为主的增长方式难以持续，三是缺少高技术和创新的劳动密集型生产难以为继。因此，这种所谓的“中国模式”并不适用于未来的中国，中国的经济发展必须探索新的模式，走科学发展道路。

中国社会科学院工业经济研究所梁泳梅博士后等使用基于包含劳动力素质的效率损失法，测算了各地区不同素质层次的劳动力利用效率，发现在中国各类技术等级的劳动力中，高素质劳动力的利用效率低于普通劳动力，利用效率最低的则是中低技术水平劳动力；各地区劳动力素质结构与产业结构和经济发展水平的匹配程度不同，多数内陆省份对高素质劳动力和中低技术劳动力的利用效率明显低于东部沿海地区。

西南民族大学经济学院安果教授使用Spengler纵向博弈模型，证明了重化工业阶段东道国对资本化技术的重复引进是稳定均衡，这意味着中国产业技术进步路径将被锁定于外生型，导致产业结构低位固化、在世界资源配置格局中占比减少以及持续创新机会丧失等潜在的中长期风险，要化解这些风险，政府必须从外部干预，破解技术的重复引进循环。

江西财经大学经济发展研究院陈雁云副研究员对中国稀土产业发展现状进行了分析。他认为政府在对稀土初级产品出口采取限制措施的同时，需要尽快整顿国内稀土产业秩序，促使其走上可持续发展的轨道。一是提高稀土产业进入门槛，引导稀土有序生产经营；二是发展稀土循环经济，加强稀土的科学开发、合理利用、资源保护和环境管理；三是完善区域稀土产业链，发展稀土高新技术产业群；四是加快稀土企业整合，提高稀土产业发展规模；五是加大科技投入，提高稀土高端产品研发；六是建立稀土资源储备体系，取得国际“话语权”。

西南民族大学经济学院院长郑长德教授对西部民族地区工业结构的变化进行了研究。他认为这些地区的产业结构呈逆向调整（去工业化）和结构低级化的态势。他利用新经济地理学理论模型解释了这种现象，证明了这种态势是由东中西之间运输成本和贸易成本的降低而引发的使产业向核心区集聚的机制造成的。

新疆财经大学经济学院陈闻君副教授和胡序勇副教授认为新疆作为资源富集区，经济增长对资源开发产业的依赖造成了区域产业结构的严重失衡，产业竞争力低下，进而使农村剩余劳动力转移问题非常尖锐。新疆应以市场需求为导向，积极培育有市场竞争力的新产业和新产品，规避“比较优势陷阱”，优化区域产业结构。

河南省社会科学院院长喻新安研究员介绍了建设中原经济区的时代背景和现实意义。推进中原经济区建设，核心任务是要探索一条不以牺牲农业和粮食、生态和环境为代价的经济发展道路，实现工业化、城镇化和农业现代化的协调发展。

宁夏社会科学院综合经济研究所所长段庆林研究员对宁夏“十二五”时期的发展战略进行了研究，认为应争取使呼（和浩特）包（头）银（川）经济区、西（宁）兰

（州）银（川）经济区上升为国家发展战略，把银行作为一个以黄河金岸为核心区、固原为次中心的大城市来规划建设。

甘肃省社会科学院经济研究所魏晓蓉研究员认为甘肃具有发展新能源产业的资源优势和区位优势，以甘肃为核心建设“全国重要新能源基地”，建议甘肃以构建新型绿色产业群作为发展新能源产业的大目标，用“新能源产业——新型工业化——新型城市化”三位一体式的发展模式，谋划新能源产业的大发展。

江西财经大学经济发展研究院朱丽萌研究员和曹元坤院长对江西省的人口城市化在县域经济发展中的作用进行了实证研究，认为江西省的县域经济还处在工业化的初级阶段，不应过分强调城市化对县域经济发展的作用。

首都经济贸易大学城市经济与公共管理学院祝尔娟教授对京津地区产业合作的理论依据、战略机遇和现实基础进行了分析，认为京津两地可采取互补式、共建式、链接式、联盟式、集团式、配套式、协作式等多种方式实现产业对接，并提出近期京津产业合作可以京津金融合作、北京科技研发与天津现代制造的合作、京津现代物流合作、京津旅游合作等四个方面为切入点。

北京工商大学经济学院龚晓菊副教授对促进中西部欠发达地区产业发展的金融政策进行了研究。她认为中西部欠发达地区资本市场落后，金融体系不完善且资金大量外流，严重影响了这些地区的工业化进程和产业发展。为促进中西部欠发达地区的工业化进程和产业发展，需要采取四大金融政策：一是培育完善的金融市场，二是建立健全金融机构体系，三是建立欠发达地区金融改革试验区，四是创新金融工具大力发展风险投资。

四　区域协调与可持续发展

中国社会科学院荣誉学部委员、中国区域经济学会顾问陈栋生研究员作了关于“‘十二五’规划与区域经济学的研究”的大会主题演讲，他认为“十一五”期间中国西部大开发、振兴东北地区等老工业基地、促进中部地区崛起三大战略取得了实质性的进展，区域经济格局实现了由东部“一马当先”到四大板块“协调共进”的根本转变，同时一系列国家级区域规划的出台，与国家各产业规划相辅相成，较好地解决了中央和地方政府的协调问题，为下一步全面推进国土空间格局的科学调整创造了条件。

国家发展和改革委员会国土开发与地区经济研究所黄征学副研究员提出“区域协调发展”的内容主要应包括各地区居民享有均等化的基本公共服务、以资源环境承载力为基础的空间结构得到优化、地区间差距保持在适度范围内、各地区比较优势得到合理有效发挥四个方面。

中国社会科学院工业经济研究所叶振宇助理研究员使用评价区域发展及其协调性的DAI分析框架，即区域经济发展在需求（Demand）、集聚（Agglomeration）和一体化（Integration）三个方面的表现，分析了“十一五”期间的区域发展成效，认为“十一五”期间我国区域协调性显著增强。同时，也提出了存在的几个问题：一是东部地区产业和人口过度集聚，二是大量劳动力流出导致中西部地区人口空心化，三是产业转移仍面临障碍和矛盾，四是流动人口城市化进程相对缓慢，五是区域基本公共服务均等化推进困难。

北京师范大学资源学院廖建辉和中国社会科学院工业经济研究所李钢副研究员使用

31个省份2000—2009年的数据对地区产业结构进行了聚类分析，发现10年来中国区域产业分类格局较为固定，在一定程度上体现了区域资源禀赋的不同，但是地区产业结构趋同步伐在加快，缺乏合理的区域分工。

四川大学经济学院副院长邓翔教授和西南石油大学经济管理学院李建平讲师利用厂商的生产函数和成本函数推导出关于生产成本与集聚经济效应的数学模型，并将集聚经济效应分解成两类，即由要素投入扩大引起的规模报酬递增和由各经济主体彼此靠近引起的外部性，使用该模型对中国2007年统计数据的计量分析发现，东部沿海地区主要受益于来自生产要素投入扩大产生的规模报酬递增，而中西部地区由于生产要素大量外流，其集聚经济效应主要源自城市化进程带来的外部性，说明中国总体的经济增长还主要依靠要素投入，东部地区的经济增长主要依靠集聚全国的生产要素，这种增长方式是中西部难以复制的。

四川大学经济学院余川江博士从新经济地理理论和技术互补性理论出发，反驳了“劳动力持续向东部沿海集聚才能缩小地区收入差距，有效扩大内需”的观点，认为中西部劳动力向东部的流动减缓了中西部的工业化进程，拉大了区域收入差距，主张通过相关政策的实施创造“软环境”，促使中西部农村劳动力向当地城市转移，以加快中西部工业化步伐，缩小区域差距。

天津滨海综合发展研究院院长、南开大学中国城市与区域研究中心秘书长郝寿义教授和南开大学徐刚博士后，认为中国区域发展规划形式和内容在不断丰富，目前已形成了区域发展总体战略、主体功能区战略和差异化的区域政策体系，以及民族地区对口援助政策。建议：一是通过多种措施推进实施主体功能区战略，二是完善区域发展规划出台、实施和评价机制，三是制定与区域发展水平相配套的政策体系，四是进一步完善对口支援政策。

郑长德教授和西南民族大学经济学院罗晓芹教授认为区域协调发展的关键在于实现总体经济效率与空间公平的双赢。他们介绍了将内生增长理论与新经济地理模型相结合的马丁模型，并使用该模型对区域政策效果进行了理论分析，提出西部大开发战略在深入推进阶段应致力于西部地区自我发展能力的构建，主要措施包括给企业R&D提供补贴、提升各族人民的平均受教育水平和技能水平、实现区域内市场一体化、改善地区内部交通通信基础设施等。

中国科学技术大学管理学院刘志迎教授使用地区专业化指数对“泛长三角”地区的经济联系强度进行了测算，认为安徽省的城市与“长三角”经济圈的城市存在较大的经济联系强度，说明安徽省参与“长三角”经济圈的分工已经实大于名，建议安徽抓住机遇，系统构建合作机制，实现东向发展。

武汉大学国际问题研究院熊灵讲师等总结了低碳概念的演变和世界低碳城市建设的实践模式与经验，指出围绕碳减排目标，国际上先后出现了“低碳经济”、“低碳社会”和“低碳城市”的概念，并将世界大城市气候领导联盟（C40）成员的低碳城市建设经验概括为五种模式，即城市能源结构的低碳化、城市产业结构的低碳化、城市空间形态的低碳化、城市基础支撑的低碳化和城市居民行为的低碳化。

首都经济贸易大学城市经济与公共管理学院单吉堃副教授认为中国低碳城市发展面临巨大挑战，一是城市化与工业化尚未完成，温室气体排放量继续增长的势头短期难以改变；二是工业技术水平较低，导致排放强度高；三是经济以第二产业为主体，尤其是重化工业比重偏高，导致经济的高碳特征明显。

青岛科技大学经济与管理学院雷仲敏教授等从经济结构、资源产出效率、社会发展、生态环境四个方面构建了低碳城市评价指标体系，并针对中国低碳城市的发展，提出了优化升级产业结构、调整优化能源结构、积极扩大自然碳汇、促进碳交易和碳金融、引导推进生活低碳化等建议。

浙江理工大学经济管理学院副院长陆根尧教授等从经济社会发展水平、生态保护水平、资源消耗水平、污染排放水平、资源循环利用水平五个方面构建了区域产业生态化水平评价指标体系，并对中国各地区产业生态化水平进行了评估，认为中国产业生态化水平呈东、中、西梯度递减分布特征，与区域经济发展水平具有相关性。

新疆财经大学经济学院院长高志刚教授从资源效率、环境质量、经济发展、社会发展等四个方面构建了区域循环经济发展水平评价指标体系，并用以对新疆15个地州市进行评价，认为克拉玛依、巴音郭勒州和乌鲁木齐分列新疆前三位，从全新疆的区域循环经济发展来看，环境质量因子的贡献最大，而经济发展因子的贡献最小。

安徽农业大学经济管理学院江激宇教授等对安徽省1978—2009年的生态变化与经济增长的关系进行了实证研究，发现安徽省的生态足迹与经济增长满足倒U形的曲线关系，认为从长期来看，经济增长对缓解安徽省环境承载压力有积极作用。

李钢副研究员等利用一个纳入环境管制成本的CGE模型，评估了提升环境管制强度对中国经济的影响，认为如果使工业污染物排放全部达到现行法律标准，将使中国经济增长率、制造业部门就业和出口出现不同幅度的下降，但这种影响尚在可以接受的范围内。他们提出：中国的环境管制强度可以加强，提高环境管制强度的措施应先在阻力较小的地区实施，然后再向阻力较大的地区推广。

上海财经大学国际工商管理学院全华教授等对中国城市水域问题进行了研究，并对美国、欧洲、日本等国外城市水域问题处理经验进行了总结，认为使用工程技术手段只能使城市水域问题得到局部改善，难以扭转整体恶化，建议借鉴国外经验，以美化水域景观和开展休闲旅游的方式维护水域治理成果。

（郑鑫）

2011 年 IACMR 管理研究方法工作坊会议

2011年7月24—27日，由中国管理研究国际学会主办，厦门大学管理学院、国家自然科学基金委员会、华侨大学共同承办的2011年中国管理研究国际学会管理研究方法工作坊在厦门隆重召开。共有来自11个国家和地区、38所科研院所的98位年轻教师和博士生参加此次会议。工作坊邀请的12位专家学者主要是来自美国、加拿大等国家与地区，分别是：亚利桑那州立大学的徐淑英教授；莱斯大学的周京教授；多伦多大学的谢家琳教授；杨百翰大学的David A. Whetten教授；得克萨斯大学达拉斯分校的彭维刚教授；密西根州立大学的Steve W. J. Kozlowski教授；罗格斯大学陈昭全教授；香港科技大学的樊景立教授；北卡罗来纳大学的Arne Kalleberg教授；罗格斯大学的Deborah

Dougherty 教授；亚利桑那州立大学的 Brian Boyd 教授；马里兰大学的廖卉副教授。

在开幕式上，郭朝阳教授介绍了参加此次工作坊的12位专家并简要回顾了中国管理研究国际学会的发展历程。

随后中国管理研究国际学会现任主席周京教授对中国管理研究国际学会的宗旨、组织形式、发展目标及协会的主要活动作了说明。她特别指出，中国管理研究国际学会三大准则是“灵感之源，奉献精神，卓越追求”。徐淑英教授作了题为“科研的流程及实证方式”的演讲，精辟地阐释了研究过程中的关键问题。“重塑科学精神对于发展创新性具有意义的管理研究及以及对创造实践的管理知识至关重要。”

（厦门大学管理学院）

第五届海峡两岸企业管理学术研讨会

2011年7月29日，由复旦大学、江西财经大学、云南大学、中国人民大学、台湾淡江大学、台湾中山大学、台湾政治大学联合主办的第五届海峡两岸企业管理学术研讨会在云南昆明召开，此次会议主题为“企业管理创新与可持续发展”。

与会专家认为，必须注重长远发展的经济增长模式，既要为现代发展着想，更要为后代子孙发展留有余地。企业在对当下追求的发展模式进行认真反思的同时，应以可持续发展为企业的管理创新之本，实现自身的良性发展。

据悉，下届研讨会将在台湾中山大学召开。

（金泓摘自《中国社会科学报》
2011年8月4日）

广州南沙发展定位与战略研究研讨会

2011年8月20日，中国社会科学院与中共广州市委、广州市人民政府在北京联合举行“广州南沙发展定位与战略研究”课题成果发布及研讨会，来自国家有关部委办和研究机构的领导、专家为广州南沙新区开发建言献策。中国社会科学院常务副院长、学部委员王伟光，中共广东省委常委、广州市委书记张广宁出席并分别致辞。国家发展和改革委员会副主任徐宪平，住房和城乡建设部副部长仇保兴，财政部部长助理王保安，国务院参事、中国科学院可持续发展战略研究组组长兼首席专家牛文元，国务院研究室综合司司长宋大伟，科技部中国科学技术发展战略研究院常务副院长王元，中国社会科学院经济研究所所长裴长洪，中国社会科学院城市发展与环境研究所所长潘家华等作了精彩发言。会议由中共广州市委副书记、市长万庆良主持会议，课题组执行组长、中国社会科学院学部委员、财贸所所长高培勇介绍了成果的主要内容。

报告提出，广州南沙新区的总体战略与定位是：实施“从容跨越”战略，建设“三新”广州南沙。具体表述为：以邓小平理论和“三个代表”重要思想为指导，深入贯彻落实科学发展观，实施“从容跨越”的路径战略，分三步，用40年左右的时间，在21世纪中叶，将广州南沙建设成为国际智慧滨海新城、粤港澳全面合作的国家级新区、珠三角世界级城市群的新枢纽。

报告提出，广州南沙新区的发展远景是国际智慧滨海新城；战略定位是粤港澳全面合作的国家级新区；功能定位是珠江三角洲世界级城市群的新枢纽，同时也是珠三角世界级城市群的共享中心和共同家园；未来的五大主导产业群是高端服务业、科技智慧产业、临港先进制造业、海洋产业和旅游休闲健康产业。

报告建议，中央批准南沙为“粤港澳全面合作的国家级新区”，将南沙新区开发建设提升到国家级战略的高度，给予南沙新区国家级战略支持、管理权限与考核制度支持、财税政策支持、金融创新支持、土地管理制度改革、口岸管理与创新通关支持、航运和物流政策、教育与科技政策、产业和重大项目支持、人才和社会保障政策十个方面的政策支持。

（王朝阳）

第六届公司治理国际研讨会

2011 年 8 月 20—21 日由东北财经大学工商管理学院、南开大学商学院和南开大学公司治理研究中心主办的第六届公司治理国际研讨会：“后危机时代的共同准则”在辽宁大连举行。会议由东北财经大学校长李维安教授主持，来自国务院国资委、国务院发展研究中心、中国银行业监督管理委员会、中国证券监督管理委员会、中国保险监督管理委员会、上海证券交易所、深圳证券交易所、辽宁省监管与政府部门领导，以及来自美、英、法、日、澳、韩、以色列和中国台湾、香港等国家和地区著名大学、国际机构的公司治理知名专家，国内公司治理学界专家、企业家、知名商学院院长共 300 余人参加了研讨会。

大会围绕“公司治理：后危机时代的共同准则”这一主题，设置了“实验经济学与公司治理”、“董事会与经理层治理”、“股东权益与公司治理”、“行政型治理与经济型治理”、“金融机构治理”、“资本市场与公司治理”、“内部控制与公司治理”、“信息披露与公司治理”、“利益相关者与公司治理”九个专题论坛，与会者围绕九个专题进行了深入研讨。

此次研讨会发布了 2011 年中国公司治理评价报告，有效样本为 1950 家，主板 1242 家，中小企业板 521 家，创业板 152 家，金融、保险行业板块 35 家。上市公司治理指数平均值为 60.28，较 2010 年的 59.09 提高 1.19，达到历史最高水平。从行业比较分析来看，金融、保险业其公司治理指数仍然位居第一；从控股股东性质比较分析来看，民营控股上市公司治理指数在经历多年连续提高之后，实现了自 2004 年以来二者差距日益缩小后的首次超过国有控股上市公司；从市场板块来看，金融、保险业公司治理指数的平均值最高，达到 63.34，创业板为 63.29，中小企业板为 62.13，而主板公司的治理指数平均值最低，为 59.05。

报告认为：中国公司治理改革的总体路径和方向是从“行政型治理”向“经济型治理”转型，随着外部治理环境的渐进性改善，企业更应警惕隐性的公司治理风险。解析 2008 年的金融危机，显然不再是单纯的金融风险处置不当所致，其根源就在于治理风险的累积。相对于显性违规所带来的风险累积，隐性的治理风险更具特殊性与突然性。同时，在后金融危机时代，在防范公司治理风险、完善制度建设的同时，企业应着力构建和谐的治理文化。

此次会议深化了对公司治理体系的全面认识，在提升亚洲—太平洋地区关于公司治理高水平学术研究的同时，为学者、公司高层、机构投资、市场中介、咨询顾问和相关政策制定者之间的协作和互动提供了平台，促进后金融危机时代下的公司治理理论的深入研究。

（李维安　程新生）

城级统筹发展暨莱芜模式高层论坛

2011 年 8 月 24 日，中国社会科学院城市发展与环境研究所与山东省莱芜市在北京联合举行城乡统筹发展暨莱芜模式高层论坛。统筹城乡发展已成为我国实现经济社会发展转型、改善民生的重要战略选择。近年来，我国制定了一系列推进统筹城乡发展的政策措施，全国各地纷纷开展有益探索，推动统筹城乡发展的创新路径。山东省莱芜市勇当实践先锋，充分发挥区域比较优势，于 2003 年开始探索符合莱芜地方特色的城乡统筹发展，到 2010 年已形成了独特的“共享型融合发展模式”。为此，中国社会科学院城市发展与环境研究所对莱芜市统筹城乡发展工作进行了深入调研，并撰写了《走共享型融合发展之路——莱芜统筹城乡发展研究》的报告。中国社会科学院党组副书记、常务副院长王伟光作为该课题组组长出席会议并讲话。

王伟光指出，实现“城”与“乡”的互动融合发展，应该成为当前这个时代中国区域经济发展的主旋律。“十二五”时期，中国经济社会发展已经进入全面战略转型的新阶段。今后的发展应是经济社会全面发展，是协调、均衡和可持续发展。统筹城乡发展是实现经济社会全面转型的一个重要方面，有着十分重要的现实意义。

山东省莱芜市把统筹城乡发展作为加快转变经济发展方式的重要突破口，形成了具有莱芜特色的“共享型融合发展模式”，在全国具有典型性。中国社会科学院城市发展与环境研究所对莱芜模式的高度总结及其未来发展的深入思考，深化和丰富中国特色的社会主义理论，为全国统筹城乡发展作出了贡献。

中共山东省莱芜市委书记、市人大常委会主任于建成就莱芜市实施城乡统筹发展的经验，作了介绍。他说，莱芜市主要抓了三个重要环节。一是抓“融合”，坚持以统筹的理念谋划和推进城乡经济发展，促进区域之间、工农之间和产业之间相互渗透、优势互补；实现互促共赢、融合发展。二是抓“流动”，坚持用改革创新的办法，充分发挥市场配置资源的基础性作用，促进各类生产要素在城乡之间顺畅流动、优化配置。三是抓“共享”，坚持让城乡群众在公共资源配置、公共服务和社会保障等方面，拥有平等的权利，共享发展成果。莱芜经过几年的探索，已初步形成了城乡体制基本接轨、城乡产业相互融合、城乡社会协调发展、城乡差异明显缩小的一体化新格局。

城市发展与环境研究所副所长魏后凯作了主题报告，对莱芜城乡统筹发展的具体做法、基本特点、实施机制等进行了总结归纳。报告认为，2006 年以来，莱芜市作为山东省统筹城乡发展改革试点城市，按照“六个一体化、三个集中、两股两建和四个体系”的总体推进思路，初步构建了城乡体制基本接轨、产业相互融合、社会协调发展、差距明显缩小的发展新格局，形成了具有示范带动效应的“共享型融合发展模式”。其核心内涵为“四个共享、五个融合”，即实现了资源共享、机会共享、公共服务共享和发展成果共享，促进了产业融合、市场融合、居民融合、社会融合和生态融合。近两年，中共莱芜市委、莱芜市政府积极探索农村产权制度改革，以“两股两建”为核心，即土地承包经营权和股权化、农村集体资产股份化和建立新型农村合作经济组织、建立统筹城乡建设用地使用制度，推动了农村“资源资产化、资产资本化、资本股份化”，充分发挥了市场配置资源的基础性作用，建立起了城乡资源要素合理流动、优化配置的体制机制，有效破解了城镇建设用地紧张与农村建设用地闲置、“新农村”建设资金短缺、农业规模化与农地细碎化等一系列城乡统筹工作中的棘手的现实问题。从而搭建了统筹城乡资源的体制框架，推动了莱芜市城镇化进程。莱芜城乡一体化发展，最关键的在于形成了不同于以往的农业现代化、农村城镇化和“新农村”建设发展机制，实现了融合共建、成果共享。

（金泓摘自《中国社会科学报》
2011 年 9 月 1 日）

第三届中欧综合流域治理国际研讨会

2011 年 8 月 29 日至 9 月 2 日，由中国社会科学院国际合作局与欧洲联盟合作实施的交叉学科研究 CO – REAHC 项目之一“中欧综合流域治理”项目在北京召开了第三届国际合作研讨会。项目在 2009 年成功申请并实施以来，先后在中国澳门、英国剑桥召开了两届国际研讨会。第三届研讨会由该项目的中方牵头机构中国社会科学院城市发展与环境研究所主办，邀请了水资源、流域管理、生态、环境保护、灾害管理、气候变化等领域的国内外知名学者、大学及研究机构的博士研究生等中外嘉宾 50 多人参会。

会议包括三个方面的议题。议题一是“中欧综合流域治理”项目研究进展交流。剑桥大学基思·理查德（Keith Richards）教授代表欧盟 COREAH 负责机构介绍了项目的实施情况和主要活动。中国科学院水资源研究中心主任夏军教授介绍了“气候变化对中国水资源的影响及适应性管理”。德国莱布尼兹地区发展与规划研究所提姆·莫斯（Timothy Moss）教授介绍了欧盟成员国在流域水资源管理方面的实践。中国社会科学院城市发展与环境研究所所长潘家华研究员以“气候容量与适应气候变化”为主题，介绍了中国宁夏、内蒙古等黄河流域省份面临的适应与发展的新挑战。美国加州大学伯克利分校马特·康多尔夫（Matt Kondolf）教授介绍了美国的水资源规划及流域管理的经验。

议题二是从多部门环境治理的视角对流域管理问题进行深入探讨。研讨会特别邀请了德国伍珀河流域委员会、奥地利水管理局、科隆洪水管理中心、匈牙利中央理事会流域管理局、荷兰 Visser 水务局等欧盟管理部门代表参会并介绍欧盟的政策与实践，同时也邀请了珠江、黄河、长江流域的中国水利部门代表、水资源专家参与论坛，充分体现 COREACH 项目推动跨学科研究、提供政府决策咨询的理念。此外，中国水利水电科学研究院的程晓陶副总工程师介绍了“气候变化影响下中国水灾害的演变趋向与应对方略”；中国环境科学院的郑炳辉副院长谈了中国水环境治理政策与实践中存在的一些问题，指出中国目前的水管理政策、立法存在着部门条块分割的问题；武汉大学环境法学院杜群教授探讨了“地方水资源立法的管辖范围及其协调机制”；长江流域委员会的李浩博士分析了长江流域水资源管理中遇到的一些问题和挑战，如跨流域调水工程、大型水库水资源调度、气候变化与灾害管理等。

议题三是实地考察和调研，组织中外专家在北京的密云水库、河南黄河小浪底水库等地进行了考察和调研活动。

通过此次研讨会，中外专家们交流了经验，分享了信息，表达了水资源管理部门加强协调机制与合作的需求和愿望。

（郑艳）

中国经济规律研究会第21届年会

2011年9月17—18日，由中国经济规律研究会与对外经济贸易大学主办、对外经济贸易大学国际经济贸易学院与中国经济发展研究中心承办的“经济全球化与中国经济科学发展高峰论坛”暨中国经济规律研究会第21届年会，在北京举行。中国社会科学院、国家发改委、北京大学、中国人民大学、中央党校等国内研究机构、相关部委、著名高校的140多位专家学者，《人民日报》、《光明日报》、《经济日报》、《中国教育报》、《中国社会科学》、《经济研究》、《马克思主义研究》、《经济学动态》等国内主流媒体和权威学术期刊负责人莅会。与会专家学者紧密围绕大会主题，重点研讨了以下五方面问题。

一 经济全球化与中国经济自主安全发展

主要有以下观点：（1）第二次世界大战后历史上出现过两个全球化，即资本主义全球化和社会主义全球化，当今是资本主义生产方式在全球的扩张趋势。从发展来看最终将导致全球社会主义。

（2）经济全球化对我国经济发展是一把双刃剑。一方面对中国经济快速发展起到了重要的推动作用，同时，资本三义发达国家主导的经济全球化也对中国经济和社会安全带来许多风险和挑战。

（3）2008年爆发的国际金融危机凸显了政府应加强宏观审慎监管、确保金融安全的必要性。为此，应完善逆周期的货币信贷动态调控机制、促进金融机构的安全运行；应建立适合中国国情的宏观审慎管理工具，提高监管的动态适应能力；应加强国内宏观层面的协调机制，拓展国际和地区金融交流与合作。

（4）从经济全球化的实质来看，中国转变经济发展方式的基本方向是自主型经济发展方式。

二 经济全球化与中国转变经济发展方式

主要观点有：（1）在经济发展动力上应坚持内需与外需并重，在经济发展的所有制结构上应坚持以公有制为主体，在经济发展效果上应坚持数量与质量综合评价。

（2）要使经济发展方式转变取得实质性进展，关键要创造有利于转变经济发展方式的市场、体制和政策三大条件。

（3）中国转变经济发展方式应不断推进制度创新，为转变经济发展方式提供保障；促进经济与社会协调发展，提高经济发展成果分享水平。

（4）加快转变经济发展方式，中国中小

企业应主要实现三个战略性突破。一是，应大力发展中小企业银行。二是，应改变政府当前对中小企业多头管理的局面，实现政府对中小企业促进政策的战略性突破。三是，应实现中国中小企业“专、精、特、新”的战略性突破。

三　经济全球化与中国深化收入分配体制改革

主要观点有：(1) 中国当前收入分配领域中最核心的问题是贫富差距急剧扩大，两极分化趋势明显。不是“国富”与“民富”的矛盾，而是一部分人先富、暴富与大部分国民不富甚至贫穷的矛盾。由于完成一部分人先富起来的任务所花的时间极短，而完成先富带后富、实现共同富裕的任务却遥遥无期。要扭转贫富差距过大和两极分化的趋势，需要明确宣布实行“一部分人先富起来”的政策已经胜利完成任务，今后应转变为“实现共同富裕”的政策，即逐步实现由“先富”向“共富”的过渡。

(2) 所谓两极分化，既包括绝对的两极分化，也包括相对的两极分化。中国收入差距与财产差距相比，财产差距更大。要消除两极分化，靠提高个人所得税起征点等措施是不够的，根本途径是发展与壮大社会主义公有制经济，充分发挥国有经济的主导作用。

(3) 中国长期以来一直实行低工资制度。而不同时期低工资制度的成因有显著区别，但其基本原因则是劳动生产率低下与“高积累、低消费”的经济建设指导思想所致。从长期来看，低工资制度应逐步向中、高工资制度转变。

(4) 在经济全球化背景下中国企业分配存在的主要问题是国际资本挤压中方收入、利税侵蚀工资、最低工资标准偏低、工资集体协商办法不够完善。

四　经济全球化与中国经济发展规律

主要观点有：(1) “中国模式”的基本特征可以归结为三条，即中国共产党的领导核心地位和多党合作的政治体制，国有经济发挥主导作用和多种所有制经济共同发展的所有制结构，依据科学发展观制定的国家经济规划的主导作用和充分发挥市场经济的基础性调节作用。

(2) 完善和发展社会主义公有制的根本途径就是要在不断发展生产力和促进生产社会化水平提高的基础上，逐步促进全体劳动者的全面发展，不断扩大民主管理，采取各种切实可行的民主措施，保证支配管理权的行使真正代表全体劳动者利益，逐步缩小人们在生产资料支配管理权方面的差别。

(3) 现阶段必须坚持《中华人民共和国宪法》规定的社会主义公有制为主体多种所有制经济共同发展的基本经济制度。为此，必须加强对所有制结构改革的宏观调控，确保社会主义公有制的主体地位。

五　经济全球化与中国提高对外开放水平

主要观点有：(1) 中国对外开放经历了“引进来”、“引进来”与“走出去”并重、自主创新三个阶段。当前，应进入对外开放第四阶段。在此阶段，应转变对外经济发展方式，适度控制对外资、外技、外产、外贸、外汇和外国资源能源的依赖程度，不断提升协调使用国内外各种广义资源的综合效益。

(2) 应调整过度外向型战略，实施外向型与内向型相结合的新战略。

(3) “十二五”时期，应积极利用国外

产业重组、发展中国家工业化、国内加快转变经济发展方式等机遇，加快由资本输出大国向资本输出强国转变，努力构建中国企业主导的国际生产经营网络。

（金泓摘自《经济学动态》
2011 年第 11 期）

第十一届中国青年经济学者论坛

2011 年 9 月 23—24 日，由中国社会科学院、北京大学主办，《经济研究》编辑部、北京大学光华管理学院和武汉大学高级研究中心承办的“十年回顾：第十一届中国青年经济学者论坛暨人才培养研讨会”在北京召开，来自全国各高校和科研机构的专家、青年经济学者共一百余人会聚北京大学，对现代经济学研究范式以及中国现实经济问题进行了探讨和交流。

一　经济增长领域

（1）与会者认为，提高公共教育投入可以促进经济增长，减缓人口增长，但是对于调节收入分配的作用较弱。而加大社会保障可以有效地降低不平等程度，但是却不利于经济的长期增长。（2）垄断势力既不利于收入分配，也不利于经济增长。（3）分析经济的多重均衡和经济效率，并重新讨论了政府在经济中的作用。与会学者还进行了以下研究：分析了知识产权保护对技术进步的影响机制，并为“最优知识产权假说”提供了跨国层面的经验证据；分析资源开发活动及政府行为对人力资本积累与区域经济增长可能产生的影响及其作用机制；考察习惯形成对经济增长的影响，并具体分析模型的动态特征；考察体育赛事和经济增长的关系。

二　财政政策领域

（1）与会者实证分析了资本投入、税收负担、财政支出、信贷存量、货币供应与中国经济波动之间的相互关系。（2）考察了地方政府的财政政策特征对产业成长的影响，发现地方政府的反周期性财政政策对产业的成长发挥着积极的作用，产业对外部融资依赖越高，更强的反周期性财政政策对其成长的促进作用越大。（3）中国财政政策对净出口和有效汇率的效应表现为政府支持增加净出口，同时使有效汇率下降。（4）采用协整向量自回归方法对中国 20 世纪 90 年代以来的财政政策和货币政策协调配合下的宏观经济效果进行定量考察，发现政府的两类政策的不同组合所产生的互补性效应非常显著。（5）将财政支出结构引入随机增长模型，考察政府不同类型财政支出的增长和波动对经济增长和波动的影响，并检验中国地方政府财政支出结构对区域经济的增长和波动效应。

三　货币政策领域

（1）构建货币内生供给模型，对商业银行、企业、居民等对货币政策调整和货币供给变化的影响效度加以分析。（2）盯住核心 CPI 能够改进货币政策稳定经济的效果，因此货币政策应该盯住核心 CPI。（3）针对目前有关人民币汇率变动对中国与美国双边贸易差额影响研究中存在的不足，分析了人民币实际汇率变化对双边贸易差额的动态影响。（4）在扩张性货币政策冲击下，第一产业内无流动性效应，但第二、三产业有流动性效应；第一产业投资先降后升，第二、三产业投资先升后降，导致短期内产业投资结构的调整。(5) 从基础货币与外汇占款的相关性出发进行分析，认为现实中由于中央银行通过央行票据对基础货币的大规模对冲，并未出现普遍认为的“外汇占款的激增导致了基础货币过量投放”。(6) 在财政和货币政策协作机制下，分析了 Ramsey 均衡下的最优通胀以及与之对应的最优利率。

四　收入分配领域

(1) 考察了地区收入不平等、健康对中国老年人主观幸福感的影响。(2) 从实期权的观点出发看待异质消费者的退休选择和社会保障体系之间的关系，分析了个人退休选择行为和退休年龄分布。(3) 随着经济增长率从低到高变化，收入差距对经济增长的影响呈现 U 形轨迹。(4) 目前中国城镇职工养老保险待遇调节机制存在重要缺陷，不仅造成公平性缺失，而且也存在效率缺失，事实上已经落入“低水平养老保障陷阱”。

五　制度经济学领域

(1) 在重新考察偏好和制度的基础上，较为深入地分析偏好与制度的共同演化机制。(2) 尝试应用四种公理化模型来刻画企业家面临的“奈特不确定性”，并从微观层面考察其创新决策的过程和后果。(3) 构造了一个新政治经济学理论模型，分析了政府的税收最大化和利益集团对中间品价格操控造成产业升级障碍的传导机制。(4) 从农地租赁市场交易数量和交易质量的双重视角出发，建立市场交易模型，发现地权不稳定会增加非农就业与租赁市场上的土地供给，在供给弹性小于需求弹性的城市远郊地区，这会增加农地租赁市场的交易数量。

六　微观经济学的其他研究领域

(1) 宗教传统对于上市公司治理质量的影响，(2) 人口结构与资产价格关系的作用机理，(3) 分析了危机背景下大股东的“管家角色”及其对企业绩效的影响。以高级管理者继任过程中职工薪酬的变化为背景，分析了高管控制权私利最大化实现过程中以隐性契约为基础的公司政治的形成及经济后果。考察了贸易成本、市场规模对企业异质性与产品质量的影响渠道和结果。

（经科）

中国粮食安全形势与对策研讨会

2011 年 9 月 24—25 日，由西南财经大学中国西部经济研究中心与《中国农村经济》编辑部联合主办的“中国粮食安全形势与对策研讨会”在成都举行。来自全国近 20 个省、市、自治区的高等院校、科研单位和政府机关的 50 余名代表出席了会议。

西南财经大学副校长马骁主持会议，中共西南财经大学党委书记封希德致开幕词。中共四川省委副书记李崇禧出席开幕式并作了题为《四川省粮食安全与经济增长》的主题发言；中央财经领导小组办公室副主任唐仁健作了《中国粮食安全基本形势和对策》的演讲，农业部产业政策与法规司司长张红宇作了《大国的产业特征和粮食安全》的演讲。

一　国内外粮食安全的基本形势

目前，中国内粮食需求结构的转变和国际市场的不确定性，使粮食安全面临着许多新挑战。当前，中国居民肉奶蛋的消费比例不断上升，人均摄入量可能会继续增长。消费结构上，食用谷物消费量在减少，饲料和加工谷物的消费量则快速增长。2008 年全球金融危机后，国际粮食市场的不稳定性增加，美国的生物能源战略间接控制了玉米等品种的国际价格，而粮食投机炒作又放大了粮价波动。

二 制约中国粮食生产的主要因素

一是水土资源环境约束。城镇化导致了大量耕地改变用途，粤、浙、闽等沿海省份的粮食减产十分明显；全国 52% 的耕地没有灌溉条件、长江南北的水资源分布不均。二是种粮收益低。多数农民每亩地年均净收益不过几百元，只相当于打工几天的收入，这引发了农民大量甚至“过量”地进入城市务工，农业劳动力结构老弱化的趋势明显。三是农业科技推广困难，而且农技推广者难以通过推广技术来保证自身利益，导致农技推广缺乏利益驱动。同时，从事农业的老弱群体领会技术的能力偏低。

三 粮食价格与粮食安全

21 世纪以来，国际粮价波动幅度放大，波动频率增加。中国国内农产品市场相对稳定，但在连年丰产的背景下，国内粮价仍在不断走高，其原因主要是需求结构变化、种粮成本上升和流动性过剩。粮价对通胀有着重要影响，但不是通胀的推动因素。当 CPI 上扬时，政府不应过分地抑制粮价，而是应该对低收入群体发放粮价补贴。关于粮价未来的趋势，与会专家一致认为，粮价将持续上涨；还有学者主张粮价应大幅上涨，以激励农民种植。

四 粮食安全保障体系的构建

在中国国内粮食生产目前总体安全，但仍应加大对储备和流通这两个环节的关注力度。粮食储备的主要问题是产销区利益不协调，粮食销区本应建立合理的储备规模，但这要占用资金，所以销区往往把储备的“包袱”扔给产区。同时，城市缺乏有效的粮食应急供应保障体系，这会削弱应对粮食公共危机的能力。流通环节上，农产品供应链管理落后、物流组织化程度低和运输方式落后，容易引起局部地区农产品价格上涨过高。

五 粮食安全的政策选择

一是协调微宏观政策。微观上，要加强农田水利建设、推广良种和科学耕作技术；宏观上，要优化产区布局、培养职业农民、合理调控粮食进出口市场。二是优化粮价政策。尤其是针对非传统因素，要从道义上反对粮食能源化的做法；建立相应的市场规则，应对粮食金融化和投机炒作。三是推进组织制度创新和适度规模经营，解决小生产与大市场的矛盾、提高农民种粮收入。四是要拓展新形势下粮食安全的思维，实现从“粮食安全”向“食物安全”的观念转变，发挥服务业对粮食产业发展的带动作用，提高城市的公共危机应急能力。

（胡小平　星焱）

孙中山经济思想与中国经济发展学术研讨会

2011 年 10 月 9—11 日，由中国经济思想史学会、武汉大学经济与管理学院、中南财经政法大学经济学院联合主办的“孙中山经济思想与中国经济发展”学术研讨会在武汉举行。

一　关于孙中山经济思想的总体考察

多数学者从不同角度对孙中山的民生主义思想及其与中国经济发展之间的关系进行了总体考察。在持肯定态度的同时，也探究了孙中山经济思想的实践程度和效果相对有限的原因。主要观点有：

（1）孙中山堪称中国民生史观的先行者和践行者，“民生主义”思想是孙中山立足其所处时代，在审视国情、融合中外思想精华的基础上，对“民生”这一普遍性的历史使命作出的深刻回应和经典论述。

（2）孙中山的民权主义是民有选举官吏之权，民有罢免官吏之权，民有创制法案之权以及民有复决法案之权；民生主义就是社会主义；民族主义就是国族主义。

（3）孙中山经济思想的价值层面具有自身的逻辑一致性，即相信未来发展必须依赖于对科学知识的掌握，社会进步只有通过利人的道德引领得以实现，经济增长可以在政府主导下取得。但是这些观念同时也带有浓厚的乌托邦色彩和理论不足，所以可行性不强，实施效果也不尽如人意。

（4）民生主义发展战略之所以能对“中国模式”的形成产生影响，得益于两者具有相同的历史文化背景、相近的理论渊薮和相似的现实考虑。

（5）经济和谐是孙中山大同理想的根基。

（6）孙中山的三民主义极为深远地影响着中国现代化事业的方方面面。其民生主义理论直接撼动了中国几千年封建经济思想的基础，为中国现代经济理论开启了大门。

（7）改革以来，中国共产党通过在实践中制定和推行的一系列以民为本的政策措施，是对孙中山的民生思想的丰富和发展。

（8）孙中山的民生主义思想具有民粹主义思想的特质。

二　关于孙中山经济思想的多角度考察

（1）关于孙中山的节制资本思想。孙中山节制私人资本的思想核心是防止社会出现贫富不均。节制资本对于现代改善民生的启示在于，改善民生必须先解决社会稳定这一大前提，要先从节制私人资本和发达国家资本等做起。且发达国家资本是节制资本之要旨。

（2）关于孙中山的货币思想。孙中山提出的钱币改革思想确立了以法定纸币取代金属货币作为流通手段的理论框架，并设计提出了以税收预算和物资兑换为基础的发行方式。由此，无论从思想上与实践上都推进了中国货币纸币化的改革进程，代表了中国近代货币发展的历史方向，意义重大而深远。今天至少应借鉴孙中山提出的货币发行必须接受立法限制的思想，即货币发行须由全国人民代表大会议决。

（3）关于孙中山的土地思想。“平均地权”是孙中山的民生主义思想中的核心，“平均地权”的具体实施办法是土地税。“涨价归公”是孙中山提出以解决中国近代土地问题的思路，其本质上是一种资产增值分配价值取向，并且以尊重土地私人产权和土地市场机制为前提。该思想对近代中国土地税收制度改革产生了直接的影响。对于今日中国提高土地生产效率，妥善解决农业用地和建设用地的冲突以及合理分配土地收益有着重要的启示意义。

（4）关于孙中山的工业化思想。孙中山的工业化思想，继承了近代早期进步思想家的思想成果，并把这些思想推向了更高的发展阶段。其特点在于，注重建立一个完整、有序发展的国民经济体系；注重构建一个以点及面、统分结合的区域经济发展体系；注重建立一个国营经济和私营经济共同发展的体制格局。

三　民国经济思想的进一步开拓和整理

自21世纪初期，民国时期经济思想逐渐成为中国经济思想史研究的重要内容，诸多学者在这一领域不断探索产生了一批有影响力的成果，而本次研讨会的相关研究成果则更深入、更专业。对近代中国金融思想的转型与现代化演进、对发展经济学在中国的三次发展进行了总结和梳理、对民国时期1912—1949年间的保险思想进行了研究；还对民国时期经济学著作和经济这期刊进行了综合、系统的考察从而在一定程度上填补了中国经济思想史的空白。

（金泓摘自《经济学动态》
2011年第11期）

中国经济形势分析与预测秋季座谈会

2011年10月10日，中国社会科学院经济学部、“中国经济形势分析与预测”课题组在北京召开秋季座谈会，会上发布了《中国经济形势分析与预测——2011年秋季报告》。报告认为，2011年中国经济运行继续朝宏观调控的预期方向发展，GDP的增长速度将达9.4%左右，人们普遍关注的居民消费价格指数全年将上涨5.5%左右。

经济增长由政策刺激向自主增长过渡

2008年以来的国际金融危机给世界经济带来了严重冲击，造成了自第二次世界大战以来首次世界经济负增长。中国政府采取积极有效的应对措施，在全球率先实现经济增长的企稳回升，经济增长由政策刺激开始向自主增长有序过渡，国内通货膨胀由积累释放转为逐步缓解。

“若国际经济政治环境不再显著恶化，国内不出现大范围的严重自然灾害和其他重大问题，2012年仍保持在合理增长空间，GDP增长率预计达到9.2%。物价总体水平增长呈回落趋势，预计2012年CPI上涨4.6%。”课题组提供的资料预测，今年第一产业增加值将保持在4.4%左右的增长速度；第二产业增加值增长速度将放缓，预计全年增速为10.3%；第三产业将平稳增长，预计2011年和2012年将分别增长9%和8.9%。

报告预计，2011年全社会固定资产投资名义增长速度仍将处于较高水平，预计为23.8%，实际增长速度有所放缓；社会消费品零售额增速有所回落，2011年名义增长率为17%，比上年回落2.9个百分点，扣除物价因素，实际增长11.9%；进出口增长速度2011年将分别达26.2%和21.8%，全年外贸顺差将略低于上年，达到1610亿美元。

警惕欧美债务危机及其影响

2011年，世界经济饱受欧债危机、日本地震以及美国复苏乏力等负面因素影响，全球经济是否会二次探底成为一个现实性问题。报告指出，在经济复苏脆弱和缓慢的形势下，未来两三年内，债务危机仍是困扰各发达国家和世界经济复苏的最大不确定性因素。欧美发达国家次轮危机的根源在于非常态经济刺激计划导致主权国家过度举债，虚拟经济与实体经济脱节使得经济缺乏“生产性”，选票许诺下的高福利政策使得国家财政无法承受。

金融危机总是会表现出明显的传染性特征，即从一个局部市场向关联市场甚至是整个经济系统传递。报告认为，此次欧美主权债务危机并不仅仅局限于公共债务市场，而且会牵涉到银行市场、外汇市场，波及全球经济。欧美债务危机将通过三个渠道影响中国未来的经济增长和稳定：首先会通过出口影响中国的实体经济；其次会通过金融渠道影响中国的经济稳定；进而会影响投资和消费者消费的信心，对此要保持高度警惕。

与会专家指出，欧美债务问题增加了外部环境的不确定性，国内通胀压力仍处于高位，要实现有效抑制通货膨胀、保持宏观经济又好又快发展，对经济的宏观调控应以稳为主，政策搭配要审慎灵活。

重要问题是保持物价稳定

与会专家指出，保持物价稳定不仅是重大的民生问题，而且对于保持经济的平稳较快发展，特别是对于中小企业克服眼前困难具有重要意义。要高度注意来自外部的输入性通胀因素，保持农产品价格的适度提高。提高农民收入要保证农产品价格稳定提高，必须主动保持粮食收购保护价格的提高与价格总水平上升的合理关系。此外，还要注意劳动力成本的上升。长期以来，中国居民收入水平明显偏低，劳动报酬所占比重明显偏低，科学发展要求扭转这种偏低状况。

报告建议，对于当前中国经济的治理，首先要促进货币政策向中性靠拢，既不要继续出台紧缩性的货币政策，也不要轻易出台刺激性的货币政策；其次，要把短期控制物价过快上涨和保持中长期经济平稳较快增长任务有机结合起来，防止短期控制物价措施影响就业、伤及中长期增长基础；再次，要重视并认真解决目前实体经济实际工作中存在的问题，特别要关注货币政策回归稳健过程中传统制造业中的小型微型企业所面临的融资困难和高利贷问题。此外，还要注意房地产市场的调控和健康发展问题、地方发展项目的后继资金困难问题、安全生产方面的问题等。

（金泓摘自《中国社会科学报》
2011 年 10 月 13 日）

中国经济论坛 2011

2011 年 10 月 11 日，“中国经济论坛 2011——包容性增长下的中国劳动力市场”在北京举行，中国社会科学院副院长李扬，人力资源和社会保障部副部长信长星，国务院发展研究中心副主任韩俊，中国社会科学院原副院长、经济学部主任陈佳贵，中国经济体制改革研究会会长宋晓梧，以及来自中国社会科学院、国家发展和改革委员会、全国总工会、中国人民大学、国家统计局、国家人口与计划生育委员会、农业部、亚洲开发银行、世界银行、牛津大学等单位和部门的官员和专家学者出席会议，共同讨论有关包容性经济增长与未来劳动力市场形势、中等收入阶段的劳动力市场政策如何支持经济可持续增长、劳动力流动与产业转移等问题。会议由中国社会科学院经济学部和中国社会科学院科研局联合主办、中国社会科学院人口与劳动经济研究所承办。

劳动力供给出现结构性变化

为什么现在中国每年新进入劳动年龄人口在减少，而每年还要面临2500万左右劳动力的供给？与会专家指出，劳动年龄人口与现实的就业压力不是一个概念，从进入劳动年龄到进入劳动力市场求职这中间有一个延缓期。尤其是随着这几年高等学校增加招收学生和受教育年纪的延长，这个时间拉长了四到六年。社会面对的并不是当期进入劳动年龄的人口，而每年只有一小部分到了劳动年龄的人口进入劳动力市场，大部分继续接受教育，这些人四到六年后才会求职，社会承接的正是过去几年的就业压力。劳动就业压力高峰延缓了几年，变成现在的压力高峰，这将持续整个“十二五”时期，未来几年的就业总量压力依然很大。从人口结构来看，中国劳动人口的增量确实在下降，但在增量下降的同时，劳动力人口的总量还在继续增长，只有当劳动力人口达到峰值以后才会出现总量压力逐步减轻的过程。

目前，部分企业招工难与部分劳动者就业难并存，部分地区企业用工需求与劳动力供给出现失衡。这虽然带有局部性、季节性特征，但2010年以来这个特征有从东部沿海向内地蔓延的趋势。随着经济就业战略结构的调整，就业结构矛盾将发生新的变化，青年再就业问题突现，从过去主要解决下岗再就业问题到现在把高校毕业生就业放在首位是学术界重要的变化。随着经济转型升级和战略新兴产业的发展，技术工人特别是高技术人才短缺的问题更加突现。劳动力季节性结构短缺问题，表现在春节前后部分企业招工难，各地长期面临的问题是技术工人短缺，供不应求。主要发达国家经济体失业率居高不下，新兴经济体通胀率上升，世界经济复苏长期性、复杂性使中国就业局势增加了更多的变数。

实施就业优先战略

最近一些国家动荡，形势恶化，其中一个重要的因素是因其国内失业率过高，特别是青年失业率非常高，应当引起有关部门的高度重视。与会专家指出，面对复杂的就业形式，中央强调“十二五”时期要把改善民生作为“十二五”根本的出发点和落脚点，把促进就业放在发展的优先位置，实施就业优先战略，努力实现充分就业。就业是最重要的民生，就业是改善民生最重要的举措，实施就业优先战略是更加重视保障民生的战略内容，实施就业优先战略是建立和谐社会、保持社会稳定的要求。就业优先战略是“十二五”时期以及今后时期就业工作的旗帜，具有重大的现实意义和长远的战略意义。实施就业优先战略，将促进就业作为保障和改善民生的首要任务，将扩大就业摆在经济社会发展的优先位置，作为经济社会发展优先目标。将稳定和扩大就业作为拉动内需的坚实基础，以就业的扩展来促进经济持续发展，从根本上为转变经济发展方式提供有利的保证。

中央提出实施就业优先战略，其基本含义清楚，是摆在社会发展面前的优先任务，是社会经济发展的优先目标，但如何实施就业优先，现在还远未破题，需要理论工作者和实践工作者继续深入研究。与会专家建议，要把贯彻就业优先战略作为改善国计民生的大事，继续重视就业和稳定物价、国际收支平衡几个宏观指标的关系，把增加就业放在优先位置，作为确定经济增长速度的优先指标来考虑。同时，要选择有利于扩大就业的经济发展战略，在推进经济结构战略性调整的过程中要适应中国劳动力结构的特点，大力发展劳动密集型产业、服务业，小服务企业、创新型科技企业以满足不同层次的就业需求，充分发挥人力资源丰富的优势。通过经济发展有效拉动就业，实现经济发展与扩大就业的良性互动，实现包容性增长。

（金泓摘自《中国社会科学报》2011 年 10 月）

中国社会科学论坛（2011 年・经济学）

2011 年 10 月 14 日，由中国社会科学院主办，中国社会科学院农村发展研究所承办的中国社会科学论坛（2011 年・经济学）在北京举行。本次论坛的主题是“全球背景下农产品市场与宏观经济”。中国社会科学院党组成员、副院长李扬出席开幕式并致辞。国务院发展研究中心副主任韩俊作主旨发言。

李扬在致辞中说，此次论坛的主题是一个具有重大现实和理论意义的课题，主要突出了三个要点，即全球化、农产品市场和宏观经济。21 世纪以来世界的农产品价格正在经历一个波动中上涨的阶段，农产品市场特别是农产品价格成为最近几年国内外热议的问题之一，因此，对农产品价格上涨的原因、影响以及趋势进行认真分析，具有十分重要的价值和意义。李扬指出，自 2003 年以来，中国农产品连年丰收，但是在这样的背景下，中国农产品市场仍然呈现出明显的波动态势，价格持续上涨，对经济社会产生了比较大的影响。他认为，农产品价格的波动上涨有多重原因，其中很重要的因素是与农产品市场结构的定价机制有关，一方面，受其交易结构的影响，当前金融因素大规模进入实体大宗产品交易领域；另一方面，中国还缺乏真正代表生产者和消费者的组织，没有完善的机制发挥沟通需求、平衡市场的作用，因而难以形成比较合理、均衡的价格。

韩俊在发言中围绕农产品价格和市场流通问题进行了探讨，分析了当前中国农产品价格的趋势、上涨和波动的原因以及应当采取的对策。他认为，中国的农业发展、经济发展进入了一个新的阶段。人们要以一种更加宽容的态度来对待这种价格上涨，防止价格剧烈波动。

会上，中国社会科学院金融研究所副所长殷剑峰、农村发展研究所农村宏观经济研究室副主任李国祥，美国奥本大学农业经济学与农村社会学系教授亨利・金努肯，美国农业与贸易政策研究所所长郝克明等分别作了主题发言。来自农业部、国家发改委、国务院发展研究中心等国家机构，中国社会科学院、中国科学院、中国人民大学、中国农业大学等研究机构和高校的专家学者围绕农产品的价格问题进行了交流和讨论。

目前中国农产品的价格态势一直处于波动明显、整体上涨的趋势。国内农产品市场主要经历了三个变动周期：第一个周期，从 2003 年第 4 季度部分农产品价格大幅上涨到 2004 年 7 月价格趋于平稳；第二个周期，从 2007 年下半年农产品价格急剧上涨、2008 年金融危机之后农产品价格急剧下降，到 2009 年上半年价格趋于稳定；第三个周期，从 2010 年上半年农产品价格陆续上涨，到目前仍然处于很高的高位，而且没有明显下滑的趋势。李国祥在会上发言说“中国农产品价格时而低迷，时而大涨，波动明显，在国内引起了广泛的关注和讨论。”

中国农产品价格上涨、波动受农产品产

量增长的周期性变化、农业投入的成本变动、国民经济增长环境以及通货膨胀等多种因素的影响。韩俊从中国经济结构的变动和农业发展的阶段性变化之间的关系分析认为，中国城乡人口结构的改变、食品需求和消费结构的变化、生产成本的上涨、农产品的流通、通货膨胀的形成、国际国内市场的联动、农产品金融化、资本市场的炒作等是加剧中国农产品价格上涨和波动的主要因素。

如何保证农产品价格趋向合理？对此，有学者认为，要稳定农产品市场，除了防止经济过热和调整货币政策外，还需要采取一些直接作用于农产品生产流通消费的政策措施。韩俊就这一问题，提出了六条建议措施：进一步创新中国农业的生产经营方式；加大流通设施的投资力度，加快中国农产品物流现代化的进程；加强市场结构改善，建立大型商贸农民合作组织；完善生产者的补贴制度；改善市场的信息服务体系；充分发挥市场的调节作用。

（金泓摘自《中国社会科学》
2011 年 10 月 27 日）

“通货膨胀：成因、前景和治理”国际研讨会

2011 年 10 月 15—16 日，由中国社会科学院经济学部主办，中国社会科学院数量经济与技术经济研究所承办的“通货膨胀：成因、前景和治理国际研讨会”在北京举行。来自世界银行、日本、韩国、中国香港以及国家发改委、商务部、中国人民银行、国家信息中心以及中国社会科学院相关研究单位的专家学者约 40 人出席会议。与会者围绕中国的通货膨胀预期及其管理、全球性通货膨胀的原因和治理、从国际大宗商品市场看近期通胀的外部成因、缓和时期发达国家的低通胀受益于全球化的新证据、通货膨胀的成本推动因素分析等问题进行了热烈讨论。

全国人大常委、中国社会科学院经济学部主任陈佳贵研究员，中国社会科学院党组成员、副院长李扬研究员，中国社会科学院数技经所所长李平、韩国三星经济研究院李哲禧院长出席会议并致辞，随后十多位专家进行了专题发言。

陈佳贵指出，对于中国而言，通货膨胀成因和特征的研究具有特殊的重要意义和紧迫性，其影响因素可以从多个方面综合理解，这既受到全球性流动过剩的影响，也由中国农业基础不牢固所决定，既包括成本上升的价格推动因素，也有输入性通胀制造的压力，需要学者们从理论上和实践的结合方面对这些问题进行分析，并提出治理方案。

李扬在讲话中强调学术界对于通货膨胀的成因、前景和治理尚没有很好的把握，通过这样的学术研讨会议从而深入了解中国当前通货膨胀的特征，是具有重要现实意义的学术活动。结合相关经济理论基础以及当前所面临的现实经济问题，他指出，目前全球通货膨胀问题出现了许多新现象，具体体现在通货膨胀供应面临问题、价格决定的类金融化问题以及通货膨胀的国际传播问题等多个方面。这些问题的复杂性和重要性，决定了此次会议具有非常重要的学术价值和现实意义。

随后的专题发言中，中国社会科学院数技经所副所长李雪松就“中国通货膨胀成因的量化分析”、韩国三星经济研究院郑进荣研究员就“韩国的通货膨胀：成因与特点”、中国社会科学院经济学部学部委员张卓元研究员就“中国新一轮通货膨胀的特点及由此

引发的思考”、日本学习院大学细野薰教授就“日本温和持续的通货紧缩”、世界银行著名经济学家汉斯·蒂默教授就“通货膨胀的短期与长期波动”作了专题演讲。

会议还邀请来自政府及相关部门专家从自身日常工作和研究的角度出发作了发言。中国人民银行货币政策二司李波司长，对通货膨胀这一世界范围内的热点问题以“中国银行面临的新挑战”为题进行了探讨。国家发改委价格司周望军副司长就“全球性通货膨胀的原因和治理”作了演讲。国家信息中心首席预测专家祝宝良的报告题目是“我国的通货膨胀预期及其管理”。商务部对外贸易与经济合作研究院白明研究员演讲的主题是“从国际大宗商品市场看近期通胀的外部成因”。

本次会议最主要内容涉及到通货膨胀的方方面面，既有中国、日本、韩国当前价格形势和对策，也有对国际价格走势、大宗商品价格走势的深入的分析，特别是汉斯·蒂默提到结构性通胀和周期性通胀的测算。对于中国通胀的成因，学者也从需求方面、供给方面包括大宗商品方面进行了分析，看来通货膨胀成因非常复杂，前景也有很大的不确定性，策略也是多种多样，需要财政政策、货币政策、产业政策、供给方面政策、市场化改革各种政策相互的结合。

（李雪松　万相昱　刘生龙　韩胜军）

2011 中国与全球资本市场风险管理论坛

2011 年 10 月 15 日，在厦门大学举办“中国与全球资本市场风险管理论坛”。本次论坛由厦门大学经济学院与王亚南经济研究院联合举办，厦门大学经济学院 EDP 中心承办，邀请了现代利率期限结构理论的开创者瓦西塞克（Oldrich Vasicek）博士、台湾中研院院士段锦泉教授、美国华尔街精英高管范希文博士莅临论坛作主题演讲。参加本次论坛的除了经济学院、王亚南经济学院的广大师生、国际资本运作总裁班一、二期学员还有来自厦门各界的朋友共计 800 多人。

作为中国一个重要的经济学、金融学教育与研究重镇，厦门大学经济学院与王亚南经济研究院一直以学术反哺社会，服务经济发展为己任，此次举办论坛，目的是将国际上先进的风险管理理念传播到中国，并与大家一起探讨金融危机和风险管理的防范与应对之道。

论坛共组织三场专题报告会，即资本市场风险大、且用结构模型来评估、“用公共产品”的观念进行信用评级改革、去杠杆化背景下的美国信用市场。

（萧细妹　章颖瑶　杨磊）

2011 海峡两岸租税学术研讨会

2011 年 10 月 15—16 日，由西南财经大学财政税务学院主办、逢甲大学财税学系和厦门大学经济学院财政系共同主办的“2011 年海峡两岸租税学术研讨会”在成都召开。来自逢甲大学、台北大学、岭东科技大学、厦门大学、西南财经大学、中央财经大学、东北财经大学、上海财经大学、中国人民大学、天津财经大学、武汉大学、中山大学中国社会科学院财贸所、财政部科研所等40余所高校、科研院所的100多位专家学者参加了本次研讨会。

10月15日上午，厦门大学经济学院雷根强教授在开幕式上致辞，简要回顾了“海峡两岸租税学术研讨会”的发展历史。自2004年开始，厦门大学经济学院财政系和逢甲大学商学院财税系共同主办“海峡两岸租税学术研讨会”，这一会议已成为两岸财税学界学术交流的一个重要平台，在两岸财税学界有很重要的影响，本次会议将会推进两岸财税学术交流上一个新台阶。

开幕式后，研讨会分三个专题会场，围绕“两岸税制改革”、“税收征管研究”、“财政与经济”三个专题，对本次会议从全国遴选出的80余篇优秀论文进行了深入交流与讨论。

（厦门大学财政系）

2011中国税制改革与可持续发展国际研讨会

2011年10月15—16日，“2011中国财政论坛：税制改革与可持续发展国际研讨会”在北京召开。研讨会由北京大学中国公共财政研究中心主办。核心议题为，立足改革开放三十年的实践——中国税制改革和可持续发展，邀请了大批海内外学者以及政府高级官员共话改革。

北京大学林双林教授简要介绍了本次会议的背景、目标及意义。北京大学副校长刘伟教授、北京大学经济学院院长孙祁祥教授、北京用友政务软件有限公司总裁王先臣先后致辞，表达了中国税制改革和可持续发展的迫切性和对本次研讨会的期望。大阪大学名誉教授、前校长，日本关西经济与社会研究所所长本间正明教授，阐述了日本从20世纪90年代的泡沫经济到未来2020年这一阶段的经济、财政、税制问题，并希望通过总结日本的经验教训给中国的发展提供一些参考意见。北京用友政务软件有限公司副总裁王海军围绕着“信息管税”这一理念，介绍了以山东威海为代表的，“利用三方信息，加强税源管理”的管理试点情况。林双林教授则从公平和可持续发展的角度对中国税制变革回顾和未来道路选择进行了分析。中国注册税务师协会会长，国家税务总局原副局长许善达发表了对“税制调节收入分配的功能”的认识、税收性质和税制设计的合理结合、资本收入税的不足、征财产税是否合适等问题，日本东京大学教授，日本经济学会会长井堀利宏发表演讲，概述了日本健康保险系统，并对日本公共健康保险改革进行了模拟分析并得出了一些结论，如消费税迫切需要大幅提升、可行的改良方案在政策上似乎并不非常有效或可行等。与会代表分别围绕：“中国税制改革面临的挑战与对策”、“税制改革与新税种设立”这两个主题展开讨论。

与会代表还就税制改革与优化、税制改革与宏观经济、企业税收发展和税收改革、个人所得税和社会保障税优化改革等一系列当下中国最值得关注也是亟待解决的税收和财政问题展开对话。

在当前中国加快深化经济体制改革，转变发展方式的大背景下，税制改革已经被提上一个前所未有的高度。与会官员、学者共商税制中国改革大计，有着重要的理论意义和现实意义。

（林双林）

全国第五届马克思主义经济学发展与创新论坛

2011 年 10 月 22 日，由中国社会科学院经济研究所、《经济研究》编辑部主办，南京大学商学院承办的“全国第五届马克思主义经济学发展与创新论坛”，会议在南京大学商学院安中楼报告厅举行。中国人民大学卫兴华教授，厦门大学胡培兆教授，南京大学党委书记洪银兴教授，南开大学逄锦聚教授，西南财经大学副校长刘灿教授，辽宁大学经济学院院长林木西教授，《经济研究》杂志社社长、编辑部主任王诚研究员等国内二十余人参加了此次论坛。

洪银兴在论坛开幕式致欢迎词。他指出，本次论坛汇集了国内高水平大学的马克思主义经济学最新研究成果，代表了国内马克思主义经济学研究的较高水平，对于推进马克思主义经济学的中国化、时代化和大众化，对于继承和发展马克思主义经济学具有重要意义。

中国人民大学卫兴华教授就“马克思主义经济学如何创新发展”这一议题发表了自己的看法。针对当前理论概念混乱、媒体和教材观点不统一的现状，指出应该原原本本地把握马克思主义经济学的基本原理和含义，并以此推动马克思主义经济学的发展与创新。厦门大学胡培兆教授在报告中提出了马克思主义中国化的二重性问题，一是如何在理论界发挥它的前沿性和引领性作用；二是如何在实践中实现马克思主义中国化。南开大学逄锦聚教授认为，“不断发展创新马克思主义经济学”这一命题是由它的地位和历史使命决定的，此外，他还对马克思主义经济学不断创新的理论源泉以及马克思主义经济学的普遍性与特殊性问题发表了自己的看法。南京大学洪银兴教授在报告中指出，专家学者有责任当好马克思主义经济学建设者，为中国的改革发展提出建设性的意见。他认为，中国特色社会主义理论要能够在马克思主义经济学里找到源头，并且该理论的发展与创新必须在马克思主义经济学理论范式中找到时间和空间。也就是说，马克思主义中国化需要注意两点：一是马克思主义中国化理论要在马克思主义经济学里有源头；二是必须与中国实际相结合。

与会专家学者围绕论坛主题，就马克思主义经济学科学研究和理论创新、促进中国社会主义市场经济健康发展等方面进行了深入研讨。

（吴福象）

中国技术经济论坛 2011

2011 年 10 月 22—23 日，由中国社会科学院数量经济与技术经济研究所、清华大学经济管理学院、重庆大学经济与工商管理学院、对外经济贸易大学国际商学院共同主办的“中国技术经济论坛 2011 · 北京”，在北京中国对外经济贸易大学召开。来自政府机构、高等院校和科研机构的专家学者近百人参加了论坛。

中国社会科学院数技经所党委书记何德旭研究员、对外经济贸易大学副校长林桂军教授、重庆大学经济管理学院党委书记胡新平教授、清华大学经济管理学院杨德林教授在会议开幕式上致辞。本次会议从经济发展和科技政策相结合、研究与决策相结合的角度，特邀国家发改委高技术司任志武副司长、工信部规划司顾强副司长、国务院发展研究中心区域与战略部高世楫副部长分别以“培育和发展战略性新兴产业给技术经济学提出的任务”、“工业转型升级的路径选择”、“中国技术创新的制度环境的几点思考”作了专题演讲。会议还邀请了中国社会科学院学部委员汪同三教授、对外经贸大学国际商学院范黎波教授、清华大学经管学院雷家骕教授、中国社会科学院数技经所副所长齐建国研究员先后分别就“中国当前经济形势”、“中国跨国公司的成长路径”、“中国工业化城市化中的矿产能源问题”、“经济复苏与技术创新”作了主题演讲。

本届论坛以经济全球化与技术经济研究为主题，围绕技术经济理论方法与应用、转变经济发展方式的技术经济分析、创新型国家建设与技术经济学、全球化背景下的技术经济学发展、科技创新与产业升级研究、能源经济与可持续发展研究等专题，进行了热烈讨论和深入交流。与会代表讨论以下问题：大型建设项目对区域经济影响评价的理论基础，明确大型建设项目对区域经济影响评价分析的框架、主要内容和评价方法；通过区域创新活动与中国宏观经济相联系的区域—宏观经济分析模型，研究了中国区域创新研发投入对中国宏观经济的影响；用 CPI 主因素分析法研究了居民消费结构对 CPI 的影响；对 FDI 影响内资企业 R&D 投入的机制进行了实证研究，揭示了 FDI 技术溢出对内资企业 R&D 投入的作用途径；分析了机械替代人工劳动的变化趋势以及我国中业机械化进步的规律，对机械与劳动之间的替代关系进行了技术经济分析；研究了政府推动高技术产业化的政策效果；研究了国家创新体系视角下的国家创新能力测度问题；探讨了建设创新型国家的科技战略、科技政策和科技管理；研究了中国高技术产业化实施效果检验；分析了制约中国产业转型升级的障碍性因素；对高端装备制造业由弱变强的产业技术创新链进行了研究；结合中国“金字塔”底层环境的地理与人口特征，分析了中国企业实施“金字塔”底层战略的可行性与关注点以及政府在其中的作用；研究了中国外资经济的技术溢出机制以及外资经济对内资企业技术水平的影响；探讨了环境规制的收益—成本分析；“十一五”碳减排政策的环境影响评价；利用随机前沿分析法对中国城市水务产业全要素生产率增长进行了分析研究；利用碳排放的完全指数分解方法定量分析了中国碳排放变化的影响因素和贡献率；从效率视角研究了节能减排约束下中国绿色经济绩效；对人口—资源—环境—经济复合系统协调度评价方法及其应用进行了分析研究，等等。

本届论坛的召开，为技术经济学者交流学术成果共同探讨技术经济研究与应用领域的重大课题提供了平台，促进了技术经济学科的发展和相关研究的深入，论坛取得圆满成功。参加这次论坛青年人占了很大比例，也在一定程度上反映了技术经济学的发展后继有人。

（陈平　韩胜军）

第五届中国政治经济学年会

2011 年 10 月 15—16 日，由中国人民大学经济学院、西北大学经济管理学院、上海财经大学经济学院、南开大学经济学院、四川大学经济学院、北京师范大学经济学院、中国社会科学院马克思主义研究院原理部、清华大学中国公有资产研究中心等理事单位共同主办，四川大学经济学院承办的第五届中国政治经济学年会在四川成都举行。本届年会入选论文100余篇，160余名专家学者参会。

一　社会主义经济理论与实践

讨论了经济发展方式转变，关于包容性增长，关于收入分配与缩小收入分配与缩小收入分配差距、关于“中国模式”等问题。主要观点有：

1. 未来中国转变经济发展方式应注意的四个问题：(1) 经济发展方式转变应从理论高度进行认识；(2) 应破解“级差式”、“血拼式”和“以发展为本”三种发展方式，实现“和谐”、“节约”“以人为本”的发展；(3) 采取正反两方面补偿办法，对成本进行补偿；(4) 经济发展方式转变要注意区域差异性。

2. 关于包容性增长的主要观点有：包容性增长与经济发展方式转型有密切联系。要实现从排斥性增长向包容性增长的转型，必须要实现从社会分割到社会整合、从关系社会到规则社会、从阶层板结向阶层流动等的转型。应当努力建立有利于穷人的经济增长的制度安排。

3. 关于收入分配与缩小收入分配差距的观点：(1) 只有实行企业净收入分成制，才能提高劳动报酬在初次分配中的份额，使劳动报酬随GDP的增长而同步增长，才能彻底克服目前的GDP大幅增长而劳动报酬占比日趋缩小的收入分配失衡状态。(2) 改变目前国内劳动和资本在生产过程中的“贡献”和“地位”是扭转初次分配中两个差距的主要路径，这需要政府对劳动和资本收入分配的介入。(3) 为了缩小差距，政府应该努力给每个人创造公平的竞争环境，实现以机会平等为核心的包容性增长。要实现包容性增长，应当给劳动者以劳动力价值的工资，使他们能够维护劳动力的生产和再生产，过上体面而尊严的生活。

4. 关于“中国模式”。“中国模式”带来了“中国式失衡”，需要从三个方面进行完善：发展战略要从“以物为本”转向“以人为本”；发展理念要从“利益独占”转向“利益分享”；发展方式要从以GDP为中心转向“分享型经济发展”。

二　中国宏观经济与结构调整

1. 关于产业结构调整。目前中国产业结构的主要不合理之处是第二产业过度依赖出口，高端第三产业又过度依赖进口，由此导致内需不足。在中国的资本要素市场中，第一产业基本是负向扭曲，第二产业是不很规则的U形曲线，第三产业则基本是倒U形曲线；各个产业的资本深化程度从大小到排列顺序为三二一；因此，在政策层面既要发展第三产业，又要警惕其资本过度深化。

2. 关于宏观调控。(1) 应该实施结构性的货币扩张政策，将绝大部分货币用于扩充企业的生产资金，由此增加社会有效供给以降低价格水平。(2) 应当加快利率市场化改革，完善存款准备金制度，加强政策配套。(3) 应当从需求管理转向鼓励生产创新、改革收入分配制度、大规模减税、促进产业结构优化和区域经济协调发展的供给管理。

三　中国经济的实证分析

1. 关于“中等收入陷阱”和“比较优

势陷阱”。中国要成功跨越“中等收入陷阱”应当：缩小收入分配差距，避免过度城市化；减少对出口的依赖，扩大内需，避免过度消费挤压储蓄；以自主创新和人力资本积累推动产业结构调整；控制货币供应量，保持物价稳定。避免“比较优势陷阱”的关键是抓住新的产业发展机会。在政策上通过支持创新而产生新的产业机会是后发国家实现长期赶超的唯一机会。

2. 关于劳动报酬与产业竞争力。中国制造业的单位劳动成本长期以来在国际上是最低的且有逐年下降趋势。在国内，静态上提高劳动报酬会导致行业利润率的下降，但低薪作用逐年递减。动态看，利润总额随着劳动报酬的增长而更增长。劳动报酬与制造业国际贸易竞争力之间不存在此消彼长的关系。认为劳动报酬水平的提高将导致制造业国际贸易竞争力下降的说法没有根据。

四 关于劳务派遣与和谐劳资关系

1. 劳务派遣是一种复杂的双重代理关系。中国的劳务派遣具有全责期短，工资更低两个特点。这导致低消费并挤占了普通用工份额，因此并没有提高就业率。应当制定专门法规，规范劳务派遣行为，使中国的劳务派遣真正起到促进灵活就业的目的。

2. 中小企业劳动关系比较突出的问题是：职工对企业工会的认知度和期望值均比较低，对薪酬水平及其分配方式较为不满，在个人发展规划等方面存在一定的迷茫。

3. 中国目前劳动关系和谐度一般，收入满意度得分最低，是影响劳动关系和谐度的首要因素。政策性结论是：完善收入分配制度；强化劳动合同制度约束；强化企业自身的协调动力；创新企业治理制度。

五 土地、住房和“三农”问题

1. 关于保障性住房的主要观点：建立公租房制度是发展社会主义市场经济背景下完善我国住房保障制度的必然抉择。以多元融资机制来增强资金筹集力度，公租房运营管理主体应当采取以国有实体为主导的多元化。应深化改革、加大政府监管力度，以缩小地方政府的保障房支出缺口。

2. 关于征地中的权益保障。在征地中由于地方政府行为对农民权益保障的偏离而存在“征地悖论”，在给予地方政府农地购买权的同时，没有赋予农民以相应的权利；缺乏对政府行为的有效监督。因此，设定农地发展权应当是解决问题的关键。

3. 关于农业生产率和农村居民消费。通过提高农业技术效率来促进农业 TFP 的增长是可行的。政府应加大对中西部地区灌溉、道路、农业技术推广等方面的公共投资。

六 比较经济理论

1. 关于企业经济学的创新。

2. 关于金融危机和“欧洲悖论”。

3. 关于收入再分配，等问题进行了讨论。与会代表还就劳动价值论、竞争理论、资本积累与长期波动。马克思经济学基本问题展开讨论。

（金泓摘自《经济学动态》
2012 年第 2 期）

全国长三角经济社会发展高端研讨会

2011 年 10 月 15 日，由教育部人文社会科学重点基地——南京大学长江三角洲经济社会发展研究中心主办的“全国长三角经济社会发展高端研讨会”在南京召开。来自中国人民大学、浙江大学、厦门大学、武汉大学等国内二十多位专家学者参加了此次研讨会。

南京大学党委书记洪银兴教授在发言中指出，长江三角洲区域经济一体化范围的新一轮扩展将推动产业空间重组和城市功能的转变，如今，“长三角”呈现出以专业化次区域及其次中心城市为特色的一体化分工和多中心化发展格局。

长三角经济社会发展研究中心执行主任刘志彪认为，经济转型升级与在国家层面上的发展战略特征以及由此决定的体制机制有直接的关系。只有把以学习和模仿为主的“后发优势”战略转型为创新驱动为主的“先发战略”，才能有效地带动经济转型升级，才能成功地进行发展动力源的切换。在目前长三角服务业存在投入相对不足、进入的行政壁垒较高、全球化发展程度不够的条件下，率先转变服务业发展方式，就是要在信息技术支撑下在扩大内需中利用制造业与服务业的关联效应和庞大的市场需求协调地发展服务业。

中国人民大学经济学院院长杨瑞龙教授就中国工资形成机制变革以及影响，提出了自己新观点。他认为反映市场要求的工资上涨不仅不会影响中国制造业的整体竞争优势，而且将促使企业根据市场需求自发地、内生地进行产业调整和产业梯度转移，改变以往结构性调整缺少支点的困境，从而开启了市场导向型的经济结构调整。因此，他认为，首先要从战略发展的高度，把低端劳动力市场的工资形成机制的变革与要素价格市场化作为未来经济结构调整的核心，积极推动低端劳动力市场工资形成机制的变革，加强初次分配改革中的各项制度建设，出台政策应对东部在传统产业转出后所面临的各种问题。

浙江大学史晋川教授指出，未来二十年新兴经济体将分化，中国会成为世界第一大经济体，长三角地区将成为仅次于美国纽约的经济圈。但是，要进一步促进长三角地区经济发展，需要在社会保障体制、金融制度、税收政策等方面进行改革。

武汉大学郭熙保教授从发展经济学角度，探讨了中国经济发展模式及其转变。他认为，中国经济的成功与其采取的独特经济发展模式和发展战略有关，“中国模式”有四个方面：增长优先型、沿海先行型、投资驱动型和出口鼓励型。这些模式在产生巨大成功的同时也带来了严重的问题，因此中国经济发展模式的转变，首要的就是从过去单纯追求经济增长，转变为以人为本；其次是要改变结构性失衡实现经济、社会和环境的协调和可持续发展。

厦门大学李文溥教授研究了制造业劳动报酬水平与产业竞争力的变动趋势。结果显示，自1999年以来中国制造业劳动报酬水平年递增10%以上，但是，制造业单位产出劳动力成本（ULC）仍然呈下降趋势，主要原因是制造业的劳动生产率提高速度大大超过了劳动报酬的增长幅度。因此，他指出合理地逐步提高劳动报酬不仅不会对制造业企业利润率和利润总额带来消极影响，反而会促进企业利润总额增长和利润率提高。

（吴福象）

中华外国经济学说研究会第19次研讨会

2011年10月29—30日，由中华外国经济学说研究会、西北大学共同主办的“中华外国经济学说研究会第19次学术研讨会暨外国经济学说与国内外经济发展新格局”在西安举行。来自全国高校、科研院所的150多位专家学者出席了会议。

一 外国经济理论新动向

1. 关于宏观经济中变量因果关系的实证研究。主要观点：“经济政策与宏观经济变量之间的关系在现象层面的变化，往往受制于资本主义基本经济制度的内在矛盾，同时，也是资本主义基本经济制度的内在矛盾在不同历史环境中的具体表现。

2. 关于资本主义命运论的再度兴起。关于20世纪资本主义“崩溃”理论的评介。20世纪前20年，争论的焦点是，是否存在足以导致资本主义制度灭亡的那种全面的经济危机。到了20年代中期，争论的焦点主要集中在两个方面：一是资本主义制度实际发展中是否存在“崩溃”趋势？二是资本主义制度“崩溃”的原因。主要有消费不足理论、比例失调论以及二者折中综合论等观点。其中有观点认为资本主义制度必然走向“崩溃”。但是，资本主义最后的“崩溃”只有在一些反作用趋势不再存在的情况下才可能实际地发生。到了20世纪80年代之后，美国左翼学者，认为全球化自由市场经济已走入绝境，而取代资本主义世界体系的“新秩序”将在不久的将来出现。

3. 资本主义经济长波论的再讨论。制度在资本主义经济的长期波动中发挥着重要的作用。SSA学派和调节学派，新熊彼特派对制度分析均有贡献，但也有各自的局限。从其性质和功能上看，制度及其变革并不总是为适应技术的需要，为着促进持续而快速的积累，它还服务于阶级统治和阶级关系的再生产。现代资本主义的嬗变，在许多不同的侧面彰显出阶级力量均势和阶级妥协对于制度设计和制度安排的重要性。只有将制度变革所涉及的三个维度统一与协调起来，发展的巨潮才是真正可企及的。

4. 价格总水平上涨的微观机制与货币政策关系的历史检验。有代表指出市场价格机制具有三个特征：“纸印的被动性膨胀”、绝对价格“向下刚性”和“向上看齐”规律；在这三个特征的基础上，任何相对价格的调整，都会导致单向的“棘轮效应”，不断震荡，使价格总水平持续上涨。这就是“价格总水平上涨的微观机制”。对于由微观机制导致的价格总水平上涨，货币政策是失效的。

二 对西方主流经济学研究方法的评价

1. 关于数学方法在经济学研究中的应用。与会学者一方面充分肯定了数学方法在经济学研究中的重要作用，另一方面指出不应将经济学数学化。

2. 西方经济理论与马克思主义经济理论比较。主要观点有：马克思主义经济学从发展内在机制的视角入手将发展看作生产力与生产关系、经济基础与上层建筑之间的相互作用的结果；西方经济学主要从具体阶段下的生产力视角研究发展问题，研究是从应用范式角度展开的。应当同时借鉴马克思主义经济学与西方经济学的发展思想，建立科学的发展观。

将后凯恩斯主义经济学家明斯基和马克思主义经济危机理论比较后指出明斯基从企业、商业银行、货币当局三个部门入手在资本主义制度的内部运行中探讨周期性波动的规律。但是，却忽略了现实资本主义经济中收入分配因素导致的有效需求不足问题，因此，危机的根源不在于货币金融关系的信用体系而在于资本主义的基本矛盾。这是产生资本主义经济不稳定的根本所在。

与会学者一致认为，在西方经济学的研究中，要以马克思主义理论为指导，对西方经济理论进行全面、客观、公正评价，取其精华，废其糟粕，为我所用。

三　欧洲国家债务危机与当前国际经济格局

2008年美国次贷危机引发全球金融危机以后，由此引发了理论界对债务危机的高度关注，在世界多个国家发生政策债务危机的情况下，现在是应该重新调整财政赤字观的时候了。

与会学者认为，造成欧元区一些国家主权债务危机的原因有：（1）欧元体系本身的缺陷；（2）不适当的福利国家财政体系导致的生产高成本（高工资、高福利）和经济“惰性”；（3）欧元区各国内外部经济的结构失衡、产业空心化、人口老龄化；（4）缺乏生产积极性和创新精神，国家对本国生产状况和经济结构变化放任自流；（5）凯恩斯主义的赤字财政政策被片面理解和运用，造成政府财政赤字高居不下；（6）官僚腐败、浪费，造成财政开支有增无减；（7）资本主义的代表不同利益集团的多党民主制下，不同的党派轮流执政、执政理念各不相同、经济发展缺乏长远的规划和适当的调节机制。

四　收入分配结构与政策

与会学者认为，分配体制改革为中国经济发展注入了活力，但收入差距不断扩大也是事实，主要问题在于：（1）中国由于初次分配劳动份额比重过低进而导致收入差距大和不平等程度高，收入不均等不仅表现为个人和家庭间收入差距扩大，而且也表现为城乡间、地区间和行业间收入差距扩大。在22个亚洲国家中中国贫富差距最大。（2）造成收入差距拉大的原因是金融危机不但提高了总体收入分配的不平等，而且拉大了大型企业与中小型企业之间、国有部门与非国有部门之间的收入不平等。（3）中国收入分配严重不公的原因在于分配政策长期过于强调效率、收入分配过于向资本倾斜、新的分配政策落实不到位。

（金泓摘自《经济学动态》2012年第2期）

第二届中国语言经济学论坛

2011年10月29日，由山东大学经济研究院及其所属的语言经济学研究所、南京大学中国语言战略研究中心，北京航空航天大学外国语学院与新疆大学经济与管理学院联合主办的第二届语言经济学（2011）论坛在山东济南召开。全国20余所高校、科研机构的30余名专家学者参加论坛并进行了论文交流。与会代表围绕语言经济学的基本理论、语言产业与语言服务以及语言经济生活中的若干重大问题展开了深入的交流和讨论。

一　语言经济学的基本理论

主要观点有：（1）语言经济学是研究语言如何形成和演变，研究语言的演变如何影响人们行为，研究语言和人们的语言行为及语言政策与人力资本、就业、工资收入分配如何相关的一门经济学分支学科。语言是演化的，而文字是构建的，作为信息载体与作为文化符号的语言具有不同的演化路径或方向，一种语言的通用程度是该语言的学习成本和相应母语国经济文化影响力的函数。语言不仅具有所有制度共有的逻辑结构，也具有制度共有的属性，为从制度经济学角度研究语言提供了前提性假设条件。

（2）中国的语言经济研究仍处于学习和摸索阶段，经济学界与语言学、外语学界的交流远远不足，今后中国语言经济学研究的发展，应该将研究视野从学科概念层面深入到具体问题层面，加强理论和专题研究，同时加强原创性研究和应用研究，集中力量解决中国语言经济中的现实问题。

（3）关于语言经济学学科定位，论者认为经济学研究语言的主要目的不仅在于对现实有充分的解释力，而且在于它的实用性和社会效益；语言经济理论主要是为语言规划服务的；经济学的修辞作为一种经济学方法论问题，也是语言经济学的研究主题。

（4）关于语言经济学方法论，论者认为基本是传统经济学方法在语言经济学研究中的应用。研究者之所以把目光投向语言问题，很大程度上源于灵感和直觉。但是缺少了语言，诸多研究领域都将无法进行，语言经济学的进一步发展必将会对其他学科发展提供一个新的优化维度。

二　语言经济、语言产业与语言服务

主要观点有：（1）多语政策并不是为了保护语言多样性本身，而是为了适应业已存在的语言多样性世界，以尊重人权。中国一方面坚持各民族权利平等，一方面将经济发展作为首要任务，因此发展语言经济是最优选择。

（2）语言产业是以语言为内容、材料，或是以语言为加工、处理对象，生产出各种语言产品或提供各种语言服务的产业形态，分为语言产品、语言设备和语言服务三种形态。

（3）语言经济学与语言产业经济学都是以“经济学”为核心词汇的交叉学科。语言经济学主要以理论研究为主，语言产业经济学以实践为主，因此，语言经济学的研究可以指导语言产业经济学的实践，语言产业经济学的实践可以为语言经济学的理论提供检验。

有代表考察了北京翻译行业的市场，发现当前中国翻译行业亟待建立行业研究机制，建立健全评估机制；推动产学紧密结合，有效整合行业资源。现代社会中语言服务具有重要的经济价值。

三　语言经济学的应用：语言生活、语用策略及其他

有代表分析了经济全球化进程下以及中国社会发生重要转型的时期中国少数民族语言所面临的五大机遇和五大挑战，探讨制约少数民族语言发展的社会经济因素。讨论了网络语言的兴起和传播，字母词的出现，词义的发展演化，以及简化字和繁体字问题。

（金泓摘自《经济学动态》
2011 年第 11 期）

微观行为分析与复杂经济仿真国际研讨会

2011 年 10 月 30—31 日，由全国博弈论与实验经济学研究会（中国数量经济学会博弈论与实验经济学专业委员会）与北京信息科技大学联合主办、首都经济贸易大学协办、北京信息科技大学经济管理学院承办的“微观行为分析与复杂经济仿真会”国际研讨在北京召开，来自全国高等院校和科研机构的共 40 多名相关领域的专家、学者和研究生参

加了此次研讨会。

中国社会科学院数技经所副所长李雪松教授、首都经济贸易大学副校长王文举教授、北京信息科技大学副校长许宝杰教授出席了开幕式并致辞；会议特别邀请了卡内基—梅隆大学经济学教授、社会与决策科学系主任圣塔菲（SFI）资深研究员米勒（John H. Miller）博士作了题为“复杂经济系统可计算模型”的主题演讲；还邀请了德国马普经济研究所刁莉男博士、中国社会科学院研究员王国成博士、荷兰阿姆斯特丹大学数量经济系朱梅博士后分别为大会作了题为：“Invest in what you know: Performance of portfolio decisions based on recognition”、“Some Points on Evolutionary Game Modeling—with Applications in Economy/Finance”、“Heterogeneous Agent Models in Asset Pricing”的专题报告。本次研讨会在行为动力学建模及其在经济/金融中的应用、演化博弈论及其经济建模应用、基于互异主体（HIA: Heterogeneous Interacting Agent）的建模及其在金融中的应用等话题方面进行了深入讨论。

本次会议的召开，对于跟踪国际学术前沿、促进博弈论与实验经济学的发展和数量经济学学科建设及应用等，都将产生重要影响和发挥积极作用。

（王国成　韩胜军）

北京论坛（2011）经济分论坛

2011 年 11 月 4—6 日北京论坛（2011）经济分论坛在北京举行，主题为全球化背景下的经济增长：机遇、挑战和方向。

进入 21 世纪以来，文明的进步和社会的发展越来越具有两个鲜明的特点，即多文化交融和传统模式的变革，第一个特征是各国社会经济活动的内容渐行渐近、活动范围日益重叠；第二个特征是人类在认识自然、适应自然的过程中不断自我进化。这种发展和进化的本质就是现代化、信息化、全球化进程的不断加速和对经济增长的宿求。有鉴于此，探讨全球化条件下未来经济增长的可能性、极限性、方向性及其内在规律，不仅是文明传承的需要、也是经济社会发展的客观要求。

围绕该主题经济分论坛主要集中探讨以下四个问题：（1）全球流动性管理与经济增长；（2）区域一体化与经济增长；（3）中国经济的变革与转型；（4）经济增长与环境、资源的可持续发展。

参加本次论坛有来自国内外 15 个国家和地区的专家学者三十多位。其中有 1996 年度诺贝尔经济学奖获得者 James Mirrlees 教授；对全球经济发展研究颇有造诣的美国密西根大学迪尔本分校校长 Daniel Little 教授等；对东亚区域一体化和经济发展有深刻认识的一批韩国和日本等知名学者；对中国经济一直高度关注并颇有研究的英国牛津大学 John Knight 教授、美国印第安那大学 John W. Maxwel 教授、美国布兰迪斯大学经济系主任 Gary H. Jefferson 教授等。

（张辉）

第七届法经济学学术研讨会

2011 年 11 月 5 日，湖北省法学会法经济学研究会 2011 年年会暨第七届法经济学学术研讨会在湖北武汉的中南财经政法大学举行。会议围绕“经济法律制度的后评估研究”、“利益共享机制的构建与法经济学”等议题展开讨论。

湖北省人民检察院常务副检察长徐汉明强调，检察工作的科学发展离不开法经济学理论的指导。运用法经济学理论，深入研究如何更有效地推进法律实施和法律监督工作，使其更好地发挥促进合作、控制社会、形成制度、预防和解决冲突等功能作用。

华中科技大学法学院教授贾济东认为，当前中国社会体制改革相对经济建设略显陈旧，导致一些社会问题突出，影响社会和谐发展的恶性事件时有发生，严重影响全民幸福指数的提高。作为社会治理重要手段的刑法，要在合理配置资源、分配权利义务关系的过程中发挥积极作用，以适应新形势、新任务的需求。

武汉大学法学院教授宁立志指出，传统经济学关注社会经济发展的资源约束，现代经济学特别是法经济学则更关注社会经济发展的制度约束。面对日益扩大的利益失衡，法经济学应有所作为，发挥其重要的利益平衡器作用，在保障消费者权益、纳税征税、货币金融、投资债权等方面起到均衡效果。

（全泓摘自《中国社会科学报》
2011 年 11 月 10 日）

推进成渝经济区区域规划实施座谈会

2011 年 11 月 5 日，推进成渝经济区区域规划实施座谈会在四川内江市隆重举行。本次座谈会由国家发改委地区经济司指导，中国社会科学院经济学部、四川省社会科学院、重庆市社会科学院主办，中共内江市委、内江市人民政府承办，人民网协办。会议以“合力打造中国经济新的增长极”为主题，共同探讨成（都）渝（重庆）经济区协作发展大计。这是成渝经济区区域规划正式实施后，首次举办的以探讨成渝经济区发展为主题的座谈会，也是区内 46 个城市首次团聚的盛会。

全国人大常委会委员、中国社会科学院学部委员、原副院长、经济学部主任、经济学家陈佳贵，全国政协常委、国家发改委原副主任王金祥，四川省政协副主席曾清华，中共内江市委副书记、市长刘成鸣在主席台就座；中央、省、市相关领导，部分中国社科院学部委员、国内及成渝两地知名专家学者，部分世界 500 强和中国 500 强企业负责人，海内外媒体代表共 700 余人出席会议。

开幕式由四川省社会科学院党委书记李后强主持。中共内江市委书记唐利民致欢迎词。全国政协副主席、民革中央常务副主席、经济学家厉无畏，中国社会科学院党组成员、副院长、经济学家李扬，四川省人民政府副省长王宁，重庆市政协副主席于学信，国家发改委地区经济司司长范恒山发表讲话。

厉无畏、陈佳贵、林凌分别作了大会主题报告。

与会者围绕“三个深化区域合作，推动成渝经济区又好又快发展”、“转变发展方式，发展特色优势产业”、“推进工业化、城镇化和农业现代化，统筹成渝经济区城乡发展”等三个议题展开了对话。会议还举行了签约仪式。有 18 个项目进行现场签约，签约项目总额达 443 亿元。四川省社会科学院副院长盛毅用“扩大了影响、深化了认识、凝聚了力量、推进了合作、坚定了信心”五句话，概括了座谈会取得的成果。

（朱泓宇）

第十届全国区域经济学学科建设年会

2011 年 11 月 5—6 日，第十届全国区域经济学学科建设年会在广州暨南大学隆重举行。此次年会由中国人民大学区域经济与城市经济研究所、南开大学城市与区域经济研究所、兰州大学经济学院、暨南大学经济学院联合主办，暨南大学特区港澳经济研究所、暨南大学广东产业发展与粤港澳台区域合作研究中心承办。来自全国 77 所高校、研究机构及相关单位的 140 多名代表出席了会议。

会议期间，区域经济学家、中国社会科学院荣誉学部委员陈栋生，南开大学教授郝寿义，西南财经大学教授丁任重，中国人民大学教授孙久文，南开大学城市与区域经济研究所教授江曼琦，兰州大学经济学院教授高新才，暨南大学特区港澳经济研究所教授陈恩，以及南开大学教授安虎森、中国人民大学教授张可云、暨南大学教授覃成林等分别作了大会学术报告。

此次年会还专设了研究生分会场，专门安排与会学者担任主持人和点评人。与会的博士和硕士研究生积极参与，会议气氛十分活跃。年会还首次进行了研究生论文评奖，评出 6 篇优秀论文。与会学者一致认为，加快中国区域经济学科建设，需要高度重视培养学科新人。

（金泓摘自《中国社会科学报》2011 年 12 月 1 日）

包容性增长下的就业质量研讨会

2011 年 11 月 5 日，“《2011 中国劳动力市场报告》发布会暨包容性增长下的就业质量研讨会”在北京隆重举行，研讨会由北京师范大学经济与工商管理学院和北京师范大学中国劳动力市场研究中心承办。来自中国社会科学院、中国人民大学、对外经济贸易大学等单位的专家和学者出席研讨会。

一　就业数量与就业质量的关系

通过测算分析中国多省市就业水平得出结论：（1）就业质量高低关系到中国发展方式的转变，就业质量不高则导致低消费，只能靠投资出口驱动增长。因此提高就业质量第一是实现包容性增长的内在要求；第二，就业质量不高是中国经济社会发展质量不高的重要原因；第三，中国各地区 就业质量存在较大差异；第四，收入分配差距仍在高位运行；第五，特殊群体的就业质量仍有待大力提高；第六，社会保障的公平性有待进一步加强；第七，中国进入了劳动冲突的高发期。（2）有代表指出：就业质量问题没有受到相应关注，基于三点原因：一是从整体来看，就业质量在大多数时期是逐渐变化的，不大受短期经济波动的影响。二是在相对长的时间内，就业质量在较狭窄空间范围内波动。三是就业指就业数量与就业质量，当需要保证就业数量的时候，就业质量就会受到影响。

二 就业质量与经济增长

（1）有代表提出劳动力素质的提高是转变经济发展方式的关键。经济的发展过程实际上是就业质量不断提高和就业正规化的过程，农业社会就业是个体的或者自雇性的就业，这种就业非常不稳定，社会转型进入现代社会，就业问题会更加稳定。发达国家就业正规化的指标都在80%以上，其就业非常稳定、有保障，劳资关系各方面都很和谐。而包容性的增长，不仅要保持经济的高速增长，还要同时让每个人都能分享到经济成果，即有一个正规的就业或者就业质量。这也是中国经济发展转变的方向和重点。提高就业质量，第一保持快速农业劳动力转移和快速城市化进程，第二收入水平的提高要依赖于贡献，而不是就业形式或企业性质。第三加强教育，继续提高劳动者能力、素质。（2）关于就业问题有代表提出：第一，要保持必要的经济增速。第二，有针对性地做一些培训，第三，改革收入分配制度，提高劳动者收入。第四，建立和完善中国社会保障体系。（3）有代表提出，劳动力市场结构性的矛盾是阻碍中国就业质量提高的重要原因，而劳动力市场结构性矛盾又受到两个因素影响，一是劳动者素质结构和劳动力市场动态需求之间的矛盾，二是劳动力市场就业年龄结构需要年轻化与社会老龄化的矛盾。解决之道需要从三个层次提高劳动者素质：第一，加大对正规教育的投入，第二，扩大高等职业教育，第三，加强职后教育和学后教育，推进建设整个社会的职业培训体系。

还有代表阐述了劳动与就业研究发展的方向和要求，讨论了城乡差距拐点是否来临的问题。

（金泓摘自《经济学动态》
2012年第2期）

经济政策模拟与技术创新国际研讨会

2011年11月6—7日，由中国社会科学院主办，中国社会科学院数量经济与技术经济所、北京市科学技术研究院北京科学学研究中心、北京信息科技大学协办的社科论坛系列学术会议“经济政策模拟与技术创新国际研讨会”在北京召开。来自美国、德国、荷兰、加拿大、澳大利亚、新加坡以及国内两岸三地高等院校和研究机构的数十名专家学者参加本次论坛。

中国社会科学院党组成员、秘书长黄浩涛研究员，北京市科学技术研究院院长丁辉研究员，中国社会科学院数技经所所长李平研究员，北京信息科技大学副校长韩秋实教授，美国普林斯顿大学邹至庄教授，亚洲开发银行区域经济一体化办公室主任伊万·阿齐兹先生等出席开幕式并致辞。

邹至庄的报告题为《经济分析中的预期》、伊万·阿齐兹教授的报告题为《政策模拟和危机的复杂性》，两人作了主题报告。邹教授报告以经济基本假设为研究对象，由经济行为的复杂适应性入手，指出传统理性预期假设的局限性，并进一步结合对于中国大陆和台湾地区永久性收入的实证研究过程以及股票价格的预期综合形成机制的实验研究过程，阐明了适应性预期假设的基本特征和对于现实经济问题的解释能力，进而强调，从现实出发有机综合理性预期和适应性预期假设，从而最终形成更为有效的经济政策研究模型，具有重要的理论和现实意义。阿齐兹教授从政策模拟的实际应用角度出发，提供了一个经济学模型，用以对现实经济体系中的间接经济效应、交互反馈效应和金融演化效应进行系统的量化研究，进而应用该模型对 1997 年亚洲金融危机前后的经济现象和作用机理进行了定量的实验性研究。阿齐兹报告中研制的模型为了解外生冲击在经济系统内的传导机制及其对社会经济和社会福利等方面的深入影响提供了具体的量化工具和重要的建模思路。

与会专家学者就经济政策模拟与技术创新的不同专题展开讨论：

一　宏观经济模拟模型及其应用

澳大利亚的张晓光教授以全球 CGE 模型的结构及应用为主题，引入了一个全开放和可共享的 CGE 模型工具——GTAP。为实现全球贸易政策的定量分析提供了有效工具。欧洲中央银行斯蒂芬·法哈尔博士根据欧洲中央银行在应对现实经济和金融问题中的实际措施，提出由两个具体功能实现部分组成的动态的随机一般均衡（DSGE）模型。

二　微观经济计量与政策模拟

中国社会科学院数技经所副所长李雪松研究员在报告《中国高等教育的异质性回报：基于中国微观数据的实证分析》中提出基于 Mincer 结构性收入方程的微观经济计量模型，以此为基础由微观异质性分析入手为中国经济系统自下而上的评价和分析提供了量化依据和参考。台湾大学管中闵的报告《国民健康保险对预防性储蓄的影响：来自台湾的新证据》通过严谨的计量分析，剖析了地区与居民预防性储蓄之间的关联性，并着重解释了 1995 年以来台湾全民健康保险计划的实施与储蓄率降低这一个现象之间的内在关联和动因。加拿大西安大略大学经济系副教授萨尔瓦多·纳瓦罗提出时变处理效应的技术指标，为解析和预期动态条件下经济主体状态选择机制提供了可行性思路。

三　技术经济的方法和技术创新领域

美国布兰代斯大学谢千里教授认为，专利的申请和保护是为技术创新提供保障的最重要的制度安排，在此基础上阐述了企业层面对于专利保护和专利申请的基本特征和异质性行为。北京科学学研究中心张士运主任的《2011—2020 中国科技投入政策分析及预测研究》报告，为中国未来科技投入政策的制定和实施提供了重要借鉴。香港大学商学院副教授周文提出形成“垂直整合和研发激励”的相关性研究途径，对国家企业创新模式的研究和实践具有重要价值。

四　环境经济学与循环经济学

中国社会科学院数技经所副所长齐建国以循环经济为研究对象，指出技术进步不应该沿原有路径单纯地追求更高的效率，而是应该扩展技术进步的领域。美国“东西方中心”高级研究员张中祥博士针对“碳排放”这一热点问题，将研究由单一目标扩展为包括对外开放政策在内的综合分析模式。

（万相昱　韩胜军）

全国综合大学《资本论》研究会第十三次会议

2011 年 11 月 12—13 日，由全国综合大学《资本论》研究会主办、西北大学经济管理学院承办的“全国综合大学《资本论》研究会”第十三次会议在西安召开。

此次会议的主题为“《资本论》与中国经济发展方式的转变”。与会者围绕《资本论》与现代资本主义经济、《资本论》与中国特色社会主义经济发展方式转变的经济基础;《资本论》的教学与研究等展开了讨论。

与会代表提出，目前《资本论》研究存在两个偏向：一是用《资本论》中的只言片语批评当前的改革开放，二是在没有准确掌握《资本论》思想和方法的基础上随意批判《资本论》。西北大学党委书记乔学光在致辞中说，总结改革开放以来 30 多年的成功经验，可以说，马克思主义中国化研究为中国特色社会主义经济建设提供了强大的理论支持，马克思主义经典著作《资本论》正是这样一部具有理论指导意义的著作。

全国综合大学《资本论》研究会会长、南京大学党委书记洪银兴强调，要把马克思主义经济学与西方经济学区别开来。他说，马克思主义经济学研究的是本质问题，西方经济学研究的是几个变量问题，中国的经济实际问题是可以用马克思主义经济学来解释的，没有必要生搬硬套西方经济学。他同时提出，中国特色社会主义经济可以用马克思主义经济学的理论范式分析：首先，规定社会主义初级阶段经济；其次，规定社会主义市场经济；再次，寻求发展生产力的动力；最后，寻求科学的发展道路。

西北大学经济管理学院名誉院长何炼成将《资本论》同中国特色社会主义经济发展过程中出现的再分配、文化产业等实际问题相结合，强调了研究《资本论》的价值和现实需要。复旦大学教授严法善提出，要认识到马克思主义创始人为什么要提出社会主义实行计划经济，要看到进一步深化建立社会主义市场经济的艰难。从而进一步解放思想、开拓进取，继续推动改革开放。

（金泓摘自《中国社会科学报》
2011 年 11 月 15 日）

中国工业经济学会 2011 年年会

2011 年 11 月 12—13 日，中国工业经济学会 2011 年年会暨中国战略性新兴产业发展研讨会在湖北武汉召开，此次会议由中国工业经济学会主办，中南财经政法大学工商管理学院和 MBA 学院承办。大会共收到论文 150 余篇，吸引了来自全国高校、科研机构、企业等 80 多家单位的 240 余位代表参加。本届年会围绕“中国战略性新兴产业发展”的主题，采取主题报告、专题讨论、集中评论和自由发言等方式，就“战略性新兴产业发展的基础理论研究”、“产业政策与战略性新兴产业发展”、“技术创新与战略性新兴产业发展”和“产业经济学理论前沿”等专题展开讨论。

一 宏观经济形势、工业发展与战略性新兴产业培育

郑新立教授以“牢牢把握发展方式转变这条主线”为题作了主题报告。他指出，2011 年第三季度，中国 CPI 增幅出现回落，宏观调控取得了一定的成果。但是宏观调控过度依赖紧缩银根，已出现了三种负面后果：一是高利贷在部分地区泛滥，企业无法承受，企业主频频“跑路”；二是政府融资平台和“土地财政”到了必须刹车的地步，部分城市“土地财政”收入超过了税收，这是饮鸩

止渴；三是通货膨胀不断恶化，需要有针对性的措施来解决。郑新立教授认为，发展方式的改变将成为今后工业化发展的长期核心问题。地理信息专家李德仁教授作了“地理信息技术及其产业化”的主题报告。他指出，地理信息技术、纳米技术、生物技术被称为世界三大最重要的新技术。目前，地理信息技术广泛应用于数码城市、电子政务、智能交通、位置服务、资源管理等，还有的利用卫星监测违章建筑、湖泊的水情、库区滑坡等。预计中国地理信息产业产值到2020年则可以达到1万亿元，中国将建立起空、天、地三个层次组成的大气、陆地、海洋先进观测体系，以摆脱目前高分辨率的数据仍然大量依赖国外的情况。中国社会科学院工业经济研究所所长金碚研究员以“中国工业面临的形势与承担的使命”为题作了主题报告，主要谈了四个方面的问题：一是中国工业从加入世贸组织（WTO）之后表现优异，发展迅速，大大增强了中国的综合国力。二是工业的发展是中国经济高速增长的推动力，但第二产业在经济发展中所占的比重会逐渐下降。三是中国现阶段许多社会问题，如资源匮乏、环境恶化等的缓解都需要有强大的现代工业作支撑。四是中国工业的发展有其自身的逻辑，必须要经过生产能力再配置、设备技能再配置、研发创新再配置及品牌优势再配置这四个阶段，不可操之过急。中国工业经济学会理事长、中国社会科学院经济学部副主任吕政研究员的主题报告围绕“发展战略性新兴产业的途径”展开。中南财经政法大学MBA学院院长汪海粟教授的报告题目是“创业板新兴产业项目的成长经验”。对外经济贸易大学林汉川教授的报告题目是“全球金融危机下我国中小企业战略性突破对策”。世界500强企业、武钢股份公司彭辰总经理的报告题目是“武钢的国际化战略实际”。武汉高科控股公司赵家新董事长的报告题目是“武汉高科新兴产业项目成长经验”。

二　战略性新兴产业发展的基础理论研究

战略性新兴产业是经济发展的新议题，是引导未来经济社会发展的重要力量。一些学者从理论基础和环境出发进行研究，试图为中国战略性新兴产业的培育提供良好的理论支持。武汉大学经济与管理学院陈立敏副教授等分析了目前评价产业国际竞争力指标的优劣势，并应用显示性技术附加值（RTV）方法对电子通信设备制造业内各贸易品进行测算。天津商业大学经济学院产业经济研究所吕明元副教授等则通过设定指标和构建模型，实证分析和比较了中国软件产业国际竞争力和中国与印度软件业的差异。江西财经大学产业经济研究院卢福财教授等采用演化博弈和均衡分析方法，以利益驱动的视角，讨论了“工业废弃物循环利用网络内上下游企业合作演变机理”。长沙理工大学经济与管理学院贺正楚教授等基于知识发现视角，研究战略性新兴产业识别问题。中南财经政法大学现代产业经济研究中心张世如博士就“收益变迁视角下集群形成机制”展开研究。

三　产业政策与战略性新兴产业发展

复旦大学管理学院郁义鸿教授和华东理工大学商学院于立宏教授通过概要地梳理中国光伏产业的发展和迄今采取的产业政策和简要评估政策效应，从而构建了一个政策设计和制定的系统框架。北京大学经济学院付明卫博士等就“国产化率政策是否促进我国风电制造业的自主创新”进行深入讨论。中国社会科学院工业经济研究所李钢副研究员、中国社会科学院研究生院董敏杰和浙江工商大学沈可挺副教授通过构建模型评估提升环境管制强度对中国经济的影响。西南民族大学经济学院郑长德教授结合西部大开发以来西部民族地区产业结构的变化，就“西部民族地区工业结构的逆向调整与政策干预”展开研究。东北财经大学产业组织与企业组织中心王建林使用差分内差分模型分析了东北振兴战略对工业企业劳动生产率的影响。中南财经政法大学现代产业经济研究中心石军伟副教授等人通过系统分析战略性新兴产业的产业特征，提出了“以技术换市场”的发展模式，并以中国电动汽车产业为例进行了深入探讨。北京达华世纪低碳研究院白旻研究员和东北大学工商管理学院安岗讲师就“大国优势、边界效应与战略性新兴产业发展”展开深入讨论。南开大学产业经济研究所白雪洁教授和李媛博士以风电设备制造业为例，就“我国战略性新兴产业发展如何避免低端锁定”问题展开研究。

四 技术创新与战略性新兴产业发展

南开大学经济与社会发展研究院杜传忠教授和经济学院王金杰博士以信息技术创新扩散为视角，实证分析了中国现阶段信息化与工业化融合的机理及效应。暨南大学产业经济研究院何小钢博士和张耀辉教授就“技术进步、节能减排与发展方式转型”展开深入讨论。云南大学发展研究院张国胜研究员从演化经济学视出发，探讨“技术变革、范式转换与我国战略性新兴产业发展”。河南财经政法大学产业经济研究所刘美平教授等就“战略性新兴产业技术创新路径的共生模式”进行了深入的讨论。浙江大学经济学院陈晓华和范良聪博士通过构建测度出口产业创新能力指数，分析国际分散化生产对中国出口产业创新能力的影响。中国海洋大学经济学院丁娟博士和纪玉俊博士以“日本的深层海水产业化发展”为题进行案例研究，为我国战略性新兴产业的发展和海洋技术创新系统建设提供了重大启示和经验借鉴。北京邮电大学经济管理学院陈岩教授等就“对外投资、逆向技术溢出与吸收能力”展开深入研究，实证分析了无特定优势新兴经济体跨国公司对外投资是否产生逆向溢出效应的问题。南京审计学院经济学院姚德文博士从模块化视角进行产业结构升级研究。湖南师范大学商学院曹虹剑副教授和刘茂松教授就“高新技术产业模块化组织及其系统性质”作了深入的讨论。

五 产业经济学理论前沿进展

中南财经政法大学现代经济研究中心的胡立君教授等人运用产业经济学理论，研究了体育产业的双边市场特征。大连理工大学经济学院陈艳莹副教授就“社会网络与市场中介组织行为异化”问题进行了深入的研究。山东大学经济学院余东华教授以横向并购在垄断控制中的最优决策规则为切入点，研究了“信息质量、并购补救与效率抗辩”问题。中南财经政法大学现代产业经济研究中心董亮博士和任剑新教授则从现实中茶饮用水“量少价高”的奇特现象出发，试图引入使用成本加以解释。同时从多维甄别理论的角度分析了使用成本对消费者、厂商定价以及社会福利的影响。中国社会科学院工业经济研究所江飞涛副研究员、南京大学经济学院耿强副教授等以“地区竞争、体制扭曲与产能过剩的形成机理”为题展开研究。东南大学经济管理学院周世军博士和周勤教授以中国中西部地区为视角，以两位数制造业为例实证分析了中西部地区承接东部转移产业是否体现了产业的集聚效应。东北财经大学产业组织与企业组织研究中心于左教授和孔宪丽副教授通过比较几个国家的数据，就“产业结构、二氧化碳排放与经济增长”进行讨论。南开大学经济学院胡秋阳副教授就“企业规模、产业链分工与结构调整升级”进行深入研究。复旦大学管理学院白让让教授、美国坦普尔大学 Shu Deng 博士和美国加利福尼亚大学伯克利分校 Seung-Youn Oh 博士就“集团内品牌竞争与外资进入的负溢出效应分析”展开讨论，并运用中国轿车制造产业 22 家企业 1994—2008 年的面板数据进行的计量检验。暨南大学产业经济研究院顾乃华副教授以测算 2001—2008 年间中国各省区的全要素生产率为背景，实证检验了 FDI 与 TFP 的非线性关系。

此外，中国社会科学院荣誉学部委员吴家骏研究员与中国工业经济学会副会长、天津财经大学副校长于立教授分别作了“工业经济学向何处去”、“产业经济在经济学科分类中的地位与相关学科”的专题报告。

（汪海粟　胡立君　石军伟等）

战略性新兴产业发展与经济方式转变学术研讨会

2011 年 11 月 15 日，战略性新兴产业发展与经济方式转变学术研讨会在北京召开。中国社会科学院党组成员、副院长李扬出席会议并致辞。

李扬指出，面对新的国际竞争态势，中共中央、国务院高度重视培育发展战略性新兴产业。2009 年 5 月，国务院副总理李克强在财政支持新能源与节能环保等新兴产业发展工作座谈会上，首次在代表国家提出“战略性新型产业”发展问题。2009 年 12 月，中央经济工作会议提出加快培育战略性新兴产业的总体思路，并将其作为培育新的增长点的重要举措。2010 年 10 月，国务院发布《关于加快培育和发展战略性新兴产业的决定》，正式确定节能环保、新一代信息技术、生物、高端装备制造、新能源、新材料、新能源汽车为中国的战略性新兴产业，并对战略性新兴产业的战略定位、指导思想、基本原则、主要任务、发展重点、主攻方向和产业的区域布局，以及重大政策措施等重大问题作出初步安排。2011 年 3 月制定的《国民经济和社会发展第十二个五年规划纲要》指出，战略性新兴产业是中国适应科技经济变革、抢占未来科技制高点、增强综合国力、提升生产效率和人民生活水平，实现中国经济社会持续较快发展的重大战略举措，强调要加快把战略性新性产业培育成为先导性、支柱性产业，并通过国家重大科技专项等方式推动其发展。

李扬强调，经过 30 多年的快速发展，中国综合国力明显增强，科技水平不断提高，建立了较为完备的产业体系；生产要素结构升级，创新要素日益充裕，基础教育和职业培训逐渐普及，知识型人力资源优势开始显现；技术和产业配套能力大大增强，创新的成功率大幅提高。这些都为我国战略性新兴产业加快发展奠定了较好的基础，我国加快培育和发展战略性新兴产业具备诸多有利条件，希望学术界能够为我国加快培育发展战略性新兴产业、推动经济发展方式转型发挥积极的推动作用。

当前，我国各地发展战略性新兴产业的

势头方兴未艾。与会专家指出，培育和发展战略性新兴产业是实现产业升级、提高产业国际竞争力的重要内容之一。但是，产业升级必须考虑国家规模、资源禀赋、发展阶段等基本国情条件。与会专家建议，我国应从国情出发，以提升企业自主创新能力为主线，坚持产、学、研结合，加强资源整合和联合攻关，着力提升突破关键核心技术的能力和科技成果产业化能力，促进自主创新产业化，加强创新集群的建设，建设世界先进水平的创新平台，大力推进改革创新，处理好现有产业创新和培育新兴产业的关系、化石能源与新能源的关系，全面提升工业素质与发展高端产业以及加快发展服务业的关系，为战略性新兴产业发展注入强大的动力。

中国社会科学院经济学部主任陈佳贵，中国科学技术发展战略研究院党委书记胡志坚，中国社会科学院亚洲太平洋研究所所长李向阳、中国社会科学院城市发展与环境研究所所长潘家华、中国社会科学院工业经济研究所所长金碚，以及来自国家发展和改革委员会、国家工业和信息化部、北京大学、清华大学、中央财经大学等部门和单位的专家学者出席会议。会议开幕式由中国社会科学院工业经济研究所党委书记黄群慧主持。

（金泓摘自《中国社会科学报》
2011 年 11 月 24 日）

“东亚金融监管：特征、模式与合作”国际学术研讨会

2010 年 11 月 18 日，由中国社会科学院金融研究所与韩国资本市场研究院共同承办的“东亚金融监管：特征、模式与合作”国际学术研讨会在北京的中国社会科学院学术报告厅举行。来自各国金融监管机构、研究机构以及金融业界人士共 200 人参加了会议。会上，各国专家和学者们就东亚金融监管改革与发展、金融稳定与东亚金融合作、金融监管与亚洲金融市场竞争力等议题进行了研讨交流。

中国社会科学院副院长、学部委员李扬研究员出席会议并致辞。李扬认为随着金融危机的深化，随着恢复过程逐渐展开，随着各种各样的长期积累的国际经济体系、金融体系的矛盾渐次的暴露，学界不断认识到亚洲地区必须有自己独立的看法，加强中国、日本、韩国等东亚国家的金融合作尤其重要。韩国资本市场研究院院长金亨泰指出韩国和中国一样，都是在世界市场中重要成员，首先应该尊重和维护世界经济秩序，但同时，两国也应该充分考虑本国的自身利益，按照本国的国情和金融市场的特点，调整金融监管和管理措施。首当其冲的是要避免发生金融风险，根据自身特点制定符合本国的金融新秩序并逐步反馈给国际经济组织。中国银行业协会专职副会长杨再平教授则从社会文化的角度阐述了金融监管问题，并认为东亚特殊的社会文化决定了其金融市场及体系的特点，同时也影响了金融监管的手段与方式。日本银行北京代表处首席代表新川陆一全面介绍了日本中央银行的货币及金融监管职能。中国证监会国际部主任童道驰博士认为中国与日本、韩国三国需要加强合作，在金融稳定委员会和《巴塞尔协议》委员会中这三个国家都扮演了重要角色，也凸显了亚洲国家在这方面发挥协调的作用。三国更应该通过各种机制，共同应对金融危机挑战，提升亚洲地区金融地位，促进亚洲地区金融的发展。中国人民银行金融稳定局局长宣昌能从中国金融业改革作为切入

点，分析了中国金融监管改革的历史进程，在总结历史的基础上，提出了金融监管改革的方向与要点。韩国驻中国公使衔财经金融参赞刘光烈博士指出，东亚监管发展水平和开放水平都不一样，金融当局包括政策研究机构之间需要实现共享信息，尤其在稳定方面制订相应方案，三国可以共同发出亚洲声音。中国银监会业务创新监管协作部主任李伏安认为，对于整个经济过热、过渡的货币供应和过渡贷款增加，成为中国银行业宏观风险监管考虑的重点，也是这次危机给人们重要的教训和新的概念，过去把单个银行管好就没有问题，但是现在单个银行管好情况下，宏观风险也必须要作为监管的重要内容之一。

同时出席及演讲的还有中国国家开发银行业务发展局局长刘勇、世界银行高级金融专家王君、中国工商银行金融研究所所长詹向阳、中央财经大学法学院院长郭锋、中国社会科学院金融监管与金融法律研究基地主任胡滨等。最后，中国社会科学院金融研究所王国刚所长作了大会总结。

（尹振涛）

中国宏观经济论坛（2011—2012）

2011 年 11 月 19 日，中国宏观经济论坛（2011—2012）在北京举行。论坛由中国人民大学经济研究所等单位主办，以“放缓加速、风险上扬与结构刚性冲击下的中国宏观经济”为主题，发布了《中国宏观经济分析与预测报告（2011—2012）（总第 20 期）》（以下简称《报告》）。

2012 年经济增速“前低后稳”

《报告》认为，2011 年中国宏观经济复苏的步伐放缓，呈现出“经济增速逐季回落”、“通胀压力高位回缓”、“经济泡沫逆转”、“金融风险上扬”等局面。2012 年将延续 2011 年的发展趋势，同时也将受欧洲主权债务危机的深度调整、中国房地产市场波动以及中国宏观经济政策转向等因素冲击，呈现“前低后稳”的发展态势。

依据中国人民大学中国宏观经济分析与预测模型——CMAFM 模型，《报告》预测显示，2011 全年 GDP 实际增速将达到 9.4%，全年 CPI 为 5.4%，GDP 平均指数为 6.1%；并预计 2012 全年 GDP 增速为 9.2%，呈现出小幅放缓的态势，物价水平将出现回落，CPI 为 3.3%。

与会专家对《报告》所预测的宏观经济总体态势基本认同，但是对于具体的指标数据，看法不一。中国人民银行行货币政策委员会委员、清华大学金融系主任李稻葵指出，清华大学中国与世界经济研究中心 10 月 15 日公布的预测数据显示，2012 全年 GDP 增速为 8.5%，CPI 回落到 2.8%。而由于房地产的调控、地方融资平台的整理，明年（2012）GDP 增长速度的回落会多一点。此外，在谈到消费、投资和外需对中国经济增速的影响时，国家发改委宏观经济研究院副院长王一鸣表示，2012 年市场消费相对稳定，而外需仍会下降，并且面临房地产调控和制造业产能过剩的压力，因此，9.2% 的 GDP 增速预测值偏高。

金融扭曲风险将加剧

美国经济增长放缓、“欧债危机”和以“占领华尔街”为代表的社会现状，使人们再次近距离感受到了 2007 年以来的世界经济危机，全球经济复苏受挫则说明美国次贷危机的阴霾并未散去，依旧笼罩在全球经济复苏的道路上。在此形势下，中国经济的走向又将面向何方？李稻葵认为，“欧债危机”对于中国来讲是一个重大的战略机遇。如果过20年再“回头看”，现阶段是全球经济格局乃至政治格局重塑的时期，欧洲大陆是营造这个多元化格局的关键“棋子”。

面对当前经济形势下一步该如何控风险？中国人民大学经济学院副院长刘元春说：“纠正‘金融扭曲’、疏通金融资源配置是2012年政府经济政策的重心。”政府应调整对地方融资平台的治理模式，加强对各种“影子银行”和银行对外业务的监管，发展多元化金融中介形式促进银行健康竞争，同时要重视对民间融资的监控。

稳增长、控风险是重点

面对“外部经济的放缓与动荡”、“金融风险与金融扭曲加剧”等导致中国经济下行的因素，政府宏观政策该如何调整？《报告》认为，2012年中国政府宏观政策的工作重点应当从“控通胀”转移到“稳增长”、“挣风险”与“纠扭曲”上，不宜出台新的、大规模的“刺激计划”。货币政策应当从年初的“定向宽松、总量微调”向“总体宽松”逐步转变；及时出台以“减税、增加支出”为主题的积极财政政策。

与会专家认为，应从中长期的角度进行中国经济政策调整，不可操之过急。李稻葵认为“中国经济在未来两年面临着比较艰巨的任务，务必实现‘经济增长和过度依赖外贸出口的软着陆’、‘房地产市场软着陆’、‘金融泡沫的软着陆’三个‘软着陆’，同时要在完成‘软着陆’的过程中，启动新一轮的改革。”

国务院发展研究中心对外经济研究部部长隆国强认为，2012年工作的重点除“稳增长、控风险和调结构”外，还应通过金融、劳动力市场、户籍政策等制度方面的改革，提高中国经济增长的质量。

（金泓摘自《中国社会科学报》
2011年11月22日）

2011年中国企业竞争力年会

2011年11月22日，2011年中国企业竞争力年会在北京召开。中国社会科学院党组成员、副院长李扬出席会议并发表主题演讲。国务院发展研究中心副主任刘世锦、中国社会科学院工业经济研究所所长金碚及来自中国社会科学院、国务院发展研究中心、联想集团、第一创业摩根大通证券、工银金融租赁、三一重工、远东集团等单位的专家学者和企业家出席会议并发表演讲。

李扬在演讲中指出，国内外经济形势正在发生变化，中国经济增长格局或已经进入了“新时期”。欧美债务危机持续发酵显示出全球经济进入一个长期波动和低速增长时期。这次危机非常深重，广泛涉及经济发展方式、经济结构、金融结构、财政平衡状况。只有解决了这些问题，经济才能恢复，但在解决这些问题、推出大规模非常规救助措施的同时又产生了新的问题，使得危机充满不确定性。李扬指出，随着新兴经济体在高端制造业、服务业、金融业等各个领域开始对发达经济体提出全面挑战，原来的全球格局已经难以为继。从实体经济领域来看，发展中经济体GDP占全球GDP的比重有望于2013年超过一半，新兴经济体在全球金融领域中的话语权、影响力提高。从金融领域来看，此次危机中的重债国是那些掌握着储备货币发行权的发达经济体，而债权人则是新兴经济体，这使得国际金融领域的主导权发生变化。国际上出现美国经济增长放缓，欧洲债务危机恶化，全球经济增长进一步放缓，全球经济已经进入一个长期低迷的时期。中国产品的出口受到了限制，不能再依赖出口为经济增长注入动力，中国经济增长可能失去一个重要引擎，过度依赖出口的增长方式不可持续。就国内形势而言，一系列紧缩政策叠加造成了增长出现减速，调控重点应致力于在控制物价上涨和促进经济增长之间寻求恰当平衡。面对这些新情况，当前应强调政策的前瞻性和灵活性，近来中央采取的一些措施已经体现出前瞻性和灵活性。但从转变经济发展方式和走科学发展的道路来说，中国必须接受一个相对低的经济增长速度，为此要做好准备。

李扬强调，未来中国仍将主要依靠投资来促进经济增长，这使得投资的资本结构问题更加重要。但是，中国的资本结构在资金配置、财政和货币资金配置方面存在着三个偏颇：在政府和市场的关系上偏重于政府主导，在中央和地方财力分配上中央政府集中过多，在资金供给结构或资本结构上过于倚重债务性资金。这次危机说明，资本结构至关重要，调整资本结构比以往任何时候都显得更为紧迫，不能一味地依赖信贷资金，不能一味依赖借款去增加投资，因为这些都会提高杠杆率，而杠杆率提高，正是此次危机的根源。建议政府推动企业特别是民营企业进入基础设施建设领域，重新塑造中央和地方的财政关系，调整权益性资金和债务性资金关系，大力发展资本市场，要用市场机制来解决所有这些问题。世界在向有利于我们的方向变化，中国也需要变化，国家“十二五”发展规划等都是在精心筹划应对变局，中央一系列调结构、转变发展方式的战略措施对于应对世界发展的巨变是绝对必要的。

会上，中国社会科学院工业经济研究所和中国经营报社联合推出了“责任·创新·影响力——2011 中经年度关注人物”。会议由中国社会科学院工业经济研究所和中国经营报社共同主办，工业经济研究所党委书记黄群慧主持会议开幕式。

（金泓摘自《中国社会科学报》
2011 年 12 月 1 日）

中国管理思想与实践学术研讨会暨中国企业管理研究会 2011 年年会

2011 年 11 月 26 日—27 日，“中国管理思想与实践”学术研讨会暨中国企业管理研究会 2011 年年会在南宁召开。此次会议由中国企业管理研究会、“蒋一苇企业改革与发展学术基金”、广西大学、中国社会科学院管理科学与创新发展研究中心联合主办，广西大学商学院承办。来自中国社会科学院和国内 60 多所高校与研究机构的 180 余名企业管理专家和学者出席了此次会议。

本次会议分三个阶段举行。首先是开幕式和主题发言；其次是学术研讨活动，颁发 2011 年中国企业管理研究会年会优秀论文奖、第四届蒋一苇企业改革与发展学术基金奖；最后是广西 EMBA 高端管理论坛“广西中小企业的成长与发展——中国管理思想在实践”讨论会。与会专家、学者和企业家共同围绕“中国特色管理与中外管理思想比较”、“中国文化与企业内部管理创新”、“制度环境与经济管理”三大主题展开学术讨论。

一　中国管理学体系的构建

中国社会科学院学部主席团代主席、中国企业管理研究会会长陈佳贵认为，目前是形成中国管理学派的最好时机。中国经济取得了举世瞩目的成就，经济总量在全球举足轻重，经济国际化程度不断提高，国有企业改革不断深化，这些背景对中国管理学派的产生与形成、中国管理思想的发展与实践形成大量需求。

中国社会科学院科研局副局长、中国企业管理研究会常务副理事长黄群慧研究员的发言围绕着三个主题展开：中国管理学发展的基本逻辑、国家社科基金学科体系的分类以及中国管理学近期的研究方向。

北京印刷学院出版传播与管理学院李治堂教授分析了中国式管理问题提出的背景，介绍了中国式管理以及围绕该问题的争论，对中国式管理与中国管理学理论进行了逻辑分析。

二　中国管理思想的发展脉络

江西财经大学吴照云教授从历史语境研究的角度，对中国古代管理思想的形成轨迹和发展路径进行了初步梳理，将中国古代管理思想按照社会发展时期划分为五个阶段：(1) 孕育期（从远古时期到新旧石器时代），(2) 萌芽期（夏至西周时期），(3) 形成期（春秋战国时期），(4) 发展期（秦汉至隋唐），(5) 承接期（宋元明清时期），力图揭示中国古代管理思想发展的全过程，阐明诸多管理理论和思想流派历史嬗变的轨迹。

武汉大学谭力文教授对改革开放以来中国管理学的发展进行了系统回顾与思考。他认为，对中国管理学的发展进行研究，最好划分为 1949—1978 年和 1979 年迄今两个阶段。但中国管理学这个概念并不科学，在科学的领域中不应存在中学与西学的分野；另外，无论中国传统的，还是中国现代发展中所提取的经验，都不足以开创中国管理学这样一门新的理论体系。

三　中国管理的技术创新与实践创新

北方工业大学的吴永林和纪雪洪探究高技术企业中技术变革、战略导向和企业绩效的关系，发现企业技术突破程度对市场战略导向和技术战略导向有直接的正向影响，技术导向战略通过市场导向型战略的中介作用对企业绩效有正向影响，互补性资产专用性强弱对企业的战略导向有明显显著调节作用。

中央财经大学肖海林探讨不连续技术创新产品的消费者感知风险与购买意向。提出一个能够感知风险并且具有八大风险构成的模型，从而确定出对消费者影响最大的因素。

厦门大学陈致津探讨组织模仿与组织同形的问题。他认为组织模仿是组织学习的一种重要方式，并归纳出组织模仿的四种类型：山寨模仿、标杆学习、时尚模仿和习俗模仿。

北京外国语大学曹红星以北京红孩子公司为研究对象，分析零售企业创新的动力和机理。

深圳大学刘莉运用商业模式“3－4－8”理论，以某网络公司为例，探讨互联网企业发展过程中商业模式的演变。

四　中国管理的产业与制度环境

天津财经大学张英华对中国几个典型城市工业企业的碳排放现状与趋势进行分析，指出在全球化的经济格局中，工业化国家和发展中国家或将会因新的低碳模式而再次拉开差距，低碳经济或将成为世界未来经济发展的新规则。

北京联合大学张波探讨了“低碳企业”

管理体系的构建问题，指出企业是实施节能减排的主体，低碳经济时代对企业的发展提出了更高的要求。

江西财经大学胡大立就中国产业集群全球价值链“低端锁定”的成因进行分析。他指出，中国产业集群已深深嵌入于全球价值链之中，并被锁定于全球价值链的低端环节。

广西大学商学院梁运文探寻了“南南竞争”下的中国—东盟自由贸易区（CAFTA）企业网络价值创造机理。

首都经济贸易大学张晗和中国人民大学徐二明探讨合法性对创业集群创新投入及其产品出口的影响。

昆明理工大学郑季良以蒙西高耗能产业集群为例，探讨了高耗能产业集群的概念、形成成因、发展模式、网络组织结构以及发展趋势等方面问题。

山东大学王旭以中国高科技中小上市公司为研究对象，分析生命状态干扰下的公司规模对成长性的影响。

同济大学任浩和陈祖胜围绕“基于经营战略的中国在美上市公司被摘牌原因与对策”问题展开研究。

厦门大学沈维涛教授分析了市场化程度、独立董事独立性与公司价值之间的关系。他指出，为了避免独立董事与管理层的共谋，应该限制其任期不得超过两届。

河北经贸大学王春和认为尽管世界各国的所有制结构和治理模式有很大差异，但是经济全球化正在推动公司治理模式的趋同化。

五　中国管理的分析工具与信息技术

广西大学梁戈夫教授提出了 VFB 逆向施诊流程体系。

中国社会科学院张金昌深入探讨了有助于实现定量管理的新一代管理技术。他认为可以实现管理工作智能化的方法分别是准确计算法、因素穷尽法和分析智能化。

暨南大学孙凯从信息处理理论出发探讨跨组织信息共享策略。他主张跨组织信息共享是以协商和博弈为特征的不完全信息共享，是有条件的信息共享。

厦门大学陈东灵讨论了基于信号博弈的知识外包提供商选择问题。

北京信息科技大学的王信东的发言涉及消费者创造价值与体验经济。他主张体验经济的基本思想即企业生产的产品是为消费者体验一种感觉的平台和工具，因此，消费者创造价值大多数都是在其体验之后产生的。

（阎世平　曹平　梁运文　朱少英）

第十二届中国宏观经济运行与政策论坛

2011 年 12 月 1 日，由中国社会科学院主办，中国社会科学院财贸所与中国社会科学院国际合作局共同承办的“中国社会科学论坛（2011·经济学）——第十二届中国宏观经济运行与政策论坛”在北京召开，来自中国社会科学院、商务部、国家旅游局、国务院发展研究中心、中共中央政策研究室、中国休闲标准委员会、北京联合大学、复旦大学、北京工商大学、美国普渡大学、美国加州大学、澳大利亚新南威尔士大学、韩国旅游科学学会等国内外专家学者 100 余人出席了会议。论坛主题为“全球经济再平衡背景下的旅游经济”。从全球经济再平衡过程中的中国旅游经济、宏观经济战略与旅游业发展、中国旅游业的可持续发展之路、旅游休闲与文化大繁荣大发展等方面进行了多层次的深入探讨与交流。

一 关于在全球经济再平衡过程，中国旅游业将发挥的作用

中国社会科学院李扬副院长指出，全球危机正在深化，危机的重要根源是全球经济不平衡，对旅游业的作用的研究要放在这个高度来看，旅游业对于中国的增量贡献将越来越大。国务院发展研究中心副主任卢中原、中共中央政研室经济局副局长白津夫、澳大利亚新南威尔士大学经济学家赖瑞·戴耶尔教授等从不同角度论证了中国的旅游业在新的经济体系中将发挥的重要作用。

国家旅游局副局长杜一力提出，全球经济再平衡，需要每一个经济体找到自己的位置，以旅游业为代表的第三产业则以主动适应为主，“旅游业期待被研究”。

二 旅游业的研究视角

中国社会科学院旅游研究中心主任张广瑞发表了题为《旅游发展的政治解释》的演讲。他指出，在世界及中国，旅游业的发展过程中政治都起到很大的作用，当今中国的旅游业要研究政治，通过旅游传播文化、改善民生，塑造“中国形象”。

中国旅游研究院学术委员会主任魏小安提出警告，旅游业正在产生泡沫。中国旅游投资正在形成巨额的投资，要冷静提防泡沫。

中国社会科学院旅游与休闲研究室主任王诚庆指出，中国旅游业的发展，对当今中国社会经济文化的可持续发展有重要的意义。在不同的发展阶段，旅游业要应对不同的可持续发展问题。

中国社会科学院旅游与休闲研究室副主任戴学锋指出，发展出境旅游有其重要的意义，可以促进国家的文化影响力的提升，能够提升中国经济的影响力，可以带动中国创造和“中国制造”。

三 旅游休闲对文化大繁荣大发展的推动作用

主要观点有：（1）休闲极大地促进了文化的成长和发展；（2）城市公园正在成为中国城市化的重要推动力，但也造成一系列负面的影响；（3）休闲是刻画文化的重要方面，随着互联网等新技术的发展，休闲和文化都在发生重要的变化。（4）中国各地差异很大，发展不平衡，发展旅游业应对此有清醒的认识；（5）信息技术对旅游可持续发展能够起到的重要作用。韩国旅游科学学会的会长吴益根教授介绍了当今韩国旅游业正在发生的新趋势、新变化、新产品以及新需求。

与会专家达成共识，在新的世界经济背景下，旅游业的发展具有国家性的、国际性的战略意义，旅游业是当今中国转变增长方式的突破口，在国家新的战略定位下，中国旅游业将迎来更加大众化、民生化、人本化的发展新时期。

（金准）

基于“云平台”的战略新兴产业发展研讨会（2011）

2011年12月1日，“基于‘云平台’的战略新兴产业发展研讨会（2011）”在北京举行。会议由中国社会科学院《经济学动态》杂志社、北京大学中国都市经济研究基地和北京市计算中心云计算关键技术与应用重点实验室联合举办。北京大学校长助理黄桂田教授致

开幕词，来自北京大学、清华大学、中国社会科学院经济研究所、新华通讯社、《科技日报》和相关企业等三十多位专家学者从制造业的转型升级、技术创新与就业等多个视角深入探讨了以“云计算”为代表的国家战略性新兴信息产业对国内经济发展的影响。

一　战略新兴技术产业与经济结构转型

近些年，中国通过自身生产要素比较优势逐渐成为新的全球制造业中心，但是工业产业结构的低端化和低劳动生产率的“双低格局”也越来越对中国经济的可持续发展提出了严峻挑战。“云计算”等新一代信息技术的兴起和发展，赋予这些传统工业以全新的内容，“云平台”的构建是制造业提升生产效率的有效手段，是实现智能制造、敏捷制造、绿色制造的可行途径。“云平台”不但可以大幅提升制造业企业的信息化管理效率，而且还会极大提升制造业企业的设计能力。“云平台”的构建对推动中国转变发展方式，提升产业结构高度具有十分积极的作用。

二　战略新兴技术产业的行业发展特性

从产业特性来看，“云计算”是信息技术的第三次革命，是集成创新的典范。首先，“云计算”产业涉及面广，有着高度的产业前后向关联度。其次，“云计算”产业链中投入部分的加工制造主要在第二产业，而分配则主要在第三产业。“云产业”这种特性，意味着该产业具备平衡投资和消费对国民经济的驱动作用。由此，“云平台”的构建对于经济发展方式转型具有十分重要的引领作用。最后，从国民经济投入产出分析来看，“云产业”无论是影响力系数还是感应度系数都高于各类产业平均水平，由此可见“云平台”是一个创造财富的过程，而不是一个消耗财富的过程。

三　战略新兴技术产业的区域发展特性

从中国当前经济发展阶段和区域差异来看，“云计算”作为一次比较大的技术进步必然对中国的产业升级和经济转型发展有着关键性的作用。对不同地区经济将起技术引领作用，可以创造很多新的需求。

四　战略新兴技术产业与就业的替代性

“云计算”其本质是提高了生产要素的使用效率，如果考虑到中国目前仍然每年有大量新增劳动力和农村劳动力转移的问题，就必须重视“云产业”发展过程中就业创造和就业替代之间关系的研究，特别是技术、资本对劳动的替代而产生的不可忽略的阶段性负面影响。其次，“云产业”在带来高质量的经济增长的同时，对中国经济增长的速度会产生什么样的影响？如果减缓了中国经济增长的速度，将对中国社会和经济协调发展产生不良影响。所以，从国家战略层面来看，对“云计算”这些新兴性战略产业发展一定要做好各项前期规划工作。

（张辉）

危机后国际金融体系重构：亚洲的角色国际学术研讨会

2011 年 12 月 8 日，“危机后国际金融体系重构：亚洲的角色”国际学术研讨会在北京举行。会议由中国社会科学院主办，中国社会科学院金融研究所和韩国资本市场研究院承办。

中国社会科学院党组成员、副院长李扬，全国人大财经委副主任委员吴晓灵出席会议并致辞。来自中国社会科学院、中国证券监督管理委员会、中国国家开发银行、亚洲开发银行、世界银行、韩国资本市场研究院、韩国驻华大使馆、日本国际通货研究所、日本银行、亚洲证券业与金融市场协会等机构和部门的专家学者出席会议。

与会各国专家学者就新国际货币金融体系下的亚洲金融合作、亚洲资本市场建设与发展、人民币国际化与亚洲货币合作等议题进行了研讨交流，认为亚洲在国际金融体系中的地位与其经济实力并不相符。作为修复全球经济的一个重要措施，亚洲有必要积极地参与危机后的国际金融体系重构并在其中发挥重要作用。

亚洲要参与国际金融体系重构

与会专家指出，这次危机从根源上来说是发达经济体消费滞胀的经济发展方式出了问题，在消费滞胀这样一种发展方式主导下，由于西方国家的储蓄率普遍很低，收入增长并不是那么快，但消费得到刺激和鼓励，于是就出现了负债，债务日积月累，就发展成为债务危机。“欧债危机”是一个多维度的危机，欧元区各政府的资产负债表，比如希腊、意大利和西班牙，它们中的大多数国家都是受到了“欧债危机”的冲击，债务跟GDP的比重都超过了百分之百。跟这些国家相比，亚洲国家负债比率低得多。

与会专家指出，让法国与德国银行承担债务损失非常困难，挽救欧元危机必须付出代价，整个欧元体系的稳健性都会受到影响。财政危机和银行危机会导致信贷紧缩，法德的银行会变得越来越保守，并且不愿意为其他国家提供贷款，经济衰落尤其是西方国家的经济衰落不可避免，这不但会影响发达国家的国内市场，而且还会对其他国家造成冲击。但从政治的角度来看，欧元区分裂的可能性比较小，欧盟有可能形成财政上的统一联盟，但这是一个非常困难、几乎难以实现的任务。要度过此次危机，欧洲央行要发挥更加重要的作用，金融业要从为了金融而金融转向为了支持实体经济发展而从事金融活动。

与会专家认为，对于这一历史性的金融“浩劫”，亚洲国家无法置身事外。21 世纪是亚洲的世纪，国际货币体系、国际金融体系要与亚洲国家相联系，要发挥亚洲国家的作用。作为修复全球经济的一个重要措施，同时为了防范类似危机的再次出现，亚洲有必要积极地参与危机后的国际金融体系重构。中国、韩国、日本、印度乃至东南亚等国家，应该发挥亚洲国家应有的作用。

建立多元化国际储备货币体系

与会专家认为，在危机发生之后，要改革国际货币体系。国际货币体系建设的一个核心问题是首先解决储备货币的选择问题，而且迄今为止关键货币的选择是选择一种货币，但是这次危机后的未来一个很长时期内，国际储备货币不可能仅仅是一种货币，要建立多元化国际储备货币体系。

全球金融体系起于美国。美国是全球最大的经济体，拥有全球最复杂、最发达的金融体系，以及持有全球主导的储备货币美元。全球金融危机后，人们非常担忧，因财政刺激政策、金融部门的支持，以及对汽车产业的援助、救助和对其他公司的救助所累积的大量公共债务会导致美国无力偿还公债，而且美国可能会出台第三轮的量化宽松货币政策，而最终导致美元的贬值。金融危机现在已经扩散到了整个欧元区，主权债务危机影响着银行体系的稳健，也影响着欧元作为单一货币的可持续性。

与会专家指出，近来的全球危机和它后来的波动，包括现在持续不断的欧洲主权债务危机，是推动国际货币体系政策改革的一个主要因素。全球经济正在朝一个多极的货币体系方向发展，国际货币体系改革的总方向不是一种货币取代另一种货币，而应该是多元货币共存，从而给世界各国与地区以货币选择权。国际主要储备货币币值稳定，才能给全球经济金融的稳定运行奠定一个良好的基础。未来国际货币将仍以美元和欧元为主导，但国际货币和金融体系的改革必须反映亚洲的事实，以及支持新兴市场、发展中国家长期发展的目标。

（金泓摘自《中国社会科学报》2011 年 12 月 15 日）

加快实施“走出去”战略学术研讨会

2011 年 12 月 9—10 日，由中国社会科学院经济学部主办、中国社会科学院财政与贸易经济研究所承办的“加快实施‘走出去’战略学术研讨会”在北京举行。中国社会科学院经济学部负责同志及多位学部委员和经济学片各研究所的主要负责人参会，商务部对外经贸国际合作研究院，中国化工集团战略规划部、韩国对外经济政策研究院、美国“中国政治研究学会”、美国驻华使馆经济处、《中国社会科学》杂志社等单位的领导和专家学者共 60 余人参加了会议。

一　中国企业“走出去”的现状与面临的挑战

会议全面回顾了当前中国企业“走出去”的基本情况、实施的主要战略方向和面临的三大主要问题；对中国企业“走出去”的情况做出来基本判断：认为海外并购的成功率不足四成，并总结出提高成功率的八大经验；基于国际产业转移的视角，概括性介绍中国对外直接投资的阶段性规模特征，对未来中国的非金融类和金融类投资进行预测；交流了中国化工集团“走出去”的总体思路，对中国投资在印度尼西亚、非洲的南非和赞比亚进行实地调研的基础上，分析介绍了中国投资在这两个地区的现状。

二　人民币国际化与对外投资合作方式的创新

会议讨论以人民币国际化为切入点，探讨了人民币国际化的目标选择、利益选择以及多元核心货币体系下的全球经济失衡问题，并指出建设离岸债券市场是深入推进人民币国际化最佳策略选择；深入交流了在对外投资与合作方式方面的探索，全方位地探讨了以资本、人力资源、技术等要素层面和产权结构及自然资源上开展国际合作的空间。

三　中国加入世界贸易组织（WTO）10 周年及后危机时代实施“走出去”战略的新机遇

会议一致认为，“走出去”是市场经济环境下经济发展到一定程度时必然产生的现象，其原因主要有国内资源等要素的限制、实现国际收支平衡、国内经济结构失衡的被迫调整等。“走出去”是资本输出的一种形式，社会主义市场经济体制下实施“走出去”战略与弗·列宁所抨击的帝国主义资本输出之间的本质区别，是值得深入研究的理论问题；还分析了后危机时代中国企业加快“走出去”的重大意义；就中国农业这一特殊领域的“走出去”问题进行了系统的思考；并结合中国服务贸易的“走出去”，回顾了加入 WTO 10 年来中国开放型经济取得的成就。

四 加快完善海外投资促进体系，实现互利共赢

会议讨论了互利共赢开放战略的基本含义，认为卡·马克思国际价值理论是互利共赢开放战略的理论基础，互利共赢开放战略是卡·马克思国际价值理论中国化的新成果、新应用。

会议达成了对中国企业实施“走出去”战略的基本共识，即全球化进程发生了重大变化，中国已全方位地融入了世界经济，成为主要的资本输出国之一。中国经济结构调整要着眼于在全球范围内进行资源的再配置，要把研究的重点放在制度设计层面上研究“走出去”这一战略性议题。

（冯雷）

第十一届中国经济学年会

2011 年 12 月 10—11 日，第十一届中国经济学年会在上海召开。来自全国的 600 余位专家学者就会议主题“世界变局下的中国经济转型”展开探讨与交流。中共上海市委常委、副市长屠光绍，中国经济学年会理事长、北京大学副校长海闻，上海财经大学校长谈敏等出席开幕式并致辞。

“2012 年将比 2008 年更困难”，在谈到世界经济形势时，复旦大学经济学院院长袁志刚如是说。他提出，全球金融资产泡沫导致的债务危机、生育率持续下降导致的老龄化问题，以及移民带来的社会问题等使得未来的世界经济形势不容乐观。在对欧洲债务危机进行分析时，上海财经大学经济学院院长田国强认为，其根本性问题不是市场制度，而是社会福利过高。在当前复杂多变的政治经济变局下，世界各国都面临着转型问题。

未来十年，中国和世界经济将更加复杂和具有不确定性，中国经济学者的任务也更具有挑战性。海闻提出，过去十年中国经济学者在研究方法上取得了很大进展，定量分析、实证检验已经成为普遍掌握的工具。未来应在理论研究和具体数据两方面做出特别的努力，“理论研究方面，要有开创性思想，突破主流经济学；数据方面，则要踏实做点小事，填补中国经济数据的空白。中国经济学教育，应当有自己的案例和数据”。

年会期间，还举办了全国高校经济学院院长（系主任）联席会议、女经济学者午餐会等系列活动。此届年会由中国经济学年会秘书处和上海财经大学联合主办，上海财经大学经济学院、高等研究院承办。

（金泓摘自《中国社会科学报》
2011 年 12 月 13 日）

WISE 召开 2011 经济科学协会（ESA）亚太区会议暨第二届实验经济学与金融学国际研讨会

2011 年 12 月 15 日，“2011 经济科学协会（ESA）亚太区会议暨 WISE（2011）第二届实验经济学与金融学国际研讨会”在福建厦门大学召开。本次会议由王亚南经济研

究院（WISE）、经济学院和厦门大学“计量经济学”教育部重点实验室联合主办，是厦门大学经济学科依托部重点室平台举办的第二届以实验经济学与金融学为主题的国际研讨会，旨在通过研讨会促进海内外运用实验室实验方法研究经济、金融的学者之间的交流合作。

研讨会共设 5 个主题演讲、23 个平行分会场，选录了 82 篇论文在会上宣读。主题演讲内容包括，田间实验合作、实验战略及演变、行为计量经济学发展、实验风险设计、资本市场泡沫等运用实验方法进行研究的报告。

此外，会议还邀请海内外著名高校学者参会并作论文演讲，内容涉及田间实验、公共物品、个体偏好研究、金融决策、生理与情感、协调、新实验方法、博弈、竞争、市场、信托、财务和资产市场、劳动、拍卖等。

经济科学协会（ESA，Economic Science Association）是用实验方法研究经济行为并致力于将经济学作为科学进行研究的学术组织。随着实验室实验成为研究经济、金融、市场营销、公司行为、会计、信息经济学、产业组织理论、管理科学等领域的一个核心研究方法，实验经济学已作为一个独立的学科步入主流经济学科的舞台。本次研讨会的成功举办，对于推动厦门大学实验经济学与实验金融学教学与研究的发展具有重要意义。

（厦门大学经济学院）

海外视角下的中国经济

题目：中国以集群为基础的工业化：企业融资与绩效（Cluster-based industrialization in China: Financing and performance）

作者：Cheryl Long，Xiaobo Zhang

出处：*Journal of International Economics* 84（2011）112 – 123

研究背景与目的

很多人认为一个发展较完善的金融系统是工业发展的关键前提。但近 30 年来中国的快速工业化似乎违背了这个常理。尽管在初期金融发展远不够，中国还是在 30 年里完成了欧洲用两个世纪才完成的工业化。并且私人企业的快速增长已成为中国增长模式的特征之一。在信贷受限的金融环境中，中小企业如何大量的涌现并快速成长？本文将从集群的角度上解释这个问题。

研究方法

通常分析产业集聚的方法是基于地区专业化度或产业集中度。不同于这些方法，本文依据的是 Hausmann and Klinger（2006）的研究成果，按如下步骤进行分析：1）将企业出口，资产和就业三类放一起整合成一个大单元，这个大单元的定义就是国家和一个四位的 CIC 行业。2）依据中国国家统计局的手册，欧盟统计办公室及联合国的相关表格把 CIC 标准转成 ISIC 标准，再转成 SITC 标准。3）利用 Hausmann-Klinger 产品相近度矩阵，计算出这个大单元内的每个行业相对于这个地区所有行业的平均相近程度。4）将该地区所有产业的平均相似程度按照行业大小加权，就得到了每个地区的平均的行业相近度。

首先，本文使用了 1995 年中国工业普查和 2004 年中国经济普查的完整的企业层面的数据来进行分析，同时通过行业邻近性度量来探究企业之间是如何相互联系的。然后，分析集群对企业融资的潜在影响。其中，国家层面的数据用于研究集群对企业最低资本需求和企业数量的影响；企业层面的数据用于分析集群与企业贸易信贷额，企业的出口表现以及其生产率之间的联系。最后得出结论。

主要结论

1. 中国的工业化过程中，各地区行业之间的联系是不断加强的。

2. 集群与更低的行业投资所需最小资本需求是有关系的。

3. 形成集群的行业，企业间的贸易信贷使用更普遍，他们对外部资金的依赖也小一些。

4. 集群有利于更多新企业的成立，导致较大的工业增长。同时企业间的劳动分工更明确，技术联系更紧密。

5. 集群会推动内涵式增长，促进企业生产率的提高。

6. 以集群为基础的工业化模型可以被其

他发展中国家借鉴，但有两个地方要注意：1）中国大多数的产业集群式以劳动密集型产品技术为基础，这也是与中国的比较优势一致的。2）即使有发展中国家与中国的本土优势相似，制度背景这个影响因素也要考虑到。本地政府常常需要在推动产业集群发展中扮演重要角色。

（左腾达）

题目：决定中国对美国、日本出口的因素（Determinants of China's Exports to the United States and Japan）

作者：Kun-Ming Chen，Hsiu-Hua Rau and Ru-Lin Chiu

出处：*The Chinese Economy*，vol. 44，no. 4，July-August 2011

研究背景与目的

此前许多研究已表明除了双边汇率外，一些其他的因素如 FDI、进口的中间产品、第三方国家的汇率在中国的双边贸易中也起着重要作用，但这些研究多半还存在一些局限性。为了填补著作在这方面的空白，本文分析了 1999 年到 2007 年共 71 个行业的季度性模板数据，并对比了中国出口美国与日本的决定因素，指出单独的汇率政策变革并不能解决中国对外贸易不平衡问题。

研究方法

本文首先分别提出出口供给和出口需求的实证模型并联立方程组，从而得出二者的相互影响。与以前研究不同，供给模型将外国直接投资（FDI）和中间产品（包括进口国家和第三方国家）对中国出口的影响考虑在内；需求模型中除了包含双边的实际汇率，还将第三方国家汇率和 FDI 的间接影响纳入其中。然后定义变量、挖掘数据资源（时间序列变量和面板数据）并通过实证性检验方法（ADF 检验、PP 检验、ISP 检验等）来检验变量的稳定性、独立性及模型的有效性。

主要结论

1. 研究结果表明，人民币实际汇率的增长对中国出口美国、日本均有很大的消极影响，但是由于中国外贸对日本的中间产品具有更高程度的依赖性，所以人民币升值对中国出口美国的影响要大于对出口日本的影响。另外，第三方国家汇率的变化对中国贸易失衡也有间接影响。因此中国似乎不可能仅仅通过一种汇率政策从根本上调整贸易失衡。

2. 不同国家的跨国公司在中国采用的不同战略是加剧中国贸易不平衡的另一个重要力量。不同的战略产生不同的结果，比如日本在中国的（FDI）直接投资刺激了中国对日本的出口，然而美国对华的直接投资却抑制了中国对美国的出口。另外，第三方国家在华的直接投资使中国对美国出口的增长明显高于日本。

3. 最后，经验数据表明：由于中国对美国与日本两国出口的产品结构不同，美国对中国出口的需求相对于日本对中国出口的需求，有着更大的收入弹性；过去十多年美国比日本有着更高的经济增长率，这两个因素在某种程度上也可以解释近些年中国对这两个国家贸易的不平衡。

（王婷婷）

题目：中国经济评论：中国已经消耗完剩余劳动力了吗？（China Economic Review：Has China run out of surplus labor?）

作者：Jane Golley，Xing Meng

出处：*China Economic Review* 22（2011）555－572

研究背景与目的

最近很多研究都表明通过对城市地区工资的上涨以及农村剩余劳动力枯竭的研究，表明中国经济的发展已经到了一个所谓的刘易斯转折点。而本文旨在论证，尽管在2000年到2009年这段时间内，有证据表明中国城市中名义上无技能的劳动者的工资在上涨，不过这些数据在表示无技能的劳动力造成工资上涨方面是不起任何效果的。中国在农村地区仍然拥有丰富的低就业能力的劳动者，这些人的工资比较的低。

研究方法

本文使用了2000—2009年中国农村城市移民调查以及印度尼西亚（RUMICI）调查统计数据进行分析研究。为推翻之前由根据城市居民的工资数据来推算中国已经达到“刘易斯拐点”这个说法，故利用关于城市居民和移动人口工资变化的中国城市劳动力调查数据，通过建立居民收入模型来估计中国2010—2020年城市居民收入情况；然后通过线性回归分析，判断中国在2020年是否会真的到达所谓的劳动力刘易斯拐点。

主要结论

1. 中国经济发展中的“刘易斯拐点”问题的讨论结果。本文就围着中国经济的发展是否已经到了“刘易斯拐点”这个问题进行了激烈的讨论，但是并没有明确的说明中国经济的发展具体在哪一年会达到这个拐点。本文通过大量的数据进行分析并提出足够的证据推翻这个观点。首先使用RUMICI移民调查以及UHIES数据来比较城市居民的工资与无特殊技能的移动劳动者的工资，表明了一旦控制了其他的因素，那么在2000年到2009年期间中国移动劳动者的工资将一点都不会得到提高。

2. 农村劳动力的情况。本文通过对RUMICI农村家庭调查，提供了一系列的证据来表明到2008年中国仍然存在大量的农村劳动者，这些未就业的劳动群体的收入水平远远低于那些移动部分群体的工资收入。还提供了到2020年的规划，假设政策的变化可能将会允许存在大量的移动劳动群体移往城市，并且通过进一步地消除所有制度障碍，那么在2020年中国移动劳动群体的总量将会是现在的双倍以上。

3. 中国劳动者未来福利问题预测。通过深入研究了中国工资增长的来源以及工资增长在各个地方的走势，提出这两个方面对中国农村劳动者未来的福利是至关重要的。正如在2001年Solonge所说的，在那些所谓的剥夺了劳动者行使公民权利的社会，其不稳定性可能会反过来对法律以及社会的稳定造成巨大的威胁。

（翁琳郁）

题目：中国劳动力市场的变迁：一个新古典主义的视角（Labor market developments in China：A neoclassical view）

作者：Suqin GE，Dennis Tao YANG

出处：*China Economic Review* 22（2011）611－625

研究背景与目的

在研究中国劳动力市场的变迁当中，有两种不同的视角：一种是古典主义的研究方法，以“刘易斯拐点”作为解释中国工资增长的方式，另一种是强调个人的理性选择和市场的平衡力量的新古典主义框架。对于统计数据的实证分析并没有能够证明中国已经迎来了“刘易斯拐点”，反而显示城乡两区域的工资协调且不断地增加。作者希望评估两种不同的理论对中国劳动力市场变迁的解释力。

研究方法

文章首先总结古典主义理论和新古典主义理论对经济发展的看法，然后从两种理论出发得到相应的可检验的假设。然后为中国的二元经济结构和劳动力市场制度提供一个概述，再利用多种的数据来源检验这两个框架的假设。作者利用了1978—2008年这段时间的公开数据进行分析，对城乡地区工资的变化以及农民工跨省流动对劳动市场变迁的影响进行了实证分析。

主要结论

1. 本文首先质疑了“刘易斯拐点”的解释力。虽然有些文章通过一定的实证分析认为中国目前已经迎来了“刘易斯拐点”，但是本文欲将新古典主义的观点纳入分析结构中以重新审视这一问题。文章发现尽管外出务工者的工资近年来不断增长，但这其实受到了中国加入WTO（世界贸易组织）后高速的经济增长的影响。对总体数据的实证分析都不能支持中国已经迎来了“刘易斯拐点”，相反却显示了后改革时代的城乡工资之间的协调增长。与新古典主义的观点相一致的是，作者发现中国农村劳动力在流动限制取消后，人们增加非农业劳动时间，跨省的人口流动受到期望更高工资和当地就业状况的影响，同时教育的回报逐渐和国际水平相一致。这说明中国劳动力市场已经会对供求的变化产生反应，而且在工资决定的这方面已经更具效率。

2. 虽然中国经济有了长足的进步，但是中国劳动力市场上体制的障碍仍然存在。户籍制度和社会保障制度是两个被广泛认为需要改进和进一步改革的领域。城市福利和社会保障的缺失，尤其是在非正式雇佣的“农民工”中的缺失，是沿海地区的“民工荒”和工资上涨的难题背后的重要原因。农村劳动和生活条件的改善也同样推动了这一变化。随着“农业税”的废除，贫困地区学费的取消和内陆地区就业机会的增多，再加上大城市房价的上涨和其他生活成本的增加，大城市必须增加工资以吸引农村外出务工人员。但是，这些市场力量并不一定会使得中国的工资水平像之前几年一样快速地增长，这是因为中国拥有庞大的劳动力后备军。作为市场反应的一部分，劳动密集型产业也许会继续集中在内陆工资较低的地区。因为中国的制造业工资仍然是韩国和日本的7%到10%，香港和台湾的18%到21%（Yang，Chen，&Monarch，2010）。因此文章认为在可以预见的将来，中国仍然很有可能会保持它在全球范围内的劳动力比较优势。

（张骋）

题目：对中国经济中特定制造业及服务业的空间分析——基于1990年与2000年的城镇就业数据（Spatial Analysis of Selected Manufacturing and Service Sectors in China's Economy Using Country Employment Data for 1990 and 2000）

作者：Hanink D. M.，Ebenstein A. Y. and Cromley. G

出处：*Regional Studies*，Vol. 45. 3，pp. 351－369，March 2011

研究背景与目的

自20世纪70年代末以来，中国经济的改革一直伴随着前所未有的增速，主要聚集地在中国沿海地区。这种聚集有几个来源，而最简单的来源就是，中国经济早期与外资融合的重点放在了沿海地区。

从历史来看，政策和市场共同导致了当代中国经济的空间分布，然而，到目前为止，几乎所有中国经济的空间分析都相当大的集中在地理尺度的分析上。此外，几乎每一个中国经济的空间分析，一直专注于制造业，而很少关注服务业。虽然中国外部经济以制造业为中心的，但服务业也是国内经济增长的一个重要的组成部分。

该文对中国经济进行空间分析，通过1990年和2000年全国各县级规模以上包括服务业在内的就业部门的分析，比较两年之间的个别行业，并且在聚集理论下描述中国经济的部门集群。对个别部门分析之后，用部门集群的定义分析1990年度和2000年度数据，最后，作出一个简单的总结及它们对政策的影响。

研究方法

该文所使用的方法可以分为两组：非空间的方法和空间的方法。非空间的方法包括用来形容集中程度的相对标准的对策，其中之一就是变异系数（CV），它是在部门就业除以部门平均就业的情况下作为标准差而计算出来的。如果部门就业平均地分布在中国各个县，那么分布的标准差将是0，同时CV=0。如果部门就业集中，就业的标准差就大，CV也就大。另一个方法月了表述集中地多样性指标（ID），近似于基尼系数，其计算为在该县观测部门就业的百分比和假设该县全部平均就业的百分比的平均和。

要素分析作为一种模型的关联矩阵的非线性方法，用于获得行业集群。在因素分析中采用最大方差旋转的过程，以确保集群定义彼此不相关。

主要结论

该文介绍了一组41部门区位特点和使用中国1990年和2000年的人口普查就业数据的集群。同时使用的非空间和空间的方法分析这两个部门的就业水平和相对专业化部门就业。在个别行业的水平，似乎制造业的一般分布不均超过10年的时间跨度，同时相关变异系数（CV）和多样性（ID）的统计数据表明其不断扩大的地理上集中化和本地集中化。然而大多数服务部门，不适合推广。

1990年在中国最重要的集群很大程度上集中在服务业，耐用品制造业集群和非耐用品制造业集群也被确定。非耐用品集群在其因子得分与沿海的热点地区有显著的空间自相关。基于就业的专业化，对更有限的耐用品制造业、服务业和非耐用品制造业集群进行了鉴定。每个都有高层次的空间自相关性的因子得分，以及再次热点主要集中在沿海地区。

2000年三组中国就业水平集群被确定，第一组是制造业，第二组是服务业。这两组具有较高水平的空间自相关因子得分及沿海的热点很明显。第三组仅包括建设活动，也具有沿海的热点。广泛的服务业集群和制造业集群被确定在2000年就业专业化的基础之上。制造业集群与中国沿海制造业走廊的空间分布在很大程度上是一致的。

从20世纪70年代末以来，中国大部分省份鼓励外资投资，特别是90年代以后，经济自由化的脚步加快。政府为外资在沿海地区投资提供便利，外国投资加速涌入中国。总之，从 1990 年和 2000 年之间的市场经济条件下的产业集聚效应来看，政府政策开始加速中国经济持续的增长。虽然早期产业集聚在北京、上海地区及广东福建（厦门）等沿海地区，并且沿海地区的聚集往往与政府支持市场自由化有关，因此，政策的补救措施往往被视为必要的机制，权力下放，可以减少不平等。中国政府重新定位，政策逐渐倾向西部，不仅可以减少不平等现象，而且还可减轻沿岸地区的持续快速增长的压力。

（刘宇轩）

题目：关于中国国有企业不平衡增长假设与政府的作用分析（The unbalanced growth hypothesis and the role of the state: The case of China's state-owned enterprises）

作者：Carsten A. Holz

出处：*Journal of Development Economics* 96 (2011) 220－238

研究背景与目的

不平衡增长理论假设由 Yotopoulos 和 Nugent 两位经济学家于 1973 年在跨国问题研究中首次提出。该假设的关联部分可以为产生战略规划提供一个标准。中国的发展使不平衡增长假说能在一个国家早期阶段——人均 GDP 为韩国的 1/5，美国的 1/10——能更准确的通过可利用的数据的形式加以体现。本文着重分析的关键机制就是政府在经济上对国有企业持久的干预，问题在于当地政府是否采用国有企业战略来促进经济的增长，产生一种连锁效应，而又不会对用其他方式来促进经济增长造成影响。

研究方法

文章首先介绍了增长的连锁反应，列举了 Hirschman 的观点，进而引出不平衡增长假设检验，然后评论了利用数量方法来检测不平衡性增长假设的可行性。其次，文章进行了连锁指数分析，采用了 5 种不同的连锁指数形式。最为典型的是投入与产出是如何在特定的部门、在最终需求的改变上通过经济改变对总产出价值作出反应。这些连锁指标还需增加两个步骤（1）为了对连锁影响的地理实体的潜在性进行比较，要对相互依赖的指数形式进行综合测量，从而对每个部分进行计算，（2）多样的测量方法。

主要结论

（1）虽然量化的联动效应在早期的阶段已经不能够坚称 Hirschman 的不平衡增长理论，但是，在这篇文章中被提及的新联动指数和分析方法可以正确应用不平衡增长理论。对于中国的一个省来说关联程度越大，它的经济增长就越快。推而广之，跨地区间的第三方物流系数的分配在中国这个案例中是无关紧要的。

（2）需要回答的问题就是中国的国家战略是否在很大程度上仍然是（或增加的）全民所有制。进而提升经济增长就是负面的。对于中国的省级政府来说，其精力并没有集中在高关联部门的国有控股企业上。

（3）对于部门利益增长的国有企业的股份的影响，遵循的是一条特殊的穿插了所有变化回归的模式。国有企业的利润对经济的增长在第一个时期（1994—1997）为不断的负面的影响，而对于第二个时期（1997—2000）为少量的或没有影响，到了第三个时期（2000—2003）则完全没有影响。

（4）如果国有企业的衰退或扩张时为了追逐利润而不是为了创造利润的话，正如在探讨上所展现出来的国家层面的结果，国有企业任何通过正当理由关联影响而欲成为一个经济增长的创造者都是不可能的。

（王罗汉）

题目：结构变化的动态研究：中国和欧盟间的贸易（Dynamics of structural change Trade Between the European Union and China）

作者：BiankaDettmer，Fredrik Erixon，Andreas Freytag，Pierre-Olivier Legault Tremblay

出处：*The Chinese Economy*，vol. 44，No. 4，pp. 42－74，2011.

研究背景与目的

在过去的十年中，中国与欧洲联盟之间的贸易关系一直逐步加深。与此同时，贸易产品结构发生改变，双边贸易的不平衡持续加剧。对于双边贸易而言，有两个问题需要特别重视：第一，中国在世界市场的出现如何影响欧洲的比较优势；第二，产业层次上的结构变动，尤其是产业间贸易转向产业内贸易的影响。因此，本文研究了从1999年到2008年，中国融入全球价值增值链如何影响与欧盟双边贸易的比较优势。

研究方法

基于1999—2008年的相关数据，本文对中国与欧洲联盟之双边贸易的比较优势采用了多项指标进行分析。对于欧洲和中国贸易的比较优势的动态分析，使用RCA，当RCA指数大于0时，则表示具有比较优势。使用RCA用于分析欧盟总对外贸易的比较优势，显示性竞争力指数（revealed competitiveness，RC）用于评估欧洲和中国双边贸易的比较优势。此外，本文使用因子含量（factor-content）方法用于测定欧洲联盟与中国的双边贸易质量。在对中国的结构变化的分析部分，主要考察了产业内贸易，引入了加权的产业内贸易（IIT）指数、相对单位价值指标（relative unit value indicator）、动态化的产业内贸易指数（MIIT）等指标。加权的产业内贸易（IIT）指数取值范围为0—100，数值越高产业内贸易水平越高。相对单位价值指标（relative unit value indicator）是出口的单位价值与进口的单位价值的比，如果相对单位价值趋向于1，则意味着在相同质量范围内的产品呈现水平的产业内贸易。动态化的产业内贸易指数（MIIT）将进出口结构的变化分解，可归结为产业内和产业间贸易的比例。MIIT取值范围为0—100，数值越低意味着贸易扩张呈现产业间类型，数值越高意味着贸易扩张呈现产业内类型。

主要结论

通过分析，近十年中国和欧洲联盟间的贸易主要呈现以下特征：

（1）中国越来越专注于技术密集型产品。这就导致了双方比较优势的普遍变化，但欧盟在研究密集型的熊彼特产品领域仍然保持其比较优势，并难以被外国竞争者所模仿。

（2）中国逐步融入进全球价值增值链中，而这一链条的边界近年来不断被分割，呈现出碎片化。这一趋势表现为与中国的双边贸易中的产业内贸易比重逐年增加，外资企业和海外直接投资（FDI）在中国日益增长。

（3）欧盟与中国之间的双边贸易模式的转变速度快于与别国的贸易转变速度。本文表明，欧盟与中国双边贸易中的比较优势转变快于其总贸易中的变动。双边贸易关系中的结构变化过程可以表述为，RCA 和 IIT 数值之间相关性的倒 U 形曲线。边际 IIT 指数表明，从 1999 年到 2008 年，在研发密集型的熊彼特产品领域的贸易扩张在很大程度上属于产业内贸易。

（张亚豪）

题目：寻求中国空气污染的环境库兹涅茨曲线（Searching for an Environmental Kuznets Curve in China's air pollution）

作者：Victor BRAJER，Robert W. MEAD，Feng XIAO

出处：*China Economic Review* 22（2011）383-397

研究背景与目的

污染的定义范围广且各组成部分差异较大，也难以汇总，因而测度和追踪环境库兹涅茨曲线（EKC）非常困难。在多数有关中国 EKC 曲线的研究中，只选取某一特定污染物代表整体污染水平并且采用不同的测度方法，从而在中国 EKC 曲线存在性的问题上得出了或支持或否定或不显著的不同结论。本文认为，已有的研究仅仅揭示了真实的中国 EKC 关系的局部图景，而非全貌。本文通过构建三种基于环境水平的、包含 TSP、SO_2、NO_2 三种污染物及其对人类健康影响的复合指数，试图刻画中国空气污染与经济发展关系的全景，寻求中国空气污染的 EKC 曲线。

研究方法

本文运用三种测度中国城市空气污染的综合度量方法：尼梅罗综合指数（Nemerow composite index）和两种基于健康的、建立在流行病学研究成果基础之上的指数。采用 1990—2006 年 139 个中国城市的 TSP、SO_2、NO_2 及收入水平等数据，分别以三类综合指数和三类具体污染物的环境水平作为表征空气污染的因变量，以人均实际城市收入水平作为自变量，并将人口密度、地理位置及时间作为控制变量构建随机效应模型，采用广义最小二乘法（GLS）检验中国城市空气污染是否呈现倒 U 形的 EKC 关系。

主要结论

1. GLS 估计结果表明，除了以 SO_2 为因变量的估计方程之外，一次和二次方的收入变量其参数估计结果在统计上显著并且支持了倒 U 形 EKC 假说。但是，除了 NO_2 之外，其他污染物和复合指数与收入水平之间都存在统计上显著的立方关系，这意味着中国城市的空气污染与收入水平之间可能存在着不同于倒 U 形和 N 形的第三种关系。通过分析拐点，本文进一步证实了空气污染与收入之间的立方关系，并且在收入水平三次方模型中，SO_2 和 NO_2 出现拐点时对应的收入水平存在显著差异，后者明显高于前者。

2. 尽管实证结果对倒 U 形关系和加总型指数的合理性提供了一些支持，但是本文更倾向于支持相反的观点。一方面，本文对中国在空气污染方面的前景表示担忧，如果空气污染与收入之间的立方关系真实存在，那么中国在未来将遭遇更加严重的空气污染问题。另一方面，本文批评了采用加总型污染指数的做法。由于“污染—收入”关系在不同污染物之间存在显著差异，并且某些特定污染物面临更为严重的问题，而加总的污染指数可能会掩盖不同污染物在“行为模式”上的差异从而对政策制定造成误导，因此单独计量个体污染物而摒弃加总型测度方法会带来更有效的政策措施及其结果。

（李颖）

题目："紧缩和趋同"方案下的中国技术扩散：基于可计算一般均衡模型的分析（Technology diffusion under contraction and convergence：A CGE analysis of China）

作者：Michael Hübler

出处：*Energy Economics*（2011）33：131－142

研究背景与目的

近年来，虽然中国经历了快速的经济增长，但是由于其以煤炭为主的能源结构禀赋使得其逐渐成为全球温室气体的主要排放国。其次，随着中国经济的全球一体化，它在国际贸易和环境问题上具有越来越重要的影响力。而在增进能源生产和消费效率，降低能源含碳强度方面，通过国际贸易和FDI渠道的国际技术扩散成为了解决该问题的关键。

哥本哈根气候大会以来，后京都时代的气候应对措施逐渐成为学者和政府关注的焦点。为了达到哥本哈根会议确立的将全球平均温升控制在工业革命以前2℃的长期目标，全球公共资源研究所（Global Commons Institute，GCI）基于相等的人均排放倡议"紧缩与趋同"（Contraction and Convergence，C&C）方案。大多数经济学家认为，C&C方案会产生一个较为公平的排放许可权力分配。该方案促使各个国家最终的人均排放相等（Convergence），从而达到总额的减排量（Contraction）。人口较多的发展中国家可以获得较多的排放许可，并能通过国际排放交易从发达国家获得资金支持来保障本国的经济发展和减排，从而成为发展中国家更易接受的解决方案。文章通过建立递归—动态可计算一般均衡（Computable General Equilibrium，CGE）模型应用国际技术扩散机制考察了"紧缩和趋同"方案下基于不同情景的中国经济增长、能源以及碳排放问题，从而说明国际技术扩散机制的存在使得中国更适于接受"紧缩与趋同"方案，并获得福利增进。

研究方法

本文将基于FDI和进口的国际技术扩散机制引入到递归动态CGE模型当中从而分析气候政策带来的影响。本文采用的递归动态CGE模型主要基于Springer（2002）和Klepper et al.（2003）所描述的动态应用型区域贸易（Dynamic Applied Regional Trade，DART）模型，它是一个专门用来分析世界经济的多区域多部门递归动态CGE模型。模型主要覆盖了三个不同地区（中国，发达国家和发展中国家）和30个不同部门，引入了四种不同的生产要素（资本、劳动力、土地和化石燃料），并假定商品和要素市场均为完全竞争市场，每一个部门都有一个代表性的生产者和消费者。模型中，资本仅可以从发达地区流入中国，国内和国际产品是不完全替代，遵从阿明顿假设。由于DART模型是递归动态技术，它可以对未来时期的序列静态一期均衡求解，其次模型动态机制的主要外生的和区域间驱动因素为人口增长、全要素生产率增长，人力资本增长和资本积累。本文的CGE模型特意加入了内生的国际技术扩散机制。DART模型的静态部分以2004年作为基年并利用GTAP7的数据库进行了校准。

该模型还区分了生产链内部国内外资本在部门内和部门间的技术溢出，考察了三种不同的技术情景（蓝色，绿色和棕色）将技术扩散机制分为水平技术溢出（部门内）和垂直技术溢出（部门间），不仅采用了一般技术扩散，还包括了特殊的能源技术的扩散。在蓝色情景下，假定各国间存在外生一般技术扩散并在中国加入了内生一般技术扩散；在绿色情景下，分别加入了外生和内生的特定能源技术扩散；在棕色情景下，则仅考虑了外生一般技术扩散。

主要结论

该文假定在"紧缩和趋同"方案下，各个国家以 2020 年为起点，于 2050 年达到人均 CO_2 年排放 2t 的平均水平，利用递归—动态 CGE 模型分别考察了三种不同技术情景（蓝色，绿色和棕色），结合三种不同的政策（无气候政策，有全球排放交易机制（ETS）的 C&C 政策和无交易机制的 C&C 政策）下各个地区的福利变化和 CO_2 排放变化。对于中国来说，只有在绿色（ETS）情景并实施 C&C 政策下，中国才能获得大约 0.7% 的福利增进，而当没有时将不会获得福利增进；在蓝色情境下，如果存在全球排放交易，模型将产生福利损失达 0.2%，当不存在 ETS 时，福利损失高达 1.1%；而在维持高速增长并且没有能源技术进步的棕色情景下，无论有没有全球排放交易机制，中国的福利净损失都高达 4%。

根据模型结果，在能源技术扩散和允许区域间排放许可交易的情景下，只要在趋同的过程中允许经济增长率逐步下降，中国可以从气候政策中受益。即便不存在特定的能源技术扩散，仅允许跨区域间的排放交易也可以弥补中国由于排放减少所带来的损失。相反，如果中国维持较高的经济增长率，而没有提高能源使用效率，总福利损失将高达 4%。

模型结果强调了国际技术扩散机制特别是能源技术扩散的重要性。但是能源节约技术的扩散并不会自主发生，所以一定程度上需要中国及其贸易伙伴的经济政策支持。而基于相等人均排放的许可权分配则可以间接地使得中国获得财政支持，从而获益。因此，通过本文的讨论，加入应对全球气候变化的"紧缩和趋同"方案对于中国是可取的。

（龚健健）

题目：中国经济转型、高等教育和劳动生产率分析（Economic transition, higher education and worker productivity in China）

作者：Belton M. Fleisher, Yifan Hu, Haizheng Li, Seonghoon Kim

出处：*Development Economics* 94（2011）86－94

研究背景与目的

教育是中国提高人民生活水平、缩小贫富差距等长期战略的核心问题。中国不断扩大的区域间收入差距反映了中国劳动生产率和全要素生产率的区域差距正在不断扩大。在中国，由于劳动力市场不健全、经济转型尚未完全实现，工资收入差距并不能反映劳动者劳动生产率的差距。多位学者利用 Mincer 模型对中国教育的收益进行了测算，结果表明过去的 15 年，中国教育收益是不断上升的。虽然如此，这并不意味着教育水平提高而引起的工资相对变化完全，是教育水平提高引起的边际产出的相对变化。该文研究的目的主要在于回答这样一个问题：中国已经由计划经济转向市场经济，那么，工资水平的差异是否完全反映了由于受教育教育水平不同而引起的边际生产率的差异？

研究方法

首先，作者建立一个以增加值形式表示的产出模型，利用企业的面板数据对模型进行回归。其次，根据回归结果计算两类劳动者的边际产出。再次，利用两类劳动者的平均受教育水平估计教育对边际产出的影响，得出以产出表示的教育回报率。最后，将产出表示的教育回报率与以相对工资反映的教育回报率进行比较。类似地，本文还分别估算了劳动者和 CEO 的受教育水平对公司全要素生产率的影响。

主要结论

1. 估算的边际产出是普遍高于工资水平的，而且对于受过高等教育的劳动者来说，估算的边际产出与工资水平的差距更大。

2. 受过高等教育的劳动者和受教育水平相对较低的劳动者之间的边际产出的差异大于二者的工资差异，用边际产出测量的教育收益高于用工资水平测量的教育收益。通过对数据进行回归发现，用边际产出测量的教育收益为 30.1%，但是以中国工资水平测量的教育收益要远低于这一水平。

3. 在将教育对边际产出的直接影响纳为控制变量之后发现，劳动者整体受教育水平对公司全要素生产率并没有显著影响，而公司 CEO 的受教育水平对公司全要素生产率有着积极重要的影响，然而后者的影响仅存在于外商投资部门。

4. 在不同所有制部门，人力资本的作用是不一样的。市场经济体制对教育产出发挥作用着积极影响。在外商参与的部门中，劳动者和 CEO 的受教育水平对边际产出的影响是最大的；在集体所有制中，国有企业的边际产出是最低的，全要素生产率的增长率也是最低的，大约只有外商投资部门的一半。

（向奕霓）

题目：回乡“农民工”：中国农村地区企业家的兴起（Return Migrants: The Rise of New Entrepreneurs in Rural China）

作者：Sylvie De Murger, Hui Xu

出处：*World Development* 10（2011）1847 - 1861

研究背景与目的

中国快速的经济发展和体制改革带来了 20 世纪 80 年代中期开始的城乡间劳动力的大规模流动。但由于规模巨大、户口限制、农村土地所有权限制等因素，中国的劳动力流动具有独特性，一定程度上表现出临时性的特征。在 21 世纪以前，劳动力流动主要表现为农村向城市单向流动的特点，而近年来出现了农民工大规模回流的现象，由于这一现象较新，目前研究文献不多。而在中国城乡差距较大的背景下，研究回乡农民工对农村地区有何影响并进而制定农村发展政策具有重要意义。一般而言，创业活动被视为一个关键因素，但目前为止，研究农民工的迁移经历对其创业活动的文献不多，因此本文试图从此处着手进行研究。

研究方法

文章数据为入户调研数据，来源于安徽省无为县的 4 个镇、16 个行政村，共获得 239 户居民调查数据、969 份个人数据。在该数据基础上，文章首先运用概率单位模型（Probit model），研究回乡“农民工”与其自我雇佣选择之间的关系，并与未外出农民进行对比。然后，文章以金融资本积累和工作变换频率为解释变量，通过运用二元概率模型（bivariate Probit mode）分析了迁移所获经验与“农民工”回乡后自我创业之间的相关性。通过以上互补性的两个角度，文章较好地研究了回乡“农民工”对农村地区经济发展的影响。

主要结论

1. 回乡“农民工”自我雇佣的可能性相比未外出农民要高。这是因为在以往迁移过程中，回乡“农民工”积累了人力资本、金融资本等各种形式的资本，从而增加了其自我雇佣的可能性。此外，一般认为企业家的才干是经济落后的农村地区所缺乏的一种关键要素。该文研究发现由于回乡“农民工”为农村地区带来了更高的企业家才能，从而对农村地区的经济发展具有正面影响。

2. 在影响回乡“农民工”自我雇佣决定的因素中，金融资本积累和迁移过程中工作更换的频率都起到了重要的正面作用。因此，为促进落后农村地区的经济发展，当地政府应该通过简化行政管理程序等手段创造一个良好的投资环境，从而鼓励“农民工”利用其积累的金融资本和人力资本回乡创业，促进当地经济发展。此外，该实地调研发现阻碍农村地区发展的一大困难是信贷约束，因此也需要着力解决好这一问题。

（廖建辉）

题目：中国的劳动立法：对竞争力的影响（China's labour legislation: implications for competitiveness）

作者：Robert Taylor

出处：*Asia Pacific Business Review* Vol. 17, No. 4, pp. 493 - 510, 2011

研究背景与目的

在全球经济危机的背景下，一方面，美国和欧盟对中国劳动密集型产品出口的贸易保护主义呼声日益强烈；另一方面，中国也有必要促进内需、拉动消费，以更好地实现“和谐社会”的目标。中国的劳动立法及其相关的劳资关系同时受到这两个因素的影响。这篇论文旨在探讨劳动立法对招聘、雇佣条件、薪酬和培训的影响，进而揭示劳动立法和工会对中国产品在全球和国内市场的竞争力所产生的影响。

研究方法

为了研究劳动立法在何种程度上影响企业的雇佣活动，该文基于“劳动立法和工会角色的加强，能够替代员工进而转变谈判能力”的假设，通过一系列案例分析，首先论述了在“劳动合同法”的框架下，劳动力市场、招聘和就业的情况，表明对工人权利的主张正在成为一种趋势；其次，聚焦于经理、员工和工会之间的协商过程，审视了工资的制定程序，提出工资能够促进生产力的提高，而培训则是个人进步的关键因素。

主要结论

1. 目前的中国经济形势更有利于雇主，因为失业率的攀升降低了工人的谈判能力。尽管政府并不希望放弃那些带来资金、技术和管理经验的国外投资者，但是对劳动争议的处理将会促使中国工会的角色不断变化，这也是劳动立法的长期复杂性所在。

2. 立法的目标在于实现充分就业和社会稳定。2008 年实施的中国“劳动合同法”规定了员工在工作条件、健康和安全以及不歧视原则等方面的权利。然而，在政府的政策中却存在着互相矛盾的现象：一方面，城乡劳动力市场分割及其造成的区域不公仍被鼓励；另一方面，企业不断强调对员工的终身聘用和重新安置以避免失业。

3. “劳动合同法”介入工资制定程序。雇主必须考虑多项因素，包括最低工资保障法、生产率和消费价格指数。工资必须依据与员工的协商结果决定，并且这一部分所占的比重将越来越大。同时，针对高科技企业，对员工提供相关的培训是至关重要的。

4. 中国的劳动立法和工会的角色将对中国产品在全球和国内市场的竞争力产生长远影响。中国已被视为世界工厂，其制造商正在寻求购买国外的先进技术。然而，随着中国创新能力的增长，对外投资已成为中国企业全球化的另一个标志，也预示着中国本土创新在全球范围的传播。同样地，这将对外商投资企业在中国的管理控制和西方企业在世界范围内的竞争力产生影响。

（温政实）

中国纺织和服装产业及全球市场：来自五种竞争力量的分析（China's Textile and Apparel Industry and the Global Market: Five Competitive Forces）

作者：Jack McCann

出处：*SAM Advanced Management Journal-Winter* (2011) 33 – 54

研究背景与目的

近年来，中国纺织和服装行业所处的世界经济环境逐渐发生变化。在过去几年中，美国和欧盟对贸易配额逐渐取消，这有利于中国纺织和服装对其出口；但所面对的竞争对手数量不断增加，全球纺织和服装产品市场竞争更趋激烈。从数据上看，中国纺织和服装行业所占世界市场份额从2001年的38.8%增长到2005年的47.1%，但之后就停止了增长。实际上，2005年之后，中国纺织和服装产品在美国和欧盟市场所占份额提高了，但在除此以外的世界其他市场上，所占份额则从2006年的71.3%下降到2008年的66.8%。因此，把握中国纺织和服装产业所面对的全球市场环境变化并据此制定相应的发展战略就显得尤为重要。

研究方法

文章运用波特的产业竞争机制来分析中国纺织和服装产业的竞争力。首先，作者介绍了波特产业竞争机制的基本理论框架，并运用其所提出的产业竞争力来源的五种力量来分析中国纺织和服装行业的产业竞争力，最后得出文章结论，即在世界经济环境逐渐变化下，中国纺织和服装行业的竞争力究竟如何，将会有何变化。

主要结论

1. 从战略和国家竞争方面来看。纺织和服装产业在中国是产业垂直一体化程度高的行业，是中国最具有比较优势、国民经济组成中的重要产业。政府对其进行了大量政策支持，如贷款补贴、出口退税、国际贸易争端谈判、行业管理机制改革等。特别是在危机时期，政府对其多次出口退税比例的上调、提出振兴战略等，均有利于纺织与服装行业国际竞争力的保持或提升。

2. 从潜在进入者方面看。由于纺织和服装行业进入门槛低，中国在全球市场上所面对的竞争对手逐渐增加，市场竞争更加激烈。如越南、斯里兰卡、印度、孟加拉等国，其同样由于劳动力低廉而产品具有竞争力。来自这些国家的竞争并不止于价格竞争，一些国际协议，如越南—日本合作协定，同样是一种威胁。

3. 从供应方和需求方的议价力量看。中国纺织和服装产品虽然在全球市场占最大份额，但由于面对的竞争对手多，产品档次不高且差异不大，因而被其他生产者替代的威胁大；除此以外，需求方较为集中，美国和欧盟是最主要的进口国，其所占份额高，因而进一步削弱了中国的议价力量。由此可见，中国的纺织和服装产业在全球市场上的议价力量有限。纺织和服装产品作为低档次的消费品，其生产者较多，因而消费者选择的空间大，全球消费者具有很强的议价力量。

综上所述，中国纺织和服装产品在全球市场具有较强的竞争力，但所面对的竞争激烈。随着中国劳动力成本、原材料价格、环境管制成本的上涨，人民币的逐渐升值，中国纺织和服装产品所具有的相对优势相比竞争对手而言开始逐渐下降。但从绝对水平来看，中国依然是资源禀赋富裕、成本低廉的生产国，加上中国政府在行业支持上不容忽视的作用，中国在纺织和服装产品的国际竞争力将依然保持，中国依然将是全球市场的领跑者。

（廖建辉）

题目：2008 年中国在制造业方面的就业和薪酬成本（China's employment and compensation costs in manufacturing through 2008）

作者：Judith Banister, George Cook

出处：*Monthly Labor Review* 3 (2011) 39 - 52

研究背景与目的

2008 年，虽然全球经济陷入低迷，中国的就业却仍在增加；最近几年，中国制造业部门的单位小时的报酬已有了很大的提高，2008 年达到了 1.36 美元，但是仍然只是美国的 4%。随着中国对于美国和世界经济的重要性越来越大，对于中国制造业部门的统计，尤其是制造业的劳动就业统计和可比较的劳动成本测算，就变得很有必要。该文先回顾了过去相关的统计数据，再现了中国 2008 年的就业和劳动报酬的发展趋势，重点突出了当前中国制造业部门工人的变动情况，并将中国每小时薪酬成本与世界其他国家作了比较。

研究方法

该文主要采用了文献研究与中国具体问题结合分析的研究方法，一方面是贯穿全文的丰富翔实的数据资料，支撑着整篇文章；另一方面，文中针对中国制造业的就业和劳动报酬测算问题进行了具体的分析，对乡镇关于劳动报酬方面数据不足，以及后面的劳动报酬成本计算中涉及的年度工作时间的估计、非工资报酬成本所占比例等诸问题，都作了细致探索和研究，对相关数据作了必要的修正和调整。在上述研究的基础上，又辅以因果分析和对比分析，具体探究了影响劳动报酬成本上升的因素，对比分析了中国城市与乡镇在劳动报酬方面的巨大差距，以及中国总体劳动成本在国际上所处的位置。

主要结论

1. 金融危机之下，中国制造业总体就业人口仍在增加，行业内部则是有增有减。增加的主要集中于制药业、饮料加工业、烟草加工业和运输设备制造业等，而减少的是服装业、非金属产品、木材加工以及普通设备制造业等以出口为主的产业。分析其中原因，就业有所增加的部门多具有灵活性相对较高、市场以国内为主的特点，减少部门则反之。

2. 影响中国劳动报酬成本的因素上升的因

素主要有三个方面：（1）劳动素养、受教育等引起的人力资本的提高；（2）新的劳动合同法的颁布；（3）渐渐出现的劳动力短缺。

3. 乡镇与城市的劳动报酬相比，存在着很大的差距。从总体来看，乡镇的劳动报酬还不足城市的 50%，城乡差距较大。

4. 中国制造业的劳动报酬呈明显且稳定的上升趋势，从 2002 年到 2008 年，美国上升了 19%，而中国则上升了 100%。相比于世界上的其他国家，换算统一标准，中国每小时劳动报酬仍仅是美国的 4%、欧洲的 3%，远低于日本等国，与菲律宾等国接近。

5. 世界经济的复苏、全球对于工业品需求的恢复，以及劳动力的短缺将会给中国制造业带来很大压力，最终将重塑世界制造业市场。

（景安磊）

题目：外国对中国制造业的直接投资——从低技术制造业向高技术制造业的转变（Foreign Direct Investment in China Manufacturing Industry-Transformation from a Low Tech to High Tech Manufacturing）

作者：Kelly Liu，Kevin Daly

出处：*International Journal of Business and Management* 6（2011）15－28

研究背景与目的

自从中国 1979 年接受对外投资以来，外国在中国的直接投资一直保持高速增长率，从 1986 年的 12.3 亿美元增加到 2008 年的 924 亿美元。中国已成为世界第二大外国直接投资国家，仅次于美国。从 1997 年到 2008 年，中国的外国直接投资主要集中在制造业，制造业占据了外国直接投资的 60% 以上。之所以会出现这样的现象，是因为中国廉价的劳动力和原料。中国制造业在接受外国投资的同时，其管理水平、劳动力素质、技术水平等都有了很大提高。中国已经有能力发展高技术制造业，尤其是在化学化工、机械制造、电子通信等方面。中国现在正处于外国直接投资由低技术制造业向高技术制造业过渡的转折点上。文章旨在总结和分析影响外国直接投资流向的主要因素，分析是哪些因素决定了外国直接投资在中国三大地区低技术制造业和高技术制造业的流向。

研究方法

文章主要根据以往的数据从市场规模、人工成本、劳动力素质以及基础设施四个方面分析决定外国直接投资流向高、低技术制造业的主要因素。文章首先根据研发强度将制造业分为高技术制造业和低技术制造业，然后引入一些关于外国直接投资地理位置的理论，最后文章将制造业的种类和外国直接投资的目的结合起来考虑，得到了相关结论。

主要结论

1. 在中国，效率导向型外国直接投资正在由低技术制造业向高技术制造业转变，效率导向型外国直接投资与劳动力素质和基础设施是正相关的，而与人工成本负相关。与中西部相比，东部沿海地区的人工成本不断上升，所以，有关劳动密集型产业的投资，外国直接投资应由东部转向中西部。这样一方面外国直接投资可以享受低廉的劳动力，另一方面也有助于中国平衡东中西的发展，缩小地区间的差距。但是，为了吸引更多外资，中西部必须加强基础设施的建设，并重点发展低技术制造业。

2. 对于东部沿海地区来说，高技术制造

业更具吸引力。从劳动力素质和基础设施方面来说，中国应该继续鼓励外国直接投资流向沿海地区的高技术制造业。为了吸引外国资本，东部应该提高研究与开发投入，加强基础设施建设。

3. 通过明确的政策导向，中国地区间经济发展不平衡的现象将会得到一定的缓解。

（向奕霓）

题目：美国、印度、中国的研发管理趋势（R&D Management Trends in the United States, India and China）

作者：Tugrul U. Daim，Ashok Bhatla，Mohammad Mansour，Robert Delay，Paul Nguyen

出处：*Journal of Technology Management for Growing Economics*，2（2011）27－46

研究背景与目的

一国的研发（R&D）投入和产出水平是衡量国家科学和技术发展的关键指标，同时，研发投入也是国家经济增长的驱动力之一。而各国的研发水平变化非常快，特别是在中国，所以现在学术界、政府和商界对研发水平的预测结果都很感兴趣。文章研究了作为新兴经济体的中国和印度的研发管理状况，将其与作为成熟经济体的美国作比较，并且根据三个国家的相关历史数据，预测了2010年至2020年三个国家的研发水平。

研究方法

在分别对美国、中国、印度的研发水平现状进行了分析之后，文章选取了研发投入占国内生产总值比重、每百万居民中研发人员数量、每年专利批准数量、每年出版物数量、每年各专业毕业生总数五项指标来衡量研发（R&D）水平，并且搜集了美国、中国、印度1996—2009年相应的数据（某些年份数据有缺失），采用线性回归模型（Linear Regression）、对数回归模型（Logarithmic Regression）、指数回归模型（Exponential Regression）和乘幂回归模型（Power Regression）分别对三个国家的五项指标的统计数据进行了回归预测。

主要结论

1. 虽然中国和印度的经济都在高速增长，进步显著，但是两国在研发方面的实力仍然较弱。两国是人口大国，拥有丰富的人力资源，但是高校、行业和政府部门之间的合作较少，其活动有待加强协调。中国的经济仍然是以低技术含量的制造业为主，而印度的经济则更偏向于以服务业为主。

2. 中国若继续在研发领域进行大量投资，将会在2020年在出版物数量上赶上美国。

3. 美国要想保持竞争优势，需要完善其研发政策，开始寻找新的技术领域，同时对商业方法的创新也可以提高研发管理水平。另外，加大教育投入，培养熟练的工程师和优秀的科学家，这有利于提高研发活动的质量和产出量，使研发管理更加有效率。

4. 在研发活动中，美国多数指标的增长趋势呈线性增长模式，增长率的增量较小。与此相反，中国多数指标的增长趋势呈指数增长模式。这表明中国在研发领域年复一年的巨大投资已经使得其研发管理水平有了显著的提高。而印度的研发投入和产出都呈线性增长模式，其研发管理水平的提高速度比中国慢。

5. 如果中国维持现在的增长模式不变，在本文所分析的研发指标上中国将会在2040年赶上美国。

（何静）

获 奖 动 态

第四届蒋一苇企业改革与发展学术基金奖获奖情况

在2011年11月25日在广西大学召开的蒋一苇企业改革与发展学术基金第二次理事会，审议通过了蒋一苇企业改革与发展学术基金第四届评奖委员会22位专家的投票结果，确认了2部著作，10篇论文（含研究报告）获蒋一苇企业改革与发展学术基金第四届著作、论文奖。

获奖名单如下：（排名不分先后）

优秀著作奖（2部）

刘建丽：《中国制造业企业海外市场进入模式研究》，经济管理出版社2009年版。

刘刚：《中国传统文化与企业管理—基于利益相关者理论的视角》，中国人民大学出版社2010年版。

论文、研究报告（10篇）

李东：《面向进化特征的商业生态系统分类研究——对33个典型核心企业商业生态实践的聚类分析》，《中国工业经济》2008年第11期。

李伟阳、肖红军：《基于社会资源优化配置视角的企业社会责任研究——兼对新古典经济学企业社会责任观的批判》，《中国工业经济》2009年第4期。

潘煜、高丽、王方华：《中国消费者购买行为研究——基于儒家价值观与生活方式的视角》，《中国工业经济》2009年第9期。

张正堂、李欣：《高层管理团队核心成员薪酬差距与企业绩效的关系》，《经济管理》2007年第2期。

高日光、孙健敏：《效忠组织还是效忠主管：哪种效忠对组织更有利》，《经济管理》2009年第8期。

郑世林：《市场竞争还是产权改革提高了电信业绩效》，《世界经济》2010年第6期。

徐二明、张晗：《企业知识吸收能力与绩效的关系研究》，原载《管理学报》2008年第11期，收录在徐二明著《企业战略与创新》，中国人民大学出版社2009版。

戚聿东、柳学信：《深化垄断行业改革的模式与路径：整体渐进改革观》，中国企业管理研究会年度优秀论文，收录在中国企业管理研究会编《中国企业改革发展30年》，财政经济出版社2008年版。

张建宇、张英华：《基于突变情境的企业执行力演变态势及管理借鉴》，中国企业管理研究会年度优秀论文，收录在中国企业管理研究会编《中国企业改革发展30年》，财政经济出版社2008年版。

陈传明、孙俊华：《企业家人口背景特

征与多元化战略选择——基于中国上市公司面板数据的实证研究》，中国企业管理研究会年度优秀论文，收录在中国企业管理研究会编《中国企业改革发展30年》，财政经济出版社2008年版。

资料来源：中国社会科学院工业经济研究所

2011年诺贝尔经济学奖获奖者简介

克里斯托弗·西姆斯生平及学术简介

瑞典当地时间2011年10月10日13点（北京时间19点），瑞典皇家科学院宣布，2011年诺贝尔经济学奖授予克里斯托弗·西姆斯和托马斯·萨金特。诺贝尔奖评审委员会称："2011年的（经济学奖）得主在解决有关经济政策与各种宏观经济变量——诸如GDP、通货膨胀、就业与投资等之间因果关系的问题上，研究出了方法。"

克里斯托弗·西姆斯（Christopher A. Sims），美国计量经济学家和宏观经济学家。1942年10月21日生于美国华盛顿特区。1963年西姆斯在哈佛大学获得数学学士学位以后，去加州伯克利大学读了一年的研究生，然后回到哈佛大学继续学习，获得经济学博士学位。他现任普林斯顿大学Harold B. Helms经济和金融学教授。1988年成为美国艺术和科学研究院的院士，1989年成为美国科学院院士。2011年，西姆斯与托马斯·萨金特同获诺贝尔经济学奖，以表扬"他们对宏观经济学成因与效果所投入的实证研究"。

克里斯托弗·西姆斯提出一种常用的计量经济模型，向量自回归模型（简称VAR模型）。基于矢量回归模型（Vector Autoregression），发展了一种分析经济如何受政策临时变化的影响的方法，如利率的增长。分析经济如何受到经济政策的临时性改变和其他因素的影响。西姆斯及其他研究者使用这一方法来研究如央行加息对经济的影响等重要问题。

托马斯·萨金特生平及学术简介

托马斯·萨金特，美国经济学家，主攻总体经济学、货币经济学、时间序列等领域。1943年生于美国加利福尼亚州帕萨迪纳。萨金特于1964年获伯克利加州大学文学学士学位。1968年获哈佛大学哲学博士学位。历任宾州大学（1970—1971）、明尼苏达大学（1971—1987）、芝加哥大学（1991—1998）、史丹佛大学（1998—2002）等校教职，目前为纽约大学经济学系威

廉·柏克利经济和商业讲座教授。他同时也是计量经济学会院士（1967）、史丹佛大学胡佛研究所高级研究员（1987）。

萨金特对现代经济学和金融学的大部分领域都有深入了解，他在宏观经济学的贡献主要体现在与卢卡斯、巴罗和华莱士（Neil-Wallace）一起开创了“合理预期学派”，并在利率的期限结构、古典失业、经济大萧条等重大问题的研究上取得了重大突破。他的研究为新古典宏观经济学体系的建立和发展作出了杰出贡献。

自20世纪70年代初以来，萨金特一直是理性预期学派的领袖人物，是数篇开创性论文的作者。他在宏观经济模型中预期的作用、动态经济理论与时间序列分析的关系等方面作出了开创性的工作。他和华勒斯共同研究，发展出了理性预期均衡的马鞍路径稳定性特征化及政策无效性命题。

萨金特的主要代表作有《理性预期与经济计量实践》，1979；《理性预期与通货膨胀》，1985年；《动态宏观经济理论》，1989。萨金特的《宏观经济理论》和《动态宏观经济理论》是欧美经济学以及培养研究生的典范读本。

（韩朝华）

著名经济学家介绍

董辅礽

一　生平

董辅礽1927年7月26日生于浙江宁波，抗日战争爆发后，随家人迁居重庆，抗战结束后又随全家迁往武汉。1946年考入武汉大学法学院经济系，师从张培刚等经济学家，学习到了当时最前沿的经济学理论和思维方式。武汉解放前夕，尚未大学毕业的董辅礽即加入中国共产党，从事学生运动和地下工作。1949年武汉和平解放，他在迎接解放的万人群众大会上代表武汉学生会致辞。1950年以极优异成绩毕业后留校（武汉大学）担任经济系助教。1952年，被学校选送到苏联攻读研究生，1953年秋，进入莫斯科国立经济学院，其导师是著名经济学家布列也夫和图列茨基。在苏联期间，他系统地学习了马克思主义哲学和政治经济学的理论，完成的毕业论文《苏联和中国的国民收入》长达20万字，获得了导师的好评，被誉为“分析精深、新颖独到”，获得经济学副博士学位。1957年回国，先被分派到中国人民大学计划系任教，2个月后调任武汉大学经济系讲师。1959年，出版了第一部著作《苏联国民收入动态分析》。

1956年夏天，还在苏联留学的董辅礽作为翻译接待了中国国家统计局统计工作考察团，他的出色才华和谦逊为人给时任统计局副局长带团出访的孙冶方留下了极为深刻的印象。1958年，董辅礽再次协助孙冶方在北京接待苏联统计局索波里的讲学活动。1959年2月，经孙冶方的努力，董辅礽被调到中国科学院经济研究所，即今天的中国社会科学院经济研究所工作。

在经济研究所，董辅礽作为孙冶方的助手加入了国民经济平衡组，并很快被任命为副组长（组长为杨坚白）。从1959年至1964年，董辅礽主要研究社会主义在生产、国民收入和国民经济再平衡问题，其研究受到了国内外经济理论界的关注。

1964年开始，由于一波又一波的政治运动，董辅礽被迫中断了理论研究。直到1975

年，于光远主持经济研究所工作，并筹建国家计委经济研究所，董辅礽才重新得到机会开展经济理论研究工作。1976 年 9 月，董辅礽受国家教育部委托前往肯尼亚参加联合国教科文组织第 19 届大会。1977 年 5 月，中国科学院哲学社会学学部改组，成立中国社会科学院，董辅礽被选为经济研究所业务行政领导小组组长。1978 年，任经济研究所副所长（所长为许涤新）。

经济研究所恢复工作后，董辅礽和于光远等人就开始积极推动经济理论的探讨和研究，董辅礽组织的“双周座谈会”延续了孙冶方治所时期的开放和活跃，在国内学界引起了巨大影响。1979 年 4 月，在董辅礽发起倡议下于无锡市召开的全国第二次经济理论讨论会，围绕探讨社会主义制度下价值规律作用的主题，提出了许多具有深远影响的理论观点，在中国经济体制改革理论的发展中具有重要地位。同年，董辅礽担任了中央财委改革领导小组理论方法组副组长。

1985 年至 1988 年，董辅礽成为经济研究所第七任所长，获得“终身名誉所长”称号。

除了中国社会科学院经济研究所的学术研究和领导工作，董辅礽还承担了大量社会工作。1981—1987 年，任中国经济学团体联合会秘书长。1982 年当选为中共第十二次全国代表大会代表。1988—1998 年，先后当选为第七届、第八届全国人民代表大会代表，全国人大常务委员会委员，全国人大委员会财经委员会副主任。1998—2002 年，任第九届全国政协委员，全国政协经济委员会副主任。

董辅礽还曾担任中国社会科学院研究生院副院长，《经济研究》杂志主编，同时兼任中国社会科学院、北京大学、中国人民大学、武汉大学等研究机构和高校的教授、博士研究生导师，国务院环境保护委员会委员，国家环境保护总局顾问等职。1987 获法国政府军官级学术勋章。

2004 年 7 月 30 日，董辅礽因患癌症在美国杜克大学医疗中心去世，享年 77 岁。

二 主要经济理论

董辅礽是当代中国最有影响的经济学家之一。

20 世纪五六十年代，董辅礽提出了关于社会主义再生产数量关系的数字模型，被称作中国经济成长论的代表。改革开放以来，董辅礽在经济学的多个领域内，以敏锐的洞察力和超常的理论勇气，从理论和实践上，为推动中国经济改革与发展作出了重大的开拓性的贡献。他的最重要的理论贡献是第一次公开提出了所有制改革问题，1978 年 9 月，董辅礽提出了“两个分开”，即政企分离、政社分离，对国家所有制和人民公社所有制进行改革，这是对当时的所有制理论禁区的大胆突破，不仅在学术界产生了重大和持续的影响，也对经济理论界的思想解放运动起到了重大的推动作用。此后，他不断地深入研究和探讨关于所有制改革各个领域的问题，形成了关于所有制改革的理论体系，对中国的所有制改革政策和实践产生了巨大的影响。董辅礽还联系市场化改革，提出了一整套国民经济可持续发展的新思想。经济发展理论，也是董辅礽经济思想的重要组成部分之一。学术界公认，董辅礽是现阶段中国经济体制改革的理论先驱，是中国市场经济理论的奠基者，是中国新发展理论的倡导者，也是中国经济体制改革实践的积极推动者。

董辅礽的经济思想，主要见于各个时期的论文和文集，以及部分专著中，其主要理论贡献包括以下几个方面：

关于平衡增长

从1959年到1964年，董辅礽专注于研究社会主义在生产、国民收入与国民经济平衡问题。其中，1959年发表的论文《确定积累和消费比例的若干方法论问题的探索》被日本学者山名正孝在一篇文章中认为是“向理论上解决‘国民收入分配率’和‘生产构成的比例’相互关系这个问题迈出了具有重要意义的一步”，董辅礽亦被山名正孝称为“中国经济成（增）长论的代表”，这一说法后来逐渐为国内外学界所公认。1962年到1963年间，董辅礽还集中撰写了四篇关于“马克思在生产公式具体化”问题的探索论文。在这段时间的研究中，集中了董辅礽提出的经济增长论的成果，这些成果主要包括三个部分：社会主义再生产模型（又称董氏再生产模型）、国民经济平衡理论和国民收入理论。其中以用他的姓氏命名的“董氏再生产模型”最为著名。

在具体分析社会再生产公式与积累和消费比例之间的数量关系时，董辅礽设计了相互联系的公式，在再生产公式的基础上，参照部门联系平衡表表式，吸收里昂惕夫投入产出分析法的一些优点，设计了别具一格的平衡表，他的再生产公式及其表式合称“董氏模型”，被认为是当今世界和中国流行的许多再生产模型中最符合马克思主义再生产原理的一种。

关于所有制改革

1978年9月，董辅礽在中国社会科学院哲学社会科学规划会上作报告时，首次提出公有制的形式问题，提出“经济体制改革的实质是改革全民所有制的国家所有形式”的论点，提出要改革国家所有制，实现政企分离；改革人民公社所有制，实现政社分离，即“两个分开”的观点，突破了当时的理论禁区。董辅礽继而将这个观点理论化、系统化，在1979年第一期《经济研究》上发表了题为《关于我国社会主义所有制实现形式问题》的文章，指出：传统的国家所有制有四大弊端：一是国家政权的行政组织取代经济组织，企业成为国家各级行政机构的附属物，难以实行独立自主经营；二是国家行政组织直接指挥企业的经营活动，以政代企，容易产生官僚主义；三是企业领导人由政府任命，只对上级机构负责，往往不关心行政指令的经济合理性；四是企业劳动者未能与生产资料紧密结合，劳动者不能从经济利益上关心本企业的经营状况。

所有制改革理论，是董辅礽经济思想的重要组成部分，对中国经济理论和经济改革，乃至由此而引发的其他方面的改革都产生了重大导向和影响。20世纪80年代以来，深化所有制改革，推进国企发展的改革进程更验证了其理论的正确性。

董辅礽在所有制改革的研究中，还进一步论述了所有制改革与经济运行机制改革的关系，探索如何使公有制与市场机制兼容等问题。1988年，他大胆提出将一些小型国有企业改造成个体或私营企业，将国有企业改革成为股份制企业的所有制形式的改革蓝图，论述了建立以各种公有制为主导的多种所有制结构的改革方向。1989年1月，他在《经济形势、发展战略与改革目标》一文中指出：中国经济体制改革的目标是“要发展市场经济，即把僵化的实物经济转变为商品经济，也就是说使市场成为经济的调节者”；在1997年9月3日撰写的论文《公有制与股份制》中，他提出了两种形式的公有制的概念，即共同所有制和公众所有制。

关于经济发展理论

董辅礽是改革开放以来中国经济发展理论的主要开拓者。改革开放以来，他撰写了大量经济发展方面的文章，出版了《经济发展战略研究》、《经济发展研究》（上下卷）等著作。

20世纪80年代初，董辅礽撰写了多篇文章，将中国经济发展战略的转变归纳为四个方面，即以速度为主向满足人民基本需要转变，重点突出向平衡转变，闭关自守想对外开放转变，粗放为主向集约为主，并围绕这些转变加以论述。在90年代的文章中，董辅礽进一步阐述了经济增长方式转变中外延增长与内涵增长之间的辩证关系。他还从中国经济改革发展阶段变化的角度提出了超越梯度发展的思想。他赞同资源配置要效率优先，但指出东部地区优先发展政策的效率提高效果是有时间条件的，而中西部地区的发展不应被梯度次序的设计所束缚。在地区间比较优势已经出现变化的情况下，应适时调整政策，加快进行重点西移进程。同时，他还主张，国家应该利用比较优势参与国际分工，而作为一个大国的中国，不能实行出口导向战略，而只能实行以内向发展为主的基础上的对外开放战略。

董辅礽还是中国可持续发展战略的最早倡导者之一。在1995年国际上可持续的消费和生产的方式的概念刚刚提出不久，他就对这两个概念做出了解释和独特的阐述，从上述两方面讨论了可持续发展问题，指出为了使生产是可以持续的，必须解决好眼前利益、局部利益与长远利益、全局利益的关系，而改变投资和财政体制、改变国有制产权关系才是根本。而消费的可持续性则要引导、倡导消费更加合理、健康、科学。同时，董辅礽对环境问题与生态问题作了区分，也对环境治理的支出做了经济学的分析，同时，他还就环境保护中的“知”与“行”的关系进行了辩证分析。

1986年去温州考察后，董辅礽通过大量实地调查和研究，对实现农业现代化和农村非农产业发展的实践做了理论总结。在《对经济发展理论的若干思考》一文中，他从发展经济理论的角度进行了多层次的思考，认为农村非公有制的非农产业发展是改变中国二元经济结构的有效途径。他关于制度、“创新活动”传统在发展中的意义、发展的代价、发展的突破口等问题的论述，不同于传统发展经济学，是对发展经济学的发展。

董辅礽在分析中国的发展战略时，还非常注重国际间的比较研究，通过经济条件、发展战略、发展政策等方面的横向比较与分析，吸收国外经验教训，推进中国的发展战略和政策研究。

关于市场经济

20世纪80年代初期开始，董辅礽就在其论著里不断探讨“从计划到市场”的主题，主张“从指令性计划经济体制向市场经济体制”转变。1980年，他在一份报告中主张取消指令性计划，建立计划指导下的市场调节。随着市场经济理论和实践的进一步深入，董辅礽不断完善其市场经济的理论探索，从80年代后期开始，他对社会主义市场经济的概念进行了独到的阐述，指出社会主义市场经济就是要把市场效率和社会公正有机地结合起来，公有制经济着眼于社会公平，非公有制经济则与市场竞争相联系，着眼于市场效率。

在 1991 年撰写的《论市场和社会主义市场经济》一文中，董辅礽对市场的功能、机制、缺陷等问题展开了系统全面的理论探讨，并结合中国的经济现状，对市场如何在社会主义市场经济中正常和有效运作进行了分析。1998 年，董辅礽在《建立社会主义市场经济体制问题》的文章中，提出了“社会主义市场经济 = 社会公平 + 市场效率”这个被称为“董氏市场经济公式”的重要理论。结合“董氏八宝饭理论”，他指出，社会主义经济应该是一种混合经济，其中既有公有经济，也有非公有经济，公有经济是主导，而它们各自都不等于是社会主义经济。此外，他还提出了国有企业改革应该从功能上出发，使其有效发挥主导作用；发出为了建立市场经济体制，政府职能必须转变，政府机构必须改革的呼吁。

关于国有企业改革

改革开放初期，董辅礽就将中国国有企业改革作为研究的对象之一，并提出了诸多具有创见的观点。1979 年，董辅礽在《经济体制改革的几个基本问题》一文中就提出，要使全民所有制企业从以往的作为国家行政机构的附属物和基层组织变成相对独立的商品生产者。此后，他不断加强对国企改革的探索，提出了许多重要观点。他认为，国有企业要想通过改革成为真正的市场竞争者，只有通过所有制改革才能实现，而承包制不能成为国企改革的目标；20 世纪 90 年代后，他又提出要从国企的功能出发，区别不同类型，改革国有企业，明确主张国企应从竞争性领域退出，在非竞争领域和社会公益性领域保留国有企业；提出只有进行产权改革才能从根本上创造出使国企走向市场的条件，论述了国企改变为民营企业、合营企业和股份制企业的各种途径，以及市场经济条件下如何管理国有资产等问题。这些理论和改革主张，在推进国有企业向市场经济方向改革的过程中发挥了积极作用。

关于资本市场

董辅礽对中国资本市场的发展一直是倍加关注。他在 1998 年《发挥证券市场的优化资源配置功能》的演讲中，阐述了证券市场的资源优化配置作用，同时对股份制与合作制的概念进行了区分，明确反对当时股份合作制的提法。他还积极呼吁解决国有股、法人股的流动和流通，希望国家不要干预或少去干预股市的活动，让它正确反映市场的竞争性。

1994 年，中国股票市场刚刚建立不久，董辅礽就在文章中不断提醒人们，证券市场是学习市场经济的大学校，而不仅仅是融资的工具。他将证券市场的发展与市场经济联系在一起，指出，爱护股市也就是爱护市场经济。在《中国证券市场的发展及其问题》一文中，董辅礽建议减少个人投资者比重，增加机构投资者；上市公司要注意质量而不是单纯扩大规模；国有企业改组上市不能只着眼于筹集资金，而是应更加着力于企业体制改革与经营管理的改善；证券市场必须加强公平有序的竞争；减少国家控股上市公司比重，允许非公有制企业按上市条件上市；而在市场监管方面，应改变主管部门分配上市指标的做法，由证券交易所按上市条件选择上市公司。同时，董辅礽还提出，证券市场要为投资者尤其是小投资者利益服务。

在2001年的股市大辩论中，董辅礽反对将证券市场说成是赌场，认为“全民炒股”是大好事。他认为，中国的证券市场是在经济体制改革过程中冲破重重阻力和障碍建立起来的，证券市场作为改革的产物，同时又推动了各方面的改革。他希望“要像看待和爱护新生婴儿那样看待和爱护我国的证券市场”，以历史的、发展的眼光去看待，在不具备相应条件的情况下，“不能用猛药来治理刚建立不久的证券市场，应该呵护它，而它的一切由于稚嫩而产生的问题都会在其成长中逐步克服”。

关于民营经济

董辅礽被称作是“中国民营经济的辩护人、护航人”。1985年，他就指出，“非公有制经济是社会主义经济不可分割的有机组成部分”。1986年6月，董辅礽率领调查组对温州、金华等地考察农村非农产业的发展，其后，他与赵人伟等人发表了《温州农村商品经济考察与中国农村现代化道路探索》一文，这是经济学界最早支持“温州模式”的论著之一。此后，他连续发表文章，对温州以民营化推动工业化、市场化的“温州模式”的实质、精神和发展方向进行分析，充分肯定私营经济在中国经济中的地位，使民营经济理论的探索通过温州取得了实证样本和实践基础，同时坚定地支持了民营经济的发展。在《社会主义市场经济下的非公有制经济》、《大力发展民营经济才能发展市场经济》和《发展非公有制经济》等文章中，董辅礽则清晰指出，“允许非公有制经济的发展是发展市场经济的需要”，“非公有制经济天然与市场经济兼容”。

在董辅礽的民营经济思想体系中，关于混合所有制经济的“董氏八宝饭理论”和“董氏市场经济公式”是其理论基石，新资本观、新财富观和新财产权观是其创新特色。董辅礽主张民企、国企和外企要并存、混合，同时要相互竞争，在竞争中提高效率。他呼吁将放开民间资本对金融领域的市场准入作为民营经济发展壮大和金融改革的突破口，要求政府营造良好的民营经济生长环境，同时希望企业加强自律。董辅礽的这些思想，大多来源于对民营经济实践的关切和探索，其理论与有非凡的洞察力和预见性，这些理论对中国关于民营经济的认识和决策产生了极大的影响。

三　主要经济实践活动

董辅礽在不懈进行经济理论探索的同时，还积极参与社会经济活动，推进国家经济立法，同时对经济学学科建设也投入了大量的精力，取得了丰硕的成果。

1988年至1998年，董辅礽作为第七届、第八届全国人民代表大会委员和全国人大财经委员会副主任，参与了10年间的所有立法工作，其中，1993年至1998年，在人大财经委分工负责经济立法工作，主持或参与过《期货交易法》、《证券法》、《信托法》、《证券投资基金法》、《拍卖法》等重要经济法律的起草或审议工作。

1985年6月，董辅礽担任中国社会科学院经济研究所所长。上任后，他首先改革计划经济时代的研究室设置，增设了发展经济学、宏观经济学、微观经济学等研究室，使

经济所的学科设置符合改革潮流和经济学的发展趋势，在经济学的学科建设上开拓出新的领域。同时，董辅礽还起用了当时的一大批有才华的年轻学者，不断创造条件，提携后学，给他们充分发挥才学的空间，使很多青年学者脱颖而出，成为中国经济学研究领域的中坚力量。

董辅礽还非常重视经济学教育。他兼任了多家研究机构和高等院校的博士生导师，指导和培养了众多的经济学人才。他以深厚的理论素养、严谨的治学态度、正直的人品和高尚的情操，影响了一大批有志于经济学理论和实践的精英。

董辅礽扎实的理论功底、超前的思维和敏锐的洞察力，使其成为学界公认的一代中国经济学大师，而他独立的人格、敢为天下诤言的勇气、“守身为大”的风骨，则更是为人们所折服。

四　主要论著目录

著作目录

《苏联国民收入动态分析》（湖北人民出版社 1959 年版）

《“四人帮”对马克思主义政治经济学的篡改》（主编，山西人民出版社 1978 年版）

《社会主义再生产和国民收入问题》（生活·读书·新知三联书店 1980 年版，人民出版社再版）

《社会主义经济制度及其优越性》（主编，北京出版社 1981 年版）

《大转变中的中国经济理论问题》（山东人民出版社 1981 年版）

《论孙冶方社会主义经济理论》（武汉大学出版社 1983 年版，1995 年增订；日本不二出版社［日文版］，1985 年版）

《董辅礽选集》（山西人民出版社 1985 年版）

《经济发展战略研究》（经济科学出版社 1988 年版）

《Rural Reform, Nonfarm Development, and Rural Modernization in China》（The World Bank, 1988.）

《Industrialization and China's Rural Modernization》（The Macmillan Press Ltd., 1992.）

《经济体制改革研究》（上下卷，经济科学出版社 1995 年版）

《中国国有企业改革：制度与效率》（合编，中国计划出版社 1992 年版）

《中国国有企业制度变革研究》（合编，人民出版社 1995 年版）

《改革与发展——论大转变中的中国经济》（香港华南经济新闻社［香港版］，1995 年；中华工商联合出版社、香港华南经济新闻出版有限公司［大陆版］，1995）

《中国经济纵横谈》（经济科学出版社 1996 年版）

《经济发展研究》（上下卷，经济科学出版社 1997 年版）

《论社会主义市场经济》（湖北人民出版社 1998 年版）

《市场经济漫笔》（广西人民出版社 1999 年版）

《走向市场化的中国经济》（经济科学出版社 2001 年版）

《用辩证的眼光看市场经济》（生活·读书·新知三联书店 2002 年版）

《在争论中发展的中国证券市场和期货

市场》（武汉大学出版社 2002 年版）

《董辅礽纵论中国经济》（上海交通大学出版社 2005 年版）

《董辅礽集》（中国社会科学出版社 2006 年版）

论文目录

《确定积累和消费比例的若干发那个法伦问题的探讨》（《经济研究》1959 年第 11 期）

《从社会产品生产和使用统一的角度探索马克思再生产公式具体化问题》（《经济研究》1963 年第 3 期）

《关于不同扩大再生产途径下的社会主义再生产比例关系问题》（《经济研究》1963 年第 11 期）

《产品的分配和使用与两大部类比例的关系》（《经济研究》1964 年第 8 期）

《关于我国社会主义所有制形式问题》（《经济研究》1979 年第 1 期）

《经济建设的十条方针和我国经济发展战略的转变》（《财贸经济》1981 年第 2 期）

《国民经济平衡的几个问题》（载《国民经济综合平衡的若干理论问题》，中国社会科学出版社 1981 年版）

《再论我国社会主义所有制形式问题》（《经济研究》1985 年第 4 期）

《论社会再生产诸比例与积累和消费比例之间的关系》（原文写于 1963 年 12 月 15 日，载《董辅礽选集》，山西人民出版社 1985 年版）

《温州农村商品经济考察与中国农村现代化道路探索》（合著，《经济研究》1986 年第 6 期）

《对发展经济理论的若干思考——温州农村商品经济考察》（《北京社会科学》1986 年第 3 期）

《经济运行机制的改革和所有制的改革》（《经济研究》1988 年第 7 期）

《股份制与社会主义市场经济》（《经济体制改革》1992 年第 5 期）

《论市场和社会主义市场经济》（载《著名学者论社会主义市场经济》，人民出版社 1992 年版）

《社会主义市场经济下的非公有制经济》（北京大学“94—经济改革论坛”，1994 年 4 月 15 日）

《关于经济增长方式转变的几个问题》（《经济导刊》1996 年第 1 期）

《社会主义市场经济与国有企业改革》（《唯实》1997 年第 3—4 期）

《中国证券市场的发展及其问题》（《奔向 2020》，中国物价出版社 1998 年版）

《像对待婴儿那样爱护证券市场》（为《中国资本市场的制度缺陷》一书序，经济科学出版社 2001 年版）

（王砚峰）

中国社会科学院经济学部2011年工作总结

2011 年是“十二五”规划的开局之年，也是我院工作进入新阶段的一年。在这一年里，经济学部在院党组和学部主席团的领导下，在经济学部各研究所的积极参与下，借助学部工作局和院各职能局的大力支持，依靠全体学部委员和荣誉学部委员的共同努力，开展了丰富多彩的学术活动，取得了多方面的成果。现将经济学部在 2011 年中完成的主要工作作简要的总结。

在 2011 年里，经济学部的主要工作大体分为三类，即课题研究、举办学术会议、刊物和成果的出版。

一　课题研究

2011 年里学部的课题研究主要围绕两个方面，一是“中国经济重大问题跟踪分析”，二是“中国基层经济组织现状研究”的国情调研。

1. “中国经济重大问题跟踪分析”的研究

这是学部的一项长期研究项目，目的是对中国经济发展和体制改革中的重大问题进行跟踪研究。这个项目从 2008 年启动以来，已进行了两期研究。第一期研究是从 2008 年到 2009 年底，主要任务是对“十一五”规划的执行情况作中期评估。这项研究已在 2010 年初完成，全部成果已收录在《中国经济发展：“十一五”中期评估和“十二五”展望》一书中（中国社会科学出版社 2010 年版）。

同时，在 2010 年，我们启动了这个项目的第二期研究。二期研究的主题是“‘十二五’期间中国经济的结构调整”，主要目的是就“十二五”规划期间中国经济面临的重大经济结构调整问题展开专题研究。整个研究共分九个子课题和一个总报告。九个子课题的题目分别是“中国经济的区域结构调整”、“中国经济的城乡结构调整”、“中国经济的所有制结构调整”、“中国的收入分配结构调整”、“中国工业产业结构升级”、“中国经济中的需求结构转型”、“中国金融体系结构调整”、“宏观调控与结构调整”、“宏观产业结构调整”。各子课题组要针对当前中国经济发展中的某一个重大结构问题，探讨如何通过体制改革和政策创新，促进经济结构的调整和经济发展方式的转换。

这项课题的调研和数据分析、文献搜集和综述等工作主要在 2010 年进行。2010 年底之前，各课题组报告和交流了各自的中期进展情况。进入 2011 年后，各课题组进入最终报告的撰写。目前，多数子课题已经完成任务并交稿，还有少数子课题在抓紧时间写最终报告。另外，课题总报告的撰写工作也已开始，争取在一月底之前完成全部书稿的编辑整理。

2. “中国基层经济组织现状研究”的国情调研

学部的“中国基层经济组织现状研究”是我院国情调研项目中的一个重大项目，自2006年启动以来，已是第六个年头。2011年里，这项研究也取得了很好的进展。

企业调查项目，在2011年里完成了5项，出版成果3部，无新项目启动。

乡镇项目在2011年里新立项的有10项，完成并结项的有8项，已出书的有7项。迄今为止，乡镇调研项目已立项50个，已出书21本。

乡村调查项目在2011年里完成了5项，新立项10项。这个项目各年度的立项情况分别为：2006年10项、2007年8项、2008年12项、2010年11项、2011年10项。在成果出版方面，现已经正式出版5本，另有5本的清样已出，预计12月底正式出版。另有12部书稿已经完成，正在由项目主持人审读完善之中，预计2012年3月可出版。其余29个调研项目正在进行中。

二 举办各类学术会议

2011年里，经济学部根据我国经济发展中出现的各种新情况和新问题，组织了9次形式各异的学术研讨会。

1. “十二五”期间经济社会发展研讨会暨经济学部2011年工作会议。这是学部每年的例行会议，于2011年1月5日—6日在北京举行。会议共有两个议题：第一，“十二五”期间中国经济社会发展的重大问题和面临挑战，以及2011年中国经济的基本走势；第二，总结学部2010年的工作情况，讨论学部2011年的工作设想。全体学部委员、部分研究所的所长和书记出席了会议。

2. 2011年经济学部的经济形势座谈会。这也是学部的一个年度例行会议。2011年的经济形势座谈会由财贸所承办，于2月11日在燕郊召开。会议由陈佳贵主任主持，我院主要院领导和院职能局领导，以及经济片各所的领导共80多人出席会议。在会上，到会学部委员和各研究所的所领导根据自己的研究重点，就我国经济发展中的突出问题和新情况作了专题发言。会议期间，河北省常务副省长赵勇等河北省有关领导人到会，并作了重要发言。会后，学部组织整理出版了会议发言的报告集《中国社会科学院经济观察报告集（2011）》。

3. “经济发展与抑制通货膨胀研讨会”。2010年以来，中国进入又一个物价上涨阶段，为了把握物价形势，分析物价上涨原因，探讨应对思路，学部于4月22日在北京举行了这次专题研讨会。会议由财贸所承办。部分学部委员、国家发改委及其他相关政府部门的领导，以及院外专家约30多人出席会议。会议就中国的物价形势、通胀原因及应对思路进行了深入探讨。会后，中国社会科学院《要报》以“此轮通货膨胀的主要成因及相关政策建议”为题，报道了会议的主要观点。这份《要报》受到国务院副总理回良玉的批示。

4. “非化石能源市场前景经济学分析座谈会”。这次会议的主要目的是探讨我国在新能源发展上面临的主要挑战和问题。会议由城环所承办，于7月5日在北京召开。出席会议的有部分学部委员，工程院、国家气象局、能源局、国内新能源企业的代表，美国能源基金会、德国技术公司、美国 Transition Energy 等国外专业机构的代表，共30多人。会议就我国各种非化石能源的发展，尤其是新能源发展的现状、战略及相关政策问题进行了深入探讨。

5. 中国经济论坛。2011年的中国经济论坛由人口所承办，于10月11—12日在北京的新闻大厦召开。此次论坛的主题是“包容性增长下的中国劳动力市场”。来自人力资源和社会保障部、国家发改委、农业部、国务院发展中心、全国总工会等单位的领导和专家，以及部分首都高校和地方社科院的学者作为嘉宾到会。李扬副院长到会致辞。部分学部委员和有关研究所的学者出席会议。此次论坛围绕中国就业形势、劳动力市场的发展和完善、保障劳动者基本权利的体制机制等问题进行了深入探讨。会议强调发展和完善劳动力市场、强化劳动者权利保障、实现包容性发展对于和谐社会建设的重要意义。

6. “通货膨胀：成因、前景与治理国际研讨会”。这是经济学部2011年举办一次国际性学术研讨会。会议由中国社会科学院数量经济与技术经济研究所承办，于10月14—16日在北京召开。此次会议得到了韩国三星研究院（中国）的支持。部分学部委员，来自世界银行、日本、韩国、香港，以及国家发改委、商务部、中国人民银行、国家信息中心和及我院相关研究单位的专家学者共约120人出席会议。与会专家围绕我国的通货膨胀预期及其管理、周期性通货膨胀与结构性通货膨胀、全球性通货膨胀的原因和治理、国际大宗商品市场价格走势、通货膨胀的成本推动因素等方面进行了深入探讨。

7. 为了探讨我国战略性新兴产业发展的现状和问题，学部于11月15日在北京召开了“战略性新兴产业发展与经济方式转变”的国际研讨会。会议由中国社会科学院工业经济研究所承办。来自工业和信息产业部、发改委、北京大学、清华大学等单位的领导和专家，以及我院的部分学部委员和相关研究人员共80多人出席会议。会议就我国发展新兴战略性产业的战略和政策进行了深入探讨。与会专家强调，新兴战略性产业的发展需要周密的设计，要切合中国的经济发展阶段和中国国情。尤其是，一些新兴的高技术产业在发展上仍然存在很大的不确定性，我们在推进这些产业的发展上要避免盲目性。

8. “加快实施‘走出去’战略学术研讨会”。这也是一次国际学术研讨会，会议由财贸所承办。会议于12月10日在门头沟的龙源宾馆召开。部分学部委员及经济片相关研究所、商务部、国务院发展中心、中化集团的专家，还有韩国对外经济政策研究院、美国中国政治研究学会的代表等，共40多人出席会议。到会专家和学者围绕中国的对外直接投资和中国企业的国际化发展，深入讨论了中国企业对外投资的基本方式、中国企业跨国兼并的难点和风险、中国扩大对外直接投资的政策调整等热点问题。另外，针对中国加入 WTO 十周年，部分与会学者在讨论中回顾和讨论了中国“入世”十年的成就和面临的新挑战。

9. 参与举办“内江论坛”。2011年5月份，国务院正式批准了《成渝经济区区域规划》。这是国家西部大开发中的又一重大举措。为了推动成渝经济区的健康发展，为成渝经济区发展出谋划策，经济学部与四川省社科院、重庆市社科院联合于11月4—5日在四川省内江市举办了“推进成渝经济区区域规划实施座谈会”。全国政协副主席厉无畏、中国社会科学院李扬副院长、四川省和重庆市的领导、成渝地区各市县政府的代表，以及海内外专家学者和企业代表共200多人出席会议。经济学部由陈佳贵主任带队，吕政、张晓山、高培勇、黄群慧、魏后凯等出席会议，并在会上作专题发言。

三 学术刊物和学术成果出版方面的工作

1.《中国经济学年鉴2010》的组稿和编辑工作

《中国经济学年鉴》自创刊以来已是第四个年头。2011年4月18日，在院部学术报告厅召开了“《中国经济学年鉴2010》出版新闻发布会暨2011年中国经济发展的机遇与挑战研讨会”。部分学部委员和部分研究所领导，以及地方社科院和其他高等院校的领导和学者共30多人出席会议。会议就中国经济发展中的重大问题进行了研讨，并研究了经济学年鉴的编辑、组织工作中的问题，以及改进的办法。

2011年的《中国经济学年鉴》设置了三个专题综述，即“2010年度中国宏观经济走势综述”，“收入分配差距问题研究综述”，和“房地产市场和房价调控政策研究综述”。

在“学科综述”栏目中，这一卷共介绍了17个学科。经过前三卷的介绍，《中国经济学年鉴》已对国内现有大部分经济学、管理学的学科发展作了综述。今后，除了对尚未作过发展综述的学科继续作综述以反映其整体发展概况外，将对以前作过综述的学科作近三年来最新进展情况的“前沿综述”。为此，从本卷年鉴开始，“学科综述”栏目分为两个子栏目，即“学科整体发展综述”和“学科前沿问题综述”。本卷的“学科整体发展综述”子栏目包括12个学科，即“休闲经济学”、“计量经济学”、“人口资源环境经济学”、“土地经济学”、“林业经济学”、“市场营销学”、“金融监管学”、“结构金融学”、“国际贸易学”、“服务经济学”、“可持续发展经济学”、“区域经济学”。本卷的“学科前沿问题综述”子栏目包括5个学科，即“宏观经济学”、“中国经济史学”、“中国现代经济史”、“财政学”、“农业经济管理学”。

在“著名经济学家介绍”栏目中，2011年的年鉴介绍了蒋一苇先生的简要学术生平和重要学术贡献。

目前，《中国经济学年鉴2011》的全部稿子都已收齐，正在进行最后的审理、编辑和排版工作。

2. 英文学术期刊《中国经济学人》

学部主办的英文学术期刊《中国经济学人》在2011年里也取得了很好的发展。全年发行量达到了4000册，较去年增长了约10%。由于去年《经济学人》正式成为美国经济协会Econlit的成员单位，2011年里刊物文章的网络下载量有了明显上升。

另外，2011年里，《经济学人》杂志将去年发表的重要论文选编了一个集子，题目为《中国道路》。该书出版后获得好评，入选了国家新闻总署的“经典中国”国际出版工程系列。

3.《中国经济研究报告》

2011年，《中国经济研究报告》在各研究所的支持下，运行平稳。全年共出了14期，发稿8篇。

4. 组织和编辑出版学部委员文集

2011 年度的学部委员和荣誉学部委员文集的组稿工作进展顺利，已经出版。

四　学部委员和荣誉学位委员的增选工作

2011 年经济学部还完成了一项重大工作，即学部委员和荣誉学部委员的增选工作。这是一项全院性的工作，经济学部按照学部主席团的总体部署，与其他各个学部同步展开这项工作。不同点是与其他学部相比，经济学部的增选工作量比较大，增选了 4 位学部委员和 7 位荣誉学部委员。这项工作政策性强，工作难度较大。学部的全体老学部委员对此都高度重视，认真负责地参加了推选、评审、投票等各环节的工作，确保经济学部的委员增选工作得以顺利完成。学部工作室也协助学部领导和学部委员，作了大量的具体辅助性工作。

2011 年里经济学部在各方面的工作得以顺利完成并取得了较好的成效，离不开各位学部委员、荣誉学部委员、各研究所的努力和参与，也得益于科研局领导的支持，以及院内各职能部门的配合。

在新的一年里，经济学部将面临新的工作局面。院里的创新工程将在更广的范围内展开，这会对学部的工作提出新的要求。在新的一年里，学部工作室也需要在已有的基础上进一步开拓创新，更好地为各位委员和各研究所做好服务。

（韩朝华）

中国经济学年鉴

2012

第九篇 机构介绍

南京大学商学院

南京大学商学院起源于1902年三江师范学堂时期的商科，1952年中央政府进行大学院系调整时，南京大学的经济学科和管理学科调整到其他院校。1978年，南京大学恢复经济学系，1986年成立管理学系，在此基础上，于1988年成立南京大学商学院。

自1988年成立以来，南京大学商学院逐步形成了多学科协调发展的格局，目前设有经济学院和管理学院。其中经济学院有经济学系、国际经济贸易系、金融与保险学系、产业经济学系4个系，管理学院有工商管理系、会计学系、电子商务系、市场营销系和人力资源管理学系5个系以及人口研究所、数量经济技术经济研究所、市场研究与咨询中心、企业战略研究所、江苏财务与会计研修中心、关百豪国际金融管理研究所、国际经济研究所、人力资源战略研究所、江苏经济国际化决策咨询研究基地等十多个研究机构。商学院拥有本科专业11个，硕士生专业（含MBA、EMBA、MPAcc、国际商务、金融、审计6个专业）17个，一级学科博士点3个（工商管理、理论经济学、应用经济学），二级学科博士点12个，博士后流动站3个（工商管理、理论经济学、应用经济学），国家重点学科2个（政治经济学、企业管理），国家重点培养点1个（世界经济），国家级基础学科人才培养基地1个（经济学），教育部人文社会科学重点研究基地1个（南京大学长江三角洲经济社会发展研究中心）。

南京大学商学院拥有一支学术水平高、影响力大、年富力强的师资队伍。现有教职工173名，其中教授60名（博士生导师40名），副教授58名，长江学者特聘教授3名，长江学者讲座教授2名，国家级教学名师奖获得者3名，国家有突出贡献的青年专家1名，人事部“百千万人才工程”3名，教育部“跨世纪优秀人才培养计划”2名，教育部“新世纪优秀人才培养计划基金”获得者9名。具有博士学位的教师占教师总数的89%左右，54人拥有在海外学习的背景；目前在读学生约7000余人，其中，本科生1766人，研究生（含MBA、EMBA、MPAcc）3500余人。

商学院于1992年经教育部批准，作为第一个赴海外举办研究生教育的单位，赴新加坡开办MBA学位班教育项目，目前已成功举办了十届，培养了150多名MBA人才。商学院还与荷兰马斯特里赫特管理学院（MSM）、美国康奈尔大学（Cornell University）、密苏里大学（University of Missouri）合作开办了EMBA、IMBA项目，共同培养优秀的国际化管理人才。2006年，世界经理人（香港）峰会隆重发布第四届“中国最具影响力MBA”系列排行榜，南京大学商学院获第三名。2011，南京大学中荷EMBA项目获得“中国市场最具领导力EMBA——中外合作EMBA”称号，这是在2003—2005年、2009—2010

年商学院获此殊荣后继续蝉联此奖项。

商学院科研实力雄厚，2006—2011 年，先后承担国家自然科学基金项目 82 项、社科基金项目 35 项、教育部人文社科基金项目 40 项，出版著作、译著 239 部，发表 SSCI、SCI 论文 54 篇，EI/ISTP/CPCI 收录论文 91 篇，发表一流、核心期刊论文 1866 篇，共获省部级以上奖励 73 项。

商学院办学基础设施先进，学院的教室、办公室、会议室、案例讨论室、模拟实验室、图书馆等现代化教学科研设备为学院的可持续发展打下了坚实基础。

一直以来，南京大学商学院以“创造商学新知，拓展学生才能，引领社会未来”为使命。今天的商学院是一个拥有经济学和管理学两个学科门类的综合性商学院，一个具有广泛影响和重要地位的经济管理人才培养基地和学术研究中心。

南京大学经济学院

经济学院目前设有经济学系、国际经济贸易系、金融与保险学系、产业经济学系4个系和人口研究所，拥有教育部人文社会科学百所重点研究基地“南京大学长江三角洲经济社会发展研究中心”和文化部重点研究基地“南京大学文化产业研究所”等研究机构，以及国家985哲学社会科学创新平台“经济发展与转型研究中心”和国家级经济学基础人才培养基地。经济学院拥有本科专业4个，硕士点（含人口研究所）9个，理论经济学和应用经济学一级学科博士学位授予权，二级学科博士点8个；博士后流动站2个，国家重点学科1个。

经济学院拥有一个具有国外留学背景、学术水平较高、年富力强、团结奋进的师资队伍。现有教师60名，其中教授24名（博导22名），副教授16名，其中国务院学科评议组成员1人，教育部社会科学委员会委员2人，长江学者特聘教授2人，国家级教学名师2人，教育部新世纪人才5人，人事部等7部委百千万人才工程国家级人选2人。在科学研究方面，2000—2007年，先后承担国家自然科学基金项目8项、国家社科基金项目16项（其中2项为重大项目）、教育部社科研究项目9项，并数十次获得国家级和省部级学术奖励，如国家级教学成果奖、教育部人文社科优秀成果奖、孙冶方经济学基金奖、安子介国际贸易研究成果奖。另外，有2人获得过“全国百篇优秀博士论文奖”，2人获得了“黄达—蒙代尔”学术奖。

在人才培养方面，强调“加强基础，注重应用，培养能力，提高素质”，培养了一大批深受社会欢迎的经济专门人才。经济学院首先在国内开设“硕士工作站”，受到学生和用人单位的热烈欢迎。近些年，经济学院努力改革课程体系和教学方法，积极引进海外名校教授讲授系列的、先进的经济学课程；与校内其他院系进行联合培养试点；开展了丰富的学术活动，如“银兴杯”五·二学生学术论文竞赛、斯密论坛、学术餐会等活动，优化了学术氛围，加强了老师与同学之间的交流和联系，取得了非常好的效果；另外，经济学院每年都要举办文化艺术节、运动会、社会实践活动，深受广大教师及学生们的好评。

经济学院致力于发挥智力优势为社会服务，每年举办江苏发展高层论坛，邀请国内外高层次学者、政府官员、企业家参与，为国家的经济发展、企业经营提供咨询，被三任省委书记誉为“智力库”、“参谋部”和“桥梁与纽带”；开办研究生课程进修班、高级管理人才培训班、企业总裁高级研修班等，为企业和政府部门提供人才培训、管理策划；与企业建立横向联系，承担了多项科研项目，许多教师还受聘担任省市及大企业的高级顾问，为地区经济发展出谋划策，已成为区域经济发展和政府决策的智囊团。

南京大学管理学院

管理学院目前设有工商管理系、会计学系、电子商务系、市场营销系、人力资源管理学系5个系，同时设有整合全院研究力量的企业战略研究所、人力资源战略研究所、市场研究与咨询中心等研究机构。这些系所承担了5个本科专业（工商管理、会计学、财务管理、电子商务、市场营销）、2个硕士点（企业管理、会计学）、1个国家一级学科博士点（工商管理）、4个二级学科博士点（企业管理、人力资源管理、技术经济与管理、会计学）的教学与科研工作。企业管理于2002年被教育部批准为国家级重点学科标志着南京大学高水平的管理教育被高层次的广泛认同，1998年设立的工商管理博士后科研流动站则使南京大学可以在全国范围内吸引高层次的管理研究人员从事管理研究。

管理学院现有教师63名，其中教授23名、副教授21名，占总数84%的教师在国内外知名学府获得博士学位。这些教师在管理理论、人力资源管理、企业战略与组织、技术创新、市场营销、会计学以及财务管理等领域进行了大量在学术界产生重要影响的研究。2000年以来，管理学院的教师承担了32项国家自然科学基金项目以及大量的省部级项目的研究，发表了一大批高质量的学术成果，获得了36项省部级以上科研或教学奖励。

管理学院一直坚持科研为教学服务：从教学实践中寻找和确定研究课题，通过课题研究丰富教学内容、促进教师学术水平、教学能力以及教学效果的提高。为打造坚实的管理教育基础，学院多年来投入大量资源从事管理基本理论与方法的研究。学院注重理论与实践相结合，努力提高学生分析问题和解决问题的能力。此外，国际经济的一体化要求未来国际经济的参与者具有宽阔的国际化视野。管理学院努力同国外知名学校建立宽泛的合作关系，使教学内容与教学方式与国际接轨。在此基础上培养出来的学生受到了社会各界的普遍好评和欢迎。

南京师范大学中国经济史研究所

英国著名“中国经济史”专家 Pim Wright 来所访问

南京师范大学中国经济史研究所成立于2002年，现为校级重点科研机构，所长慈鸿飞。研究所以社会发展学院及其专门史二级学科博士学位点和中国史一级学科博士学位点为依托，形成以中国经济史研究所为主要科研基地的紧密团结协作型教学科研团队，现有专任教师8人，其中学科带头人兼博士生导师2人（慈鸿飞、李天石），兼职科研人员多人。研究所始终以中国历史上的农业经济与社会为研究重点，目前主攻方向为近现代中国土地制度的变革。十年来，完成了一批国家级省部级项目，学术研究硕果累累，其中高端学术成果十分耀眼，仅《中国经济史研究》一刊就发表该所论文18篇，《历史研究》发表3篇。多项成果获级省部级奖。

这些研究成果站在学术前沿，对经济史学界长期争论的相关问题作了见解独特、深刻透彻的讨论和分析，推出原创性学术成果。慈鸿飞是中国大陆最早提出重新评价国民政府经济政策的重要学者之一，曾在《中国社会科学》上发表系列论文，与丁长青合著《中国农业现代化之路——近代中国农业结构、商品经济与农村市场》获教育部优秀社科成果二等奖；多年来独辟蹊径着力探讨近代中国农地制度与其他国家相比所独具的特色及其对近代农村经济的适应性和作用，在永佃制、族田和自耕农等问题上作了新探讨，并最早明确提出中国农地制度未来的改革方向应是“国家终极所有、农民永久使用”的二元所有产权模式。他的这些成果和观点以及曾被誉为国内第一次挑战西方学者关于中国小农经济“内卷化”、“过密化”论断的学术观点十分抢眼，在学界具有深远影响。

博士研究生答辩会

李天石主要研究中古时期中国经济与土地制度变迁，对中古农民身份变化及东西方法律制度下农民身份异同和敦煌吐鲁番经济史文献资料的研究十分精辟深入，所著《中国中古时期奴婢身份制研究》获江苏省社科成果二等奖。裴安平关于史前稻作及私有制起源及发展的研究也颇为学界瞩目。

研究所在年轻人材的培养上成绩显著，郭爱民主攻中西方比较经济史研究，曾在Pacific Economic Review上发表《Rural Households' Production Capacity and Social Changes：A Comparison between England during Industrialization and the Yangzi Delta in Modern Times》（*Pacific Economic Review*，Volume 17，Issue 1），多次受邀赴英国伦敦经济学院演讲；李恒全关于中古土地制度的研究，王志龙关于族田的研究都成果显著。慈鸿飞指导的几十名博、硕士生都集中在近现代土地制度研究上，其中有的博士论文获全国百篇优秀博士学位论文提名奖，有的获江苏省优秀博士学位论文奖。

总之，聚焦三农，上究历史，追本溯源，下论现实，服务社会，极力发挥经济史学经世致用的社会功能，是南京师范大学经济史所的学术研究宗旨和未来不懈的追求目标。

贵州财经大学欠发达地区经济发展研究中心

贵州财经大学欠发达地区经济发展研究中心（以下简称中心）是贵州省教育厅首批建设的人文社科基地之一。于 2004 年 5 月成立以来，科学管理、规范运行，本着整合国内外学术资源，探寻欠发达经济的根源和发展规律，关注贫困，指导贫困经济社会发展的宗旨，坚持以科学研究为导向，以学科建设和人才培养为支撑，开展广泛的学术交流活动，积极为欠发达地区经济社会发展出谋划策。中心拥有一支较高研究水平和影响力的研究队伍，共有专兼职研究人员 17 名，其中正高职称 13 人，副高职称 3 人，享受国务院政府津贴 4 人，省管专家 9 人，有博士学位 8 人。

中心现有产业经济学硕士学位培养专业，承担硕士学位培养任务。产业经济学为省级重点学科，在 2010 年度贵州省教育厅重点学科检查评比中名列前茅。截至目前，在读硕士研究生 38 人，已培养产业经济学硕士研究生 56 人，其中有 7 人考上国内著名大学的博士研究生。在硕士研究生培养中，中心注重对研究生科研能力的培养。要求他们积极参与导师承担课题的研究工作；鼓励硕士研究生积极申报学校设立的研究生科研项目，2008 年有 9 位研究生的选题在导师的指导下获得了学校科研项目立项，2009 年有 9 位研究生获得学校研究生科研项目立项，2010 年有 5 位研究生获得学校科研项目立项。2011 年，产业经济学有 4 位硕士研究生获得了学校科研项目的立项。已经毕业的研究生公开发表论文共计30余篇。

学术交流

近年来，中心开展了广泛的学术交流活动。先后邀请胡钧、李海舰、柳欣等国内知名学者就欠发达地区经济问题进行了广泛的学术交流。2007年7月，中心与国务院扶贫办，国家西开办、世界银行等单位举办了“贫困地区发展与和谐社会构建”国际学术研讨会；2009年10月，中心与安顺学院联合举办了“新中国成立60周年与贵州变迁”学术研讨会。中心与贵州省经济学会在2010年11月4日成功举办贵州省经济年会暨走向未来的贵州产业结构研讨会。在2008年10月北京举办的中国工业经济学会30周年年会上，贵州财经大学被选为理事单位，校长陈厚义教授被选为副理事长，中心主任张胜荣教授被推选为常务理事。2011年，中心专兼职人员共计参加各类国际国内学术会议达11人次。

中心围绕欠发达地区产业结构与政策、欠发达地区消费经济与产业发展、欠发达地区产业组织与产业生态化和欠发达地区产业发展理论与战略规划研究四个具有鲜明特色的研究方向进行广泛深入的研究，取得了不菲的科研成果。近三年来，中心每年都编写《欠发达地区经济发展研究》，共承担国家级、省部级、地市级和企业委托研究课题100余项，出版专著30余部，发表学术论文300余篇。获省哲学社会科学奖20余项，高校教学优秀成果6项。其他类奖项20余项。在2007年和2010年贵州省教育厅的检查评估中，均获得第一名的好成绩，是贵州省有较大影响力的人文社科基地之一。

学术交流

中心第一次学术会议